Estudos em Homenagem
ao Professor Doutor Alberto Xavier

Economia, Finanças Públicas e Direito Fiscal

Estudos em Homenagem
ao Professor Doutor Alberto Xavier

Economia, Finanças Públicas
e Direito Fiscal

Volume II

Organizadores

Eduardo Paz Ferreira
Heleno Taveira Torres
Clotilde Celorico Palma

ALMEDINA

**ESTUDOS EM HOMENAGEM
AO PROFESSOR DOUTOR ALBERTO XAVIER**

ECONOMIA, FINANÇAS PÚBLICAS E DIREITO FISCAL
Volume II

ORGANIZADORES
Eduardo Paz Ferreira
Heleno Taveira Torres
Clotilde Celorico Palma

EDITOR
EDIÇÕES ALMEDINA, S.A.
Rua Fernandes Tomás, nᵒˢ 76-80
3000-167 Coimbra
Tel.: 239 851 904 · Fax: 239 851 901
www.almedina.net · editora@almedina.net

DESIGN
FBA.

PRÉ-IMPRESSÃO
G.C. – GRÁFICA DE COIMBRA, LDA.

IMPRESSÃO E ACABAMENTO
NORPRINT

Fevereiro, 2013

DEPÓSITO LEGAL
355155/13

GRUPOALMEDINA

BIBLIOTECA NACIONAL DE PORTUGAL – CATALOGAÇÃO NA PUBLICAÇÃO
ESTUDOS EM HOMENAGEM A ALBERTO XAVIER
Estudos em homenagem a Alberto Xavier.
3 v. – (Estudos de homenagem). – 2º v: p.
ISBN 978-972-40-4902-1
CDU 34

A revisão do acto tributário, as garantias dos contribuintes e a fiscalidade internacional

LEONARDO MARQUES DOS SANTOS[1]

Advogado e assistente convidado da Universidade Católica Portuguesa (Católica Tax)

SUMÁRIO: O presente artigo versa sobre a temática da revisão do acto tributário, sendo analisadas, de forma sumária, as possibilidades e potencialidades de utilização deste meio procedimental, nomeadamente, como forma de resposta a novos tipos de contencioso (*e.g.* com fundamento em violação de normas de Direito Fiscal Internacional). Adicionalmente, o autor procura identificar algumas das discussões que têm vindo a ser trazidas à colação a propósito da revisão do acto tributário tomando, a final, posição sobre a interpretação que parece ser mais correcta do ponto de vista científico.

ABSTRACT: The present article discusses the taxable act review, analyzing, summarily, the possibilities and potentialities of this procedures, notably as a mean to respond to new forms of litigation (*e.g.* based on the breach of International Tax Law provisions). Furthermore, the author identifies some of the discussions that have been brought to light in what concerns the taxable act review, defending the interpretation which seems to be the most accurate from a scientific standpoint.

[1] O autor pode ser contactado através do e-mail: leonardosantos@portugalmail.com.

1. INTRODUÇÃO

A Lei Geral Tributária (doravante "LGT"), art. 78º – que se inclui no capítulo mais amplo dedicado à Decisão (Capítulo IV) – versa sobre a temática da *revisão dos actos tributários*.[2]

A importância deste regime, e a razão pela qual nos propomos analisá-lo com algum detalhe, resulta do facto de o regime da revisão do acto tributário – quando aplicado correctamente e na sua plenitude – poder significar um aumento exponencial na tutela das garantias dos contribuintes. No entanto, como destacaremos de seguida, a redacção do artigo acima referido nem sempre é particularmente clara, pelo que o potencial deste meio procedimental poderá não estar a ser totalmente explorado.

Conforme se desenvolve *infra*, a revisão do acto tributário pode ser efectuada, em algumas situações, em prazos mais latos do que os prazos que encontramos previstos relativamente a outros meios ditos tradicionais. Desta forma, em N/opinião, a revisão do acto tributário deverá ser considerada uma forma de tutela complementar que poderá dar resposta, nomeadamente, a novos tipos de contencioso (*e.g.* casos de violação de normas de Direito da União Europeia), ou ser utilizada, simplesmente, como um último reduto de defesa ao serviço dos contribuintes, razão pela qual o seu regime deve estar presente e assumir-se como uma alternativa efectiva.

Assim, sem a ambição de esgotar o tema, propomo-nos analisar alguns dos pontos que têm levantado dúvidas interpretativas, procurando ainda tornar mais visíveis as situações em que a *revisão do acto tributário* pode ser suscitada.

2. ENQUADRAMENTO GERAL DA QUESTÃO EM ANÁLISE

A LGT, art. 78º, estabelece o seguinte:

> *"1 – A revisão dos actos tributários pela entidade que os praticou pode ser efectuada por iniciativa do sujeito passivo, no prazo de reclamação administrativa e com fundamento em qualquer ilegalidade, ou, por iniciativa da administração tributária, no prazo de quatro anos após a liquidação ou a todo o tempo se o tributo ainda não tiver sido pago, com fundamento em erro imputável aos serviços.*
>
> *2 – Sem prejuízo dos ónus legais de reclamação ou impugnação pelo contribuinte, considera-se imputável aos serviços, para efeitos do número anterior, o erro na autoliquidação.*
>
> *3 – A revisão dos actos tributários nos termos do nº 1, independentemente de se tratar de erro material ou de direito, implica o respectivo reconhecimento devidamente fundamentado nos termos do nº 1 do artigo anterior.*

---

[2] A matéria da revisão dos actos tributários encontra-se ainda prevista na LGT, art. 54º, nº 1, al c) e no Código do Procedimento e do Processo Tributário (doravante "CPPT"), art. 10º, nº 1, al. b).

4 – O dirigente máximo do serviço pode autorizar, excepcionalmente, nos três anos posteriores ao do acto tributário a revisão da matéria tributável apurada com fundamento em injustiça grave ou notória, desde que o erro não seja imputável a comportamento negligente do contribuinte.

5 – Para efeitos do número anterior, apenas se considera notória a injustiça ostensiva e inequívoca e grave a resultante de tributação manifestamente exagerada e desproporcionada com a realidade ou de que tenha resultado elevado prejuízo para a Fazenda Nacional.

6 – A revisão do acto tributário por motivo de duplicação de colecta pode efectuar-se, seja qual for o fundamento, no prazo de quatro anos.

7 – Interrompe o prazo da revisão oficiosa do acto tributário ou da matéria tributável o pedido do contribuinte dirigido ao órgão competente da administração tributária para a sua realização."

Começamos por enquadrar, de forma genérica, as questões que se podem suscitar a propósito do regime da revisão do acto tributário:

O artigo *supra* transcrito, parece identificar quatro tipos de revisão do acto. A revisão por iniciativa do sujeito passivo e a revisão por iniciativa da Administração Tributária, ambas previstas no número 1,[3] a revisão com fundamento em injustiça grave ou notória, prevista no número 4 e, finalmente, a revisão por motivo de duplicação de colecta, prevista no número 6.[4]

A respeito do número 1 do artigo transcrito, a redacção da norma suscita-nos diversas questões, nomeadamente o significado que deve ser dado à expressão *reclamação administrativa*[5], a possibilidade de a revisão ser despoletada pelo sujeito passivo no prazo de quatro anos com fundamento em *erro imputável aos*

---

[3] Refere-se desde já que partilhamos da opinião de alguns autores nomeadamente José Casalta Nabais e António Lima Guerreiro) quando eles referem que a norma citada (LGT, art. 78º, nº 1) versa, regra geral, sobre a revisão dos actos a favor dos contribuintes, uma vez que a revisão a favor da Administração Tributária deverá ser efectuada antes de ultrapassado o prazo de caducidade, estando a sua disciplina contemplada na LGT, art. 45º e 46º. Na verdade, nos casos de "Revisão" a favor da Administração Tributária não existe uma verdadeira revisão do acto mas a prática de um acto adicional que não deverá afectar a validade do primeiro acto praticado. Repare-se ainda que, o prazo de caducidade não se confunde com prazo de revisão do acto, uma vez que aquele é contado de acordo com os critérios estabelecidos pela LGT, art. 45º e este quando efectuado por iniciativa da Administração Tributária é contado a partir da liquidação ou a todo o tempo se o imposto ainda não tiver sido liquidado. No mesmo sentido, *vide* José Casalta Nabais, *Por um Estado Fiscal Suportável, Estudos de Direito Fiscal, Volume III,* Almedina, pag. 233 e António Lima Guerreiro, *Lei Geral Tributária Anotada,* Editora Rei dos Livros, pag. 343.

[4] A este respeito fala-se ainda em casos de *revisão normal* ou *revisão ordinária, i.e.* a revisão por iniciativa do sujeito passivo no prazo de reclamação administrativa e a revisão por iniciativa da Administração Tributária ou do sujeito passivo no prazo de quatro anos e dos casos de *revisão excepcional* ou *revisão extraordinária, i.e.* em situações de duplicação de colecta ou de injustiça grave ou notória. *Vide* José Casalta Nabais, *Direito Fiscal, 2010,* 6º Edição, Almedina, pag. 331 e José Casalta Nabais, *Por um Estado Fiscal Suportável...,* pag. 213 e ss..

[5] O que pode ser determinante para identificar o prazo para suscitar a revisão.

serviços (apesar da referência à iniciativa da Administração Tributária), ou ainda a extensão do conceito de *erro imputável aos serviços*.

Relativamente ao número 4, importa determinar o que se entende por *injustiça grave ou notória*, e verificar em que situações esta pode ser suscitada, em especial atendendo a que a norma exige que a revisão seja *excepcional*.

Finalmente, referindo-nos ao número 6, embora a revisão do acto por motivo de duplicação de colecta não levante os mesmos problemas interpretativos que os restantes tipos de revisão acima descritos, importa ainda assim relembrar o seu regime, uma vez que este pode dar resposta a questões de gritante injustiça fiscal.[6]

3. REVISÃO DO ACTO POR INICIATIVA DO SUJEITO PASSIVO

3.1. Com fundamento em qualquer ilegalidade

Nos termos já referidos acima, a revisão do acto tributário[7] pode ser efectuada por iniciativa do sujeito passivo no prazo de reclamação administrativa e com fundamento em qualquer ilegalidade.

Ora, começando pela primeira questão *supra* colocada, interessa determinar o que se entende por *reclamação administrativa* para efeitos deste artigo. A importância desta questão prende-se naturalmente com o prazo no qual o procedimento pode ser despoletado.

A este respeito refere-se que o elemento literal da interpretação poderia, à partida, conduzir o intérprete para dois resultados distintos, representativos de duas correntes de pensamento:

(i) Para o prazo de reclamação previsto no Código do Procedimento Administrativo (doravante "CPA"), art. 162º, ou seja, para a reclamação prevista para o Procedimento Administrativo; ou

(ii) Para o prazo de reclamação graciosa previsto no Código do Procedimento e do Processo Tributário (doravante "CPPT"), art. 70º, seja, para

---

[6] Naturalmente o presente artigo gera ainda outras dificuldades de interpretação que não iremos abordar no presente artigo. Destacamos, nomeadamente, a dificuldade que porventura poderá ser sentida na interpretação a ser dada a *acto tributário* na medida em que o artigo faz referências a *acto tributário* e a *"matéria tributável"*. Para maiores desenvolvimentos *vide* Diogo Leite de Campos, Benjamim Silva Rodrigues e Jorge Lopes de Sousa, *Lei Geral Tributária, comentada e anotada,* 3ª edição, Setembro 2003, Vislis editores, pag.401.

[7] A referência a *"acto tributário"* parece determinar que este regime se aplica a tributos unilaterais (impostos), tributos bilaterais (taxas) e ainda a contribuições. Neste sentido, *vide* José Casalta Nabais, *Por um Estado Fiscal Suportável...*, pag. 228 e ss..

um tipo de reclamação decidida igualmente por um órgão administrativo, contudo, especificamente pensada para o contencioso tributário[8].

Os percursores da primeira tese salientam que, quando o legislador fiscal se pretendeu referir à reclamação graciosa, utilizou correctamente esta expressão. Destaca-se assim, a título de exemplo, a LGT, art. 43º, nº 1, 53º, nº 2. e 92º, nº 8. Desta forma, na opinião de alguns autores, seria pouco coerente por parte do legislador utilizar correctamente a expressão *reclamação graciosa* em alguns artigos e esperar que o intérprete continue a ler *reclamação graciosa* quando a letra da lei especificamente se refere a *reclamação administrativa*.[9]

Em sentido contrário, porém, há autores que defendem que a expressão *reclamação administrativa* se refere à *reclamação graciosa*, prevista no CPPT art. 68º e ss.[10] Assim estes autores, a expressão *reclamação administrativa* refere-se apenas ao facto de a reclamação ser efectuada pela via administrativa. Adicionalmente, em prol desta tese são ainda invocados argumentos de coerência interna do sistema, não fazendo sentido na opinião de alguns autores apelar a prazos não específicos do contencioso tributário.[11]

No que respeita aos órgãos decisores (*i.e.* Tribunais e Administração Tributária) encontramos igualmente reflexo das duas posições.[12]

Em N/ opinião, o prazo de revisão do acto tributário por iniciativa do sujeito passivo deverá ser de 15 dias. Em primeiro lugar porque seria pouco coerente que uma referência à reclamação graciosa feita no âmbito da mesma codificação (LGT) fosse efectuada três vezes através do uso rigoroso da expressão *reclamação graciosa* e outra vez através do recurso à expressão *reclamação administrativa*.

---

[8] Tal como refere Casalta Nabais "*[N]um certo sentido podemos dizer que, em rigor, não estamos nem perante a reclamação administrativa regulada no CPA, nem face à reclamação (graciosa) disciplinada na LGT e no CPPT, mas antes perante um verdadeiro tertium genus.*" Vide José Casalta Nabais, *Por um Estado Fiscal Suportável...*, pag. 233, nota de rodapé 43.

[9] Neste sentido, *vide* Diogo Leite de Campos, Benjamim Silva Rodrigues e Jorge Lopes de Sousa, *Lei Geral Tributária...*, pag. 404; Jorge Lopes de Sousa, *Código do Procedimento e do Processo Tributário Anotado e Comentado*, vol. I, pag. 543 e 544.

[10] Neste sentido, *vide* José Casalta Nabais, *Direito Fiscal...*, pag. 331; António Lima Guerreiro, *Lei Geral Tributária...*, pag. 343 e 344; Joaquim Freitas da Rocha, *Lições de Procedimento e Processo Tributário*, 3.ª Edição, Coimbra Editora, 193 e 194; Serena Cabrita Neto, *Introdução ao Processo Tributário*, Instituto Superior de Gestão, 2004, pag. 60.

[11] Neste sentido *vide* Serena Cabrita Neto..., pag. 60.

[12] A defender que o prazo é de 15 dias veja-se, por exemplo, Acórdão do Supremo Tribunal Administrativo, proferido em 15-04-2009, no âmbito do processo 065/09 a defender que o prazo em causa é o prazo da Reclamação Graciosa veja-se o ofício circulado 20146 de 16-06-2010, Acórdão do Tribunal Central Administrativo (Sul), proferido em 11-01-2011 e Despacho nº 1695/2001, de 8 de Maio de 2002.

Na realidade, estando demonstrado que em alguns casos o legislador se refere rigorosamente a *reclamação graciosa*, parece-nos que, se a expressão utilizada é diferente (*reclamação administrativa*), também o legislador se quis referir a uma realidade diferente, *e.g.* à reclamação prevista no CPA.

Por outro lado apesar de as observações relativas à coerência do sistema (caso se entenda que existe uma remissão para o prazo previsto no CPA, art. 162º) nos parecem pertinentes, em n/opinião, este ponto não deverá ser tido por determinante. Na verdade existe uma aplicação subsidiária do contencioso administrativo relativamente ao contencioso tributário[13] (o que parece aproximar os procedimentos). ????????. Por outro lado a aplicação – no contencioso tributário – de meios não específicos do contencioso tributário. Encontra-se previsto noutras situações.

Por outro lado, destacamos ainda que, o facto de a revisão ser decidida pelo autor do acto (à semelhança do que sucede com a reclamação prevista no CPA) em vez de ser decidida pelo órgão periférico regional ou local, aparenta ser um argumento adicional em favor da N/opinião.

A revisão do acto por iniciativa do particular parece destinar-se a uma resolução rápida de potenciais litígios fiscais, quase que ao balcão do serviço de finanças (daí a possibilidade de o prazo ser, em N/opinião, tão curto). Será assim uma forma de reacção contra questões de fácil resolução, através de um procedimento ainda mais simplificado do que a reclamação graciosa, passível de ser apresentado, eventualmente, ainda durante o prazo de pagamento voluntário.[14/15]

Na verdade, há actos em matéria tributária que, nos termos do CPPT, art. 97º, nº 2, al. p) deverão ser atacados através de acção administrativa especial (antigo recurso contencioso).

Referimos contudo que, em termos práticos, a relevância da discussão *supra* acaba por não ser muito elevada, na medida em que, se a revisão for solicitada "à cautela" no prazo de 15 dias, não haverá qualquer dúvida de que a revisão será tempestiva. Por outro lado, quando a revisão seja solicitada após o prazo de 15 dias, mas dentro do prazo de 120 dias, ou a Administração Tributária considera o

---

[13] *Vide* CPPT, art. 2º.

[14] Como refere Serena Cabrita Neto, "(...) *este mecanismo deverá ser a solução preferencial sempre que estejamos perante a ocorrência de erros evidentes, em que é dada uma nova oportunidade à Administração para os corrigir (...). (...) é, no fundo, uma porta aberta para uma reparação rápida de erros cometidos.*" *Vide* Serena Cabrita Neto..., pag. 61.

[15] Ainda que, hoje em dia, o CPPT, art. 95º – A, preveja um procedimento de correcção de erros da administração tributária, que visa a reparação por meios simplificados de erros materiais ou manifestos da administração tributária ocorridos na concretização do procedimento tributário ou na tramitação do processo de execução fiscal.

acto tempestivo, ou terá a obrigação de o convolar, nomeadamente numa reclamação graciosa.[16/17]

Mais controverso, como a seguir se demonstra, é a possibilidade de o sujeito passivo solicitar a revisão do acto após o prazo de 120 dias.

3.2. Revisão do acto por erro imputável aos serviços
3.2.1. Enquadramento

Em muitos casos, a revisão do acto despoletada pelo sujeito passivo com base na ilegalidade do acto, não será a primeira escolha em termos de meio a utilizar. Isto resulta do facto de existirem algumas dúvidas relativamente ao seu regime legal (conforme foi referido acima) mas sobretudo porque tomada a decisão de recorrer a um meio gracioso/administrativo, a reclamação graciosa acaba por ter um regime mais detalhado e perfeito, acabando na prática por ser um meio mais procurado. O próprio facto de ser um meio estatisticamente mais usual acaba por dar algum conforto ao seu utilizador.

Contudo, tendo em consideração que o prazo geral da reclamação graciosa é de 120 dias[18] a revisão do acto tributário ganharia uma nova importância, e até destaque, no seio dos restantes meios contenciosos, caso pudesse ser solicitada pelo sujeito passivo no prazo de quatro anos, sobretudo se se pudesse suscitar a apreciação da legalidade dos actos.

No entanto, numa primeira leitura da LGT, art. 78º, nº 1, verificamos que a norma apenas prevê a utilização daquele prazo por iniciativa da Administração Tributária e, ainda assim, apenas com fundamento em *erro imputável aos serviços*.

Em todo o caso, parece-nos que uma interpretação correcta da norma terá que resultar forçosamente na possibilidade de, por um lado, ser o próprio sujeito passivo a solicitar a revisão do acto e, por outro, que o *erro imputável aos serviços* abranja quer o erro de facto, quer o erro de direito, acabando por se "confundir" o conceito de erro imputável aos serviços, com o conceito de legalidade.

---

[16] *Cfr.* CPPT, art. 52º

[17] Salientamos, em todo o caso, que as dificuldades interpretativas relativas a este preceito mereceram inclusivamente a atenção do Grupo para o Estudo da Política Fiscal, tendo sido sugerido no relatório apresentado em 3 de Outubro de 2009, que se clarificasse o sentido de *reclamação administrativa*, tendo sido recomendado que se determinasse que o significado *"abrange exclusivamente a reclamação graciosa"* (pag. 51).

[18] Sendo, contudo, de utilização obrigatória nos casos de autoliquidação, retenção na fonte e pagamento por conta, nos termos do CPPT, art. 131º, 132º e 133º, respectivamente, situações em que poderá ser apresentada no prazo de 2 anos e no prazo de 30 dias na situação dos pagamentos por conta.

3.2.2. A iniciativa do sujeito passivo

Concretizando os pontos *supra*, começamos por reiterar que, apesar de a LGT, art. 78º, nº 1, determinar que é competente para proceder à revisão oficiosa a entidade que praticou o acto (*i.e.* o órgão da Administração Tributária), sendo esta igualmente competente para despoletar o processo que poderá conduzir à sua revisão,[19] também os sujeitos passivos interessados podem solicitar a revisão dos actos tributários (no prazo de quatro anos), segundo o princípio geral de que tudo o que pode ser feito e solicitado oficiosamente pela Administração Tributária pode ser feito a pedido dos interessados.[20]

Acresce que, ao abrigo dos princípios da legalidade, da igualdade, da proporcionalidade, da justiça e da imparcialidade, previstos na LGT, art. 55º, e do princípio da participação, previsto na LGT, artigo 56º, a Administração Tributária tem a obrigação de se pronunciar sobre o pedido de revisão efectuado pelo sujeito passivo.[21] [22] Na verdade, consideramos igualmente que a Administração Tributária não pode deixar de se pronunciar relativamente a um pedido efectuado por um sujeito passivo no âmbito das suas atribuições, em virtude da apli-

---

[19] Neste sentido *vide* Diogo Leite de Campos, Benjamim Silva Rodrigues e Jorge Lopes de Sousa, *Lei Geral Tributária...*, pag. 283.

[20] Neste sentido *vide* Diogo Leite de Campos, Benjamim Silva Rodrigues e Jorge Lopes de Sousa, *Lei Geral Tributária...*, pag. 283 e *cfr.* por exemplo, Acórdão do Tribunal Central Administrativo (Sul) proferido em 25-11-2009, no âmbito do processo 02842/09.

[21] Neste sentido *vide* Diogo Leite de Campos, Benjamim Silva Rodrigues e Jorge Lopes de Sousa, *Lei Geral Tributária...*, pag. 283.

[22] A este respeito já se pronunciou a doutrina referindo que *"[N]o caso de se verificarem os pressupostos da revisão, a administração tributária terá de proceder à mesma, por imposição dos princípios da justiça, da boa fé e do respeito pelos direitos e interesses legítimos dos cidadãos, que devem nortear a sua actividade (art. 55º da LGT)"*. *Vide* Diogo Leite de Campos, Benjamim Silva Rodrigues e Jorge Lopes de Sousa, *Lei Geral Tributária comentada e anotada*, 1999, 3.ª reimpressão actualizada, Vislis, pag. 283. No mesmo sentido, também o STA já referiu que *"(...) o artigo 78.º da Lei Geral Tributária prevê a revisão do acto tributário "por iniciativa do sujeito passivo" ou "da administração tributária", aquela "no prazo de reclamação administrativa e com fundamento em qualquer ilegalidade", e esta "no prazo de quatro anos após a liquidação ou a todo o tempo se o tributo ainda não tiver sido pago, com fundamento em erro imputável aos serviços"*. *(Cfr.* de entre outros o Acórdão do Supremo Tribunal Administrativo de 11-05-2005, proferido no âmbito do processo 319/05 e o Acórdão do Supremo Tribunal Administrativo de 22-03-2011 proferido no âmbito do processo 01009/10). *"Todavia, tal não significa que o contribuinte não possa, no prazo da revisão oficiosa, pedir esta mesma revisão. Tal resulta, desde logo, dos princípios da legalidade, da justiça, da igualdade e da imparcialidade – art. 266', n. 2 da CRP."* (*Cfr.* Acórdão do Supremo Tribunal Administrativo de 21-01-2009 proferido no âmbito do processo 0771/08 e Acórdão do Supremo Tribunal Administrativo de 17/5/2006, proferido no âmbito do processo 16/06 e Acórdão do Supremo Tribunal Administrativo de 22-03-2011, proferido no âmbito do processo 01009/10).

cação do princípio do dever de pronúncia, previsto pelo CPA, art. 9º, aplicável *ex vi* LGT, art. 2º.[23]

Entendemos ainda, que a possibilidade de ser o particular a despoletar a revisão do acto tributário com fundamento em *erro imputável os serviços* tem assento efectivo na letra lei. Repare-se que o número 7 do artigo em análise refere expressamente que " *[I]nterrompe o prazo da revisão oficiosa do acto tributário ou da matéria tributável o **pedido do contribuinte** dirigido ao órgão competente da administração tributária para a sua realização.".*[24] Assim, foi o próprio legislador que consagrou expressamente a possibilidade de ser o contribuinte a despoletar a revisão oficiosa ou, por outras palavras, a ter a iniciativa da revisão.

A este respeito, referimos adicionalmente que a Administração Tributária já se parece ter manifestado no sentido de aceitar a possibilidade de ser o sujeito passivo a suscitar a revisão do acto com base em erro imputável aos serviços,[25] apesar de, na prática, se assistir muitas vezes a uma recusa deste argumento por parte dos órgãos chamados a rever o acto, quando apresentados pelo sujeito passivo, no prazo de 4 anos.

3.2.3. O dever de pronúncia da Administração Tributária: utilização de um prazo de 4 anos

Naturalmente, sendo possível ao sujeito passivo suscitar a revisão do acto com fundamento em erro imputável aos serviços, com base na argumentação acima descrita, torna-se então possível a utilização deste meio procedimental num prazo de 4 anos.

Em N/opinião, esta possibilidade traduz-se, na prática, num aumento exponencial das garantias dos contribuintes, que vêem assim uma porta aberta para discutir os seus direitos num prazo mais amplo. Ou seja, não vêem precludidos

---

[23] *"Como se refere no Acórdão do STA de 20 de Março de 2002, recurso n. 26.580: «Face a tais princípios, não se vê como possa a Administração demitir-se legalmente de tomar a iniciativa de revisão do acto quando demandada para o fazer através de pedido dos interessados já que tem o dever legal de decidir os pedidos destes, no domínio das suas atribuições, sendo que «o dever de pronúncia constitui, de resto, um princípio abertamente assumido pelo art. 9º do CPA, no domínio do procedimento administrativo mas aqui também aplicável por mor do disposto no art. 2° do mesmo código»." (Cfr.* Acórdão do Supremo Tribunal Administrativo de 21-01-2009, proferido no âmbito do processo 0771/08).

[24] Negrito nosso.

[25] Ao referir que *"[P]arece resultar do art. 70º da L.G.T.; não obstante todos os casos de revisão serem da iniciativa da administração tributária, que o sujeito passivo pode suscitar a realização da revisão do acto tributário ou da matéria tributável ao órgão competente da administração tributária.". Cfr.* Despacho nº 1695/2001, de 8 de Maio de 2002.

os seus direitos se apenas tomarem consciência dos mesmos para além do prazo de 120 dias previstos para a reclamação graciosa.[26]

Outra consequência do aumento do prazo de reacção contra uma situação de erro imputável aos serviços, será um consequente aumento do prazo de estabilização da esfera jurídico-fiscal do sujeito passivo. Em todo o caso, entendemos que o princípio da legalidade, da descoberta da verdade material, ou até o princípio da boa-fé apenas poderão ceder perante direitos ou princípios que se afigurem merecedores de maior tutela. Desta forma, apenas compreenderíamos que a Administração Tributária deixasse de rever um acto praticado com erro, se existisse uma ofensa grave do princípio da segurança jurídica.[27]

No entanto, a tutela do princípio da segurança jurídica parece bastar-se com um prazo de 4 anos, na medida em que o direito de liquidar impostos, apenas caduca após o decurso daquele prazo.[28/29] Assim, não N/parece fazer sentido falar numa estabilização da esfera jurídica antes do decurso deste período. Desta feita, a defesa da legalidade e/ou da boa-fé, resultante da revisão de um acto relativamente ao qual se reconheça existir erro, não deverá ceder perante o princípio da segurança jurídica, visto este, em N/opinião, não sequer afectado, por uma revisão efectuada no prazo de 4 anos.[30]

---

[26] *"Trata-se de um regime reforçadamente garantístico, quando comparado com o regime de impugnação de actos administrativos, por se permitir a correcção de ilegalidades geradoras de anulabilidade não arguidas nos prazos legais de impugnação, mas esse reforço encontra explicação na natureza fortemente agressiva da esfera jurídica dos particulares que têm os actos de liquidação de tributos."* (Cfr. Acórdão do Supremo Tribunal Administrativo de 28-11-2007, proferido no âmbito do processo 0532/07).

[27] *"[E]ste dever, porém, sofre limitações, justificadas por necessidades de segurança jurídica, designadamente quando as receitas liquidadas já foram arrecadadas, o que justifica que sejam estabelecidas limitações temporais."* (Cfr. Acórdão do Supremo Tribunal Administrativo de 12-07-2006, proferido no âmbito do processo 0402/06).

[28] Naturalmente nos termos já referidos *supra*, o prazo de revisão oficiosa não se confunde com prazo de caducidade da liquidação.

[29] Conforme refere Serena Cabrita Neto, *"[C]umpre notar que este prazo de 4 anos, aliado ao prazo de caducidade para a liquidação (que também é de 4 anos) e ao prazo para intentar a acção residual para reconhecimento de um direito ou interesse em matéria tributária, é o corolário da fixação do quadriénio como o prazo a partir do qual a situação tributária material do contribuinte se consolida definitivamente, sem mais possibilidade de alteração"* Vide Serena Cabrita Neto, *Introdução ao Processo Tributário...*, pag. 61.

[30] Ainda no mesmo sentido refere o Supremo Tribunal Administrativo que *"[N]um Estado de Direito, em que a actividade administrativa está genericamente sujeita à observância do princípio da legalidade (art. 266º, nº 2, da CRP) e em que os entes públicos são responsáveis civilmente pelos actos que pratiquem que provoquem prejuízos para os particulares (art. 22º da CRP), só se compreende que se deixe de impor à Administração o dever de reparar as consequências dos actos ilegais que pratique se existirem razões de segurança jurídica que imponham uma restrição ou limitação daquele dever."* (Cfr. Acórdão do Supremo Tribunal Administrativo de 15-04-2009, proferido no âmbito do processo 065/09).

Uma última nota para referir que, de acordo com a LGT, art. 78º, nº 1, se o tributo ainda não tiver sido pago, a revisão pode ser solicitada a todo o tempo.

3.2.4. O alcance de "erro imputável aos serviços"

Importa agora analisar exactamente o escopo de aplicação deste mecanismo, ou seja, determinar o que se entende por *erro imputável aos serviços*.

A este respeito, começamos por referir que a Administração Tributária está obrigada a pautar a sua actuação pelo cumprimento da lei.[31/32]

Desta feita, ainda que não seja provada a culpa por parte da pessoa ou entidade que emitiu o acto, sempre que este seja desconforme com a lei, existirá, consequentemente, um erro imputável aos serviços.[33] Assim, o erro imputável aos serviços será, não só o erro de facto, mas igualmente o erro de direito.[34]

Não estamos apenas a falar de um simples lapso, mas sim de um erro na efectiva aplicação do direito.[35]

A latitude dada ao conceito de *erro imputável aos serviços* parece-nos ter sido, na verdade, uma opção clara do legislador, porquanto no número 3 do artigo em análise a norma determina que *"[A] revisão dos actos tributários nos termos do nº 1, independentemente de se tratar de erro material ou de direito,*[36] *implica o respectivo reconhecimento devidamente fundamentado nos termos do nº 1 do artigo anterior.".* Ora, o único erro mencionado na LGT, art. 78º, nº 1 é o *erro imputável aos serviços*, de

---

[31] *Cfr.* Constituição da República Portuguesa, art. 266º, LGT, art. 55º.

[32] *"Este dever de a Administração concretizar a revisão de actos tributários, a favor do contribuinte, quando detectar uma situação desse tipo, por sua iniciativa ou do contribuinte, existe em relação a todas as situações de tributação, seja ou não a liquidação efectuada pela administração tributária, pois os princípios da justiça, da igualdade e da legalidade que a administração tributária tem de observar na globalidade da sua actividade (art. 266º, nº 2, da C.R.P. e 55º da L.G.T.), impõem que sejam oficiosamente corrigidos todos os erros das liquidações que tenham conduzido à arrecadação de tributo em montante superior ao que seria devido à face da lei."* (*Cfr.* Acórdão do Supremo Tribunal Administrativo de 28-11-2007, proferido no âmbito do processo 0532/07).

[33] *"Esta imputabilidade do erro aos serviços é independente da demonstração da culpa de qualquer dos seus funcionários ao efectuar liquidação afectada por erro, podendo servir de base à responsabilidade por juros indemnizatórios a falta do próprio serviço, globalmente considerado."* (*Cfr.* Acórdão do Supremo Tribunal Administrativo de 12-11-2009, proferido no âmbito do processo 0681/09).

[34] *"Na verdade, o citado art. 78º permite ao contribuinte discutir, em sede de revisão, a legalidade do acto."* (*Cfr.* Acórdão do Supremo Tribunal Administrativo de 21-01-2009, proferido no âmbito do processo 0771/08).

[35] No mesmo sentido, o STA refere que *"[O] «erro imputável aos serviços» constante do art. 78°, n.° 1 in fine da LGT compreende o erro de direito cometido pelos mesmos que não apenas o simples lapso, erro material ou de facto."* (*Cfr.* Acórdão do Supremo Tribunal Administrativo de 11-05-2005, proferido no âmbito do processo 0319/05).

[36] Negrito nosso.

onde forçosamente se tem que concluir que *erro* significa *erro de facto* e *erro de direito*.

Verificamos assim, que o conceito de *erro imputável aos serviços* tem vindo a ser trabalhado de um modo particularmente amplo, concretizando qualquer ilegalidade que seja imputável à Administração Tributária.[37]

Por outro lado, a possibilidade de configurar o *erro imputável aos serviços* como *erro de direito*, de onde se extrai a possibilidade de rever o acto com base em ilegalidade, abre igualmente a porta para a discussão de matérias relativas à ilegalidade de normas em virtude da violação de disposições de Direito Fiscal Internacional, em especial de Direito da União Europeia.[38] Desta forma, assiste-se a um aumento da tutela efectiva de entidades não residentes, nomeadamente em casos de investimento passivo em Portugal, conforme se desenvolve abaixo.

Salientamos ainda, que o legislador veio alargar a possibilidade de revisão do acto em casos de autoliquidação, nos termos da LGT, art. 78º, nº 2, ao determinar que se considera "(...) *imputável aos serviços, para efeitos do número anterior, o erro na autoliquidação.*"[39]

3.2.5. Relação da revisão do acto com outros meios contenciosos
3.2.5.1. Escolha do meio

Da argumentação acima explanada parece adicionalmente resultar que a revisão do acto tributário se deve enquadrar como um meio complementar[40] e não apenas como um meio subsidiário, ou dependente de outros meios (*e.g.* reclamação graciosa e impugnação judicial).

---

[37] O *"erro imputável aos serviços"* concretiza qualquer ilegalidade, não imputável ao contribuinte mas à Administração, com ressalva do erro na autoliquidação que, para o efeito, é equiparado aos daquela primeira espécie – artigo 78.º, n. 2 in fine (Acórdão citado de 17/5/2006). (Cfr. Acórdão do Supremo Tribunal Administrativo de 21-01-2009, proferido no âmbito do processo 0771/08).

[38] Assim, o STA tem uniforme e reiteradamente afirmado que "(...) *havendo erro de direito na liquidação, por aplicação de normas nacionais que violem o direito comunitário e sendo ela efectuada pelos serviços, é à administração tributária que é imputável esse erro, sempre que a errada aplicação da lei não tenha por base qualquer informação do contribuinte*" (negrito nosso). (Cfr. v.g. Acórdão do Supremo Tribunal Administrativo de 22-03-2011 proferido no âmbito do processo 01009/10 e Acórdão do Supremo Tribunal Administrativo de 12/12/2001, proferido no âmbito do processo 26.233.)

[39] *"I – O alcance do nº 2 do art. 78º da LGT, ao estabelecer que, para efeitos de admissibilidade de revisão do acto tributário, se consideram imputáveis à administração tributária os erros na autoliquidação, foi o de alargar as possibilidades de revisão nestas situações de autoliquidação, em relação às que existiam no domínio do CPT, solução esta que está em sintonia com a directriz primordial da autorização legislativa em que se baseou o Governo para aprovar a LGT, que era a de reforço das garantias dos contribuintes."* (Cfr. Acórdão do Supremo Tribunal Administrativo de 28-11-2007 proferido no âmbito do processo 0532/07).

[40] Esta ideia de complementaridade parece ser igualmente aceite pela Administração Tributária, nos termos do Despacho nº 1695/2001, de 8-05-2002.

Repare-se que, da vinculação da Administração Tributária ao princípio da legalidade[41] e da consequente obrigação de revogar os actos que se tenham por ilegais, quase que surge uma prioridade deste meio procedimental relativamente a outras formas de recurso. Enquanto o sujeito passivo tem a *possibilidade* de reagir, a Administração Tributária tem um *poder-dever* de reparar todas as situações de ilegalidade. Consequentemente, sendo a revisão do acto efectuada pela Administração Tributária (ainda que mediante uma possível iniciativa do sujeito passivo), este meio deverá ser aceite sem qualquer dependência ou procedência de outros meios.[42]

Isto implica necessariamente que, mesmo depois do decurso do prazo de reclamação graciosa e de impugnação judicial, a Administração Tributária tem o dever de revogar actos de liquidação de tributos que sejam ilegais, nos prazos previstos na LGT, art. 78º.[43]

Ainda no que respeita à articulação entre a revisão do acto tributário e outros meios contencioso, parece-nos resultar da LGT, art. 78º, que a revisão oficiosa poderá ter lugar – nos casos de reclamação graciosa obrigatória – independentemente, de esta ter sido apresentada.[44] Na verdade, não só a letra da lei não impõe

---

[41] *"Este dever de a Administração concretizar a revisão de actos tributários, a favor do contribuinte, quando detectar uma situação desse tipo, por sua iniciativa ou do contribuinte, existe em relação a todas as situações de tributação, seja ou não a liquidação efectuada pela administração tributária, pois os princípios da justiça, da igualdade e da legalidade que a administração tributária tem de observar na globalidade da sua actividade (art. 266º, nº 2, da C.R.P. e 55º da L.G.T.), impõem que sejam oficiosamente corrigidos todos os erros das liquidações que tenham conduzido à arrecadação de tributo em montante superior ao que seria devido à face da lei." (Cfr.* Acórdão do Supremo Tribunal Administrativo de 28-11-2007, proferido no âmbito do processo 0532/07).

[42] *"Há, assim, um reconhecimento no âmbito do direito tributário do dever de revogar* **actos** *ilegais." (Cfr.* Acórdão do Supremo Tribunal Administrativo de 28-11-2007, proferido no âmbito do processo 0532/07). Neste sentido, *vide* ainda Robin de Andrade, *A revogação dos actos administrativos,* 2.ª edição, páginas 255-268; Maria da Glória Ferreira Pinto, *Considerações sobre a reclamação prévia ao recurso contencioso,* páginas 12-14; Paulo Otero, *O poder de substituição em direito administrativo,* volume II, páginas 582-583; Mário Esteves de Oliveira, *Direito Administrativo,* volume I, páginas 613-614; Freitas do Amaral, *Curso de direito administrativo,* volume II, páginas 463-465.).

[43] *"Mesmo depois do decurso dos prazos de reclamação graciosa e de impugnação judicial, a Administração Tributária tem o dever de revogar actos de liquidação de tributos que sejam ilegais, nas condições e com os limites temporais referidos no art. 78º da L.G.T." (Cfr.* Acórdão do Supremo Tribunal Administrativo de 06-10-2005, proferido no âmbito do processo 0653/05).

[44] *"A formulação de pedido de revisão oficiosa do acto tributário pode ter lugar relativamente a actos de* **retenção na fonte**, *independentemente de o contribuinte ter deduzido reclamação graciosa nos termos do art. 152º do CPT (ou 132º do CPPT), pois esta é necessária apenas para efeitos de dedução de impugnação judicial." (negrito nosso) (Cfr.* Acórdão do Supremo Tribunal Administrativo de 12-07-2006, proferido no âmbito do processo 0402/06). Com efeito, *"[A]quele art. 78º, nº 2, seria organicamente inconstitucional, por ser incompatível com aquele sentido da autorização legislativa, se fosse interpretado por forma que se reconduza a*

qualquer restrição ou condicionamento no recurso a este meio procedimental, como exigir uma reclamação graciosa prévia violaria o espírito garantístico do preceito e redundaria numa dupla análise da questão em apreço por parte da Administração Tributária.

3.2.5.2. Impugnação da decisão da revisão do acto

Uma das vantagens da revisão do acto, sobretudo sendo possível utilizar um prazo mais lato, é a possibilidade de poder submeter posteriormente a questão à apreciação do Tribunal, através da apresentação de uma impugnação judicial.

De acordo com a jurisprudência[45] e doutrina[46] dominantes, será possível tirar partido quer do silêncio da Administração Tributária (reagindo com base no indeferimento tácito do pedido de revisão),[47] quer de um indeferimento expresso e submeter a questão à apreciação do Tribunal.

Repare-se que, nos termos da LGT, art. 95º, nº 1 *"[O] interessado tem o direito de impugnar ou recorrer de todo o acto lesivo dos seus direitos e interesses legalmente protegidos, segundo as formas de processo prescritas na lei.",* acrescentando o nº 2, al. d) do mesmo artigo que *"[P]odem ser lesivos, nomeadamente d) O indeferimento, expresso ou tácito e total ou parcial, de reclamações, recursos ou pedidos de revisão ou reforma da liquidação".*[48]

Com efeito, em muitas situações, por razões que se prendem com a estratégia processual a utilizar, o sujeito passivo pretende ver o seu diferendo com a Administração Tributária decidido pelo Tribunal. Contudo, o prazo geral de impugnação judicial é de 90 dias. Assim, a impugnação do indeferimento tácito ou expresso da revisão do acto traz o sujeito passivo "de volta ao jogo", renovando a sua possibilidade de recurso a tribunal.

---

que a revisão oficiosa, em casos de autoliquidação, só fosse possível quando o contribuinte tivesse previamente apresentado reclamação graciosa e impugnação judicial da autoliquidação." (Cfr. Acórdão do Supremo Tribunal Administrativo de 28-11-2007, proferido no âmbito do processo 0532/07).

[45] A este respeito, o STA já referiu que *"[A] forma processual de reacção contra o despacho de indeferimento do pedido de revisão oficiosa pode ser a impugnação judicial ou o recurso contencioso (hoje acção administrativa especial) conforme a decisão comporte ou não a apreciação da legalidade do acto de liquidação."* (Cfr. Acórdão do Supremo Tribunal Administrativo de 06/11/2008, proferido no âmbito do processo 0357/08).

[46] *Vide* Joaquim Freitas da Rocha, Lições de Procedimento e Processo Tributário....

[47] Destaca-se a este respeito que o Supremo Tribunal Administrativo já se pronunciou a este respeito, referindo que *"[O] meio processual adequado para reagir contenciosamente contra o acto silente atribuído a director-geral que não decidiu o pedido de revisão oficiosa de um acto de liquidação de um tributo é a impugnação judicial."* (Cfr. Acórdão Supremo Tribunal Administrativo de 12/11/2009, proferido no âmbito do processo 0681/09). Acrescenta ainda o referido acórdão que *"[O] prazo para deduzir a impugnação é de 90 dias e conta-se a partir da formação de presunção de indeferimento tácito.".*

[48] Solução legal que decorre, aliás, da garantia constitucional prevista na Constituição da República Portuguesa, art. 268º, nº 4.

3.2.5.3. Recurso hierárquico da decisão da revisão do acto

A este respeito, refere-se ainda que, da previsão lata do CPPT, art. 66º, parece resultar possível apresentar recurso hierárquico da decisão (de indeferimento) da revisão do acto.

4. REVISÃO DO ACTO POR INICIATIVA DA ADMINISTRAÇÃO TRIBUTÁRIA

4.1. Por erro imputável aos serviços

No que respeita ao regime da revisão oficiosa do acto por ao erro imputável aos serviços, remetemo-nos para os comentários ao ponto 3.2. *supra*, com as devidas adaptações, fazendo ainda assim a ressalva para o facto de, naturalmente, a controvérsia relativa à iniciativa da revisão não se colocar neste caso.

4.2. Por injustiça grave e notória

No que respeita à possibilidade de revisão do acto com fundamento na sua injustiça grave e notória, importa referir que todo o regime parece ser ligeiramente diferente do acima descrito (relativamente à revisão prevista na LGT, art. 78º, nº 1), não divergindo apenas no que respeita ao seu fundamento.

Assim, em primeiro lugar, a revisão deve ser autorizada pelo dirigente máximo do serviço, ou seja, o órgão decisor não será necessariamente o órgão que praticou o acto. Por outro lado, neste caso, a revisão apenas pode ser autorizada em situações em que a tributação seja manifestamente exagerada e desproporcionada com a realidade e fortemente lesiva dos interesses do contribuinte (injustiça grave), ou, em alternativa, nos casos em que a injustiça seja ostensiva, patente e inequívoca (injustiça notória), não podendo o erro ser imputável a um comportamento negligente do contribuinte.

A revisão poderá ainda ser autorizada quando tenha resultado elevado prejuízo para a Fazenda Nacional. Repare-se que esta situação poderá apresentar-se como excepcional no que respeita ao próprio objectivo do preceito. Defendemos *supra* que a revisão do acto prevista na LGT, art. 78º será, em termos gerais, a revisão a favor do sujeito passivo (sendo que a revisão a favor da Administração Tributária encontra a sua regulamentação na LGT, art. 45º e 46º), contudo, a possibilidade de revisão do acto no caso de elevado prejuízo para a fazenda parece contemplar uma situação de revisão a favor da Administração Tributária.[49]

---

[49] Este regime parece ser criticado por alguns autores, que defendem que esta solução é excessiva, permitindo um efectivo alargamento do prazo de caducidade do poder de liquidação dos tributos. Neste sentido *vide* José Casalta Nabais, *Por um Estado Fiscal Suportável...*, pag. 234.

Em segundo lugar, a autorização apenas poderá ser concedida excepcionalmente. Contudo, a excepcionalidade, neste caso, não parece referir-se à frequência com a qual ela é concedida, mas a características incomuns da situação da qual resulta uma injustiça gritante. Deve assim ser autorizada sempre que aquelas características apareçam verificadas.[50]

Naturalmente esta autorização não poderá configurar o exercício de um poder discricionário do dirigente do serviço, ou mesmo de uma regalia ou privilégio do mesmo.[51] Esta prerrogativa parece sim, ser um acto vinculado, que resulta directamente dos princípios de justiça e legalidade com os quais se deve pautar a actuação da Administração Fiscal, nos termos já referidos acima. Esta autorização não deverá, desta feita, ser encarada como uma mera faculdade mas, antes, como um verdadeiro poder-dever.

4.3. Com fundamento em duplicação de colecta

No que respeita à duplicação de colecta, trata-se de uma solução que, pela necessidade de tutela das garantias dos contribuintes, se compreende perfeitamente.

Neste caso, não parecem existir dificuldades interpretativas, pelo que, será possível lançar mão deste meio procedimental desde que exista efectiva duplicação de colecta, *i.e.* no que respeita ao tributo já pago e ao tributo que cujo pagamento se volta a exigir, deve verificar-se identidade de facto tributário, identidade de tributo e identidade de período temporal.[52]

5. A REVISÃO DO ACTO TRIBUTÁRIO E A FISCALIDADE INTERNACIONAL

Na sequência do que foi dito *supra*, importa salientar uma vez mais aquele que poderá ser o campo de aplicação, por excelência, da revisão do acto tributário, especificamente no que respeita à possibilidade de ser solicitada pelo sujeito passivo, com base em erro imputável aos serviços.

Ora, verificamos que um prazo de quatro anos, que representa, sem sombra para dúvidas, um aumento exponencial das garantias dos contribuintes, fará especial sentido em situações em que a ilegalidade não seja óbvia ou, pelo menos, facilmente percepcionada pelo sujeito passivo. Repare-se que o quadro fiscal nem sempre se afigura evidente para aqueles que trabalham com a fiscalidade numa base diária. Assim, facilmente se pode compreender que o domínio

---

[50] Neste sentido, *vide* Despacho nº 1695/2001, de 08-05-2002 e Despacho, Parecer 264 de 08-09-2004.

[51] *Cfr.* Despacho nº 1695/2001, de 08-05- 2002 e Despacho, Parecer 264 de 08-09-2004.

[52] *E.g.* Acórdão do Supremo Tribunal Administrativo, de 12-11-2009, proferido no âmbito do processo 0754/09.

pleno dos direitos e garantias fiscais, por parte da generalidade dos sujeitos passivos, não se afigura simples.

Apesar de "a ignorância da lei não aproveitar a ninguém", sucede muitas vezes que o sujeito passivo cumpre com uma obrigação que, na verdade, encontra na sua base uma qualquer ilegalidade. Desta feita, antes mesmo que o sujeito passivo se aperceba que a obrigação que cumpriu era ilegal, muitas vezes já passou um espaço de tempo considerável.

Encontramos exemplos paradigmáticos deste tipo de situações em casos de violação de Direito Fiscal Internacional, especificamente em casos de aplicação de princípios de Direito da União Europeia. Nomeadamente no caso de não residentes (sem estabelecimento estável em Portugal), em que os rendimentos auferidos em Portugal tenham uma natureza passiva, o conhecimento do direito e das obrigações fiscais nacionais não se afigura, regra geral, muito profundo.

Repare-se que o ordenamento jurídico-fiscal nacional está, em N/opinião, pensado para que os não residentes não tenham que ter um conhecimento efectivo do direito fiscal nacional. Daí o legislador se ter rodeado de salvaguardas para a arrecadação da receita obtida em território nacional (*e.g.* retenções na fonte a título definitivo). Nestes termos, não nos parece sequer negligente o comportamento de um não residente que, por exemplo, tenha uma participação social numa entidade portuguesa e ao qual sejam distribuídos dividendos, quando este não cuida de analisar em pormenor todo o direito fiscal Português, porquanto os seus rendimentos serão sujeitos a retenção na fonte a título definitivo.[53/54]

Desta forma, parece-nos justificável que um não residente demore mais tempo a aperceber-se que a obrigação fiscal cumprida (muitas vezes através da substituição tributária) era/é ilegal. Ora, nestes casos, a revisão do acto tributário poderá ser muitas vezes o único meio à disposição do sujeito passivo. Assim, somos da opinião que a revisão do acto tributário não será apenas um último reduto do sujeito passivo que deixou passar o prazo de reclamação graciosa ou impugnação judicial, sendo, em alguns casos, o único reduto de defesa dos direitos dos sujeitos passivos.

Abarcando o *erro imputável aos serviços* igualmente o erro de direito, e sendo, por exemplo, a violação de uma norma de Direito da União Europeia um erro

---

[53] Sendo em muitos casos isentos.

[54] Repare-se que o Código Civil, art. 6º determina que *"[A] ignorância ou má interpretação da lei não justifica a falta do seu cumprimento nem isenta as pessoas das sanções nela estabelecidas."*. Ora, em muitos casos, o sujeito passivo cumpre a obrigação em causa, pelo que consideramos que este preceito não será aplicável. Ou seja, não utiliza a lei como escusa para o cumprimento da obrigação legal.

de direito,[55] será possível suscitar a revisão do acto com este fundamento, num prazo de 4 anos. Assim, ainda que a Administração Tributária não possa revogar um acto praticado ao abrigo de uma norma fiscal válida, que esteja em violação de outra norma de Direito Fiscal Internacional,[56] a apresentação de um requerimento de revisão do acto tributário permitirá recorrer a Tribunal na sequência de um indeferimento (expresso ou tácito) do pedido.

Assistimos assim a um aumento da tutela efectiva de entidades não residentes, nomeadamente em casos de investimento passivo em Portugal.

Quase que nos sentimos compulsados a referir que a possibilidade de o sujeito passivo despoletar uma revisão do acto tributário em quatro anos, vem permitir uma actualização do contencioso tributário, projectando-o para uma era de comércio global.

6. CONCLUSÕES: A TUTELA DOS CONTRIBUINTES

Na sequência do que foi dito, parece-nos que a revisão do acto tributário, operada na sua extensão total, se traduz numa concretização e actualização do princípio da tutela efectiva dos direitos dos contribuintes.

A revisão do acto tributário assume-se assim como um primeiro e último meio de reacção. Um primeiro meio no caso de revisão por iniciativa do sujeito passivo (primeira parte do art. 78º) na medida em que permite uma reacção rápida, muitas vezes antes mesmo da apresentação de uma reclamação graciosa ou uma impugnação judicial. E um último reduto, nos casos em que o sujeito passivo, tendo deixado passar os prazos para apresentação de defesa (através de um dos meios mais tradicionais), pode ainda recorrer à revisão do acto tributário num período de quatro anos.

---

[55] "O mencionado art. 43º da LGT refere-se apenas ao erro imputável aos serviços e, não distinguindo, é manifesto que abrange quer o erro de facto quer o erro de direito ou seja o erro sobre os pressupostos de facto e o erro sobre os pressupostos de direito. E na situação concreta dos presentes autos a Administração estava obrigada não só a dar cumprimento às normas que identifica como ainda às normas comunitárias e em caso de colisão entre umas e outras às que à situação concreta devessem ser aplicadas. Conforme entendeu a sentença recorrida a Administração Tributária devia ter acatado estas e não aquelas tendo, por isso, actuado com erro sobre os pressupostos de direito, na liquidação dos emolumentos. Actuou, assim, com erro ao aplicar as normas internas, desaplicando as normas comunitárias que ao caso seriam as adequadas conforme entendeu a sentença em apreciação. E este erro é imputável aos serviços, entendidos estes em sentido global, como se escreveu no Ac. deste STA, de 28-11-01, Rec. 26.405, citando Freitas do Amaral, Direito Administrativo, vol. III pag. 503". No mesmo sentido e por todos, os acórdãos recurso nº 392/02, de 12 de Dezembro de 2001 recurso nº 26.233, de 16 de Janeiro de 2002 recurso nº 26.391, de 30 de Janeiro de 2002 recurso nº 26.231, de 20 de Março de 2002 recurso nº 26.580 e de 10 de Julho de 2002, recurso nº 26.668."

[56] Discussão relativamente à qual não nos vamos pronunciar, por considerarmos que ultrapassa o escopo deste artigo.

Por outro lado, a revisão será, em muitos casos, o único meio à disposição do sujeito passivo, especialmente naquelas situações em que este demora mais tempo a aperceber-se dos seus direitos.

Finalmente, a revisão será ainda uma cláusula de salvaguarda relativamente a situações de gritante injustiça fiscal, quer estas resultem de uma duplicação de colecta, quer resultem de injustiça grave ou notória.

As medidas fiscais selectivas e o regime dos auxílios de Estado na União Europeia – selectividade regional e capacidade fiscal dos entes infra-estatais no "caso Açores"

LILIANA IVONE DA SILVA PEREIRA

Assistente na Escola Superior de Gestão (ESG) do Instituto Politécnico do Cávado e do Ave (IPCA)

RESUMO: Para que uma determinada vantagem concedida a uma empresa seja considerada um auxílio de Estado na acepção do disposto no nº 1 do artigo 107º do Tratado sobre o Funcionamento da União Europeia (TFUE) deve cumprir cumulativamente quatro requisitos: a medida deve proporcionar aos respectivos beneficiários uma vantagem económica; dita vantagem deve ser concedida através de recursos públicos; a medida deve afectar a concorrência e os intercâmbios comerciais entre os Estados-membros e, por último, dita medida deve ser considerada específica ou selectiva, no sentido de que favoreça determinadas empresas ou produções em detrimento de outras. No caso das medidas de natureza fiscal, a selectividade resulta de um favorecimento concedido exclusivamente a determinadas empresas através de medidas que se desviam do regime tributário ordinário do Estado-membro em causa. Neste domínio consideramos relevante a abordagem acerca do enquadramento dos limites do poder tributário dos entes infra-estatais a partir do regime jurídico dos auxílios de Estado na EU e a avaliação da selectividade nos casos em que as medidas fiscais favorecem apenas as empresas de uma determinada região de um Estado-membro. O objectivo do presente trabalho é pois analisar o regime dos auxílios de Estado na União Europeia (UE) especialmente no âmbito fiscal. Para o efeito, começaremos com um enquadramento acerca do regime jurídico previsto no TFUE enquanto pilar da política da concorrência da UE e um princípio essencial dentro dos objectivos da integração europeia. Analisado o referido enquadramento procederemos depois a uma breve análise do conceito de auxílio de Estado, com particular incidência na sua projecção no âmbito da Fiscalidade e principalmente no que respeita ao critério da selectividade. Para o efeito, chamaremos à colação, entre outra jurisprudência relevante, a interpretação resultante da jurisprudência relacionada com o "caso Açores".

PALAVRAS-CHAVE: concorrência, auxílio de Estado, selectividade regional, selectividade de facto, Açores

I – INTRODUÇÃO: OS AUXÍLIOS DE ESTADO COMO UM PILAR DA POLÍTICA DA CONCORRÊNCIA DA UNIÃO EUROPEIA

1. Os auxílios de Estado num processo de integração e as razões para o seu controlo supranacional

A teoria económica reconhece que, em princípio, o propósito do auxílio de Estado é corrigir ou compensar falhas de mercado[1], com o objectivo final de melhorar o bem-estar económico pelo que, à primeira vista, pode parecer que não deverão existir quaisquer objecções nem restrições nacionais ou supranacionais à sua concessão. A integração de países em organizações internacionais conduz à erosão das possibilidades de acção dos Estados, limitando a sua soberania enquanto actor interventivo na economia através de ajudas públicas às empresas

Os auxílios de Estado, enquanto medidas selectivas, têm um impacto nos preços e na alocação dos recursos o que, numa economia aberta, afecta o comércio entre empresas e, numa perspectiva global ou transnacional, poderá colocar uns Estados em vantagem em relação a outros afectando a capacidade concorrencial entre Estados integrados[2]-[3]e daí resultando uma verdadeira "guerra de

---

[1] Trata-se pois de uma "segunda solução" ou "solução de recurso" cujos principais problemas residem na possibilidade de uma politização dos auxílios concedidos e no facto de a mesma ser definida tendo em conta a informação que o sector privado disponibiliza, a qual poderá nem sempre ser a mais correcta e fidedigna, levando a que determinados sectores de interesse capturem a maior parte dos auxílios. Desta forma, como salientam NICOLAIDES e BILAL *"(...) the cost of getting the policy wrong may outweigh the benefits of intervention to correct market failure.".* NICOLAIDES, P.; BILAL, S.: "State aid rules: do they promote efficiency?" in *Understanding State Aid Policy in the European Community: Perspectives on Rules and Practice,* p. 2 – documento acedido em http://www.ecdpm.org/Web_ECDPM/Web/Content/Download.nsf/0/82B115C4E2A7715EC1257498004D1476/$FILE/Nicolaides%20and%20Bilal%201999%20Understanding%20State%20Aid%20-%20State%20Aid%20Rules.pdf, pelo que a numeração das páginas é a correspondente a este documento

[2] Como refere BISHOP *"competition works only if winners are allowed to win and loosers are obliged to loose"* [BISHOP, S.: "State Aids: Europe's Spreading Cancer", *European Competition Law Review,* 1995, Vol. XVI, nº 6, p.331].

[3] Veja-se, neste sentido, o argumento invocado no final da década de 50 pela associação Gezamenlijke Steenkolenmijnen in Limburg, a propósito de um auxílio concedido pelo Estado alemão ao sector mineiro: estando os preços neerlandeses do carvão alinhados pelos preços alemães, *"a redução artificial dos preços alemães do carvão por meio de subvenções do Estado coloca as empresas neerlandesas que não recebem tal subvenção numa situação difícil (...)"*, provocando *"(...) a emigração para a Alemanha da mão-de-obra das empresas neerlandesas vizinhas; (...) e a demissão maciça de mineiros experientes nas empresas carboníferas neerlandesas (...)"* obrigando tais empresas a *"(...) fazerem elas mesmas um esforço de recrutamento, designadamente aumentando os salários."* Cfr. Acórdão (ac.). do Tribunal de Justiça (TJ) de 23/02/1961, proc. 30/59, Rec. 1961 p. 3, ponto A-2. Verifica-se, pois, neste acórdão, no âmbito do Tratado CECA, o Tribunal a referir que quando o Estado intervém no mercado, ajudando ou subvencionado preços que, desta forma, não resultam directamente dos custos de produção, ou seja, que não são ditados pelas regras da economia de mercado, está a criar obstáculos à repartição racional da produção.

auxílios"[4], cujos efeitos negativos[5] ganham uma perspectiva transnacional. Num processo de integração teremos ainda que ter em conta o facto de, na concessão de auxílios, os Estados poderem estar a proteger interesses nacionais (de natureza económica ou não) que não sejam coincidentes ou sejam até conflituantes com os objectivos do processo de integração. Assim, numa perspectiva de integração entre Estados, torna-se necessária a existência de regras que garantam um controlo supranacional da concessão dos auxílios de Estado, garantindo a transparência e segurança na política de ajudas estatais às empresas[6].

2. O princípio geral de proibição dos auxílios de Estado na União Europeia

O objectivo de realização de um mercado interno europeu, assente na livre circulação de bens, pessoas, serviços e capitais e no qual os operadores económicos actuem em condições análogos às de um mercado nacional exige que sejam suprimidas todas as espécies de discriminações e entraves ao correcto funcionamento de tais liberdades, garantindo um regime em que a concorrência não seja falseada. Como salienta MATHIJFEN, *"o mercado comum implica, para todos aqueles que nele operem, que o façam apenas com os seus próprios meios"*[7], de forma que não seja posto em causa um princípio de neutralidade que deverá estar na base do funcionamento do mercado interno[8].

Neste contexto, o regime de proibição dos auxílios de Estado é um dos pilares essenciais da política da concorrência da UE[9] e um instrumento ao serviço

---

[4] *"tit-for-tat strategies"* – *"Since you give aid to your industry, I'll help my industry too"*, conforme referem NICOLAIDES e BILAL [NICOLAIDES e BILAL, op. cit., p. 3].

[5] Se essa política, por exemplo, conduzir a uma ineficiente alocação de recursos ou à protecção de empresas ou sectores não competitivos, prolongando artificialmente a sua vida quando os mesmos não teriam capacidade suficiente para sobreviver no mercado por si só.

[6] NICOLAIDES e BILAL referem ainda que o controlo supranacional dos auxílios de Estado poderá eliminar o perigo dos governos cederem perante o interesse de *lobbies* no momento da concessão desses auxílios. Consideramos este motivo pouco relevante na medida em que o mesmo perigo se poderá também colocar perante uma entidade supranacional que exerça esse controlo e que poderá ceder perante a pressão de determinados grupos de interesses. [NICOLAIDES e BILAL, op. cit., p. 3].

[7] MATHIJFEN, P. F. R.: *Introdução ao Direito Comunitário*, Coimbra Editora, Coimbra 1991, p. 319.

[8] Ao conceder um auxílio a determinada empresa em detrimento das restantes, um Estado está a fazer com que essa empresa conte com uma receita ou evite uma despesa que de outra forma não aconteceria e sem que as demais empresas tenham possibilidade de beneficiar da mesma medida. Ou seja, o auxílio concedido altera necessariamente a estrutura de custos da empresa beneficiária do auxílio, causando-se, assim, graves distúrbios no equilíbrio concorrencial entre empresas competidoras, não por razões do próprio mercado mas sim por recurso a uma intervenção exógena. [MARTINS, M.: *Auxílios de Estado e Direito Comunitário*. Principia, Cascais, 2002, p. 19].

[9] A política da concorrência constitui um elemento essencial que, juntamente com outras políticas da UE, têm como objectivo o correcto funcionamento do mercado interno. A livre concorrência é um dos pilares essenciais da integração europeia, conforme assinala GORJÃO-HENRIQUES *"Para realizar os*

do correcto funcionamento do mercado interno[10], constituindo um dos campos do regime jurídico da UE que mais repercussão tem no Direito nacional dos Estados-membros, particularmente no âmbito do Direito Tributário nacional, traduzindo-se num instrumento importante para evitar as intervenções estatais que possam prejudicar a livre concorrência por impedirem a eficiente afectação de recursos[11].

A solução comunitária adoptada no Tratado para adequar os auxílios de Estado à concorrência foi a adopção do princípio da proibição, não se tratando de uma proibição total e absoluta[12] na medida em que compreende um espaço de excepções dentro das quais os Estados-membros vão preenchendo a sua intervenção, sob controlo da Comissão e do Tribunal de Justiça[13].

objectivos gerais prescritos no próprio artigo 2º [actual artigo 3º do Tratado da União Europeia], *foi necessário o estabelecimento de regras aptas a garantir, mais do que a mera abolição de obstáculos estaduais à livre circulação das mercadorias no espaço europeu comunitário, que neste mercado mais aberto e integrado a concorrência não fosse falseada.*" [GORJÃO-HENRIQUES, M.: *Direito Comunitário.* 5ª edição, Almedina, Coimbra, 2008, p. 514]. A política da concorrência da UE caracteriza-se por: estar dirigida tanto às empresas como aos Estados--membros da União; ter como objectivo a realização de um mercado único assim como o progresso e a coesão social e económica do conjunto dos países membros da União. [Cfr. GUAL, J.: "Perspectivas de la política de la competencia en la Unión Europea". *Gaceta jurídica de la Unión Europea y de la Competencia,* nº 206, março-abril, 2000, p. 94].

[10] Conforme assinalam WAELBROECK y FRIGNANI *"la maximalización de los beneficios del mercado único dependerá de que éste permita a las empresas una eficaz asignación de los recursos y proporcione la seguridad de que sus esfuerzos no se verán obstaculizados por unas intervenciones del Estado a favor de sus competidores"* [WAEL-LBROECK, M. e FRIGNANI, A.: *Derecho Europeo de la Competencia.* Ed. Bosch, Barcelona, 1998, versão espanhola, p. 423].

[11] SANTOS conclui que a principal função do instituto dos auxílios de Estado é a de fiscalizar a intervenção do Estado, contendo os seus efeitos nefastos e incrementando os seus efeitos benéficos, permitindo o controlo da atribuição de vantagens específicas atribuídas pelos poderes públicos a certas empresas ou sectores e a definição de uma política comunitária de viabilização das medidas estaduais que sejam conformes com os interesses da União. [SANTOS, A. C.: *Auxílios de Estado e Fiscalidade.* Almedina, Coimbra, 2003, p. 29].

[12] O que seria impensável, uma vez que não se pode privar completamente um Estado de ter intervenção financeira na sua actividade económica, prestando auxílio em situações de emergência e corrigindo desequilíbrios.

[13] Solução diferente poderia ter sido adoptada, retirando em absoluto a possibilidade de concessão de todos e quaisquer auxílios por parte dos Estados-membros, conferindo à Comissão competências para, no âmbito das diversas políticas da União dar execução aos auxílios públicos, numa perspectiva supranacional. Tratar-se-ia, no entanto, de uma solução irrealista, a nosso ver, no sentido da opinião manifestada por WYATT e DASHWOOD *"One solution might have been for industrial policy, including policy on aid, to be taken out of national hands and made a Community responsibility. However, politically the only option was to allow the Member States to continue granting aids but to establish a system of supervision by the Community Institutions"* [WYATT, D.; DASHWOOD, A.: *European Community Law,* 3ª edição, Sweet & Maxwell, London, 1993, p. 519]. Aconteceu, pois, a adopção de uma solução diferente da que tinha sido acolhida no artigo 4º, al. c) do Tratado CECA, verdadeira norma proibitiva segundo a qual *"Consideram-se incompatíveis*

O nº 1 do artigo 107º do TFUE, verdadeiro pilar sobre o qual assenta o regime dos auxílios de Estado na UE, estabelece que, salvo disposição em contrário, *"são incompatíveis com o mercado interno, na medida em que afectem as trocas comerciais entre os Estados-Membros, os auxílios concedidos pelos Estados ou provenientes de recursos estatais, independentemente da forma que assumam, que falseiem ou ameacem falsear a concorrência, favorecendo certas empresas ou certas produções".*

Trata-se de um preceito puramente programático, assente num princípio geral proibitivo complementado, nos números seguintes do mesmo artigo, com um sistema de excepções, e que tem por finalidade o cumprimento dos objectivos da construção do mercado interno e a defesa da concorrência na União Europeia, como tem vindo a afirmar o Tribunal de Justiça ao longo dos anos, conforme se recolhe, designadamente do acórdão de 20 de Março de 1990, Du Pont de Nemours Italiana/USL di Carrara *" Resulta, com efeito, dessa jurisprudência que essas normas, tal como as disposições do Tratado relativas aos auxílios estatais, prosseguem um objectivo comum, que é assegurar a livre circulação de mercadorias entre os Estados-membros em condições normais de concorrência"*[14].

A própria Comissão justifica o regime de incompatibilidade com o receio de que tais auxílios de Estado possam ser utilizados pelos Estados-membros *"(...) as a form of protectionism, to benefit national producers, to give them competitive advantages, to avoid necessary structural adaptation: in short, to transfer difficulties onto competitors in other States. In view of the importance of trade in industrial products in the Community, such aids, however beneficial they may appear from a short-term national point of view, could endanger and weaken the unity of the common market, the very existence and development of which provides the best opportunity of overcoming the recession. In this situation, the control exercised by the Commission under the powers granted to it by Article 92 et seq. of the EEC Treaty* [actuais artigos 107º e ss. do TFUE] *over the*

---

com o mercado comum do carvão e do aço e, consequentemente, abolidos e proibidos, na Comunidade, nas condições previstas no presente Tratado: (...) c) As subvenções ou auxílios concedidos pelos Estados ou os encargos especiais por eles impostos, independentemente da forma que assumam;". Este regime não fazia depender a qualificação dos auxílios de Estado de quaisquer condições, designadamente a facto de provocarem distorções de concorrência ou afectarem o comércio intracomunitário do carvão e do aço. Esta solução, assente numa proibição geral e rigorosa, coadunava-se com a CECA, uma Comunidade de alcance meramente sectorial mas não com a então CEE, de alcance geral. O TCECA vigorou durante 50 anos (até 23/07/2002).

[14] Cfr. Ac. do TJ de 20/03/1990, Du Pont de Nemours Italiana/USL di Carrara, proc. C-21/88, Rec. 1990 p. I-889, § 20. E, no mesmo sentido se pronunciou o TJ na sentença de 07/05/85, *"En effet, selon cette jurisprudence, les dispositions relatives à la libre circulation des marchandises, celles relatives à l'élimination des discriminations fiscales et celles relatives aux aides poursuivent un objectif commun, qui est d'assurer la libre circulation des marchandises entre États membres dans des conditions normales de concurrence.»* [cfr. ac. do TJ de 07/05/1985, Comissão/França, proc. 18/84, Rec. 1985 p. 1339, § 13, texto não disponível em português]. Da mesma forma que tinha acontecido em 1974 no ac. do TJ de 02/07/1974, Itália/Comissão, proc. 173/73, Rec. 1974 p. 709, § 26.

granting of State aids are of increasing importance in the development of the Community and in particular the maintenance of the unity of the common market."[15].

II – OS AUXÍLIOS DE ESTADO DE NATUREZA FISCAL NA PROIBIÇÃO GERAL DOS AUXÍLIOS DE ESTADO NA UNIÃO EUROPEIA

1. Concorrência Fiscal desleal, o Código de Conduta sobre a Fiscalidade das Empresas e o regime de controlo dos auxílios de Estado

A liberdade de circulação transfronteiriça de bens, serviços, pessoas e capitais que surgiu nas últimas décadas, fruto da mundialização e abertura das economias e do recurso a processos de integração entre Estados, fez emergir a importância da Fiscalidade na localização das actividades económicas, despertando os Estados para a necessidade de criar climas fiscais favoráveis à captação de investimentos[16]. Deste contexto surge o fenómeno da concorrência fiscal entre Estados[17], que, na medida em que favoreça, através de regimes fiscais mais favoráveis, as bases tributáveis mais "móveis" em detrimento das restantes, origina, como salientam MAGRANER e MARTÍN quatro efeitos: *"disminución generalizada de las entradas tributarias"*; *"alteración de las estructuras impositivas nacionales"*; *"cercenamiento de la neutralidad fiscal y, en consecuencia, la ineficiencia en la asignación de los recursos económicos"*; e, *"limitación del poder tributario de los Estados, al absorber el mercado una parte de la soberanía de la que son titulares para conformar sus sistemas y políticas fiscales"*[18-19].

[15] Cfr. XII Relatório sobre a Política de Concorrência 1982, acedido em http://ec.europa.eu/competi tion/publications/annual_report/ar_1982_en.pdf, p. 109 (texto não disponível em português).

[16] Sobre o tema da concorrência fiscal prejudicial vejam-se, entre outros, SANTOS, A. C.; *L'Union européenne et la régulation de la concurrence fiscal.* Bruylant, Bruxelas, 2009; MARTÍN LÓPEZ, J.: *Competencia Fiscal perjudicial y ayudas de Estado en la Unión Europea.* Tirant lo Blanch, Valencia, 2006, págs. 33-235; MALDONADO GARCIA-VERDUGO, A., "Ejercicios sobre competencia fiscal perjudicial en el seno de la Unión Europea y de la OCDE: semejanzas y diferencias", *Crónica Tributaria*, nº 9, 2001, págs. 46 e ss; CAAMAÑO ANIDO, M. A.; "Globalización Económica y Poder Tributario: ¿hacia un nuevo Derecho Tributario?", *CIVITAS, Revista Española de Derecho Financiero*, nº 114/2002, Madrid, p. 245 e ss.; PINTO, Carlo: *Tax Competition and the EU Law*, Kluwer Law International, The Hague, 2003, 456 págs.

[17] Como afirmam ORÓN MORATAL, IBÁÑEZ MARSILLA e GONZÁLEZ ORTIZ *"la competencia fiscal existirá siempre que existan dos o más poderes financieros que establezcan ordenamientos tributarios diferentes (...). Es un dato de la realidad del que se debe partir".* [ORÓN MORATAL, G.; IBÁÑEZ MARSILLA, S.; GONZÁLEZ ORTIZ, D.: *Poder tributario y competencia fiscal: en especial el caso de la Rioja*, Instituto de Estudios Riojanos, Logroño, 2003, p. 238].

[18] MAGRANER MORENO, F.; MARTÍN LÓPEZ, J.: "Normativa comunitária en ayudas de estado versus competencia fiscal perjudicial", *Cuadernos de Integración Europea*, nº 4, Marzo 2006, p. 112.

[19] Como salienta SANTOS *"(...) la concurrence fiscale entre États, outre l'attraction ou la rétention d'activités économiques, vise,* au moins à long terme, à obtenir un plus grand quota de ressources fiscales dérivé de la división internationale de la base tributaire globale afin d'accroître le bien-être du pays. Quand un État opte pour une stratégie de

No seguimento da preocupação que o fenómeno da concorrência fiscal desleal (ou perniciosa[20]) despertou noutros organismos internacionais (designadamente na OCDE), também a União Europeia desenvolveu trabalhos de reflexão sobre esta matéria, no seio do Conselho de assuntos económicos e financeiros (Ecofin), tendo resultado na adopção do Código de Conduta sobre a Fiscalidade das Empresas (em diante Código de Conduta), de 1 de dezembro de 1997[21]. O Código de Conduta representa uma novidade na forma de actuação das instâncias comunitárias, na medida em que assenta numa resolução adoptada pelo Conselho em conjunto com os representantes dos vários Estados-membros, com carácter político mas não vinculante[22], e ainda porque versa sobre a Fiscalidade directa das empresas, matéria em que a actuação comunitária se havia revelado modesta até então[23].

O objectivo do Código de Conduta é a eliminação das normas e práticas fiscais de natureza prejudicial no seio da União Europeia pelo que estabelece, nas suas letras A e B, o conceito de medida fiscal prejudicial assente num critério geral de possíveis medidas fiscais perniciosas e os parâmetros para a sua identificação, instituindo um mecanismo para a sua avaliação e aplicação[24]. Nas

concurrence fiscale, il a pour but d'améliorer l'environnement fiscal du territoire pour attirer les activités économiques et financières" [SANTOS, A.C. (2009), op. cit., p. 34].

[20] _Harmful Tax Competition_ na terminologia da OCDE. A concorrência fiscal entre Estados pode também ser uma concorrência leal. Na prática, as dificuldades surgem em estabelecer as diferenças entre a boa e a má concorrência.

[21] Na mesma data foi criado um grupo de trabalho _ad hoc_ (conhecido como o "grupo Código de Conduta" ou "grupo Pimarolo") encarregue da sua aplicação.

[22] Trata-se de um acto atípico, tanto na sua forma como no seu conteúdo, como salienta GIJON [GIJON, F.: "El Código de Conducta sobre la fiscalidad de las empresas y su relación con el régimen comunitario de control de ayudas estatales", _Crónica Tributaria_, nº 109/2003, págs. 101 e ss] ou um _"gentlemen's agreement de nature politique"_ [cfr. LAMBERT, citado por SANTOS, A. C. (2009), op. cit., p. 252]. ISAAC chama "actos mistos", ou seja, que emanam tanto do Conselho como dos governos dos Estados-membros e tendem a programar globalmente uma actividade que pertence em parte à competência dos Estados e em parte à competência das instituições [ISAAC, G.: _Manual de Derecho General_, 5ª ed., Ariel, Barcelona, 2000, p. 218]. A própria Resolução pela qual é adoptado o Código de Conduta salienta que este representa um compromisso político e que, portanto, não influi nos direitos e obrigações dos Estados-membros nem nas competências respectivas dos Estados-membros e da Comunidade, tal como resultam do Tratado, pelo que não é, por vontade expressa dos seus próprios signatários, uma norma jurídica vinculante mas um mero acordo inter-estatal.

[23] GIJON, F., op. cit., págs. 101 e ss.

[24] O Código de Conduta aponta como medidas fiscais prejudiciais aquelas que influem ou podem influir de forma significativa na radicação da actividade empresarial dentro da Comunidade pelo que estabelece como requisito _sine qua non_ para a determinação de uma medida como prejudicial a relevância que a mesma ostenta ou é susceptível de ostentar na localização definitiva de empresas no território do Estado que a adoptou.

letras C e D do Código de Conduta os Estados signatários assumem um duplo compromisso: não só eliminar as medidas fiscais perniciosas em vigor nos seus países, fazendo as modificações necessárias na sua legislação (princípio de desmantelamento) mas também a não estabelecer novas medidas fiscais perniciosas (cláusula *Stand-still* ou de congelação).

O ponto de contacto entre o Código de Conduta e o regime dos auxílios de Estado na UE tem reflexo normativo na letra J que estabelece que cabe ao Conselho observar qual a parte das medidas fiscais a que se refere o Código de Conduta que podem estar no âmbito de aplicação do disposto nos actuais artigos 107º a 109º do TFUE. Com a redacção da letra J do Código de Conduta, as medidas adoptadas pelos Estados-membros no exercício da sua política fiscal ficam submetidas ao controlo decorrente da aplicação do regime da UE relativo aos auxílios de Estado. Ainda na referida letra J encontra-se o compromisso da Comissão para publicar as directrizes para aplicação das normas sobre auxílio de Estado às medidas relacionadas com a fiscalidade directa das empresas. Apesar de perseguirem objectivos diferentes, assentarem em procedimentos distintos e terem um valor jurídico diferente, "(...) *existe un estrecho vínculo entre ambos* [Código de Conduta e regime de controlo dos auxílios de Estado], *debido a que un buen número de medidas fiscales van a entrar, al menos potencialmente, en el âmbito del Código de Conducta y en el del régimen comunitario de ayudas.*"[25]. Realçamos que, no âmbito da aplicação do Código de Conduta como instrumento de combate à concorrência fiscal prejudicial, muitas medidas fiscais consideradas prejudiciais pelo Grupo Primarolo foram desmanteladas por aplicação do regime dos auxílios de Estado, essencialmente através da aplicação de uma noção de selectividade cada vez mais alargada (conforme veremos na parte final deste trabalho, designadamente com o caso Açores).

2. A Comunicação da Comissão sobre a aplicação das regras relativas aos auxílios estatais às medidas da fiscalidade directa das empresas

Os auxílios relativos às medidas de fiscalidade directa das empresas têm sido objecto de uma atenção particular no seio da UE. Como assinalamos, o Código de Conduta veio reforçar as regras do Tratado relativas ao controlo dos auxílios de Estado no sentido de combater a concorrência fiscal prejudicial e eliminar as distorções de concorrência provocadas pelos incentivos fiscais de que os países procuram lançar mão no intuito de captar investimento empresarial para o seu território. Nesse sentido, e na sequência da adopção do Código de Conduta, a Comissão foi incumbida de avaliar as medidas fiscais perniciosas relativas à con-

---

[25] Cfr. Pérez Bernabeu, B.: *Ayudas del estado en la jurisprudencia comunitaria: concepto y tratamiento*. Tirant lo Blanch, Valencia, 2008, p. 106.

cessão selectiva de tratamentos tributários preferenciais a determinadas empresas, com o objectivo de impedir que os Estados-membros utilizem os seus sistemas tributários para captar actividade e investimentos empresariais. O compromisso assumido materializou-se na Comunicação da Comissão sobre a aplicação das regras relativas aos auxílios estatais às medidas que respeitam à fiscalidade directa das empresas (em diante Comunicação), de 11 de novembro de 1998[26], cuja finalidade foi o controlo da compatibilidade das ajudas fiscais relativas aos impostos directos com as normas do Tratado. Com esta Comunicação, a Comissão cumpriu o mandato contido no Código de Conduta de *"analisar ou reanalisar caso a caso (...) os regimes fiscais em vigor nos Estados-membros"*[27]. Ainda que estejamos perante um acto de Direito derivado, que em teoria carece de obrigatoriedade jurídica, tratando-se de um instrumento do chamado *soft law*[28] (à semelhança do Código de Conduta), esta comunicação tornou-se na principal e verdadeira norma orientadora da aplicação do regime dos auxílios de Estado na UE no domínio fiscal. A sua força jurídica[29] assenta essencialmente no facto desta Comunicação tomar como base os princípios jurisprudenciais adquiridos, procurando definir as medidas de natureza fiscal susceptíveis de serem qualificadas como auxílios de Estado na acepção do artigo 107º do TFUE, examinando a sua compatibilidade com o mercado interno. Nos próximos pontos analisaremos de que forma a Comissão definiu os pressupostos da aplicação dos requisitos definidores da incompatibilidade dos auxílios de Estado às medidas de natureza fiscal. De salientar que os critérios adoptados pela Comissão para verificar se são auxílios de Estado as medidas que reduzem a carga fiscal directa das empresas são diferentes dos apresentados no Código de Conduta para determinar se uma medida fiscal é perniciosa ou não, embora os resultados sejam convergentes.

---

[26] COMISSÃO EUROPEIA: *Comunicação sobre a aplicação das regras relativas aos auxílios estatais às medidas da fiscalidade directa das empresas*, SEC (1998), JO nº 384 de 10 de Dezembro de 1998. Comu. 98/C.

[27] Cfr. Ponto 4 da Comunicação.

[28] Como refere GIJON, o *soft law* "*incluye aquellas reglas de conducta que carecen por sí mismas de fuerza legal vinculante, pero que presentan caracteres propios del Derecho y que, a través del orden jurídico comunitario, pretenden influir efectivamente en la conducta de los Estados miembros, instituciones y personas, a pesar de no establecer derechos y obligaciones para las mismas* [GIJON, F., op. cit., p. 104].

[29] Como afirma CÁRDENAS ORTIZ "*el valor jurídico de esta Comunicación deriva del hecho de que no se trata de un mero documento en el que la Comisión Europea haya manifestado sus opiniones, sino que se apoya en la doctrina jurisprudencial del TJCE y que se plantea como consecuencia de la liberalización de los movimientos de capitales y de la aprobación del citado Código de Conducta*". [CÁRDENAS ORTIZ, R.: "Las ayudas de Estado y el derecho comunitario", *Documentos – Instituto de Estudios Fiscales, Inv. Jurídica*, nº 3/03, p. 63. acedido em www. dialnet.es].

3. O conceito de auxílio de Estado e a sua projecção nos auxílios de natureza fiscal

A determinação do que é um auxílio de Estado constitui o pressuposto essencial que legitima a intervenção da Comissão e que obriga as administrações nacionais a cumprir as exigências do ordenamento da UE nessa matéria. Porém, a leitura dos artigos 107º a 109º do TFUE leva-nos a constatar a inexistência de uma definição clara e concisa de auxílio de Estado[30].

Tem cabido essencialmente ao Tribunal de Justiça a árdua tarefa de integrar a lacuna jurídica que emerge da indeterminação presente nas disposições do Tratado, tendo-o vindo a fazer de forma extensiva, dotando o conceito de auxílio de Estado de uma grande amplitude[31].

Como características básicas dos auxílios de Estado nas quais há acordo doutrinal, e que decorrem do âmbito de aplicação da proibição prevista no nº 1 do artigo 107º do TFUE, são incompatíveis com o mercado interno aquelas medidas, independentemente da forma que assumam, que através de fundos públicos provoquem uma vantagem económica em determinadas empresas/produções (selectividade), cujo resultado falseie ou ameace falsear a concorrência e afecte o comércio intracomunitário.

Esses requisitos devem reunir-se da mesma forma para verificarmos quando estamos perante um auxílio de Estado de natureza fiscal na medida em que resulta do próprio Tratado e também da jurisprudência um princípio de irrelevância conceptual da forma que o auxílio de Estado pode revestir, compreendendo (...) *não só prestações positivas tais como as próprias subvenções, mas igualmente intervenções que, sob formas diversas, atenuam os encargos que normalmente oneram o orçamento de uma empresa e que, por isso, sem serem subvenções no sentido estrito do termo, têm a mesma natureza e têm efeitos* "[32]. O campo de aplicação da noção de auxílio

---

[30] Note-se que tal definição poderia ser perigosa no sentido de que os Estados-membros poderiam cair na tentação de encontrar novas medidas que escapassem ao âmbito de aplicação da definição. Por outro lado, "*la práctica administrativa da origen continuamente a nuevas medias de fomento, lo cual hace muy difícil cualquier intento definitorio, ya que obligaría a revisar constantemente las eventuales definiciones que se fueran formulando*", cfr. Arpio Santacruz, J. L.: *Las Ayudas Públicas ante el Derecho Europeo de la Competencia*. Ed. Aranzadi, Pamplona, 2000, p. 50. O objectivo dos redactores do Tratado foi o de contemplar todas as condutas, tanto as já conhecidas no momento da redacção de Tratado como as que surgissem posteriormente.

[31] Trata-se de um conceito autónomo do Direito da União Europeia e, como tal, deverá ser interpretado não à luz do direito interno de cada Estado-membro mas sim de acordo com os princípios do direito originário da União Europeia [cfr. Calvo Caravaca, A.; Carrascosa González, J.: *Intervenciones del Estado y Libre Competencia en la Unión Europea*. Colex, Madrid, 2001, p. 196].

[32] Ac. do TJ de 23/02/1961, proc. 30/59, op. cit., § 1. E no mesmo sentido os acórdãos de 14/11/1984, Intermills/ Comissão, proc. 323/82, Rec. 1984 p. 3809, § 31 e 32; e de 15/03/1994, Banco Exterior de España/Ayuntamiento de Valencia, proc. 387/92 Rec. 1994 p. I-877, § 13 e 14.

de Estado é pois entendido de forma muito abrangente[33] não dependendo dos objectivos ou condições inerentes à intervenção pública subjacente ao auxílio concedido mas sim tendo em consideração os seus efeitos[34], como tem vindo a ser assinalado pelo Tribunal de Justiça[35]: [o artigo 107º do TFUE] *"(...) não distingue as intervenções em causa de acordo com as suas causas ou objectivos, mas define-as em função dos seus efeitos (...)"*[36], pelo que *"(...) nem a natureza fiscal, nem os objectivos sociais da medida em apreço poderão justificar a não aplicação do artigo 92º [actual artigo 107º do TFUE]"* [37]. Desta forma, a proibição dos auxílios de Estado converte-se num instrumento através do qual se observam os sistemas tributários nacionais, de forma a impedir que os mesmos sejam utilizados para favorecer determinadas empresas, pondo em causa o equilíbrio concorrencial[38]. No âmbito dos auxí-

---

[33] Abrangência que FALCON Y TELLA qualifica como "preocupante" [FALCON Y TELLA, R., "La desorbitada expansión del concepto "ayuda de Estado" en la práctica reciente de la Comisión: el ejemplo de la decisión de 31 de octubre de 2000, relativa a la deducción por actividades de exportación contemplada en el artículo 34 LIS", *Quincena Fiscal*, nº 7, abril, 2001, p. 7].

[34] Estamos a falar do efeito anticoncorrencial e da afectação do comércio intracomunitário, que abordaremos detalhadamente mais adiante. O regime jurídico dos auxílios de Estado é instrumental face ao objectivo de construção e regular funcionamento do mercado comum. Nesse sentido, a sua aplicação deverá ter subjacentes critérios substanciais e não a mera formalidade das medidas adoptadas pelos Estados; isto é, o essencial da qualificação da medida como auxílio de Estado não é a finalidade, a intenção com que ela foi desenhada e aplicada por parte do Estado mas sim os efeitos que essa medida produz ou seja susceptível de produzir na concorrência e nas trocas intracomunitárias. O Tribunal de Justiça consagrou a teoria dos efeitos através do caso Deufil que envolveu um subsídio atribuído pelo Estado alemão à Deufil, com vista ao reequipamento industrial. O principal argumento utilizado pela Deufil foi de que o auxílio integrava um programa de desenvolvimento e modernização das estruturas industriais, não tendo sido concedida com o objectivo de conceder uma vantagem à empresa face aos seus concorrentes. O Tribunal de Justiça não foi sensível a esse argumento e concluiu que o Tratado *"não distingue, por conseguinte, em função dos motivos ou dos objectivos das intervenções em causa, antes as define consoante os seus efeitos (...).Os objectivos gerais prosseguidos pelas regulamentações nacionais que forneceram a base legal para esta outorga não poderiam bastar para a isentar da aplicação do artigo 92º [actual artigo 107º do TFUE]"* – cfr. ac. do TJ de 24/02/87, Deufil/Comissão, proc. 310/85, Rec. 1987 p. 901, § 8. A análise dos efeitos da medida sobre a concorrência e sobre as trocas intracomunitárias deve ter em consideração o mercado no seu todo, isto é, não só o mercado comum da União Europeia como também as produções destinadas a mercados de países terceiros, na medida em que os efeitos produzidos fora do território da União Europeia podem afectar os fluxos intracomunitários.

[35] A primeira referência que encontramos na jurisprudência em que o Tribunal afirma que a finalidade ou objectivo perseguido com a outorga do benefício não condiciona ou restringe a sua possível qualificação como auxílio de Estado é no ac. do TJ de 02/07/1974, proc. 173/73, op. cit., § 26 a 28.

[36] Ac. do TJ de 29/02/1996, Bélgica/Comissão, proc. C-56/93, Rec. 1996 p. I-723, § 79.

[37] Cfr., entre outros, o Ac. do TJ, proc. 173/73, op. cit., § 28.

[38] Como refere SOLER ROCH *"el principio general de prohibición de las ayudas de Estado ilegítimas se proyecta sobre los ordenamientos tributarios de los Estados miembros, constituyendo de este modo, una importante limitación a tener en cuenta en el ejercicio del poder tributario y por ende, un elemento condicionante de las políticas fiscales (...)"*. A autora salienta ainda que da normativa comunitária se deduz um conceito de medida fiscal selectiva

lios acordados sob forma fiscal figuram medidas relacionadas com todo o tipo de impostos, directos ou indirectos, ou de taxas e cargas parafiscais[39], acordados em benefício de empresas públicas ou privadas. É, pois, assinalada, tanto pela doutrina[40] como pela jurisprudência[41], a amplitude da noção de auxílio de Estado constituída por medidas fiscais, compreendendo, como já assinalou o Tribunal de Justiça: diferimento no pagamento de impostos[42]; concessão de moratórias fiscais[43]; estabelecimento de taxas de imposto diferenciadas[44]; redução de quotizações para a Segurança Social[45]; concessão de créditos fiscais[46].

Assim, para que uma medida fiscal seja considerada um auxílio de Estado incompatível com o mercado interno, com base na análise jurisprudencial e nos pressupostos estabelecidos na Comunicação da Comissão, a medida há-de reunir os seguintes elementos:

(1) A medida deve conceder às empresas uma *vantagem* que aligeire o seu orçamento, podendo adoptar qualquer forma pela qual se reduza a carga tributária ao beneficiário, de forma que o coloque numa posição objectivamente mais favorável que aquela em que se encontraria caso não tivesse beneficiado do auxílio que lhe foi concedido o que, do ponto de vista da Comissão, pode acontecer, designadamente, através de uma redução da matéria colectável (deduções derrogatórias, amortizações extraordinárias ou aceleradas,...), uma redução total ou parcial do montante do imposto (isenção, crédito de imposto, etc.), um adiamento ou uma anulação ou mesmo um reescalonamento excepcional da dívida fiscal[47]. De acordo com a Comunicação da Comissão e com a jurisprudência do Tribunal de Justiça, a existência de um auxílio de Estado na acepção do artigo 107º do TFUE pressupõe a existência de uma medida de carácter fiscal que

que inclui o âmbito das disposições normativas mas também a actuação administrativa. [SOLER ROCH, M. T.: "Las medidas fiscales selectivas en la jurisprudencia del TJCE sobre ayudas de Estado", *Quincena Fiscal*, nº 14, Julio, 2006, p. 13].

[39] Cfr. Ac. do TJ de 21/06/1970, França/Comissão, proc. 47/69, Rec. 1970 p. 487.

[40] Vejam-se, entre outros, PÉREZ BERNABEU, Begoña, op. cit., págs. 145 e ss.; MARTÍNEZ LAFUENTE, A.: "Las ayudas de Estado y la política fiscal en la CEE", *Noticias de la Unión Europea*, nº 23, 1986, págs. 87-92.

[41] Cfr., entre outras, os acórdãos do TJ de 23/02/1961, proc. 30/59, op. cit.; de 19/05/1999, Itália/Comissão, proc. C-6/97, Rec. 1999 p. I-2981; e de 05/10/1999, França/Comissão, proc. C-251/97, Rec. 1999 p. I-6639.

[42] Ac. do TJ de 19/09/2000, República Federal da Alemanha/Comissão, proc. C-156/98, Rec. 2000 p. I-6857.

[43] Ac. do TJ de 29/06/1999, DM Transport, proc. C-256/97, Rec. 1999 p. I-3913.

[44] Ac. do TJ de 2/02/1998, Van der Kooy /Comissão, proc. acum. 67, 68 e 70/85, Rec. 1988 p. 219.

[45] Ac. do TJ de 17/06/1999, Bélgica/Comissão, proc. C-75/97, Rec. 1999 p. I-3671.

[46] Ac. do TJ de 21/03/2002, Espanha/Comissão, proc. C-36/00, Rec. 2002 p. I-3243.

[47] Cfr. Ponto 9 da Comunicação.

constitua para os respectivos beneficiários *"uma vantagem que diminua os encargos que normalmente oneram os seus orçamentos"* [48], assinalando o Tribunal de Justiça que *"(...) as medidas através das quais as autoridades públicas atribuem a certas empresas isenções fiscais que, não implicando embora transferência de recursos do Estado, colocam os beneficiários numa situação financeira mais favorável que a dos outros contribuintes, constituem auxílios de Estado, na acepção do nº 1 do artigo 92º do Tratado* [actual artigo 107º do TFUE]". Da mesma forma, o Tribunal de Justiça já assinalou que, na medida em que se conclua pela inexistência de um favorecimento[49] esta consideração é suficiente para concluir não se estar perante um auxílio de Estado, não havendo necessidade de verificar os demais requisitos enunciados no nº 1 do artigo 107º do TFUE[50]-[51]. A atribuição do benefício pode resultar de um acto unilateral do Estado (como, por exemplo, a concessão de uma isenção fiscal) mas também de um acto jurídico bilateral, resultante da assinatura de um contrato entre o

---

[48] Cfr. Ponto 9 da Comunicação. Temos, pois, dois elementos em concurso: um subjectivo, relativo aos sujeitos, e outro de natureza objectiva, vinculada ao benefício específico [cfr. SOLER ROCH, ob, cit., págs. 15 e 16].

[49] Favorecimento ou benefício que pode resultar de uma transferência directa por uma entidade estatal a favor do beneficiário da medida (subvenções, *strictu sensu*) ou de uma intervenção indirecta que conduza a uma "não-saída" de dinheiro por parte dos beneficiários da medida e que se traduza numa "não-entrada" de receitas no orçamento público (como o caso das despesas fiscais orçamentadas resultantes da concessão de isenções e de benefícios fiscais).

[50] Cfr. Ac. TJ de 09/12/1996, Tiercé Ladbroke/Comissão, proc. C-353/95 P, Rec. 1997 p. I-7007, § 26.

[51] Existe uma estreita relação entre a ideia de vantagem ou benefício e a de discriminação, na medida em que as intervenções estatais que beneficiam determinada empresa ou sector, ao não beneficiarem as restantes, constituem um comportamento discriminatório. Da mesma forma, à ideia de vantagem está subjacente a de gratuitidade ou liberalidade, como salienta DONY *"l'aide est un avantage à titre gratuit, sans contrepartie proprement dite, en faveur des entreprises"* [DONY, Marianne: "La notion d'aide d'État", *Cahiers de Droit Européen*, 1993, nº 3-4, p. 400], ideia que desaparece quando haja uma contraprestação adequada, ou seja, um equilíbrio ou adequação entre a prestação (auxílio) e a contraprestação do beneficiário. A avaliação da existência ou não de carácter gratuito de uma medida deve passar, como tem salientado o TJ, pela aplicação do critério de mercado, ou seja, será necessário determinar se a empresa ou sector beneficiados com o auxílio receberam uma vantagem que não teriam conseguido obter em condições normais de mercado (sobre a *aplicação do critério do investidor privado* vejam-se, entre outros, PÉREZ BERNABEU, B., op. cit., págs. 67-69; MARTINS, M., op. cit., págs. 162-185; SLOT, P. J.: "State Aid in the energy sector in the EC : the application of the market economy investor principle", in *Understanding State Aid Policy in the European Community: Perspectives on rules and Practice*, Ed. European Institute of Public Administration, Maastricht, 1999, págs. 143 e ss.). Ainda quanto à ideia de vantagem, WAELBROEK e FRIGNANI consideram não ser suficiente a existência de uma mera expectativa sendo necessário que a vantagem esteja efectivamente concedida, desde que o beneficiário *"soit, au minimum, engagé à realizer l'investissement que l'aide est censée favoriser"* [WAELBROECK, M. e FRIGNANI, A: *Commentaire J. Megret, le Droit de la CE*, tomo 4, 2ª edição, Éditions de l'Université de Bruxelles, 1977, p. 349].

Estado e o(s) beneficiário(s) da medida[52]. De qualquer forma, a qualificação como auxílio de Estado pressupõe sempre uma intervenção por parte do Estado já que o carácter público é também condição para essa qualificação[53], quer seja uma medida de natureza temporal ou permanente[54].

[52] Por exemplo a assinatura de um contrato-programa celebrado entre o governo de um determinado Estado-membro e uma ou várias empresas. Veja-se o XIX Relatório sobre a Política de Concorrência, 1989, ponto 176, acedido em http://ec.europa.eu/competition/publications/annual_report/index.html.

[53] A este respeito parece-nos apropriado fazer referência ao caso Philips – Rabobank (Comunicação da Comissão C 28/97 – JO C-338 de 8 de Novembro de 1997, acedida em http://eur-lex.europa.eu/LexUri Serv/LexUriServ.do?uri=OJ:C:1997:338:0002:0007:PT:PDF). Neste caso verificou-se uma cedência de *know-how* entre uma filial da Philips e a Rabobank, levando a Comissão a analisar as possíveis vantagens conferidas à Philips, decorrente da possibilidade de aplicação de amortizações aceleradas e do reporte das amortizações, bem como da possibilidade desta empresa converter no seu balanço uma rubrica sem liquidez do activo numa rubrica com liquidez (empréstimo sem juro fixo e sem risco). A Comissão deveria também analisar a existência de uma eventual vantagem para o Rabobank decorrente da possibilidade de poder realizar uma amortização fiscal a um ritmo superior à obtenção dos pagamentos no contrato de locação para cobertura das amortizações, bem como bem como na obtenção de receitas relativo ao *know-how* adquirido. Considerado no seu conjunto, o acordo implicava a transferência dos lucros tributáveis do sujeito passivo Philips para o sujeito passivo Rabobank. No entanto, após abertura do processo, e com base na informação recebida do Governo neerlandês, a Comissão constatou não ter existido uma intervenção discricionária daquele Governo ao permitir o acordo (dado que aquelas condições de negócio estavam disponíveis na legislação para todas as outras empresas) e não se verificar qualquer perda de receitas fiscais para o Estado na sequência transferências de lucros tributáveis em consequência do acordo *technolease*, pelo que o acordo se considerou até positivo para o fisco neerlandês, uma vez que as receitas fiscais foram obtidas mais cedo do que teria sucedido na sua ausência, não existindo perdas para o erário público. Desta forma, a Comissão veio a confirmar, por Decisão de 21 de Abril de 1999 (2000/735/CE: Decisão da Comissão, de 21 de Abril de 1999, sobre o tratamento aplicado pelas autoridades fiscais neerlandesas ao acordo *technolease* entre a Philips e o Rabobank – notificada com o nº C(1999) 1122), que nenhuma das partes no acordo beneficiou de um elemento de auxílio estatal na acepção do nº 1 do artigo 92º do Tratado CE [actual artigo 107º do TFUE]. Note-se que estamos perante uma operação semelhante aos chamados "preços de transferência". No entanto, tal não permite concluir que a prática de preços de transferência (ou seja, quando entre empresas do mesmo grupo se verifica a transferência de custos para as empresas do grupo que apresentam rendimentos tributáveis mais elevados e a transferência de lucros para aquelas que apresentam bases tributáveis mais baixas ou até negativas) se traduza em auxílios de Estado nos termos do nº 1 do artigo 107º do TFUE. Aliás, tal não acontece na maioria das situações já que nesses casos falta a intervenção pública já que por norma estas operações são utilizadas para iludir a Administração Fiscal e sem qualquer intervenção estatal.

[54] Cfr . ac. do TJ de 15/03/1994, proc. 387/92, op. cit., § 14. Também o Tribunal de Primeira Instância (TPI) estabelece que *"(...) uma medida estatal, permanente ou temporária, que tenha por efeito conceder benefícios financeiros a uma empresa e melhorar a sua situação financeira, é abrangida pelo conceito de auxílio de Estado na acepção do artigo 92º, nº 1, do Tratado de modo que a distinção entre uma modificação permanente e uma modificação temporária das modalidades do pagamento das deduções não constitui um critério suficiente para afastar a aplicação, no caso concreto, do artigo 92º, nº 1, do Tratado* [actual artigo 107º do TFUE] – cfr. Ac. do TPI de 27/01/1998, Ladbroke Racing/Comissão, proc. T-67/94, § 78.

(2) Essa vantagem deve ser *concedida pelo Estado mediante recursos públicos*[55] o que, no âmbito tributário, equivale às medidas que façam diminuir as receitas fiscais do Estado concedente[56]. Ou seja, o benefício deve ter subjacente um financiamento público[57], com a consequente inscrição da despesa fiscal correspondente no orçamento público[58]. O requisito da procedência estatal da medida exigido para a qualificação dos auxílios de Estado não deve ser interpretado no sentido de que o órgão concedente seja o Estado na medida em que o termo estatal é entendido de forma ampla[59], englobando os auxílios outorgados direc-

[55] Para que se verifique o requisito não é suficiente que a medida seja concedida pelo Estado mas também que o seja à custa de fundos públicos. A jurisprudência tem vindo a fazer uma interpretação ampla desta expressão de forma que devemos considerar que engloba todos aqueles fundos que provêm do orçamento central dos Estados-membros mas também do orçamento de órgãos infra-territoriais (até por aplicação do princípio da unidade orçamental que enforma este ramo do Direito). Vejam-se, entre outros, o acordão do Tribunal de Justiça de 13/03/2001, PreussenElektra, proc. C-379/98, Rec. 2001 p. I-2099), § 58 *"(...) resulta da jurisprudência do Tribunal de Justiça que apenas as vantagens concedidas directa ou indirectamente e provenientes de recursos estatais devem ser consideradas auxílios na acepção do artigo 92º, nº 1. Com efeito, a distinção estabelecida nesta disposição entre os «auxílios concedidos pelos Estados» e os auxílios «provenientes de recursos estatais» não significa que todas as vantagens concedidas por um Estado constituam auxílios, quer sejam ou não financiadas por recursos estatais, mas destina-se apenas a incluir neste conceito as vantagens atribuídas directamente pelo Estado e as atribuídas por organismos públicos ou privados, designados ou instituídos pelo Estado"*; assim como os acordãos de 24/01/1978, Van Tiggele, proc. 82/77, Rec. p. 25, § 24 e 25; de 30/11/1993, Kirsammer-Hack, proc. C-189/91, Rec. p. I-6185, § 16; de 07/05/1998, Viscido e.o., proc. C-52/97 a C-54/97, Rec. p. I-2629, § 13; de 01/12/1998, Ecotrade, proc. C-200/97, Rec. p. I-7907, § 35; e de 17/06/1999, Piaggio, C-295/97, Rec. p. I-3735, § 35.

[56] Cfr. p. 10 da Comunicação.

[57] No que respeita às medidas de natureza fiscal, a Comissão salienta que a noção de recursos estatais deve ser apreciada por referência à situação do beneficiário do auxílio e não os efeitos do mesmo em termos económicos e orçamentais. De outra forma, qualquer vantagem deixaria de ser um auxílio de Estado desde que atraísse uma empresa para um Estado-membro permitindo a este último aumentar a sua receita fiscal.

[58] Poderão, no entanto, existir, medidas fiscais que suponham transferências de fundos públicos sem a correspondente inscrição como despesas fiscais no orçamento o que, não determinará, por si só, que as mesmas não reúnam os critérios de incompatibilidade com o mercado interno. Como salienta ROCH *"el ingreso y el gasto público son dos caras de la misma moneda cuando se consideran desde la perspectiva del sacrificio patrimonial para la Hacienda Pública: gastar (la salida de fondos) y dejar de ingresar (impedir la entrada de fondos) son situaciones conceptualmente idénticas, si se valoran en relación con el principio general de Derecho comunitario que prohíbe vulnerar la libre competencia mediante la utilización de fondos públicos".* [cfr., SOLER ROCH, op. cit., p. 15].

[59] O caso dos auxílios de Estado acordados por empresas públicas tem conduzido a uma evolução jurisprudencial importante, assente na presunção de que todas as intervenções financeiras de um a empresa pública em benefício de terceiros são um auxílio de Estado. Para além disso, devem também considerar-se os auxílios concedidos por organismos privados (Ac. do Tribunal de Justiça de 08/05/2003, Itália e SIM 2 Multimedia/Comissão, proc. acum. C-328/99 e C-399/00, Rec. 2003 p. I-4035) sempre que sejam financiados total ou parcialmente com fundos púbicos. O conceito de "fundos" e de "públicos" é muito amplo compreendendo quer as vantagens acordadas directamente com o Estado como as

tamente pelo Estado, indirectamente por organismos ligados ao Estado ou ainda por entidades locais ou regionais[60].

Relativamente aos auxílios de natureza fiscal, a Comissão considera que este critério se aplica não só aos auxílios concedidos pelo Estado (Administração Central) mas também pelas medidas fiscais concedidas por entidades regionais ou locais dos Estados-membros, da mesma forma que engloba tanto as disposições fiscais de natureza legislativa como as de natureza regulamentar ou administrativa e as que resultem da prática da administração fiscal[61]. Assim, podem constituir auxílios de Estado as medidas fiscais adoptadas por comunidades e regiões autónomas (como as que existem em Espanha e Portugal) sendo que, nesses casos, assume particular importância a apreciação do carácter selectivo das medidas, devendo ser valorada com bastante cautela a dimensão essencialmente territorial das medidas tributárias adoptados por esses entes infra-estatais em relação à selectividade territorial. Porque, como assinala GARCÍA NOVOA[62], *"(...) proclamar la posibilidad de que existan medidas fiscales "territorialmente selectivas" equivale, no ya a examinar la concesión de ciertas ventajas, sino, lisa y llanamente, a cuestionar la compatibilidad de las disposiciones fiscales autonómicas, abstractamente consideradas, con los preceptos del Tratado de la Unión europea sobre ayudas de Estado."*

(3) A medida deve *afectar a concorrência e o comércio entre os Estados-membros*, estando aqui compreendidas as situações em que a afectação seja efectiva ou meramente potencial[63], independentemente da dimensão da empresa bene-

---

que forem concedidas, indirectamente, através de organismos ou instituições, públicos ou privados, instituídos ou controlados pelo Estado. *"Daqui resulta que os auxílios concedidos por entidades regionais e locais dos Estados-membros, seja qual for o respectivo estatuto e designação, se encontram submetidos ao exame da sua conformidade com o artigo 92º do Tratado [actual artigo 107º do TFUE]".* Cfr. Ac. do TJ de 14/10/1987, Alemanha/Comissão, proc. 248/84, Rec. 1987 p. 4013, § 17.

[60] Cfr. ponto 10 da Comunicação. E no mesmo sentido o § 17 do ac. do TJ de 14/10/1987, proc. 248/84, op. cit.. *"Antes de mais, o facto de esse programa de auxílios ter sido adoptado por um Estado federado ou por uma colectividade territorial, e não pelo poder federal ou central, não impede a aplicação do nº 1 do artigo 92º do Tratado, desde que se encontrem preenchidas as condições referidas neste artigo. Com efeito, ao referir os auxílios concedidos «pelos Estados ou provenientes de recursos estatais, e independentemente da forma que assumam», ele visa todos os auxílios financiados por fundos públicos. Daqui resulta que os auxílios concedidos por entidades regionais e locais dos Estados-membros, seja qual for o respectivo estatuto e designação, se encontram submetidos ao exame da sua conformidade com o artigo 92º do Tratado [actual artigo 107º do TFUE]. Veja-se também o ac. TJ de 11/07/1984, Comissão/ Itália, proc. 130/83, Rec. 1984 p. 2849.*

[61] Cfr. Ponto 10 da Comunicação.

[62] GARCÍA NOVOA, César: "La sentencia del Caso Azores y su influencia en el poder normativo de las Comunidades Autónomas en España", texto acedido em http://www.gnestudiotributario.es/docs/AZORES_SENTENCIA.pdf, p. 18 (publicado na Revista Dereito nº 15/2006).

[63] CALVO CARAVACA e CARRASCOSA GONZÁLEZ, op. cit., p. 223.

ficiária ou do montante do auxílio concedido[64], podendo resultar de auxílios concedidos a empresas de natureza local, regional ou nacional, não se exigindo sequer que a empresa beneficiária participe nas referidas trocas intracomunitárias. A afectação da concorrência pode acontecer tanto ao nível do mercado principal como ao nível de mercados conexos ou derivados, sendo entendida como uma consequência necessária e incontestável da atribuição de uma vantagem a uma determinada empresa ou produção[65]-[66], permitindo o carácter específico ou selectivo da medida estimar, pelo menos potencialmente, esses efeitos[67]. Como salienta MATHIJSEN "(...) it seems difficult to imagine State aid favouring certain undertakings which does not distort competition or affects trade between Member States (...)"[68].

[64] Cfr. Ac. do TJ de 15/06/2006, Air Liquide Industries Belgium SA/Ville de Seraing e Province de Liège, proc. acum. C-393/04 e C-41/05, Rec. 2006 p. I-5293, § 34-38. O Tribunal não exige nem a afectação efectiva nem tão pouco um determinado grau de afectação, sendo suficiente que uma medida estatal reforce a posição de uma empresa em comparação com os seus concorrentes nas trocas intracomunitárias. Não podendo aprofundar aqui o tema, não deixaremos, no entanto, de fazer referência àqueles auxílios que, apesar de cumprirem todos os requisitos do nº 1 do artigo 107º do TFUE não são consideradas auxílio de Estado dada a sua escassa relevância decorrente da aplicação da chamada "cláusula de mínimis" – Regulamento da Comissão 1998/2006, de 15 de Dezembro (cujo principal objectivo é simplificar os trâmites dos auxílios de Estado, libertando as instâncias da UE para os casos de maior relevância).

[65] Cfr. Conclusões do Advogado-Geral F. Capotorti no processo Philip Morris/Comissão (730/79). É, assim, posição do Tribunal de Justiça que qualquer benefício económico selectivo financiado à custa de recursos públicos, na medida em que coloca uma empresa numa situação mais vantajosa que os seus concorrentes, é susceptível, na sua essência, de incidir sobre o comércio intracomunitário e provocar distorções de concorrência [cfr. Ac. TJ de 17/09/80, Philip Morris/Comissão, proc. 730/79, Rec. 1980 p. 2671, § 11 e 12; e no mesmo sentido continuou a jurisprudência do TJ, designadamente nos ac. de 17/06/99, proc. C-75/97, op. cit., § 47-51 e de 20/11/2003, GEMO, proc. C-126/01, Rec. 2003 p. I-13769, § 41].

[66] Esta interpretação leva-nos a concordar com ROSS que, nesta perspectiva, considera que os dois requisitos de incompatibilidade dos auxílios de Estado (selectividade e afectação da concorrência e do comércio intracomunitário) são redundantes pois o Tribunal parece bastar-se com aquele para concluir estes [ROSS, M.: "State Aids and National Courts: Definitions and Other Problems – A Case of Premature Emancipation?", Common Market Law Review, vol. 37, nº 5, 2000 págs. 415 e 416].

[67] Devido a variados factores, a total integração dos mercados nacionais não é um objectivo ainda totalmente conseguido a nível da União Europeia pelo que se mantém algumas diferenças e barreiras entre os mercados nacionais dos vários Estados-membros. Como tal, nem sempre a fluidez com que se desenvolvem as trocas comerciais dentro do território de um Estado é conseguida dentro do mercado alargado intracomunitário, existindo empresas que actuam exclusivamente dentro do mercado nacional, ignorando o mercado interno intracomunitário. Um auxílio de Estado a uma destas empresas, apesar de selectivo, não afectaria, em princípio as trocas e a concorrência intracomunitárias pelo que não deveria ser considerado incompatível. No entanto, esta conclusão não pode ser afirmada na medida em que, mesmo nestas circunstâncias o comércio intracomunitário poderá, potencialmente, ser afectado e isso bastará às instâncias da UE para considerar a incompatibilidade do auxílio estatal outorgado.

[68] MATHIJSEN, P.: A Guide to European Union Law, 6ª edição, Ed. Sweet & Maxweel, London, 1995, p. 252.

No que se refere em particular às medidas de natureza fiscal, a Comunicação da Comissão não se refere em particular a medidas fiscais e remete para a vasta jurisprudência existente que considera que *"para efeitos desta disposição considera--se preenchida a condição dos efeitos sobre o comércio quando a empresa beneficiária exerce uma actividade económica que é objecto de trocas comerciais entre os Estados-membros. O simples facto de o auxílio reforçar a posição dessa empresa em relação a outras empresas concorrentes no comércio intracomunitário permite concluir que este foi afectado"*[69].

(4) Finalmente, a medida deve ser específica ou selectiva, isto é, há-de beneficiar certas empresas ou produções em detrimento das restantes. Pela sua importância, no âmbito do presente trabalho, abordaremos nos pontos seguintes, mais detalhadamente, o critério da selectividade.

4. Os auxílios de natureza fiscal e o critério da selectividade

O critério da *selectividade* é o mais difícil de estabelecer. Os auxílios de Estado, para serem contrários ao mercado interno, devem ter carácter selectivo, ou seja, outorgar uma vantagem a *"certas empresas*[70] *ou certas produções"*[71] e não aos seus concorrentes. Esse carácter selectivo é o que vai diferenciar os auxílios de Estado das chamadas medidas gerais, ou seja, disposições que se aplicam automaticamente às empresas de todos os sectores económicos de um Estado-membro[72], como por exemplo, a maioria das medidas fiscais à escala nacional[73]. A distinção

---

[69] Cfr. Ponto 11 da Comunicação.

[70] Não existe no Tratado um conceito de empresa. Uma das razões apontadas para essa ausência é a dificuldade em estabelecer um único conceito de empresa que servisse a todos os âmbitos do Tratado; por outro lado, a dificuldade inerente às diferenças existentes entre os ordenamentos jurídicos dos vários Estados-membros. Cfr. Arpio Santacruz, op. cit., págs. 119-120. Tem cabido, assim, à jurisprudência a delimitação deste conceito que tem sido objecto de inúmeras interpretações. Vejam-se, entre outros, os acórdãos do TJ de 17/02/1993, Poucet e Pistre, proc. acum. C-159/01 e C-160/01, Colect., p. 1-637, § 17; de 16/11/1995, Fédération Française dês Sociétés d'Assurance e outros/Ministère de l'Agriculture et de la Pêche, proc. C-244/94, Rec. 1995 p. I-4013; de 23/04/1991, Höfner e Eiser, proc. C-41/90, Colect., p. 1-1979, § 21; e de 16/03/2004, AOK-Bundesverband e outros, proc. acum. C-264/01, C-306/01, C-354/01 e C-355/01, Rec. 2004 p. I-2493, § 46, *"A este respeito, importa recordar que, no âmbito do direito da concorrência, o conceito de empresa abrange qualquer entidade que exerça uma actividade económica, independentemente do seu estatuto jurídico e do seu modo de financiamento".*

[71] A determinação do beneficiário (uma empresa ou produção) das vantagens concedidas é uma tarefa importante e à partida não muito complexa; trata-se do beneficiário real, ou seja, aquele em que se projectam os efeitos da medida, o que desfruta do gozo efectivo da vantagem, podendo ser apenas um ou vários. [cfr. Santos, A. C (2003)., op. cit., p. 193].

[72] Veja-se, por exemplo, o acórdão do Tribunal de Justiça de 08/11/2001, Adria-Wien Pipeline et Wietersdorfer & Peggauer Zementwerke, proc. C-143/99, Rec. 2001 p. I-8365, § 35-36.

[73] A Comissão considera que *"As medidas fiscais acessíveis a todos os agentes económicos que operam no território de um Estado-membro são, em princípio, medidas de carácter geral"*, devendo ser efectivamente *"acessíveis a*

entre medidas selectivas e gerais é difícil de estabelecer à partida. O Tribunal de Justiça tem vindo a contribuir com uma jurisprudência consolidada para ajudar a estabelecer esta distinção[74].

Ficam, pois, excluídas do âmbito de aplicação do nº 1 do artigo 107º do TFUE as medidas que beneficiem a economia na sua globalidade onde se incluem todas as intervenções estatais que se aplicam uniformemente ao conjunto da economia e que não favorecem certas empresas ou sectores[75]. O conceito de vantagem sobre os concorrentes foi construído de forma ampla, tanto pela jurisprudência do Tribunal de Justiça como pela Comissão, de tal maneira que medidas selectivas são aquelas cujo alcance não afecta todo o território de um Estado (selectividade regional) ou que abarcam apenas determinados sectores, empresas ou actividades de uma economia.

No que respeita às ajudas de natureza fiscal, a selectividade resulta da concessão de um tratamento fiscal privilegiado exclusivamente a determinadas empresas, traduzindo-se numa vantagem, por fortalecer a sua posição no mercado face às outras empresas não abrangidas pela medida, e num afastamento

todas as empresas numa base de igualdade e o seu âmbito não pode ser restringido de facto, por exemplo, pelo poder discricionário do Estado quanto à sua concessão ou por outros elementos que limitem o seu efeito prático" [cfr. Ponto 13 da Comunicação].

[74] Consideramos oportuno, pela sua relevância, fazer referência às palavras do advogado Geral POIARES MADURO, nas conclusões de 12/01/2006 (Ass. C-237/04 – Enirisorse, Rec. 2006 p. I-2843), § 52, *"Há ainda que definir cuidadosamente o conceito de selectividade. Resulta da jurisprudência que qualquer medida que conceda uma vantagem específica a uma categoria de empresas não deve necessariamente ser considerada uma medida «selectiva». Deve estabelecer-se uma distinção. Qualquer medida de tratamento específico de determinadas situações, que conduza à concessão de uma vantagem económica aos operadores colocados nas referidas situações, deve ser apreciada no quadro do regime geral em que essa medida se insere. Se o Estado-Membro em causa conseguir demonstrar que essa medida se justifica pela natureza ou pela economia geral do sistema legal em que se insere, desde que esse sistema prossiga um objectivo legítimo, a mesma medida não pode ser considerada uma medida selectiva na acepção do Tratado. Só no caso de esse tratamento específico não encontrar justificação no sistema geral ou se não resultar de uma aplicação coerente do sistema a que diz respeito é que se pode dizer que a medida é selectiva. Neste caso, com efeito, é legítimo presumir que essa medida só se justifica quando conceda um tratamento privilegiado a uma determinada categoria de operadores. Assim, não é apenas o carácter juridicamente derrogatório de uma medida que faz dela um auxílio de Estado. Neste domínio, uma análise formal não é suficiente; há que proceder a uma análise substancial. É selectiva qualquer medida que contribua para colocar certas empresas numa situação económica mais favorável do que as empresas que se encontram numa situação comparável, sem que os custos daí resultantes para a colectividade se justifiquem claramente através de um sistema de encargos equitativamente repartidos."*

[75] As medidas aplicáveis a todos os sectores podem ainda assim ser consideradas selectivas se as condições de exigibilidade limitarem o número de beneficiários potenciais, tal como acontece, por exemplo, com medidas aplicáveis unicamente a multinacionais ou a empresas de grande dimensão ou ainda a empresas criadas a partir de determinada data. [cfr. COMISSÃO EUROPEIA: *Relatório sobre a implementação da Comunicação da Comissão sobre a aplicação das regras relativas aos auxílios estatais às medidas que respeitam à fiscalidade directa das empresas*, C(2004) 434, 09/02/2004, p. 9]

ao regime tributário ordinário vigente do Estado-membro. Assim, ficam fora do campo de actuação do regime previsto no nº 1 do artigo 107º do TFUE as medidas fiscais de carácter geral, ou seja, aquelas que se dirigem uniformemente a quaisquer actividades e agentes económicos que operam no território de um Estado-membro[76]. De acordo com a jurisprudência do Tribunal de Justiça, uma medida fiscal deve considerar-se um auxílio incompatível se não encontrar justificação na natureza ou na estrutura da lógica fiscal interna do sistema geral em que se enquadra[77].

5. Os critérios da Comissão para a determinação da selectividade das medidas fiscais

Na Comunicação *supra* referida, a Comissão, não se tendo pronunciado em específico sobre o alcance do critério da selectividade, ajuda, no entanto, à distinção entre auxílios de Estado e medidas de carácter geral, apontando estas últimas como aquelas a que todos os sujeitos podem aceder com igualdade e cujo alcance não pode ser reduzido com a actuação discricionária do Estado[78] e assinalou qual o procedimento lógico a seguir para a identificação do carácter selectivo ou não de uma medida. A Comissão coloca, no entanto, um novo problema ao aceitar que certas vantagens que beneficiam actividades específicas não constituam auxílios de Estado por estarem justificadas por objectivos de política económica geral. As medidas gerais de política económica e social levadas a cabo por um Estado-membro, ainda que possam, pela sua aplicação, gerar distorções de concorrência, não caem no âmbito de aplicação do regime dos auxílios de Estado na medida em que delas beneficiam uniformemente quaisquer empresas e sectores de actividade[79]. Nestes casos, a actuação da União Europeia com vista à protecção da concorrência há-de realizar-se por outros meios, designadamente através de

---

[76] MAGRANER MORENO, F.; MARTÍN LÓPEZ, J., op. cit., p. 119

[77] PÉREZ BERNABEU, B., op. cit., p. 127.

[78] Ponto 13 da Comunicação. No entanto, a Comissão salienta que não se trata de uma limitação à política económica dos Estados-membros, particularmente no que respeita à repartição da carga fiscal entre os seus cidadãos. Por isso, desde que se apliquem indistintamente a todas as empresas e a todas as produções, não constituem auxílio de Estado as medidas de pura técnica fiscal (por exemplo, fixação das taxas de tributação, regras de depreciação e amortização e regras em matéria de reporte de prejuízos; disposições destinadas a evitar a dupla tributação ou a evasão fiscal) e as medidas que têm um objectivo de política económica geral, reduzindo a carga fiscal que onera certos custos de produção (por exemplo, investigação e desenvolvimento, ambiente, formação e emprego).

[79] Uma solução diferente transformaria o regime dos auxílios de Estado num poderoso instrumento ao serviço da UE para intervir de forma geral nas decisões de carácter geral da política económica e social dos Estados-membros, retirando, desse modo, poderes aos Estados-membros e esvaziando a esfera de aplicação de outras disposições do Tratado, designadamente as que se referem à aproximação das legislações nacionais (artigos 114º a 117º do TFUE).

medidas de aproximação da legislação dos Estados-membros, contempladas nos artigos 114º a 117º do TFUE, em particular o artigo 116º[80].

A Comissão Europeia qualifica como medidas selectivas, de acordo com o nº 1 do artigo 107º do TFUE, aquelas que suponham um desvio face ao sistema normal de tributação do país, afirmando na sua Comunicação que *"(...) o critério principal para a aplicação do nº 1 do artigo 92º* [actual artigo 107º] *a uma medida fiscal é, por conseguinte, o facto de essa medida instituir, a favor de determinadas empresas do Estado--membro, uma excepção à aplicação do sistema fiscal."*[81]. O pressuposto essencial para aplicação do nº 1 do artigo 107º do TFUE a uma medida de natureza fiscal é que esta conceda a determinadas empresas do Estado-membro um tratamento excepcional[82] pelo que, em primeiro lugar, tem que se analisar se a medida estabelecida constituiu uma derrogação à aplicação do sistema fiscal de referência, a favor de determinadas empresas do Estado-membro, em relação com outras empresas que se encontrem em situação fáctica e jurídica comparável[83], tendo em conta o objectivo do sistema de referência[84]. Posteriormente será necessário analisar se tal excepção não se encontra justificada pela economia ou natureza do sistema, ou seja, se *"emana directamente dos princípios fundadores ou directores do sistema fiscal do Estado-membro em causa"*[85]. Trata-se, portanto, de uma análise em duas fases (determinação da selectividade e a justificação com base na economia e natureza do sistema), como salienta SANTOS[86].

Resumidamente, os critérios apresentados pela Comissão são:

---

[80] Do qual resulta que *"Se a Comissão verificar que a existência de uma disparidade entre as disposições legislativas, regulamentares ou administrativas dos Estados-Membros falseia as condições de concorrência no mercado interno, provocando assim uma distorção que deve ser eliminada, consultará os Estados-membros em causa. Se desta consulta não resultar um acordo que elimine a distorção em causa, o Parlamento Europeu e o Conselho, deliberando de acordo com o processo legislativo ordinário, adoptam as directivas necessárias para o efeito. Podem ser adoptadas quaisquer outras medidas adequadas previstas nos Tratados."*.

[81] Ponto 16 da Comunicação.

[82] Esta posição da Comissão segue as linhas que já haviam sido afirmadas pelo Advogado Geral Sr. DARMON nas suas conclusões nos processos acumulados C-72/91 e C-73/91, Col. 1993, p. I-887 (§ 50), considerando que o elemento distintivo de uma medida selectiva no sentido do artigo 107º do TFUE é o *"carácter derrogatório"* da mesma, na sua própria natureza, em relação com a estrutura do sistema geral em que está inserida.

[83] No mesmo sentido se tem pronunciado o TJ, designadamente nos ac. de 08/11/2001, ass. C-143/99, op. cit. § 41; de 29/04/2004, GIL Insurance e otros, C-308/01, Rec. p. I-4777, § 68, e de 03/03/2005, Heiser, C-172/03, Rec. p. I-1627, § 40.

[84] Ac. do TJ de 08/11/2001, proc. C-143/99, op. cit., § 41.

[85] Cfr. Ponto 16 da Comunicação. A título de exemplo veja-se a decisão da Comissão 2003/293/CE de 11 de Dezembro de 2003, acedida em http://eur-lex.europa.eu/LexUriServ/LexUriServ.do?uri=OJ:L:2003:111:0024:0044:PT:PDF.

[86] SANTOS, A.C. (2009), op. cit., p. 499 e ss. Conclusão que o autor retira do ac. TJ de 02/07/1974, proc. 173/73, op. cit.

A. O critério de selectividade ou de especificidade

Segundo este critério, as únicas medidas que a Comissão exclui do conceito de auxílio de Estado são aquelas que afectam todo o território. Dessa forma são considerados auxílios de Estado as medidas que favoreçam apenas determinadas empresas ou produções/sectores assim como aquelas que beneficiam apenas determinados produtos (por exemplos, produtos exportados). Salienta ainda a Comissão que certas medidas que concedem benefícios fiscais limitados a certas formas de empresas, a algumas das suas funções (serviços intragrupo, intermediários, ...) ou a certos tipos de produções podem constituir auxílios de Estado desde que favoreçam certas empresas ou certas produções[87]. A Comissão identificou três modalidades de selectividade: *selectividade sectorial*, que se refere às medidas que pretendem estimular as actividades de empresas de um determinado sector da economia; *selectividade horizontal*, relativa às medidas que pretendem potenciar determinados objectivos económicos através de determinadas empresas, independentemente do sector que a pertençam; *selectividade regional*, compreendendo as medidas com um alcance geográfico limitado.

No que respeita em particular à *selectividade regional*, assunto sobre que nos dedicaremos mais aprofundadamente no capítulo seguinte, a Comissão aprecia o carácter selectivo de uma medida com base na teoria de que apenas as medidas de alcance geral, ou seja, aplicáveis a todo o território do Estado em causa, não podem considerar-se selectivas pelo que as medidas fiscais de alcance regional/local, salvo se forem subsumíveis nas excepções à regra geral de incompatibilidade previstas nas alíneas a) e c) do nº 3 do artigo 107º do TFUE, são consideradas selectivas[88]. Sobre a aplicação do critério da selectividade regional consideramos oportuno e relevante salientar aqui a sua aplicação, pela Comissão, nas decisões: relativa ao caso "Açores"[89] (que analisaremos detalhadamente no capítulo seguinte) em que as medidas fiscais adoptadas por aquela Região Autónoma (R.A.) portuguesa foram consideradas selectivas na medida em que, na perspectiva da Comissão, tratava-se de conceder um tratamento fiscal mais favorável apenas a empresas residentes ou actuantes no território da região concedente e não de todo o território português; e relativa aos incentivos fiscais ao investimento aprovados pelas Juntas Generales de Álava, Viscaya e Guipúzcoa (Normas Forales 28/1988, 8/1988 e 6/1998, de 18, 7 e 14 de Julho, respectivamente), em que a Comissão declarou a incompatibilidade das normas com o mercado interno com base nos argumentos da violação da liberdade comunitá-

---

[87] Cfr. Pontos 17 a 20 da Comunicação.

[88] Vejam-se a este respeito as decisões da Comissão 2003/230/CE, de 11/12/2002 (JO nº L 91 de 08/04/2003); 2000/620/CE, de 22/12/1999 (JO nº L 260 de 14/10/2000).

[89] Decisão 2003/442/CE, de 11/12/2002 (JO nº L 150, de 18/06/2003).

ria de estabelecimento e da selectividade territorial, na medida em que os incentivos fiscais se aplicavam apenas às empresas com domicílio fiscal em algum dos Territórios Históricos que actuassem exclusivamente na Comunidade Autónoma Basca[90].

B. Práticas administrativas discricionárias (*a selectividade de facto*)

Algumas medidas potencialmente abertas a todas as empresas mas que deixam às autoridades públicas um certo poder discricionário no que se refere à sua interpretação e aplicação (designadamente quanto aos critérios de elegibilidade dos beneficiários, ou quanto à definição do montante ou da duração do auxílio) podem constituir auxílios de Estado na acepção do nº 1 do artigo 107º do TFUE. Não podem, pois, os Estados-membros encobrir sob a forma de medidas de carácter geral determinadas medidas que posteriormente, através de uma intervenção administrativa discricionária, acabem por se afastar das regras fiscais geralmente aplicáveis, beneficiando mais umas empresas que outras[91]. Como salienta GARCÍA NOVOA[92], *"se trata de aplicar la doctrina de que una ayuda puede ser selectiva cuando su concesión discrecional no garantiza el acceso universal a la misma"*. Trata-se do recurso, por parte da Comissão, ao critério da selectividade de facto que compreende os casos *"(...) en los que aprecia la selectividad de una medida que tiene una apariencia de medida general, pero que bien posee una redacción diseñada con el fin de ser aplicable únicamente a un grupo reducido de empresas o incluso a una sola empresa, o bien porque concede, en su aplicación, un amplio margen de discrecionalidad al Estado, en ejercicio del cual, las autoridades de ese Estado miembro pueden beneficiar a determinadas empresas en concreto, o bien porque, debido a su especial diseño y aplicación, por un motivo u otro, puede tener repercusiones en el mercado común"*[93].

---

[90] Decisão 93/337/CEE, de 10/05/1993 (JO nº L 134, de 03/06/1993).
[91] Cfr. Pontos 21 e 22 da Comunicação. Vejam-se também: a Decisão 92/389/CEE, JO nº 207/1992 de 23 de Julho (acedida em http://eur-lex.europa.eu/LexUriServ/LexUriServ.do?uri=OJ:L:1992:207:0 047:0052:PT:PDF), relativa a desagravamentos fiscais à exportação de capitais, em que a Comissão constatou que o Comité Interministerial para a Programação Económica (CIPE) italiano dispunha de poderes discricionários para verificar se as entradas de capital respondiam aos critérios estabelecidos na Lei, o que constituía um sinal inequívoco de que aquele organismo dispunha de uma actuação discricionária incompatível com o princípio de transparência dos auxílios e de igualdade de tratamento das empresas interessadas; e o acórdão do TJ de 26/09/1996, França/Comissão, proc. C-241/94, Rec. 1996 p. I-4551, § 23.
[92] GARCÍA NOVOA, C., op. cit., p. 27.
[93] Cfr. PÉREZ BERNABEU, B.: "El criterio de la selectividad de facto en las ayudas de estado (aplicación en relación con las medidas Forales fiscales)", *Cronica Tributaria*, nº 138/2011, p. 138. Sobre a selectividade de facto veja-se também MARTÍN LÓPEZ, J., op. cit., págs. 375-387.

A Comissão aplicou o critério da selectividade de facto, designadamente nas suas decisões[94] sobre os incentivos fiscais concedidos pela Diputación Foral de Álava às empresas Daewoo e Ramondín, ao abrigo das Normas Forales 22/1994, de 20/12 e 24/1996, de 05/07, apresentando como fundamentos para a decisão de incompatibilidade das medidas fiscais em causa com o mercado interno, ao abrigo do nº 1do actual artigo 107º do TFUE, não a selectividade regional mas sim, por um lado, as condições exigidas nas disposições forais para usufruir de tais vantagens e, por outro, a discricionariedade de que gozava a Diputación Foral de Álava para fixar os critérios de atribuição dos benefícios fiscais em causa (ou seja, aplicação do critério da selectividade de facto)[95]. Mais tarde, em seis Decisões de 11/07/2001[96]-[97] volta a socorrer-se do critério da selectividade de facto para fundamentar a sua decisão relativa a medidas fiscais adoptadas pelos Territórios Históricos Bascos, argumentando, por um lado, com base na multiplicidade de requisitos exigidos pela norma para a atribuição dos benefícios fiscais (o que fazia com que, na prática, apenas algumas sociedades beneficiassem de tais vantagens fiscais uma vez que a redacção da norma apenas possibilitava a aplicação das medidas fiscais a novas empresas que dispusessem de recursos económicos consideráveis, devido ao montante do investimento e ao nº de pos-

---

[94] Decisão 1999/718/CE, de 24/02/1999 (JO nº L 292, de 13/11/1999) e Decisão 2000/795/CE, de 22/12/1999 (JO nº L 318, de 16/12/2000).

[95] Estes argumentos foram acolhidos pelo TPI nos recursos de anulação interpostos – Ac. TPI de 06/03/2002, Diputación Foral de Álava e.a./Comissão, proc. acumul. T-127/99, T-129/99 e T-148/99, Rec. 2002 p. II-1275, § 148 e ss, em particular o § 151 e Diputación Foral de Álava/Comissão, proc. acumul. T-92/00 e T-103/00, Rec. 2002 p. II-1385, § 22 e ss, em particular o § 33. Nestas decisões, o TPI contornou a questão principal da competência constitucional em matéria fiscal, argumentando a selectividade da medida com base no facto de a mesma se destinar apenas a grandes empresas e na existência de um certo poder discricionário da administração na atribuição das medidas em causa (selectividade de facto).

[96] Decisões da Comissão 2002/540/CE, de 11/07/2001 (JO nº L 174, de 04/07/2002); 2002/806/CE, de 11/07/2001 (JO nº L 279, de 17/10/2002); 2002/892/CE, de 11/07/2001 (JO nº L 314, de 18/11/2002); 2002/820/CE, de 11/07/2001 (JO nº L 296, de 30/10/2002); 2002/894/CE, de 11/07/2001 (JO nº L 314, de 18/11/2002); e 2003/27/CE, de 11/07/2001 (JO nº L 17, de 17/01/2003).

[97] Nas quais a Comissão avaliava a compatibilidade com o regime comunitário dos auxílios de Estado das normas forais dos Territórios Históricos Bascos, abstractamente consideradas, pelas quais eram concedidos dois benefícios fiscais: redução da base tributável do Imposto sobre Sociedades para empresas novas que investissem em activos fixos materiais um montante mínimo de oitenta milhões de pesetas e criassem, pelo menos, 10 postos de trabalho (Normas Forales 24/1996, de 05/07, de Álava; 3/1996, de 26/06, de Vizcaya; e 7/1996, de 04/07, de Guipúzcoa); crédito fiscal, aplicável à colecta do Imposto sobre Sociedades, relativo a investimentos em novos activos fixos materiais que excedessem dois mil e quinhentos milhões de pesetas e 45% do montante de investimento fixado pela Diputación Foral correspondente (Normas Forales 22/1994, de 20/12, de Álava; 7/1996, de 26/12, de Vizcaya; e 7/1997, de 22/12, de Guipúzcoa).

tos de trabalho exigidos) e, por outro lado, com base nos poderes discricionários de que gozavam as Diputaciones Forales para decidir sobre a adjudicação das medidas fiscais, ou seja, para decidir quais os efectivos beneficiários das mesmas (em função das características dos projectos de investimento submetidos a apreciação, cabendo à Administração determinar o montante do investimento mediante uma decisão que fixasse os prazos e limites aplicáveis ao crédito fiscal). Nota-se nestas decisões a ausência do argumento tradicionalmente utilizado pela Comissão da selectividade regional, na medida em que estavam em causa medidas fiscais adoptadas por entes infra-estatais. Parece, pois, que a Comissão substituiu, neste caso, o critério da selectividade regional pelo da selectividade de facto.

C. Justificação de uma derrogação pela "natureza ou economia do sistema"

Apesar do referido anteriormente, a Comissão não deixa de assinalar que determinadas medidas fiscais selectivas podem não ser consideradas auxílios de Estado na medida em que sejam necessárias ou funcionais face à eficácia do sistema. A Comissão procura esclarecer este conceito afirmando que devem tratar-se de *"medidas cuja racionalidade económica as torna «necessárias ou funcionais em relação à eficácia do sistema fiscal»"*[98]. Neste sentido, a Comissão afirma que poderão considerar-se justificadas, e como tal não constituir auxílios de Estado, a existência de taxas progressivas de imposto, a existência de métodos e períodos de depreciação e amortização diferentes de Estado-membro para Estado-membro, as modalidades de cobrança das dívidas fiscais que podem diferir de um Estado-membro para outro, isenções para entidades sem fins lucrativos desde que se verifique ausência de lucros[99]. No entanto, a Comissão salienta que certas excepções fiscais são difíceis de explicar pela lógica do sistema fiscal (designadamente tratamentos mais favoráveis para empresas residentes ou benefícios fiscais concedidos apenas a empresas que fornecem certos serviços no interior de um grupo) e que, se a administração fiscal puder, com base em poderes discricionários, fixar certos parâmetros para aplicação das normas fiscais de forma diferente de empresa para empresa ou de sector para sector, existe uma presunção de auxílio[100]. Apesar da exemplificação, a Comissão não foi totalmente esclarecedora na Comunicação pelo que restam dúvidas sobre quais sejam exactamente as medidas que derivam dos referidos fins inerentes ao sistema.

A título de exemplo refira-se, nomeadamente, que nas suas seis Decisões de 11/07/2001, a que já fizemos referência no ponto anterior, ao considerar as medi-

[98] Ponto 23 da Comunicação.
[99] Ponto 24 da Comunicação.
[100] Cfr. Pontos 23 a 27 da Comunicação.

das fiscais em causa como selectivas (por aplicação do critério da selectividade de facto e não da selectividade regional, apesar de serem medidas adoptadas por entes infra-estatais), a Comissão considerou que tais medidas perseguiam objectivos de política económica que não eram inerentes ao sistema fiscal em causa e, como tal, não se encontravam justificadas pela natureza e economia do sistema fiscal espanhol.

O Tribunal de Justiça veio entretanto estabelecer que cabe aos Estados--membros a justificação para estas excepções[101]. Sendo função do sistema fiscal arrecadar receitas com vista ao financiamento de despesas do Estado, deve fazer-se uma distinção entre os objectivos inerentes ao próprio sistema fiscal daqueles que lhe são externos[102].

III - AS MEDIDAS FISCAIS ADOPTADAS POR ENTES INFRA-ESTATAIS: A SELECTIVIDADE REGIONAL E O "CASO AÇORES"

1. Enquadramento dos factos

De acordo com o nº 2 do artigo 6º da Constituição da República Portuguesa (em diante, CRP), *"Os arquipélagos dos Açores e da Madeira constituem regiões autónomas dotadas de estatutos político-administrativos e de órgãos de governo próprio"*; o nº 1 do artigo 225º da CRP estabelece que *"O regime político-administrativo próprio dos arquipélagos dos Açores e da Madeira fundamenta-se nas suas características geográficas, económicas, sociais e culturais e nas históricas aspirações autonomistas das populações insulares"*; finalmente, o nº 1 do artigo 227º da CRP estabelece, entre outras faculdades, que as regiões autónomas têm poder para *"i) Exercer poder tributário próprio, nos termos da lei, bem como adaptar o sistema fiscal nacional às especificidades regionais, nos termos de lei-quadro da Assembleia da República;"* e para *"j) Dispor, nos termos dos estatutos e da lei de finanças das regiões autónomas, das receitas fiscais nelas cobradas ou geradas, bem como de uma participação nas receitas tributárias do Estado, estabelecida de acordo com um princípio que assegure a efectiva solidariedade nacional, e de outras receitas que lhes sejam atribuídas e afectá-las às suas despesas;"*.

---

[101] Cfr. Ac. do TJ de 06/09/2006, República Portuguesa/ Comissão, proc. C-88/03, § 80 (acórdão "Açores", em diante). Justificação que, assinala o Tribunal de Justiça, não pode assentar em elementos de natureza formal, como o grau de autonomia das entidades territoriais de referência, mas sim a diferenças de facto que justifiquem um desvio das normas gerais.

[102] E como assinala o TPI *"a justificação baseada na natureza ou na economia do sistema fiscal remete para a coerência de uma medida fiscal específica com a lógica interna do sistema fiscal em geral"*. [Ac. TPI de 06/03/2002, Diputación Foral de Álava e outros/Comissão, proc. acum. T-127/99, T-129/99 e T-148/99, § 164]. E no mesmo sentido, os acórdãos do TJ de 19/05/1999, proc. C-6/97, op. cit., § 27; e de 17/06/1999, proc. C-75/97, op. cit. § 34].

A Lei de Finanças das Regiões Autónomas (à data dos factos, a Lei nº 13/98, de 24/02, actualmente a Lei nº 1/2007, de 19/02) enuncia os princípios e objectivos da autonomia financeira das Regiões Autónomas, prevendo que as Assembleias Legislativas Regionais (ALR) podem proceder à adaptação do sistema fiscal nacional às especificidades regionais, nomeadamente diminuindo as taxas nacionais dos impostos sobre o rendimento das pessoas singulares (IRS) e das pessoas colectivas (IRC) até ao limite de 30%. Com base neste poder, a Assembleia Legislativa dos Açores aprovou, mediante o Decreto Legislativo Regional (DLR) nº 2/99/A, de 20 de Janeiro[103], a redução das taxas de IRS (redução de 20%) e de IRC (redução de 30%) a aplicar aos agentes económicos residentes no território dos Açores. O custo orçamental destas medidas foi orçamentado pelas Autoridades portuguesas numa perda de receitas fiscais que daí resulta, em cerca de 26,25 milhões de euros por ano. Este DLR entrou em vigor em 1 de Janeiro de 1999, antes do Governo português ter notificado a Comissão Europeia acerca deste regime (as autoridades portuguesas apenas notificaram a Comissão em 5 de Janeiro de 2000) e, como tal, a Comissão registou esta medida no registo de auxílios não notificados, iniciando o procedimento a que se refere actualmente o artigo 108º do TFUE, no sentido de analisar a compatibilidade do regime de adaptação do sistema fiscal português às particularidades dos Açores com o regime comunitário dos auxílios de Estado.

2. A Decisão da Comissão

Tal procedimento terminou com a Decisão 2003/442/CE, de 11/12/2002, na qual a Comissão, recordando no ponto 23 os critérios para definir um auxílio de Estado[104], veio a concluir estarem os mesmos reunidos na legislação fiscal dos Açores pelo que determinou que *"a parte do regime que adapta o sistema fiscal nacional às especificidades da Região Autónoma dos Açores a que se refere a vertente relativa às reduções das taxas do imposto sobre o rendimento (...) é compatível com o mercado comum"*, excepto na parte *"aplicável a empresas que exerçam as actividades financeiras (...) bem como a empresas (...) cujo fundamento económico é prestar serviços a outras empresas pertencentes ao mesmo grupo, como centros de coordenação, de tesouraria ou de distribuição"*

---

[103] Este diploma foi objecto de alterações no ano 2008 (Decreto Legislativo Regional nº 42/2008/A, de 7 de Outubro), tendo sido alterada, entre outras coisas, a redução de taxas de IRS aplicável às pessoas singulares residentes nos Açores.

[104] (i) proporcionar aos seus beneficiários uma vantagem que alivie os encargos que normalmente oneram o seu orçamento (ii) que essa vantagem seja concedida pelo Estado ou através de recursos públicos, independentemente da forma que assuma (iii) que a medida afecte a concorrência e as trocas comerciais intracomunitárias e que (iv) se trate de uma medida específica ou selectiva, o que significa que deve favorecer determinadas empresas ou produções.

[105], concluindo que *"Portugal deve adoptar as medidas necessárias para recuperar, junto das empresas que exercem as actividades mencionadas no artigo 2º, os auxílios pagos a título da parte do regime de auxílios referida no artigo 1º"*[106].

Interessa-nos aqui em particular a análise que a Comissão apresenta sobre o critério da selectividade, em particular a abordagem que é feita, de forma directa, ao problema da selectividade regional. Neste domínio, a Comissão concluiu estar cumprido o critério da selectividade uma vez que o mesmo *"(...)assenta numa comparação entre o tratamento vantajoso concedido a certas empresas e aquele que se aplica a outras empresas que se encontram no mesmo quadro de referência. A determinação desse quadro assume uma importância acrescida no caso das medidas fiscais já que a própria existência de uma vantagem não pode ser estabelecida senão em relação a uma tributação definida como normal. Em princípio, resulta simultaneamente da economia do Tratado, que visa os auxílios concedidos pelo Estado ou através de recursos do Estado, e do papel fundamental que desempenham, na definição do ambiente político e económico em que as empresas operam, as autoridades centrais dos Estados-Membros, graças às medidas que tomam, aos serviços que prestam e, eventualmente, às transferências financeiras que operam, que o quadro em que se deve proceder a tal comparação é o espaço económico do Estado-Membro"*[107]. E sublinha, recorrendo à jurisprudência do Tribunal de Justiça, que a prática da Comissão e daquele Tribunal tem sido a de classificar como auxílios os regimes fiscais aplicáveis em determinadas regiões ou territórios e que sejam mais favoráveis face ao sistema geral do Estado-membro em causa. A Comissão justificou a sua decisão recorrendo à sua Comunicação relativa aos auxílios estatais no âmbito da Fiscalidade directa, em concreto o ponto 17, argumentando que as medidas cuja finalidade seja facilitar o desenvolvimento económico de uma região podem também ser qualificadas de auxílios de Estado e que, no caso em concreto, as empresas que exercem a sua actividade nos Açores

---

[105] Ou seja, a incompatibilidade da medida legislativa dos Açores com o mercado comum restringia-se à aplicação da redução de taxas a empresas cuja actividade consistia no exercício de actividades financeiras ou "serviços intragrupo". De acordo com as Orientações da Comissão no que se refere aos auxílios regionais, as reduções de taxa do imposto sobre o rendimento aplicáveis a empresas não integradas no sector financeiro podem ser consideradas compatíveis com o mercado comum ao abrigo da excepção prevista no artigo 87º, nº 3, al. a) do TCE (actual artigo 107º, nº 3, al. a) do TFUE) não se encontrando justificadas as mesmas reduções para as empresas do sector financeiro por se considerar que o seu contributo para o desenvolvimento regional é muito diminuto e que o nível da despesa fiscal é excessivo em relação às desvantagens que visaria atenuar.

[106] Cfr. artigos 1º a 3º da Decisão 2003/442/CE.

[107] Cfr. ponto 26 da Decisão 2003/442/CE.

gozam de uma vantagem face às que exercem a mesma actividade no restante território português[108].

Como tal, concluiu que, apesar das medidas adoptadas no DLR se aplicarem automaticamente a todos os agentes económicos residentes naquela região autónoma, sem introduzir nenhuma distinção de tratamento a um ou mais sectores de actividade, o regime constituía uma vantagem exclusivamente para as empresas estabelecidas numa determinada região do Estado-membro, colocando-as numa situação mais favorável que as restantes empresas do mesmo Estado que levem a cabo operações económicas análogas[109]. Ou seja, a Comissão definiu como marco de referência o sistema fiscal de todo o espaço económico do Estado-membro (Portugal), aferindo a selectividade da medida aplicável à região autónoma em comparação com aquela referência, considerando-a, como tal, selectiva. A apreciação da selectividade efectuada pela Comissão assentou, pois, na sua tradicional teoria de que só as medidas de alcance geral, ou seja, as que se aplicam à totalidade do território de um Estado-membro, não podem considerar-se selectivas pelo que, no caso em apreço, a selectividade resultava do facto da redução de taxas de imposto adoptadas favorecer apenas as empresas sujeitas a imposto na R. A. dos Açores, em comparação com as demais empresas portuguesas. A Comissão notou ainda que outras colectividades locais portuguesas (regiões, concelhos ou outras) não beneficiavam da mesma autonomia para tomar adoptar medidas fiscais semelhantes tratando-se, no caso em apreço, de uma redução aplicável unicamente nos Açores da taxa de imposto fixada pela

---

[108] Cfr. ponto 24 da Decisão 2003/442/CE. A Comissão recorreu ainda ao princípio da irrelevância da forma que revestem os auxílios e à teoria dos efeitos, chamando à argumentação as conclusões do advogado-geral Saggio nos processos apensos C-400/97, C-401/97 e C-402/97, para sustentar que *"o facto de as medidas em questão serem tomadas pelas colectividades territoriais dotadas de competência exclusiva nos termos do direito nacional é na realidade (...) uma circunstância puramente formal, que não basta para justificar o tratamento preferencial reservado às empresas que relevam do âmbito de aplicação das «normas forales»"* pois, *"se assim não fosse, o Estado poderia facilmente evitar a aplicação, numa parte do seu território, das disposições comunitárias em matéria de auxílios de Estado, muito simplesmente introduzindo modificações na repartição interna das competências em certos domínios, de forma a invocar assim, para um determinado território, a natureza "geral" da medida em questão"*. Conforme salienta SANTOS, *"A posição da Comissão assenta na conjugação de vários dogmas por ela sistematicamente aplicadas em sede de auxílios de Estado: uma leitura rígida da chamada "teoria dos efeitos"; a equivalência entre "selectividade" e "derrogação" em sede de auxílios fiscais; e a insuficiência da autonomia constitucional atribuída pelos EM às suas regiões"* [SANTOS, A. C.: "O estranho caso do conceito comunitário de autonomia suficiente em sede de auxílios de estado sob forma fiscal (Comentário ao acórdão do TJCE de 6 de Setembro de 2006 relativo à insuficiente autonomia da Região Autónoma dos Açores)", *Revista de Finanças Públicas e Direito Fiscal*, ano 1, nº 1, págs. 235-258].

[109] Tendo sublinhado a Comissão que para definir "auxílio" não é suficiente uma distinção baseada unicamente na entidade que institui a medida, isto é, entre autoridade central e regional pois tal distinção poria em causa a natureza objectiva do conceito.

legislação nacional e aplicável na parte continental de Portugal. E concluiu que *"nestas circunstâncias, é evidente que a medida adoptada pelas autoridades regionais constitui uma derrogação ao sistema fiscal nacional*[110]*".*

3. recurso junto do Tribunal de Justiça

O governo português interpôs recurso desta decisão[111], solicitando a anulação da Decisão da Comissão, invocando três motivos: erro de Direito na aplicação do artigo 87º, nº 1 do TCE (actualmente artigo 107º, nº 1 do TFUE), na medida em que as reduções de taxa não são selectivas mas sim gerais, e que, em todo o caso, a diferença de tributação se encontrava justificada nos princípios fundadores, natureza e economia do regime fiscal português[112]; falta de motivação suficiente para a afectação, por parte da medida, das trocas comerciais intracomunitárias e das restrições significativas da concorrência; erro manifesto de apreciação dos factos que condicionam a aplicação do artigo 87º, nº 3 al. a) do Tratado (actualmente o artigo 107º, nº 3, alínea a) do TFUE).

No seu recurso, e quanto ao critério da selectividade regional, o Estado português defendeu que *"quando uma autoridade infra-estatal, em relação à parte do território que é da sua competência, concede vantagens fiscais cujo alcance é limitado a uma parte do território, o quadro de referência deveria ser a região em causa"* (§ 39 do acórdão "Açores") e que a medida em causa se encontrava justificada por factores mencionados no nº 2 do artigo 299º do TCE (actualmente o artigo 349º do TFUE), ou seja, insularidade, clima e relevo adverso, pequena superfície e dependência económica de um número reduzido de produtos, sendo o resultado do exercício da soberania constitucional (§ 40 do acórdão "Açores").

O Tribunal era assim chamado a responder se a limitação dos efeitos de uma medida ao âmbito regional, o que acontece sempre que a mesma é adoptada por uma região, é por si mesmo um critério indicativo da selectividade regional dessa medida e, principalmente, o Tribunal deveria clarificar se, para resolver a questão, o marco de referência para apreciar a selectividade deveria ser necessariamente o âmbito territorial do Estado-membro em causa.

---

[110] Cfr. ponto 31 da Decisão 2003/442/CE.

[111] Neste recurso foi admitida a intervenção do Reino Unido e de Espanha, em apoio às pretensões da República Portuguesa. A preocupação do Reino Unido era relativamente ao seu modelo de "descentralização assimétrica" (Inglaterra, Escócia e Irlanda do Norte) e, no caso espanhol, quanto ao regime aplicável às suas Comunidades Autónomas.

[112] Compete aos Estados-membros justificar em que medida uma derrogação se justifica pela natureza e economia do sistema e só em casos muito raros a Comissão tem aceitado medidas derrogatórias com base nessa justificação. A justificação pode, por exemplo, relacionar-se com as circunstâncias especiais de determinados sectores ou operações.

4. Selectividade regional e autonomia fiscal no "caso Açores"

O recurso que chegou ao Tribunal de Justiça assentava na seguinte divergência *"Si la autonomía de Azores tiene la suficiente entidad como para ser considerado un sistema normal de tributación (posición de la República de Portugal) o, por el contrario, la autonomía es limitada, los efectos económicos de la medida son asumidos por el gobierno central y, en consecuencia, el sistema fiscal de Azores es selectivo frente al sistema fiscal de general que es el portugués (posición de la Comisión)"*[113].

A questão colocada pelo advogado-geral GEELHOED na sua análise foi: *"Quais são os princípios aplicáveis para saber se uma medida que fixa uma taxa de imposto diferente da que é aplicada a nível nacional, adoptada unicamente para uma determinada área geográfica de um Estado-Membro, se enquadra no âmbito das regras comunitárias relativas a auxílios de Estado?"*[114] e, *"Em que caso é que uma alteração geograficamente limitada de uma taxa nacional de imposto é selectiva?"*[115]. Estavam, pois, em confronto duas posições distintas neste caso: a tradicionalmente adoptada pela Comissão, segundo a qual todas as medidas fiscais vantajosas aplicáveis apenas a uma parte do território de um Estado-membro são consideradas selectivas; e a posição segundo a qual uma medida fiscal vantajosa adoptada por um ente infra-estatal no âmbito dos poderes que constitucionalmente lhe são atribuídos, aplicável a todas as empresas do seu próprio território, não é considerada selectiva.

Nas conclusões que apresentou, o advogado-geral afastou-se da interpretação da Comissão e defendeu uma teoria, considerada inédita na jurisprudência, sobre como deve ser interpretado o requisito da selectividade regional para qualificar uma medida adoptada por um ente infra-estatal como auxílio de Estado, sustentando essa teoria no nível de descentralização política do Estado-membro em questão e no consequente grau de autonomia da região que adoptou tal disposição[116].

Na medida em que a posição do Tribunal vai de encontro, na análise da selectividade regional, às conclusões apresentadas pelo Advogado-geral, iremos centrar a nossa análise nessa decisão.

Em primeiro lugar, o Tribunal de Justiça começou por salientar, remetendo para decisões anteriores, que a selectividade de uma medida, enquanto requisito de incompatibilidade da mesma com o mercado interno, requer que se determine se tal medida favorece *"determinadas empresas ou produções"* em relação

---

[113] URREA CORRES, M.: *Ayudas de estado y capacidad fiscal de los entes subestatales: la doctrina del caso azores y su aplicación a las haciendas forales vascas (comentario a la sentencia del TJCE de 6 de septiembre de 2006, república de Portugal/comisión, as. C-88/03)*, artigo acedido em www.dialnet.es.

[114] Cfr. § 42 das conclusões do advogado-geral no proc. C-88/03.

[115] Cfr. § 47 das conclusões do advogado-geral no proc. C-88/03.

[116] Cfr. § 50-56 das conclusões do advogado-geral no proc. C-88/03.

a outras que se encontram numa situação fáctica e jurídica comparável (§ 54 do acórdão "Açores").

Chamado a pronunciar-se sobre o critério da selectividade regional para a qualificação de uma vantagem fiscal como auxílio de Estado, o Tribunal de Justiça analisou *"(...) se a referida medida foi adoptada por essa entidade [infra-estatal] no exercício de poderes **suficientemente autónomos**[117] em relação ao poder central e, caso assim seja, apurar se se aplica efectivamente a todas as empresas estabelecidas ou a todas as produções realizadas no território em que essa entidade exerce a sua competência".*

Seguindo as conclusões do Advogado-Geral GEELHOED, o Tribunal estabeleceu critérios de avaliação que auxiliam a verificar, perante uma medida fiscal que traduza uma diminuição da taxa de imposto a vigorar num espaço geográfico limitado, se a mesma se enquadra no âmbito de aplicação do n° 1 do artigo 107° do TFUE (na altura o artigo 87° do TCE) ou não. Assim, o Tribunal de Justiça começou por diferenciar três hipóteses (§ 63-68 do acórdão "Açores")[118]: **(I)** o Governo central decide unilateralmente aplicar num dado território taxa mais baixa que no plano nacional – medida selectiva (sem prejuízo da possibilidade de se enquadrar nas excepções previstas nas alíneas a) e c) do n° 3 do artigo 107° do TFUE); **(II)** repartição de competências fiscais: todas as autoridades locais/regionais de determinado nível são competentes para decidir a taxa no seu território – ausência de norma nacional – medida não selectiva – nestes casos não faz sentido tomar todo o território nacional como marco de referência para examinar a questão uma vez que a selectividade de uma medida fiscal advém do facto da mesma constituir uma excepção ao regime fiscal geral e, quando cada entidade infra-estatal é totalmente livre para fixar os seus próprios tributos, não é possível estabelecer uma normal nacional de referência (§ 64 do acórdão "Açores"); **(III)** taxa de imposto inferior à nacional, decidida por uma autoridade local/regional para o seu território: depende do grau de "verdadeira autonomia" ou autonomia máxima, que compreenda esta tripla perspectiva: autonomia institucional, autonomia processual e autonomia económica (§ 67 do acórdão "Açores");

Neste último ponto se encontra a maior novidade da decisão em análise, na medida em que pela primeira vez o Tribunal introduz, na análise da selectividade regional, o grau e tipo de autonomia da entidade infra-estatal. De acordo

---

[117] Sublinhado nosso, para fazer notar que o TJ utiliza a expressão *"poderes suficientemente autónomos"* Cfr. § 62 do acórdão "Açores"], enquanto que nas suas conclusões o Advogado Geral GEELHOED exigia uma "autonomia total", o que pode querer significar que o TJ pretenderia uma certa flexibilização na constatação dos elementos requeridos para estar perante uma medida tributária de carácter geral.

[118] Cfr. assinalam, entre outros, CRUZ VILAÇA, J. L.: *Selectividade Regional e auxílios de Estado – o Caso dos Açores*, apresentação acedida em www.afp.pt.

com o Tribunal de Justiça, uma decisão é adoptada com suficiente autonomia quando estejamos perante uma autoridade regional ou local que:

- "(...) *no plano constitucional*, [esteja dotada] *de um estatuto político e administrativo distinto do do Governo central*" (autonomia institucional) (§ 67 do acórdão "Açores"). Como salienta GARCÍA NOVOA[119], é a primeira vez que o Tribunal de Justiça dá relevância ao aspecto institucional interno do Estado face à irrelevância da organização territorial interna, para efeitos de cumprimentos dos fins do Direito da União Europeia.
- a decisão *"deve ter sido adoptada sem que o Governo central possa intervir directamente no seu conteúdo"* (autonomia procedimental) (§ 67 do acórdão "Açores");
- e finalmente, *"as consequências financeiras de uma redução da taxa de imposto nacional aplicável às empresas presentes na região não devem ser compensadas por contribuições ou subvenções provenientes das outras regiões ou do Governo central"* (autonomia económica) (§ 67 do acórdão "Açores").

Ou seja, não será suficiente verificar se a entidade infra-estatal dispõe de competência para adoptar a norma pela qual procede à redução da taxa a aplicar no seu espaço geográfico, mas também que o faça com independência de qualquer comportamento do Governo central, assumindo todas as consequências políticas e financeiras da medida adoptada (§ 67-68 do acórdão "Açores"). Reunida essa tripla perspectiva, a medida adoptada não é considerada selectiva e não constituiu um auxílio de Estado na acepção do nº 1 do actual artigo 107º do TFUE.

Estabelecidas estas regras, o Tribunal aplicou-as ao caso concreto dos Açores (§ 69-79 do acórdão "Açores"), concluindo, no mesmo sentido do Advogado--geral, que a redução de taxas aplicável aos rendimentos obtidos por residentes naquela região autónoma constituía uma medida selectiva, uma vez que os Açores constituem uma região autónoma com o seu próprio estatuto político--administrativo e os seus próprios órgãos de governo, dotada de competências próprias em matéria fiscal que lhe permitem adaptar as normas fiscais nacionais às especificidades da região e que, do ponto de vista da autonomia económica, o Governo português não demonstrou que os Açores não recebem qualquer contrapartida financeira do governo central para compensar a perda de receitas fiscais decorrente das reduções de taxas e corrigir as desigualdades em matéria de desenvolvimento económico. Este foi, pois, o argumento central adoptado pelo Tribunal para concluir sobre a selectividade da medida, uma vez que *"a decisão de diminuir a pressão fiscal regional exercendo o seu poder de redução das taxas de imposto*

---

[119] GARCÍA NOVOA, C., op. cit., p. 31.

sobre o rendimento e, por outro, o cumprimento da sua missão de correcção das desigual-
dades decorrentes da insularidade, estão indissociavelmente ligados e dependem, do ponto
de vista financeiro, das transferências orçamentais geridas pelo Governo central" (§76 do
acórdão "Açores"). Uma vez que o governo central participa solidariamente com
as autoridades da Região Autónoma através de transferências financeiras para a
Região, o Tribunal concluiu que *"o quadro jurídico pertinente para apreciar a selecti-*
vidade das medidas fiscais em causa não pode ser definido exclusivamente nos limites geo-
gráficos da Região dos Açores. Essas medidas devem ser apreciadas em relação ao conjunto
do território português, no quadro do qual são selectivas" (§ 78 do acórdão "Açores").

O Tribunal apresenta assim uma decisão que assenta no pressuposto de que
"(...) a mayor grado de autonomía, menores probabilidades tendrá la medida de ser con-
siderada contraria al art. 87 TCE [actual artigo 107º do TFUE], por no entenderse que
supone una derogación con respecto del régimen general que, en el caso de regiones institu-
cional, procedimental y económicamente autónomas, necesariamente se identifica con el
ámbito regional de decisión"[120]. O marco de referência (regional ou nacional) há-de
pois definir-se, em cada caso, em função do maior ou menor grau de autonomia
de que é dotada a entidade infra-estatal que adoptou a medida fiscal.

Uma vez que a medida foi considerada selectiva, colocava-se ainda a questão de avaliar se a mesma estava ou não justificada pela natureza e economia
do sistema fiscal português. O Tribunal considerou que não, embora não tenha
demonstrado um grande esforço argumentativo, limitando-se a reconhecer que
"uma excepção à aplicação do sistema fiscal geral pode ser justificada pela natureza e pela
economia geral do sistema fiscal" e a assinalar que deve o Estado-membro demonstrar que tal medida deriva directamente dos princípios que assenta o seu sistema
fiscal, mas que no caso em apreciação as medidas adoptadas pela R. A. Açores,
aplicáveis a qualquer operador económico sem distinção segundo a sua situação
financeira, não respondem a uma preocupação de respeito da capacidade contributiva numa lógica de redistribuição. Para além disso, o Tribunal de Justiça
considerou não ser suficiente para justificar a medida o facto da R. A. Açores
actuar com base numa política de desenvolvimento regional ou de coesão social
(§ 81-82 do acórdão "Açores") pelo que considerou, neste caso, que o Estado
português não demonstrou a necessidade das medidas adoptadas pela R. A.
Açores para o funcionamento e eficácia do sistema e, por isso, não se encontravam justificadas pela natureza ou estrutura do sistema fiscal português.

A postura adoptada pelo Tribunal de Justiça no "caso Açores" quanto à avaliação do requisito da selectividade regional, principalmente pelo seu carácter

---

[120] Martínez Caballero, R.; Ruiz-Almendral, V.: "Ayudas de Estado selectivas y poder tributario
de las Comunidades Autónomas", *Revista Española de Derecho Europeo*, núm. 20, 2006, p. 614.

inédito[121], tem sido amplamente analisada e criticada pela doutrina[122]. Entre as principais críticas apontadas, e nas quais nos revemos, está o facto do Tribunal, na sequência das conclusões do Advogado-geral, adoptar o critério do grau e tipo de autonomia regional para examinar a selectividade regional das medidas fiscais adoptadas por entes infra-estatais, critério sustentado em diversos elementos cuja análise e aplicação resulta complexa e de difícil compreensão. Esta complexidade é adensada quando analisado o critério do grau de autonomia em conjunto com outros critérios, designadamente o tipo de medida, os seus critérios e a justificação das medidas selectivas com a estrutura e natureza do sistema, o que resulta num nível de confusão e grau de insegurança jurídica na aplicação do regime dos auxílios de Estado que são de todo indesejáveis. Conforme salienta SANTOS; a posição adoptada, neste caso, pelo Tribunal de Justiça, *"(...) é um sintoma, das dificuldades decorrentes do excessivo alargamento, nos últimos anos, mormente em sede de fiscalidade directa, do elemento da selectividade, característica central do conceito de auxílio de Estado (...) [e] arrisca-se a conduzir a um beco sem saída. Ao não considerar como bastante, a autonomia outorgada pela Constituição de um EM, exigindo (com a excepção dos casos de descentralização assimétrica) que exista uma autonomia de facto (na prática, sem recurso a mecanismos de solidariedade do Estado central), o TJCE dá um passo politicamente perigoso: não só discrimina negativamente as formas de descentralização não assimétricas, como incentiva indirectamente os entes territoriais autónomos a tornarem-se mais autónomos"* [123].

IV – CONCLUSÕES

O instituto dos auxílios de Estado constitui um dos instrumentos essenciais de defesa da concorrência no seio da União Europeia, tendo por função impedir

---

[121] Note-se que, perante as posições em confronto no caso em análise, o Tribunal de Justiça optou por adoptar uma nova posição: a que valoriza a existência ou não, por parte de entres infra-estatais, de uma verdadeira autonomia perante o Estado Central, enunciando os critérios para que essa valorização possa ser efectuada.

[122] Vejam-se, entre outros: MARTÍNEZ CABALLERO, R.; RUIZ-ALMENDRAL, V., op. cit.,; GARCÍA NOVOA, C., op. cit.; PORTUGUÉS CARRILLO, C.: "El criterio de selectividad en las ayudas fiscales regionales: análisis de la sentencia del tribunal de justicia de 6 de septiembre de 2006 sobre el régimen fiscal de las islas Azores y su relevancia para el régimen económico-fiscal de Canarias", acedido em http://www.gobcan.es/haciendacanaria/downloads/Revista17/RevistaHC-17_7.pdf?q=jqmodal&go=&form=QBLH&width=100%&height=90%; MERINO JARA, I.: "Ayudas de Estado y poder tributario foral", acedido em http://www.gobcan.es/haciendacanaria/downloads/Revista27/RevistaHC-27_03.pdf?q=jqmodal&go=&form=QBLH&width=100%&height=90%. PÉREZ BERNABEU, B.: *Ayudas de Estado en la jurisprudencia comunitaria*, op. cit., págs. 130 e ss; PÉREZ BERNABEU, B.: "El requisito de la selectividad en las ayudas de Estado de carácter fiscal y su incidencia en el ordenamiento español: dos ejemplos recientes", *Revista de Información Fiscal*, Lex Nova, Out. 2009, págs. 45 e ss.

[123] SANTOS, A. C.: "O estranho caso (...)", op. cit., págs. 254 e 256.

que a concorrência não seja falseada devido a intervenções estatais que favoreçam determinadas empresas ou produções em detrimento de outras. No que se refere aos auxílios de natureza fiscal, o regime de controlo dos auxílios de Estado constituiu uma importante limitação à soberania dos Estados-membros no combate à concorrência fiscal perniciosa.

O princípio geral adoptado na União Europeia é o da proibição dos auxílios de Estado, verificando-se a incompatibilidade com o mercado interno quando um auxílio preencha a totalidade dos requisitos previstos no nº 1 do artigo 107º do TFUE. Os auxílios de natureza fiscal são submetidos ao mesmo controlo das outras categorias de auxílios pelo que os requisitos para aplicação do princípio geral de incompatibilidade são, em abstracto, os mesmos.

No contexto dos auxílios fiscais assume especial importância o critério da selectividade na medida em que é este que permite distinguir as medidas que constituem auxílios de Estado para efeitos de aplicação do Direito da União Europeia daqueles que representam medidas gerais da política fiscal dos Estados--membros. A Comissão reuniu na sua Comunicação um conjunto de critérios e práticas a seguir para determinar a conformidade ou não de uma medida relativa à fiscalidade das empresas com o regime dos auxílios de Estado. No entanto, a pouca clareza de certos critérios e a utilização de termos indeterminados retira ao documento alguma da importância que, em princípio, se lhe esperava, recaindo sobre a prática jurisprudencial a tarefa de auxiliar na concretização dessas critérios, na sua análise, interpretação e aplicação a medidas fiscais em concreto.

O "caso Açores" destaca-se na jurisprudência do Tribunal de Justiça pelo facto de ser a primeira vez que aquele Tribunal se pronunciou sobre o exame da selectividade das medidas fiscais adoptadas por uma entidade infra-estatal, introduzindo como novidades as noções de grau e tipo de autonomia de que goza a entidade infra-estatal que adoptou a medida fiscal de maneira que, quanto maior o grau de autonomia, menores probabilidades existem da medida ser considerada incompatível face ao nº 1 do artigo 107º do TFUE.

Retiramos da análise ao caso "Açores" que o Tribunal considerou que a insuficiente autonomia económica e financeira da Região Autónoma dos Açores, tendo em conta as transferências financeiras compensatórias do orçamento do Estado português, à luz de um princípio de solidariedade nacional e de correcção das desigualdades, exige que a selectividade da medida fiscal adoptada seja analisada tendo como referência o sistema fiscal de todo o território português e não apenas o da região autónoma, o que torna a medida selectiva. Ou seja, concluímos com ARMESTO MACÍAS y HERRERA MOLINA[124] *"a existencia de autonomía*

---

[124] ARMESTO MACÍAS, D.; HERRERA MOLINA, P. M.: "¿Es ayuda de Estado un tipo de gravamen regional inferior al vigente en el resto del territorio? De la polémica doctrina del Tribunal Supremo a la fascinante

fiscal es un requisito necesario pero no suficiente para atribuir a la reducción del tipo de gravamen del impuesto sobre sociedades el carácter de medida general, sino que es preciso que el ente regional que adopta el incentivo fiscal a favor de todas las empresas ubicadas o que operen en su territorio asuma las consecuencias políticas y financieras de esta decisión. Es decir, el Tribunal identifica autonomía fiscal con responsabilidad fiscal". O Tribunal identificou pois certos requisitos que, no futuro, deverão constituir um guia na apreciação da selectividade regional relativa a medidas fiscais adoptadas por entidades infra-estatais[125].

opinión del Abogado General en el caso Azores y su relevancia para el País Basco", *Quincena Fiscal*, nº 13, 2006, págs. 40-41.

[125] Nesse sentido, esta perspectiva jurisprudencial veio a ser confirmada posteriormente pelo Tribunal de Justiça no acórdão de 11/09/2008 (Unión General de Trabajadores, ass. acum. C-428/06 a C-434/06, Rec. 2008 p. I-6747) em que é analisada a existência dos três elementos de autonomia relativamente aos Territórios Históricos do País Basco para chegar à conclusão que ditos entes territoriais gozam de autonomia nos termos requeridos.

Artigo 183º-A do Código do Procedimento e do Processo Tributário e sucessivas alterações – Uma diminuição das Garantias de Defesa do Contribuinte?

Advogada

SUMÁRIO: I. Introdução; II. Artigo 183º-A do C.P.P.T.; III. Revogação do Artigo 183º-A do C.P.P.T.; IV. Consequências da revogação do artigo 183º-A do C.P.P.T: a) O que sucedeu a quem prestou garantia e aguardava pelo decurso do prazo de caducidade para proceder ao levantamento da mesma?; b) O que sucedeu a quem ia prestar garantia ao abrigo desta norma?; c) Quais as consequências da revogação desta norma no processo de execução fiscal?; d) Haverá uma diminuição das garantias do contribuinte na defesa dos seus direitos?; e) Foi constitucional a revogação desta norma?; V. Aditamento do artigo 183º-A do C.P.P.T. pela Lei nº 40/2008, de 11 de Agosto; VI. Conclusão.

I – INTRODUÇÃO:

O processo de execução fiscal encontra-se previsto no Código do Procedimento e do Processo Tributário (adiante C.P.P.T) nos artigos 148º a 278º. Neste texto não nos iremos debruçar sobre o processo de execução fiscal em si, mas somente sobre a suspensão da execução, mediante a prestação de uma garantia e a perspetiva da (não) caducidade da mesma, em algumas situações.

Assim, nesta fase procedimental, o executado pode suspender a execução, desde que, para tal preste uma garantia idónea, nos termos do disposto pelo artigo 169º do C.P.P.T.

Art. 169º nº 1 – Suspensão da Execução. Garantias
1 – A execução fica suspensa até à decisão do pleito em caso de reclamação graciosa, a impugna-
ção judicial ou recurso judicial que tenham por objecto a legalidade da dívida exequenda, bem
como durante os procedimentos de resolução de diferendos no quadro da Convenção de Arbi-

tragem nº90/436/CEE, de 23 de Julho, relativa à eliminação da dupla tributação em caso de correcção de lucros entre empresas associadas de diferentes Estados membros, desde que tenha sido constituída garantia nos termos do artigo 195º ou prestada nos termos do artigo 199º ou a penhora garanta a totalidade da quantia exequenda e do acrescido, o que será informado no processo pelo funcionário competente.

Este artigo remete para a garantia prevista no artigo 195º do C.P.P.T. prevendo o mesmo a possibilidade do órgão de execução fiscal promover a constituição de hipoteca legal ou penhor, e também para as garantias previstas no artigo 199º do C.P.P.T, nomeadamente garantia bancária, caução, seguro-caução ou qualquer meio susceptível de assegurar os créditos do exequente.

No entanto, e conforme posição amplamente defendida pelo Supremo Tribunal de Justiça, *"A suspensão da execução depende nesse caso da prestação da garantia idónea nos termos das leis tributárias."*[1]

Desta forma, e mediante a prestação de uma das garantias previstas no artigo 169º do C.P.P.T., a execução, desde que tenha por objeto a **ilegalidade** ou **inexistência** da dívida exequenda, fica suspensa até à decisão definitiva, que pode ser do Tribunal Tributário de 1ª Instância ou do órgão de execução fiscal.

Além disso, existe também a possibilidade de dispensa de prestação de garantia, prevista no artigo 170º do C.P.P.T. Essas situações encontram-se previstas no artigo 52º nº 4 da Lei Geral Tributária:

"Artigo 52º – Garantia da cobrança da prestação tributária

(...)

Nº4 – A administração tributária pode, a requerimento do executado, isentá-lo da prestação de garantia nos casos de a sua prestação lhe causar prejuízo irreparável ou manifesta falta de meios económicos revelada pela insuficiência de bens penhoráveis para o pagamento da dívida exequenda e acrescido, desde que em qualquer dos casos a insuficiência ou inexistência de bens não seja da responsabilidade do executado."

Por isso, *"Só no caso excepcional do nº4 do artigo 52º da Lei Geral Tributária, de prejuízo irreparável ou insuficiência de bens da não responsabilidade do executado, pode haver dispensa de prestação de garantia em processo de execução fiscal."*[2]

Uma vez prestada a garantia, caso não tivesse sido requerida a sua dispensa, nos termos do disposto pelo artigo 170º do C.P.P.T., a mesma só se extinguia de três formas: ou por pagamento da dívida exequenda, ou por trânsito em julgado de decisão favorável ao sujeito passivo (no Tribunal Tributário de 1ª Instância ou órgão da Administração Tributária), ou ainda, por caducidade.

---

[1] Acórdão do Supremo Tribunal Administrativo, datado de 30/04/2008, proc. nº 0297/08
[2] Acórdão do Supremo Tribunal Administrativo, datado de 09/04/2008, proc. nº 0155/08

É sobre esta última forma de extinção da garantia prestada que refletiremos ao longo deste artigo.

II - ARTIGO 183º-A DO C.P.P.T.

A caducidade da garantia é uma inovação aditada ao C.P.P.T, com a introdução do artigo 183º-A, pela Lei nº15/2001, de 5 de Junho que, no preâmbulo, enunciava o reforço das garantias do contribuinte, entre outras medidas.

Dispunha o referido artigo:

Artigo 183º-A – Caducidade da Garantia

1. A garantia prestada para suspender a execução em caso de reclamação graciosa, impugnação judicial, recurso judicial ou oposição caduca se a reclamação graciosa não estiver decidida no prazo de um ano a contar da data da sua interposição ou se a impugnação judicial, o recurso judicial ou a oposição não estiverem julgadas em 1ª instância no prazo de dois anos a contar da data da sua apresentação.

2. Os prazos referidos no número anterior são acrescidos em seis meses quando houver recurso a prova pericial.

3. O regime do nº1 não se aplica quando o atraso resulta de motivo imputável ao reclamante, impugnante, recorrente ou executado.

4. A verificação da caducidade cabe ao tribunal tributário de 1ª instância onde estiver pendente a impugnação, recurso ou oposição ou, nas situações de reclamação graciosa, ao órgão com competência para decidir a reclamação, devendo a decisão ser tomada no prazo de 30 dias após requerimento do interessado.

5. Não sendo proferida a decisão referida no número anterior no prazo aí previsto, considera-se tacitamente deferido o requerido.

6. Em caso de caducidade da garantia, o interessado será indemnizado pelos encargos suportados com a sua prestação, nos termos e com os limites previstos nos nºs 3 e 4 do artigo 53º da lei geral tributária.

Antes da introdução deste artigo, as garantias prestadas pelo interessado só poderiam ser levantadas quando existisse decisão transitada em julgado que lhe fosse favorável ou quando existisse o pagamento dessa mesma dívida.

Ora, a introdução desta norma, veio alterar substancialmente o regime existente, pois, passou a permitir que o encargo que recaía sobre o contribuinte fosse limitado temporalmente. Assim defendeu o Supremo Tribunal de Justiça quando entendeu que *"Caduca no prazo estabelecido no artigo 183º-A do Código de Procedimento e de Processo Tributário (...) a garantia cuja prestação foi requerida pelo executado."*[3]

---

[3] Acórdão do Supremo Tribunal Administrativo, datado de 11/12/2007, proc. nº 0860/07

Esta norma permitia que, em caso de reclamação graciosa, tendo decorrido o prazo de um ano sem que existisse decisão, a garantia prestada caducaria, acarretando também o direito a uma indemnização ao interessado que prestou a garantia.

Este prazo era alargado para dois anos, no caso de estarmos perante uma impugnação judicial, recurso judicial ou oposição que ainda não tivesse sido julgada em 1ª instância, com o consequente direito a ser indemnizado.

O referido prazo foi depois alargado com a Lei de Orçamento de Estado para 2003 – Lei nº 32º-B/2002, de 30 de Dezembro, que passou a prever a caducidade da garantia, se na impugnação judicial ou na oposição não tiver sido proferida decisão em 1ª instância no prazo de três anos a contar da data da sua apresentação.

A introdução desta norma foi amplamente aplaudida pela doutrina e jurisprudência, pois permitia que os contribuintes pudessem ter a sua situação resolvida num prazo razoável, uma vez que a decisão teria de ser proferida dentro dos prazos referidos, sob pena de caducar a respectiva garantia e a Administração Tributária ficar sem meios de assegurar o pagamento da quantia exequenda.

Rui Duarte Morais[4] defende que esta norma estabelecia um equilíbrio entre *"a necessidade de condicionar a suspensão da execução à prestação de garantia e o direito do contribuintes à justiça, o qual inclui o direito a verem o seu caso apreciado por um Tribunal num prazo razoável."*

Esta norma veio pôr cobro a uma situação que demorava anos até ser decidida, com a consequência de o contribuinte estar limitado na sua atuação e ter de manter a garantia durante prazos indefinidos. O Tribunal Central Administrativo Sul[5] veio mesmo considerar que *"o legislador veio reforçar as **garantias** do contribuinte por razões de ordem pública referidas à celeridade processual, evitando que as delongas imputáveis aos serviços da AT e à administração judiciária penalizem o contribuinte".*

Além disso, veio permitir que mais facilmente fosse prestada garantia, (por exemplo, bancária), pois também aqui passou a existir um limite temporal para a duração da garantia prestada, ao invés de a mesma ser por tempo indeterminado, o que trouxe alguma tranquilidade às entidades bancárias.

No entanto, a caducidade não operava automaticamente. Era necessário que o contribuinte, por meio de requerimento, suscitasse essa questão junto do Tribunal Tributário de 1ª Instância ou do órgão da Administração Tributária com competência para a decisão, que deveriam decidir no prazo de 30 dias. Jorge de Sousa, citado no Acórdão do Supremo Tribunal Administrativo[6], defende que

---

[4] MORAIS, Rui Duarte, «A Execução Fiscal», Coimbra, Edições Almedina, 2005
[5] Acórdão do Tribunal Central Administrativo Sul, datado de 12/02/2008, proc. nº 02154/07
[6] Acórdão do Supremo Tribunal Administrativo, datado de 09/06/2010, proc. nº 0345/10

"relativamente à caducidade da garantia previa-se no art.183º-A um regime de caducidade automático, decorrente do mero decurso do período de tempo necessário, como resulta dos próprios termos do seu nº1 («A garantia... caduca...»). O nº 4 do mesmo artigo confirma esse regime ao referir que ao tribunal cabe «a verificação da caducidade», o que patenteia que a intervenção do tribunal era meramente declarativa e não constitutiva.

E mais uma vez, existe neste artigo uma inovação inédita, que é o facto de caso não tenha sido proferida decisão no prazo de 30 dias, no que respeita à declaração de caducidade da garantia, considerava-se tacitamente deferido o pedido de verificação de caducidade requerido pelo contribuinte. Esta figura está mais presente no Direito Administrativo, do que no direito processual, o que causou alguma estranheza na época. Veja-se, a título de exemplo, o artigo 108º do Código do Procedimento Administrativo, que estatui que, quando a prática de um ato administrativo ou o exercício de um direito por um particular dependam de aprovação ou autorização de um *órgão administrativo*, consideram-se estas concedidas, salvo disposição em contrário, se a decisão não for proferida no prazo estabelecido por lei.

No entanto, a norma constante do nº4 do artigo 183º-A do C.P.P.T., estabelece o deferimento tácito, quer nos casos em que a verificação da caducidade cabe ao Tribunal Tributário de 1ª instância onde estiver pendente a impugnação, recurso ou oposição, quer nas situações de reclamação graciosa, ao órgão com competência para decidir a reclamação.

Esta inovação permitiu introduzir no direito processual uma norma claramente pertencente ao procedimento administrativo e que foi pacificamente aceite pela jurisprudência, que confirmou em diversas decisões a formação do ato tácito de deferimento da declaração de caducidade da garantia, defendendo que *"O nº4, do artigo 183º-A, faz depender o efeito previsto na alínea a), do parágrafo anterior, de requerimento do interessado e verificação dos pressupostos pela entidade competente para o efeito – Administração ou Tribunal, consoante o caso – estabelecendo um prazo cominatório para a decisão – 30 dias, sob pena de deferimento tácito."*[7]

Outra inovação brilhante trazida por este artigo era o facto de a caducidade da garantia não retirar o efeito suspensivo da execução, mantendo no entanto todos os efeitos pois, como considerou o Supremo Tribunal Administrativo, *"passou a permitir aos interessados obter a declaração de caducidade da garantia oportunamente prestada, sem perder o efeito suspensivo da execução, se a reclamação graciosa em que fosse discutida a legalidade da liquidação não fosse decidida no prazo de um ano, isto é, mesmo sem garantia o processo de execução fiscal continuaria suspenso até à decisão do pleito."*[8]

---

[7] Acórdão do Supremo Tribunal Administrativo – datado de 08/06/2011, proc. nº 054/2011
[8] Acórdão do Supremo Tribunal Administrativo – datado de 31/01/2008, proc. nº 021/08

III – REVOGAÇÃO DO ARTIGO 183º-A DO C.P.P.T.

No entanto, uma norma que era qualificada como louvável, teve pouco tempo de vigência, pois na Lei de Orçamento de Estado para 2007, foi a mesma revogada pelo artigo 94º da Lei 53-A/2006 de 29 de Dezembro.

> *"Art. 94º – Revogação de normas do C.P.P.T.*
>
> *São revogados o nº6 do art. 76º, **o artigo 183º-A**, o nº3 do artigo 195º, o nº3 do art. 219º e o nº1 do art. 235º do C.P.P.T, aprovado pelo Decreto-Lei nº 433/99, de 26 de Outubro."*

A revogação desta norma surpreendeu pelo retrocesso que a mesma representou no processo de execução fiscal.

A doutrina manifestou então duras críticas à revogação do artigo 183º-A do C.P.P.T. Diogo Leite de Campos[9] refere que: *"A partir de 2007, tais disposições são revogadas pelo O.E. A garantia mantém-se indefinidamente e não há indemnização. O que é tanto mais grave por o processo poder estar pendente dezenas de anos sempre com a garantia pendente. Até o contribuinte não ter outro remédio senão pagar o imposto não devido. O que é o que se pretende. O prolongamento indefinido do prazo de prestação das garantias leva a que estas se tornem impossíveis para a generalidade dos particulares. Que assim verão penhorados e vendidos bens por impostos que não devem. E as empresas terão indefinidamente o encargo financeiro de garantia que diminuirá a sua capacidade de endividamento e limitará o seu crescimento."*

Também Rui Duarte Morais[10] defende que *"(...) a realidade portuguesa é outra: a de um Estado que não é capaz de assegurar aos seus contribuintes a justiça em tempo útil e que pretende iludir o problema reforçando o autoritarismo das suas normas fiscais, a de um país que, também por este modo de encarar os seus problemas fiscais, corre o risco de "ficar para trás" (...)".*

Por outro lado, a jurisprudência, a partir deste momento deixou de acompanhar a posição da doutrina, e surgem então as primeiras decisões face à atual legislação.

i. Acórdão do Supremo Tribunal Administrativo – datado de 11/12/2007 – proc. nº 0860/07 – *"(...) O artigo 183º-A do CPPT, aditado pela Lei 15/2001, de 5 de Junho, na redacção dada pelo artigo 37º da Lei 32-B/2002, LOE 2003, permite-se ao interessado obter a declaração de caducidade da garantia por atraso na decisão dos processos administrativos ou judiciais, ao fim de três anos, contados da data da sua apresentação. Contudo, o artigo 94º da Lei 53ºA/2006, LOE 2007 revoga o artigo 183º-A do CPPT. Pelo que, não se verifica a caducidade da*

---

[9] CAMPOS, Diogo Leite de, «Caducidade e Prescrição em Direito Tributário», Separata Prof. Doutor Inocêncio Galvão Telles, 90 anos, Homenagem da Faculdade de Direito de Lisboa, Almedina, 2007

[10] MORAIS, Rui Duarte, «A Execução Fiscal», Coimbra, Edições Almedina, 2005

*garantia porque, em 31.12.2006, não tinham ainda decorrido os três anos a con-
tar da data da sua constituição, conforme estipulava àquela data o artigo 183º-A
do CPPT. Assim, a garantia constituída no processo de execução fiscal mantém-se
válida até à decisão do processo de impugnação. Pelo que, improcede o pedido de
declaração de caducidade."*

ii. Acórdão do Supremo Tribunal Administrativo – datado de 22/04/2009
– proc. nº 0138/09 – *"Com a revogação deste artigo, operada pela Lei nº
53ºA/2006, de 29 de Dezembro, deixaram de caducar as garantias prestadas em
que não se tivesse completado o prazo necessário para ocorrer a caducidade, passando a aplicar-se às mesmas o disposto no nº2 do artigo 183º do CPPT, que estabelece que as garantias poderão ser levantadas logo que no processo que a determinou
tenha transitado em julgado decisão favorável ao garantido ou haja pagamento da
dívida."*

iii. Acórdão do Supremo Tribunal Administrativo – datado de 09/06/2010 –
proc. nº 0345/10 – *"Deste modo, revogado o referido artigo 183º-A do CPPT, o
decurso do prazo de três anos nele previsto deixou de ter quaisquer efeitos, pelo que
deixou de ser possível decretar a caducidade da garantia pelo decurso desse prazo."*

iv. Acórdão do Supremo Tribunal Administrativo – datado de 3/11/2010 –
proc. nº 0712/10 – *"A garantia prestada, e não caducada, de harmonia com o
disposto no artigo 183º-A do CPPT, em 1/1/2007, data em que aquele normativo
foi revogado pela Lei nº 53º-A/2006, de 29 de Dezembro, só poderá ser levantada
oficiosamente ou a requerimento de quem a haja prestado quando no processo que a
determinou tenha transitado decisão favorável ao garantido ou haja pagamento da
dívida nos termos do nº2 do artigo 183º do CPPT".*

IV – CONSEQUÊNCIAS DA REVOGAÇÃO DO ARTIGO 183º-A DO C.P.P.T?
E a partir daqui, será que surgem problemas quanto às defesas do contribuinte?

a) O que sucedeu a quem prestou garantia e aguardava pelo decurso do prazo de caducidade para proceder ao levantamento da mesma?
O Supremo Tribunal Administrativo[11], no acórdão proferido em 07/05/2008,
defende que: *"Sem violação de princípio legal ou constitucional algum, a garantia prestada em execução fiscal nos termos do art. 183º-A do Código do Procedimento e de Processo
Tributário – não caducada à data de 1 de Janeiro de 2007, início da vigência da Lei nº53-
-A/2006 de 29 de Dezembro, revogatória daquele artigo 183º-A – só «poderá ser levantada oficiosamente ou a requerimento de quem a haja prestado, logo que no processo que
a determinou tenha transitado em julgado decisão favorável ao garantido ou haja paga-*

---

[11] Acórdão do Supremo Tribunal Administrativo, datado de 07/05/2008, proc. nº 0787/07

mento da dívida», nos termos do nº2 do artigo 183º do Código de Procedimento e de Processo Tributário."

Vejamos a inadequação desta posição – suponhamos que um contribuinte tinha prestado uma garantia que caducaria no dia 3 ou 4 de Janeiro de 2007. Segundo a interpretação do Supremo Tribunal Administrativo, este contribuinte terá de aguardar pelo trânsito em julgado de uma decisão que lhe seja favorável ou efetuar o pagamento da dívida. E se se tratar de uma dívida que seja indevida, por ser ilegal ou inexistente? Existe aqui uma frustração das expectativas do contribuinte. Esta é uma situação que, de facto, se veio a verificar, conforme exemplos de decisões anteriormente citadas, sendo que defendemos que esta realidade acarreta diminuição das garantias de defesa do contribuinte. De facto, a lei aplicável é a que vigora à data da prática dos factos, ou seja, a que vigora quando o contribuinte requereu a declaração de caducidade da garantia. Mas, esta é mais uma situação a merecer reparo, porquanto deveriam ter sido acauteladas as situações já existentes ao abrigo do artigo 183º-A do C.P.P.T.

b) O que sucedeu a quem ia prestar garantia ao abrigo desta norma?

Nesta situação, o contribuinte fica desprovido de um meio de defesa dos seus interesses, pois como foi anteriormente referido, para suspender a execução terá de prestar garantia. E esta manter-se-á indefinidamente, enquanto não transitar em julgado uma decisão favorável ao contribuinte ou até que este efetue o pagamento da quantia exequenda. Ou seja, verificou-se um retrocesso inqualificável, que remonta a 2001, época em que as defesas do contribuinte eram limitadas, não estando sequer consagrada uma norma que concretizasse o princípio da igualdade de armas entre o contribuinte e a Administração Tributária.

c) Quais as consequências da revogação desta norma no processo de execução fiscal?

Antes de mais, até à presente data, não surgiu uma razão ponderosa para que a previsão legal do artigo 183º-A do C.P.P.T. tivesse sido revogada. Aliás, a revogação desta norma é uma forma de iludir os contribuintes, no que se refere à demora existente quanto às decisões judiciais. O artigo 20º da Constituição da República Portuguesa consagra no seu nº4 que *"Todos têm direito a que uma causa em que intervenham seja objecto de decisão em prazo razoável e mediante processo equitativo"*.

Trata-se portanto, de um direito constitucionalmente consagrado, que foi habilmente retirado aos contribuintes pois, apesar de não querer constituir um modo de pressão sobre os tribunais, funcionava como limitador em termos temporais da necessidade de ser proferida uma decisão relativa a determinada reclamação graciosa ou impugnação judicial.

Rui Duarte Morais[12] refere isso mesmo, quando defende que: *"Na realidade, o risco de caducidade da garantia não pode ser visto como um meio de pressão sobre os Tribunais em ordem a assegurar um julgamento mais célere. O que a lei (art. 183º-A do C.P.P.T) quer, é obstar a que o executado seja excessivamente onerado com a prestação de uma garantia exequenda que é duvidosa, quando a questão ainda não foi objecto por um órgão independente."*

Também nesse sentido, o Supremo Tribunal Administrativo[13] entende que aquela norma *"prevê a possibilidade de caducar a garantia por atraso na decisão dos processos administrativos ou judiciais em que seja discutida a legalidade da dívida exequenda, visando, pois «sancionar» a morosidade excessiva da Administração Tributária ou dos Tribunais."*

Assim, entendemos que a revogação desta norma teve um efeito ainda mais devastador do que a eventual ausência de uma norma deste tipo no nosso ordenamento jurídico. O processo de execução fiscal tinha sido alvo de uma evolução bastante benéfica para o contribuinte, e que se traduzia num prazo razoável de decisão por parte dos Tribunais Tributários de 1ª Instância ou por parte da própria Administração Tributária em proferir uma decisão e, com isto, cimentar a posição do contribuinte quanto à legalidade ou não da dívida fiscal, sob pena de caducar imediatamente a garantia prestada. Apesar disso, continua a vigorar uma regra semelhante, prevista no artigo 96º do C.P.P.T., que se aplica ao processo tributário e que dispõe o seguinte:

1 – O processo judicial tributário tem por função a tutela plena, efectiva e em tempo útil dos direitos e interesses legalmente protegidos em matéria tributária.

*2 – Para cumprir em tempo útil a função que lhe é cometida pelo número anterior, o processo judicial tributário não deve ter duração acumulada superior a **dois anos** contados entre a data da respectiva instauração e a da decisão proferida em 1ª instância que lhe ponha termo. (...)*

No entanto, esta norma não sanciona a morosidade que possa resultar da duração de um processo, pelo que se deverá considerar a mesma como meramente indicativa. Tal já não sucedia com o artigo 183º-A do C.P.P.T., porquanto esta norma previa um prazo para a conclusão do processo e a consequente cominação da violação desse prazo.

Com esta revogação, e apenas porque, parece-nos evidente, a Administração Tributária não tem meios técnicos ou humanos suficientes, ou porventura, não os têm devidamente aproveitados, são retirados direitos aos contribuintes,

---

[12] MORAIS, Rui Duarte, «A Execução Fiscal», Coimbra, Edições Almedina, 2005
[13] Acórdão do Supremo Tribunal Administrativo, datado de 16/01/2008, proc. nº 0800/07

onerando-os uma vez mais com as demoras e com a ineficácia do sistema de cobrança de dívidas fiscais.

E, considerando que já decorreram cinco anos desde a revogação desta norma, os resultados mostram que este mecanismo de caducidade da garantia permitia, de facto, pressionar quer a Administração Tributária, quer os Tribunais Tributários, no sentido de concluir o processo no prazo estabelecido, sob pena de caducar a garantia prestada pelo contribuinte, e apesar disso, manterem-se os seus efeitos legais.

Este é um problema cuja solução, a curto prazo, não se prevê para breve. Veja-se a título de exemplo, o lapso temporal previsto nas estatísticas do Ministério da Justiça para a conclusão dos processos nesta jurisdição. Em 2010, os processos pendentes demoravam entre os quatro e os cinquenta e três meses a ser concluídos[14]. Esta situação é tal forma grave, que o Memorando de Entendimento entre o Estado Português e o Fundo Monetário Internacional, o Banco Central Europeu e a União Europeia[15], prevê a necessidade de resolver as pendências tributárias, de valores superiores a um milhão de euros, que representam 60% do valor total de pendências de 10,5 mil milhões de euros. Para concretizar tal intenção, foi criado através da Lei nº 59/2011, de 28 de Novembro, uma equipa extraordinária de juízes tributários, mas no nosso entender o aumento de meios humanos não é suficiente para imprimir à jurisdição tributária a eficácia que a mesma necessita. A par destas soluções, é necessário existirem meios processuais eficazes, quer para a Administração Tributária e Tribunais Tributários, quer para o contribuinte.

d) Haverá uma diminuição das garantias do contribuinte na defesa dos seus direitos?

Diogo Leite de Campos[16] é peremptório a afirmar que sim, e só podemos concordar plenamente com esta posição, pois *"O Orçamento de Estado para 2007 tenta promover o acréscimo das receitas fiscais, fazendo suportar pelos contribuintes as delongas da Administração Fiscal. E dos Tribunais. As garantias e meios de defesa dos contribuintes portugueses não são superiores, antes frequentemente inferiores, aos previstos nas leis de outros Estados europeus. Mas, mesmo assim diminuem-se, para promover a invasão pelo*

---

[14] In Direcção Geral da Política da Justiça – www.portugal.gov.pt, consultado em 26/01/2012, pelas 9:45.

[15] 7.2. Based on the audit, better target existing measures and assess the need for additional measures to expedite the resolution of the backlog [2011Q2]. Additional measures to be considered include, among others: (i) establishing separate Chambers or Teams (solely) directed towards resolving the backlog,

[16] CAMPOS, Diogo Leite de, «Caducidade e Prescrição em Direito Tributário», Separata Prof. Doutor Inocêncio Galvão Telles, 90 anos, Homenagem da Faculdade de Direito de Lisboa, Almedina, 2007.

*Estado **dos direitos dos contribuintes**. (...) O Estado é simultaneamente legislador, credor, e juiz. Não querendo sofrer como credor as consequências da sua inércia como Juiz (administrador da justiça), lançou, enquanto legislador, os encargos desta inércia sobre o devedor."*

A Administração Tributária exerce uma função essencial para a correta redistribuição de riqueza, no entanto, tal objetivo não pode ser conseguido somente à custa da diminuição dos direitos dos contribuintes, sob pena de gerar um estado de ineficácia tão grave na cobrança de impostos, que não saberá distinguir as situações de impostos devidos, daqueles que são ilegais ou inexistentes.

e) Foi constitucional a revogação desta norma?

Claramente que não! Esta revogação viola a norma constitucional vertida no artigo 20º nº4 da Constituição da República Portuguesa, bem como a norma prevista no artigo 103º nº2, que consagra as garantias dos contribuintes.

Diogo Leite de Campos[17], defende que: *"O princípio da legalidade dos impostos (sua criação e regulamentação por lei formal, nos seus elementos essenciais) tem uma intenção de justiça/certeza e segurança que perpassa por todo o Estado de Direito e o justifica. As medidas referidas violam frontalmente o núcleo essencial dessa intenção constitucional."*

No seguimento deste entendimento, diríamos que o contribuinte, nomeadamente, naqueles casos em que ainda não havia decorrido o prazo de caducidade da garantia, quando operou a revogação do artigo 183º-A do C.P.P.T, viu-lhes ser retirada uma proteção contra a posição do Estado/Administração Tributária ou Tribunais Tributários, que lhes permitia não ser onerado com a ineficácia do sistema tributário e/ou judicial.

As normas inscritas na Constituição da República Portuguesa, designadamente as que se referem às garantias do contribuinte, visam pela sua natureza proteger o contribuinte, não só no que respeita ao pagamento de impostos, como também nos procedimentos adotados para a cobrança desses impostos. O contribuinte deve estar especialmente protegido contra exigência de liquidação de um imposto que se possa revelar como ilegal ou inexistente. E tal proteção existia, de facto, até à revogação do artigo 183º-A do C.P.P.T.

Nessa medida, e uma vez que o contribuinte foi despojado de um mecanismo de proteção contra a morosidade existente nos decisores da Administração Tributária ou dos Tribunais Tributários, consideramos que esta revogação viola claramente os princípios legais inscritos na Constituição da República Portuguesa.

---

[17] CAMPOS, Diogo Leite de, «Caducidade e Prescrição em Direito Tributário», Separata Prof. Doutor Inocêncio Galvão Telles, 90 anos, Homenagem da Faculdade de Direito de Lisboa, Almedina, 2007.

V – ADITAMENTO DO ARTIGO 183º-A DO C.P.P.T. ATRAVÉS DA LEI Nº 40/2008, DE 11 DE AGOSTO

Em 2008, foi publicada a Lei nº 40/2008, de 11 de Agosto, que adita o Artigo 183º-A ao C.P.P.T, com início de vigência em 1 de Janeiro de 2009.

Artigo 183º-A
Caducidade da garantia em caso de reclamação graciosa

1 – A garantia prestada para suspender o processo de execução fiscal caduca se a reclamação graciosa não estiver decidida no prazo de um ano a contar da data da sua interposição.

2 – O regime do número anterior não se aplica se o atraso na decisão resultar de motivo imputável ao reclamante.

3 – A verificação da caducidade cabe ao órgão com competência para decidir a reclamação, mediante requerimento do interessado, devendo a decisão ser proferida no prazo de 30 dias.

4 – Não sendo a decisão proferida no prazo previsto no nº 3, considera-se o requerimento tacitamente deferido.

5 – Em caso de deferimento expresso ou tácito, o órgão da execução fiscal deverá promover, no prazo de cinco dias, o cancelamento da garantia.

A redação adotada para o artigo 183º-A do C.P.P.T, a qual vigora até à presente data, tentou remediar o enorme prejuízo causado pela revogação operada através do artigo 93º da Lei 53º-A/2006, de 29 de Dezembro.

No entanto, consideramos que se tratou de uma tentativa falhada, pois comparando os dois preceitos legais, verificamos a existência de uma clara diminuição das garantias de defesa do contribuinte. Vejamos desde logo a epígrafe do artigo, que antes se denominava de *"Caducidade da garantia"* e atualmente se denomina de *"Caducidade da garantia em caso de reclamação graciosa"*. Apesar disso o preâmbulo enuncia que este diploma procede à 15ª alteração do C.P.P.T., repondo o regime jurídico da caducidade das garantias prestadas em processo tributário.

A previsão legal com a redação da Lei nº15/2001, de 5 de Junho, previa que caso a reclamação graciosa não estivesse decidida no prazo de 1 ano ou a impugnação judicial, recurso judicial ou oposição não estivessem julgadas no prazo de 3 anos, a garantia apresentada caducaria.

A atual redação limita as garantias de defesa do contribuinte, no que respeita à caducidade da garantia, **apenas** quanto à reclamação graciosa. O que dizer então da caducidade da garantia quando existe impugnação judicial, recurso judicial ou oposição?

A jurisprudência é clara, ou aguarda por decisão favorável ou terá de pagar o valor em dívida para originar a caducidade da garantia. Mas, não nos podemos esquecer que estão em causa dívidas ilegais ou inexistentes, pelo que não pode o contribuinte ser prejudicado ainda mais com a imperfeição das normas legais. Além disso, a caducidade quando estava prevista, quer para a reclamação graciosa, quer para a impugnação judicial, recurso judicial ou oposição, funcionava como limite temporal para a decisão sobre a ilegalidade ou inexistência da dívida.

De facto, a revogação do artigo 183º-A do C.P.P.T. deu origem a uma diminuição das garantias de defesa do contribuinte, no entanto, o aditamento do mesmo artigo, ainda que em moldes diferentes, não conseguiu repor a situação existente.

Embora esta norma não tivesse sido criada com esse timbre, este artigo (na versão da Lei nº 15/2001, de 5 de Junho) era uma verdadeira forma de fazer pressão perante a inércia do sistema judicial e dos próprios órgãos da Administração Tributária.

VI - CONCLUSÃO

A reintrodução do artigo 183º-A do C.P.P.T, na atual redação, não impede que o processo tributário continue a ser uma forma processual desequilibrada, pois não consegue fazer vigorar o princípio da igualdade de partes, uma vez que a caducidade da garantia passou a estar novamente prevista, mas apenas para os casos de reclamação graciosa, deixando de parte as situações de impugnação judicial, recurso judicial ou oposição.

Nesse sentido, o Tribunal Central Administrativo Sul[18] fez, em 2008, uma análise cirúrgica da essência do artigo 183º-A do C.P.P.T., e que se mantém plenamente atual, pelo que, a consideramos primordial para finalizar esta reflexão: *"(...)A ratio do instituto da caducidade liga-se a razões de certeza, de segurança e de paz jurídica, pelo qual se extinguem as garantias, sendo que todas as compressões dos direitos e garantias dos contribuintes têm de constar de lei formal. A tese da AF é inaceitável pois se configura um favorecimento da sua posição em face do contribuinte porque a impugnação deverá ser decidida com a mesma rapidez e eficiência pois, doutro modo, estava o contribuinte a ser penalizado, efeito discriminatório que a lei não pretende com o regime de caducidade que é do interesse público visto estar estabelecida em benefício quer da AF, quer do contribuinte. Ademais, o que é veraz é que o regime da caducidade da garantia estabelecido no artigo 183º-A do CPPT é sim sancionatório da morosidade na decisão dos procedimentos e processos referidos pelas entidades competentes, prevenindo o sistema legal um justo equilíbrio ao sancionar igualmente o contribuinte pelo afastamento da caducidade da garantia quando o atraso resultar de motivo imputável ao reclamante, impugnante, recorrente ou executado, mas essa penalização está prevista para funcionar só depois da garantia prestada, independentemente da iniciativa da sua prestação pertencer à AF ou ao contri-*

---

[18] Acórdão do Tribunal Central Administrativo Sul – datado de 12/02/2008, procº nº 02154/07

buinte. (.....). A Lei nº 15/2001, de 5 de Junho, teve como primordial finalidade o reforço das garantias do contribuinte e a simplificação processual, sendo a «voluntas legis» claramente a de permitir ao contribuinte ver a sua reclamação ou qualquer outro dos procedimentos ou processos indicados nos citados normativos rapidamente decididos, sem perder de vista o interesse da garantia de segura e certa cobrança exequenda e a prevenção contra expedientes dilatórios do contribuinte. Decorre do diploma em referência, que as medidas de agilização dos procedimentos e actos processuais pelo mesmo instituídas pretendem beneficiar quer os contribuintes, quer o Estado, pelo que em ambos os pólos está em causa o interesse público cuja realização está subordinada ao princípio da legalidade e à indisponibilidade da obrigação tributária. O interesse público do referido regime na já assinalada bivalência emerge claramente da principiologia a que o legislador submete a sua aplicação pois a lei deverá ter em conta os princípios da transparência, da compatibilização dos interesses financeiros do Estado com as necessidades de celeridade, certeza e seguranças jurídicas, da subsidiariedade, segundo o qual tais medidas só se justificam se não for possível regularizar a situação nos prazos curtos na lei fixados, e da proporcionalidade, segundo o qual as medidas a aplicar não devem exceder o necessário para atingir os objectivos definidos, por isso se cominando a caducidade das garantias em tais prazos quando a responsabilidade da delonga é da AF e se prolongando os mesmos quando a mesma é imputável ao contribuinte, com o que fica também concretizado o principio da igualdade de armas."

Neste momento assistimos atualmente, a uma recuperação desenfreada dos créditos fiscais, mas sem qualquer respeito pelos direitos dos contribuintes.

Assim, caso não seja reposta brevemente a anterior redação do artigo 183º-A do C.P.P.T, e que sufragamos como a melhor inovação que havia sido apresentada no que respeita às garantias do contribuinte, este continuará a ser visto como um interveniente processual inferior, com menos direitos e a quem só compete pagar, mesmo que seja uma dívida ilegal ou inexigível.

Pelo que, concluímos ser urgente alterar a atual situação, se bem que tal intento ainda não foi conseguido com a Lei nº 64º-B/2011, de 30 de Dezembro (Lei do Orçamento de Estado para 2012) e estabelecer um processo tributário mais equilibrado e mais célere, reintroduzindo no sistema jurídico o artigo 183º-A do C.P.P.T, no molde que vigorou entre 2001 e 2006, que nos parece ser, a par de outras medidas de aceleração processual, um excelente meio para diminuir as pendências tributárias e salvaguardar os direitos do contribuinte.

REFERÊNCIAS BIBLIOGRÁFICAS

CAMPOS, Diogo Leite de, «Caducidade e Prescrição em Direito Tributário», Separata Prof. Doutor Inocêncio Galvão Telles, 90 anos, Homenagem da Faculdade de Direito de Lisboa, Almedina, 2007;

MORAIS, Rui Duarte, «A Execução Fiscal», Coimbra, Edições Almedina, 2005;

SOUSA, Jorge Lopes de, «Código de procedimento e de processo tributário – anotado», 3ª Edição, Vislis Editores, 2002;

SOUSA, Marcelo Rebelo de e ALEXANDRINO, José de Melo, «Constituição da República Portuguesa – Comentada», Lisboa, Lex, 2000;

Código de procedimento e do processo tributário – Legislação On-line – Ordem dos Advogados – última atualização pela Lei nº 64-B/2011, de 30 de Dezembro, com início de vigência em 1 de Janeiro de 2012;

Lei Geral Tributária – Legislação On-line – Ordem dos Advogados – última atualização pela Lei nº 64-B/2011, de 30 de Dezembro, com início de vigência em 1 de Janeiro de 2012;

Lei 15/2001, de 5 de Junho – Reforça as garantias do contribuinte e a simplificação processual, reformula a organização judiciária tributária e estabelece um novo regime geral para as infrações tributárias;

Lei nº 32º-B/2002, de 30 de Dezembro – LOE 2003 – altera os prazos previstos no artigo 183º-A do C.P.P.T.;

Lei nº 53º-A /2006, de 29 de Dezembro – LOE 2007 – revoga o artigo 183º-A do C.P.P.T;

Lei nº 67º-A/2007, de 31 de Dezembro – LOE 2008;

Lei nº 40/2008, de 11 de Agosto – Procede à 15ª alteração ao Código do Procedimento e de Processo Tributário, repondo o regime jurídico da caducidade das garantias prestadas em processo tributário;

Lei nº 64º-A/2008, de 31 de Dezembro – LOE 2009;

Lei nº 3º-B/2010, de 28 de Abril – LOE 2010;

Lei nº 55º-A/2010, de 31 de Dezembro – LOE 2011;

Lei nº 64º-B/2011, de 30 de Dezembro – LOE 2012.

Referências Jurisprudenciais
(por ordem de citação) – consultados em www.dgsi.pt:

Acórdão do Supremo Tribunal Administrativo, datado de 30/04/2008, proc. nº 0297/08

Acórdão do Supremo Tribunal Administrativo, datado de 09/04/2008, proc. nº 0155/08

Acórdão do Supremo Tribunal Administrativo, datado de 11/12/2007, proc. nº 0860/07

Acórdão do Tribunal Central Administrativo Sul, datado de 12/02/2008, proc. nº 02154/07

Acórdão do Supremo Tribunal Administrativo, datado de 09/06/2010, proc. nº 0345/10

Acórdão do Supremo Tribunal Administrativo, datado de 08/06/2011, proc. n.º 054/2011
Acórdão do Supremo Tribunal Administrativo, datado de 31/01/2008, proc. n.º 021/08
Acórdão do Supremo Tribunal Administrativo, datado de 11/12/2007, proc. n.º 0860/07
Acórdão do Supremo Tribunal Administrativo, datado de 22/04/2009, proc. n.º 0138/09
Acórdão do Supremo Tribunal Administrativo, datado de 09/06/2010, proc. n.º 0345/10
Acórdão do Supremo Tribunal Administrativo, datado de 3/11/2010, proc. n.º 0712/10
Acórdão do Supremo Tribunal Administrativo, datado de 07/05/2008, proc. n.º 0787/07
Acórdão do Supremo Tribunal Administrativo, datado de 16/01/2008, proc. n.º 0800/07

O Modelo da ONU – 2011

MANUEL PIRES*
Professor da Universidade Lusíada – Lisboa

1. Sendo o imposto uma realidade inarredável, não vivendo as pessoas confinadas ao seu espaço, o fenómeno da dupla tributação internacional, de que se tem nota ao menos desde a Grécia antiga, no século V a.C., vai manter-se, embora possa ir sendo evitado ou eliminado com as convenções fiscais com esse objectivo ou atenuado com a harmonização fiscal, se continuar a ser crescente. No quadro das respectivas soluções, o circunstancialismo – vocábulo amplo para conter tantas e tantas realidades – diverso de posição dos espaços fiscais impõe a consideração dessa diversidade. Comete-se grave erro promover a uniformização das soluções porque essa uniformização conduzirá necessariamente à postergação de alguma das categorias de interesses, absolutamente de respeitar, atenta a indispensabilidade de todos merecerem protecção através da compatibilização e não da subordinação ou eliminação. Parece – e este ponto não é despiciendo – que a solução do problema das duplas tributações não deve ser encarada de uma perspectiva meramente fiscal – acrescentaria fria, tecnicista –, mas também numa perspectiva extrafiscal, porque também no quadro do direito internacional fiscal o fenómeno da extrafiscalidade tem lugar. Menos cripticamente, na solução do problema da dupla tributação, importa instantemente ter lugar o auxílio ao desenvolvimento. Isto é, deve existir um direito internacional fiscal do desenvolvimento, como já há muito escrevi. «3. Sur l'aide aux pays non développés et pour les esprits moins ouverts, on transcrit ce qui a été écrit par une entité au – dessus de toutes suspections – Sa Sainteté le Pape Paul VI: «l'initiative individuelle seule et le simple jeu de la concurrence ne suffisent pas à assurer le succès du développement. Il n'est pas correct d'augmenter la richesse des riches et le pouvoir des forts en augmentant la misère des pauvres et en augmentant l'esclavage des opprimés.

* Doutor em Ciências Jurídico-económicas (Faculdade de Direito da Universidade de Lisboa)

Il faut des programmes pour "encourager, stimuler, coordonner, suppléer et intégrer" l'action des individus et des organismes intermédiaires. Il appartient aux pouvoirs publics de choisir et même imposer, les objectifs à atteindre, les buts à poursuivre et les moyens pour y arriver, c'est à eux qui appartient de stimuler toutes les forces unies dans cette action commune. On doit, cependant, faire attention en associant à cette œuvre les initiatives privées et les organismes intermédiaires». Et après: «Ce devoir [mettre en commun les ressources disponibles] concerne d'abord les favorisés. Leurs obligations se fondent sur la fraternité humaine et surnaturelle, se présentant sur un triple aspect: celui du devoir de solidarité, c'est-à-dire, l'aide que les nations riches doivent donner aux pays en voie de développement; le devoir de justice sociale, c'est-à-dire, la rectification des relations commerciales défectueuses entre peuples puissants et peuples faibles; le devoir de charité universelle, c'est-à-dire, la promotion pour tous, d'un monde plus humain où tous aient quelque chose à donner et à recevoir, sans que le progrès des uns soit l'obstacle au développement des autres. Le futur de la civilisation mondiale dépend de la solution de ces graves problèmes».

Pour en finir: «le devoir de solidarité est le même pour les personnes et pour les peuples: "c'est un devoir des peuples développés d'aider ceux qui sont en voie de développement". Il est nécessaire de mettre en pratique cet enseignement du Concile. S'il est normal qu'une population soit la première à bénéficier des dons que la Providence lui a accordés comme fruit de son travail, il est aussi certain qu'aucun peuple n'a le droit de réserver ses richesses pour son usage exclusif. Chaque peuple doit produire davantage et mieux pour donner aux siens un niveau de vie vraiment humain et, en même temps, contribuer pour le développement, solidaire de l'humanité. Devant l'indigence croissante des pays sous-développés on doit considérer normal qu'un pays évolué attribue une partie de sa production à secourir leurs nécessités; il est aussi normal qu'ils forment des éducateurs, des ingénieurs, des techniciens et des savants qui puissent mettre la science et la compétence à leur service». Et ces enseignements ont été répétés dans l'Encyclique de Jean-Paul II *Sollicitudo Rei Socialis*, pour commémorer le XX anniversaire de la *Populorum Progressio*.

D'ailleurs, quelque soit la religion qu'on professe ou même que l'on soit agnostique ou athée, ne considère-t-on pas valable ce qui a été écrit?

Les affirmations de l'O.C.D.E. sur «Stratégies de développement durable», en 2001, renforceraient – s'il en était nécessaire – ces préoccupations. On y écrit: «Pour les pays en développement et pour la coopération en matière de développement, la réduction de la pauvreté et la réalisation des objectifs internationaux de développement sont des impératifs – dans le contexte général du développement durable – pour la génération actuelle». Et encore: «Un quart de la population dans les pays en développement souffre encore d'extrême pauvreté.

La persistance de cette situation de pauvreté et d'inégalité soulève de graves problèmes pour l'avenir – sur le plan de la paix et de la sécurité, de l'équité et de la solidarité, et de l'environnement, aux niveaux national, régional et mondial»[1].

E continuava no mesmo local: Compte tenu de l'existence de pays sous – développés ou en voie de développement, des besoins d'aide pour que ces pays se développent, de la fonction que les avantages fiscaux peuvent remplir en tant qu'instruments de promotion de ce développement, et une fois indiqués quelques aspects des mesures et des voies que les pays développés peuvent adopter pour promouvoir le développement à travers l'investissement privé, il ne reste qu'à demander s'il y a un Droit international fiscal pour le développement, car il est sûr qu'il doit en exister un. Nous ne pouvons pas nier que, de la part de quelques Etats, il existe une contribution positive, mais il est aussi vrai que ce Droit International Fiscal est l'objet de tentatives d'érosion.

Pour le prouver, il suffit de comparer le Rapport du Comité Fiscal de l'O.C.D.E. « Mesures Fiscales pour Encourager les Investissements Privés dans les Pays en Voie de Développement » publié en 1965, et les travaux postérieurs du Comité des Affaires Fiscales, mis bien en évidence dans la publication de 1988, à savoir, «Les Crédits d'Impôts Fictifs. Un Réexamen de la Question».

Les conceptions neo-libérales renforcent cette orientation en oubliant que les diverses caractéristiques des différents types des pays impliquent des solutions spécifiques pour satisfaire l'équité entre les nations et entre les individus. Elles oublient aussi – en ce qui concerne l'efficience mondiale de l'affectation des ressources –, qu'on doit admettre une perte des pays développés pour diriger les investissements vers les Etats non développés.

D'ailleurs, ce procédé se justifie aussi dans une perspective égoïste des pays plus développés, en considération des avantages qu'ils obtiennent en conséquence de la création ou de la conservation des marchés, de l'augmentation de la production, avec des effets sur l'emploi, de l'influence sur la balance des paiements, et du probable meilleur revenu que les applications externes produiront face aux internes.

Nous croyons donc, ainsi, devoir conclure par la nécessité d'un Droit International Fiscal pour le Développement, ce qui malheureusement ne fait pas l'unanimité de nos jours, mais est au contraire, la cible des critiques sinon direc-

---

[1] Manuel Pires, Y a-t-il un droit international fiscal pour le développement? In Regards Critiques et Perspectives sur le Droit et la Fiscalité – Liber Amicorum Cyrille David. Paris: LGDJ, 2005, pgs. 151 e 152. A mesma opinião foi sustentada uns anos antes, in Manuel Pires, «Da Dupla Tributação Jurídica Internacional sobre o Rendimento». Lisboa, s/d, pgs. 316/319.

tes du moins indirectes tendant à rejeter les instruments aptes pour atteindre les objectifs précités»[2].

Não se afigura ter sido despicienda a longa transcrição, porque ela demonstra plenamente não dever considerar-se, no quadro de uma convenção destinada a prevenir as duplas tributações, apenas o evitar o duplo gravame, mas também reflectir-se na solução mais apta, quando necessário, para contribuir para o desenvolvimento dos denominados países em vias de desenvolvimento (p.v.d.) ou, se se preferir, dos países importadores líquidos de capitais. Daí que estranhamente – ou não – se tenha lutado contra a inclusão da cláusula da imputação especial por desagravamento do imposto fictício (*tax sparing credit* ou *matching credit*) que tanta importância tem no sentido da não frustração dos benefícios fiscais concedidos pelos ditos países importadores líquidos, designadamente para incentivar o investimento e à custa do correspondente e muitas vezes do assaz diminuto erário público, posição essa, aliás, enquadrável na proscrição dos benefícios fiscais, como se estes fossem sempre – e não são – algo a eliminar por nada representarem a não ser perda de receita ou prática fiscal concorrencial prejudicial. E nesse movimento de obstrução, ainda podem inserir-se as críticas que se vão fazendo ao método da isenção para prevenir as duplas tributações.

2. No âmbito do que se está a tratar, surge o *soft law*, significando pelo menos, algumas vezes, algo de interesse num domínio em que se torna difícil ou até impossível o *hard law*, atento não se ter verificado o amadurecimento de consenso sobre a matéria. Assim são elaborados os Modelos de Convenção para prevenir a dupla tributação, nomeadamente no quadro dos impostos sobre o rendimento e o património. E quando se fala de Modelos, surge imediatamente no topo o Modelo elaborado pela OCDE, desde 1963 – com o nome de Projecto – continuado em 1977, registando-se outras versões condensadas em 1992, 1996, 1998, 2000, 2003, 2005 e 2008, até à última versão de 2010 (não foi publicada a correspondente à actualização de 1994). Examinando este Modelo, verifica-se, sem grande esforço, a primazia das perspectivas dos Estados denominados desenvolvidos (p.d.) ou exportadores líquidos de capitais – o que não surpreende dada a composição da Organização –, através de predominância do elemento de conexão residência e mesmo a não admissibilidade da tributação na fonte, como no caso dos *royalties* (artigo 12º). Ainda no mesmo sentido a definição de estabelecimento estável (artigo 5º), consagrando a teoria dos organismos produtivos contraposta à teoria da pertença económica, implicando uma mais limitada tributação dos lucros, no Estado da respectiva produção – fonte

---

[2] Autor e ob. primeiramente cit., pgs. 155 e 156.

(artigo 7º artigo que no Modelo de 2010, considera como custos do estabelecimento estável, juros e *royalties* fictícios – *notional interest and royalties* – e algumas
margens de lucros, mas não admitindo a sua tributação no Estado da situação
do estabelecimento). É certo ser admitida a tributação na fonte dos dividendos
e juros, mas com taxas cujo nível pode ser discutido, mesmo tendo em atenção
a sua tributação sobre base bruta. Ainda o âmbito da definição de *royalties* tem
vindo a ser limitado e com consequências mais amplas quando não seja aceite a
regra do artigo 12º da tributação exclusiva na residência. Suprimiu-se, no mesmo
Modelo, o artigo relativo às profissões independentes (artigo 14º), sendo incluídos os respectivos rendimentos no artigo relativo aos lucros (artigo 7º), nomeadamente com regras sobre a respectiva determinação, o que não sucederia com
o artigo 14º, artigo, aliás, que Portugal – e bem – mantém quando negoceia,
podendo ainda indicar-se a possibilidade de restrição do âmbito do artigo sobre
as pensões (artigo 18º) admitida nos respectivos comentários, quando, pelo
menos em princípio, o artigo 18º beneficiaria exclusivamente o Estado da residência do pensionista que, na sua vida activa, tenha auferido rendimentos no
outro Estado Contratante. Ainda no domínio de trocas de informações (artigo
26º), esta tem vindo a ser ampliada e incluiu-se um artigo sobre a assistência à
cobrança (artigo 27º), o que se pode traduzir em maior vantagem para o Estado
exportador líquido de capitais, vista a falta de reciprocidade de facto, entre este
e o Estado importador líquido de capitais.

Como escrevi noutro local, «La nécessité d'appliquer des règles différentes
aux pays développés et aux pays moins développés a été reconnue par l'OCDE.
Dans un rapport du Comité Fiscal appelé «Mesures fiscales pour encourager
les investissements privés dans les pays en voie de développement» (1965),
ouvrage auquel on se réfère malheureusement trop peu: «Les conventions fiscales actuelles ont été modelées au cours d'une longue période en fonction des
relations économiques entre pays qui ont atteint à peu près le même niveau de
développement économique. Les dispositions particulières de ces conventions
sont fondées sur l'hypothèse que les mouvements de capitaux et les échanges
commerciaux, et par conséquent les transferts de revenus, entre les parties
contractantes, sans être nécessairement égaux ont néanmoins une certaine
importance dans les deux sens. Or, dans les relations entre pays exportateurs
de capitaux et pays en voie de développement, les transferts de revenus ont le
plus souvent un caractère unilatéral, et pour cette raison les conventions fiscales classiques n'ont pas eu la faveur des pays moins développées. C'est ce qui
ressort de l'histoire des conventions fiscales et des modifications subies par les
projets de modèles établis à plusieurs reprises sous les auspices de la Société des
Nations. II convient donc d'examiner quelles pourraient être les modifications
qu'il conviendrait d'apporter au modèle actuel de conventions sur l'imposition

du revenu dans les rapports entre pays en voie de développement et pays exportateurs de capitaux » (nº 164, p. 63 du rapport précité).

Et il mentionne encore: «Les conventions en vigueur entre pays industrialisés obligent parfois le pays de résidence à renoncer à une recette. Mais bien plus souvent c'est le pays de la source qui doit le faire. Cette conception peut ne pas convenir aussi bien dans les conventions entre pays en voie de développement et pays industrialisés parce que les transferts de revenus ont lieu surtout des pays en voie de développement vers les pays industrialisés, et le sacrifice serait unilatéral. Toutefois, nombre de dispositions des conventions en vigueur peuvent trouver place dans des conventions entre pays exportateurs de capitaux et pays en voie de développement» (nº 165 p. 63 et 64 du rapport précité).

Les différences de réalités semblent continuer a être perçues par l'OCDE: «Compte tenu du fait que l'influence du Modèle de Convention s'est exercée bien au-delà des pays membres de l'OCDE, le Comité a en outre décidé que le processus de révision devrait être ouvert afin de bénéficier de l'apport des pays non membres, des autres organisations internationales et des autres intéressés. Il a semblé que ces contributions extérieures aideraient le Comité des Affaires fiscales dans ses activités de mise à jour du Modèle de Convention en fonction de l'évolution des réglementations et principes fiscaux internationaux» (p. 9).

L'ONU reconnaît aussi que le modèle de l'OCDE n'est pas parfait pour régir de tels rapports. Comme le Modèle de 2001 l'énonce : «However, it was fully understood that there was no presumption of correctness to be accorded to the OECD Model Convention, and that the decisions of the Group were in no way required to be governed by the OECD text» (p. x).

Nous arrivons à la conclusion – d'ailleurs évident – que dans un modèle de convention, il faut tenir compte de la diversité des situations [...]. Mais dans le Modèle de l'OCDE, cette diversité a-t-elle été reconnue? La réponse est négative [...]. En vérité, ce modèle repose sur l'imposition dans l'Etat de résidence et appréhende la source de façon différente selon les revenus ...»[3].

3. Compreende-se, desse modo, que posteriormente ao Modelo da OCDE, tenha surgido a iniciativa de outro Modelo – o Modelo das Nações Unidas de Convenção entre Países Desenvolvidos e em Desenvolvimento. Aliás, já outros Modelos de Convenção tinham sido elaborados, como o Modelo do Pacto Andino[4], para além dos trabalhos da Sociedade das Nações em que os pontos

---

[3] Manuel Pires, «Le Modèle de l'OCDE, Modèle pour toutes les négociations» in Liber Amicorum Luc Hinnekens. Bruxelles: Bruyllant, 2007, pgs. 426 e 427.

[4] Pacto Andino (Acordo de Cartagena – 1969), hoje Comunidade Andina de Nações (CAN), constituída actualmente pela Bolívia, Colômbia, Equador e Peru, depois da saída do Chile (1976)

de vista das duas categorias de Estados foi bem patente nos Modelos do México (1943) – países importadores líquidos – e Londres (1946) – países exportadores líquidos.

Não é ocasião de discutir os prós e os contras das tributações na fonte e na residência, nem do CEN e do CIN, mas algo se impõe: a consideração dos aspectos antes mencionados. E o Modelo da ONU, ainda que assaz ligado ao Modelo da OCDE, pretendeu ir mais no sentido da tributação na fonte, tendo surgido em 1980 – existindo o Modelo da OCDE de 1977 – e sido objecto de revisão em 2001 – existindo o Modelo da OCDE de 2000.

As diferenças mais relevantes entre os normativos dos dois Modelos, embora não exista paridade quanto ao número das diversas versões, resultam dos artigos 5º (estabelecimento estável) n.ºs 3 a 7; 7º (lucro); 8º (transporte), com alternativa disponível; 9º (empresas associadas) nº 3; 10º (dividendos) n°s 2 e 4; 11º (juros) n°s 2 e 4; 12º (royalties), aceitação de tributação na fonte e definição; 13º (mais-valias), incluindo o caso de participação substancial; 14º (profissões independentes) não só a sua manutenção como os n°s 1 e 2, face a versões anteriores do Modelo da OCDE; 16º (administradores e gestores de topo) nº 2, mais amplo quanto ao âmbito pessoal; 18º (pensões com duas alternativas); 20º (estudantes), mais amplo, abrangendo estagiários; 21º (outro rendimento) nº 3; 25º (procedimento amigável), sem a arbitragem; 26º (troca de informações) menos amplo e 27º (assistência à cobrança), não incluído.

4. Decorridos 10 anos, foi aprovada, no final de Outubro de 2011, nova versão do Modelo da ONU, resultante dos trabalhos do Comité de Peritos sobre Cooperação Internacional em Assuntos Fiscais, antecedido pelo Grupo Ad hoc de Peritos sobre Cooperação Internacional em Assuntos Fiscais.

Sintetizando, o resultado da actualização é o seguinte, em seus aspectos mais relevantes: 1) aceitação da possibilidade e não da obrigatoriedade de arbitragem, como modo de resolver os litígios não solucionados pelo procedimento amigável; 2) reforço da troca de informações; 3) possibilidade de assistência à cobrança; 4) redacção do artigo 13º nº 5 (mais-valias), tendo em vista possível fraude no caso de mais-valias e, por último; 5) aprimoramento do texto e dos comentários do artigo 5º, tendo em atenção nomeadamente a possível eliminação do artigo 14º (profissões independentes), como sucedeu com o Modelo da OCDE (2000). Estão ainda a ser trabalhados o Manual das Negociações e

e da Venezuela (2006), que aderiu em 1973. Em 2005, associaram-se à Organização a Argentina, o Brasil, o Chile, o Paraguai e o Uruguai.

o Projecto do Manual Prático sobre os Preços de Transferência para Países em Desenvolvimento, esperando-se que sejam finalizados em 2012[5].

Examinemos diversas modificações tendo em atenção o relato dos respectivos trabalhos, sempre considerando os aspectos fundamentais e não ter sido disponibilizado até à data o texto do Modelo de 2011.

4.1. Artigo 25º (arbitragem)

Na discussão da questão da resolução de litígios, sublinhou-se serem necessárias outras formas para esta resolução, para além da arbitragem. Depois da troca de informações sobre as conexões entre o procedimento amigável mútuo, a arbitragem e a via judicial, não se deixou de fazer notar o problema dos custos da arbitragem para os p.v.d., tendo sido emitida a opinião de o contribuinte não dever suportá-los, ainda que parcialmente, e a dificuldade para os p.v.d. de encontrarem árbitros independentes, imparciais e com amplos conhecimentos. A estrita conexão da problemática dos preços de transferência com a arbitragem não foi omitida.

A certeza na resolução dos conflitos, a prática para a melhoria do clima de investimento, dando segurança ao investidor, foram argumentos apresentados a favor da arbitragem face a aspectos contrários, como serem infrequentes as questões entre Estados não membros da OCDE, sendo ainda poucos os não resolvidos, não se deixando de mencionar a denominada *baseball style arbitration* (para resolução dos litígios deveria ser escolhida uma das posições sustentada e não um compromisso entre elas ou ainda uma outra).

Entre diversas opções colocadas – ou a inclusão da arbitragem no artigo 25º, embora em nota se admitisse a sua não inclusão, ou a inclusão de duas variantes no artigo 25º: uma sem a referência à arbitragem, outra incluindo um artigo conforme a 1ª opção, ou por último, uma terceira incluindo no comentário ao artigo a disposição da 1ª opção –, escolheu-se a 2ª opção, com a necessidade de decorrer o prazo de 3 anos para se poder apelar à arbitragem que será, a realizar--se, da iniciativa de um dos Estados Contratantes.

4.2. Artigo 26º (troca de informações)

O Comité, no quadro da revisão do Modelo, fez também objecto da atenção a troca de informações, tendo diversas modificações do relativo artigo sido objecto de discussão. Foi considerado que deveriam ser tidos em atenção as particulares necessidades dos países em desenvolvimento, o problema da dupla incriminação, não dever a privacidade ser afectada, respeitando-se os direitos dos contribuintes, a efectividade da troca e o problema da falta de recursos, incluindo a perícia, por parte dos p.v.d.

---

[5] O texto do Modelo não modificou o escrito no texto.

Abordou-se ainda a questão do segredo bancário cujo levantamento a lei de diversos países permite apenas no caso de matéria criminal ou de processo ou só quando a informação for pedida. A luta contra a fraude e a evasão fiscais – a propósito referiu-se o planeamento fiscal agressivo na fronteira dos dois – foi considerada muito necessária.

E qual o resultado de toda a discussão? Não surpreendentemente, com artigo igual ao da OCDE (artigo 26º), apenas com a referência expressa à fraude e evasão fiscais e um novo nº 6 sobre métodos e técnicas relativas à troca de informações.

A esses trabalhos foi associada a elaboração de um Código de Conduta sobre Cooperação no Combate à Fraude E Evasão Fiscais.

4.3. Artigo novo (assistência à cobrança)

No projecto inicial sobre a matéria verificavam-se duas limitações: a assistência limitava-se aos residentes dos Estados Contratantes e aos impostos compreendidos na respectiva convenção. No entanto, e depois de o projecto do artigo ser reelaborado, foi adoptado um artigo igual ao artigo 27º do Modelo da OCDE. Nos comentários serão referidos aspectos de interesse para os p.v.d., nomeadamente a repartição de custos que a assistência pode implicar.

4.4. Para além das modificações referidas e como foi mencionado, foram igualmente consideradas modificações do artigo 13º nº 5 (mais-valias), com relação à fraude fiscal, e do artigo 5º nº 3, alínea b) (estabelecimento estável) sobre o modo de contagem dos 183 dias para a existência do referido estabelecimento em vez de 6 meses. No comentário a este último artigo, é tida em consideração o caso de países desejarem suprimir o artigo 14º.

4.4.1. Artigo 13º (mais-valias)

No quadro do trabalho realizado no âmbito do uso impróprio dos tratados, resultou a modificação da disposição relativa à tributação das mais-valias derivadas da alienação da participação substancial no capital das sociedades (artigo 13º nº 5), de modo a evitar a partição da respectiva titularidade, com vista a que a participação não atinja a percentagem exigida pela disposição para a tributação na fonte. Ainda se estabeleceu, como requisito, a titularidade em qualquer momento durante os doze meses, que precederam a alienação. Estas modificações traduziram a opção tomada face a outra, segundo a qual se reconhecia ao Estado da fonte o poder de tributar, com carácter geral, as mais-valias em questão, deixando a esse Estado, através da sua lei interna, a possibilidade de exercer ou não o poder reconhecido (o que seria estranho porque o exercício desse poder não é obrigatório no quadro das convenções sobre dupla tributação).

Renunciou-se ainda, pelo menos por agora, a aprofundar o conceito de «beneficiário efectivo» e a ampliação da sua aplicação.

4.4.2. Artigo 14º (profissões independentes)

Logo no início do tratamento deste artigo verificaram-se opiniões não convergentes, opinando uns que a sua manutenção seria um factor de protecção da tributação na fonte e que a sua eliminação provocaria confusão ao contrário de outros sustentando que tal eliminação clarificaria, dadas as dificuldades da sua aplicação, sendo difícil a distinção entre *business* e *professional services*.

Foi opinado que as bases de tributação, nos casos dos artigos 7º e 14º, são diversas e, se este último fosse eliminado, existiria a necessidade de serem considerados no artigo 5º os direitos dele resultantes. Assim, o caso previsto no artigo 14º nº 1, alínea b), deveria ser incluído o artigo 5º. Mas outros pontos de vista para manutenção também foram referidos: instalação fixa é mais ampla que estabelecimento estável, as pessoas singulares e as *partnerships* são mais facilmente reguladas com o artigo 14º do que com o artigo 5º, a redacção do artigo 5º nº 4 reduziria o direito de tributação na fonte, mencionando-se as dificuldades para as administrações menos capacitadas face à mudança, não se omitindo a diferença da base de tributação: líquida (artigo 5º) e bruta (artigo 14º).

O resultado da discussão foi a manutenção do artigo 14º, embora com a alternativa da sua supressão, neste caso com implicação, de entre outros, no artigo 5º, tendo também sido introduzido um novo número nos comentários.

5. Para além do que foi referido, relativamente a artigos do Modelo – 13º, 14º, 25º, 26º e 27º –, outras matérias foram consideradas durante os trabalhos. Sem propósito exaustivo, são objecto de breve nota.

5.1. Artigo 7º (lucros)

A nova orientação da OCDE (2010), nomeadamente, aceitando deduções pelos pagamentos fictícios de juros e royalties e margens de lucro por serviços fornecidos pela sede aos estabelecimentos estáveis, foi objecto de rejeição, devendo esse afastamento ser reflectido nos comentários do artigo 7º que devem, assim, ser modificados.

5.2. Artigo 9º (empresas associadas)

Divergências manifestaram-se, quanto ao artigo 9º, assente no princípio *at arm's length*, emitindo-se opiniões de que, no âmbito da ONU, embora se aceite esse princípio, deveria ser clarificada a posição face às directrizes da OCDE para a sua aplicação, assinalando-se, porém, não ser aconselhável a diferente terminologia. Desse modo, não deveriam ser reproduzidos os pontos de vista da OCDE como implicando a sua aceitação. A matéria será objecto de atenção posterior após a conclusão do Manual para a Celebração de Convenções, estando a ser elaborado, como se escreveu atrás, um Manual sobre o Preço de Transferência a finalizar em 2012.

5.3. Artigo 11º (juros)

Os comentários ao artigo 11º foram ampliados de modo a serem incluídos na definição de juros rendimentos dos chamados instrumentos financeiros islâmicos, existindo diversidade dos respectivos arranjos (*arrangements*) [v.g., *murabaha*, *istina'a*, certas formas de *mudaraba* e *musharaka* e *jara* (quando assimilada a *lease* financeiro), assim como *sukuk* baseado em tais instrumentos], quando a realidade económica subjacente for um empréstimo, mesmo se a forma jurídica não for essa. Esses instrumentos, que têm vindo a crescer, como se acentuou durante as discussões, são caracterizados pela proibição do juro (*riba*), incerteza ou risco (*gharar*) e carácter aleatório (*maysir*), focando-se a repartição do lucro e a conexão da finança à produtividade. Trata-se de instrumentos financeiros não tradicionais assimilados a relações de débito pela lei interna, mas não tendo a forma de empréstimo. Fez-se notar a importância de se atender ou à perspectiva legal – que relevaria a forma – ou à perspectiva económica – que consideraria a substância. Prevaleceu a consideração económica – sublinhando-se que a perspectiva legal afectaria negativamente o desenvolvimento dos referidos instrumentos –, conduzindo a qualificá-los com juros, como adoptado nas leis fiscais da Malásia, Singapura e Reino Unido. No entanto, tais países, bem como os que dão prevalência à forma legal, podem tornar claro, na definição de juros, a inclusão dos "rendimentos dos acordos (*arrangements*) como os instrumentos financeiros islâmicos quando a substância do contrato subjacente possa ser assimilada a um empréstimo».

Admite-se, no futuro, que os artigos 12º (*royalties*) e 13º (mais-valias) possam ter de ser modificados para considerar especificidades dos instrumentos financeiros islâmicos.

5.4. Artigo 1º (pessoas visadas)

O tema dos abusos das normas dos tratados e do *treaty shopping* (este não é uma forma daqueles?) – tratado nos comentários no artigo 1º do Modelo da OCDE – foi também objecto de consideração, tendo sido referido que a determinação da existência de abuso dos tratados é muitas vezes algo de subjectivo, sendo difícil encontrar, critérios objectivos. Para o efeito, deve ser dada atenção, para além da lei interna, à convenção e ao direito internacional, à boa fé no cumprimento e às necessidades de comércio, podendo suceder que uma concepção ampla de normas anti-abuso possa ter efeito negativo no comércio e no investimento estrangeiro (*inbound investment*). Duas exigências teriam de ser consideradas: a certeza e protecção das legitimas expectativas dos investidores, bem como a necessidade de as administrações fiscais lutarem contra o abuso. Posteriormente o tema passou a ser designado por «uso impróprio de tratados» e não já «abuso de tratados» para melhor reflectir o trabalho de que resultaram comentários ao artigo 1º, não se tendo considerado, o que seria bem importante, embora tivesse sido aludido, o abuso por parte dos Estados Contratantes que, infelizmente, também existe, mas que não lhe tem sido dada a devida atenção.

6. Que concluir das principais modificações do Modelo 2011 e de alguns outros aspectos referidos? À importância do Modelo da OCDE, pela sua origem e autoridade, é difícil subtrair-se. Por outro lado, participaram nos trabalhos peritos de diversos membros daquela Organização e até do Secretariado do correspondente Comité dos Assuntos Fiscais. Os trabalhos da ONU, não surpreendentemente, partiram daquele Modelo, embora modificações tenham sido introduzidas no sentido do favorecimento da tributação na fonte. No entanto, estas modificações não poderiam ter ido mais longe? Obviamente que não seria possível um Modelo que consagrasse exclusivamente a tributação na fonte não só porque incorreria em erro simétrico ao da exclusividade da tributação na residência mas também porque não seria aceite no quadro actual. Os resultados seriam iguais se, em vez de se ter baseado no Modelo da OCDE, tivesse partido de outro Modelo mais próximo da tributação na fonte, por exemplo o Modelo do México da SDN, posto que carecido de muita actualização? Mas tal seria possível face ao progresso técnico do Modelo da OCDE, reflectido em numerosíssimas convenções bilaterais?

De qualquer modo, seguindo-se os recentes trabalhos da ONU, verifica-se que, por mais de uma vez, para além de afirmações sobre especificidades dos p.v.d., se fez notar que, embora aproveitando a perícia da OCDE, o seu Modelo não era texto sagrado (expressão minha), sendo curiosa a troca de pontos de vista sobre a terminologia p.v.d. e p.d. e respectiva substituição por países importadores líquidos de capitais e exportadores líquidos de capitais, assim como países favoráveis aos direitos de tributação baseados na fonte ou na residência.

O trabalho prossegue, esperemos outras versões, embora possamos interrogar-nos se, no domínio dos Modelos, não deveria também ocorrer a estabilidade que tantas vezes – e bem – é reclamada no domínio da legislação fiscal interna.

6 de Fevereiro de 2012

Comentarios sobre el cuadro actual de aplicación de normas generales anti-elusión en España*

MARCIANO SEABRA DE GODOI

Doctor en Derecho Financiero y Tributario por la Universidad Complutense de Madrid

Prof. de Derecho Financiero y Tributario de la Universidad Católica de Minas Gerais – PUC Minas (Brasil)

I – Introducción

Hace trece años Carlos Palao Taboada publicó un artículo[1] cuyo título era una pregunta: "¿Existe el fraude a la ley tributaria?". El título del estudio reflejaba la constatación del autor de que la norma en vigor sobre el fraude a la ley tributaria (art.24 de la Ley 230/1963) era virtualmente inoperante en la jurisprudencia, y sensiblemente desdibujada y restringida por los análisis formalistas cada vez más acusados en la doctrina española. En una publicación posterior[2], del año 2000, el diagnóstico pesimista del autor sobre el estado de la cuestión quedó patente en el título del artículo – "El atolladero del fraude a la ley tributaria" –, en el cual se analizan y critican los deficientes razonamientos de un fallo judicial sobre la calificación jurídica de una operación de elusión fiscal.

Como es sabido, en el año 2003, con la aprobación de una nueva Ley General Tributaria, la norma sobre el fraude a la ley tributaria se sustituyó por otra, que pasó a referirse a la figura del "conflicto en la aplicación de la norma tributaria" (art.15 de la Ley 58/2003). Pasados casi diez años de este cambio normativo, el

* Investigación desarrollada en la Universidad Autónoma de Madrid en el marco de una beca de estudios posdoctorales concedida al autor (2011-2012) por Fundación Carolina (España) y por el Ministerio de Educación de Brasil.

[1] PALAO TABOADA, Carlos. "¿Existe el fraude a la ley tributaria?", *Revista de Contabilidad y Tributación*, núm.182 (1998), pp.3-26.

[2] PALAO TABOADA, Carlos. "El atolladero del fraude a la ley tributaria (Comentario a la sentencia del Tribunal Superior de Justicia de La Rioja de 9 de febrero de 2000), *Revista de Contabilidad y Tributación (Legislación y Jurisprudencia)*, núm.209-210 (2000), pp. 139-147.

objetivo general del presente estudio es hacer un análisis crítico sobre el estado la cuestión en la jurisprudencia y en la doctrina.

Si comparamos la situación actual con aquella analizada por Carlos Palao Taboada en los años 1998 y 2000, el cambio quizá más notable es el carácter marcadamente anti-formalista con que la jurisprudencia española viene afrontando en los últimos años el tema de la elusión fiscal. En su publicación del año 2000, Carlos Palao Taboada afirmó (p.126) que el contexto ideológico de extremada valorización del libre mercado, de la autonomía de la voluntad y de la seguridad jurídica creaba un ambiente desfavorable a que los tribunales combatieran las operaciones de elusión fiscal, lo que de hecho se confirmaba en el caso de la sentencia – del Tribunal Superior de Justicia de La Rioja – analizada en su estudio. Con todo, la realidad de los años siguientes vendría a demostrar que el tono permisivo a las operaciones de elusión tributaria identificado en la sentencia del Tribunal Superior de Justicia de La Rioja sería la excepción, y no la regla en los tribunales españoles[3]. Por ello uno de los objetivos específicos del presente estudio es analizar el concepto amplio de simulación manejado por la jurisprudencia reciente del Tribunal Supremo, indagando sobre su compatibilidad con el concepto civilista de simulación y con el tratamiento de la elusión fiscal contenido en el ordenamiento tributario.

El segundo de los objetivos específicos del presente estudio se refiere a las críticas doctrinales cada vez más acusadas respecto a la norma que prohíbe la imposición de multas administrativas a las prácticas de fraude a la ley tributaria/ conflicto en la aplicación de la norma tributaria. Analizaremos la procedencia o no de esas críticas doctrinales, y trataremos de proponer un concreto cambio normativo con el cual creemos que el tratamiento de la elusión fiscal quedará más justo y equilibrado.

II – Breve valoración del cuadro actual de combate a la elusión fiscal en España a través de la aplicación de normas generales

La actual Ley General Tributaria – LGT (Ley 58/2003, de 17 diciembre), al entrar en vigor el año 2004, tenía confesadas intenciones de innovar decisivamente en la configuración de los cauces normativos generales para el combate a la elusión fiscal[4]. La LGT hasta entonces en vigor preveía una norma general para "evitar el

---

[3] Las conclusiones del Tribunal Superior de Justicia de la Rioja sobre el caso han sido desautorizadas por el Tribunal Supremo. En la STS de 20 de septiembre de 2005 (RJ 2005, 8361), una sentencia del TSJ de La Rioja sobre operaciones idénticas a las analizadas en el artículo ha sido casada. Según el TS, "debió considerarse simulado el contrato de venta con precio aplazado que, según el principio de calificación, merecía la consideración de venta con precio al contado" – F.J. 8º.

[4] Sobre la normativa de la elusión fiscal en la actual LGT, véase PALAO TABOADA, Carlos. *La aplicación de las normas tributarias y la elusión fiscal,* Valladolid: Lex Nova, 2009, pp. 147-198; RUIZ

fraude de ley" (art.24 de la Ley 230/1963), pero el texto legal se limitaba a repetir los términos del concepto civilista de fraude a la ley (art.6.4 del Código civil) y a hacer mención al propósito genérico de "eludir el pago del tributo" mediante actos o negocios que produjeran un "resultado equivalente al derivado del hecho imponible", sin, con todo, avanzar criterios más precisos con arreglo a los cuales se pudiera distinguir un supuesto de elusión (al cual se le aplicaría el referido art.24) de un supuesto de mera economía de opción[5].

La Exposición de Motivos de la actual LGT presume de una revisión "en profundidad" de la regulación del fraude de ley, que se considera sustituido por una nueva figura (bautizada como "conflicto en la aplicación de la norma tributaria"), supuestamente libre de los "problemas de aplicación" de la normativa anterior y hecha a medida para luchar contra el fraude "sofisticado"[6]. Lo novedoso del cambio normativo ha sido no la abstrusa denominación con que se ha decidido rebautizar el fraude a la ley tributaria[7], sino la iniciativa de fijar dos criterios pretendidamente objetivos que pudieran apartar, con más preci-

---

ALMENDRAL, Violeta. *El fraude a la ley tributaria a examen*, Cizur Menor: Thomson-Aranzadi, 2006; RUIZ ALMENDRAL, Violeta & ZORNOZA PÉREZ, Juan. Interpretación, calificación, integración y medidas anti-elusión en la Ley 58/2003, de 17 de diciembre, General Tributaria, en: ZORNOZA PÉREZ (Director), *La reforma de la Ley General Tributaria*, Estudios de Derecho Judicial núm. 57 (2004), Madrid: Consejo General del Poder Judicial, 2005, pp.13-84; DELGADO PACHECO, Abelardo. *Las Normas Antielusión en la Jurisprudencia Tributaria Española*, Cizur Menor: Thomson Aranzadi, 2004; GARCÍA NOVOA, Cesar. *La cláusula antielusión en la nueva LGT*, Madrid: Marcial Pons, 2004; SANZ GADEA, Eduardo. *Medidas Antielusión Fiscal*, Documento 8/2009, Madrid: Instituto de Estudios Fiscales, 2009, pp.209-227.

[5] Sobre el instituto del fraude a la ley tributaria y su encaje en la LGT anterior, véase PALAO TABOADA, Carlos. *op.cit*, pp.21-146; GODOI, Marciano S. *Fraude a la ley y conflicto en la aplicación de las leyes tributarias*, Madrid: Instituto de Estudios Fiscales, 2005. Desde otra perspectiva crítica, véase FALCÓN Y TELLA, Falcón. "El fraude a la ley tributaria como mecanismo para gravar determinadas economías de opción", *Revista Técnica Tributaria*, núm.31 (1995), pp. 55-73.

[6] Véase la Exposición de Motivos de la Ley 58/2003, de 17 diciembre, ítem II, último párrafo.

[7] Ignacio Cruz Padial y Belén Bahía Almansa sostienen que la expresión "conflicto en la aplicación de la norma tributaria" no sería "extraña", porque en la figura hay un cierto conflicto entre las normas de cobertura del negocio artificioso y el espíritu del sistema fiscal en su conjunto – Cláusulas antielusivas generales versus cláusulas particulares. El artículo 15 de la LGT, en: ARRIETA MARTÍNEZ DE PISÓN, Juan y otros (Directores). *Tratado sobre la Ley General Tributaria*, Tomo I, Cizur Menor: Aranzadi-Thomson, 2010, pp.497). Pero como advierte Carlos Palao Taboada, la denominación es "técnicamente tosca, pues los conflictos en la aplicación de las normas tributarias pueden plantearse por motivos que nada tienen que ver con la elusión tributaria" (PALAO TABOADA, Carlos. *La aplicación de las normas tributarias y la elusión fiscal*, Valladolid: Lex Nova, 2009, p.167). Juan Manuel Herrero de Egaña también formula atinadas críticas a la nueva denominación de la figura, que al parecer ha tenido la intención de vaciar el fraude a la ley tributaria de cualquier contenido peyorativo, haciéndolo ver como un comportamiento neutral desde el punto de vista ético-jurídico – véase HERRERO DE EGAÑA Y ESPINOSA DE LOS MONTEROS, Juan Manuel. "La conformación artificiosa de

sión que el texto normativo anterior[8], los casos de elusión de los casos de mera economía de opción. Estos criterios no son otra cosa que dos *topoi* tradicionalmente presentes en el discurso de aplicación de normas generales anti-elusión: el criterio de la artificiosidad de los actos/negocios (art.15.1.a de la LGT), que remite a la idea de abuso de formas y a la norma general alemana, y el criterio de los motivos económicos válidos (art.15.1.b de la LGT), que remite a las normas generales anglosajonas[9].

La idea siempre cautivante de una mayor seguridad jurídica es lo que a nuestro juicio explica esa iniciativa de concretar de manera más clara en la propia legislación los requisitos para la identificación de los casos de elusión. La búsqueda de seguridad jurídica también parece haber informado la nueva regulación de los aspectos procedimentales (previstos en el art. 159 de la LGT y desarrollados en el art. 194 del Real Decreto 1.065/2007) para la aplicación de la figura del conflicto: la competencia para declarar la existencia del conflicto no ha sido repartida entre cada uno de los agentes de la inspección tributaria, sino que reservada exclusivamente a una Comisión de cuatro miembros estrechamente vinculada al órgano responsable de contestar las consultas tributarias escritas. La idea parece muy clara: lograr que el *corpus* de las decisiones por las cuales la Administración declara la existencia o no de los conflictos sea consistente y coherente con el *corpus* de las decisiones por las cuales la misma Administración contesta formalmente las dudas tributarias en general de los administrados.

Respecto a la sanción del fraude a la ley, el Dictamen del Consejo de Estado ha repelido vivamente la iniciativa del Borrador de Anteproyecto de la LGT dirigida a autorizar la imposición de sanciones en el caso de que el abuso/conflicto se produjera "con ánimo defraudatorio", así que al final se ha mantenido en la actual LGT el criterio ya adoptado en la redacción del precepto del fraude a la ley tras la reforma del año 1995 (Ley 25/1995), bajo el cual la existencia de un fraude a la ley conlleva la aplicación de la normativa eludida, la liquidación del

---

la realidad en el ámbito tributario: ¿por qué lo llamamos conflicto cuando queremos decir fraude?", *Actualidad Jurídica Aranzadi*, núm.593, 2003 (BIB 2003\1155).

[8] Fernando Pérez Royo afirma, en este sentido, que el art.15 de la actual LGT "ha definido los requisitos sustanciales de la figura [del fraude a la ley tributaria/conflicto] en términos menos abstractos o conceptuales que la [LGT] anterior" – PÉREZ ROYO, Fernando. *Derecho Financiero y Tributario. Parte General*, 21ª ed., Cizur Menor: Civitas-Thomson Reuters, 2011, p.253.

[9] El Dictamen del Consejo de Estado emitido el año 2003 sobre el Borrador del Anteproyecto de la LGT considera que estos dos criterios contenidos en el texto legal constituyen un "salto al vacío", pues son demasiado amplios y pueden llevar a calificar como "conflicto" (el Anteproyecto le llamaba "abuso") cualquier economía de opción. Esta opinión del Consejo es una notoria exageración, y no ha sido compartida por la doctrina española, ni por los sectores tradicionalmente formalistas y reacios a un control más rígido del fraude a la ley tributaria.

tributo y de los intereses de demora, sin que proceda la imposición de sanciones, siendo digno de registro el hecho de que un considerable sector de la doctrina española considera un error de política legislativa la prohibición de imponer sanciones administrativas a los agentes del conflicto/fraude a la ley tributaria[10].

Ahora bien, pasados más de siete años de la entrada en vigor de la actual LGT, los designios de cambio e innovación del legislador parecen lejos, muy lejos de haber sido alcanzados. De una parte, la norma general que en realidad se aplica por la Administración para contrarrestar los fraudes sofisticados no es la norma del conflicto (art.15 de la LGT), sino que sigue siendo la norma que permite a la Administración desconsiderar los actos simulados y someter a tributación los actos efectivamente realizados por las partes (art.16 de la LGT). La novedad de los últimos años ha sido la toma de postura del Tribunal Supremo decididamente favorable a un concepto amplio de simulación, que rechaza evaluar individual o formalmente a los negocios jurídicos que en general forman parte de las elusiones sofisticadas, y se deja informar por una evaluación global y sustancial de todo el entramado de negocios y sus efectos prácticos (económicos, empresariales) subyacentes[11].

En cuanto a los criterios establecidos en el art.15.1 de la actual LGT a fin de deslindar los casos de elusión de los casos de economía de opción (notoria artificiosidad delos negocios practicados, no existencia de efectos jurídicos o económicos distintos del ahorro fiscal y de los efectos que se hubieran obtenido con los actos o negocios usuales o propios), su aplicación práctica permanece un misterio, pues la Administración no ha creado un canal institucional que dé publicidad, aunque sea parcial, a los informes vinculantes de las Comisiones, lo que impide a la comunidad jurídica tener acceso y valorar algunos datos básicos como la cantidad de informes emitidos, la proporción entre el número de informes que declaran la existencia y el de los que declaran la no existencia del "conflicto", y principalmente la claridad metodológica y la racionalidad argumentativa del discurso con el cual las Comisiones vienen interpretando los criterios introducidos en el art.15 de la LGT.

---

[10] Véase RUIZ ALMENDRAL, Violeta. *El fraude a la ley tributaria...*, p.130; GARCÍA BERRO, Florián. "Sobre los modos de enfrentar la elusión tributaria y sobre la jurisprudencia tributaria en materia de simulación", *Revista Española de Derecho Financiero*, núm.145 (2010), pp.93-95; PÉREZ ROYO, Fernando. "La Doctrina de los Lores sobre la elusión fiscal (Examen de casos recientes)", *Quincena Fiscal*, núm.10 (2005), p.28.

[11] Ejemplos de sentencias del Tribunal Supremo que adoptan ese concepto amplio de simulación: sentencia de 20 septiembre 2005 (RJ 2005, 8361); sentencia de 18 marzo 2008 (RJ 2008, 2707); sentencia de 27 mayo 2008 (RJ 2008, 2870); sentencia 15 julio 2008 (RJ 2008, 3911); sentencia 28 mayo 2009 (RJ 2009, 4414); sentencia 25 septiembre 2009 (RJ 2009, 5487); sentencia 2 abril 2011 (RJ 2011, 2919), sentencia 29 junio 2011 (RJ 2011, 5608).

En la jurisprudencia reciente de los tribunales contencioso-administrativos, se observa una cierta tendencia de aplicar – aunque no formalmente – los dos criterios del art.15.1 de la actual LGT a los pocos casos de expedientes de fraude a la ley incoados por la Administración antes de la entrada en vigor de la actual LGT. En los casos de la Sentencia de la Audiencia Nacional de 4 de diciembre de 2006 (JT 2007, 293) y de la Sentencia del Tribunal Superior de Justicia del País Vasco de 2 de mayo de 2011 (Sentencia núm. 285/2011), los criterios que los magistrados utilizaron para confirmar la existencia de fraude a la ley tributaria fueron fundamentalmente la artificiosidad de los negocios y los objetivos únicamente tributarios de las operaciones (con más énfasis en el segundo que en el primero de los criterios), aunque las operaciones hayan ocurrido cuando estaba en vigor el art.24 de la LGT anterior (art. 24 de la Norma Foral 1/1995), que no establecía criterios precisos para distinguir los fraudes a la ley de las economías de opción.

Por lo que toca al régimen de las sanciones de la figura del fraude/conflicto en la jurisprudencia, la situación actual es la siguiente: si los tribunales califican unos actos o negocios como practicados "en fraude a la ley tributaria", la imposición de sanciones tanto administrativas como penales (delito de defraudación tributaria) queda prohibida, conforme ha decidido el Tribunal Constitucional (en contra del criterio que había prevalecido en el Tribunal Supremo) en la Sentencia 120/2005, de 10 mayo[12]; pero si los mismos actos o negocios se califican por los tribunales como simulados y engañosos, la imposición de sanciones tanto administrativas como penales (delito de defraudación tributaria) se reputa como válida, aunque dicha calificación se haga a partir de un concepto ampliado de simulación, una vez que el Tribunal Constitucional considera que no puede inmiscuirse en la competencia de los tribunales ordinarios para el "enjuiciamiento penal de unos hechos" (Sentencia 129/2008[13] de 27 octubre, FJ 5º).

---

[12] La doctrina ha reaccionado de modo distinto a esta sentencia del Tribunal Constitucional. Apoyándola, véase FALCÓN Y TELLA, Ramón. "El fraude de ley o ´conflicto en la aplicación de la norma´ y el delito fiscal: la importante STC 10 mayo 2005 (RTC 2005, 210)", *Quincena Fiscal Aranzadi*, núm.12 (2005), BIB 2005\1191 y BACIGALUPO, Silvina. Presupuestos de la tipicidad del delito fiscal y *fraude a la ley* en el ámbito tributario, en: ARRIETA MARTÍNEZ DE PISÓN, Juan y otros (Directores). *Tratado sobre la Ley General Tributaria*, Tomo I, Cizur Menor: Aranzadi-Thomson, 2010, pp.529-551. Criticando su razonamiento, véase PALAO TABOADA, Carlos. "Los instrumentos normativos contra la elusión fiscal", *La justicia en el diseño y aplicación de los tributos*, L Semana de Estudios de Derecho Financiero, Madrid: Instituto de Estudios Fiscales, 2005, pp.125-131 y RUIZ ALMENDRAL, Violeta, *El fraude a la ley tributaria a examen*, Cizur Menor: Thomson-Aranzadi, 2006, pp.134-138.

[13] Florián García Berro critica rotundamente esta sentencia, que califica como "un paso decepcionante" en relación con las expectativas creadas por la anterior STC 120/2005 – GARCÍA

Antes de dar por terminada esta breve valoración inicial del cuadro actual de combate a la elusión fiscal en España a través de la aplicación de normas generales, hay que señalar que algún autor sostiene muy minoritariamente la "inexistencia de un precepto general antielusivo" en el derecho español[14]. Ahora bien, véase la descripción que el mismo autor hace de la conducta prevista en el art.15 de la LGT: una conducta que "al amparo de unas determinadas normas legales", busca "la obtención de un resultado determinado (causa) y una ventaja patrimonial (ahorro tributario), resultado que no se pretendía por las normas legales que acogieran dicha conducta, lo que pone de manifiesto el proceder anómalo e irregular de la conducta en el orden tributario"[15]. Una norma que remite a esta conducta y determina que se aplique la normativa tributaria que se trató de eludir es universalmente conocida como una norma general anti-elusión. Lo que pasa es que el autor parece creer que una norma general anti-elusión se caracteriza por prohibir toda conducta que persigue el ahorro tributario, de ahí su afirmación de que "el art.15 de la LGT no es un precepto general antielusivo, en el sentido de prohibir toda aquella conducta que persiga un ahorro fiscal"[16]. Finalmente, hay que apuntar que el autor incide en flagrante contradicción cuando afirma que el referido art.15 garantiza "el deber general de cumplimiento de la Ley"[17] y a la vez sostiene que las leyes tributarias "no son normas imperativas", que el derecho tributario "es un derecho descriptivo", "no es un derecho impositivo"[18].

BERRO, Florián, *op.cit.*, pp.89-91. De la misma opinión es Juan Zornoza, que critica que el Tribunal Constitucional haya asumido "mecánicamente y sin mayores análisis la calificación de simulación, con renuncia al examen de sus elementos" – ZORNOZA PÉREZ, Juan. La simulación en Derecho tributario. en: ARRIETA MARTÍNEZ DE PISÓN, Juan y otros (Directores). *Tratado sobre la Ley General Tributaria*, Tomo I, Cizur Menor: Aranzadi-Thomson, 2010, pp.562-563. Fernando Pérez Royo, analizando en el año 2005 la entonces recién fallada sentencia 120/2005 del Tribunal Constitucional, había vaticinado que el Constitucional probablemente no reprocharía las condenas penales en casos en que la calificación de las instancias ordinarias hubiera sido la de simulación y no la de fraude a la ley – PÉREZ ROYO, Fernando. "El estado del arte de la aplicación del delito fiscal en España (con especial referencia al tratamiento de la simulación, fraude de ley y delito fiscal en la doctrina de la Sala Segunda del Supremo y una apostilla final sobre la STC de 10 de mayo de 2005)", *Diario La Ley*, núm.6281, Sección Doctrina, 2005, Ref.D-158.

[14] PONT CLEMENTE, Joan-Francesc. *La simulación en la nueva LGT*, Madrid-Barcelona: Marcial Pons, 2006, p.43.

[15] *Ibid.*, p.42.

[16] *Ibid.*, p.42.

[17] *Ibid.*, p.41.

[18] *Ibid.*, p.42.

III – La jurisprudencia del Tribunal Supremo y el concepto de simulación

En la doctrina española, es opinión casi unánime entre los autores que la potestad de la Administración de declarar la simulación a efectos tributarios debe ejercitarse según el concepto de simulación oriundo del Código civil[19]. En aras de la seguridad jurídica, esa postura a primera vista parece de hecho la más acertada. Con todo, hay que advertir que es la misma doctrina civilista quien reconoce que el Código Civil "no dedica al problema de la simulación, como sería de desear, una disciplina unitaria y armónica, y sólo alude al fenómeno de una manera fragmentaria"[20]. En efecto, el Código Civil no establece expresamente un concepto de simulación, y la doctrina mayoritaria de que su art.1.276 se refiere a la figura de la simulación es contestada por relevantes autores[21].

La doctrina causalista de Federico de Castro y Bravo sobre los llamados "negocios anómalos", por ser innegablemente la más influyente en la jurisprudencia y en la doctrina del Derecho civil, es la más citada por los autores tributaristas[22] a efectos de buscar concretar una definición de simulación que se pueda distinguir netamente de otras figuras afines, como el fraude a la ley o el negocio fiduciario. Esto supone un gran problema, pues la nota distintiva quizá más marcada en dicha doctrina de Federico de Castro es justamente su rotundo rechazo a definir *disyuntivamente* la simulación, el fraude a la ley y el negocio indirecto o fiduciario[23].

---

[19] Véase AGUALLO AVILÉS, Angel y PÉREZ ROYO, Fernando. *Comentarios a la Reforma de la Ley General Tributaria*, Pamplona: Aranzadi, 1996, pp. 67-78; ZORNOZA PÉREZ, Juan. La simulación en Derecho tributario, en: AAVV, *Los negocios anómalos ante el Derecho tributario español*, Boletín del Ilustre Colegio de Abogados de Madrid, 2000, pp.165-190; ZORNOZA PÉREZ, Juan. La simulación en Derecho tributario. en: ARRIETA MARTÍNEZ DE PISÓN, Juan y otros (Directores). *Tratado sobre la Ley General Tributaria*, Tomo I, Cizur Menor: Aranzadi-Thomson, 2010, pp.553-579. Violeta Ruiz Almendral discrepa de esa corriente doctrinal mayoritaria, al afirmar que supeditar el concepto *tributario* de simulación al concepto civilista de la figura "es precisamente la principal crítica que merece la interpretación de la simulación en materia tributaria en España" – RUIZ ALMENDRAL, Violeta. *El fraude a la ley tributaria a examen*, Cizur Menor: Thomson-Aranzadi, 2006, p.114.

[20] DÍEZ-PICAZO, Luis y GULLÓN, Antonio. *Sistema de Derecho Civil. Vol.I*, 11ª ed., Madrid: Tecnos, 2005, p.512.

[21] José Luis Lacruz Berdejo y otros autores civilistas no están de acuerdo en que el art.1.276 regule o se refiera al problema de la simulación. Cfr. LACRUZ BERDEJO, Jose Luis y otros. *Elementos de Derecho Civil – Tomo I – Parte General – Volumen Tercero*, 3ª ed., Madrid: Dykinson, 2005, p.182.

[22] Cfr. por ejemplo ZORNOZA PÉREZ, Juan. La simulación en Derecho tributario. en: ARRIETA MARTÍNEZ DE PISÓN, Juan y otros (Directores). *Tratado sobre la Ley General Tributaria*, Tomo I, Cizur Menor: Aranzadi-Thomson, 2010, pp.555-556.

[23] "A diferencia de lo que se piensa respecto a los tipos de negocios (es compraventa o es donación), las dichas anomalías [de los negocios anómalos] no se excluyen entre sí. Por eso es inadecuado, y causa de peligrosas confusiones, el empeño de enfrentar disyuntivamente los negocios anómalos (que haya de ser, p.ej., negocio simulado o negocio fiduciario). Lo cierto es que se trata de anomalías

De acuerdo con la legislación tributaria española en vigor hace décadas, son muy dispares los regímenes de las sanciones y de los procedimientos para la declaración de la simulación y del fraude a la ley/conflicto. Así que es natural que los autores tributaristas hayan perseguido y sigan persiguiendo obstinadamente un criterio doctrinal que pueda apartar con la máxima nitidez los casos de simulación de los casos de conflicto/fraude a la ley. Lo curioso y perturbador es que se haya elegido como marco teórico de esta búsqueda una doctrina – la doctrina causalista de la simulación en España – que se construye en torno a una clara premisa: la premisa de que es infructuoso y vano el intento de afrontar *disyuntivamente* los llamados negocios anómalos, que deben someterse a un régimen común de regulación jurídica.

Es ya un tópico en la literatura tributaria española afirmar que las diferencias entre simulación y fraude a la ley son claras en el ámbito teórico, pero borrosas en la práctica. Creemos que se debe replantear esa cuestión, pues si se mira bien, lo borroso está tanto en la práctica como en la teoría. Juan Zornoza Pérez, tras empezar su razonamiento citando y apoyando la doctrina causalista de Federico de Castro según la cual la simulación debe entenderse como un negocio *con causa falsa*, afirma[24]:

"Ciertamente, frente a la nitidez de la distinción teórica, pueden surgir dificultades en la práctica para determinar cuándo nos encontramos ante una simulación y cuándo ante un supuesto de fraude de ley, porque en cierto sentido –no en el técnico-jurídico, desde luego- quien realiza un negocio en fraude a la ley tributaria no persigue tanto el resultado típico de ese negocio como sus consecuencias económicas."

Si a la doctrina le parece que se debe mantener la tradicional actitud de concebir la simulación, para fines de aplicación del Derecho tributario, conforme a su conformación en el Derecho civil, hay que revisar eso de la "nitidez de la distinción teórica" entre simulación y fraude a la ley[25]. Son los mismos civilistas quienes afirman que "los negocios simulados, fiduciarios e indirectos no son

que pueden recaer conjuntamente sobre un mismo negocio jurídico, el que por tanto merecerá la correspondiente plural calificación" – DE CASTRO Y BRAVO, Federico. *El negocio jurídico*. Madrid: Civitas, 1985 (reedición facsimilar de la edición publicada por el Instituto Nacional de Estudios Jurídicos, Madrid, 1971), pp.329-330.

[24] ZORNOZA PÉREZ, Juan. La simulación en Derecho tributario. en: ARRIETA MARTÍNEZ DE PISÓN, Juan y otros (Directores). *Tratado sobre la Ley General Tributaria*, Tomo I, Cizur Menor: Aranzadi-Thomson, 2010, p.560.

[25] Estamos pues de acuerdo con la afirmación de Violeta Ruiz Almendral según la cual hay una "cercanía conceptual, no sólo práctica, entre el fraude de ley y la simulación" – RUIZ ALMENDRAL, Violeta. *El fraude a la ley tributaria a examen*, Cizur Menor: Thomson-Aranzadi, 2006, p.115.

<u>conceptualmente</u> deslindables de modo nítido, ni su distinción es <u>definible</u> con exactitud"[26] (subrayados nuestros). Si hay que ir a la *fuente* del Derecho civil, como quiere la visión tradicional, hay que reconocer que no se trata solamente de eventuales dificultades prácticas, hay que reconocer que la distinción entre simulación y figuras afines es problemática también en sus aspectos teóricos o definitorios.

Aún respecto a la cita arriba, hay que decir que sí, tiene todo sentido "técnico-jurídico" afirmar que "quien realiza un negocio en fraude a la ley no persigue tanto el resultado típico de ese negocio como sus consecuencias económicas". La definición misma del fraude a la ley supone que el agente se desvíe del resultado típico que se espera del negocio puesto en práctica. Como afirma Florián García Berro, el negocio en fraude a la ley "persigue alcanzar los resultados naturales de otra modalidad negocial -o ningún resultado relevante-, en lugar de los suyos"[27]. En el clásico ejemplo de la sociedad que se constituye de manera fugaz para transferir onerosamente un inmueble de un socio a otro, los agentes del fraude a la ley no persiguen el resultado típico del negocio de constitución de sociedad, sino una consecuencia económica distinta (cambiar inmueble por dinero) obtenida por una artificiosa manipulación de los hechos.

De todas maneras, la razón que Zornoza Pérez aduce para explicar la dificultad de una distinción práctica entre las figuras también vale para explicar la dificultad de la distinción teórica entre las dos figuras. Sobre ese supuesto sencillo de constitución de una sociedad fugaz para escapar al impuesto sobre la compraventa del inmueble, Ferreiro Lapatza lo considera un supuesto de simulación relativa[28], mientras que la mayoría de los autores tributaristas lo ven como un ejemplo *de libro* de fraude a la ley tributaria[29]. Esta falta de acuerdo sobre como

---

[26] Vallet de Goytisolo, Juan. "Negocios en fraude de ley, simulados, fiduciarios e indirectos", *Revista Jurídica del Notariado*, núm.14 (1995), pp.231.

[27] García Berro, Florián. "Sobre los modos de enfrentar la elusión tributaria y sobre la jurisprudencia tributaria en materia de simulación", *Revista Española de Derecho Financiero*, núm.145 (2010), p.81.

[28] Ferreiro Lapatza, José Juan. "Economía de opción, fraude de Ley, sanciones y delito fiscal", *Quincena Fiscal*, núm.8, abril de 2001, p.17. Ferreiro Lapatza es tal vez el único autor que ha hecho – precisamente en el estudio citado – vivas críticas a la teoría causalista de los negocios jurídicos anómalos de Federico de Castro. Lo curioso es que su posición muy minoritaria de que en el referido supuesto de la sociedad fugaz no hay fraude de ley, sino simulación, se defienda con un argumento claramente causalista: el de que, si la causa típica no existe en un caso concreto, "tampoco existe el negocio, con lo que sólo se podrá hablar de simulación".

[29] Véase, por ejemplo, Martín Queralt, Juan y otros, *Curso de Derecho Financiero y Tributario*, 18ª ed., Madrid: Tecnos, 2007, pp.196-197. Es interesante notar que los autores, aunque no vean en el supuesto una simulación, lo describen de una manera muy familiar a las descripciones clásicas de los casos de simulación: "<u>En realidad</u> lo que se ha operado ha sido una compraventa(...)" – subrayados

calificar un ejemplo tan sencillo naturalmente no tiene que ver con problemas prácticos, ni por supuesto con errores elementales de parte de los autores, sino con distintos conceptos teóricos sobre la figura de la simulación.

Los estudios más recientes sobre el fenómeno de la elusión fiscal en España cargan duramente contra la jurisprudencia de la Sala de lo Contencioso-Administrativo del Tribunal Supremo, por considerar que adopta un concepto *erróneo* de simulación, un concepto excesivamente laxo claramente apartado del *verdadero* concepto de simulación que emana del Derecho civil[30]. Ahora bien, intentaremos demostrar en este apartado que el concepto de simulación aplicado por dicha jurisprudencia es completamente compatible con el concepto de simulación presente en la doctrina del Derecho civil español, por lo menos es compatible con el concepto de simulación que emana del marco teórico de los "negocios anómalos", doctrina que no se tiene noticia de que haya sido rechazada por los autores civilistas.

La síntesis de la jurisprudencia de la Sala de lo Contencioso-Administrativo del Tribunal Supremo que ha venido tomando forma en los últimos años es la siguiente: hay simulación si el obligado tributario quiere obtener un resultado práctico propio de un negocio jurídico típico y usual (por ejemplo, la compra--venta de acciones de una sociedad) pero, en vez de practicar directamente aquel negocio típico y usual (y por ende atraer las consecuencias tributarias previstas en la normativa que el obligado quiere evitar), instrumentaliza un complejo y artificioso entramado de actos y negocios jurídicos, cuyos sucesivos pasos – en general ejecutados conforme a un plan preconcebido y a lo largo de un cortísimo intervalo de tiempo – conducen a un resultado final que es, desde un punto de vista práctico, el mismo resultado que se obtendría de celebrarse directamente el negocio típico. En este sentido, la STS de 25 septiembre 2009 (RJ 2009, 5487, F.J. 8º) identifica la "existencia de una motivación diferente a la

---

nuestros. Otro ejemplo de descripción del fraude a la ley con elementos típicamente presentes en las definiciones de simulación es el siguiente: en el fraude a la ley "no se quiere en realidad el acto formalmente realizado, que sólo es instrumento de ocultación de la intención fraudulenta" – Díez-Picazo, Luis y Gullón, Antonio. *Sistema de Derecho Civil. Vol.I*, 11ª ed., Madrid: Tecnos, 2005, p.193.
[30] En esta línea crítica ahondan los siguientes estudios: García Berro, Florián. *op.cit.*, pp.41-95; Zornoza Pérez, Juan. La simulación en Derecho tributario. en: Arrieta Martínez de Pisón, Juan y otros (Directores). *Tratado sobre la Ley General Tributaria*, Tomo I, Cizur Menor: Aranzadi-Thomson, 2010, pp.553-579; Pérez Royo, Fernando. "La Doctrina de los Lores sobre la elusión fiscal (Examen de casos recientes)", *Quincena Fiscal*, núm.10 (2005), pp.1-28. En el caso del estudio de Abelardo Delgado Pacheco, aunque se critique la jurisprudencia por razones de inseguridad jurídica, no se la acusa de desviarse del *verdadero* concepto civilista de simulación – Delgado Pacheco, Abelardo. *Las Normas Antielusión en la Jurisprudencia Tributaria Española*, Cizur Menor: Thomson Aranzadi, 2004, pp.27-35.

causa típica o inmediata de las distintas operaciones tomadas en consideración individualmente". En la misma senda argumentativa, la STS de 28 de mayo 2009 (RJ 2009, 4414, F.J. 11º) confirma el razonamiento de la sentencia impugnada, según el cual "las diversas operaciones individuales realizadas únicamente tienen sentido apreciadas en su conjunto, aunque jurídicamente aparezcan con sustantividad fiscal autónoma".

Florián García Berro afirma que esta línea jurisprudencial lo que hace es apelar "a la verdadera intención de las partes, deducida del resultado conjunto de los negocios celebrados, precisamente como forma de probar que una parte de éstos constituye mera apariencia simulada"[31]. Hasta aquí estamos de acuerdo con el autor, pues la forma de razonar de dicha jurisprudencia es exactamente ésta. Lo que no estamos de acuerdo es que esa forma de entender y aplicar la simulación se considere *errónea* o *extraña* a la doctrina civilista dominante, o que esa forma de razonar se considere un "contrasentido lógico", como afirma el autor.

Según propone García Berro, hay dos juicios o dos exámenes que no pueden confundirse[32]. El primer juicio tiene por objeto fijar el verdadero negocio puesto en práctica; es decir, en este primer juicio el aplicador debe preguntarse si "el negocio declarado por las partes responde a la realidad". Si responde a la realidad, no hay simulación. Sólo después se podría pasar al segundo juicio, que tiene por objeto evaluar si los efectos prácticos producidos son coherentes con el molde negocial empleado. García Berro considera que es un error técnico-jurídico – el error que se le imputa a la referida jurisprudencia del Tribunal Supremo – incluir en el primer juicio, destinado a concluir si hay o no simulación, consideraciones sobre si los resultados de los negocios puestos en práctica "se corresponden con los que el ordenamiento normalmente les asocia". Ahora bien, considerar que eso es un error es lo mismo que afirmar que es un error concebir la simulación como un problema en la *causa negocial*, entendida la causa como "el propósito de alcanzar un determinado resultado empírico con el negocio"[33].

No es que ese marco teórico – la falsedad de la causa – sea el único con el cual se pueda afrontar el tema de la simulación. Hay otros puntos de vista, como enmarcar la simulación en el contexto de la divergencia entre declaración y voluntad, de la contradicción entre la declaración externa y la interna. ¿Qué

---

[31] GARCÍA BERRO, Florián. *op.cit.*, p.82.

[32] *Ibid.*, p.82-83.

[33] DÍEZ-PICAZO, Luis y GULLÓN, Antonio. *Sistema de Derecho Civil. Vol.I*, 11ª ed., Madrid: Tecnos, 2005, p.497. La causa también suele definirse como "la función social y económica del negocio" – DE LOS MOZOS, Jose Luis. *El negocio jurídico (Estudios de Derecho civil)*, Madrid: Montecorvo, 1987, 545.

ha hecho Federico de Castro y su doctrina que al parecer sigue dominante en España? Ha sometido eses otros posibles marcos teóricos a duras críticas, proponiendo que la simulación se la conciba y se la aplique como un vicio de la causa, no como un vicio de la voluntad: "La naturaleza específica de la simulación se encuentra entonces, no en una declaración vacía de voluntad, sino en una declaración en desacuerdo con el <u>resultado</u> propuesto, o, lo que es lo mismo, una declaración con causa falsa"[34] (subrayado nuestro). Y la legislación (art.1.276 del Código Civil) y la doctrina civilista española son decididamente favorables a considerar la simulación como un negocio con causa falsa[35].

Es decir: tanto el modelo propuesto por García Berro como el modelo de Federico de Castro son lógicos y racionales. Pero mientras que en el primero los resultados prácticos de los negocios se consideran ajenos al juicio sobre la existencia o no de simulación, en el razonamiento del segundo – que al parecer se ha incorporado a la legislación y goza de clara hegemonía en la doctrina civilista[36] – los resultados prácticos buscados con los negocios – su causa, en suma – son el corazón mismo del concepto de simulación.

¿Y por qué los autores tributaristas en general consideran que el concepto de simulación es perfectamente claro y discernible en términos teóricos de conceptos afines como fraude a la ley y negocio fiduciario[37]? Nos aventuramos a dar la siguiente explicación. Es que en el discurso sobre la simulación, las nociones

---

[34] DE CASTRO Y BRAVO, Federico. *El negocio jurídico*, p.336.

[35] "La doctrina más antigua situó el problema de la simulación bajo la rúbrica de los vicios de la declaración de voluntad. (...) Otro importante sector de la doctrina y de la jurisprudencia ha tratado de llevar la teoría de la simulación al marco de la causa del negocio. (...) Desde el punto de vista de la norma positiva, las cuestiones relativas a la simulación están contempladas en el Código Civil bajo el prisma de la causa" – DÍEZ-PICAZO, Luis y GULLÓN, Antonio, *op.cit.*, p.513.

[36] Florián García Berro da a entender, remitiendo al libro *La causa del contrato* (CLAVERÍA GOSÁLBEZ, Luis H. Bolonia: Real Colegio de España, 1998), que esta obra apoyaría su modelo según el cual los resultados prácticos de los negocios se consideran ajenos al juicio sobre la existencia o no de simulación. Pero la propia cita de la pág. 226 de aquella obra pone de manifiesto que ahí se adopta un concepto causalista y amplio de simulación, admitiéndose expresamente – como es lo común en la doctrina civilista – que la calificación de simulado y fraudulento puede coincidir en casos concretos.

[37] En estudios de los años 1996 y 2000, Carlos Palao mantiene la visión tradicional según la cual "en el plano abstracto el negocio simulado se distingue con claridad del negocio en fraude a la ley", y afirma que "mientras la simulación plantea una cuestión fundamentalmente de hecho y, por tanto de prueba", el fraude a la ley es una "cuestión de calificación, es decir, de interpretación" – PALAO, Carlos. *La aplicación de las normas tributarias y la elusión fiscal*, Valladolid: Lex Nueva, 2009, pp. 54-55; 138. Creemos que en su estudio del año 2006 esas posiciones tradicionales son notablemente matizadas, y el autor admite implícitamente que incluso en el plano teórico es muy problemática la distinción entre el concepto civilista de simulación y el concepto de fraude a la ley. De ahí su conclusión de que "la distinción entre elusión y simulación es demasiado confusa para hacer depender de ella las graves consecuencias que lleva aparejadas" – PALAO TABOADA, *op.cit.*, p.188.

de *engaño, disfraz, mentira, apariencia, engaño* brillan con una luz tan fuerte como para dejar la impresión de que estos términos tienen un solo sentido, cuando de hecho necesitan aclaraciones para ser mejor entendidos. Nadie va a contestar juicios corrientes como el de que "la simulación relativa es un disfraz"[38], o como el de que el objetivo de la sanción de la simulación es que "frente a la intencional creación de una apariencia engañosa pueda triunfar y aparecer la situación jurídica real"[39]. Pero la contundencia y claridad de estos juicios son un tanto ilusorias. Cuando se dice que en la simulación las partes *mienten* o *engañan*, hay que aclarar: ¿mienten respecto a hechos concretos – como la existencia del contrato, el pago del precio, la realización efectiva de servicios – o mienten respecto a los propósitos empíricos buscados con el negocio?

En un complejo entramado negocial de las típicas ingenierías financieras, en que sociedades son creadas para luego ser disueltas, en que ampliaciones y reducciones de capital son manejadas sin ninguna racionalidad económica, no se puede decir que hay mentira u ocultación de datos o hechos concretos. Pero se puede perfectamente decir que hay mentira u ocultación respecto a los objetivos y resultados prácticos buscados con cada uno de los negocios, que en muchos casos de hecho acaban anulándose unos a otros. El modelo propuesto por Florián García Berro, comentado más arriba, afirma implícitamente que la simulación tiene que ver con mentiras o falsedades respecto a datos o hechos concretos declarados o no declarados por las partes en un negocio jurídico individualmente considerado. Ya en el modelo de Federico de Castro, la simulación tiene que ver con mentiras sobre la causa de los negocios, sobre los objetivos empíricos buscados con los negocios, de ahí la su clásica afirmación de que la importancia de la simulación varía "según sea el sistema jurídico adoptado, formalista, de negocios abstractos o causalista, de mayor o menor indiferencia respecto a las *finalidades que se buscan conseguir con cada negocio*"[40] (subrayados nuestros).

En la crítica de García Berro a la jurisprudencia del Tribunal Supremo, se afirma que no cabe valorar, para fines del juicio sobre la existencia o no de simulación, el sentido global del entramado negocial. Nos parece que esa afirmación está en claro desacuerdo con la teoría de Federico de Castro. Respecto, por ejemplo, a la distinción entre interposición ficticia y real de personas, el análisis aislado de cada negocio lleva a afirmar que en la interposición real de personas, no hay simulación, ya que ocurre realmente una transmisión patrimonial al intermediario, aunque éste reciba la cosa para fines de transmitirla enseguida

---

[38] Díez-Picazo, Luis y Gullón, Antonio. *Sistema de Derecho Civil. Vol.I*, 11ª ed., Madrid: Tecnos, 2005, p.512.

[39] *Ibid.*, p.513.

[40] De Castro y Bravo, Federico. *El negocio jurídico*, p.334.

al destinatario final. Ahora bien, Federico de Castro rechaza la distinción entre interposición ficticia y real de personas, afirmando que esa visión adolece del "prejuicio doctrinal" que cree "en la posibilidad de una transmisión con efectos reales, aun careciendo de causa que la justifique"[41]. Es decir: la propuesta de Federico de Castro es exactamente la de analizar la posible existencia de simulación *mirando a lo que ocurre antes, durante y después de cada negocio*, tal y cual como procede la jurisprudencia del Tribunal Supremo.

Esa característica sustancialista o espiritualista de la doctrina de Federico de Castro queda muy clara en el análisis crítico a que somete las figuras del negocio indirecto y del negocio fiduciario. En efecto, los conceptos de negocio indirecto y negocio fiduciario son respaldados por los que defienden un concepto de simulación como vicio de la voluntad, y despreciados por los causalistas, que al fin y al cabo los reducen a negocios simulados, en cuanto viciados en su causa[42].

El negocio indirecto, una construcción del pandectismo alemán notablemente desarrollada en Italia en el inicio del siglo XX[43], tiene como idea clave que las partes pueden alcanzar un resultado práctico que va más allá del resultado típico de la forma negocial elegida. La especie más conspicua del negocio indirecto es el negocio fiduciario[44], basado en la confianza – *fiducia* – entre las dos partes de un negocio de atribución patrimonial. El ejemplo más estudiado de los negocios fiduciarios es la llamada venta en garantía, situación donde hay una clara desproporción entre los resultados deseados por las partes y los instrumentos jurídicos empleados: se realiza una atribución patrimonial (compraventa) cuando el propósito perseguido por las partes es una simple garantía de un préstamo.

Federico de Castro ha sometido a una crítica demoledora tanto el negocio indirecto como el negocio fiduciario. Sobre el negocio indirecto, afirma que está "en patente y directa contradicción con un sistema jurídico, como el nuestro, basado en el control de las causas – típicas y atípicas – para determinar la validez del negocio y, según la naturaleza de la causa, la diferenciada eficacia de cada negocio"[45]. Sobre el negocio fiduciario de la venta en garantía, De Castro llega a la conclusión de que el contrato de compraventa es simulado, y el negocio de garantía es el negocio disimulado o verdadero, todo eso con base en su planteamiento causalista: "La transmisión de la propiedad requiere un título o causa

---

[41] *Ibid*, p. 343.
[42] Véase DE CASTRO Y BRAVO, *op.cit.*, pp. 405-409. Defendiendo el carácter simulado de los negocios fiduciarios, véase también O'CALLAGHAN, Xavier. *Compendio de Derecho Civil, Tomo I – Parte General*, 5ª ed., Madrid: Editoriales de Derecho Reunidas, 2004, pp. 483-488.
[43] Cfr. MORELLO, Umberto. *Frode alla legge*, Milán: Giuffrè, 1969, pp.208-224.
[44] Véase DE CASTRO Y BRAVO. *op.cit.*, p.443.
[45] DE CASTRO Y BRAVO, *op.cit.*, p. 450.

adecuada. El garantizar un cobro o el cumplir un encargo no son títulos que puedan justificar, respectivamente, una pérdida y una adquisición de propiedad, de modo pleno y definitivo"[46].

En el presente apartado no hemos tenido el propósito de argumentar que el concepto causalista de simulación aplicado actualmente por la Sala de lo Contencioso-Administrativo del Tribunal Supremo es el más correcto o el más adecuado a la luz del Derecho tributario español en vigor. Lo que intentamos demostrar es que no proceden las recientes críticas doctrinales de que la jurisprudencia del Tribunal Supremo aplica un concepto de simulación equivocado, ilógico o excesivamente laxo desde el punto de vista del Derecho civil[47].

IV – La necesidad – no teórica, sino positiva – de una distinción lo más clara posible entre la simulación y los supuestos de fraude a la ley/conflicto en la aplicación de la norma tributaria

La pregunta objeto del apartado anterior ha sido la siguiente: ¿El concepto amplio de simulación manejado en la actual jurisprudencia del contencioso-administrativo es coherente y compatible con las construcciones dominantes en la doctrina del Derecho civil español sobre la teoría de la simulación? La respuesta ha sido que sí.

La pregunta del presente apartado es otra: ¿La manera por la cual la jurisprudencia actual del contencioso-administrativo concibe y aplica la simulación está de acuerdo con el Derecho tributario en vigor? La respuesta ahora es negativa, y nos parece que será necesario mucho menos esfuerzo argumentativo

---

[46] *Ibid.*, p.409. Teniendo en cuenta esa construcción clásica de Federico de Castro, compartida por muchos otros civilistas españoles como Miguel Albaladejo (*Derecho Civil I – Introducción y Parte General*, 15ª ed., Barcelona: Bosch, 2002, pp.702-707), nos parece equivocada la afirmación de Ramón Falcón y Tella de que "el negocio fiduciario no puede confundirse con el simulado, y en ello existe acuerdo unánime de la doctrina civil. En este último se aparenta o finge algo que no existe, o que existe de modo distinto al que se hace aparecer al exterior. El negocio fiduciario, en cambio, existe, es válido y se quiere como tal, si bien resulta desproporcionado para la finalidad práctica perseguida" – FALCÓN Y TELLA, Ramón. Negocios fiduciarios: régimen tributario, en: AAVV, *Los negocios anómalos ante el Derecho tributario español*, Boletín del Ilustre Colegio de Abogados de Madrid, 2000, p.204.

[47] Fernando Pérez Royo afirma que la jurisprudencia (que él reputa equivocada) de la Sala Tercera del Tribunal Supremo sobre el concepto de simulación no estaría de acuerdo con la jurisprudencia (que él reputa correcta) establecida por la Sala Primera (de lo Civil), del Tribunal Supremo – PÉREZ ROYO, Fernando. *Derecho Financiero y Tributario. Parte General*, 21ª ed., Cizur Menor: Civitas-Thomson Reuters, 2011, p.258. Con todo, el autor no desarrolla un estudio comparativo entre la jurisprudencia de las Salas Primera y Tercera del TS sobre el concepto de simulación. Nosotros tampoco hemos hecho tal labor comparativa en el presente estudio, en que solamente tratamos de argumentar que la jurisprudencia de la Sala Tercera es compatible con la doctrina civilista sobre la simulación.

para demostrarlo. Es que es palmario que la adopción de un concepto causalista amplio de simulación tiene el efecto de desterrar – por inútil – la figura del fraude a la ley tributaria, o del conflicto en la aplicación de la norma tributaria previstos en la LGT.

En ordenamientos tributarios que no contienen una norma general anti-elusión de origen legislativo como la del art.24 de la LGT anterior, o como la del art.15 de la LGT actual, los llamados "fraudes sofisticados" – utilizando la expresión de la Exposición de Motivos de la actual LGT – se combaten por la Administración y por los tribunales con un concepto ampliado de simulación[48]. En estos ordenamientos, puede decirse que el concepto de simulación es él mismo la norma general anti-elusión, en el sentido de que los razonamientos que se utilizan por los tribunales para llegar a la conclusión de que hubo simulación son los mismos que laten en los *topoi* de las clásicas normas generales anti-elusión, como el abuso de formas, la artificiosidad o los motivos económicos válidos.

De hecho, el claro déficit argumentativo de las sentencias del Tribunal Supremo antes comentadas no está en la exposición (que sí, la hay) de las razones por las cuales se aprecia una simulación, sino en la exposición (siempre ausente) de los motivos por los cuales *no se aprecia* un fraude a la ley tributaria o un conflicto en la aplicación de la norma tributaria. La STS de 28 mayo 2009 (RJ 2009, 4414), tras demorarse en consideraciones sobre el porqué del carácter simulado de las operaciones, desecha la calificación de fraude a la ley sin cualquier explicación. Lo que se hace (F.J. 11º) es una simple paráfrasis de los textos legales de los arts. 24 LGT y 6.4 CC, para a renglón seguido afirmarse: "En consecuencia, es aplicable al caso el art.25 de la Ley General Tributaria de 1963 según el cual "en los actos o negocios en los que se produzca la existencia de simulación...". Del mismo defecto adolece la STS de 29 junio 2011 (RJ 2011, 5608), que tras reconocer que la operación fue un simple "artificio legal" cuya "única finalidad" era evitar la incidencia de la norma tributaria relativa al gravamen de las ganancias patrimoniales de la persona física, descarta (F.J. 7º) la calificación de fraude a la ley tributaria sin cualquier justificación. Por ello tiene toda razón Fernando Pérez Royo cuando advierte que "aún estamos a la espera de que el Tribunal Supremo nos aclare cuáles son las condiciones en que corresponde a proceder a la declaración de fraude de ley en materia tributaria"[49].

Si el Derecho tributario español no contuviera la norma del fraude a la ley tributaria/conflicto como algo distinto (en sus notas definitorias y principalmente

---

[48] Véase ZIMMER, Frederik. "Ponencia General", IFA, *Form and Substance in tax law*, Cahiers de Droit Fiscal International, vol.LXXXVIIa, La Haya: Kluwer, 2002, pp.30-31.

[49] PÉREZ ROYO, Fernando. "La Doctrina de los Lores sobre la elusión fiscal (Examen de casos recientes)", *Quincena Fiscal*, núm.10 (2005), p.28.

en sus consecuencias jurídico-tributarias) de la figura de la simulación, nada podría objetarse a una jurisprudencia de claro tenor no-formalista[50] como la que ha prevalecido en el Tribunal Supremo, pues el concepto causalista de simulación que emana del Derecho privado es por naturaleza expansivo y consiente que se lo utilice como norma general anti-elusión. Pero el legislador español hace casi cincuenta años tomó la decisión, y la viene confirmando con el pasar de las décadas, de someter a consecuencias muy distintas – quizá *demasiado* distintas – el fraude a la ley tributaria (désele el nombre que se quiera) y la simulación. Bajo esas circunstancias, sólo cabe criticar la línea jurisprudencial que absorbe por completo la figura del de fraude a la ley tributaria en el concepto causalista de simulación, y la tradición doctrinal – que sigue dominante – según la cual el concepto de simulación a efectos tributarios debe derivarse del Derecho civil.

Así que es el Derecho tributario positivo – y no la teoría general del negocio jurídico ni mucho menos la teoría causalista de los negocios anómalos – el que impone que el concepto de simulación a efectos de la aplicación de las normas tributarias tenga como eje fundamental el criterio de la ocultación o del engaño respecto a datos o hechos concretos, y no respecto a los resultados prácticos o a la causa de los negocios vistos de manera unitaria y global.

Los ejemplos de actos simulados puestos por los autores tributaristas – españoles y brasileños – nunca se refieren a la ocultación de los resultados económicos que en la práctica se buscan con un complejo entramado negocial, sino que siempre se refieren a la ocultación de *datos o hechos concretos* vistos como elementos de un negocio jurídico *aisladamente considerado*: facturas que se refieren a entregas de bienes o prestaciones de servicios no existentes, compraventa en que se declara el pago de un precio que no se ha pagado etc[51]. Por eso es ya un tópico en la doctrina tributarista la afirmación de que la simulación en Derecho tributario es una cuestión de comprobar materia fática, es una cuestión de prueba[52].

Respecto al modelo aplicativo del concepto de simulación propuesto por Florián García Berro, en el apartado anterior afirmamos que sus conclusiones no están de acuerdo con la tradición causalista de la legislación y de la doctrina

---

[50] Carlos Palao Taboada advierte, en un texto del año 2009, del carácter no-formalista de la actual jurisprudencia de los Tribunales sobre la elusión tributaria – Prólogo a la obra *Los Negocios Fiduciarios en la Imposición sobre la Renta*, de Andrés Báez Moreno, Cizur Menor: Aranzadi-Thomson Reuters, 2009, p.20.

[51] Véase PÉREZ ROYO, Fernando. *Derecho Financiero y Tributario. Parte General*, 21ª ed., Cizur Menor: Civitas-Thomson Reuters, p.256; XAVIER, Alberto. *Tipicidade da tributação, simulação e norma antielisiva*, São Paulo: Dialética, 2001, p.57.

[52] Véase TORRES, Ricardo Lobo. Elisão abusiva e simulação na jurisprudência do Supremo Tribunal Federal e do Conselho de Contribuintes, en: YAMASHITA, Douglas (coord.). *Planejamento tributário à luz da jurisprudência*, São Paulo: Lex, 2007, p.345. En el mismo sentido, PÉREZ ROYO, *op.cit.*, p.256.

civilista de España. Ahora bien, a la luz del Derecho tributario positivo y su previsión de una norma general anti-elusión (fraude a la ley/conflicto) claramente distinta de la figura de la simulación, nos parece que el modelo tiene todo sentido. Añadiríamos a tal modelo solamente la precisión de que, en el primero de los juicios, sobre la existencia o no de simulación (absoluta o relativa), al aplicador cabe confrontar las declaraciones de las partes con la realidad de *datos o hechos concretos* relativamente a cada negocio jurídico aisladamente considerado. Así las cosas, el segundo juicio – el que tiene por objeto evaluar si los efectos prácticos producidos son coherentes con el molde negocial empleado – tendría que ver con una posible configuración del fraude a la ley/conflicto, y no con la configuración de la simulación.

Como se percibe, el efecto de este concepto *tributario* de simulación es el de calificar como un posible fraude a la ley/conflicto muchas conductas que según la concepción causalista del Derecho civil podrían considerarse *también* – puesto que la visión disyuntiva es expresamente rechazada por esa doctrina – como simulación. Es decir: este concepto *tributario* de simulación, basado en el elemento de ocultación y engaño respecto a datos o hechos concretos, implica que los casos de elusión sofisticada o de ingenierías financieras serían en principio calificados como fraudes a la ley/conflictos en la aplicación de la norma tributaria, y no como casos de simulación previstos en el art.16 de la LGT.

Este concepto *tributario* de simulación, más restrictivo y menos borroso que el concepto civilista, nos parece que trae más seguridad jurídica en la aplicación del Derecho tributario, y sobre todo cumple más fielmente con el claro designio del legislador español de definir disyuntivamente y establecer regímenes jurídicos distintos a la simulación y al fraude a la ley/conflicto. Ahora bien, creemos que se debe avanzar el análisis y poner en tela de juicio la *justicia* del trato legislativo actual del fraude a la ley tributaria/conflicto, cuya única sanción es la aplicación de la norma eludida, no autorizándose la aplicación de sanciones pecuniarias administrativas. Es lo que intentaremos hacer en el apartado siguiente, en el que además proponemos una concreta reforma en la normativa en vigor.

V – Una propuesta de cambio normativo para hacer más justo y razonable el régimen jurídico del fraude a la ley tributaria/conflicto

Algunos estudios recientes critican la norma en vigor que prohíbe la imposición de sanciones pecuniarias al fraude a la ley tributaria/conflicto. Fernando Pérez Royo afirma que "no es de sentido común" que el intento de ahorrar impuestos a través de un fraude a la ley/conflicto le "salga gratis" al obligado tributario[53]

---

[53] PÉREZ ROYO, Fernando. "La Doctrina de los Lores sobre la elusión fiscal (Examen de casos recientes)", *Quincena Fiscal*, núm.10 (2005), p.27.

Violeta Ruiz Almendral considera que uno de los buenos argumentos para imponer sanciones a las conductas en fraude a la ley tributaria es el de "incrementar el coste de estas conductas, modificando así el sistema de incentivos, pues en ausencia de sanciones, no hay ningún riesgo real para el contribuyente"[54].

Los argumentos que defienden la imposibilidad de sancionar el fraude a la ley tributaria son básicamente dos: 1) la corrección del fraude a la ley/conflicto supone alguna forma de aplicación analógica de la ley tributaria, o bien recurre a conceptos jurídicos vagos e indeterminados, con lo cual el imponerle sanciones violaría la garantía de tipicidad y la noción constitucional de *lex certa*; 2) en el fraude a la ley tributaria no hay ninguna ocultación o engaño por parte del obligado tributario, así que la conducta no merece ninguna reprobación sancionatoria típica.

Es un tema muy complejo y difícil el de la relación entre la corrección del fraude a la ley y la analogía[55]. Nosotros seguimos pensando que la corrección del fraude a la ley sí tiene *algo* de razonamiento analógico[56]. Nos parece rigurosamente correcta la posición de Carlos Palao Taboada según la cual la sanción del fraude de ley es a la calificación lo que la analogía es a la interpretación[57], no obstante la analogía empleada en la sanción del fraude de ley sea distinta de la analogía mediante la cual se cubre una laguna normativa[58]. También estamos de acuerdo con la posición de Pedro Herrera Molina, según la cual en el fraude a la ley el contribuyente intenta acceder a lagunas mediante mecanismos artificiosos y torcidos, por eso no le protege el principio de seguridad jurídica y por ende se permite un cierto razonamiento analógico[59].

---

[54] RUIZ ALMENDRAL, Violeta. *El fraude a la ley tributaria a examen*, Cizur Menor: Thomson-Aranzadi, 2006, p.138.

[55] Cfr. PALAO TABOADA, Carlos. "Notas a la Ley 25/1995, de 20 de julio, de modificación parcial de la Ley General Tributaria (II), *Revista de Contabilidad y Tributación*, núm.155 (1996), pp.3-20; PALAO TABOADA, Carlos. "Tipicidad e igualdad en la aplicación de las normas tributarias (La prohibición de la analogía en Derecho tributario)", *Anuario de la Facultad de Derecho de la Universidad Autónoma de Madrid*, núm.1, 1997, pp.219-243; PALAO TABOADA, Carlos. "Los instrumentos normativos contra la elusión fiscal", *La justicia en el diseño y aplicación de los tributos*, L Semana de Estudios de Derecho Financiero, Madrid: Instituto de Estudios Fiscales, 2005, pp.111-131. Estos y otros estudios del autor están reunidos en la obra *La aplicación de las normas tributarias y la elusión fiscal*, Valladolid: Lex Nova, 2009.

[56] GODOI, Marciano S. *Fraude a la ley y conflicto en la aplicación de las leyes tributarias*, Madrid: Instituto de Estudios Fiscales, 2005, pp.216-220.

[57] PALAO TABOADA, Carlos. *La aplicación de las normas tributarias y la elusión fiscal*, Valladolid: Lex Nova, 2009, pp.134-135.

[58] *Ibid.*, p.100.

[59] HERRERA MOLINA, Pedro M. El fraude a la ley tributaria en el Derecho español, en: SERRANO ANTÓN, Fernando y SOLER ROCH, María Teresa (Directores). *Las medidas antiabuso en la normativa*

Últimamente se han producido estudios[60] que defienden que la aplicación del Derecho en la corrección del fraude a la ley tributaria no tiene un componente analógico. Pero aunque no se refieran propiamente a la analogía, esos estudios continúan utilizando conceptos muy similares para describir la reacción del ordenamiento a los casos de fraudes a la ley tributaria. Violeta Ruiz Almendral, por ejemplo, concede que la interpretación teleológica tiene sus límites, que la técnica del fraude a la ley está pensada para llegar *más allá* de donde podría llegar la calificación informada por la interpretación teleológica. Por ello se admite que la técnica del fraude a la ley conlleva "una potestad *adicional* para la Administración"[61]. Esa postura teórica, que, en nuestra opinión, no es sustancialmente distinta de las posiciones de Carlos Palao Taboada respecto a la existencia de *un cierto* componente analógico en el fraude a la ley, la utiliza la autora para afirmar que algunas operaciones de elusión[62] se pueden regularizar con la calificación "normal", basada en la interpretación teleológica, pero otras operaciones negociales más complejas[63] requieren "ir más allá de la (re) calificación del hecho realizado por las partes"[64].

Para Florián García Berro, "nada impediría diseñar un tipo infractor específico contra la utilización torcida o abusiva de las formas jurídicas cuando el resultado de ello sea una rebaja de la tributación"[65]. Creemos que la solución no es ésta. Como afirma Carlos Palao, no sería correcto "castigar el fraude a la ley en cuanto tal, por ser fraude a la ley"[66]. Por otro lado, analizando la no tan clara STC 120/2005, la impresión que se tiene es que el Tribunal no consideraría válida una norma que sometiera el fraude a la ley tributaria a sanciones administrati-

---

interna española y en los convenios para evitar la doble imposición internacional y su compatibilidad con el derecho comunitario, Madrid: Instituto de Estudios Fiscales, 2002, pp.19-57.

[60] Véase Báez Moreno, Angel y López López, Hugo. "Nuevas perspectivas generales sobre la elusión fiscal y sus consecuencias en la derivación de responsabilidades penales: a propósito de la sentencia del Tribunal Supremo de 30 de abril de 2003", *Revista del Centro de Estudios Financieros – Contabilidad y Tributación*, núm.251 (2004), pp. 119-137 y Ruiz Almendral, Violeta. *El fraude a la ley tributaria a examen*, Cizur Menor: Thomson-Aranzadi, 2006, p.123-138.

[61] Ruiz Almendral, *op.cit.*, p.99.

[62] Ruiz Almendral, Violeta y Seitz, Georg. "El fraude a la ley tributaria (análisis de la norma española con ayuda de la experiencia alemana)", *Revista de Estudios Financieros*, núm.257-258, 2004, pp.25-26.

[63] Ruiz Almendral, Violeta y Seitz, Georg. *op.cit.*, pp.27-28.

[64] *Ibid.*, p.26

[65] García Berro, Florián. *op.cit.*, p.95. Para Violeta Ruiz, "la imposición de sanciones en materia de fraude no es un problema de posibilidad jurídica, sino sólo de oportunidad política, por lo que debería ser objeto de reconsideración" – Ruiz Almendral, *op.cit.*, p.138.

[66] Palao Taboada, Carlos. *La aplicación de las normas tributarias y la elusión fiscal*, Valladolid: Lex Nova, 2009, p.173.

vas. Ahora bien, a nosotros nos parece que es posible hacer el sistema más justo y equilibrado sin crear una norma que considere como infracción tributaria el mero hecho de practicarse una conducta de fraude a la ley tributaria/conflicto.

El cambio legislativo que proponemos consiste en imponer extensas obligaciones de información a los obligados tributarios que practicasen operaciones de planificación fiscal cuyos ahorros tributarios superaran determinada cuantía. En caso de que el obligado tributario practicara operaciones de planificación tributaria que supusieran un ahorro fiscal superior a, por ejemplo, 100 mil euros, el obligado tendría que enviar a la Administración tributaria, en el mismo período impositivo en que se hubiera practicado la planificación, detalladas informaciones sobre todos los actos mercantiles y societarios involucrados en la planificación. En caso de que el obligado no cumpliese con tales extensos deberes de información, se le aplicarían sanciones administrativas, con independencia de que su conducta se calificase como fraude a la ley/conflicto, economía de opción o simulación.

Estos deberes de información detallada respecto a planificaciones fiscales ya existen en la legislación de otros países del entorno de España, como explica un reciente Informe del Comité de Asuntos Fiscales de la OCDE[67]. La introducción de un tal deber de información en la legislación española traería una gran contribución para la justicia del régimen de las elusiones fiscales, pues estarían libres de sanciones administrativas solamente los fraudes a ley/conflictos en los cuales el obligado tributario promoviera de hecho una total y completa transparencia respecto a su conducta de planificación.

Hoy por hoy, hay que tomar con mucha reserva la afirmación de que, en las ingenierías financieras que podrían caracterizar un fraude a la ley tributaria/ conflicto, la Administración "sin necesidad de investigar ni de descubrir nada, conoce los hechos"[68]. Esto no es exacto. Entre no ocultar/distorsionar hechos o cifras en la contabilidad o en las declaraciones de renta y "poner los hechos en conocimiento de la Administración" va una considerable distancia. En el sistema actual, los obligados tributarios que ponen en práctica sofisticadas operaciones de elusión – muchas veces involucrando operaciones con el exterior – juegan con la alta probabilidad de que la inspección tributaria no llegue a comprender y evaluar en toda su extensión, y a tiempo de liquidar el impuesto, las opera-

---

[67] OCDE, *Tackling Agressive Tax Planning Through Improved Transparency and Disclosure*, OCDE, 2011.
[68] Pérez Royo, Fernando. "El estado del arte de la aplicación del delito fiscal en España (con especial referencia al tratamiento de la simulación, fraude de ley y delito fiscal en la doctrina de la Sala Segunda del Supremo y una apostilla final sobre la STC de 10 de mayo de 2005)", *Diario La Ley*, núm.6281, Sección Doctrina, 2005, Ref.D-158, p.4.

ciones desplegadas. Con el cambio normativo propuesto, aquella probabilidad sería mucho menor.

La obligación de enviar a la Administración, en el mismo período impositivo de la puesta en práctica de la planificación, detalladas informaciones sobre todos los actos mercantiles y societarios involucrados en las operaciones, no estaría relacionada con la calificación de las operaciones como economía de opción o como fraude a la ley/conflicto. Cabría perfectamente la posibilidad de que, tras el envío de las informaciones, la Administración llegara a la conclusión de que se trataba de una economía de opción y por lo tanto no era el caso de liquidar impuesto alguno.

Por otra parte, el sólo envío de las informaciones sobre los actos mercantiles y societarios de una planificación (que podría exigirse solamente del obligado tributario o también de los asesores fiscales que le hubiesen vendido el producto financiero) no excluiría la posibilidad de que la investigación de los hechos llevase a la conclusión de que ocurriera en verdad una simulación (entendida en el *sentido tributario* de simulación propuesto en el apartado anterior). Es decir, el sólo cumplimiento del deber de informar la planificación fiscal no supondría una protección contra una posible calificación de simulación.

En sus estudios, Carlos Palao Taboada defiende que la sola calificación de una conducta como fraude a la ley tributaria no debe predeterminar sus consecuencias sancionadoras[69]. O sea, decimos nosotros en tono orteguiano, hay que mirar no sólo al fraude, sino *al fraude y sus circunstancias*. Creemos que el cambio legislativo que proponemos les da a esas circunstancias la debida importancia.

VI – Conclusión

La mejor manera de concluir este estudio es tratar de contestar a la siguiente pregunta: ¿Existe el conflicto en la aplicación de la norma tributaria? De consolidarse definitivamente la jurisprudencia del contencioso-administrativo que combate las elusiones sofisticadas a través de un concepto amplio y causalista de simulación, la respuesta es no. La doctrina sobre la simulación ganaría carta de naturaleza como norma general anti-elusión, y la figura del conflicto, absorbida completamente por la figura de la simulación, no tendría cualquier relevancia práctica. La situación no sería distinta de la que ocurre en muchos países en los cuales los fraudes sofisticados se combaten con la doctrina de la simulación, pero éste no nos parece que haya sido el modo de combatir la elusión fiscal establecido por el legislador español.

---

[69] Palao Taboada, Carlos. *La aplicación de las normas tributarias y la elusión fiscal*, Valladolid: Lex Nova, 2009, 188-198.

Por lo que toca a las cada vez más acusadas reservas doctrinales sobre la vigente prohibición de sancionar administrativamente el fraude a la ley/conflicto, nos parece que la solución no está en castigar con multas el acto de practicar un fraude a la ley/conflicto, sino en imponer extensos deberes (sancionados con multas, en caso de su incumplimiento) de informar a la Administración sobre todos los negocios y actos mercantiles y societarios involucrados en las operaciones de planificación fiscal. Al contrario de una norma que sancionara el fraude a la ley en cuanto tal, estos deberes de información no despertarían cualquier atisbo de contradicción con la jurisprudencia del Tribunal Constitucional y su doctrina sobre el carácter analógico de la técnica del fraude a la ley (STC 120/2005), y a la vez traerían más justicia al régimen de combate a las elusiones fiscales, una vez que exigiría de la figura del fraude a la ley/conflicto no sancionable una total transparencia, buena fe y cooperación con las actividades de inspección tributaria.

REFERENCIAS

AGUALLO AVILÉS, Angel y PÉREZ ROYO, Fernando. *Comentarios a la Reforma de la Ley General Tributaria*, Pamplona: Aranzadi, 1996, pp. 67-78.

ALBALADEJO, Miguel. *Derecho Civil I – Introducción y Parte General*, 15ª ed., Barcelona: Bosch, 2002.

BACIGALUPO, Silvina. Presupuestos de la tipicidad del delito fiscal y *fraude a la ley* en el ámbito tributario, en: ARRIETA MARTÍNEZ DE PISÓN, Juan y otros (Directores). *Tratado sobre la Ley General Tributaria*, Tomo I, Cizur Menor: Aranzadi-Thomson, 2010, pp.529-551.

BÁEZ MORENO, Andrés. *Negocios Fiduciarios en la Imposición sobre la Renta*, Cizur Menor: Aranzadi-Thomson Reuters, 2009.

BÁEZ MORENO, Angel y LÓPEZ LÓPEZ, Hugo. "Nuevas perspectivas generales sobre la elusión fiscal y sus consecuencias en la derivación de responsabilidades penales: a propósito de la sentencia del Tribunal Supremo de 30 de abril de 2003", *Revista del Centro de Estudios Financieros – Contabilidad y Tributación*, núm.251 (2004), pp. 119-137.

CLAVERÍA GOSÁLBEZ, Luis H. *La causa del contrato*, Bolonia: Real Colegio de España, 1998.

CRUZ PADIAL, Ignacio y BAHÍA ALMANSA, Belén. "Cláusulas antielusivas generales versus cláusulas particulares. El artículo 15 de la LGT", en: ARRIETA MARTÍNEZ DE PISÓN, Juan y otros (Directores). *Tratado sobre la Ley General Tributaria*, Tomo I, Cizur Menor: Aranzadi-Thomson, 2010, pp.487-506.

DE CASTRO Y BRAVO, Federico. *El negocio jurídico*. Madrid: Civitas, 1985 (reedición facsimilar de la edición publicada por el Instituto Nacional de Estudios Jurídicos, Madrid, 1971).

DE LOS MOZOS, Jose Luis. *El negocio jurídico (Estudios de Derecho civil)*, Madrid: Montecorvo, 1987.

DELGADO PACHECO, Abelardo. *Las Normas Antielusión en la Jurisprudencia Tributaria Española*, Cizur Menor: Thomson Aranzadi, 2004.

DÍEZ-PICAZO, Luis y GULLÓN, Antonio. *Sistema de Derecho Civil. Vol.I*, 11ª ed., Madrid: Tecnos, 2005.

FALCÓN Y TELLA, Falcón. "El fraude a la ley tributaria como mecanismo para gravar determinadas economías de opción", *Revista Técnica Tributaria*, núm.31 (1995), pp. 55-73.

FALCÓN Y TELLA, Ramón. "El fraude de ley o 'conflicto en la aplicación de la norma' y el delito fiscal: la importante STC 10 mayo 2005 (RTC 2005, 210)", *Quincena Fiscal Aranzadi*, núm.12 (2005), BIB 2005\1191.

FALCÓN Y TELLA, Ramón. Negocios fiduciarios: régimen tributario, en: AAVV, *Los negocios anómalos ante el Derecho tributario español*, Boletín del Ilustre Colegio de Abogados de Madrid, 2000.

FERREIRO LAPATZA, José Juan. "Economía de opción, fraude de Ley, sanciones y delito fiscal", *Quincena Fiscal*, núm.8, abril de 2001.

GARCÍA BERRO, Florián. "Sobre los modos de enfrentar la elusión tributaria y sobre la jurisprudencia tributaria en materia de simulación", *Revista Española de Derecho Financiero*, núm.145 (2010), pp.41-95.

GARCÍA NOVOA, Cesar. *La cláusula antielusión en la nueva LGT*, Madrid: Marcial Pons, 2004.

GODOI, Marciano S. *Fraude a la ley y conflicto en la aplicación de las leyes tributarias*, Madrid: Instituto de Estudios Fiscales, 2005.

HERRERA MOLINA, Pedro M. El fraude a la ley tributaria en el Derecho español, en: SERRANO ANTÓN, Fernando y SOLER ROCH, María Teresa (Directores). *Las medidas antiabuso en la normativa interna española y en los convenios para evitar la doble imposición internacional y su compatibilidad con el derecho comunitario*, Madrid: Instituto de Estudios Fiscales, 2002, pp.19-57.

HERRERO DE EGAÑA Y ESPINOSA DE LOS MONTEROS, Juan Manuel. "La conformación artificiosa de la realidad en el ámbito tributario: ¿por qué lo llamamos conflicto cuando queremos decir fraude?", *Actualidad Jurídica Aranzadi*, núm.593, 2003 (BIB 2003\1155).

IFA, *Form and Substance in tax law*, Cahiers de Droit Fiscal International, vol.LXXXVIIa, La Haya: Kluwer, 2002.

LACRUZ BERDEJO, Jose Luis y otros. *Elementos de Derecho Civil – Tomo I – Parte General – Volumen Tercero*, 3ª ed., Madrid: Dykinson, 2005.

MARTÍN QUERALT, Juan y otros, *Curso de Derecho Financiero y Tributario*, 18ª ed., Madrid: Tecnos, 2007.

MORELLO, Umberto. *Frode alla legge*, Milán: Giuffrè, 1969.

O'CALLAGHAN, Xavier. *Compendio de Derecho Civil, Tomo I – Parte General*, 5ª ed., Madrid: Editoriales de Derecho Reunidas, 2004.

OCDE. *Tackling Agressive Tax Planning Through Improved Transparency and Disclosure*, OCDE, 2011.

PALAO TABOADA, Carlos. "Notas a la Ley 25/1995, de 20 de julio, de modificación parcial de la Ley General Tributaria (II), *Revista de Contabilidad y Tributación*, núm.155 (1996), pp.3-20.

PALAO TABOADA, Carlos. "Tipicidad e igualdad en la aplicación de las normas tributarias (La prohibición de la analogía en Derecho tributario)", *Anuario de la Facultad de Derecho de la Universidad Autónoma de Madrid*, núm.1, 1997, pp.219-243.

PALAO TABOADA, Carlos. "¿Existe el fraude a la ley tributaria?", *Revista de Contabilidad y Tributación*, núm.182 (1998), pp.3-26.

PALAO TABOADA, Carlos. "El atolladero del fraude a la ley tributaria (Comentario a la sentencia del Tribunal Superior de Justicia de La Rioja de 9 de febrero de 2000), *Revista de Contabilidad y Tributación (Legislación y Jurisprudencia)*, núm.209-210 (2000), pp. 139-147.

Palao Taboada, Carlos. "Los instrumentos normativos contra la elusión fiscal", *La justicia en el diseño y aplicación de los tributos*, L Semana de Estudios de Derecho Financiero, Madrid: Instituto de Estudios Fiscales, 2005, pp.111-131.

Palao Taboada, Carlos. *La aplicación de las normas tributarias y la elusión fiscal*, Valladolid: Lex Nova, 2009.

Pérez Royo, Fernando. *Derecho Financiero y Tributario. Parte General*, 21ª ed., Cizur Menor: Civitas-Thomson Reuters, 2011.

Pérez Royo, Fernando. "La Doctrina de los Lores sobre la elusión fiscal (Examen de casos recientes)", *Quincena Fiscal*, núm.10 (2005), p.1-28.

Pérez Royo, Fernando. "El estado del arte de la aplicación del delito fiscal en España (con especial referencia al tratamiento de la simulación, fraude de ley y delito fiscal en la doctrina de la Sala Segunda del Supremo y una apostilla final sobre la STC de 10 de mayo de 2005)", *Diario La Ley*, núm.6281, Sección Doctrina, 2005, Ref.D-158.

Pont Clemente, Joan-Francesc. *La simulación en la nueva LGT*, Madrid-Barcelona: Marcial Pons, 2006.

Ruiz Almendral, Violeta. *El fraude a la ley tributaria a examen*, Cizur Menor: Thomson-Aranzadi, 2006.

Ruiz Almendral, Violeta y Seitz, G. "El fraude a la ley tributaria (análisis de la norma española con ayuda de la experiencia alemana)", *Revista de Estudios Financieros*, núm.257-258, 2004.

Ruiz Almendral, Violeta & Zornoza Pérez, Juan. Interpretación, calificación, integración y medidas anti-elusión en la Ley 58/2003, de 17 de diciembre, General Tributaria, en: Zornoza Pérez (Director), *La reforma de la Ley General Tributaria*, Estudios de Derecho Judicial núm. 57 (2004), Madrid: Consejo General del Poder Judicial, 2005, pp.13-84.

Sanz Gadea, Eduardo. *Medidas Antielusión Fiscal*, Documento 8/2009, Madrid: Instituto de Estudios Fiscales, 2009.

Torres, Ricardo Lobo. Elisão abusiva e simulação na jurisprudência do Supremo Tribunal Federal e do Conselho de Contribuintes, en: Yamashita, Douglas (coord.). *Planejamento tributário à luz da jurisprudência*, São Paulo: Lex, 2007, pp.320-345.

Vallet de Goytisolo, Juan. "Negocios en fraude de ley, simulados, fiduciarios e indirectos", *Revista Jurídica del Notariado*, núm.14 (1995), pp.199-231.

Xavier, Alberto. *Tipicidade da tributação, simulação e norma antielisiva*, São Paulo: Dialética, 2001.

Zornoza Pérez, Juan. La simulación en Derecho tributario. en: Arrieta Martínez de Pisón, Juan y otros (Directores). *Tratado sobre la Ley General Tributaria*, Tomo I, Cizur Menor: Aranzadi-Thomson, 2010, pp.553-579.

Zornoza Pérez, Juan. La simulación en Derecho tributario, In: AAVV, *Los negocios anómalos ante el Derecho tributario español*, Boletín del Ilustre Colegio de Abogados de Madrid, 2000, pp.165-190.

"Investir no pais irmão – uma homenagem ao percurso luso-brasileiro do Professor Alberto Xavier"*

MARCO MONTEIRO
LL.M. Georgetown University Law Center **

MIGUEL PIMENTEL
LL.M. Georgetown University Law Center **

1. Brasil e Portugal dois sistemas fiscais em perspectiva
1.1. Introdução

A decisão de investimento *cross border,* verdadeiro móbil de estudo do Direito Tributário Internacional,[1] encontra em factores tributários importantes aliados ou obstáculos. Em conjunto com outros aspectos, igualmente ponderosos, como sejam a estabilidade política da jurisdição de destino, a eficiência do seu sistema de justiça, a estrutura do aparelho produtivo, ensina-nos a prática que o investidor sentencia o *se,* o *quando,* o *onde* e o *como* da sua decisão animado, tantas vezes, por incentivos e/ou bloqueios de natureza fiscal.

---

* Os autores escrevem de acordo com as regras do acordo ortográfico. Em estrita observância desta decisão, no entanto, decidiram preservar certas expressões e marcas da ortografia próprias dos seus países vincando assim a identidade próprias de Brasil e de Portugal.

** As opiniões expressas neste artigo vinculam apenas os seus autores e não podem, sob qualquer circunstância, ser atribuídas ou interpretadas como vinculando outras entidades.

[1] O homenageado, personalidade a todos os títulos singular no universo jurídico-tributário luso--brasileiro, tem contribuído de forma decisiva para o desenvolvimento desta disciplina jurídica tanto em Portugal como no Brasil. Sinais maiores dessa contribuição, salientam-se os dois manuais publicados pelo Professor Alberto Xavier, um de Direito Tributário Internacional português, outro de Direito Tributário Internacional Brasileiro, que são de consulta obrigatória para quem se aventure a escrever sobre estes temas em ambos os países: XAVIER, Alberto (2007), Direito Tributário Internacional, 2ª Edição actualizada, Almedina, Coimbra; XAVIER, Alberto (2010) Direito Tributário Internacional do Brasil, 7ª edição, Forense, Rio de Janeiro.

Apesar dos importantes laços históricos, linguísticos e culturais entre Portugal e o Brasil, a referida decisão não é, hoje, apenas ou sequer fundamentalmente orientada por factores, ditos emocionais. A título de exemplo a circunstância de existirem Acordos de Dupla Tributação (ADT) que proporcionam condições mais favoráveis do que o ADT Brasil/Portugal, é susceptível de influenciar a conformação dos quatro pilares mencionados, em prejuízo do investimento direto entre os dois países.

Nesta modesta mas sentida homenagem que rendemos ao Professor Alberto Xavier, partimos da consideração de alguns aspectos característicos dos sistemas fiscais dos nossos países para nos lançarmos na cobertura de alguns aspectos escolhidos, de natureza tributária, a ter em conta na hora de definir os contornos do investimento. Este artigo termina com algumas reflexões a respeito de temas de política fiscal internacional no espaço luso-brasileiro que dirigimos à mente e ao espírito do Professor Alberto Xavier procurando, assim, encontrar claridade em águas tantas vezes turvas, tantas vezes turbulentas.

1.2. As bases do sistema fiscal brasileiro

O sistema fiscal brasileiro é rígido e fundado no princípio da legalidade. Rígido porque sua forma e seus princípios foram definidos pela Constituição, e fundado na legalidade porque apenas a lei pode instituir, majorar, reduzir ou exonerar tributo[2]. Todos os aspectos fundamentais de cada um dos tributos (hipótese de incidência, sujeitos ativo e passivo, base de cálculo e alíquota) devem estar definidos na lei.

A Constituição atribui competência a cada um dos entes federativos (União, Estado e Municípios) para instituírem determinados tributos, dentro de certos limites. À União cabe, entre outros tributos, a instituição do imposto sobre a renda e proventos de qualquer natureza (i.e., produto do capital, do trabalho ou da combinação de ambos, assim como qualquer outro acréscimo patrimonial).

Além da Constituição Federal, o sistema fiscal brasileiro é pautado por regras gerais estabelecidas em lei complementar (lei nacional aprovada por quórum qualificado no Congresso) e que devem ser observadas pelas três esferas de poder (federal, estadual e municipal). A principal lei complementar é o Código Tribu-

---

[2] Em algumas situações excepcionais previstas na Constituição, pode haver majoração ou redução de tributos por Decreto Presidencial, dentro dos limites da lei (como é o caso do Imposto sobre Produtos Industrializados, Imposto de Importação, Imposto de Exportação e do Imposto sobre Operações Financeiras).

tário Nacional, que estabelece regras gerais sobre direito tributário, a respeito de matérias como lançamento, caducidade[3] e prescrição.

Os ADTs inserem-se no ordenamento como leis ordinárias, mas o artigo 98º do Código Tributário Nacional (lei complementar) prevê que os tratados devem ser observados pela lei ordinária superveniente.

O imposto de renda no Brasil é cobrado em bases universais, a partir do critério da residência. Assim, pessoas físicas residentes no Brasil e pessoas jurídicas organizadas no Brasil sujeitam-se ao imposto de renda com relação a rendimentos e ganhos auferidos no Brasil ou no exterior.

Às pessoas jurídicas, a legislação concede crédito fiscal decorrente do imposto de renda pago no exterior (crédito direto e indireto). Às pessoas físicas o crédito fiscal somente é concedido no caso de haver ADT ou reciprocidade na lei estrangeira.

Os rendimentos auferidos por pessoas físicas são tributáveis por meio de alíquotas progressivas, de zero a 27,5%. Ganhos de capital são tributados separadamente à alíquota de 15%.

O lucro das empresas é sujeito ao imposto de renda de pessoa jurídica – IRPJ – e à contribuição social sobre o lucro líquido – CSL. O IRPJ incide a uma alíquota de 25%[4], ao passo que a CSL incide à alíquota de 9%. Pessoas jurídicas brasileiras estão sujeitas a controle de preços de transferência, regras de *thin-capitalization* e ainda à tributação dos lucros de controladas e coligadas no exterior independentemente da distribuição de dividendos (regras CFC).

Não-residentes são, em geral, tributados de forma analítica, sobre os rendimentos auferidos de fontes brasileiras. Assim, são tributáveis royalties, juros e remuneração por serviços prestados, ao passo que dividendos são isentos. Ganhos de capital decorrentes da venda de ativos localizados no Brasil também são tributáveis. Existe, contudo, exceção ao sistema de fonte nas hipóteses em que os não-residentes realizem negócios no Brasil por meio de uma estrutura local (conjunto de pessoas e bens no território brasileiro). Nestes casos, o não residente é equiparado a uma pessoa jurídica regularmente constituída.

1.3. As bases do sistema fiscal português
A Constituição da República Portuguesa (Constituição ou CRP) discorre de forma assinalável em matéria fiscal, apontando precisas diretrizes ao legislador ordinário na definição do sistema tributário português. Desta forma, o imposto sobre o rendimento pessoal visa a diminuição das desigualdades, é único e pro-

---

[3] A caducidade é designada como "decadência" na linguagem do Código Tributário Nacional vigente no Brasil (Lei nº 5.172/66) e tem como significado o direito de o fisco lançar o tributo devido.
[4] Sobre os lucros que excederem R$240.000,00 por ano. Até este valor a alíquota é de 15%.

gressivo, tendo em conta as necessidades e os rendimentos do agregado familiar enquanto a tributação das empresas incide fundamentalmente sobre o lucro real.[5/6] A tributação do consumo visa adaptar a estrutura do consumo à evolução das necessidades do desenvolvimento económico e da justiça social, devendo onerar os consumos de luxo ao passo que a tributação do património deve contribuir para esbater as desigualdades entre cidadãos.[7]

O sistema fiscal português de tributação do rendimento, tal como se nos apresenta hoje, resulta da chamada reforma dos anos de 1980 que culminou na aprovação, em 1988, do Código do Imposto sobre o Rendimento das Pessoas Singulares (IRS)[8] e o Código do Imposto sobre o Rendimento das Pessoas Colectivas (IRC).[9] Tributário de uma noção de rendimento próxima do rendimento-acréscimo,[10] não se pode dizer que a formulação deste conceito encontre em Portugal uma definição una, variando a sua proposição, ao contrário de outros sistemas, por exemplo o norte-americano,[11] consoante se trate da tributação de pessoas físicas ou jurídicas.[12]

Assim, o Código do IRS recorre à técnica da cedularização do imposto, i.e., definição da realidade a tributar por referência a categorias de rendimento, recor-

---

[5] É ainda de assinalar o efeito normativo do princípio da capacidade contributiva que sem encontrar consagração expressa na Constituição emana diretamente do princípio da igualdade consagrado no artigo 9º. Para tratamento, em Portugal, deste princípio que tem apaixonado a literatura fiscal em Portugal cf. CASALTA NABAIS, José (1998), O Dever Fundamental de Pagar Impostos – Contributo para a Compreensão Constitucional do Estado Fiscal Contemporâneo, Almedina, Coimbra, VASQUES, SÉRGIO (2005), Capacidade Contributiva, Rendimento, e Património, Fiscalidade, 23 (2007).

[6] É Cf. o artigo 104º da CRP.

[7] Tratam-se, naturalmente, de disposições de teor programático que admitem diversas soluções concretizadoras, criando balizas relativamente generosas ao decisor político na definição do sistema fiscal.

[8] O código do IRS foi aprovado pelo Decreto-lei nº 442-A/88, de 30 de Novembro.

[9] O código do IRC foi aprovado pelo Decreto-lei nº 442-B/88, de 30 de Novembro.

[10] Cf. SALDANHA SANCHES, J. L. (2007), Manual de Direito Fiscal, 3ª Edição, Almedina, Coimbra pp. 221-226; TAVARES, TOMÁS C. (2011), IRC e Contabilidade – da Realização ao Justo Valor, Almedina, Coimbra, pp. 19-32. Estes autores apresentam interessantes divergências a respeito da amplitude de consagração do rendimento acréscimo, designadamente no que respeita à dimensão a conferir ao princípio da realização. Saldanha Sanches perfilha uma posição mais estrita no sentido de considerar que o princípio da igualdade exige tributação de acordo com o princípio da realização (p. 370) ao passo que Tomás Tavares adopta uma concepção porventura mais liberar sustentando que "a Constituição não se compromete com qualquer concepção de rédito fiscal" (p. 192).

[11] O artigo 61º do US Tax Code adopta uma concepção global e sintética de rendimento que se aplica indistintamente a pessoas singulares e a pessoas colectivas: "gross income is all income from whatever source derived".

[12] Dando nota desta assimetria cf. SALDANHA SANCHES, J. L., cit., p. 378.

rendo a formulações analíticas e limitando a dedução de perdas entre categorias.[13] Encontra-se prevista uma estrutura progressiva de taxas, definida em função de oito escalões de rendimentos, que vai de um mínimo de 11,5% a um máximo de 46,5% aplicável a rendimentos iguais ou superiores a EUR 153.300.[14]

Já o Código do IRC, recorre a uma formulação sintética, vulgo lucro tributável, inscrito sobre o lucro apurado de acordo com o normativo contabilístico, acrescido de certas variações patrimoniais positivas e negativas e corrigido nos termos das demais leis fiscais.[15] A taxa aplicável é de 25% a que poderá acrescer um adicional de imposto, a derrama municipal (até um máximo de 1,5%)[16], bem como a derrama estadual, a qual, a partir de 2012, incide, à taxa de 3%, sobre a fracção do lucro compreendida entre 1,5 Milhões de Euros e 10 Milhões de Euros e à taxa de 5% sobre o montante do lucro tributável que exceda 10 Milhões de Euros.

A integração entre a tributação das pessoas singulares e pessoas colectivas não obedece a qualquer sistema puro, acompanhando o modelo germânico, em vigor até o final de 2008, definido como semi-clássico ou de inclusão pela metade, em que o *shareholder relief* é concedido de forma a mitigar a dupla tributação económica de modo *rough and ready*.[17] Desta forma, regra geral, os dividendos distribuídos por sociedades portuguesas a sócios, pessoas singulares, residentes, são sujeitos à imposição de um dos seguintes esquemas de mitigação da dupla tributação económica:

a) **Sistema de isenção parcial**: o sujeito passivo opta por incluir o rendimento sujeitando-o, pela metade, à imposição do escalão de tributação aplicável;[18]

b) **Sistema de taxa reduzida**: o sujeito passivo opta por não incluir o rendimento, sendo feita a sua tributação por retenção na fonte (taxa liberatória),

[13] Nestes termos, o Código do IRS prevê as seguintes categorias de rendimento: **Categoria A** – rendimentos do trabalho dependente; **Categoria B** – rendimentos empresariais e profissionais; **Categoria E** – rendimentos de capitais; **Categoria F** – rendimentos prediais; **Categoria G** – incrementos patrimoniais; **Categoria H** – pensões.

[14] Como medida adicional de austeridade foi ainda aprovada uma taxa adicional de 2,5% aplicável aos rendimentos do último escalão.

[15] Cf. o artigo 17º, nº 1 do Código do IRC.

[16] A derrama estadual constitui um adicional de IRC lançado pelos municípios, dentro de determinados limites estabelecidos na lei. O seu lançamento, contudo, não é obrigatório havendo municípios que optam por não lançar este tributo.

[17] Cf. Ault, Hugh J./Arnold, Brian J. (2004), Comparative Income Taxation – A structural analysis, 2nd edition, Aspen Publishers, New York, pp. 274-5.

[18] Este sistema é ainda aplicável a lucros distribuídos por sociedades residentes noutros Estados da União Europeia sempre que a entidade pagadora cumpra com as condições previstas na Diretiva Mães-Filhas. Não se aplica contudo a dividendos oriundos de Estados localizados fora da União Europeia.

ou a taxa especial, no momento da colocação à disposição, a uma taxa de 25% que é, sensivelmente, metade da taxa aplicável no mais elevado escalão de IRS (se considerarmos o efeito da taxa adicional de 2,5% prevista no artigo 68º-A no Código do IRS aplicável ao quantitativo do rendimento colectável superior a 153,3 mil euros nos anos de 2012 e 2013.

Em virtude da sua crescente importância na modelação da lei doméstica, deve referir-se a influência do Direito da União Europeia. Esta é patente não só na conformação da lei como da jurisprudência, embora neste último campo o ritmo de evolução registado seja claramente mais lento.[19] Assim, regista-se, de um lado o ativismo pretoriano do Tribunal de Justiça da União Europeia que desde meados dos anos 80 vem motivando a adequação das legislações fiscais dos Estados--Membros da União Europeia, incluindo a portuguesa, às liberdades de circulação previstas no Tratado e, por seu intermédio, ao princípio do tratamento nacional.[20] De outro lado, são de referir as medidas de harmonização fiscal promovidas no

[19] As decisões do Tribunal de Justiça envolvendo casos portugueses são em número reduzido e resultam, na sua esmagadora maioria, de iniciativa da Comissão Europeia. Ressalvam-se, no entanto, algumas exceções designadamente o caso *Optimus*, C-366/05, [2007] ECR I-04985, *Holmann*, C-443/06, [2007] ECR I-08491, *Foggia*, C-126/10, ainda não publicado na colectana de jurisprudência do Tribunal e *Portugal Telecom*, C-496/11, este último ainda à espera de conclusões do Advogado-Geral.

[20] O acervo jurisprudencial emanado pelo Tribunal de Justiça incidindo sobre temas de fiscalidade directa é já assinalável. De acordo com a classificação adoptada por Dennis Weber apontam-se os seguintes domínios: I – Aplicação das liberdades fundamentais previstas no Tratado (a) situações puramente domésticas, b) sujeitos passivos não residentes, c) taxas, d) estabelecimento estável, e) vantagens e desvantagens na consideração pessoal e familiar, f) tributação pelo estado da fonte e dedutibilidade de certos custos, g) pensões, rendimentos da atividade bancária e de seguros, h) tributação de grupos, i) ADTs, j) dedutibilidade de prejuízos entre empresas de estados membros diferentes, l) tributação à saída (*exit taxation*), m) eliminação de dupla tributação, n) tributação na fonte e créditos fiscais, o) rendimentos sucessórios, p) liberdade de circulação de capitais entre Estados Membros e terceiros Estados, q) outros assuntos entre os quais subcapitalização, transparência fiscal internacional (legislações CFC), fundações e organismos públicos; II – Directivas – a) Directiva das fusões, b) Directiva Mães/Filhas, c) Directiva da assistência mútua. Esta jurisprudência tem sido objecto de tratamento sistemático por diversos autores estrangeiros e nacionais, sendo de destacar: no estrangeiro – Malherbe, Jacques/Malherbe, Philippe/Richelle, Isabel/Traversa, Edoardo (2008), Direct Taxation in the Case Law of the European Court of Justice, Larcier, Liége; Ghosh, Julian (2007), Principles of the internal market and direct taxation, Key Haven, Oxford; Marjanna Helminnen (2011), EU Tax Law – Direct Taxation, IBFD, Amsterdam, Terra, Ben/Wattel, Peter (2012), European Tax Law, 6th edition, Wolters Kluwer, The Hague, Weber, Dennis (2009), European Direct Taxation: Case Law and Regulations Weber, vol I & Vol II, Wolters Kluwer, The Hague; em Portugal – Cunha, Patrícia N. (2006), A Tributação Directa na Jurisprudência do Tribunal de Justiça das Comunidades Europeias, Coimbra Editora, Coimbra, Dourado, Ana Paula (2010), Lições de Direito Fiscal Europeu, Wolters Kluwer Portugal/Coimbra Editora, Coimbra.

âmbito da tributação individual dos rendimentos da poupança[21] e do rendimento das sociedades, designadamente no que se refere à tributação dos lucros distribuídos entre sociedades residentes no espaço comunitário[22], a tributação dos juros e royalties,[23] a tributação das reorganizações societárias,[24] a eliminação de dupla tributação no caso de aplicação de correções entre empresas associadas,[25] sem esquecer outros aspectos referentes à cooperação administrativa em matéria fiscal[26] e à assistência na cobrança de tributos.[27]

A tributação do consumo em geral fica a cargo de um Imposto sobre o Valor Acrescentado (IVA), de matriz europeia e que resulta da transposição para o direito interno de diretivas comunitárias.[28] Atualmente existem três taxas de IVA. No continente, as taxas aplicáveis são de 6% (produtos de primeira necessidade), 13% (taxa intermédia) e 23% (taxa normal).[29] Existem ainda tributos específicos sobre o consumo, *excise taxes* inspirados na sua maioria também por fonte comunitária.[30]

Por fim, marco histórico do sistema fiscal português[31], há que contar o imposto do selo que incide sobre "*todos os atos, contratos, documentos, títulos, papéis e outros factos previstos na Tabela Geral, incluindo as transmissões gratuitas de bens*".[32] Não se revela tarefa fácil perscrutar a natureza deste tributo, como de resto é assinalado pela doutrina portuguesa.[33] Efetivamente, da sua previsão constam componentes

---

[21] Diretiva 2003/48/CE do Conselho, de 3 de Junho de 2003.

[22] Diretiva 90/435/CEE do Conselho, de 23 de Julho de 1990.

[23] Diretiva 2003/49/EC do Conselho, de 3 de Junho de 2003.

[24] Diretiva 2009/133/CE do Conselho, de 19 de Outubro de 2009.

[25] Convenção 90/436/CEE relativa à eliminação da dupla tributação no caso de correção dos lucros provenientes de operações entre empresas associadas.

[26] Diretiva do Conselho 2011/16/UE do Conselho, de 15 de Fevereiro de 2011.

[27] Diretiva do Conselho 2010/24/UE do Conselho, de 16 de Março de 2010.

[28] Diretiva 2006/112/CE do Conselho, de 28 de Novembro de 2006

[29] Atualmente, as taxas reduzida, intermédia e geral de IVA nas regiões autónomas são respectivamente as seguintes: 4%, 9% e 16%. Na sequência do programa de ajustamento para a Região Autónoma da Madeira, as taxas aplicáveis a partir de 1 de Abril de 2012 correspondem respectivamente a 5%, 12% e 22%.

[30] O regime geral dos impostos especiais de consumo, regulados por diretivas próprias, encontra-se na Diretiva 2008/118/CE do Conselho, de 16 de Dezembro de 2008, relativa ao regime geral dos impostos especiais de consumo.

[31] Tal como consta do próprio preâmbulo do Código do Imposto do Selo, "*O imposto do selo é o imposto mais antigo do sistema fiscal português (foi criado por alvará de 24 de Dezembro de 1660)*".

[32] Cf. artigo 1º, nº 1 do Código do Imposto do Selo.

[33] Cf. *inter alia*, Ministério das Finanças (1999), Código do Imposto do Selo, Editora Rei dos Livros, Lisboa, p. 11 (prefácio de António de Sousa Franco), LOBO, Carlos B. (2008), *Imposto do Selo – Operações financeiras – Enquadramento jurídico-tributário*, Revista de Finanças Públicas e Direito Fiscal, Coimbra, Ano I, nº 1, (2008), pp. 78-9, BORGES, Ricardo/PIMENTEL, Miguel, *Avaliação fiscal de*

de tributação do rendimento, do património e do capital, entre outras realidades que dificilmente se deixarão moldar por esforços de sistematização unificados e de que se destaca, pela sua importância, recorrência e complexidade a tributação das operações financeiras, designadamente utilização de crédito e garantias.[34]

1.4. Breve apontamento sobre o ADT Brasil/Portugal

O ADT Brasil – Portugal, assinado em Brasília a 16 de Maio de 2000, constitui o ato jurídico-político internacional através do qual os dois países providenciam pela eliminação de dupla tributação. A sua estrutura segue a do Modelo de Convenção da OCDE, não obstante apresentar algumas diferenças dignas de registo.

A primeira diferença que encontramos face ao Modelo de Convenção da OCDE respeita ao artigo 5º, nº 3 (*construction-site PE*) que estabelece um prazo de 9 meses (que compara com os seis meses da legislação portuguesa, os seis meses geralmente adotados nos tratados celebrados pelo Brasil e os 12 meses do modelo).[35]

O artigo 10º (dividendos) obriga Portugal a reduzir para 15% (e não para 10% como indica o Modelo) a taxa de retenção na fonte no pagamento de dividendos entre entidades ligadas por uma participação qualificada de 25% (de outro modo aplicar-se-ia a taxa doméstica, atualmente estabelecida em 25%).[36] Uma vez que o Brasil não aplica retenção na fonte sobre dividendos, o efeito útil desta disposição resume-se a limitar a legislação doméstica portuguesa.

No que se refere ao artigo 11º (juros) os Estados contratantes acordaram subir para 15% a taxa prevista no Modelo OCDE, o que representa, no caso de Portugal, a aplicação de uma taxa de retenção na fonte inferior em 10 pontos percentuais face ao previsto na lei doméstica. O Brasil replica a retenção doméstica (15%). Adicionalmente prevê-se uma isenção para juros pagos ao Governo do outro Estado contratante ou a uma sua subdivisão política. Por outro lado, os juros cujo rece-

---

ações não cotadas em tempo de crise? Não, obrigado! [Uma análise da (in) constitucionalidade da fórmula prevista no Código do Imposto do Selo], Revista de Finanças Públicas e Direito Fiscal, Ano III, nº 4 (2011), pp. 157-189.

[34] LOBO, Carlos, *Cit.* pp. 78-9.

[35] Sobre o efeito desta cláusula cf., por todos, SKAAR, Arvid (1995), Permanent Establishment – Erosion of a Tax Treaty Principle, Deventer, Boston, pp- 343-415.

[36] Adicionalmente esclarece-nos o número 6 do artigo 10º que as remessas de lucro por estabelecimento estável, ainda que meramente creditadas (isto é sem que se efective o respectivo pagamento) são consideradas dividendos, aplicando-se a taxa prevista no artigo 10º, nº 2, alínea a), isto é 10%. Esta disposição dava cobro a legislação doméstica brasileira, entretanto revogada, nos termos da qual as remessas de lucros por estabelecimentos estáveis situados no Brasil poderiam ser sujeitos a retenção na fonte. Não tendo qualquer utilidade hoje em dia pensamos que seria útil promover a sua eliminação.

bimento é atribuído a um estabelecimento estável situado num Estado terceiro não beneficiam da redução de taxa. Finalmente, no protocolo, como adiante se refere em maior detalhe, esclarece-se que os juros sobre capital próprio têm a natureza de juros para efeitos da convenção, o que reflete uma opção de política fiscal internacional do Brasil.[37]

Já no tocante ao artigo 12º (royalties), refletindo uma opção de ambos os países, impõe-se um regime de competência partilhada, aplicando-se uma taxa de retenção na fonte de 15%, o que iguala a taxa doméstica aplicável em ambos os Estados. Esclarece-se, ademais, que o termo royalties inclui a remuneração do uso ou concessão do uso de obras televisivas e radiofónicas, bem como pelo uso ou concessão do uso de equipamento industrial, comercial ou científico em obediência a opções vincadas de política fiscal de ambos os países. O protocolo acrescenta que tem a natureza de royalties *qualquer espécie de pagamento recebido em razão da prestação de assistência técnica e de serviços técnicos*.[38]

Em termos que serão abordados adiante em maior detalhe, o artigo 13º (mais-valias) consagra uma opção de política fiscal brasileira que consiste em impor uma solução de competência partilhada de tributação das mais-valias mobiliárias, contrariando assim a solução privilegiada por Portugal, i.e., estabelecer uma competência exclusiva refletindo o modelo OCDE.

O método de eliminação da dupla tributação internacional é o método do crédito (direto), limitado à fração do imposto sobre o rendimento incidente no Estado da residência, antes da dedução, correspondente aos rendimentos que possam ser tributados no Estado da fonte. Já o método de eliminação da dupla tributação económica é diferente. O Brasil opera, em observância com o disposto na sua legislação doméstica, um crédito pelo imposto sobre lucros pagos pela sociedade distribuidora do dividendo em Portugal (*indirect tax credit*). Portugal aplicará um sistema de isenção parcial (95% do dividendo recebido) com progressividade sempre que se trate de participações representativas de pelo menos 25% que sejam detidas por um período superior a dois anos.[39]

---

[37] Ao contrário do que sucede noutros tratados celebrados por Portugal (por exemplo com Espanha) o ADT Brasil – Portugal não prevê a qualificação como juros de outros rendimentos que à luz das legislações domésticas tenham uma qualificação semelhante e não caiam na definição de dividendos e royalties.

[38] Para uma análise crítica sobre esta cláusula Cf. de Godoi, Marciano S. (2009), *Serviços Técnicos e de Assistência Técnica e sua Tributação Conforme as Convenções Internacionais Firmadas pelo Brasil para Evitar a Dupla Tributação da Renda*, Fiscalidade 39 (2009), pp. 5-11; Santiago, Bruno (2009), *Royalties de Assistência Técnica versus Rendimentos de Serviços Técnicos: Comentário ao Acórdão do TCA-Sul sobre o ADT Portugal/Brasil*, fiscalidade 39 (2009), pp. 109-131.

[39] Trata-se de uma solução utilizada por Portugal noutros tratados (Espanha, Estados Unidos da América, Luxemburgo, Israel, México e Turquia), utilizando-se esta ou uma redação semelhante,

2. Investir no país-irmão: aspectos a ter em conta
2.1. Investimento brasileiro em Portugal
2.1.1. A decisão de investimento
2.1.1.1. Asset deal v. Share deal?

A determinação da forma de investimento é normalmente dos primeiros aspectos a ponderar pelo potencial investidor brasileiro em Portugal. Em abstracto, coloca-se a tradicional escolha entre o investimento em ativos ditos produtivos (*asset deal*), e o investimento em sociedade portuguesa (*share deal*). A definição do *share deal*, por sua vez, envolve ainda compreender se o mesmo deverá ser feito diretamente em sociedade portuguesa operacional, ou através de sociedade *holding* sedeada em Portugal ou no estrangeiro.

De uma perspectiva estritamente fiscal o investidor estrangeiro, *maxime* brasileiro, não deverá, antes pelo contrário, derivar vantagens por recorrer a um *asset deal*.[40] Poderão ter relevância, no entanto, alguns factores susceptíveis de poder contrabalançar esta decisão e que devem ser ponderados numa base casuística.

Desde logo, no plano do IRC, dependendo da natureza dos ativos a adquirir, designadamente de os mesmos poderem qualificar como "instalação fixa através da qual é exercida no todo ou em parte uma atividade económica", a realização de um *asset deal* poderá gerar um estabelecimento estável em Portugal de uma entidade brasileira,[41] isto é, tributação em Portugal pelo lucro imputável a esse estabelecimento estável (princípio da territorialidade)[42], a que estão associadas

---

mais sintética, e que remete para a legislação doméstica (casos dos Tratados com Espanha e Luxemburgo). Esta redação, susceptível de gerar dúvida, deve ser interpretada no sentido de permitir o reembolso do imposto pago, sempre que, no caso de sociedades brasileiras constituídas *ab initio*, o período de dois anos seja completado em momento posterior ao da distribuição (faculdade que já não parece de reconhecer sempre que se trate de uma aquisição secundária).

[40] De uma perspectiva prática, não será comum o desenvolvimento de uma atividade diretamente em Portugal por um investidor brasileiro que não se processe com um nível mínimo de incorporação, quer seja, porque os investidores tendem a preferir investir sob o véu de uma estrutura corporativa, quer seja porque, quando o fazem diretamente, pela natureza do investimento, o mesmo pode ser susceptível de gerar um estabelecimento estável em Portugal atraindo tributação, pelos rendimentos gerados em território português, em moldes muito semelhantes aos que atrairia se o investimento fosse feito através de uma estrutura societária formal.

[41] Dependendo do modelo de negócio, não se encontrando preenchido o critério da instalação fixa é possível considerar a existência de um estabelecimento estável através de critérios alternativos, designadamente quando a atividade do não residente seja desempenhada através de um agente dependente com poderes para, numa base habitual, vincular a casa mãe (cf. comentários ao artigo 5º da Convenção Modelo da OCDE).

[42] Tal como referenciado supra, a definição de estabelecimento estável que resulta do complexo normativo legislação doméstica/ADT Brasil-Portugal não apresenta especificidades de maior face ao Modelo OCDE. Nestes termos, a detenção por um residente fiscal brasileiro de uma instalação

importantes obrigações contabilísticas e de *reporting*, para lá de impactos mais substantivos a respeito da tributação em sede de IRC e de outros tributos.[43]

A isto acresce a tributação no desinvestimento. Mercê de uma norma doméstica, o artigo 27º do Estatuto dos Benefícios Fiscais (EBF), Portugal não tributa, com ressalva de algumas exceções,[44] as mais-valias auferidas por indivíduos ou entidades não residentes decorrentes da alienação de partes sociais e outros valores mobiliários emitidos por entidades residentes em território português. Já as mais-valias decorrentes da alienação de ativos imobiliários ou mesmo de outros ativos inscritos no balanço de sociedade portuguesa ou afectos a estabelecimento estável são plenamente tributáveis em Portugal.

No plano do IVA, ao passo que a aquisição de participações sociais se encontra excluída de tributação (não sujeição), a aquisição de ativos em território português é uma operação tributável, o que poderá favorecer a aquisição de participações em estrutura societária que já se encontre a funcionar. Evidentemente, o alcance desta diferença pode ser mitigada, através da dedução do IVA incorrido na aquisição dos ativos, ao IVA gerado com a atividade (ou mesmo através de reembolso): neste caso, a neutralidade entre um *share deal* e um *asset deal* dependeria de se assegurar que, de uma perspectiva de IVA, o investimento em ativos portugueses seria susceptível de gerar uma presença relevante em território português.[45] Adicionalmente, existem também mecanismos (*rectius* exclu-

fixa situada em Portugal através da qual exerça pelo menos uma parte da sua atividade deverá gerar um estabelecimento estável em Portugal.

[43] O reconhecimento da existência de um estabelecimento estável em Portugal acontece independentemente de existir algum tipo de formalização da respectiva presença (por exemplo, a constituição de uma sucursal). Contudo, os estabelecimentos estáveis portugueses devem possuir contabilidade organizada e encontram-se sujeitos às demais obrigações declarativas, designadamente à apresentação de uma declaração de inscrição e de cessação de atividade, de uma declaração periódica de rendimentos, de uma declaração anual contabilística e fiscal. Os estabelecimentos estáveis encontram-se ainda obrigados à obtenção de uma caixa postal electrónica, à manutenção, por um período de 10 anos, de um processo de documentação fiscal bem como à nomeação de um representante fiscal após o encerramento da respectiva atividade.

[44] O artigo 27º estabelece algumas exceções a que não se aplica esta isenção. No que se refere ao investimento brasileiro em Portugal, importa referenciar os seguintes eventos inibidores de isenção: a) a existência de uma "estrutura-sanduíche", isto é, sempre que a sociedade brasileira que de outra forma beneficiaria da isenção, seja detida, direta ou indiretamente, em mais de 25% por indivíduos ou entidades residentes, para efeitos fiscais, em Portugal; b) a existência de uma *real estate company*, ou seja, sempre que o ativo da participada portuguesa seja constituído em mais de 50% por bens imóveis, ou, no caso de a entidade alienada ser uma SGPS, de esta se encontrar em relação de domínio com entidades que preencham o referido requisito.

[45] Embora as autoridades tributárias portuguesas não hajam, que se saiba, emitido qualquer entendimento a este respeito, deve assinalar-se que a existência de uma presença relevante para efeitos de IVA, designadamente de um estabelecimento permanente, poderá atrair um risco adicional

sões de incidência) que, sendo aplicadas, poderão mitigar a diferença de regime. As soluções apontadas, uma vez mais, poderão obrigar a estruturação adicional, retirando flexibilidade a um cenário de *asset deal*.[46/47]

De uma perspectiva diferente, a tributação do financiamento e respetivas garantias em sede de imposto do selo poderá encontrar apoio para a realização de um *share deal* em detrimento de um *asset deal*, em virtude da aplicação de um corpo de isenções que, especialmente em contexto luso-brasileiro, dificilmente

de se considerar a existência de um estabelecimento estável também para efeitos de IRC. Sobre a diferença conceptual entre a noção de estabelecimento estável para efeitos de IRC e de IVA cf.: AA.VV (2009), Value Added Tax and Direct Taxation – Similarities and Differences, Lang, Michael/ Melz, Peter/Kristoffersson, Eleonor (eds.), IBFD, Amsterdão.

[46] Nos termos do artigo 3º, nº 4 do Código do IVA "Não são consideradas transmissões as cessões a título oneroso ou gratuito do estabelecimento comercial, da totalidade de um património ou de uma parte dele, que seja susceptível de constituir um ramo de atividade independente, quando, em qualquer dos casos, o adquirente seja, ou venha a ser, pelo facto da aquisição, um sujeito passivo do imposto de entre os referidos na alínea a) do nº 1 do artigo 2º". A interpretação deste preceito tem gerado algum dissonância entre os contribuintes e a administração tributária devido à utilização de diversos conceitos indeterminados, designadamente o de "ramo de atividade". A este propósito é extenso o acervo de decisões da administração tributária bem como de jurisprudência nacional e comunitária a registar. Assim do lado da administração tributária citem-se *inter alia* os seguintes entendimentos: Informação nº 1770, da Direção de Serviços do IVA, de 27 de Julho de 2001, Informação nº 1675, da Direção de Serviços do IVA de 5 de Julho de 2001, Informação nº 1656 da Direção de Serviços do IVA, de 3 de Julho de 2007, Despacho do Diretor-geral dos Impostos, de 12 de Setembro de 2005, no âmbito do Processo nº A100 2005026, Despacho do Diretor-geral dos Impostos, de 30 de Março de 2009, no âmbito do Processo A100 2006307. Em termos de jurisprudência nacional é importante referenciar os seguintes arestos: Acórdão do STA, 2ª Secção, de 13 de Abril de 2001 (Relator: António Calhau), no âmbito do Processo 986/10, Acórdão do STA, 2ª Secção, de 5 de Maio de 2010 (Relator: Isabel Marques da Silva), no âmbito do Processo nº 36/10, Acórdão do TCA Sul, Secção de Contencioso Tributário – 2º Juízo, de 2 de Março de 2010 (Relator: Aníbal Ferraz), no âmbito do Processo nº 2449/08. Já no plano comunitário referem-se os seguintes acórdãos: C-444/10, *Christel Schriever* [2011], não publicado na colectânea de jurisprudência do Tribunal, C-497/01, *Zita Modes Sarl*, ECR I-14393, C-408/98, *Abbey National, plc.*, [2006] ECR I-04027.

[47] Neste aspecto particular há ainda que contar com a potencial sobreposição desta isenção com norma de incidência de Imposto do Selo nos termos do qual o trespasse de estabelecimento comercial se encontra sujeito a Imposto do Selo uma taxa de 4% sobre o respectivo valor (Cf. a verba 27 da Tabela Geral do Imposto do Selo). Em termos práticos, estará em causa o conceito de trespasse de estabelecimento comercial mencionado nos artigos 1112º e 1144º do Código Civil, discutindo-se designadamente se o mesmo, tal como utilizado na verba 27, requer a cedência de um contrato de arrendamento ou de um qualquer outro direito real. Sobre este aspecto mencione-se o Parecer nº 522, da DGCI, de 29 de Maio de 2007. Já na doutrina e com uma perspectiva diferente da adoptada pelas autoridades fiscais: SALDANHA SANCHES, J. L./TORRES, Manuel A. (2008), *A incidência do Selo sobre o trespasse de estabelecimento*, Fiscalidade nº 32 (2008), pp. 8-13.

se aplicarão no contexto deste último (cf. ponto 2.1.1.2 infra).[48] Refira-se, neste particular, a isenção aplicável aos empréstimos com carácter de suprimentos, cuja definição e regime jurídico encontra assento nos artigos 243º a 245º do Código da Sociedades Comerciais[49] e que pressupõe um empréstimo acionista, isto é, o empréstimo concedido por um sócio em benefício de uma sociedade de direito português. De idêntico modo, as isenções de imposto do selo aplicáveis ao financiamento (e respectivas garantias, quando aplicável) da atividade corrente do negócio português apenas se aplicam no contexto de certas participações em sociedades de direito português (10%).[50/51]

2.1.1.2. Estrutura em Portugal: Sucursal ou sociedade?

A par dos aspectos já abordados,[52] a decisão quanto ao tipo de veículo, com ou sem personalidade jurídica, poderá ter importantes consequências fiscais. As sucursais configuram entidades destituídas de personalidade jurídica (não sendo assim juridicamente distintas da sua sociedade-mãe), que são susceptíveis de ser sujeitos de relações jurídico-tributárias, muitas vezes de modos impar às sociedades comerciais. Ao contrário das sociedades com sede ou direção efetiva em Portu-

---

[48] O Artigo 7º, nº 1, dispõe: *"g) As operações financeiras, incluindo os respectivos juros, por prazo não superior a um ano, desde que exclusivamente destinadas à cobertura de carência de tesouraria e efectuadas por sociedades de capital de risco (SCR) a favor de sociedades em que detenham participações, bem como as efectuadas por sociedades gestoras de participações sociais (SGPS) a favor de sociedades por elas dominadas ou a sociedades em que detenham participações previstas no nº 2 do artigo 1º e nas alíneas b) e c) do nº 3 do artigo 3º do Decreto-Lei nº 495/88, de 30 de Dezembro, e, bem assim, efectuadas em benefício da sociedade gestora de participações sociais que com ela se encontrem em relação de domínio ou de grupo"; h) "As operações, incluindo os respectivos juros, referidas na alínea anterior, quando realizadas por detentores de capital social a entidades nas quais detenham diretamente uma participação no capital não inferior a 10% e desde que esta tenha permanecido na sua titularidade durante um ano consecutivo ou desde a constituição da entidade participada, contanto que, neste último caso, a participação seja mantida durante aquele período"; i) "Os empréstimos com características de suprimentos, incluindo os respectivos juros efectuados por sócios à sociedade".*

[49] A definição do que se considera ser um contrato de suprimento encontra-se no artigo 243º, nº 1 do CSC *"Considera-se contrato de suprimento o contrato pelo qual o sócio empresta à sociedade dinheiro ou outra coisa fungível, ficando aquela obrigada a restituir outro tanto do mesmo género e qualidade, ou pelo qual o sócio convenciona com a sociedade o diferimento do vencimento de créditos seus sobre ela, desde que, em qualquer dos casos, o crédito fique tendo carácter de permanência".*

[50] Em contexto de investimento luso-brasileiro há ainda que contar com a limitação imposta pelo artigo 7º, número 2 adiante tratada e que poderá condicionar o modo de estruturar o *share deal.*

[51] A título genérico, dir-se-á que, mercê da aplicação das regras de territorialidade o financiamento pode ser estruturado de modo a que nem o financiamento nem as respectivas garantias fiquem sujeitos a imposto do selo. Sem deixarmos de reconhecer o carácter verídico subjacente a tal afirmação, deve, no entanto, esclarecer-se que o escrutínio (e as oportunidades de planeamento daí decorrentes) pelas regras de territorialidade é comum ao *asset deal* e ao *share deal.*

[52] Na medida em que a realização de um *asset deal* seja susceptível de gerar um estabelecimento estável em Portugal, as considerações supra devem ser aqui relembradas.

gal, que são tributadas pelo seu lucro mundial (*world-wide income*), as sucursais portuguesas de entidades não residentes são tributadas de acordo com o princípio da territorialidade, pelo lucro gerado em território português que lhes seja imputável[53], calculado em termos em tudo semelhantes aos aplicáveis às sociedades residentes. De acordo com as orientações da OCDE, tal como correntemente recebidas na legislação doméstica, a atribuição de lucros ao estabelecimento estável deverá recorrer a uma ficção: a de conceber o estabelecimento estável como se de uma empresa independente se tratasse, no exercício de atividades idênticas ou similares, designadamente quando essas atividades têm lugar com outros departamentos da empresa e tendo em consideração os ativos atribuídos, os riscos incorridos e as funções desempenhadas pela empresa através do seu estabelecimento estável.[54]

No plano do financiamento, a dedutibilidade dos juros imputáveis a um estabelecimento estável segue regra similar à que é aplicável aos juros incorridos por uma subsidiária portuguesa, isto é, ficam sujeitos à regra geral de dedutibilidade de gastos devendo ser devidamente contabilizados e considerados essenciais para a manutenção da fonte produtora ou do ganho sujeito a imposto. Exceptua-se o regime aplicável às SGPS, adiante tratado em maior detalhe.[55]

Feito este comentário geral, dir-se-á que a utilização de uma sucursal poderá colocar em causa a dedutibilidade de determinados encargos do estabelecimento estável vis-à-vis à casa mãe ou outros departamentos da empresa uma vez que gera a necessidade de estabelecer juízos de imputação (*rectius* alocação) bem como de detecção de *dealings* intra-empresa, tarefa que poderá revestir assinalável complexidade e um maior grau de subjetividade na análise. Para além das exigências decorrentes da legislação de preços de transferência, semelhante exi-

---

[53] A legislação doméstica, contrariamente ao modelo OCDE e à maioria dos ADTs celebrados por Portugal propugna um princípio da de força de atração limitada do estabelecimento estável, pelo que atribuição dos lucros ao estabelecimento estável soma os lucros obtidos por seu intermédio aos restantes lucros obtidos pela mesma entidade não residente em território português de atividades idênticas ou similares (artigo 3º, nº 3 do Código do IRC).

[54] Apesar da mudança na redação do artigo 7º da Convenção Modelo OCDE bem como dos respectivos comentários, Portugal reserva-se o direito de manter a redação anterior nos seus tratados enquanto não adaptar a sua legislação doméstica. Não parece, à primeira vista, que a legislação doméstica seja incompatível com a nova redação pelo que o teor desta reserva poderá não se justificar.

[55] Note-se que sob a perspectiva da legislação brasileira, lucros e rendimentos auferidos diretamente (*asset deal*) são tributados imediatamente. Já os lucros auferidos indiretamente por meio de subsidiárias (*share deal*) são tributáveis pelo regime CFC quando o investidor brasileiro é uma pessoa jurídica ou somente quando da efetiva distribuição de dividendos no caso de pessoa física. Os ganhos de capital decorrente da venda dos ativos ou das ações são tributados de acordo com o mesmo regime (34% no caso de pessoa jurídica e 15% no caso de pessoa física).

gência não se verifica no caso de uma sociedade. Outra diferença muito relevante a reportar é que a atribuição de resultados à casa-mãe não é tributada ao passo que o pagamento de dividendos se encontra sujeito a retenção na fonte à taxa de 25% a qual poderá ser reduzida nos termos do ADT. Adicionalmente refira-se o caso dos pagamentos de royalties. A específica natureza dos activos subjacentes ao pagamento de royalties (intangíveis) gera dificuldades quanto à alocação de certos intangíveis apenas a uma parte de uma empresa.[56/57]

A opção sucursal-filial apresenta ainda diferenças relevantes no momento do desinvestimento. Assim, no encerramento de uma sucursal, para efeitos da sua tributação, constituem componentes positivas ou negativas as diferenças entre os valores de mercado e os valores contabilísticos fiscalmente relevantes dos elementos patrimoniais à data da cessação, sendo que, de uma perspetiva puramente portuguesa,[58] esse encerramento não gera consequências fiscais na esfera da casa-mãe na medida em que se aplica o mesmo tratamento aplicável à atribuição de resultados. Já na liquidação das sociedades observa-se que as diferenças geradas aquando da atribuição do património aos sócios são tributadas na esfera da sociedade sendo que, na esfera dos sócios, a diferença entre o valor do património atribuído aos sócios e o valor de aquisição das partes de capital, quando positiva, é tratada como rendimento de capitais ou como mais-valia, podendo dar lugar a retenção na fonte.[59]

Finalmente, em matéria de imposto do selo remete-se para o comentário supra a respeito do âmbito de aplicação subjetivo de certas isenções (aplicam-se a sociedades e não a estabelecimentos estáveis) o que, em contexto comunitário, não deixa de poder constituir uma violação das liberdades fundamentais comunitárias,[60] mas retirando, todavia, flexibilidade e eficiência ao financiamento de uma sucursal.

---

[56] Cf § 77 bem como § 203 e *et seq.* do OECD Report on the Attribution of Profits to Permanent Establishments de 22 de Julho de 2010 – OECD (2010), *Report on the Attribution of Profits to Permanente establishments*, 22 July 2010, Centre for Tax Policy and Administration, Parte I, pp. 29 e 53-55. Disponível em www.oecd.org.

[57] Cf. Teixeira, Manuela D. (2007), A Determinação do Lucro Tributável dos Estabelecimentos Estáveis de Não Residentes, Almedina, Coimbra.

[58] É, no entanto, necessário ter em conta a forma como o lucro do estabelecimento estável é tributado na esfera da Casa-Mãe no seu Estado de residência: se através de um sistema de tributação universal (*world-wide-income*) se através de um sistema territorial (isenção).

[59] Quando negativa a referida diferença tem o tratamento de menos-valia.

[60] Referimo-nos, concretamente à liberdade de circulação de bens (artigos 28º e 29º do TFUE), de trabalhadores (artigos 45º a 48º do TFUE), de estabelecimento (artigos 49º a 55º do TFUE), de prestação de serviços (artigos 56º a 62º), e de circulação de capitais e pagamentos (artigos 63º a 66º).

Assim, salvaguardando as particularidades de cada situação em concreto, no caso de um financiamento contraído fora do território nacional por uma entidade brasileira que se proponha adquirir um ativo localizado em território português, na medida em que esse ativo dê lugar a um estabelecimento estável, não parece impossível de excluir o risco de tal financiamento se considerar verificado *rectius* utilizado em território português e, dessa forma, ser sujeito a imposto do selo em Portugal. Efetivamente o artigo 4º, nº 2 do Código do Imposto do Selo estabelece que a regra de territorialidade que delimita o campo de aplicação deste imposto inclui os financiamentos a quaisquer entidades domiciliadas em Portugal, considerando-se domicílio, para este efeito, *"a sede, filial, sucursal ou estabelecimento estável"*.

Sem pretendermos, nesta sede, ser exaustivos, deve referir-se que, segundo recomendação da OCDE, os juros associados a um contrato de financiamento para aquisição (pela empresa na globalidade) de um ativo alocado a um estabelecimento estável, devem ser deduzidos fiscalmente ao nível do estabelecimento estável.[61] O mesmo deverá acontecer com a obrigação correspondente. Na ausência de referência expressa, e apesar das dificuldades colocadas pela temática das despesas anteriores à constituição de um estabelecimento estável, reconhecida pela própria OCDE, não será possível excluir liminarmente uma interpretação que determine a imputação da obrigação, juntamente com os respetivos juros, ao estabelecimento estável, que o ativo adquirido seja precisamente aquele que consubstancia a instalação fixa que, nos termos do artigo 5º, nº 1 do ADT, dá lugar a que se deva reconhecer a existência de um estabelecimento estável.[62/63]

Assim, não obstante não se conhecer posição expressa das autoridades fiscais a este respeito, não será de excluir que as obrigações incorridas pela casa-mãe para aquisição dos ativos alocados ao estabelecimento estável, na medida em que sejam também imputáveis a este último, deverão preencher a previsão normativa constante do artigo 4º, nº 2 do Código do Imposto do Selo, atraindo assim, por via desta extensão ao princípio da territorialidade, tributação em Portugal sobre um contrato de financiamento celebrado fora do país entre sujeitos passivos aqui não domiciliados. Esta posição obrigaria, no entanto, a uma leitura adaptada da

---

[61] Cf § 75, Parte I, do OECD Report on the Attribution of Profits to Permanent Establishments de 22 de Julho de 2010, OECD (2010), *Cit.*, pp. 28-9.

[62] Por recurso a interpretação sistemática, designadamente por contraposição com o referido § 75, Parte I, do OECD Report on the Attribution of Profits to Permanent Establishments de 22 de Julho de 2010 – OECD (2010), *Cit.*, pp. 28-9 – não parecem aqui aplicáveis as dúvidas não resolvidas deixadas nos § 221 a 223 do mesmo relatório – OECD (2010), *Cit.*, p. 57 – relativos à dedutibilidade de encargos anteriores à existência do estabelecimento estável (por exemplo, despesas para começo da atividade).

[63] A ser assim, seria consequentemente de considerar que os juros pagos fossem sujeitos a retenção na fonte por via da legislação domestica, devidamente secundada pelo artigo 11º, nº 5 do ADT.

expressão *utilização de crédito*, fundamental na determinação da incidência objetiva nos termos da verba 17 da Tabela Geral. Neste sentido, no caso de um estabelecimento estável, a utilização do crédito é mediada por um juízo de alocação da respectiva obrigação ao balanço do estabelecimento estável, observadas as respectivas regras. Em face da natureza jus-tributária do estabelecimento estável, a *utilização de crédito* será meramente económica, porquanto aquele não titula *per se* a obrigação de financiamento.

2.1.1.3. Investimento através de sociedade portuguesa v. investimento através de plataforma corporativa internacional

A constituição de um veículo português para investimento em Portugal pode justificar-se entre outros por motivos pragmáticos como por motivos fiscais.[64] A legislação comercial portuguesa prevê dois tipos societários principais que não apresentam diferenças no plano fiscal mas cujos regimes societários convirá avaliar: a sociedade anónima (SA) e a sociedade por quotas (Lda.)[65] Adicionalmente, a lei portuguesa regula a já referida SGPS, conhecida como a *sociedade holding* portuguesa e que se aproxima da figura da *holding* pura. A SGPS não constitui um tipo societário autónomo, mas antes um estatuto legal, que opera sobre os tipos societários referidos e que tem associado um regime fiscal próprio.[66]

No plano fiscal, a principal diferença entre uma sociedade com atividade operacional (SA ou Lda.) e uma SGPS está em que, no caso destas últimas, as mais-valias e menos-valias decorrentes da transmissão onerosa de participações sociais, desde que detidas por um período igual ou superior a um ano,[67] não concorrem para o apuramento do respetivo lucro tributável. Em contrapartida, os encargos financeiros incorridos por uma SGPS para aquisição de participações não são em

---

[64] Desenvolvendo o tema da interposição de sociedades *holding* no investimento brasileiro no exterior cf. NEVES, Tiago C. (2006), *Estratégia de Internacionalização e Sociedades Holding na Europa: Aspectos Práticos e Comparativos*, Revista de direito tributário internacional, Vol. 1, no. 2 (2006), p. 281-309.
[65] Para uma abordagem deste tema cf., por todos, MENEZES CORDEIRO, António (2005), Manual de Direito das Sociedades, Vol. II – Das Sociedades em Especial, Almedina, Coimbra, pp. 225-477 (Lda.) e pp. 479-873 (SA).
[66] As SGPS são reguladas pelo Decreto-lei nº 495/88, de 30 de Dezembro que lhes coloca restrições à atividade bem como à detenção de certos ativos. Sobre o regime legal das SGPS, cf. por todos MENEZES CORDEIRO, António (2004), Manual de Direito das Sociedades, Vol. I – Das Sociedades em Especial, Almedina, Coimbra, pp. 815-37.
[67] Em determinadas situações, que envolvem contrapartes intra-grupo, sujeitas a um regimes especial ou sedeadas em territórios ou jurisdições de fiscalidade privilegiada bem como cenários de transformação o período de detenção mínimo exigido é de 3 anos.

regra dedutíveis, permitindo-se a sua recaptura fiscal, caso a mais-valia apurada não venha a ser isenta de tributação.[68]

No plano da tributação dos dividendos, ambas as estruturas estão hoje em pé de igualdade, isto é, beneficiam de uma isenção nos dividendos auferidos de fonte portuguesa ou europeia (incluindo de Estados integrantes do Espaço Económico Europeu) por participadas em que detenham pelo menos 10% do respectivo capital social ou direitos de voto por um período mínimo e ininterrupto de um ano.[69] Esta isenção é ainda condicionada a que os lucros distribuídos hajam sido sujeitos a tributação efetiva algures na cadeia de distribuição pelo menos uma vez.[70/71]

Em face do enquadramento referido anteriormente, constata-se que os referidos veículos portugueses, *maxime* a SGPS, quando contraposto ao oferecido por outras jurisdições europeias[72], designadamente à luz dos respetivos ADTs, acabam muitas vezes por apresentar desvantagens.

[68] Em termos concretos, em observância da supracitada regra de não dedutibilidade dos encargos financeiros com a aquisição de participações, estes não são dedutíveis no momento em que são incorridos. No entanto, verificando-se *a posteriori* o apuramento de mais-valia ou menos-valia concorrentes para tributação, aqueles encargos financeiros são reconhecidos no exercício em que se verifica a alienação. A metodologia de imputação a observar consta da Circular nº 7/2004, de 30 de Março.

[69] Desde 2011, as SGPS deixaram de beneficiar de um regime preferencial na tributação de dividendos recebidos nos termos das quais eram dispensadas de um requisito mínimo de percentagem de detenção.

[70] Cf. Circular da DGCI nº 24/2011, de 11 de Novembro. O tema da "tributação efetiva" esteve em voga entre 2010 e 2011 depois da alteração legislativa promovida em 2010 ao artigo 51º nº 10 do Código do IRC que passou a condicionar a aplicação das regras de eliminação da dupla tributação económica aos casos em que os lucros de que provêm os dividendos "hajam sido sujeitos a tributação efetiva". Para um acompanhamento desta discussão Cf. Os seguintes artigos publicados na Revista Fiscalidade nº 42 (2010): Lobo Xavier, A./Fidalgo, Isabel S./da Silva, Francisco M., *O Conceito de Tributação Efetiva Âmbito do Regime de Eliminação da Dupla Tributação Económica de Lucros Distribuídos e o seu Impacto no Comportamento das Empresas*; Palma, Rui C., *A Tributação Defectiva*, Mendes, António R./Correia, Miguel, *As Alterações aos Mecanismos para Evitar a Dupla Tributação Económica de Lucros Distribuídos e o seu Impacto no Comportamento das Empresas*; Gonçalves, Mónica R., *Grupos de Sociedades e Dupla Tributação Efetiva*.

[71] Vistas bens as coisas, não deixa de ser paradoxal que o regime fiscal de uma sociedade holding (detentora) se apresente desvantajoso no período de detenção das participações e apenas apresente potenciais vantagens na hora do desinvestimento.

[72] São variados os regimes *holding* oferecidos por outros Estados da União Europeia, cada um com requisitos e especificidades próprias. Não cabendo no objecto deste artigo o seu estudo aprofundado, limitamo-nos a indicar a Holanda, o Luxemburgo, a Bélgica, Malta, Chipre e mesmo a vizinha Espanha como jurisdições *standard* cuja utilização como plataforma de investimento europeu é frequente.

O quadro seguinte compara, através de alguns aspectos específicos, o ADT Brasil-Portugal com os ADTs brasileiros com a Áustria e com Espanha, dois tratados tidos por vantajosos:[73]

	ÁUSTRIA	ESPANHA	PORTUGAL
Ano	1975	1974	2001
EE construção	N/A[74]	N/A	9 meses
Dividendos	15%	15%	10%[75]/15%
Juros	15%	10%[76]/15%[77]	15%
Royalties	10%[78]/15%[79]/25%[80]	10%[81]/15%[82]	15%
Mais-valias	Competência partilhada	Competência partilhada	Competência partilhada
Dupla Tributação económica	Isenção para participações iguais ou superiores a 25%	Método de isenção ilimitado	Crédito pelo *underlying tax*[83]

Do quadro supra resulta claro que o tratado com Portugal, ao não permitir uma completa eliminação da dupla tributação económica dos lucros distribuídos,

---

[73] Na parte IV deste artigo serão tratados diversos aspectos de política fiscal internacional luso-brasileira que julgamos pertinentes.

[74] O Acordo com a Áustria segue o modelo de 1963 em que ainda não se previa uma disposição especial relativa aos estaleiros de construção. Estes apareciam, no entanto, a título exemplificativo no nº 2 do artigo 5º.

[75] Taxa aplicável se o beneficiário do rendimento detiver uma participação na sociedade que paga os dividendos de pelo menos 25% por um período mínimo de 2 anos que deverá ser completado em momento anterior ao da distribuição.

[76] Taxa aplicável aos juros pagos relativos a empréstimos bancários com um prazo de maturidade superior a 10% para investimento em elementos produtivos do ativo imobilizado (capital).

[77] Aplica-se esta taxa aos restantes casos aqui não mencionados.

[78] Taxa aplicável a obras literárias, artísticas ou de carácter científico, com exceção de obras cinematográficas, ou para difusão televisiva ou radiodifusão.

[79] Taxa aplicável aos restantes casos não mencionados.

[80] Taxa aplicável a marcas.

[81] Taxa aplicável a obras literárias, artísticas ou de carácter científico, incluindo expressamente, ao contrário do que se prevê no tratado celebrado com a Áustria obras cinematográficas, ou para difusão televisiva ou radiodifusão.

[82] Taxa aplicável aos restantes casos.

[83] Contrariamente ao disposto na legislação portuguesa, o Brasil opera internamente, como mecanismo para eliminar a dupla tributação económica, um crédito de imposto indireto, ou seja, um crédito pelo imposto pago sobre os lucros que estão na origem dos dividendos distribuídos.

tenderá a ficar atrás dos restantes tratados analisados. Esta circunstância, aliada a outros aspectos como sejam a aplicabilidade das Diretivas comunitárias nas relações entre estes países e Portugal leva muitas vezes a que as empresas brasileiras privilegiem aquelas paragens como portas de entrada no continente europeu e, mais concretamente em Portugal. Assim, desde que devidamente acauteladas as crescentemente importantes questões de substância económica,[84] é possível "converter" em dividendos isentos (face ao regime do tratado português) diversos pagamentos de outra forma efectuados ao abrigo do Tratado Brasil-Portugal.

O investidor brasileiro, confrontado com as ineficiências apontadas supra, acaba muitas vezes por ponderar a estruturação do seu investimento em Portugal através de uma estrutura internacional. Muitas vezes, essa mesma estrutura dá cobertura a uma atividade verdadeiramente europeia, isto é, acolhe diversos

---

[84] O tema da substância económica das estruturas societárias utilizadas encontra-se na ordem do dia, designadamente no que se refere à distribuição de dividendos, *inbound* e *outbound*. Efetivamente a interposição de estruturas desbloqueando o acesso a diretivas comunitárias ou a tratados, de outro modo inaplicáveis, é susceptível de desviar importantes componentes de receita. Nestes termos, a tendência, em Portugal como no resto do Mundo, tem sido a de promover um muito maior escrutínio destas estruturas combatendo os expedientes puramente artificiais, isto é, aquelas estruturas que são criadas apenas por motivos fiscais e que não refletem uma realidade económica relevante, ou, utilizando o jargão técnico, que não têm substância económica. No plano das relações intracomunitárias, a temática do abuso vem sendo abordada pelo Tribunal de Justiça em diversos domínios legislativos, incluindo a fiscalidade direta. Neste sentido, *inter* alia, refiram-se os seguintes *leading cases* em que o tema do abuso aparece tanto a título principal como no pano de fundo e que ajudam a traçar a posição do Tribunal neste domínio: Imperial Chemical Industries (ICI), C-264/96, [1998] ECR I-04695, Centros, C-212/97, [1999] ECR I-01459, Emsland Starke, C-110/99, [2000] ECR I-11569, Inspire Art, C-167/01, [2003] ECR I-10155, Halifax, C-255/02, [2006] ECR I-01609, Marks & Spencer, C-446/03, [2005] ECR I-10837, Cadbury Scweppes, C-196/04, [2006] ECR I-07995, Test Claimants in the ACT Group Litigation, C-524/04, [2007] ECR I-02107, Lammers & Van Cleeff, C-105/07, [2008] ECR I-00173, Eurofood IFSC, C-341/04, [2006] ECR I-03813, OY AA, C-231/05, [2007] ECR I-06373, Part Service, C-425/06, [2008] ECR I-00897. Também a doutrina nacional e estrangeira tem tratado o chamado tema do "abuso" sendo de destacar, sem preocupação de sermos exaustivos, os seguintes trabalhos: (i) no plano doméstico: Courinha, Gustavo L. (2009), A cláusula Geral Anti-Abuso no Direito Tributário: contributos para a sua compreensão, Almedina, Coimbra, (reimpressão), Morais, Rui D. (2005), Imputação de Lucros de Sociedades não Residentes Sujeitas a um Regime Fiscal Privilegiado, Publicações Universidade Católica e Saldanha Sanches, J.L. (2006), Os Limites do Planeamento Fiscal – Substância e Forma no Direito Fiscal Português, Internacional e Comunitário, Coimbra Editora, Coimbra; (ii) no plano europeu, Weber, Denis (2005), Tax Avoidance and the EC Treaty Freedoms, A study of the Limitations under European Law to the Prevention of Tax Avoidance, Kluwer Law, The Hague, De Broe, Luc (2009), International Tax Planning and Prevention of Abuse – International Tax Planning and Prevention of Abuse, IBFD, Doctoral Series – Vol. 14, IBFD, Amsterdam e La Feria, Rita/Vogenhauer, Stefan (org.) (2011), Prohibition of Abuse of Law – a New General Principle of EU Law, Hart Publishing, Oxford, 2011.

investimentos no espaço europeu. Não se trata, assim, simplesmente de elidir alguns dos problemas apontados. Trata-se, sim, de buscar uma porta de entrada adequada, e de definir uma estrutura de gestão de investimentos, *rectius* de participações, que se revele também ajustada aos objectivos propostos. Pelas razões apresentadas, Portugal acaba muitas vezes por não ser a *jurisdicion of choice*, para estes efeitos.

2.1.2. Financiamento do Investimento Brasileiro em Portugal
2.1.2.1. Dívida ou Capital?

No plano fiscal a definição do *mix* capital/dívida tem associadas relevantes diferenças de regime: a colocação de dívida ao nível da estrutura portuguesa, seja uma sociedade ou uma sucursal, permitirá, demonstrada a indispensabilidade dos encargos assim gerados para a manutenção da fonte produtora ou para a obtenção de ganhos sujeitos a imposto, gerar gastos dedutíveis, para efeitos fiscais. Em contrapartida, o recurso à capitalização de sociedades permite remunerar o investidor através de distribuição de dividendos (sem dedução) o qual, se munido de estrutura internacional adequada (e uma vez mais dando devida atenção a aspectos de substância económica), poderá receber o retorno do seu investimento livre de tributação no Brasil.[85/86]

---

[85] Dependendo da jurisdição escolhida a este montante poderá acrescer eventual retenção na fonte no pagamento de dividendos para o Brasil.

[86] O tema da assimetria entre a tributação do financiamento das sociedades através de capital *vis--à-vis* a criação de dívida é um clássico dos estudos de política fiscal, nomeadamente nos Estados Unidos da América, sendo crescentemente referenciado como uma das reações fiscais possíveis à crise financeira internacional. Sobre este tema: ALTSHULER, R./AUERBACH (1990), *The Significance of Tax Law Asymmetries: An Empirical Investigation*, Quarterly Journal of Economics Vol. 105 pp. 61-86, Boadway, R./BRUCE, N. (1984), *A General Proposition on the Design of a Neutral Business Tax*, Journal of Public Economics, Vol. 24, pp. 231-39, BOND, S.R. (2000), *Levelling Up or Levelling Down? Some Reflections on the ACE and CBIT Proposals and the Future of the Corporate Tax Base*, Taxing Capital Income in the European Union, ed. by Cnossen, S. (Oxford: Oxford University Press), BOND, S.R./ DEVEREUX, M.P. (1995), *On the Design of a Neutral Business Tax Under Uncertainty*, Journal of Public Economics, Vol. 58, pp. 57-71, de Mooij, R.A. (2011), *The Tax Elasticity of Corporate Debt: A Synthesis of Size and Variations*, Working Paper, Washington: International Monetary Fund, de Mooij, R.A./ Devereux, M.P. (2011), *An Applied Analysis of ACE and CBIT Reforms in the EU*, International Tax and Public Finance, Vol. 18, No. 1, pp. 93-120, Devereux, M.P./Freeman, H. (1991), *A General Neutral Profits Tax*, Fiscal Studies, Vol. 12, pp. 1-15, HEMMELGARN, T./NICODÈME, G. (2010), *The 2008 Financial Crisis and Tax Policy*, Working Paper 20, European Commission – Directorate-General for Taxation and Customs Union, Brussels, *Debt Bias and Other Distortions: Crisis-related Issues in Tax Policy*, Washington: International Monetary Fund, KEEN, M./KING, J. (2002), *The Croatian Profit Tax: An ACE in Practice*, Fiscal Studies, Vol. 23, pp. 401-18, KEEN M./KLEMM, A./PERRY, V. (2010), *Tax and the Crisis*, Fiscal Studies, Vol. 31, pp. 43-79, KEUSCHNIGG, C./DIETZ, M.D. (2007), *A Growth Oriented Dual Income Tax*, International Tax and Public Finance, Vol. 14, pp. 191-221, KLEMM, A.

2.1.2.1.1. Dotações de capital

As meras dotações de capital não têm associadas quaisquer consequências fiscais nefastas: assim na esfera da sociedade beneficiária as entradas de capital representam variações patrimoniais positivas que não concorrem para a determinação da respectiva obrigação em sede de IRC.[87]

Adicionalmente, esta mesma dotação que durante largos anos se encontrou sujeita a imposto do selo, não é mais onerada por este tributo, na sequência de desenvolvimentos de Direito Comunitário e da jurisprudência do Tribunal de Justiça que considerou tal imposição contrária à liberdade de circulação de capitais.[88]

2.1.2.1.2. Financiamento através de dívida

Já o recurso ao financiamento da sociedade, isto é à criação de dívida na esfera desta, seja por via contratual típica (mútuo), seja mediante a emissão de títulos de dívida (obrigações) representa, no plano fiscal, uma oportunidade para reconhecimento de um gasto fiscalmente dedutível, tal como assinalámos. Todavia, em função da assinalada assimetria, o recurso a financiamento externo, seja bancário, seja intra-grupo, e em particular acionista, oferece especificidades em matéria fiscal que devem ser adequadamente assinaladas.

2.1.2.1.2.1. Alguns aspetos particulares do financiamento bancário

Como vimos, o financiamento bancário ocorrido ou considerado verificado em território nacional, encontra-se sujeito a imposto do selo, quer sobre o capital mutuado, quer sobre os juros. Existem, apesar de tudo, instrumentos que, asseguradas devidamente as questões de substância, possibilitam oportunidades de planeamento. Recordamos que o imposto do selo se encontra estruturado em torno de uma regra típica de territorialidade: apenas são tributados os factos e contratos objeto de incidência que se verifiquem ou se considerem verificados em território nacional. São por isso comuns opções de planeamento animadas pela deslocalização dos referidos atos ou contratos do território nacional ou das regras presuntivas. Deve salientar-se, aliás, que o extremo formalismo que é caracterís-

---

(2007), *Allowances for Corporate Equity in Practice*, CESifo Economic Studies, Vol. 53, pp. 229-62. LLOYD, G. (2009), *Moving Beyond the Crisis: Using Tax Policy of Support Financial Stability*, unpublished, Paris: OECD, OVERESCH, M./WAMSER, G. (2006), *German Inbound Investment, Corporate Tax Planning, and Thin-Capitalization Rules – A Difference-in-Differences Approach*, CESifo Working Paper 37, Munich: University of Munich, RADULESCU, D.M./STIMMELMAYR, M. (2007), *ACE versus CBIT: Which is Better for Investment and Welfare?*, CESifo Economic Studies, Vol. 53, pp. 294-328, SCHÖN, W. (2009), *Debt and Equity: What's the Difference? A Comparative View*, Competition and Tax Law Research Paper 09-09, Munich: Max Planck Institute for Intellectual Property).

[87] Cf. artigo 21º, alínea a) do Código do IRC.
[88] Cf. citado Caso *Optimus*.

tico do imposto do selo facilita este tipo de opções por parte dos contribuintes sendo, porventura, um terreno menos fértil (mas não impossível) para aplicação de normativos anti-abuso por parte da administração tributária, designadamente da norma geral (aqui por falta de evidência de censura do ordenamento jurídico face à conduta do contribuinte ou "elemento normativo").[89]

Em todo o caso, crê-se que este "abismo" jurídico-normativo marcado por uma ampla concepção de território nacional, *maxime* nos termos da regra que considera verificados em Portugal os atos e contratos aqui apresentados para quaisquer efeitos legais, carece de densificação por via hermenêutica sob pena de se tornar excessivo, desproporcional e logo inconstitucional.[90] Neste sentido, somos a considerar que *apresentação para quaisquer efeitos legais* refere-se aos atos necessários para conferir executoriedade aos efeitos prototípicos de atos e contratos especialmente tributados.

Neste sentido, e a título exemplificativo, a apresentação em tribunal de uma garantia seria uma *apresentação para quaisquer efeitos legais* mas já não o seria a respectiva inscrição na contabilidade de uma sucursal não residente quando a respectiva escrita é apresentada a revisor oficial de contas, nos termos da lei. O motivo é perceptível: no primeiro caso, está em causa um ato essencial à realização ou consumação do efeito útil da garantia; no segundo, tal não acontece.

2.1.2.1.2.2. Alguns aspetos particulares relativos ao financiamento intra-grupo

Para efeitos de imposto do selo, as normas de incidência aplicáveis ao financiamento e às respectivas garantias intra-grupo não diferem das atrás mencionadas. A exceção é o imposto do selo sobre os juros que apenas se encontra prevista para o financiamento bancário.

No entanto, algumas formas de financiamento intra-grupo encontram amparo em isenções, já referenciadas, e que privilegiam, de um lado, o financiamento acionista, e, de outro lado, a utilização de certos veículos de direito português (SGPS) o que não deixa de estar sujeito, pelo menos em tese, a um certo potencial de censura por parte do ordenamento Comunitário.

A este propósito, cumpre relembrar que estas isenções, regra geral, não são atribuídas sempre que um dos intervenientes não seja residente em território português, exceção feita às situações em que o credor seja uma entidade sedeada

---

[89] Cf. COURINHA, Gustavo, L., *Cit.*, pp. 185-197.
[90] Aliás esta desproporção é sentida pelos mais variados operadores jurídicos no dia-a-dia, quando se trata de analisar a sujeição de transações a imposto do selo, sendo comum a cogitação das mais variadas hipóteses para o que seja uma *apresentação para quaisquer efeitos legais*.

na União Europeia ou em país ou território com o qual Portugal haja assinado um tratado de dupla tributação.

Esta solução, no plano da política fiscal internacional e face ao recente alargamento da rede de tratados portuguesa, resultados estranhos ou até potencialmente indesejados. Porque motivo o financiamento oriundo de países da OCDE (casos do Japão e da Austrália) ou de Estados da CPLP (por exemplo, Angola) não pode beneficiar desta isenção quando aquele oriundo de outros países que ainda figuram na Portaria nº 292/2011 como pais, território ou região com regime fiscal claramente mais favorável, se enquadra na referida previsão normativa? Por fim refira-se que a utilização de esquemas *back-to-back* se encontra expressamente prevista no código do imposto do selo como obstando ao benefício de isenções aplicáveis a certas formas de financiamento intra-grupo.

No plano do IRC, são de salientar algumas regras que obstam à dedutibilidade de encargos financeiros excessivos face à respectiva estrutura de capital das empresas. Neste particular, e no que respeita às relações com o Brasil é de destacar a regra portuguesa de subcapitalização que estabelece um rácio *debt/equity* de 2:1 e que, na sequência da jurisprudência fiscal do Tribunal de Justiça,[91] apenas se aplica nas relações com entidades residentes de Estados que não sejam da União Europeia.

Adicionalmente, verifica-se que, na sequência de desenvolvimentos na prática e na doutrina internacionais[92], as normas de preços de transferência são cada vez mais utilizadas pelas administrações tributárias como dispositivos para controlar tanto o montante de capital mutuado, como as demais condições do mútuo incluindo prazos de reembolso e taxas de juro praticadas. Neste particular, e no que se refere à legislação portuguesa, dir-se-á, que face ao parco enunciado legal disponível e à existência de regras de subcapitalização a par de outros dispositivos anti-abuso, é contestável que seja lícito utilizar, na ausência de referência expressa, metodologias de preços de transferência para este efeito.

Em todo o caso, não se ignora que o rácio proposto pela norma de subcapitalização não só pode ser visto como demasiado estático (i.e. não é adaptável a todos os sectores de atividade) como pode nem sequer ser adequado à situação concreta. Ou seja, pode muito bem acontecer que uma estrutura de capital – dívida que exceda o rácio de 2:1 seja adequada de um ponto de vista de preços de transferência, não devendo por isso ser questionada, sendo que o contrário

---

[91] Caso Lankhorst Hohorst, C-324/00, [2002] ECR I-11779.
[92] Cf. CORONADO, L./CHEUNG, P./KYTE, J (2010), *An Overview of Arm's Length Approaches to Thin Capitalization*, International Transfer Pricing Journal, 2010 (Volume 17), No. 4, ANTON, J. (2010), *Thin Capitalization and Transfer Pricing*, International Transfer Pricing Journal, 2010 (Volume 17), No. 4, DAVIS, C. (2004), *Transfer Pricing and Thin Capitalization*, Tax Advisor, May 5.

também é verdadeiro: uma estrutura que se encontre dentro do rácio de subcapitalização pode não ser adequada.

2.1.2.1.3. Financiamento através de *quasi* capital

A legislação comercial portuguesa dispõe de figuras, que contabilisticamente podem ser classificadas em rúbricas de "outros instrumentos de capital próprio" e que têm uma natureza híbrida, geralmente apelidada de *quasi-capital*. Assim, as prestações suplementares, cuja disciplina jurídica se encontra nos artigos 210º e seguintes do Código das Sociedades Comerciais, de uma perspetiva portuguesa, não geram na esfera da sociedade beneficiária, uma variação patrimonial positiva tributável, sendo que o seu reembolso também não se encontra sujeito a tributação.

2.1.3. Aspetos genéricos sobre benefícios fiscais de natureza contratual

Justifica-se ainda uma breve referência aos chamados benefícios fiscais de natureza contractual, isto é, um dispositivo criado pelo artigo 41º do EBF e regulamentado pelo Decreto-lei nº 249/2009, de 23 de Setembro.

Tratam-se de verdadeiros contratos fiscais celebrados com o Estado e para os quais são elegíveis projetos de investimento em unidades produtivas que sejam relevantes para o desenvolvimento dos sectores considerados de interesse estratégico para a economia nacional e para a redução das assimetrias regionais, fomentem a criação de postos de trabalho e contribuam para impulsionar a inovação tecnológica e a investigação científica nacional.[93]

No âmbito desta disposição, um investidor brasileiro poderá, observando os demais requisitos legais, candidatar-se à obtenção, por um período de 10 anos, de benefícios fiscais que de outro modo não seriam possíveis de obter, designadamente um crédito de imposto, determinado com base na aplicação de uma percentagem, compreendida entre 10 % e 20 % das aplicações relevantes efetivamente realizadas em projeto elegível, isenção ou redução de imposto municipal sobre imóveis, relativamente aos prédios utilizados pela entidade na atividade desenvolvida no quadro do projeto de investimento, isenção ou redução de imposto municipal sobre as transmissões onerosas de imóveis, relativamente aos imóveis adquiridos pela entidade, destinados ao exercício da sua atividade desenvolvida no âmbito do projeto de investimento e isenção ou redução de imposto do selo, que for devido em todos os atos ou contratos necessários à realização do projeto de investimento.

---

[93] Em sentido contrário, também se encontram previstos benefícios fiscais contratuais a projetos de investimento direto de empresas portuguesas no estrangeiro.

2.1.4. Aspectos da tributação da vida do investimento

Durante a vida do investimento, as preocupações fiscais do *management* centram-se em assegurar o bom cumprimento das obrigações fiscais, bem como em implementar políticas de gestão e monitorização do risco fiscal adequadas que permitam obter, não obstante, uma estrutura eficiente e uma carga fiscal apropriada. Longe de pretendermos cobrir todos os aspectos relativos à gestão do risco fiscal decorrente das atividades *day-to-day* das empresas, centramo-nos nesta secção na fiscalidade a aplicar a determinados fluxos de rendimentos, *rectius* pagamentos de fonte portuguesa em benefício de um sócio, pessoa singular ou colectiva, residente para efeitos fiscais no Brasil. Neste sentido, salientamos que a informação infra apenas cobre o tratamento fiscal conferido em Portugal, nos temos da lei doméstica bem como do ADT Brasil-Portugal, a certos tipos de rendimento de fonte portuguesa. Por fim, faremos ainda umas breves notas sobre a possibilidade de o Brasil aplicar o seu regime de transparência fiscal na Ilha da Madeira, designadamente no contexto de subsidiárias licenciadas para operar no Centro Internacional de Negócios da Madeira (CINM).

2.1.4.1. Tributação dos fluxos de rendimento

Ao passo que os rendimentos de fonte portuguesa auferidos por residentes fiscais brasileiros são tributados, de acordo com a lei doméstica portuguesa, através de um mecanismo de retenção na fonte, limitado nos termos do Tratado, os rendimentos recebidos por pessoa física ou jurídica residente ou domiciliada no Brasil de fontes portuguesas, tais como remuneração de serviços, dividendos, royalties e juros, são tributáveis no Brasil, sendo que, como vimos, o tratado garante o direito de crédito relativo ao imposto pago/retido em Portugal.

2.1.4.1.1. Serviços

Nos termos da lei Portuguesa, consideram-se obtidos em Portugal os rendimentos por serviços prestados que sejam imputáveis a estabelecimento estável situado em Portugal e, bem assim, quando tal situação não se verifique, os rendimentos decorrentes de prestações de serviço pagos por devedor cuja residência, sede ou direção efetiva se encontre em território português (ou cujo pagamento seja imputável a um estabelecimento estável nele situado) e que sejam realizados ou utilizados em território português, com exceção dos relativos a transportes, comunicações e atividades financeiras.

A lei excepciona especificamente os pagamentos que sejam imputáveis a estabelecimento estável situado fora do território português bem como todos os serviços que, sendo realizados integralmente fora do território português, não respeitem a bens situados nesse território nem estejam relacionados com estudos, projetos, apoio técnico ou à gestão, serviços de contabilidade ou auditoria e serviços de consultoria, organização, investigação e desenvolvimento em qualquer domínio[94].

Os pagamentos de serviços considerados de fonte portuguesa ficam sujeitos a retenção na fonte à taxa de 15%,[95] no entanto, o ADT Portugal-Brasil permite eliminar esta retenção na fonte nos termos do artigo 7º.

Tal como resulta do parágrafo anterior, a análise da sujeição de certos pagamentos de serviços a retenção na fonte, designadamente em situações de fronteira em que se possa colocar uma situação de conflito de qualificação (por exemplo certos pagamentos relativos a intangíveis que sejam susceptíveis de ser confundidos com royalties) é a mais das vezes um exercício tão importante como complexo. Efetivamente, certos casos de fronteira tendem a gerar litigância uma vez que, não raras vezes, as autoridades fiscais procuram sustentar uma qualificação diferente (ex, royalties) de forma a poderem aplicar a respectiva taxa nos termos do ADT (15%).[96]

2.1.4.1.2. Dividendos
Os dividendos pagos de fonte portuguesa são sujeitos a uma taxa doméstica de 25%, a qual, como vimos, poderá ser reduzida nos termos do Tratado para 10% ou 15%, consoante se trate ou não de uma participação qualificada.

2.1.4.1.3. Juros e royalties
Os pagamentos de juros e royalties de fonte portuguesa encontram-se sujeitos, respectivamente, a retenção na fonte à taxa de 25% e 15%.

2.1.4.2. Nota sobre as regras CFC brasileiras
A legislação fiscal brasileira exige que os lucros apurados por pessoas jurídicas por meio de filiais, sucursais, controladas e coligadas no exterior sejam tributados no Brasil, independentemente de distribuição (regras CFC).

A previsão legal exige o cômputo dos lucros, rendimentos e ganhos de capital auferidos no exterior na determinação do lucro tributável das pessoas jurídicas correspondente ao balanço levantado em 31 de dezembro de cada ano[97]. As filiais, sucursais e controladas deverão demonstrar a apuração dos lucros que auferirem em cada um de seus exercícios fiscais, segundo as normas da legislação brasileira. Estes lucros serão adicionados aos lucros da casa mãe brasileira, na proporção

---

[94] Cf. Artigo 4º, nº 3, c) 7, do Código do IRC.
[95] Cf. Artigo 87, nº, e) do Código do IRC.
[96] Nos termos da lei doméstica a taxa aplicável a este tipo de pagamentos de fonte portuguesa é também de 15%.
[97] Brasil. Lei nº 9.249/95, artigo 25. Medida Provisória nº 2.158-35/01, art. 74.

da participação acionaria. Os lucros das filiais, sucursais e controladas são considerados disponibilizados para a controladora ou coligada no Brasil na data do balanço no qual tiverem sido apurados.

Ou seja, em 31 de dezembro de cada ano, a empresa brasileira deverá computar em seu lucro tributável os resultados positivos provenientes das operações no exterior, conforme balanço levantado nesta mesma data, independentemente da distribuição de dividendos.

Assim, os lucros auferidos no exterior serão tributados pelo imposto de renda – IR e pela contribuição social sobre o lucro líquido – CSL. Tais lucros serão computados no Brasil pelo valor total, antes da tributação estrangeira, e o valor pago a título de imposto de renda no exterior poderá ser compensado com os tributos brasileiros (IR e CSL), até o limite dos tributos brasileiros incidentes sobre tais lucros. Para fins deste limite, deve-se calcular os tributos brasileiros devidos antes e depois da inclusão dos lucros provenientes do exterior na base tributável. O imposto estrangeiro somente poderá ser compensado até a diferença resultante entre o tributo total brasileiro e aquele que incidiria se não existissem lucros provenientes do exterior.

O crédito decorrente do imposto estrangeiro que não puder ser compensado em determinado ano (pelo fato de a empresa brasileira não ter lucros tributáveis em um determinado período, por exemplo), poderá ser compensado nos anos seguintes (desde que a empresa mantenha controles específicos nos livros fiscais). Considera-se imposto de renda estrangeiro, para fins de compensação com os tributos brasileiros, aqueles que incidam sobre lucros, independentemente de sua denominação e do ente tributante.

Os prejuízos auferidos por controlada no exterior não são compensáveis com os lucros auferidos no Brasil ou mesmo por outras controladas. Estes prejuízos somente serão compensáveis com os lucros futuros da mesma controlada.

Há uma controvérsia no que se refere à tributação da receita de equivalência patrimonial decorrente do investimento na controlada estrangeira. A Instrução Normativa nº 213/02 (IN 213) prevê que a contrapartida do ajuste do investimento no exterior em controlada, avaliado pelo método da equivalência patrimonial, deverá ser:

– registrada para apuração do lucro contábil da pessoa jurídica no Brasil;
– tributados pelo imposto de renda e contribuição social quando do balanço levantado em 31 de dezembro, caso não tenham sido tributados no decorrer do ano calendário.

A IN 213 ainda estabelece que, se o resultado da equivalência for negativo, deverá ser adicionado na apuração do IR e da CSL (ou seja, deverão ser considerados não dedutíveis). O resultado da sistemática da IN é a tributação de toda a receita de equivalência, que pode ser maior do que o lucro apurado. A variação cambial positiva do investimento, por exemplo, restaria tributada. Ocorre que a Lei nº 9.249/95 e a MP nº 2.158 somente permitem a tributação de lucros. O parágrafo 6º do artigo 25 da Lei é expresso neste sentido:

> *"§ 6º Os resultados da avaliação dos investimentos no exterior, pelo método da equivalência patrimonial, continuarão a ter o tratamento previsto na legislação vigente, sem prejuízo do disposto nos §§ 1º, 2º e 3º [estes parágrafos todos se referem à tributação de ganhos, rendimentos e lucros auferidos no exterior e o momento de sua disponibilização]."*

Além disso, o artigo 389 do Regulamento do Imposto de Renda[98] expressamente estabelece que não são computados no lucro real os ajustes de equivalência. Assim, a nosso ver são ilegais as disposições da IN 213 no sentido da tributação da equivalência patrimonial. Há fortes argumentos para se contestar a tributação da equivalência patrimonial, no que se refere a valores que não tenham a natureza de lucros das coligadas, até porque existem respostas a consulta do fisco neste sentido, bem como precedentes administrativos (Conselho de Contribuintes no.101-95.302[99]).

Feita esta introdução sobre o sistema de tributação de lucros auferidos no exterior, cabe analisar se estas regras estão de acordo com as previsões do ADT. O artigo 7º do ADT prevê que os lucros de uma empresa domiciliada em um estado contratante somente são tributáveis neste estado, exceto se tais lucros derivarem de atividades realizadas por um estabelecimento permanente no outro estado. Na hipótese de atividade realizada por meio de estabelecimento permanente no outro estado, os lucros são tributáveis em ambas as jurisdições (competência cumulativa).

Assim, no que se refere à atividade direta de empresas brasileiras em Portugal, por meio de sucursais ou filiais, verifica-se que a lei brasileira está autorizada a exigir a tributação dos lucros auferidos por meio de tais filiais ou sucursais. Diferentemente, no caso de controladas ou coligadas, os lucros auferidos no exterior decorrem de atividades realizadas por empresa estrangeira, com personalidade jurídica própria e que não se confunde com a personalidade jurídica de sua controladora ou coligada brasileira.

[98] Brasil. Decreto nº 3.000/99.
[99] Brasil. Primeiro Conselho de Contribuintes do Ministério da Fazenda. Acórdao 101-95.302. Recorrente: Itausa Export S.A.. Recorrida: Primeira Turma da DRJ-SP. Rel: Sandra Maria Faroni. Processo n. 16.327.000286/2004-12. Julgameto: 8 de dezembro de 2005. Publicado no DOU: 16 de março de 2006.

Assim, os lucros da controlada ou coligada estrangeira não podem ser tributados no Brasil por força do artigo 7 do ADT. O Professor Alberto Xavier enfatiza que as regras CFC têm por alvo precisamente os lucros da controlada ou coligada estrangeira e não dividendos presumidos[100].

Não obstante, há margem para se sustentar que as regras CFC visam a tributação de dividendos fictícios, atraindo a aplicação do artigo 10 do ADT, que permite a tributação tanto pelo estado da fonte quanto pelo estado da residência.

Entretanto, ainda assim as regras CFC brasileiras não poderiam ser aplicadas, pois o artigo 10 somente atribui competência ao estado da residência para a tributação dos "dividendos pagos". Ou seja, o ADT somente permite que o Brasil tribute os dividendos já distribuídos e não prevê qualquer possibilidade de tributação antecipada destes dividendos. Este entendimento é defendido pelo Professor Heleno Torres.[101]

Em conclusão, os lucros auferidos por controladas e coligadas organizadas em Portugal somente são tributáveis no Brasil após a sua distribuição como dividendo, em virtude do ADT. A Receita Federal do Brasil, contudo, insiste em exigir a tributação. Esperamos que os tribunais brasileiros adotem a correta aplicação do ADT, afastando a aplicação das regras CFC no caso de investimento feito por pessoa jurídica brasileira em pessoa jurídica portuguesa.

2.1.4.3. O caso da Ilha da Madeira

A legislação brasileira discrimina jurisdições ou dependências estrangeiras por meio de duas classificações: países com tributação favorecida (PTFs) e regimes fiscais privilegiados (RFPs).

PTFs são os países ou dependências que tributam o capital ou o trabalho a alíquota inferior a 20% ou permitem o sigilo societário. RFPs são regimes que (i) tributam a renda a uma alíquota inferior a 20%, (ii) concedem vantagem de natureza fiscal a pessoa física ou jurídica não residente a) sem exigência de realização de atividade econômica substantiva no país ou dependência; b) condicionada ao não exercício de atividade econômica substantiva no país ou dependência; (iii) tributam a alíquota inferior a 20% os rendimentos auferidos fora de seu território; (iv) não permitam o acesso a informações relativas à composição societária, titularidade de bens ou direitos ou às operações econômicas realizadas.

Ou seja, a qualificação como PTF discrimina a jurisdição ou dependência como um todo, ao passo que a qualificação como PTF discrimina apenas aqueles contribuintes que se beneficiam de regime com certas características. As conse-

---

[100] XAVIER, A. (2010), Cit., p. 417.
[101] TÔRRES, Heleno Taveira. Direito Tributário Internacional Aplicado, vol. III. Quartier Latin, São Paulo, 2005, p. 163.

quências também são diferentes. A qualificação como PTF (i) atrai uma alíquota prejudicial de 25% de imposto de renda na fonte, (ii) impede a aplicação de benefícios fiscais às operações no mercado financeiro e (iii) resulta na necessidade de observância de regras de preços de transferência, *thin capitalization* e beneficiário efetivo. Diferentemente, a qualificação como RFP resulta apenas na aplicação das regras mencionadas no item (iii) acima e de *thin capitalization*.

De acordo com a regulamentação editada pela Receita Federal[102], a Ilha da Madeira é tratada como um PTF. Vale lembrar que o benefício do ADT se encontra vedado a todas as pessoas jurídicas e físicas que beneficiem de tratamento mais favorável nos termos do regime aplicável na Zona Franca da Madeira (hoje chamado de Centro Internacional de Negócios da Madeira ou "CINM"), nos termos do protocolo. Ou seja, a exclusão nos termos do ADT assemelha-se à discriminação aplicável a um RFP.

A solução consagrada na regulamentação parece basear-se num equívoco que urge esclarecer e que será talvez inspirada em certa jurisprudência brasileira que, referindo-se a rendimentos com origem no CINM, se lhes refere genericamente como rendimentos oriundos da Ilha da Madeira.[103] Efetivamente, regra geral, as pessoas físicas e jurídicas residentes na Ilha da Madeira[104], bem como os não residentes que aufiram rendimentos de fonte aí localizados encontram-se sujeitos ao regime tributário geral previsto para todo o território português (com ligeiras adaptações que não colocam o regime aí aplicado dentro dos limites traçados pelo legislador brasileiro), bem como às mesmas regras em matéria de sigilo e troca de informações.

---

[102] Brasil. Instrução Normativa Receita Federal do Brasil nº 1.037/10.
[103] Brasil. Primeiro Conselho de Contribuintes do Ministério da Fazenda. Acórdão 105-17.382. Recorrente: Metro Tecnologia Informática Ltda. Recorrida: Quinta Turma da DRJ-SP. Rel.: Wilson Fernandes Guimarães. Processo n. 16.327.001303/2005-10. Julgamento: 4 de fevereiro de 2009. Publicado no DOU: 13 de março de 2009.
Brasil. Primeiro Conselho de Contribuintes do Ministério da Fazenda. Acórdão 107.07532. Recorrente: Marisa Lojas Varejistas Ltda. Recorrida: Décima Turma da DRJ-SP. Processo n. 16.327.003401/2002-49. Julgamento: 18 de fevereiro de 2004. Publicado no DOU: 2 de setembro de 2004.
[104] A Ilha da Madeira faz parte de um arquipélago que inclui adicionalmente a Ilha de Porto Santo e as Desertas e que compõem a chamada "Região Autónoma da Madeira", em cujo território vigoram, com ligeiras adaptações justificadas pelo chamado "custo de insularidade", reconhecido na CRP, as mesmas leis fiscais impostas no restante território português. Até 2012 a taxa geral de IRC aplicável em toda a Região, com exceção do regime do CINM era de 20%. A partir de 1 de Janeiro de 2012, esta taxa passou a ser de 25%, a mesma que vigora no restante território.

Ora, em breves palavras, o regime do CINM[105]/[106] consiste em um auxílio de Estado, sucessivamente negociado e autorizado pela União Europeia,[107] e desenhando como (i) um regime mais favorável de IRC aplicável a certas entidades sujeitas a licenciamento, e cujas atividades se insiram nos chamados quatro pilares da Zona Franca, a Zona Franca Industrial, o Registo Internacional de Navios, os serviços financeiros e um quarto sector residual muitas vezes designado como sector de serviços internacionais mas que inclui outro tipo de atividades como por exemplo o *trading* de mercadorias; (ii) regimes de isenção de retenção na fonte sobre dividendos, juros, royalties, remuneração de passivos de balanço das instituições financeiras e certos rendimentos pagos por sociedades de *trust off-shore*;[108] (iii) uma isenção genérica de imposto do selo aplicável às entidades licenciadas para operar no âmbito do CINM. Deve salientar-se, como traço fundamental deste regime, que de forma a preservar a base tributável portuguesa e circunscrever esquemas de planeamento fiscal de entidades residentes fiscais em Portugal, o regime do CINM isola dos benefícios fiscais nele contidos as operações que envolvam residentes em território português.

A partir de 1 de Janeiro de 2012, em obediência ao acordado com a Comissão Europeia no âmbito da renegociação do auxílio de Estado, a par de outras alterações,[109] o referido regime de isenção dá lugar a um regime de taxa reduzida aplicável a determinados *plafonds* de matéria colectável definidos de acordo com um critério de criação/manutenção de postos de trabalho. A taxa reduzida aplicável será de 4% em 2012 e de 5% entre 2013 e 2020. Os referidos *plafonds* de matéria colectável são os seguintes:

---

[105] O acervo de legislação que regula o CINM encontra-se disponível em www.ibc-madeira.com.
[106] Para uma descrição das diversas componentes do regime, cf. A. XAVIER (2007), *Cit*, pp. 563-600.
[107] O regime aplicável atualmente resulta da Carta da Comissão Europeia referente ao regime de auxílio N 421/2006.
[108] A figura do *trust* não tem tradição no sistema jurídico português. No entanto, a legislação que criou a Zona Franca da Madeira instituiu este veículo apenas para vigorar no âmbito deste regime.
[109] Entre as restantes alterações a assinalar regista-se a eliminação da isenção de retenção na fonte sobre dividendos e juros de suprimentos, bem como os termos a aplicar à atividade das SGPS licenciadas para operar no CINM e bem assim a exclusão do âmbito do regime das entidades a operar no sector financeiro e no sector segurador.

POSTOS DE TRABALHO	*Plafond* (EUR)
1 a 2 postos de trabalho	2 milhões
3 a 5 postos de trabalho	2,6 milhões
6 a 30 postos de trabalho	16 milhões
31 a 50 postos de trabalho	26 milhões
51 a 100 postos de trabalho	50 milhões
Mais de 100 postos de trabalho	100 milhões

Em resumo, as pessoas físicas e jurídicas licenciadas que não operem no âmbito do CINM e sejam residentes na Ilha da Madeira ficam sujeitas às taxas normais de IRS e IRC aplicável em todo o território português. Adicionalmente, no âmbito do CINM, aos operadores licenciados e cuja afinidade não tenha sido entretanto excluída do restante, aplicam-se duas taxas em simultâneo: a taxa reduzida e a taxa de 25%. Nestes termos, verifica-se que a tributação efetiva das sociedades licenciadas para operar no CINM se aproximará de 25% quanto maior for a percentagem da sua matéria colectável que ficar sujeita à taxa normal.

Sendo assim, é necessário concluir: à face do regime em vigor até 2011 (isenção), a opção consagrada na regulamentação de considerar o CINM (e não a Ilha da Madeira) como PTF e não como RTF não é justificável. Ademais, em face do novo regime, em que se verifica a aplicação de uma taxa nominal de 25% e em que, muitas vezes, a taxa efetiva será superior a 20% não parece que o CINM deva constar daquela lista, sequer como RTF, por não se verificarem os requisitos previstos na lei brasileira que lhe estão subjacentes.

2.1.5. A tributação na hora do adeus
2.1.5.1. O caso da detenção direta por estrutura portuguesa
Na hora do desinvestimento, como de resto já foi referenciado, verifica-se que, regra geral, Portugal não deverá deitar mão de qualquer tributação na alienação de participações em sociedades portugueses, ao abrigo do disposto no artigo 27º do EBF que isenta as mais-valias decorrentes de transmissão onerosa de ações em sociedades residentes, para efeitos fiscais, em Portugal. Excetua-se desta regra o caso da alienação de *real estate companies*, definidas como sociedades residentes em território português cujo ativo seja constituído, em mais de 50 %, por bens imóveis aí situados bem como da alienação de ações em sociedades SGPS cujas participadas tenham um ativo representado, em mais de 50%, por bens imóveis.

A tributação assim referida não obtém alívio por via do tratado uma vez que este estabelece competência cumulativa, isto é, Brasil e Portugal poderão tributar nos termos das suas legislações domésticas cabendo ao Brasil eliminar ou miti-gar a dupla tributação assim criada. É, no entanto de mencionar, uma vez mais o protocolo nos temos do qual se prevê que a proteção do tratado possa passar a existir, automaticamente, a partir do momento em que o Brasil celebre com outro Estado, não localizado na América Latina, um tratado que limite o poder tributário do Estado da residência.

Em caso de liquidação, como de resto salientámos, de acordo com a lei portu-guesa, qualquer diferença positiva entre o valor de mercado dos ativos atribuídos aos sócios e o valor de aquisição das respectivas partes de capital é tributada como rendimento de capitais pelo limite da diferença entre o valor que for atribuído e o que, face à contabilidade da sociedade liquidada, corresponda a entradas efe-tivamente verificadas para realização do capital, tendo o eventual excesso a natu-reza de mais-valia. Já o encerramento de uma sucursal portuguesa não deverá ter consequências na esfera dos sócios, sendo que, na declaração de rendimentos da sucursal do exercício de encerramento, qualquer apreciação do valor dos ativos que lhe hajam sido assignados e devidamente inscritos na sua contabilidade gera uma mais-valia tributada nos termos gerais. Esta mais-valia, uma vez mais, não se encontra protegida nos termos do Tratado.

2.1.5.2. O caso de detenção através de estrutura internacional

As consequências fiscais referidas supra podem ser mitigadas caso a estrutura portuguesa seja detida através de uma *holding* internacional. Não cabe no âmbito deste trabalho ilustrar pormenorizadamente as consequências jurídicas decor-rentes da aplicação da legislação doméstica de outros países, nem dos respetivos tratados. Fica, no entanto a advertência, uma vez que, não sendo inviabilizada a sua aplicação, por via de quaisquer dispositivos anti-abuso eventualmente apli-cáveis, se poderão ultrapassar algumas das ineficiências registadas supra.

2.2. Investimento português no Brasil
2.2.1. A decisão de investimento

Há que se distinguir as situações em que o não-residente atua a partir do exterior, daquelas em que é necessária a organização de pessoas e bens (possivelmente de um estabelecimento comercial) no Brasil. Na primeira hipótese, há investimento direto, sem a formalização de filial ou subsidiária no Brasil. O investidor realizará investimentos no Brasil e negócios com partes brasileiras a partir de Portugal. Eventuais rendimentos serão tributados pelo regime de fonte, de forma analítica, segundo as regras internas e observadas as limitações do Tratado.

Diferentemente, na hipótese de ser necessária uma organização de bens no Brasil, há duas alternativas: atuação direta por meio de filial ou atuação indireta por meio de subsidiária.

A atuação de empresas estrangeiras no Brasil, de maneira direta, depende de autorização do Poder Executivo[110], razão pela qual é pouco comum. Além disso, para fins fiscais a filial é equiparada a uma empresa regularmente constituída. Portanto, investidores estrangeiros que necessitam desenvolver atividade econômica no território brasileiro normalmente optam por criar uma sociedade local. A constituição de uma pessoa jurídica brasileira é mais simples e rápida do que a constituição de filial, evitando-se ainda algumas incertezas com relação à tributação de uma filial (principalmente no que se refere à alocação dos rendimentos e despesas entre a referida filial e a casa mãe). Independentemente do tipo de sociedade (Limitada ou Sociedade Anônima sendo as mais comuns), a tributação será sempre a mesma, aquela aplicável às pessoas jurídicas em geral.

Em resumo:

– o lucro da empresa será tributado pelo IRPJ e pela CSL (34% sobre o lucro);
– a receita bruta será tributada pelas contribuições para a seguridade social PIS/COFINS[111] (9,25%);
– a atividade será tributada conforme sua natureza pelo ICMS (sobre circulação de mercadoria, IPI (sobre transações com mercadorias manufaturadas ou importadas pelo contribuinte) ou pelo ISS (sobre prestações de serviços).

2.2.2. Financiamento: Dívida ou Capital?
2.2.2.1. Capitalização da sociedade brasileira
No caso de capitalização de empresa brasileira por investidor português, é necessária a conversão dos valores remetidos ao Brasil em moeda estrangeira para Real e o registro perante o Banco Central. Esta conversão está sujeita ao pagamento do Imposto sobre Operações Financeiras – IOF – à alíquota de 0.38%[112].

2.2.2.2. Investimento através de dívida
2.2.2.2.1. Financiamento intra-grupo
Se a pessoa jurídica brasileira receber recursos a título de empréstimo, há maior complexidade. Empréstimo externo com prazo médio de amortização superior a 720 dias não se sujeitam ao IOF. Se o prazo for inferior a 720 dias, o IOF incide à alíquota de 6%[113]. Sob a perspectiva do imposto de renda, os juros pagos ou cre-

---

[110] Brasil. Código Civil, Lei nº 10.406/2002, art. 1.134.
[111] Estas contribuições incidem como tributos sobre o valor agregado, como regra geral. Em situações exepcionais, a alíquota é reduzida para 3,65% e as contribuições passam a incidir de maneira cumulativa.
[112] Brasil. Decreto n. 6.306/07, art. 15-A.
[113] Brasil. Decreto n. 6.306/07, art. 15-A.

ditados à pessoa jurídica estrangeira em virtude de empréstimos e financiamentos sujeita-se à alíquota de 15%[114].

Os juros somente serão dedutíveis se (i) o limite de endividamento da pessoa jurídica brasileira, tomadora dos recursos, não exceder os limites estabelecidos pelas regras de *thin capitalization*; (ii) se as regras de preços de transferência forem observadas.

As regras de *thin capitalization*[115] somente permitem a dedução dos juros se estes forem necessários à atividade da empresa e se o limite de endividamento com partes relacionadas não for superior a duas vezes o património líquido. Em caso de excesso, somente os juros relativos ao endividamento que não exceder o limite serão dedutíveis. Se a pessoa estrangeira mutuante tiver participação na mutuária brasileira, os juros somente são dedutíveis até o limite de duas vezes a participação da mutuante no património líquido da mutuária. São consideradas todas as formas e prazos de financiamento, inclusive operações com instituições financeiras não-vinculadas se houver participação de vinculada estrangeira como avalista, fiadora ou mesmo simples interveniente.

O limite é reduzido para 30% do património líquido caso o mutuante esteja domiciliado em país de tributação favorecida ou se beneficie de regime fiscal privilegiado. Este é o caso da Ilha da Madeira, tratada como dependência de tributação favorecida pela Receita Federal do Brasil[116]

Sobre a aplicação das regras de *thin capitalization* diante do ADT, não há possibilidade de se invocar a cláusula de não-discriminação diante de previsão expressa do Protocolo, que admite a aplicação das regras internas de subcapitalização (artigo 8.d).

As regras de preços de transferência[117] somente permitem a dedutibilidade dos juros pela pessoa jurídica se: (i) o empréstimo for registrado no Banco Central do Brasil (já que o registro pressupõe a aplicação de taxas de mercado); (ii) se não houver o registro, o valor dos juros somente será dedutível até o limite da taxa *libor* para depósitos de 6 meses em dólares americanos, acrescido de *spread* anual de 3%.

2.2.2.2.2. Financiamento bancário

No caso de financiamento bancário, haverá a incidência do IOF à alíquota de 6% se o prazo médio de amortização for inferior a 720 dias e a incidência do imposto

---

[114] No caso de empréstimos *intercompany*. Brasil. Regulamento do Imposto de Renda, Decreto nº 3.000/99, art. 702.
[115] Brasil. Lei n. 12.249/10, arts. 24 e 25.
[116] Brasil. Instrução Normativa da Receita Federal do Brasil nº 1.037/2010.
[117] Brasil. Lei n. 9.430/96, art. 22.

de renda na fonte de 15%[118] sobre juros (a alíquota é aumentada para 25% se o banco mutuante for domiciliado em país de tributação favorecida). Se a instituição financeira mutuante não for relacionada com a pessoa jurídica brasileira mutuária, não se aplicam as regras de *thin capitalization* ou preços de transferência.

2.2.3. Entrada no Brasil: fusão no *target* de investimento

A legislação brasileira permite que o ágio registrado em virtude de aquisição de participação societária seja amortizado para fins fiscais. A empresa que adquire participação societária deve registrar a diferença positiva entre o preço pago e o valor de patrimônio líquido da empresa adquirida como ágio.

Este ágio comporá o custo do investimento em caso de alienação[119]. Dependendo da fundamentação econômica do ágio, será vantajoso analisar a possibilidade de implementação de uma reorganização societária para permitir a sua amortização. A reorganização resultará em um benefício fiscal caso o ágio seja fundamentado em expectativa de rentabilidade futura ou valor de mercado de ativos tangíveis.

O tratamento aplicável ao ágio em caso de incorporação, fusão ou cisão é o seguinte[120]:

– o ágio cujo fundamento seja a rentabilidade futura é registrado como um ativo diferido e é amortizável para fins fiscais em 60 meses;
– o ágio com fundamento no valor de mercado dos ativos tangíveis é registrado como aumento do custo dos referidos ativos;
– o ágio decorrente de fundo de comércio e outras razões econômicas será registrado como ativo permanente e não será amortizável.

Portanto, se o ágio decorrer de expectativa de rentabilidade futura ou valor de mercado dos ativos tangíveis, a reorganização reduzirá a carga tributária suportada pela empresa, na medida em que haverá uma despesa dedutível decorrente da amortização do ativo diferido ou da depreciação dos bens tangíveis. A fundamentação do ágio deve estar refletida em um parecer fundamentado, preparado por profissional qualificado. O laudo deve ainda observar as regras contábeis[121]. De forma resumida, o laudo deve alocar o ágio na seguinte ordem:

---

[118] Alíquotas progressivas de 15% a 22,5% (15% para financiamentos com prazos superiores a 720 dias), conforme art. 1º da Lei nº 11.033/04.
[119] Brasil. Regulamento do Imposto de Renda, Decreto nº 3.000/99, art. 426.
[120] Brasil. Regulamento do Imposto de Renda, Decreto nº 3.000/99, art. 386.
[121] Pronunciamento 15 do Comitê de Pronunciamento Contábil (www.cpc.org.br).

- parte do ágio que pode ser justificada pelo valor de mercado dos ativos tangíveis (se comparado com o valor contábil);
- parte do ágio que pode ser justificada pelo valor de mercado de atigos intangíveis que possam ser identificados e medidos;
- valor remanescente que pode ser enquadrado como expectativa de rentabilidade futura, se for o caso.

Em virtude das regras acima, investidores estrangeiros normalmente optam por adquirir participações em empresas brasileiras por meio de holdings constituídas no Brasil especificamente para este fim. A holding pode ser incorporada na empresa brasileira adquirida logo após a aquisição, permitindo assim a amortização do ágio. O fisco brasileiro, contudo, passou a questionar o uso da holding pelos investidores estrangeiros, alegando que o uso da holding não tem propósito negocial, que a holding em si não tem substância e que a aquisição local via holding seguida de incorporação é uma simulação.[122]

Os contribuintes são livres para organizar seus negócios da forma mais eficiente possível, inclusive no que se refere ao pagamento de impostos. O princípio da legalidade material (princípio da tipicidade cerrada) impede que o fisco desconsidere os atos (lícitos) praticados pelos contribuintes e adote a chamada interpretação econômica. Por outro lado, é inegável que os contribuintes não podem opor ao fisco atos viciados e ilícitos, tais como atos simulados, fraudulentos ou abusivos. A maior parte da doutrina reconhece atos ilícitos do ponto de vista civil podem ser desconsiderados como forma de buscar os fatos efetivamente ocorridos e aplicar a correta tributação.[123]

Recentemente o fisco tem sido mais agressivo em suas tentativas de desconsiderar planejamentos tributários feitos pelos contribuintes. É possível que esta nova postura tenha sido inaugurada pela Lei Complementar no. 104/01 ao dar nova redação ao artigo 116 do CTN, permitindo a desconsideração de "atos ou negócios praticados com a finalidade de dissimular a ocorrência do fato gerador

---

[122] Brasil. Primeira Seção de Julgamento do Conselho Administrativo de Recursos Fiscais do Ministério da Fazenda. Acórdão 1402-00.802. Recorrente: Banco Santander (Brasil) S.A. Recorrida: Fazenda Nacional. Rel.: Antonio José Praga de Souza. Processo n. 16561.000222/2008-72. Julgamento: 21 de outubro de 2011.
Brasil. Primeira Seção de Julgamento do Conselho Administrativo de Recursos Fiscais do Ministério da Fazenda. Acórdão 1301-000.711 Recorrente: Tele Norte Leste Participações S.A. Recorrida: Fazenda Nacional. Rel.: Valmir Sandri. Processo n. 18471.000999/2005-29. Julgamento: 19 de outubro de 2011.
[123] Cf. HUCK, Hermes Marcelo. (1997), Evasão e Elisão, Saraiva, São Paulo, 1997, p. 130. BIANCO, João Francisco/OLIVEIRA ROCHA, Valdir (Coord.), O Planejamento Tributário e a Lei Complementar 104; Dialetica, p. 26/40.

da obrigação tributária", nos limites da regulamentação por lei ordinária. Contudo, este novo dispositivo ainda não pode ser aplicado na medida em que não foi editada a necessária regulamentação por lei ordinária.

Diante da inaplicabilidade ou eficácia limitada do parágrafo único do artigo 116 do CTN, tem-se que a desconsideração dos atos praticados pelos contribuintes somente pode ocorrer em caso de haver ilicitudes tais como simulação, fraude ou abuso. A nosso ver, a utilização de uma holding brasileira pelo investidor estrangeiro não configura simulação, fraude ou abuso.

Recentemente, o Conselho Administrativo de Recursos Fiscais do Ministério da Fazenda (Conselho) reconheceu que a constituição de uma holding local mesmo após a aquisição não pode ser desconsiderada pelo fisco, em um caso envolvendo um banco espanhol[124]. Neste caso, o Conselho entendeu que é possível adotar-se uma reorganização societária envolvendo uma holding brasileira para viabilizar o aproveitamento do ágio, sendo que este aproveitamento depende apenas dos seguintes requisitos: que o ágio tenha se originado de operações entre partes não ligadas, que o preço de aquisição da participação societária (investimento) tenha sido efetivamente pago, e que a justificação econômica do ágio como expectativa de rentabilidade futura seja demonstrada de forma honesta e tecnicamente adequada.

Diante de todo o exposto, a aquisição de participação societária em empresa brasileira via holding constituída no Brasil é recomendada para que o investidor estrangeiro possa se beneficiar da amortização do ágio decorrente da aquisição.

2.2.4. Aspectos da tributação da vida do investimento
2.2.4.1. Tributação dos fluxos de rendimento
2.2.4.1.1. Serviços

O artigo 7º do ADT dispõe que os lucros de um empreendimento devem ser tributados no Estado onde a respectiva empresa tenha domicílio, a não ser que esta explore seus negócios no outro país através de um estabelecimento permanente. Ademais, o artigo 12 do ADT afirma que os royalties devem ser sujeitos a tributação nos dois países. O país onde se encontra a fonte de pagamento dos royalties é sujeito a um limite de 15%. O protocolo prevê que os serviços técnicos e os serviços de assistência técnica devem ser tratados como royalties. Finalmente, o artigo 22 do ADT dispõe que outros rendimentos, os quais não se enquadram em nenhum outro artigo da convenção, podem ser tributadas pelos dois países.

---

[124] Brasil. Primeira Seção de Julgamento do Conselho Administrativo de Recursos Fiscais do Ministério da Fazenda. Acórdão 1402-00.802. Recorrente: Banco Santander (Brasil) S.A. Recorrida: Fazenda Nacional. Rel.: Antonio José Praga de Souza. Processo n. 16561.000222/2008-72. Julgamento: 21 de outubro de 2011.

Diante do exposto, entendemos que a remuneração por serviços em geral deve ser enquadrada do artigo 7º do ADT, sendo, portanto, tributável apenas por parte do Estado de domicílio do beneficiário do rendimento.

É muito claro que no caso de serviços deve-se aplicar o artigo 7º, tal e qual no caso de operações envolvendo mercadorias. Afinal, remuneração por serviços é preço e não rendimento, e deverá compor o lucro do prestador do serviço[125]. Se houver algum acréscimo patrimonial por parte do prestador, esse será o lucro, apenas tributável no estado de domicílio.

No caso de serviços técnicos e assistência técnica o ADT e o protocolo permitem que haja a tributação na fonte à alíquota de 15%, conforme previsto na lei interna, com base nas previsões aplicáveis aos royalties. Estes deveriam ser apenas os casos em que os serviços são acessórios ou complementares à transferência de tecnologia.

Embora a Receita Federal do Brasil defina os serviços técnicos como aqueles que exigem conhecimentos técnicos especializados, prestados por profissionais liberais e de artes e ofícios e a assistência técnica como a atividade vinculada a um processo de transferência de tecnologia[126], para fins de aplicação do ADT a Receita Federal aparentemente somente qualifica como royalties os casos em que há transferência de tecnologia. De fato, a Receita Federal entende que tanto os serviços técnicos sem transferência de tecnologia quanto os serviços em geral devem ser enquadrados no artigo 22º e tributados na fonte no Brasil[127].

Portanto, verifica-se que as autoridades brasileiras entendem que serviços devem ser tributados com base no artigo 22 (outros rendimentos) ou com base no artigo 12 (royalties), não havendo espaço para a aplicação do artigo 7. Mais uma vez notamos a equivocada interpretação do tratado. Espera-se que as cortes brasileiras possam corrigir este erro.

A prestação de serviços por um não-residente a um residente no Brasil pode ainda desencadear a incidência dos seguintes tributos:

- ISS (2% a 5%), incidente na fonte e cujo ônus é do prestador;
- contribuição de intervenção no domínio econômico CIDE, aprovada pela Lei nº 10.168/00 (10%), no caso de serviços técnicos e assistência técnica, administrativa e semelhantes (com ou sem transferência de tecnologia), cujo ônus é do tomador no Brasil;
- PIS/COFINS (9,25%), cujo ônus é do tomador.

---

[125] ROTHMANN, Gerd Willi (2002), *Problemas de qualificação na Aplicação das Convenções contra a Bitributação Internacional*, Revista Dialética de Direito Tributário, 76, Ed. Dialética, p. 33.
[126] Brasil. Instrução Normativa da Secretaria da Receita Federal nº 252/02.
[127] Brasil. Ato Declaratório Normativo COSIT nº 1/00, da Secretaria da Receita Federal.

Estes tributos, por não incidirem sobre o rendimento e/ou por onerarem o tomador no Brasil, não podem ter sua aplicação limitada pelo ADT. Este é o entendimento dominante no Brasil.

Talvez o caso mais delicado seja o do ISS, que onera o prestador do serviço e tem como base de cálculo o preço do serviço (que sob o ponto de vista econômico é igual ao suposto rendimento tributado pelo imposto de renda na fonte). Assim, poder-se-ia cogitar a aplicação do ADT com base no artigo 2, como se o ISS fosse substancialmente semelhante ao imposto de renda na fonte. De qualquer forma, juridicamente há inegáveis diferenças entre estes tributos e a doutrina nunca apoiou a aplicação do ADT como forma de impedir a incidência do ISS, na medida em que o ISS é essencialmente um tributo sobre a prestação do serviço e não sobre o rendimento[128].

2.2.4.1.2. Dividendos e JCP

Dividendos pagos pela pessoa jurídica brasileira não se sujeitam ao IOF e tampouco ao imposto de renda na fonte, já que os lucros das pessoas jurídicas somente são tributados no nível da própria pessoa jurídica e não no nível dos sócios/acionistas.

Alternativamente à distribuição de dividendos, a sociedade brasileira pode optar por pagar juros sobre o capital próprio (JCP). Os JCP consistem em uma remuneração do capital de risco investido na empresa por seus sócios, a qual é dedutível para fins de determinação do lucro real (IRPJ) e da base de cálculo da CSL[129]. O valor dos JCP, para fins de dedutibilidade, deve se limitar à variação da Taxa de Juros de Longo Prazo – TJLP aplicada sobre as contas de patrimônio líquido[130]. Com relação às remessas de juros para o exterior, o Banco Central somente admite a remessa de valores incluídos no limite de dedutibilidade (Circular no. 2.722/96)

Ademais, o valor dos JCP a serem pagos ou creditados deve se limitar a 50% dos lucros correspondentes ao período-base do pagamento (computados antes da provisão para imposto de renda e da dedução dos juros) ou dos lucros acumulados e reservas de lucros.

Quando da disponibilização dos JCP em favor dos sócios (pagamento ou crédito), compete à sociedade brasileira reter 15%[131] de imposto de renda na fonte.

---

[128] SCHOUERI, Luis Eduardo (2004), *ISS sobre a Importação de Serviços do Exterior*, Revista Dialética de Direito Tributário, 100, Ed. Dialética, São Paulo, p. 50.

[129] Brasil. Lei nº 9.249/95, art. 25. Lei nº 9.430/96, art. 88, inciso XXVI.

[130] Não devem ser consideradas certas contas, como de ajustes de avaliação patrimonial e reservas de reavaliação.

[131] Brasil. Lei nº 9.249/95, art. 9.

A alíquota será de 25% se o beneficiário for residente em país ou dependência com tributação favorecida (tal como a Ilha da Madeira).[132]

Para fins do ADT, os JCP são tratados como juros (embora sua real natureza seja de dividendos), em virtude de disposição específica no protocolo. Esta mesma solução foi adotada pelos demais tratados celebrados após a entrada em vigor das regras de JCP, em 1996, com exceção do tratado com a Finlândia. É o caso dos tratados com Israel, África do Sul e Chile, por exemplo.

Independentemente de haver previsão específica no tratado ou protocolo, a Receita Federal do Brasil entende que os JCP devem ser qualificados como juros[133]. Não nos parece ser esta a melhor solução, visto que os JCP claramente têm natureza de dividendos, na medida em que em sua essência representam a distribuição de uma parte dos lucros da empresa a seus sócios ou acionistas[134]. Assim, na ausência de acordo específico entre os países, os JCP deveriam ser tratados como dividendos.

2.2.4.1.3. Juros
Conforme já descrito nos itens anteriores, os juros estão sujeitos à tributação na fonte à alíquota de 15% (25% no caso de mutuante domiciliado na Ilha da Madeira). Esta tributação de 15% é admitida pelo ADT. Além disso, deve-se verificar a eventual incidência do IOF e das regras que limitam a dedutibilidade dos juros.

2.2.4.1.4. Royalties
Royalties são tributados pelo imposto de renda na fonte à alíquota de 15%[135] (25% no caso de beneficiário na Ilha da Madeira[136]). Esta tributação está de acordo com o ADT, que atribui competência cumulativa para a tributação deste tipo de rendimento, com limitação de 15% para o estado da fonte. Além do imposto de renda, os royalties em geral desencadeiam a incidência da CIDE de 10%, cujo ônus é da empresa pagadora brasileira.

Como regra geral, a legislação brasileira limita a dedutibilidade dos royalties até certos limites, dependendo do tipo de royalty e da indústria. O limite para fins de dedutibilidade não excede 5% da receita líquida de venda dos bens que

---

[132] Cf nossos comentários a respeito da inclusão da Ilha da Madeira na lista de países ou dependências com tributação favorecida.

[133] Brasil. Solução de Divergência Coordenação-Geral do Sistema de Tributação – COSIT da Secretaria da Receita Federal nº 16/01. Data da decisão: 10 de dezembro de 2001. Data de Publicação: 10 de dezembro de 2001.

[134] XAVIER, A. (2007), Cit., p. 590.

[135] Brasil. Regulamento do Imposto de Renda, Decreto nº 3.000/99, art. 710.

[136] Brasil. Regulamento do Imposto de Renda, Decreto nº 3.000/99, art. 685, II, b).

utilizam a tecnologia ou a marca licenciadas. Por fim, a remessa do royalty ao exterior ainda se sujeita ao IOF de 0,38%[137] quando da conversão dos valores em moeda estrangeira.

2.2.5. Tributação do desinvestimento

A remessa de valores ao exterior em virtude de desinvestimento via redução de capital/liquidação também está sujeita ao pagamento do IOF de 0.38%[138] quando da conversão de Reais em moeda estrangeira.

Os valores recebidos pelo investidor estrangeiro a título de redução de capital ou em virtude da liquidação da sociedade brasileira não se sujeitam a tributação pelo imposto de renda na fonte, até o limite do investimento estrangeiro registrado no Banco Central. Valores em excesso ao capital registrado são tributados como ganho de capital à alíquota de 15% (25% no caso de beneficiário domiciliado na Madeira).[139]

A tributação como ganho de capital decorrente da alienação de participação societária ou da liquidação do investimento em sociedade brasileira é admitida pelo artigo 13, parágrafo 4 do ADT. A atribuição de competência cumulativa para a tributação de ganhos de capital em geral (exceto decorrentes de bens imobiliários e outras situações específicas) é comum nos tratados celebrados pelo Brasil.

3. Questões escolhidas de política fiscal internacional luso-brasileira para o Professor Alberto Xavier

Nesta secção, tal como referenciado anteriormente, dedicamo-nos à reflexão sobre alguns temas de política fiscal internacional luso-brasileira a qual dirigimos ao Professor Alberto Xavier.

3.1. Dupla tributação económica internacional: Porque Portugal discrimina o país irmão?

Em Portugal, foi criado pela Lei do Orçamento do Estado para 2007, um regime doméstico especial de eliminação da dupla tributação internacional aplicável a dividendos oriundos de países africanos de língua oficial portuguesa e também de Timor-Leste (mas não do Brasil).

Este mecanismo consiste na aplicação do regime de dedução completa aplicável no âmbito das relações entre entidades residentes bem como aos dividendos oriundos da União Europeia e beneficiários do regime da Diretiva Mães-Filhas, todavia sujeito a aplicação de condições ligeiramente menos favoráveis:

[137] Brasil. Decreto n. 6.306/07, art. 15-A.
[138] Brasil. Decreto n. 6.306/07, art. 15-A.
[139] Brasil. Regulamento do Imposto de Renda, Decreto nº 3.000/99, art. 685. Lei 10.833/03, art. 47.

(i) a entidade distribuidora dos dividendos deverá estar sujeita e não isenta de imposto sobre o rendimento; (ii) a entidade beneficiária detenha uma participação direta de pelo menos 25% no capital da sociedade distribuidora por um período mínimo de 2 anos;[140] (iii) os lucros distribuídos tenham sido sujeitos a uma taxa não inferior a 10% e não resultem de atividades geradoras de rendimentos passivos, designadamente royalties, mais-valias e outros rendimentos relativos a valores mobiliários, rendimentos de imóveis situados fora do país de residência da sociedade, rendimentos da atividade seguradora oriundos predominantemente de seguros relativos a bens situados fora do território de residência da sociedade ou de seguros respeitantes a pessoas que não residam nesse território e rendimentos de operações próprias da atividade bancária não dirigidas principalmente ao mercado desse território.

Não obstante a realidade económica do Brasil ser hoje bem diferente da dos restantes parceiros luso-falantes (apesar do desenvolvimento recente de Angola), dificilmente se compreende o motivo para esta opção do legislador português. Em tese, poder-se-ia alegar, por exemplo, a desnecessidade, face ao regime do Tratado com o Brasil (isenção a 95%), de estender o referido regime aos investimentos portugueses no Brasil. Poder-se-ia ainda alegar que os dividendos não são tributados à saída do Brasil pelo que a aplicação do artigo 42º do EBF poderia gerar praticamente uma situação de dupla não tributação.

Em nossa opinião, nenhuma das justificações equacionadas é convincente: quanto à primeira, refira-se que a superveniência do artigo 42º do EBF deixa objetivamente o investimento português no Brasil em desvantagem face ao investimento em outras paragens do Universo CPLP (face à regra do Tratado). Quanto à segunda refira-se que o método de isenção permite simultaneamente eliminar a dupla tributação jurídica e económica, ou seja, a circunstância de o Brasil não aplicar retenção na fonte à saída sobre os dividendos não determina que os lucros não resultem tributados em nenhum lado até porque sempre o serão no Brasil.

Ademais, configurando a medida um benefício fiscal ao investimento no estrangeiro, não seria inconcebível permitir, pelo menos por um intervalo limitado, uma situação de dupla não tributação. Será precisamente isso que acontece com o caso de Angola (Estado com quem Portugal não assinou até à data qualquer ADT ou acordo de troca de informações) em que, pela conjugação de certos regimes de isenção temporárias com o regime do artigo 42º é possível chegar a tributação zero.[141]Ademais, refira-se que Portugal concede nos ADTs com

---

[140] As condições previstas assemelham-se neste particular às da versão originária da Diretiva Mães--Filhas e que se encontram vertidas no acordo celebrado entre a União Europeia e a Suíça.

[141] Efetivamente consideramos que a referência, do artigo 42º do EBF, a uma taxa mínima de 10%, representa um requisito de taxa nominal e não como um requisito de tributação efetiva. De facto

Cabo Verde[142] e Guiné Bissau cláusulas de *tax sparing* de forma a não internalizar os benefícios fiscais conferidos nesses mesmos Estados.

Independentemente do motivo que subjaza à opção do legislador português esta parece ter sido uma opção errada que cumpre corrigir. Desde logo porque, em nossa opinião, seria preferível que Portugal definisse um regime de *participation exemption* universal, limitado por apertados requisitos de substância e alicerçado numa rede de Tratados que permitam uma expedita troca de informações. Depois porque, numa lógica de concorrência fiscal internacional, o *mix* legislativo resultante da conjugação da lei doméstica e do ADT coloca Portugal numa situação desvantajosa face a outros parceiros internacionais do Estado brasileiro. Finalmente, porque numa perspectiva estratégica, o espaço lusófono deveria ser abordado por Portugal de uma maneira coerente e concertada.

Neste sentido, numa primeira fase, Portugal deverá esforçar-se por completar a sua rede de tratados com os Estados da CPLP. Numa perspectiva mais ambiciosa poderia ser equacionada a possibilidade de evoluir para uma plataforma multilateral para eliminação de dupla tributação entre os países-membros da CPLP, em lugar de continuar a sustentar uma medida avulsa desta natureza.[143]

3.2. A "originalidade" do Tratado Brasil/Portugal na tributação da alienação de partes sociais

A previsão do artigo 13º do ADT, que atribui competência cumulativa para a tributação da maior parte dos ganhos de capital (mais-valias), é exceção no contexto dos tratados portugueses e a regra no ordenamento brasileiro. Na hipótese de um investidor português ser proprietário participações societárias em empresas, eventual mais valia será tributável no Brasil à alíquota de 15%.

Esta é a regra nos tratados celebrados pelo Brasil (com exceção do tratado celebrado com o Japão em 1967).Nos termos do protocolo que regula a aplicação do ADT, se o Brasil celebrar acordo com país localizado fora da América Latina por meio do qual aceita não tributar a mais valia obtida por não-residentes em

---

vários argumentos militam a favor desta interpretação, desde logo o estarmos perante um benefício fiscal e não uma mera medida estrutural. Em todo o caso, sem pretender esgotar o rol de argumentos possíveis, dir-se-á que apenas esta posição é compaginável com a salvaguarda do efeito útil dos benefícios fiscais conferidos pelo Estado da Fonte, designadamente quando não existir ADT.

[142] Neste caso, por um período limitado de 7 anos renovável por iniciativa das partes.

[143] Embora em matéria aduaneira o novo Plano Estratégico de Combate à Fraude e Evasão Fiscal e Aduaneira – 2012- 2014, recentemente publicado pelo Ministério das Finanças destaca a importância estratégica de cooperação com os países da CPLP. Cf. Ministério das Finanças, Plano Estratégico de Combate à Fraude e Evasão Fiscais e Aduaneiras 2012-2014 (2011), Ministério das Finanças, Lisboa, p. 56.

virtude da alienação de bens localizados no Brasil, o mesmo tratamento deve ser estendido aos residentes em Portugal.

Os acordos com África do Sul, Israel e Ucrânia como regra geral permitem que o Brasil tribute a mais valia auferida por não-residente. Talvez a única limitação digna de nota seja a contida no artigo 13, parágrafo 3 do acordo com Israel (2002):

Os ganhos obtidos por um residente de um Estado Contratante da venda, troca ou outra forma de disposição, direta ou indiretamente, de ações de uma sociedade residente do outro Estado Contratante poderão ser tributados nesse outro Estado, mas somente se o residente do primeiro Estado mencionado deter a propriedade, direta ou indiretamente, a qualquer tempo no período de doze meses anterior a tal venda, troca ou outra forma de disposição, de ações dando direito a 10 por cento ou mais do direito de voto na sociedade. Todavia, o imposto assim cobrado não poderá exceder 15 por cento do montante bruto de tais ganhos. A expressão "deter a propriedade indiretamente", conforme usada neste parágrafo, inclui, mas não está limitada, a propriedade por uma pessoa relacionada.

É nosso entendimento que esta mesma restrição deve se aplicar para fins da tributação de residentes em Portugal.

3.3. Concorrência fiscal internacional: o posicionamento de Portugal na rede brasileira de tratados

Os ADTs celebrados pelo Brasil com a Argentina, Áustria e Espanha contêm previsões que isentam no Brasil os dividendos recebidos de empresas domiciliadas nestes três estados. Consequentemente, estas jurisdições (mas principalmente Áustria e Espanha) concentram grande parte dos investimentos brasileiros no exterior.

O ADT Brasil – Portugal, diferentemente, adota o sistema de crédito. Assim, quando se trata de investimentos brasileiros no exterior, este ADT pode não ser a melhor via. Quando comparado com outros tratados que oferecem um sistema de insenção ?? eliminando a exposição à taxa brasileira (mais elevada). A situação só não é pior em termos de competitividade do ADT com os demais acordos celebrados pelo Brasil porque a Receita Federal adotou o entendimento – com o qual não concordamos – no sentido de que somente os lucros produzidos em tais jurisdições (Argentina, Áustria e Espanha) são isentos, não se incluindo no benefício os lucros produzidos em terceiros países e auferidos por meio de outras empresas controladas (*lower tier subsidiaries*).

Em suma, quanto a este ponto, é caso para dizer que a competitividade do ADT Brasil – Portugal tem sido assegurado por uma interpretação da lei brasileira promovida pela receita federal que, em nosso entender, não tem cabimento nem na letra daqui nem no tratado.

Sob a perspectiva do investimento Português no Brasil, o ADT não contém cláusulas que concedem *matching credits* e *tax sparrings*, tal como os tratados com a Holanda e Luxemburgo.

Por fim, o ADT também não contém limitações à alíquota de imposto de renda na fonte no Brasil , tal como o acordo com o Japão (12,5% para juros) e Bélgica (10% para royalties de direitos autorais).

3.4. Renegociação do Tratado como meio para a dinamização das relações entre os dois países?

Em face do que ficou escrito, somos levados a concluir que o Tratado Brasil-Portugal deveria ser objecto de renegociação a fim de o tornar em um instrumento propulsor das relações económicas entre os dois países.

Efetivamente, e sem prejuízo do estudo de soluções de fundo, como seja a concepção de uma convenção multilateral a vigorar no espaço lusófono, consideramos que, no plano tributário, o atual acordo não é adequado aos "laços de sangue" entre os dois países nem responde apropriadamente aos desafios colocados por uma crescente procura de investimento direto luso-brasileiro. Nesse sentido Portugal e Brasil deverão assumir-se como respectivas portas de entrada nos continentes em que se inserem, justificando-se por isso que, no plano tributário, sejam criadas condições para que o ADT Brasil-Portugal seja um instrumento verdadeiramente promotor de competitividade fiscal, dispensando o recurso a outras plataformas de investimento indutoras de complexidade e que potenciam o desvio do investimento brasileiro e português do espaço luso-brasileiro.

Lisboa/São Paulo, Junho de 2012.

Gravamen de las rentas del trabajo dependiente en el ámbito internacional: algunas cuestiones en torno al art. 15 MC OCDE

MARÍA BEGONA VILLAVERDE GÓMEZ
Profesora Contratada Doctora

ALIUSKA DUARDO SÁNCHEZ
Investigadora. Área de Derecho Financeiro y Tributário. USC

RESUMEN: En las actuales circunstancias económicas mundiales es cada vez más frecuente encontrar trabajadores desplazados a otros Estados distintos al de su nacionalidad. En este sentido adquiere especial interés conocer el régimen fiscal aplicable a las rentas obtenidas por tales trabajadores, por cuanto nos encontraremos con dos o más Estados interesados en el gravamen de las mismas. El art. 15 del MC OCDE constituye una vía para la resolución de los posibles conflictos, derivados, fundamentalmente, de la una posible doble imposición sobre la misma renta. Dicho artículo señala, a grandes rasgos, las reglas de gravamen de las rentas del *trabajo dependiente* o *por cuenta ajena*, siempre que el pagador de la remuneración sea el sector privado. En el presente trabajo se analizan las reglas de tributación planteadas por el artículo 15, así como los problemas que su interpretación plantea.

Palabras clave: Trabajadores, rentas del trabajo, Derecho internacional tributario, MC OCDE,

ABSTRACT: In the current global economic circumstances is very common to find workers displaced to the territory of another States. In this sense, is particularly interesting to know the tax treatment of income derived by such workers, because we find two or more States concerned in their assessment. The Art. 15 of the OECD MC provides a platform for resolving potential conflicts, arising mainly from a possible double taxation on such income. This article points out, in broad terms, the rules for taxation of income from dependent employment, as long as the payer of the compensation belongs to the private sector. This review discusses the tax rules raised by Article 15, as well as problems in its interpretation.

Key Works: Workers, earned income, tax international law, MC OCDE

1. Introducción

La importancia económica de las relaciones comerciales entre España y Portugal es alta para ambos territorios, si bien probablemente podría ser más intensa[1]. También es destacada la presencia de ciudadanos portugueses residentes en España. En 2009, residían en España 142.299 portugueses, frente a 8060 españoles residentes en Portugal[2]. A estos ciudadanos desplazados, habría que sumar la presencia de trabajadores transfronterizos, cuya cuantificación resulta imposible en la actualidad[3].

A nuestro modo de ver, resulta extraño que no haya generado más interés la tributación de las rentas laborales de los trabajadores desplazados entre España y Portugal, si atendemos al número de personas implicadas y las comparamos con las situaciones que se producen en otros Estados miembros de la Unión Europea, particularmente los centro-europeos, que han dado origen a la mayoría de los asuntos que se resuelven por el TJUE en materia de trabajadores desplazados.

En el caso concreto de los trabajadores españoles y portugueses, nos va a interesar el análisis del Convenio para evitar la Doble imposición firmado entre España y Portugal de 7 de noviembre de 1995, norma que deberá ser aplicada en primer lugar. Asimismo, no conviene perder de vista las directrices comunitarias sobre la materia, que vienen dadas por la Recomendación 94/79/CE, de 21 de diciembre de 1993, de la Comisión de la Unión Europea, relativa al régimen tributario de determinadas rentas obtenidas por no residentes en un Estado miembro distinto de aquel en el que residen. A ello debe añadirse, por su alta importancia, los pronunciamientos del TJUE que hacen referencia a la fiscalidad de los trabajadores comunitarios, que en numerosas ocasiones han dado lugar a la modificación de las normas internas.

Partiendo de la realidad social, a pesar de que el trabajo sea uno de los factores económicos con una movilidad menor, las actuales circunstancias económicas mundiales y el propio desarrollo tecnológico han propiciado que cada vez sea más frecuente encontrarnos con trabajadores desplazados a otros Estados

---

[1] Sirva de ejemplo que Portugal es el tercer destino en importancia de las exportaciones españolas
[2] Datos tomados del informe *El mercado de trabajo y la movilidad laboral entre Portugal y España – 2009*, publicado en España por el Observatorio de las ocupaciones, Ministerio de Trabajo y en Portugal por el Observatório do Emprego e Formação Profissional, del Ministério do Trabalho e da Solidariedade Social. Se puede consultar en http://www.sepe.es/contenido/observatorio/mercado_trabajo/1595-1.pdf.
[3] Por ejemplo, no es posible tomar datos de la Seguridad Social. Téngase en cuenta que en 2009 figuraban inscritos en la Seguridad Social española 56.043 trabajadores de nacionalidad portuguesa, pero ha de recordarse que se permite mantener la cobertura en la seguridad social originaria durante 5 años antes de causar alta en la española.

distintos al de su nacionalidad, bien de forma temporal, bien de forma permanente. De hecho, los Estados se han visto obligados a introducir normas relativas a los llamados impatriados y expatriados, para dar respuesta a las distintas cuestiones jurídicas que surgen ante tales situaciones.

En este sentido, adquiere especial interés conocer el régimen fiscal aplicable a las rentas obtenidas por tales trabajadores desplazados, por cuanto nos encontraremos con dos Estados – o más – interesados en el gravamen de las remuneraciones recibidas por el desarrollo de estos trabajos. En efecto, el modelo aplicado con carácter general establece un gravamen de la renta mundial obtenida por los residentes en un determinado Estado – obligación personal de contribuir –, con la característica de que a través de esta imposición se subjetiviza su tributación, teniendo en cuenta a la hora de fijar la cuantía a ingresar las circunstancias personales y familiares del obligado tributario, en aras a garantizar el respeto al principio de capacidad económica. A su lado, puede hablarse de un gravamen complementario sobre los no residentes, que recae sobre las rentas obtenidas en otros Estados distintos a los de su residencia -obligación real de contribuir-. Esto es, un modelo donde aparecen dos Estados legítimamente interesados en gravar una única renta.

Un segundo elemento a tener en cuenta para comprender la transcendencia que llegaría a tener la armonización de la fiscalidad directa respecto a los trabajadores comunitarios es el propio modelo seguido en los distintos Estados miembros para el gravamen de la renta de carácter personal[4]. En efecto, el modelo aplicado con carácter general establece un gravamen de la renta mundial obtenida por los residentes en un determinado Estado – obligación personal de contribuir –, con la característica de que a través de esta imposición se subjetiviza su tributación, teniendo en cuenta a la hora de fijar la cuantía a ingresar las circunstancias personales y familiares del obligado tributario, en aras a garantizar el respeto al principio de capacidad económica. A su lado, puede hablarse de un gravamen complementario sobre los no residentes, que recae sobre las rentas obtenidas en otros Estados distintos a los de su residencia – obligación real de contribuir –.

---

[4] A este respecto, el TJUE señaló que «siempre en orden al reparto de la competencia fiscal, no deja de ser razonable que los Estados miembros se inspiren en la práctica internacional y en el modelo de convenio elaborado por la OCDE (...)». (apartado 31 de la STJCE de 12 de mayo de 1998, Esposos *Gilly*, As C- 336/96). En sentido contrario, ha de tenerse en cuenta que los Estados Miembros de la Unión Europea no pueden aplicar CDI que sean contrarios al Derecho Comunitario, tanto si se trata de convenios firmados con posterioridad a la incorporación a la misma como si se trata de convenios anteriores en el tiempo. Vid. CALDERÓN CARRERO, J.M.: *La doble imposición internacional en los Convenios de Doble imposición y en la Unión Europea*, Aranzadi, Pamplona, 1997, págs. 229 y ss.

Trataremos de atender a estas cuestiones a lo largo del presente trabajo, planteando los principales problemas con las que se puede encontrar el trabajador desplazado entre España y Portugal.

En cuanto a las vías para la resolución de los posibles conflictos, vamos a seguir el art. 15 del Modelo de Convenio de la OCDE para Evitar la Doble Imposición (MC OCDE), en el que, a grandes rasgos, se señalan las reglas de gravamen de las rentas del que podemos denominar *trabajo dependiente* o *por cuenta ajena*, siempre que el pagador de la remuneración sea el sector privado. Recordemos además, que estas rentas sólo son obtenidas por personas físicas. La importancia de este artículo 15 deviene de la expansión que el MC OCDE ha alcanzado en las negociaciones bilaterales entre países miembros y aun fuera de este contexto. La generalidad de los modernos acuerdos para evitar la doble imposición internacional no sólo incluye dicha cláusula, sino que lo hacen sin mayores cambios a la redacción modélica; de la que, por otra parte, no difieren notablemente otras proformas importantes[5]. A pesar de esta utilización generalizada, casi al pie de la letra, del art. 15, su interpretación ofrece no pocas lagunas[6]. A ello nos referiremos a continuación.

2. El punto de conexión: la residencia.

En el art. 15 MC OCDE se establece como regla general el gravamen de las rentas del trabajo dependiente por el Estado de la residencia del trabajador, de manera que resulta fundamental señalar cuando se considera residente una persona física en el territorio de un Estado contratante. En este sentido, el art. 4 MC OCDE se remite a las legislaciones internas, si bien estableciendo ciertas pautas[7]. Como veremos, también el Estado de la fuente podrá gravar la renta del trabajo, cuando concurran determinadas circunstancias.

Por su parte, en la legislación interna española (art. 13 TR LIRNR), se atribuye la competencia para gravar la renta del trabajo a nuestra Administración tributaria de una forma más amplia que la que veremos a lo largo de los distintos apartados del art. 15 MC OCDE. En efecto, según el TR LIRNR, tributará en España la renta del trabajo conforme a tres puntos de conexión:

---

[5] En cualquier caso, téngase en cuenta que el art. 15 del Modelo de Convenio de las Naciones Unidas sobre doble imposición entre países desarrollados y subdesarrollados es casi enteramente idéntico al art. 15 del MC OCDE. Lo mismo sucede con el art. 15 del Modelo de Convenio de EE.UU. de 1996.

[6] A ello ha de añadirse que ni la letra del MC OCDE, ni las soluciones propuestas en este marco a los problemas de interpretación, son de carácter obligatorio. De este modo, el hecho de que un determinado país ajuste sus negociaciones al tenor del Modelo, no implica necesariamente una interpretación coincidente.

[7] Como señala HORTALÁ I VALLVÉ, no se trata de una remisión en blanco. Puede verse en *Comentarios a la red española de convenios de doble imposición*, Thomson-Aranzadi, Cizur Menor, 2007, pág. 118 y ss.

a) Lugar de realización: cuando el trabajo se desarrolle en España
b) Criterio del pago: remuneraciones satisfechas por un residente en España (personas físicas o entidades) o un establecimiento permanente situado en España. Esta regla no se aplica en el caso de que el trabajo se preste íntegramente en el extranjero y los rendimientos sean gravados por un impuesto de naturaleza personal[8].
c) Empleos realizados a borde de un buque o aeronave en tráfico internacional.

De este modo, España amplia el ámbito de imposición respecto a los supuestos en que se trate del Estado de la actividad, si bien únicamente en aquellos supuestos en que no se cuente con un convenio para evitar la doble imposición sobre las rentas del trabajo.

3. Ámbito objetivo: a qué se refiere el art. 15 MC OCDE

3.1. Rendimientos incluidos en el ámbito del art. 15 MC OCDE

Un importante aspecto que debe ser objeto de examen es la delimitación de las rentas que van a ser afectadas por el art. 15 MC OCDE, dado que nos vamos a encontrar con importantes diferencias respecto al concepto que podemos encontrar en el art. 17 de la Ley 35/2006, de 28 de noviembre, del impuesto sobre la renta de las personas físicas, que define las rentas del trabajo respecto de los trabajadores residentes[9].

En efecto, tomando como referencia el caso español, el precepto convencional ha sido redactado en unos términos más estrictos que la noción de renta del trabajo utilizada en el ordenamiento interno. Así, según el MC OCDE las retribuciones de trabajadores dependientes como los consejeros de sociedades, funcionarios públicos, pensionistas o rendimientos percibidos por estudiantes y personas en prácticas, normalmente contempladas como rendimientos del trabajo en la legislación doméstica, no se encuentran comprendidos en esta categoría, viéndose sometidos, no obstante, a un régimen de tributación diferente.

Este hecho ha llevado a clasificar la cláusula del art. 15 como una regla "general" a la par que "residual", aplicable en tanto no lo sean otras de índole más específica como las que acabamos de reseñar[10]. De esta manera, desde la pers-

---

[8] A juicio de HORTALÁ I VALLVÉ, la "expresión "íntegramente" se antoja excesiva, ya que de aplicase sin un mínimo de flexibilidad cuando una persona calificada de no residente se desplace a España, por ejemplo para un reunión de corta duración (..) verá gravar todas las rentas satisfechas por la Administración española". En HORTALÁ I VALLVÉ, *op.cit.*, pág. 525.

[9] A él se remite también el art. 13. 3 TR LIRNR.

[10] Vid, entre otros, AGUAS ALCALDE, E.: *Tributación internacional de los rendimientos del trabajo*, Aranzadi, Pamplona, 2003, pág. 108 y ALVAREZ BARBEITO, P.; CALDERON CARRERO, JM: *La*

pectiva interna, para completar el régimen de las rentas del trabajo por cuenta ajena, es necesario tener presentes estas otras disposiciones, las cuales, según PÖNTGENS, conforman junto al mencionado art. 15 un sistema "funcionalmente cerrado"[11]. De tal modo, la tributación de los rendimientos derivados un empleo viene cubierta en el MC OCDE por los siguientes artículos: los salarios y sueldos, así como otras remuneraciones similares por el artículo 15, las retribuciones a los consejeros (art. 16), funcionarios públicos (art. 19) pensiones privadas (art. 18), los rendimientos percibidos por estudiantes y personas en prácticas (art. 20), y finalmente, otros rendimientos (art.21)[12]. Estos artículos conforman el sistema "funcionalmente cerrado" del que habla PÖNTGENS.

Junto a estos preceptos, puede hacerse referencia, desde la perspectiva del derecho interno español, tanto al "desaparecido" art. 14 – rentas de trabajos independientes- como al art. 17 MC OCDE – relativo a las rentas de artistas y deportistas. Y ello porque algunos de los rendimientos que obtienen las personas físicas por sus actividades económicas por cuenta propia pueden dar lugar a dudas en torno a su inclusión como rentas derivadas de un empleo. En cuanto a los artistas y deportistas, pueden obtener rentas dentro de una relación laboral especial, pero aún cuanto sus actividades profesionales se lleven a cabo en el marco de un contrato de trabajo, se viene entendiendo que será de aplicación el art. 17 y no el art. 15 MC OCDE. Téngase en cuenta que, además de mantener el carácter residual del art. 15 MC OCDE respecto de los demás preceptos del convenio que tengan un ámbito más específico, el propio art. 17 comienza señalando que "no obstante lo dispuesto en los artículos 14 y 15...", lo que clarifica la aplicación preferente de este precepto dirigido a las rentas de artistas y deportistas frente a aquél que grava las rentas del trabajo dependiente.

Desde el punto de vista de la ausencia de definición de empleo o trabajo dependiente en el MC OCDE, su completa interpretación debe realizarse a la luz del Derecho interno de cada Estado. Eso sí, teniendo en cuenta las aportaciones a la delimitación de su ámbito que contiene el propio MC OCDE, que

---

tributación en el IRPF de los trabajadores expatriados e impatriados, Netbiblo, A Coruña, 2010, pág. 182.

[11] PÖNTGENS, F:. «Income for international private employment: an analysis of article 15 of the OECD Model Convention», International Bureau of Fiscal Documentation, doctoral series, Volume 12, 2006, pág. 4.

[12] Recordemos que el propio art. 15.1 MC OCDE comienza señalando que el mismo opera sin perjuicio de lo dispuesto en los artículos 16,18 y 19", cláusula que en la doctrina ha sido entendida como clarificadora del carácter residual del alcance del art. 15 MC OCDE; pero, en cuanto meramente interpretativa, "su ausencia no debería plantar mayores dudas en torno al criterio de especialidad de los referidos preceptos sobre el art. 15". (vid.: CALDERÓN CARRERO, J.M.: *La doble imposición internacional en los Convenios de Doble imposición y en la Unión Europea*, Aranzadi, Pamplona, 1997., pág. 185)

acaban de ser mencionadas. En el mismo sentido, Vega Borrego, señala que tal remisión "no puede entenderse como una remisión sin restricciones al Derecho interno. El significado que tiene este término (*empleo, trabajo dependiente o employment*) en el ámbito internacional permite afirmar que es necesaria una interpretación autónoma del precepto, exigiendo esta interpretación que sólo se traten bajo la órbita del art. 15 MC OCDE las remuneraciones de trabajos en los que concurren las notas de dependencia y ajenidad"[13].

3.2. Rentas sujetas: sueldos, salarios y remuneraciones similares. El régimen de las opciones sobre acciones.

Sin abandonar la delimitación objetiva, pero adentrándonos en la letra del art. 15 MC OCDE, resulta necesario establecer a qué rentas recibidas en concepto de retribución por el trabajo realizado va a ser de aplicación este precepto.

En este sentido, no queda clara la amplitud que debe darse a la expresión "sueldos, salarios y otras remuneraciones similares"[14], contenida en su primer párrafo. La ausencia de mayores aclaraciones sobre su significado ha sido interpretada una remisión a la ley interna del Estado que aplica el convenio. Y ello porque en este caso ha de tenerse en cuenta que no es posible extraer un significado contextual del convenio, tal y como permite el art. 3.2 MC.

De otra parte, también es cierto que la legislación interna del Estado que aplica el convenio resulta en este punto limitada por otras disposiciones del convenio – 16, 18 o 19 – que establece un régimen específico para otras rentas del trabajo en la normativa doméstica[15]. De la misma manera, los Comentarios al MC OCDE pueden dar lugar a la exclusión de determinadas retribuciones del ámbito del art. 15 MC OCDE a pesar de su tratamiento interno como rendimiento del trabajo, tal y como ocurre, por ejemplo, respecto de las rentas derivadas de planes de pensiones de tipo individual[16].

---

[13] Señala el autor como ejemplo que si la remisión se realizase en bloque, las pensiones por alimentos y compensatorias de fuente española estarían comprendidos en todo caso en el art. 15 MC OCDE, al tener naturaleza de rentas del trabajo tanto en el IRPF y el IRNR. Vid. "Rendimientos del trabajo y convenios para evitar la doble imposición", *Fiscalidad internacional*, 4º ed., CEF, Madrid, pág. 813-814.

[14] En realidad este no es ni mucho menos el único término poco preciso del artículo 15, por este motivo la interpretación ofrecida por la legislación nacional sobre este punto resulta si no decisiva, relevante.

[15] Un análisis más amplio puede verse en Malherbe, J.: *Droit Fiscal Internacional*, Lacier, Bruselas, 1994, pág. 359 o en Oberson, X.:, *Précis de droit fiscal internacional*, Saempfli Editions SA, Berna 2001, pág. 107

[16] En concreto, los Comentarios señalan que este tipo de rendimientos deben sujetarse a gravamen aplicando el art. 21 MC OCDE, relativo a otras rentas.

En esta dirección, la generalidad de las legislaciones domésticas toma como punto de partida un concepto amplio de rentas por razón de empleo y a partir del mismo excluyen de imposición determinados rendimientos por distintos motivos. Elemento común en la mayoría de las interpretaciones internas es la existencia de un nexo entre la remuneración y la actividad desarrollada. Este nexo ha de tener un carácter económico o empresarial, de manera que el mero interés personal no resulta suficiente[17].

En el plano doctrinal, MALHERBE sostiene que el art. 15 cubre todo lo que constituye una remuneración, lo que implica tanto el pago en moneda como en especie[18]. A esta conclusión se llega interpretando que el término "similar", referido a "sueldos" y "salarios", delimita su significado; de ello se infiere, a su vez, que el vocablo "remuneración", más amplio, contempla los dos anteriores. Por su parte OBERSON, establece que el art.15 cubre todas las actuaciones que se pueden valorar en dinero y tienen su causa en el empleo[19]. De esta manera, la renta salarial puede recibirse tanto en forma monetaria como en especie (opciones sobre acciones, seguros de vida y enfermedad...), tal y como se aclara en el párrafo 2.2 de los comentarios al art. 15 MC OCDE, tras su modificación en 2008.

Desde el punto de vista temporal, se incluyen en el objeto del art. 15 las rentas que tengan su causa o sean percibidas con motivo de la relación laboral mientras ésta perdure (rentas "por razón del empleo"), con independencia del momento en que tal renta sea pagada u obtenida por el trabajador[20]. Así, la condición para que, en su caso, el Estado de la fuente pueda gravar estas rentas radica en que los salarios o similares deriven del ejercicio del empleo en tal Estado, resultando irrelevante a estos efectos el momento en que tal renta sea

---

[17] Esto último es aplicable en países como Bélgica, Francia, Alemania, Países Bajos, Reino Unido y Estados Unidos. Así, el art. 30 del Código Belga del Impuesto Sobre la Renta hace referencia a todos aquellos pagos que están conectados con el trabajo del empleado ejecutado para su empleador; el art. 79 del Código General de Impuestos francés a las compensaciones recibidas como empleado (subordinación legal); mientras que la sección de 19 del EStG alemán, que contiene la Ley del Impuesto Sobre la Renta se refiere a la remuneración por servicios prestados en empleo privado. Por su parte, en los Países Bajos, según el art. 10 de la Ley del Impuesto Sobre los Salarios, salario es todo aquello disfrutado por razón de empleo y, por último, de acuerdo con Ley del Impuesto Sobre la Renta (ganancias y pensiones) de Reino Unido, la remuneración a considerar debe derivarse de un empleo. En el terreno legislativo, la normativa inglesa (Sección 22 Income Tax (Earning and Pensions) Act de 2003, estatuye que cualquier gratificación, ganancia o beneficio incidental de cualquier tipo obtenido por el empleado, si contiene dinero o valor en dinero debe ser considerada una "remuneración similar" a sueldos o salarios en el sentido del art. 15 del MC OCDE.

[18] MALHERBE, J. *op. cit.*, pág. 359.

[19] OBERSON, X.:, *op.cit.*, pág. 107.

[20] Párrafo 2.2 de los comentarios al art. 15 MC OCDE en su versión del 2008.

pagada u obtenida por el trabajador. De este modo, parece que el propio art. 15.1 MC OCDE intenta un deslinde negativo de este tipo de rentas. Como resultado, las rentas que se perciban después de cesar la relación laboral –como las pensiones- o que no tengan conexión con tal relación –pensiones compensatorias entre cónyuges- no caen en el ámbito del art. 15, sin importar la normativa interna a estos efectos[21], debiendo tributar bien como pensiones, en el art. 18, bien como otras rentas en el art. 21[22]. Sin embargo, según los Comentarios al MC OCDE, van a resultar incluidas en el ámbito del art. 15 MC OCDE las cantidades percibidas como indemnizaciones abonadas en supuestos de cambio de puesto de trabajo o por pasar a ejercer otro empleo. Ahora bien, en el supuesto de que estas indemnizaciones tengan el mismo carácter que las prestaciones de la previsión social deben seguir el régimen de las pensiones, a las que, recordemos, el MC OCDE reserva el art. 18. Esta misma calificación se atribuye a las sumas a tanto alzado recibidas en sustitución de una pensión con motivo del cese de una relación laboral, manteniéndose ajenas al ámbito del art. 15 MC OCDE.

Debe destacarse asimismo el interés que se ha manifestado por la OCDE en cuanto a la tributación de las llamadas *stock options* u opciones sobre acciones. En efecto, a través del informe *Cross-border income tax issues arising from employee stock-options plans* (16 de junio de 2004) se han señalado ciertas pautas en cuanto a su tributación.

Debemos tener en cuenta, con carácter general, que las rentas procedentes de las opciones sobre acciones pueden ser calificadas como rendimientos del trabajo –en algunos ordenamientos incluso como rendimientos del capital[23]- , o como ganancias patrimoniales. Predomina su entendimiento como renta del trabajo siempre que se trate de una retribución que traiga causa de una relación derivada de un contrato de trabajo. Ahora bien, la renta puede ser gravada en distintos momentos: cuando la opción es concedida; cuando la opción es entre-

---

[21] Calderón Carrero, J.M.: "Trabajos dependientes", *Convenios fiscales internaciones y fiscalidad de la unión europea*, Ciss, Valencia, 2011, pág. 467

[22] Naturalmente, a salvo que el CDI disponga otra cosa. Por ejemplo, el CDI España-Filipinas establece expresamente en el apartado 4 del art. 18 que "El término «anualidad» empleado en este artículo significa una suma prefijada pagada periódicamente a fecha fija en virtud de una obligación, con carácter vitalicio o durante un período de tiempo determinado o determinable", lo que permite incluir en su ámbito las pensiones compensatorias. En el caso del convenio con Estados Unidos se regula en detalle el tratamiento de las «pensiones alimenticias», entendida como "pagos periódicos efectuados conforme a un acuerdo de separación por escrito o a una sentencia de divorcio, manutención separada, o ayudas obligatorias, respecto de los cuales el perceptor esté sometido a imposición con arreglo a las leyes del Estado del que es residente" (art. 20.3)

[23] En efecto, se trata de una renta un tanto especial dado que constituye una decisión de inversión de capital que realiza el trabajador.

gada al trabajador[24], en la medida en que la concesión y la entrega no suelen coincidir en el tiempo o, finalmente, cuando las participaciones son entregadas. Otras rentas podrán ser producidas, ya de una manera indirecta, por las participaciones derivadas de las opciones ejercitadas, pero en tales casos, estaremos ante ganancias de patrimonio o rendimientos del capital mobiliario, en función de establecido en los diferentes ordenamientos internos.

Hecho este planteamiento general, si atendemos ahora al informe de la OCDE de 2004, nos vamos a encontrar con que en el mismo se reconoce la existencia de un doble tipo de ingresos: rentas del trabajo y ganancias de patrimonio (o de capital, según el art. 13 MC OCDE). Estaremos ante rentas del trabajo en el caso de que se haya otorgado una opción sobre acciones a un trabajador, en el marco de una relación laboral, sujeta a los dictados del art. 15 MC OCDE. También estarían en el marco del art. 15 MC OCDE los supuestos de entrega de opciones, en el caso de que el trabajador pueda ir adquiriendo acciones sobre la base de una opción que no es revocable hasta que haya transcurrido un determinado período de tiempo. Sin embargo, en el caso del ejercicio o enajenación de las acciones procedentes de la opción nos hallaremos ante ganancias de patrimonio.

Especial interés presenta el apartado 12 de los comentarios, cuando señala que "las opciones sobre acciones se gravan en un momento temporal (cuando se ejercita la opción o se venden las acciones) diferente a aquel en que en que se han prestado los servicios que estas opciones vienen a remunerar"[25]. La cuestión temporal, pues, resulta clave en este caso. El mismo apartado de los Comentarios termina por señalar que el Estado de la actividad puede gravar los rendimientos derivados de opciones sobre acciones sólo en el caso de que procedan de la relación laboral previa a la concesión de tal opción; en el caso de ser posterior o no se determine el período de tiempo que remuneran, no podrá ejercer derecho de gravamen alguno dicho Estado de la actividad.

Asimismo, en los Comentarios al art. 15 MC OCDE también se ha incluido una mención al supuesto en que las opciones sobre acciones deriven de una relación laboral de carácter dependiente realizada en más de un Estado "será

---

[24] Es el momento en que el trabajador puede usar la opción concedida para adquirir las participaciones correspondientes.

[25] Pueden verse numerosas resoluciones de la Dirección General de Tributos (entre otras, núm. 1.524/2009, de 25 de junio [JUR 2009, 373189] , 1.336/2009, de 5 de junio [JUR 2009, 372894] o 998/2009, de 7 de mayo [JUR 2009, 359291]). También cabe hacer referencia a pronunciamientos del propio Tribunal Supremo a este respecto, como el de fecha 30 de abril de 2009 (RJ 2009, 3238) , en cuya sentencia se dice que «el rendimiento en las "stock options" no es la concesión de la opción en sí mismo considerada (mera expectativa) sino el que se deriva para el trabajador en el momento de hacer aquélla efectiva».

necesario determinar qué parte de la renta derivada de la opción corresponde al trabajo dependiente realizado en cada país". Lógicamente, se establecerá la correspondiente corrección de la doble imposición que se produzca.

4. Atribución de la potestad de imposición.

En cuanto a la potestad de imposición, en el artículo que venimos analizando se han identificado cuatro reglas o principios de distribución del poder tributario[26]. En sentido general, tales reglas se traducen en tres sistemas fundamentales que dependen principalmente del lugar donde se ejerce el empleo, aunque también deben tomarse en cuenta otras circunstancias. De este modo, los ingresos del trabajo son gravados bien en el Estado de residencia, bien en el Estado donde este se lleve a cabo; o se gravan de forma compartida en ambos, acudiendo a un sistema de cómputo según el cual las autoridades receptoras transmiten ciertos ingresos al país de residencia o de trabajo, respectivamente[27]. Las circunstancias y requisitos que deben existir para acudir a alguno de estos sistemas nos compelen a realizar un análisis diferenciado de cada una de dichas reglas.

4.1. La regla de la tributación exclusiva en el Estado de la residencia

Señala el art. 15 MC OCDE que "...los sueldos, salarios y otras remuneraciones similares obtenidos por un residente de un Estado contratante en razón de un empleo sólo pueden someterse a imposición en ese Estado, a no ser que el empleo (o trabajo dependiente) se desarrolle en el otro Estado contratante."

Esta parte de la primera oración del art.15 establece la regla según la cual el Estado de residencia del trabajador tiene el derecho exclusivo sobre los impuestos en concepto de "sueldos, salarios y otras remuneraciones similares" recibidos por el empleado de conformidad con su empleo. De este modo, el Estado de la actividad sólo puede someter a gravamen las rentas dc un trabajador residente de otro Estado en la medida en que el mismo se desplace físicamente a su territorio para prestar allí sus servicios. Ahora bien, de producirse esta circunstancia de una verdadera presencia física o desplazamiento personal efectivo, la capaci-

---

[26] HINNEKENS identifica tres reglas, exceptuando la más específica relativa a la tripulación de los buques y las aeronaves. HINNEKENS, L.: «The salary split and the 183-day exception in the OECD Model and Belgian tax treaties (part 1)», *Intertax*, nº 8/9, 1988, págs. 231 – 232. Este mismo sistema es seguido en el ámbito nacional por CALDERÓN CARRERO, *op. cit.*, si bien este añade la cuarta regla relativa al trabajo a bordo de buques y aeronaves en el transporte internacional. Por otra parte, en los Comentarios al MC OCDE no se hace distinción alguna entre la primera y la segunda regla. En este sentido, la OCDE parece entender el art. 15. 1 MC OCDE como una sola regla, en cuyo contexto la atención mayoritaria es dispensada a la imposición en el Estado donde el servicio es prestado.

[27] Parlamento Europeo, «Los trabajadores fronterizos en la Unión Europea (resumen)» W-16a, págs. 6-7.

dad de gravamen del Estado de la actividad también se encuentra limitada en el sentido de que únicamente puede gravar al trabajador por la renta derivada de su trabajo en su territorio o desde su territorio.

Aunque pueden darse distintas interpretaciones, a nuestro modo de ver, frente a la finalidad reductora de la segunda regla – que, como veremos, exige la concurrencia de tres requisitos-, el art. 15 MC OCDE no excluye la tributación en el Estado de la actividad de las rentas generadas en visitas de corta duración.

Existe en la literatura jurídica una polémica sobre la posición que ocupa esta primera regla del art. 15 en el sistema de tributación de las rentas provenientes de un empleo y también respecto a su posible "función paraguas"[28] o, lo que es lo mismo, a su función como regla general que vendría a cubrir cualquier otro componente de la renta no contemplado en otras disposiciones más específicas[29]. En tal caso, el art. 15 MC OCDE sustituiría al art. 21 MC OCDE – relativo a "otros ingresos" – que quedaría sin aplicación respecto a las rentas procedentes del trabajo dependiente. Así, PROKISCH describe la disposición del art 15.1 (primera parte) como una "regla de retorno"[30], aplicable siempre que los ingresos en cuestión puedan calificarse como rentas del empleo y siempre que se haya descartado la aplicación de otras disposiciones más específicas, incluyendo la segunda parte del enunciado 1 y el apartado 3 del propio art. 15 MC OCDE.

Sin embargo, SCHAUMBURG opina que la primera regla del art.15 MC OCDE desempeña un papel más importante puesto que atribuye, como punto de partida, el derecho de imposición al Estado de la residencia[31]. Estos dos autores son representativos de las principales líneas de pensamiento en torno al papel de las reglas primera y segunda del art. 15. Mientras PROKISCH se une a la tendencia de considerar la tributación en el Estado de la actividad como regla general, SCHAUMBURG parece asignar este papel a la primera regla de la tributación exclusiva en el Estado de la residencia. Tal discusión, por supuesto, no altera la función "paraguas" que el art. 15, y en particular el apartado primero, puedan tener.

4.2. La tributación en el Estado de la Actividad

Seguidamente, el art. 15 M C OCDE contiene una segunda regla, conforme a la cual los "sueldos, salarios y otras remuneraciones similares obtenidos por un resi-

---

[28] PÖTGENS, *op, cit.*, pág. 140.

[29] Como los arts. 16, 17, 18, 19 y 20 o el propio 15.3 MC OCDE.

[30] PROKISCH, R.: «Does it makes sense if we speak of an "international tax language"?», en VOGEL. K., *Interpretation of Tax Law Treaties and Transfer Pricing in Japan and Germany*. Series on international taxation, Kluewer Law International, London, 1998, pág. 886.

[31] SHAUMBURG, H.: *Internationales Steuerrecht*, Verlag Dr. Otto Schmidt, Cologne, 1998, p. 991. En este mismo sentido en la doctrina interna CALDERÓN CARRERO, *op., cit.* pág. 408

dente de un Estado contratante en razón de un empleo" pueden gravarse en el Estado de la actividad del empleado cuando dicha actividad se desarrolla, total o parcialmente, en territorio de este último Estado (de la actividad)[32].

La segunda regla contemplada en el art.15.1 MC OCDE se basa en la existencia de una relación económica suficiente con el Estado de Trabajo (principio de lealtad económica); al mismo tiempo, la tributación de los rendimientos del trabajo está relacionada con el lugar (territorio) en que los ingresos se producen (principio de territorialidad). De este modo si el empleado residente en un Estado se desplaza al territorio de otro Estado contratante para ejercer su empleo, este Estado de la actividad ostenta un derecho de gravamen sobre la renta salarial correspondiente al ejercicio del empleo en su territorio, sin que se fije un techo impositivo respecto al gravamen de dicho Estado de la actividad, el cual, por otra parte, no puede gravar más que la renta salarial – derivada del ejercicio del empleo – correspondiente al tiempo en que el empleado esté físicamente presente en su territorio[33]. Por tanto, el salario del empleado correspondiente a trabajo realizado desde su Estado de residencia pero cuyo resultado se utiliza en el otro Estado contratante no puede ser sometido a imposición por este último.

Por otra parte este principio de territorialidad, puede requerir precisiones adicionales debido a la aplicación de nuevas tecnologías, que pueden dar lugar a la preponderancia del principio de residencia. En la economía de Internet, sin ir más lejos, muchos trabajadores son técnicamente capaces de realizar todos, o casi todos, los servicios desde su Estado de residencia sin desplazarse al país vecino, lo que puede reducir el ejercicio efectivo del empleo en el Estado de trabajo[34]. En este sentido PÖTGENS considera que el ejercicio del empleo y el elemento físico aún pueden ser suficientes para satisfacer esta relación económica, porque en realidad un empleado hace uso de la infraestructura física del Estado de la actividad (por lo general, el trabajador no contribuye a la financiación y mantenimiento de esta infraestructura) por lo cual ese Estado debe ser compensado a través de la asignación de derechos de imposición[35].

Desde otro punto de vista, algunos autores consideran que esta regla se hace eco del principio de tributación compartida. No creemos que este sea el caso a menos que se aprecie que la primera y la segunda reglas conforman en realidad una sola tal y como apunta la oscura redacción conjunta del art. 15.1 del

---

[32] Vid. párrafo 1 de los Comentarios al art 15 en su versión de 2008.

[33] CALDERÓN CARRERO, *op.cit.*, pág. 471.

[34] HINNEKENS L.: «The EC compatibility of frontier workers´ taxation according to the Belgian-Dutch Treaty», *EC Tax Review*, nº. 3, 1997, pág. 176.

[35] PÖTGENS, *op, cit*, pág. 66.

MC OCDE. No obstante, dado que los propios comentarios al Modelo, establecen que la regla general consignada en el art 15, es la regla de tributación "en el Estado donde la actividad se desarrolla", hemos decidido abandonar la línea doctrinal española, conformada por CALDERÓN CARRERO, que ha denominado la segunda regla como regla de tributación compartida[36]. En ocasiones nos referiremos además al principio de territorialidad, dado que, en última instancia, es éste el principio subyacente en la redacción del art. 15.1, en relación con la segunda parte de la primera oración.

Como resultado de la aplicación de esta segunda regla debe tenerse en cuenta que, en general, implica que el Estado de residencia del empleado ha de eliminar la doble imposición sobre la base de los tratados fiscales.

Asimismo, el Estado de la actividad no puede gravar más que la renta salarial – derivada del ejercicio del empleo – correspondiente al tiempo en que el empleado esté físicamente presente en su territorio[37]. Por tanto, el salario del empleado correspondiente al trabajo realizado desde su Estado de residencia pero cuyo resultado se utiliza en el otro Estado contratante no puede ser sometido a imposición por este último. Aquí juega un importante papel la expresión "se desarrolla"[38] adoptada por el art 15.1 MC OCDE, dado que para la aplicación de esta regla el empleo debe desarrollarse en el Estado de la actividad. Esta expresión debe ser considerada en relación con el término "empleo", e interpretada con la ayuda del art. 3.2 MC OCDE, por el que se hace referencia a la necesidad de considerar, en primera instancia, el Derecho interno de los Estados, es decir, habrá que atenerse a lo que cada Estado entienda por "desarrollo" o "ejercicio" de un empleo. Una revisión de la legislación nacional de algunos Estados muestra que a menudo se exige una conexión entre la prestación de servicios y la presencia física del trabajador[39]. Téngase en cuenta que para fijar su tributación se opera sobre la base de "días trabajados con presencia física" y

---

[36] Naturalmente, cuando es el Estado de la actividad el que puede gravar la renta del trabajo dependiente aparece una tributación compartida, puesto que el Estado de la residencia siempre puede gravar dicha renta, debiendo corregir la doble imposición. Pero evitar considerar que se trata de una segunda regla sino entender que existe una única regla respecto al párrafo 1 permite comprender mejor este complejo artículo. Como señala VEGA BORREGO, es mucho más clarificadora una lectura en positivo del art. 15.2 MC OCDE. En: "Rendimientos del trabajo y convenios para evitar la doble imposición", *op, cit.,* pág. 818.

[37] CALDERÓN CARRERO, *op.cit,* pág. 471.

[38] O "se ejerce", atendiendo a una traducción más literal de la versión en inglés del art. 15. La transcripción del MC OCDE a varios idiomas añade no pocas complicaciones a su ya problemática interpretación. Sobre el particular, PROKISCH, R.: «Does it makes sense if we speak of an "international tax language"», *op. cit.*

[39] Sobre el tema de la presencia física ver *infra* la cuestión de los 183 días.

no sobre la base de la duración de la actividad, método empleado en algunos Estados, pero que rechaza la OCDE. De este modo, para la OCDE, el criterio relevante en la segunda regla es el lugar donde está físicamente presente el trabajador cuando realiza las actividades correspondientes a su ejercicio: así los trabajadores desplazados pueden ser sometidos a imposición en el Estado de la actividad por el salario correspondiente al número de días en que efectivamente realizan actividades en su territorio.

Del mismo modo, respecto al aspecto temporal, los comentarios (párrafo 2.2.) enfatizan que la condición a la que tal precepto sujeta la tributación en el Estado de la fuente reside en que los salarios o remuneraciones similares deriven del *ejercicio* de empleo en tal Estado, sin importar el momento en que la renta es pagada o definitivamente adquirida por el empleado[40]. Esto puede resultar de particular importancia en el caso de las opciones sobre acciones concedidas a los trabajadores y que se consideran rendimientos del trabajo. El hecho de que la compensación se hace a fin de aumentar la dedicación del trabajador a la empresa y hacer que ésta sea más atractiva para el personal cualificado constituye, para algunos, una conexión suficiente con la relación de trabajo. Los comentarios al art. 15 del MC OCDE confirman este criterio (párrafos 2.1 y 12). No obstante, tal consideración la tendrán en tanto las opciones no sean ejecutadas, o enajenadas en cualquier forma, en cuyo caso pasan a considerarse inversiones y a tributar conforme al art. 13 (párrafo 12.2 de los comentarios al art. 15 del MC OCDE)[41]. Recordemos como las *stock options* son, en la práctica, una forma frecuente de aparición de compensación diferida.

4.3. Excepción a la segunda regla: Tributación exclusiva en el Estado de la residencia del empleado

El art. 15.2 MC OCDE viene a establecer una excepción a la regla de tributación en el Estado de la actividad[42]. Lo cierto es que esta regla fue originalmente concebida para facilitar la asignación de empleos en el extranjero que fueran de corta duración. La referencia a la "corta duración" fue borrada de los comentarios en

[40] CALDERÓN CARRERO, *op.cit*, pág. 471.

[41] En 2005, las observaciones sobre el art. 15 disertaron sobre este tema, el comentario proporciona un análisis sobre la forma en que los beneficios de las opciones sobre acciones deben asignarse a los servicios prestados en el Estado de trabajo, así como el período tomado en cuenta para esta asignación. También sugiere que los beneficios de las *stock options*, deben asignarse tomando en cuenta los servicios prestados durante el período comprendido entre su concesión y la irrevocabilidad de las mismas.

[42] Art. 15.2: No obstante lo dispuesto en el apartado 1, las remuneraciones obtenidas por un residente de un Estado contratante en razón de empleo realizado en otro Estado sólo pueden someterse a imposición en el Estado mencionado en primer lugar si:

su revisión de 1992 y re-incluida en el párrafo 6.2 de los Comentarios al art. 15.2 b) y c) en las modificaciones del año 2000[43].

En realidad, la redacción del MC OCDE es bastante oscura, por lo que la manera en que se plantea lleva a pensar que esta tercera regla del art. 15.2 simplemente establece los requisitos de aplicación de la señalada como primera regla. Asimismo, el hecho de que sea tratada como una excepción[44] por el propio art 15.1, avala la conclusión de que la regla general de esta disposición descansa en la tributación en el Estado de trabajo. De este modo, sería más afortunada una redacción en la que se establezca, por un lado, la tributación en el Estado de la fuente (art 15.1, segunda parte de la primera oración) y por otra, la tributación en el Estado de residencia. No obstante, la existencia de la primera regla se justifica "por sí sola", es decir, sin acudir a los requisitos planteados en el 15.2 MC OCDE, en su ya explicada función de "retorno", o de "paraguas"[45]; en fin, como regla aplicable a aquellos componentes de las rentas derivadas de un empleo que no pudieran calificarse conforme al resto de disposiciones que integran el sistema de tributación diseñado por la OCDE para este tipo de rendimientos.

En sentido general, el cumplimiento de la tercera regla tiene como consecuencia que los principios de la primera regla vuelvan a aplicarse. Es decir, el Estado de la residencia tiene el derecho exclusivo de gravar los rendimientos del empleo, siempre que las condiciones que describiremos a continuación concurran simultáneamente, como se desprende de la conjunción copulativa "y" usada en la letra b) de este precepto. Seguidamente, realizaremos un análisis de las condiciones señaladas.

4.3.1. El criterio de la permanencia: la regla de los 183 días

El trabajador no debe permanecer el territorio del Estado de la actividad por un periodo o períodos que excedan de 183 días en cualquier período de doce meses que comience o termine en el año fiscal considerado.

a) el perceptor permanece en el otro Estado durante un período o periodos de tiempo cuya duración no exceda, en conjunto, de 183 días en cualquier período de doce meses que comience o termine en el año fiscal considerado y;

b) las remuneraciones son pagadas por, o en nombre de, un empleador que no sea residente del otro Estado y;

c) las remuneraciones no son soportadas por un Establecimiento Permanente (EP) que el empleador tenga en el otro Estado."

[43] Aunque algún autor mantiene que la finalidad de esta cláusula es impedir al Estado de la actividad que grava las rentas derivadas de estancias de corta duración. Vid. VEGA BORREGO, *op. cit.*, pág. 820.

[44] La conclusión de que se trata de una excepción de se desprende de la frase "no obstante lo dispuesto en el apartado 1" con que abre el apartado 2.

[45] *Vid supra.*

La expresión "permanece" del art 15. 2 a) apunta a la presencia física del trabajador[46], aunque la razón por la cual el empleado en cuestión está presente físicamente en el Estado de trabajo es, en principio, irrelevante. En cuanto a este aspecto, el término "permanece" debe distinguirse del "ejercicio" o "desarrollo del empleo". En efecto, para la determinación del período de 183 días, según los cometarios del modelo de la OCDE, no es relevante si la permanencia está o no relacionada con el ejercicio del empleo, por lo que los días festivos pasados en el Estado de trabajo también pueden ser tenidos en cuenta[47]. Tampoco se requiere que esta permanencia corresponda a la actividad prestada a un único empleador o empresario, debiendo sumarse los días aunque correspondan a empleadores diversos.

Por otra parte un "día", en el sentido del art. 15.2.a), debe ser entendido como un día de calendario. La descripción incluida en el párrafo 5 de los Comentarios 1992-2008, sostiene que la presencia en el Estado de la actividad durante una parte de un día civil también se considera como un día entero a efectos del cálculo de los 183 días. De este modo, podría entenderse que unos pocos minutos pasados en este Estado ya dan lugar a un "día". En el caso de empleados que realizan actividades móviles, este hecho puede enfrentarlos a la asignación del derecho de imposición a varios Estados de la actividad debido a que el umbral de 183 días puede haberse excedido en los respectivos tratados fiscales. Todo ello se traduce en una mayor carga para las distintas administraciones fiscales y dificultades de aplicación. Por otra parte, actuaciones idénticas en este Estado podrían ser objeto de diferentes consecuencias fiscales sólo porque están organizadas de forma diferente desde una perspectiva temporal.

El párrafo 5 del Comentario sobre el art. 15 MC OCDE 1992-2008, también determina qué días deben tenerse en cuenta para el cálculo de los 183 días y cuáles deben excluirse[48]. Como ya ha sido apuntado, no se requiere una relación objetiva entre estos días y el ejercicio del empleo en el Estado de Trabajo[49]; no obstante, este requisito se impone con respecto a ciertos días para evitar una

---

[46] Párrafo 5 del Comentario sobre el art. 15 del Modelo de la OCDE desde1992-2008.

[47] *Contrario sensu*, CALDERÓN CARRERO consideran que sólo debería tenerse en cuenta la permanencia en el Estado de trabajo justamente por razón de la actividad. Así estos autores entienden que "el desplazamiento -y la presencia física- motivado por razones distintas al ejercicio de un empleo no debe computarse a estos efectos." CALDERÓN CARRERO, *op.cit*, pág. 472.

[48] De forma muy minuciosa se expone que se computan parte de un día, día de partida y los demás días pasados en el territorio de la actividad, incluyendo los sábados, domingos, fiestas nacionales, vacaciones disfrutadas antes, durante o después de la actividad, interrupciones de corta duración –como las derivadas de una huelga-, los permisos de enfermedad propia o de un familiar, etc.

[49] Ahora bien, se computan los "días no trabajados" cuando la presencia en el Estado de la fuente tenga alguna relación con el empleo.

aplicación excesivamente rígida del método basado en "días de presencia física", por ejemplo, en el caso de días en tránsito[50]. De la misma manera, el nuevo parrafo 5.1 de los comentarios al art. 15 MC OCDE deja claro que no pueden tenerse en cuenta los días en que el empleado es a su vez residente en el Estado de la actividad; esto es, esta regla no se aplica a quien reside y trabaja en el mismo Estado. Así, las palabras relativas a los días en que el empleado está presente hacen referencia al destinatario de las remuneraciones, que no pueden, a su vez, ser obtenidas por un residente en un Estado contratante en razón de un empleo obtenido en otro Estado.

Por otra parte, pueden producirse situaciones de doble imposición o exención; así, en el caso de que un Estado considere que para determinar los 183 días sólo hay que tener en cuenta aquellos días en los que el trabajador residía en un Estado contratante mientras estaba presente en el otro, en tanto su contraparte opina que todos los días en que el empleado estuvo presente en el otro Estado han de tenerse en cuenta, incluso si éste cambió su residencia en el transcurso de la actividad, haciendo coincidir el Estado de la actividad con el de residencia. Estos puntos de vista divergentes, constituyen un conflicto de interpretación en el sentido descrito en el Comentario sobre el art. 23 del Modelo de la OCDE 2000-2008 (párrafo 32.5). Tales conflictos de interpretación deben resolverse por medio del procedimiento de acuerdo mutuo o de una disposición específica en el respectivo tratado fiscal. No obstante, los Comentarios al MC OCDE establecen claramente que los días en el contribuyente es residente en el Estado de la fuente no deben ser tenidos en cuenta, dado que el inciso a) tiene que ser entendido en el contexto de la primera parte del párrafo 2, que se refiere a "las remuneraciones obtenidas por un residente de un Estado contratante por razón de un empleo ejercido en el otro Estado contratante", que no se aplica a una persona que reside y trabaja en el mismo Estado[51].

Por último, los 183 días se calculan en un período que se inicia y/o termina en el año fiscal en cuestión. Tal periodo está claramente destinado a ampliar la aplicación de la regla de tributación en el Estado de Trabajo cuando se superen los 183 días. Desde esa perspectiva, no hay necesidad de fijar el inicio o la terminación del período de referencia en un día determinado. Cualquier día se puede tomar en cuenta para este propósito[52]. Como puede verse, no sólo ésta,

---

[50] PÖTGENS, op. cit., pág. 849. Los comentarios al artículo del MC OCDE no incluyen una descripción de lo que debería considerarse como "estancias cortas". Tampoco confirman la restricción a la presencia de menos de 24 horas en lo que respecta a días de tránsito, dado que, la restricción que se incluyó en el informe de 1991 de la OCDE ha sido eliminada.

[51] Párrafo 5.1, añadido a los Comentarios del MC OCDE en 2008.

[52] Modificaciones de 2005 al párrafo 4 del Comentario al art. 15 del MC OCDE.

sino la mayoría de las interpretaciones ofrecidas por los Comentarios OCDE sobre este requisito, están destinadas a que el periodo de los 183 días pueda ser superado con facilidad, favoreciendo claramente la tributación en el Estado de la actividad.

4.3.2. El criterio del pagador de la remuneración del trabajador.

La idea rectora del segundo requisito es que se atribuye la potestad de imposición al Estado de la residencia en aquel caso en que las remuneraciones sean pagadas "por, o en nombre de" un empresario o "empleador" que "no" sea "residente" en el Estado de la actividad, esto es, bien que tenga su residencia en el mismo Estado que el trabajador, bien en un tercer Estado. En sentido opuesto, para que el Estado de la fuente tenga la potestad de imposición se requiere que la renta del trabajo sea pagada por, o en nombre de, un empleador que sea residente en el Estado de la actividad.

Ahora bien, la interpretación de este segundo criterio de atribución de potestad de imposición requiere el análisis de tres elementos claves, que vienen determinados por las expresiones: "empleador", "pagado por o en nombre de" y "residente", aspectos que analizaremos a continuación.

a) ¿Quién es el empleador?

En primer lugar, hemos de apuntar que el término "empleador" no se encuentra definido a efectos del art.15 .2. b) MC OCDE, por lo que sobre este particular resulta especialmente relevante la interpretación ofrecida por las distintas legislaciones domésticas, con el plácet del art 3.2 MC OCDE.

No obstante, el Borrador del Grupo de Trabajo del Comité de Asuntos Fiscales *Revised draft changes to the commentary on paragraph 2 of article 15* (de fecha 12 de Marzo en 2007)[53], ofrece algunas pautas de interpretación. En concreto, esta propuesta hace distinción entre los Estados que se inclinan por una definición "formal" del término "empleador", destacando la celebración por escrito de un contrato de trabajo y aquellos otros que siguen un enfoque "material" o "económico"[54]. España parece inclinarse por un criterio material, dado que el art 8.1 del Estatuto de los Trabajadores presume la existencia de una relación laboral entre dos personas, siempre que uno de ellos preste un servicio

---

[53] Basado en el Borrador de 5 de abril de 2004, sobre propuestas de aclaración del párrafo 2 del art. 15 del MC (*Proposed clarification of de scope of paragraph 2 of article 15 of the model tax convention*). Este documento está llamado a sustituir el contenido actual del párrafo 8 de los Cometarios al art. 15 del MC OCDE; no obstante, en las últimas modificaciones realizadas en 2008, tal cambio no se había producido.

[54] Vid., al respecto, HORTALÁ I VALLVÉ, J.: *op.cit.*, pág. 519 y ss ALVAREZ BARBEITO, P.; CALDERON CARRERO, JM: *op. cit.*, pág. 194 y ss.

por cuenta y dentro del ámbito de *organización y dirección* de otro, que lo recibe y ofrece a cambio una retribución. Si nos atenemos a esta presunción, el elemento de control y el elemento económico – soporte de los costes salariales –, vendrían a determinar la existencia del empleador, al margen de las formalidades contractuales.

Por otra parte, también acudiendo a un criterio material, el documento concede un papel destacado a la prueba o test de integración a fin de determinar quién puede ser considerado como un empleador en el sentido del art. 15.2.b) MC OCDE. Esta prueba constituye una especie de pre-selección, empleada para evaluar, en particular, si las actividades asignadas al empleado están en consonancia con los servicios que presta la empresa en cuestión. No obstante, DE BROE considera que incluso en los países que recurren al test de integración para determinar la presencia de una relación laboral e identificar a una de las partes como "empleador", el elemento de control continúa siendo esencial[55]. Subraya el autor que, desde la perspectiva de la estructura del modelo de la OCDE, la prueba de integración podría ser aplicada tanto a efectos del art. 9 y para dar explicación a la expresión "pagado por, o en nombre de" del citado art. 15.2.b); pero su papel es menos significativo en cuanto a la interpretación del término "empleador". Así, la mayor utilidad del test de integración estaría en la determinación de a qué empresa habrán de asignarse los costes salariales.

Esta evaluación casa perfectamente con el concepto de "empleador económico" desarrollado por algunos países, como Reino Unido o Países Bajos[56]. El "empleador económico" es un segundo empleador en el que concurren una serie de notas:

– no suele existir un contrato de trabajo entre este empleador y el trabajador;
– el trabajador está integrado en la organización empresarial de este segundo empleador;
– además, para que se entienda producida una integración del trabajador en la estructura empresarial de este segundo empleador se suele requerir que los servicios sean prestados durante un cierto período de tiempo;

---

[55] DE BROE, L.: «Interpretation of Article 15.2, b of the OECD Model Convention: "Remuneration paid by or on behalf of, an employer who is not a resident of the other State", *Bulletin for International Fiscal Documentation*, Nº 10, 2000, págs. 503 y ss. Por su parte, PROKISCH establece que en cierto sentido el test de integración forma parte del test de control; si un empleado está integrado en una empresa filial, dicha filial tendrá generalmente el control sobre el mismo. PROKISCH, R.: «Art. 15, Income from salaried work», incluido en VOGEL, K.: *Double taxation-comment*, Munich, 2003, pág. 1331..

[56] Respecto a los Países Bajos, CALDERÓN CARRERO, *op. cit.*, pág. 474

– es el segundo empleador quien asume de forma efectiva el coste del salario de este trabajador durante el tiempo en que presta sus servicios en el seno de la empresa, sin que se deba tomar en cuenta si el salario se paga directamente por este empleador al trabajador o si el mismo se percibe con la mediación de la empresa con la que sí tiene contrato el trabajador, puesto que lo único relevante es quien soporta económicamente el pago.

Otra de las claves para la interpretación de la segunda regla está, como sugiere el Borrador de 2007, en la existencia de una "relación directa" entre los principios subyacentes a la excepción del apartado 2 del art. 15 y el art. 7, idea finalmente asumida en los Comentarios del MC OCDE 2010. Dicho artículo 7 se basa en el principio de que una empresa de un Estado contratante no debe ser sometida a tributación en el otro Estado a menos que su presencia económica en el mismo haya alcanzado un nivel suficiente para constituir un establecimiento permanente. De este modo, lo que hace la excepción del apartado 2 del artículo 15 es extender el principio reflejado en el art. 7 a la imposición de los trabajadores de dichas empresas que prestan sus servicios en el otro Estado, durante un período de tiempo relativamente corto. Las letras b) y c) dejan en claro que la excepción no está destinada a aplicarse cuando los servicios en razón de empleo son prestados en una empresa que se somete a tributación en un Estado ya sea porque es residente de ese Estado o porque tiene un establecimiento permanente al que puedan imputarse los servicios en su territorio.

La propuesta de la OCDE reconoce, no obstante, que en algunos casos puede resultar difícil determinar si los servicios prestados en un Estado por un individuo residente de otro Estado, para una empresa que es residente del primer Estado (o que tiene un establecimiento permanente en el mismo), constituyen servicios derivados de un empleo, a los que resulta aplicable el artículo 15, o constituyen servicios prestados por una empresa a otra, independiente de ella, a los que se aplica el artículo 7; o, dicho de otro modo, determinar cuándo la excepción del 15. 2 es aplicable. La solución propuesta va en las dos siguientes líneas.

Tras las modificaciones de los Comentarios realizadas en 2010, en los Estados que en su derecho interno considere que los servicios de empleo sólo se realizan cuando hay una relación formal de trabajo, dicha relación contractual formal no sería cuestionada a menos que hubiese alguna evidencia de manipulación o fraude. A los Estados que se encuentran en esta situación y que están preocupados porque tal enfoque podría dar lugar a la concesión de los beneficios de la excepción prevista en el apartado 2 en situaciones no deseadas (por ejemplo, en los llamados casos de "suministro de mano de obra"), el Documento les ofrece la alternativa de adoptar bilateralmente una cláusula antiabuso redactada en los siguientes términos:

"El párrafo 2 del presente artículo no se aplicará a las remuneraciones obtenidas por un residente de un Estado contratante en razón de un empleo ejercido en el otro Estado contratante y pagados por, o en nombre de, un empleador que no es un residente de ese otro Estado si:

(a) el receptor de los servicios prestados en el curso del empleo es una persona distinta del empleador que, directa o indirectamente, supervise, dirija o controle la forma en que esos servicios se llevan a cabo, y

(b) el empleador no es responsable del logro de los fines para los que se han prestado los servicios".

Sin embargo, aquellos otros Estados que adoptan un enfoque material suelen desarrollar sus propios criterios para determinar si los servicios prestados lo han sido en virtud de una relación de empleo o en virtud de un contrato de servicios entre dos empresas distintas, tal determinación regirá la forma en que dicho Estado aplique el Convenio. Ahora bien, desde 2010, se ha establecido una "suerte de interpretación contextual del término "empleador" (...) para determinar la concurrencia de los presupuestos de la referida regla de exención de tributación en la fuente"[57]. De esta manera, la OCDE parece inclinarse, en todo caso, por la utilización de criterios objetivos, de manera tal que la naturaleza de los servicios prestados será un factor determinante en la consideración de quién es el empresario. En este sentido, siguiendo las indicaciones del Borrador, los Comentarios al art. 15.2 MC OCDE 2010 propone una serie de criterios objetivos que pueden resultar de utilidad para establecer la existencia de una relación laboral, que difiere de la relación formal, en el sentido de que, materialmente, el empleador será una persona distinta a la identificada en el contrato. Dichos criterios habrán de responder a:

– ¿quién soporta la responsabilidad o riesgo derivados del trabajo del individuo?
– ¿quién posee la autoridad para dirigir la actividad del individuo?
– ¿quién controla y ostenta la responsabilidad sobre el lugar en el que el trabajo es realizado?
– ¿quién soporta, desde el punto de vista económico, el coste de la remuneración del trabajador?
– ¿quién suministra las herramientas y materiales necesarios para que se desempeñe la actividad del individuo?
– ¿quién determina el número y cualificación de los individuos que prestan sus servicios?

---

[57] CALDERÓN CARRERO, *op. cit.*, pág. 478

– ¿quién tiene derecho a seleccionar a la persona que realizará el trabajo y a poner fin a los contratos destinados a esta finalidad?
– ¿quién tiene derecho a imponer sanciones disciplinarias en el marco de la relación laboral?
– ¿quién determina la jornada de trabajo y las vacaciones del trabajador?

Bajo este enfoque un Estado no podría argumentar que de acuerdo con su derecho interno existe una relación laboral allí donde, en virtud de los hechos y de las circunstancias pertinentes, resulta evidente que los servicios se prestan en virtud de un contrato para la prestación de servicios celebrado entre dos empresas independientes. Del mismo modo un Estado no podrá negar, a efectos de los párrafos 2 b) y c), la condición de empleador a la empresa que formalmente emplea a una persona y a través del cual se proporcionan tales servicios.

En algunos casos, la legislación nacional pertinente puede ignorar la manera en que los servicios se han caracterizado en los contratos formales, centrándose, en cambio, en *la naturaleza de los servicios* prestados por el individuo y su integración en las actividades de la empresa que los adquiere[58]. Será, por lo tanto, lógico concluir que la empresa a la que se presten los servicios se encuentra en una relación de trabajo con el individuo para constituir su empleador a los fines de párrafo 2 b) y c).

Otros Estados se centran en el tenor literal de las condiciones que deben cumplirse para la aplicación del art. 15.2, considerando que, independientemente del significado atribuido por cualquier ley interna al término empleador, cuando éste se utiliza en el contexto del inciso b) y c) del apartado 2 del el artículo 15, debe interpretarse de acuerdo con el objeto y el propósito del párrafo 2. Estos concluyen que el término "empleador", tal como se utiliza en las letras b) y c), no puede aplicarse a una persona que es un empleador formal, en cuanto las principales funciones asumidas por un patrón normal son ejercidas por una empresa residente o una empresa no residente que tiene un establecimiento permanente a través del cual realiza estas funciones. Se trata de garantizar que el término "empleador" no se interprete de una manera que permitiría la aplicación de la excepción prevista en el apartado 2 a situaciones no deseadas, es decir, cuando los servicios prestados por el empleado están más integrados en las actividades empresariales de una empresa residente que en los de su empleador formal.

---

[58] O lo que es lo mismo: si el trabajador realiza labores idénticas a un trabajador de la empresa a la que ha sido desplazado se va a considerar que se ha producido su integración. Si, por el contrario, realiza las mismas funciones que venía desarrollando en la empresa con la que mantiene un contrato de trabajo, habrá de concluirse que no ha habido tal integración.

b) Significado de "pagado por o en nombre de"

En cuanto a la expresión "pagado por o en nombre de" [59] y sin recurrir a mayores precisiones; hay que entender que "pagado por" se refiere a un empleador que paga el salario directamente al empleado en cuestión, siempre, claro está, que también corra con los gastos; mientras "pagado en nombre de" se refiere a la persona que paga el salario en nombre del empleador, que en última instancia, soporta los costes del pago de sueldos.

En la medida en que estos términos deben ser interpretados en el mismo sentido que en el caso del tercer requisito para la aplicación de esta tercera regla, nos remitimos a lo que se expondrá supra respecto a las remuneraciones "soportadas" por el establecimiento permanente.

c) El lugar de Residencia

Por otra parte, según la actual redacción del art. 15.2. b), se otorga el derecho de imposición sobre la renta de un empleado a su Estado de residencia, siempre que el empleador sea residente bien en un tercer Estado, bien en el propio Estado de residencia del empleado[60].

En sentido general, la definición de "residencia" ofrecida por el art. 4.1 del MC OCDE es también aplicable al art. 15.2.b, pero sólo en la medida que se entienda que el empleador es una persona. De acuerdo con la versión de 2000 de los cometarios, las sociedades tienen la consideración de persona (párrafo 2 Comentarios al art.3). *Contrario sensu*, si esa sociedad es tratada como fiscalmente transparente, no se considera que esté sujeta a impuesto y no son residentes a efectos de los arts. 4 y 15. 2, b MC OCDE. Consecuentemente el art 15. 2, b) MC OCDE se aplica únicamente a los empleadores que se identifiquen como individuos, personas jurídicas o sociedades no transparentes[61].

Los Comentarios al MC OCDE aclaran que los requisitos 2b y 2c del art 15, sirven a un propósito común: evitar la imposición, en la fuente, del empleo a corto plazo, en la medida que los rendimientos del trabajo no se contemplan como gasto deducible en el Estado de trabajo dado que el empleador no puede someterse a imposición en el mismo, al no ser un residente ni tener un EP en dicho Estado.

---

[59] *Vid Infra*, "soportados por".

[60] No obstante, los comentarios al art. 15, sugieren una redacción alternativa para el caso de que las partes contratantes deseen limitar la aplicación del art 15.2.b), a las situaciones en las que el empleador es residente en el mismo Estado que el empleado. Esta formulación alternativa sólo se diferenciará de la versión actual del art. 15.2.b) en el caso de que el empleador resida en un tercer Estado, en cuya circunstancia el derecho corresponderá al Estado de trabajo (15.1 segunda parte) y no al de residencia.

[61] Sobre los distintos usos relativos a la residencia del empleador véase PÖTGENS, *op, cit.*, pág 738 y ss.

C) Criterio de las remuneraciones soportadas por el EP

El último requisito que debe concurrir es que las remuneraciones sean obtenidas por el empleado por razón del desempeño de su empleo en el otro Estado contratante (de la actividad) que no sean soportadas por un EP situado en ese segundo Estado.

En este tercer requisito el término "empleador" debe adoptar el mismo significado que en el art. 15. 2.b) MC OCDE. La mayoría de los autores arguyen que un establecimiento permanente no puede ser visto como un empleador a efectos de un Tratado fiscal. El propio texto del apartado c) del art. 15. 2 establece "el empleador", mientras el apartado b, habla de "un" empleador. Ello significa que, a efectos del mismo, existe sólo un empleador que mantiene el establecimiento permanente en el Estado de la actividad, mientras que en relación con el inciso b, puede existir más de un empleador. Por otra parte, hay una similitud entre los términos "pagados por, o en nombre de" analizados en la segunda regla del art15.2 y la expresión "soportados por" art 15.2, c) MC OCDE. No obstante, los Comentarios al art. 15 sólo se ocupan de esta última. Teniendo en cuenta, como se ha dicho, que ambos requisitos responden a un objetivo común, los Comentarios parecen dar por sentado que tienen un significado similar, la diferencia radicaría entonces, en que una empresa y un establecimiento permanente no son equiparables. A pesar de ello, existe otra diferencia significativa entre los dos términos que se sustenta en un enfoque histórico del art. 15. Así, el art.vi del Anexo B del Segundo Reporte del Comité Fiscal de la OCDE anterior al MC de 1963, recurría a la expresión "las remuneraciones no son deducidas de los beneficios de un establecimiento permanente o una Base fija de negocios que el empleador tenga en el otro Estado"[62]. Desde esta perspectiva histórica, el párrafo c) se refiere a una deducción; éste no parece ser automáticamente el caso del párrafo b, al menos si es analizado de manera independiente. Tal interpretación histórica del inciso c) casa plenamente con su objeto actual, el cual es otro que el de evitar que la excepción del art 15.2 se aplique a la remuneración deducible. En este sentido, los Comentarios sobre el art. 15 (párrafo 7) recalcan la importancia de analizar este artículo en conexión con el art. 7 cuando se asignan los costes salariales a un establecimiento permanente en el Estado de la actividad. De conformidad con dicha disposición, los costes deben ser asignados a un establecimiento permanente si le benefician funcionalmente. Debe existir una conexión entre las actividades del establecimiento permanente y los servicios que el empleado presta en su nombre.

El objeto y la finalidad de esta disposición es localizar la deducción y la imposición del salario en la misma jurisdicción. Según el párrafo 7 de los Comentarios

---

[62] Esta expresión fue cambiada en el MC OCDE de1963 a la forma en que hoy la conocemos.

al art. 15, no es necesariamente concluyente el hecho de que el empleador haya o no deducido efectivamente la remuneración al calcular los beneficios imputables al establecimiento permanente, dado que el criterio correcto es saber si se permitiría que la deducción que pudiera concederse por tal remuneración resulta atribuible al establecimiento permanente de acuerdo con los criterios del art. 7, lo que se verificaría incluso en el caso de que realmente no se dedujera suma alguna bien porque el establecimiento permanente estuviera exento de impuesto en el país de la fuente o bien el empleador decidiera simplemente no solicitar la deducción a la que tiene derecho o bien por la propia naturaleza de la remuneración[63].

En relación con las opciones sobre acciones[64], los Comentarios establecen que el hecho de que un Estado no permita una deducción en virtud de una opción sobre las acciones, no indica que los costos de la remuneración pagada en forma de opciones sobre acciones no sean deducibles y, por tanto, soportadas por un establecimiento permanente en ese Estado. De este modo, según los Comentarios lo relevante es que la remuneración, independientemente de la forma que adopte, sea imputable al establecimiento permanente de acuerdo con el art. 7 MC OCDE. Tampoco se requiere que el EP pague efectivamente la remuneración del trabajador, resultando suficiente que la soporte la casa matriz y fuese posteriormente cargada al establecimiento permanente de forma que éste pudiera deducirla al calcular su base imponible.

En cuanto a la definición del término establecimiento permanente, recordemos que esta es proporcionada, con alcance general, por el art. 5. No obstante, su significado, a efectos de la letra c) del art. 15.2, puede rebasar estos límites, siendo suficiente con que exista efectivamente un establecimiento permanente con arreglo a la legislación interna del Estado de la actividad o con arreglo a un CDI que éste haya concluido con un tercer país[65]. Por otra parte, la expresión establecimiento permanente definida en el MC OCDE también incluye establecimientos permanentes ficticios. En este sentido, cabe hacer referencia a la cesión de un empleado por una empresa matriz para prestar servicios en nombre de una filial residente en otro Estado. Por tanto, no sólo debe evaluarse si la filial puede ser considerada un empleador en el sentido del art. 152.b), sino además, si dicha filial puede actuar como un agente dependiente y, por tanto,

---

[63] CALDERÓN CARRERO, *op. cit.*, pág. 479. Señala esta autor que a la vista de los comentarios del 2010, el hecho de que se permita una deducción ficticia

[64] Al respecto consúltese el párrafo 12 de los comentarios al art. 15 del MC OCDE, cuya base se encuentra en el borrador OCDE *Cross-border income tax issues arising fron employee stock-options plans*, de 16 de junio de 2004.

[65] *Ibídem.*

constituir un establecimiento permanente en el sentido del art. 15.2. c). Además, es posible que las actividades de los empleados adscritos constituyan por sí mismas un establecimiento permanente de la empresa matriz, que surge principalmente en el ámbito de la dirección o supervisión de las filiales, o que la actuación de los empleados como agentes dependientes de la empresa matriz, sólo pueda suceder cuando la filial no es su empleador[66].

4.4. Regla de trabajadores de empresas de navegación marítima y aérea internacional

Este artículo 15.3 MC OCDE contiene una disposición relativa a los acuerdos en materia de personas empleadas a bordo de buques o aeronaves involucrados en el tráfico internacional. La manera con que se da comienzo al mismo: "Sin perjuicio de las disposiciones anteriores", sugiere que debe ser interpretado como una excepción a los arts. 15.1 y 2. De cumplirse los requisitos para la aplicación de la cuarta regla las anteriores quedarían excluidas, dada la relación de especialidad existente.

La redacción de esta regla especial obedece, a nivel práctico, a las dificultades para determinar el Estado en que se realiza el empleo, o para realizar el cómputo del período de permanencia de los trabajadores a bordo de una nave o aeronave que en su recorrido atraviesa varios Estados. Dado que dicha disposición ha sido incluida en el modelo por razones no de justicia tributaria sino prácticas, consideramos que su interpretación ha de ser, en consecuencia, restringida.

En particular, se atribuye al Estado contratante en que esté situada la sede de dirección efectiva" de la empresa la posibilidad de gravar las remuneraciones obtenidas en un empleo realizado a bordo de un buque o aeronave explotados en tráfico internacional, o de una embarcación destinada a la navegación interior.

El alcance, del artículo en cuestión ha de determinarse con la ayuda de las definiciones dadas a los términos "empresa" y "tráfico internacional" en el art. 3.1 MC OCDE[67]. Particularmente la expresión "empresa" juega un papel decisivo en la asignación del derecho fiscal sobre la base de determinar dónde se encuentra su "sede de dirección efectiva". Del contexto del art. 15.3 resulta fácil extraer que esta disposición se refiere en particular a la empresa que explota el buque, avión o barco en cuestión. Por su parte, el término "sede de dirección efectiva" no se define en el texto del Modelo; ahora bien, pueden encontrarse

---

[66] PÖTGENS, *op. cit.*, pág. 855.

[67] Art 3.1.e): la expresión "tráfico internacional" significa todo transporte efectuado por un buque o aeronave explotado por una empresa cuya sede de dirección efectiva esté situada en un Estado contratante, salvo cuando el buque o aeronave sea explotado únicamente entre puntos situados en el otro Estado contratante.

referencias directas al mismo en los comentarios a los art. 4 y 8 MC OCDE. Dichos comentarios prevén la posibilidad de que se emplee como, criterio de referencia, la residencia fiscal de la empresa que explota el buque o aeronave. Asimismo, el término "sede de dirección efectiva" es empleado en los art. 8, 13.3 y 22.3 y en la previsión relativa a las reglas *tie-breaker* del art. 4.3 MC OCDE. Tal expresión hace referencia al lugar donde realmente se realizan las principales decisiones comerciales y de gestión de la empresa. De ello se desprende que el término tiene las mismas connotaciones para cada una de estos artículos, radicando las diferencias en el contexto en que el mismo es usado. Así por ejemplo, el art. 8 contiene un exclusivo derecho de gravamen a favor del Estado donde se encuentra la sede de dirección efectiva de la empresa al expresar – "solo serán gravados" –, mientras el art 15, contempla un derecho de tributación compartida: "pueden someterse a imposición". Al respecto, dado que la atribución de la potestad tributaria en el art. 15. 3 al Estado donde tiene la sede de dirección efectiva la empresa que explota la nave, no tiene un carácter excluyente, también el Estado de la residencia puede ostentar el derecho de gravamen. En tal caso, le corresponderá eliminar la doble imposición internacional resultante.

Los Comentarios realizados en el marco del MC OCDE a esta cláusula, así como su propia redacción, destacan el hecho de que los Estados "pueden" someter a imposición las rentas provenientes del trabajo a bordo de naves o aeronaves destinadas al tráfico internacional, si la "sede de dirección efectiva" de la empresa que los explota se encuentra en su territorio, independientemente de cuál sea el Estado de residencia del trabajador. Ello puede afectar a tripulantes residentes en un tercer Estado no contratante, con lo cual se vician las disposiciones contenidas en el propio art. 1 del MC OCDE.[68] En este sentido la legislación doméstica de algunos Estados, prevé que las retribuciones salariales percibidas por miembros de tripulaciones de buques o aeronaves explotadas en el tráfico internacional, que no sean residentes se sometan a imposición únicamente allí donde el buque o aeronave posea la nacionalidad de tal Estado[69].

Es requisito para la aplicación de esta regla que el lugar de trabajo principal y habitual del empleado se encuentre en el buque o aeronave, sin exigir que todas las actividades se realicen en el interior del buque, evitando aplicar prorrateos respecto a las actividades realizadas en "tierra".

---

[68] En sentido contrario, el equivalente de esta regla en el Modelo de Convenio de EE.UU de 1996, prevé que para que la misma resulte aplicable, el miembro de la tripulación debe residir en un Estado contratante.

[69] CALDERÓN CARRERO, *op. cit.*, pág. 475.

4.5. Los Comentarios al art. 15 del MC OCDE y el régimen de tributación de los trabajadores fronterizos.

La OCDE, considera que los problemas creados por las condiciones locales deben ser resueltos directamente entre los Estados interesados, los que podrán acordar sus respectivos derechos de imposición, en base a una concepción distinta a la establecida en las normas generales del artículo 15.1. y 2 [70]. Sólo en caso de que los convenios no estableciesen un régimen especial para los trabajadores fronterizos éste se calificaría con arreglo al art. 15 del MC OCDE

Y ello porque de los comentarios al art.15 (párrafo 10), se desprende que las disposiciones acerca de los trabajadores fronterizos tienen un carácter especial [71]. Concretamente el mencionado párrafo se refiere a ellas como "...*normas especiales* relativas a la fiscalidad de los ingresos de los trabajadores fronterizos...". Tal carácter especial no significa otra cosa que el MC OCDE y sus respectivos comentarios no reconocen un régimen fiscal específico para este tipo de trabajadores [72].

Desde el punto de vista doctrinal algunos autores se manifiestan a favor del establecimiento de un régimen específico que otorgue el derecho de imposición exclusivamente al Estado de residencia del trabajador fronterizo, para ello argumentan que dicho trabajador se beneficia insuficientemente de las instalaciones en el Estado de la actividad, mientras lo hace en mayor medida de las infraestructuras existentes en su Estado de residencia [73]. Por otra parte, la tributación en el Estado de residencia constituye el sistema más simple tanto para

[70] HINNEKENS, L.: «The EC compatibility of frontiers Workers´ taxation», *EC Tax Review* 1997, *op. cit.* pp. 167 y 168.

[71] También las relativas a los trabajadores del transporte por carretera y ferrocarril, los profesores y maestros extranjeros o las referentes a los servicios de empleo prestados por los alumnos o aprendices de negocios. Comentarios al art. 15 del MC OCDE, párrafo 10, en su redacción actual.

[72] En este sentido, las principales propuestas de la OECD aplicables al campo de la tributación del trabajo fronterizo, se reducen a los siguientes trabajos: Public Discussion Draft, Proposed Clarification of the Scope of Paragraph 2 of the Article 15 of the OECD Model Tax Convention, Paris, 2004. /http:/www.oecd.org/dataoecd/52/61/31413358.pdf; OECD Discussion Draft, Tax Treaty Issues Arising from Cross-Border Pensions, Paris, 2003 /http:/www.oecd.org/ dataoecd/12/21/34562290.pdf; OECD Report, Cross-Border Income Tax Issues Arising from Employee Stock Options Plans, Paris, 2004 /http:/www.oecd.org/document/58/0,2340 ,en_2649_201185_33700026_1_1_1_1.00.html.pdf. Las recomendaciones de los dos últimos documentos fueron incluidas en la actualización del MC OCDE y sus comentarios llevada a cabo en 2005, la primera sometida a revisión en 2007 y publicada con el título Revised draft changes to the commentary on paragraph 2 of article 1, aun no ha sido incorporada a los Comentarios.

[73] KAVELAARS, P.: «Fiscaal Duel: Grensarbeidersregeling: werkstaat is beter dan woonstaat», *WFR* 2001, Nº 6417, págs. 58-59.

los trabajadores fronterizos como para las autoridades fiscales[74]. Por último, el sistema resulta también más justo para los contribuyentes que se encuentran en situación de trabajo fronterizo, ya que refleja mejor los factores que determinan su capacidad contributiva[75].

Otra vertiente doctrinal[76] considera, sin embargo, que la aplicación de tal principio conllevaría una infracción de la norma general del art. 15 (*lex loci laboris*), sobre todo cuando se excede el umbral de los 183 días, en cuyo caso la conexión con el Estado de trabajo es más estrecha. Además, la contribución a las instalaciones en el Estado de residencia, se efectúa a través de otros gravámenes que dicho Estado impone a los trabajadores fronterizos. Otro argumento importante contra la imposición en el Estado de residencia es la posible incoherencia con el sistema previsto en el Art. 13 .2.a) del Reglamento CE 1408/71 relativa a la seguridad social, así como con muchos convenios en la materia que establecen que los trabajadores fronterizos están sujetos al sistema de seguridad social del Estado de la actividad.

Por último, algunos autores consideran que no hay necesidad de una regulación específica para el trabajador fronterizo siempre que se haya acordado un sistema de reparto de ingresos entre el Estado de la fuente y el Estado de residencia, que garantice que los empleados fronterizos contribuyan indirectamente a las instalaciones del Estado de residencia, de modo que ambos Estados logran una coordinación entre la fiscalidad y la recaudación de las contribuciones a la seguridad social a nivel individual. En este caso se haría referencia, si bien de manera indirecta, a un régimen de tributación compartida.

En el caso de España, debemos observar la regulación contenida en los CDI que contienen una cláusula relativa a los trabajadores fronterizos[77]; en particu-

---

[74] HINNEKENS, L.: *op. cit.*, pág. 175. *Ibídem*.

[75] *Ibídem*.

[76] WATTEL, P.: «Fiscaal Duel: Grensarbeidersregeling: werkstaat is beter dan woonstaat», *WFR* 2001, Nº. 6417, págs. 58-59.

[77] Puede verse una tabla sobre las distintas opciones elegidas por los Estados Miembros en el Anexo 3 del Documento Resumen «Los trabajadores fronterizos en la Unión Europea», que se encuentra disponible en http://www.europarl.europa.eu/workingpapers/soci/w16/summary_es.htm#anexo3). En la práctica, los Estados siguen diferentes soluciones, que atienden bien al lugar de trabajo y cotización a la Seguridad Social, bien a la residencia en una zona fronteriza o cerca de la misma, y en algunos casos, se produce la atribución directa del poder de imposición al Estado de la residencia, sin requisitos.

lar, aquellos firmados con Portugal[78] y Francia[79], puesto que el alcanzado con Marruecos no contiene referencia alguna a los trabajadores fronterizos[80] y no existe un convenio de este tipo con Andorra[81].

De otra parte, conviene recordar que al Derecho comunitario le interesa la tutela de estos trabajadores fronterizos desde una perspectiva fiscal[82,] en la medida en que el art. 7.2 del Reglamento 1612/68, del Consejo, de 15 de octubre de 1968, relativo a la libre circulación de los trabajadores dentro de la Comunidad reclama que el trabajador de otro Estado miembro dispone que este «Se beneficiará de las mismas ventajas sociales y fiscales que los trabajadores nacionales». Esta buena predisposición normativa se ha quedado en eso, puesto que ha sido imposible adoptar normas fiscales comunitarias en este ámbito. Debe mencionarse que la Comisión Europea presentó en 1979 una propuesta de Directiva sobre armonización de las disposiciones relativas al régimen tributario de las rentas, en conexión con la libre circulación de los trabajadores dentro de la Comunidad, pero fue abandonada en 1992. La única regulación comunitaria en la materia es la contenida en la Recomendación 94/79/CE, de 21 de diciembre de 1993, de la Comisión de la Unión Europea, relativa al régimen tributario de determinadas rentas obtenidas por no residentes en un Estado miembro distinto de aquel en el que residen[83]. Y, sin duda, no puede olvidarse el papel del

---

[78] En el convenio hispano-portugués de 7 de noviembre de 1995, se dispone en el art. 15.4 que «No obstante las disposiciones de los apartados 1 y 2, las remuneraciones obtenidas por razón de un empleo ejercido en un Estado contratante por un trabajador fronterizo, es decir, que tenga su vivienda habitual en el otro Estado contratante al que normalmente retorna cada día, sólo podrán someterse a imposición en ese otro Estado».

[79] En el convenio hispano-francés de 12 de junio de 1997 no se hace referencia a los trabajadores fronterizos en el art. 15, pero debe tenerse en cuenta que en el Protocolo anexo al CDI se señala que «12. No obstante lo dispuesto en los apartados 1 y 2 del artículo 15, mientras no se convengan nuevas disposiciones entre los Estados contratantes, lo dispuesto en el apartado 4 del Convenio de 27 de junio de 1973 entre España y Francia para evitar la doble imposición en materia de impuestos sobre la renta y sobre el patrimonio, que se refiere a este tipo de trabajadores.

[80] Instrumento de Ratificación del Convenio entre el Reino de España y el Reino de Marruecos para evitar la doble imposición en materia de impuestos sobre la renta y sobre el patrimonio y Protocolo anejo, firmado en Madrid el 10 de julio de 1978, y Canje de Notas de 13 de diciembre de 1983 y 7 de febrero de 1984 modificando el párrafo 3 del artículo 2 de dicho Convenio. (BOE22-mayo-1985)

[81] Aunque cabe destacar la firma con este estado del Acuerdo entre el Reino de España y el Principado de Andorra para el intercambio de información en materia fiscal, hecho en Madrid el 14 de enero de 2010.

[82] Al respecto, véase nuestro trabajo "Trabajadores fronterizos y transfronterizos: tratamiento fiscal de sus rentas desde una perspectiva comunitaria", QF nº 1-2/2011.

[83] Debe tenerse en cuenta que se trata de una Recomendación, que no tiene la condición de norma vinculante, y además, que no se dirige exclusivamente a las rentas obtenidas por los trabajadores fronterizos, aunque, sin embargo, afecta a estos de manera muy significativa

TJUE en la tutela de la libre circulación de trabajadores, en la que el examen de las normas fiscales ha adquirido un destacado papel, dando lugar a numerosas modificaciones de las legislaciones internas de los Estados miembros.[84]

---

[84] Sirva de ejemplo el art. 46 TRLIRNR, que facilita una opción de tributar como residentes en España a aquellos trabajadores residentes comunitarios que obtengan la mayor parte de sus rentas en España.

As Agências de Regulação na Republica Federativa do Brasil

MARIA CELESTE CARDONA

Jurista. Administradora não executiva do BCI

I – JUSTIFICAÇÃO DA ESCOLHA DO TEMA

O convite que me foi endereçado para elaboração de um texto a integrar no livro de homenagem ao Professor Alberto Xavier que eu, como toda a comunidade académica, tivemos o privilégio de conhecer e com ele aprender, teve de imediato, da minha parte, o correspondente assentimento.

Apenas quero referir que se alguma hesitação tive, esta ficou a dever-se ao receio de não ter a arte e o engenho suficientes para participar nesta homenagem.

Em qualquer caso, ainda que da forma que sei e nos termos do que sei, julgo que se me impõe dar o melhor de mim mesma no escrito que vou apresentar.

A admiração e o respeito que tenho pelo Professor Alberto Xavier relevaram o receio dos meus receios.

O Professor Alberto Xavier viveu e trabalhou grande parte da sua vida no Brasil e é mundialmente conhecido pela sua excepcional obra como Professor e Advogado.

Por isso, e no momento da escolha e decisão quanto ao tema a abordar, pensei, tendo em conta as várias componentes da personalidade e do relevo académico e profissional do Professor Alberto Xavier sobre que matéria deveria centrar o meu trabalho, tendo optado por apresentar um breve texto relativo ao modelo de agências reguladoras no Brasil.

É um tema muito importante, tendo em conta a evolução que o mesmo tem assumido e as discussões teóricas em torno da admissibilidade da figura, das suas atribuições e competências bem como da respectiva natureza jurídica quer na vertente orgânica quer funcional.

Trata-se de uma figura jurídica da maior importância e significado, também denominada pela doutrina como autoridades administrativas independentes ou autarquias sob regime especial, que revela, como procuraremos adiante justificar, uma profunda mudança qualitativa nas relações entre o Estado e a sociedade e entre aquele a sua própria organização administrativa.

Os fundamentos nucleares do aparecimento desta nova figura jurídica, as suas atribuições e competências bem como a transfiguração que, deste modo, se operou no funcionamento do Estado são razões legitimadoras da abordagem deste tema na hora de com ele e através dele prestarmos a homenagem, seguramente insuficiente, mas que é devida ao Professor Alberto Xavier.

II – O CONCEITO DE ESTADO REGULADOR – BREVE ABORDAGEM DA SUA EVOLUÇÃO

A – Generalidades

Os modernos Estados saídos da evolução das Monarquias Absolutas para o Estado Liberal e, mais intensa e recentemente na sequência das transformações que ocorreram no Mundo e na Europa no final das Guerras e até ao início da década de setenta do século XX tiveram profundas influências na forma e no modo da sua organização.[1]

O Estado pesado e interventor quer na produção quer na distribuição de bens e serviços tornou-se "asfixiante" do ponto de vista da elevada carga tributária e da ineficiência das respectivas prestações de natureza económica e social.

Cresceram, por isso, desmesuradamente, as atribuições e as tarefas do Estado e diminuiu correlativamente a qualidade do serviço prestado.

Recorde-se que o Estado era concebido e qualificado como um Estado Prestador, um Estado de infra-estruturas e um Estado Produtor.[2]

Sucede que, nas últimas décadas do século XX é dominante a nível mundial a corrente que critica esta concepção de Estado, sustentando a diminuição do seu peso através da transferência para o sector privado das actividades, das empresas

---

[1] Cf. entre outros Maurice Duverger, Os Grandes Sistemas Políticos, 1985, páginas 25 e seguintes; Eduardo Paz ferreira, A Regulação Sectorial da Economia – Introdução e Perspectiva Geral em Regulação: Novos Tempos, Novo Modelo, páginas 13 e seguintes; Giandomenico Majone em La Communauté Européenne: Un Etat Regulateur, páginas 56 e seguintes; Pedro Gonçalves em Entidades Privadas com Poderes Públicos, páginas 89 e seguintes; Vasco Pereira da Silva em Em Busca do Acto Administrativo Perdido, páginas 75 e seguintes; Paulo Otero em Legalidade e Administração Pública, páginas 122 e seguintes,

[2] Cf., entre outros, Marcelo Rebelo de Sousa em Direito Administrativo Geral Tomo I, páginas 17 e seguintes; Paulo Otero em As coordenadas jurídicas da Privatização da administração Pública, Stvdia Jurídica, 60, páginas 31 e seguintes; Francisco José Villar Rojas em Privatization de Grandes Serviços Públicos, Stvdia Jurídica, 60, páginas 207 e seguintes;

e dos sectores que por força dos processos de nacionalização ocorridos em meados do século estavam inseridas no sector público.

É o aparecimento dos fenómenos da privatização, liberalização e, em consequência da regulação.[3]

Recorde-se que á medida que o século avançou por entre as guerras e a depressão a ordem mundial do principio do século "desfez-se" e o Estado passou a ser, como se referiu, um Estado mais centralizado e activo, produtor e prestador e, nessa medida constitutivo e "agressivo".

A dimensão, as funções e o âmbito do Estado aumentaram desmesuradamente, de tal modo que se conhecem dados que nos indicam que no início do século XX os sectores do Estado consumiam pouco mais do que 10 por cento do produto interno bruto na maioria dos países da Europa Ocidental e dos Estados Unidos tendo aquele valor aumentado para 50 por cento na Europa e EUA nas décadas de oitenta e noventa.

A evolução dos custos do Estado verificada teve, como é evidente, consequências. Era considerada e era defendida a impossibilidade da respectiva manutenção.

Segundo Posner nos de 1980 e seguintes aconteceu o inevitável: o colapso do Estado.

Nos anos cruciais de 1980 e 1990 a redução da dimensão do sector público foi o tema dominante da política que se traduziu, nas orientações preconizadas pela OCDE através da definição de orientações que passavam por três vectores essenciais:

a) Fortes restrições orçamentais
b) Total liberalização dos mercados, e,
c) Privatização dos serviços públicos.

Em resposta a estas novas tendências as instituições financeiras internacionais, tais como o FMI, o Banco Mundial e o Tesouro dos Estados Unidos subscreveram o denominado "Consenso de Washington" em 1994 que traçava metas e apresentava recomendações no sentido da redução do peso do Estado através da redução da intervenção estatal nos assuntos económicos.

Na verdade o fundamento deste Consenso era, justamente, o princípio fundamental do bom funcionamento do mercado fundado no mau funcionamento do Estado.

---

[3] Cf. por todos, Guylain Clamour em Intere Général et Concurrance, 2004, Libéralisations, privatisations, régulations, Droit/Économie International, Claude Cahampaud, Rapport Public Conseil d Etat 2001 – Les autorités administratives independantes

Nos finais dos anos setenta começam a desenhar-se as principais medidas relativamente à Reforma da Administração Pública, ligadas, aliás, à crise económica resultante do choque petrolífero e à influência das doutrinas chamadas de neo-liberais conduzidas por Reagan e Thatcher.

A partir deste momento começa a aparecer um movimento de Reforma e Modernização Administrativa que teve como objectivo tornar a Administração Pública mais eficiente e eficaz, centrada na proximidade dos cidadãos e na melhoria dos serviços prestados.

Os diversos países da OCDE adoptam o New Public Management e, nos anos noventa, sugerem aos respectivos países membros, a adopção dos seguintes principais princípios:

a) A privatização dos serviços, com a diminuição do peso do Estado;
b) A adopção de métodos de gestão empresarial;
c) A desburocratização e a descentralização dos serviços.

As principais características da nova gestão pública assentam na utilização dos métodos do sector privado, nomeadamente com a introdução de factores de concorrência na Administração Pública e a ênfase na racionalidade económica e na valorização dos resultados obtidos.

Os movimentos liberais, os fenómenos de privatização, as doutrinas defensoras da diminuição do peso do Estado na sociedade através da diminuição das suas atribuições e das suas estruturas organizatórias foram, de forma consistente, ganhando terreno e tornando evolutivo os modelos de organização administrativa.[4]

O Estado passou a ser "Regulador".

Emergiram, pois, nos diversos ordenamentos jurídicos modelos e formas diferentes e diversas de organização do Estado.

Ao invés do "alargamento" da pessoa colectiva Estado, através da criação de órgãos, serviços e direcções dele hierarquicamente dependentes, o caminho foi outro: o da criação de pessoas colectivas autónomas e independentes do Estado vocacionadas para prosseguir atribuições nas áreas sociai, económicas e de política de salvaguarda de direitos fundamentais.[5]

---

[4] Cf., entre outros, Vital Moreira, Auto-Regulação Profissional e Administração Pública, página 223 e seguintes; Joaquim Gomes Canotilho em O Direito Constitucional passa; O Direito Administrativo passa também, em Estudos em Homenagem ao Professor Doutor Rogério Soares, páginas 706 e seguintes; Miguel Ángel Sendin Garcia em Regulación y Servicios Públicos páginas 13 e seguintes

[5] O exemplo mais referido situa-se nos EUA através da criação, em 1887, da InterState Commerce Commission, com a finalidade de resolvera s disputas relativas a empresas de transporte ferroviário e os fazendeiros do Oeste no que se refere à fixação de tarifas.

Também a nível da Europa este movimento teve profundas repercussões, nomeadamente no Reino Unido, com Margareth Thatcher e nos restantes países do Continente bem como no âmbito das próprias atribuições da Comissão Europeia. [6]

Surgiram, assim, as agências de regulação, ou seja, as entidades que, de acordo com as leis delas criadoras são autónomas e independentes e, nessa medida e por "delegação de atribuições estatais" são titulares de atribuições e de competências nas áreas relevantes, nomeadamente económicas, financeira e outras.

Estas instituições começam por ser concebidas por uns como estruturas "híbridas", por outros como entidades integradas na Administração Pública, ainda que com regras de subordinação "limitadas" e, por outros ainda como integrando um "quarto poder "autónomo e independente do poder político e governamental.[7]

Este movimento teve, como era inevitável, consequências no Brasil.

B – A evolução do Estado Regulador no Brasil

Como anteriormente sublinhamos, nos finais do século XIX com a criação das *independent regulatory agencies ou comissions*, e mais tarde já na década de trinta, durante a depressão, estas autoridades ganharam expressão significativa como instrumento do *new deal de Roosevelt*.[8]

Estes movimentos internacionais, de que destacamos como "fonte" principal as agências americanas, tiveram implicações no Brasil nos anos 90 quer a nível da Constituição de 1988 quer no contexto da legislação reformista então aprovada.

O modelo de Reforma do Estado surge com a Lei nº 8.031/1190 que instituiu o Programa Nacional de Desestatização, posterior e parcialmente substituída pela Lei nº 9.941/1997 com fundamento nas mudanças realizadas em 1995 na Constituição, através das respectivas Emendas nºs 5, 6, 7, 8 e 9.

A Reforma do Estado traduziu-se, no essencial, na extinção de restrições à entrada de capitais estrangeiros, no fim dos monopólios e na desestatização da economia, nomeadamente através da privatização e da alienação do controle accionista das entidades públicas, feito, em regra, por via da concessão da exploração de serviços públicos a entidades privadas.

Esta reforma, cedo originou, em virtude das regras meramente contratuais entre os privados e a administração pública que as regiam, a necessidade de ser

---

[6] Cf. O surgimento e o desenvolvimento de autoridades administrativas independentes no Relatório do Conselho de Estado Francês, 2001

[7] Cf. por todos, Guylain Clamour em Intérêt général et concurrence, páginas 644 e seguintes

[8] Cf. por todos Andrés Betancor em Mejorar la Regulácion, páginas 97 e seguintes

criado um quadro normativo susceptível de consagrar dispositivos legais de regulação do Estado relativamente aos sectores ou actividades desestatizadas.[9]

Este novo modelo de Estado, do ponto de vista da respectiva organização administrativa assentou na criação de agências reguladoras no Brasil que, de acordo com a generalidade da doutrina é o resultado da retirada do Estado da exploração directa de actividades económicas.[10]

A criação e o desenvolvimento das agências no Brasil ocorreram em paralelo ao processo de privatização e desestatização da economia e, segundo a expressão comum seguiu o modelo inglês, como forma de garantia da estabilidade e previsibilidade das "regras de jogo" nas relações das empresas e o poder público.

Neste sentido a criação de agências reguladoras teve como consequência a saída do poder executivo das diversas formas – contratuais – que havia assumido para as "delegar" nas agências com o intuito de garantir a estabilidade económica do País, por um lado, e a independência das agências face aos governos, por outro.

As agências reguladoras no Brasil são a expressão final do processo de reformas que a nível internacional se iniciou em 1970 e que ganhou força com o Consenso de Washington e começou a ser efectivamente instituído com Thatcher e Reagan.[11]

De referir, no entanto, que, numa primeira fase, as agências de regulação surgem no Brasil mais como uma forma de garantir a manutenção de contratos de concessão com empresas privadas detentoras do direito de exploração dos serviços públicos antes concedidos pelo Estado, do que, como sucedeu na generalidade dos países europeus, como uma fórmula ou forma de regular actividades, empresas ou sectores que pela via da privatização e/ou liberalização foram entregues ao sector privado.

Ou seja, na Europa e na generalidade dos casos, a privatização, por um lado e a liberalização, por outro, originaram um movimento intenso e significativo de passagem e de mudança de sectores bem como de governança.

Estas profundas modificações estiveram, pois, na origem da criação de entidades/autoridades que devendo ser e sendo autónomas e independentes do

---

[9] Refira-se que a actividade reguladora do Estado sempre existiu desde os primórdios da sua constituição; do que se trata agora é de continuar a regular certo tipo de actividades e/ou empresas que deixando de estar sob os poderes directos governamentais não pode deixar de continuar a estar subordinada a regras de regulação. O que mudou, com estes novos modelos, foi a forma de exercer os ditos poderes de regulação. No primeiro caso, a regulação é directa; no segundo caso é realizada por entidades autónomas e independentes.

[10] Cf. Regina Bernardes Rocha em órgãos Reguladores no Brasil em Maria Sylvia Zanella Di Pietro – Coordenadora – em Direito Regulatório, Temas Polémicos, páginas 218 e seguintes

[11] No Reino Unido e EUA respectivamente

Estado, acolhem um feixe de atribuições e competências de natureza inspectiva e de fiscalização sobre os "novos" sectores privatizados ou liberalizados.[12]

A partir da segunda metade da década de noventa com fundamento nas experiências colhidas nas ordens jurídicas norte-americanas e europeias e com base na Lei da Reforma do Estado são criadas as denominadas agências sectoriais de regulação, dotadas de autonomia e especialização e cujo objectivo fundamental foi o de impedir as influências políticas sobre a regulação e a disciplina de certas actividades económicas, financeiras e sociais.

A criação das agências traduz e concretiza, por um lado as influências exercidas pelas transformações ocorridas, nomeadamente no Reino Unido e nos E.U.A. e, por outro lado as próprias opções constitucionais e legais adoptadas na República Federativa do Brasil.

Estas opções, convém salientar, resultaram fundamentalmente das novas ideias e princípios relativos à organização do Estado que por via e como consequência do seu peso, da sua ineficiência e dos seus custos, se tornava necessário "reduzir".[13]

A criação de agências de regulação aparece, pois, como a concretização do fenómeno da desestatização e, nesse sentido, como a melhor forma de flexibilizar e tornar mais eficiente o funcionamento das regras de mercado.

As agências são, assim, os instrumentos que, com fundamento na experiência dos outros países, se mostraram como os mais adequados para, "delegar" atribuições e competências de ordem pública a entidades autónomas e independentes, mas garantir que as mesmas são "fiscalizadas", "supervisionadas" e "controladas" ao abrigo do interesse público a que o Estado continua vinculado.

É neste contexto, que no plano federal, importa dar notícia da criação das seguintes principais agências bem como de alguns dos elementos deles caracterizadores:

---

[12] O Estado, ao invés de criar departamentos e/ou direcções gerais integrados orgânicos e funcionalmente na administração directa, instituiu autoridades/agências com a missão de fiscalizar, inspecionar e coordenar as actividades, nomeadamente económicas e financeiras que, apesar de privadas, careciam de ser devidamente "disciplinadas" em razão do mercado, da sua eficiência e da qualidade do serviço prestado. Cite-se, no entanto que em Portugal, no início deste processo foi decida a criação de algumas Direcções gerais, como é o caso, por exemplo da ex Direcção Geral da Energia

[13] A doutrina qualifica estes movimentos como de liberalização e re-publicização no sentido em que as actividades que passaram a ser exercidas pelos privados ao abrigo de regimes de privatização e de liberalização de sectores, passaram a exigir maior rigor e intervenção estatal no contexto das novas regras de regulação quer as que instituíram as novas entidades quer as que regulam a forma de exercício da actividade regulatória.

a) Agência Nacional de Energia Eléctrica (ANEEL)

Esta agência foi instituída ao abrigo da Lei 9427, de 26 de Dezembro de 1996, com a finalidade de regular e fiscalizar a produção, a transmissão, a distribuição e a comercialização de energia eléctrica em conformidade com as políticas e directrizes do governo federal.

De acordo com os termos da lei dela criadora a Agência é uma autarquia sob regime especial, "vinculada" ao Ministério das Minas e Energia.

As competências mais significativas da agência estão previstas no artigo 3º da Lei 9427/96 e, de entre elas, podem destacar-se as seguintes: (i) Promover a licitação de novas concessões de geração, transmissão e distribuição de energia eléctrica; (ii) Realizar a gestão dos contratos de concessão ou autorização de serviços públicos de energia eléctrica bem como proceder à fiscalização, directamente ou mediante convénios com órgãos estaduais, das concessões, das autorizações bem como da prestação de serviços de energia eléctrica; (iii) Proceder à definição dos critérios de cálculo das tarifas de uso dos sistemas eléctricos de transmissão e distribuição; (iv) Competência regulamentar para dar cumprimento às normas estabelecidas pela Lei 9074, de 7 de Julho de 1995, relativamente à exploração de energia eléctrica e ao aproveitamento dos potenciais hidráulicos.

b) Agência Nacional de Telecomunicações (ANATEL)

A Agência foi a segunda a ser criada nos termos da Segunda Emenda Constitucional 8/2995 que veio permitir a instituição de um regime de maior flexibilidade na gestão dos serviços de telecomunicações.

Com efeito, o Senado, em Julho de 1997, aprovou a Lei 9472 (Lei Geral de Telecomunicações) que, entre outras matérias, veio permitir a criação e o funcionamento de uma agência reguladora através da eliminação do regime, até então vigente, de exclusividade da concessão para exploração dos serviços públicos a empresas controladas pelo Estado, introduzindo, desse modo, princípios basilares de liberalização no sector.

A ANATEL surge, assim, como agência dotada de competências para o exercício de funções de órgão regulador das telecomunicações.

Segundo a Constituição e a lei a agência é uma autarquia administrativa independente, dotada de autonomia financeira e "vinculada" ao Ministério das Comunicações.

Esta "vinculação" não integra a existência de poderes hierárquicos, na medida em que os seus actos devem ser qualificados como definitivos e executórios, deles apenas cabendo recurso contencioso.

De entre as suas funções mais relevantes devem ser sublinhadas as seguintes: (i) Competência regulamentar; (ii) Competência para executar a política nacional de telecomunicações; (iii) Poderes de administração do espectro de radiofrequência e o uso de órbitas; (iv) Poder de certificação de produtos; (v) Competência para aplicar sanções pela violação de direitos dos usuários.

c) Agência Nacional do Petróleo (ANP), Gás Natural e Biocombustíveis

A Agência Nacional do Petróleo foi criada através do Decreto nº 2455, de 14 de Janeiro de 1998, na sequência da aprovação da Lei 9478/1997 (Lei do Petróleo) que veio definir a Política Nacional para o Sector Energético do Petróleo, gás natural e biocombustíveis.

Nos termos do artigo 1º do Decreto 2455, a agência é uma autarquia sob regime especial, dotada de personalidade jurídica de direito público, autonomia administrativa e financeira e "vinculada" ao Ministério das Minas e Energia.

Nos termos do artigo 1º do Anexo I ao citado diploma legal, a ANP é uma unidade integrada na Administração Pública Federal, subordinada ao regime autárquico especial, podendo, entre outras actividades, proceder à instalação de unidades administrativas regionais.

A missão da Agência é essencialmente a de exercer competências regulatórias na área da indústria do petróleo, nomeadamente procedendo à contratação e fiscalização das actividades económicas que integram a indústria do petróleo, de acordo com o estabelecido na legislação, nas directrizes emanadas pelo Conselho Nacional de Política Energética (CNPE) e em conformidade com os interesses do país.

De entre as competências mais significativas podemos enunciar, entre outras, as seguintes: (i) Autorizar e fiscalizar as operações das empresas que distribuem e revendem derivados de petróleo; (ii) Autorizar e fiscalizar as actividades de produção, exportação, transporte, transferência, armazenagem, estocagem, distribuição, revenda e comercialização de biocombustíveis; (iii) Autorizar e fiscalizar as actividades de refinação, processamento, transporte, importação e exportação de petróleo e gás natural.

d) Agência Nacional de Águas (ANA)

A Lei das Águas, aprovada pela Lei 9433/07, veio instituir a Política Nacional de Recursos Hídricos e criar o Sistema Nacional de Gestão de Recursos Hídricos.

A Lei 9984/2000, complementada posteriormente pelo Decreto nº 3692//2000, veio criar a ANA como entidade federal com a missão de implementar a Politica Nacional de Recursos Hídricos.

D acordo com a legislação dela criadora, a agência e uma autarquia federal, sob regime especial, dotada de autonomia administrativa e financeira e está "vinculada" ao Ministério do Meio Ambiente.

As suas atribuições fundamentais são as de regular o uso das águas dos rios e lagos de domínio da União e implementar o Sistema Nacional, garantindo o seu uso sustentável, evitando o desperdício e assegurando, em qualidade e quantidade, a água suficiente para a actual e futuras gerações.

De entre as competências fixadas na respectiva legislação, devem ser destacadas, entre outras, as seguintes: (i) Supervisionar, controlar e avaliar as acções e actividades decorrentes do cumprimento da legislação federal dos recursos hídricos; (ii) Supervisionar a implementação do Plano Nacional de Recursos Hídricos; (iii) Regulamentar a operacionalização, o controlo e a avaliação dos instrumentos da Política Nacional de Recursos Hídricos; (iv) Fiscalizar o uso de recursos hídricos nos corpos de água de domínio da União.

e) Banco Central do Brasil

O Banco Central foi criado em 1964, através da Lei 4595, de 31 de Dezembro, concebido e qualificado como parte integrante do Sistema Financeiro Nacional.

O Banco Central do Brasil é, nos termos da Constituição Federal de 1988, a entidade com competência exclusiva para a emissão de moeda, tendo recebido esta função de três instituições até então competentes, a saber, a Superintendência da Moeda e do Crédito (SUMOC), o Banco do Brasil (BB) e o Tesouro Nacional.

O Banco Central do Brasil, de acordo com a legislação dele criador, é uma autarquia com poderes especiais e é titular de património próprio.

O processo de escolha e de nomeação do Conselho do Banco do Brasil, está regulado na Constituição Federal, é composto de cinco membros, cuja nomeação é realizada directamente pelo Presidente da República mas dependente de aprovação pelo Senado Federal. O Conselho do Banco está ainda sujeito a "confirmação" pelo Conselho Monetário Nacional, de acordo com o artigo 52, III, alínea d) da Constituição.

O mandato do Conselho é de sete anos, os seus membros são inamovíveis e podem ser reconduzidos.[14]

---

[14] Para além destas agências podem ainda ser referidas a Agência Nacional de Transportes Terrestres, instituída para regular o transporte ferroviário de passageiros e carga e exploração de infra-estruturas ferroviárias, dos transportes rodoviários interestadual e internacional de passageiros, rodoviário de cargas, multimodal e do transporte de cargas especiais e perigosas em rodovias e ferrovias; A Agência Nacional de Vigilância Sanitária (ANVISA) criada com a finalidade de promover a protecção da saúde da população através do controlo sanitário da produção e comercialização de produtos e serviços submetidos a vigilância sanitária; Agência Nacional de Saúde Suplementar (ANS) criada com a finalidade de promover a defesa do interesse público na assistência suplementar à saúde através de mecanismos de regulação das operadoras sectoriais, nomeadamente no que se relaciona com os prestadores e os consumidores.

Como decorre do breve elenco das agências de regulação que operam no Brasil, estas assumem algumas especificidades que importa assinalar e que são, no fundamental as seguintes: (i) as agências têm consagração constitucional; (ii) são criadas por lei; (iii) estão "vinculadas" a um Ministério em razão da matéria; (iv) o seu regime é em regra o da autarquia sob regime especial; (v) os seus dirigentes são em regra nomeados pelo Presidente da Republica; (vi) os dirigentes das agências são, em regra inamovíveis e são nomeados por um período de tempo determinado podendo o seu mandato ser renovado.

III – BREVES REFLEXÕES EM TORNO DO CONCEITO AGÊNCIA DE REGULAÇÃO
Em termos do conceito de agência de regulação, o mesmo tem vindo a assumir uma evolução significativa desde o seu aparecimento até aos nossos dias.[15]

Na verdade, desde o aparecimento da primeira agência, a InterState Commerce Commission, as discussões teóricas e a própria definição normativa das agências, em razão da natureza das suas atribuições e competências bem como da respectiva integração na estrutura organizatória da administração pública, tem vindo a evoluir no sentido da densificação conceitual e da sua maior ou menor "dependência" da organização administrativa do Estado.[16]

Dizem-nos os mais representativos autores que as agências na República Federativa do Brasil tiveram, no essencial, duas fontes, por um lado a experiência norte-americana neste domínio e, por outro, as políticas de redução do peso do Estado, quer pela via da criação de agências de execução quer pela via da instituição de agências reguladoras, nuns casos apenas para dar execução a políticas previamente definidas e noutros para assumir responsabilidades normativas, inspectivas e de fiscalização.

A Constituição Federal de 1988 e a Lei Federal nº 8031/90 que aprovou o Programa de Desestatização, na sequência da aprovação, em 1995, do Plano Director da Reforma do Aparelho de Estado, depois devidamente complementada pela Lei 9451/97, correspondem a uma nova filosofia política e a uma nova concepção de Estado.

---

[15] Cf. por todos Vital Moreira em Auto-Regulação Profissional e Administração Pública, pág. 70 e seguintes; José Lucas Cardoso em Autoridades Administrativas Independentes e Constituição, pág. 43 e seguintes

[16] Não sendo possível no contexto do presente trabalho uma exposição detalhada quer da evolução conceitual quer da definição de agência de regulação nas suas diferentes modalidades e nos diversos países em que foram instituídas, sugere-se a consulta de Règulation: Myto Y Derecho de Andrés Betancor, 2001

Neste sentido e de acordo com a legislação antes mencionada, os autores referem-se ao fenómeno da *despublicatio*, ou seja, da liberalização e privatização com objectivos de diminuição do peso do Estado.[17]

Deste modo, a necessidade de separar as atribuições regulatórias do Estado mediante a "delegação" de certas actividades delas integrantes, para entidade independentes e autónomas, surgiu do imperativo de tornar mais eficiente e racional o próprio funcionamento do Estado.

Surgem as agências reguladoras, denominadas de autarquia sob regime especial, identificadas e qualificadas no artigo 5º, I, do Decreto-Lei nº 200/67, nos seguintes termos: "é o serviço autónomo criado por lei, com personalidade jurídica, património e receitas próprias, para executar actividades típicas da administração pública que requeiram, para o seu melhor funcionamento, gestão administrativa e financeira descentralizada".[18]

A doutrina tem avançado e definido um conjunto de características que procuram modelar e definir o regime jurídico das autarquias sob regime especial, e são, elas, as seguintes:[19]

(i) As agências são obrigatoriamente criadas por lei;

(ii) São dotadas de personalidade e natureza jurídica pública e estão subordinadas ao direito público no que se refere à sua criação, extinção, direitos e regras de fiscalização;

(iii) As agências, quer na sua estrutura quer no domínio do exercício das suas actividades devem estar subordinadas ao princípio da especialização no sentido em que só podem exercer as competências que a lei lhes outorga;

(iv) As agências são dotadas de capacidade de auto-administração no tocante às competências específicas que a lei lhes atribuiu;

(v) As agências, ao abrigo das competências que lhes são atribuídas, não estão subordinadas ao regime de controlo hierárquico, ou seja, são titulares de autonomia administrativa e financeira.

---

[17] Cf. José Vicente Godoi Júnior em Agências Reguladoras: características, Actividades e força normativa, páginas 44 e seguintes

[18] A expressão "autarquia sob regime especial foi empregue, pela primeira vez, na Lei nº 5540, de 28.11.168 para sublinhar e consagrar a autonomia administrativa da Universidade Publica

[19] Joaquim Gomes Barbosa em Agências reguladoras: a metamorfose do Estado e a democracia em revista de Direito Constitucional e Internacional no 50, ano 13, páginas 44 e seguintes; Moreira Neto e Diogo de Figueiredo, Curso de Direito Administrativo, 14º edição, páginas 123 e seguintes

As características antes assinaladas devem ser entendidas como características genéricas no sentido em que delas não decorre, imediata e consequentemente, a natureza e o regime jurídico de cada uma das agências instituídas.

Como assinala Celso António B. de Melo, "não havendo lei alguma que defina o que deve entender-se por autarquia sob regime especial, cumpre investigar, em cada caso, o que se entende com isto. A ideia subjacente continua a ser a de que desfrutariam de uma liberdade maior do que as demais autarquias".[20]

Este maior grau de independência e de liberdade inerente ao conceito de autarquia sob regime especial pode ser identificado através dos seguintes principais pontos:

a) Garantia de estabilidade do governo das entidades reguladoras, no sentido da respectiva inamovibilidade pelo período do seu mandato;

b) Nomeação dos dirigentes por acto do Chefe do Executivo devidamente aprovado pelo Senado;

c) Natureza dos poderes que são conferidos a estas entidades, nomeadamente poder regulamentar, fiscalizador e de aplicação de sanções;

d) Independência financeira das entidades reguladoras no sentido em que para além das dotações orçamentais, são igualmente titulares de receitas próprias, nomeadamente arrecadação de taxas de fiscalização cobradas aos regulados, rendimentos de operações financeiras e outras;

e) As decisões e os actos praticados pelas entidades reguladoras estão subtraídos à apreciação de outros órgãos ou entidades da administração pública.

Assim, de acordo com a doutrina, os pontos antes assinalados permitem através da análise estatutária de cada caso concreto verificar da natureza da entidade no sentido de a conceber e qualificar como autarquia sob regime especial.

Como antes referimos, uma das características mais específicas destas autoridades reside no seu estatuto de independência.

Trata-se de um conceito de difícil preenchimento. Para além da independência financeira, da independência orgânica e funcional de que gozam estas autoridades, parece ser possível considerar que subsistem outros elementos aptos a clarificar o conceito, que podem ser identificados como segue:

---

[20] É o entendimento da generalidade da doutrina brasileira quanto à definição da natureza das entidades administrativas independentes, na medida em que só a partir da interpretação da lei e dos estatutos das agências é possível a respectiva qualificação como autarquia sob regime especial, em razão da respectiva intensidade da independência formal e institucional. Por todos ver Maria Sylvia Zanella Di Pietro, Direito Administrativo, páginas 401 e seguintes

a) Estabilidade do mandato dos dirigentes da agência no sentido da sua inamovibilidade pelo período do respectivo mandato;
b) Independência decisória no âmbito das suas competências;
c) Independência de objectivos;
d) Independência de instrumentos aptos à prossecução das suas atribuições.

Quer-nos parecer, no entanto, que para além dos elementos antes assinalados, a independência funcional e orgânica e, sobretudo a independência face ao regulado e ao poder político, é uma das características fundamentais do próprio conceito.

É neste domínio que no que se refere à independência destas entidades, um dos pontos que tem merecido atenta discussão e análise por parte da doutrina é, justamente, a do controlo e fiscalização das próprias agências denominadas, no Brasil de autarquia sob regime especial.[21]

Segundo ensina Regina Bernardes Rocha em Órgãos Reguladores no Brasil, o artigo 49, inciso X da Constituição Federal determina que é da competência exclusiva do Congresso Nacional "fiscalizar e controlar, directamente, ou por qualquer das suas Casas, os actos do Poder Executivo, inclusive o da administração indirecta", devendo, pois, entender-se que as agências de regulação fazem parte, do ponto de vista orgânico, da administração indirecta do Estado.

Por seu turno, em termos de controlo financeiro, orçamental e contabilístico, é o Tribunal de Contas o órgão competente para exercer tais poderes nos termos do artigo 70º e seguintes da Constituição.

As autarquias sob regime especial integram a Administração Indirecta do Estado salvo se as leis de cada uma delas instituidora as subordinarem directamente a parâmetros constitucionalmente consagrados, como é o caso, por exemplo da ANATEL e da ANA.[22]

Com efeito, segundo se retira da legislação relevante bem como das posições maioritárias da doutrina, as agências reguladoras são concebidas, do ponto de vista orgânico, como integradas na administração indirecta do Estado.

Esta qualificação, como entidades públicas integradas na administração pública, resulta, de entre outros elementos relevantes, da especificação normativa que decorre da lei no sentido em que as mesmas devem ter-se como "vinculadas" aos respectivos Ministérios competentes em razão da matéria. É o denominado princípio da estrutura orgânica da administração pública.

---

[21] Na generalidade dos países europeus estas agências são denominadas agências de regulação, autoridades administrativas independentes ou, no caso da União Europeia, agências executivas
[22] Este é o regime que resulta da legislação que criou estas agências que, como sabemos, tem assento constitucional. Cf., neste sentido a Lei 9472, de 16 de Julho de 1997

Apesar desta qualificação organizatória, que entende que as agências fazem parte da administração indirecta do Estado, relativamente ao qual são definidas, por lei, as regras de controlo sobre a actividade das mesmas, o debate relativo ao tema está apenas no princípio.

Na verdade, as questões relativas, entre outras, aos princípios da separação de poderes, da legalidade e da falta de legitimação democrática que alguns autores consideram que estas autoridades enfermam, vão continuar a suscitar a atenção quer da doutrina quer do poder legislativo.[23]

Na verdade, de entre as várias matérias ainda por explorar, julgo importante sublinhar a seguinte: Se parece não subsistirem dúvidas quanto à necessidade de reformar o Estado e de diminuir o seu peso face à economia e á sociedade civil, uma outra dúvida persiste e à qual, segundo creio, não foi ainda dada resposta definitiva.

Refiro-me à questão da legitimidade democrática das agências de regulação.[24]

Como sabemos, os diversos poderes instituídos nos modernos Estados são responsáveis e respondem, de acordo com o estatuto constitucional vigente, perante órgãos criados pelo poder constituinte que obedecem ao princípio da respectiva legitimidade democrática.

Ora, em primeiro lugar, tem vindo sistematicamente a ser assinalado que os dirigentes das autoridades de regulação sendo, em regra, nomeados pelo Executivo ou, no caso do Brasil pelo Presidente da Republica com ratificação posterior do Senado, não dispõem de qualquer título democrático.[25]

Mas, há ainda uma outra vertente da alegada falta de legitimidade democrática das agências, no sentido em que as suas responsabilidades de política se cingem à competência conferida ao Poder Legislativo de solicitar e realizar audições, nomeadamente nas suas comissões especializadas, mas não dispõe de poderes efectivos, designadamente de destituição dos seus dirigentes ou de aplicação de sanções.

---

[23] Refira-se, no entanto que de acordo como o artigo 49, inciso X da Constituição as agências reguladoras estão subordinadas a controlo por parte do Congresso Nacional, bem como ao controlo financeiro e contabilístico exercido pelo Poder legislativo e Tribunal de Contas nos termos do disposto no artigo 70 da Constituição, e ao controlo judiciário ao abrigo da norma do artigo 5, XXXV da mesma Constituição

[24] De sublinhar que esta problemática não é reserva das agências reguladoras no Brasil; outrossim é um problema que atravessa o conjunto dos espaços jurídicos que instituíram as diversas agências de regulação nos sectores financeiro, económico e social.

[25] Como sabemos, neste momento em Portugal discute-se a nível da revisão constitucional qual deve ser a entidade competente para proceder à nomeação dos dirigentes das diversas agências administrativas independentes que exercem actividades no nosso País.

De todo o modo importa referir que o problema antes colocado deve ser equacionado e debatido conjuntamente com outro dos elementos fundamentais caracterizadoras das agências de regulação, que é, justamente, o da sua independência funcional e orgânica.

A qualificação como independente de uma agência depende da verificação de quatro dimensões essenciais: (i) a independência decisória; (ii) a independência de objectivos; (iii) a independência de instrumentos, e a (iv) independência financeira.[26]

Por seu turno, a independência funcional das agências depende igualmente da verificação de outros pressupostos, a saber: (i) independência política dos dirigentes; (ii) a independência técnica e pericial.[27]

Reunidos todos estes elementos ou pressupostos fundamentais é possível considerar que a organização do Estado Federal engloba as agências de regulação, concebidas como entidades autónomas, por serem qualificadas de administração indirecta do Estado, e dotadas de regras de independência no âmbito do exercício das actividades postas por lei a seu cargo.

Consideramos, porém que, no domínio da legitimidade democrática destas autoridades, ou seja, do regime de accountability das mesmas deve, apesar da respectiva independência (nas suas diversas vertentes) entender-se que ainda há um longo caminho a percorrer.

Sabemos da intervenção do Presidente da Republica e dos poderes do Senado no que toca á nomeação dos responsáveis das agências bem como das regras aplicáveis ao estatuto dos respectivos dirigentes, nomeadamente período de mandato e regime de inamovibilidade.

Sabemos, no entanto, que o controlo político das agências, carece ainda de ser desenvolvido com o objectivo de permitir que o Poder Legislativo passe a fiscalizar a acção das agências nos mesmos termos que procede, nos termos constitucionais aplicáveis, à fiscalização política do executivo.

---

[26] Cf. neste sentido Adilson Abreu Dallari, Controlo político das agências reguladoras, Revista Trimestral de Direito Público, nº 38, 2002; Arnoldo Wald e Luisa Rangel Morais, em agências reguladoras, Revista de Informação Legislativa, ano 36, nº 141. Ano 1999. Recorde-se, aliás que estes quatro vectores foram, pela primeira vez, suscitados pelo Banco Nacional de Desenvolvimento Económico e Social – BNDES, em estudo realizado quanto à regulação da infra-estrutura no Brasil em 1996

[27] Sustentando no entanto que as agências, na generalidade dos casos, não são independentes face ao poder judiciário e ao poder legislativo ver Maria Sylvia Zanella Di Pietro, Direito Administrativo, 17º edição, 2004, páginas 437 e seguintes

IV - OS MODELOS DE AGÊNCIAS DE REGULAÇÃO

I - Agências reguladoras e agências executivas

A redefinição do papel do Estado surgida na parte final do século XX, teve, entre outras, consequências no contexto da organização e funcionamento da Administração Pública.

Os princípios da desburocratização, da descentralização, da transparência, da responsabilidade de prestação de contas (accountability), da competitividade e do conhecimento técnico e pericial, com maior ou menor intensidade começam a ser afirmados como regras básicas a adoptar no âmbito da administração pública, particularmente no âmbito do seu funcionamento e da sua estrutura relacional.

O modelo burocrático da administração deve ser substituída por outro e diferente modelo mais flexível, eficiente, racional e tendente a alcançar objectivos devidamente fixados.

Estas transformações são visíveis nos diversos países, no tempo histórico em que emergiram e se desenvolveram, e no caso do presente trabalho, também no Brasil.

A República Federativa do Brasil sobretudo a partir da Constituição Federal de 1988 - artigo 174º - que consagrou um modelo de desestatização da actividade económica, voltou-se definitivamente para a criação de agências reguladoras e para um novo modelo de regulação competitiva.

O Artigo 21, XI da Constituição Federal dispõe após a Emenda Constitucional nº 8 de 15 de Agosto de 1995 que "Compete à União; explorar directamente ou mediante autorização a concessão ou permissão os serviços de telecomunicações nos termos da lei, que disporá sobre a organização dos serviços, a criação de um órgão regulador e outros aspectos institucionais".[28]

Por seu turno, o artigo 174º da Constituição Federal de 1988 dispõe que "como agente normativo e regulador da actividade económica o Estado exercerá na forma da lei, as funções de fiscalização, incentivo e planeamento, sendo este determinante para o sector público e indicativo para o sector privado".[29]

---

[28] O texto original dispunha "XI - explorar, directamente ou mediante concessão a empresas sob controlo acionário estatal, os serviços telefónicos, telegráficos, de transmissão de dados e demais serviços públicos de telecomunicações, assegurada a prestação de serviços de informações por entidades de direito privado através da rede pública de telecomunicações explorada pela União"

[29] Os incisos I a V, do artigo 177º da Constituição disciplinam o que deve constituir o monopólio da União. No parágrafo 2º, inciso III, deste mesmo preceito constitucional, é estabelecido que a lei disporá sobre a estrutura e atribuições do órgão regulador do monopólio da União

Também os incisos I a V do artigo 177 da Constituição Federal disciplinam o que constitui monopólio da União, e consagra no parágrafo 2º do inciso III que a lei disporá sobre a estrutura e atribuições do órgão regulador do monopólio da União.

Parece, pois, ser possível considerar que a criação deste tipo de agências tem cobertura constitucional.[30]

Todavia, como acentua a doutrina brasileira, para além da previsão constitucional, é necessário procurar o fundamento para a criação destas entidades através da análise do fenómeno de desestatização que ocorreu no Brasil, de par, aliás, com o mesmo fenómeno verificado, numa primeira fase, quer nos EUA quer no Reino Unido.[31]

Segundo Diogo de Figueiredo Moreira Neto, a desestatização de serviços públicos implica a transferência ou devolução das atribuições e das competências da esfera pública para a esfera e iniciativa privada.

Esta transferência de poderes exige, por outro lado, que os mecanismos de controlo do Estado sejam reforçados no sentido da respectiva republicização.[32]

Marcos Juruena Villela Souto, sustenta a propósito deste fenómeno que foram os processos de privatização que estiveram na origem da desestatização e deste modo influenciaram as próprias concepções acerca do papel do Estado, ou seja, o Estado foi deixando de ser, de forma progressiva e evolutiva um Estado de Bem Estar.

Os custos, as ineficiências e a fraca qualidade dos serviços prestados directamente pelo Estado foram dando lugar a transformações significativas quer no seu modo de organização quer na forma da respectiva prestação que passou a ser gradualmente realizada por pessoas colectivas diferentes e não integradas no modelo tradicional da Administração Pública.

O Estado moderno, segundo a generalidade da doutrina, apesar de incumbente na criação de condições para a manutenção do serviço público, não carece de agir e de prosseguir tais interesses de forma directa através dos seus serviços integrados na administração directa do Estado.

Podemos pois considerar que as agências reguladoras brasileira resultam do regime de desestatização, criado pela Lei 8031 de 12 de Abril de 1990 que criou o Programa Nacional de Desestatização.[33]

---

[30] É esta a conclusão que se retira de Diogo de Figueiredo Moreira Neto em Curso de Direito Administrativo, páginas 547 e seguintes
[31] Cf. Manuel Gonçalves Ferreira Filho, Curso de Direito Constitucional, página 134
[32] É este o princípio que resulta da lição de Moreira Neto, ob. Loc. Cita, página 45
[33] Este Programa surge em consequência das profundas modificações verificadas na condução da política brasileira iniciada na presidência de F. H. Cardoso

As agências reguladoras, nos termos do artigo 37, XIX da Constituição Federal são pessoas jurídicas de direito público cuja criação depende obrigatoriamente de lei

São, pois, criadas por lei, como autarquias sob regime especial, ao abrigo e conforme com os preceitos constitucionais aplicáveis.

Ou seja, as agências reguladoras no ordenamento jurídico brasileiro são susceptíveis de ser classificadas como autarquias sob regime especial e agências executivas.[34]

As primeiras surgem na sequência das mudanças mais significativas no novo modelo de Reforma do Estado consequente à legislação relativa ao Programa Nacional de Desestatização e tiveram o seu início com a criação do Ministério da Administração Federal e Reforma do Estado.[35]

Um dos objectivos fundamentais deste Ministério, mais tarde, em 1999, fundido com outro ministério e redenominado de Ministério do Planeamento, Ordenamento e Gestão, foi o de, através de delegação a entes integrados na administração indirecta do Estado e em ONG, instituir um novo modelo de funcionamento do Estado Administração.

As agências executivas foram inicialmente concebidas com uma "relativa autonomia" em relação ao Poder Executivo, mas depressa se verificou que era necessário consagrar "uma autonomia reforçada", através da qual não se permitia qualquer tipo de intervenção do poder executivo e do poder legislativo no funcionamento das mesmas.

As reformas traduzidas pela "delegação" de certo tipo de poderes a entidades da administração indirecta do Estado (as agências executivas) eram concebidas como condição necessária da reconstrução do Estado.[36]

A distinção entre agência executiva e agência reguladora assenta num conjunto de elementos de cada uma delas caracterizadora de que salientamos, como a mais importante, a que se prende com a própria qualificação normativa da agência no diploma que a institui.

[34] Cf. Joaquim Barbosa Gones, em Agências reguladoras no sentido em que a página 44 define agência reguladoras como "uma autarquia especial criada por lei, de estrutura colegial, com a incumbência de regulamentar, disciplinar e fiscalizar a prestação por agentes económicos públicos e privados, de certos bens e serviços de interesse público, inserido no campo da actividade económica que o Poder Legislativo entendeu destacar e entregar à regulamentação autónomo e especializada de uma entidade administrativa relativamente independente da Administração Central"

[35] Recorde-se que no Brasil um dos aspectos fundamentais dos processos de privatização teve a ver com a necessidade de captação de investimento estrangeiro

[36] Para Luis Carlos Bresser Pereira em Do Estado Patrimonial ao Gerencial, "reconstruir o Estado significa diminuir o tamanho do Estado, desregular a economia, aumentando a governança e a governabilidade"

Esta qualificação normativa expressa funda-se em três aspectos e áreas fundamentais: (i) orçamento e finanças; (ii) gestão de recursos humanos; e (iii) serviços gerais e contratação de bens e serviços.[37]

A agência reguladora na sua veste de autarquia sob regime especial é uma pessoa jurídica de direito público, com a função de regulamentar, fiscalizar e decidir em termos definitivos relativamente a determinado sector de actividade económica e social de interesse público.

Por seu turno a agência executiva pode ser definida como "uma autarquia ou fundação pública dotada de regime especial graças ao qual ela passa a ter maior autonomia de gestão do que a que normalmente atribuída às autarquias e fundações públicas comuns. Trata-se de uma qualificação jurídica que pode ser dada a uma autarquia ou fundação, ampliando-lhe a autonomia de gestão, orçamental e financeira, devendo a entidade firmar contrato de gestão com a administração central, no qual se compromete a realizar as metas de desempenho que lhe são atribuídas".[38]

Em síntese podemos dizer que a distinção fundamental entre autarquia sob regime especial e agência executiva é a de que esta última está inserida e vinculada à administração directa do Estado tendo como objectivo a melhoria da eficiência e a redução de custos.[39]

A autonomia das agências executivas é meramente operacional, enquanto que a autonomia das autarquias sob regime especial se traduz pela atribuição de regimes de independência funcional e estrutural.[40]

II – Os Modelos de agências em razão da matéria e do âmbito territorial de intervenção

No ordenamento jurídico brasileiro é possível definir, em razão da matéria, dois modelos de agência reguladora, como segue:

a) As que exercem, nos termos da lei competências, nomeadamente de fiscalização e de aplicação de sanções, como é o caso, por exemplo da Agência Nacional de Vigilância Sanitária, criada pela Lei 9872, de 26.1.1999, da Agência Nacional de Saúde Pública Suplementar, criada pela Lei 9961,

---

[37] Para maiores desenvolvimentos sobre esta distinção ver, por todos, Alexandre Santos Aragão, As Agências Reguladoras e a Evolução do Direito Administrativo Económico, RJ Forense 2003

[38] Para a distinção entre agência, agência sob regime especial, autarquia e agência executiva cf. José Vicente Godoi Júnior em Agências Reguladoras: Características, actividades e força normativa, páginas 55 e seguintes

[39] Cf. Neste sentido Maria Sylvia Zanella di Pietro, Direito Administrativo, 2004, pág., 401

[40] Ver a este propósito e no contexto da União Europeia, a definição das agências que aí operam, Giandomenico Majone,La Commumnauté Européenne: Un État Régulateur, páginas 79 e seguintes

de 28.1.2000 e da Agência Nacional de Águas, criada pela Lei 9984, de 17.7.2000;

b) As que exercem as suas atribuições de controlo de actividades de serviço público concessionadas, como é o caso das telecomunicações, energia eléctrica, transportes, ou de actividades de concessão ou exploração de serviços públicos, como é o caso, entre outros, do petróleo, riquezas minerais e rodovias.

Para além de agências reguladoras federais, o sistema organizatório brasileiro integra, igualmente agências reguladoras estaduais e municipais, de acordo com o previsto na Lei 9074 de 7 de Julho de 1995.

Resulta da lei que, mediante acordo com o Poder Concedente, os Estados e os Distritos Federais podem participar de forma complementar no sistema de controlo e fiscalização dos concessionários que prestarem serviços no contexto dos respectivos territórios.[41]

Temos, pois, que de acordo com a Lei Constitucional, da legislação antes mencionada que enquadra o regime de desestatização bem como a "supremacia" das agências federais que operem no mesmo sector, quer o Estados quer os Municípios podem criar, parar exercer, em regra, competências complementares, agências de regulação.

V - AS AGÊNCIAS REGULADORAS NO BRASIL: SÍNTESE

Procuramos nas páginas antecedentes, dar notícia do fenómeno da criação bem como do desenvolvimento das agências de regulação na Republica Federativa do Brasil.

Tal como sucedeu noutras continentes e países, o Brasil, na sequência da adopção de políticas de desestatização e de liberalização de sectores relevantes da sua economia, decidiu proceder às reformas do aparelho do Estado no sentido de o dotar de entidades autónomas e independentes face ao poder político e aos regulados.

Surgiram as agências de regulação que no Brasil podem ser qualificadas de agências executivas e autarquias sob regime especial.

Estas agências têm fundamento na Constituição e só podem ser criadas por lei que define a sua natureza, atribuições, competências e as respectivas relações orgânicas com os Ministérios competentes em razão da matéria.

Trata-se de um processo de organização em desenvolvimento que teve as suas raízes na necessidade de flexibilizar e tornar mais eficiente a economia,

---

[41] A lei referenciada não prevê a criação de agências no âmbito dos Municípios, sendo certo, no entanto que foram entretanto criadas agências reguladoras em alguns deles.

dotando a mesma de entidades/instituições que de forma autónoma e independente "substituísse" o Estado na modelação, coordenação, supervisão, fiscalização e intervenção directa em sectores e/ou empresas que, por via das profundas alterações verificadas nas concepções dominantes do Estado, passaram a operar em mercado livre.

Assim, ao lado da administração directa do Estado, dos seus serviços e organismos foram "destacados" um conjunto muito significativo de atribuições e competências que a lei atribui a entidades autónomas e independentes.

Os modelos de organização dos Estado Modernos e, de entre eles o do Brasil, para além do sistema tradicional de organização administrativa, é composto por entidades administrativas independentes que exercem as suas missões, nos termos da Constituição e da lei.

O processo descrito de criação destas entidades está, ainda em desenvolvimento no sentido em que as matérias relativas à sua própria legitimidade democrática não estão definitivamente resolvidas.

O caminho, a meu ver, é o de aprofundar e rever o regime aplicável às actividades exercidas pelas agências de regulação no sentido de passarem a estar subordinadas ao poder de fiscalização efectivo do Poder Legislativo.

É minha convicção de que será através deste aprofundamento que virá a ser ultrapassada a concepção que vê nestas agências um "quarto poder", paralelo ao poder legislativo, executivo e judicial.

Considerações sobre as Medidas Fiscais estabelecidas para fazer frente às crises econômicas e as repercussões no Desenvolvimento Econômico

MARIA DE FÁTIMA RIBEIRO*

Doutora em Direito Tributário pela PUC-SP

1. Introdução

O Estado busca recursos financeiros, por meio da tributação, para dar frente às despesas públicas. No entanto, deve desempenhar papel relevante na integração das normas tributárias às novas exigências do mercado atual, via incentivos fiscais entre outros subsídios legais que possam contribuir para o desenvolvimento social e econômico, independentemente da função arrecadatória.

Desta forma, o Estado exerce a função fiscal quando obtém recursos financeiros por intermédio da arrecadação de tributos, e, exerce a função extrafiscal quando visa com a tributação, o atendimento da função socioeconômica do tributo.

A análise passa pela discussão do papel do Estado contemporâneo no desenvolvimento econômico, e, sua posição intervencionista, estimulando ou desestimulando determinadas condutas ou atividades, com vistas ao equilíbrio das atividades econômicas e seus reflexos. Vale destacar as lições de Aliomar Baleeiro[1] quando afirma que uma política tributária, para ser racional, há de manter o

---

* Coordenadora e Professora do Programa de Mestrado em Direito da UNIMAR e Professora da REGES.

[1] BALEEIRO, Aliomar. *Uma Introdução à Ciência das Finanças*. 14ª, ed., Rio de Janeiro, Forense, 1984, pág. 171.

equilíbrio ótimo entre o consumo, a produção, a poupança, o investimento e o pleno emprego.

Diante a crise econômica atual que assumiu dimensões globais, os sistemas contemporâneos estão a exigir medidas tributárias interventivas, fundamentando uma política fiscal de desoneração em tempos de crise. Tais medidas, embora em um primeiro momento, podem representar uma diminuição da receita pública, podem demonstrar também quando há a possibilidade de restabelecer o equilíbrio orçamentário em períodos posteriores, quando da recuperação econômica. No entanto, tais iniciativas devem ser tratadas à luz da Lei de Responsabilidade Fiscal (Lei Complementar 101/2000), considerando a renúncia da receita.

Desta forma, o sistema tributário deve ter como objetivos o desenvolvimento econômico e social, sem que comprometa a criação de empregos, a redução da dependência de capitais externos, a eliminação da pobreza, as justiças fiscal e social, a diminuição das desigualdades regionais, citando estes como referências. Nesse sentido, pode ser observado até que ponto o sistema tributário brasileiro permite a alteração da política fiscal para intervenção no setor econômico. Em seguida, serão tecidas considerações sobre os efeitos fiscais produzidos pela crise econômica de 2008 e as principais ações do governo federal como medidas anticíclicas. Para tanto, fica demonstrada a necessidade de constante criação e de implementação de políticas públicas preventivas em matéria tributária, com destaque para questões essenciais previstas no PAC – Programa de Aceleração do Crescimento.[2]

2. Os Tributos no contexto da Ordem Econômica

Estado é uma instituição criada pela sociedade para atender determinadas necessidades visando os interesses dessa sociedade. Entretanto, para que essas prerrogativas possam ser alcançadas, o Estado necessita de recursos para a sua realização, entre os quais, os tributos são a sua principal fonte de receita.

Atualmente a maioria dos Estados utiliza-se do Direito Tributário para alcançar a finalidade fiscal bem como a finalidade extrafiscal, para garantir o equilíbrio econômico, tutelar o meio ambiente, reduzir as desigualdades sociais, entre outros objetivos sociais e econômicos, impondo à tributação o desempenho de um papel que vai além da mera arrecadação de receita pública. Esse papel do Estado demonstra sua atuação direta com vistas às realidades social e econômica. Pode-se então afirmar que além do sistema tributário sujeitar-se aos limites constitucionais e legais ao poder de tributar, ultrapassa as fronteiras dessas imposições, quando considera tais realidades por meio da extrafiscalidade.

---

[2] O Programa de Aceleração do Crescimento – PAC foi lançado em 28 de janeiro de 2007, pelo governo brasileiro que engloba um conjunto de políticas econômicas planejadas para os quatro anos seguintes, e que tem como objetivo acelerar o crescimento econômico do Brasil.

Durante muito tempo, a tributação foi vista apenas como um instrumento de receita do Estado. Apesar desta missão, ser por si só, relevante, na medida em que garante os recursos financeiros para que o Poder Público bem exerça suas funções, verifica-se que atualmente com a predominância do modelo do Estado Social, não se pode abrir mão do uso dos tributos como eficazes instrumentos de política e de atuação estatais, nas mais diversas áreas, sobretudo na social e na econômica.

As necessidades públicas devem ser atendidas diretamente pelo Estado. Esta sociedade, inserida no contexto econômico-social, deve ser relacionada também com o contexto internacional, cujos reflexos podem gerar encadeamentos diretos que repercutem nesta sociedade. Dentro dessas necessidades sociais, merece destacar os ditames da Constituição Federal de 1988, que dispõe em seu art. 1º, os principais fundamentos que motivaram a sua criação, destacando-se a cidadania, a dignidade da pessoa humana e os valores sociais do trabalho e da livre iniciativa. Verifica-se que os princípios inseridos nesse dispositivo devem fundamentar toda a produção de normas no ordenamento jurídico, uma vez que os fundamentos de todo o Estado Democrático de Direito, necessariamente, precisam ser respeitados por todas as normas do ordenamento jurídico.

Em conjunto com esses fundamentos, a Carta Constitucional ressalta em seu art. 3º, os seus principais objetivos, isto é, as suas principais metas e finalidades de sua criação. Traz como finalidades primordiais do Estado a construção de uma sociedade livre, justa e solidária; a garantia do desenvolvimento nacional; a erradicação da pobreza e da marginalização, além de reduzir as desigualdades sociais e regionais; promover o bem de todos entre outros. Para tanto, elenca, em seu Capítulo VII (art. 170), uma série de normas referentes à Ordem Econômica.

O capitalismo sofreu mudanças ao longo de toda a sua história e, no atual Estado Contemporâneo, sofreu mutações em sua forma, uma vez que este não está livre para gerir as relações econômicas, mas sim, regulado por normas emanadas do ente estatal no intuito de estabelecer limites a essas práticas comerciais. Normas estas compreendidas, inclusive, na própria Carta Constitucional, no Título referente à Ordem Econômica (art. 170 e segs.), como bem observa Afonso Insuela Pereira: *o que o mundo moderno nos apresenta, hoje, é o que se denomina de democracia econômica, diversa da tese de abstenção do sistema liberal, que não punia excessos ou abusos, mas sim um sistema que procura formar nova mentalidade nas elites administrativas, instrumentando-as para que se sobreponham os ideais de um melhor rendimento em favor do homem.*[3]

---

[3] PEREIRA, Afonso Insuela. *O direito econômico na ordem jurídica*. 2. ed. São Paulo: José Bushatsky, 1980. pág. 200.

O art. 170 da Carta Constitucional, traz uma série de princípios referentes à Ordem Econômica, mas que, na verdade, são instrumentos de persecução dos objetivos e de cumprimento dos fundamentos do Estado brasileiro, como bem observa João Bosco Leopoldino da Fonseca: *para que os fundamentos sejam concretizados e para que os fins sejam alcançados, necessário se faz adotar alguns princípios norteadores da atividade da ação do Estado*.[4] Desse modo, os princípios norteadores da Ordem Econômica determinam quais deverão ser as condutas dos particulares em suas práticas comerciais, sempre no intuito de se preservar os valores inseridos no Texto Constitucional e que representam os anseios de toda a sociedade.

Nessa nova era do capitalismo, a intervenção do Estado nas atividades econômicas faz-se fundamental para o respeito aos seus fundamentos e essencial para o cumprimento de seus objetivos, uma vez que esses valores, elevados à veste de princípio constitucional, orientam toda a produção normativa do Estado, na medida em que representam os anseios de toda a sociedade.

Dentre as modalidades de intervenção do Estado nas atividades econômicas, a Constituição Federal possibilita duas modalidades de intervenção, direta e indireta. A intervenção direta ocorre quando o Estado atua na atividade econômica como agente econômico, ou seja, passa a ser sujeito de direito, como se fosse um particular. Atua de forma direta quando *faz o papel de agente produtivo, criando empresas públicas ou actuando através dela, (...) de modo a não desequilibrar o mercado interno*,[5] conforme destaca Moncada. A intervenção do Estado na economia ocorre quando este atua como agente econômico, através de uma de suas formas de descentralização, seja pela empresa pública, seja pela sociedade de economia mista (art. 173, § 1º, da Constituição Federal), sob o regime de direito privado.

A segunda modalidade de interferência do Estado na ordem econômica é a intervenção indireta na economia. Aqui o Estado atua como agente econômico e sua atuação ocorre por meios externos, através da fiscalização, regulação das atividades das pessoas de direito privado. Para o professor Moncada, *o Estado não se comporta como sujeito económico, não tomando parte activa e directa no processo económico. Trata-se de uma intervenção exterior, de enquadramento e de orientação que se manifesta em estímulos ou limitações, de várias ordens, à actividade das empresas.*[6]

Diferentemente da regulação direta, onde o Estado ao atuar como empresário se prende às normas de direito privado e deve necessariamente respeitar os

---

[4] FONSECA. João Bosco Leopoldino da. *Direito econômico*. 2. ed. Rio de Janeiro: Forense, 1998. pág. 87-88.

[5] MONCADA, Luis S. Cabral de. *Direito económico*. 5ª ed., rev. e atual. Coimbra: Coimbra Editora, 2007, pág. 45.

[6] MONCADA, Luis S. Cabral de. *Op. cit.*. pág. 444.

princípios do art. 170, da Constituição Federal, na atuação indireta, o Estado visa preservar o respeito a esses princípios. Isto é, intervém de forma direta quando há a necessidade imperiosa de manter a segurança nacional ou quando haja relevante interesse coletivo e, como agente econômico, está submetido ao regime de direito privado. Intervém de forma indireta, quando há a possibilidade da atividade econômica desrespeitar um dos princípios do art. 170, atuando como agente fiscalizador, regulador e planejador. Fiscaliza através do seu poder de polícia, regula concedendo incentivos ou tributando determinado setor e planeja determinando quais serão os setores que merecem receber determinado investimento para o seu desenvolvimento.[7]

Cumpre aqui destacar sobre a eficácia dos princípios inerentes ao Estado socioeconômico, uma vez que esses princípios buscam alcançar as finalidades do próprio Estado. Como bem observa José Afonso da Silva, *não há norma constitucional destituída de eficácia. Todas elas irradiam efeitos jurídicos, importando sempre uma inovação da ordem jurídica preexistente à entrada em vigor da constituição a que aderem e a nova ordenação instaurada.*[8]

Então, os fins sociais, devem estar equacionados de forma clara com o poder estatal e o poder econômico, que são responsáveis pela formação das receitas públicas, conforme ressalta José Afonso Silva, ao comentar sobre o sistema tributário. Segundo ele, o sistema tributário é o conjunto de instituições, regras e práticas tributárias, seja nas suas relações, seja quanto aos efeitos globalmente produzidos sobre a vida econômica e social. E, que não basta a *mera enumeração de tributos para se ter um sistema.*[9] Compreende muito mais do isso, ou seja, que o sistema jurídico tributário esteja em harmonia com o ordenamento econômico e financeiro, com as propostas e metas de desenvolvimento nacional, visando à mesma finalidade: satisfação das necessidades da população e o desenvolvimento econômico e social.

Por isso, merece ressaltar a importância do estudo da ordem econômica e da ordem social, e a importância da incidência e arrecadação tributária para o desenvolvimento econômico do país. Assim, pode-se aferir que por ordem econômica pode ser designado como o conjunto de relações pertinentes à produção e à circulação da riqueza.

---

[7] VINHA, Thiago Degelo; RIBEIRO, Maria de Fátima. *Efeitos Socioeconômicos dos tributos e sua utilização como instrumento de políticas governamentais. In* Tributação, Justiça e Liberdade. PEIXOTO, Marcelo Magalhães; FERNANDES, Edison Carlos (coord.), Curitiba: Juruá, 2005, pág. 675.

[8] SILVA, José Afonso da. *Aplicabilidade das normas constitucionais.* 4ª ed. São Paulo: Malheiros, 2000. pág. 81.

[9] SILVA, José Afonso da, citado por Ives Gandra da Silva Martins. *Sistema Tributário na Constituição de 1988,* 15ª ed. rev. atual. – São Paulo : Saraiva, 1998, pág. 18.

Um dos instrumentos de intervenção do Estado na economia pode-se afirmar que é a atividade de tributação. Tal atividade tem por objetivo a interferência do Estado na economia. Com o tributo extrafiscal pretende o Estado exercer influência nas relações de produção e circulação da riqueza.

Com efeito, a intervenção do Estado pode ocorrer com uma série de medidas tanto com tributação mais acentuada ou menos acentuada, inclusive com incentivos fiscais com finalidades de estimular a ampliação do parque industrial, o comércio de bens e serviços entre outros, com políticas fiscais estabelecidas em conformidade com os ditames constitucionais. Daí a afirmativa de Hugo de Brito Machado, que *não constitui novidade a afirmação de que o tributo é uma arma valiosa de reforma social.*[10]

A tributação tem demonstrado que é excelente instrumento para o direcionamento da economia, vez que permite que sejam alcançados os fins sociais. O tributo é instrumento da economia de mercado, da livre iniciativa econômica.[11] Por isso dizer que deve ser estimulada a iniciativa de industrialização, de exportação, de atração de novos investimentos de capital. Tudo isto, ressalvando que através da efetiva aplicação dos princípios constitucionais, pode-se obter um maior resultado entre o desenvolvimento econômico e social, com maior tributação que alcance àqueles que suportam maior capacidade contributiva.

Enfim, no tocante às implicações da tributação com o desenvolvimento econômico, é patente de que a questão essencial não reside, somente, na menor ou na maior carga tributária, mas no modo pelo qual a carga tributária é distribuída. Todo tributo incide, em última análise, sobre a riqueza. Daí os dizeres de Aliomar Baleeiro: *Uma política tributária, para ser racional, há de manter o equilíbrio ótimo entre o consumo, a produção, a poupança, o investimento e o pleno emprego. Se houver hipertrofia de qualquer desses aspectos em detrimento dos outros, várias perturbações podem suceder com penosas consequências para a coletividade.*[12]

E neste patamar o Poder Público deverá verificar se é possível aumentar ou diminuir a carga tributária, e a possibilidade de redistribuir a renda sem prejuízo do desenvolvimento econômico. Nesta feita, sustenta Hugo de Brito Machado[13] que o Estado deve intervir no processo de desenvolvimento econômico, pela tributação, não para conceder incentivos fiscais à formação de riqueza individual,

[10] MACHADO, Hugo de Brito. *A Função do Tributo nas Ordens Econômica, Social e Política, in* Revista da Faculdade de Direito de Fortaleza, Fortaleza, 28 (2), julh-dez, 1987, pág. 12.
[11] MACHADO, Hugo de Brito. *A Função do Tributo nas Ordens Econômica, Social e Política, in* Revista da Faculdade de Direito de Fortaleza, Fortaleza, 28 (2), julh-dez, 1987, págs. 13/4.
[12] BALEEIRO, Aliomar. *Uma Introdução à Ciência das Finanças.* 14ª, ed., Rio de Janeiro, Forense, 1984, pág. 171.
[13] MACHADO, Hugo de Brito. *A Função do Tributo nas Ordens Econômica, Social e Política.* In Revista da Faculdade de Direito de Fortaleza, 28, (2) – julh-dez, 1987, pág.28.

mas para ensejar a formação de empresas cujo capital seja dividido por número significativo de pessoas, de sorte que a concentração de capital se faça sem que necessariamente isto signifique concentração individual de riqueza.

Ao lado das medidas de natureza tributária, são indispensáveis medidas no plano da despesa pública. Isto requer que o produto da arrecadação de tributos seja empregado preferentemente nos setores sociais, de saúde pública entre outros interesses da sociedade.

3. Política Tributária e o Papel do Estado no Desenvolvimento Social e Econômico

É preciso inicialmente, determinar o conceito de política tributária, justificando-se a denominação escolhida. A política econômica que compreende toda a atividade produtiva cedeu lugar à política financeira, que se ocupa do direito público e esta, por sua vez, já deu origem à política tributária que passou a se ocupar exclusivamente das atividades estatais relativas aos tributos.[14] O professor Alfredo Augusto Becker ensina que a política fiscal discrimina diferentes espécies econômicas de renda e de capital para sofrerem diferentes incidências econômicas de tributação, no intuito de alcançar seus objetivos econômicos-sociais.[15] A política fiscal deve ser entendida ainda como o conjunto de medidas relativas ao regime tributário, gastos públicos que se desdobram em diversos seguimentos. Ou seja, a política fiscal pode utilizar-se dos tributos e dos gastos do governo para regular a atividade econômica sem desconsiderar os ditames da política monetária, vez que são políticas complementares.

A nova ordem econômica mundial destaca-se pela valorização do trabalho em relação ao desenvolvimento econômico. O Professor Paz Ferreira ensina que a *proclamação do direito ao desenvolvimento, com a consequente definição de obrigações para o Estado, fez a sua entrada em alguns textos constitucionais no segundo pós-guerra, na sequência dos dolorosos problemas económicos e sociais resultantes do conflito e de uma nova avaliação dos direitos do homem, que implicou a garantia da criação de condições para o pleno desenvolvimento da personalidade.*[16] Desenvolvimento econômico não é apenas crescimento econômico e nem tampouco distribuição de riqueza. Pressupõe a distribuição dessa riqueza em favor do bem-estar social e a participação da sociedade. A Constituição Federal propõe, a busca pelo desenvolvimento econômico, sendo este uma efetiva mudança na situação atual da economia

---

[14] RODRIGUES, Rafael Moreno. *Intributabilidade dos Gêneros Alimentícios Básicos*. São Paulo, Resenha Tributária, 1981, pág. 7.

[15] BECKER, Alfredo Augusto. *Teoria Geraldo Direito Tributário*. Saraiva, São Paulo, 1963, pág. 458.

[16] PAZ FERREIRA, Eduardo. *Valores e interesses – Desenvolvimento económico e política comunitária de cooperação*. Coimbra: Almedina, 2004, pág. 193.

nacional. O desenvolvimento deve ser entendido como um estado de equilíbrio na produção, distribuição e consumo de riquezas. Nenhum Estado pode ser considerado desenvolvido se mantiver uma estrutura social caracterizada por vertentes simultâneas de riqueza e pobreza. O Estado desenvolvido é marcado pela estrutura harmônica entre o padrão de modernização e a proteção dos valores coletivos. Assim, busca-se ao mesmo tempo o crescimento, com a liberdade das atividades econômicas, desde que tal conviva com a proteção do consumidor e do meio ambiente. Um Estado que enfatiza *apenas a vertente da modernização, desprezando a sua harmonia com os demais elementos, não pode se configurar como desenvolvido; pode, no máximo, ser um Estado modernizado.*[17]

Uma política tributária orientada para o desenvolvimento econômico e justiça social, que não tiver na sua essência o estímulo ao trabalho e à produção, *compensando a redução de encargos pela tributação sobre acréscimos patrimoniais, termina por não provocar desenvolvimento econômico nem justiça social e gera insatisfações de tal ordem que qualquer processo de pleno exercício dos direitos e garantias democráticas fica comprometido.*[18]

Gustavo Miguez de Mello[19] assevera que a política tributária deve ser analisada pelos seus fins, pela sua causa última, pela sua essência, na medida em que o poder impositivo deve questionar: Por que tributar? O que tributar? Qual o grau de tributação? Atendendo as perspectivas e finalidades do Estado estar-se-á executando política tributária.

Deve ser ressaltado que a política tributária, embora consista em instrumento de arrecadação tributária, necessariamente não precisa resultar em imposição. O governo pode fazer política tributária utilizando-se de mecanismos fiscais através de incentivos fiscais, de isenções entre outros mecanismos que devem ser considerados com o objetivo de conter o aumento ou estabilidade da arrecadação de tributos.

Assim, a política tributária poderá ter caráter fiscal e extrafiscal. Entende-se como política fiscal a atividade de tributação desenvolvida com a finalidade de arrecadar, ou seja, transferir o dinheiro do setor privado para os cofres públicos. O Estado quer apenas obter recursos financeiros. A finalidade da tributação *não*

---

[17] ELALI, André. Um Exame da Desigualdade da Tributação em face dos Princípios da Ordem Econômica, pág. 4, www.idtl.com.br/artigos/242.pdf, acesso em 20.01.2012.

[18] MARTINS, Ives Gandra da Silva. *Direito Econômico e Tributário – Comentários e Pareceres.* Ed. Resenha Tributária, SP, 1992, pág. 6/7.

[19] MELLO, Gustavo Miguez de. Uma visão interdisciplinar dos problemas jurídicos, econômicos, sociais, políticos e administrativos relacionados com uma reforma tributária *in Temas para uma nova estrutura tributária no Brasil.* Mapa Fiscal Editora, Sup. Esp. I Congresso Bras. de Direito Financeiro, RJ, 1978, pág. 5.

é apenas a de proporcionar receita ao Estado, mas a de proporcionar receita para que o Estado possa fazer frente às necessidades públicas[20]

Por meio da política extrafiscal, o legislador fiscal, poderá estimular ou desestimular comportamentos, de acordo com os interesses da sociedade, por meio de uma tributação regressiva ou progressiva, ou quanto à concessão de incentivos fiscais. Pode-se dizer que através desta política, a atividade de tributação tem a finalidade de interferir na economia, ou seja, nas relações de produção e de circulação de riquezas.[21] Assim, para Becker, a principal finalidade de muitos tributos *não será a de instrumento de arrecadação de recursos para o custeio das despesas públicas, mas a de um instrumento de intervenção estatal no meio social e na economia privada*[22].

A política fiscal poderá ser dirigida no sentido de propiciar a evolução do país para objetivos puramente econômicos, como seu desenvolvimento e industrialização, ou também para alvos políticos e sociais, como maior intervenção do Estado no setor privado. A determinação do objeto da política fiscal integra as políticas governamentais. É ponto pacífico, que cabe à política tributária se ocupar do planejamento e análise dos tributos que devem ser instituídos e cobrados, e, determinar que eles devem ser instrumentos indicados para alcançar a arrecadação preconizada pela política financeira, sem contrariar os objetivos maiores da política econômica e social que orientam o destino do país.

De igual modo o Estado poderá atender suas finalidades através da distribuição de riqueza, satisfação das necessidades sociais, de políticas de investimentos, entre outras, que podem ser alcançadas por meio de uma política tributária e não necessariamente pela imposição tributária.

Por isso, referida tributação deve privilegiar as necessidades essenciais da população, destacando-se a alimentação, saúde, vestuário, moradia, educação, acesso ao trabalho, livre iniciativa, livre concorrência entre outros pontos. Na prática, tais posições devem ser efetivadas através de leis isentivas ou com tributações simbólicas.

Neste diapasão tem-se que o Poder tributante, ao elaborar sua política tributária, deve levar em conta se o sistema tributário é justo, ou seja, se ele trata, de maneira igual todos os contribuintes que se encontram em situação idêntica, e também se está adequado à distribuição de rendas e ao desenvolvimento eco-

[20] VANONI, Ezio. *Natureza e interpretação das leis tributárias*. Trad. Rubens Gomes de Souza. Rio de Janeiro: Financeiras, 1932, pág. 126.
[21] VINHA, Thiago Degelo; RIBEIRO, Maria de Fatima. *Efeitos socioeconômicos dos tributos e sua utilização como instrumento de políticas governamentais*. In Tributação. Justiça e Liberdade, Marcelo Magalhães Peixoto (Coordenador), Curitiba, Editora Juruá, 2005, pág. 659.
[22] BECKER, Alfredo Augusto. *Teoria geral do direito tributário*. São Paulo: Saraiva, 1963, pág. 536.

nômico. E mais, se favorece à política de estabilização da economia, combate do desemprego, à inflação entre outros aspectos.

O fator econômico é preponderante para a adequada política tributária, não podendo o Estado, interferir através da tributação, com medidas que provoquem instabilidade na economia. A estabilidade econômica é mantida quando o Estado controla a inflação, a política de juros, possibilita a capacidade produtiva da sociedade, controla o orçamento público e os gastos públicos, garantindo a propriedade, propiciando a livre iniciativa e a livre concorrência. A política tributária deverá se adequar ao ordenamento jurídico vigente, sob pena de tornar-se ineficaz e nula.

A política tributária deve ser proposta como instrumento para a correção de desequilíbrios da diminuição das desigualdades, do crescimento e do desenvolvimento econômico. Por isso, os tributos devem ser avaliados com relação a sua eficiência econômica, quanto de um ponto de vista mais amplo, à sua adequação aos objetivos da política fiscal. Sob a ótica de sua de sua eficiência, dois princípios norteiam a teoria da tributação: neutralidade e equidade. Num sentido mais amplo, ou seja, adequar os tributos aos princípios da Política Fiscal, a teoria da tributação tenta aproximar-se de um sistema tributário ideal através dos princípios da equidade, progressividade, neutralidade e simplicidade.[23]

De certa forma, para o desenvolvimento econômico nacional neste contexto de globalização, deve salientar a redução dos gastos públicos, com um processo de diminuição da carga tributária, capaz de permitir uma maior disponibilidade de recursos para a poupança, investimento ou consumo. A justa repartição do total da carga tributária entre os cidadãos é imperativo ético para o Estado Democrático de Direito.

A arrecadação de tributos é importante para a economia nacional e internacional, não apenas como fonte de riqueza para o Estado, mas também como elemento regulador da atividade econômica e social. Desenvolvimento econômico *significa mudança de estrutura, como o crescimento da participação do produto industrializado no produto total, e melhoria dos indicadores sociais e da distribuição de renda.*[24] Pode-se com isso, afirmar que o desenvolvimento econômico deve corresponder com a melhoria do padrão de vida da sociedade. Diferentemente pode ser observado no Brasil, onde ocorre representativo crescimento econômico, industrialização e modernização, mas ao mesmo tempo são registradas profundas desigualdades sociais e regionais, podendo ocorrer novos registros positivos com os investimentos do Programa de Aceleração de Crescimento – PAC. Para que haja

---

[23] MATIAS-PEREIRA, J. *Gestão das Políticas Fiscal e Monetária: Os Efeitos Colaterais da Crise Mundial no Crescimento da Economia Brasileira. In* Observatorio de la Economía Latinoamericana, Nº 148, 2010.
[24] SOUZA, Nali de Jesus de. *Curso de Economia*. São Paulo: Atlas, 2003, pág. 318.

desenvolvimento, o sistema jurídico deve ser capaz de assegurar liberdades políticas aos seus cidadãos, uma vez que é somente através delas que metas sociais e econômicas são legitimamente estabelecidas.

Segundo Celso Furtado, o desenvolvimento se realiza sob a ação conjunta de fatores responsáveis por transformações nas formas de produção e de forças sociais que condicionam o perfil da procura.[25] Por sua vez, Amartya Sen pondera que o desenvolvimento pode ser visto como um processo de expansão das liberdades reais que as pessoas desfrutam[26]. Assim, o desenvolvimento seria fruto de transformações sociais.

Conforme destaca Gilberto Bercovici[27], o desenvolvimento é condição necessária para o bem-estar social, sendo o Estado seu principal condutor por meio de programas e ações, o qual envolve a ampliação de oportunidades individuais e coletivas geradas pelo crescimento econômico, pela observância de valores fundamentais balizados constitucionalmente, como a justiça e a redução da pobreza e das desigualdades.

As normas jurídicas tributárias, quando utilizadas como incentivos para determinados comportamentos econômicos, revelam-se instrumentos potencialmente aptos para alcançar finalidades do Estado, por meio de políticas fiscais.

4. Função Fiscal e Finalidade extrafiscal dos tributos

O desenvolvimento econômico está aliado à atuação do Estado. Assim, o Estado poderá atuar através da política fiscal e extrafiscal, conforme já apresentado anteriormente. José Casalta Nabais, ao tratar sobre a extrafiscalidade, apresenta o direito econômico fiscal, como sendo o conjunto de normas jurídicas que regula a utilização dos instrumentos fiscais com o principal objetivo de obter resultados extrafiscais, em sede de políticas econômicas e sociais, *ou por outras palavras, a disciplina jurídica da extrafiscalidade.*[28] Assim, o autor sustenta dois grandes domínios ou setores do direito econômico fiscal: o setor dos impostos extrafiscais ou os agravamentos com função extrafiscal e o setor dos benefícios fiscais.[29]

A extrafiscalidade caracteriza-se *quando o legislador, em nome do interesse coletivo, aumenta ou diminui as alíquotas e/ou as bases de cálculo dos tributos, com o objetivo*

---

[25] FURTADO, Celso. *Teoria e política do desenvolvimento econômico*. São Paulo: Paz e Terra, 2000, pág. 106.

[26] SEN, Amartya. *Desenvolvimento como liberdade*. Trad. Laura Teixeira Motta. São Paulo: Companhia das Letras, 2000, pág. 17.

[27] BERCOVICI, Gilberto. *Desigualdades regionais, Estado e Constituição*. São Paulo: Max Limonad, 2003, pág. 58.

[28] NABAIS, José Casalta. *Direito Fiscal*. 6ª ed., Coimbra: Almedina, 2010, pág. 425.

[29] NABAIS, José Casalta. *Direito Fiscal*. 6ª ed., Coimbra: Almedina, 2010, pág. 426.

principal de induzir contribuintes a fazer ou deixar de fazer alguma coisa.[30] Por sua vez, destaca Geraldo Ataliba, que a extrafiscalidade configura-se pelo *emprego delibe-rado do instrumento tributário para finalidades não financeiras, mas regulatórias de com-portamentos sociais, em matéria econômica, social e política.*[31]

Desse modo, Raimundo Bezerra Falcão, aponta que a extrafiscalidade é a ati-vidade financeira que o Estado exercita sem o fim precípuo de obter recursos para o seu erário, para o fisco, mas sim com vistas a ordenar ou reordenar a eco-nomia e as relações sociais.[32] José Casalta Nabais afirma que a extrafiscalidade pode ser traduzida como um conjunto de normas que tem por finalidade domi-nante a consecução de resultados econômicos ou sociais, por meio da utilização do instrumento fiscal, e não a obtenção de receitas para fazer face às despesas públicas.[33]

O contribuinte brasileiro questiona constantemente o aumento da carga tri-butária. Afinal, vem pagando a expansão do gasto público, sobretudo o custo do endividamento. Tem-se, então, que a carga tributária é elevada e que a con-traprestação de serviços precisa ser qualificada. A transferência de expressi-vos recursos da economia para as contas públicas enfraquece o investimento e reduz o consumo. Rogério Vidal Martins[34], ressalta que, a aplicação do tributo tão somente na sua função arrecadatória, tem como consequências a inibição da produção de bens e serviços em razão da diminuição da capacidade econômica, advinda do aumento da tributação; a diminuição dos níveis de emprego; a redu-ção do poder aquisitivo do cidadão-contribuinte; a redução do consumo e, tam-bém, a diminuição da competitividade do país em relação ao mercado externo. Ou seja, pode causar um enorme prejuízo econômico e social para o país do que decorre a necessidade de, novamente, se promover um aumento da carga tributária. Ao adotar o tributo como instrumento de intervenção na economia, o legislador atua através da extrafiscalidade com a aplicação dos incentivos fiscais.

Com vistas ao desenvolvimento, no Brasil, a partir da Constituição Federal de 1988 o Estado investiu em setores considerados estratégicos para o desenvol-vimento industrial, com destaque para a infraestrutura especialmente nas estra-das, na energia e telecomunicações.

---

[30] CARRAZZA, Roque Antonio. *Curso de direito constitucional tributário*. 21. ed. São Paulo: Malheiros, 2005, pág. 106/7, nota 66.

[31] ATALIBA, Geraldo. *Sistema constitucional tributário brasileiro*. São Paulo: Revista dos Tribunais, 1966, pág. 151

[32] FALCÃO, Raimundo Bezerra. *Tributação e mudança social*. Rio de Janeiro: Forense, 1981, pág. 196.

[33] NABAIS, José Casalta. *O dever fundamental de pagar impostos:* contributo para a compreensão constitucional do Estado fiscal contemporâneo. Reimpressão. Coimbra: Almedina, 2009, pág. 629.

[34] MARTINS, Rogério Vidal Gandra da Silva. A Política Tributária como Instrumento de Defesa do Contribuinte. *A Defesa do Contribuinte no Direito Brasileiro*. São Paulo: IOB, 2002, pág. 33.

Tais medidas de intervenção estatal com vista ao desenvolvimento nacional não podem resumir-se a aspectos econômicos conjunturais. Para sustentarem-se constitucionalmente, essas medidas precisam guardar consonância com o real significado da expressão – desenvolvimento – o qual envolve tanto a ideia de crescimento econômico quanto a de melhorias no bem-estar social. A conjuntura econômica pode servir apenas de amparo para medidas interventivas de caráter temporário, com objetivos de curto prazo bem delimitados, conforme destaca Matheus Assunção.[35]

Afirma António Carlos dos Santos, com razão, que a intervenção estatal na vida econômica é, apesar dos tempos de neoliberalismo, uma realidade incontornável.[36] Assim, a intervenção do Estado, com a finalidade extrafiscal, poderá se dar com vistas às perspectivas de crescimento da economia brasileira nos próximos anos bem como, para situações atuais considerando a crise econômica mundial e da política econômica proposta pelo Governo Federal com o PAC. Nesse contexto é importante considerar a necessidade de conciliar crescimento econômico com juros altos que pode comprometer o desempenho da economia.

5. Considerações sobre as Medidas Fiscais para fazer frente às crises econômicas

As crises econômicas e financeiras podem ocorrer frequentemente no mundo atual e são de difícil previsão. Seu custo repercute com perda de empregos, queda no investimento e na produção, considerando também os custos sociais. A crise financeira iniciada em 2008 continua a preocupar os países e blocos econômicos, principalmente com os reflexos que podem ser observados nos Estados Unidos e atualmente na União Europeia. Isso demonstra a necessidade de uma maior regulação governamental no sistema financeiro e fiscal e seus desdobramentos na busca da estabilidade econômica, tributária e financeira.

Apesar de, no Século XX, ter ocorrido representativo crescimento econômico com inovações tecnológicas e de produtividade, permitindo uma representativa melhora na diminuição da pobreza, existem ainda muitas regiões em situação crítica. Kemal Dervis e Ceren Özer defendem a importância da criação de mecanismos globais de governança para evitar crises de ordem política e econômica.[37]

---

[35] Assunção, Matheus Carneiro. *Política Fiscal e a Crise Econômica Internacional*. Finanças Públicas – XV Prêmio Tesouro Nacional – 2010, pág. 13.

[36] Santos, António Carlos dos. *Auxílios de Estado e Fiscalidade*. Coimbra: Almedina, 2003, pág. 27.

[37] Os autores fazem tal destaque na obra *A better globalization – legitimacy, governance and reform*, citados por Pedro C. de Mello & Humberto Spolador em *Crises Financeiras – do século XVII à crise do subprime da zona do euro*, São Paulo: Editora Saint Paul, 2010, pág. 250.

No entanto, esse desenvolvimento é bem vindo quando aliado com a qualidade vida da população envolvida, tais como saúde, educação, infraestrutura básica entre outros pontos importantes. Embora os governos locais ou regionais tenham que atuar como gestores de medidas para reduzir a pobreza e dispor de condições para atender as demandas sociais e econômicas internas, deve ser destacado o fortalecimento das instituições internacionais como o Fundo Monetário Internacional e o Banco Mundial.

Os sistemas tributários estão em profunda mudança, vez que não vivem fechados em si mesmos, alheios à vontade soberana dos demais Estados e agentes econômicos no cenário internacional. A globalização econômica e a consequente abertura dos mecanismos de troca de informação, pessoas e bens ditaram uma exposição inusitada do poder de tributar.[38]

Nos últimos anos com a crise econômica mundial, os sistemas tributários de diversos países precisaram ser reajustados para retomar ou estimular o crescimento econômico, desestimulando uns ou estimulando outros seguimentos importantes da economia. Pode-se afirmar que a tributação moderna não está mais vinculada ao orçamento, com o objetivo exclusivamente de angariar recursos para o Poder Público. Constitui atualmente um dos principais instrumentos caracterizados do desenvolvimento econômico com a distribuição da riqueza.

No caso da Europa, desde 2009, as políticas de arrocho fiscal têm sido privilegiadas, mesmo em um quadro de desempenho muito diferenciado entre os países do bloco, como pode ser observado em nota.[39] Embora tivessem relativa

---

[38] CATARINO, João Ricardo. *Os novos contextos das finanças públicas – Parte II Desafios da Tributação no ímpeto de uma maior codificação fiscal mundial*. In Revista de Finanças Públicas e Direito Fiscal nº 4, ano III, 2011, pág. 10

[39] Enquanto Alemanha, Holanda, Dinamarca e Suécia, por exemplo, têm apresentado desempenhos melhores na atividade econômica, outros países como Irlanda, Portugal, Grécia, Bulgária, Romênia e Lituânia têm atravessado situações muito complicadas. Nesse último grupo, algumas nações já têm sofrido forte supervisão e programas de ajuste, capitaneados pelas autoridades monetárias e financeiras europeias e pelo Fundo Monetário Internacional (FMI). Além disso, Reino Unido, Espanha e Itália têm sido frequentemente apontados como estando no limite da administração autônoma de suas dívidas públicas, podendo também vir a ter necessidade de se submeterem a programas de ajuda. Nesse caso, esses países, deveriam em contrapartida aos aportes financeiros, tentar administrar o problema da gestão da dívida pública interna, comprometendo-se a gerir pesados programas de ajuste fiscal prescritos pela Comissão Europeia e pelo Banco Central Europeu (BCE), bem como pelo FMI. A dificuldade de manobra no âmbito da crise no bloco europeu evidenciou as dificuldades de uma união monetária que precedeu uma união política de fato, já que as soberanias nacionais estiveram mantidas no que se refere às diversas decisões de cunho político e social, e à gestão fiscal. (NOTA TÉCNICA 104 – Agosto 2011, DIEESE – Departamento Intersindical de Estudos e Estatísticas Socioeconômicas, pág. 6 e 7).

liberdade para gerir suas políticas fiscais, os países ficaram limitados às políticas cambiais e monetárias impostas pelo Banco Central Europeu.

Um dos traços da dificuldade de a União Europeia encarar a atual crise é a ausência de reflexão teórica consistente sobre o tema. O Professor António Carlos dos Santos da Universidade Autônoma de Lisboa dedica um estudo sobre a crise financeira e a questão da fiscalidade na União Europeia, demonstrando que *a crise, cujo principal desafia no plano financeiro é hoje o cerceamento do crédito e, no plano económico, o aumento do desemprego decorrente da redução da atividade económica, é quase sempre vista como resultante da crescente falta de confiança dos agentes económicos dos mercados financeiros.*[40]

Com a crise econômica global em 2008, teve como principal referência o abalo do crédito, com a negociação de *subprimes*, empréstimos de alto risco a pessoas que não ofereciam tanta garantia de adimplemento aos bancos. A constante elevação da taxa de juros, e a recessão no mercado como um todo, levaram ao não pagamento de inúmeros empréstimos dessa natureza.[41] Depois dessa crise, o que se viu em vários países foi a interferência do Governo na economia, com a injeção de dinheiro e concessão de benefícios fiscais, na tentativa de restabelecer o crédito.

Pode-se afirmar que a tributação é um fenômeno econômico, no sentido de que produz efeitos no mercado. Tais efeitos econômicos repercutem para além das fronteiras dos entes públicos tributantes. Nesse sentido, *a tributação não pode ser compreendida sem que sejam consideradas as questões de mercado.*[42] As situações eco-

---

[40] SANTOS, António Carlos dos. *A crise financeira e a resposta da União Europeia: que papel para a fiscalidade?* In *A Fiscalidade como Instrumento de Recuperação Económica.* MONTEIRO, Sonia; COSTA, Suzana; PEREIRA, Liliana (coord.). Porto: Editora Vida Económica, 2010, pág. 23. O autor faz análise retroativa das crises anteriores e da atual com estudo paralelo da situação econômica na União Europeia e outros países. Clotilde Palma por sua vez apresenta estudo sobre a *Crise Económica e o Regime Fiscal do Centro Internacional de Negócios da Madeira* que integra a mesma coletânea supra citada.

[41] Podem ser destacados dois importantes fatores que contribuíram para tal situação: a) a falta de um disciplinamento mais severo quanto a negociação do crédito por instituições financeiras, b) uma política fiscal irresponsável por parte do governo americano, em período de elevados custos com guerras desencadeadas a partir de 11 de setembro de 2001. O cenário, apesar de semelhante ao pós-quebra da bolsa de 1929, é diferente, pois o perfil do Estado e da sociedade agora são outros. Importa, a essa altura, observar, de toda forma, que a nova intervenção não tem diretamente natureza social, mas econômica. A interferência deveria ocorrer apenas para a preservação global do equilíbrio econômico, ressalta Raquel Cavalcanti. MACHADO, Raquel Cavalcanti Ramos. *Tributação após a crise econômica de 2008: Limites ligados à legitimação e à finalidade da intervenção estatal.*Trabalho publicado nos Anais do XVIII Congresso Nacional do CONPEDI, SP. De 04 a 07/11/2009. www.conpedi.org.br, pág. 5153. Acesso em 20.01.2012.

[42] MARTINS, Gustavo do Amaral. *Mercado e Tributação: Os Tributos, suas relações com a Ordem Econômica* ...*in* Direito Tributário e Políticas Públicas, coord. José Marcos Domingues, São Paulo: MP editora, 2008, pág. 144.

nômicas e financeiras nos Estados Unidos e na Europa mostram como está e como será economia internacional e os seus reflexos fiscais nos Estados nacionais na atualidade e no futuro.

No auge da crise econômica (2008), o Governo brasileiro reduziu as alíquotas de alguns tributos, sobretudo impostos flexíveis, para tentar diminuir custos e garantir alguma lucratividade a setores importantes da economia. Evidentemente, que a finalidade dessa medida era manter equilíbrio econômico, ante a esperança de prosperidade. O que ocorreu, porém, em relação a algumas dessas empresas? Apesar do auxílio recebido do Governo, mantiveram cortes significativos de mão de obra, afirma Raquel Ramos Machado.[43] Dando seguimento ao estudo a autora destaca que a *prosperidade econômica não deve privilegiar um grupo específico, mas atingir o máximo de pessoas possível. Para evitar a frustração de condutas extrafiscais dessa natureza, o Governo deveria condicionar a concessão de algumas reduções e isenções a manutenção de* empregos. Nesse caso, não se trata da aplicação de uma teoria do bem-estar social, *mas subsidiário contemporâneo, pois o Estado não presta diretamente direitos sociais, mas intervém na economia, reduzindo a carga tributária, possibilitando o desenvolvimento econômico, mas com preocupações sociais.*[44]

Em tempo de crise econômica, a política fiscal tende inevitavelmente a ter objetivos de curto prazo, respondendo a necessidades inadiáveis de assegurar o emprego e ajudas sociais bem como debater questões relacionadas com a tributação e seus modelos.

Devido à incerteza global no momento atual, os governos (principalmente o Brasil) devem ser prudentes na condução de suas políticas públicas e reconhecer que, embora se vislumbre um período favorável à frente, tal cenário está também sujeito a riscos consideráveis na política econômica. Por outro lado, gera substanciais oportunidades para o crescimento econômico da região e do país.

A repercussão da crise no Brasil foi esperada com a exaustão dos créditos para o comércio exterior, seguida da retração dos mercados externos e dos investimentos estrangeiros, paralelamente à queda brusca nos preços dos principais produtos de exportação, o que gerou desemprego setorial no Brasil e revisão completa dos planos de investimentos na base produtiva nacional, opina Paulo Roberto de Almeida.[45]

---

[43] MACHADO, Raquel Cavalcanti Ramos. *Tributação após a crise econômica de 2008: Limites ligados à legitimação e à finalidade da intervenção estatal.*Trabalho publicado nos Anais do XVIII Congresso Nacional do CONPEDI , SP. De 04 a 07/11/2009. www.conpedi.org.br, pág. 5153.Acesso em 20.01.2012.

[44] Ib. Idem, pág. 5153.

[45] Um dos momentos mais dramáticos foi a queda brutal da produção industrial no último trimestre de 2008, com o aumento concomitante do desemprego no setor, fazendo com que as estimativas

Já, o Ministro da Fazenda Guido Mantega responde ao questionamento: Por que o Brasil está em melhores condições para resolver a crise? Porque o País se preparou e criou as condições de enfrenta-la.[46] Segundo o Ministro, o Brasil constituiu um mercado interno que estimula o investimento e dá um horizonte de longo prazo aos empresários, menos dependente das turbulências do mercado internacional, afirmando que a solidez fiscal marca a atual política econômica. Em 2007, antes de a crise, o governo brasileiro lançou um plano de desenvolvimento, denominado Programa de Aceleração do Crescimento (PAC), com investimentos de R$ 503,9 bilhões até 2010, na melhoria e ampliação da infra-estrutura. No início de 2009, referido Plano foi reforçado em R$ 142,1 bilhões. Ressaltou também outro fator que contribuiu para o país enfrentar a crise que é a solidez do seu setor bancário. Em função de sua solidez, o Brasil pode adotar desde 2008 diversas medidas anticíclicas. O País reduziu seus juros básicos, flexibilizou a política monetária e adotou medidas fiscais de desoneração e ampliação do investimento público. Destaca ainda, *que o Brasil, portanto, tem um modelo de desenvolvimento que diminuiu as desigualdades e fortaleceu seu mercado interno e enfrenta a atual crise internacional de forma soberana, com crescente contribuição e participação nos fóruns internacionais, como o do G-20, adotou medidas anticíclicas e continuará adotando as que forem necessárias para manter o ciclo de crescimento sustentado que atingiu.*[47]

Na oportunidade, o Banco Central, quanto ao aspecto monetário e financeiro atuou com a redução dos depósitos compulsórios, extensão dos créditos ao setor bancário, atuação na frente cambial e de comércio exterior, com a redução concomitante dos juros de referência. No tocante às medidas fiscais, o governo brasileiro promoveu a redução de impostos indiretos em alguns setores, aumento de gastos públicos, remuneração de servidores públicos entre outras despesas e pouco acréscimo nos investimentos de infraestrutura. [48]

---

dos analistas quanto aos indicadores de crescimento passassem do pessimismo ao catastrófico. As respostas do governo, mais especificamente do Banco Central, foram adequadas ao momento, embora o lado monetário e financeiro tenha sido bem mais coerente do que o lado fiscal. No plano das autoridades monetárias, o que se fez foi classicamente keynesiano: injeção de liquidez na veia do sistema, com redução dos depósitos compulsórios; extensão dos créditos ao setor bancário; atuação na frente cambial e de comércio exterior, com a redução concomitante dos juros de referência, assegura Paulo Roberto de Almeida. *In*: www.viapolitica.com.br. Acesso em 17.01.2012.

[46] MANTEGA, Guido. *O Brasil se preparou para enfrentar a crise mundial,* in Revista Brasil Economia Sustentável, Ministério da Fazenda – abril de 2009 – nº 4, pág. 2. Destaca o Ministro que O País esteve em 2008 entre os que mais aumentaram suas exportações, chegando a US$ 197,9 bilhões, e, neste ano o País atingiu o grau de investimento, e o equilíbrio das contas públicas não se alterou com o impacto da crise internacional.

[47] Id. Ibidem, pág. 7.

[48] Sobre a indústria brasileira no mês de dezembro de 2008, foi registrada desaceleração de 12,4% ante o mês anterior, de acordo com dados do Instituto Brasileiro de Geografia e Estatística (IBGE),

Segundo Paulo Roberto de Almeida, o mérito do governo atual no plano econômico foi, justamente, o de ter preservado o *núcleo essencial das políticas adotadas antes do seu início, quais sejam: flutuação cambial, metas de inflação e responsabilidade fiscal, tanto pelo lado da preservação do superávit primário como da vigência da Lei de Responsabilidade Fiscal.*[49]

Observa-se que o processo de retomada do crescimento econômico no mundo continuará lento nos próximos anos, com efeitos representativos sobre o emprego e a renda das populações mundiais. No Brasil, no entanto, o governo deverá avaliar sua política fiscal, para permitir que o setor privado possa investir e criar riquezas, emprego e renda.

Nesse sentido, há que se verificar a capacidade de recuperação dos países mais desenvolvidos, em particular, aos EUA e à União Europeia. As crises são fenômenos inerentes ao sistema capitalista, decorrentes de suas reconhecidas imperfeições, o que reforça a necessidade do Estado atuar de maneira consistente como ente regulador. Num contexto de provável retomada do crescimento mundial, o Brasil está entre os emergentes, por isso é importante salientar a necessidade de revisão do Sistema Tributário, com vistas aos ajustes das condições dos mercados internacionais.

Diante desse cenário, o Brasil adotou pacote de medidas fiscais, com finalidades extrafiscais para manter ou recuperar o desenvolvimento econômico. Na oportunidade, o governo federal procedeu alguns ajustes na legislação do Imposto de Importação (II), do Imposto de Exportação (IE), do Imposto sobre Produtos Industrializados e do IOF (Imposto sobre Operações Financeiras), principalmente sobre o setor automobilístico, o financeiro, a construção civil e o moveleiro.

Uma das recomendações do Fundo Monetário Internacional (FMI) no tocante ao contorno da crise deflagrada em 2008, foi a promoção de medidas de estímulo fiscal até determinada data (como a redução de impostos sobre o consumo durante um certo período). Instrumentos fiscais anticíclicos devem, a princípio, ter impacto transitório, sendo revistos tão logo a economia apresente os sinais de recuperação esperados. Foi esse o principal caminho adotado pelo Brasil por meio da redução das alíquotas de tributos com acento extrafiscal, notadamente o IPI e o IOF.[50] Tais impostos apresentam características especiais,

---

sendo o pior resultado da série histórica, iniciada em 1991, influenciado principalmente pelo setor automobilístico, cuja produção caiu 39,7%.

[49] ALMEIDA, Paulo Roberto de. In www.viapolitica.com.br. Acesso em 17.01.2012.

[50] ASSUNÇÃO, Matheus Carneiro. *Política Fiscal e a Crise Econômica Internacional* in Finanças Públicas – XV Prêmio Tesouro Nacional – 2010 , pág. 6 a 41. Acesso em 17.01.2012, página 27: http://www.tesouro.fazenda.gov.br/premio_TN/XVPremio/politica/MHpfceXVPTN/Tema_3_MH.pdf

onde o Poder Executivo federal pode alterar as alíquotas, atendendo situações excepcionais, conforme dispõe o artigo 153 no §1º da Constituição Federal.

Para aumentar a demanda interna, aumentar os investimentos, e evitar maiores prejuízos na produção industrial, as quais afetam o nível de emprego e o crescimento do país, foi promovida redução por tempo determinado do IPI sobre veículos, eletrodomésticos da linha branca, materiais de construção e bens de capital. Em termos fiscais, uma das primeiras medidas implementadas foi a diminuição da alíquota do IPI – Imposto sobre Produtos Industrializados para o setor automobilístico para os automóveis de passageiros e veículos, com motor a álcool e gasolina, com redução em até 8%, bem como de eletrodomésticos da linha branca (Decretos nº 6.687, 6.825 e 6.890/2009). O setor dos automóveis de transporte de mercadorias teve a redução da alíquota do IPI (Decreto nº 7.016/2009). Com a Lei nº. 12.096, de 24 de novembro de 2009, o governo federal introduziu a redução a zero da alíquota da COFINS sobre determinadas motocicletas, reduzindo a alíquota do IOF (Decreto nº 6.707/2008). Outro setor beneficiado foi o de alimentos, contemplado com a redução a zero, até final de 2011, das alíquotas da COFINS e da Contribuição ao PIS sobre a importação e o faturamento decorrente da comercialização de farinha de trigo, trigo e pré-misturas próprias para fabricação de pão comum. Do mesmo modo, o setor moveleiro, bem como o de eletrodomésticos tiveram redução do IPI, o que ocorreu a partir do Decreto nº. 7.016/2009, especialmente sobre painéis de partículas e de madeira, aglomeradas com resinas ou com outros aglutinantes orgânicos, dentre outras mercadorias. Outra ação fiscal para enfrentar a crise foi desonerar o IPI para o setor da construção civil, com alíquotas reduzidas para cimentos, tintas e vernizes, massa de vidraceiro, indutos utilizados em pintura, dentre outros, tiveram a alíquota reduzida nos percentuais 4% para 5%. Além disso, foi modificado o regime de tributação para a construção civil, que conjuga o IR, CSLL, PIS e COFINS, inerentes às construtoras, com redução de 7% para 6% e, caso a construtora esteja no programa de habitação do governo, seria reduzida a 1%.[51]

[51] No mercado financeiro, o pacote de medidas governamentais adotadas para o setor incluiu a redução do IOF nos empréstimos, bem como reduziu o prazo para apropriação de créditos de PIS/COFINS, na aquisição de bens de capital, de 24 para 12 meses. Do mesmo modo, houve a redução a zero do IOF de 0,38% sobre as operações de crédito do BNDES e FINEP. Com relação ao comércio exterior, é importante mencionar a abrangência do Regime Tributário para Incentivo à Modernização e Ampliação da Estrutura Portuária para o segmento ferroviário, com a suspensão do PIS, da COFINS, do II e do IPI. Paralelamente, o Regime Especial de Incentivos para o Desenvolvimento da Infra-estrutura abarcou os setores hidroviário e dutoviário com o pacote de redução dos mesmos tributos, o que ocorreu a partir do Decreto nº 6.416, de 26 de março de 2008. Outra medida levada a efeito para o comércio exterior diz respeito à redução da

As medidas fiscais estabelecidas em 2008 no Brasil, conforme apresentado, considerando o IPI no tocante ao estímulo à economia e à preservação de empregos, levam as seguintes reflexões: obteve os efeitos desejados? A escolha do setor automotivo seria o mais adequado para tais medidas? Os resultados da forte desoneração deste setor beneficiaram a toda sociedade? E sobre os produtos da Linha Branca? E ainda: se o objetivo era estimular o emprego, poderia também reduzir a carga incidente sobre o trabalho (folha e salários), para todos os setores que utilizam representativa mão-de-obra? Poderia reduzir a tributação de outros setores (alimentício, coureiro/calçadista ou têxtil, entre outros)? São questões cujas respostas dependem e dependerão da atuação do Governo federal, que elegeu diversos setores da economia, o que o pode ensejar uma discussão em torno do atendimento dos princípios da capacidade contributiva e da igualdade da tributação, itens estes que não são objetos do presente estudo.

Paralelamente, o Programa de Aceleração do Crescimento alterou a tabela do IRPF, criando-se novas alíquotas, o que pragmaticamente implicou diminuições no valor final pago a título do imposto. Ademais, reduziu-se a alíquota do IOF sobre crédito direto a pessoa física no escopo de estimular sua concessão. Se, por um lado, a redução de alíquotas do IPI apresenta função típica contra a crise econômica, por exemplo, vez que foi concedida por tempo determinado e com gradual retorno após a verificação das condições econômicas que objetivavam promover, o mesmo não se pode afirmar com relação à alteração das faixas de incidência e novas alíquotas do IRPF, que configura medida totalmente atípica devido os efeitos permanentes da respectiva alteração. No quesito da renúncia de receitas, a prorrogação por seis meses do IPI reduzido para construção civil e a prorrogação por três meses do IPI reduzido de veículos com recomposição gradual em três meses, teve uma estimativa de renúncia de receitas tributárias

---

contribuição patronal sobre a folha de pagamento, bem como da contribuição para o Sistema S para até zero, a depender da participação das exportações no faturamento total da empresa. No entanto, com a edição da Lei Complementar 128/2008 houve aumento da carga tributária sobre empresas optantes pelo Simples Nacional com número reduzido de funcionários. De igual modo, a Medida Provisória 449/2008 (art.29), impossibilita a compensação de créditos acumulados de PIS, COFINS e IPI, provenientes da aquisição de matérias-primas e insumos utilizados na elaboração de bens para o exterior, regra esta usada por pequenos exportadores, na medida em que arcam com o recolhimento de maior quantidade de IRPJ e CSL. Confira no trabalho sobre *A Política Fiscal no Brasil para enfrentamento da crise econômica global no biênio 2008-2009* de Ariane Costa Guimarães. Publicado nos Anais do II Congresso Brasileiro de Carreiras Jurídicas de Estado – 2010, http://www.carreirasjuridicas.com.br/downloads/dia08oficina01texto2.pdf acessado em 22.01.2012.

decorrente de ações desonerativas durante a crise, para o ano de 2009, foi inicialmente avaliado pelo governo em 3,342 bilhões.[52]

O Professor Celso Ribeiro Bastos, ao dispor sobre a atuação do Estado, afirma que *nos momentos de grande demanda, e nos momentos de crise, atua incentivando, instigando o mercado. É, por isso que se tem, no nosso sistema, bem como na maior parte do mundo, o Estado como agente normativo e regulador da ordem econômica*.[53]

Com isso, as desonerações fiscais concedidas, destinadas a setores produtivos específicos e a faixas de renda com capacidade de consumo, prorrogadas em 2009, embora tenham gerado elevadas renúncias de receitas tributárias, contribuíram decisivamente para a frenagem dos efeitos negativos da crise no Brasil. A redução do preço final ao consumidor, em decorrência da aplicação de alíquotas menores do IPI (até zero), ocasionou um incremento nas vendas e, por conseguinte, na produção, evitando quedas acentuadas no nível de emprego.[54]

Conforme estudos do DIEESE em 2011 existem condições melhores para uma reação do Brasil, dado o volume de reservas maior e certa desaceleração do ritmo da atividade econômica do país, que poderia abrir espaço para sua expansão. Segundo o estudo, para viabilizar essa reação, *o atual governo precisaria fazer uma forte inflexão no discurso do ajuste fiscal que tem expressado desde o início desse ano, em linha com as políticas que, aplicadas na Europa e EUA, têm empurrado o mundo para o acirramento da crise. Ou seja, seria necessário retomar as políticas de ampliação do crédito e do gasto público para impulsionar os investimentos*[55]. E deveria, principalmente, executar uma política industrial fortemente articulada com a gestão macroeconômica e entre os vários elos da cadeia de produção, a fim de reduzir a elevada dependência do setor primário e evitar a queda da produção, da renda e do emprego no país.[56]

Caberia, portanto diferenciar a política fiscal em dois momentos distintos, quer seja, o papel do Estado é prevenir, bem como elevar gastos para tentar atenuar os efeitos cíclicos. Assim, em meio à crise, caberia lançar mão da política

---

[52] Dados do Ministério da Fazenda: http://www.fazenda.gov.br/portugues/documentos/2009/p290609. pdf. Acesso em 20.01.2012.

[53] BASTOS, Celso Ribeiro. *Curso de Direito Econômico*, São Paulo, Celso Bastos, 2003, pág. 258.

[54] ASSUNÇÃO, Matheus Carneiro. *Política Fiscal e a Crise Econômica Internacional* in Finanças Públicas – XV Prêmio Tesouro Nacional – 2010 , pág. 6 a 41. Acesso em 17 de janeiro de 2012. http://www.tesouro.fazenda.gov.br/premio_TN/XVPremio/politica/MHpfceXVPTN/Tema_3_MH.pdf

[55] DIEESE – Departamento Intersindical de Estudos e Estatísticas Socioeconômicas. NOTA TÉCNICA 104 – Agosto 2011, pág. 11.

[56] É importante destacar que em agosto de 2011 foi criado o Conselho de Economia e Finanças da União de Nações Sul-Americanas (UNASUL), como um importante espaço autônomo de articulação de políticas regionais de enfrentamento da crise sendo um instrumento no sentido de reagir à crise aprofundando a integração regional sul-americana.

fiscal mais como um paliativo, para segurar as expectativas do que como solução para reerguer a economia.[57]

6. Considerações Finais:

O Estado deve incentivar o desenvolvimento, em conformidade com os artigos 3 e 170 da Constituição Federal. Deve ser observado que o conceito de desenvolvimento adotado pelo constituinte é um conceito moderno (art. 225). Referido conceito apresenta o desenvolvimento como crescimento econômico, o desenvolvimento como desregulamentação e a redução do papel do Estado e o desenvolvimento com a globalização e o desenvolvimento como direito humano inalienável, e o meio ambiente equilibrado como ressalta o artigo 170.

O Brasil apresenta desequilíbrios regionais expressivos, sendo, portanto, necessários instrumentos que viabilizem a correção desse cenário, estabelecendo mecanismos que promovam um novo equacionamento das vantagens comparativas para a realização de investimentos produtivos. O Estado é um ente criado para o atendimento do bem comum em prol de toda a sociedade que o constituiu. Dentre os principais valores pretendidos pela sociedade brasileira, a cidadania, a dignidade da pessoa humana, a valorização do trabalho e a livre iniciativa encontram-se no topo da hierarquia dos valores preconizados pelo Estado.

Uma legítima política tributária deve ser fundada em diversos fatores e não apenas baseada na sua arrecadação procedida pelo Estado. Referida política deve atender os ditames constitucionais, visando o desenvolvimento econômico e social, garantindo os direitos do contribuinte.

Na busca do bem comum, os princípios constitucionais funcionam como fundamentos de todo o sistema normativo e são de fundamental importância para a estruturação do Estado brasileiro, na medida em que traduzem quais são os fundamentos e principais objetivos do Estado, e, consequentemente, orientam toda a política socioeconômica desenvolvida pelo Poder Executivo.

A intervenção do Estado na economia é reflexo do novo processo pelo qual passa o capitalismo mundial, na medida em que este sofre uma série de limitações em sua atuação, inserindo novos conceitos sociais, como forma de se alcançar os valores sociais previstos no texto constitucional. Os princípios que regulam tanto a ordem econômica, quanto a ordem social são instrumentos previstos no texto constitucional visando a preservação dos direitos sociais do cidadão, como forma de se alcançar a justiça social. De igual modo o Estado

---

[57] AFONSO, José Roberto. *Keynes, investimento e política fiscal na crise.* Trabalho apresentado no III Encontro da Associação Keynesiana Brasileira de 11 a 13.08.2010. Acesso em 20.01.2012. www. ppge.ufrgs.br/akb/encontros/2010/54.pdf

poderá atender suas finalidades através da distribuição de riqueza, satisfação das necessidades sociais, de políticas de investimentos, entre outras, que podem ser alcançadas por meio de uma política tributária e não necessariamente pela imposição tributária.

De certa forma, para impulsionar o desenvolvimento econômico nacional neste contexto de globalização, deve ser salientado a necessidade da redução dos gastos públicos, com um processo de diminuição da carga tributária, capaz de permitir uma maior disponibilidade de recursos para a poupança, investimento ou consumo.

As normas tributárias extrafiscais estabelecidas durante a crise tiveram a importante função de estimular o crescimento econômico por meio da redução de impostos incidentes sobre o consumo, impulsionando a compra de bens de capital, automóveis e eletrodomésticos, com a finalidade de incrementar a demanda doméstica. Contribuíram, assim, para equilibrar as distorções provocadas no mercado em virtude da crise de crédito e da retração do consumo, embora outros setores importantes da economia da indústria e serviços também poderiam ser objeto de atuação de atuação do Governo para minimizar a crise.

Percebe-se que, além de constituírem meios adequados para promover a promoção das finalidades constitucionais, que sustentam a intervenção do Estado sobre o domínio econômico, verifica-se se as normas isentivas pelo governo federal para conter a crise, alcançaram os objetivos. Nesse patamar, é também considerado se houve afronta ao principio constitucional da igualdade com a finalidade da promoção do desenvolvimento nacional, principalmente em se tratando das medidas fiscais em tempos de crise. A condução da política econômica no Brasil se apresenta bastante complexa, pois vai além da preocupação com a maximização do emprego e da estabilidade do valor da moeda. Foram eleitas metas no Programa de Aceleração do Crescimento – PAC para a retomada do crescimento e dos investimentos das empresas provocando o crescimento da demanda doméstica relacionada à indústria e o estímulo ao crédito a curto prazo. Deve ser considerado também a proteção social, diminuição do nível da pobreza, a redução das desigualdades de renda pessoais, a redução dos desequilíbrios regionais, entre outros.

O poder do Estado de desonerar é amplo, mas não ilimitado, sujeitando-se às diretrizes normativas e aos valores contidos no texto constitucional, que dão os contornos das normas tributárias que dispõem de medidas extrafiscais à luz da proporcionalidade, da igualdade e dos objetivos propostos. Diante do atual contexto mundial e nacional, é essencial que o governo brasileiro procure ajustar a política econômica em vigor, utilizando com maior intensidade a política fiscal. Devem ser considerados os cortes nos gastos públicos, priorizando os investimentos em setores estratégicos, redução dos impostos indiretos entre outros tributos, em se tratando de política tributária, sem desconsiderar a diminuição da dívida, controle da taxa de juros, da inflação entre outras medidas. Tais medidas e ações devem ser consistentes na condução da política econômica, que são essenciais para permitir que o Brasil enfrente de maneira adequada os complexos problemas socioeconômicos, políticos e ambientais decorrentes dos efeitos que ainda persistem da crise financeira e econômica mundial. É preciso estimular a produção e o consumo com ações coordenadas de políticas públicas de desenvolvimento para os setores industriais e agroindustriais. De igual modo, merece destaque o emprego como um elemento fundamental no equilíbrio das relações econômicas, devendo o Estado promover políticas públicas adequadas para que o mercado absorva o máximo possível do trabalho disponível. E essas políticas devem atender os princípios constitucionais para garantir a competitividade com igualdade de condições.

BIBLIOGRAFIA

AFONSO, José Roberto. *Keynes, investimento e política fiscal na crise*. Trabalho apresentado no III Encontro da Associação Keynesiana Brasileira de 11 a 13.08.2010. www.ppge. ufrgs.br/akb/encontros/2010/54.pdf .

ALMEIDA, Paulo Roberto. *A crise econômica internacional e seu impacto no Brasil*. http://www. viapolitica.com.br/diplomatizando em: 20/01/2012.

ASSUNÇÃO, Matheus Carneiro. *Política Fiscal e a Crise Econômica Internacional* in Finanças Públicas – XV Prêmio Tesouro Nacional – 2010 , pág. 6 a 41.
http://www.tesouro.fazenda.gov.br/premio_TN/XVPremio/politica/MHpfceXVPTN/ Tema_3_MH.pdf

ATALIBA, Geraldo. *Sistema constitucional tributário brasileiro*. São Paulo: RT, 1966.

BALEEIRO, Aliomar. *Uma Introdução à Ciência das Finanças*. 14ª, ed., RJ, Forense, 1981.

BASTOS. Celso Ribeiro. *Curso de Direito Econômico*. São Paulo: Celso Bastos, 2003 e 2004.

BECKER, Alfredo Augusto. *Teoria Geraldo Direito Tributário*. Saraiva, São Paulo, 1963.

BERCOVICI, Gilberto. *Desigualdades regionais, Estado e Constituição*. SP, Max Limonad, 2003.

CARRAZZA, Roque A. *Curso de direito constitucional tributário*. 21ª. ed. SP, Malheiros, 2005.

CATARINO, João Ricardo. *Os novos contextos das finanças públicas – Parte II Desafios da Tributação no ímpeto de uma maior codificação fiscal mundial*. In Revista de Finanças Públicas e Direito Fiscal nº 4, ano III, 2011.

CONTI, José Mauricio e SCAFF, Fernando Facury (Coord). *Orçamentos Públicos e Direito Financeiro*. São Paulo, Editora Revista dos Tribunais, 2011.

DALLAZEM, Dalton Luiz; LIMA JUNIOR, Joel Gonçalves. *Tributação e Ordem Econômica*. In Revista Argumentum, nº 09, ano 09, 2008/2, pág. 36-60.

DIEESE – Departamento Intersindical de Estudos e Estatísticas Socioeconômicas – NOTA TÉCNICA 104 – Agosto 2011.

ELALI, André. *Um Exame da Desigualdade da Tributação em face dos Princípios da Ordem Econômica*, www.idtl.com.br/artigos/242.pd

ELALI, André de Souza Dantas. *Tributação e regulação econômica*: um exame da tributação como instrumento de regulação econômica na busca da redução das desigualdades regionais. São Paulo: MP, 2007.

ELALI, André. *Incentivos Fiscais Internacionais: concorrência fiscal, mobilidade financeira e crise do Estado*. São Paulo: Quartier Latin, 2010.

FALCÃO, Raimundo Bezerra. *Tributação e mudança social*. Rio de Janeiro: Forense, 1981.

FERRAZ, Roberto Ferraz (coord.). *Princípios e Limites da Tributação 2 – Os princípios da Ordem Econômica e a Tributação*. Quartier Latin, São Paulo, 2009.

FERREIRA, Jussara S. Assis B. Nasser Ferreira; RIBEIRO, Maria de Fatima (org.). *Empreendimentos Econômicos e Desenvolvimento Sustentável*. São Paulo, Arte & Ciência, 2008.

FERRER, Gabriel Real; CRUZ, Paulo Márcio. *A Crise Financeira Mundial, o Estado e a Democracia Econômica. In* Argumentum – Revista de Direito da Universidade de Marília, nº 10, ano 9, 2009, pág. 117-136.

FERRER, Walkiria Martinez H.; OLIVEIRA, Laércio Rodrigues de. *A Crise Financeira e a nova realidade criada pela dinâmica do Mercado Mundial. In* Empreendimentos Econômicos e Desenvolvimento Sustentável. FERREIRA, Jussara S. A. B. N. São Paulo, Editora Arte & Ciência, 2008.

FLORIDO, Irineu O. *A repercussão Econômica dos Impostos.* Rio de Janeiro: Líber Júris, 1987.

FONSECA, João Bosco Leopoldino da. *Direito econômico.* 2ª ed. Rio de Janeiro: Forense, 1998.

FURTADO, Celso. *Teoria e política do desenvolvimento econômico.* São Paulo: Paz e Terra, 2000.

GIAMBIAGI, Fabio; ALÉM, Ana Cláudia. *Finanças Públicas.* 2ª Ed. Rio de Janeiro: Editora Campus, 2000.

GRAU, Eros Roberto. *A Ordem Econômica na Constituição de 1988.* São Paulo: Malheiros, 2005.

GUIMARÃES, Ariane Costa. *A Política Fiscal no Brasil para enfrentamento da crise econômica global no biênio 2008-2009.* Artigo publicado nos anais do II Congresso Brasileiro de Carreiras Jurídicas de Estado, 2010.

HENRIQUES, Elcio Fiori. *Os Benefícios Fiscais no Direito Financeiro e Orçamentário.* São Paulo: Quartier Latin, 2010.

LANGONI, Carlos Geraldo. *Distribuição da Renda e Desenvolvimento Econômico do Brasil.* 3ª ed., Rio de Janeiro, FGV, 2005.

KIECKHÖFER, Adriana Migliorini. *Do Crescimento Econômico ao Desenvolvimento Sustentável. In* Empreendimentos Econômicos e Desenvolvimento Sustentável. FERREIRA, Sara A. Borges Nasser et al, São Paulo, Editora Arte & Ciência, 2008.

LOPTREATO, Francisco Luiz. *O papel da política fiscal: um exame da visão convencional.* Texto para Discussão. IE/UNICAMP n. 119, fev. 2006.

MACHADO, Hugo de Brito. *A Função do Tributo nas Ordens Econômica, Social e Política, in* Revista da Faculdade de Direito de Fortaleza, Fortaleza, 28 (2), julh-dez, 1987.

MACHADO, Hugo de Brito. *Ordem Econômica e Tributação. In* Princípios e Limites da Tributação 2. FERRAZ, Roberto (coord.), São Paulo: Quartier Latin. 2009.

MACHADO, Raquel Cavalcanti Ramos. *Tributação após a crise econômica de 2008: Limites ligados à legitimação e à finalidade da intervenção estatal.*Trabalho publicado nos Anais do XVIII Congresso Nacional do CONPEDI , SP. De 04 a 07/11/2009. www.conpedi.org.br

MANTEGA, Guido. *O Brasil se preparou para enfrentar a crise mundial*, in Revista Brasil Economia Sustentável, Ministério da Fazenda – abril de 2009 – nº 4.

MARTINS, Gustavo do Amaral. *Mercado e Tributação: Os Tributos, suas relações com a Ordem Econômica ...in* Direito Tributário e Politicas Públicas, coord. José Marcos Domingues, São Paulo: MP editora, 2008.

Martins, Ives Gandra da Silva. *Sistema Tributário na Constituição de 1988*, 15ª ed. rev. atual. – São Paulo: Saraiva, 1998.

Martins, Ives Gandra da Silva. *Direito Econômico e Tributário – Comentários e Pareceres*. São Paulo: Resenha Tributária, 1992.

Martins, Rogério Vidal Gandra da Silva. A Política Tributária como Instrumento de Defesa do Contribuinte. *A Defesa do Contribuinte no Direito Brasileiro*. São Paulo: IOB, 2002.

Matias-Pereira, J. *Gestão das Políticas Fiscal e Monetária: Os Efeitos colaterais da crise mundial no crescimento da economia brasileira*. In Observatorio de la Economia Lationoamericana, nº 148, 210.

Mello, Gustavo Miguez de. Uma visão interdisciplinar dos problemas jurídicos, econômicos, sociais, políticos e administrativos relacionados com uma reforma tributária *in Temas para uma nova estrutura tributária no Brasil*. Mapa Fiscal Editora, Sup. Esp. I Congresso Bras. de Direito Financeiro, RJ, 1978.

Mello, Pedro C. de & Spolador, Humberto. *Crises Financeiras*. 3ª ed., São Paulo: Saint Paul Editora, 2010.

Moncada, Luís S. Cabral de. *Direito Económico*. 5ª. Ed., Coimbra: Coimbra Editora, 2007.

Monteiro, Sónia; Costa, Suzana e Pereira, Liliana (coord.). *A Fiscalidade como Instrumento de Recuperação Económica*, Porto, Vida Económica, 2011.

Nabais, José Casalta. *O dever fundamental de pagar impostos*: contributo para a compreensão constitucional do Estado fiscal contemporâneo. Coimbra: Almedina, 2009.

Nabais, José Casalta. *Direito Fiscal*. 6ª ed., Coimbra: Almedina, 2010.

Ouvidoria em Revista, Informativo da Ouvidoria-Geral do Ministério da Fazenda, *O Brasil se preparou para enfrentar a crise mundial*, anoVI – nº 5 – julho de 2009.

Palma, Clotilde. *Crise Económica e o Regime Fiscal do Centro Internacional de Negócios da Madeira* In *A Fiscalidade como Instrumento de Recuperação Económica*. Monteiro, Sonia; Costa, Suzana; Pereira, Liliana (coord.). Porto: Editora Vida Económica, 2010.

Paz Ferreira, Eduardo. *Valores e Interesses. Desenvolvimento Económico e Política Comunitária de Cooperação*. Coimbra: Almedina, 2004.

Paz Ferreira, Eduardo; Tomaz, João Amaral; Santos; José Gomes; Cabral, Nazaré da Costa. *Crise, Justiça Social e Finanças Públicas*. Lisboa: IDEEF, 2009.

Pereira, Afonso Insuela. *O direito econômico na ordem jurídica*. 2ª ed. São Paulo: José Bushatsky, 1980.

Pompeu, Gina Marcílio (org.) *Atores do Desenvolvimento Econômico e Social do Século XXI*, Fundação Edson Queiroz – UNIFOR, Fortaleza, 2009.

Rodrigues, Rafael Moreno. *Intributabilidade dos Gêneros Alimentícios Básicos*. São Paulo, Resenha Tributária, 1981.

Salomão Filho, Calixto. *Regulação da atividade econômica*. São Paulo: Malheiros, 2001.

Santos, António Carlos dos. *Auxílios de Estado e Fiscalidade*. Coimbra: Almedina, 2003.

SANTOS, António Carlos dos. *A crise financeira e a resposta da União Europeia: que papel para a fiscalidade?* In *A Fiscalidade como Instrumento de Recuperação Económica.* MONTEIRO, Sonia; COSTA, Suzana; PEREIRA, Liliana (coord.). Porto: Editora Vida Económica, 2010.

SANTOS, António Carlos dos; GONÇALVES, Maria Eduarda; MARQUES, Maria Manuel Leitão. *Direito Económico.*6ª ed. atual., Coimbra: Almedina, 2011.

SEN, Amartya. *Desenvolvimento como liberdade.* Trad. Laura Teixeira Motta. São Paulo: Companhia das Letras, 2000.

SILVA, José Afonso da. *Aplicabilidade das normas constitucionais.* 4ª ed. São Paulo: Malheiros, 2000.

SOUZA, Nali de Jesus de. *Curso de Economia.* São Paulo: Atlas, 2003.

TAVARES, André Ramos. *Direito Constitucional Econômico.* 2ª ed., Editora Método, São Paulo, 2006.

TIPKE, Klaus. *Moral Tributaria del Estado y de los Contribuintes.* Tradução de Pedro M. Herrera Molina. Marcial Pons. Madrid. 2002.

TORRES, Heleno Taveira (coord.). *Direito Tributário e Ordem Econômica.* São Paulo: Quartier Latin, 2010.

VANONI, Ezio. *Natureza e interpretação das leis tributárias.* Trad. Rubens Gomes de Souza. Rio de Janeiro: Financeiras, 1932.

VINHA, Thiago Degelo e RIBEIRO, Maria de Fátima. *Efeitos Sócio-Econômicos dos Tributos e sua Utilização como Instrumento de Políticas Governamentais in* TRIBUTAÇÃO, JUSTIÇA E LIBERDADE. Coord. Marcelo Peixoto e Edison Carlos Fernandes, *Curitiba:* Editora Juruá, Curitiba, 2005.

WAGNER, José Carlos Graça. *Tributação Social do Trabalho e do Capital.* SP, Resenha Tributária, 1982.

Do Reenvio Prejudicial pelos Tribunais Arbitrais em matéria tributária

MARIA DULCE SOARES
Advogada

SARA SOARES
Advogada

I – A ARBITRAGEM EM MATÉRIA TRIBUTÁRIA

1.1. Breve caracterização dos tribunais arbitrais em matéria tributária

Com a entrada em vigor do Decreto-Lei nº 10/2011, de 20 de Janeiro, introduziu-se no ordenamento jurídico nacional a arbitragem em matéria tributária.

Em traços gerais, e como anuncia o Preâmbulo daquele diploma, pretendeu o legislador, através da instituição desta forma alternativa de resolução jurisdicional de litígios em matéria tributária, trazer maior celeridade à busca da solução para os conflitos que opõem contribuintes e Autoridade Tributária – os quais decorrem, designadamente, e como tem vindo a ser apontado por JORGE LOPES DE SOUSA, do reduzido número de magistrados em exercício de funções nos tribunais tributários[1]. Alcançada que seja tal celeridade, encontrar-se-á igualmente beneficiada, ao menos idealmente[2], a atenuação do volume de pro-

---

[1] Cfr. JORGE MANUEL LOPES DE SOUSA, *Algumas notas sobre o regime da arbitragem tributária*, A Arbitragem Administrativa e Tributária: Problemas e Desafios, Coimbra, Almedina, 2012, pp. 115 e ss. Sublinhando o excesso de leis, a sua instabilidade e a complexidade do direito fiscal como motivos que vêm contribuindo para o agravamento do já avolumado contencioso tributário, cfr. NUNO DE VILLA-LOBOS, *Novas configurações da Justiça Administrativa e Fiscal em Portugal*, A Arbitragem Administrativa e Tributária: Problemas e Desafios, Coimbra, Almedina, 2012, p. 181.

[2] Suscitando a questão prática da dificuldade de os tribunais arbitrais em matéria tributária virem a conseguir solucionar um número de processos superior àquele que, em cada ano, permanece

cessos pendentes junto dos Tribunais Administrativos e Fiscais[3] e, bem assim, o fortalecimento da tutela efectiva dos direitos e interesses legalmente protegidos dos sujeitos passivos.

A competência dos tribunais arbitrais em matéria tributária, estabelecida pelo disposto no artigo 2º do Regime Jurídico da Arbitragem Tributária[4], abrange a apreciação dos pedidos dirigidos **(i)** à declaração de ilegalidade de actos de liquidação de tributos, de autoliquidação, de retenção na fonte e de pagamento por conta quando não dê origem à liquidação de qualquer tributo, **(ii)** à declaração de ilegalidade de actos de determinação da matéria tributável, de actos de determinação da matéria colectável e de actos de fixação de valores patrimoniais e, ainda, **(iii)** à apreciação de qualquer questão, de facto ou de direito, relativa ao projecto de decisão de liquidação, sempre que a lei não assegure a faculdade de deduzir o pedido de declaração de ilegalidade de actos de determinação da matéria tributável, de actos de determinação da matéria colectável e de actos de fixação de valores patrimoniais[5].

A vinculação da Autoridade Tributária à jurisdição dos tribunais arbitrais em matéria tributária viria a ser fixada através da Portaria nº 112-A/2011, de 22 de Março, com excepção das pretensões referentes **(i)** à declaração de ilegalidade de actos de autoliquidação, de retenção na fonte e de pagamento por conta que não tenham sido precedidos de recurso à via administrativa nos termos dos artigos 131º a 133º do CPPT; **(ii)** a actos de determinação da matéria colectável e actos de determinação da matéria tributável, ambos por métodos indirectos, incluindo a decisão do procedimento de revisão; **(iii)** a direitos aduaneiros sobre a importação e demais impostos indirectos que incidam sobre mercadorias sujeitas a direitos de importação; e **(iii)** à classificação pautal, origem e valor aduaneiro das mercadorias e a contingentes pautais, ou cuja resolução dependa de análise laboratorial ou de diligências a efectuar por outro Estado-Membro no âmbito da cooperação administrativa em matéria aduaneira.

---

pendente junto dos tribunais tributários, cfr. JORGE MANUEL LOPES DE SOUSA, *Algumas notas...*, *ob.cit.*, pp. 119 e 120.

[3] Note-se que os processos podem permanecer pendentes, junto dos tribunais de primeira instância, por vários anos. Mais: estima-se que os montantes envolvidos nos processos actualmente por solucionar ascendam a € 10.500.000,00 – cfr. NUNO DE VILLA-LOBOS, *ob.cit.*, p. 181.

[4] De ora em diante RJAT. As referências a este diploma tomarão em consideração as alterações introduzidas pela Lei nº 64-B/2011, de 30 de Dezembro (Orçamento do Estado para 2012) e pela Lei nº 20/2012, de 14 de Maio (Primeira Alteração ao Orçamento do Estado para 2012).

[5] O objecto do processo arbitral coincide, assim, com o da impugnação judicial, nos termos do artigo 97º, nº 1, alíneas a), b) e f) do Código de Procedimento e de Processo Tributário – de ora em diante CPPT.

O pedido de constituição do tribunal arbitral deverá ser apresentado, por via electrónica, no prazo de 90 dias, contado a partir dos factos previstos nos n⁰s 1 e 2 do artigo 102⁰ do CPPT, quanto aos actos susceptíveis de impugnação autónoma e, bem assim, da notificação da decisão ou do termo do prazo legal de decisão do recurso hierárquico ou, no prazo de 30 dias, contado a partir da notificação dos actos de fixação da matéria tributável quando isso dê origem à liquidação de qualquer tributo, de actos de determinação da matéria colectável e de actos de fixação de valores patrimoniais. A designação dos árbitros poderá caber ou não às partes. Nessa sequência, estabelece o artigo 10⁰, n⁰ 3 do RJAT que deve o Presidente do Centro de Arbitragem Administrativa[6], no prazo de dois dias a contar da recepção do pedido de constituição, dar conhecimento do mesmo à Autoridade Tributária, que não poderá declinar o recurso à arbitragem[7].

De acordo com o preceituado pelo artigo 5⁰, n⁰ 2 do RJAT, o tribunal arbitral funcionará com árbitro singular se o valor do pedido não exceder o montante de € 60.000,00 ou caso o sujeito passivo opte por não designar árbitro. Tratando-se de árbitro singular, este será designado, nos termos do artigo 6⁰, n⁰ 1 do RJAT, pelo Conselho Deontológico do CAAD, de entre a lista dos árbitros que compõem o CAAD. O colectivo de três árbitros, por seu turno, intervirá, de acordo com o artigo 5⁰, n⁰ 3 do RJAT, sempre que o valor do pedido ultrapasse o montante de € 60.000,00 ou no caso de o sujeito passivo optar por designar árbitro, independentemente do valor do pedido de pronúncia. Neste caso, os árbitros serão designados, em observância do que prevê o artigo 6⁰, n⁰ 2 do RJAT, ou pelo Conselho Deontológico do CAAD, de entre a lista dos árbitros que compõem o CAAD, ou pelas partes, cabendo a designação do terceiro árbitro, que exerce as funções de árbitro-presidente, aos árbitros designados ou, na falta de acordo, ao Conselho Deontológico do CAAD, mediante requerimento de um ou de ambos os árbitros.

Ao processo arbitral preside um conjunto de princípios, designadamente, o do contraditório, elencado na alínea a) do artigo 16⁰ do RJAT, o qual resulta assegurado pela possibilidade, concedida às partes, de se pronunciarem sobre quaisquer questões de facto ou de direito suscitadas no processo. Este princípio encontra-se, aliás, presente na própria estrutura do processo arbitral. Com efeito, após a apresentação do pedido de constituição do tribunal arbitral e da efectiva constituição deste – que ocorre com a realização daquela que pode ser designada de *reunião de constituição*, nos termos do artigo 11⁰, n⁰ 1, alínea c) e n⁰ 8 do RJAT –, determina o artigo 17⁰, n⁰ 1 do RJAT, que seja notificado o diri-

---

[6] De ora em diante CAAD.
[7] Assim, cfr. RUI RIBEIRO PEREIRA, *Breves notas sobre o regime da arbitragem tributária*, A Arbitragem Administrativa e Tributária: Problemas e Desafios, Coimbra, Almedina, 2012, p. 197.

gente máximo do serviço da Autoridade Tributária para, no prazo de quinze dias, apresentar resposta e, caso queira, solicitar a produção de prova adicional.

Uma vez aduzida a referida resposta pela Autoridade Tributária, o tribunal arbitral promoverá, em observação do prescrito pelo artigo 18º do RJAT, a primeira reunião com as partes, a fim de definir a tramitação processual a adoptar, ouvir as partes quanto a eventuais excepções e convidá-las a corrigir as suas peças processais, quando necessário. A data para as alegações orais será também comunicada às partes no decurso desta primeira reunião.

A decisão arbitral – para cuja formulação não poderá concorrer a equidade, apenas podendo o tribunal socorrer-se do direito constituído, em cumprimento do artigo 2º, nº 2 do RJAT – deverá ser proferida e comunicada às partes no prazo de seis meses contados desde o início do processo arbitral, tal como estabelece o artigo 21º, nº 1 do RJAT. Nos termos do nº 2 da mesma disposição legal, este prazo poderá, no entanto, sofrer prorrogações por períodos sucessivos de dois meses, com o limite de seis, caso em que deverá o tribunal arbitral comunicar às partes a(s) prorrogação(ões), bem como os motivos em que assenta(m) a(s) mesma(s).

É de realçar, ainda, que segundo o artigo 24º, nº 1 do RJAT, não cabendo recurso ou impugnação da decisão arbitral, esta vinculará a Autoridade Tributária, a partir do termo do prazo previsto para o recurso ou impugnação. A decisão arbitral deverá, assim, ser executada nos exactos termos da procedência do pedido a favor do sujeito passivo e até ao termo do prazo previsto para a execução espontânea das sentenças dos tribunais judiciais tributários, a saber: em três meses, caso se trate de uma prestação de facto (cfr. art. 162º, nº 1 do Código de Processo nos Tribunais Administrativos[8] *ex vi* artigo 102º, nº 1 da Lei Geral Tributária[9]) ou, estando em causa o pagamento de quantia certa, no prazo de trinta dias (cfr. artigo 170º, nº 1 do CPTA *ex vi* artigo 102º, nº 1 da LGT) – ambos contados desde o trânsito em julgado da decisão arbitral. Em sede de execução da decisão arbitral, a Autoridade Tributária deverá, alternada ou cumulativamente, praticar o acto tributário legalmente devido em substituição do acto objecto da decisão arbitral, reconstituir a *situação hipotética actual*[10] adoptando os actos e operações necessários para o efeito, rever os actos tributários que se encontrem numa relação de prejudicialidade ou de dependência com os actos tributários

---

[8] De ora em diante CPTA.

[9] De ora em diante LGT.

[10] *I.e.*, aquela que existiria se o acto tributário objecto da decisão arbitral não tivesse sido praticado – cfr. DIOGO FREITAS DO AMARAL, *A execução de sentenças dos tribunais administrativos*, 2ª edição, Coimbra, Almedina, 1997, pp. 47 e ss.

objecto da decisão arbitral e, ainda, liquidar as prestações tributárias em conformidade com a decisão arbitral ou abster-se de as liquidar.

Inexistindo possibilidade de recorrer ou de impugnar a decisão arbitral sobre o mérito da pretensão, de acordo com o artigo 24º, nº 2 do RJAT, não mais poderá ser exercido o direito de, *com os mesmos fundamentos*, reclamar, impugnar, requerer a revisão ou a promoção da revisão oficiosa ou suscitar pronúncia arbitral sobre os actos objecto desses pedidos ou sobre os consequentes actos de liquidação[11]. Igualmente precludido resultará o direito de a Autoridade Tributária praticar novo acto tributário relativamente ao mesmo sujeito passivo ou obrigado tributário e ao mesmo período de tributação, tal como estabelece o artigo 24º, nº 4 do RJAT.

1.2. A (ir)recorribilidade das decisões arbitrais em matéria tributária
A sindicabilidade das decisões dos tribunais arbitrais em matéria tributária afigura-se limitada, sendo a regra estabelecida pelo RJAT a da respectiva irrecorribilidade. Na verdade, e na linha do disposto pelo artigo 25º do RJAT, a decisão arbitral sobre o mérito da pretensão formulada pelo contribuinte que ponha termo ao processo arbitral é susceptível de recurso apenas para duas instâncias distintas e caso estejam verificados, no caso concreto, os fundamentos especificamente elencados nos termos da lei.

A primeira das referidas instâncias é o Tribunal Constitucional, para o qual poderá subir o recurso referente à parte da decisão que recuse a aplicação de qualquer norma com fundamento na sua inconstitucionalidade ou que aplique norma cuja inconstitucionalidade haja sido suscitada. Sublinhe-se, a este propósito, que os recursos das decisões de tribunais arbitrais em matéria tributária deverão ser interpostos para o Tribunal Constitucional no prazo de dez dias desde a notificação daquela decisão (cfr. artigo 75º, nº 1 da Lei Orgânica do Tribunal Constitucional[12]), sendo restritos à questão da inconstitucionalidade suscitada, tal como determinam o artigo 280º, nº 6 da Constituição da República Portuguesa[13] e o artigo 71º, nº 1 da LOTC.

A segunda das duas instâncias perante as quais poderá ser interposto recurso é o Supremo Tribunal Administrativo, nos casos em que a decisão arbitral esteja

---

[11] O que não significa que não seja possível reclamar, impugnar, requerer a revisão ou a promoção da revisão oficiosa ou suscitar pronúncia arbitral sobre os actos objecto do processo arbitral ou sobre os consequentes actos de liquidação, desde que os pedidos respectivos sejam deduzidos por referência a *fundamentos diferentes*. Sobre a possibilidade de apreciação do mesmo acto tributário pelo tribunal judicial e pelo tribunal arbitral, com base em fundamentos diversos, cfr. RUI RIBEIRO PEREIRA, *ob.cit.*, pp. 195 e 196.

[12] De ora em diante LOTC.

[13] De ora em diante CRP.

em oposição, quanto à mesma questão fundamental de direito, com acórdão proferido pelo Tribunal Central Administrativo ou pelo Supremo Tribunal Administrativo. Nos termos do artigo 152º do CPTA, aplicável por força do artigo 25º, nº 3 do RJTA, o recurso deverá ser interposto, acompanhado das respectivas alegações, no prazo de trinta dias contados desde a notificação da decisão arbitral.

De acordo com o estabelecido pelo artigo 27º, nº 1 do RJAT, poderá ainda a decisão arbitral, no prazo de quinze dias contados desde a respectiva notificação, ser objecto de impugnação dirigida ao Tribunal Central Administrativo. Este poderá, excepcionalmente, anulá-la, com base em fundamentos coincidentes com os da nulidade da sentença proferida em processo judicial tributário, nos termos do artigo 125º do CPPT, ou seja, caso considere que não se encontram especificados os fundamentos de facto e de direito que justificam a decisão, que os fundamentos se encontram em oposição com a decisão, que o tribunal arbitral se pronunciou indevidamente sobre alguma questão, ou que, pelo contrário, terá havido omissão de pronúncia. Acresce que, também a violação dos princípios do contraditório e da igualdade das partes poderá motivar a anulação da decisão arbitral.

II – O ENQUADRAMENTO DOS TRIBUNAIS ARBITRAIS EM MATÉRIA TRIBUTÁRIA À LUZ DA CONSTITUIÇÃO DA REPÚBLICA PORTUGUESA

2.1. A conformidade constitucional dos tribunais arbitrais em matéria tributária

Colocou-se, em tempos, a questão de saber se os tribunais arbitrais poderiam ser considerados como verdadeiros tribunais à luz do texto constitucional, o qual, na sua redacção inicial, omitia qualquer referência àqueles. Tal omissão viria, contudo, a ser suprida pela revisão constitucional de 1982, por via da qual o artigo 212º, nº 2 da CRP passou a prever a existência de tribunais arbitrais[14]. Actualmente, a possibilidade de existirem tribunais arbitrais encontra-se consagrada no artigo 209º, nº 2 da CRP.

Outras questões se levantaram, desde então, a respeito dos tribunais arbitrais. No que se refere à arbitragem em matéria tributária é de destacar que, enquanto medida recente e inovadora expressamente mencionada no memorando de entendimento entre o Governo Português, a Comissão Europeia e o

---

[14] Neste sentido, cfr. Acórdão do Tribunal Constitucional, nº 230/86, de 08/07/1986, processo nº 178/84, disponível em *www.tribunalconstitucional.pt/*, tal como os restantes arestos deste Tribunal a que adiante se fizer referência.

Fundo Monetário Internacional[15], suscitou algumas dúvidas no que respeita à sua admissibilidade constitucional.

Não obstante, e na esteira de JORGE LOPES DE SOUSA[16], a verdade é que os tribunais arbitrais em matéria tributária são, do ponto de vista constitucional, legítimos. Desde logo, porquanto é o próprio artigo 209º, nº 2 da CRP que admite a existência de tribunais arbitrais sem estabelecer qualquer limitação quanto às matérias – entre as quais, a tributária – em que poderá instituir-se a arbitragem.

A problemática da desconformidade constitucional da arbitragem tributária foi igualmente alicerçada no eventual desrespeito pelo princípio da indisponibilidade dos créditos tributários, previsto pelo artigo 30º, nº 2 da LGT e entendido como corolário dos princípios da igualdade e da legalidade[17]. Determina este dispositivo legal que o crédito tributário é indisponível, só podendo fixar-se condições para a sua redução ou extinção com respeito pelo princípio da igualdade e da legalidade tributária. Em primeiro lugar, será porventura oportuno sublinhar que, em sede de arbitragem – como de resto, no próprio processo tributário[18] –, o propósito não é que Autoridade Tributária e contribuinte cheguem a acordo quanto aos contornos do acto tributário, de tal modo que seja possível alcançar uma solução salomónica, capaz de atender aos interesses eventualmente opostos de ambos[19]. Em causa está, antes, o interesse público de tributação em conformidade com a lei; não de maximização de receitas fiscais, nem de exoneração de tributação quando deva a mesma ter lugar. Em segundo lugar, a indisponibilidade do crédito tributário prevista na LGT referir-se-á apenas aos créditos cuja existência esteja assente na ordem jurídica, o que não sucede com aqueles cuja legalidade se encontra sob discussão no âmbito do procedimento ou do processo tributário. Com JORGE LOPES DE SOUSA[20], até resultarem esgotados os meios de impugnação graciosa e judicial dos actos tributários, o crédito de que poderá ser titular a Autoridade Tributária por força da relação jurídico-tributária no âmbito da qual aquele acto foi praticado é apenas uma eventualidade: concluindo-se pela sua invalidade no procedimento tributário, deverá o mesmo

---

[15] Disponível em *http://www.portugal.gov.pt/media/371372/mou_pt_20110517.pdf*.

[16] Cfr. JORGE LOPES DE SOUSA, *Código de Procedimento e de Processo Tributário*, vol. II, 6ª edição, Lisboa, Áreas Editora, 2011, p. 61.

[17] Cfr. JORGE LOPES DE SOUSA, *Código de Procedimento...*, *ob.cit.*, vol. II, p. 61.

[18] Acerca da inexistência de um interesse da Administração Fiscal *oposto* ao do contribuinte, cfr. JORGE LOPES DE SOUSA, *Código de Procedimento e de Processo Tributário*, vol. I, 6ª edição, Lisboa, Áreas Editora, 2011, p. 175.

[19] Na verdade, *"a instituição da arbitragem administrativa e fiscal não significa desjuridicação do processo tributário, nem o seu sequestro pelo diferente poder negocial das partes"* – cfr. NUNO DE VILLA-LOBOS, *ob.cit.*, p. 187.

[20] Cfr. JORGE LOPES DE SOUSA, *Código de Procedimento...*, *ob.cit.*, vol. II, p. 62.

ser revogado pela Autoridade Tributária, sendo que se a mesma conclusão se alcançar em sede judicial, deverá ser sentenciada a sua anulação. Assim sendo, o princípio da indisponibilidade do crédito tributário não resulta posto em causa pela possibilidade de o contribuinte recorrer à arbitragem em matéria tributária, porquanto, tal como sucede em sede de reclamação graciosa ou impugnação judicial, mais não se fará do que entregar a um terceiro imparcial a apreciação da legalidade dos actos tributários elencados no artigo 2º do RJAT e dos quais poderá ou não – dependendo da apreciação da respectiva conformidade com a lei – resultar um crédito para a Autoridade Tributária.

Deste modo, afigura-se ajustado concluir não só pela admissibilidade, como também pela conformidade constitucional, de todo em todo, da arbitragem em matéria tributária.

2.2. Da função exercida pelos tribunais arbitrais em matéria tributária

Questão distinta da analisada no ponto anterior, é a de saber se a função exercida pelos tribunais arbitrais – nomeadamente em matéria tributária – poderá qualificar-se como jurisdicional.

De facto, importa, a este respeito, compreender que a função jurisdicional poderá ser exercida por tribunais pertencentes a uma de duas categorias distintas: a estadual, integrada pelos tribunais elencados pelo artigo 209º, nº 1 da CRP, por um lado; e a arbitral, que compreende os tribunais arbitrais, constituídos por vontade das partes ou por força de disposição legal, por outro.

Ora, o facto de o tribunal arbitral, nomeadamente em matéria tributária, não pertencer à organização judiciária do Estado não impede que exerça a mesma função que cumpre aos tribunais estaduais – a jurisdicional –, tão-pouco retirando autoridade ou força executiva às respectivas decisões. Na verdade, foi o próprio Estado que, reconhecendo as vantagens da arbitragem, permitiu que o exercício da função jurisdicional fosse partilhado entre as instituições que integravam já a estrutura judiciária estatal e os tribunais arbitrais.

Este foi, aliás, o entendimento vertido em diversos Acórdãos do Tribunal Constitucional que, a propósito desta temática, tem vindo a sublinhar que, muito embora seja de afastar o seu enquadramento como órgãos de soberania, nem por isso os tribunais arbitrais deixam de configurar *"verdadeiro*[s] *tribunal*[is]*"*. Com efeito, na linha do que defende o Tribunal Constitucional, no seu Acórdão nº 52/92, *"a arbitragem representa actividade jurisdicional e os tribunais arbitrais são tribunais em sentido constitucional"*. Trata-se, na esteira do Acórdão nº 178/86, do Tribunal Constitucional, de um tribunal que preenche a noção avançada por MARCELLO CAETANO, de acordo com a qual *"tribunal é o órgão singular ou colegial que a requerimento de alguém, e procedendo com imparcialidade e independência segundo as fórmulas pré-estabelecidas, possui autoridade para fixar a versão autêntica dos factos incertos ou controversos de um caso concreto a fim de determinar o direito aplicável a esse caso em decisão com força obrigatória para os interessados"*[21].

Dúvidas parecem não restar, assim, que, do ponto de vista do ordenamento jurídico interno e aos olhos do actual texto constitucional, é jurisdicional a função levada a cabo pelos tribunais arbitrais – incluindo os tributários –, revestindo as respectivas decisões o mesmo carácter imperativo e definitivo que caracteriza as decisões judiciais produzidas pelos tribunais do Estado.

Neste contexto, impõe-se apenas uma referência, em jeito de nota, ao facto de a perspectiva jurisprudencial e doutrinal exposta dizer respeito à localização dos tribunais arbitrais na organização judiciária nacional, a qual, não obstante consubstanciar um relevante ponto de referência, não poderá sobrepor-se à noção comunitária de órgão jurisdicional, de que trataremos adiante.

III – DO REENVIO PREJUDICIAL PELOS TRIBUNAIS ARBITRAIS EM MATÉRIA TRIBUTÁRIA

Pode ler-se, no Preâmbulo do RJAT, que nos casos em que o tribunal arbitral seja a última instância de decisão de litígios tributários, a decisão será susceptível de reenvio prejudicial, em cumprimento do § 3 do artigo 267º do Tratado sobre o Funcionamento da União Europeia[22]. A este propósito, cumpre realçar que a invocação, pelo órgão de reenvio, do referido preceito do TFUE, poderá não ser suficiente para que o Tribunal de Justiça julgue admissível o pedido de reenvio prejudicial. Vejamos porquê.

3.1. O reenvio prejudicial

O reenvio prejudicial configura um mecanismo de cooperação jurisdicional entre os órgãos jurisdicionais nacionais e o Tribunal de Justiça, cuja finalidade primordial é proporcionar a interpretação e aplicação uniformes do Direito Comunitário[23]. Trata-se, por esse motivo, de um meio privilegiado, ao dispor dos órgãos jurisdicionais dos vários Estados-Membros, que permite esclarecer dúvidas que possam surgir no exercício da respectiva competência, relativamente à interpretação dos Tratados e, bem assim, à validade e interpretação dos actos adoptados

---

[21] Cfr. MARCELLO CAETANO, *Manual de Ciência Política e Direito Constitucional*, Coimbra, Almedina, 4ª edição, p. 540.

[22] De ora em diante TFUE.

[23] Neste sentido, cfr. FAUSTO QUADROS e ANA MARIA GUERRA MARTINS, *Contencioso da União Europeia*, 2ª edição, Coimbra, Almedina, 2007, p. 73.

pelas instituições, órgãos ou organismos da União[24]-[25]. Estas são, assim, as questões que, ao abrigo do artigo 267º do TFUE, o Tribunal de Justiça tem competência para decidir, a título prejudicial.

A decisão de submeter, a título prejudicial, uma questão à apreciação do Tribunal de Justiça, poderá assumir carácter facultativo. De facto, consagra o § 2 do artigo 267º do TFUE que, sempre que seja suscitada, perante qualquer órgão jurisdicional de um dos Estados-Membros, uma questão que integre a competência do Tribunal de Justiça nesta matéria, aquele órgão pode, caso considere necessário para o julgamento da causa, solicitar ao Tribunal de Justiça que sobre ela se pronuncie. Uma vez reunidas tais circunstâncias, e como ensinam FAUSTO QUADROS E ANA MARIA GUERRA MARTINS, o órgão jurisdicional nacional poderá optar por reenviar a questão ao Tribunal de Justiça, tanto no caso de o reenvio ter sido apontado pelas partes no processo, como no caso de ter sido o próprio órgão jurisdicional, *per si*, a levantar aquela questão[26].

Contudo, o reenvio prejudicial poderá também, em alguns casos, revestir cariz obrigatório. Na verdade, conforme acima mencionado, impõe o § 3 do artigo 267º do TFUE que, sempre que uma questão integrante da competência prejudicial do Tribunal de Justiça seja suscitada em processo pendente perante um órgão jurisdicional nacional, cujas decisões não sejam susceptíveis de recurso judicial previsto no direito interno, esse órgão é obrigado a submeter a questão ao Tribunal de Justiça, assim se acorrendo ao propósito de evitar divergências entre as decisões judiciais proferidas pelos tribunais internos dos vários Estados-Membros, em matéria comunitária[27].

A propósito desta última hipótese, a que, aliás, alude o Preâmbulo do RJAT, cabe destacar que o conceito de recurso judicial é de índole estritamente comunitária, entendendo-se, a este respeito, que se cada uma das partes do litígio puder ver a questão de mérito reexaminada por tribunal distinto do órgão de reenvio, existirá recurso judicial[28]. Excluídos ficarão, porém, os recursos extraordinários, de que é exemplo o recurso para o Tribunal Constitucional.

---

[24] A título de delimitação temática, refira-se que a presente análise se restringirá aos acórdãos interpretativos dos Tratados e de actos adoptados pelas instituições, órgãos ou organismos da União, proferidos pelo Tribunal de Justiça no âmbito do reenvio prejudicial.

[25] De acordo com o artigo 288º do TFUE, são actos das instituições os regulamentos, as directivas, as decisões, as recomendações e os pareceres.

[26] Cfr. FAUSTO QUADROS e ANA MARIA GUERRA MARTINS, *ob. cit.*, p. 87.

[27] Neste sentido, cfr. Acórdão do Tribunal de Justiça, de 06/10/1982, *Cilfit*, processo 283/81, parágrafo 7, disponível em *curia.europa.eu*, tal como os restantes Acórdãos deste Tribunal a que adiante se fizer menção.

[28] Assim, cfr. FAUSTO QUADROS e ANA MARIA GUERRA MARTINS, *ob. cit.*, p. 91.

A obrigatoriedade que decorre do disposto pelo § 3 do artigo 267º do TFUE, no sentido de o órgão jurisdicional nacional proceder ao reenvio prejudicial, não assume, porém, natureza absoluta. Com efeito, tem o Tribunal de Justiça reconhecido que, em determinadas circunstâncias, o reenvio não será obrigatório. Assim, se o Tribunal de Justiça já se tiver pronunciado sobre questão semelhante àquela que é objecto de reenvio pelo órgão jurisdicional nacional[29], ou se a correcta aplicação do direito comunitário resultar tão óbvia[30] que inexista qualquer dúvida razoável que possa ser colocada ao Tribunal de Justiça[31] – aqui se aplicando a máxima segundo a qual *"in claris non fit interpretatio"*[32] –, ou ainda, no caso de falta de pertinência (por falta de conexão com a realidade e com o objecto do litígio no processo principal[33]) ou desnecessidade da questão prejudicial, o órgão jurisdicional nacional não estará obrigado ao reenvio[34].

A decisão de reenvio prejudicial cabe única e exclusivamente ao órgão jurisdicional nacional, independentemente de se tratar de uma questão suscitada

---

[29] Cfr. Acórdão do Tribunal de Justiça, de 27/03/1963, *Da Costa*, processos apensos 28/62 a 30/62, no qual se entendeu que a interpretação do artigo 12º do Tratado CEE, solicitada a título prejudicial, já havia sido dada no acórdão do Tribunal, de 05/02/1963, proferido no processo 26/62, pelo que, inexistindo qualquer elemento novo, remeteu-se o órgão de reenvio para a referida jurisprudência. No mesmo sentido, cfr. Acórdão do Tribunal de Justiça, de 06/10/1982, *Cilfit, cit.*, parágrafos 13 e 14.

[30] A este respeito, o Advogado-Geral Maurice Lagrange afirma que *"para se recorrer ao processo do reenvio de uma questão a título prejudicial para interpretação, é necessário, evidentemente, que se levante uma questão e que esta questão seja relativa à interpretação do texto em causa: pelo contrário, se o texto é perfeitamente claro, não se trata já de o interpretar, mas sim de o aplicar, o que se insere na competência do juiz, incumbido, precisamente, de aplicar a lei. É aquilo a que por vezes se chama (...) teoria do «acto claro»"* – cfr. Conclusões do Advogado Geral Lagrange, de 13/03/1963, *Da Costa*, processos apensos 28/62 a 30/62.

[31] Cfr. Acórdão do Tribunal de Justiça, de 06/10/1982, *Cilfit, cit.*, parágrafo 16.

[32] Cfr. João Mota Campos e João Luiz Mota Campos, *Contencioso Comunitário*, Curitiba, Juruá Editora, 2008, p. 412.

[33] Cfr. Conclusões do Advogado-Geral Gulmann, de 06/10/1992, *Telemarsicabruzzo*, processos apensos C-320/90, C-321/90 e C-322/90; Acórdão do Tribunal de Justiça, de 28/11/1991, *Durighello*, processo C-186/90, parágrafo 9; Acórdão do Tribunal de Justiça, de 16/01/1997, *USSL nº 47 di Biella*, processo C-134/95, parágrafo 12.

[34] Veja-se, a título de exemplo, a ponderação feita pelo Supremo Tribunal Administrativo, de todos os elementos que vêm sendo apontados pelo Tribunal de Justiça, no Acórdão de 30/11/2011, processo nº 0284/11, disponível em *www.dgsi.pt.*, quando afirma, a respeito à taxa de emissão de publicidade comercial, que *"[n]ão existe (...) interpretação anteriormente fornecida pelo TJUE sobre a questão (...)"*, sendo que *"[n]ão se verifica também total clareza das normas em causa, nem se pode concluir que a aplicação directa do direito comunitário se impõe com tal evidência que não deixa lugar a qualquer dúvida razoável. Nesta conformidade, decidindo o Supremo Tribunal Administrativo em última instância e não se conhecendo jurisprudência do TJUE directamente aplicável, entende-se como necessária, de harmonia com o preceituado no art. 267º do Tratado sobre o Funcionamento da União Europeia, a pronúncia do TJUE, em reenvio prejudicial (...)"*.

ou não pelas partes – as quais, de resto, não poderão dirigir-se directamente ao Tribunal de Justiça no que ao reenvio concerne, uma vez que em causa está um *"processo de juiz a juiz"*[35], *i.e.*, um processo especial de carácter não contencioso (justamente por não ser um processo de partes). O órgão jurisdicional nacional deverá, não obstante, sustentar a respectiva decisão de reenvio, sendo que a exigência do Tribunal de Justiça no que concerne aos fundamentos daquela tem vindo a revelar-se cada vez mais cerrada. Assim, na linha de jurisprudência comunitária constante, o Tribunal de Justiça terá motivo para recusar o reenvio prejudicial sempre que o problema se revele hipotético ou quando não lhe forem fornecidos os elementos de facto e de direito necessários para responder utilmente às questões que lhe são colocadas[36].

Subsequentemente, conforme explicita o artigo 23º do Protocolo que define o Estatuto do Tribunal de Justiça da União Europeia, a decisão do órgão jurisdicional nacional que suscite a questão prejudicial é notificada ao Tribunal de Justiça, sendo depois dado conhecimento da referida decisão, pelo secretário do Tribunal de Justiça, às partes em causa, aos Estados-Membros e à Comissão.

Do ponto de vista interno, a colocação da questão prejudicial ao Tribunal de Justiça origina a suspensão de instância, a qual cessará com a notificação do Acórdão em que se aprecia a questão reenviada. Veja-se que, quanto à sindicância do Acórdão do Tribunal de Justiça que aprecie, a título prejudicial, a questão reenviada pelo órgão jurisdicional nacional, a regra é que o mesmo é insusceptível de revisão. Contudo, determina o § 1 do artigo 44º do Protocolo que define o Estatuto do Tribunal de Justiça da União Europeia, que a referida revisão poderá ter lugar, excepcionalmente, se se descobrir facto susceptível de exercer influência decisiva e que, antes da prolação do Acórdão, era desconhecido do Tribunal de Justiça, bem como da parte requerente da revisão. Não se verificando as circunstâncias justificativas da revisão daquele Acórdão, será retomada a instância nacional, cabendo ao órgão jurisdicional dirimir o litígio em harmonia com a interpretação decorrente da análise do Tribunal de Justiça[37].

---

[35] Cfr. Fausto Quadros e Ana Maria Guerra Martins, *ob. cit.*, p. 111.

[36] Cfr. Acórdãos do Tribunal de Justiça, de 27/02/2003, *Adolf Truley*, processo C-373/00, parágrafo 22; de 13/03/2001, *PreussenElektra*, processo C-379/98, parágrafo 39; de 22/01/2002, *Canal Satélite Digital*, processo C-390/99, parágrafo 19.

[37] Neste sentido, cfr. Acórdão do Tribunal Central Administrativo Sul, de 03/05/2011, processo nº 04420/10, disponível em *www.dgsi.pt*. Note-se que o Tribunal de Justiça não tem competência para interpretar o direito interno, tão-pouco para se pronunciar sobre eventuais incompatibilidades entre a ordem jurídica interna e a comunitária, não obstante possa fornecer elementos que apontem nesse sentido – assim, cfr. Fausto Quadros e Ana Maria Guerra Martins, *ob. cit.*, p. 107.

3.2. Do conceito de órgão jurisdicional na jurisprudência comunitária e sua aplicação aos tribunais arbitrais em matéria tributária

Em momento ainda anterior ao do apuramento da modalidade de reenvio prejudicial – facultativo ou obrigatório –, cumpre dar resposta a uma outra questão: a de saber se o órgão que submete a questão à apreciação do Tribunal de Justiça será ou não um órgão jurisdicional, para efeitos da aplicação do artigo 267º do TFUE.

A jurisprudência do Tribunal de Justiça tem-se demonstrado, nesta matéria, algo inconstante[38], porquanto nem sempre é idêntica a relevância atribuída a determinados elementos de cuja verificação depende o preenchimento daquele conceito de órgão jurisdicional[39].

O primeiro Aresto do Tribunal de Justiça no qual se enumeraram os requisitos de que dependia a qualificação do órgão de reenvio como sendo jurisdicional data de 1966, e foi proferido no célebre caso *Vaassen-Göbbels*[40]. Foram elencados como critérios para a avaliação do carácter jurisdicional do órgão de reenvio, a sua origem legal, a sua permanência, a presença do princípio do contraditório, o carácter obrigatório do órgão e a aplicação, por este, de regras de direito. Posteriormente, adicionar-se-ia o critério da independência do órgão de reenvio[41], o qual viria a ser concretizado através da alusão à *qualidade de terceiro*[42] que deverá ser assumida por aquele relativamente à entidade responsável pela prática do acto em discussão.

Merecedor de destaque é o facto de estarmos em face de uma noção de direito comunitário, podendo suceder que o Tribunal de Justiça considere que tem carácter jurisdicional um órgão que, do ponto de vista do direito interno, não assume essa qualificação. Do mesmo modo, um órgão que é tido, à luz do ordenamento jurídico nacional de determinado Estado-Membro, como sendo jurisdicional, poderá ver tal enquadramento ser afastado pelo Tribunal de Justiça e, consequentemente, ser recusado o reenvio prejudicial a que procedera.

Atendendo à temática que ora nos propomos tratar, bem como aos requisitos acima enunciados, parece-nos ajustado afirmar que os tribunais arbitrais em matéria tributária são órgãos jurisdicionais para efeitos do artigo 267º do TFUE,

---

[38] O Advogado-Geral Dámaso Ruiz-Jarabo Colomer vai mais longe, afirmando que em causa estará uma "*jurisprudência casuística, muito elástica e pouco científica*" – cfr. Conclusões do Advogado-Geral Dámaso Ruiz-Jarabo Colomer, de 28/06/2001, *De Coster*, processo C-17/00, parágrafo 14.

[39] Para mais acerca da evolução da jurisprudência comunitária no que respeita ao conceito de órgão jurisdicional, cfr. Conclusões do Advogado-Geral Dámaso Ruiz-Jarabo Colomer, *cit.*, parágrafos 16 a 57.

[40] Cfr. Acórdão do Tribunal de Justiça, de 30/06/1966, *Vaassen-Göbbels*, processo 61/65.

[41] Referido, originalmente, no Acórdão do Tribunal de Justiça, de 11/06/1987, *Pretore di Salò*, processo 14/86, parágrafo 7.

[42] Cfr. Acórdão do Tribunal de Justiça, de 30/03/1993, *Corbiau*, processo C-24/92, parágrafo 15.

achando-se legitimados, por conseguinte, a proceder ao reenvio prejudicial de questões que sejam susceptíveis de desencadear este mecanismo nos termos anteriormente já abordados. Analisemos cada um dos pressupostos indicados pela jurisprudência do Tribunal de Justiça.

Com efeito, a constituição dos tribunais arbitrais em matéria tributária encontra-se prevista em diploma legal, no Decreto-Lei nº 10/2011, de 20 de Janeiro, funcionando aqueles tribunais junto do CAAD. Este, por sua vez, é um centro institucionalizado de arbitragem, cuja criação foi autorizada pelo Despacho nº 5097/2009, do Secretário de Estado da Justiça[43]. Daqui advém, aliás, que os tribunais arbitrais em matéria tributária são verdadeiramente institucionalizados[44], uma vez que se inserem em instituição arbitral permanente, assim se distinguindo dos tribunais arbitrais ditos *ad hoc*, constituídos exclusivamente para dirimir um certo conflito[45]. Esta é, de resto, a configuração que mais se coaduna com os interesses públicos em causa nos processos submetidos à jurisdição dos tribunais arbitrais em matéria tributária, nos quais, como recorda NUNO DE VILLA-LOBOS, *"todos nós somos, contribuintes, contra-interessados"*[46]. Temos, assim, que não só se confirma a origem legal dos tribunais arbitrais em matéria tributária, como também se verifica um outro requisito indicado pela jurisprudência comunitária para efeitos de preenchimento do conceito de órgão jurisdicional: o da permanência[47].

O princípio do contraditório[48] encontra-se igualmente salvaguardado, desde logo, pelo artigo 16º, alínea a) do RJAT, que o enumera como um dos que preside ao processo arbitral, sendo assegurado, designadamente, através da faculdade conferida às partes de se pronunciarem sobre quaisquer questões de facto ou de

---

[43] *In* Diário da República, nº 30, 2ª série, de 12/02/2009.

[44] Assim, cfr. NUNO DE VILLA-LOBOS, *ob.cit.*, p. 186.

[45] Sobre as diferenças entre os tribunais arbitrais institucionalizados e os *ad hoc*, cfr. ANTÓNIO JOSÉ CLEMENTE, *A Arbitragem Voluntária Institucionalizada em Portugal, in http://www.gral.mj.pt/ userfiles/A%20Arbitragem%20Volunt%C3%A1ria%20Institucionalizada%20em%20Portugal.pdf.*

[46] Cfr. NUNO DE VILLA-LOBOS, *ob.cit.*, p. 186.

[47] Na esteira do Advogado-Geral Carl Otto Lenz, pronunciando-se quanto a um tribunal arbitral em matéria de direito do trabalho, *"Os tribunais arbitrais são normalmente constituídos* ad hoc *de modo a que a sua qualificação como instância permanente levanta algumas dúvidas. A este respeito, não deve atender-se à sua instituição concreta para um determinado litígio, considerando-se antes que estes tribunais arbitrais têm em matéria de direito do trabalho uma competência genérica para conhecer um determinado tipo de litígios"* – cfr. Conclusões do Advogado-Geral Carl Otto Lenz, de 31/05/1989, *Danfoss*, processo 109/88, parágrafo 21.

[48] Note-se que, não obstante se tratar de um requisito relevante na qualificação do órgão de reenvio como jurisdicional, o Tribunal de Justiça entendeu já que o contraditório do processo não reveste carácter absoluto – cfr. Acórdão do Tribunal de Justiça, de 17/09/1997, *Dorsch Consult*, processo C-54/96, parágrafo 31.

direito suscitadas no processo. Demonstrativo da existência do contraditório é, ainda, o facto de a Autoridade Tributária dispor de prazo para apresentar resposta ao requerimento inicial do contribuinte, podendo ainda solicitar produção de prova adicional (cfr. artigo 17º, nº 1 do RJAT) e, bem assim, de as partes serem ouvidas, no decurso da primeira reunião, quanto a eventuais excepções que seja necessário apreciar e decidir antes de conhecer o pedido (cfr. artigo 18º, nº 1, alínea b) do RJAT).

O carácter obrigatório do órgão de reenvio, no sentido de as partes se verem necessariamente submetidas à sua jurisdição, consubstancia um pressuposto que excluiria, à partida, os tribunais arbitrais[49] do conceito de órgão jurisdicional para efeitos de admissibilidade de reenvio prejudicial. Com efeito, e reportando-nos ao caso concreto dos tribunais arbitrais em matéria tributária, não estaríamos perante a única instância competente para dirimir conflitos cujo objecto se reconduza a alguma das questões enumeradas no artigo 2º do RJAT: também o Tribunal Administrativo e Fiscal teria competência para, em primeira instância, conhecer das mesmas. Contudo, importa, neste ponto, salientar que os tribunais arbitrais de que nos ocupamos não se constituem por acordo das partes; uma vez optando o contribuinte por este meio alternativo de resolução do conflito com a Autoridade Tributária, esta não dispõe da possibilidade de recusar a participação no processo arbitral. Ora, foi precisamente a este aspecto que o Tribunal de Justiça atendeu quando, no caso *Danfoss*, colocou o enfoque no facto de a competência do tribunal arbitral dinamarquês não estar dependente do acordo das partes. Pois que, como aí se refere, "[a] *intervenção do tribunal pode ser solicitada por uma das partes, pouco importando que a outra a tal se oponha*"[50]. Dir-se-á, em face do exposto, que o carácter obrigatório do tribunal arbitral em matéria tributária decorre justamente desta particularidade: é que, não sendo em abstracto a única instância legitimada para apreciar as questões que integram a sua competência, passa em concreto a sê-lo, caso o contribuinte opte por submeter o pedido de constituição previsto no artigo 10º do RJAT. Acresce que, sendo constituído o tribunal arbitral em matéria tributária, e como tivemos já oportunidade de mencionar, estaremos, na maior parte das vezes, perante a última instância decisora, uma vez que a regra é que as respectivas decisões são irrecorríveis.

Outro dos motivos que sustentará a admissão do tribunal arbitral em matéria tributária como órgão jurisdicional é o facto de o mesmo aplicar regras de direito. Não lhe resta, aliás, alternativa diversa, porquanto a lei tão-pouco permite o recurso à equidade, nos termos do artigo 2º, nº 2 do RJAT. Uma vez mais,

[49] Assim, cfr. Acórdão do Tribunal de Justiça de 23/03/1982, *Nordsee*, processo 102/81, parágrafo 10.
[50] Cfr. Acórdão do Tribunal de Justiça, de 17/10/1989, *Danfoss*, processo 109/88, prágrafo 7.

ressalta o carácter público do interesse que subjaz ao processo arbitral em matéria tributária e que se dirige à descoberta da verdade material, à determinação da existência ou não de capacidade contributiva e à tributação em conformidade[51] – o que não se coadunaria com uma justiça casuística. A par da determinação do quadro jurídico aplicável à situação fáctica, as decisões dos tribunais arbitrais caracterizam-se, ainda, pela respectiva autoridade de caso julgado[52] e, assim também, pela sua força executiva. Assim, verificam-se, quanto a estas decisões, dois efeitos que resultam igualmente da prolação das sentenças[53]: o *efeito reconstitutivo, i.e.,* o dever de a Autoridade Tributária de executar a sentença, repondo a situação que existiria caso o acto anulado não tivesse sido praticado, previsto pelo artigo 24º, nº 1 do RJAT; e o *efeito preclusivo,* que baliza o ulterior reexercício do poder tributário pela Autoridade Tributária, afastando a possibilidade, nos termos do artigo 24º, nº 4 do RJAT, de renovação do acto anulado sempre que dessa forma se reincida nos vícios determinantes da decisão anulatória.

Os tribunais arbitrais em matéria tributária são, ainda, órgãos independentes, autónomos relativamente à estrutura orgânica da Autoridade Tributária, autora do acto tributário cuja (i)legalidade será submetida à apreciação dos primeiros, pelo que, na eventualidade de ser interposto recurso da decisão arbitral, nunca será o tribunal arbitral parte no litígio perante a instância superior[54]. Veja-se que o Tribunal de Justiça recusou já o reenvio prejudicial, no caso *Corbiau*[55], por não reconhecer a qualidade de terceiro ao director dos impostos directos e indirectos, uma vez que este ocupava a posição de topo na Administração, sendo esta, por seu turno, a entidade responsável pelo acto objecto de contestação.

Não será este, contudo, o caso dos tribunais arbitrais objecto da presente análise, porquanto são os mesmos autónomos e independentes, tanto relativamente à Autoridade Tributária, como aos contribuintes.

Na verdade, o tribunal arbitral em matéria tributária é composto, de acordo com o artigo 7º do RJAT, o artigo 2º do Código Deontológico do CAAD e o

[51] Cfr. JOAQUIM FREITAS DA ROCHA, *Lições de Procedimento e Processo Tributário,* 2ª edição, Coimbra, Coimbra Editora, 2008, pp. 85 e 207.

[52] A força obrigatória das decisões dos tribunais está constitucionalmente consagrada, nos termos do artigo 205º, nº 2 da CRP, de acordo com o qual são aquelas obrigatórias para todas as entidades públicas e provadas, prevalecendo sobre as de quaisquer outras autoridades.

[53] Para mais, cfr. MÁRIO AROSO DE ALMEIDA, *Sobre a Autoridade do Caso Julgado das Sentenças de Anulação de Actos Administrativos,* Coimbra, Almedina, p. 17; JOSÉ CARLOS VIEIRA DE ANDRADE, *A Justiça Administrativa,* 10ª edição, Coimbra, Almedina, 2009, pp. 384 e ss.

[54] A arbitragem tributária configura, assim, *"uma forma de resolução de litígios através de um terceiro neutral, independente e imparcial – o árbitro, seja ele escolhido pelas partes ou pelo CAAD"* – cfr. NUNO DE VILLA-LOBOS, *ob.cit.,* p. 188.

[55] Cfr. Acórdão do Tribunal de Justiça, de 30/03/1993, *Corbiau, cit.,* parágrafos 15 e 16.

Regulamento de Selecção de Árbitros em Matéria Tributária, por árbitros escolhidos de entre pessoas de comprovada capacidade técnica, idoneidade moral e sentido de interesse público. Em conformidade com o disposto pelo artigo 7º, nº 2 do RJAT, os árbitros devem ser juristas com pelo menos 10 anos de comprovada experiência profissional na área do direito tributário, constituindo seu dever nos termos conjugados do artigo 1º do Código Deontológico do CAAD e artigo 9º, nº 1 do RJAT, pautar o exercício das suas funções pela independência[56], imparcialidade e objectividade. Deste modo, o árbitro em matéria tributária não se assume como representante, nem mandatário, da parte que o designa[57], não devendo permitir que qualquer tipo de preconceito, interesse pessoal, pressão externa, directa ou indirecta, ou receio de crítica afecte o sentido da sua decisão, tal como determina o artigo 2º, nº 6 do Código Deontológico do CAAD. No entanto, sempre que, no âmbito do processo arbitral se constate alguma circunstância capaz de razoavelmente pôr em causa a sua independência, imparcialidade e/ou isenção, deve o árbitro recusar a sua designação. A lista de árbitros em matéria tributária é elaborada pela Direcção do CAAD e aprovada por esta mediante pronúncia favorável do Conselho Deontológico do CAAD[58], sendo a lista anual de árbitros e a distribuição sequencial dos processos publicadas no sítio da Internet *www.caad.org.pt*. Como forma de assegurar o controlo externo

---

[56] A independência encontra-se, aliás, patente no facto de, além dos impedimentos constantes do artigo 44º, nº 1 do Código do Procedimento Administrativo, os árbitros estarem ainda sujeitos aos impedimentos previstos pelo artigo 8º do RJAT.

[57] Os requisitos de designação dos árbitros terão de ser válidos, tanto nos casos em que são os mesmos designados pelo CAAD como nos casos em que a designação cabe às partes, o que poderá suceder ao abrigo do disposto pelo artigo 6º, nº 2, alínea b) do RJAT. Acresce que, de acordo com o artigo 6º, nº 3 do RJAT, sendo os árbitros designados pelas partes, poderão não constar da lista dos árbitros que compõem o CAAD. De todo o modo, em qualquer das referidas situações – designação dos árbitros pelas partes ou pelo CAAD, inclusão dos árbitros ou não na lista do CAAD –, será sempre aplicável o artigo 8º, nº 3 do RJAT, de acordo com o qual compete ao Conselho Deontológico do CAAD exonerar o árbitro ou árbitros em caso de verificação de algum impedimento. Mais: nos termos do artigo 6º, nºs 1 e 2 do Código Deontológico do CAAD, um árbitro pode ser acusado caso existam circunstâncias que suscitem sérias dúvidas quanto à sua independência, imparcialidade, isenção e/ou competência, cabendo ao Conselho Deontológico do CAAD declarar a admissibilidade da recusa. As diferentes possibilidades de designação dos árbitros não prejudicam, assim, a independência dos tribunais arbitrais em matéria tributária.

[58] Trata-se de um órgão que se encontra *"umbilicalmente ligado ao Conselho Superior dos Tribunais Administrativos e Fiscais"*, cuja intervenção *"assegura não somente a imparcialidade e transparência do processo de constituição dos tribunais arbitrais, como também o alto nível de competência técnica e isenção que dos árbitros legitimamente se espera"* – cfr. NUNO DE VILLA-LOBOS, *ob.cit.*, p. 188.

e a isenção[59] das decisões adoptadas por estes tribunais, são as mesmas públicas, em harmonia com o preceituado pelo artigo 16º, alínea g) do RJAT.

Encontra-se, assim, preenchida, em face do exposto, a *qualidade de terceiro* aludida na jurisprudência comunitária como pressuposto essencial do cunho jurisdicional do órgão de reenvio.

Encerrada a análise do conjunto de requisitos impostos pelo Tribunal de Justiça em matéria de limitação da admissibilidade do reenvio prejudicial aos órgãos jurisdicionais nacionais, será apropriado concluir pelo preenchimento desta noção pelos tribunais arbitrais em matéria tributária, aos quais deverá considerar-se aberto o caminho para, ora no exercício de uma faculdade, ora em cumprimento de uma obrigação, solicitar ao Tribunal de Justiça que se pronuncie, a título prejudicial, acerca das questões elencadas pelo artigo 267º do TFUE.

[59] Neste sentido, cfr. NUNO DE VILLA-LOBOS, *ob.cit.*, p. 187; SUSANA SOUTELINHO, *A arbitragem tributária – uma realidade?*, A Arbitragem Administrativa e Tributária: Problemas e Desafios, Coimbra, Almedina, 2012, p. 214.

A Fiscalidade Ambiental (Reflexões)

MARIA EDUARDA AZEVEDO

Doutora em Direito pela Faculdade de Direito da Universidade de Lisboa
Profª Auxiliar Convidada da Faculdade de Direito da Universidade de Lisboa

Sumário: 1. Introdução; 2. A Política Comunitária do Ambiente; 2.1. Introdução; 2.2. Um Esforço Iniciático; 2.3. A Nova Estratégia da Política Comum do Ambiente; 3. O Ambiente e a Fiscalidade; 3.1. Introdução; 3.2. Os Instrumentos de Protecção do Ambiente ao Dispor do Estado; 3.2.1. Introdução; 3.2.2. O Direito Fiscal e a Tutela do Ambiente; 4. A "Reforma Fiscal Verde": Um Novo Instrumento?

1. Introdução

Hoje em dia, é manifesto que as questões de natureza ambiental estão cada vez mais presentes no quotidiano dos decisores políticos e dos agentes económicos, bem como dos cidadãos em geral.

Num período de cerca de duas décadas, evoluiu-se, afinal, de uma perspectiva em que a problemática ambiental era encarada de forma isolada e meramente justaposta à actividade económica, para um paradigma em que a dimensão ambiental representa uma componente intrínseca do desenvolvimento, enquanto garantia da sua sustentabilidade. Uma visão traduzida na formulação "desenvolvimento sustentável" que, do ponto de vista nacional, apela a que as estratégias desenvolvimentistas se consubstanciem em elementos que favorecem as condições de durabilidade a prazo, não transferindo custos insuportáveis para as gerações futuras[1][2].

---

[1] Cf., Colóquio "Ambiente, Economia e Sociedade, Conselho Económico e Social, Lisboa, Série "Estudos e Documentos", 1999, pp. 13 -14.

[2] Como refere Cláudia Alexandra Dias Soares, O Imposto Ecológico – Contributo para o Estudo dos Instrumentos Económicos de Defesa do Ambiente, Bol. Faculdade de Direito, Universidade

Convoca-se assim uma preocupação cultural fruto de uma consciência ecológica crescente[3], que tende, porém, a ser mais facilmente verbalizada ao nível dos princípios do que incorporada na formulação das políticas de desenvolvimento, em virtude, mormente, dos ritmos distintos a que respondem os vários sectores da economia e evoluem os comportamentos sociais. Acresce que, actualmente, existe também um maior conhecimento dos impactos que as actividades económicas são susceptíveis de gerar, em termos negativos, sobre o meio-ambiente[4].

Daí que sejam plenamente justificados os esforços orientados para a modificação da atitude dos agentes económicos, no sentido de preservar a qualidade do ambiente e prevenir a sua deterioração.

Nesse contexto, o direito do ambiente, que é um "jovem sector" do Direito[5/6/7], assente em primeira linha na prevenção[8] e precaução[9/10], além de suscitar

de Coimbra, Coimbra, Coimbra Editora, 2001, pp. 39 e ss., a transição da modernidade para a pós-modernidade deslocou, assim, o objectivo de maximização do crescimento económico para a maximização da qualidade de vida.

[3] Segundo António de Sousa Franco, Ambiente e Desenvolvimento – Enquadramento e Fundamentos do Direito do Ambiente, in: Direito do Ambiente, Comunicações apresentadas no Curso realizado no INA, 17 a 28 de Maio de 1993, Oeiras, INA, 1994, pp. 46 e ss., a preocupação cultural com os problemas do ambiente, a sua tomada de consciência e o activismo social em matéria do ambiente nasceram da verificação de níveis muito elevados de poluição nos países onde a industrialização acelerada – em alguns casos selvagem – produziu violentas agressões ao equilíbrio da natureza e o desgaste dos recursos naturais. No mesmo sentido, entre outros, T. D. J. Chappell, The Philosophy of the Environment, Edinburg, Edinburg University Press, 1997; Luc Férry, A Nova Ordem Ecológica – A Árvore, o Animal, o Homem, (trad.), Porto, Asa, 1993.

[4] Cf., Amílcar Ambrósio, Ambiente e Indústria, in: Direito do Ambiente, Comunicações apresentadas no Curso realizado no INA, 17 a 28 de Maio de 1993, Oeiras, INA, 1994, pp. 1179 e ss.

[5] Cf., José Casalta Nabais, Por um Estado Fiscal Suportável. Estudos de Direito Fiscal, Coimbra, Almedina, 2005, pp. 330 e ss. Neste sentido, Diogo Freitas do Amaral, Apresentação, in: Direito do Ambiente, Comunicações apresentadas no Curso realizado no INA, 17 a 28 de Maio de 1993, Oeiras, INA, 1994, pp. 13 e ss., ao assinalar que o direito do ambiente pressupõe toda uma nova filosofia que enforma a maneira de encarar o Direito, uma vez que é o primeiro ramo do Direito que nasce, não para regular as relações dos homens entre si, mas para tentar disciplinar as relações do Homem com a Natureza. Também Cláudia Maria Cruz Santos, José Eduardo de Oliveira Figueiredo Lopes e Maria Alexandra de Sousa Aragão, Introdução ao Direito do Ambiente, Lisboa, Universidade Aberta, 1998, p. 35, para quem o direito do ambiente deve ser considerado como disciplina autónoma, sendo forçoso que se lhe reconheçam também instrumentos jurídicos próprios; Vasco Pereira da Silva, Verde Cor de Direito, Coimbra, Almedina, 2005, p. 54, quando defende a autonomia pedagógica, mas não científica, do Direito do Ambiente, deixando "em aberto" para o futuro, a questão de saber se vão ser predominantes os factores de aglutinação ou os factores de dispersão no estudo científico das realidades ius-ambientais.

[6] Posição contrária a de António de Sousa Franco, Ambiente e Desenvolvimento – Enquadramento e Fundamentos do Direito do Ambiente, ob. cit., pp. 73-76, para quem "o Direito do Ambiente – que reconhecidamente não é um ramo do Direito mas um conjunto variado de normas e instituições

problemas relativamente novos, intersecta todo o amplo e diversificado campo do ordenamento jurídico, mobilizando a quase generalidade dos seus segmentos para a sua tutela[11].

Trata-se de um cenário em que ganha pertinência o modo como o direito fiscal e o direito do ambiente entrecruzam os respectivos âmbitos de aplicação, podendo o primeiro constituir-se em instrumento ou meio de protecção do segundo por via dos tributos.

Está em causa uma das muitas formas de conferir efectividade ao princípio de salvaguarda do ambiente, que reclama das entidades públicas e privadas não só a manutenção de um mínimo de existência ambiental, mas sobretudo um leque alargado e heterogéneo de desempenhos jurídicos e materiais – seja sob a forma de acção, seja de omissão –, competindo ao Estado, como uma das suas tarefas fundamentais[12], incentivar a defesa da natureza e do ambiente, preservar os recursos naturais e assegurar um ordenamento do território correcto.

jurídicas com um objectivo material comum, mas sem a identidade ou homogeneidade jurídico-formal que constitui uma fracção autónoma da ordem jurídica...".

[7] O que se nos afigura é estarmos perante um conjunto de matérias geradoras de alguma turbulência ao nível dos quadros jurídicos tradicionais. Neste cenário, a construção de uma dogmática jurídica própria conhece dificuldades várias que, uma vez identificadas, têm tornado possível a construção de soluções novas aplicadas ao ambiente, com novos conceitos normativos e novos procedimentos, bebendo da influência de diferentes ramos do Direito.

[8] A especial importância da prevenção no plano da protecção do ambiente corresponde ao aforismo popular "mais vale a pena prevenir do que remediar". O bom senso determina que, em vez de contabilizar os danos e tentar repará-los, se tente sobretudo antecipar e evitar a sua ocorrência. Assim, mais vale prevenir, porque depois do dano ambiental é impossível a reconstituição natural da situação anterior; porque, mesmo sendo possível a reconstituição *in natura*, ela é especialmente onerosa; porque é muito mais dispendioso remediar do que prevenir.

[9] O princípio da precaução, acrescentado com o Tratado de Maastricht, é susceptível de configurar uma espécie de princípio *in dubio pro* ambiente": Assim, na dúvida sobre a perigosidade de uma certa actividade para o ambiente, há que decidir-se a favor do ambiente e contra o potencial poluidor. A este propósito, Maria Alexandra de Sousa Aragão, Direito Comunitário do Ambiente, Cadernos CEDOUA, Coimbra, Almedina, 2002, pp. 19 e ss.

[10] Cf., António Carlos Santos, Maria Eduarda Gonçalves e Maria Manuel Leitão Marques, Direito Económico, Coimbra, Almedina, 1998, p. 254; Cláudia Maria Cruz Santos, José Eduardo de Oliveira Figueiredo Dias e Maria Alexandra de Sousa Aragão, Introdução ao Direito do Ambiente, ob. cit., pp. 44 e ss.

[11] Aqui radica uma das características nucleares do direito do ambiente, que pode traduzir-se pela ideia de disciplinariedade.

[12] A relação jurídica do Estado com o ambiente não configura uma relação de poder, antes de dever. Como assinala Gomes Canotilho, Nova Ordem Mundial e Ingerência Humanitária (Claros-Escuros de um Novo Paradigma Internacional), Bol. Faculdade Direito de Coimbra, vol. 71, 1995, p.4., a relação constitucionalmente prevista, transforma a defesa do equilíbrio ecológico em uma

O mesmo Estado que, no quadro da política do ambiente, não há-de deixar de prevenir e controlar a poluição e os seus efeitos, fomentar um aproveitamento racional dos recursos naturais, bem como acautelar a capacidade de renovação e a estabilidade ecológica no respeito do princípio da solidariedade intergeracional, garantindo ainda que a política fiscal compatibilize o desenvolvimento económico com a protecção do ambiente e a qualidade de vida.

Aliás, no âmbito da relação matricial entre o direito do ambiente e o direito fiscal justifica-se mesmo o conceito de "reforma fiscal verde", exprimindo-se deste modo a instrumentalização dos normativos fiscais para o cumprimento de objectivos de preservação dos recursos naturais. Tanto mais que o legislador, na sua dimensão tributária, é investido de uma capacidade selectiva das condutas, ora estimulando os comportamentos "amigos do ambiente", ora contrariando ou limitando as atitudes agressivas[13/14].

Em termos gerais, a utilização das normas tributárias para fins de tutela do direito ambiental aproxima-se também de algumas das questões centrais das finanças públicas, nomeadamente o papel da ética na gestão financeira pública. Por outro lado, semelhante exercício conduz ainda a que se acompanhe a profunda evolução das concepções sobre os impostos e, bem assim, o seu papel nas sociedades modernas[15].

Na realidade, a tutela do ambiente pela via fiscal supõe a aceitação de que a decisão financeira envolve uma componente ética forte, simultaneamente nos campos da justiça intrageracional e intergeracional[16]. De facto, parte-se do

função pública a par das restantes. Neste sentido Vasco Pereira da Silva, Verde Cor de Direito, ob. cit., pp. 84 e ss.

[13] Cf., Joaquim Freitas da Rocha, A aplicação das normas tributárias no domínio do Direito do ambiente (enfoque constitucional), Cadernos de Justiça Administrativa, nº 70, Julho/Agosto, 2008, p. 4.

[14] O legislador não há-de limitar-se ao campo do direito substantivo, minimizando o vector adjectivo, para não enformar uma disciplina jurídica deficitária, inadequada e ineficiente, caindo numa situação de défice de concretização. De facto, adiantaria pouco – para não dizer mesmo nada –, na perspectiva da prossecução dos objectivos de índole ambiental, um sistema fiscal com uma motivação ecológica inquestionável que não se faça acompanhar, porém, de um regime adjectivo ajustado, capaz de promover a sua efectivação e garantir a sua eficácia. Neste sentido, Joaquim Freitas da Rocha, Omissão legislativa e procedimento tributário, in: Scientia Iuridica, tomo LIII, nº 298, 2004.

[15] Cf., Eduardo Paz Ferreira, Ensinar Finanças Públicas numa Faculdade de Direito, Coimbra, Almedina, 2005, pp. 267 e ss.

[16] Cf., John Alder e Davis Wilkinson, Environmental Law and Ethics, Basingstoke, MacMillan, 1999, pp. 37 e ss. Sobre as implicações financeiras da problemática da justiça intergeracional, cf., Eduardo Paz Ferreira, Da Dívida Pública e das Garantias dos Credores do Estado, Coimbra, Almedina, 1995, pp. 69 e ss.

princípio de que a decisão financeira se há-de orientar na linha de garantir às gerações presentes condições não só para aproveitarem o meio-ambiente, mas também para o transmitirem às gerações vindouras em termos que lhes hão-de permitir o gozo dos bens colectivos num grau pelo menos equiparável ao proporcionado no momento presente.

Configura-se, afinal, um problema que não se colocava, ou colocava apenas de forma marginal, quando o ambiente podia ser aproveitado por todos, praticamente sem limites. Todavia, o desenvolvimento económico não tem deixado de evidenciar que certas formas de utilização, reputadas de anormais, são passíveis de produzir um especial desgaste, comprometendo manifestamente a continuidade de uma fruição colectiva.

Por seu turno, no que tange à segunda questão, encontra-se associada aos instrumentos privilegiados da fiscalidade ambiental, que lida com a possibilidade de utilizar os impostos para fins de protecção do ambiente, sendo essa finalidade tão intensa que, por vezes, leva mesmo a que o propósito de captação de receita ceda perante objectivos de orientação política, susceptíveis de conduzir à obstaculização de empresas porquanto geradoras de danos ambientais, tornando impeditiva a geração de novos rendimentos tributáveis[17].

2. A Política Comunitária do Ambiente

2.1. Introdução

Na generalidade dos países membros da União Europeia (UE), tanto a pré-compreensão dos problemas ambientais, como a construção de um enquadramento jurídico do sector patenteiam uma forte e inegável influência internacional e comunitária[18]. E, no que concerne a esta última dimensão, é manifesto o papel assumido pela União ao fomentar e, sobretudo, determinar o corpo de medidas acolhidas pelo direito do ambiente de cada Estado membro[19].

---

[17] Cf., Eduardo Paz Ferreira, Ensinar Finanças Públicas numa Faculdade de Direito, ob. cit., p. 271.

[18] Neste sentido, cf., Mário de Melo Rocha, Direito Internacional e Direito Europeu e Direito do Ambiente, in: Estudos de Direito do Ambiente, Colecção Actas, Porto, Publicações Universidade Católica, 2003, pp. 49 e ss.

[19] É ampla e diversificada a influência do direito comunitário, expressa em directivas, regulamentos, resoluções e recomendações: v. g.. Actos de Política Geral, como, imputação dos custos e intervenção dos poderes públicos, métodos de avaliação dos custos da luta contra a poluição industrial, reciclagem de papéis, princípio do poluidor pagador e métodos de avaliação dos custos da luta contra a poluição industrial, o efeito de estufa, política de resíduos, relação entre concorrência industrial e protecção do ambiente, redução das emissões de CO2, taxas relativas ao rótulo ecológico, prevenção e controlo integrado da poluição; Protecção e Gestão das Águas; Controlo da Poluição Atmosférica; Prevenção da Poluição Acústica; Protecção da Natureza; Substâncias Químicas e Biotecnologia; Segurança Nuclear e Resíduos Radioactivos; Gestão de Resíduos

Trata-se de um cenário em que o direito comunitário do ambiente goza, em larga medida, de efeito directo, aplicando-se em vez ou mesmo contra o direito nacional. Por outro lado, é-lhe igualmente reconhecido um nítido efeito impulsionador, atendendo a que o nível elevado de protecção por que se pauta a actuação da UE estimula a ordem jurídica dos países membros, conduzindo a uma evolução legislativa nacional mais célere.

Aliás, não é demais assumir, em especial no que respeita aos parceiros do Sul, que a grande maioria das disposições nacionais de salvaguarda do ambiente tem sido consequência da adopção de medidas protectoras criadas por parte da União[20].

2.2. Um Esforço Iniciático

No plano comunitário, o Tratado de Roma, na sua versão original, não consagrou qualquer referência directa ao ambiente ou à protecção ambiental, questões alheadas do leque das matérias objecto de acções comuns[21]. De facto, antes do final da década de sessenta tratava-se de áreas que não se contavam entre as prioridades nem dos Governos, nem dos povos, essencialmente voltados para a promoção do crescimento económico[22/23].

e Tecnologias Limpas. No tocante às áreas abrangidas, Patrick Thieffry, Droit Européen de l' Environnement, Paris, Dalloz, 1998, pp.323-341.

[20] Cf., Maria Alexandra de Sousa Aragão, Direito Comunitário do Ambiente, ob. cit., p. 11.

[21] Na sua fase inicial, puramente pretoriana, o direito europeu reagia sobretudo em relação a fenómenos ou incidentes, quando não se dedicava simplesmente às regras nacionais tomadas para a protecção do ambiente, a fim de harmonizá-las, assegurando a sua compatibilização com as quatro liberdades de circulação. Neste sentido, Patrick Thieffry, Droit Européen de l'Environnement, ob. cit., pp. 317-318.

[22] A este propósito Peter Nijkamp, Theory and Application of Environmental Economics SRSUE, North Holand Publishing, Comp., 1997, pp. 16 e ss., fala em "growthmania" como paradigma da economia do pós-guerra e propõe formas de medição do bem-estar alternativas ao PNB.

[23] Segundo Maria Eduarda Azevedo, As Eco-Taxas e a Nova Fiscalidade, in: Estudos, XXX Aniversário (1953-1993) do Centro de Estudos Fiscais, DGCI – MF, 1993, p.191, até ao princípio da década de setenta, nenhum país europeu havia experimentado a necessidade de uma política do ambiente. Todavia, na sequência do Movimento de Maio de 1968, da Conferência da ONU, em 24 de Março de 1972, e do Relatório do Clube de Roma sobre os Limites do Crescimento Económico, de 1972, tanto as instituições políticas, como as opiniões públicas foram decididamente alertadas para os problemas ecológicos, que punham em causa a hierarquia de valores até então defendida. Nos anos sessenta, a degradação do meio-ambiente atingira proporções alarmantes, fruto não só da urbanização acelerada e desenfreada, da rápida expansão económica e da utilização indisciplinada das novas tecnologias, mas também da tendência para descurar a vertente qualitativa do progresso e do desenvolvimento. Com a nova tomada de consciência, os países lançaram-se na definição apressada de medidas estritamente indispensáveis para combater os tipos de poluição mais denunciados pelos movimentos ecologistas, deixando subsistir, no entanto, um importante

Mas a partir do início dos anos setenta, quando os países industrializados se começaram a ver confrontados com problemas cada vez maiores de poluição e as suas implicações sobre o comércio internacional e, ao mesmo tempo, se assistiu ao desenho das primeiras iniciativas internacionais para alertar as opiniões públicas sobre os problemas ecológicos decorrentes do desenvolvimento económico, o tema do ambiente saltou para o centro do debate político, obrigando os Estados a tomar medidas curativas[24].

Desse modo, apesar de já no final da década de sessenta se haver feito sentir a necessidade de medidas globais e conjugadas para proteger o ambiente, foi só após a Conferência de Estocolmo[25] que a Comissão europeia decidiu seguir uma estratégia ambiental, aprovando uma primeira Declaração em que expressava preocupações sobre a protecção do ambiente. Uma declaração apresentada na Conferência-Cimeira de Paris, em 1972, onde foi enfatizada a importância de uma política comum, virada para o fomento de uma expansão económica equilibrada e a atenuação das disparidades existentes em matéria de condições de vida da população comunitária.

Então, na Declaração enunciaram-se as motivações e elencaram-se os objectivos de uma futura política comum, fez-se a avaliação dos instrumentos jurídicos e dos meios financeiros disponíveis e propôs-se um primeiro pacote de acções para suster a degradação avançada do ambiente.

No final, em execução da deliberação da Cimeira de Paris, foi elaborado um "Programa de Acção"[26], aprovado pelo Conselho de Ministros em Novembro de 1973, que constituiu o primeiro de uma série de outros seis, reconhecendo-se que, se a promoção do desenvolvimento harmonioso das actividades económicas e a sua expansão contínua e equilibrada constituíam tarefas da Comunidade, não era possível concebê-las sem acções complementares de combate à poluição, melhoria da qualidade de vida e promoção do meio-ambiente.

A política comum do ambiente surgia, assim, orientada para a instrumentalização da expansão económica em proveito do indivíduo e para a prevenção dos desequilíbrios ecológicos.

---

vazio legislativo e regulamentar. Então, veio a ser a abordagem comunitária do ambiente que, uma vez institucionalizada, passou a repercutir-se no plano nacional dos Estados membros e dos seus instrumentos de política.

[24] Cf., Alexandre Kiss, Environnement, Répertoire Dalloz, Droit Communautaire, nº 3, 1989 ; Raphaël Romi, L'Europe et la protection de l'environnement, Paris LITEC, 1990.

[25] Sob os auspícios das Nações Unidas, a Conferência de Estocolmo marcou o arranque jurídico-normativo das questões ambientais no plano internacional. De então em diante ficou sempre patente a evolução semelhante que, em matéria de Direito do Ambiente, têm tido o Direito Internacional e o Direito Comunitário.

[26] Cf., Primeiro Programa de Acção (1972-197), JOCE nº C 112, de 20 de Dezembro de 1973.

Desse modo, o Primeiro Programa Comunitário, juntamente com a declaração anexa, acabou por constituir um quadro estratégico e normativo em que se inscreveram importantes medidas não só de combate à poluição, mas também de gestão racional do espaço e dos recursos naturais.

Nesta acepção, o programa identificou três categorias fundamentais de acções comuns – acções para prevenir e reduzir a poluição; acções para melhoria do meio-ambiente e das condições de vida; e, acções internacionais concertadas com a OCDE, o Conselho da Europa, a OMS, a UNESCO e a NATO –, a que acrescia a sistematização dos princípios informativos da actuação comunitária – prevenção de danos ecológicos; promoção do nível de conhecimentos científicos e tecnológicos; regra do poluidor-pagador; e complementaridade meio--ambiente/desenvolvimento económico e social[27].

Posteriormente, na perspectiva da realização do mercado único e em resposta às exigências colocadas por este novo patamar do processo de integração económica europeia, experimentou-se a necessidades de rever a estratégia do ambiente. Donde, a atribuição de competências à Comissão na área ambiental, em reconhecimento não apenas do carácter transnacional dos fenómenos de degradação do ambiente, mas também da natureza preferencialmente supranacional das medidas de protecção a aplicar.

Um cenário a que o Acto Único Europeu (AUE) procurou conferir uma tónica de consolidação da intervenção comunitária, privilegiando três vectores fundamentais: a atribuição expressa de competências às instituições da Comunidade; a reformulação dos princípios informativos; e a definição dos critérios a acolher pela Comissão na adopção de medidas concretas[28]. Assim, foi com o AUE, em 1987, que a política do ambiente, dotada de uma base jurídica própria, passou a figurar, de forma sistematizada, entre o leque das políticas comuns[29].

No que concerne à atribuição explícita de competências, foram cometidas à Comunidade as tarefas de assegurar a preservação, protecção e melhoria da qualidade do ambiente; tomar em consideração a saúde humana; e, ainda, promover o uso racional dos recursos naturais, mediante uma gestão prudente[30].

---

[27] Cf., Nicolas Moussis, As Políticas da Comunidade Económica Europeia, Coimbra, Almedina, 1982, pp. 279 e ss.

[28] Cf., Quarto Programa de Acção, (1987-1992), JOCE nº C 289, de 29 de Outubro de 1987.

[29] Cf., Júlio de Pina Martins, A Aplicabilidade das Normas Comunitárias no Direito Interno, in: Direito do Ambiente, Comunicações apresentadas no Curso realizado no INA, 17 a 28 de Maio de 1993, Oeiras, INA, 1994, p. 196; Guy Corcelle, La Dimension "Environnement" du Marche Unique, Revue du Marche Commun, nº 333, 1990; Carlos de Miguel Perales, Derecho Español del Médio Ambiente, Madrid, CIVITAS, 2000, pp. 67 e ss.

[30] Cf., Carlos Pimenta, Enquadramento Geral. A Problemática do Ambiente, in: Direito do Ambiente, Comunicações apresentadas no Curso realizado no INA, ob. cit., pp.28 e ss.

Nesse particular, manifestou-se uma identificação clara com as teses propugnadas pelo Parlamento Europeu – a instituição europeia mais pró-ambiental –, havendo-se afastado em consequência e de modo inequívoco as propostas de pendor mais nacional. Por seu turno, a Comunidade, ao reconhecer-se competente em matéria de saúde humana, abriu as portas à criação de uma política europeia no sector. Por fim, ao abranger igualmente a gestão dos recursos naturais, a política europeia do ambiente assumiu uma posição mitigada face ao princípio da não ingerência comunitária em sede de recursos energéticos.

Corolário desta atribuição de poderes foi a partilha de competências CEE//Estados membros à luz do princípio da subsidiariedade, justificando-se qualquer iniciativa comum sempre que os objectivos identificados sejam melhor prosseguidos a nível comunitário do que no plano nacional, regional ou local[31].

Quanto ao segundo vector, o AUE retomou os principais princípios acolhidos nos vários programas de acção[32], enfatizando o contributo da avaliação prévia de impacto ambiental e o princípio corrector, alicerçado numa acção voluntarista de luta contra a poluição e gerador de programas de investigação.

Entre esses princípios, que mereceram consagração institucional, contou-se o do poluidor-pagador (PPP) que, recebido como principio base da acção comunitária em matéria de ambiente no primeiro Programa de Acção, então tornou-se numa regra fundamental da política comum do sector, em articulação com os princípios da "acção preventiva", da "correcção na fonte dos danos causados no ambiente" e, mais tarde, após o Tratado da UE, da "precaução"[33].

Finalmente, no que toca ao terceiro vector, os critérios subjacentes às medidas a adoptar ficaram consubstanciados nos princípios do realismo técnico--científico, da regionalização, da avaliação custos-benefícios e da modulação económico-regional.

---

[31] Cf., Patrick Thieffry, Politique de l'environnement et subsidiarité : l'exemple des comportements environnementaux de l'entreprise, Revue du Marché Unique Européen, nº 3, 1994; Claude Blumann, Compétence communautaire et compétence nationale, in : La Communauté européenne et l'environnement, Travaux du Colloque de Angers, CEDECE, Paris, 1997, pp. 89 e ss.

[32] Cf., Michel Prieur, Droit de l'Environnement, Paris, Dalloz, 1996, pp. 49 e ss.; Engref, La Politique Européenne de l'environnement, Paris, Romillat, 1990, pp. 76 e ss.

[33] Depois de haver surgido qual slogan político após a efervescência estudantil de Maio de 68, pode dizer-se que o nascimento internacional do PPP como princípio de política do ambiente teve oficialmente lugar em Maio de 1972, em na Recomendação C(72) 128, de 26 de Maio de 1972 da OECD, Guiding Principles Concerning International Economic Aspects of Environment Policies. Ao tempo, a CEE desenvolvia uma política activa de integração económica e dava os primeiros passos no sentido da uniformização dos níveis de protecção do ambiente, pelo que a equidade económica demonstrada pelo PPP o adequava plenamente à realização desses objectivos. A propósito do princípio do poluidor-pagador, Maria Alexandra de Sousa Aragão, O Princípio do Poluidor. Pedra Angular da Política Comunitária do Ambiente, ob. cit.

Na realidade, à Comissão cumpria ponderar ora os dados científicos e técnicos disponíveis, de modo a adequar os resultados pretendidos às soluções tecnológicas existentes, ora as condições ambientais das várias regiões, inspiradoras de acções específicas e de uma produção legislativa ajustada às suas particularidades, ora, ainda, as vantagens e os inconvenientes eventualmente emergentes de acções ou omissões comunitárias em matéria de meio-ambiente, ora, por fim, a conveniência em articular o desenvolvimento económico dos Estados membros com as preocupações e aspirações ambientais dominantes.

Incumbida de dinamizar a realização do AUE, a Comissão assumiu, assim, o compromisso de garantir níveis elevados de salvaguarda do ecossistema.

2.3. A Nova Estratégia da Política Comum do Ambiente

No início da década de noventa, o Tratado de Maastricht, no âmbito da verdadeira reforma imprimida à construção da Europa, começou por elevar a matéria do ambiente ao patamar de política comum[34], determinando que o desenvolvimento harmonioso das actividades económicas, cuja promoção constitui um dos objectivos centrais da acção comunitária, há-de ser equilibrado e acompanhado de um crescimento durável, não inflacionista e respeitador do ambiente[35].

Ao mesmo tempo, a Comissão, no relatório sobre o estado do ambiente, publicado com o Quinto Programa Comunitário de Acção adoptado algumas semanas após a assinatura do Tratado[36], manifestou uma profunda inquietação tanto a propósito do impacto económico da instauração do mercado único, como da degradação, lenta, mas continuada, do ambiente.

Na altura, o estreitamento cada vez maior dos laços com os países da Europa Central e Oriental, com elevados índices de poluição, e, em especial, a perspectiva de uma futura adesão, foram as razões principais que justificaram que o controlo da situação haja configurado, na óptica do Executivo comunitário, o principal desafio a superar nos anos noventa. E para esse efeito propôs uma alteração dos hábitos de consumo e dos comportamentos, centrada na partilha de responsabilidades e na promoção de sinergias entre Governos, representantes dos principais sectores económicos e cidadãos.

---

[34] Cf., Didier Le Morvan, Environnement et politique communautaire, in: La Communauté européenne et l'environnement, Travaux du Colloque de Angers, CEDECE, Paris, 1997.

[35] Bem como de um elevado grau de convergência das "performances" económicas, um nível elevado de emprego e de protecção social, o aumento do nível e da qualidade de vida, coesão económica e social e a solidariedade entre os Estados membros (Art. 2º do Tratado da UE). David Freestone, The 1992 Maastricht Treaty – Implications for European Environmental Law, European Environmental Review, vol. 1, nº 1, 1992.

[36] Cf., Quinto Programa de Acção, JOCE nº C 138, de 17 de Maio de 1993.

Então, foi nesse quadro de mudança que a Comissão manifestou a necessidade de dispor de uma gama mais vasta de instrumentos, até porque parecia claro que nem a abordagem desenvolvida, nem as medidas adoptadas até aí evidenciavam capacidade suficiente para dar resposta às consequências ambientais emergentes seja do aumento da concorrência internacional, seja do crescimento dos níveis de actividade e desenvolvimento geradores de maiores pressões sobre os recursos naturais, o ambiente e a qualidade de vida.

Tratou-se de uma posição que teve eco junto das instituições comunitárias, que viriam a solicitar reiteradamente à Comissão e aos Estados que fosse explorado o potencial dos novos instrumentos da política ambiental, nomeadamente os de natureza fiscal[37]. Uma solicitação que motivou a Comunicação[38] em que foi abordada a possibilidade de os Estados poderem passar a dispor de um leque variado de instrumentos de carácter económico e técnico, que incluíam as taxas e os impostos ambientais, susceptíveis de funcionar como um meio adequado de implementação do princípio do poluidor-pagador.

Mas o Tratado, na óptica da produção legislativa respeitante ao ambiente[39], veio ainda permitir, de forma genérica, a aprovação por maioria qualificada. Tratou-se de um passo que, embora tímido, era digno de registo, ao marcar, de forma clara e inequívoca, a abertura há tanto ansiada da utilização deste procedimento mais célere e democrático de tomada de decisão[40].

Ao mesmo tempo, na perspectiva do quadro institucional do direito europeu do ambiente, aceitou-se também a ausência de uma clivagem, aparentemente inevitável e inultrapassável, entre a actividade económica e a protecção do ambiente. Nessa linha, para ocorrer às respectivas exigências, que deviam ser objecto de identificação, as soluções reputadas adequadas iriam passar a merecer incorporação no âmbito das políticas sectoriais[41], que passariam a patentear

---

[37] Em Dezembro de 1995, o CE de Madrid concluiu: "Para tirar partido das possibilidades de criação de emprego geradas pela protecção do ambiente, estas políticas (ambientais) devem – mais do que actualmente – basear-se em instrumentos próprios do mercado, incluindo os de natureza fiscal". E o CE de Florença, de Julho de 1996, solicitou ao Conselho que lhe apresentasse um relatório sobre a evolução dos sistemas fiscais no interior da União, tendo em conta a necessidade de criar um enquadramento fiscal que estimule a iniciativa empresarial e a criação de emprego e de promover uma mais eficiente política ambiental.

[38] Cf., Comunicação da Comissão, Taxas e Impostos Ambientais no Mercado Interno, JOCE nº C 224, de 23 de Julho de 1997.

[39] Cf., António Sachettini, Les bases juridiques de la politique communautaire de l'environnement, in: La Communauté européenne et l'environnement, Travaux du Colloque de Angers, CEDECE, Paris, 1997.

[40] Cf., Nigel Haigh, Direito Comunitário do Ambiente, in: Direito do Ambiente, Comunicações apresentadas no Curso realizado no INA, ob. cit., pp. 175 e ss.

[41] Cf., Art. 130º R, § 2 do Tratado da UE.

uma nítida preocupação ambiental, sem embargo de a política do ambiente gozar de uma posição privilegiada e de referência.

Configurou-se, portanto, uma situação em que, não obstante a omnipresença das considerações de pendor ecológico, que animam naturalmente a política do ambiente, distinguindo-a das políticas sectoriais, tal circunstância não havia de inibir, nem prejudicar, antes pelo contrário, que a protecção do ambiente constituísse uma meta igualmente presente no quadro conceptual e ao nível das medidas de execução das demais políticas comunitárias, convidando à incorporação de uma valência ambiental em cada uma delas.

Deste modo, assumiram-se quer a inter-relação actividades humanas/ mundo biofísico, quer a necessidade de promover o equilíbrio entre actividade humana/desenvolvimento/protecção do ambiente, quer, ainda, a intenção de implementar uma política e uma estratégia de desenvolvimento económico e social contínuo, não lesivas do ambiente, nem dos recursos naturais.

Associada a esta nova visão esteve, igualmente, a consciência de que as questões ambientais não devem ser encaradas numa lógica de espaços geográficos delimitados, até porque os problemas de natureza ambiental são globais, ameaçando seriamente o equilíbrio ecológico do planeta.

Não admira, pois, que o Programa da Comunidade Europeia de Política e Acção em matéria de Ambiente e Desenvolvimento Sustentável haja consagrado uma perspectiva diferente de acção, alicerçada em quatro vectores fundamentais: os agentes e as actividades, que esgotam os recursos naturais e causam danos ao ambiente; a garantia de condições óptimas para o crescimento e o bem-estar económico e social das gerações actuais e futuras; a alteração dos padrões comportamentais da sociedade, à luz de um espírito de responsabilidade partilhada e envolvendo os sectores público e privado; e, a conjugação de uma gama variada de instrumentos para resolução dos problemas identificados.

Desenhou-se uma abordagem inovadora, que interage com as alterações introduzidas em matéria de tutela ambiental de finais da década de oitenta, quando os meios repressivos tradicionais, de pendor administrativo, passaram a coexistir, lado a lado, seja com novos instrumentos, não confrontacionais e de resolução de conflitos, seja com um novo sistema de responsabilidade objectiva[42].

Acresce que, na firme convicção de que não só a Comunidade há-de desempenhar um papel inigualável neste domínio, mas também que o escalão decisório comunitário é o mais eficiente para a análise e resposta dos problemas, o Programa seleccionou alguns sectores-alvo, atendendo aos impactos ambientais

---

[42] Cf., Christian Mouly, Responsabilité objective ou responsabilité pour faute ?, Les Petits Affiches, 1 de Juillet 1992, 1992, nº 79.

actuais ou potenciais, bem como ao seu papel crucial no esforço de alcançar um desenvolvimento sustentável.

No sector da indústria, o lema foi do tipo "trabalhemos em conjunto", com a consciência de que o sector comporta um carácter manifestamente ambivalente, visto que, se por um lado contribui de forma significativa para o problema ambiental, por outro, há-de ser igualmente parte integrante da solução. Desenhou-se, portanto, uma perspectiva que, firmada num diálogo aturado e intenso com a indústria, convocou a auto-regulação e o respeito da sustentabilidade do sector face à própria competitividade internacional.

No outro sector-chave, a energia, cujos progressos em matéria de resposta endógena aos problemas ambientais coexistem com o aumento diário do leque e gravidade das questões ainda por resolver, o desafio não há-de deixar de implicar um esforço de compatibilização entre o crescimento económico e o fornecimento eficiente e seguro de energia, no quadro de um ambiente não poluído.

O Programa de Acção mostrou também um cunho inovador no domínio instrumental, reflectindo a consciência de que a alteração das tendências e práticas, bem como o envolvimento de toda a sociedade na partilha de responsabilidades requerem uma combinação de meios mais vasta e consequente.

Nestes termos, a par das medidas tradicionais de carácter legislativo, previram-se ainda instrumentos horizontais de apoio, mecanismos de suporte financeiro e, em particular, instrumentos baseados no mercado, com o vivo propósito de sensibilizar produtores e consumidores para a necessidade de uma utilização responsável dos recursos naturais, bem como de promoção do equilíbrio ecológico.

Na verdade, a componente económica assume uma importância decisiva na elaboração e consecução das políticas ambientais, visto os constrangimentos orçamentais exigirem uma utilização hábil dos recursos humanos, financeiros e técnicos de modo garantir a afectação à redução dos riscos mais graves para a saúde humana e a estabilidade ecológica. Nesta linha, de assinalar que o Tratado de Maastricht promoveu ainda, de forma inovadora, a criação do Fundo de Coesão, orientado para o financiamento de projectos nos domínios do ambiente e das redes transeuropeias de transportes na Irlanda, Grécia, Espanha, Portugal[43].

Entretanto, o Tratado de Amesterdão realizou a consolidação do quadro jurídico comunitário de protecção do ambiente[44]. Assim, ao acrescentar que o

[43] Cf., Art. 130º D do Tratado da Comunidade Europeia, tal como modificado pelo Tratado da UE; Ludwig Krämer, Tendances Actuelles dans le Droit Européen de l'Environnement, in: L'Actualité du Droit de l'Environnement, Bruxelles, Bruylant, 1995, pp. 140 e ss.

[44] O Tratado de Amesterdão, que modifica o Tratado da UE, os Tratados que instituem as Comunidades Europeias e certos actos conexos, foi assinado a 2 de Outubro e 1997 e aberto à ratificação dos Quinze Estados membros.

desenvolvimento das actividades económicas que a Comunidade tem por missão assegurar há-de ser, além de harmonioso e equilibrado, também durável[45], e dotar os objectivos a prosseguir de uma lógica comum, fez o seu caminho até ao pico, isto é, ao acto institucional supremo da União Europeia[46].

Da maneira mais concreta, os objectivos económicos uniram-se na procura de um nível elevado de protecção e de melhoria da qualidade do ambiente[47], que se tornou numa das facetas nucleares da missão comunitária. Nesta perspectiva, a política do ambiente teve mais uma vez um tratamento privilegiado[48].

De assinalar, por fim, que o procedimento deliberativo de cooperação institucional foi substituído pelo procedimento de co-decisão, que virou regra de deliberação em matéria de ambiente. E para a adopção de medidas sobre estas matérias, à consulta prévia do Comité Económico e Social passou a acrescer a audição do Comité das Regiões, num claro reforço do papel das Regiões no quadro europeu.

No presente, feito este percurso, torna-se curial a conclusão de que a década de noventa do século passado ficou marca, à escala comunitária e, bem assim, no plano internacional, não só por princípios de desenvolvimento sustentável e pela integração das preocupações ambientais nas políticas sectoriais, mas também pela mudança de perspectiva, passando o ambiente a ser encarado como um bem escasso e finito, com áreas prioritárias de intervenção.

Alterações visíveis no Sexto Programa de Acção[49], que configura a opção por uma abordagem estratégica centrada em quatro domínios de primeira grandeza: as alterações climáticas; a natureza e a biodiversidade; o ambiente e a saúde; e a utilização sustentável dos recursos naturais e a gestão dos resíduos.

---

[45] A exigência de durabilidade só tinha sido posta em relação com o crescimento pelo tratado que instituiu a Comunidade Europeia. Por isso, no sentido de "esverdear" mais o Tratado, foi dado um pequeno, mas significativo, passo com a alusão expressa a desenvolvimento sustentável no preâmbulo, um conceito que já constava do articulado. Cf., Sebastien Setter, Maastricht, Amsterdam and Nice: the Environmental Lobby and Greening the Treaties, in: European Environmental Review, vol. 5, 2001

[46] Cf., Patrick Thieffry, Droit Européen de l'Environnement, ob. cit., pp. 15 e ss.; Cláudia Maria Cruz Santos, José Eduardo de Oliveira Figueiredo Dias e Maria Alexandra de Sousa Aragão, Introdução ao Direito do Ambiente, ob. cit., pp. 90 e ss.

[47] Cf., Art. 2º do Tratado que institui a Comunidade Europeia, tal como modificado pelo Tratado de Amesterdão.

[48] Cf., Caroline London, Droit Communautaire de l'Environnement, Revue Trimestrielle de Droit Européen, 1997, pp. 630 e ss.

[49] Cf., Sexto Programa de Acção, JOCE nº L 242, de 10 de Setembro de 2002.

3. O Ambiente e a Fiscalidade
3.1. Introdução

No conjunto, as medidas de carácter ambiental orientam-se no sentido de prevenir danos, limitar a agressão do ambiente e, bem assim, recuperar o equilíbrio ecológico.

Um contexto em que a política do ambiente procura influenciar os comportamentos dos agentes económicos em ordem a promover escolhas sustentáveis, reprimindo, dissuadindo, estimulando ou compensando as formas de actuação. Trata-se de atitudes que, fruto de preferências, condicionantes ou outros critérios de escolha, são passíveis de ser moldadas por via da introdução tanto de mecanismos de persuasão ou consulta, como da manipulação das condições de troca.

Nestes termos, o Estado, no que concerne aos instrumentos de tutela ambiental, ora remete para os indivíduos a tarefa de salvaguarda do equilíbrio ecológico, motivando-os para uma adopção voluntária de actuações não lesivas do ambiente[50], ora intervém ele mesmo, seja de forma directa, assumindo a gestão do ambiente, seja indirecta, criando normas jurídicas e condicionando a actuação dos agentes de modo a corrigir a afectação não equitativa dos recursos escassos e o enriquecimento sem justa causa do parceiro mais forte à custa do mais fraco[51/52].

3.2. Os Instrumentos de Protecção do Ambiente ao Dispor do Estado
3.2.1. Introdução

Entre as grandes categorias de instrumentos de prevenção e tratamento do problema ambiental à disposição do Estado inscreve-se uma larga e diversificada

---

[50] Perspectivam-se os instrumentos de sujeição voluntária, como os acordos ambientais ou os códigos de conduta, que os agentes económicos adoptam, por livre iniciativa, no exercício da sua autonomia privada. Os acordos ambientais entre a administração e a indústria constituem uma forma de incentivar a indústria a assumir, voluntariamente, as suas responsabilidades na protecção ambiental e a envolver-se de forma activa nessa tarefa desde a fase inicial da construção de políticas neste domínio, apresentando propostas e desenhando estratégias assentes em um consenso, conseguindo-se, deste modo, reduzir a burocracia e aumentar a flexibilidade na selecção dos meios de actuação. Neste sentido, Cláudia Alexandra Dias Soares, O Imposto Ecológico – Contributo para o Estudo dos Instrumentos Económicos de Defesa do Ambiente, ob. cit., pp. 120 e ss., em especial, nota de rodapé nº 430.

[51] Cf., Alexandra Sousa Aragão, O Princípio do Poluidor Pagador. Pedra Angular da Política Comunitária do Ambiente, Studia Iuridica, Coimbra, Coimbra Editora, 1997, pp. 41-42.

[52] Sobre os instrumentos de política ambiental, cf., OCDE, Politique de l'Environnement, Comment Appliquer les Instruments Économiques, Paris, 1991.

panóplia de meios[53]: meios directos de conformação de comportamentos[54]; meios de direcção de comportamentos através do planeamento[55]; e meios indirectos de conformação de comportamentos[56].

Enquanto que entre as duas primeiras categorias sobressaem instrumentos mobilizados ao direito administrativo, segmento em que se localizam, no rigor da análise, os meios de protecção ambiental, do último grupo ressaltam, nomeadamente, os subsídios e as subvenções[57], da área do direito financeiro, bem como os impostos e os benefícios fiscais ambientais, do campo do direito tributário.

[53] Cf., Luís Ortega Alvarez (dir.), Lecciones de Derecho del Medio Ambiente, Valladolid, Lex Nova, 2002, pp. 121 e ss.; Fernando dos Reis Condesso, Direito do Ambiente, Coimbra, Almedina, 2001, pp. 532 e ss.

[54] Como refere José Casalta Nabais, Por um Estado Fiscal Suportável. Estudos de Direito Fiscal, ob. cit., p. 334, os meios directos de conformação de comportamentos, situados na área do direito administrativo, configuram, fundamentalmente, quer actos de controlo ou fiscalização preventiva por parte das autoridades públicas, traduzidos em autorizações, licenças e algumas concessões, quer declarações da presença e afirmação de um interesse público a desencadear a aplicação de um regime jurídico específico.

[55] Têm aqui lugar os meios de ordenamento do território que, sem terem como objectivo predominante ordenar estritamente a urbe, visam sobretudo o ordenamento na totalidade das suas valências, atendendo às respectivas implicações para o equilíbrio ambiental. Sobre os planos de ordenamento do teritório, Vasco Pereira da Silva, Verde Cor de Direito, ob. cit., pp. 178 e ss., como formas de actuação da Administração que, em vez de um processo de decisão baseado no esquema "se/então", ou esquema " previsão/consequência", obedecem antes ao esquema "fim/meio", constituindo actuações finalísticas, que permitem à Administração uma ampla liberdade de escolha dos meios necessários para alcançar esses fins. Trata-se de instrumentos de desenvolvimento regional, de natureza estratégica, que contêm grandes opções com relevância para a organização do território.

[56] Cf., Luís Ortega Alvarez (dir.), Lecciones de Derecho del Medio Ambiente ibidem.

[57] Perspectiva-se um instrumento usado na prossecução da política ambiental em vários países da OCDE, OECD, Taxation and the Environment. Complementary Policies, 1993, ainda que de uma forma mitigada. As modalidades mais frequentes consistem na atribuição de verbas a fundo perdido, no estabelecimento de condições de empréstimo mais favoráveis do que as gerais para o financiamento de projectos ambientalmente desejáveis e, bem assim, na fixação de taxas menos elevadas para a amortização deste tipo de investimento. Trata-se de auxílios que, segundo Cláudia Alexandra Dias Soares, O Imposto Ecológico – Contributo para o Estudo dos Instrumentos Económicos de Defesa do Ambiente, ob. cit., pp. 191 e ss., podem ser utilizados para fornecer um estímulo à alteração de comportamentos de carácter mais sustentável ou com o propósito de reduzir o impacto económico negativo provocado pela introdução de medidas de protecção do equilíbrio ecológico. Os primeiros podem ter como objectivo fornecer um estímulo aos sujeitos económicos para que desempenham um papel activo na conservação do equilíbrio ecológico, ou às empresas para que contribuam para a eliminação da poluição, quer mediante a redução das emissões poluentes, quer através da investigação e o desenvolvimento de tecnologias "limpas". Os segundos, com o propósito de incentivar os agentes económicos a reduzir as emissões, são concedidos por cada unidade de emissões que seja abatida. Trata-se de um mecanismo que apresenta vários riscos,

3.2.2. O Direito Fiscal e a Tutela do Ambiente

Focalizando a atenção no direito fiscal do ambiente, hoje constata-se que a utilização dos tributos na preservação ecológica tem um carácter realmente universal e irreversível, sendo um lugar comum falar do apelo ao emprego deste tipo de meios que, ao revelarem-se de especial interesse para o aumento da eficácia da política do ambiente, justificam que componham o seu acervo de instrumentos[58].

O aproveitamento do sistema fiscal para a tutela do ambiente é susceptível de assumir múltiplas formas, que podem agrupar-se, no essencial, em quatro vias: a adopção de tributos ambientais[59]; a introdução de elementos ecológicos na estrutura dos tributos existentes[60]; a criação de benefícios fiscais destinados à promoção do desenvolvimento sustentável[61]; e, no limite, a reestruturação de todo o sistema fiscal orientada por uma missão ecológica[62].

---

de que assinalaremos o proteccionismo encapotado que assim pode ser concedido a alguns agentes económicos. Um perigo que levou a OCDE, Taxation and the Environment. Complementary Policies, 1993, p. p. 25, a introduzir a regra da "subsidiação zero". Sobre a utilização de incentivos e a sua projecção sobre o desenvolvimento tecnológico (eficiência dinâmica), eficiência na administração e implementação, e eficácia ambiental, Rui Ferreira dos Santos e Paula Antunes, Os Instrumentos Económicos da Política do Ambiente, in: Colóquio "Ambiente, Economia e Sociedade", Conselho Económico e Social, Lisboa, Série "Estudos e Documentos", 1999, pp. 155 e ss.

[58] Como ensina Eduardo Paz Ferreira, Ensinar Finanças Públicas numa Faculdade de Direito, ob. cit., p. 268, com a tributação ecológica pretende-se penalizar os agentes que, no exercício da sua actividade e por causa dela, provocam um desgaste especial ou danos ambientais e/ou impedi-los de continuar com essa acção, valorada socialmente de forma negativa.

[59] Cabem aqui quer os impostos, quer as taxas, apresentando-se estas mais propícias à internalização dos custos externos, como prescreve, nomeadamente, o princípio do poluidor-pagador, do que os tributos unilaterais, cf., Maria Alexandra Sousa Aragão, O Princípio do Poluidor-Pagador. Pedra Angular da Política Comunitária do Ambiente, ob. cit., uma vez que à internalização é inerente uma ideia de causa que apenas a figura das taxas está em condições de exprimir mediante a aptidão para imputar, de forma directa e rigorosa, um gravame à responsabilidade pela produção de custos externos susceptíveis de individualização. Neste sentido, ainda, a título ilustrativo, a taxa de renovação das infra-estruturas urbanísticas, Aníbal Almeida, Sobre a natureza jurídica das Taxas pela Realização de Infra-estruturas Urbanísticas, in: Estudos de Direito Tributário, Coimbra, Almedina, 1996, pp. 37 e ss. Por igual, Marta Rebelo, As taxas Orientadoras de Comportamentos: a Ampliação do Art. 19º da Lei das Finanças Locais e o Caso do "Central London Congestion Charging Scheme", Revista Jurídica do Urbanismo e do Ambiente, nºs 21/22, Jun./Dez. 2004, pp. 143 e ss, e a adstrição de finalidades extra-financeiras às taxas e a (re)configuração do princípio da equivalência.

[60] Os agravamentos ecológicos de impostos de que fala Casalta Nabais, O Dever Fundamental de Pagar Impostos, Coimbra, Almedina, 1998, p. 652.

[61] Cf., José Casalta Nabais, Por um Estado Suportável. Estudos de Direito Fiscal, ob. cit., pp. 338 e ss.

[62] É a Reforma Fiscal Verde, que tem merecido um claro acolhimento mundial desde que os Estados Unidos e o Reino Unido puseram em prática processos reformistas com um importante tónus

Importa ainda sublinhar, em termos introdutórios, que a fiscalidade ambiental se projecta, de pleno, no domínio extra-financeiro e que, pela manipulação dos instrumentos tributários, afasta-se do objectivo tradicional de recolha de receitas[63], configurando até uma das manifestações mais impressivas da evolução experimentada pelos tributos na passagem de simples meio de obtenção de receitas públicas para uma forma de realizar a redistribuição de riqueza[64].

No que concerne ao imposto ecológico[65], figura passível de várias acepções, mas em relação à qual não existe uma definição unanimemente sufragada[66], pode dizer-se que, como instrumento de política ambiental, corresponde a todo o gravame aplicado quer a bens que provocam poluição quando são produzidos, consumidos ou eliminados, quer a actividades que geram um impacto ambiental negativo, com o propósito de modificar o preço relativo dos primeiros ou os custos associados às segundas, obtendo receita para financiar programas de protecção ou a recuperação do equilíbrio ecológico.

Desse modo, torna-se evidente que é a finalidade presente na sua criação que justifica a qualificação de ambiental, não o facto gerador[67/68]. Daí que se

ambiental. Cf., A. Gago, Las reformas fiscales del siglo XXI, Cuadernos de Economia, nº 135, pp. 39 e ss.

[63] Cf., Eduardo Paz Ferreira, Ensinar Finanças Públicas numa Faculdade de Direito, ob. cit., p. 269; José Casalta Nabais, Por um Estado Fiscal Suportável. Estudos de Direito Fiscal, ob. cit., pp. 335-336.

[64] Cf., Charles Bricman, La Fiscalité de l'Environement, Ceci n'est pas un Impôt, in: l'Actualité du Droit de l'Environnement, Actes du Colloque des 17 et 18 Novembre 1994, Bruxelles, Bruylant, 1995, pp. 399 e ss.

[65] Foi Pigou, The Economic of Welfare, London, Macmillan & Co., 1929, pp. 194 e ss, quem sugeriu, pela primeira vez, a criação de um imposto por unidade medida de poluição, a fim de corrigir externalidades. Deste modo é na construção deste Autor que reside o embrião da figura dos gravames ecológicos em sentido próprio, entendidos como tributos que o legislador convoca de forma directa para a promoção da mudança comportamental, recorrendo a estímulos financeiros negativos que levam os agentes a abandonarem modelos de comportamento insustentáveis do ponto de vista ambiental.

[66] Cf., OECD, Environmental Taxes and Green Tax Reform, Paris, 1997, p. 29.

[67] Cf., Carbajo Vasco, Instrumentos Económicos para la Proteccion del Medio Ambiente: Tipologia, Fiscalidad y Parafiscalidad, Revista de Derecho Financiero y de Hacienda Pública, vol. 45, nº 238, 1995, pp. 963 e ss.

[68] A definição utilizada pela EUROSTAT, ATW-Research, vol. 2, Luxembourg, 1996, pp. 5-6., é fundada na base de tributação, não na finalidade do gravame. Assim, entende-se por eco-imposto aquele cuja "base tributável é uma unidade física de um determinado elemento que se provou ser especialmente danoso para o ambiente quando usado ou libertado". Idêntica a definição utilizada pela Comissão Europeia, COM. (97) 9 final, de 26 de Março, p. 4. A este propósito, como adverte Cláudia Dias Soares, A Inevitabilidade da Tributação Ambiental in: Estudos de Direito do Ambiente, Actas, Porto Publicações Universidade Católica, 2003, p. 31, está-se a comprometer a classificação da figura como instrumento de defesa do ambiente, devido à semente de potencial

mostre viável atribuir a classificação de tributo ecológico ao imposto cujo facto gerador não expressa de forma directa um acto de degradação ambiental, da mesma forma que se pode negar tal designação ao imposto que, malgrado a incidência sobre realidades geradoras de dano ecológico, tem em vista objectivos a-ambientais[69].

Neste quadro, é pertinente a identificação de duas modalidades de impostos ambientais: os impostos ambientais "em sentido próprio" e os impostos ambientais "em sentido impróprio".

Os primeiros, que visam promover directamente uma alteração de comportamentos[70], mediante a capacidade de emprestarem um incentivo à mudança de atitude num sentido ambientalmente desejável, sem paralisar o avanço tecnológico, nem suprimir um certo grau de liberdade individual, prosseguem, por conseguinte, uma finalidade a todos os títulos extra-fiscal.

Por sua vez, os segundos, que apresentam como objectivo primário a captação de meios para a cobertura de certos custos específicos da política do ambiente ou, mais recentemente, para prossecução de objectivos dessa mesma política ou, até, para criação de uma alternativa global ao modelo tradicional de tributação[71/72], são afinal tão "ambientais" como qualquer outro tributo que desempenhe a função tradicional de obtenção de receitas.

No final, os impostos ambientais "em sentido próprio", que têm como elemento individualizador o estímulo para a adopção de condutas mais sustentáveis, com o propósito de "motivar o poluidor a tomar, por si próprio e ao menor custo, as medidas necessárias para reduzir a poluição"[73], posicionam-se na linha da prevenção do dano ambiental.

Por seu turno, os impostos ambientais "em sentido impróprio" não deixam de partilhar com a generalidade dos impostos a finalidade recaudatória, pelo

ineficácia que uma definição fundada em tal critério deposita no seu seio, por ser perturbada a ideia de prevenção que há-de presidir à abordagem ambiental.

[69] Cf., Cláudia Dias Soares, A Inevitabilidade da Tributação Ambiental in: Estudos de Direito do Ambiente, ob. cit., p. 28.

[70] Cf., Comissão Europeia, La fiscalité dans l'Union Européenne. Rapport sur l'Évolution des Systèmes Fiscaux présenté par la Commission, COM(96) final.

[71] Cf., Cláudia Dias Soares, O Imposto Ambiental. Direito Fiscal do Ambiente, Coimbra, Almedina, Cadernos CEDOUA, 2002, pp. 12 e ss., para quem "o sentido impróprio" advém do facto de serem "tão ambientais" como qualquer outro tributo que torne possível recolher meios para a prossecução do fim em causa. Eduardo Paz Ferreira, Ensinar Finanças Públicas numa Faculdade de Direito, ob. cit., p. 270.

[72] Cf., Fica assim reflectida a dupla natureza que está implícita no direito do ambiente enquanto direito social, Gomes Canotilho e Vital Moreira, Constituição da República Portuguesa Anotada, 1993, p. 348.

[73] Cf., Recomendação nº 757436 (EURATOM/CECA/CEE), JOCE nº L 194, de 25 de Julho.

que, ao terem por objecto situações ou actividades susceptíveis de causar dano ao ambiente, relegam para segundo plano a prevenção, enquanto principal via de tratamento da questão ambiental, em detrimento da recuperação do equilíbrio ecológico.

Ambas as espécies configuram, afinal, instrumentos fundamentais da política ambiental que, se por um lado carece de medidas para agir sobre os comportamentos, prevenindo assim danos futuros, por outro, não há-de poder prescindir do uso de gravames que lhe possibilitem financiar-se de um modo menos distorçor para a economia do que através dos mecanismos tradicionais.

No âmbito dos instrumentos fiscais com finalidade ambiental, além dos impostos, importa igualmente atender às taxas, cuja necessidade e legitimidade de cobrança pela prestação de serviços ambientais ou pela provisão de bens ecológicos é aceite de forma praticamente unânime pela Doutrina[74/75]. A sua utilização, que corresponde á solução por excelência para o problema das externalidades[76], reveste uma atractividade especial pela forma imediata e fácil como torna possível abordar a matéria da protecção do ambiente.

De facto, trata-se de um instrumento utilizado, por norma, a nível local, associado a sistemas de serviço público com o propósito de angariação de receitas, não sendo o seu cálculo, portanto, estritamente relacionado com o dano ambiental. Na verdade, as taxas são perspectivadas, em largas medida, como uma fonte de financiamento de projectos aptos a promover a sustentabilidade ambiental, circunstância que legitima o reconhecimento da prioridade histórica deste instrumento financeiro, entre os vários usados no domínio do ambiente.

Neste campo, convém ainda relevar as precauções a tomar quando as taxas são entendidas como um preço por poluir[77], envolvendo uma espécie de compensação do público pela compressão imposta ao uso comum do ambiente, consideradas as consequências porventura emergentes em termos de justiça ambiental[78]. Porém, este não se afigura um argumento consistente, visto as taxas

---

[74] Por todos, José Casalta Nabais, Por um Estado Fiscal Suportável. Estudos de Direito Fiscal, ob. cit., p. 346.

[75] Posição contrária, Tulio Rosembuj, El Tributo Ambiental, Barcelona, 1964, pp. 22 e ss., para quem a utilização da taxa não corresponde a um instrumento adequado à defesa do ambiente, uma vez que o Estado não é proprietário, antes simples gestor, do bem ambiente.

[76] Neste sentido, Pigou, The Economics of Welfare, ob. cit., p. 194; William Baumol e Wallace E. Oates, Economics, Environmental Policy and the Quality of Life, New Jersey, Prentice-Hall, 1979, pp. 145 e ss.

[77] Trata-se de uma preocupação aventada no terceiro Programa Comunitário de Acção para o Ambiente.

[78] Como destaca Cláudia Alexandra Dias Soares, O Imposto Ecológico – Contributo para o Estudo dos Instrumentos Económicos do Ambiente, ob. cit., pp. 162 e ss., trata-se de um perigo que se

exprimirem de forma correcta o custo que almejam cobrir, levando o poluidor a pagar uma contrapartida justa pelo comportamento, ou serem calculadas de forma incorrecta, havendo, então, que proceder ao seu ajustamento.

No entanto, é pertinente questionar se o objectivo das taxas, enquanto instrumento ao serviço da tutela do ambiente, está circunscrito à cobertura de custos ou permite igualmente a promoção de alterações comportamentais, assumindo por conseguinte uma vocação extra-reditícia.

Perante esta questão, impõe-se reconhecer que a intervenção do Estado pode ser exercida não só através de impostos, mas também de taxas e, por outro lugar, que estas admitem a diferenciação consoante a capacidade contributiva dos sujeitos. Mas aceitando que o Estado pode servir-se deste instrumento para prosseguir finalidades extra-rediticias, então estar-se-á inevitavelmente perante um imposto caso a receita cobrada não tenha qualquer correlação com o custo ou o valor do serviço.

Desse modo, no cálculo das taxas pode-se ir além dos custos produzidos pela prestação pública que lhes dá origem, atribuindo-lhes uma função intervencionista (ordenadora ou orientadora)[79].

Mas, no final, impostos e taxas configuram instrumentos para atingir os objectivos de uma política fiscal ambiental: contribuir para o financiamento da política ambiental; fazer o poluidor-pagador suportar uma parcela das despesas dessa política; e incitar a comportamentos considerados mais favoráveis ao ambiente ou à renúncia a actividades nocivas[80].

Por sua vez, no quadro da profunda evolução que a matéria da fiscalidade ambiental tem experimentado, nos últimos tempos desenhou-se com particular nitidez a ideia da existência de um duplo dividendo associado aos tributos ecológicos[81].

Trata-se de uma posição a que subjaz a crença de que, além de geradores de benefícios ambientais (dividendo ambiental), estes tributos são capazes de remover igualmente outras ineficiências introduzidas na economia pelo sistema fiscal, tornando possível o financiamento público a um custo menor. Daí que se procure acentuar a possibilidades de serem prosseguidos outros objectivos,

verifica com maior intensidade mais no caso da taxa do que do imposto, em resultado do nexo sinalagmático que caracteriza aquele tributo.
[79] Cf., José Casalta Nabais, O Dever Fundamental de Pagar Impostos, ob. cit., pp. 267 e ss.
[80] Neste sentido, Eduardo Paz Ferreira, Ensinar Finanças Públicas numa Faculdade de Direito, ob. cit., p. 270.
[81] A expressão foi usada pela primeira vez por D. Pearce, The Role of Carbon Taxes in Adjusting to Global Warning, The Economic Journal, nº 101, July, 1991, pp. 938 e ss.

como a redução da carga fiscal em outras áreas, tirando vantagens das receitas de origem ecológica[82].

No fundo, com a expressão duplo dividendo pretende-se consagrar a possibilidade de os tributos ecológicos serem geradores de um benefício para a economia mediante a aplicação das receitas obtidas com a respectiva cobrança, na perspectiva da devolução dessa receita à economia ser susceptível de introduzir melhorias na distribuição dos recursos (dividendo distribucional), reduzir o desemprego involuntário (dividendo de emprego), ou aumentar a eficiência económica (dividendo de eficiência)[83].

Todavia, carece ainda de evidência que os impostos ambientais encerram a capacidade de gerar ganhos de eficiência, simultaneamente, nos domínios ambiental e económico[84], operando a promoção do equilíbrio ecológico mediante o funcionamento do imposto e a redução das distorções provocadas pelo sistema fiscal na economia, mediante a compensação da receita dos eco-tributos na diminuição dos impostos que configurem uma situação de um "excess burden"[85].

Daí que a invocação do duplo dividendo, inerente ao uso de gravames de carácter ecológico, conquanto susceptível de facilitar a sua aceitação pública, não deva servir nem para justificar a sua adopção, nem para orientar a sua configuração.

É que, no caso de não se atingir o volume de receita necessário para a verificação do duplo dividendo, facto plausível com os impostos ambientais "em sentido próprio", a sua justificação carece de sentido. E, por outro lado, a preocupação da busca de um duplo dividendo é susceptível de criar perturbações no desenho do tributo no que respeita, designadamente, à fixação da taxa, tornando impeditiva a determinação de níveis aptos a gerarem alterações comportamentais

---

[82] Cf., Goulder, Environment Taxation and the Double Dividend. A Reader's Guide, 50th Congress of the International Tax and Public Finance, nº 2, Harvard University, 1995, pp. 157-184; C. J. Heady et Altri, Study on the Relationship between Environmental/Energy Taxation and Employment Creation, University of Bath, UK, HTPP://Europa.eu.int/comm./environment/enveco/taxation/entaxemp, 2000,

[83] Cf., P. Bohm, Environmental Taxation and the Double Dividend: Fact or Fallacy?, London, Thimothy O'Riordan, Ecotaxation, 1997, pp. 110 e ss.; OECD, Environmentally Related Taxes in OECD Countries. Issues and Strategies, 2001, p. 39.

[84] A teoria económica não é ainda capaz de fornecer uma resposta conclusiva. A análise realizada indica um certo potencial do duplo dividendo; porém, os seus efeitos são ainda modestos como comprova a Norwegian Green Tax Commission, Policies for Better Environment and High Employment, Oslo, htpp:/www1.odin.dep.no/odinarkiv/norsk/dep/fin/1999/eng/006o05-992086/index-dok000-b-n-a.html, 1996,

[85] Cf., P. Bohm, Environmental Taxation and the Double Dividend: Fact or Fallacy ?, London, Thimothy O'Riordan, Ecotaxation, 1997, pp. 110 e ss.

considerado o firme propósito de manter um fluxo de receitas que viabilize a substituição do uso de gravames mais distorçores no financiamento do Estado[86].

Para finalizar, não se dará por concluída esta breve reflexão sobre os instrumentos tributários com vocação ambiental, sem sublinhar que são destituídos de carácter sancionatório. Aliás, a verificar-se, este elemento não iria deixar de desfigurar a própria natureza das figuras[87].

Com efeito, a *ratio* dos tributos ambientais não se compagina com a fundamentação subjacente às medidas de carácter sancionatório. Embora lhes caiba captar receitas emergentes de comportamentos que consubstanciam actos ilícitos, bem como restringir actividades causadoras de degradação ambiental, não lhes compete promover a sua eliminação.

A própria linha inflexível das sanções iria chocar com o intuito estimulador da opção por vias alternativas de comportamento, que é timbre dos impostos ecológicos. Por isso, apesar de em alguns casos poderem redundar na eliminação de actividades nocivas, o seu objectivo não é punitivo, antes de estímulo aos agentes para que desenvolvam soluções que permitam ora a redução da danosidade, ora a sua substituição por respostas mais adequadas.

Daí que se torne imperativo distinguir entre a função do Direito como factor de protecção, incumbência do direito penal, e enquanto factor de promoção, representada pelo direito financeiro[88].

4. A "Reforma Fiscal Verde": Um Novo Instrumento?

No presente, a utilização do sistema fiscal ao serviço da tutela do ambiente conhece grandes desafios. Na verdade, depois dos impostos ambientais "em sentido impróprio", ou de primeira geração, nos anos sessenta e setenta, e dos impostos ambientais "em sentido próprio", ou de segunda geração, nas décadas de oitenta e noventa, na passagem do século o palco tem pertencido à "Reforma Fiscal Verde" (RFV), que passa assim a estar no epicentro da questão ambiental.

---

[86] Cf., A.L. Bovenberg e R.H.Mooij, Environmental Levies and Distortionary Taxation, American Economic Review, nº 70, pp. 1037 e ss.

[87] Na realidade, é insusceptível de classificação como imposto um instrumento com fins predominantemente sancionatórios, ainda que seja propício à obtenção de receitas. Neste sentido, José Casalta Nabais, O Dever Fundamental de Pagar Impostos, ob. cit., p. 246.

[88] Cf., Nuno Sá Gomes, Notas sobre o Problema da Legitimidade e Natureza da Tributação das Actividades e dos Impostos Proibitivos, Sancionatórios e Confiscatórios, Separata de Estudos – Comemorações do XX Aniversário do Centro de Estudos Fiscais, vol. II, Lisboa, 1983, pp. 5 e ss.; Maria Teresa Soler Roch, La Tributación de las Actividades Ilícitas, Revista Española de Derecho Financiero, nº 85, 1995, pp. 9 e ss.

Trata-se de uma via que, acarinhada pela UE[89] e OCDE[90], e concretizada por alguns países, sobretudo, do Norte da Europa, representa um tópico de reflexão sobre a "Reforma Fiscal do século XXI"[91].

Nesta esteira, convoca-se uma das mais importantes linhas evolutivas da tributação ambiental que, firmada fortemente em impostos ecológicos capazes de criar receitas significativas, é passível de conferir aos Governos a possibilidade de, em contrapartida, reduzirem outras figuras tributárias e a própria carga fiscal[92].

De facto, a RFV, animada pelo objectivo de criar um sistema fiscal que fortaleça e maximize os incentivos à distribuição de riqueza, protecção do ambiente e oferta adequada de serviços públicos de qualidade, traduz-se na substituição dos tributos existentes por impostos ambientais. Uma alternativa marcada, porém, pela ameaça de regressividade[93], dado que os tributos ecológicos revestem de forma predominante a natureza de impostos indirectos.

Todavia, reconhece-se que a mudança, em lugar de ditada de forma predominante e decisiva por um conjunto de preocupações genuínas de índole ambiental, tem sido influenciada de sobremaneira pela situação do desemprego e pela crise do *Welfare State*[94], argumentos que acabam por se revelar cruciais, "empurrando" as economias para acolher esta solução.

No entanto, torna-se claro que tal opção, como questão a ponderar em futuras reformas fiscais[95], não deve deixar de acompanhar o espírito de um processo verdadeiramente reformador, em que ao longo do tempo se hão-de introduzir aperfeiçoamentos e adequações no esquema dos impostos, reflectindo um

[89] Cf., Agência Europeia do Ambiente, Relatório, Copenhaga, 1996, p. 6. As instituições europeias têm sido das principais defensoras da reestruturação do sistema fiscal no sentido do deslocamento da tributação das actividades criadoras de valor (value added activities) paras as actividades destruidoras de valor (value depleting activities), como decorre, entre outros, do Programa da Comissão Europeia de Politica e Acção em matéria de Ambiente e Desenvolvimento Sustentável (JOCE nº C 138, de 17 de Maio de 1993; Comissão Europeia, Crescimento Económico e Meio Ambiente, Outubro de 1994.

[90] Cf., OECD, Environmental Taxes Reform and Green Tax Reform, 1997, p. 15

[91] Cf., Alberto Gago Rodriguez e Xavier Labandeira Villot, La Reforma Fiscal Verde, Madrid/ Barcelona/México, Ediciones Mundi-Prensa, 1999, pp. 73 e ss.

[92] Cf., Eduardo Paz Ferreira, Ensinar Finanças Públicas numa Faculdade de Direito, ob. cit., p. 272.

[93] Cf., Como assinala David Gee, Economic Tax Reform in Europe: Opportunities and Obstacles, p. 83, segundo o Euro-barómetro, sondagens realizadas em 1995, evidenciaram que cerca de 73% dos cidadãos europeus entrevistados se mostraram favoráveis à substituição dos impostos sobre o rendimento e a poupança por tributos ecológicos.

[94] Cf., J. Garcia, J. M. Labeaga e A. López, Análisis Microeconómico de los Efectos de Câmbios en el Sistema Impositivo y de Prestaciones Sociales, Moneda y Crédito, nº 204, 1997, pp. 67 e ss.

[95] Cf., Cláudia Dias Soares, A Inevitabilidade da Tributação Ambiental, ob. cit., p. 32.

"esforço consciente no sentido de promover uma remodelação global do sistema concebido como um todo dotado de coerência e ajustado a certos critérios orientadores"[96].

---

[96] Cf., Paulo de Pitta e Cunha, A Reforma Fiscal, Lisboa, Publicações Dom Quixote, 1989, pp. 43 e ss.

A transparência fiscal e a inexistência de sigilo bancário para o fisco

MARY ELBE GOMES QUEIROZ[1]
Professora Universitaria e Presidente do Centro de Estudos Avançados
de Direito Tributário e Finanças Públicas do Brasil – CEAT

Homenagem. 1. Considerações gerais. 2. A privacidade e a intimidade. 3. A transparência fiscal. 4. A exigência de transparência nas regras civis, societárias e contábeis. O IFRS. 5. O sigilo bancário. 6. O sigilo bancário no mundo. 7. O sigilo bancário em Portugal. 8. O sigilo bancário no Brasil. 9. O sigilo bancário na jurisprudência. 10. Os conflitos de interesses. 11. A inexistência de sigilo bancário a ser oposto às autoridades fiscais.

Homenagem

Foi com grande honra que recebemos o convite dos eminentes Professores Eduardo Paz Ferreira e Heleno Taveira Torres, para participar da obra conjunta Brasil-Portugal em homenagem ao estimado e festejado mestre Alberto Xavier.

De há muito admiramos a obra do Professor Alberto Xavier, mesmo antes de conhecê-lo pessoalmente, em 1999, os seus escritos, em especial, sobre legalidade e tipicidade cerrada, já davam suporte às nossas ideias por também con-

[1] Pós-Doutoramento em Direito Tributário – Universidade de Lisboa. Doutora em Direito Tributário (PUC/SP). Mestre em Direito Público (UFPE). Pós-graduação em Direito Tributário: Universidade de Salamanca – Espanha e Universidade Austral – Argentina. Presidente do Centro de Estudos Avançados de Direito Tributário e Finanças Públicas do Brasil – CEAT. Presidente do Instituto Pernambucano de Estudos Tributários – IPET. Membro Titular Imortal da Academia Brasileira de Ciências Econômicas, Políticas e Sociais. Coordenadora do Curso de Pós-graduação do IBET/IPET em Recife/PE. Professora colaboradora do Programa de Doutorado e Mestrado da UFPE. Professora de cursos de pós-graduação: IBET/SP; PUC/Cogeae/SP; UFBA; IDP/DF. Ex-Auditora Fiscal da Receita Federal do Brasil. Ex-membro do Conselho de Contribuintes do Ministério da Fazenda. Advogada sócia de Queiroz Advogados Associados. E-mail: maryelbe@queirozadv.com.br.

siderá-las o melhor norte para uma maior segurança jurídica na relação Fisco e contribuinte.

Apesar de que o tempo transcorrido trouxe consigo os avanços tecnológicos, a globalização, a agilidade da comunicação, que alcançou a velocidade de um piscar de olhos e diante da tendência atual à "flexibilização" da estrita legalidade, tão bem defendida pelo Professor Alberto Xavier, esta base das nossas opiniões continua a mesma. A legalidade ainda é o porto seguro que deve delinear os parâmetros para equilibrar o conflito entre poder e liberdade. É claro que com a complexidade e multiplicidade de fatos, negócios e relações, a lei não pode abarcar e prever tudo, mas isso não torna a legalidade dispensável, a ponto de admitir-se a substituição do legislador pela jurisprudência.

1. Considerações gerais[2]

Na seara tributária os debates são intensos e apaixonados na defesa de posições. O sigilo bancário, porém, parece ser daqueles temas em que há pouca divergência doutrinária, já que a maciça maioria, acompanhada por grande parte da jurisprudência, é unânime em defender que constitui violação aos direitos fundamentais da privacidade, para uns, ou da intimidade, para outros, a "quebra do sigilo bancário" pela Administração Tributária, quando esta acessa os dados dos contribuintes constantes das instituições financeiras. Assim, a nossa opinião coloca-se entre as poucas vozes dissonantes, como a seguir passaremos a expor.

Vivemos em tempos de conexão com o mundo, quando são ultrapassados todos os obstáculos territoriais, econômicos e de comunicação. Há crescente integração e eliminação de barreiras diante da globalização econômica e digital, estamos na "era global da transparência fiscal", em que a opacidade, impulsionada pelo motor da *soft law*, cede lugar à transparência.[3]

Como expõe a Professora Denise Lucena Cavalcante, o conceito de sigilo bancário tem que ser analisado com os contornos da dinâmica do mundo contemporâneo que, por sua vez, é regido sob a velocidade dos instrumentos tecnológicos e pelas leis da transparência, da exposição virtual, da visualização instantânea dos fatos, das conexões e, tudo isto, sem nenhuma interferência do Estado. Esta é a era *do Google, Twitter, YouTube, Facebook, Orkut, LinkedIn*. Enfim, é o século da transparência e isto tem fortes reflexos na área jurídica.[4]

---

[2] Neste trabalho serão utilizadas, com frequencia, as seguintes abreviaturas: CF – Constituição da República Federativa do Brasil, aprovada em 1988 e CTN – Código Tributário Nacional do Brasil, aprovado pela Lei nº 5.172/1966.

[3] FRAGA, Tiago. *Troca de informações*. Coimbra: Almedina. 2011, p. 13.

[4] CAVALCANTE, Denise Lucena. *Sigilo bancário no Brasil. In* Estudos em memória do Professor Doutor J.L. Saldana Sanches. Coimbra: Editora Coimbra. 2011.

Essa globalização, contudo, encontra os seus limites, exatamente nos direitos fundamentais que servem como empecilho e lastreiam as punições ao abuso e ao excesso de exposição. Surge daí um aparente conflito entre os direitos individuais dos cidadãos à privacidade e à intimidade e o dever de informação desse mesmo cidadão, albergado no interesse coletivo ao acesso de dados que permitam à Autoridade Fiscal a aferição da base de cálculo dos tributos, para que cumpra o seu dever-poder de combater a evasão fiscal, em prestígio à igualdade, solidariedade e à capacidade contributiva. Este, portanto, é um campo em que se faz necessária a cuidadosa ponderação de valores, pois existem direitos e deveres envolvidos que têm que ser harmonizados e que requerem a observância da razoabilidade e proporcionalidade no exame dos interesses em aparente tensão.

Como leciona o ilustre Professor Paz Ferreira, "A geração presente tem um dever de cooperação para com as gerações futuras que corresponde à extensão temporal dos pressupostos de uma sociedade cooperativa, em que a colaboração corresponde a uma regra de funcionamento de harmonia com a qual a ninguém é lícito obter satisfação dos seus interesses à custa dos sacrifícios de outros membros da comunidade."[5]

Sobre a interpretação dos princípios, são importantes as palavras do Professor Heleno Torres, quando ele ensina que "Como sabido, os princípios concorrem para a decisão criadora de regras (no caso das fontes) ou para a decisão de observância das regras (função de orientação das condutas). Daí a importância de construção do *conteúdo essencial* dos princípios, ao que se exige a observância dos condicionantes de aplicação dos respectivos valores jurídicos. Portanto, a segurança jurídica dos princípios aperfeiçoa-se por uma adequada determinação do conteúdo essencial dos princípios, como norma que tem por finalidade realizar valores (i), seguida da efetividade dos meios de concretização (ii)."[6]

Neste século há um aumento na prática dos crimes transnacionais, tanto os que ocorrem em mais de um Estado como aqueles que produzem efeito em mais de um Estado, ou cujo produto é levado para vários Estados fora daquele em que é cometido, como: terrorismo, tráfico internacional de entorpecentes, cartéis de drogas, crimes cibernéticos e crimes financeiros ou que envolvem ativos financeiros, lavagem de ativos, evasão fiscal e de divisas, corrupção, entre outros. No caso da evasão fiscal, o crescimento também se dá por meio de empresas ilegais

---

[5] PAZ FERREIRA, Eduardo. *Da Dívida Pública e das garantias dos credores do Estado*. Coimbra: Almedina. 1995, p. 453.

[6] TORRES. Heleno. *O princípio da não discriminação tributária no STF*. Disponível em: http://www.conjur.com.br/2012-fev-01/consultor-tributario-principio-nao-discriminacao-tributaria-stf. Acesso em 02.02.2012.

ou procedimentos abusivos na utilização de países de tributação favorecida e paraísos fiscais. Tudo agravado com o 11 de setembro de 2001 (queda das torres gêmeas nos E.U.A). Acrescente-se a isto, a necessidade de maior arrecadação dos Estados para fazer frente aos seus gastos.

Todos esses fatores têm levado a uma mudança de paradigmas na forma como é visualizada a tributação e os princípios a ela circunscritos, inclusive no tocante à evolução da antiga opacidade e proteção inexpugnável da intimidade para uma maior transparência fiscal. Concordando ou não, não se pode deixar de admitir que a ideia de Estado liberal, em que se privilegiava a individualidade, está cedendo lugar ao Estado social, em que prevalecem os interesses coletivos. É sob essa ótica que os direitos fundamentais passaram a ser visualizados.

Neste ponto, já antecipamos a nossa posição de que não existe "quebra" de sigilo bancário para as autoridades fiscais visto que, para estas, não existe segredo sobre os dados relativos ao volume de recursos constantes nas instituições financeiras. É que o volume dos recursos que lá se encontram já deve estar informado em declarações apresentadas para a Administração Tributária, no caso do Brasil, para a Receita Federal do Brasil.[7] No que se refere às pessoas jurídicas, especialmente, todas as informações, de forma discriminada, inclusive relativamente a entradas e saídas, com a identificação da origem e destinatários, têm que ser registradas nos livros contábeis e fiscais da empresa, que podem ser vistoriados a qualquer momento pelas autoridades fiscais de acordo com a lei (arts. 37, XVIII, 174 e 145, §1º da CF e arts. 194 a 200 do CTN). Também, com as declarações e informações entregues via digital, com a emissão da nota fiscal eletrônica (NF-e) e a escrituração enviada eletronicamente (ECD, SPED – Contábil, SPED – Fiscal, F-Cont) o Fisco tem conhecimento, *full time*, de todas as operações da empresa.

Isto quer dizer que o Fisco já deve ter prévio conhecimento de todas as informações e dados que se encontram depositados pelas empresas junto às instituições financeiras. Não se trata, assim, de aviltar, amesquinhar ou "relativizar" os sagrados direitos fundamentais, tão caramente conquistados, mas sim conhecer

---

[7] Disponível em: www.receita.fazenda.gov.br: as pessoas físicas têm a obrigação legal de entregar anualmente a Receita Federal do Brasil a DIRPF – Declarações de Ajuste Anual do Imposto de Renda das Pessoas Físicas. Já as pessoas jurídicas são obrigadas a apresentar mais ou menos 36 declarações, entre as quais a: DIPJ – Declaração de Informações Econômico-Fiscais da Pessoa Jurídica; DIRPJ – Declaração de Imposto de Renda das Pessoas Jurídicas; DCTF – Declaração de Débitos e Créditos Tributários Federais; DIMOF – Declaração de Informações sobre Movimentação Financeira; DOI – Declaração sobre Operações Imobiliárias; DECEF – Declaração de Exercício em Cargo, Emprego ou Função Pública Federal; DECRED – Declaração de Operações com Cartões de Crédito; Dmed – Declaração de Serviços Médicos e de Saúde; e-DMOV – Declaração Eletrônica de Movimentação Física Internacional de Valores. Acesso em 30.01.2011.

o real alcance de tais princípios. Com certeza, não pode ser considerada invasão de privacidade ou intimidade o Fisco requisitar dados que já tem ou que deveriam ter sido fornecidos pelo próprio contribuinte, em cumprimento do dever de prestar declarações (obrigação acessória ou dever instrumental – art. 113, § 2º, do CTN).

A primeira vez em que abordamos a questão do sigilo bancário, no ano de 1999,[8] defendemos que não há sigilo bancário para a Autoridade Administrativo-tributária. Eram então, e continuam sendo, poucas as pessoas que defendem essa ideia. Passaram-se anos, durante os quais evoluímos nas investigações acadêmicas,[9] e em que, além da riqueza das experiências de vida, avançamos um pouco mais rumo a outras vivências profissionais. Em 1999 éramos integrantes da valorosa carreira de Auditor-Fiscal da Receita Federal e o Egrégio Conselho de Contribuintes do Ministério da Fazenda (hoje CARF) e, desde o ano de 2007, exercemos a advocacia privada.

Independentemente da atividade profissional exercida, ou do "lado" em que estejamos, mesmo com a multiplicidade de experiências, a nossa posição com relação ao sigilo bancário (sem resquícios fiscalistas), não mudou: continuamos pensando como antes que realmente não existe sigilo bancário a ser oposto ao Fisco.

Apesar de ser uma questão velha e polêmica que suscita debates apaixonados, ela é bastante atual neste ano de 2012. "Muita água já correu sob a ponte", mas o tema desperta interesse, especialmente porque ainda se encontram pendentes de apreciação pelo Supremo Tribunal Federal do Brasil quatro Ações Declaratórias de Inconstitucionalidade – ADI's. Nessas ADI's, está sendo questionada a constitucionalidade da Lei Complementar nº 105/2001, que regulamentou o acesso das autoridades fiscais aos dados bancários dos contribuintes, são elas as ADI's nº 2.386; nº 2.390; nº 2.397 e nº 4.010.

Parece existir, todavia, certa razão à grande maioria que defende o sigilo bancário e a necessidade de solicitação de autorização judicial para o respectivo acesso pelo Fisco, sob o argumento da possibilidade de violação da intimidade e abuso de poder pelas autoridades fiscais. A razão, contudo, é só aparente, pois os casos citados de vazamentos de informações são tão poucos que não justificam a acirrada guerra. E mais, os escândalos da divulgação de dados por alguns maus

---

[8] QUEIROZ. Mary Elbe. *A inexistência de sigilo bancário frente ao poder-dever de investigação das autoridades fiscais. In* Tributação em Revista, Nº 29 – Julho/Setembro, 1999. Revista de Direito Tributário, IDEPE/IBET, São Paulo: Malheiros, n.76, p.147-158,1999.

[9] No ano de 2001, conclui o Mestrado em Direito Público na Universidade Federal de Pernmbuco e o Doutorado na Pontifícia Universidade Católica de São Paulo. Atualmente em fase de conclusão de pesquisa de pós-doutoramento na Universidade de Lisboa-Portugal.

elementos, devem ser rigorosamente punidos, porém não podem ser obstáculo à razão maior para se adotar o entendimento contrário.

O que se precisa é discutir a forma e os procedimentos por meio dos quais as autoridades administrativas poderão ter acesso a tais dados, bem assim fixar e aplicar sanções severas para aqueles que descumprirem as regras quanto ao sigilo profissional. Com relação a este ponto sim, adentra-se a seara dos direitos fundamentais da privacidade e intimidade, pois, as fases procedimental e processual deverão obedecer ao devido processo legal, ao contraditório e à ampla defesa. E muito mais, todas as informações e dados obtidos deverão estar cercados da garantia da manutenção do segredo funcional, privacidade e intimidade, que possa dar segurança ao cidadão e acarretar a responsabilização do Estado por danos, nos termos do artigo 37 da CF, no caso de violação do sigilo fiscal por meio da divulgação de dados cobertos pelo segredo bancário. Ônus, bônus e responsabilidade da Administração por atos dos seus agentes.

Como pensa o mestre Alberto Xavier, a reserva absoluta de lei significa que a Constituição exige que a lei contenha tanto o fundamento da conduta da Administração como o critério de decisão e aplicação do direito ao caso concreto.[10]

Já Eusebio González e Ernesto Lejeune mostram que *"lo que generalmente se discute no es la procedencia o improcedencia del requerimiento de información, sino la forma de llevarlo a cabo."* Segundo eles, é preciso que a lei crie previamente procedimentos no sentido de colocar limites para que a autoridade administrativa possa obter as informações bancárias dos contribuintes[11].

No cerne da questão, contudo, encontra-se o debate acerca dos interesses públicos frente aos interesses privados e qual deles deverá prevalecer. A questão nuclear é que a jurisprudência judicial e grande parte da doutrina brasileira passaram a entender, depois da Constituição de 1988, que para que se "quebre" o sigilo bancário a Administração Fazendária precisa de prévia autorização e instauração de processo judicial, em que sejam demonstrados antecipadamente a irregularidade e o indício da existência de infração ou de crime tributário, já devendo ser apresentadas provas da respectiva ocorrência. Isto nem sempre é possível.

Para Tipke e Lang, "a legalidade não pode impedir a realização da legalidade, tanto que a tutela da personalidade não proíbe a verificação de características

---

[10] Xavier. Alberto. *Tipicidade da tributação, simulação e norma antielisiva*. São Paulo: Dialética. 2001. P. 17

[11] González, Eusebio e, Lejeune, Ernesto. *Derecho tributario I*. 2. ed., Salamanca: Plaza Universitaria Ediciones, 2000, p. 222-223.

típicas 'privadas' mas sim determina mais a maneira da verificação em combinação com a proibição de excesso."[12]

A necessidade de as autoridades fiscais conhecerem antecipadamente as movimentações financeiras e bancárias decorre do fato de que a prova ou os indícios da prática de ilícitos só aparecem, muita vez, exatamente após o confronto entre as declarações apresentadas para o Fisco ou, na ausência delas, e as informações registradas nas instituições financeiras. Somente são reveladas diferenças representativas que sejam passíveis de se enquadrarem como indícios de supostas omissões de valores, sinais exteriores de riqueza, variação patrimonial em montante incompatível com os recursos informados pelo contribuinte etc. quando conhecidas as movimentações bancárias. Então, só assim, poderão ser considerados esses valores como supostas infrações, cuja acusação, ainda ficará sob a reserva do direito do contribuinte de apresentar prova em contrário. Ou seja, sempre deverá ser admitido que o contribuinte possa provar, mesmo diante de uma divergência, que os respectivos valores não foram subtraídos da tributação, havendo, no máximo, um mero descumprimento do dever de informação, mas não sonegação.

Na maioria das vezes os valores constantes em informações bancárias somente poderão configurar indícios que levarão à apuração de ilícitos tributários, se eles forem previamente conhecidos, já no curso do procedimento investigatório de fiscalização. É que, só através do respectivo e indispensável exame, poderão ser revelados os fatos e construídas as provas irrefutáveis e imprescindíveis à comprovação da ocorrência de fatos geradores de tributos, da existência de infração e/ou de comportamentos violadores de lei, cujo dever de provar é imputado à autoridade fiscal.

Na prática, a exigência de prévia autorização judicial para que a autoridade fiscal acesse os dados bancários poderá representar um embaraço desnecessário às fiscalizações e retardamento na apuração da ocorrência de fatos jurídicos tributários e da prática de infrações à lei, com reflexos diretos sobre o dever de o Fisco constituir o crédito tributário, haja vista a limitação temporal do prazo decadencial.

2. A privacidade e a intimidade

Em todos os Estados Democráticos de Direito são consagrados e protegidos os direitos fundamentais à privacidade e à intimidade. Já em Roma era considerado crime a abertura de cartas endereçadas à outra pessoa. Identifica-se como sendo a origem da construção da definição legal do direito à privacidade o trabalho publi-

---

[12] Tipke, Klaus e Lang, Joachim. *Direito tributário (Steuerrecht)*. Trad. Furquim, Luiz Dória. Porto Alegre: Sergio Antonio Fabris. 2008, pp. 263-264.

cado em 1890 por Brandies-Warren – *The Right to Privacy and the Birth of the Right to Privacy*, (Louis Brandeis – futuro juiz da Suprema Corte e Samuel Warren – advogado), no qual eles defenderam o reconhecimento de tal direito e a necessidade de considerar delito e impor responsabilidade às respectivas intrusões.

A Declaração Universal dos Direitos Humanos (1948), no seu artigo XII, também, prevê a garantia de que: ninguém será sujeito a interferências na sua vida privada, na sua família, no seu lar ou na sua correspondência, nem a ataques à sua honra e reputação, declarando, ainda, que toda pessoa tem direito à proteção da lei contra tais interferências ou ataques. Semelhantes direitos estão previstos no Pacto Internacional sobre Direitos Civis e Políticos de 1966 e no Pacto de San José da Costa Rica de 1969 (o Brasil aderiu a ambos em 1992).

No Direito Tributário alemão há uma tutela genérica da personalidade e a jurisprudência alemã garante ao cidadão uma "esfera inviolável de privada configuração de vida". Segundo Tipke e Lang, entretanto, não se encontram nessa "esfera privada", as características típicas do Direito Tributário, que incluem as situações de fato da configuração privada, que precisam ser revisadas pela a Administração Tributária. É que, para eles, "a investigação das situações de fato tributariamente relevantes realiza-se necessariamente na esfera privada constitucionalmente tutelada."[13]

A "Constituição Política do Império do Brazil", de 25 de março de 1824, no seu artigo 179, incisos de I a XXXV, já continha os direitos à liberdade, à segurança individual e à propriedade (hoje ampliados no artigo 5º da atual CF), traduzidos, entre outros, pelos direitos: à inviolabilidade dos direitos civis e políticos dos cidadãos brasileiros, à inviolabilidade da casa, ao segredo das cartas.

A atual Constituição brasileira, art. 5º, inciso X, garante como invioláveis a intimidade, a vida privada, a honra e a imagem das pessoas e, no inciso XII, igualmente, ela considera como invioláveis o sigilo da correspondência e das comunicações telegráficas, de dados e telefônicas. Sendo que, no caso das comunicações telefônicas admite que ordem judicial autorize o respectivo acesso para fins de investigação criminal ou instrução processual penal. A Constituição brasileira, assim, distingue a intimidade e a vida privada.

Já a Constituição da República Portuguesa, no seu artigo 26, elege que a lei estabelecerá garantias contra a obtenção ou utilização abusiva, ou contrária à dignidade humana, de informações relativas às pessoas e à família. Também, no seu artigo 34, coloca como invioláveis o sigilo da correspondência e dos outros meios de comunicação privada e, no artigo 35, estabelece que a lei definirá o conceito de dados pessoais para fins da utilização de dados informatizados.

---

[13] TIPKE, Klaus e LANG, Joachim. *Direito tributário (Steuerrecht)*. Trad. FURQUIM, Luiz Dória. Porto Alegre: Sergio Antonio Fabris. 2008, pp. 263-264.

A doutrina faz distinção entre os direitos do homem, que são válidos para todos os povos, em todos os tempos, por serem inerentes à condição humana e que são anteriores e estão acima de qualquer ordem jurídica, visto que são invioláveis, intertemporais e universais e, os direitos fundamentais, que são os direitos do homem jurídico-institucionalmente garantidos e limitados espacio-temporalmente, vigentes em determinada ondem jurídica. Para Canotilho, o direito à privacidade é um direito fundamental que abarca os direitos de personalidade como o direito à privacidade.[14] A privacidade, portanto, é um gênero do qual a intimidade é espécie.

O vocábulo privacidade diz respeito à vida privada, particular, íntima do indivíduo. Intimidade significa aquilo que é extremamente pessoal e diz respeito aos atos sentimentos ou pensamentos mais íntimos de alguém. Já a palavra íntimo significa o que existe no âmago de uma pessoa, o que se passa no recôndito da mente e do espírito de alguém.[15] Daí inferir-se que a privacidade e a intimidade estão circunscritas a aspectos intrasubjetivos das pessoas, tudo aquilo que é particular e se encontra no seu interior, no âmago dos seus pensamentos, ou se refere a algo cujo conhecimento terceiros somente poderão ter acesso quando por elas próprias lhes for transmitido.

Por conseguinte, não podem ser alcançados por tais conceitos dados econômico-patrimoniais a respeito dos quais o sujeito esteja legalmente obrigado a informar às autoridades fiscais, como um dever decorrente de outros princípios igualmente relevantes, como a igualdade, a solidariedade e a capacidade contributiva.

Não se trata aqui de admitir a "flexibilização" ou permitir relativizar direitos fundamentais tão valorosos e que foram juridicizados nas Cartas Magnas dos Estados democráticos. Esses pilares são inafastáveis. Deve-se buscar, porém, entender a profundidade do seu alcance e só considerar que estão abarcados e sob a vedação da inviolabilidade, os dados e informações que caracterizem a verdadeira intimidade e privacidade da pessoa, seja ela pessoa física ou jurídica. Dizendo de outro modo, informações acerca de dados patrimoniais e econômicos que já tenham sido objeto de declarações ou publicações, inclusive em jornais de grande circulação para outros fins e em momentos anteriores e que necessitam, apenas de confirmação pelo Fisco, com vista a cumprir o seu dever de provar e se desincumbir do ônus probatório que lhe é legalmente imposto, não pode ser considerado como invasão de privacidade ou violação de intimidade.

---

[14] Cf. CANOTILHO, J. J. Gomes. *Direito Constitucional*. Coimbra: Almedina. 2003. 7ª ed, p. 393.
[15] *Dicionário Houaiss da língua portuguesa*. Rio de Janeiro: Objetiva. 2001, p. 1.638.

3. A transparência fiscal

Etimologicamente transparência significa claridade, cristalinidade, evidência, nitidez, transparente. Transparente quer dizer, que deixa ver nitidamente o que há por trás.[16]

Ricardo Lobo Torres ensina que "A transparência fiscal é um princípio constitucional implícito. Sinaliza no sentido de que a atividade financeira deve se desenvolver segundo os ditames da clareza, abertura e simplicidade. (...) O dever de transparência incumbe ao Estado, subsidiariamente, e à Sociedade. A sociedade deve agir de tal forma transparente que no seu relacionamento com o Estado desapareça a opacidade dos segredos e da conduta abusiva." De acordo com o eminente professor, a transparência fiscal é proporcionada também pelas normas anti-sigilo bancário e a solidariedade social e a solidariedade do grupo passam a fundamentar as exações necessárias ao financiamento das garantias da segurança social.[17]

Com a evolução do Estado liberal, em que a individualidade tinha primazia, para o atual estágio do Estado social, em que a solidariedade ganha espaço, passou-se a exigir dos cidadãos e das empresas uma maior responsabilidade social. Aos poucos as legislações estão sendo elaboradas com uma demanda de maior comprometimento de todos em prol do interesse coletivo. Especialmente no caso das corporações, várias regras de outras áreas, como as contábeis, as leis civis e societárias, passaram a cobrar integral transparência das empresas no sentido de que elas têm a obrigação de publicar balanços, demonstrações financeiras, notas explicativas etc. e com isto cumprirem o seu dever de responsabilidade perante seus acionistas (proteção dos minoritários), credores, fornecedores, funcionários investidores, empregados, clientes, instituições financeiras ou governamentais, agências de notação e público em geral.

Como aponta o mestre Paz Ferreira, a afirmação dos direitos dos cidadãos contribuiu muito para o surgimento de "sociedades mais justas, mas o crescente processo de mundialização da economia veio a tornar impossível restringir preocupações com a justiça social ao espaço das fronteiras nacionais." Na sua percepção do mundo, ele entende que, "a minha percepção do mundo passa por aquilo que creio ser uma boa sociedade, assente na cidadania e na solidariedade e pelo entendimento de que a história da humanidade tem de ter tradução numa tentativa de encontrar soluções que viabilizem um crescente bem-estar das populações." Paz Ferreira, ainda, mostra que "a concretização do desenvolvi-

---

[16] *Dicionário Houaiss da língua portuguesa.* Rio de Janeiro: Objetiva. 2001, p. 2.752.

[17] TORRES, Ricardo Lobo. *O princípio da transparência no direito brasileiro.* In Revista Virtual da AGU, n. 15, out./2001, p. 1-29. Disponível em: http://www.agu.gov.br/sistemas/site/TemplateTexto.aspx?idConteudo=104847&id_site=1115&ordenacao=1. Acesso em 04.02.2012.

mento exige, então, liberdades políticas, facilidades económicas, oportunidades sociais, garantias de transparência e de segurança."[18]

É necessário haver cooperação internacional entres os países por meio de pactos relativos à troca de informações, como bem leciona o mestre Alberto Xavier. Segundo ele, tal necessidade decorre do fato de que o Direito Tributário não admite a prática de atos de autoridades como investigações, exames e auditorias, por autoridades públicas de um país no território de outro. Tais informações, não podem dar-se de forma arbitrária, pois sofrem limites: i) relativos aos tributos objeto da convenção; ii) em razão da competência, pois os Estados não podem ser obrigados a adotar medidas administrativas contrárias à sua prática administrativa; e iii) em razão da matéria, estão a salvo as informações que possam revelar segredos comerciais, industriais, profissionais ou informações contrárias à ordem pública.[19]

Para que seja efetivado o desmantelamento, para um maior combate à concorrência fiscal prejudicial, segundo Heleno Tôrres, de acordo com os princípios da transparência e abertura, o Código de Conduta da União Europeia, estabeleceu a obrigação para os Estados-membros prestarem informações uns aos outros.[20]

Hoje são impostos deveres a serem incorporados à realidade empresarial como a consciência responsável (*accountability*), que inclui o devido cumprimento das obrigações tributárias (*compliance* tributaria). Exige-se a transparência e a publicidade de dados no sentido de que haja boa governança corporativa (*corporative governance*) e para que a otimização do resultado da corporação se dê de maneira eficaz e ética. A governança corporativa é gênero do qual a governança fiscal ou governança tributária (*tax governance*) é espécie, colocando-se como forma de colaborar com a otimização do resultado econômico, por meio da melhor gestão das obrigações tributárias da empresa.

Importa lembrar que a crise econômico-financeira mundial atual, tem exigido uma boa governaça das corporações, o que passa necessariamente pela boa governança tributária, visto que as empresas precisam reduzir custos e os Estados aumentarem as suas receitas. De acordo com o Relatorio sobre a Promoção da Boa Governança em Questões Fiscais de 2009, aprovado pela Comissão de Assuntos Econômicos e Monetários da CE, a transparência e o intercâmbio de

[18] PAZ FERREIRA, Eduardo. *Valores e interesses – Desenvolvimento econômico e política comunitária de cooperação.* Coimbra: Almedina. 2004, p. 14.
[19] XAVIER, Alberto. *Direito Tributário internacional.* Colaboração de PALMA, Clotilde Celorico e XAVIER, Leonor. Coimbra: Almedina. 2ª edição. 2009, pp.764-765 e 773.
[20] TÔRRES, Heleno. *Direito Tributário internacional – Planejamento tributário e operações transacionais.* São Paulo: Revista dos Tribunais. 2001, p. 145.

informações são imprescindíveis para que exista uma leal concorrência global e uma carga tributária equitativa para todos os contribuintes honestos. De acordo com a Exposição de Motivos da proposta de Resolução da CE – 2010 – a necessidade de maior transparência tem por objetivo criar uma estratégia coordenada contra a fraude fiscal.[21]

Para Heleno Tôrres, o desenvolvimento da atividade internacional e a diversidade e o aumento da complexidade das legislações fiscais dos países fizeram aumentar a evasão e a elusão fiscal, o que os forçou a procurar assistência recíproca por meio da troca de informações. As trocas de informações, segundo ele, são mecanismos que servem para facilitar o controle e gerenciamento das atividades dos contribuintes a fim de que se possam conhecer os dados relativos à contabilidade dos grandes grupos e de operações transnacionais, bem assim de valores subtraídos à Administração Tributária procurando se beneficiar de atividades transnacionais ilícitas, evasivas ou elisivas.[22]

Nos seus escritos, a Professora Clotilde Palma, expõe que é inegável a necessidade de uma maior aproximação de políticas fiscais e a eliminação das distorções ligadas à fiscalidade. Com esse objetivo, segundo ela, foi desenvolvido um pacote fiscal destinado ao combate à concorrência fiscal prejudicial, do qual faz parte um Código de Conduta para a tributação das empresas. Sendo este considerado como um compromisso político, espécie de *"gentlemen's agreement"*, não sujeito ao Tribunal de Justiça da Comunidade Europeia. Nesse Código, está previsto um processo de comunicação de informações entre os Estados-membros, mediante o qual qualquer Estado-membro pode ser convidado a prestar informações a outro. Embora expondo ideias idênticas, no trabalho publicado em 2005, a festejada professora colocou que "os tempos áureos do Grupo do Código de Conduta já parecem ter passado", pois, segundo ela, "dos últimos tex-

---

[21] Conforme o Relatório: "Os Estados-Membros da UE (na UE e através de acordos internacionais bilaterais), assim como organizações internacionais como a OCDE sublinham que a transparência e o intercâmbio de informações em matéria fiscal são a base de uma leal concorrência na economia global e de uma carga fiscal equitativa sobre os contribuintes honestos. Reconhecem também que a governação fiscal é uma condição prévia importante para preservar a integridade dos mercados financeiros. Segundo uma estimativa da OCDE realizada no final de 2008, os vários paraísos fiscais ao nível mundial atraíram entre 5 e 7 biliões de dólares (USD) de activos, embora o grau de sigilo relativo a estas contas torne difícil determinar com exactidão os montantes localizados em cada uma destas jurisdições. Embora não existam números incontestáveis sobre o montante da fraude fiscal na UE, na literatura económica as estimativas apontam para um montante entre 2 e 2,5% do PIB da UE, ou seja, entre 200 e 250 mil milhões de euros. Disponível em: http://www.europarl. europa.eu/sides/getDoc.do?language=PT&reference=A7-0007/2010#title2. Acesso em 02.02.2012.
[22] TÔRRES, Heleno. *Pluritributação internacional sobre as rendas de empresas*. São Paulo: Revista dos Tribunais. 2001, p. 669-692.

tos da Comissão, parece ressaltar a ideia de que os trabalhos sobre o Código de Conduta da Fiscalidade das Empresas quase que esgotaram o seu objetivo."[23]

A transparência fiscal hoje está presente também no discurso das entidades supranacionais e das organizações locais, colocando-se como meio para que se ultrapassem as contradições da globalização.

Na Comunidade Europeia, a Directiva 77/799/CEE é o instrumento que prevê a assistência mútua das autoridades dos Estados-membros para troca de informações *(exchange of information)*, especialmente sobre fatos relativos aos impostos diretos, posteriormente abrangendo o imposto sobre valor acrescentado e os de consumo (Directiva 79/1070/CEE). Tal normativa teve a finalidade principal de regular o combate à prática da fraude e da evasão internacional, especialmente a transferência fictícia de lucros entre empresas dos diferentes Estados-membros.

Os padrões de transparência e troca de informações que têm sido desenvolvidos pela OCDE estão contidos, especialmente, no artigo 26.º do Modelo de Convenção Fiscal da OCDE e no Acordo de Modelo 2002 sobre a Troca de Informações em Matéria Fiscal.

O artigo 26 da Convenção Modelo OCDE *(The OECD model tax convention)* prevê a troca de informações e estabelece um intercâmbio de informações entre os Estados contratantes, desde que essas informações sejam conexas aos impostos previstos na convenção. Essa troca de informações visa facilitar as atividades fiscais e torná-las mais eficientes e justas, estando, porém, limitadas em relação à matéria, pois não poderão ser fornecidos segredos comerciais, industriais ou contrários à ordem pública, bem assim há limites em razão da competência. É que os Estados não estão obrigados a tomar medidas contrárias à sua prática administrativa.

Ainda, de acordo com o parágrafo 1º do citado art. 26, é assegurado o sigilo (dever de segredo) e a confidencialidade das informações, sob a proteção da informação em matéria fiscal *(protection of confidential information in tax matters)*. Com isto todas as informações trocadas são consideradas secretas e só poderão ser comunicadas às pessoas ou autoridades (judiciais ou administrativas) encarregadas do lançamento, arrecadação, aplicação, execução e julgamento dos impostos previstos na convenção.

---

[23] PALMA. Clotilde. *O combate à concorrência fiscal prejudicial – algumas reflexões sobre o Código de Conduta Comunitário da fiscalidade das empresas. In* Fiscália nº 21, Setembro de 1999. *O controlo da concorrência fiscal na União Europeia*, Revista (brasileira) Fórum de Direito Tributário/RFDT nº 15, Maio-Junho 2005.

No recente Fórum Global de Transparência e Troca de Informação,[24] ocorrido nas Bermudas em 2011, foi constatado grande progresso na implementação dos países relativamente aos padrões de transparência e troca de informações para fins fiscais.

Com relação à troca de informações, no âmbito internacional, especificamente, sobre o combate à corrupção, estão em vigor, no Brasil, as Convenções da: OCDE, OEA, ONU e de Palermo. Entre os tratados internacionais de cooperação, o Brasil tem vários pedidos de cooperação internacional por meio de MLAT – Tratado Legal de Assistência Mútua. Os pedidos de assistência legal ou auxílio direto tramitam, via de regra, por meio de autoridades centrais.[25] A Receita Federal do Brasil aprovou a Instrução Normativa RFB nº 1.226, de 23.12.2011, com a finalidade de disciplinar o fornecimento de informações sobre a situação fiscal de pessoa física ou jurídica, residente ou domiciliada no Brasil ou no exterior, de interesse do Brasil ou da administração tributária de país com o qual o Brasil tenha firmado acordo para evitar a dupla tributação e prevenir a evasão fiscal em matéria de impostos sobre a renda, ou da própria pessoa física ou jurídica.

Na troca de informações entre países, a fim de prestigiar a garantia da inviolabilidade da intimidade e privacidade, a as administrações tributárias deverão cientificar previamente ao seu contribuinte sobre a realização da busca de informações, mas não do propósito dos dados solicitados. No Brasil, o contribuinte poderá recorrer administrativamente desta notificação ou impetrar Mandado de Segurança, se considerar o ato abusivo, ou *Habeas Data* (art. 5º, LXXII, a, da CF).

---

[24] O Fórum Global sobre Transparência e Troca de Informações para efeitos fiscais é o quadro multilateral em que o trabalho da área de transparência fiscal e de troca de informações. O Fórum vem apresentando um grande crescimento, pois, no ano de 2010, contava com mais de 90 jurisdições que participam nos trabalhos do Fórum Mundial sobre a igualdade de condições. No Fórum Global de 2011, realizado em Bermudas participaram 227 delegados enviados pelos 85 membros, 9 organizações internacionais e grupos regionais. O Fórum Global compreende mais da metade do mundo, com crescente interesse pelo seu trabalho dos países em desenvolvimento e economias emergentes. Disponível em: http://www.oecd.org/dataoecd/50/11/48083609.pdf. Acesso em 04.02.2012.

[25] A autoridade central para a quase totalidade dos acordos é o Departamento de Recuperação de Ativos e Cooperação Jurídica Internacional – **DRCI**, integrante do Ministério da Justiça. Os pedidos de auxílio direto passivos (aqueles em que o Brasil é demandado) são recebidos pelo Departamento de Recuperação de Ativos do Centro de Cooperação Jurídica Internacional do Ministério da Justiça, que os encaminha para o Centro de Cooperação Jurídica Internacional da Procuradoria Geral da República (**CCJI**), quando houver medida judicial, ou para a autoridade administrativa brasileira competente, nos demais casos. O DRCI, por ser órgão do Poder Executivo, sem atuação judicial, não tem competência para ajuizar os pedidos, nas hipóteses em que isso seja necessário, como nos pedidos de busca e apreensão, sequestro de bens, quebras de sigilo bancário e outras medidas.

4. A exigência de transparência nas regras civis, societárias e contábeis. O IFRS

O Direito Tributário não existe estanque de outras áreas do conhecimento, visto que ele é um direito de sobreposição em que suas hipóteses, negócios, atos e fatos tributários são regulados por diversos ramos do direito como: Constitucional, Administrativo, Civil, Societário, por exemplo. Além da unicidade do Direito, importa considerar que os eventos do mundo que se transmudam em fatos geradores de tributo e sobre os quais incidem as regras tributárias, necessitam ser relatados em linguagem competente, aquela que é eleita pelo direito, como apta a formalizar, no mundo factual, as hipóteses abstratas de incidência dos tributos.

É assim que outras áreas do saber como as Ciências Econômicas, Finanças e Contábeis dão o suporte material para que seja apurada a base de cálculo dos tributos. Isto é, para se apurar e quantificar o montante dos tributos, especialmente no caso das pessoas jurídicas, é imprescindível ter registros contábeis que obedecem a regras e princípios próprios desse campo do saber. A contabilidade não tem como único objetivo a finalidade fiscal, ela se insere dentro de um campo mais amplo que compreende desde a função prospectiva de alimentar o processo de decisões macroeconômicas do País, até a de dar informações ao mercado, ao Fisco, aos acionistas etc.

Na atualidade, em todo o mundo, a transparência econômico-financeira tem sido a tônica para que se possam realizar as operações em escala globalizada. Com esse objetivo, a tendência é que haja uma harmonização geral, em uma linguagem global, das regras e princípios contábeis a serem adotados pelas empresas. Para tanto os países vêm adotando um sistema contábil unificado independentemente de se tratar de sociedades de capital aberto ou não.

Desde 2001 a Comissão Europeia decidiu aderir às normas internacionais de contabilidade (IAS).[26] As normas IFRS foram adotadas pelos países da União Europeia pelo regulamento (CE) n° 1725/2003 da Comissão Europeia, de 21.09.2003 (atualizado pelo Regulamento (CE) n° o 1126/2008), com o objetivo de harmonizar as demonstrações financeiras consolidadas publicadas pelas

[26] As normas internacionais de contabilidade (em inglês: *International Accounting Standard* – IAS, hoje conhecidas como *International Financial Reporting Standards* – IFRS, e compõem um conjunto de pronunciamentos de contabilidade internacionais publicados e revisados pelo *International Accounting Standards Board* (IASB) que é um órgão do IASC. O *International Accounting Standards Committee* (IASC) foi criado em 1973 pelos organismos profissionais de contabilidade de 10 países: Alemanha, Austrália, Canadá, Estados Unidos da América, França, Irlanda, Japão, México, Países baixos e Reino Unido. A entidade foi criada com o objetivo de formular e publicar de forma totalmente independente um novo padrão de normas contábeis internacionais que possa ser mundialmente aceito. Hoje mais de 100 países no mundo adotam o IFRS. Para maior aprofundamento ver: *Manual de norma internacionais de contabilidade – IFRS versus normas brasileiras*. Ernest & Young e FIPECAFI. São Pulo: Atlas. 2010.

empresas abertas europeias. A iniciativa foi internacionalmente acolhida pela comunidade financeira.

No Brasil, rumo à globalização, a transparência permeia toda a legislação. Na Constituição, em seu artigo 5º, é assegurado a todos o acesso à informação e resguardado o sigilo da fonte, quando necessário ao exercício profissional (inciso XIV); todos têm direito a informações dos órgãos públicos, sejam do seu interesse particular ou de interesse coletivo ou geral, salvo aquelas cujo sigilo seja imprescindível à segurança da sociedade e do Estado (XXXIII). Neste caso, é prevista a responsabilização para o seu não atendimento.

O Código Civil brasileiro (Lei nº 10.406/2002), expressamente exige a publicação de atos societários e de demonstrações financeiras, entre outros: art. 45 (ato de constituição); art. 1.063 (renúncia do administrador); art. 1.084 (redução de capital); art. 1.103 (dissolução sociedade); art. 1.122 (atos de transformação, fusão, incorporação e cisão); art. 1.131 (constituição de sociedade nacional); art. 1.135 (sociedade estrangeira); art. 1.140 (balanço e demonstrações financeiras); art. 1.144 (alienação, usufruto ou arrendamento de estabelecimento); art. 1.152 (órgão para publicação).

Também, a Lei 6.404/1976 (Lei das Sociedades Anônimas – Lei das S.A) com as alterações da Lei 11.638/2007, no seu artigo 177, §5º, expressamente prevê que as normas contábeis brasileiras devem ser elaboradas em consonância com os padrões internacionais de contabilidade. Com a Lei aprovada em 2007, o Brasil passou a adotar oficialmente o IFRS. De acordo com o art.176 da Lei das S.A, as empresas deverão publicar seu balanço e demonstrações financeiras, acompanhados de notas explicativas que esclareçam a situação patrimonial da empresa. São as seguintes as obrigações de publicação para as pessoas jurídicas, constituídas sob a forma de sociedades por ações e as consideradas de grande porte,[27] entre outros: Lei nº 6.404/1976 com as alterações da Lei nº 11.638/2007, em seus art. 24, VIII e art. 94 (atos constitutivos); art. 62 (emissão de debêntures); art. 98 (documentos da companhia); art. 130, art. 134, art. 137 e art. 174 (atas das assembleias); art. 134, art. 176, art. 186 (publicação das demonstrações financeiras); art. 142 (atas do conselho); art. 227-230 (atos de incorporação, fusão e cisão); art. 289-294 (regras para publicação de atos e demonstrações financeiras).

---

[27] *Lei 6.404/1976 com as alterações da Lei 11.638/2007.* De acordo com esta Lei, art. 3º, considera-se sociedade de grande porte aquelas pessoas jurídicas cujo ativo total seja superior a R$ 240.000.000,00 (duzentos e quarenta milhões de reais) ou sua receita bruta anual seja superior a R$ 300.000.000,00 (trezentos milhões de reais).

Nas publicações societárias constam não somente os valores depositados nas contas bancárias, mas muito mais, já que se pode ver toda a situação patrimonial, fiscal, societária, fluxo de caixa, lucros, prejuízos, ativos, passivos, liquidez etc.

A transparência contábil reflete-se diretamente sobre a transferência fiscal. Vale registrar que se tornou obrigatória a publicidade de dados econômico-financeiro-patrimoniais das empresas, repita-se, em nome da proteção do interesse coletivo, hoje os dados das empresas são passíveis de serem acessados, não só pelo Fisco, mas por todos na rede mundial. Portanto, não há mais segredo sobre a situação patrimonial das empresas e tudo com louvores do mercado.

5. O sigilo bancário

O vocábulo sigilo significa algo que permanece escondido da vista ou do conhecimento; é sinônimo de segredo, coisa ou notícia que não pode ser revelada.[28]

O sigilo bancário, portanto, pode ser entendido como a discrição ou a manutenção, sob segredo, que as instituições financeiras e seus agentes devem guardar sobre as informações e os dados econômicos, financeiros e pessoais que os clientes tenham colocado sob a sua guarda. Tendo em vista que os registros bancários pessoais e as entradas e saídas de valores das instituições financeiras contêm informações sobre a vida pessoal dos correntistas, como situação familiar, financeira, patrimonial, opções políticas, sociais etc. considera-se que são dados relativos à privacidade, cuja revelação consistirá em violação desse segredo.

Para Casalta Nabais, o segredo bancário é uma manifestação do segredo profissional e se enquadra no direito à reserva de privacidade. Para ele, caracteriza-se também como o "relevantíssimo interesse público no correcto funcionamento da actividade bancária". Nas lições do professor, entretanto, estes são "valores constitucionalmente tutelados que não podem deixar de ser harmonizados com o dever fundamental de pagar impostos". De acordo com Casalta Nabais o acesso da fiscalização aos dados guardados sob segredo bancário, é um alargamento da obrigação ao sigilo fiscal cuja violação tem tutela penal, ficando a referida quebra salvaguardada pelo direito à privacidade que também protege a dinâmica da atividade bancária.[29]

Nas lições do Professor Roque Carrazza, o sigilo bancário está garantido no artigo 5º, X e XII da CF, quando se assegura a inviolabilidade da privacidade e da inviolabilidade do sigilo de dados. Para ele, esses dispositivos resguardam o sigilo das informações bancárias, seja daquelas constantes nas próprias instituições financeiras, seja das existentes na Receita, pois "por meio da análise e divulgação dos dados bancários deixa-se ao desabrigo a intimidade da pessoa;

---

[28] *Dicionário Houaiss da língua portuguesa*. Rio de Janeiro: Objetiva. 2001, p. 2.568.

[29] NABAIS, José Casalta. *O dever fundamental de pagar impostos*. Coimbra: Almedina. 1998, p. 616-617.

fica fácil saber quais suas preferências políticas (v.g., na hipótese de ter feito uma doação a um partido), qual sua religião (pelo eventual donativo que fez a uma igreja), com quem se relaciona, quais suas diversões habituais, que lugares frequenta, se está passando por dificuldades financeiras (comprováveis por constantes saldos bancários negativos) etc. Tudo isso pode levar a situações altamente embaraçosas."[30]

Além de constituir um dever, o segredo bancário apresenta-se como um direito com uma pluralidade de titulares: de um lado o cliente e, de outro, a própria instituição financeira. Direito de boa fé e confidencialidade. Já a instituição bancária tem para com o correntista o dever de discrição e também é titular deste direito, oponível ao estado.

6. O sigilo bancário no mundo[31]

A Professora Clotilde Palma, de há muito já colocava a necessidade de harmonização ou coordenação das políticas fiscais dos Estados membros da Comunidade Europeia. Segundo ela, as novas transações intracomunitárias, ao praticamente abolirem as fronteiras fiscais entre os países, tornaram imprescindível que fosse criado um novo sistema de controle que pudesse combater as fraudes e a evasão fiscal decorrentes da circulação das mercadorias entre o "armazém" do fornecedor e o "armazém" do adquirente.[32]

A nova era da globalização tem levado a uma nova cultura de transparência fiscal. Uma evolução que acontecia de forma mais lenta, foi acelerada após 2001, como forma de combater o terrorismo e o tráfico de drogas. Tudo aliado ao crescente comércio internacional que leva as empresas a deslocarem seus capitais com a mobilidade do toque de uma tecla de computador e outras a trocarem os fatores de produção na busca de maiores benefícios fiscais. Com isso aumentou a evasão e a concorrência prejudicial entre empresas e países. Assim, atrelado à necessidade de transparência começaram a ser derrubadas no mundo as barreiras do acesso aos dados bancários.

---

[30] CARRAZZA, Roque Antonio. *Curso de Direito Constitucional*. 2000, p. 403.

[31] Sobre o tema ver: CAVALCANTE, Denise Lucena. *Sigilo bancário no Brasil*. In Estudos em memória do Professor Doutor J.L. Saldana Sanches. Coimbra: Editora Coimbra. 2011. FRAGA, Tiago. *Troca de informações*. Coimbra: Almedina. 2011, pp. 23-87. GOMES, Noel. *Segredo bancário e direito fiscal*. Coimbra: Almedina. 2006, pp. 152-262. TORRES, Torres. *Direito tributário internacional – planejamento tributário e operações transnacionais*, São Paulo: Revista dos Tribunais, 2001 e TÔRRES, Heleno. *Pluritributação internacional sobre as rendas das empresas*. São Paulo: Revista dos Tribunais. 2001, pp.670-693. XAVIER, Alberto. *Direito Tributário internacional*. Colaboração de PALMA, Clotilde Celorico e XAVIER, Leonor. Coimbra: Almedina. 2009, pp. 771-785.

[32] PALMA. Clotilde. *O IVA e o mercado interno*. In Cadernos de Ciência Fiscal. Lisboa: Centro de Estudos Fiscais. 1998, pp. 286-

A OCDE[33] – *Organisation for Economic Cooperation and Development* – tem expendidos esforços com vistas à regulamentação do segredo bancário (em 1985 elaborou o relatório: *taxation and the abuse of bank secrecy*). No Relatório OCDE – *Harmful tax Competition* – *An Emerging Global Issue*, de 1998, entre as medidas para o combate à evasão fiscal, foram apontados critérios de identificação de jurisdições consideradas como Paraísos Fiscais. Nele, assim foram enquadrados, além daquelas jurisdições com tributação baixa ou inexistente e que concedam benefícios fiscais que não afetam a economia local *(ring fencing)*, também os países com características que criem impossibilidades de troca de informações tributárias e em que exista a falta de transparência na aplicação da lei fiscal. Com bases nesses critérios a OCDE divulgou uma lista relacionando tais países (a chamada *black list*).[34]

A recomendação do Conselho da OCDE de 1998, de acordo com a Professora Clotilde Palma, visou "lutar contra os efeitos perversos das distorções fiscais que as práticas de concorrência fiscal causam nas decisões financeiras e de investimentos", sejam países membros ou não.[35] Entre as recomendações da OCDE para ampliar e aumentar a eficiência das medidas de combate à evasão fiscal estão a transparência dos sistemas fiscais e a melhoria do acesso às informações bancárias.[36] Desde o Relatório da OCDE de março de 2000, a informação bancária não se considera sigilo comercial, industrial ou profissional, oponível ao Fisco em praticamente todos os seus países membros.

No documento *Improving Access to Bank Information for Tax Purposes: The 2003 Progress Report,*[37] a OECD concluiu, em 2003, que houve grandes avanços dos países no sentido de maiores informações e assistência mútua entre as admi-

---

[33] A OCDE é composta por 34 membros considerados como países com economias de alta renda e com um alto Índice de Desenvolvimento Humano (IDH). Atualmente, 25 Estados não-membros participam como observadores ou participantes de pleno direito regular nas Comissões da OCDE e cerca de 50 não-membros da OCDE estão envolvidos em grupos de trabalho, regimes ou programas.

[34] Disponível em: http://www.oecd.org/dataoecd/33/0/1904176.pdf. Acesso em 30.01.2012.

[35] PALMA, Clotilde Celorico. *Código de Conduta Comunitário da Fiscalidade das Empresas versus Relatório da OCDE sobre as Práticas da Concorrência Fiscal Prejudicial: a concorrência fiscal sob vigilância. In* Fisco. Lisboa, nº 86/87, novembro/dezembro, ano X, p. 13.

[36] Neste sentido ver: TORRES, Torres. *Direito tributário internacional – planejamento tributário e operações transnacionais*, São Paulo: Revista dos Tribunais, 2001, p. 152. Para ele, entre as Recomendações da OCDE encontra-se o *Relatório do Comitê de Assuntos Fiscais – Paris, 28/04/98*, com aplicação dirigida aos países-membros da instituição, as mais importantes são as seguintes: para contrastar a competição fiscal prejudicial, os países deveriam revisar as suas leis, regulamentos e práticas sobre sigilo bancário, para remover empecilhos de acesso a tais informações, por autoridades fiscais." (TORRES, Heleno Taveira. *Direito tributário internacional – planejamento tributário e operações transnacionais*, São Paulo: Revista dos Tribunais, 2001, p. 152).

[37] Disponível em: www.oecd.org/dataoecd/5/0/14943184.pdf. Acesso em: 04.02.2012.

nistrações fazendárias dos países da América Latina.[38] No Relatório do Banco Mundial ainda foram identificadas as medidas a serem adotadas pelos países que podem contribuir para uma maior transparência, como a proibição da abertura de contas anônimas, a necessidade das instituições financeiras de identificarem seus clientes, a revisão da cobrança de taxas de juros para as autoridades fiscais obterem informações de um parceiro de tratado fiscal.[39]

Nos Estados Unidos da América – EUA – privilegia-se a troca de informações e, apesar de não estarem submetidos às Directivas do Conselho da Comissão Europeia foram formalizados tratados fiscais com cada um dos Estados--membros da União Europeia. Daí porque, a lei que rege a assistência mútua em matéria fiscal na EU, inclusive a Directiva 77/99/CEE, tem reflexos nos EUA, conforme o relatório dos EUA *Mutual assitence and information Exchange* – Congresso EALTP – Santiago de Compostela, 2009.[40]

A Suíça, país considerado como aquele de maior proteção ao sigilo bancário, assegurado pelo Direito Suíço desde 1934, sempre foi alvo de críticas. A partir do ano de 2008, porém, a Suíça passou a sofrer ataques mais duros de países membros da OCDE que o acusavam de ser um esconderijo para sonegadores. Inclusive, a Suíça foi incluída, pela OCDE, na "lista cinzenta" dos paraísos fiscais não cooperativos, em abril de 2009. Em setembro de 2010, foi retirado da lista após ter renegociado mais de 12 tratados de dupla tributação em que admitia a troca de informações. Para a transferência automática de informações, contudo, a Suíça exige a comprovação de crimes pelos investigadores fiscais.

A concretização de tal pressão e das assinaturas de acordos com os outros países já se fez sentir no caso do Banco UBS, em que a instituição financeira foi multada em mais de US 780 milhões de dólares depois de ter admitido ajudar cidadãos a fugirem do fisco americano, tendo o banco entregue dados de mais ou menos 285 mil titulares de conta. Em setembro de 2010, o governo suíço concordou em transferir dados de 4.450 clientes do UBS para os E.U.A.[41]

---

[38] CAVALCANTE, Denise Lucena. *Sigilo bancário no Brasil. In* Estudos em memória do Professor Doutor J.L. Saldana Sanches. Coimbra: Editora Coimbra. 2011.

[39] Disponível em: http://www.oecd.org/dataoecd/5/0/14943184.pdf – Acesso em 04.02.2012.

[40] Disponível em: http://www.eatlp.org/pdf/UnitedStates_HendryOrdower.pdf. Acesso em 30.01.2011.

[41] Para maiores informações, FRAGA. Tiago. *Troca de informações.* Coimbra: Almedina. 2011, pp. 31. Ver também: http://www.estadao.com.br/noticias/economia,pressionada-suica-relaxara-regras-de-sigilo-bancario,338372,0.htm e http://www.swissinfo.ch/por/specials/crise_financeira/Sigilo_bancario_suico_varia_a_gosto.html?cid=3142. Acesso em 04.02.2012.

7. O sigilo bancário em Portugal[42]

A Constituição da República Portuguesa, art. 26, garante a reserva da intimidade da vida privada e familiar, transferindo à lei a prerrogativa de estabelecer garantias contra a obtenção de informações relativas às pessoas e famílias que forem consideradas abusivas ou contrárias à dignidade. O Decreto-Lei nº 1/2008, art. 78-84, que trata do Regime Geral das Instituições de Crédito e Sociedades Financeiras (RGICSF), prescreve, expressamente, o sigilo bancário, considerando-o como criminalmente protegido, admitindo, porém, a divulgação de dados com consentimento ou quando outra lei assim dispuser.

O acesso ao segredo bancário em Portugal encontra-se em igual estágio ao dos demais membros da Comunidade Europeia – CE, tendo em vista que a partir da entrada do país na CE, desde 1986, começaram a ser obedecidas as Directivas e as convenções de trocas de informações. Em setembro de 2009, foi aprovada a Lei nº 94 que alargou a derrogação do sigilo bancário, fixando a tributação à taxa especial de 60% dos acréscimos patrimoniais injustificados em valor superior a € 100.000. Até 2010, o acesso dos dados bancários somente poderia se dar com autorização judicial, salvo nos casos previstos em lei. Porém, com as alterações da Lei Geral Tributária, art. 63 (Lei 37 de 02.09.2010), passou-se a admitir o acesso sem autorização judicial e sem consentimento do contribuinte.

De acordo com a Lei, está justificado o acesso pela Administração Tributária às informações bancárias sem o consentimento do titular, especialmente quando se trate de confrontar tais documentos com os registros contábeis da empresa, nos casos em que exista a prática de crime em matéria tributária, quando se verifique indício da falta de veracidade ou omissão de declaração, bem assim indícios de acréscimos patrimoniais não justificados. As requisições sem autorização judicial, porém, são suscetíveis de recurso judicial, este, apenas, com efeito devolutivo.

Também, as pessoas físicas, contribuintes do IRS (Imposto Sobre o Rendimento das Pessoas Singulares) são obrigadas a declarar a existência de contas de depósitos em instituições financeiras fora de Portugal. Já as instituições financeiras são obrigadas a comunicarem à DGCI (Direção-Geral dos Impostos), até o final de julho de cada ano, as transferências financeiras que tenham como destinatários entidades localizadas em países com tributação privilegiada.

De acordo com o Relatório de Combate à fraude e Evasão Fiscais de 2008, foram instaurados 1.089 processos de levantamento do sigilo bancário, em Por-

---

[42] Ver: FERNANDES, Rogério e ALMEIDA, Marta Machado de. *Derrogação fiscal do sigilo bancário. In* Finanças Públicas – Direito Fiscal. Ano II, nº 4, 12.2009, pp. 385-386. FRAGA. Tiago. *Troca de informações.* Coimbra: Almedina. 2011, p. 63. GOMES, Noel. *Segredo bancário e Direito Fiscal.* Coimbra:Almedina. 2006.

tugal. No ano de 2007 foram 1.067 processos e 837 em 2006. Sendo que em 2008, houve consetimento em 95% dos casos.[43]

8. O sigilo bancário no Brasil

Até o ano de 1988, em que foi promulgada a atual Constituição da República Federal do Brasil (CF), era quase pacífica a aceitação do acesso do Fisco aos dados bancários dos contribuintes, independentemente do respectivo consentimento ou de autorização judicial. A partir dessa data, tal acesso passou a ser questionado e várias decisões judiciais passaram a declarar a restringir a "quebra do sigilo bancário" para as autoridades fiscais à dependência de autorização judicial e desde que houvesse processo administrativo já instaurado.

A Lei nº 4.595/1964 (Lei que regula a atividade das instituições financeiras), no seu art. 38, consagrava o sigilo bancário, só permitindo o acesso aos dados bancários, pelas autoridades fiscais, quando houvesse processo instaurado e o conhecimento das informações fosse considerado indispensável pela autoridade competente. Essa Lei, ao disciplinar as hipóteses em que poderão ser prestadas informações, incluiu aquela referente à existência de processo.

No âmbito tributário, o Código Tributário Nacional – CTN, Lei nº 5.172 de 25.10.1966, no seu artigo 197, II, contém a previsão que obriga aos bancos e demais instituições financeiras a prestarem informações às autoridades administrativas fiscais. Daí porque, até então, diante da recusa do contribuinte em atender as intimações para apresentar suas movimentações bancárias, o Fisco fazia a requisição diretamente à instituição financeira e era atendido. Após 1988, as instituições financeiras começaram a se recusar a entregar as informações bancárias e os contribuintes passaram a valer-se de Mandados de Segurança para obstar os pedidos do Fisco.

No ano de 2001, na tentativa de por fim a questão, foi aprovada a Lei Complementar nº 105 que expressamente disciplinou o acesso das autoridades fiscais fazendárias às informações e dados bancários dos contribuintes:

> Art. 6º. As autoridades e os agentes fiscais tributários da União, dos Estados, do Distrito Federal e dos Municípios, somente poderão examinar documentos, livros e registros de instituições financeiras, inclusive os referentes a contas de depósitos e aplicações financeiras, quando houver processo administrativo instaurado ou procedimento fiscal em curso e tais exames sejam considerados indispensáveis pela autoridade administrativa competente.
>
> Parágrafo único. O resultado dos exames, as informações e os documentos a que se refere este artigo, serão conservados em sigilo, observada a legislação tributária."

---

[43] Diário Econômico – principal – de Portugal, de 26.08.2009, p. 5.

A Lei prescreveu procedimento rigoroso quanto à forma e exigência de fundamentação para que pudesse se dar o acesso aos dados cobertos por sigilo bancário, prevendo, inclusive, no art. 10, que o não cumprimento do devido processo legal pela autoridade fazendária constituirá crime.[44] A LC 105/2001, art 1º, impõe a obrigação do sigilo bancário para as instituições financeiras, considerando, porém, no seu parágrafo 3º, que não constitui violação do dever de sigilo a comunicação, o fornecimento de dados às autoridades fiscais, relativos à CPMF (hoje extinta, o dispositivo perdeu sua finalidade) e as realizadas às autoridades competentes sobre ilícitos penais ou administrativos ou a prática criminosa.

Também, de acordo com essa Lei, não existe violação se houver o consentimento do interessado para que as autoridades fiscais possam acessar os respectivos os dados bancários. De acordo com o art. 1º, § 4º, a quebra de sigilo poderá ser decretada, quando necessária para apuração de ocorrência de qualquer ilícito, em qualquer fase do inquérito ou do processo judicial, e especialmente, nos seguintes crimes: terrorismo; drogas e afins; contra a ordem tributária e a previdência social; lavagem de dinheiro ou ocultação de bens, direitos e valores; praticado por organização criminosa.

No art. 3º da Lei, foi dado o caráter sigiloso para a transferência de informações, mesmo quando ordenadas pelo judiciário. E mais, o Poder Executivo poderá exigir o fornecimento de declarações de informações pelas instituições financeiras, considerando que a transferência dessas informações continua submetida ao sigilo profissional e fiscal das autoridades fiscais. É exigida, ainda, a prévia instauração de processo administrativo e que tais exames sejam considerados indispensáveis pela autoridade administrativa competente. Já o art. 11, prevê a responsabilidade objetiva da entidade pública e da autoridade fiscal que violar o sigilo fiscal e proceder à quebra do sigilo dos dados bancários por ele acessados.

O Decreto nº 3.724, de 10.01.2001, que regulamentou a Lei Complementar 105/2001, fixou procedimentos bem rígidos e mais detalhados para o acesso das autoridades fiscais aos dados bancários, que somente poderá se dar por meio da Requisição de Informações sobre Movimentação Financeira (RMF), autorizada por autoridade hierarquicamente superior àquela que fará a requisição, a qual sempre deverá ser precedida de intimação do sujeito passivo, para que este possa fornecer os dados espontaneamente ou para que possa acompanhar o respectivo procedimento, garantindo-se assim a ampla defesa.

---

[44] "Art. 10. A quebra do sigilo, fora das hipóteses autorizadas nesta Lei Complementar, constitui crime e sujeita os responsáveis à pena de reclusão, de um a quatro anos, e multa, aplicando-se, no que couber, o Código Penal, sem prejuízo de outras sanções cabíveis."

As informações obtidas nas instituições financeiras também deverão permanecer em sigilo fiscal, sendo cauteloso até o manuseio dos respectivos autos. E, se ainda assim, o sujeito passivo se sentir prejudicado com o uso indevido das informações obtidas, ou com o procedimento inadequado para obtê-las, além da garantia de recorrer à via judicial, há também previsão para denúncia no próprio âmbito administrativo, conforme prescreve o art. 12, do Decreto 3.724/2001.[45]

Na verdade, a nova Lei criou um dever de colaboração das instituições financeiras de prestarem informações às autoridades fiscais no intuito de auxiliar a atividade do Fisco. Os dados e registros sobre os quais elas detêm a posse são indispensáveis à ação fiscal para se conhecer as movimentações financeiras dos correntistas, sejam pessoas físicas ou jurídicas, que poderão ser relativas a operações que ensejem a realização de fatos jurídicos tributários e se configurem como de interesse da Administração Tributária.

É importante destacar que o dever-poder de fiscalização também encontra seu fundamento nos artigos 145, § 1º, e 174 da CF, que conferem às autoridades fiscais a competência vinculada para identificar o patrimônio, os rendimentos e as atividades econômicas dos contribuintes, no intuito de aferir a respectiva capacidade contributiva das pessoas, princípio este que também é uma garantia constitucional.

A investigação constitui uma fase procedimental preliminar da ação fiscal, como um momento anterior ao lançamento tributário, em que são feitas verificações no intuito de conferir e comprovar as informações prestadas espontaneamente pelos contribuintes ao Fisco e onde se busca subsídios para apurar irregularidades e formar o conjunto de provas necessário à elucidação e demonstração da ocorrência de fraudes, evasões, enriquecimentos ilícitos, sonegações, infrações ou crimes tributários que, muita veze, configuram também crimes penais.

Ressalte-se que a atividade fiscal, embora possa discricionariamente escolher os meios investigatórios, deverá encontrar seus limites nos direitos e garantias fundamentais assegurados constitucionalmente. Na construção dos elementos probatórios coloca-se a necessidade de as autoridades fiscais conhecerem por inteiro todas as operações e rendas dos contribuintes, o que abrange, também, as suas movimentações financeiras, as quais se mostram reveladoras na descoberta de omissões e sonegações, para que se possa dimensionar, com exatidão e certeza, os respectivos rendimentos, riquezas, capacidade econômica e patrimônio.

---

[45] "Art. 12. O sujeito passivo que se considerar prejudicado por uso indevido das informações requisitadas, nos termos deste Decreto, ou por abuso da autoridade requisitante, poderá dirigir representação ao Corregedor-Geral da Secretaria da Receita Federal, com vistas à apuração do fato e, se for o caso, à aplicação de penalidades cabíveis ao servidor responsável pela infração."

9. O sigilo bancário na jurisprudência

O Tribunal de Justiça da Comunidade Europeia – TJCE, no processo C-255/02 (caso *Halyfax*), ao decidir sobre a obtenção de incentivos fiscais, expôs que um dos objetivos da Sexta Directiva é a luta contra possíveis fraudes, evasões e abusos. Porém, consagrou a proporcionalidade como forma de interpretar as leis, quando entendeu que as medidas que os Estados-Membros têm a faculdade de tomar para evitar as fraudes não devem exceder o necessário para atingir esse objetivo.[46] No caso Elisa, C-451-05, nas conclusões do Advogado-Geral, J.Mazák, expôs-se que, nos termos da Directiva 77/799/CEE – as autoridades competentes dos Estados--Membros trocarão todas as informações que lhes permitam o estabelecimento correto dos impostos sobre o rendimento e o patrimônio.[47]

Encontra-se pendente no TJCE, um importante caso, por meio do qual se poderá conhecer o posicionamento do Tribunal sobre as trocas de informações entre as administrações fiscais – Ac-436/08 *(caso Haribo Lakritzen Hans Riegel BetriebsgmbH)*. Segundo as conclusões da Advogada-Geral, em 11.11.2010, "embora as administrações fiscais nacionais possam, ao abrigo da Directiva 77/799, solicitar informações à autoridade competente de outro Estado-Membro, não têm a obrigação de o fazer." Ela ainda acrescenta que o TJCE, em "jurisprudência mais recente, tem repetidamente referido, no âmbito da apreciação da proporcionalidade, que uma legislação nacional que restringe liberdades fundamentais só é apta a garantir a realização do objectivo invocado se responder verdadeiramente à intenção de o alcançar de uma forma coerente e sistemática."[48]

Ao apreciar questão relativa à vida privada, o Tribunal Constitucional de Portugal – TC, Ac-355/97, entendeu que, na falta de definição legal, a jurisprudência do Tribunal (Ac-128/92 e Ac-319/95) é no sentido de considerar a privacidade como sendo "o direito a uma esfera própria inviolável, onde ninguém deve poder penetrar sem autorização do respectivo titular." Para o TC esse espaço inviolável engloba a "vida pessoal, a vida familiar, a relação com outras esferas de privacidade (v.g. a amizade), o lugar próprio da vida pessoal e familiar (o lar ou domicílio). Com relação ao segredo bancário e tomando por base o Ac-278/95, o TC concluiu que a "situação económica do cidadão, espelhada na sua conta

---

[46] Disponível em: http://curia.europa.eu/juris/showPdf.jsf?text=&docid=56198&pageIndex=0& doclang=pt&mode=doc&dir=&occ=first&part=1&cid=188371. Acesso em: 03.02.2012.

[47] Disponível em: http://curia.europa.eu/juris/showPdf.jsf?text=SEGREDO%2BBANC%25C3 %2581RIO&docid=61456&pageIndex=0&doclang=pt&mode=req&dir=&occ=first&part=1& cid=190150. Acesso em 03.02.2012.

[48] Disponível em: http://curia.europa.eu/juris/document/document.jsf?docid=79339&pageInd ex=0&doclang=pt&mode=lst&dir=&occ=first&cid=233591. Acesso em: 04.02.2012. Acesso em 03.02.2012.

bancária, incluindo as operações activas e passivas nela registradas, faz parte do âmbito de proteção do direito à reserva da intimidade da vida privada condensado no artigo 26º, nº 1, da Constituição." Segundo o TC, o segredo bancário somente poderia ser tratado em uma lei da Assembleia da República ou um decreto-lei alicerçado em autorização legislativa.[49]

No Brasil, ainda há muita polêmica sobre o tema. Os tribunais brasileiros têm dado decisões contraditórias sobre o acesso das autoridades fiscais ao sigilo bancário, o que resulta em insegurança tanto para o Fisco como para os contribuintes. Para ilustrar essa afirmação vejam-se as recentes decisões por meio das quais se constata que, no Egrégio Supremo Tribunal Federal, não há uniformidade de posições. No RE 219.780-5/1999 – Ministro Carlos Veloso, foi decidido que o sigilo bancário é espécie de direito à privacidade, protegido pela CF, art 5º, X, porém, ele não é um direito absoluto e que há de ceder na forma e com observância de procedimento estabelecido em lei e com respeito ao devido processo legal e à razoabilidade.

Na Ação Cautelar – AC nº 33 de 24.11.2010 – a liminar foi cassada por 6 votos a 4, com voto-vista da Exma. Ministra Ellen Grace, no qual ela assim expôs: "Tratando-se do acesso do Fisco às movimentações bancárias de contribuinte, não há que se falar em vedação da exposição da vida privada ao domínio público, pois isso não ocorre. Os dados ou informações passam da instituição financeira ao Fisco, mantendo-se o sigilo que os preserva do conhecimento público". Para ela, o artigo 198 do CTN veda a divulgação, por parte da Fazenda Pública ou dos seus servidores, "de qualquer informação obtida em razão do ofício sobre a situação econômica ou financeira do sujeito passivo ou de terceiros sobre a natureza e estado de seus negócios ou atividades'. Essa proibição se designa sigilo fiscal."[50]

Poucos dias depois, em 15.12.2010, no RE nº 389.808,[51] o STF, por maioria de votos, modificou o acórdão proferido pelo Tribunal Regional Federal da 4ª Região que havia permitido o acesso da autoridade fiscal a dados relativos à movimentação financeira da empresa em relação a qual havia um procedimento fiscal regularmente instaurado. O STF decidiu, então, que somente por meio de ordem judicial as autoridades fiscais poderão ter acesso aos dados bancários dos contribuintes como forma de assegurar a privacidade, "É preciso resguardar o cidadão de atos extravagantes que possam, de alguma forma, alcançá-lo na dignidade".

Como se não bastasse, na data de 17.03.2011, no Mandado de Segurança nº MS JF-DF 1614908.2011.4.01.3400, foi denegada a liminar sob o argumento de

---

[49] Disponível em: http://diario.vlex.pt/vid/junho-33198505. Acesso em: 03.02.2012.
[50] Disponível em: http://www.stf.jus.br. Acesso em 20.01.2012.
[51] Disponível em: http://www.stf.jus.br/portal/processo/verProcessoAndamento.asp . Acesso em : 08/01/2011.

que, diante das oscilações do STF e mesmo alegando não desconhecer a recente decisão do STF proferida no RE 389.808, a autoridade fiscal pode acessar dados bancários independentemente de autorização judicial. De acordo com aquela decisão, força é convir que o acesso da autoridade fiscal a esses documentos está prevista em lei e que a jurisprudência do STF ainda não está sedimentada, tanto que uma semana antes desse julgamento, o mesmo Plenário do STF admitiu essa medida, no âmbito da AC 33.

Contribui para maior insegurança, o fato de que se encontram pendentes de julgamento no STF, 4 Ações Diretas de Inconstitucionalidade, nº 2.386, nº 2.390, nº 2.397 e nº 4.010, que versam sobre a alegação de inconstitucionalidade do art. 6º, da Lei Complementar n. 105/2001.

As decisões do Superior Tribunal de Justiça – STJ divergem do posicionamento do STF,[52] por exemplo, a do REsp 996.983-PE, Min. Herman Benjamin,18/6/2009, decidiu pelo direito ao acesso da autoridade fiscal por entender que "Os sigilos bancário e fiscal resultantes do direito à privacidade não são absolutos e podem, excepcionalmente, ser flexibilizados em favor do interesse público, desde que justificados caso a caso. ao recurso." Precedentes citados: RMS 9.887-PR, DJ 1º/10/2001, e RMS 20.350-MS, DJ 8/3/2007. REsp 996.983-PE, Rel. Min. Herman Benjamin, julgado em 18/6/2009.

São, contudo, equivocadas as decisões, com vênias aos ilustres julgadores, que entendem ser possível a retroatividade da Lei nº 9.311/96, com as alterações da Medida Provisória nº 2.158-35/2001, para alcançar a requisição de dados bancários no período em que esta mesma aquela Lei vedava tal possibilidade. Não trata o caso de norma procedimental, mas, de dispositivo que revogou uma vedação legal que esteve válida, vigente e eficaz até a data em que a nova Lei retirou da ordem jurídica esse óbice legal. Por conseguinte, só a partir da vigência das novas regras é que elas poderão ser aplicadas.[53]

10. Os conflitos de interesses

O embate de interesses divergentes,[54] entre o Fisco e os contribuintes, encerra um conflito entre princípios que se encontram em constante tensão, pois se de

---

[52] Disponível em: http:/www.stj.jus.br. Acesso em 03.02.2012.

[53] Súmula CARF nº 35: O art. 11, § 3º, da Lei nº 9.311/96, com a redação dada pela Lei nº 10.174/2001, que autoriza o uso de informações da CPMF para a constituição do crédito tributário de outros tributos, aplica-se retroativamente. Com a extinção da CPMF a Lei nº 9.311/96 perdeu inteiramente o seu objeto.

[54] Para CARNELUTTI, Francesco. *Introduzione allo Studio del Diritto Processuale Tributario. In Rivista di Diritto Processuale Civile*, nº 2, Padova: Cedam, 1932: *il fenomeno tributario presenta un conflitto di interessi che e il bacillo del diritto. Lo Stato (o, in genere, lénte pubblico) há interesse a prendere al cittadino quanti piú beni sai possibile e il cittadino a dargliene quanti possa di meno.*

um lado estão os interesses coletivos subjacentes à isonomia tributária, à solidariedade, à livre concorrência e ao dever-poder de o Fisco aferir a capacidade contributiva dos contribuintes, do outro se colocam os interesses individuais de inviolabilidade e preservação da privacidade e intimidade, que são direitos subjetivos das pessoas, assegurados como direitos fundamentais.

Resta, assim, ponderar os valores envolvidos, tudo com observância da proporcionalidade e razoabilidade, em que os fins devem justificar e serem adequados aos meios utilizados, com vista ao equilíbrio nas relações Fisco-contribuintes, para que seja adotada a melhor solução possível.

No caso do acesso do Fisco às informações mantidas sob "sigilo bancário", o interesse coletivo deverá prevalecer. A ordem e a ética jurídica não podem abrigar a impunidade, nem proteger interesses ilegítimos. O acesso e conhecimento das movimentações bancárias dos contribuintes, muito mais do que uma faculdade a ser concedida ao Fisco, encerra um dever-poder que serve à sociedade, ao Estado e à realização da isonomia tributária, valores de tanta magnitude quanto os da proteção à intimidade dos particulares.

A decisão da escolha entre princípios, com relação ao sigilo bancário, deverá nortear-se no sentido de que, no caso, não há direito individual violado. A alegação dos direitos individuais não deve servir para proteger evasões, fraudes fiscais ou negócios lícitos dos cidadãos. Portanto, na ponderação entre os valores envolvidos, sem que a opção adotada seja considerada como afronta a segurança jurídica, é legítima a prevalência do interesse público sobre o particular, quando aquele tenha por substrato a preservação do interesse social de combate à sonegação, infrações e crimes tributários.

No sentido de evitar o cometimento de abusos ou arbitrariedades por parte do Fisco, todavia, deve revestir-se o acesso das autoridades fiscais de requisitos acautelatórios mínimos, como a intimação prévia para que o próprio contribuinte espontaneamente autorize o acesso do Fisco às suas operações bancárias, na qual deverá constar a informação de que o não cumprimento voluntário do dever de informação e colaboração implicará na adoção de medidas com vista a sua obtenção de ofício, diretamente junto às instituições. Diante disso, o próprio contribuinte, caso sinta que algum direito seu está sendo violado poderá submeter o caso à apreciação judicial para impedir ou limitar o acesso da autoridade fiscal aos seus dados bancários.

Saliente-se, ainda, que a proteção maior dos interesses individuais se manifesta quando são colocadas restrições à ação fiscal, não no sentido de que os agentes do Fisco precisem de autorização judicial para obter informações, mas visando limitar o alcance do acesso (p. ex. no caso das pessoas físicas, não podem ser conhecidos os destinatários dos recursos movimentados nas instituições financeiras) e proibindo que eles divulguem informações de que tenham conhecimento. Apesar de ser legítimo o acesso às informações constantes em registros bancários, as leis administrativas, fiscais e penais impõem, aos agentes da Administração Tributária, o dever da guarda do sigilo fiscal no intuito de evitar que os dados e operações de que eles tenham ciência, em razão da função exercida, sejam divulgados para terceiros. Inclusive, a violação desse dever enseja a prática de crime, por parte daquele que tornar pública indevidamente qualquer informação de que disponha. Essa limitação, portanto, é que, na verdade, caracteriza-se como uma proteção e uma garantia dos contribuintes relativamente aos seus direitos fundamentais à intimidade/inviolabilidade.

11. A inexistência de sigilo bancário a ser oposto às autoridades fiscais

As maiores críticas que se colocam com relação à possibilidade de as autoridades fiscais poderem acessar as contas bancárias sem autorização judicial é, além da invasão de privacidade e intimidade, a possibilidade de que sejam afastados investidores ou de abuso por parte das autoridades fiscais, tanto no sentido de usarem esse poder com outras finalidades que possam configurar arbitrariedade, como na suposição de que elas possam divulgar os dados bancários para terceiros.

Em sua essência, na verdade, não existe qualquer sigilo a ser oposto ao Fisco com relação aos valores objeto de transações bancárias, pois tais valores já são, ou deveriam ser, de conhecimento prévio do próprio Fisco e a ele já deveriam ter sido informados espontaneamente pelo contribuinte através das respectivas declarações, cuja apresentação é prevista em lei como obrigatória. Inclusive, a própria Lei Complementar nº 105/2001, também prevê a transferência de informações bancárias à Comissão de Valores Mobiliários, órgão que fiscaliza as sociedades a fim de proteger ao mercado.

Diversamente, entretanto, quando existirem valores de movimentações bancárias não declaradas, caso não haja o devido esclarecimento, a lei autoriza a presunção de que esses valores tiveram origens outras e foram omitidos para fins de evitar tributação. Ora, se todos são obrigados a prestar informações ao fisco, inclusive sobre todo o seu patrimônio e rendimentos percebidos de quaquer espécie e não só sobre os valores em contas bancárias, bem como de fatos da vida privada, passíveis de tributação, que poderão ser considerados muito mais íntimos, bem assim se todos os dados têm que ser informados e deverão constar das diversas declarações apresentadas por eles, p. ex., aquelas relativas ao imposto de renda (seja pessoa física ou jurídica), a Declaração de Débitos e Créditos Tributários Federais – DCTF, não há, portanto, segredo sobre esses fatos para as autoridades fiscais. Igualmente, os rendimentos que se encontram depositados em contas bancárias já deveriam estar declarados à Fazenda Pública, salvo se o sujeito passivo houver omitido tais informações, o que configuraria crime de sonegação.

Em última instância, deve-se considerar que a vedação ao acesso poderá levar a uma injustiça fiscal que viola e distorce a própria isonomia tributária entre os contribuintes que declaram integralmente as suas rendas ou têm os seus rendimentos tributados inteiramente na fonte (assalariados, por exemplo), e aqueles que podem optar por ocultar, ou não, do Fisco as operações efetuadas e rendas auferidas. Para estes, haveria a possibilidade de escolha para submeter à incidência tributária, somente, as bases e valores que quiserem informar e incluir nas respectivas declarações.

Importa salientar que, na realidade, não há "quebra de sigilo bancário" quando se transferem informações que estão de posse das instituições financeiras para os agentes do Fisco, pois, a estes, igualmente, é transferida a obrigatoriedade da manutenção do sigilo dos dados obtidos em razão do ofício que desempenham. Assim, a partir desse momento, as citadas informações são transferidas e passam a estar protegidas sob o sigilo fiscal, cuja infringência acarretará responsabilidade administrativa, civil e criminal para aquele que as divulgar. Consoante o artigo 198 do CTN, as autoridades fazendárias são obrigadas a guardar sigilo fiscal das informações a que tenham acesso.

Com relação à "quebra do sigilo bancário", por conseguinte, deverá ser adotada uma interpretação no sentido de buscar separar-se o indivíduo do seu patrimônio, para que o conhecimento pelo Fisco das riquezas dos contribuintes (pessoas físicas e jurídicas), no caso, representadas por valores depositados em instituições financeiras, não se confunda com violação de direito individual. Resta também indagar se após as inúmeras descobertas de casos de corrupções, sonegações, fraudes fiscais e escândalos financeiros apurados através da "quebra do sigilo bancário" como, p. ex., no caso das Comissões Parlamentares de Inquérito – CPI, do orçamento, dos precatórios; recentes dados divulgados pelo Conselho Nacional de Justiça – CNJ sobre o judiciário, com aprovação de toda a sociedade; fraudes do INSS, bancos; anúncios semanais de desvios de verbas públicas, entre muitas outras, a quem interessa manter o suposto segredo sobre o valor dos rendimentos existentes em contas bancárias, se estes já deveriam ser espontaneamente informados e declarados previamente ao Fisco?

Deve também ser considerado que as evasões fiscais, além de afrontarem as bases da tributação que são a igualdade, a solidariedade, a capacidade contributiva e a concorrência leal, na prática, induzem a um aumento da carga fiscal. Daí se inferir que a evasão e o aumento da carga tributária se alimentam reciprocamente, pois, a eficiência e a eficácia dos órgãos de estado no combate à evasão produzem reflexos imediatos sobre os respectivos índices de sonegação.

Não se pode esquecer, contudo, que a multiplicação de impostos e contribuições, o aumento das suas alíquotas ou das suas bases de incidência e a complexidade das leis influenciam o comportamento dos agentes econômicos, que sempre estão procurando forma e fórmulas para reduzir o seu pesado ônus fiscal. Sendo que haverá uma propensão maior ao descumprimento das obrigações tributárias quanto menor for o risco de ser fiscalizado e sofrer as penalidades estabelecidas em lei. Já o Estado, por sua vez, diante dessa possibilidade, tenta prevenir a queda de arrecadação por meio do aumento da carga fiscal, o que induz os contribuintes a redobrarem os seus esforços em matéria de evasão.

Deve ser reconhecido, portanto, o direito de o Fisco, independentemente de autorização ou processo judicial, obter informações das instituições financeiras acerca das movimentações e transações dos contribuintes com elas efetuadas, em conformidade com o artigo 197 do CTN e a Lei Complementar nº 105/2001. No caso das pessoas físicas, esse direito está limitado ao conhecimento, apenas, dos volumes de recursos (entradas e saídas) que transitem pelas instituições financeiras. No caso das pessoas jurídicas, não há segredo bancário a ser protegido.

O cidadão e as empresas, porém, não poderão ficar desprotegidos, à mercê de excessos ou abusos das autoridades fiscais, devendo ser exigido, sempre, o respeito ao sigilo fiscal, garantido no art. 198 do CTN, acompanhado da observância do devido processo legal, do contraditório, da ampla defesa e da proporcionalidade na requisição e utilização dos dados. E mais, garantir a responsabilização e o direto à indenização em caso de dano por qualquer violação da privacidade decorrente da divulgação de informações para terceiros, mesmo que outras autoridades, conhecidos por meio do acesso aos dados bancários.

Como corolário do direito à privacidade e intimidade, o processo administrativo, durante o seu curso e, posteriormente, o processo judicial, em todas as instâncias julgadoras, que contenha dados bancários, além de estarem submetidos ao sigilo fiscal, extensivo não só as autoridades fiscalizadoras, mas também às julgadoras, deverá correr em segredo administrativo ou de justiça.

Vale lembrar que a publicação das ementas dos acórdãos relativos a questões tributárias, com a identificação do nome da parte, pessoa física ou jurídica, e a decisão como decorrente, muita da vez, da prática de crime tributário, configura divulgação de dados cobertos por sigilo bancário e, portanto, viola a privacidade e a intimidade. Por consequência, tal exposição e violação dará ao prejudicado o direito de reclamar do Estado indenização por dano. A quebra do sigilo fiscal, por qualquer autoridade, além de responsabilidade funcional, passível de demissão, implicará, também, em sanções administrativas, pecuniárias, civis e penais.[55]

[55] 1. *Direito à indenização por danos:* Constituição da República Federativa do Brasil, art 37, § 6º.
2. *Sigilo fsical (funcional):* Código Tributário Nacional, art 198 – sem prejuízo do disposto na lei criminal, é vedada a divulgação, por parte da Fazenda Pùblica ou de seus servidores, de informação obtida em razão do ofício sobre a situação econômica ou financeira do sujeito passivo ou de terceiros

Neste ponto sim, justifica-se a proteção da intimidade. Deve-se assegurar a garantia constitucional do segredo processual também ao processo administrativo, em conformidade com o art. 5º, IX, art. 93, IX, da CF; e, também, com os arts. 155 e 815 do Código de Processo Civil; os arts. 20, 201, 207 e 745 do Código de Processo Penal. O processo administrativo merece o mesmo tratamento do segredo de justiça a que são submetidos os processos judiciais.[56]

Ônus e bônus para Fisco e contribuinte.

---

e sobre a natureza e o estado de seus negócios ou atividade. 3. *Crime de violação do sigilo funcional:* Código Penal Brasileiro, art. 325.

[56] *Segredo de justiça – processos judiciais:* Código de Processo Penal, art. 792

The Regulation of Corporate Groups: Can Tax Help with Regulation?[1]

MIGUEL CORREIA

Post-Doctoral Researcher and Lecturer at Católica Global School of Law (Catholic University of Portugal, Lisbon).

ABSTRACT: This paper proposes that the corporation income tax ("CIT") contributes, and may contribute more effectively, to the regulation of corporate groups. The paper is divided in two parts. In the first part, the paper will argue that a CIT system contributes to the regulation of corporate groups by minimizing the firm's agency problems, and by limiting and controlling managerial power. In the second part, the paper will discuss how a CIT system may be improved so that it may contribute more effectively to their regulation. The paper will argue that in a second best world, i.e., CIT's world, pure efficiency and regulatory considerations should guide tax intervention. The policy principle proposed is that, absent agency problems and other market failures, transaction costs and other sources of deadweight loss should be reduced as much as possible. Thus, the reduction or elimination of specific transaction costs and other sources of deadweight loss should be pursued only when such reduction or elimination does not adversely influence the CIT's regulatory functions. Otherwise, the specific aspects of the CIT system under consideration may often be better maintained. By following this policy approach, the CIT should be actively contributing for a better regulatory environment in the corporate sector.

I – INTRODUCTION

This paper proposes that the CIT contributes, and may contribute more effectively, to the regulation of corporate groups. The paper is divided in two parts. In

---

[1] This paper was originally presented at a seminar at the Law Department of the London School of Economics on February 11, 2009 and at a presentation at the Oxford University Centre for Business Taxation on January 19, 2010. I would like to thank the participants at both events for their insightful comments. The usual disclaimer applies.

the first part, this paper will argue that a corporate-level realization-based CIT system contributes to the regulation of corporate groups. In the second, it will discuss how a CIT may be improved so that it may contribute more effectively to their regulation.[2]

II – THE CORPORATION INCOME TAX SYSTEM AND THE REGULATION OF THE FIRM

A realization-based corporate-level income tax system contributes to the reduction of the firm's agency problems and to the limitation and control of managerial power.[3] These conclusions from a recent line of literature shed a new light over CIT's regulatory potential, especially when in face of entities such as corporate groups, renowned for their difficulty to be regulated.[4] The next section will outline the conclusions from this research before proceeding to the analysis of their consequences for current CIT policy. For purposes of this paper, the regulatory effects of a CIT system will be classified as the "Reliability Effect," the "Deterrent Effect," the "Reversal of Clientele Effect" and the "Control Effect."

1. The Reliability Effect

Levying a separate tax on corporations provides a financial incentive for the state to invest in the verification of the reliability of the firm's disclosed information regarding its operations.[5] Consequently, due to the existence of the CIT system, two distinct auditing bodies generally supervise the reliability of the firm's dis-

---

[2] The paper's scope is limited to corporate income tax issues (*i.e.*, personal income tax issues, indirect taxes and other forms of taxation are not considered in this study). Further, the focus of this study is a closed economy. Hereinafter, all references to "IRC Section" and "IRC Treas. Reg. Section" are to the United States Internal Revenue Code of 1986 and the regulations promulgated thereunder.

[3] *See, e.g.*, M. DESAI, et al., *Corporate Governance and Taxation*, NBER, Working Paper available at http://140.247.200.140/programs/olin_center/corporate_governance/papers/03.Dyck.taxation.pdf (2003); REUVEN S. AVI-YONAH, *Corporations, Society, and the State: A Defense of the Corporate Tax*, 90 Virginia Law Review 1193 (2004); WOLFGANG SCHON, Tax and Corporate Governance (Wolfgang Schon ed., Springer 2008); SAUL LEVMORE & HIDEKI KANDA, *Taxes, Agency Costs, and the Price of Incorporation*, 77 Virginia Law Review 211 (1991).

[4] *See, e.g.*, JANET DINE, The Governance of Corporate Groups (Cambridge University Press. 2000); JOSÉ ENGRÁCIA ANTUNES, Liability of Corporate Groups: Autonomy and Control in Parent-Subsidiary Relationships in US, German and EU Law (Kluwer Law. 1994); PHILLIP BLUMBERG, *The American Law of Corporate Groups*, in Corporate Control and Accountability (Sol Picciotto ed. 1993).

[5] *See* M. DESAI, et al., *Corporate Governance and Taxation*, *supra* note 3, at 38 (CIT provides a "source of revenues that will entice the government to verify the accuracy of corporate income in a manner that only the government can.").

closed information, *i.e.*, external auditors and the state.[6] The level of detail of tax information,[7] coupled with the strength of the state's supervision and enforcement mechanisms,[8] turn the state into an important and differentiated inspector of the reliability of the firm's disclosed information regarding its operations.[9] Significantly, the state has an incentive to verify the reliability of the disclosed information and to enforce its rights even when the transaction costs associated with such actions are higher than the potential immediate benefit involved.[10] As Desai notes, by auditing accounts or taking legal action against a corporation, the state induces other firms to behave.[11] This supervision activity of the government should be of especial relevance for the protection of minority shareholders' interests[12] and for the accuracy of small companies' books, which are often not legally obliged to have their accounts audited.[13]

2. The Deterrent Effect

The firm's financial results often determine the amount of control shareholders exercise over, and payments made to, corporate managers.[14] Further, the financial

[6] Id. at 5 ("[E]ffective tax enforcement makes hiding and diverting profits more difficult."). *See also* WOLFGANG SCHON, *Tax and Corporate Governance: A Legal Approach, in* Tax and Corporate Governance (Wolfgang Schon ed. 2008), at 60 ("[T]he mere existence of the corporate tax...puts an extra layer of certification on the calculation of corporate profits, in addition to the control mechanisms applied by shareholders themselves and public accountants.").

[7] Tax compliance obliges firms to disclose a significant amount of information regarding the operation of their business. In the US, apart from the information disclosed in the corporate tax return, this includes extensive transfer pricing compliance requirements (*see* IRC Section 482) and compliance with demanding anti-shelter regulations (*see* IRC Sections 6111 and 6112).

[8] In general, the regulatory strength of the state is based on its quantity of administrative personnel, available information, legal power and availability and strength of sanctions.

[9] *See* SCHON, *Tax and Corporate Governance: A Legal Approach, supra* note 6, at 60 ("As tax inspectors do not face the same collective action problems which shareholders encounter and – even more importantly – rarely are subject to the same conflict of interests as auditors are, the natural process of tax auditing proves to be helpful for the overall framework of corporate governance.").

[10] In other words, the state does not face a "free rider problem" in monitoring and enforcing its rights. *See* M. DESAI, et al., *Corporate Governance and Taxation, supra* note 3, at 38.

[11] Id. (authors refer to this phenomenon as the "spillover" effect).

[12] *See* SCHON, *Tax and Corporate Governance: A Legal Approach, supra* note 6, at 60 ("[T]he tax authorities are a major player when it comes to the protection of minority interests.").

[13] *See* id. at 66 defending this argument for Germany. Note that there is recent research presenting some evidence that tax compliance may also result in managerial benefits to small businesses. *See* PHILIP LIGNIER, *The Managerial Benefits of Tax Compliance: Perception by Small Business Taxpayers*, 7 eJournal of Tax Research 106 (2009).

[14] *See* MYRON S. SCHOLES, et al., Taxes and Business Strategy: A Planning Approach (Pearson Prentice Hall 3rd ed. 2005), at 169 (arguing that compensation contracts for top managers are often based on accounting earnings).

results of the firm generally dictate its stock value and the willingness of investors to invest in it.[15] For these reasons, corporate management retains a natural interest in reporting the highest possible profits and the lowest possible amount of losses for financial purposes. The existence of a separate corporate tax levied on corporate profits works as a friction against this natural propensity, and, thus, as a deterrent against the disclosure of fraudulent financial results.[16] The closer the relationship between financial accounting and tax accounting, and thus, the greater the potential for an effective cross-check, the stronger should be the friction.[17] That is, the higher the conformity between financial accounting and tax accounting,[18] the easier it should be for discrepancies between book income and

[15] Id. (claiming that analysts and investors use accounting numbers to price securities – both debt and equity – and arguing that managers might be concerned that reporting lower income may lead to lower stock prices and higher interest costs).

[16] See JEFFREY OWENS, *The Interface of Tax and Good Corporate Governance* 37 Tax Notes Int'l 767 (2005), at 768 ("Companies in some instances might try to inflate corporate profits for financial accounting purposes. If the financial accounting rules are also used to determine profits for tax purposes, with a resulting increased tax cost, the tax rules can act as a deterrent to profit manipulation.").

[17] See M. DESAI & D. DHARMAPALA, *Corporate Tax Avoidance and High-Powered Incentives*, 79 Journal of Financial Economics 145 (2007) (using the book-tax difference as a measure of potential tax sheltering). For the causes and the consequences of book-tax differences *see, e.g.*, G.B. MANZON & G. A. PLESKO, *The Relation Between Financial and Tax Reporting Measures of Income*, 55 Tax L. Rev. 175 (2002).

[18] In the US, several commentators have been arguing for greater conformity between financial and tax accounting rules, based on the associated reduction of compliance costs and the increased opportunities for monitoring. In Europe, the link between tax and financial accounts – although it takes varying forms and does not result in complete book-tax conformity – is more common. *See, e.g.*, Preamble to the Portuguese CIT Code (the legislator clearly identifies the financial accounting rules as a pillar of the Portuguese CIT system). Despite the strong arguments in favor of conformity, there are also good reasons for certain divergences. Fundamentally, financial and tax accounting are based on very different concepts and cultures and fulfill different objectives. Freedman, for instance, argues that "the most likely outcome in any system, whatever the starting point, should be partial convergence." *See* JUDITH FREEDMAN, *Financial and Tax Accouting: Transparency and "Truth"*, *in* Tax and Corporate Governance (Wolfgang Schon ed. 2008), at 71. According to Freedman, separate rules could be preferable to a system that purports to integrate two sets of rules but does so without clarity. Far from removing opportunities for manipulation, the interaction of two very different systems could increase the available opportunities for obfuscation. *See* id. at 72. Freedman concludes that "rather than arguing for conformity, which would then be the subject of exceptions and, thus, lack of clarity, it would be better to accept that there are differences and to make these explicit and rooted in established principles." Id. at 78. *See also* OWENS, *The Interface of Tax and Good Corporate Governance*, *supra* note 16, at 768 ("[I]n some cases, the essentially conservative nature of financial accounting rules, aimed at the protection of creditors, may not be appropriate for determining the government's share of the company's operating results.").

taxable income to attract the scrutiny of the tax authorities.[19] Due to the penalties generally associated with wrongful tax disclosure, the interest in understating profits (and overstating losses) for tax purposes should, therefore, work as a friction against the natural propensity to overstate profits (and understate losses) for financial purposes.[20]

3. The Reversal of Clientele Effect

The clientele effect assumes that investors are attracted to different firm policies, including tax policy, and that when a company's policy changes, investors adjust their stock holdings accordingly.[21] As a result of this adjustment, the stock price changes.[22] The existence of a separate tax on corporations should contribute to a significant reversal of this effect with regard to the tax factor. That is, if investors were to be directly taxed on the firm's income, the firm's tax policy would take on a distinct dimension for them. Shareholders would be more interested in controlling the operations of the firm in order to obtain a better individual tax result.[23] This could result in additional agency problems. Further, as Levmore and Kanda note, the firm's managers, who quite often are shareholders, would be more prone to act in a way most in line with their own tax circumstances or with the circumstances of the group of shareholders most willing to support them.[24]

---

[19] See SCHOLES, et al., Taxes and Business Strategy: A Planning Approach, supra note 14, at 170 (arguing that large differences between book income and taxable income can lead to greater scrutiny and audit adjustments by the IRS). See also C. BRYAN CLOYD, et al., The Use of Financial Accounting Choice to Support Aggressive Stock Positions: Public and Private Firms, 34 J. Acct. Res. 23 (1996) (reporting that managers believe that conformity results in lower tax audits). This should be especially true in the US after the introduction of Schedule M-3 to the CIT return.

[20] See M. DESAI & D. DHARMAPALA, Tax and Corporate Governance: An Economic Approach, in Tax and Corporate Governance (Wolfgang Schon ed. 2008), at 21 ("[A]t least for this sample of firms, the threat of IRS monitoring of their taxable income loomed larger than did investor monitoring of their financial statements....managers and investors appear to appreciate the role of a tax enforcement agency as a monitor of managerial opportunism.").

[21] See EDWIN J. ELTON, et al., The Ex-Dividend Day Behavior of Stock Prices; A Re-examination of the Clientele Effect: A Comment, in Investments: Portfolio Theory and Asset Pricing (Edwin J. Elton & Martin Jay Gruber eds., 1999).

[22] Id.

[23] See SAUL LEVMORE & HIDEKI KANDA, Taxes, Agency Costs, and the Price of Incorporation, supra note 3, at 213 ("[T]he separate tax on corporations 'equalizes' shareholders preferences for corporate transactions even though shareholders are in diverse individual tax circumstances").

[24] Id. This line of argument, although applying only to publicly traded corporations, has merit in light of the substantial revenue levied over these corporations under the existing CIT. See AVI-YONAH, Corporations, Society, and the State: A Defense of the Corporate Tax, supra note 3, at 1208.

4. The Control Effect

Lastly, as Avi-Yonah notes, a separate corporate-level tax allows society to limit and, to a certain degree, to control managerial power.[25] CIT limits managerial power in that levying a separate tax on corporations slows down the accumulation of corporate resources, which constitute the base of managerial power.[26] In addition, through the different incentives and disincentives it introduces to corporate activity,[27] CIT may work as a tool to control corporate behavior and, thus, to channel the use of corporate assets to uses considered valuable to society.[28]

In sum, taxing business income by levying a separate tax on corporations, as occurs under a CIT system, rather than exclusively through shareholder level taxes, gives rise to significant regulatory consequences. These consequences of CIT's existence as a separate corporate-level tax should contribute to the reduction of the firm's agency problems and to the limitation and control of managerial power.

III – THE IMPROVEMENT OF THE CURRENT CIT SYSTEM

In face of CIT's regulatory significance, tax policy should actively take into consideration CIT's regulatory functions when designing or reforming rules for taxing corporate groups.[29] The following section will suggest that traditional CIT policy criteria, such as neutrality and optimality, do not provide sufficient guidance for this type of intervention. A richer criterion that takes into consideration the regulatory functions of CIT should be applied.

[25] See Avi-Yonah, *Corporations, Society, and the State: A Defense of the Corporate Tax*, *supra* note 3, at 1244 ("[T]he corporate tax is justified as a means to control the excessive accumulation of power in the hands of corporate management, which is inconsistent with a properly functioning liberal democratic polity.").

[26] See id., at 1247.

[27] Broadly, CIT may impact the firm's behavior through several incentives and disincentives, including deductibility vs. non-deductibility, credits and exemptions, recognition vs. non-recognition, deferral of recognition vs. acceleration of recognition and relative tax rates.

[28] See Avi-Yonah, *Corporations, Society, and the State: A Defense of the Corporate Tax*, *supra* note 3, at 1255 ("Corporate taxation is an important regulatory tool and an important element in managing the delicate balance between corporations, society, and the state.").

[29] Obviously, this denotes a clear political option defending the role of the state as regulator in the economy. This should not make lose sight of the fact that governmental intervention is also vulnerable to failure. Such failure is generally attributed to several factors such as imperfect information, market distortions, etc. See, e.g., Julian Le Grand, *The Theory of Government Failure* 21 British Journal of Political Science 423 (1991).

Neutrality, Optimality and Regulation

In face of CIT's structural nature, it is utopian to think about pure neutrality in CIT. The current CIT system is inevitably distortionary. Due to its realization-based nature, it generally affects the level of risk-taking[30] and timing of trans-actions[31] and often distorts investment preferences, organizational design and structuring of transactions.[32]

---

[30] Since investment decisions are based on after-tax returns, the CIT system may discourage the undertaking of risk by taxing the rewards from an investment, and encourage the undertaking of risk by bearing a portion of the losses. In principle, pure neutrality towards risk should not be possible under a CIT system. The characteristics of the loss relief system should dictate whether a CIT system enhances or reduces the risk-taking capabilities of corporations. In general, the spectrum of loss relief under a CIT system ranges from the possibility of providing no relief for the losses incurred by a business to providing a full refund for such losses. Within these two extremes, several intermediate positions exist. In these intermediate positions, although refund is denied, a CIT system may allow for the carryover of losses to different tax years, different sources of income and/or different entities. In principle, the risk-taking consequences of these different alternatives should vary. While, theoretically, the adoption of an unlimited loss offset regime should increase the level of risk-taking, the adoption of a severely restrictive loss offset regime should tend to decrease the level of risk-taking. *See* REBECCA S. RUDNICK, *Enforcing the Fundamental Premises of Partnership Taxation* 22 Hofstra L. Rev. 229 (1993), at 273-278; MARTIN H. DAVID, Alternative Approaches to Capital Gains Taxation (Brookings Institution. 1968), at 140; MICHELLE ARNOPOL CECIL, *Toward Adding Further Complexity to the Internal Revenue Code: A New Paradigm for the Deductibility of Capital Losses* 1999 U. Ill. L. Rev. 1083 (1999), at 1107; ROBERT H. SCARBOROUGH, *Risk, Diversification and the Design of the Loss Limitations Under a Realization-Based Income Tax*, 48 Tax L. Rev. 677 (1993), at 685; EVSEY D. DOMAR & RICHARD A. MUSGRAVE, *Proportional Income Taxation and Risk-Taking*, 58 The Quarterly Journal of Economics 388 (1944), at 391ff. *See also* M. DONNELLY & A. YOUNG, *Policy Options for Tax Loss Treatment: How Does Canada Compare?*, 50 Canadian Tax Journal 429 (2002); M. CAMPISANO & R. ROMANO, *Recouping Losses: The Case for Full Loss Offsets*, 76 Northwestern University Law Review 709 (1981); ALAN J. AUERBACH, *The Dynamic Effects of Tax Law Asymmetries*, 53 The Review of Economic Studies 205 (1986); JACK M. MINTZ, *An Empirical Estimate of Corporate Tax Refundability and Effective Tax Rates*, 103 Quarterly Journal of Economics 225 (1988).

[31] The so-called "lock-in" (*i.e.*, encouragement to retain assets beyond the optimal period) and "lock-out" (*i.e.*, encouragement to sell assets before the optimal period) distortions.

[32] There is a substantial amount of research demonstrating that taxes influence corporate behavior. On the interaction of tax and corporate financial structure *see, e.g.*, ALAN J. AUERBACH, et al., *Taxing Corporate Income in* Dimensions of Tax Design: The Mirrlees Review (J. Mirrlees, et al. eds., 2010), at 858 (arguing that the observed reaction of borrowing to tax incentives confirms that the tax treatment of debt and equity influences corporate financial decisions); DAVID F. BRADFORD, Untangling the Income Tax (Harvard Univ. Press. 1999), at 105 (noting that the tax system exerts strong incentives effects on the corporation's financial choices). *See also* JOHN R. GRAHAM, *Taxes and Corporate Finance: A Review*, 16 The Review of Financial Studies 1075 (2003) (reviewing specialized literature and arguing that research often finds that taxes affect corporate financial decisions); JEFFREY K. MACKIE-MASON, *Do Taxes Affect Corporate Financing Decisions?*, 45 The Journal of Finance 1471 (1990), at 1472 (author provides clear evidence of substantial

Another possibility is to try to move the CIT system closer to a normative ideal. That is, use normative principles or optimal tax theory as guide for tax intervention. However, as already demonstrated by a number of commentators,[33] to determine whether a proposed reform moves us closer to the Haig-Simons ideal, or by that matter, any other normative tax policy ideal, is not a policy

tax effects on financing decisions); JULIAN S. ALWORTH, The Finance, Investment and Taxation Decisions of Multinationals (Basil Blackwell. 1988) (demonstrating the influence of taxation on corporate financial policy); ALAN J. AUERBACH, *Taxation and Corporate Financial Policy*, NBER, Working Paper No. 8203 (2001) (discussing the impact of taxation on corporate financial policy). On the impact of tax on organizational form *see, e.g.*, M. DESAI, et al., *Taxation and the Evolution of Aggregate Corporate Ownership Concentration* NBER, Working Paper No. w11469 (2005) (arguing that taxation can significantly influence patterns of equity ownership); STEVEN A. BANK & BRIAN R. CHEFFINS, *Tax and the Separation of Ownership and Control, in* Tax and Corporate Governance (Wolfgang Schon ed. 2008), at 157 (noting that tax can help to explain ownership structures in large companies in a particular country). *See also* R. GORDON & J. MACKIE-MASON, *How Much do Taxes Discourage Incorporation?*, 52 Journal of Finance 477 (1997) (discussing impact of taxes on incorporation); A. GOOLSBEE, *Taxes, Organizational Form and the Deadweight Loss of the Corporate Income Tax*, 69 Journal of Public Economics 143 (1998) (discussing the behavioral responses to tax incentives surrounding the choice of organizational form). On the interaction between tax and general investment decisions *see, e.g.*, BRADFORD, Untangling the Income Tax, *supra* on this note, at 108 and 112 (author notes that the corporation tax system creates strong pressures on the composition of corporate investment); DANIEL B. THORNTON., *Managerial Tax Planning Principles and Applications, in* Critical Perspectives on the World Economy, Vol. 4 (Simon R. James ed. 2002), at 119 (arguing that business decisions affect taxes and taxes affect business decisions); JOHN R. GRAHAM, *Taxes and Corporate Finance: A Review*, 16 The Review of Financial Studies 1075 (2003), at 1076 (showing that taxes can affect restructurings, payout policy and risk management and that corporate bankruptcy and highly levered restructurings have tax implications). *See also* MYRON S. SCHOLES & MARK A. WOLFSON, *The Effects of Changes in Tax Laws in Corporate Reorganization Activity*, 63 Journal of Business Finance S141 (1990) (authors present evidence that CIT law has an impact on M&A activity); ALAN L. FELD, Tax Policy and Corporate Concentration (Lexington Books. 1982) (author demonstrates influence of taxation on corporate concentration). On the interaction between tax rules and corporate governance *see e.g.*, JEFFREY OWENS, *The Interface of Tax and Good Corporate Governance* 37 Tax Notes Int'l 767 (2005); SCHON, Tax and Corporate Governance, *supra* note 3; STEVEN A. BANK, *Dividends and Tax Policy in the Long Run*, 2007 University of Ilinois Law Review 533 (2007).

[33] *See* DAVID A. WEISBACH, *Line Drawing, Doctrine, and Efficiency in the Tax Law*, 84 Cornell L. Rev. 1627 (1998), at 1628 ("[T]raditional tax policy concerns, such as whether something is 'income' within the Haig-Simmons definition, are neither helpful nor relevant to most disputes."). *See also* DEBORAH H. SCHENK, *An Efficiency Approach to Reforming a Realization-Based Tax*, 57 Tax L. Rev. 503 (2004), at 519 ("In a second best world...it makes no sense to focus on whether a particular reform moves us closer to a normative definition of income since that approach contributes nothing helpful in determining whether a reform is warranted.") and SAUL LEVMORE, *Recharacterizations and the Nature of Theory in Corporate Tax Law*, 136 Uni. Pa. L. Rev. 1019 (1988), at 1061 ("The nature of corporate tax law defies normative argumentation.").

which is bound to work in CIT's world of the second best.[34] As for optimal tax research, the existing research has not yet focused appropriately on CIT issues,[35] and thus, for the time being, its application should better be restricted to secondary guidance purposes.[36]

This paper suggests that in a second best world, *i.e.*, CIT's world, pure efficiency and regulatory considerations should guide tax intervention.[37] The principle should be that, absent agency problems and other market failures, transaction costs and other sources of deadweight loss should be reduced as much as

---

[34] For the theory of the second best *see* R.G. LIPSEY & KELVIN LANCASTER, *The General Theory of Second Best*, 24 Rev. Econ. Stud. 11 (1956). Broadly, the introduction of an improvement towards optimality doesn't necessarily result in an overall improvement if the underlying context is itself imperfect. CIT exists in an imperfect economy, *i.e.*, an economy with transaction costs and information asymmetries. In this imperfect economy, valuation of assets, knowledge of the tax rules, compliance and administration, have associated costs. These costs are the *raison d'etre* of CIT's existence and current structure. That is, CIT's two core pillars, *i.e.*, the realization concept and the tax personality of the legal person, which, in turn, explain to a substantial extent the entire mechanical structure of a CIT system, are second best approaches to CIT design. If there were no market imperfections, other solutions (*e.g.*, mark-to-market taxation) could be preferable.

[35] Under the existing optimal tax research, the impact on behavior and utility of CIT is still fairly unknown. Also, CIT is strongly determined by administrative and compliance issues, an issue generally not explored by optimal taxation due to difficulty to model these items. *See* C. HEADY, *Optimal Taxation as a Guide to Tax Policy: a Survey*, 14 Fiscal Studies 1 (1993). *But see* Slemrod's theory on optimal tax systems, JOEL SLEMROD, *Optimal Taxation and Optimal Tax Systems*, 4 Journal of Economic Perspectives 157 (1990), at 158 ("[The theory of optimal tax systems] embraces the insights of optimal taxation but also takes seriously the technology of raising taxes and the constraints placed upon tax policy by that technology. A theory of optimal tax systems has the promise of addressing some of the fundamental issues of tax policy in a more satisfactory way than the theory of optimal taxation.").

[36] This is because of the limitations of the theoretical models of optimal tax research, which usually depart from the assumption of perfect markets and no externalities. Id.

[37] On the defense of efficiency as the most appropriate way to deal with tax issues *see*, *e.g.*, NOEL B. CUNNINGHAM & DEBORAH H. SCHENK, *The Case for a Capital Gains Preference*, 48 Tax L. Rev. 319 (1993), at 370-72 ("In [a second best] world, efficiency is the touchstone."); DAVID A. WEISBACH, *An Efficiency Analysis of Line Drawing in the Tax Law*, 29 Journal of Legal Studies 71 (2000), at 74 ("Doctrinal issues of the sort that tax policy makers face on a daily basis can and should be grounded in efficiency."); DEBORAH H. SCHENK, *An Efficiency Approach to Reforming a Realization-Based Tax*; *supra* note 33, at 519 ("Whether horizontal equity has any meaning in designing a tax system, it has far less meaning in a second-best world. That is because it is impossible to tax equals equally where there is a deviation from the base that cannot be eliminated (in this case, the realization rule). Therefore it is very difficult to say whether any change in a second-best world promotes the equal treatment of equals. Since any reform will result in treating some equals equally and some differentially, efficiency should control.").

possible.[38] That is, the reduction or elimination of specific transaction costs and other sources of deadweight loss should be pursued only when such reduction or elimination does not adversely influence CIT's regulatory functions. Otherwise, the specific aspects of the CIT system under consideration may often be better maintained. By following this approach, CIT is actively contributing for a better regulatory environment in the corporate sector.

The perception of the complexity of the suggested tax intervention should serve not to bar its intervention but to place very strict limitations on that intervention.[39] That is, interventions should be cautiously made, as far as possible in limited areas where it is easier to consider and control potential collateral effects of the tax rules as well as the interaction with the frictions imposed by other regulatory areas. In addition, a streamlining of current CIT policy objectives is required. Specifically, this paper is not concerned with equity and anti-concentration issues.[40]

---

[38] *See* DAVID M. DRIESEN & SHUBHA GHOSH, *The Functions of Transaction Costs: Rethinking Transaction Cost Minimization in a World of Friction*, 47 Ariz. L. Rev. 61 (2005), at 103 ("If a particular transaction cost serves no function at all, it constitutes waste and deserves elimination."). *See also* DAVID A. WEISBACH, *Line Drawing, Doctrine, and Efficiency in the Tax Law, supra* note 33, at 1655 ("The efficiency goal for tax policy is to find the tax that causes the lowest deadweight loss.").

[39] The control of CIT's consequences on firm behavior is very complex. The behavior of a firm towards tax has been shown to vary based on many factors, namely, the tax position of the taxpayer, the strength of the tax incentive or disincentive armory, the existence of frictions or incentives in other regulatory fields and the existence and cost of alternative behavioral routes. Even more general characteristics, such as the stage of development of the firm, its financing constraints, business prospects and risk-taking profile can influence the reaction of the corporate taxpayer to the tax rules. *See, e.g.,* DEBORAH H. SCHENK, *An Efficiency Approach to Reforming a Realization-Based Tax; supra* note 33, at 509-512; DAVID M. SCHIZER, *Frictions as a Constraint on Tax Planning*, 101 Columbia Law Review 1312 (2001), at 1323-1334; CUNNINGHAM & SCHENK, *The Case for a Capital Gains Preference, supra* note 37, at 351-353; SCHOLES, et al., Taxes and Business Strategy: A Planning Approach, *supra* note 14, at 9, 155-169, 167-176; JOSEPH BANKMAN, *The New Market in Corporate Tax Shelters*, 83 Tax Notes 1775 (1999), at 1776; DANIEL B. THORNTON, *Managerial Tax Planning Principles and Applications, supra* note 32, at 150.

[40] Following other commentators, this paper proposes that equity issues may be better dealt with at the shareholder's level, *i.e.,* with personal income taxation rules or, alternatively, with adjustments to the CIT rate structure (*i.e.,* different tax rates applicable to different classes of corporate taxpayers). *See* DAVID A. WEISBACH, *An Efficiency Analysis of Line Drawing in the Tax Law, supra* note 37, at 74 (defending that decisions regarding redistribution should be left for adjustments to the rate structure). As for economic concentration, it would be better dealt with by non-tax law frictions, namely, anti-trust laws. To tam economic concentration would create a paradoxical opposing objective. It is better for CIT to pursue solidly one objective and leave other opposing objectives to be pursued by existing non-tax law frictions. *See* DAVID M. SCHIZER, *Frictions as a Constraint on Tax Planning, supra* note 39 (Author discusses affirmative use of non-tax law frictions in tax law).

The next section will apply these policy principles to the taxation of corporate groups. That is, it will discuss ways in which the current CIT system may be improved through reduction of deadweight loss without adversely affecting its regulatory functions. The following section will, first, analyze the fundamental traits of corporate groups and, then, based on such analysis, identify the main sources of deadweight loss that may arise when groups are taxed under the "Standard" CIT System.[41] Subsequently, based on the principles suggested above, the paper will discuss potential improvements to the CIT system.

A. The Nature of Corporate Groups

1. Unitary Economic Direction and Organized Internal Markets

Corporate group members submit to a unitary business policy.[42] This unitary business policy, which covers most business areas (including marketing, production and sales, research and development, financial and labour policy), submits group members to a global business strategy whereby assets, profits and personnel are transferred to those affiliates where the return on capital is highest (for comparable risks).[43] This allocation of the overall group resources to those members that can earn the highest rate of return has two crucial, and interrelated, consequences to the group. First, it allows the group to maximize its overall profitability (since its resources are always being put to their highest economic use) and, second, it generates a competitive market dynamic among its constituency.[44]

The internal economic dynamic that results from the interaction of these two phenomena gives the corporate group the characteristics of an "internal" or "organized" market.[45] That is, the different operating units of the corporate

---

[41] Hereinafter, "Standard CIT System" refers to the CIT system rules with the exclusion of Group Taxation regimes.

[42] *See* RICHARD CAVES, Multinational Enterprise and Economic Analysis (Cambridge University Press 2nd ed. 1996); DEREK F. CHANNON & MICHAEL JALLAND, Multinational Strategic Planning (Macmillan. 1978); MICHAEL BROOKE & H. LEE REMMERS, The Strategy of Multinational Enterprise (Pitman 2nd ed. 1978); PHILLIP BLUMBERG, The Law of Corporate Groups – Problems of Parent and Subsidiary Corporations under Statutory Law of General Application (Little. 1989); TOM HADDEN, *Inside Corporate Groups*, 12 International Journal of the Sociology of Law 271 (1984).

[43] Id.

[44] Id. *See also* GUNTHER TEUBNER, *The Many-Headed Hydra: Networks as Higher-Order Collective Actors*, *in* Regulating Corporate Groups in Europe (D. Sugarman & G. Teubner eds., 1990).

[45] *See* GUNTHER TEUBNER, *Unitas Multiplex: Corporate Governance in Group Enterprises*, *in* Regulating Corporate Groups in Europe (D. Sugarman & G. Teubner eds., 1990), at 82 (The modern corporate group is "an organized market...which replicates within its internal boundaries the structures of both firm and market.").

group effectively compete against each other for communal group resources in a struggle coordinated by the price mechanism: each corporate member must provide to the collective entity the highest possible return on a specific resource to keep it. However, this competition does not have the same characteristics of the one found in the open market. In the "organized internal market,"[46] the collective interest is also present. Thus, an individual unit may compete with other group members only up to the point in which its individual interests collide with the collective interest of overall profit maximization. In addition, although quasi-market principles dictate the location of group resources, it is the hierarchical decision of the headquarters that effectively allocates them to the individual group member. In this "organized internal market," the open transferability of assets and income between group members is essential to ensure that the group's resources are constantly being put to their highest economic use and, thus, to ensure the economic viability of the corporate group.

2. The "Chameleon-like" Governance Structure

In order to ensure the constant maximization of overall profits in the "organized internal market," the corporate group possesses a mechanism of self-regulation and control, based on the "double orientation" of the actions of its members. That is, in the context of a group, "individual actions...are simultaneously and cumulatively oriented both to the common goal and to the individual goals of the members"[47] with "no normative primacy of one orientation or the other."[48] As a consequence of the absence of a higher ranking guiding principle, the pondering of a corporate member's "dual-oriented" action will always involve a certain degree of decision-making subjectivity.

In this subjective process of pondering decisions according to equally ranking individual and collective interests lies the main mechanism of the corporate group for self-regulation and self-control. That is, the subjective balance of interests operated in each individual decision of group members allows the group, as a collective whole, to constantly control its constituent parts (in that incentives or disincentives may be introduced through discriminate decision-making) and to continually adapt itself to the outside environment (in that each corporation may alter the overall internal dynamic of the group through the balance of interests it introduces in each action that it takes). Thus, this internal

---

[46] This paper has adopted this terminology since it considers that it better encapsulates the internal economic dynamics of modern corporate groups.

[47] See TEUBNER, *The Many-Headed Hydra: Networks as Higher-Order Collective Actors, supra* note 44, at 50.

[48] Id., at 51.

decision-making system turns the corporate group into a "multi-stable" enterprise with an ever changing internal governance structure. [49]

Due to the action of this decision-making system, the corporate group's governance structure may assume an indeterminate variety of forms and characteristics, depending on the blending of market and hierarchy, contract and organization, strategically implemented at each moment. Thus, for instance, the corporate group's management policies may limit the parent corporation's control of subsidiary affairs to the minimum level required to ensure a common economic direction throughout the corporate group (normally, through a control of the so-called strategic management area) or, inversely, they can implement a tight monitoring of all subsidiary business activity.[50] As a result of this chameleon-like governance structure, the functional structures of corporate groups may often deviate from their legal structures.[51] Although both structures may eventually coincide, they are increasingly diverging in modern large corporate groups.[52] As will be discussed, this divergence is of extreme importance for CIT due to the emphasis it lays on legal form.

3. Organizationally-Bound Property Rights

Under the classical corporate law paradigm, self-sufficiency and self-governing characterizes a corporation.[53] That is, the corporation, endowed with legal personality, exercises sovereignty over its decisions. As a self-sufficient and self-governed legal person, the corporation owns assets and liabilities and possesses

---

[49] See TEUBNER, *Unitas Multiplex: Corporate Governance in Group Enterprises*, *supra* note 45, at 84.

[50] There is a significant variation in the centralization of management policies depending on such general factors as group's size, industry sector, organization of production lines or degree of group's diversification. In addition, factors such as the nationality of parent and subsidiary, subsidiary's size or overall performance and age, may also have a bearing on the definition of management policies. Substantial variations in management policies may also result from the legal and economic characteristics of the parent-subsidiary relationship or the group's economic, social and legal environment. *See* JOSÉ ENGRÁCIA ANTUNES, Liability of Corporate Groups: Autonomy and Control in Parent-Subsidiary Relationships in US, German and EU Law, *supra* note 4, at 191-208.

[51] That is, the design of a group's functional structure follows a different rationale from the one that generally underlies the design of its legal structure. The concerns associated with the legal structure include, for instance, the insulation of liability of specific parts of the group's business or legal and/or practical requirements imposed by operations in a foreign country.

[52] *See* TOM HADDEN, *Inside Corporate Groups*, 12 International Journal of the Sociology of Law 271 (1984), at 279 ("[T]here is an increasing divergence between legal and managerial structures in these large corporate groups").

[53] *See* JOSÉ ENGRÁCIA ANTUNES, Liability of Corporate Groups: Autonomy and Control in Parent-Subsidiary Relationships in US, German and EU Law, *supra* note 4, at 56-64. *See also* J. FARRAR, Company Law (Butterworths 4th ed. 1998).

organs which allow it to form its own will. However, the sovereign nature of the corporation is distorted when it is controlled by another corporate entity and, thus, submitted to an external (and potentially differing) interest.[54] In this situation, the controlled corporation may lose its status as a self-determined entity and become an entity subject to an alien hierarchical structure that favours a higher collective interest over its own.[55]

In particular, the existence of a unitary economic direction in the group (crucial for its existence as an "organized internal market") may relegate the particular economic interest of a subsidiary in support of the common objective of overall profit maximization. In addition, because a corporate group does not possess a formal organizational structure, and, thus, generally builds its structure using the organs of its members as if they were its own, intercorporate control tends to result in significant distortions to the original attributes of the corporation's organs. These distortions jeopardize the foundations of the corporation's legal personality.[56]

In particular, the main distortions to the corporation's organizational structure tend to occur at the level of the board of directors and the general meeting of shareholders. Basically, there is a dissipation of the legal powers of the general meeting of shareholders and an associated enhancement of the real powers of the board of directors.[57] In contrast to the classic corporate law paradigm where the general meeting of shareholders is the "supreme organ of the organizational hierarchy endowed with sovereign powers on major issues of corporate life," in an affiliated corporation the board of directors tends to be the core decision-making organ.[58] This "strengthened" board of directors acts strictly in

---

[54] Id.

[55] See TEUBNER, *Unitas Multiplex: Corporate Governance in Group Enterprises, supra* note 45, at 82ff.

[56] See JOSÉ ENGRÁCIA ANTUNES, Liability of Corporate Groups: Autonomy and Control in Parent-Subsidiary Relationships in US, German and EU Law, *supra* note 4, at 64-80.

[57] Id.

[58] See JOSÉ ENGRÁCIA ANTUNES, Liability of Corporate Groups: Autonomy and Control in Parent-Subsidiary Relationships in US, German and EU Law, *supra* note 4, at 56-80. This organizational mutation is confirmed by theories on the evolution of the modern enterprise that describe it as a constellation of corporate sub-units whose direction and coordination is achieved through a hierarchical network headed by managers. See ALFRED D. CHANDLER, Strategy and Structure: Chapters in the History of American Enterprise (MIT Press. 1962) at 30. *See also* ALFRED D. CHANDLER, The Visible Hand: the Managerial Revolution in American Business (Harvard University Press. 1977) at 320; MELVIN EISENBERG, *The Legal Role of Shareholders and Management in Modern Corporate Decision-Making*, 57 Univ. Cal. L. Rev. 1 (1969).

accordance with the directives of the headquarters, and, thus, possesses a mere limited sovereignty over the corporation's decisions and existence.[59]

Thus, due to the group's unitary economic direction and to the group's "appropriation" of the corporation's organizational structure, the corporation that is a member of a corporate group possesses, in practice, only limited ownership rights over its assets (instead of an autonomous patrimonial endowment) and relies on organs of other group corporations for many of its decision-making capabilities (instead of relying on its autonomous organizational structure).[60] This distorts the foundations of the corporation's legal personality (*i.e.*, its capacity of action and its legal capacity),[61] and gives rise to a different type of property rights within the groups, the so-called "organizationally-bound" property rights.[62]

In sum, corporate groups may be fundamentally defined by their unitary economic direction, organized internal market dynamics, chameleon-like governance structure and organizationally-bound property rights. The next section will analyze the problems that these characteristics pose to the Standard CIT system.

B. The Nature of the Tax Problem

As discussed above, a group requires assets and cash to be transferred between its nodes so that its organized internal market may operate efficiently. These transfers occur among different nodes of the group, such as sister to sister, subsidiary to parent or members located in different tiers.

The transfer may occur directly (*e.g.*, corporation A2 to corporation P using transactional route T5) or indirectly (*e.g.*, corporation A2 to corporation P using transactional routes T2 and T1 or T2, T3 and T1') and may assume different formal characteristics.[63] In most cases,[64] a corporate group, due to its unitary economic direction and chameleon-like structure, may with relative ease manipu-

---

[59] *See* José Engrácia Antunes, Liability of Corporate Groups: Autonomy and Control in Parent-Subsidiary Relationships in US, German and EU Law, *supra* note 4, at 99-108.
[60] Id.
[61] Id.
[62] *See* Teubner, *Unitas Multiplex: Corporate Governance in Group Enterprises*, *supra* note 45; and Teubner, *The Many-Headed Hydra: Networks as Higher-Order Collective Actors*, *supra* note 44.
[63] For instance, a downward flow of assets (P to A1 using transactional route T1) may be structured as a capital contribution, a sale or a merger. The different formal characterization of the transaction should generally entail different tax consequences.
[64] Notable exceptions are transactions that have to forcefully be implemented in a certain way due to other business aspects. *See, e.g.*, Martin D. Ginsburg & Jack S. Levin, Mergers, Acquisitions, and Buyouts (Aspen. 1999).

late both these elements. That is, due to its nature, a group may easily select different transactional routes and legal forms to implement an intra-group transfer of assets or cash.[65]

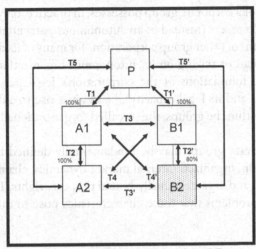

TRANSACTIONAL FLOWCHART

Diagram # 1

The Standard CIT System, due to its characteristics, is not well adapted to deal with this type of creature. That is, the CIT system is generally based on the formal characterization of a transaction and ownership thresholds to define its tax consequences.[66] Different transactional flows present a different number of available

---

[65] This is because, first, each individual transaction is generally subject to the whole group interest and may benefit from the whole group resources. Second, the group has a volatile nature, in that new nodes may be introduced in the group or eliminated from it. Finally, the webs of ownership inside the group and the functions performed by each legal entity, although often subject to business and operational restraints, may also, as a matter of principle, be manipulated by the group. Therefore, even fundamental defining elements of a group such as its ownership or functional structures may sporadically be manipulated. We are in presence therefore of a very flexible entity with characteristics that significantly differentiate it from a single corporate entity. *See* discussion *supra* at section III.A.

[66] Due to the realization requirement, tax consequences occur only once there is a *qualifying* transfer of property between different legal entities. The determination of what amounts to a qualifying transfer of property for tax purposes is inextricably connected to commercial law concepts, such as control and continuity of business interest. In many cases, such concepts may be manipulated with relative ease by corporate groups. *See* discussion *supra* at section III.A.

transactions.[67] Since tax characterization is mostly based on legal classification,[68] a different formal characterization of a transaction in each of these transactional flows should often result in a different tax treatment of the transaction.

In essence, a corporate group navigates through complex transactional maps defined by tax law, which vary depending on the good to be transferred, ownership threshold in the corporate group member, and the legal form adopted to implement the intra-group transfer. Its expected behavior will be to choose the correct mix of these elements that better serves its interests,[69] namely, to transfer assets and/or cash from one subsidiary to the other minimizing the transfer costs (including taxes) and general operating costs in order to maximize profits.[70] This interest is also reflected on its interest to generate and use tax losses, which reduce taxable income, and thus, tax amount payable. Since in the current CIT system the use of tax losses is subject to asymmetries in the form of several basket restrictions,[71] groups may also often be interested in changing the character, source or timing of the loss so that it can be better availed of.

---

[67] For instance, on the downward and upward flows a larger number of direct transactions are available due to the direct stock relationship than on transversal flows.

[68] *See* LEWIS R. STEINBERG, *Form, Substance and Directionality in Subchapter C*, 52 Tax Law. 457 (1999).

[69] The option will generally consist in choosing between taxability and non-taxability of the transaction. This will generally depend on the tax attributes of the entities involved, fundamentally tax basis amounts and available carryovers of tax losses, and, in certain cases, the possibility offered by a transaction to carryover tax attributes. This option, when we are in the presence of a corporate group, due to its unitary economic direction, will be fundamentally different from the one of an economically independent corporation. Specifically, the group may be expected to maximize its overall tax attributes in a transaction. This attitude, fostered by the judicial culture in the US and UK that tends to defend the taxpayer's ability to legitimately reduce its tax costs, often leads to the implementation of transactions with a structure that would never exist absent the need to make use of overall group tax attributes. These tax-motivated transactions generally result in substantial deadweight loss, both for corporate groups and the state.

[70] This flexibility occurs essentially because CIT is built around realization. Specifically, in a realization-based tax system, taxpayers are relatively free to determine the occurrence, value and timing of a transfer as well as its legal characterization. When parties are unrelated, there is a differing economic interest of both parties to the transaction, which works as a friction to tax law. However, when parties are related, this friction is absent and thus the system collapses. That is, when parties are subject to a unitary economic direction, as in the case of corporate groups, these elements (*i.e.*, occurrence, value, timing and legal characterization of the transaction) may be manipulated with relative ease due to the unity of the underlying economic interest. This flexibility, coupled with the developments operated in recent years at the level of financial innovation (*e.g.*, hybrid financial products that mix debt and stock characteristics), puts an added pressure on anti-abuse rules and judicial doctrines such as substance over form and step transaction.

[71] In particular, character (*i.e.*, ordinary and capital losses may only be used to offset their respective type of income), entity (*i.e.*, entity may only use its own losses against its own income) and tax year (*i.e.*, losses may only be used in the tax year at stake or within a limited number of years) restrictions.

In short, the Standard CIT System is structurally asymmetrical and corporate groups, due to their unitary economic direction and chameleon-like governance structures, are able to manipulate with relative ease most of such asymmetries to their advantage.[72] This fact led to the development of a complex arsenal of anti-abuse rules[73] and placed additional pressure on judicial anti-abuse doctrines.[74] This, in turn, contributed to the fostering of organizational and transactional complexity within corporate groups.

This state of affairs results in substantial deadweight losses both for the state and corporate groups. As far as groups are concerned, first, the search for tax-favored treatment often leads to the implementation of more complex (and generally more costly) transactions than would be required otherwise.[75] This results in substantial deadweight loss, not only due to the increase in transaction costs,[76] but also because the increase in the complexity of internal group flows due to tax planning makes the group more opaque from an informational perspective.[77] That is, this increased internal transactional complexity makes it harder for top management and other stakeholders to be accurately informed about the operations of the group.

Second, when the tax factor is taken into consideration, often the economic efficiency gain of an intra-group transaction is not sufficient to offset its associated tax costs and, thus, the transaction is not implemented or is implemented

[72] The root of these structural asymmetries lies primarily on the policy-based distortions introduced to realization. In order to accommodate policy considerations, realization is made asymmetrical in that not all realization events necessarily result in the taxability of the transaction, *i.e.*, on a so-called "recognition event" This is a source of discontinuities in the tax law, which fosters tax planning behavior.

[73] Such as the thin-cap rules, transfer pricing rules, complex ownership standards, complex rules for determination of tax classification of legal instruments, etc.

[74] Such as the substance-over-form doctrine, step transaction, etc.

[75] For instance, implementation of a merger instead of a straight asset sale or several transactions instead of only one (*e.g.*, capital contributions in cascade instead of a straight asset sale to a lower tier subsidiary). *See* THORNTON, *Managerial Tax Planning Principles and Applications*, supra note 32, at 147 ("A corollary to the Coase Theorem is that people will engage in tax arbitrage up to the point where the marginal costs of performing the arbitrage are equal to the marginal gains.").

[76] While in certain cases transactions costs have a relevant function, in a corporate group setting there is no apparent added value in paying more or implementing more complex transactions to achieve the same end economic result. Thus, these costs should generally constitute pure deadweight loss.

[77] *See* MYRON S. SCHOLES & MARK A. WOLFSON, *The Effects of Changes in Tax Laws in Corporate Reorganization Activity, supra* note 32, at S144 ("[I]n designing an organization, tax considerations and information-related transaction cost considerations are often in conflict with one another.").

outside its optimal timing.[78] Accordingly, a second best option in terms of economic efficiency is maintained, in that assets or income are kept within a corporate member that does not ensure the best economic return for their use. In these situations, CIT interferes with the flexibility of corporate groups to transfer resources between their constituent parts and, thus, negatively influences their "organized internal market" dynamics.

Finally, the adaptation of corporate groups to the asymmetries of the CIT system tends to result in a rigidification of their organizational and operational structures.[79] This rigidification, in turn, reduces the corporate group's capacity of adaptation to outside disturbances, what may penalize its economic performance. As discussed above, the flexibility to create functional structures that deviate from legal structures is important to allow for the constant adaptability of corporate groups to their economic reality.

In sum, the Standard CIT System results in substantial deadweight losses for corporate groups. In addition, this state of affairs is also harmful to the state, due to the increase in administration and supervision costs. The next section will examine some technical solutions that attack the sources of these deadweight losses,[80] and consider whether their reduction or elimination limits in some way the regulatory functions of the CIT system.

[78] Apart from the cost of the tax payment itself, CIT results in significant additional transaction costs to corporate groups. This includes information costs to determine applicable rules, compliance costs and tax planning costs (including lawyer's fees and financial professional advice).

[79] This rigidity follows from three main reasons. First, tax planning may result in a higher centralization of management policies than otherwise required. See SCHOLES, et al., Taxes and Business Strategy: A Planning Approach, supra note 14, at 168. Second, due to the transaction costs associated with the definition and implementation of corporate structures, once a certain structure is implemented to benefit from a tax advantage, it is likely to remain in operation for a certain time. Finally, due to the application of anti-abuse rules, the corporate structure existing at the time of the transaction may have to be kept in place for a certain period in order for the tax treatment afforded to the transaction to be respected. See, e.g., in the US, IRC Section 368 (requiring a post-acquisition continuity of business); IRC Treas. Reg. Section 1.355-2(d) (imposing restrictions on post-distribution sales); IRC Section 382 and IRC Treas. Reg. Section 1.368-1(d)(disallowing carryover unless business-enterprise continuity exists for two years after the limitation-triggering event and subjecting built-in losses to limitation if they are recognized during the five-calendar-year post-change recognition period). Although flexibility may be possible in certain cases, it usually comes at a higher cost. The situation may be especially damaging where the functional or legal structure adopted to benefit from tax advantages or avoid the application of specific anti-abuse rules is sub-optimal from a transaction cost or agency perspective.

[80] Fundamentally, the asymmetric nature of the CIT system.

C. The Curtailing of Deadweight Loss When Taxing Corporate Groups

This section will examine certain technical solutions that attack, in different ways and to a different extent, the sources of the deadweight losses discussed above. Then, it will consider whether their proposed reduction or elimination limits in some way the regulatory functions of the CIT system.

1. Technical Solution A (Full Integration)

Under the Standard CIT System, a corporation generally has three fundamental attributes, that is, the tax basis of its stock (or outside basis), the tax basis of its assets (or inside basis) and its taxable income or loss, either ordinary or capital.[81] This dual basis concept is a crucial characteristic of corporations for CIT purposes. Although the fair market value ("FMV") of stock and underlying assets is the same, each has an independent value for tax purposes.[82]

The dual basis is the source of many of the problems that the Standard CIT System faces to tax corporate groups.[83] For that reason, under Technical Solution A (*i.e.*, full integration system) there is a sole stock basis for parent and corporate group members.[84] That is, outside basis is extinguished for all corporate group members, except the parent corporation and, thus, there is no difference between inside and outside basis at the level of corporate group members.

Importantly, the elimination of outside basis allows for an associated elimination of individual tax attributes of all corporate group members, except for the parent corporation.[85] This means that there is a unified tax calculation of tax attributes for all corporate group members and that all tax tracking is operated exclusively at the parent corporation's level.

---

[81] Taxable loss, both ordinary and capital, may respect to prior tax years (*i.e.*, so-called accumulated tax losses).

[82] The determination of the initial amount of basis depends on the source of the taxpayer's ownership of property. *See* GLEN ARLEN KOHL, *The Identification Theory of Basis*, 40 Tax L. Rev. 623 (1985). Basis records origin, nature and life of assets and stock. Fundamentally, it records the amount of already taxed income. As Kohl notes, in many respects, the "role of basis in the tax law is to identify the portion of a taxpayer's wealth that is exempt from future income taxation." *See* id., at 623.

[83] The existence of a dual basis presupposes the creation of separate tax attributes for each corporate group member, creates potential for manipulation of asset vs. stock transactions and generates double counting problems.

[84] This technical solution requires complete or almost complete ownership. It is designed based on the US Check-the-Box regime and consists in treating corporate group members as divisions, for tax purposes, of their parent.

[85] This is because, for tax purposes, by losing stock basis the entity is actually treated as a division of its parent.

This method of taxing corporate groups reduces the opportunities for manipulation of the CIT system and its associated complexity. Intra-group transactions, in whichever form or direction, may be effectively disregarded for tax purposes. That is, within the boundaries of a fully integrated corporate group, flows of cash and assets may occur without any tax consequences, both in upward, downward and transversal flows, independently of their formal characterization (*i.e.*, irrelevant for tax purposes if transactions are characterized as loan, capital contribution, distribution, etc.) and of the corporate group member that undertakes such transaction.[86]

Thus, within the boundaries of a tax integrated group directionality and formal characterization of transactions are irrelevant. A corporate group member may transfer assets independently of their attributes for tax purposes (*i.e.*, built-in gain or built-in loss assets), in whichever direction or form, to other fully-integrated corporate group members without any tax consequences. In contrast to the Standard CIT System, line-drawing in intra group transactions is completely eliminated.[87]

This model, despite the appeal of its mechanic simplicity, has certain problems. First, and fundamentally, with incomplete ownership, the attribution of an outside basis to each corporate group member is advisable in order for the tax system to operate properly and, thus, the tax existence of group members may not be completely eliminated for tax purposes. This is due to two reasons. First, since we may be considering a corporation with listed shares, once a corporate group member has more than one shareholder, the tax system must attribute an outside basis to each shareholder for it to be able to trade freely on its stock. Second, where a flow-through regime is applicable to a corporation that is owned by more than one shareholder, the tax system might well attribute an outside basis to each shareholder in order to keep track of taxed amounts, distributions and tax attributes (*e.g.*, losses and deductions) that flow-through to the shareholders. In these cases, outside basis should allow the tax system to allocate the tax attributes of the flow-through entity among its shareholders and to avoid potential situations of double or no taxation.[88]

---

[86] For instance, group restructurings are facilitated in that no tax planning is required to ensure that the merger or spin-off qualifies under the relevant legislation. All intra-group restructurings are regarded as a mere internal transfer of assets (even if only stock is transferred) without any tax consequences.

[87] *See* DAVID A. WEISBACH, *An Efficiency Analysis of Line Drawing in the Tax Law, supra* note 37, at 71 ("Lines should be drawn so that a transaction or item is taxed like its closest substitute.").

[88] We note, however, that this second hurdle is somewhat relative. For instance, the UK tax system manages to tax partnerships without recognizing partnership interests as assets. Partners are simply considered to own the appropriate share of each asset. Thus, tax attributes associated

A further set of problems relate to the interaction of this model with the Standard CIT System. Consider the group's relationship with outside parties. Although the stock basis of Tax Group members is eliminated, their stock may still be sold to outside parties. When that occurs, the issue that arises is what should be the tax value of the stock. A straightforward solution is to treat the sale of stock as a sale of the underlying assets.[89] In such case, inside basis could dictate the amount of capital gain (or loss) on the stock sale. In principle, this capital gain (or loss) would be recognized at the level of the parent corporation, the only entity with tax attributes under this model.[90]

The treatment given to an entity's tax attributes once it enters or leaves a fully integrated tax group produces a further interaction problem with the Standard CIT System. A possible solution for pre-entry tax attributes may be to eliminate all the entity's tax attributes upon entry to the Tax Group. In such case, the outside basis of the corporate group member, together with all remaining tax attributes, would be eliminated without recognition of gain (or loss) by any member of the Tax Group. In principle, the inside basis for all assets would carryover. This type of solution, although more restrictive to the taxpayer in that all of its pre-entry tax attributes would be effectively lost, remains attractive because of its simplicity and difficulty to manipulate.[91]

An alternative solution, more beneficial to the taxpayer but with higher associated complexity, assumes a tax-free liquidation to the parent corporation upon entry of the new corporate group member and allows the carryover of old tax attributes of the new corporate member to the group's parent. In this case, all assets, liabilities, and items of income, deduction, and credit of the entering corporation would be treated as assets, liabilities, and items of income, deduction and credit, of the group's parent. In principle, the transfer of assets and

---

with assets are allocated to partners directly. Recognizing partnership interests (outside basis) makes it easier to keep track of items that flow through to shareholders, but also runs the risk of mismatches and adds its own layer of complexity, as we see in the US.

[89] There are more elaborate solutions for this problem such as the so-called "asset-based" model implemented under the Australian Group Taxation regime. Its high complexity, however, makes it far less appealing as a solution to this problem.

[90] This is the solution that the US CIT system adopts for entities that classify as disregarded entities under the Check-the-Box regime. Under this type of solution, since the sale of stock is the sale of the underlying assets, an issue arises as to whether stock may classify as an asset used in the trade or business and thus, under the generally applicable rules, whether the respective sale gives rise to ordinary income (or losses) instead of capital gains (or losses). This issue should be less relevant in jurisdictions, such as those in Continental Europe, that have not formally implemented an ordinary income/capital gain divide.

[91] That is, this solution eliminates the potential for tax planning operations aimed at importing losses into the fully integrated tax group by acquiring corporations with accumulated losses.

the deemed liquidation would be disregarded for tax purposes.[92] However, this solution should require complex rules to avoid abuses (*e.g.*, limiting the use of pre-entry losses to income derived by the corporate group member), and more complex tax accounting.

As for the exit of a Tax Group member, a potential solution could be to treat the departing corporate group member as a new corporation acquiring all of its assets and assuming all of its liabilities. In such case, the departing Tax Group member would take a cost-basis in its assets, which should determine the value of its new stock basis. In addition, the carryover of any attributes generated while it was a member of the Tax Group could be simply disallowed.

Thus, although the interaction of the full integration model with the Standard CIT System raises mechanic issues, they could, in principle, be dealt with using more or less restrictive mechanic solutions. Although this issue will not be subject to further development in this paper, we note that it must be carefully considered by the legislator to avoid potential loopholes or malfunctions of the tax system.

The relationship of the full integration model with other regulatory fields presents another area of trouble. Fundamentally, the implementation of this model is subject to a corporate law and accounting analysis of the feasibility of making the tax treatment independent of the corporate law treatment. In the US, as the recent experience with the Check-the-Box regime demonstrated, this should pose no insurmountable problems.[93] However, in jurisdictions that more closely align corporate law and corporate income tax law, to totally disregard the separate tax existence of a corporation for tax purposes may be more troublesome.[94]

Finally, the elimination of the separate tax existence of corporate groups raises international tax issues. Although these issues remain outside the scope of this paper, it is worth noting that the application of tax treaties to the disregarded corporate group members, the classification of disregarded corporate group members for foreign tax purposes, and the treatment of foreign losses must be analyzed once one considers the implementation of this model. The

---

[92] *See* similar policy for QSub corporations at IRC Treas. Reg. Section 1.1361-4.

[93] *See, e.g.,* HUGH DOUGAN, et al., *"Check-the-Box" – Looking Under the Lid* 75 Tax Notes 1141 (1997).

[94] For instance, which entities are deemed liable for the payment of the group's tax liability; what happens in terms of court proceedings, etc. *See* BERTIL WIMAN, *Equalizing the Income Tax Burden in a Group of Companies*, 28 Intertax 352 (2000), at 353. In certain countries, an issue also arises regarding the legal grounds for the tax pooling of profits and losses. For example, in Germany a legal contract between corporate group members is required in order to implement tax consolidation. *See* IFA, Group Taxation (Sud Fiscale & Financiële Uitgevers. 2004), at 43.

US experience with the Check-the-Box regime should provide a rich source of analysis of potential problems and solutions in this field.[95]

In sum, the full integration model presents considerable advantages to tax corporate groups, reducing opportunities for manipulation of the CIT system and its associated complexity. However, it presents certain implementation issues. Although the interaction of this model with the Standard CIT System raises certain mechanical issues, it appears as if they can be dealt with through the use of more or less restrictive mechanic solutions. This is an issue that the legislator must carefully consider. The model's relationship with other regulatory fields and with the international tax environment incorporates more complex issues. Fundamentally, in order to avoid complexity and abuses, careful analysis must precede potential implementation.

2. Technical Solution B (Partial Integration)

For purposes of this paper, it suffices to say that there are special taxation regimes in certain jurisdictions, including the UK, that allow for partial integration solutions.[96] A corporate group member may generally access these regimes provided that there is a significant control (*e.g.*, 75% ownership threshold in the UK and 80% ownership threshold in the US)[97] of the parent corporation over such corporate group member. Broadly, these special regimes generally allow, to a varying degree and in different ways, for the offset of profits and losses among corporate group members and for the deferral of tax on certain intragroup transfers. There are several group taxation models with different rules to attain one or both objectives.[98]

---

[95] In this regard, *see, e.g.*, ALICE G. ABREU, *Making Something Out of Nothing: Tax Planning With Disregard Entities in* Tax Planning for Domestic & Foreign Partnerships, LLCs, Joint Ventures & Other (Practising Law Institute ed. 2004); REUVEN S. AVI-YONAH, *To End Deferral As We Know It: Simplification Potential of Check-the-Box* 74 Tax Notes 219 (1997); DANIEL S. MILLER, *The Strange Materialization of the Tax Nothing* 87 Tax Notes 685 (2000).

[96] *See, e.g.*, DIETER ENDRES, *The Concept of Group Taxation: A Global Overview*, 31 Intertax 349 (2003); WIMAN, *Equalizing the Income Tax Burden in a Group of Companies, supra* note 94; IFA, Group Taxation, *supra* note 94; ANTONY TING, *Policy and Membership Requirements for Consolidation: A Comparison Between Australia, New Zealand and the US*, 3 British Tax Review 311 (2005); J. RICHARD, *Comparison Between UK and French Taxation of Group Companies*, 31 Intertax 20 (2003); ABADAN JASMAN & JUNAID SHAIKH, *Developments and New Ideas in the Group Relief Framework*, 8 IBFD Asia-Pacific Bulletin 334 (2002); DUBROFF, Federal Income Taxation of Corporations Filling Consolidated Returns (Matthew Bender. 2005).

[97] The definition of control in both jurisdictions is subject to severe standards.

[98] For example, a group taxation system may allow a corporate group to compute the tax liability of its members on a consolidated or combined basis. In other cases, as in the UK, it simply allows, on a case by case basis, for individual tax attributes to be transferred among affiliated corporations.

That is, these regimes aim to achieve similar aims to those achieved by Technical Solution A, but because the dual basis is maintained for each corporate group member, many of such objectives are not completely achieved, while others are achieved with additional complexity.

3. Technical Solution C (The "Molecular Group Taxation System")

The "Molecular Group Taxation System" proposal is based on the integration of Technical Solution A with a partial integration solution that allows, on a case by case basis, for individual tax attributes to be transferred among affiliated corporations, and that makes use of a participation exemption instead of a floating outside basis (as currently occurs under the US Consolidated Return rules) to deal with the double counting problem.[99] That is, a partial integration solution following mechanic principles similar to those of the UK Group Taxation regime. Under this proposed system, there would be two different levels of tax integration between corporate group members, that is, the intra-atomic level and the inter-atomic level. While at the intra-atomic level Technical Solution A would be applicable, the inter-atomic relationship would be subject to the partial integration solution.[100]

---

[99] For a discussion of the double counting problem *see* IFA, Group Taxation, *supra* note 94, at 40-42.

[100] The co-existence of full and partial integration solutions in a sole tax integration regime is not new. In practice, this already occurs in the US with the interaction of the US Consolidated Return rules with the US Check-The-Box regime. Based on the lessons from the US experience, the use of a floating outside basis should be avoided in order for this type of proposed hybrid model to work properly. That is, although the use of a floating outside basis allows for an accurate tracking of relevant intra-group events, it gives rise to very complex situations once there is a sale of stock of a Tax Group member. Also, the operation of the mechanism itself is particularly intricate. Finally, based on the current US experience, it gives rise to complex interaction problems with the remainder of the CIT system, notably with the taxation of flow-through entities. *See, e.g.,* TERRILL A. HYDE, et al., *The Use of Partnerships and LLCs in Structuring Consolidated Groups in* Tax Strategies for Corporate Acquisitions, Dispositions, Spin-Offs, Joint Ventures, Financings, Reorganizations & Restructurings (Practising Law Institute ed. 2005); BRYAN P. COLLINS, et al., *Consolidated Return Planning and Issues Involving Disregarded Entities, in* Tax Strategies for Corporate Acquisitions, Dispositions, Spin-Offs, Joint Ventures, Financings, Reorganizations & Restructurings (Practising Law Institute ed. 2005). Therefore, the use of a Group Taxation solution that does not require a floating outside basis should qualify as a preferable approach to the tax integration of partially owned entities within such a hybrid model. For this reason, this paper proposes that the use of a participation exemption mechanism should be privileged, even if only within the limited boundaries of the Tax Group. Thus, even in a tax system such as the US, which has not yet implemented a participation exemption under its Standard CIT System, a participation exemption may be implemented for the limited purposes of tax integration of corporate groups. Note, however, that the participation exemption, despite its mechanic simplicity, has certain problems that must be considered at the time of implementation, most especially, its potential for

Each tax atom corresponds to a corporate group node that is fully-integrated for tax purposes. Thus, inside the tax atom, the tax consequences of the transactions entered into by corporate group members are totally independent of legal formalism or the corporate veil fiction. Inside these tax atoms, assets, income and tax attributes, including losses, are freely transferable.[101]

The stock basis and tax attributes of the parent corporation of each corporate group node (*i.e.*, the filled-in square in the diagrams below) are the record keepers for tax purposes of all that occurs inside that specific node as well as of the transactions that occur between corporate group members of that node and other parties, including transactions entered into with corporate group members from different nodes. The tax atom may be conceptualized as follows:

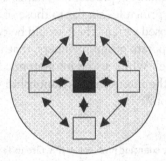

Diagram # 2

In turn, at the inter-atomic level, since the "organizationally-bound" property rights of the corporate group are, in principle, weaker than at the atomic level (*i.e.*, the control requirements for partial integration are generally lower

sheltering of unrealised gains. For instance, due to the exemption for capital gains on stock sales, corporate taxpayers may be encouraged to disguise the sale of assets, which should be taxable, as the sale of stock, which is not. By the same token, a parent corporation may acquire the shares in a subsidiary as part of a tax-free reorganization from persons that would not be able to utilize the capital gains exemption, namely, individuals and partnerships. These incentives for tax planning could add a new layer of difficulty to the government's ability to administer the tax law. For this reason, a participation exemption should generally be cumulated with additional rules to prevent abuses. For instance, restrictions preventing a non-eligible entity from avoiding capital gains taxation by transferring shares tax-free to a corporation or a step transaction doctrine enabling the tax authorities to recast a purported stock sale as an asset sale whenever deemed required. Further, the interaction of Technical Solution A with group taxation systems that require the creation of consolidated tax attributes, instead of allowing for simple transfers on a case-by-case basis as here proposed, would introduce a substantial amount of complexity that could endanger the efficiency objectives of the proposed system.

[101] *See supra* Technical Solution A.

than for full integration), realization events are not entirely eliminated. Thus, the inter-atomic relationship would be subject to a partial integration solution with the core characteristics described above. The tax molecule may be conceptualized as follows:

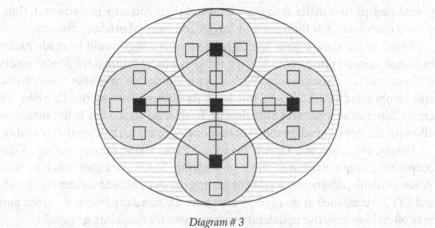

Diagram # 3

4. The Dynamic Impact of the Proposed Technical Solutions

The proposed tax regimes should impart significant benefits to corporate groups, the state and other stakeholders, when compared with the Standard CIT System. Although benefits should be stronger under full integration, partial integration solutions should also provide important advantages. The ensuing analysis will focus on the analysis of the Molecular Group Taxation System since it blends both types of technical solutions and, thus, offers a richer analytical perspective.

First, within the boundaries of the tax atom, the transfer of assets and income would most likely be implemented using simpler transactions and corporate law instruments than under the Standard CIT System due to the absence of tax related considerations (*e.g.*, straight sale instead of merger; transfer of income using a loan instead of distribution and subsequent contribution; etc.). This would result in a significant reduction of deadweight loss, not only due to the reduction in transaction costs, but also because the decrease in the complexity of internal group flows due to the absence of tax planning would make the corporate group more transparent from an informational perspective. That is, this increased internal transactional transparency should make it easier for top management and other stakeholders to be accurately informed about the operations of the group. At the inter-atomic level, these benefits should in principle be weaker, but still relevant.

Second, since the tax factor would be irrelevant in intra-atomic transfers, assets or income could be transferred, absent constraints from other regulatory fields, on the optimal business timing to the corporate member that ensured the best economic return for their use. In this case, and to a more reduced extent also at the inter-atomic level, CIT would not interfere with the flexibility of corporate groups to transfer resources between their constituent parts and, thus, should not affect their fundamental "organized internal market" dynamics.

Third, at the intra-atomic level, group restructurings would be made easier in that all restructurings would be regarded as a mere internal transfer of assets without any tax consequences. With certain limitations, a similar result could also be obtained at the inter-atomic level. As discussed above, this flexibility to create functional structures that deviate from legal structures is important to allow for the constant adaptability of corporate groups to their economic reality.

Finally, the Molecular Group Taxation System allows for the mix up of the corporate group's attributes, most importantly losses, in a cost efficient way. When available, alternative ways of obtaining the same benefits under the Standard CIT System, such as mergers,[102] are generally more expensive, complex and may often have negative collateral consequences for corporate groups.[103]

In short, the Molecular Group Taxation System could result in a significant reduction of deadweight losses for corporate groups.[104] In addition, it could also be beneficial to the state, due to the reduction in administration and supervision costs that ensue from the reduction in transactional and compliance complexity. The issue that arises is whether the proposed intervention would limit in some way the regulatory functions of the CIT system.

The transactions that the proposed system aims at eliminating (*i.e.*, mostly pure tax planning transactions) are for the most part not informational in nature. Accordingly, their reduction or elimination should not, in principle, result in negative consequences to the CIT's regulatory functions identified above. Indeed, in principle, a relative improvement of such functions could

---

[102] Other examples include transfer of loan receivable to loss making entity, "sale and leaseback" transactions, write-off of the shares of loss making entity, financing triangulations, "stuffing" of loss making entity, "round robin" transactions, etc.

[103] For instance, unification of business divisions.

[104] In addition, the tax integration solutions may impact the risk-taking profile of corporate groups. Note, however, that due to the different types of restrictions generally introduced to the loss offset mechanisms and to their interaction with other elements of the CIT system, the assessment of CIT's impact on risk taking is far more complex than may at first be envisaged. *See supra* note 30.

occur in that the reduction of transactional and legal complexity should result in more transparent group structures and intra-group transfers.[105]

IV – THE CORPORATION INCOME TAX AND THE REGULATION OF CORPORATE GROUPS

CIT reduces agency problems and limits the accumulation of power in the corporate sector. In face of such regulatory significance, tax policy should actively take into consideration CIT's regulatory functions when designing or reforming rules for taxing corporate groups. By following this approach, CIT would be actively contributing for a better regulatory environment in the corporate sector. Traditional CIT policy criteria, such as neutrality and optimality, do not provide sufficient guidance for this type of intervention. A richer criterion that takes into consideration the regulatory functions of CIT must be applied. Specifically, the principle should be that, *absent agency problems and other market failures, transaction costs and other sources of deadweight loss should be reduced as much as possible.*

The Standard CIT System when taxing corporate groups generates substantial deadweight losses both for corporate groups and the state. This occurs because the Standard CIT System is structurally asymmetrical and corporate groups, due to their unitary economic direction and chameleon-like governance structures, are able to manipulate with relative ease most of such asymmetries to their advantage. There are alternative solutions for taxing corporate groups that result in a significant reduction of the deadweight losses generated by the Standard CIT System. Their implementation should not, in principle, result in negative consequences to CIT's regulatory functions. Indeed, a relative improvement of such functions could potentially occur in that the reduction of transactional and legal complexity should result in more transparent group structures and intra-group transfers.

---

[105] As for the concern with minority shareholders, as the current experience throughout the world shows, it could be solved, for example, with the existence of a right for the minority shareholders to force the majority owner to acquire the minority shares; an agreement from the minority shareholders consenting to consolidation; guaranteed dividends to minority shareholders; or the existence of compensating payments to minority shareholders. *See supra* note 96.

A política comunitária de desenvolvimento e a cláusula da Boa Governação em matéria fiscal

MIGUEL SILVA PINTO*
Subdiretor-Geral da Autoridade Tributária e Aduaneira

1. Introdução

A União Europeia (UE) é o maior fornecedor de Ajuda Pública ao Desenvolvimento (APD), encarregando-se, por si só, de 59% da APD total, que correspondia, em 2008, a aproximadamente 50 mil milhões de euros[1].

A política comunitária de desenvolvimento começou por se basear no quadro de cooperação e assistência criado no âmbito da Convenção de Lomé. Atualmente, constitui uma vertente importante da política externa da União Europeia (UE), que tem por objetivo estabelecer esta como um actor político influente à escala global.

Na passagem do século XX ao século XXI o Acordo de Cotonou fixou a nova dimensão da política de desenvolvimento, que passou a exigir, por parte dos beneficiários da assistência financeira da UE, o cumprimento de determinadas condições políticas e sociais, tais como melhor governação, combate contra a corrupção e reformas institucionais.

O surgimento da crise financeira e económica em 2008 obrigou os Estados-Membros da UE a adotarem medidas de maior rigor orçamental e de proteção das receitas públicas, reforçando, designadamente os mecanismos de combate à evasão fiscal e à fraude transfronteiriça. Neste contexto, o Conselho Ecofin de Maio de 2008 decidiu que os princípios da boa governação em matéria fiscal, subscritos por todos os Estados-Membros ao nível comunitário, deveriam ser instituídos numa base geográfica tão ampla quanto possível. Esse objetivo seria

---

* As opiniões do autor apenas o vinculam a título pessoal.
[1] Comunicação da Comissão de 08.04.2009, "Ajudar os países em desenvolvimento a enfrentar a crise" (COM(2009) 160 final), p. 5.

alcançado através da inclusão de uma nova cláusula-tipo em todos os acordos relevantes.

Este artigo procurará explicar de que forma a condicionalidade política contribuiu para moldar a identidade da política comunitária de desenvolvimento moderna. Serão também abordadas as sinergias entre desenvolvimento e outras políticas comunitárias com vista à implementação dos modelos comunitários fora do espaço UE, com especial enfoque nos princípios subjacentes à cláusula da boa governação em matéria fiscal.

2. Breve historial da utilização da condicionalidade política no contexto da política de desenvolvimento da UE

A abordagem inicial comunitária à política de desenvolvimento foi especialmente marcada pela relação pós-colonial que existia entre alguns dos Estados-Membros e as suas antigas colónias, assentando principalmente na assistência e na cooperação e tendo como base jurídica os artigos 182º a 187º do Tratado de Roma. O sistema evoluiu posteriormente para um regime de parceria[2], complementado por uma série de acordos comerciais e de assistência, que se manteria como a base das relações entre a UE e os Países ACP (África, Caraíbas e Pacífico) durante três gerações de acordos formais, ou seja, Yaoundé, Lomé e Cotonou[3].

No âmbito da prossecução das finalidades da política comercial[4] da UE, foi sendo desenvolvida a incorporação de elementos políticos nos instrumentos de assistência, primeiro nas Convenções de Lomé (1975-1999), tendo por objectivo central a redução da pobreza e, mais tarde, na Convenção de Lomé IV bis (1995), que incluía disposições de natureza política nos domínios dos direitos humanos, da boa governação e do princípio da legalidade e do Estado de Direito.

Com a Convenção de Cotonou, assinada em Junho de 2000, aumentou o grau de exigência quanto às condições de concessão de assistência aos países ACP[5]. O condicionalismo político foi usado para promover reformas nas áreas da democracia, direitos humanos e o respeito pelo Direito, reflectindo uma tendên-

---

[2] A parceria estratégica UE-África é objeto da Comunicação da Comissão de 10.11.2010, "Sobre a consolidação das relações UE-África – 1500 milhões de pessoas, 80 países, dois continentes, um futuro" (COM(2010) 634 final).

[3] Bretherton, C. & Vogler, J. *The European Union as global actor*, Chapter 5 – *"The EU as a development and humanitarian actor"*, p.115 (Routledge, 2006).

[4] A importância da política comercial comunitária como veículo do protagonismo da UE em política externa é analisada por Meunier, S. e Nicolaidis, K. em *"The European Union as a trade power"*, C. Hill & M. Smith (eds), International Relations and the European Union, Capítulo 12, pp. 275-298 (Oxford, 2011).

[5] C.Hill & M. Smith (eds), International Relations and the European Union, Capítulo 14 (Carbone, M.) *"The EU and the developing world: Partnership, Poverty, Politicization"*, p. 334 (Oxford, 2011).

cia emergente de condução da política externa por parte da UE no sentido da promoção de um conjunto de valores e interesses que constituem a essência da sua própria identidade. Além disso, foram estabelecidos novos objetivos, relativamente à cooperação entre a UE e os países ACP, designadamente, a promoção da integração regional destes últimos com vista ao desenvolvimento do comércio e investimento privado, a redução e a eventual erradicação da pobreza e a integração gradual dos países ACP na economia mundial[6].

A revisão dos acordos de Cotonou, em 2005, estabeleceu a ligação entre financiamento e compromissos na área da segurança[7], incluindo, na lista de obrigações a que os países ACP se comprometem a cumprir com vista a receberem assistência financeira da UE, elementos novos, tais como a cooperação na prevenção de atividades de mercenários, a adesão ao Tribunal Criminal Internacional e a luta contra o terrorismo e contra as armas de destruição massiva[8].

Mais tarde, em 2008, o Conselho viria a decidir incluir sistematicamente, em acordos a celebrar entre a UE e países terceiros, esses valores e interesses como "elementos essenciais", traduzidos em cláusulas horizontais de natureza política[9]. O conceito de "elemento essencial" tem uma relevância jurídica importante, na medida em que a sua violação tem como consequência a suspensão, no todo ou em parte, do acordo em que a cláusula correspondente se insere.

Apesar do princípio da boa governação[10] não ter sido considerado como um "elemento essencial", no sentido atrás referido, o mesmo tem vindo a ganhar importância, desde os Acordos de Lomé IV, como uma referência para as reformas políticas e administrativas a introduzir por parte dos parceiros ACP da UE. Inclusive, nos Acordos de Cotonou revistos, a Boa Governação inclui um mecanismo condicional relativo ao pagamento de "luvas" e corrupção, estando pre-

---

[6] Hatfield, A. *"Janus Advances? An analysis of EC development policy and the 2005 amended Cotonou Partnership Agreement"*, European Foreign Affairs Review, Vol. 12, pp. 43/44 (2007).

[7] Segundo a Comunicação da Comissão Europeia «O consenso europeu sobre a política de desenvolvimento da União Europeia» (COM (2005) 311 final, de 13.07.2005, p. 8), *"O desenvolvimento é fundamental para a segurança colectiva e individual a longo prazo. São agendas complementares, não estando uma subordinada à outra. Não pode existir um desenvolvimento sustentável sem paz nem segurança, sendo o desenvolvimento sustentável a melhor resposta estrutural às causas profundas dos conflitos violentos e do aumento da criminalidade organizada e do terrorismo, frequentemente ligadas à pobreza, à má governação e à degradação e falta de acesso aos recursos naturais."*

[8] Hatfield, A. (op. Cit), pp. 57-63.

[9] "Clauses de nature politique dans les accords conclus avec des pays tiers" (Conseil de l'Union Européenne, doc. n º 17370/08, de 16.12.2008, p. 2).

[10] Este princípio não deve ser confundido com a cláusula da Boa Governação em matéria fiscal, que foi adotada pelo Conselho Ecofin de 14.05.2008.

vista a revogação de assistência prestada pela UE a um país que não respeite tal cláusula[11].

3. A cláusula da boa governação em matéria fiscal como solução para evitar a erosão das receitas fiscais

Angel Gurría, Secretário-Geral da OCDE, dizia em 2008 que os paraísos fiscais mundiais haviam atraído entre 5 e 7 biliões de dólares em ativos[12]. Em 2009, um relatório do governo norueguês[13] mencionava que se registaram, em 2006, movimentos de capitais a partir dos países em desenvolvimento em montantes situados entre os 641 e os 979 biliões de dólares, valores que correspondem a, pelo menos, sete vezes mais que a assistência financeira ao desenvolvimento que lhes é fornecida. A dimensão destes números está relacionada com a rapidez com que o capital se move no mundo global atual, canalizado através de paraísos fiscais e centros internacionais financeiros regulados de modo insuficiente.

Esta situação agravou-se com a crise financeira e económica surgida em 2008, causando uma série de reações por parte dos líderes políticos mundiais[14]. Designadamente, os Ministros das Finanças da UE apelaram, em Dezembro de 2008, à continuação da luta contra os riscos do financiamento ilícito, decorrentes da existência de jurisdições não-cooperantes e dos paraísos fiscais. O Conselho Europeu de 19 e 20 de Março de 2009 deu o seu acordo quanto ao redobrar de esforços no sentido de ser alcançada a boa governação na área fiscal à escala internacional. Em Abril de 2009, os líderes do G20 declararam "a era do segredo bancário terminou", comprometendo-se a adotar medidas contra as jurisdições não-cooperantes.

Ao analisar os tipos de mecanismos mais adequados a contrariar os efeitos negativos da globalização acima descritos, a UE entendeu por bem promover a nível mais alargado os seus próprios modelos, relativos à eficácia e equidade dos sistemas fiscais. Em consequência, o Conselho Ecofin de 14 de Maio de 2008 sublinhou a importância da implementação dos princípios da boa governação em matéria fiscal numa base geográfica o mais abrangente possível, os quais incluem a transparência, a concorrência fiscal justa e a troca de informação. Foi, assim, decidido incluir em todos os acordos a concluir com países terceiros,

---

[11] Hatfield, A. (op. Cit), p. 43.
[12] Conferência sobre a luta contra a evasão e a fraude fiscais internacionais, organizada em Paris em 21.10.2008.
[13] "Paraísos fiscais e Desenvolvimento", Junho de 2009.
[14] Comunicação da Comissão Europeia "Promover a boa governação em questões fiscais" (COM(2009) 201 final, de 28.04.2009), p.5. Ver, a este respeito, Palma, C.C., *O Código de Conduta da fiscalidade das empresas e a boa governança fiscal – o futuro do Grupo de trabalho*, Revista de Finanças Públicas e Direito Fiscal, Ano III, nº 3, pp. 209 a 219 (outubro de 2010).

por parte da UE e respetivos Estados-Membros, uma cláusula específica, consagrando esses elementos, cujo teor é o seguinte[15]:

"Tendo em vista o reforço e o desenvolvimento das actividades económicas, tendo paralelamente em conta a necessidade de definir um quadro regulamentar adequado, as Partes reconhecem e comprometem-se a aplicar os princípios da boa governação no domínio fiscal subscritos pelos Estados-Membros a nível comunitário. Para o efeito, sem prejuízo das competências da Comunidade e dos Estados-Membros, as Partes melhorarão a cooperação internacional no domínio fiscal, facilitarão a cobrança de receitas fiscais legítimas e desenvolverão medidas para a aplicação eficaz dos princípios acima mencionados."

Os princípios subjacentes à cláusula da boa governação em matéria fiscal fazem parte do *acquis communautaire* e traduzem-se, em especial, na promoção de mais e melhor cooperação através da troca de informação entre autoridades fiscais, bem como no combate às práticas de concorrência fiscal prejudicial na área dos impostos sobre sociedades[16] e ainda por via da remoção de distorções de concorrência, mediante a aplicação das regras em matéria de ajudas de Estado. Estas medidas visam contribuir para evitar a erosão das bases tributáveis e proteger as finanças públicas, assim como eliminar as distorções de concorrência no campo das relações económicas.

4. Interseção entre governação fiscal e desenvolvimento

As declarações de Monterrey[17] e Doha[18] identificaram claramente a fuga de capitais como um dos maiores obstáculos à mobilização de ativos domésticos para o desenvolvimento, que resultam da existência, quer de sistemas fiscais frágeis, vulneráveis a práticas prejudiciais, quer de jurisdições não-cooperantes.

Foi assim estabelecido um fio condutor entre boa governação fiscal e desenvolvimento, uma vez que se entendeu que o reforço dos sistemas fiscais constitui uma pré-condição para consolidar as finanças públicas, permitindo aos governos conduzirem políticas que promovam o crescimento e reduzam o nível de pobreza[19]. Além disso, o fornecimento sustentado de serviços públicos é neces-

---

[15] Ver o documento do Conselho nº 8850/08, de 14.05.2008 (Resultados da 2866ª reunião do Conselho "Assuntos Económicos e Financeiros", pp. 22/23).
[16] Sobre os trabalhos recentes neste domínio, desenvolvidos pelo Grupo do Código de Conduta, cf. Palma, C.C. (op. Cit).
[17] Conferência de Monterrey sobre "Financiamento para o desenvolvimento", 2002.
[18] Conferência de Doha sobre "Financiamento para o desenvolvimento", 2008.
[19] O artigo 208º, nº 1, primeiro parágrafo do Tratado sobre o Funcionamento da UE determina que a política de cooperação para o desenvolvimento da União deve ter por principal objetivo a redução e, no longo prazo, a erradicação, da pobreza.

sário para permitir que os países em desenvolvimento atinjam e mantenham os "Objectivos de Desenvolvimento do Milénio" (ODM)[20], o que requer o aumento do seu rendimento doméstico[21].

As medidas de implementação da cláusula da boa governação, acordada no Ecofin de Maio de 2008, incluem vários Programas de Ação concluídos com os países abrangidos pela Política Europeia de Vizinhança (PEV). Nesse âmbito, a Comissão concede financiamento adicional aos países que se tenham comprometido a implementar os objetivos relacionados com a boa governação nos termos fixados nos respectivos Programas de Ação. Além disso, a UE concede incentivos suplementares, por via do 10º Fundo Europeu de Desenvolvimento, que apoia o diálogo relativamente à governação e à reforma da administração (incluindo a área fiscal)[22].

Como parte do *acquis*, a boa governação constitui igualmente uma das áreas do processo de pré-adesão, sendo tratada numa fase inicial das negociações com vista ao alargamento da UE a novos Estados-Membros.

Por outro lado, a Comissão Europeia conduz atualmente negociações com vários países terceiros com vista à aceitação pela sua parte da cláusula da boa governação em matéria fiscal[23]. Ao mesmo tempo, vários países das Caraíbas e Pacífico, bem como países e territórios ultramarinos com relações especiais com certos Estados-Membros, comprometeram-se a respeitar os princípios da boa governação, transparência e troca de informação[24].

---

[20] Os 8 ODM são os seguintes: eliminar a pobreza extrema e a fome; assegurar uma educação básica para todos; promover a igualdade dos sexos e a autonomização das mulheres; reduzir a mortalidade infantil; melhorar a saúde materna; combater o VIH/SIDA, o paludismo e outras doenças; assegurar um ambiente sustentável; estabelecer uma parceria mundial para o desenvolvimento (Declaração da ONU sobre os ODM, de 2000). Ver também a este respeito a Comunicação da Comissão de 13.07.2005 (COM(2005) 311 final).

[21] Comunicação da Comissão sobre "Fiscalidade e desenvolvimento – Cooperação com os países em desenvolvimento a fim de promover a boa governação em questões fiscais" (COM(2010) 163 final, de 21.04.2010).

[22] O apoio concedido, quer por parte dos Estados-Membros, quer por parte da Comissão Europeia, às administrações aduaneira, fiscal e judicial dos países em desenvolvimento, abrange vários programas de assistência a países ACP e aos países abrangidos pela PEV, bem como programas de reforma e modernização aduaneira e ainda a cooperação, bem como contributos financeiros, prestados a várias organizações internacionais (Banco Mundial, Nações Unidas, OCDE, Organização Mundial das Alfândegas, etc.). Cf. Palma, C.C. (op. Cit).

[23] Há negociações em curso com a Ucrânia, Malásia, Filipinas, Tailândia, Vietnam, China, Singapura, Coreia do Sul, Rússia, Iraque, Indonésia, Mongólia, etc. (Documento do Conselho nº 7008/09, de 27.02. 2009 "Reflection paper on political clauses in agreements with third countries").

[24] Sobre as ações desenvolvidas pela UE junto de países terceiros, em matéria de boa governação, ver Palma, C.C (op. Cit).

Em Abril de 2010 a Comissão apresentou propostas[25] relativas ao melhoramento da eficácia e sustentabilidade dos sistemas e das administrações fiscais, como instrumento para a mobilização de recursos domésticos para o desenvolvimento, quer no sentido de intensificar a ajuda à mobilização dos recursos internos dos países em desenvolvimento, com vista ao reforço da sua boa governação e gestão das finanças públicas, quer promovendo os princípios da boa governação fiscal, auxiliando esses mesmos países a lutarem contra a fraude e a evasão fiscais. O Conselho sobre Fiscalidade e Desenvolvimento, de 14 de Junho de 2010, deu acolhimento a essas propostas, definindo um conjunto de medidas adequadas a tornar os sistemas fiscais mais eficientes e equitativos, reduzindo a dependência externa dos países em desenvolvimento, bem como os respectivos níveis de pobreza[26].

Simultaneamente, os Estados-Membros foram incitados a promover um ambiente fiscal transparente e cooperante a nível internacional através, nomeadamente, do desenvolvimento de um sistema mundial de intercâmbio de informações fiscais, a pedido ou automático, da redução das práticas incorretas em matéria de preços de transferência, da utilização de critérios internacionais para combater os paraísos fiscais e do encorajamento da participação dos países em desenvolvimento nas estruturas e processos de cooperação fiscal a nível internacional.

5. Dificuldades com a introdução da cláusula de boa governação em matéria fiscal e soluções possíveis para as ultrapassar

O Conselho reconhece que a introdução de cláusulas políticas nos acordos com países terceiros levanta dificuldades. Em consequência, as correspondentes negociações têm vindo a ser dificultadas ou mesmo bloqueadas, impedindo a conclusão dos acordos ou levando a UE a fazer concessões noutras áreas de negociação, por forma a permitir a conclusão de certas convenções[27].

Em particular, em relação à cláusula de boa governação em matéria fiscal, o Conselho admite que a sua inclusão no Acordo PCA com Singapura constitui um dos principais entraves à conclusão das negociações[28].

Uma das vias a ser explorada, para ultrapassar os referidos obstáculos, poderá passar por flexibilizar os mandatos concedidos à Comissão para negociar as refe-

---

[25] Comunicação da Comissão de 21.04.2010 (COM(2010) 163 final).

[26] Ver o documento do Conselho nº 11082/10, de 15 de Junho de 2010 (Conclusões do Conselho sobre fiscalidade e desenvolvimento – cooperação com os países em desenvolvimento a fim de promover a boa governação em questões fiscais).

[27] Documento do Conselho nº 7008/09, de 27.02.2009, p. 2.

[28] Ibidem, p. 23. Recentemente, o MERCOSUR levantou reservas em relação à mesma cláusula, no contexto das negociações em curso, relativamente ao Acordo UE-MERCOSUR.

ridas cláusulas, atendendo à situação específica de cada país, ou dando primazia ao princípio da "substância sobre a forma", quanto à terminologia utilizada[29].

Por outro lado, a própria UE deve fazer um esforço no sentido de consolidar no seu seio os princípios subjacentes à boa governação fiscal. Apesar de terem sido alcançados progressos na implementação da troca automática de informação entre Estados-Membros[30], certos acordos com países terceiros, tendo por objetivo o reforço da cooperação administrativa e do combate à fraude e à evasão fiscal, foram suspensos.

Também a proposta de revisão da Diretiva da Poupança[31] se encontra em *stand by*, o que impede o preenchimento das lacunas identificadas quanto ao respetivo funcionamento, nomeadamente em relação às possibilidades de contornar a troca de informação relativamente aos rendimentos de capital pagos a não residentes.

Estes dossiers encontram-se bloqueados no Conselho desde 2009, devido à resistência de certos Estados-Membros em eliminar o segredo bancário. A esse propósito, as Conclusões do Conselho Ecofin de 9 de Junho de 2009 reconhecem a necessidade da UE fazer progressos em matéria da celebração de acordos anti-fraude com certos países terceiros vizinhos, assim como em relação à adoção da proposta de revisão da Diretiva da Poupança[32].

6. Conclusão

O protagonismo da UE no campo da assistência internacional e desenvolvimento permite-lhe usar a sua influência para promover os seus modelos fora do espaço territorial comunitário, em domínios tão relevantes como são os direitos humanos, a democracia, a luta contra o terrorismo e a não proliferação de armas de destruição massiva.

A imergência da crise económica e financeira determinou o surgimento de uma nova prioridade à escala mundial, traduzida na luta contra a fraude e a evasão fiscal. A política comunitária nessa área é em grande parte baseada na extensão territorial do seu modelo de boa governação em matéria fiscal.

---

[29] Ibidem, pp. 12, 22 e 23.

[30] Ver a Diretiva nº 2011/16/UE do Conselho, de 15.02.2011, relativa à "Cooperação Administrativa no domínio da fiscalidade", publicada no JO L 64, de 11.03.2011, p.1.

[31] COM(2008) 727 final, de 13.11.2008.

[32] Documento do Conselho nº 10737/09, de 09.06.2009 (Resultados da 2948ª reunião do Conselho "Assuntos Económicos e Financeiros", pp. 23 a 25). Note-se que, passados 3 anos, mantém-se o impasse nesta matéria, tendo muito recentemente sido reafirmado o mesmo propósito pelo Conselho Ecofin de 22 de Junho de 2012 (Documento do Conselho nº 11802/12, de 25.06.2012). Os dois dossiers fazem parte das prioridades do Programa da Presidência Cipriota do Conselho da UE, para o Segundo Semestre de 2012.

O modo como a fiscalidade e o desenvolvimento interagem é refletido na inclusão da cláusula da boa governação em matéria fiscal nos acordos relevantes celebrados entre a UE, os respetivos Estados-Membros e os seus parceiros internacionais. Em consequência, a utilização da política de desenvolvimento como veículo da difusão dos valores e princípios comunitários na área fiscal prossegue dois objetivos que, embora de natureza aparentemente distinta, se entrecruzam. Por um lado, visa-se evitar a erosão das receitas fiscais dos Estados-Membros, através do estabelecimento de uma extensa rede de troca de dados fiscais (um objetivo de natureza financeira e fiscal). Por outro lado, pretende-se que os países em desenvolvimento se tornem auto-suficientes no combate à pobreza (um objectivo da política de desenvolvimento), aumentando a sua capacidade de cobrança de impostos a nível interno.

A introdução da cláusula da boa governação nos acordos de assistência e de natureza comercial tem suscitado a resistência de alguns parceiros da UE, em grande parte devido à rigidez da formulação correspondente. Por isso, de forma a ultrapassar esses obstáculos, a União terá que adoptar uma abordagem mais flexível nesse domínio.

Deverá, além disso, consolidar o princípio da boa governação fiscal internamente, de forma a alcançar maior legitimidade quando procura exportar esse modelo à escala global.

5 de julho de 2012.

REFERÊNCIAS

Fontes científicas

BRETHERTON, C. & VOGLER, J. *The European Union as global actor,* Chapter 5 – "*The EU as a development and humanitarian actor* (Routledge, 2006)";

CARBONE, M. *The EU and the developing world: Partnership, Poverty, Politicization,* C.Hill & M. Smith (eds), International Relations and the European Union, Chapter 14 (Oxford, 2011);

HATFIELD, A. *Janus Advances? An analysis of EC development policy and the 2005 amended Cotonou Partnership Agreement,* European Foreign Affairs Review, Vol. 12 (2007);

MEUNIER, S. e NICOLAIDIS, K. *The European Union as a trade power,* C. Hill & M. Smith (eds), International Relations and the European Union, Chapter 12 (Oxford, 2011);

PALMA, C.C. *O Código de Conduta da fiscalidade das empresas e a boa governança fiscal,* Revista de Finanças Públicas e Direito Fiscal, Ano III, nº 3 (outubro de 2010).

Fontes não-científicas
Documentos do Conselho da UE:

Nº 8850/08, de 14 de maio de 2008, Resultados da 2866ª reunião do Conselho "Assuntos Económicos e Financeiros";

Nº 17370/08, de 16 de dezembro de 2008, "*Clauses de nature politique dans les accords conclus avec des pays tiers*";

Nº 7008/09, de 27 de fevereiro de 2009 "*Reflection paper on political clauses in agreements with third countries*";

Nº 10737/09, de 9 de junho de 2009, Resultados da 2948ª reunião do Conselho "Assuntos Económicos e Financeiros";

Nº 11082/10, de 15 de junho de 2010, Conclusões do Conselho sobre fiscalidade e desenvolvimento – cooperação com os países em desenvolvimento a fim de promover a boa governação em questões fiscais;

Diretiva nº 2011/16/UE do Conselho, de 15 de fevereiro de 2011, relativa à "Cooperação Administrativa no domínio da fiscalidade", publicada no JO L 64, de 11.03.2011, p.1.

Documentos da Comissão Europeia:

COM(2005) 311 final, de 13 de julho de 2005, Comunicação da Comissão Eupeia "O consenso europeu sobre a política de desenvolvimento da União Europeia";

COM(2008) 727 final de 13 de novembro de 2008, Proposta de Diretiva do Conselho que altera a Diretiva 2003/48/CE do Conselho, relativa à tributação dos rendimentos da poupança sob a forma de juros;

COM(2009) 160 final, de 8 de abril de 2009, Comunicação da Comissão Europeia "Ajudar os países em desenvolvimento a enfrentar a crise";

COM(2009) 201 final, de 28 de abril de 2009, Comunicação da Comissão Europeia "Promover a boa governação em questões fiscais";

COM(2010) 163 final, de 21 de abril de 2010, Comunicação da Comissão sobre "Fiscalidade e desenvolvimento – Cooperação com os países em desenvolvimento a fim de promover a boa governação em questões fiscais";

COM(2010) 634 final, de 10 de novembro de 2011, Comunicação da Comissão "Sobre a consolidação das relações UE-África – 1500 milhões de pessoas, 80 países, dois continentes, um futuro".

A Aplicação Subjectiva das Convenções contra a Dupla Tributação – Estudo sobre o Artigo 1º da Convenção Modelo da OCDE

MIGUEL TEIXEIRA DE ABREU

Professor convidado pela Universidade Católica Portuguesa. Advogado

Nota Prévia

O presente estudo corresponde à Parte I do relatório apresentado no ano lectivo de 1993/94, no âmbito do Mestrado em Ciências Jurídicas e Empresariais da Faculdade de Direito da Universidade de Lisboa, no Seminário sobre Fiscalidade Internacional leccionado pelo Professor Alberto Xavier.

Temos noção que, em 17 anos de evolução doutrinária, muito evoluíram igualmente alguns dos conceitos objecto deste estudo. No entanto, pensamos que as conclusões a que então chegámos mantêm hoje interesse e actualidade, razão pela qual nos atrevemos a reapresentá-las.

Por respeito ao texto original, e porque actuais, mantivemos as referências doutrinárias originais, com excepção das que se referiam à obra do Professor Alberto Xavier sobre "Direito Tributário Internacional", que actualizámos por referência à 2ª edição, publicada pela Almedina em Setembro de 2011.

Da mesma forma, naturalmente, foram actualizadas as referências a disposições legislativas aplicáveis.

PARTE I – PERSPECTIVA GERAL E CONCEITUAL

CAPÍTULO I – INTRODUÇÃO

1. O artigo 1º da Convenção Modelo da OCDE ("Modelo OCDE"), artigo que é seguido em todas as Convenções de dupla tributação celebradas por Portugal[1],

---

[1] Portugal celebrou até Junho 2012, 63 Convenções destinadas a evitar a dupla tributação em matéria de impostos sobre o rendimento, número que se prevê venha a crescer rapidamente, atento o facto

estipula que a mesma se aplica às *"pessoas residentes de um ou de ambos os Estados Contratantes"*.

2. Trata este artigo de definir o âmbito de aplicação subjectiva das Convenções contra a dupla tributação[2]. Nele assumem relevância as noções de *"pessoa"*, por um lado, e de *"residente"*, pelo outro. São duas noções que se encontram expressamente definidas nas Convenções celebradas no respeito pelo Modelo OCDE, embora nem sempre da mesma forma. Assim, a noção de *"pessoa"* encontra-se definida no artigo 3º, número 1, alínea (a), enquanto a noção de *"residente"* se encontra definida no artigo 4º.

3. Esta parte do nosso trabalho destina-se, essencialmente, a analisar estes dois conceitos. Em particular, preocupa-nos a definição convencional de *"pessoa"* e a sua aplicação às formas de organização económica que não se enquadram na distinção tradicional entre pessoas individuais e pessoas colectivas.

CAPÍTULO II – A NOÇÃO DE PESSOA

A. Introdução

1. O artigo 3º, número 1, alínea (a) do Modelo OCDE refere que o termo *"pessoa"* compreende *"uma pessoa singular, uma sociedade e qualquer outro agrupamento de pessoas"*.

2. Por sua vez, a noção de *"sociedade"* integra *"qualquer pessoa colectiva ou qualquer entidade que é tratada como pessoa colectiva para fins tributários"* (artigo 3º, número 1, alínea (b) do Modelo OCDE).

3. Esta definição foi acolhida em todas as Convenções celebradas por Portugal, com excepção de uma. Com efeito, na Convenção celebrada com a a Alemanha, a referência a *"qualquer outro agrupamento de pessoas"* foi retirada.

4. Assim, a delimitação da noção de pessoa do Modelo OCDE implica a prévia decomposição dos seus quatro elementos constitutivos: (a) pessoas individuais; (b) pessoas colectivas; (c) entidades equiparadas a pessoas colectivas para fins tributários e (d) outros agrupamentos de pessoas.

5. Deixemos de parte neste trabalho as pessoas individuais e foquemos a nossa atenção nas pessoas colectivas, nas entidades equiparadas e nos outros agrupamentos de pessoas.

---

de se encontrarem prontas para entrarem em vigor, assinadas ou em fase final de negociação, pelo menos, mais 12.

[2] Ou, como se refere nas Convenções celebradas por Portugal, de definir quais as *"pessoas visadas"* pela CDT.

B. Pessoa colectiva

6. Antes de analisarmos a noção de pessoa colectiva do Modelo OCDE, consideramos oportuno tecer alguns comentários sobre esta noção, tal como, em nossa opinião, ela deve ser entendida à luz do ordenamento jurídico português. Para além disso, convém referir que o termo *"pessoa colectiva"*, em si mesmo, não se encontra expressamente definido no Modelo OCDE, pelo que o seu entendimento passa, ainda que não exclusivamente, pelo ordenamento interno dos Estados contratantes[3].

B1. A pessoa colectiva no ordenamento jurídico português

7. Em linhas gerais, uma pessoa colectiva pode ser definida como *"um organismo social destinado a um fim lícito, a que o direito atribui a susceptibilidade de direitos e vinculações"*[4]. Esta definição integra em si mesma dois elementos intrínsecos (organismo social e susceptibilidade de ser titular de direitos e de deveres) e um elemento extrínseco (o fim a que se destina)[5]. Assim[6], uma pessoa colectiva pode ser definida[7], por referência aos seus elementos intrínsecos, como um *"substrato personalizado"*, dessa forma integrando todas as entidades personificadas que não sejam pessoas individuais.

8. O substrato é a realidade organizacional que integra a pessoa colectiva ou, se se preferir, o seu organismo social. Ele inclui, geralmente, elementos de natureza pessoal e elementos de natureza patrimonial, embora existam pessoas colectivas com apenas um destes dois elementos. Assim, nas associações, predomina o elemento pessoal, que poderá ou não ser acrescido de um elemento patrimonial. Nas fundações, no entanto, o elemento pessoal não faz parte do respectivo substrato; antes lhe é externo, porquanto constitui o que geralmente se designa por destinatários ou beneficiários. Sem um conjunto de pessoas não pode existir uma associação; Sem um conjunto de bens não pode existir uma fundação[8].

9. Um substrato não é, em si mesmo, uma pessoa colectiva. Poderá, quanto muito, ser uma associação sem personalidade jurídica, com se depreende aliás da sistematização do Título II do Código Civil *(Das Relações Jurídicas)*. Para que exista uma pessoa colectiva é necessário que esse substrato seja personalizado, ou seja, que seja susceptível de ser titular de direitos e de deveres. A personifi-

---

[3] Conforme resulta do artigo 3º, número 2 do Modelo OCDE.

[4] Luís A. Carvalho Fernandes, *Teoria Geral do Direito Civil, Volume I, Tomo II*, Pg. 422.

[5] Extrínseco mas essencial, conforme se depreende do artigo 158-A do Código Civil.

[6] Seguindo ainda o pensamento de Carvalho Fernandes. *Ob. Cit.*, 422.

[7] Ainda que de forma sucinta e pouco rigorosa.

[8] Estes bens terão naturalmente que estar afectos à prossecução de um determinado fim, fim esse que é um outro elemento da pessoa colectiva, de natureza extrínseca.

cação de um substrato ocorre em momentos distintos consoante o respectivo tipo[9].

10. Note-se, no entanto, que a personificação de um determinado substrato depende do preenchimento de uma série de requisitos legais. Estes requisitos transformam-se assim em elementos constitutivos da pessoa colectiva, embora, em nossa opinião, de natureza distinta dos dois elementos referidos[10].

11. Desinteressando-nos das diversas classificações possíveis de pessoas colectivas, de interesse reduzido neste trabalho, são as seguintes as pessoas colectivas existentes no ordenamento jurídico português:

* O Estado português;
* As Regiões Autónomas da Madeira e dos Açores;
* As Autarquias Locais;
* Institutos e Serviços Públicos que, embora, em rigor, parte do Estado, dele se destacam ao ponto de serem dotados de algum grau de autonomia, e de merecerem tratamento de pessoa jurídica distinta do Estado[11];
* Empresas públicas;
* Associações;
* Fundações.

12. No que diz respeito às associações, alguns esclarecimentos se deverão procurar fazer:

* As associações a que se refere o artigo 157º do Código Civil são apenas as associações sem fim lucrativo. O legislador português, no entanto, não ignora que, ao lado destas, outras associações existem com fim lucrativo, e que são as sociedades[12]. Estas podem integrar uma enorme variedade de tipos, classicamente separados em dois grandes grupos: sociedades comerciais e sociedades civis (estas, por sua vez, subdivididas em sociedades civis sob forma comercial e sociedades civis simples);

---

[9] Assim, e a título de exemplo:
(a) As associações sem fim lucrativo adquirem personalidade jurídica com a escritura pública de constituição (artigo 158º, número 1, do Código Civil);
(b) As fundações de interesse social adquirem personalidade jurídica com o reconhecimento, individual, que lhes deve ser conferido pela autoridade competente (artigo 158º, número 2, do Código Civil).
[10] É o caso, nomeadamente, dos elementos referidos no número 1 do artigo 167º do Código Civil, bem como os que constam do artigo 188º do mesmo Código.
[11] Carvalho Fernandes cita alguns exemplos deste tipo de pessoas colectivas. Cfr. *Ob. Cit., Volume II, Tomo II*, 465.
[12] Cfr. artigo 980º do Código Civil.

* Tem-se discutido na doutrina civilista se as sociedades civis simples têm ou não personalidade jurídica[13]. À falta de uma disposição semelhante ao artigo 5º do Código das Sociedades Comerciais, a doutrina tem-se dividido:
* A tese negativista tem apontado em seu favor, nomeadamente:

    * A clara separação que o Código Civil adoptou entre pessoas colectivas e sociedades, tratando estas como pessoas colectivas apenas quando *"a analogia das situações o justifique"* (artigo 157º);
    * A inexistência de uma norma semelhante ao artigo 158º, a qual expressamente atribui personalidade jurídica às associações sem fim lucrativo e às fundações de interesse social.
    Quanto à questão relacionada com a atribuição de certos deveres e direitos às sociedades civis simples, de que são exemplos os artigos 996º e seguintes do Código Civil, esta tese defende que tal mais não representa do que uma simples aparência. Como escrevem os Profs. Pires de Lima e Antunes Varela[14], *"a unidade que se revela nas relações da sociedade com terceiros é produto apenas de uma criação legislativa ad hoc, e não da essência da própria sociedade ou da sua organização intrínseca"*. Para além disso, sustentam os mesmos autores, se as sociedades civis simples fossem pessoas jurídicas, os artigos 996º e seguintes não teriam necessidade de existir.

* Por sua vez, a tese positivista tem-se socorrido essencialmente do artigo 10º do Código Civil. Com efeito, se o artigo 158º do mesmo Código faz depender a personalização de uma associação de uma série de requisitos (os do artigo 167º desse Código), que razão haverá para que uma sociedade civil simples, constituída em obediência a esses requisitos, não seja um ente personalizado? E, sendo que esse reconhecimento, no caso das associações, é normativo, ou seja, ele decorre da própria lei (cfr. artigo 158º, número 1, do Código Civil), não deverá ele ser igualmente normativo no caso das sociedades civis simples? Quanto aos argumentos sustentados pela tese negativista, defendem estes autores[15], que o artigo 157º do Código Civil contrapõe as pessoas colectivas às sociedades em geral, nelas incluídas naturalmente as sociedades comerciais e as sociedades civis sob forma

---

[13] A questão não se coloca perante as sociedades comerciais nem perante as sociedades civis sob forma comercial. Com efeito, o artigo 5º do CSC atribui personalidade jurídica às sociedades a partir da data do registo definitivo do contrato pelo qual se constituem (artigo que se aplica às sociedades civis sob forma comercial conforme estipula o número 4 do artigo 1º do mesmo Código).

[14] Pires de Lima e Antunes Varela, *Código Civil Anotado, Volume I*, 309.

[15] Como é o caso de Carvalho Fernandes, *Ob. Cit., Volume II, Tomo II*, 507.

comercial (cuja natureza de pessoa colectiva se não coloca em causa). Finalmente, a tese positivista contesta a atribuição de direitos e deveres a entes não personificados, embora possa admitir que a *"ordem jurídica trate unitariamente, por outro meio técnico que não a personificação, interesses colectivos e permita que os mesmos sejam prosseguidos por entidades não personificadas"*[16].

13. Mas as questões não se reduzem às sociedades civis sob forma civil. Existem, no ordenamento jurídico português, uma série de entidades que, não sendo dotadas de personalidade jurídica, são, todavia, dotadas de alguns direitos e deveres. Entre estas entidades, distinguem-se aquelas a que a lei processual civil atribui personalidade judiciária[17] e aquelas a que a lei processual tributária atribui personalidade tributária[18].

14. No que nos interessa em particular, o número 1 do artigo 15º da Lei Geral Tributária estipula que a personalidade tributária consiste na susceptibilidade de ser sujeito de relações jurídicas tributárias. Porque o direito fiscal atende essencialmente às realidades económicas[19], torna-se aceitável que conceda personalidade tributária a entidades desprovidas de personalidade jurídica. Tal resulta inequivocamente do artigo 2º do CIRC, nomeadamente das alíneas (b) e (c) do seu número 1, alíneas que fazem expressa referência a entidades desprovidas de personalidade jurídica[20].

15. O Professor Soares Martinez, no entanto, contesta vivamente o entendimento dado pelo CIRC quanto à distinção entre personalidade jurídica e personalidade tributária[21].Com efeito, segundo aquele autor, a personalidade tributária mais não é do que uma manifestação, ainda que limitada, da personalidade jurídica. O carácter instrumental da personalidade jurídica justifica que a sua força e extensão sejam limitadas em função dos interesses dos diversos ramos de direito. No caso do direito fiscal, a personalidade jurídica sofre certas limitações, ditadas pelas particularidades dos interesses que prossegue. Mas, ao atribuir

---

[16] Carvalho Fernandes, *Ob. Cit., Volume II, Tomo II*, 507.

[17] Artigos 6º (heranças jacentes e patrimónios autónomos semelhantes à herança, associações sem personalidade jurídica e as comissões especiais, sociedades civis; sociedades comerciais, até à data do registo definitivo do contrato pelo qual se constituem, condomínio resultante da propriedade horizontal, relativamente às acções que se inserem no âmbito dos poderes do administrador, navios, nos casos previstos em legislação especial) e 7º (sucursais, agências, filiais e delegações) do Código do Processo Civil.

[18] Artigo 15º da Lei Geral Tributária e artigo 3º do Código de Procedimento e Processo Tributário.

[19] Cfr. a este respeito, Soares Martinez, *Direito Fiscal, 1993*, 219.

[20] Curiosamente, o número 2 deste artigo 2º vem tomar posição face à problemática que atrás se referiu quanto às sociedades civis sob forma civil, considerando-as expressamente integradas na referida alínea (b), e tratando-as como *"sociedades civis sem personalidade jurídica"*.

[21] *Ob. Cit.*, 201.

personalidade tributária a determinadas entidades, o direito fiscal acaba por as integrar no mundo das pessoas jurídicas, pelo que é errado dizer que são sujeitos da relação de imposto *"entidades desprovidas de personalidade jurídica"*. Se são sujeitos de relações fiscais, essas entidades gozam de personalidade jurídica, ao menos no campo do direito fiscal, pelo que deixa de fazer sentido reconhecer-lhes, após esse momento, uma mera existência factual.

16. A posição do Professor Soares Martinez parece-nos adequada, atenta a unidade que deve nortear a noção de personalidade jurídica. Mas ela não é certamente pacífica, como atrás se constatou quando se analisou a natureza das sociedades civis sob forma civil. Em nossa opinião, a personificação adquire-se a partir do momento em que uma entidade (substrato) se torna titular de um direito ou dever, qualquer que seja o ramo do direito ao abrigo do qual esse direito ou dever lhe é atribuído. Após esse momento, a discussão centra-se exclusivamente em determinar qual o grau de personificação dessa entidade, grau esse que pode variar em função dos interesses em causa e dos objectivos e fins de cada ramo do direito.

17. São os objectivos e interesses específicos do direito fiscal que permitem determinar que certas entidades, não personalizadas à face dos outros ramos do direito, adquiram um certo grau de personalidade jurídica à face do direito fiscal. É o caso, nomeadamente das heranças jacentes, das associações sem personalidade jurídica e, sem prejuízo do debate acima exposto, das sociedades civis simples[22]. Como são os interesses e objectivos específicos do direito fiscal que permitem justificar que, em alguns casos, essas entidades não sejam directamente tributadas (tributação que se imputa aos respectivos sócios), independentemente da sua natureza de pessoas jurídicas[23].

18. Assim, parece-nos poder concluir, que estamos perante uma pessoa colectiva sempre que exista (a) um substrato organizado (b) titular de, pelo menos, um direito ou um dever jurídico. Em alguns casos, entidades que estariam abrangidas pela norma de incidência fiscal, são dela isentas, embora isso não signifique que deixem de ter personalidade jurídica para efeitos fiscais, personalidade que mantêm enquanto forem sujeitos de um só dever ou de um só direito, ainda que esses direitos ou deveres assumam, em direito fiscal, uma natureza acessória[24].

[22] Número 2 do artigo 2º do CIRC.

[23] Veja-se, por exemplo, que o CIRC, embora acolhendo o princípio da transparência fiscal no seu artigo 6º, não deixa de referir, no número 9 do artigo 117º, que a não tributação das entidades abrangidas pelo regime da transparência fiscal, as não desobriga da apresentação das respectivas declarações fiscais, dessa forma tratando-as como *"pessoas jurídicas"*.

[24] Assim sendo, parece-nos fazer inteiro sentido o artigo 12º do CIRC. Este artigo vem estipular que *"as sociedades e outras entidades a que, nos termos do artigo 6º, seja aplicável o regime da transparência fiscal, não*

19. Perante esta constatação, simples se tornará concluir que não faz sentido, do ponto de vista jurídico, fazer qualquer referência a *"entidades que são tratadas como pessoas colectivas para fins tributários"*. É que, se elas são tratadas como pessoas colectivas é porque são dotadas de alguns direitos ou deveres jurídicos, pelo menos no plano fiscal. E, se são dotados de direitos ou deveres fiscais, são pessoas jurídicas e, como tal, pessoas colectivas.

20. Esta conclusão, no entanto, já permitirá justificar a referência a *"outros agrupamentos de pessoas"*, porquanto, neste caso, estamos fora do âmbito da noção de pessoa colectiva. Isto é, estamos a falar de entidades desprovidas de personalidade jurídica e que, como tal, não são sujeitos *"a se"* de quaisquer direitos ou deveres jurídicos[25]. Como exemplos de tais agrupamentos de pessoas, poderemos salientar as *"joint ventures"* e os consórcios.

B2. A pessoa colectiva no modelo OCDE

21. Em nossa opinião, a delimitação, acima tentada, da noção de pessoa colectiva afigura-se fundamental na análise da noção de *"pessoa"* constante do Modelo OCDE. Não porque as conclusões a que chegámos sejam as que se encontram acolhidas no texto convencional, mas porque elas nos permitem compreender melhor as diferenças entre a noção jurídica de pessoa colectiva, tal como a entendemos, e os desvios a que ela se encontra sujeita no Modelo OCDE e, por conseguinte, nas Convenções contra a dupla tributação celebradas por Portugal.

22. Desde logo, enquanto na lei portuguesa as sociedades são pessoas colectivas, no Modelo OCDE as pessoas colectivas é que são sociedades. Esta inversão coloca-nos as seguintes questões, sobre as quais nos deveremos debruçar:

* Considerando o texto convencional que as pessoas colectivas são sociedades, deveremos nós entender que o Modelo OCDE se refere exclusivamente às pessoas colectivas de tipo associativo, que tenham por fim a obtenção de um lucro? Se assim for, estariam desde logo excluídas da noção de *"sociedade"* do Modelo OCDE todas as pessoas colectivas que não tivessem por base um substrato pessoal, bem como aquelas que não tivessem por fim a obtenção de um lucro, nomeadamente, as fundações e as associações sem fim lucrativo.

* Uma vez que o texto convencional integra na noção de *"sociedade"* <u>qualquer</u> pessoa colectiva, não fazendo qualquer distinção quanto ao substrato pessoal ou quanto ao fim lucrativo dessa mesma pessoa, deveremos nós

---

são tributados em IRC". Com efeito, sendo pessoas jurídicas, justifica-se que o afastamento da norma de incidência deva ser feito em sede de isenções fiscais.

[25] Cfr. Klaus Vogel, *On Double Taxation Conventions*, 2ª Edição, 1990, 113, parágrafo 17.

concluir que o Modelo OCDE acolhe uma noção de *"sociedade"* diferente, porque mais ampla, da que conhecemos no direito interno? Se assim for, as associações sem fim lucrativo e as fundações seriam consideradas *"sociedades"* para os efeitos do disposto no Modelo OCDE.

23. O Modelo OCDE parece apontar na direcção desta segunda alternativa, concedendo ao termo *"sociedade"* um alcance mais vasto do que aquele que lhe é atribuído pela lei portuguesa. Com efeito, o parágrafo 2º do Comentário ao artigo 3º do Modelo OCDE vem considerar que o termo *"sociedade"* inclui as fundações, que são entidades sem um substrato pessoal, mas que são tratadas como pessoas colectivas para efeitos fiscais.

24. Da mesma forma, enquanto, em nossa opinião, uma *"entidade que é tratada como pessoa colectiva para fins tributários"* é uma pessoa colectiva em si mesma, o Modelo OCDE parece apontar noutro sentido, distinguindo entre as pessoas colectivas que o são ao abrigo das normas gerais do direito, daquelas que o são apenas para fins tributários, ou seja, daquelas cuja personalidade jurídica se justifica apenas pela natureza da sua actividade e pelos fins prosseguidos pelo direito fiscal[26].

25. O Modelo OCDE vem ainda, e com respeito às fundações, considerar expressamente que as mesmas se devem ter por *"entidades equiparadas a pessoas colectivas para fins tributários"* e não como pessoas colectivas em si mesmas[27]. Este comentário leva-nos a concluir que o Modelo OCDE visa excluir da noção de pessoa colectiva entidades desprovidas de um substrato pessoal.

26. Para além destas referências, o Modelo OCDE não se debruça, nem define expressamente, o termo *"pessoa colectiva"*. Assim, em nossa opinião, este termo deve ser definido por referência à lei interna de cada Estado contratante, embora sujeito à interpretação que possa resultar do contexto da convenção[28].

27. E é precisamente por referência ao contexto, que consideramos dever restringir a noção de pessoa colectiva constante do Modelo OCDE. Assim, em nossa opinião, a noção de pessoa colectiva do Modelo OCDE inclui qualquer entidade de tipo associativo, cuja personalidade jurídica resulte da aplicação das normas gerais de direito.

C. As entidades equiparadas a pessoas colectivas para fins tributários

28. Enquanto atrás defendemos que estas entidades se devem considerar pessoas colectivas, atento o facto de serem dotadas de algum grau de personali-

---

[26] À semelhança do que sucede no CIRC.
[27] Parágrafo 2 do Comentário ao artigo 3º. Relembre-se que, no Modelo OCDE, as pessoas colectivas são sociedades.
[28] Cfr. Nº 2 do artigo 3º do Modelo OCDE.

dade jurídica, o Modelo OCDE parece claramente distingui-las das demais pessoas colectivas.

29. Assim, e tendo em conta o contexto descrito anteriormente, consideramos que se devem ter por entidades equiparadas:

* Todas as entidades de tipo não associativo dotadas de personalidade jurídica;
* Bem como todas as entidades de tipo associativo que, não tendo sido dotadas de personalidade jurídica pelas normas gerais do direito, a adquiram no âmbito do direito fiscal, ainda que de forma reduzida.

D. Outros agrupamentos de pessoas

30. O Modelo OCDE considera ainda que são *"pessoas"* quaisquer outros *"agrupamentos de pessoas"*. Este elemento residual da noção de pessoa deve ser entendido de forma muito ampla, conforme claramente resulta do Comentário ao Modelo OCDE[29].

31. Assim, serão *"pessoas"* todas as entidades desprovidas de personalidade jurídica que se possam considerar *"agrupamentos"*, o que, em nossa opinião, equivale a dizer, todas as entidades que traduzam a existência de um substrato autónomo, individualizável, aglutinador de interesses de diversas outras pessoas (sejam elas pessoas individuais, pessoas colectivas, entidades equiparadas ou mesmo outros agrupamentos de pessoas).

32. Em nossa opinião, ainda, este substrato autónomo não tem que ser um substrato organizado, como tal entendido um substrato dotado de uma organização formal e de um objecto próprio[30]. O próprio comentário ao artigo 3º do Modelo OCDE refere que a noção deve ser entendida num sentido não exaustivo e muito amplo[31].

33. Não conseguimos compreender a objecção feita pelo Prof. Manuel Pires[32] à tricotomia – pessoa singular, sociedade e outros agrupamentos de pessoas. No entender deste Professor, *"definindo-se sociedade como qualquer pessoa colectiva ou qualquer entidade que é considerada como pessoa colectiva para fins de tributação, não se vislumbra qual a razão da autonomia de qualquer outro agrupamento de pessoas, salvo se fosse um agrupamento considerado fiscalmente como pessoa singular ou não equiparado*

---

[29] O texto da versão inglesa do comentário ao artigo 3º é o seguinte: *"The definition of the term "person" given in sub-paragraph a) is not exhaustive and should be read as indicating that the term "person" is used in a very wide sense"* (parágrafo 2 dos referidos comentários).

[30] Por outras palavras, não tem que ser um *"corporate body"*, conforme adiante se discutirá aquando da referência às chamadas *"partnerships"*.

[31] Aliás, este é praticamente o único comentário que a este respeito é feito pelo Modelo OCDE.

[32] *Da Dupla Tributação Jurídica Internacional sobre o Rendimento*, 598.

expressamente a pessoa colectiva, o que não parece razoável". Em nossa opinião, não resulta do Modelo OCDE que uma *"pessoa"* tenha que ser obrigatoriamente sujeito de uma relação fiscal.

34. No Modelo OCDE, e em nossa opinião, a autonomização de *"qualquer outro agrupamento de pessoas"* deve entender-se como tendo na sua base a distinção entre entidades dotadas de personalidade jurídica ou tributária e entidades desprovidas dessa personalidade[33]. São *agrupamentos de pessoas* as entidades desprovidas de personalidade jurídica e tributária, as quais, por essa exacta razão, nunca poderão considerar-se equiparadas a pessoas colectivas, para efeitos do Modelo OCDE.

35. Esta conclusão, no entanto, obriga a ter presente que o Modelo OCDE, ao tratar a noção de *"pessoa"* não está interessado em averiguar se está perante uma entidade *"sujeita a imposto"* em algum dos Estados contratantes. Como veremos adiante, a *"sujeição a imposto"* é elemento fundamental na análise do âmbito de aplicação subjectiva das Convenções, mas apenas aquando do estudo da noção de *"residência"*. Por outras palavras, sendo verdade que uma entidade desprovida de deveres ou direitos tributários, de qualquer tipo, não poderá estar abrangida pela norma de incidência de uma Convenção contra a dupla tributação, não é menos verdade que ela deve ser vista como uma *"pessoa"*, sendo que essa não incidência deriva do facto de ela não ser considerada *"residente de qualquer dos Estados Contratantes"*[34].

E. Conclusões

36. Dito isto, parece-nos que a determinação da existência ou não de uma *"pessoa"*, para efeitos do Modelo OCDE[35], deverá passar pelo seguinte teste[36]:

* Se se tratar de um ser humano, será uma pessoa individual;
* Se se tratar de uma entidade de tipo associativo, dotada de personalidade jurídica ao abrigo das regras gerais de direito, será uma pessoa colectiva (e, portanto, uma sociedade);
* Se se tratar de uma entidade de tipo associativo, dotada de personalidade tributária, será uma entidade equiparada a pessoa colectiva (e, portanto, também uma sociedade);

[33] Neste sentido, cfr. Vogel, *Ob. Cit.*, 113. Veja-se também o comentário ao parágrafo 3º do artigo 4º do Modelo OCDE (21), onde expressamente se refere a possibilidade de um *"body of persons"* ser destituído de qualquer grau de personalidade jurídica.
[34] Em crítica a esta conclusão, veja-se Klaus Vogel, *Ob. Cit.*, 68.
[35] Note-se que estas conclusões podem ser diferentes em cada Estado contratante (cfr. Klaus Vogel *Ob. Cit.*, 113).
[36] Por forma a esclarecer as diversas possibilidades, mas sem prejuízo do que dissemos anteriormente, faremos referência à distinção entre personalidade jurídica e personalidade tributária, esta considerada como a atribuição de personalidade jurídica apenas para efeitos do direito fiscal.

* Se se tratar de uma entidade de tipo não associativo, dotada de personalidade jurídica (ou dotada meramente de personalidade tributária), será
uma entidade equiparada a pessoa colectiva (e, portanto, também uma
sociedade);
* Se se tratar de uma entidade desprovida de personalidade jurídica e tributária, mas na qual se congregam e manifestam os interesses de duas ou
mais pessoas, será um agrupamento de pessoas.

F. Alguns casos particulares

37. Delimitado que se encontra o conceito de *"pessoa"*, convém procurar
aplicá-lo a algumas realidades híbridas, como tal consideradas aquelas que o
direito cria, e que não se enquadram claramente na distinção tradicional entre
pessoas individuais e pessoas colectivas.

F1. As chamadas "partnerships"

38. As *"partnerships"* são entidades que congregam os interesses de diversas
pessoas (individuais ou colectivas). Em Portugal, como noutros ordenamentos
jurídicos[37], elas são consideradas sociedades de pessoas[38] e, como tal, dotadas de
personalidade jurídica. Noutros ordenamentos, todavia[39], elas são desprovidas
de personalidade jurídica, pelo que a tributação incide directamente sobre as
pessoas cujos interesses elas congregam (*sócios*).

39. Em nossa opinião, as *"partnerships"* são *"pessoas"*, independentemente de
serem tratadas como sujeitos fiscais ao abrigo das leis dos diversos Estados Contratantes[40]. Diversamente, Philip Baker[41] vem questionar se uma *"partnership"*

---

[37] É o caso da França e da Espanha. Cfr. Alberto Xavier, *Direito Tributário Internacional*, 2ª edição
actualizada,2011, 127.

[38] É o caso das sociedades em nome colectivo do direito português.

[39] É, nomeadamente, o caso da Alemanha. Cfr. Klaus Vogel, *Ob. Cit*, 119.

[40] Sendo uma figura típica do direito anglo-saxónico, não é fácil a tarefa de a caracterizar com
referência aos conceitos típicos do direito continental. De todas as formas, sempre diremos que,
em nossa opinião, uma *general partnership* se pode assemelhar a uma sociedade em nome colectivo,
uma *limited partnership* se pode assemelhar a uma sociedade em comandita e uma *limited liability
partnership* se pode assemelhar a uma sociedade por quotas. Essencial é compreender que, do ponto
de vista do direito anglo-saxónico, uma *partnership*, qualquer que seja a sua forma, tende a ser
sempre uma entidade transparente enquanto, em Portugal, qualquer das entidades mencionadas
tende sempre a ser uma entidade directamente sujeita a imposto. Por outro lado, é ainda essencial
compreender que as entidades fiscalmente transparentes em Portugal não se podem assemelhar
a *partnerships*, com excepção talvez das sociedades de simples administração de bens, quando
preencham os requisitos identificados no artigo 6º do CIRC.

[41] *Double Taxation Agreements and International Tax Law, 1991*, 48. Da mesma forma, Vogel, *Ob. Cit.*, 119,
vem questionar se as *"partnerships"* podem ser consideradas *"pessoas"*.

poderá ser considerada como *"pessoa"*. Com base numa decisão dos tribunais britânicos[42], que considerou que a *"partnership"* era um *agrupamento de pessoas* para efeitos da Convenção celebrada entre o Reino Unido e a Ilha de Jersey, Baker chama a atenção para o facto de a noção de *"agrupamento de pessoas"* (*"body of persons"*), contida nessa Convenção, ter sido aditada da expressão *"(body of persons) corporate or not corporate"*, pelo que considera que a questão se encontra em aberto nas Convenções que não contenham esse aditamento[43].

40. No entanto, e conforme referimos acima, o Modelo OCDE, ao indicar meramente os *"agrupamentos de pessoas"*, não visa atingir apenas aqueles agrupamentos que tenham a natureza de *"corporate bodies"*, ou seja de entidades dotadas de um substrato organizado. Assim, uma *partnership* pode, em determinadas Convenções, ser vista como uma sociedade, porque dotada de direitos ou deveres, ao menos, no âmbito do direito fiscal, enquanto, noutras Convenções, pode ser vista apenas como um *agrupamento de pessoas*. Isto mesmo se retira do disposto no parágrafo 2º do comentário ao artigo 3º do Modelo OCDE.

F2. As entidades fiscalmente transparentes

41. O artigo 6º do CIRC vem estipular que certas entidades, previamente consideradas como abrangidas pela norma de incidência constante do artigo 2º do mesmo Código, não são tributadas para efeitos de IRC, dele estando isentas[44].

42. Embora a tributação recaia sobre os seus sócios, a determinação da matéria colectável das sociedades transparentes é feita nos termos do disposto no CIRC. Com efeito, embora isentas de IRC, estas sociedades são sujeitos passivos da relação fiscal e, como tal, titulares de direitos e deveres de ordem fiscal.

43. O número 1 do artigo 5º vem considerar como abrangidas pelo regime da transparência fiscal três tipos de sociedades:

* As sociedades civis não constituídas sob forma comercial;
* As sociedades de profissionais; e
* As sociedades de simples administração de bens (desde que preencham certos requisitos)[45].

44. Por sua vez, o número 2 do mesmo artigo vem ainda integrar neste regime os agrupamentos europeus de interesse económico e os agrupamentos complementares de empresas.

---

[42] *Padmore v. IRC*. Cfr. Philip Baker, *Ob. Cit.*, 50.
[43] Como é o caso do Modelo OCDE e de todas as Convenções celebradas por Portugal.
[44] Artigo 12º do CIRC.
[45] Estas sociedades são geralmente constituídas sob forma comercial, embora nada impeça que assumam a forma de sociedades civis.

45. Em todos estes casos, estamos perante entidades que detêm personalidade jurídica[46], pelo que, em nossa opinião, devem ser tratadas como pessoas colectivas (e, portanto, como "*sociedades*") para efeitos do Modelo OCDE.

F3. Os estabelecimentos estáveis

46. A alínea c) do número 1 do artigo 2º do CIRC considera que são sujeitos passivos do IRC as "*entidades, com ou sem personalidade jurídica, que não tenham sede nem direcção efectiva em território português e cujos rendimentos nele obtidos não estejam sujeitos a IRS.*"

47. No que diz respeito a estas entidades, o CIRC vem estabelecer uma diferença, consoante elas exerçam ou não a sua actividade em Portugal através de um estabelecimento estável[47]:

* Se não dispuserem de um estabelecimento estável em Portugal, essas entidades serão tributadas directamente pelos rendimentos das diversas categorias, consideradas para efeitos do IRS;
* Se dispuserem de um estabelecimento estável em Portugal, essas entidades serão tributadas pelo lucro imputável a esse estabelecimento[48].

48. A questão que se coloca é a de saber se o estabelecimento estável, como tal, configura, para efeitos do Modelo OCDE, uma "*pessoa*" distinta da entidade não residente que, através dele, exerce a sua actividade em Portugal.

49. A lei fiscal portuguesa parece considerar o estabelecimento estável como um mero património autónomo, cujos rendimentos são calculados e tributados por referência aos métodos de tributação das pessoas colectivas[49]. O sujeito passivo do imposto é a entidade não residente[50], e é em relação a esta que as normas

---

[46] Assim, e a título de exemplo, (a) as sociedades de advogados detêm personalidade jurídica nos termos do disposto no artigo 3º do DL 229/2004 de 10 de Dezembro; (b) as sociedades de revisores oficiais de contas detêm personalidade jurídica nos termos do disposto no artigo 94º, número 1 do DL 487/99 de 16 de Novembro (republicado); (c) os agrupamentos complementares de empresas detêm personalidade jurídica nos termos do disposto na Base IV da Lei 4/73 de 4 de Junho e (d) os agrupamentos europeus de interesse económico detêm personalidade jurídica nos termos do disposto no artigo 1 do DL 148/90 de 9 de Maio. Quanto às sociedades civis simples (não constituídas sob forma comercial), elas detêm personalidade jurídica nos termos do que atrás expusemos (supra pg. 9).

[47] Artigo 3º, número 1, alíneas c) e d).

[48] Seja por aplicação das normas do IRC, seja por aplicação das normas constantes das Convenções celebradas por Portugal.

[49] Ao contrário de outras legislações, como a brasileira, que atribuem personalidade jurídica (para fins tributários) às sucursais. Cfr. Alberto Xavier, *Ob. Cit.*, 327.

[50] Conforme resulta claramente do disposto na alínea c) do número 1 do artigo 2º e da alínea c) do número 1 do artigo 3º do CIRC.

fiscais impõem diversos direitos e deveres jurídicos[51]. Assim, perante a lei portuguesa, o estabelecimento estável não é considerado "*pessoa*".

50. Em nossa opinião, a mesma conclusão se deve retirar do contexto do Modelo OCDE. Com efeito, e apesar de se tratar de um substrato autónomo[52], desprovido de personalidade jurídica[53], o estabelecimento estável não pode ser considerado como um "*agrupamento de pessoas*". No caso do estabelecimento estável (como no caso das sucursais), não estamos perante um "*agrupamento*", pois para que haja um agrupamento, é necessário que se agrupem os interesses de duas ou mais pessoas. Este requisito literal faz, em nossa opinião, todo o sentido. O que permite qualificar o "*agrupamento de pessoas*" como "*pessoa*" para efeitos do Modelo OCDE é, em nossa opinião, o facto de se ter criado uma realidade (*um substrato autónomo*) distinta das "*pessoas*" que nela se agrupam. Ora, no estabelecimento estável, esta distinção não existe, pelo que não faria sentido, sendo ele desprovido de qualquer grau de personalidade jurídica, tratá-lo como se fosse uma realidade distinta da "*pessoa*" em que se integra. Pessoa será assim a sociedade não residente e não o estabelecimento estável, como tal.

51. Importante neste contexto, ainda que à margem desta questão, é o impacto do princípio da não discriminação na aplicação das Convenções contra a dupla tributação aos estabelecimentos estáveis de entidades residentes noutro Estado contratante. Expliquemo-nos:

* O número 1 do artigo 24º do Modelo OCDE estipula que os "*nacionais de um Estado Contratante não ficarão sujeitos no outro Estado Contratante a nenhuma tributação ou obrigação com ela conexa diferente ou mais gravosa do que aquelas a que estejam ou possam estar sujeitos os nacionais desse outro Estado que se encontrem na mesma situação, em particular no que respeita à residência . Não obstante o estabelecido no artigo 1º, esta disposição aplicar-se-á também às pessoas que não são residentes de um ou de ambos os Estados Contratantes*";

---

[51] São os casos, nomeadamente, dos artigos 55º, número 1 (lucro tributável de estabelecimento estável); 104º, número 1 (pagamentos por conta) e 123º, número 1 (obrigação de dispor de contabilidade organizada), todos do CIRC.

[52] Que existe um substrato autónomo, parece ser evidente, atento o facto de a lei o submeter a tributação como se de uma pessoa colectiva se tratasse. Esta ficção, se permite manter a conclusão de que o estabelecimento, em si mesmo, não é uma realidade distinta da pessoa colectiva em que se integra, levanta dúvidas quanto à razoabilidade da solução legislativa. Alguma incoerência parece existir quando a lei fiscal, recusando atribuir ao estabelecimento estável qualquer grau de personificação, aceita tratá-lo (nomeadamente nas relações com terceiros) como se fosse uma entidade independente.

[53] À luz do direito interno português. Já noutras legislações, o estabelecimento estável pode, se dotado de algum grau de personalidade jurídica, ser considerado como "*entidade equiparada a pessoa colectiva para fins de tributação*".

* Ao permitir que os nacionais de um Estado Contratante invoquem o princípio da não discriminação, ainda que sejam residentes de um terceiro Estado, o artigo 24º, número 1, vem alargar o âmbito de aplicação subjectiva contido no artigo 1º do Modelo OCDE. Na verdade, o elemento de conexão relevante, para efeitos deste artigo, não é a "*residência*" da pessoa individual ou da sociedade, mas a sua nacionalidade;

* Outra questão que se pode colocar, no âmbito deste artigo, é a de saber se o princípio da não discriminação impõe, por exemplo, que o Estado Contratante, onde se situa um estabelecimento estável de uma pessoa residente no outro Estado Contratante, conceda um crédito de imposto com relação aos rendimentos imputados a esse estabelecimento estável, mas obtidos num terceiro Estado com o qual ele tenha celebrado uma Convenção contra a dupla tributação. Estaríamos aqui perante o alargamento do âmbito de aplicação subjectiva de todas as Convenções celebradas pelo Estado onde se situa o estabelecimento, alargamento que era imposto pelo texto da Convenção celebrada com o Estado onde reside a empresa titular desse estabelecimento;

* O número 3 do artigo 24º, ao estipular que a "*tributação de um estabelecimento estável que uma empresa de um Estado Contratante tenha no outro Estado Contratante não será nesse outro Estado menos favorável do que a das empresas desse outro Estado que exerçam as mesmas actividades (...)*", parece indicar que o crédito a conceder deverá ser baseado nas disposições contidas na Convenção celebrada entre o Estado onde se situa o estabelecimento e o terceiro Estado[54].

F4. Os fundos de investimento

52. Os Fundos de Investimento são conjuntos de valores resultantes de investimentos de capitais recebidos do público e representados por certificados de participação, que se destinam a ser investidos, por intermédio de uma sociedade gestora, na aquisição de determinado tipo de bens.

53. Pode assim dizer-se que os fundos de investimento assentam na seguinte estrutura:

* A propriedade do fundo pertence às pessoas que detiverem os respectivos certificados de participação, na proporção das unidades por cada uma subscritas (participantes);

* A gestão do fundo cabe a uma sociedade gestora que actua por mandato dos participantes;

---

[54] A este respeito, cfr. Alberto Xavier, *Ob. Cit.*, 276.

* À sociedade gestora cabe investir os montantes realizados pelo fundo com a venda dos seus certificados de participação. Estes montantes devem ser investidos em valores mobiliários ou em imóveis, nos termos do respectivo regulamento e da lei aplicável.

54. Apesar das semelhanças que existem entre este tipo de estrutura e a que enforma as *"sociedades gestoras de participações sociais"*[55], a lei fiscal portuguesa não veio atribuir a estes patrimónios qualquer grau de personalidade jurídica. Assim, e apesar de sujeitar a tributação, mediante retenções na fonte, os rendimentos dos fundos de investimento[56], a lei fiscal portuguesa considera que essa tributação é imposta ao titular dos rendimentos, ou seja, ao participante. Daí que o artigo 22º, números 2 e 3, do Estatuto dos Benefícios Fiscais, estipule que os rendimentos dos fundos de investimento devem ser considerados como proveitos dos participantes, e o montante de imposto retido, aquando do pagamento desses proveitos ao fundo, deve ter (quando englobado) a natureza de um imposto por conta[57].

55. Assim sendo, os fundos de investimento devem ser vistos como um substrato organizado desprovido de personalidade jurídica. Não sendo *"pessoas"* para efeitos do direito fiscal português, devem, em nossa opinião, e atento o que atrás escrevemos, ser considerados *"agrupamentos de pessoas"* (e, portanto, *"pessoas"*) para efeitos do Modelo OCDE.

F5. Os Consórcios E As *"Joint Ventures"*

56. O Consórcio é um contrato pelo qual duas ou mais pessoas se obrigam entre si, e de forma concertada, a realizar certa actividade com o fim de praticar determinados actos jurídicos (artigo 1º do DL 231/81 de 28 de Julho). O Consórcio pode ser interno ou externo[58]. Diz-se interno, quando os bens são fornecidos

---

[55] Países existem em que os fundos de investimento podem assumir a forma societária, nomeadamente através de "sociedades anónimas de capital variável". É o caso da França e do Luxemburgo, através da constituição de SICAV (*"sociétés d´investissement à capital variable"*). Cfr. Bruno Gouthière, *Les Impôts dans les Affaires Internationales*, 576.

[56] Cfr. artigo 22º do Estatuto dos Benefícios Fiscais. Note-se que a tributação dos fundos não é uniforme, variando consoante o seu tipo e objecto.

[57] Em relação a este aspecto, algumas situações se devem precisar, para além do facto de que alguns tipos de fundos podem ser sujeitos a um regime fiscal diferente. Assim: (a) no caso de o participante ser uma pessoa singular, o englobamento é voluntário (cfr. artigo 22º, número 2); (b) no caso de o participante ser uma pessoa não residente os rendimentos estão isentos, desde que não sejam imputáveis a estabelecimento estável (cfr. artigo 22º, número 5); e (c) no caso de os rendimentos serem imputáveis a estabelecimento estável de entidade não residente, devem os mesmos ser englobados (cfr. artigo 22º, número 3).

[58] Artigo 5º do DL 231/81 de 28 de Julho.

a um dos membros do Consórcio e só este estabelece relações com terceiros, ou quando os bens são fornecidos directamente a terceiros por cada um dos membros do Consórcio, mas sem expressa invocação dessa qualidade. Diz-se externo, quando os bens são fornecidos directamente a terceiros por cada um dos membros do Consórcio, mas com expressa invocação dessa qualidade.

57. No Consórcio externo, um dos membros deverá ser designado como chefe do Consórcio agindo na qualidade de mandatário dos diversos membros, e no âmbito dos poderes que lhe forem conferidos no respectivo contrato[59].

58. Ao regular expressamente o contrato de consórcio, a legislação portuguesa veio acolher a figura, internacionalmente conhecida, das *"unincorporated joint ventures"*. Com efeito, é comum as partes estipularem, aquando da celebração de contratos de *"joint venture"*, que a uma delas compete o exercício de determinados poderes, no âmbito de um contrato de mandato[60].

59. Perante a lei fiscal portuguesa o consórcio e a *"joint venture"* não são *"pessoas"*. A tributação incide directamente sobre as partes contratantes, agindo o chefe do consórcio nos termos do mandato que lhe for conferido. A necessidade de manter uma contabilidade separada justifica-se por ser a única forma de as partes poderem dividir entre si os rendimentos dessa actividade, mas esses rendimentos consideram-se obtidos directamente por elas, para todos os efeitos fiscais.

60. No entanto, em nossa opinião, o Consórcio Externo[61] integra a noção acima defendida de *"agrupamento de pessoas"*. Com efeito, e apesar de desprovidos de personalidade jurídica, os Consórcios Externos representam uma entidade individualizável, aglutinadora de interesses de várias pessoas, que tem por objecto o exercício de uma determinada actividade económica[62].

61. E o mesmo sucede, em nossa opinião, nos casos em que as partes, não desejando qualificar o seu contrato como sendo um contrato de consórcio, celebram entre si um contrato inominado, do qual resulta a criação de uma realidade individualizável, a partir da qual elas desenvolvem os seus interesses comuns. Naturalmente, a consideração de que uma *"unincorporated joint venture"* pode ser considerada como *"um agrupamento de pessoas"* só pode aferir-se em cada caso concreto, atentas as disposições do respectivo contrato constitutivo.

---

[59] Artigo 12º do DL 231/81 de 28 de Julho.

[60] Note-se, no entanto, que muitas *"joint ventures"* se destinam à constituição de uma sociedade, e estas, dotadas que são de personalidade jurídica, não devem ser tratadas aqui.

[61] No Consórcio Interno, e em nossa opinião, não existe qualquer substrato individualizável, mas tão somente uma actividade concertada e complementar, exercida por diversas pessoas.

[62] Ideia que sai reforçada pelo facto de os consórcios deverem manter uma contabilidade separada e serem dotados de uma certa estrutura organizativa.

F6. Os "*Trusts*"

62. O "*Trust*" é uma figura típica do direito anglo-saxónico, que resulta do desmembramento do direito de propriedade, dessa forma permitindo que um bem seja detido por uma pessoa em benefício de outra. Geralmente, o "*Trust*" é constituído por uma pessoa ("*settlor*") que, dessa forma, entrega a uma outra ("*trustee*") um conjunto de bens, que este deve gerir em benefício de uma terceira ("*cestui que trust*").

63. Em nossa opinião, o "*Trust*" não deve confundir-se com os fundos de investimento imobiliário, desde logo porque, ao contrário do que sucede com as sociedades gestoras de fundos, o "*trustee*", para além de administrador do "*Trust*" é também o proprietário legal dos bens que o compõem ("*legal ownership*" por oposição à "*beneficial ownership*" do "*cestui que trust*"[63]). Nem, em nossa opinião, deve o "*Trust*" ser assimilado à distinção entre nua propriedade e usufruto, uma vez que o "*cestui quer trust*" não detém qualquer direito real sobre o bem, limitando-se a receber os respectivos rendimentos[64].

64. A lei portuguesa reconheceu a figura do "*Trust*" através do DL 352-A/88 de 3 de Outubro[65], diploma que, embora regulamente alguns aspectos relacionados com a sua constituição e funcionamento[66], sujeitou o "*Trust*" às disposições de uma lei estrangeira que admita a sua existência, lei essa que deverá ser escolhida pelo "*settlor*".

65. Destituídos que são de personalidade jurídica, os "*Trusts*" não podem ser considerados "*pessoas*" para efeitos da lei portuguesa. Mas resta saber se eles não serão "*agrupamentos de pessoas*" para efeitos do Modelo OCDE. Em nossa opinião, estamos ainda na presença de um substrato individualizável, embora esse substrato não contenha um elemento pessoal. O que, em nossa opinião, falta para poder considerar o "*Trust*" como um "*agrupamento de pessoas*" é que, no "*Trust*" não existe um agrupamento de interesses de duas ou mais pessoas. Embora o "*Trust*" se destine a lidar com os interesses de, pelo menos, duas pessoas (o instituidor e o beneficiário), ele não é uma entidade aglutinadora de interesses mútuos. Por outras palavras, o "*Trust*" não é instituído por duas pessoas (institui-

---

[63] Daí falar-se em desmembramento do direito de propriedade. Aliás, o beneficiário do "*Trust*" tem geralmente à sua disposição meios de defesa próprios do titular do direito de propriedade, nomeadamente no que diz respeito à sua relação com o "*trustee*". Esses meios de defesa baseiam-se na noção, também típica do direito anglo-saxónico, de "*equitable interests*".

[64] Cfr. Bruno Gouthière, *Ob. Cit.*, 490.

[65] Cfr. ainda o DL 149/94 de 25 de Maio sobre o registo de "*trust*" na Zona Franca da Madeira.

[66] Exemplos: O instituidor e o beneficiário não podem ser residentes em território português; o "*trustee*" deve ser uma sociedade ou sucursal autorizada a operar na Zona Franca; a instituição do "*trust*" está sujeita a forma escrita.

dor e beneficiário) que, dessa forma entendem *agrupar* interesses comuns, mas é instituído por apenas uma delas, em favor da outra[67].

CAPÍTULO III – **A NOÇÃO DE RESIDÊNCIA**

A. Introdução

1. O objectivo do nosso trabalho não é o de abordar as questões que se prendem com a resolução de eventuais conflitos entre os Estados contratantes, derivados do facto de ambos considerarem que uma determinada *"pessoa"* neles se encontra a residir. O artigo 4º do Modelo OCDE estabelece diversos critérios que permitem dirimir esses conflitos, critérios que levantam diferentes questões que devem ser tratadas em sede própria.

2. O nosso interesse prende-se com um problema anterior, ou seja, com a determinação das implicações que a noção de *"residência"* tem na aplicação subjectiva das Convenções contra a dupla tributação. Não nos preocupamos com os conflitos de *"residência"* porque, para que eles existam, é necessário que ambos os Estados Contratantes concluam estar perante uma *"pessoa residente"*. Por outras palavras, o nosso tema termina onde começa esse outro, que é o de dirimir eventuais conflitos de *"residência"*.

3. Delimitado assim o objecto deste Capítulo, cremos importante salientar, desde logo, que o artigo 4º do Modelo OCDE vem remeter para a legislação fiscal dos Estados contratantes a delimitação da noção de *"residência"*, ao estipular, no seu número 1, que *"se considera «residente de um Estado Contratante» qualquer pessoa que, em virtude da legislação desse Estado, está aí sujeita a imposto (...)"*. Por essa razão, consideramos essencial averiguar previamente o alcance dessa mesma noção no direito fiscal português.

B. A residência das pessoas individuais no CIRS

4. Segundo o artigo 15º do CIRS, ficam sujeitas a imposto as pessoas individuais que:

* Residam em território português, caso em que são abrangidas pelo imposto a totalidade dos rendimentos por elas obtidos, incluindo os rendimentos obtidos fora desse território (artigo 15º, número 1);
* Não residam em território português, caso em que são abrangidos pelo imposto apenas os rendimentos obtidos em território português (artigo 15º, número 2).

---

[67] Em nossa opinião, não faz sentido fazer referência à figura do *"trustee"* quando se analisa a existência eventual de um *"agrupamento de pessoas"*. O *"Trust"* não é instituído para o beneficiar, pelo que a sua posição, sendo de fundamental importância, não é a de uma parte pessoalmente interessada.

5. A noção de residência acolhida no CIRS consta do artigo 16º, que abaixo transcrevemos, e afigura-se particularmente ampla:

"*1. São residentes em território português as pessoas que, no ano a que respeitam os rendimentos:*

(a) Hajam nele permanecido mais de 183 dias, seguidos ou interpolados;

(b) Tendo permanecido por menos tempo, aí disponham, em 31 de Dezembro desse ano, de habitação em condições que façam supor a intenção de a manter e ocupar como residência habitual;

(c) Em 31 de Dezembro, sejam tripulantes de navios ou aeronaves, desde que aqueles estejam ao serviço de entidades com residência, sede ou direcção efectiva nesse território;

(d) Desempenhem no estrangeiro funções ou comissões de carácter público, ao serviço do Estado Português.

2. São sempre havidas como residentes em território português as pessoas que constituem o agregado familiar, desde que naquele resida qualquer das pessoas a quem incumbe a direcção do mesmo[68]*.*

3. A condição de residente resultante da aplicação do disposto no número anterior pode ser afastada pelo cônjuge que não preencha o critério previsto na alínea a) do nº 1, desde que efectue prova da inexistência de uma ligação entre a maior parte das suas actividades económicas e o território português, caso em que é sujeito a tributação como não residente relativamente aos rendimentos de que seja titular e que se considerem obtidos em território português nos termos do artigo 18º.

4. Sendo feita a prova referida no número anterior, o cônjuge residente em território português apresenta uma única declaração dos seus próprios rendimentos, da sua parte nos rendimentos comuns e dos rendimentos dos dependentes a seu cargo segundo o regime aplicável às pessoas na situação de separados de facto nos termos do disposto no nº 2 do artigo 59º.

5. São ainda havidas como residentes em território português as pessoas de nacionalidade portuguesa que deslocalizem a sua residência fiscal para país, território ou região, sujeito a um regime fiscal claramente mais favorável constante de lista aprovada por portaria do Ministro das Finanças, no ano em que se verifique aquela mudança e nos quatro anos subsequentes, salvo se o interessado provar que a mudança se deve a razões atendíveis, designadamente exercício naquele território de actividade temporária por conta de entidade patronal domiciliada em território português.

6. Consideram-se residentes não habituais em território português os sujeitos passivos que, tornando-se fiscalmente residentes nos termos dos nºˢ 1 a 2, não tenham sido residentes em território português em qualquer dos cinco anos anteriores sido tributados como tal em sede de IRS.

7. O sujeito passivo que seja considerado residente não habitual adquire o direito a ser tributado como tal pelo período de 10 anos consecutivos, a partir do ano, inclusive, da sua inscrição como residente em território português.

---

[68] Direcção que cabe a ambos os cônjuges, conforme estipula o artigo 1671º, número 2, do Código Civil.

8. O sujeito passivo deve solicitar a inscrição como residente não habitual no acto de inscrição como residente em território português ou, posteriormente, até 31 de Março, inclusive, do ano seguinte àquele em que se torne residente nesse território.

9. O gozo do direito a ser tributado como residente não habitual em cada ano do período referido no número 7 depende de o sujeito passivo ser, nesse ano, considerado residente em território português considerado residente para efeitos de IRS.

10. O sujeito passivo que não tenha gozado do direito referido no número anterior em um ou mais anos do período referido no nº 7 pode retomar o gozo do mesmo em qualquer dos anos remanescentes daquele período, a partir do ano, inclusive, em que volte a ser considerado residente em território português"

6. O estudo cuidado desta noção não cabe no âmbito deste trabalho, pelo que, sobre ela, apenas iremos tecer alguns comentários:

* O legislador acolhe um critério objectivo de residência ao considerar como residentes as pessoas que tenham permanecido no território português para além de um determinado período;
* Acolhe igualmente um critério subjectivo de residência ao considerar como residentes as pessoas que disponham de uma habitação em condições tais, que façam supor a *intenção* de a manter e ocupar como residência habitual;
* Estabelece uma série de presunções de residência, de que se destaca a constante do número 2 do referido artigo 16º;
* Utiliza o conceito de "residência" como instrumento de combate à evasão fiscal (número 5);
* Cria a figura do "residente fiscal não habitual".

7. A noção de residente fiscal de Portugal e, em geral, dos demais países com os quais Portugal celebrou Convenção contra a dupla tributação, é de tal forma abrangente que não é difícil imaginar a existência de inúmeros conflitos de residência entre Estados contratantes. A resolução desses conflitos deve, nesses casos, ser feita por referência ao disposto no nº 2 do artigo 4º do Modelo OCDE.

C. A residência das pessoas colectivas no CIRC

8. A noção de residência das pessoas colectivas é-nos dada pelos números 1 e 3 do artigo 2º do CIRC, segundo o qual são sujeitos passivos do imposto as pessoas colectivas com *"sede ou direcção efectiva em território português"*. Relativamente a essas pessoas colectivas, e à semelhança do que acontece com as pessoas individuais, o IRC incide sobre a totalidade dos seus rendimentos, incluindo os obtidos fora desse território.

9. O CIRC adopta assim dois elementos de conexão alternativa[69]:

---

[69] Cfr. Alberto Xavier, *Ob. Cit.*, 289.

* A sede, como tal considerada a sede estatutária[70];
* O local de direcção efectiva, como tal considerado o local onde são praticados os actos de gestão global da pessoa colectiva[71].

D. A noção de residência no Modelo OCDE

10. O Modelo OCDE considera, no seu artigo 4º, número 1, que *"a expressão «residente de um Estado Contratante» significa qualquer pessoa que, por virtude da legislação desse Estado, está aí sujeita a imposto devido ao seu domicílio, à sua residência, ao local de direcção ou a qualquer outro critério de natureza similar. Todavia, esta expressão não inclui qualquer pessoa que está sujeita a imposto nesse Estado, apenas relativamente ao rendimento de fontes localizadas nesse Estado."*.

11. Nem sempre foi este o texto do Modelo OCDE. Com efeito, na sua versão de 1963, o texto do Modelo terminava na expressão *"(...) qualquer outro critério de natureza similar"*[72]. A frase final foi aditada pela versão de 1977, e teve como objectivo principal clarificar os casos em que uma pessoa individual, não habitando de forma permanente num Estado Contratante, e por isso não estando nele sujeita a tributação pelos seus rendimentos universais, é, no entanto, nele considerada residente, e nele tributada, ainda que de forma limitada, pelos rendimentos derivados de fontes situadas nesse Estado[73/74].

---

[70] Veja-se a este respeito, o Despacho do Subsecretário de Estado do Orçamento, de 25 de Fevereiro de 1966, comunicado por Ofício-Circular nº 2/66 de 16 de Março, do Serviço de Informações Fiscais, e transcrito, nos seus aspectos essenciais, no livro do Prof. Alberto Xavier, *Ob. Cit.*, 289. Nos termos deste despacho, e conforme resulta do artigo 2º, número 1 do CIRC, a sede das pessoas colectivas deve ser sempre entendida como sendo a sua sede estatutária. O elemento de conexão alternativo – direcção efectiva – apenas deverá ser aplicado às pessoas colectivas com a sua sede estatutária no estrangeiro.

[71] Acórdão do STA de 28 de Fevereiro de 1973, citado no livro do Prof. Soares Martinez, Ob. Cit., 258. Cfr. igualmente Alberto Xavier, *Ob. Cit.*, 289 (*"a direcção efectiva, ou seja, o local em que se concentram e funcionam os órgãos de administração e controlo superior da empresa (...) o local onde se tomam as decisões finais e prevalentes"*).

[72] O que aliás se reflecte nas Convenções celebradas por Portugal antes de 1977.

[73] É, nomeadamente, o caso, em alguns Estados, de funcionários do corpo diplomático estrangeiro. Cfr. o Comentário ao parágrafo 1º do artigo 4º do Modelo OCDE. Note-se que, já em 1992, a Comissão dos Assuntos Fiscais da OCDE tinha vindo limitar o alcance desta frase final, referindo que a mesma deveria ser interpretada de forma restritiva. Com efeito, o texto introduzido na versão de 1977 poderia ser interpretado, ao contrário do que se pretendia, como excluíndo do âmbito de aplicação subjectiva da Convenção, todas as pessoas residentes de Estados que tivessem adoptado o princípio da territorialidade (porquanto, nesses Países, e por sistema, a tributação incide apenas sobre rendimentos de fontes neles localizadas).

[74] Para além de clarificar os casos de pessoas que se encontrem sujeitas a imposto num Estado Contratante, mas em que essa sujeição resulta do facto de essas pessoas serem consideradas pela lei desse Estado como pessoas não residentes. Cfr. Klaus Vogel, *Ob. Cit.*, 158.

12. Da mesma forma, o Modelo OCDE vem referir expressamente quais os elementos de conexão que considera aceitáveis, ou relevantes, na determinação da noção de "*residência*", e que são os seguintes[75]:

* O domicílio;
* A residência;
* O local de direcção, e
* Qualquer outro critério de natureza similar.

13. Ao fazer referência a critérios de natureza similar, o Modelo OCDE pretende deixar claro que os elementos de conexão expressamente indicados são meramente exemplificativos, outros sendo admitidos, como, por exemplo, o critério da sede social ou estatutária[76] de uma "*sociedade*"[77]. Mas ele permite igualmente deixar claro que a nacionalidade, não é, por si mesma, um critério de natureza similar, uma vez que não é um elemento de conexão que resulte da ligação de uma determinada pessoa a um determinado local (ligação que deve ser determinada pelo facto de essa pessoa ter, com esse local, uma relação de alguma permanência).

14. Conforme referimos anteriormente, e conforme resulta do disposto no artigo 3º, número 2, do Modelo OCDE, a remissão que o número 1 do artigo 4º faz para as legislações fiscais de cada Estado Contratante, deve ser temperada com as interpretações que resultam impostas pelo contexto da Convenção.

15. Em nossa opinião, e no que respeita à noção de "*residência*" constante da lei fiscal portuguesa, as seguintes interpretações se devem entender como sendo impostas pelo contexto da Convenção:

* Sempre que uma pessoa colectiva seja considerada residente no território português por nele ter a sua sede social, deve essa pessoa ser considerada residente em Portugal, ainda que a sua direcção efectiva se encontre situada num outro Estado Contratante com o qual Portugal tenha celebrado uma Convenção contra a dupla tributação. Com efeito, a sede social é um elemento de conexão que, não estando expressamente enumerado

---

[75] Número 1 do artigo 4º do Modelo OCDE.

[76] Mais dúvidas se levantam em relação ao local de constituição de uma sociedade ("*place of incorporation*"). Cfr. Klaus Vogel, *Ob. Cit.*, 157 (que considera que, nestes casos, não estamos perante um "*critério de natureza similar*").

[77] Embora, desde logo, tomando posição quanto ao eventual conflito entre dois Estados, derivado do facto de uma determinada pessoa colectiva ser considerada residente de um deles por aí ter a sua sede social ou estatutária, e do outro por nele ter a sua direcção efectiva. Nestes casos, manda o número 3 do artigo 4º do Modelo OCDE considerar essa pessoa como sendo residente do Estado onde estiver situada a sua direcção efectiva.

no número 1 do artigo 4º do Modelo OCDE, integra a noção de um *"critério de natureza similar"*. Nestes casos, e numa primeira fase, essa pessoa será muito provavelmente considerada residente de ambos os Estados Contratantes, pelo que estaremos perante um conflito de *"residências"* que deverá ser dirimido mediante recurso ao número 3 do artigo 4º do Modelo OCDE[78].

* Sempre que uma pessoa individual seja considerada residente no território português, pelo simples facto de nele se encontrar a residir o seu cônjuge[79], deve essa pessoa ser considerada como não residente em Portugal, desde que, naturalmente, ela seja considerada residente de um outro Estado Contratante com o qual Portugal tenha celebrado uma Convenção contra a dupla tributação. Com efeito, temos as maiores reservas em aceitar que, nos casos do número 2 do artigo 16º do CIRS, estejamos perante um elemento de conexão de *"natureza similar"* ao domicílio ou à residência, tal como referido no artigo 4º, número 1 do Modelo OCDE. Em nossa opinião, o artigo 16º, número 2, dirige-se com particular acuidade aos emigrantes portugueses e leva à tributação do rendimento global destes, ainda que não exerçam qualquer actividade em Portugal. Trata-se de um elemento de conexão exorbitante que nada tem a ver com o domicílio ou a residência. Se a ideia do legislador era abranger os rendimentos dos emigrantes portugueses, mais valia ter adoptado logo um outro elemento de conexão: a nacionalidade;

* Sempre que uma pessoa individual deslocalize a sua residência fiscal para país, território ou região com o qual Portugal tenha celebrado Convenção contra a dupla tributação, deve essa pessoa ser considerada residente do outro Estado contratante. Com efeito, a manutenção da condição de residente a uma pessoa que deixou de o ser não configura um critério de natureza similar para efeitos do Modelo OCDE;

* Já, atento o disposto no nº 8 do artigo 16º do CIRS, o residente fiscal não habitual adquire a sua condição de residente em Portugal em resultado da aplicação de um dos outros elementos de conexão previstos nesse artigo. Deve assim ser abrangido pelo âmbito de aplicação do disposto no nº1 do artigo 4º do Modelo OCDE.

---

[78] Cfr. a este respeito, Klaus Vogel, *Ob. Cit.*, 183. Na opinião do Prof. Vogel, e ao contrário do que sucede com a expressão *"direcção efectiva"* contida no número 1 do artigo 4º, a expressão *"direcção efectiva"* contida neste número 3 deve ser interpretada de forma autónoma, significando o local onde são tomadas (e não, necessariamente, onde são executadas) as decisões mais importantes da empresa.
[79] Artigo 16º, número 2 do CIRS.

16. Podemos assim concluir que, onde exista uma Convenção contra a dupla tributação, a expressão *"residente de um Estado Contratante"*, constante do número 1 do artigo 4º do Modelo OCDE, se deve entender como integrando qualquer pessoa que, por virtude da legislação portuguesa, aí se encontra sujeita a imposto, com excepção daquelas cuja sujeição a imposto resulta da aplicação do disposto nos números 2 e 5 do artigo 16º do CIRS.

CAPÍTULO IV – A APLICAÇÃO SUBJECTIVA NO MODELO OCDE. OUTROS ASPECTOS

A. A aplicação subjectiva e o princípio da relatividade dos tratados

1. Tem-se discutido na doutrina[80] se, na ausência de uma disposição como a que se encontra contida no artigo 1º do Modelo OCDE, as Convenções contra a dupla tributação se poderiam aplicar a pessoas que não fossem residentes de qualquer dos Estados Contratantes.

2. A questão levantou-se junto dos tribunais ingleses[81] com relação à Convenção assinada em 1945 entre o Reino Unido e os Estados Unidos da América. Esta Convenção não continha qualquer norma relativa à sua aplicação subjectiva, pelo que as sucursais ingleses de bancos brasileiros e alemães, que haviam obtido rendimentos nos Estados Unidos, procuraram tirar partido das disposições convencionais, por forma a obterem isenções a que, de outra forma, não teriam direito.

3. Embora a autoridade fiscal inglesa tenha argumentado que os benefícios da Convenção não deveriam ser extensíveis a pessoas residentes de terceiros Estados (*princípio da relatividade dos tratados*), o tribunal considerou que, na ausência de uma norma como a que consta do artigo 1º do Modelo OCDE, as Convenções contra a dupla tributação podiam aplicar-se a pessoas residentes de terceiros Estados.

4. Diversamente, Philip Baker[82] considera estarmos perante um princípio de direito internacional público[83], segundo o qual as Convenções contra a dupla tributação são Convenções bilaterais, que não se destinam a beneficiar pessoas residentes de quaisquer outros Estados.

5. Embora esta questão assuma hoje mero interesse teórico, atento o disposto no artigo 1º do Modelo OCDE, gostaríamos de sobre ela fazer dois comentários adicionais:

---

[80] Entre todos, ver Philip Baker, *Ob. Cit.*, 46.
[81] *IRC v. Commerzbank* e *IRC v. Banco do Brasil.*
[82] *Ob. Cit.* 47
[83] De alguma forma acolhido no artigo 34º da Convenção de Viena, segundo o qual um tratado não pode criar direitos ou obrigações a favor de um Estado terceiro sem o consentimento deste.

* Por um lado, a não aplicação de uma Convenção, a residentes de terceiros Estados deve resultar, desde logo, do facto de estarmos perante Convenções bilaterais que resultam de negociações baseadas no sacrifício mútuo de receitas fiscais, com vista à obtenção de um objectivo comum aos dois Estados ... e comum apenas a esses dois Estados.
* Pelo outro lado, no entanto, a aplicação do princípio da relatividade dos tratados implica o tratamento discriminatório de certas situações, em si mesmas idênticas[84], situações que, por essa razão, devem ser devidamente acauteladas e prevenidas.

6. Finalmente, e em nossa opinião, o artigo 1º do Modelo OCDE não permite combater o chamado *"treaty shopping"*, como tal considerada a utilização abusiva de Convenções contra a dupla tributação, através da interposição de pessoas que, sendo residentes de um Estado Contratante para efeitos formais, apenas se constituem para tirar proveito dos benefícios concedidos pelas normas convencionais.

7. Com efeito, o âmbito de aplicação do referido artigo 1º, por si só, não impede a utilização dos elementos de conexão do artigo 4º do Modelo OCDE por quem deseje, ainda que formalmente, ser residente de um dos Estados Contratantes[85].

B. Conclusões

8. Do que foi dito nos Capítulos anteriores podemos concluir que nem todas as pessoas, como tal consideradas na análise que fizemos acima, podem ser consideradas pessoas residentes para efeitos do Modelo OCDE.

9. Com efeito, e por referência a essa análise, poderemos concluir o seguinte:

* Não são pessoas os estabelecimentos estáveis e os *"Trusts"*;
* São pessoas, mas não são residentes, as chamadas *"partnerships"*, os Fundos de Investimento, os Consórcios Externos e as *"Unincorporated Joint Ventures"*.

10. Mais complexa é a questão de saber se as entidades fiscalmente transparentes podem ser consideradas residentes para efeitos do Modelo OCDE, isto é, se elas se encontram *"sujeitas a imposto"*.

---

[84] Cfr. Alberto Xavier, *Ob. Cit.*, 124.
[85] Esta questão só foi tratada posteriormente, com a revisão do Modelo OCDE em 1977 e com o acolhimento, nessa versão, da cláusula do beneficiário efectivo.

11. Nas entidades transparentes[86], o cálculo da matéria colectável é feito nos termos do CIRC mas, no momento em que, a essa matéria colectável se deveria aplicar a taxa de imposto, é a mesma dividida pelos sócios e por estes acrescida à sua própria matéria colectável.

12. Desta forma, resulta que as entidades transparentes são pessoas isentas de tributação em sede de IRC, como o são muitas outras pessoas colectivas[87]. Dessa isenção não resulta que elas não sejam *sujeitas a imposto*, mas apenas que elas se encontram dele isento[88].

13. Veja-se o caso das sociedades de simples administração de bens[89], como tal consideradas aquelas cujo objecto se limita à *"administração de bens ou valores mantidos como reserva ou para fruição, ou à compra de prédios para a habitação dos seus sócios, bem como aquelas que conjuntamente exerçam outras actividades e cujos rendimentos relativos a esses bens, valores ou prédios atinjam, na média dos últimos três anos, mais de 50% da média, durante o mesmo período, da totalidade dos seus rendimentos".* Estas sociedades, que assumem normalmente a forma comercial, adquirem o estatuto de sociedades transparentes assim que sejam pessoas *"cuja maioria do capital social pertença, directa ou indirectamente, durante mais de 183 dias do exercício social, a um grupo familiar, ou cujo capital social pertença, em qualquer dia do exercício social, a um número de sócios não superior a cinco e nenhum deles seja pessoa colectiva de direito público".*

14. Como relativa facilidade, uma mesma sociedade de simples administração de bens pode ser considerada transparente numa dada fase da sua existência e não transparente noutra. Não nos parece razoável que se considere essa mesma sociedade como pessoa não residente para efeitos do Modelo OCDE, durante a primeira fase, e como residente durante a segunda.

15. Assim, e em nossa opinião, as entidades fiscalmente transparentes devem ser consideradas *"pessoas residentes"* para efeitos da Convenção. Aliás, este enten-

---

[86] Pode em teoria defender-se que o sistema adoptado pelo legislador português para a tributação dos rendimentos gerados por estas sociedades deveria alargar-se a todas as outras pessoas colectivas (*"Corporate Transparency System"*). Em alternativa, poderia o legislador tributar os rendimentos das pessoas colectivas e isentar de imposto a distribuição de lucros (*"Exemption of Dividends System"*). De uma dessas formas se evitariam problemas relacionados com a dupla tributação económica.

[87] É o caso, nomeadamente, do Estado, das Regiões Autónomas, das autarquias locais, das associações de municípios, das instituições de solidariedade social (artigo 9º do CIRC) ou das pessoas colectivas de utilidade pública e de solidariedade social (artigo 10º do CIRC).

[88] Cfr. Alberto Xavier, *Ob. Cit.*, 134.

[89] Números 1, alínea c) e 4, alínea b) do artigo 6º do CIRC.

dimento é o que, em nossa opinião, melhor se coaduna com a forma pela qual o CIRC entendeu calcular a matéria colectável destas sociedades[90].

16. Concluindo o que acima se referiu, são então residentes em Portugal, para efeitos do Modelo OCDE, as seguintes pessoas:

* As pessoas individuais
* O Estado português;
* As Regiões Autónomas da Madeira e dos Açores;
* As Autarquias Locais;
* Institutos e Serviços Públicos que, embora, em rigor, parte do Estado, dele se destacam ao ponto de serem dotados de algum grau de autonomia e de merecerem tratamento de pessoa jurídica distinta do Estado;
* Empresas públicas;
* Sociedades comerciais, incluindo as fiscalmente transparentes;
* Sociedades Civis, incluindo as fiscalmente transparentes;
* Outras entidades fiscalmente transparentes (Agrupamentos Complementares de Empresas e Agrupamentos Europeus de Interesse Económico);
* Fundações;
* Associações sem fins lucrativos, dotadas de personalidade jurídica.

17. Finalmente, cumpre-nos constatar que a noção de "*agrupamento de pessoas*" constante do Modelo OCDE não assume, no estudo do âmbito de aplicação subjectiva das convenções contra a dupla tributação, qualquer relevância. Com efeito, e no seguimento do que escrevemos anteriormente, a simples constatação de que estamos perante um "*residente*" afasta a possibilidade de estarmos perante um "*agrupamento de pessoas*". Um "*residente*" é obrigatoriamente uma entidade sujeita a imposto e, por conseguinte, titular de direitos e deveres, pelo menos no campo do direito fiscal. Dessa forma, esse residente deverá ser sempre enquadrado na noção de "*pessoa colectiva*" ou de "*pessoa equiparada a pessoa colectiva para fins de tributação*"[91].

---

[90] E que, em nossa opinião, melhor se coaduna com o disposto no artigo 51º, número 1 do CIRC ou no artigo 73º, número 7, do mesmo Código, onde, nomeadamente, se contrapõe a expressão "*sujeito e não isento de imposto*" à expressão "*sujeito a imposto*". Cfr. igualmente Alberto Xavier, *Ob. Cit.*, 134.
[91] Discordamos, assim, da opinião manifestada pelo Professor Klaus Vogel. *Ob. Cit.*, 68. Embora estejamos de acordo com a afirmação de que a expressão "*agrupamento de pessoas*", contida no Modelo OCDE, é irrelevante.

O planejamento tributário e o buraco do Real. Contraste entre a Completabilidade do Direito Civil e a Vedação da Completude no Direito Tributário

Em homenagem a ALBERTO PINHEIRO XAVIER,
o grande jurista luso-brasileiro que transita em qualquer área do Direito
e, por isso, compreende o Direito Tributário a partir da segurança e da igualdade

MISABEL ABREU MACHADO DERZI*
Profª Titular de Direito Tributário da Fac.Direito da UFMG;
Profª Titular de Direito Tributário das Faculdades Milton Campos

1. Tanto o Direito Civil como o Direito Tributário são incompletos

Diz HEIDEGGER que uma *"coisa autônoma pode tornar-se um objeto, se nós a colocamos diante de nós, seja em uma percepção imediata, seja em uma lembrança que a torne presente. O que faz da coisa uma coisa não reside entretanto nisso que a coisa seja um objeto representado; e essa "coisidade" não poderia ser determinada de modo algum a partir da objetividade do objeto."*[1] Enfim, ele pondera que a coisa (o vaso, por exemplo, existe) na sua coisidade, independentemente de ser um objeto representado.

Na verdade, a questão do real persegue até mesmo toda idéia de sistema. Há sempre uma abertura do sistema, em direção ao real. A coisidade da coisa provavelmente é indizível e informalizável. Até mesmo a matemática parte de axiomas ou postulados indemonstráveis e extrai a sua consistência exatamente de sua incompletude. KARL GÖDEL fundou o enunciado matemático até o momento irrefutado: **"Se a aritmética é consistente, ela é incompleta."**[2]

* Presidente da Associação Brasileira de Direito Tributário – ABRADT. Membro da Fondation de Finances Publiques – Paris. Advogada e Consultora.
[1] Cf. HEIDEGGER, Martin. *La Chose, in* Essais et Conférences. Trad. André Préau. Gallimard, Paris, 1958, p. 196.
[2] Cf. NAGEL, Ernest; NEWMAN, James R. *Prova de GÖDEL*. Trad. Gita K. Guinsburg. Ed. Perspectiva. Ed. da USP. Debates, 75, São Paulo, 1973, p.83. Esses autores explicam o teorema de GÖDEL para

Explicam NAGEL e NEWMAN que, nos últimos dois séculos, gerou-se a concepção de que "*o pensamento matemático no seu todo (não apenas a geometria) pode ser dotado de um conjunto de axiomas suficiente para desenvolver a totalidade infinita de verdadeiras proposições acerca da área dada de investigação.*"

Mas o artigo de GODEL mostrou que tal pressuposição é insustentável. Ele provou que o método axiomático tem certas limitações, que lhe são inerentes e, mais ainda,

> "*ele provou que é impossível estabelecer consistência lógica interna de uma amplíssima classe de sistemas dedutivos – aritmética elementar, por exemplo – a menos que adotemos princípios de raciocínio tão complexos que sua consistência fica tão aberta a dúvidas quanto a dos próprios sistemas.... é impossível dar garantia absolutamente impecável de que muitos ramos significativos do pensamento matemático estejam inteiramente livres de contradição interna*".[3]

Lembra DÉLIA ELMER que a formalização total da matemática foi tentada, com vistas à possibilidade da demonstração de seus postulados, mas transpareceu um sistema que, a partir de suas próprias regras, é incapaz de demonstrar a totalidade de suas fórmulas. O sistema aritmético pareceu incompleto por impossibilidade de, por meio de suas próprias regras e axiomas, obter uma fórmula como teorema. Isto quer dizer que as regras do sistema são insuficientes para que se possa obter uma ou mais fórmulas como teorema. Então o sistema será incompleto[4].

Como se sabe, a consistência está relacionada com o princípio da não contradição, ou seja, X não pode ser A e não-A. Em termos matemáticos, um sistema será inconsistente, se a fórmula A for teorema e a fórmula não-A também o for. Assim, o sistema totalizante (completo) terá de abrigar A e não-A, o que leva à

---

não especialistas. Também no mesmo sentido, ver ELMER, Delia; *O Teorema de GÖDEL*. Seminário proferido na Letra Freudiana. Dezembro de 1991. Transcrição de Mônica Vasconcellos Soares de Souza. Esses são textos auxiliares para uma aproximação não técnica da difícil demonstração do teorema de GÖDEL, pois a sua compreensão exigiria a pré-compreensão de 46 outros postulados matemáticos. KARL GÖDEL, da Universidade de Viena, em 1931, publicou um artigo com o seguinte título: "Sobre as Proposições Indecidíveis dos Principia Mathematica e Sistemas Correlatos", cujo conteúdo e até mesmo o seu título eram ininteligíveis aos matemáticos da época, em sua maioria. O artigo, não obstante, é considerado, hoje, pelos especialistas, um marco insuperável na história da lógica e da matemática. Em 1952, "*a Universidade de Harvard concedeu-lhe um título honorífico e descreveu o trabalho como um dos mais importantes progressos da lógica nos tempos modernos*", dizem NAGEL e NEWMAN, op. cit., p. 13.

[3] Cf. NAGEL e NEWMAN, op. cit., p.15-16.

[4] Cf. ELMER, Delia; *O Teorema de GÖDEL... op. cit.* p. 1-10.

inconsistência. A completude é o todo e o todo é verdade/mentira.[5] Portanto, se a consistência está relacionada com o princípio da não contradição, a completude relaciona-se com o princípio do terceiro excluído. Eu somente poderei dizer que X deve ser A ou então não-A, algo deve ser, uma terceira possibilidade não se dá. Mas GODEL demonstra que há verdades que não podem aparecer como teoremas, não podem aparecer escritas. Ele mostra que *se a aritmética é consistente então é incompleta*. Enfim, o sistema tem algo não demonstrável, nem refutável, que está na ordem do indecidível.

Diz DÉLIA ELMER que, a rigor, GÖDEL provou que *"houve buraco do sistema, e aqui situamos o real."* Logicamente, o sistema consistente tem um furo, sua incompletude. Enfim, conclui: *"dizemos desta impossibilidade de qualquer sistema recobrir o que é real. O buraco do sistema é o real"*[6].

Alertam NAGEL e NEWMAN para o fato de que esse grandioso resultado da análise de GÖDEL não deve ser mal compreendido: não exclui a prova metamatemática da consistência da aritmética. Exclui sim uma prova de consistência que possa ser espelhada pelas deduções formais da aritmética. Como GÖDEL demonstrou em seu teorema da incompletude, existem numerosos problemas na teoria elementar dos números que permanecem fora do âmbito de um método axiomático fixo, por mais intrincados e engenhosos que sejam os mecanismos introduzidos e por mais rápidas que sejam suas operações[7].

Desde logo, convém esclarecer que o fenômeno não se dá apenas na matemática, mas todo sistema, pensado de forma autonômica, que opere independentemente, tem de ser aberto em seu sentido, ou cognitivamente, para superar o paradoxo tautológico, que comprometeria a sua função e a sua consistência. Também HANS KELSEN[8] previa dois pontos (injustamente criticados por muitos), como pontos de contato com a realidade: a norma fundamental, como pressuposto fundante do sistema, e a concepção de validade-eficácia social, pois a norma jurídica sem qualquer eficácia, ainda que mínima, medida por sua observância social, deixaria de ter validade. Ambos, em especial a norma fundamental, são furos do dever-ser para o mundo do ser. Acresça-se, ainda, que

[5] Cf. ELMER, Delia; *O Teorema de Gödel... op. cit.* p. 24. Ensina ainda a mesma autora que *"axioma e postulados são quase sinônimos. A diferença sutil é que um postulado não tinha na antiguidade, e até os séculos XVIII e XIX, nenhum suporte intuitivo como tinha o axioma. Eram verdades que não necessitavam de demonstrações, eram verdadeiras"*.

[6] Cf. ELMER, Delia; *O Teorema de Gödel... op. cit.* p. 44.

[7] Cf. NAGEL; NEWMAN. *Prova de Gödel... op. cit.*, p.89.

[8] Cf. KELSEN, Hans. *Teoria pura do Direito*. Trad. João Baptista Machado. 9a. ed. Coimbra, Armenio Amado, 1976; Teoría General del Derecho y del Estado. Trad. Eduardo Garcia Maynez. 2a. ed. México, Imprenta Universitária, 1958; KELSEN, Hans e KLUG. Normas Jurídicas e Análise Lógica. Trad. Paulo Bonavides.Rio de Janeiro, Forense, 1984.

HANS KELSEN pensou o ato normativo (a lei, a sentença, o ato administrativo), tanto como ato de aplicação da norma superior como ato normativo produtivo do Direito, dentro dos espaços de sentido possíveis deixados ao operador. Todos esses são pontos do real não recobertos pelo sistema da Ciência pura.

Igualmente, NIKLAS LUHMANN identifica o fechamento operacional do sistema, o seu funcionar recursivo e circular de forma autopoiética, como condição de independência, essencial ao Estado de Direito, mas, simultaneamente, abre-o do ponto de vista cognitivo. Enfim, o ato legislativo, como ato político, vincula-se a fins, objetivos e programas condicionais. Por meio de procedimentos específicos, o ato configura a seleção e a escolha entre interesses e dissensos, projetados em normas (ainda não inteiramente prontas) para o interior do sistema. O ato jurisdicional, centrado no sistema, lê as normas a partir do *input* do sistema, orientando-se pelos programas finalísticos do legislador, mas selecionados e filtrados pelos conversores internos, em operações fechadas às heterodeterminações externas. Enfim, como esclarece LUHMANN, o *direito constitui, em outras palavras, um sistema normativamente fechado, mas cognitivamente aberto.* A abertura para o real possibilita o aperfeiçoamento da ordem positiva, através das correções feitas pelo legislador nas leis que alimentam o sistema; igualmente, viabiliza as mudanças nos conceitos, substituídos que são, com o evoluir do Direito, por outros conceitos socialmente mais adequados e, com isso, alteram-se os resultados das operações internas, inclusive da atividade jurisdicional, que podem ser medidos, no *output* do sistema. E mais, a observação do observador – para identificar o que o observador não pode ver, pois estamos falando do real, daquilo que é indizível, e indecidível – em outro momento revela certo aspecto relevante dos fatos sociais para o Direito, alterando o ambiente externo e o próprio sistema, ao selecioná-lo e projetá-lo para o interior. Repetindo ALFRED BÜLLESBACH, podemos novamente lembrar que a observação é um conceito fundamental da *teoria luhmaniana do sistema, de tal forma que a diferença entre sistema e meio ambiente é sempre mutável.*[9]

Essas as razões da complementariedade entre tais concepções diferentes. A funcional, de NIKLAS LUHMANN, segundo a qual o juiz somente pode operar em obediência às determinações do próprio sistema (auto-referência). Mas, por meio de cognição volitiva, extrai conceitos socialmente adequados, axiologicamente montados e abertos à realidade. Está o juiz limitado pelas normas e pelas

---

[9] Cf. BÜLLESBACH, Alfred. *Princípios... op. cit.* p. 428. Conexões podem ser feitas entre a diferença mutável entre sistema e ambiente a partir de um observador, e depois da observação do observador, proposta por NIKLAS LUHMANN e o teorema de GOEDEL, relativo ao ponto fora do sistema matemático. Também a misteriosa norma fundamental de HANS KELSEN, ao mesmo tempo dentro e fora do sistema, pode ser lembrada.

seleções pesadas e sopesadas pelo legislador, pelos precedentes judiciais, pelos costumes. O legislador altera a matéria selecionada como o juiz, dentro das fronteiras impostas pelas leis e, dentro da evolução do aparato conceitual formado, constitui o Direito.

Sem trabalhar o papel do juiz como Poder do Estado, e suas funções imprescindíveis, mas focando o tema apenas do ponto de vista axiológico e semântico, CANARIS trabalha a idéia de sistema realçando a sua unidade como realização do Direito e a natureza constituinte da decisão judicial.

CANARIS rejeita toda idéia de sistema "externo"; toda idéia como solução metodológica da ciência "pura" ou lógico-formal; da jurisprudência dos conceitos ou conexão de problemas. Rejeita, ainda, a visão assistemática de THEODOR VIEWEG. Para CANARIS, *"o papel do conceito de sistema é, no entanto, como se volta a frisar, o de traduzir e realizar a adequação valorativa e a unidade interior da ordem jurídica"*[10]. Somente admite a idéia de sistema como unidade e ordem, regido pelos princípios supremos da segurança e da justiça, que exclui todos os demais conceitos de sistema, que não sejam aptos a desenvolver a adequação interna e a unidade de uma ordem jurídica. O sistema é ordem axiológica e teleológica. A Ciência do Direito converte-se, pois, em interpretação hermenêutica, em relação a um sistema aberto, que tem na sua incompletude, na sua modificabilidade histórica, a possibilidade de apreensão científica. A mobilidade e incompletude do sistema, não obstante, para CANARIS, convivem com as partes imóveis e fixas do mesmo sistema. Assim, a incompletude do sistema, mesmo do ponto de vista axiológico, é, também, realçada por CANARIS que, em certas áreas do Direito Privado alemão, denomina-as de imóveis (como na parte dos direitos reais, da sucessão legal e outras).

Portanto não temos dúvida em afirmar que o sistema jurídico é incompleto no seu conjunto (não importa que estejamos nos referindo ao Direito Civil, Comercial ou Tributário). O real e o contingente impulsionam as operações internas do sistema, suas irritações e perturbações. Tal fenômeno explica as mutações sistêmicas e a relevância das técnicas de estabilização das expectativas. As mudanças no conteúdo das leis e na jurisprudência dos tribunais, decorrência dessa inaptidão para surpreendermos a "coisidade da coisa", o real, em contrapartida atraem a adoção de princípios e de técnicas que atenuam a imprevisibilidade, a fluidez evolutiva como a irretroatividade, a boa fé e a proteção da confiança.

---

[10] Cf. CANARIS, Pensamento Sistemático e Conceito de Sistema... loc. cit.

2. A incompletude parcialmente completável do Direito Civil e a prevalência da incompletude no Direito Tributário

Embora todo o sistema jurídico seja incompleto e aberto à cognição, o Direito Privado tende à completude em sua aplicação concreta, exceção feita àquelas áreas em que a segurança dita restrições à mobilidade da expansão analógica, como nos direitos reais, nos direitos creditórios, sucessórios, etc.

Tomemos o sistema jurídico, pensado por CLAUS-WILHELM CANARIS, como modelo "interno", destinado a apreender o Direito, através das significações de suas normas, pleno de valorações e de sentido e voltado à realização da segurança e da justiça. Enfim, o modelo aberto e incompleto, como interpretação hermenêutica. Nesse modelo, as partes imóveis e rígidas convivem perfeitamente com as móveis e flexíveis. Na verdade, o sistema depende, para se manter coeso, ordenado e unitário, exatamente dessas partes imóveis.

Ao afastar a idéia de sistema como sistema "externo"; como metodologia lógico-formal de uma Ciência "pura"; como simples jurisprudência dos conceitos, ou como conexão de problemas tópicos, CANARIS pensa o sistema como adequação valorativa, ordenação e unidade interior da ordem jurídica. Rejeita qualquer outra idéia de sistema que não seja interpretativa para a constituição da decisão judicial concreta e o conceitua a partir das idéias de adequação valorativa e da unidade interior da ordem jurídica. O sistema é ordem axiológica e teleológica, cuja unidade está dirigida pelos grandes e prioritários princípios como justiça e segurança jurídica.

Concebido como ordem axiológica e teleológica, o sistema de CANARIS somente pode ser aberto às significações possíveis dentro dos limites dos enunciados lingüísticos das normas. Aberto a valorações, o sistema é incompleto e plenamente modificável.

A noção de mobilidade do sistema é próxima da idéia de tipo, embora a comparação com os tipos não tenha sido aventada por CANARIS. O jurista se vale do conceito de sistema móvel de WILBURG que, por sua vez, construiu a teoria ao examinar as soluções do ordenamento positivo alemão em relação à responsabilidade indenizatória. Segundo a visão de WILBURG, no relato de CANARIS, que a justifica, existem na figura elementos ou forças móveis, a saber: **(a)** uma falta causal para o acontecimento do dano, que a conecte ao responsável, falta que tem peso e intensidade diversos, tudo a depender do caso concreto (com ou sem culpa, por exemplo); **(b)** um perigo provocado pelo autor do dano por meio de seu ato, que diretamente levou ao dano; **(c)** a proximidade do nexo de causalidade; **(d)** a ponderação social da situação patrimonial do prejudicado e do autor do dano.

Todos esses elementos ou requisitos são considerados móveis, porque a conseqüência jurídica somente ocorrerá por meio da conjugação complementar entre eles, de forma variável em número e peso. Pode bastar a presença de apenas um ou dois de tais elementos, compensada a ausência por meio da intensidade. Dá-se, então, a *"substituibilidade mútua dos componentes princípios ou critérios de igualdade".[11]*

Assim, lembra CANARIS que todo sistema móvel pode ser aberto (variação dos valores e interpretação dos princípios ao longo do tempo) ou fechado (se as normas que o contemplam são dotadas de conceitos determinados, "rígidos e firmes"). Ainda, observa CANARIS que um sistema aberto (ao sentido e aos valores) pode ser móvel ou imóvel. E pergunta: no sistema aberto, do ponto de vista da interpretação hermenêutica, todos os sistemas são móveis? Pode haver partes fixas e rígidas, enfim, imóveis?

Assim responde CANARIS à luz do Direito privado alemão positivo:

"o sistema do direito alemão vigente não é, fundamentalmente, móvel mas sim imóvel (...).
(...) está claramente determinado quais são as conseqüências do princípio da culpa e do princípio do risco, sob que pressupostos se pode, excepcionalmente, considerar a situação patrimonial dos implicados"...Não há aqui espaço para uma ponderação de critérios de acordo com o número e o peso e isso vale, no fundamental, também para todas as outras partes do nosso Direito privado e da nossa ordem jurídica."[12]

Com isso, CANARIS demonstra os limites do sistema móvel, descobrindo-lhe a parte fixa, pois a situação patrimonial dos implicados é considerada em caráter excepcional. Realça ainda que o sistema móvel contém um número limitado de elementos, o que reduz-lhe a própria mobilidade. Mas encontra, no artigo 245 do BGB, a verdadeira parte móvel a que se refere WILBURG, já que aquele dispositivo determina que a indenização dependerá das "circunstâncias", desde que tenha havido igualmente culpa recíproca das partes. Surge então o quadro móvel, em que o raciocínio não será ou...ou..., "tudo ou nada". Vários outros exemplos de CANARIS levam à possibilidade dos sistemas móveis na regulação da lei alemã do despedimento anti-social, do comportamento contrário aos bons costumes ou do enriquecimento sem causa.

Também CANARIS diferencia o sistema móvel, das cláusulas gerais, pois o primeiro é dotado de notas móveis e substituíveis, mas claras. Aproxima-se, o sistema móvel, dos tipos, que são plenos de notas determinadas e também claras ou dos resíduos tipológicos, já que sua aplicação é restrita a certos espaços específicos. Não se confunde, diz CANARIS, o sistema móvel (assim como o tipo,

---

[11] Cf. CANARIS, Claus. *Pensamento sistemático e conceito de sistema na ciência do direito.* Trad. Menezes Cordeiro. 3. ed. Lisboa: Calouste Gulbenkian, 2002. p. 128-129.
[12] Cf. Pensamento Sistemático e Conceito de Sistema na Ciência do Direito..., op. cit., p. 134-135.

diremos nós) com as cláusulas gerais, que são vazias, indeterminadas e carecem de valoração. Com as cláusulas gerais, o sistema móvel guarda a afinidade da fluidez e da flexibilidade. Por isso, o sistema móvel não é cláusula geral (assim como o tipo também não o é). Para CANARIS, *"o sistema móvel ocupa uma posição intermédia entre previsão rígida e cláusula geral."*[13]

Existem então as previsões normativas rígidas para CANARIS. Onde se encontram elas? Ensina o jurista que o sistema móvel garante a segurança jurídica em intensidade menor do que o sistema imóvel, fortemente hierarquizado e previsto em normas rígidas e firmes, completando:

> *"Nos âmbitos onde exista uma necessidade de segurança jurídica mais elevada, deve-se preferir o último e o próprio WILBURG não iria, por certo, dissolver as ordenações firmes do Direito cambiário e dos Direitos reais ou sequer dos Direitos das Sucessões ou das Sociedades num sistema móvel."*[14]

Enfim, sistema móvel não é cláusula geral. Ele contém uma parte fixa e convive, dentro do Direito, com partes imóveis, inerentes àqueles setores em que prevalece a segurança jurídica em relação à justiça como igualdade. Nos direitos reais, nos títulos de créditos e nas sucessões (diremos ainda no Direito Tributário e no Direito Penal), em que cresce a importância da segurança jurídica, avultam as previsões normativas rígidas, vazadas em conceitos determinados e fechados.

Mas interessa ainda destacar que, naqueles sítios, onde se impõem a igualdade e as diferenciações relevantes, a ordem jurídica autoriza o sistema móvel, em que os elementos se combinam em número e intensidade variável, tudo disponível para abarcar as fluidas transições de um caso concreto a outro. Mesmo assim, ressalta o jurista, o sistema móvel sofre limitações, pois os elementos que o compõem são limitados pela própria ordem jurídica, o que reduz a possibilidade de se atender até o fim às peculiaridades de cada caso concreto.

As mesmas conclusões de CANARIS, aplicáveis ao direito alemão, podem ser tomadas no direito privado brasileiro. Acima de todas as discussões teóricas, paira o fato inegável de que a eticização contemporânea do Direito corresponde à reintrodução da boa-fé como valor (honestidade, crença, fidelidade, lealdade, honra), como princípio, como conceito indeterminado e como cláusula geral. E mais, é movimento "universalizado" e dele não escapou o Código Civil brasileiro de 2002, que o erige como cláusula geral. Além disso, reza o art. 422: *"os contratantes são obrigados a guardar, assim na conclusão do contrato, como em sua*

---

[13] Cf. Pensamento Sistemático e Conceito de Sistema na Ciência do Direito..., op. cit., p.143.
[14] Cf. Pensamento Sistemático e Conceito de Sistema na Ciência do Direito..., op. cit., p. 143-144.

execução, os princípios de probidade e boa-fé." O artigo não se refere expressamente à responsabilidade pós-contratual, que muitos juristas reconhecem e aplicam mesmo na ordem jurídica vigente. Também o art. 187 consagra a boa-fé como limite ao exercício dos direitos (cláusula anti-abusiva) e o art. 113, como regra de interpretação. Mas antes dele, o Código de Defesa do Consumidor, a Lei 8.078/90, já trouxera a positivação do princípio da boa-fé objetiva como linha de interpretação, em seu art. 4º, III e como cláusula geral, no art. 51, IV.

As diferenciações entre uma e outra boa-fé radicam em que, efetivamente, a boa-fé subjetiva (*guter Glaube*) é a intenção, decorrerá de um estado de consciência da parte – de estar agindo conforme os padrões de honestidade e fidelidade – por isso não configura uma fonte genérica de obrigações, é casuística, e, por seu caráter antes negativo do que positivo, não se pode dizer *a priori* da existência ou não de responsabilidade (tudo dependerá do caso concreto). Não obstante, a boa-fé objetiva (*Treue und Glaube*) *"não diz respeito ao estado mental subjetivo do agente, mas sim ao seu comportamento em determinada relação jurídica de cooperação. O seu conteúdo consiste em um padrão de conduta, variando as suas exigências de acordo com o tipo de relação existente entre as partes.*

A boa-fé objetiva não cria apenas deveres negativos, como o faz a boa-fé subjetiva. Ela cria também deveres positivos, já que exige que as partes tudo façam para que o contrato seja cumprido conforme previsto e para que ambas obtenham o proveito objetivado. Assim, o dever de simples abstenção de prejudicar, característico da boa-fé subjetiva, se transforma na boa-fé objetiva em dever de cooperar."[15]

NELSON NERY JUNIOR, em síntese feliz, define a boa-fé objetiva: *"É, pois, regra de conduta, de conteúdo e eficácia jurígena, vale dizer, é fonte criadora de direitos e de obrigações, tal como a lei em sentido formal."*[16]

Enfim, uma série de outros deveres, chamados *paralelos*, por força da boa-fé objetiva, vieram se acostar aos deveres tradicionais, diretamente decorrentes dos contratos. A obrigação se dá em processo e é complexa, como veremos. Além disso, essa transformação foi lentíssima no tempo, sendo certo que a boa-fé subjetiva subsiste, em todas as hipóteses em que, em certo caso concreto, o Direito o exigir.

Talvez o estudo mais completo sobre a origem da boa-fé e seu desenvolvimento histórico tenha sido realizado por MENEZES CORDEIRO. Ensina-nos o autor que já o Direito Romano disciplinava a boa-fé em três dimensões diversas:

[15] Cf. CAIO MÁRIO DA SILVA PEREIRA. Instituições de Direito Civil. Contratos. Vol. III, op. cit. p. 20-21.
[16] Cf. NELSON NERY JUNIOR. Boa-fé objetiva e Segurança Jurídica. *In* Efeito *ex nunc* e as Decisões do STJ, São Paulo. Manole, 2008, p. 83.

fides-sacra; fides-fato; fides-ética.[17] A primeira vinculava-se ao campo religioso, a segundo aos clientes e garantias; a terceira configurava um dever ligado à garantia. Assim, pela referida cláusula da *bona fides,* o juiz não se limitava a examinar o contrato segundo o seu enunciado lingüístico literal, mas dispunha de uma *"bitola especialmente lata de decisão."* Especial significado tinha então a cláusula do *oportet ex fide bona,* pois, através dela, se exigiria uma relação baseada na honestidade e na lealdade[18].

As origens da boa-fé germânica estão exatamente no Direito romano. Com certeza, esse viés da boa-fé, como garantia, jamais se perdeu, já que CANARIS dele se utiliza para reforçar as garantias deixadas frágeis pelo legislador, ou seja, ele aplica a responsabilidade por força de necessidade ético-jurídica como elemento subsidiário que se manifesta apenas onde as possibilidades de segurança, reguladas pela ordem jurídica, *"fracassam ético-juridicamente".* Explica MENEZES CORDEIRO que a boa-fé objetiva somente atingirá um emprego técnico com a codificação alemã, pois um conjunto de valores novos vieram no decorrer da Idade Média. *"A honra, a lealdade e o respeito ligado às juras solenemente proferidas, tipicamente medievais. Sua persistência na Alemanha deveu-se à romanização tardia, bem como à permanência mais prolongada das características medievais Friza* MENEZES CORDEIRO *que os traços fundamentais da boa-fé germânica, no emprego medieval, são a objetividade e o nacionalismo. Tornou-se um elemento afetivo."*[19]

À luz das relações de consumo, vamos nos valer das quatro funções atuais da boa-fé objetiva, apontadas por JAUERNIG e outros: **(a) a função de complementação ou concretização da relação (*Ergänzungsfunktion*),** em que o juiz, além da função interpretativa, tem função ativa-integrativa, ou seja, concreção de cláusula geral[20]; **(b) a função de controle e de limitação das condutas (*Schrankenfunktion*),** segundo a qual a boa-fé funciona como um standard, um parâmetro geral do homem médio, bom pai de família e em que o juiz valora, com base na razoabilidade, para reprimir abusos. Enfim a autonomia privada não configura uma liberdade contratual sem limites, sendo nulas as cláusulas abusivas[21]; **(c) função de correção e de adaptação em caso de mudança de**

---

[17] Cf. ANTONIO M. MENEZES CORDEIRO. Da Boa-fé no Direito Civil, Coimbra, Almedina, 1989, vol. 1.

[18] Cf. MIRIAM DE A. MACHADO E CAMPOS. O Princípio da Boa-Fé Objetiva. No prelo, p.2.

[19] Cf. UBIRAJARA MACH DE OLIVEIRA. Princípios Informadores do Sistema de Direito Privado: a autonomia da vontade e a boa-fé objetiva. Revista de Direito do Consumidor nº 23-24, ps.56-60.

[20] Cf. JAUERNIG e outros. BGB Bürgerliches Gesetzbuch Kommentar. 11. Auflage. Verlag C.H. Beck, 2004, p. 171-172.

[21] Cf. exemplo invocado por MIRIAM CAMPOS. O Princípio da Boa-Fé Objetiva, op. cit. p.8: STJ, Rest 219.184-RJ, j. 1999, Rel. Min. RUY ROSADO DE AGUIAR: *"Serasa. Dano moral. A inscrição do nome da contratante no Serasa depois de proposta ação para revisar o modo irregular pelo qual o banco estava cumprindo o contrato de financiamento, ação que acabou sendo julgada procedente, constitui exercício indevido*

circunstâncias (*Korrekturfunktion*), com que se autoriza a manutenção do vínculo mas podendo o juiz modificar parcialmente o conteúdo dos contratos, com vistas à sua adaptação a novas circunstâncias, que quebram a base objetiva do negócio jurídica. Assim, com a desvalorização do dólar nos contratos de *leasing*, ou a perda do emprego do consumidor, que obriga à renegociação; **(d) função de autorização para a decisão por eqüidade (*Ermächtigungsfunktion*),** hipótese em que entra a casuística e a adaptação do contrato à realidade fática do caso concreto.

Em todo sistema jurídico, o juiz é obrigado a decidir o conflito que está a seu encargo (*sub judice*). Mas em certas áreas do Direito ele deve decidir complementando o sistema, integrando-o. Essa a função integrativa da boa-fé no Direito Civil brasileiro, que atua não apenas como princípio mas ainda como cláusula geral, em relação aos contratos. Mas mesmo dentro do Direito privado, como alerta CANARIS, há partes imóveis e fechadas em que a boa-fé não poderá atuar na sua função-integrativa, por razões de segurança, como se dá nos direitos reais; nos títulos de crédito e nos direitos sucessórios, por exemplo.

Ora, o Direito Tributário está iluminado por valores e princípios como segurança jurídica (e seus desdobramentos no Estado de Direito), que impedem a completabilidade de suas normas, como se dá no Direito dos contratos. Ao contrário, as normas tributárias são incompletas (em relação à realidade) e incompletáveis por meio do uso da analogia ou da extensão criativa. Razões de segurança jurídica inspiram esse tratamento diferente, de tal modo que a boa-fé objetiva não pode ser utilizada como cláusula geral, em detrimento dos direitos do contribuinte.

Se a boa-fé objetiva se desenvolve na proibição do *venire contra factum proprium*, nos institutos materiais da *supressio* e da *surrectio*, ou ainda no instituto processual anglo-saxão do *stoppel*, o fato é que no Direito Privado e, com mais razão, no Direito Público, a proteção da confiança, das expectativas criadas e o respeito à lealdade transformam-se em importantes equivalentes funcionais ou em acopladores estruturantes e estabilizadores do sistema. A primeira diferenciação, não obstante, desde logo reside no fato de que a irretroatividade e a proteção da confiança são princípios unilateralmente utilizados em favor do contribuinte/cidadão e contra o Estado. Não se aplicam em favor dos órgãos públicos dos três Poderes.

Enfim, têm total e ampla aplicação, no Direito Administrativo e Tributário brasileiros, as conclusões a que chegam a Dogmática e a jurisprudência alemãs e suíças. O princípio da proteção da confiança e da irretroatividade são princípios

do direito e enseja indenização pelo grave dano moral que decorre da inscrição em cadastro de inadimplentes. Recurso conhecido e provido."

e direitos fundamentais individuais, que somente o privado pode reivindicar, em contraposição à Administração pública, ao Poder Legislativo e Poder Judiciário, quando os Poderes do Estado criam o fato gerador da confiança. Essa a razão de sua invocação, apenas em presença de modificação jurisprudencial, em detrimento do contribuinte. A boa-fé objetiva pode ser atribuída também à Administração Tributária, mas não sem lei expressa, enfim, ela somente atua como fonte de inspiração do legislador. Não se pode invocar o princípio da boa-fé objetiva como fonte autônoma de deveres dos contribuintes, pois somente a lei poderá criá-los. A questão da boa-fé objetiva resolve-se no princípio da legalidade.

Sintetizando os argumentos dessa teoria e da prática de muitos tribunais, inclusive do Brasil, temos:

(I) tais princípios – irretroatividade, boa-fé e proteção da confiança – são antes limitações do poder de tributar, em especial a irretroatividade e a proteção da confiança. Apresentam-se ambos, como expressão da segurança jurídica, no rol dos direitos e garantias fundamentais. Essa também a posição do Supremo Tribunal Federal, conforme Súmula 654: *"a garantia da irretroatividade da lei, prevista no art. 5º, XXXVI, da Constituição Federal, não é invocável pela entidade estatal que a tenha editado"*;

(II) é notável a relação de dependência do cidadão em face do Estado, em seus atos de intervenção e de regulação, de modo que o Ente estatal tem mais recursos, e muito mais abrangentes, para se prevenir de uma decepção (a criação de novos tributos é apenas um exemplo entre outros). Nessas hipóteses, aplica-se a regra *"quanto mais, tanto mais"*. Segundo BLANKE e também MUCKEL, para a estruturação da proteção da confiança, deve ser ainda considerada como determinante a fórmula "quanto mais, tanto mais" (je-desto-Formel), que O. BACHOF desenvolveu no Seminário de Ensino sobre o Estado de Direito" de 1973, que diz o seguinte: *"quanto maior for a pressão da obrigatoriedade exercida pelo poder público, vinculando respectivamente o comportamento do indivíduo, e quanto mais o indivíduo ficar dependente de uma decisão do poder público, mais fortemente ele dependerá da possibilidade de poder confiar nessa decisão."*[22]

Na verdade, as lições acima repetidas e registradas nos tópicos anteriores, apenas confirmam as afirmações de NIKLAS LUHMANN, no sentido de que todo aquele que tem posição soberana em relação aos acontecimentos/eventos, não

---

[22] Cf. O. BACHOF desenvolveu a regra do "quanto mais, tanto mais", no Seminário de Ensino sobre o Estado de Direito de 1973. Ver Götz, FG BVerfG II, p. 421 e BVerfGE 60, p. 253 (268), **apud** BLANKE, op. cit., ps.5-13. STEFAN MUNKEL (Kriterien des verfassungsrechtlichen Vertrauensschutzes bei Gesetzesänderungen. Band 576. Duncker & Humblot, Berlin, 1989), HERRMANN-JOSEF BLANKE (Vertrauensschutz im deutschen und europäischen Verwaltungsrecht, Tübingen; Editora Mohr Siebeck, 2000, Jus Publicum, Vol. 57) e ROLAND KREIBICH (Der Grundsatz von Treu und Glauben im Steuerrecht, Band 12, C.F. Muller Verlag, Heildelberg, 1992.).

tem confiança a proteger. O Estado é que tem domínio sobre os atos praticados por seus três Poderes;

(III) se a proteção fosse considerada em favor do Estado, poderia ficar vulnerado o Estado de Direito, já que, apoiado na sua confiança, o Estado não poderia alcançar uma posição jurídica melhor frente ao cidadão do que, de qualquer modo, já resulta da lei, ou seja, no Direito público, direitos e deveres dos cidadãos decorrem diretamente da lei;

(IV) os atos, ações e omissões do cidadão em face do Estado, abusivos ou fraudulentos, delituosos e de má-fé, todos já são previstos e sancionados nos termos da lei, mas é significativo, como explica WEBER-DÜRLER, *"que, nesse contexto, sempre se fale do abuso de direito do cidadão, e não da proteção da confiança do Estado."*[23]

(V) são aplicáveis os princípios da proteção da confiança e da boa-fé objetiva, para favorecer uma pessoa jurídica de Direito público contra a outra ou contra o Estado, em convênios e contratos. Casos como de reduções de subvenção, de transferências ainda que voluntárias, mas já prometidas, entre os próprios Estados, podem ensejar soluções baseadas na boa-fé objetiva ou na proteção da confiança, como no Direito privado. Enfim, também é claro que a plena aplicação desses princípios tem relevância e total adequação no Direito Internacional Público.[24]

Como se vê a mera transposição de regras e cláusulas gerais, sem observância dos princípios gerais e superiores da Constituição – Estado de Direito e garantias fundamentais – de um ramo jurídico para o outro, causam desvios e aberrações. Se nem mesmo no próprio Direito privado, as lacunas e sua complementabilidade têm aplicação homogênea, são errôneos os empréstimos feitos por alguns juristas dos institutos e regras civilistas, com que pretendem criar tributo por analogia, a fim de coibir o planejamento tributário e a economia de imposto.

3. A inconstitucionalidade da norma geral antielisiva

Em sua obra, *"Tipicidade da Tributação, simulação e norma antielisiva"*, ALBERTO XAVIER introduz o tema do planejamento tributário, dizendo: *"a liberdade individual de os particulares se organizarem e contratarem de modo menos oneroso do ponto de vista fiscal é um dos temas mais nobres do Direito Tributário, intimamente ligado, como está,*

---

[23] Cf. Weber-Dürler, Vertrauensschutz, op. cit., loc. cit.
[24] Cf. Os livros suíços e alemães, que tratam da boa-fé, citados neste trabalho, costumam incluir um capítulo específico sobre Direito Internacional Público. Outros como ROBERT KOLB. La bonne foi en droit international public. Paris. Presses Universitaires de France. 800 ps; no Brasil, veja-se a coletânea, coordenada por LEONARDO NEMER CALDEIRA BRANT. O Brasil e os novos Desafios do Direito Internacional. Rio de Janeiro. Ed. Forense, 2004, 712 ps.

às garantias individuais que a visam proteger e que consistem nos princípios da legalidade e da tipicidade da tributação".[25] Com inteira propriedade, lembra que não é compatível com a Constituição da República a adoção de uma cláusula geral antielisiva – aquela que, embora sem prática de ato ilícito pelo contribuinte, autoriza a Administração tributária a estender a incidência da norma legal a fato/ato estranho ao gerador e praticado com vistas à economia de imposto. A cláusula geral antielisiva acarreta necessariamente a complementação do Direito por meio de aplicação analógica e desloca a competência legislativa para o Poder Executivo.

Mas ela não se encontra consagrada no Direito brasileiro. Pensamos como ALBERTO XAVIER que não seria possível no sistema jurídico nacional a adoção de tal cláusula geral pelo legislador, em face de princípios constitucionais inerentes ao Estado de Direito, como a segurança jurídica e a legalidade rígida (a conceitualização determinada e fechada), que fundamentam e enformam os direitos e as garantias fundamentais do cidadão.

Explica ALBERTO XAVIER que a aplicação analógica da norma tributária (vedada no ordenamento brasileiro) deveria obedecer aos seguintes pressupostos de legitimidade[26]: **(1)** a existência de lacuna, ou seja, a constatação de que certa situação de vida não se encontra disciplinada pela norma jurídica. Tal fenômeno (o buraco do real) existe em qualquer área do Direito, embora as discussões sobre a completude ou incompletude do Direito sejam inúteis, já que a vocação da incompletude é questão lógica e epistemológica. Como já notamos, o que se deve diferenciar, com muito mais propriedade, é se o sistema é completável ou não. Ora, a integração analógica não configura mera interpretação, mas criação de tributo novo. Assim é que nas áreas do Direito em que prevalece a necessidade de segurança jurídica, de previsibilidade e cognoscibilidade, o fenômeno criativo da analogia é **proibido,** quer estejamos nos referindo a sítios do Direito privado (direitos reais, títulos de crédito, direitos sucessórios, etc...) ou ao Direito Penal ou Tributário. Sendo inteiramente adequado ao tema, citemos THOMAS BUSTAMANTE, que explica: *"o ponto de partida para o raciocínio por analogia, diferentemente do argumento* a contrario, *é o reconhecimento de uma lacuna jurídica no caso a ser resolvido, ou seja, o estabelecimento da premissa de que a ausência de previsão específica do caso a ser resolvido na norma jurídica tomada como paradigma significa uma ausência de regulação..."*[27]; **(2)** a similitude dos casos ou identidade de razão de decidir. Mesmo na diversidade, se há identidade entre as notas e as características dos fatos comparados, então o tratamento jurídico deve ser idên-

---

[25] Cf. ALBERTO XAVIER. Tipicidade da Tributação, Simulação e Norma Geral antielisiva. São Paulo. Dialética, 2001, p.13.

[26] Cf. ALBERTO XAVIER. Tipicidade da Tributação..., op. cit. ps.139-143

[27] Cf. THOMAS DA ROSA BUSTAMANTE. Teoria Geral do Precedente. São Paulo. NOESES, 4.3.3.

tico para os dois casos. A aplicação analógica pressupõe dessemelhança essencial entre os fatos comparados; **(3)** a inexistência de vontade contrária da própria ordem jurídica de que tal integração se concretize. É inegável que o Estado de Direito, desdobrado na segurança e na legalidade rígida, tal como consagrado em nossa Constituição, veda a integração analógica. Não por outra razão, andou bem o legislador complementar quando proibiu o uso da analogia para se criar tributo novo (art. 108 do Código Tributário Nacional).

Ao estabelecer a diferenciação entre lacuna, espaço livre de Direito e direito de liberdade, ALBERTO XAVIER explica: *"esta distinção fundamental entre 'zonas' ou 'blocos' do ordenamento jurídico não completos, mas 'completáveis' e zonas ou blocos do ordenamento jurídico 'não completáveis' relativiza a oposição entre os defensores da norma geral inclusiva e os defensores da norma geral exclusiva. A norma geral inclusiva – permissiva do argumento analógico – não é uma norma universal, mas setorial, no sentido de que apenas se aplica nos domínios em que o plano regulatório revele uma intenção de regulamentação total. Ao invés, a norma geral exclusiva – favorável ao argumento a con-*trário *também não é uma norma universal, mas setorial, no sentido de que apenas se aplica nos domínios em que o plano regulatório revela uma vontade contrária à regulamentação total."*[28]

E conclui THOMAS BUSTAMANTE: ... *"O argumento a* contrario *...não leva rigorosamente a lugar algum.(García Amado 2001:97). Exatamente por isso é que está descartada, por exemplo, a argumentação analógica no direito penal, para caracterização de uma conduta como criminosa, ou no direito tributário, para a imposição de uma exação tributária, haja vista a previsão expressa, na Constituição Federal, do princípio da legalidade estrita nessas situações (art. 5º, XXXIX, e art. 150, I). Pode-se falar, portanto, que a não-previsão expressa da conduta como crime constitui uma permissão em sentido forte da conduta em questão, tornando-se obrigatória a aplicação do argumento a* contrario sensu, *pois vigora uma regra de clausura que impõe tal tipo de conclusão."*[29]

Em resumo

É evidente que o sistema jurídico não pode cobrir todos os fatos econômicos e políticos. O buraco do real não é somente a inevitável constatação de que a vida é mais complexa do que o sistema jurídico, mas uma conclusão lógica (GÖDEL). O relevante é identificar as áreas ou setores em que a incompletude do sistema é **incompletável,** como é o caso do Direito Tributário ou Penal.

Dá-se ainda que, naqueles sítios em que o sistema quer abrigar a criativa vontade privada na formulação de novos contratos e novas fórmulas negociais de expansão da riqueza, ele enuncia normas vazadas em tipos flexíveis e graduáveis,

---

[28] Cf. ALBERTO XAVIER, op. cit. p.145.
[29] Cf. THOMAS BUSTAMANTE, op. cit. item 4.3.3.

abertos à realidade social (campo dos negócios jurídicos, por ex.). Procura o sistema dispor de categorias formais que possam abraçar a realidade econômica e social, ou ainda deixar às partes ou ao juiz a possibilidade de integração. Não obstante, naqueles ramos em que outros são os princípios prevalentes, como a segurança e a legalidade estrita, as normas postas pelo legislador chegam sempre com atraso ao desenvolvimento econômico e às novas riquezas conseqüentes. Resulta então que no Direito Tributário, o tempo de criação pelo legislador dos tributos jamais coincide com a geração da riqueza nova, por isso o descompasso já existente entre o tempo do ambiente externo e o tempo do sistema tributário, por ex., é maior do que em relação ao sistema do Direito privado.

Não se costuma estranhar o fato de que o modo de compreender o direito dos contratos (tipos flexíveis, abertos e graduáveis), seja diferente do modo de compreender os direitos reais, os creditórios e os sucessórios (determinação e fechamento, por razões de segurança jurídica). Isso dentro do Direito privado, onde há partes móveis e imóveis, abertas e fechadas, completáveis e incompletáveis. Muito menos se deve resistir à proibição da integração analógica no Direito tributário, em face dos valores e princípios que nele prevalecem. E concluímos com as elevadas considerações de ALBERTO XAVIER: *"permitir-se que os princípios da capacidade contributiva e o da igualdade tributária exorbitem das suas funções de orientação e limite ao legislador ordinário para conferir amplos poderes aos órgãos administrativos e judiciais, com vista a reprimir na fase da interpretação e da aplicação do direito o negócio jurídico fiscalmente menos oneroso, significa a morte do princípio da legalidade tributária e retrocesso inaceitável no caminho da construção de uma sociedade, em que as liberdades civis e políticas asseguram a economia de mercado e os valores da personalidade."*[30]

[30] Cf. ALBERTO XAVIER, op. Cit. P. 158.

Breves notas sobre o enquadramento do Orçamento do Estado

NAZARÉ DA COSTA CABRAL

Professora Auxiliar da Faculdade de Direito de Lisboa

SUMÁRIO: 1. Ponto de partida: as relações jurídicas entre a Lei de Enquadramento Orçamental e a lei do orçamento do Estado. 2. O objecto da LEO: fixação dos parâmetros de análise. 3. O papel das vinculações externas do OE. 3.1. Nota prévia. 3.2. Por uma nova hierarquização de vinculações. 3.3. O papel das despesas obrigatórias. 3.4. Comentário final. 4. O conteúdo habitual e desejável de uma LEO: tipos de regras (temas). 4.1. Regras sobre a estrutura e regras sobre os resultados orçamentais. 4.2. Regras sobre a formatação do conteúdo do OE (articulado). 4.3. Regras sobre o processo orçamental e regras sobre as relações (de força) entre os vários *stakeholders*. 4.3.1. As relações (de força) entre a A.R. e o governo. 4.3.2. As relações (de força) entre o governo e demais sectores do Estado. 4.4. Regras sobre o controlo da execução orçamental. 5. Conclusões. Referências.

1. Ponto de partida: as relações jurídicas entre a Lei de Enquadramento Orçamental e a lei do orçamento do Estado

A Lei de Enquadramento Orçamental (LEO)[1] foi alterada duas vezes no ano de 2011[2]. A alteração ocorrida em Maio (com a aprovação da Lei nº 22/2011, de 20 de Maio) foi a mais relevante, tendo a alteração de Outubro (Lei nº 52/2011, de 13 de Outubro) procedido fundamentalmente a uma recuperação (parcial) da redacção dada ao artigo 7º pelas anteriores versões da Lei.

A Lei de Enquadramento Orçamental é o quadro fundamental do orçamento do Estado (OE) português: a sua existência e razão de ser resultam, em primeira

---

[1] Lei nº 91/2011, de 20 de Agosto.
[2] Antes disso, fora alterada pela Lei Orgânica nº 2/2002, de 28 de Agosto e pelas Leis nºs 23/2003, de 2 de Julho, 48/2004, de 24 de Agosto e 48/2010, de 19 de Outubro.

linha, do disposto no nº 1 do artigo 106º da Constituição, nos termos do qual a lei do orçamento é elaborada, organizada, votada e executada, anualmente, de acordo com a respectiva lei de enquadramento.

As relações jurídicas entabuladas entre estas duas leis têm sido muito discutidas no seio da doutrina constitucional portuguesa (veja-se, por todos, fazendo também referência a outras posições, Duarte, 2007: 210 ss.), funcionando a lei de enquadramento como "lei-sujeito" e a lei do Orçamento do Estado como "lei-objecto", cujo conteúdo e procedimento aquela trata de regular. A ideia de uma subserviência ou dependência desta última em relação à LEO, aparentemente resultante do *supra* mencionado artigo constitucional, encontra no entanto alguns obstáculos dificilmente ultrapassáveis:

a) É certo que a LEO é uma lei e é uma lei de valor reforçado. Ela própria, aliás, de uma forma diríamos algo redundante e inútil, se auto-qualifica como lei de valor de reforçado (cf. artigo 3º da LEO). De forma redundante, pois assim já ela é considerada pela própria Constituição (não apenas, implicitamente, pelo referido nº 1 do artigo 106º, mas também pelo disposto no nº 3 do artigo 112º, *in fine* – critério da função paramétrica da LEO) e só à Constituição compete definir o que sejam leis de valor reforçado; de forma algo inútil, porque o efeito prático que lhe advém de ser lei de valor reforçado é aquele que resulta da Constituição e não mais nenhum outro. Acontece que o OE também é uma lei (novamente o nº 1 do artigo 106º, mas também a alínea *g)* do artigo 161º da Constituição) e também é uma lei de valor reforçado, desta feita em razão do especial procedimento conducente à sua aprovação (cf. nº 3 do artigo 112º)[3].

O obstáculo primeiro que vislumbramos está na não previsão, no texto constitucional, de qualquer relação de dependência hierárquica de umas leis de valor reforçado em relação a outras e muito menos de critérios definidores dessa dependência. Entre si, são portanto leis de igual valor, valendo desde logo, nas relações mútuas, as regras gerais do Direito (*maxime* no que diz respeito à aplicação das leis no tempo).

b) O segundo obstáculo, referido também por Duarte (*idem*: 221-222), reside no facto de a função paramétrica da LEO não aparecer blindada por qualquer outra exigência, mormente no plano da sua aprovação ou alteração (v.g. regras de competência, maiorias especiais, prazos de aprovação), podendo ela ser alterada, a todo o tempo, por uma lei parlamentar aprovada por maioria simples. No limite – situação bizarra, a que dificilmente os actores políticos competentes se atreveriam, mas ainda assim hipótese não inteiramente académica –, poderia

---

[3] O procedimento é especial, não apenas por causa da iniciativa exclusiva do Governo, nos termos da referida alínea *g)* do artigo 161º, mas também por causa dos tempos da sua aprovação, entrada em vigor e vigência, que visam garantir a sua duração anual e a sua duração ao longo do ano civil.

dar-se o caso de a lei de enquadramento ser alterada pela própria lei enquadrada, a lei do OE.

Contrariar este entendimento pressuporia laborar dogmaticamente em torno novamente no disposto no nº 1 do artigo 106º da Constituição, afirmando que a Constituição verdadeiramente reclama não apenas uma lei que *materialmente* enquadre o OE, mas sim, também, uma lei que *formalmente* se assuma como lei de enquadramento, *i.e.* que ostente esse *nomen juris*, esse qualificativo de lei de enquadramento. A esta luz, apenas se tolerariam alterações à LEO feitas através de leis que expressamente se denominassem de "leis de alteração da LEO" (habilitadas expressamente pela alínea *r*) do artigo 164º da Constituição, em articulação com este artigo 106º, nº1).

2. O objecto da LEO: fixação dos parâmetros de análise

A LEO é hoje um repositório de matérias que vão muito para lá da sua concepção e conteúdo iniciais (a primeira LEO remonta, entre nós, a 1977[4]).

A análise do objecto da LEO – o Orçamento do Estado – pode ser feita hoje quanto a nós à luz de dois tipos de parâmetros fundamentais.

i) Incidência formal (estrutura e procedimentos orçamentais) versus incidência substancial (resultados orçamentais)

A LEO é cada vez menos uma lei de incidência formal, reguladora de procedimentos e estruturas orçamentais, para ser cada vez uma lei de incidência substancial, preocupada com os resultados ("*outcomes*") orçamentais. No passado, bastava que o processo (orçamental) fosse "certo e devido" ("*due process*"). Hoje, isso não basta: o resultado orçamental é que tem de ser certo e devido (e isso quer dizer, como veremos, que deve ser concordante com as exigências de disciplina orçamental).

ii) Incidência sobre a vertente normativa versus incidência sobre a vertente contabilística do OE

A LEO sofre da dificuldade própria de incidir sobre um objecto ambivalente: o OE é uma lei (vertente normativa); mas é também um conjunto de mapas, agregadores e desagregadores de receita e despesa (vertente contabilística). A LEO "olha" com dificuldade para este objecto ambíguo que se assume – por exi-

---

[4] Desde a instauração do regime democrático foram estas as Leis de Enquadramento do OE: Lei nº 64/77, de 26 de Agosto, a Lei nº 40/83, de 13 de Dezembro (na sequência da revisão constitucional de 1982) e a Lei nº 6/91, de 20 de Fevereiro. Note-se que o âmbito subjectivo destas leis era constituído pelo OE (ou seja, pelo universo orçamental correspondente ao sector Estado). A LEO aprovada em 2001, teve por intenção abranger, ainda que apenas no que às regras orçamentais diz respeito, os outros "universos" orçamentais, ou seja, os orçamentos das regiões autónomas e das autarquias locais. Daí qualificar-se não como Lei de Enquadramento do OE (LEOE), mas como Lei de Enquadramento Orçamental.

gência constitucional determinante do monismo orçamental –, ora como lei de autorização (jurídica) de realização de receita e cobrança despesa (e em certos casos, verdadeiramente criadora de receita e de despesa), ora como suporte contabilístico de previsões de receita e de dotações de despesa previamente criadas por lei (incluindo a própria lei do OE) ou outras fontes jurídicas.

Por outro lado, associada a esta dupla incidência, mas com ela não se confundindo, verifica-se ainda uma inconsistência no discurso da LEO e que resulta de uma outra ambivalência do seu objecto: a LEO por vezes encara o OE na sua dimensão económico-financeira e ele é aqui verdadeiramente o "orçamento do Estado", plano de condução das finanças públicas do país e instrumento primordial da acção macroeconómica do Estado, mas noutros momentos encara-o na sua dimensão jurídica, ou seja, como instrumento de concretização do princípio da democracia financeira, regulando e calibrando um equilíbrio tenso entre os diversos intervenientes (desde logo, entre órgãos de soberania).

O Quadro seguinte identifica, a partir da estrutura da LEO, os diferentes parâmetros à luz dos quais o OE é visto e encarado pela LEO.

QUADRO I – Parâmetros de análise do objecto da LEO

Título/Capítulo da Lei	Incidência formal	Incidência substancial	Incidência sobre a vertente normativa	Incidência sobre a vertente contabilística
Título II – Princípios e regras orçamentais	Artigos 4º a 8º e 12º	Artigos 9º a 11º e 12º-A	Menos relevante	Muito relevante
Título II-A – Processo orçamental	Artigos 12º-E a 12º-H	Artigos 12º-B a 12º-D e 12º-I	Relevante	Relevante
Título III – Conteúdo e estrutura do OE	Artigos 13º a 21º; Artigos 22º, 24º e 27º Artigos 30º a 37º	Artigos 21º-A a 21º-E Artigos 23º, 25º, 26º, 28º e 29º	Relevante	Relevante
Título III-A – Execução orçamental Capítulo I – Execução Orçamental	Menos relevante	Mais relevante: Artigos 42º a 48º	Menos relevante	Relevante
Capítulo II – Alterações orçamentais	Mais relevante (artigos 49º a 52º)	Menos relevante	Relevante	Relevante

Título/Capítulo da Lei	Incidência formal	Incidência substancial	Incidência sobre a vertente normativa	Incidência sobre a vertente contabilística
Capítulo III – Controlo orçamental e responsabilidade financeira	Relevante	Relevante	Menos relevante	Mais relevante
Título IV – Contas	Menos relevante	Mais relevante	Menos relevante	Mais relevante
Título V – Estabilidade orçamental	Menos relevante	Mais relevante – artigos 82º a 92º	Relevante	Relevante

Em geral, independentemente da análise precedente, poder-se-á dizer que uma LEO deve incluir (ou tende a incluir) os seguintes tipos de regras (temas), ainda que não necessariamente por esta ordem:

– Regras sobre a estrutura possível do OE;
– Regras sobre os resultados orçamentais;
– Regras sobre a formatação do conteúdo do OE (*maxime* da sua vertente normativa, o articulado);
– Regras sobre o processo orçamental;
– Regras sobre as relações (de força) entre os vários "*stakeholders*" (parlamento, governo, ministro das finanças, departamentos da Administração, dirigentes, órgãos de governo local e regional, Tribunal de Contas, Tribunal Constitucional);
– Regras sobre o controlo da execução orçamental.

No ponto 4, voltaremos a cada um destes temas e, a propósito de cada um deles, teceremos mais algumas observações. Antes disso, porém, importa dizer algo sobre as vinculações externas do OE.

3. O papel das vinculações externas do OE
3.1. Nota prévia
O regime das vinculações externas (por contraponto às vinculações internas, as que resultam das regras de organização, elaboração, aprovação e execução do OE) consta do artigo 17º da LEO, o qual traduz, por sua vez, um desenvolvimento do disposto no nº 2 do artigo 105º da Constituição[5]. Nos termos daquele artigo 17º

---

[5] Nos termos do qual o orçamento é elaborado de harmonia com as grandes opções em matéria de planeamento e tendo em conta as obrigações decorrentes de lei ou de contrato.

(em articulação com o disposto no artigo 16º da mesma LEO[6]), constituem vinculações externas (e por esta ordem):

– As obrigações decorrentes de lei, de contrato, de sentenças judiciais ou outras obrigações determinadas pela lei (despesas obrigatórias);
– As obrigações decorrentes do Tratado da União Europeia;
– As opções em matéria de planeamento e a programação financeira plurianual.[7]

As mudanças verificadas nas regras de orçamentação pública portuguesa, resultantes justamente da alteração de Maio de 2012, não foram levadas até às últimas consequências pela LEO. Elas implicariam uma revisão da redacção deste artigo 17º, mas isso não aconteceu. O artigo foi ultrapassado pela restante lei e está pois desactualizado e desajustado. Para além disso, fruto dos constrangimentos actuais com que se debate a economia e as finanças públicas portuguesas e dos compromissos assumidos por Portugal no *Memorando de Entendimento* que assinou (Maio de 2011) com a Comissão Europeia, o Banco Central Europeu e o Fundo Monetário Internacional, diversas medidas de austeridade têm vindo a ser adoptadas e, de entre elas, um conjunto muito significativo de cortes ou reduções de prestações remuneratórias, sobretudo dos trabalhadores da Administração Pública. Ora, o teor e a expressão destas medidas interferem com algumas vinculações externas, mormente com as denominadas despesas obrigatórias, tal como veremos a seguir.

3.2. Por uma nova hierarquização de vinculações

A vinculação dominante é hoje a que resulta das exigências de disciplina orçamental e de sustentabilidade das finanças públicas resultante da legislação comunitária aplicável (Tratados, Protocolos anexos aos Tratados[8] e Regulamentos Comunitários, com especial destaque para o *Pacto de Estabilidade e Crescimento –* PEC[9])[10]. Esta é, aliás, uma decorrência do nº 4 do artigo 8º da Constituição e só

---

[6] Repare-se que a alínea *a)* do artigo 17º remete erradamente para o artigo anterior, sendo que o artigo anterior é agora (depois da alteração de Maio de 2011) o artigo 16º-A (relativo ao financiamento do Estado) e não o artigo 16º (referente às despesas obrigatórias). A remissão pretendia ser justamente para este artigo 16º.

[7] Veja-se a anotação a este artigo por Martins *et aliud* (2007: 121-123)

[8] Pensamos sobretudo no Protocolo anexo ao Tratado da União Europeia sobre o procedimento relativo aos défices excessivos (1992), fixando então como limite para o défice orçamental 3% do PIB e o limite de 60% do PIB, no que respeita à dívida pública dos Estados membros.

[9] Os Regulamentos do nºs. 1466/97 e 1467/97, de 7 de Julho, alterados, respectivamente, pelos Regulamentos nºs. 1055/2005 e 1056/2005, de 27 de Junho.

[10] Alertando já para estas novas vinculações do OE, veja-se Santos (1998, coord.: 68 ss.).

ela bastaria, pois que este garante a aplicabilidade *automática*, na ordem jurídica interna, das disposições dos Tratados e das normas emanadas pelas instituições comunitárias. Automatismo de que não gozarão as soluções recentes saídas do concerto europeu (dada a opção pela via intergovernamental em detrimento da solução comunitária) e contidas no projecto de *Tratado sobre a Estabilidade, a Coordenação e a Governação na União Económica e Monetária*, assinado a 30 de Janeiro de 2012. Destas destacam-se, justamente, a fixação, nas legislações internas de cada um dos Estados signatários (*maxime* nas suas Constituições), de limites quantitativos para o défice orçamental e para a dívida pública.

Associada a esta vinculação dominante e a ela instrumentalizada, aparece hoje a exigência de programação orçamental (*lato sensu*), ou seja, a definição de quadros plurianuais que fixem, para o período de programação em causa, limites máximos para a despesa agregada e, bem assim, para a despesa em cada sector ou área funcional. A LEO criou, a este propósito, antecipando-se aliás a uma imposição comunitária[11], "um quadro plurianual de programação orçamental" (artigo 12º-D). Esta programação é mais ampla e abrangente do que a ideia de programação financeira, a que se refere o artigo 17º da LEO. A relação entre estes dois institutos, de um lado o quadro plurianual de programação orçamental, do outro a programação financeira, é mal concebida na LEO e cria perplexidades: se, por um lado, o quadro plurianual assume hoje uma importância e uma situação jurídica muito superior à da programação financeira, devendo esta subordinar-se àquele (cf. o nº 6 do artigo 12º-D), por outro lado, contraditoriamente, esta é expressamente considerada vinculação externa do OE e aquele não (cf. novamente a alínea *c*) do artigo 17º). A manutenção da referência à programação financeira no quadro das vinculações externas (ignorando-se aí este novo quadro plurianual) é tão mais estranha, quanto o quadro plurianual é qualificado de lei (nºs. 1, 2 e 3 do artigo 12º-D), que enquadra e condiciona as leis anuais do orçamento, ao passo que a programação financeira plurianual mantém, nesta mesma versão da LEO, a sua natureza de "mero" anexo informativo à lei do OE (cf. alínea *b*) do artigo 37º), o que lhe confere portanto, à partida, uma fraca força jurídica.

Finalmente e com um papel e importância relativos menores, surge o planeamento económico – ainda que a ele faça referência expressa o citado artigo 105º, nº 2, da Constituição –, hoje destituído de efectividade jurídica e com uma função de natureza puramente informativa. Também aqui verificamos uma mal concebida relação *de harmonia* entre este quadro plurianual e as Grandes Opções do Plano, prevista desde logo no nº 1 do artigo 12º-D –, uma relação forçada e

---

[11] Pela muito recente Directiva 2011/85/EU do Conselho, de 8 de Novembro, sobre os quadros orçamentais dos Estados membros.

extemporânea que também causa admiração. Como já tivemos oportunidade de o dizer (Cabral, 2008: 593-594 e 2009: 71-76), estes dois institutos têm uma matriz inspiradora diferente, dificilmente compatível entre si; além disso, quer-se forçadamente reabilitar o plano, quando, na prática orçamental, ele tem hoje uma importância residual.

Perante o que antecede e em suma, a reordenação (hierarquização) das vinculações externas, constante do artigo 17º da LEO, deveria fazer-se, em nossa opinião, do seguinte modo:

– Obrigações decorrentes da legislação comunitária, designadamente em matéria de finanças públicas;
– Limites de despesa definidos pelo quadro plurianual da despesa pública;
– Opções em matéria de planeamento.

A eventual fixação de limites constitucionais ao défice orçamental e à dívida pública poderá vir a determinar uma nova e prevalecente vinculação externa, a enunciar logo em primeiro lugar.

3.3. O papel das despesas obrigatórias

A partir do disposto no nº 1 do artigo 16º da LEO (sobretudo as suas alíneas *a*) e *b*)), dir-se-á que as despesas obrigatórias derivam, por um lado, de obrigações decorrentes de lei ou de contrato e, por outro, de obrigações associadas ao cumprimento de sentenças judiciais[12].

No que diz respeito às obrigações legais ou contratuais, poder-se-á dizer que o disposto no nº 2 do artigo 105º da Constituição e, bem assim, na alínea *a*) do nº 1 do artigo 16º da LEO é ainda um resquício da tradição dualista que, até 1982, marcou o Direito Orçamental português: estava ele na concepção de que o orçamento propriamente dito (aprovado por decreto simples do Governo, até 1976 e por decreto-lei, entre 1976 e 1982) teria essa vocação "passiva" de dar concretização orçamental (contabilística) a despesas previamente criadas por lei. Na verdade, a relação jurídica da despesa pública, composta por três elementos convencionais (o pressuposto de facto, os sujeitos e o objecto) seria então, a esta luz, uma relação externa ao orçamento: ela antecederia o orçamento e resultaria de leis ou contratos previamente estabelecidos. Ao orçamento caberia então, apenas, *dar dotação* à despesa. A transição para um regime monista, resultante da revisão constitucional de 1982, não apagou inteiramente esse resquício e parece ter mantido uma submissão invariável do orçamento – que é agora de pleno direito uma lei e uma lei de valor reforçado – a outras leis e contratos,

---

[12] Veja-se a anotação a este artigo por Martins *et aliud* (*cit.*: 117-120).

invertendo-se, assim, de forma anómala, a hierarquia das fontes de Direito. Ora isso não deveria suceder. Como é assinalado por Duarte (*idem:* 248), no que às obrigações legais diz respeito: «... julga-se que a lei do Orçamento é livre para tomar opções materiais de natureza legislativa, podendo, inclusivamente, revogar ou alterar a legislação preexistente, na medida em que esta não caia numa reserva do Governo, não beneficie de um reforço legislativo inultrapassável, não seja supra-legislativa ou não implique a violação de qualquer princípio constitucional...». Ao que acrescenta, desta feita quanto às obrigações contratuais (*idem:* 273), que «... são, afinal, os contratos que têm subordinar-se à lei do Orçamento, não podendo tornar-se definitivos, no sentido da sua exigibilidade por parte dos particulares, enquanto não tiver sido assumida, através de decisão livre do Parlamento, no exercício da sua função legislativa-orçamental, a sua cabimentação orçamental, onde o Parlamento, de alguma forma, adere aos termos contratuais estabelecidos pelo Governo».

Esta posição permite, por outro lado, evidenciar o seguinte (aspecto que hoje assume especial relevância, como veremos de seguida): a concretização da despesa está sempre dependente das circunstâncias, das possibilidades financeiras existentes em cada momento. Só é possível realizar a despesa, *se houver dinheiro para o fazer*... Nessa medida, caberá ao legislador da Lei do OE verificar em cada momento se as condições que levaram à criação (jurídica) de certas despesas se mantém ou se as circunstâncias se alteraram de forma significativa, a ponto de impossibilitarem a sua realização. Daí defenderem alguns que a satisfação de direitos e expectativas é condicionada pelo estado das finanças públicas, pela situação orçamental verificada em cada momento. Na actualidade, a incerteza é muita, pelo que já não haverá direitos certos, definidos, direitos *adquiridos*.

Poder-se-á acrescentar, num outro plano – o plano da execução orçamental –, que estas vinculações associadas a despesas obrigatórias resultantes de lei ou de contrato se projectam na concretização do princípio da legalidade da despesa. É usual distinguir, a este respeito, entre legalidade *genérica* (em face da lei em geral) e a legalidade *específica* (em face da Lei do OE) (*vide* Franco, 1996: 429), distinção que é, de resto, acolhida na LEO (cf. alíneas *a*) e *b*) do nº 6 do artigo 42º). Assim, para que uma despesa possa ser realizada: *i*) Deve o facto gerador da obrigação da despesa respeitar as normas legais aplicáveis (e estas normas tanto podem ser a própria fonte geradora da despesa – serão então obrigações decorrentes de lei –, como normas legais reguladoras de contratos públicos ou outros – trata-se então de obrigações decorrentes de contrato) e; *ii*) Deve ela encontrar-se prevista/inscrita e cabimentada no orçamento.

Ora, o que é curioso notar é que o OE hoje assume, no seu seio – ainda que em momentos ou vertentes distintos – esta dupla legalidade: *i*) na medida em que o OE pode ser fonte criadora de despesa, pode criar *activamente* despesa pública, mormente no seu articulado (vertente normativa), ele é, nessa medida, portador da legalidade genérica (e a relação jurídica da despesa pública surge no próprio OE); *ii)* na medida em que ele acolhe *passivamente,* mormente nos mapas orçamentais (vertente contabilística), despesa pública criada, quer por leis, incluindo por ele próprio OE, quer por contratos, ele assume-se então como portador da legalidade específica. A ambivalência da Lei do OE, por nós anteriormente referida, fica de novo aqui bem patente. A figura seguinte retrata esta duplicidade de papeis assumida pela Lei do OE.

FIGURA 1 – Duplicidade de papeis da Lei do OE (as duas legalidades numa só lei)

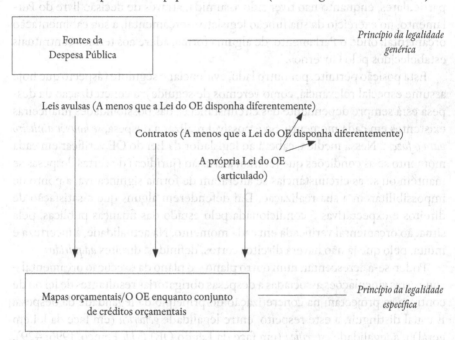

Seja, como for – e isso é reconhecido ainda por Duarte – a relação que é pelo menos de paridade, entre a Lei do OE e outras leis (avulsas) ou contratos, conhece algumas condições; essa paridade relativa cede, se se der a violação de qualquer princípio constitucional, como sejam a protecção dos direitos adquiridos dos cidadãos ou a tutela da confiança (*ob. cit:* 248). A lesão destes princípios funcionaria como uma pedra de toque, obrigando nestes casos o legislador da Lei do OE a dar cabimentação a despesas legais ou contratuais.

Aqui chegados, somos todavia perturbados pela seguinte questão: pois não é essa, precisamente, sempre, a razão de ser das despesas consideradas "obrigatórias"? Pois não serão estas despesas consideradas obrigatórias, justamente por estarem associadas à concretização de direitos adquiridos ou, ao menos, à satisfação positiva de um sentimento de confiança gerado nos cidadãos e, por isso, vinculando *necessariamente* o Estado? Fará sentido falar em despesa obrigatória, quando não esteja em causa a concretização de direitos (adquiridos) ou a satisfação de um sentimento de confiança (em torno por exemplo da obtenção de um determinada prestação), gerada pelo e com o comportamento do próprio Estado? Na verdade, as obrigações decorrentes de lei ou de contrato assumem, no que à contraparte diz respeito (os cidadãos), a natureza de direitos – como não poderia deixar de ser. Afigura-se-nos pois que, verdadeiramente, a figura da despesa obrigatória, inspirada no Direito Orçamental francês, constitui a "expressão financeira", a concretização financeira do direito adquirido no seu sentido mais amplo (diríamos até a expressão financeira do direito subjectivo, *enquanto permissão normativa específica de aproveitamento de um bem*).

A questão é hoje pois muito premente, quanto muito se discute – desde logo ao nível da jurisprudência constitucional[13] – a questão da sobrevivência dos direitos adquiridos no contexto actual de grave crise económico-financeira e não sendo esta, note-se, uma questão meramente circunstancial ou conjuntural. A discussão em torno da violação, suspensão ou supressão dos direitos adquiridos – suscitada justamente a propósito dos cortes e reduções salariais resultantes do OE para 2011 e do OE para 2012 – convoca argumentos vários, contra e a favor: *i)* contra, encontramos argumentos retirados da Constituição, que vão desde a violação do princípio da tutela da confiança (ou seja, o Estado defraudaria sentimentos gerados pelo e com o seu comportamento anterior e agiria portanto de má fé), à violação do princípio da igualdade e do princípio da proporcionalidade, passando pela violação dos princípios da irredutibilidade salarial e da proibição do retrocesso social (por todos, Santos, 2012: 36-42); *ii)* a favor, invoca-se a situação de *estado de emergência financeira* nacional (uma nova forma de estado de necessidade desculpabilizante dessa violação de direitos juridicamente tutelados) e o argumento, mais vasto e menos conjuntural, da sustentabilidade financeira do Estado, considerada agora valor prevalecente sobre o suposto princípio dos direitos adquiridos e tida por condição *sine qua non* de concretização desses direitos[14] (veja-se, por todos, Loureiro, 2010). Esta

---

[13] Especialmente o importante Acórdão do Tribunal Constitucional nº 396/2011, de 21 de Setembro (consultem-se também as declarações de voto).
[14] Ou seja, a concretização dos direitos ficará sempre dependente da existência de condições financeiras para os suportar. No que, por exemplo, aos salários ou a certas prestações sociais diz respeito, o seu *quantum* pode ser significativamente reduzido, desde que se salvaguarde e preserve a *dignidade da pessoa humana*, este sim valor intangível.

discussão é crucial, pois dela resultará justamente a redefinição da relação que os cidadãos têm com o Estado, o eventual fim do Estado Social de Direito como hoje o conhecemos ou, ao menos, a sua refundação. É uma discussão demasiado vasta que não a poderíamos concretizar neste momento.

Também não cuidamos aqui da questão de saber se e em que medida o referido *Memorando de Entendimento* configurará uma verdadeira vinculação jurídica do OE. Independentemente da sua juridicidade, ele assume-se certamente como um pesado e limitativo constrangimento ou restrição orçamental do Estado, acabando, na prática, por ser mais efectivo do que assumidas vinculações jurídicas.

O que se nos ocorre agora perguntar é o seguinte: haverá lugar a violação do artigo 105º, nº 2 da Constituição e do artigo 16º da LEO, quando o OE deixa de conter dotações suficientes para, por exemplo, pagar vencimentos a trabalhadores da Administração Pública ou a pensionistas, ou seja, quando *aparentemente* desconsidera obrigações decorrentes de lei ou de contrato? Cremos que não. Repare-se que o artigo 105º, nº 2 da Constituição e o artigo 16º da LEO assumem um carácter instrumental, porque o seu objecto é aqui tão-só a componente contabilística, passiva e instrumental, do OE. Instrumental relativamente a direitos previamente definidos. Ora, do ponto de vista do OE, desde que essas alterações na atribuição dos direitos sejam definidas por lei (até pode ser o próprio OE a fazê-lo, na sua vertente normativa[15]), as obrigações decorrentes de lei (ou de contrato) continuarão a ser tidas em conta, nesses novos exactos termos. É a estas novas despesas obrigatórias que o OE, na sua vertente contabilística, deverá ater-se, e tão só.

O que é curioso notar é que, conquanto se anuncie já o fim dos direitos adquiridos, particularmente dos direitos adquiridos por determinação legal (ou contratual)[16], ganha, justamente por causa disso mesmo, uma expressão acrescida e até anómala a determinação de direitos "adquiridos" por sentença judicial. Com todos os riscos que isso pode implicar: a não generalização e a não abstracção, eventualmente conducentes a tratamentos desiguais; a ineficácia ou a perda de sentido útil das decisões políticas questionadas e da acção governativa; enfim, o caos colectivo, um Estado de Direito disfuncional. É, de resto, isto que se arrisca a acontecer entre nós (veja-se o caso da recente decisão judicial sobre cortes salariais na empresa pública CTT que obrigou à devolução aos tra-

---

[15] Veja-se o Capítulo III da Lei do OE para 2012 (Lei nº 64-B/2011, de 30 de Dezembro).
[16] Note-se que a expressão direitos adquiridos aparece de facto associada fundamentalmente a direitos criados por lei.

balhadores desses mesmos valores[17]). E, a ser assim, direitos eliminados por lei (por alteração a outras leis e até a contratos), são recriados por sentença judicial, a assumir aqui, portanto, uma função verdadeiramente *constitutiva*. E de novo com impacto orçamental: o OE vê-se vinculado a dotar a despesa, uma despesa suprimida pela lei anterior (porventura por ele próprio OE), mas agora renascida e novamente obrigatória.

3.4. Comentário final

Do que antecede, podemos então concluir que o regime das vinculações externas constante do artigo 17º da LEO, em articulação com o artigo 16º, mereceria ser repensado e reformulado, tendo em conta aquela é que é já hoje, na prática, a hierarquia de vinculações resultante da própria LEO e, indirectamente, da legislação comunitária aplicável em matéria de finanças públicas e em matéria de orçamentação pública. A revisão daqueles preceitos seria possível, quanto a nós, mesmo sem se alterar o disposto no nº 2 do artigo 105º da Constituição, conquanto este se nos afigure estar também desactualizado.

A relação prática entre as vinculações externas e o OE permite perceber que, especialmente no actual contexto, constrangimentos económicos e financeiros desprovidos geralmente de juridicidade acabam por ser mais efectivos e limitativos do que as verdadeiras obrigações jurídicas. Permite perceber ainda que o OE é cada vez mais o instrumento legal por excelência de criação/conformação de obrigações para o Estado (pela sua crescente dimensão e capacidade de normação), possuindo correlativamente, ao contrário do que hoje tende a suceder com as demais leis e até com os contratos, a palavra certa e definitiva na consumação dos direitos dos cidadãos.

4. O conteúdo habitual e desejável de uma LEO: tipos de regras (temas)
4.1. Regras sobre a estrutura e regras sobre os resultados orçamentais

Como mencionámos antes, uma das grandes mudanças verificadas nos sistemas orçamentais contemporâneos prende-se com a importância crescente que, neles, vem sendo dada aos resultados orçamentais, relativamente aos aspectos puramente procedimentais e formais do Orçamento (desde logo, a sua estrutura). Daí que a ideia de que o *processo seja certo e devido* ceda passo perante a ideia de *resultados certos e devidos*. A orçamentação está hoje sobretudo centrada nos resultados orçamentais. De todo o modo, não se ignora que a estrutura orçamental deva ser um aspecto a considerar: algumas estruturas orçamentais favorecem melhor do que outras resultados orçamentais desejados (v.g. disciplina orçamental e a sus-

---

[17] Veja-se notícia por exemplo em http://economia.publico.pt/Noticia/declaracao-de-inconsti tucionalidade-dos-cortes-salariais-nos-ctt-e-improvavel-1528387.

tentabilidade das finanças públicas). Por isso, a estrutura orçamental importa se e na medida em que favoreça esses desejáveis resultados orçamentais.

A LEO na sua versão actual é tributária desta mensagem: promove a deriva para uma estrutura de orçamento assente em programas (programação orçamental) e associa-a claramente às exigências de disciplina orçamental. Nas palavras de Schick (2002: 2 ss.), temos pois a microorçamentação subordinada à macroorçamentação. E isto por duas razões fundamentais: por um lado, porque uma estrutura orçamental baseada em programas plurianuais é uma estrutura assente em fins e não tanto nos meios – estão em causa os *"outputs"* e os *"outcomes"* da orçamentação; por outro lado, porque a orçamentação preconizada alicerça-se numa estratégia *"top down"*, que implica a definição prévia de limites de despesa para os grandes agregados e só depois o detalhe ao nível de cada programa, projecto ou medida.

Vejamos agora de que forma a LEO assume esta opção:

a) *Programação em sentido material ou em sentido formal*

A LEO estabelece a programação em sentido material – o novo "quadro plurianual de programação orçamental" (artigo 12º-D) – como primeiro pilar e também primeira etapa de um percurso que conduzirá, provavelmente, a uma estrutura orçamental baseada em programas plurianuais (programação em sentido formal). Uma não tem de implicar a outra: assim, um orçamento pode alicerçar-se e fundamentar-se num quadro plurianual de limite de despesa e ainda assim, manter, formalmente uma estrutura convencional de orçamento anual e de orçamento de meios. Todavia, o sentido mais evidente e mais natural da evolução é estoutro: o de associar, simultaneamente ou em passos sucessivos, as duas formas de programação.

E, com efeito, esta opção parece antever-se: a LEO aponta claramente para a integralidade da programação orçamental, ou seja, para a obrigatoriedade de especificação em programas de todas as despesas (cf. nº 1 do artigo 18º) e não apenas de algumas, como sucedia até a 2011. A LEO ainda que não abandone por ora a tradicional especificação de meios, segundo as classificações económica e orgânica (não haveria quaisquer condições para o fazer), parece sonhar com isso. Leia-se por exemplo o totalmente novo artigo 50º-A, sobre alterações orçamentais da competência da Assembleia da República (A.R.): nele, em nenhum momento, alterações envolvendo mapas convencionais parecem já existir (e não por que sobre eles deixe a A.R. de ter de dizer uma palavra); ignorando que estes mapas ainda existem, as alterações parecem já só respeitar a programas orçamentais (vejam-se as três primeiras alíneas). O artigo quer ser vanguardista. Acaba por se tornar lacunoso.

b) Anualidade ou plurianualidade

A LEO, pela primeira vez, no seu artigo 4º trata de forma paritária estas duas regras. Seja como for, o OE mantém por ora a sua natureza anual. As principais mitigações da anualidade estão então, justamente, na programação em sentido material (o OE é enquadrado pela programação plurianual da despesa pública – cf. nº 2) e na programação em sentido formal (a consagração de programas orçamentais que, envolvendo todas as despesas, são também plurianuais – cf. nº 3).

c) Estrutura ou resultados orçamentais

As regras orçamentais *clássicas*, associadas ao Direito Orçamental do liberalismo novecentista, são fundamentalmente marcadas por uma preocupação formal, a de garantir uma estrutura orçamental correcta e a de garantir que o processo seja certo e devido. A preocupação da orçamentação tradicional é uma preocupação de controlo: as dotações orçamentais funcionam como limite rígido e estrito que não pode ser ultrapassado pelo gestor orçamental. A deriva para modelos de orçamentação tributários de uma nova filosofia de gestão pública, a partir de meados do século XX e sobretudo a partir dos anos sessenta, trouxe a nova orçamentação baseada nos resultados (nos objectivos) orçamentais. Modelos como o da *"performance budgeting"* e da *"program budgeting"* assumiram prevalência, mormente nos países anglo-saxónicos. Nestes, o controlo vale se e na medida em que isso contribua para melhores resultados em termos de eficiência e eficácia (performance orçamental). Daí que estes modelos de orçamentação sejam marcados por um aligeirar da especificação orçamental (a dotação rígida dá lugar ao envelope financeiro menos desagregado) e por uma maior flexibilidade de gestão. A flexibilidade é, não obstante, contrabalançada e confrontada pelo reforço da prestação de contas, pelo reforço da *"accountability"*. Nesta medida, o controlo já não é tanto o de verificar se a dotação (o meio orçamental para atingir o fim) foi desrespeitada, mas sim, sobretudo, se os fins foram de facto alcançados. Ou seja, o controlo afere sobretudo o grau de concretização, em termos de eficiência e eficácia, dos objectivos orçamentais previamente definidos.

De entre as regras orçamentais clássicas, assume evidência a *regra da discriminação orçamental*. Entre nós, esta regra aparece "partida" em três (sub)regras: a regra da especificação (artigos 8º, 22º, 24º e 27º e ainda artigo 32º), a regra da não consignação (artigo 7º) e a regra da não especificação (artigo 6º). Como se percebe, todas elas gravitam em torno de um mesmo elemento central: a dotação orçamental. A dotação orçamental subjaz assim à regra da especificação quando se concretiza em rubrica de despesa apertada e muito desagregada[18]. A dotação

---

[18] A extensão dos mapas orçamentais apresenta um grande de detalhe que não é despiciendo. Ainda assim, repare-se que a desagregação orçamental constante dos mapas orçamentais apresentados

subjaz à regra da não consignação quando impede a afectação a cada despesa de certa e determinada receita (obrigando a cabimento simples e dispensando pois o duplo cabimento orçamental[19]). A dotação subjaz enfim à regra da não compensação, quando obriga à discriminação da despesa em valores brutos. Acima de tudo, como bem se vê, a discriminação orçamental é uma regra de índole formal, prende-se com o modo como o orçamento é organizado e estruturado. O mesmo se passa, de resto, quer com a regra da *anualidade* (antes referida), quer com a regra da *plenitude*, constante do artigo 5º da LEO (na sua vertente da universalidade e unidade), quer com a regra da *publicidade orçamental* (esta de concretização constitucional, em termos gerais, por força do artigo 119º da Constituição)[20].

Tradicionalmente, a única regra que escapava a esta primazia da forma sobre o conteúdo era a regra do equilíbrio (veja-se como ela é tratada por Franco, contrariamente às demais regras clássicas, como regra de conteúdo – *idem:* 365). Aqui, na verdade, está em causa o resultado orçamental, de forma menos intensa quando pensamos no equilíbrio em sentido formal, mas muito intensa quando pensamos no equilíbrio em sentido substancial. A regra do equilíbrio mantém, entre nós, a sua razão de ser clássica e que é uma exigência de contabilidade pública: definir para cada sector da Administração Pública (serviços integrados, fundos e serviços autónomos, segurança social, regiões autónomas e autarquias locais) o seu próprio critério de equilíbrio orçamental. No que à Administração Central diz respeito, abandonou-se em 1991 o critério do orçamento corrente que vigorava desde a primeira LEO (de 1977) e concretizou-se o critério do activo de tesouraria nas suas diversas expressões, de saldo primário para os serviços integrados e de saldo global para os fundos e serviços autónomos. A regra do equilíbrio orçamental vê-se hoje relegada para um papel algo ingrato, aquele que é, afinal, o papel da contabilidade pública: o de ter uma relevância histórica e jurídica e o de ter uma relevância sobretudo interna (é uma regra que vale

na Lei do OE (a que é publicada em Diário da República) não é a desagregação máxima possível – essa consta dos desenvolvimentos orçamentais (artigo 35º da LEO), registos de despesa com menor publicidade e divulgação. Isso acontece porque os desenvolvimentos orçamentais são fundamentalmente para "consumo interno", ou seja, destinam-se a ser consultados sobretudo pelos serviços destinatários, a quem interessa saber quais os limites definidos para as categorias mais desagregadas de despesa. Assim, a desagregação máxima possível que surge na Lei do OE, para consumo externo, é a que se considera (quiçá de forma algo arbitrária) ser útil e importante publicitar junto dos cidadãos em geral.

[19] Confrontando as duas formas de cabimento, vejam-se a alínea *b)* do nº 6 e o nº 9, ambos do artigo 42º, da LEO.

[20] Para mais desenvolvimentos sobre cada uma destas regras orçamentais, leia-se Martins (2011: 159 ss.).

para o legislador interno português, e tão só). Na verdade, a regra do equilíbrio está hoje acossada e ao mesmo tempo perdida no turbilhão das novas regras orçamentais – de entre elas como veremos, em especial, a regra da estabilidade orçamental – impostas externamente e que assumem hoje claro predomínio.

Ora bem, diversamente do que sucedia com as regras clássicas, as *novas regras orçamentais* (*"new fiscal rules"*) orientam-se então pelos resultados. Elas são de generalização mais recente (ainda que não necessariamente de origem recente), fruto sobretudo dos trabalhos que vêm sendo desenvolvidos a partir de finais do século XX e início do século XXI no seio de organizações internacionais com responsabilidade nesta área: particularmente o Fundo Monetário Internacional (FMI) e a Organização para a Cooperação e Desenvolvimento Económico (OCDE). Na União Europeia, elas foram impulsionadas em resultado da aprovação do Sistema Europeu de Contas Nacionais e Regionais (SEC 95) e do PEC, os quais trouxeram para os Estados membros (particularmente os da zona euro) acrescidas exigências em termos contabilísticos e em matéria de finanças públicas. A alteração do PEC, ocorrida em 2005, implicou por sua vez duas importantes novidades: *i)* no quadro da supervisão multilateral que marca a vertente preventiva do PEC, a apreciação da situação financeira dos Estados membros tem em conta, agora, um objectivo orçamental de médio prazo (*"medium term budgetary objective"*), pelo que considera os esforços de consolidação orçamental feitos ao longo de uma dada trajetória temporal; *ii)* no quadro dessa mesma supervisão multilateral, o saldo orçamental das Administrações Públicas *que é relevante* é o *saldo global* e é o *saldo estrutural*, ou seja, o saldo orçamental corrigido dos efeitos cíclicos e das medidas temporárias.

A LEO tem vindo, em momentos sucessivos, a acolher as novas regras orçamentais ou novas exigências no domínio contabilístico e das finanças públicas: logo em 2001, a previsão da regra da equidade intergeracional, obrigando a uma ponderação orçamental dos custos e benefícios das despesas com relevância intergeracional (*v.g.* despesas de investimento, dívida pública, pensões, parcerias público-privadas, etc.) e a previsão de mecanismos de assunção de compromissos (artigo 32º e 45º), pré-anunciando assim a transição de uma contabilidade de caixa para uma contabilidade de compromissos; em 2002[21], na sequência da aprovação da primeira versão do PEC, a concretização (pelo aditamento de um novo título, o Título V) das regras da estabilidade orçamental, da solidariedade recíproca e da transparência orçamental e a definição de regras quantitativas em matéria de endividamento público[22], válidas para todos os sectores do Estado,

---

[21] Lei Orgânica nº 2/2002.

[22] Estas regras estão agora (com a alteração de 2011), de forma aliás muito confusa, disseminadas não apenas no Título V, mas em outras partes da LEO. Assim, a regra da estabilidade orçamental aparece

incluindo regiões autónomas e autarquias locais; agora, em 2011, a previsão do quadro plurianual de programação orçamental (artigo 12º-D), a concretização do conceito de saldo orçamental relevante para efeitos de supervisão multilateral no quadro do PEC (artigo 12º-C) e a criação de um conselho das finanças públicas (artigo 12º-I). Complementarmente, prevê-se também a instituição de um orçamento de base-zero (artigos 21º-A a E)[23].

d) Princípios ou regras orçamentais

A LEO introduz o Título II com a referência a "princípios e regras orçamentais". No elenco que depois estabelece não concretiza o sentido dessa distinção – aliás, esta é uma distinção algo estéril, na medida em que em ambos os casos do que se trata de definir um preceito que deve orientar a acção dos agentes que intervêm na elaboração e na execução do OE. Procurando, contudo, retirar algum sentido útil daquela distinção, sempre poderemos considerar que os princípios correspondem a noções matriciais do Direito Orçamental, ao passo que as regras terão uma natureza sobretudo operacional e, em certa medida, concretizarão os princípios orçamentais. São portanto instrumentais relativamente àqueles. Convém ainda recordar que, a propósito das *"new fiscal rules"*, o elemento distintivo mais interessante, assinalado nos estudos sobre esta matéria, é aquele que distingue entre regras de *natureza procedimental* e regras de *natureza quantitativa*, consoante estas regulem procedimentos (*v.g.* necessidade de certas autorizações para realização de despesa ou para emissão de dívida) ou fixem verdadeiros tectos quantitativos para agregados financeiros relevantes (despesa, contracção de empréstimos, dívida, défice orçamental, etc.). No quadro seguinte, procedemos a uma classificação de regras e princípios, ao mesmo tempo que procuramos associar a cada um deles a promoção de certos objectivos de gestão financeira ou de política macroeconómica ou financeira.

no artigo 10º-A, a regra da solidariedade recíproca surge no artigo 10º-B, a regra da transparência orçamental está prevista no artigo 10º-C, as exigências em torno do endividamento dos sectores do Estado aparece no artigo 12º-A e as exigências quanto ao financiamento do Estado surgem no novo artigo 16º-A.

[23] Sobre as características, vantagens e desvantagens deste modelo de orçamentação, veja-se o nosso estudo anterior, Cabral (2008: 212 ss.).

Quadro II – Princípios e regras orçamentais constantes da LEO

Identificação	Princípio	Regra	Classificação; Caracterização e momento de aplicação	Objectivos de política financeira ou de gestão financeira
Anualidade	x		Clássico; Aplica-se à elaboração do OE	Controlo (acepção clássica)
Discriminação	x		Clássico; Aplica-se à elaboração do OE	Controlo (acepção clássica)
Especificação		x	Clássica; concretização do princípio da discriminação; Aplica-se à elaboração do OE	Controlo (acepção clássica)
Não consignação		x	Clássica; concretização do princípio da discriminação; Aplica-se à elaboração do OE	Controlo (acepção clássica)
Não compensação		x	Clássica; concretização do princípio da discriminação; Aplica-se à elaboração do OE	Controlo (acepção clássica)
Plenitude	x		Clássico; Aplica-se à elaboração do OE	Controlo (acepção clássica)
Universalidade		x	Clássica; concretização do princípio da plenitude; Aplica-se à elaboração do OE	Controlo (acepção clássica)
Unidade		x	Clássica; concretização do princípio da plenitude; Aplica-se à elaboração do OE	Controlo (acepção clássica)
Publicidade	x		Clássico; Aplica-se à elaboração do OE	Controlo (acepção clássica)
Equilíbrio em sentido formal	x		Clássico, Aplica-se à elaboração do OE	Controlo (acepção clássica)
Equilíbrio em sentido material	x		Clássico; Aplica-se à elaboração do OE	Controlo (acepção clássica)
Estabilidade	x		Novo; Aplica-se à fase de elaboração, mas também de execução orçamental	Consolidação orçamental e disciplina financeira

Identificação	Princípio	Regra	Classificação; Caracterização e momento de aplicação	Objectivos de política financeira ou de gestão financeira
Solidariedade recíproca	x		Novo; Aplica-se à fase de elaboração, mas também de execução orçamental	Consolidação orçamental e disciplina financeira
Transparência	x		Novo; Aplica-se à fase de elaboração, mas também de execução orçamental	Consolidação orçamental e disciplina financeira
Equidade intergeracional	x		Novo; Aplica-se à fase de elaboração, mas também de execução orçamental	Sustentabilidade das finanças públicas
Limites ao endividamento das Administrações Públicas		x	Nova; Regra quantitativa e procedimental; Concretização dos princípios da estabilidade orçamental e da equidade intergeracional; Aplica-se à fase de elaboração, mas também à fase de execução orçamental	Consolidação orçamental e disciplina financeira; Sustentabilidade das finanças públicas
Limites ao financiamento do Estado		x	Nova; Regra quantitativa e procedimental; Concretização dos princípios da estabilidade orçamental e da equidade intergeracional; Aplica-se à fase de elaboração, mas também à fase de execução orçamental	Consolidação orçamental e disciplina financeira; Sustentabilidade das finanças públicas
Responsabilidade (implícito)	x		Novo, ainda que usando instrumentos clássicos de controlo (mas não só); Aplica-se sobretudo à fase de execução orçamental	*a)* Imediatos Controlo (acepção clássica *versus* nova perspectiva); Responsabilização financeira; *Accountability* (prestação de contas) *b)* Mediatos Boa gestão pública; Consolidação orçamental e disciplina financeira

Do que antecede, resta-nos apenas uma observação final. Mais interessante do que a distinção que separa princípios e regras orçamentais é, hoje, aquela que separa regras e princípios clássicos, de novos princípios e regras orçamentais. Os elementos fundamentais de distinção são estes: *i)* enquanto as regras clássicas respeitam tendencialmente ao OE (isto é, ao sector Estado – Administração Central), as novas regras respeitam a todas as Administrações Públicas (incluindo Administrações Regionais e Locais); *ii)* enquanto as regras clássicas regulam fundamentalmente a fase da elaboração e aprovação do OE, nas novas regras está em causa todo o ciclo orçamental, ou seja, respeitam também à fase da execução; *iii)* enquanto as regras orçamentais clássicas se baseiam fundamentalmente na estrutura e no procedimento orçamentais, as novas regras centram--se sobretudo nos resultados orçamentais; *iv)* enquanto que as regras clássicas desligam a microorçamentação da macroorçamentação, as novas regras orçamentais associam claramente estas duas dimensões – subordinam a estrutura orçamental à promoção de objectivos macroeconómicos e de disciplina orçamental; *v)* enquanto que as regras orçamentais clássicas se filiam na perspectiva tradicional que concebia o orçamento como um orçamento de meios focado na dotação orçamental (um meio para atingir os fins), as novas regras alicerçam--se nos objectivos, nos *"outcomes"* orçamentais, *vi)* enquanto que as regras orçamentais clássicas concebem a microorçamentação a partir de uma função de controlo (o objectivo da política e da gestão financeiras era garantir que a despesa cumprisse a dotação), as novas regras orçamentais são tributárias de uma função de gestão (o objectivo da orçamentação pública é o bom desempenho (performance) orçamental) e, por fim; *v)* enquanto que regras clássicas são de raiz continental (inspiradas no modelo francês), as novas regras traduzem claramente uma nova influência dominante: a influência da literatura internacional mais relevante produzida em matéria de orçamentação pública, desde logo a que resulta das organizações mais importantes (particularmente a OCDE e o FMI), a qual, por sua vez, radica na influência da orçamentação pública de raiz anglo-saxónica (Estados Unidos da América, Reino Unido, Nova Zelândia, Austrália e Canadá).

4.2. Regras sobre a formatação do conteúdo do OE (articulado)
A LEO intenta, especialmente no seu artigo 31º[24], formatar o conteúdo *desejável* do OE (formata o conteúdo, mas não o concretiza, porque não lhe cabe concretizá-lo). Dizemos que se trata de um conteúdo desejável pelo seguinte: em primeiro lugar, porque pretende, pela positiva, indicar o conjunto de matérias que

---

[24] Note-se que na anterior LEOE, aprovada pela Lei n.º 6/91, não existia disposição similar.

podem e devem estar no articulado do Orçamento[25], ainda que o faça de forma meramente exemplificativa (olhe-se para o disposto no corpo de nº 1 do artigo 31º); em segundo lugar, porque pretende, pela negativa, afastar do seu âmbito matérias que não tenham um conteúdo *especificamente* orçamental (por vezes, denominadas de "cavaleiros" ou "boleias" orçamentais). Relativamente à razão de ser da existência destas boleias orçamentais, dir-se-á apenas o seguinte e citando Duarte (*Ob.Cit:* 441): "a natureza calendarizada da lei do Orçamento explica, em grande medida, a sua utilização para fazer aprovar normas sem directa, nem por vezes indirecta, incidência materialmente orçamental. Ao fazer-se incluir uma determinada matéria na lei do Orçamento pretende-se, normalmente, benefi-ciar da certeza de que essa lei será aprovada num prazo reduzido, que entrará em vigor numa data certa e que, no momento da sua discussão e aprovação, as atenções andarão, previsivelmente, arredadas das normas que aí, mais ou menos subtilmente, se infiltraram".

No plano doutrinário, o tema tem sido tratado, entre nós, por diversos auto-res, a propósito genericamente dos "cavaleiros de lei reforçada" (com destaque para Xavier (1992: 110 ss.), Franco (*Ob.Cit.:* 401-402), Miranda (1996: 364-368), Morais (1998) e Duarte (*Ob. Cit.:* 441 ss..)). Está em causa, fundamentalmente,

---

[25] Resulta, quanto a nós, do sentido do nº 1 do artigo 31º da LEO uma ideia de *exclusivismo* do orçamento na regulação das matérias constantes do seu elenco. Esta ideia implica a necessidade de interpretações correctivas de outros preceitos legais que com este entram em contradição, recorrendo a argumentos vários que vão desde a prevalência da LEO, lei de valor reforçado, sobre leis ordinárias (e aqui o disposto no artigo 3º da LEO faz sentido, mormente quando dispõe que a lei prevalece sobre todas as normas que estabeleçam regimes particulares que a contrariem), mesmo que se trate de leis "especiais" – não logra acolher aqui o princípio de que norma especial prevalece sobre norma geral –, até às regras de aplicação da lei no tempo, pois que confrontamos uma lei posterior, a LEO, com outras leis anteriores. Passa-se isto, por exemplo, no que diz respeito às matérias constantes nas alíneas *g)* a *h)* do nº 1 do artigo 31º (condições gerais da emissão de dívida pública fundada e definição de limites máximos para a concessão de garantias pessoais por parte do Estado). Nos termos da alínea *h)* do artigo 161º da Constituição, a autorização para a contracção de empréstimos geradores de dívida fundada e a fixação das respectivas condições gerais, tal como a definição de limites máximos para a concessão de garantias pessoais por parte do Estado, faz-se por lei da A.R (e é reserva absoluta de lei). Nele não se exige, porém, que a lei tenha de ser a lei do OE. Aliás, a legislação especial aplicável a estas duas matérias – a Lei nº 7/98, de 3 de Fevereiro, para a dívida pública directa e a Lei nº 112/97, de 16 de Setembro, para a dívida acessória – também o não exige. Antes pelo contrário: parece admitir que outras leis possam fazê-lo. Assim, enquanto que o artigo 5º da primeira determina que "por lei da A.R. serão estabelecidos, para cada exercício orçamental, as condições gerais a que se deve subordinar a emissão da dívida pública...", do artigo 5º da segunda resulta mesmo que "a A.R. fixa, na lei do orçamento ou em lei especial, o limite máximo das garantias pessoais a conceder...". Ora, afigura-se-nos que estas duas normas estão hoje parcialmente revogadas, na parte em que contradizem o agora disposto na LEO, quando enuncia as matérias em causa como sendo matérias *típica* e *exclusivamente* orçamentais.

a contraposição entre a tese da *inconstitucionalidade* e a tese *da sua irrelevância jurídica*. À luz desta última, os cavaleiros de lei reforçada e, nomeadamente os cavaleiros orçamentais, não são inconstitucionais, precisamente por não beneficiarem do regime jurídico orçamental, logo não interferindo na repartição de competências definida pela Constituição (Duarte, *idem*: 468, nota 964). Ou seja, matérias não orçamentais incluídas no orçamento não são "contaminadas" por essa especial natureza orçamental: assim, não beneficiam das regras especiais de aprovação e de caducidade, previstas na Constituição para a lei do OE, nem sofrem de nenhuma especial blindagem no que diz respeito à repartição de competências, quer quanto à iniciativa legislativa, quer à competência para aprovação[26]. O nº 2 do artigo 31º da LEO pretende ser, aparentemente, restritivo nesta matéria. Começa por determinar que as disposições constantes do articulado da Lei do OE "devem limitar-se ao estritamente necessário...". No entanto, a parte final do mesmo número abre uma infinitude de possibilidades, pois admite o necessário "para a execução da política orçamental e financeira". Ora, com este teor, qualquer medida que tenha incidência no plano da política orçamental ou da política financeira (e serão a maior parte) pode, portanto, ser acolhida na lei do OE.

Mas o artigo 31º sugere-nos ainda mais algumas observações. O critério para inclusão no rol do nº 1 de matérias que se deva considerar como matérias *especificamente* orçamentais é um critério pouco claro e gera alguma imprecisão. Em sentido estrito, matérias especificamente orçamentais serão apenas as que constam das alíneas *a)* a *d)* e da alínea *p)*, residual. Quanto às demais, não chocaria que pudessem ser concebidas como matérias de relevância financeira, mas não especificamente orçamentais e que, portanto, a sua regulamentação pudesse constar de outras leis que não a lei do OE (aliás, como vimos, as leis especiais em matéria de dívida pública, directa e acessória, implicitamente ali e expressamente aqui, admitem que possa ser lei especial a fazê-lo).

Mas mesmo em relação às matérias que se nos afigura serem matérias de conteúdo *incontornavelmente* orçamental (as das referidas alíneas *a)* a *d)*), ainda assim, se delineam outras fronteiras ténues e pouco claras. O caso mais visível é o da alínea *b)*: as normas necessárias para orientar a execução orçamental. A fronteira que está em causa é a que separa matérias orçamentais que devam figurar na lei do OE e matérias orçamentais que devam figurar no decreto-lei de exe-

---

[26] Na prática, porém, a integração no OE de matérias não especificamente orçamentais tem determinado, sobretudo por razões de cautela (a cautela dos serviços interessados e a cautela dos decisores orçamentais), a reedição dessas matérias em todos os orçamentos em que se pretende que elas sejam válidas e aplicáveis. Na verdade, à cautela, para evitar a surpresa de uma eventual caducidade não desejada, o preceito é tão simplesmente reproduzido no orçamento seguinte.

cução. A dúvida é tanto maior, quanto é a própria LEO que parece não querer delimitar essa fronteira. Na verdade, esta mesma lei, a propósito do conteúdo daquele decreto-lei (e que é aprovado, todos os anos, já na constância do OE), vem dispor que dele fazem parte as normas necessárias para execução do OE (cf. alínea *e*) do nº 5 do artigo 43º).

Repare-se, por outro lado, que se é certo que algumas das matérias foram, com a LEO, expressamente convertidas em matérias orçamentais, legalizando-se aquela que afinal era, de há muito, uma *prática* orçamental (se não mesmo um verdadeiro costume orçamental) (veja-se por exemplo a matéria constante da alínea *n*) do nº 1 sobre a isenção da fiscalização prévia do Tribunal de Contas[27]), não é menos verdade que quanto a outras matérias, a LEO optou por não as integrar expressamente no rol definido pelo artigo 31º, e ainda assim são matérias que vêm figurando sempre, todos os anos e há muitos anos, na lei do OE. O caso mais relevante é, sem dúvida, o universo fiscal. Como é sabido, uma grande parte do articulado da LEO – que é também a parte mais importante – é ocupada pelas alterações à legislação fiscal ou até por verdadeiras inovações nesta área. E, ainda assim, lendo o extenso rol de matérias constante do nº 1 do artigo 31º, este universo não está lá. Desta forma, permite-se que a matéria seja regulada pela lei do OE (o elenco é, como vimos, exemplificativo), ao mesmo tempo que, evitando o exclusivismo orçamental com que são contaminadas as matérias aí colocadas, se permite que as alterações ou inovações na área fiscal possam ser feitas fora do OE. Da decisão – que foi, afinal, algo arbitrária – de considerar uma matéria como sendo especificamente orçamental (elencando-a no nº 1 do artigo 31º) resulta, na verdade, um efeito prático muito relevante do ponto de vista da repartição de competências entre os órgãos de soberania e respectivos membros: é que as matérias que sejam integradas nesse elenco ficam condicionadas pelas exigências (limitações) procedimentais associadas à aprovação da lei do OE, mormente no que diz respeito à iniciativa originária exclusiva do governo. Com efeito, a matéria orçamental é das raras matérias onde está precludida a iniciativa legiferante por parte dos deputados e/ou grupos parlamentares, onde não há portanto concorrência entre estes e o governo (cf. alínea *g*) do artigo 161º da Constituição, *in fine*). Ora, foi justamente isto que se pretendeu acautelar no que à matéria fiscal diz respeito: pretendeu-se garantir que os deputados e/ou

---

[27] A razão de ser da inclusão desta matéria no rol do artigo 31º tem a ver não tanto com o facto de ela ser necessariamente matéria orçamental (na verdade, até a poderíamos considerar um cavaleiro orçamental, já que, em bom rigor, ela não tem estritamente que ver com a execução orçamental e nem mesmo com a política orçamental), mas com o facto de poder aproveitar da regularidade com que é aprovada a lei do OE e garantir que a actualização de valores, para efeitos de isenção do visto, se faça com início a 1 de Janeiro de cada ano.

grupos parlamentares não veriam afastada a sua capacidade de iniciativa originária. Além disso, existe uma outra razão, prévia e maior. Ela tem que ver com o alcance do princípio da *democracia fiscal* e com o sentido da evolução histórica deste princípio: o processo tendente à criação ou alteração de impostos é um processo com dignidade própria e a lei fiscal pode e tende, pela sua natureza, a ser uma lei autónoma, diferenciada da lei orçamental. Neste processo, os representantes do povo deverão ter uma intervenção plena, no princípio e no fim. Ou seja, devem poder intervir não apenas no fim, aprovando a lei fiscal, mas também no princípio, tomando a iniciativa.

Repare-se, por outro lado, que a lei do OE além de poder dispor directamente sobre matéria fiscal, pode ainda ser veículo de autorizações legislativas sobre esta matéria. E pode ainda conter autorizações legislativas sobre matéria não fiscal. Daí que também também elas devam passar pelo crivo do nº 2 do artigo 31º, ou seja, devam tratar-se de matérias se limitem ao estritamente necessário para a execução da política orçamental e financeira. A não ser assim, teremos autorizações legislativas que assumem a natureza de cavaleiro orçamental, valendo para elas, neste caso, as considerações antes feitas sobre o regime dos cavaleiros de lei de valor reforçada. A propósito das autorizações legislativas em matéria fiscal, podemos aliás verificar que o legislador acaba por assumir, em algumas outras instâncias e em outros momentos (que não no referido artigo 31º), que a matéria fiscal é matéria de conteúdo especificamente orçamental: vai até mais longe do que em relação à generalidade das matérias consideradas orçamentais, levando o regime de caducidade próprio do OE (com vigência limitada a 31 de Dezembro) até às últimas consequências. Com efeito, mesmo havendo prorrogação de vigência do OE (e, portanto, prorrogação das autorizações para cobrança de receita e realização de despesa), mesmo nestes casos, não são prorrogadas as autorizações legislativas em matéria fiscal (cf. alínea *a*) do nº 3 do artigo 12º-H da LEO, remetendo para o nº 5 do artigo 165º da Constituição), pelo que as respetivas normas devem assim caducar sempre, inevitavelmente, no final do ano.

Em suma, tendo em conta o que antecede, verificamos que as matérias expressamente integradas no nº 1 do artigo 31º são muito díspares. Nele, com efeito, encontramos dois grandes grupos de matérias:

– Matérias específica e indubitavelmente orçamentais (as matérias constantes das alíneas *a*) a *d*) e da alínea *p*));
– Matérias não especificamente orçamentais, mas tornadas orçamentais, legalizando-se assim uma prática ou costume orçamental (o caso da alínea *n*) e também, em certa medida, das alíneas *e*) a *m*) e a alínea *o*)) e atribuindo-se-lhes a regularidade de aprovação própria do OE e da garantia de vigência por um período temporal coincidente com o ano civil.

Relativamente às matérias que não constam expressamente do elenco do n.º 1 do artigo 31.º, mas que habitual ou esporadicamente surgem na lei do OE, poderemos também qualificá-las de diferentes modos (sendo certo que elas podem traduzir-se, por sua vez, numa regulação directa da matéria ou numa autorização legislativa). Assim, lá encontramos:

– Matérias que serão ainda matérias especificamente orçamentais e cobertas pelo carácter exemplificativo do n.º 1 do artigo 31.º, surgindo habitualmente (ou até sempre) nas leis do OE: é o caso como vimos das alterações à legislação fiscal, mas também de certas regras sobre funcionalismo público e sobre pensionistas (regras de actualização de salários e pensões) e de regras sobre a gestão do património público;

– Matérias que serão ainda matérias especificamente orçamentais e cobertas pelo carácter exemplificativo do n.º 1 do artigo 31.º, surgindo esporádica ou intermitentemente nas leis do OE: é o caso de certas previsões em matéria de funcionalismo público e de contrato de trabalho na Administração Pública (progressão e promoção, definição de carreiras e de categorias funcionais, recrutamento e concursos, etc.) ou de regras sobre contratação pública, fornecimento de bens e serviços ao Estado, etc.;

– Matérias que só de forma indirecta ou incidental têm natureza orçamental, sendo por vezes difícil determinar se ainda estamos perante matéria orçamental ou perante um cavaleiro orçamental (*v.g.* regras sobre a prestação de serviço público, o regime de férias, feriados e faltas, o regime de mobilidade, regras de gestão administrativa dos serviços[28]);

– Matérias que configuram claramente uma cavaleiro orçamental (como é, por exemplo, o disposto no artigo 75.º da lei do OE para 2012, relativo à representação da segurança social em juízo, nos processos especiais de recuperação de empresas e insolvência).

4.3. Regras sobre o processo orçamental e regras sobre as relações (de força) entre os vários "stakeholders"

4.3.1. As relações (de força) entre a A.R. e o governo

Uma das questões mais interessantes e controvertidas do Direito Orçamental português continua a ser a do significado e extensão do exercício da emenda parlamentar em relação à proposta inicial de lei do OE ou à proposta de lei de alteração orçamental apresentadas pelo Governo[29]. À primeira vista, não existem

---

[28] Veja-se, a título de exemplo, o artigo 11.º da Lei do OE para 2012, que institui a obrigatoriedade de reutilização de consumíveis informáticos, nos serviços do Estado.

[29] É ao governo e só ao governo que cabe a iniciativa de espoletar o processo orçamental originário ou subsequente (alteração orçamental). Na verdade, como antes notámos, nos termos da alínea *g)*

quaisquer limites constitucionais ou legais para o exercício dessa emenda parlamentar, em qualquer desses dois momentos da "vida" do OE.

Todavia, muito por força do entendimento assumido pela jurisprudência constitucional (em dois Acórdãos já antigos, mas mantendo a sua actualidade[30]), tem-se considerado que a iniciativa superveniente dos deputados ou dos grupos parlamentares conhece maiores limitações quando ela incide sobre uma proposta de alteração orçamental, do que quando ela respeita à proposta inicial do OE. Na verdade, relativamente a esta não existirão quaisquer limitações do ponto de vista material, pelo que as alterações propostas pelos grupos parlamentares podem no seu conjunto, caso aprovadas, conduzir a um resultado final completamente díspar do da proposta governamental, desvirtuando o sentido inicial do OE. A questão é, no limite, uma questão política e depende fundamentalmente da relação de forças existente no parlamento: se o governo está sustentado por uma maioria partidária, as propostas apresentadas pela oposição dificilmente serão aceites; se o governo está sustentado por uma minoria partidária, então uma acção concertada da oposição pode vencer e o governo vê-se constrangido a ter aceitar e executar um orçamento que não é o seu. O campo de reacção que o governo tem perante iniciativas supervenientes deste tipo é de natureza essencialmente política e passa fundamentalmente pela troca de votos ("*logrolling*") na cena parlamentar. Ainda assim, o resultado dificilmente será o melhor do ponto de vista do governo, pois ele necessariamente terá de ceder, aqui e ali. Mais: o resultado de tal compromisso será tão mais próximo da

---

do artigo 161º da Constituição, *in fine*, esta é das raras situações em que a iniciativa é exclusiva do governo, não podendo ser partilhada com os parlamentares. Se isto resulta expresso de preceito constitucional, no que respeita à apresentação da proposta de lei de OE, já no que concerne à proposta de lei de alteração orçamental (e nos casos em que A.R. seja competente para aprovar essa alteração – o que, desde logo por força do disposto no artigo 51º da LEO, nem sempre sucede), o exclusivo da iniciativa do governo resulta, quer da aplicação analógica daquela mesma alínea *g)* do artigo 161º à iniciativa de alteração orçamental, quer do recurso a elementos lógicos e sistemáticos que ajudam à compreensão das competências do governo, mormente na fase da execução orçamental. Na verdade, sendo este o órgão exclusivamente competente para assegurar a execução orçamental (cf. alínea *b)* do artigo 199º), só ele tem a possibilidade do ponto de vista político e a capacidade técnica para determinar se, quando e como deve haver lugar a uma alteração orçamental. Aliás, existe uma razão mais profunda – e que se estende de resto a própria proposta de lei orçamental: é que o OE é o instrumento fundamental de concretização da política governativa e de concretização do programa de governo. Nessa medida, o OE e as decisões políticas fundamentais preconizadas através do OE são talvez o principal instrumento de avaliação e de responsabilização política do governo, pelo qual só o governo deve ser chamado a responder, mormente no final da legislatura.

[30] Trata-se do Acórdão nº 297/86, de 4 de Novembro (Processo nº 163/86) e, sobretudo, do Acórdão nº 317/86, de 19 de Novembro (Processo nº 208/86).

solução óptima, para o governo, quanto este saiba negociar e quanto o ambiente político lhe for mais ou menos favorável naquele momento (dependendo, por exemplo, do grau de aceitação popular da política levada a cabo pelo governo e da imagem que os membros do governo, particularmente o primeiro-ministro, têm junto da opinião pública).

Já no que diz respeito às propostas de alteração orçamental, a emenda parlamentar está, por força da referida jurisprudência constitucional, mais limitada. E isto por força de dois argumentos fundamentais:

a) O argumento da alteração de sentido da proposta de lei (o desvirtuar da proposta)
No Acórdão nº 317/86 distingue-se bem entre as duas situações: proposta inicial de OE, de um lado, e proposta de alteração orçamental, do outro. Assim, "no caso da proposta do Orçamento, a fase é de previsão do conjunto de todas as despesas a realizar pelo Estado, durante o ano, e dos processos de as cobrir. Procura-se definir o plano financeiro global do Estado. Compreende-se que o órgão constitucionalmente competente para aprovar o Orçamento possa decidir livremente o que maior interesse tem para o Estado na matéria". Diversamente, "no caso de alteração do Orçamento, já não se está numa fase de previsão, nem se pretende traçar um plano financeiro global. Tem-se apenas a pretensão de alterar um plano já elaborado, que está a ser executado, e em áreas delimitadas pela proposta do Governo, que tem o exclusivo da iniciativa de alteração e o encargo e responsabilidade pela execução orçamental".

Perante isto, nesta segunda fase, os deputados, a pretexto de uma proposta de alteração orçamental, <u>não podem proceder a modificações orçamentais que não se inscrevam na proposta do governo, ou seja, alargar essas modificações a outras áreas, não pretendidas pelo governo</u>. E remata-se da seguinte forma: "Não se pretende que a Assembleia da República esteja vinculada à proposta de alteração feita pelo Governo. Pode aceitá-la ou rejeitá-la. Pode aumentar as receitas, como se propõe, ou aumentá-las numa percentagem diferente do que a pretendida. Igualmente poderá não diminuir as despesas, ou diminuir menos do que se pretende. Não pode é proceder a alterações que extravasem o âmbito da proposta".

b) O argumento da "lei-travão"
Para além deste argumento, outro, mais objectivo mas porventura de menor alcance, é ainda invocado pelo Tribunal Constitucional (no mesmo Acórdão): trata-se da aplicação do regime constante no nº 2 do artigo 167º da Constituição (ao tempo, era o artigo 170º), ou seja, a aplicação, na fase das alterações orçamentais, diferentemente do que sucede aquando da proposta inicial de OE, do regime da "*lei-travão*". A "lei-travão" impede o seguinte (condições cumulativas):

– Que os deputados, grupos parlamentares e cidadãos de eleitores apresentem projectos de lei, propostas de lei ou propostas de alteração (ou seja, veda a sua iniciativa originária e superveniente);
– Que envolvam o aumento da despesa ou a diminuição de receita;
– No ano económico em curso.

Convém notar o seguinte: a aplicação da "lei-travão" à proposta de lei de alteração orçamental é pouco mais que incidental; na verdade, a lei-travão tem um escopo mais amplo, visando qualquer iniciativa legislativa dos parlamentares que produza os mencionados efeitos financeiros. Assim, em primeira linha, estarão em causa iniciativas originárias dos deputados de legislação avulsa que pudesse produzir aqueles efeitos (como seriam, por exemplo, iniciativas de criação de novos subsídios de apoio aos desempregados ou alteração das condições de acesso ao subsídio que implicassem maior despesa ou então a alteração de regras relativas ao pagamento por conta de IRS que envolvesse, para o Estado, a redução da receita fiscal). Depois, estarão em causa quaisquer iniciativas supervenientes dos parlamentares – relativamente a propostas de lei iniciais do governo – e que traduzam aqueles mesmos efeitos (por exemplo, na sequência de apresentação de uma proposta de lei na A.R. sobre taxas moderadoras, virem os deputados prever novas categorias de insenções de taxa, não contempladas na proposta inicial do governo). Depois então, estarão em causa, no quadro de propostas de alteração orçamental (sempre exclusivas do governo), as emendas feitas por parlamentares que envolvam ou o aumento de despesa ou a diminuição de receita.

A aplicação do regime da "lei-travão" à fase das alterações orçamentais implica necessariamente, pela própria natureza das alterações orçamentais, que a última condição *supra* se verifique também: a alteração orçamental acarreta, pela sua própria natureza, efeitos em relação ao ano económico em curso. Logo, a iniciativa superveniente dos parlamentares fica vedada, por esta razão também.

Já no que diz respeito a iniciativas originárias ou supervenientes relativas a legislação avulsa (*i.e.* que não sejam alterações orçamentais), colocou-se a questão de saber se o facto de a lei em causa prever a sua entrada em vigor e produção de efeitos no ano económico em curso levaria à inaplicabilidade, para todo o sempre, da norma respectiva violadora do nº 2 do artigo 167º. Ora a jurisprudência constitucional nesta matéria (no Acórdão nº 297/86), secundando parcialmente doutrina importante (Canotilho e Moreira, 1985), considerou que não. Isto porque tal artigo só impede que os deputados apresentem projectos de lei que envolvam aumento de despesas no ano económico em curso, não ficando vedada a apresentação de projectos de lei que acarretem esses efeitos apenas para os anos seguintes. Contrariamente, porém, à doutrina expendida por aqueles dois constitucionalistas, o Tribunal considerou não ser necessário lançar mão da figura da ineficácia (das normas em causa para o ano em curso). Bastaria falar em inconstitucionalidade parcial (*ratione temporis*), para se poder concluir que as normas em questão só seriam inconstitucionais na medida em que aplicáveis ao ano económico em curso. Esta posição não é isenta de crítica (veja-se Duarte, *cit.*: 616-618): o Tribunal Constitucional substituiu-se assim implicitamente ao legislador, redefinindo a data de produção de efeitos das normas em apreço, ou seja, substituindo a data constante da lei apreciada (que era a de produzir efeitos no ano económico em curso), por uma nova data e assim fixando-lhe uma produção de efeitos apenas para o início do ano seguinte.

4.3.2. As relações (de força) entre o governo e demais sectores do Estado

O papel proeminente no domínio orçamental cabe ao governo. O princípio da *democracia financeira* reclama todavia uma intervenção regular e intensa do parlamento. Porventura, essa intervenção será até, no nosso sistema, algo excessiva, se se considerar, quer o limitado escopo da "lei-travão", quer a pequenez dos limites materiais ao exercício da emenda parlamentar, mormente na fase de discussão da proposta de lei do OE – tal como vimos anteriormente. Sem embargo, a governamentalização do orçamento é uma tendência que se explica seja por razões de ordem técnica (estão junto do governo os departamentos com *expertise* técnica nesta área), seja por razões de ordem política e jurídica (é conveniente que seja o governo a responder efectivamente, em cada momento e sobretudo no final da legislatura, pelas opções de política orçamental que haja feito; o processo orçamental não deve diluir as responsabilidades, a ponto de o governo sair desresponsabilizado).

O princípio da democracia financeira tende, hoje, a ceder passo perante o princípio da *transparência financeira* (ou *orçamental*). Este princípio, que aparece num primeiro momento em dois documentos, um do FMI (1999), o outro da OCDE (1999), tem merecido interesse e atenção crescentes. Significa a ideia de informação exacta e objectiva sobre o modo como o Estado utiliza os dinheiros públicos, sobre o custo dos programas orçamental e, se possível, sobre os seus benefícios. Contribui para a disciplina financeira e para a afectação adequada dos recursos (Atkinson e Noord, 2001). O princípio da transparência orçamental pressupõe, antes de mais nada, a ideia de divulgação ao público ("*disclosure*"), no que diz respeito à estrutura e funções do Estado, às intenções da política orçamental, às contas públicas e às projecções (Hameed, 2005). Traduz ainda as ideias de *verdade orçamental* e de *verdade contabilística*. Nesta medida, o princípio facilita os mecanismos de controlo orçamental, nos planos político, administrativo e jurisdicional, de prestação de contas ("*accountability*") e de responsabilização financeira. Mas com eles não se confunde. Além disto, o princípio da transparência orçamental pressupõe também a abertura interinstitucional: dos governos nacionais em relação às instâncias internacionais competentes e interessadas (Comissão Europeia, Banco Central Europeu, FMI); do governo em relação ao parlamento; dos sectores e subsectores do Estado em relação ao governo e, especialmente, ao ministro das finanças. O princípio da transparência contribui, na verdade, para o reforço do papel do ministro das finanças (Schick, 2001), colocado agora no centro da gestão do sistema de informações do Estado em matéria orçamental. Entre nós, o princípio da transparência orçamental encontra-se vertido na LEO, desde a sua versão inicial. E encontra-se precisamente com este especial significado, o de reforçar a importância do ministro das finanças no campo orçamental, quer em termos absolutos (cf. artigos 67º a 69º e artigo 91º), quer relativamente aos demais "stakeholders".

4.4. Regras sobre o controlo da execução orçamental

O controlo da execução orçamental é o último tema habitualmente constante da LEO. A actual reserva-lhe, de forma algo prolixa, sincrética e repetitiva, os artigos 58º e seguintes, incluindo os artigos 73º e seguintes[31]. O controlo da execução orçamental aparece hoje ligado ao princípio da responsabilidade orçamental (neste sentido, Martins, 2012: 54), ainda que este esteja meramente implícito na LEO[32].

A responsabilidade orçamental é um princípio de formalização recente, mesmo no contexto internacional e é tributário, também ele, da influência do direito orçamental anglo-saxónico (sobre a raiz internacional deste princípio, veja-se Martins, cit.: 53). Contudo, a ideia de controlo orçamental está presente de há muito e é criação do direito orçamental "clássico". Na verdade, podemos considerá-la como uma extensão e um corolário da função tradicional de controlo que era atribuída ao orçamento. Assim, tal como os princípios clássicos de elaboração do orçamento, mormente os princípios da plenitude e da discriminação, visavam dotar o orçamento dessa capacidade de controlo (a rubrica orçamental funcionava como elemento limitativo e condicionador da despesa),

[31] Dizemos sincrética, pois que modelos de controlo diferentes, associados a épocas históricas distintas e a opções políticas diferenciadas, confluem, numa amálgama, em todos estes artigos, ainda que com predominância do modelo de controlo clássico, como veremos já a seguir.

[32] Repare-se que o artigo 71º se refere expressamente à responsabilidade financeira. Trata-se todavia, como nele se vê, de uma modalidade de responsabilidade que é efectivada pelo Tribunal de Contas, no âmbito de processos jurisdicionais próprios (v.g. responsabilidade reintegratória e sancionatória) e que se pode contrapor a outras modalidades de responsabilidade: criminal, civil e disciplinar. Ora, o princípio da responsabilidade orçamental, de que aqui tratamos, é um princípio (não uma modalidade de responsabilidade) e tem uma dimensão mais vasta e integrada, que não se esgota portanto na responsabilização efectivada por aquele Tribunal.

também, na fase da execução ou posteriormente a ela, se preconizava o estabelecimento de um conjunto de poderes de controlo repartidos por mais do que uma entidade. O controlo orçamental aparece assim relacionado, quer com o exercício de poderes de fiscalização pelo parlamento (em resultado ainda do princípio da democracia financeira), quer com a competência de entidades especializadas no domínio financeiro, diferentes consoante o modelo determinante (o Auditor no modelo anglo-saxónico, o Tribunal de Contas no modelo continental).

A LEO está muito presa, no que diz respeito à concretização da responsabilidade orçamental, à concepção clássica das funções de controlo do orçamento e à ideia clássica de controlo orçamental. Como dissemos, o princípio da responsabilidade nem sequer é expressamente enunciado, como tal, pela lei. Desde logo, perpassa naqueles artigos 58º ss., com pontuais excepções, a concepção do orçamento de meios (focada justamente da rubrica orçamental, o meio para atingir o fim) e não de um orçamento de fins: o orçamento ao serviço da estabilidade orçamental e da eficiência alocativa. Ora, a verdade é que, na moderna orçamentação pública, o princípio da "*fiscal responsability*" está intimamente ligado a uma visão finalística do orçamento, pelo que ele aparece indissociável, quer dos princípios da "*fiscal transparency*" e da "*fiscal stability*, quer da ideia de "*accountability*". Todos eles, com efeito, constituem os "conceitos-charneira" da moderna orçamentação. Verificamos, concretamente, que as legislações mais pioneiras nesta área (Nova Zelândia, Reino Unido, Canadá, etc.) assentam naquela óptica finalística e não de meios, quiçá mais "privatística", que é uma óptica de resultados, uma óptica de desempenho, enfim, uma óptica de gestão. Ora, aquilo que parece é que a LEO não assumiu, neste ponto, esse filão modernizador que se vem sentindo um pouco por todo o lado no mundo. Aliás, os artigos em causa são artigos que já estavam, em grande parte, na Lei nº 6/91 e não houve, contrariamente ao que se denota nas partes relativas à elaboração e execução do OE, uma mensagem vanguardista, nem o acolhimento dessas novas tendências em matéria de orçamentação pública.

Numa perspectiva *de jure condendo*, dir-se-á então que a LEO deveria dar uma outra resposta aos principais desafios relacionados com a implementação deste (novo) princípio da responsabilidade orçamental. De entre eles, destacamos os seguintes:

a) A enunciação expressa deste princípio, como princípio orçamental;

b) A articulação do princípio da responsabilidade com o princípio da transparência orçamental e, designadamente, a sua articulação com as ideias de *verdade orçamental* e de *verdade contabilística* (a que nos referimos no ponto anterior – *vide supra*);

c) A articulação do princípio da responsabilidade com o princípio da estabilidade orçamental (previsão eventual de mecanismos de controlo e de mecanismos de responsabilização financeira para situações de incumprimento da disciplina orçamental);

d) A articulação do princípio da responsabilidade com o princípio da eficiência alocativa, no quadro da reforma orçamental em curso e da reforma da gestão pública (reforço da programação orçamental – *performance budgeting* – e da gestão por objectivos). Neste quadro;

e) Reforço dos mecanismos de prestação de contas (*"accountability"*), associada à informação de desempenho, e de efectiva responsabilização por parte dos gestores dos programas e até, eventualmente, dos decisores políticos competentes em razão da matéria;

f) Clarificação e delimitação de competências entre diferentes órgãos de fiscalização, evitando-se os riscos (hoje visíveis) de duplicações de competências (a criação do Conselho de Finanças Públicas pelo artigo 12º-I da LEO cria alguma duplicidade, quer com o papel fiscalizador da A.R. – mormente através da sua Unidade Técnica de Apoio Orçamental (UTAO) –, quer com o papel de controlo exercido pelo próprio Tribunal de Contas);

g) A definição do que seja o conceito de *controlo* (e tipos de controlo), de *auditoria* (e tipos de auditoria) e de *avaliação* e diferenciação das respectivas entidades competentes.

5. Conclusões

A análise precedente permite-nos retirar as seguintes conclusões: *i)* A actual LEO é o registo de múltiplas influências, de épocas históricas e matrizes ideológicas diferenciadas que, em nossa opinião, acolhe de uma forma sincrética e prolixa, não conseguindo a boa síntese entre a influência do modelo de orçamentação continental (e tradicional) e a influência mais recente do modelo anglo-saxónico de orçamentação pública – essa dificuldade de síntese acontece quer na definição das regras sobre a estrutura e os resultados orçamentais, quer na definição das regras sobre o processo orçamental e sobre as relações de força entre os diferentes intervenientes nesse processo, quer na definição das regras sobre responsabilidade orçamental; *ii)* A LEO foi escrita em épocas diferentes (2001 e 2011), por personalidades com formações académicas diferenciadas e é uma lei, do ponto de vista formal, também ela sincrética, oscilando entre um "discurso" jurídico e um "discurso" económico que é visível quer nas opções de sistemática, quer na redacção de diversos preceitos; *iii)* A LEO está em muitos aspectos desajustada e desactualizada – por exemplo, notámos a propósito das vinculações externas, como ela responde mal aos pesados constrangimentos económicos e financeiros que impendem sobre o OE (particularmente visíveis no actual contexto de crise e de subserviência externa do Estado português).

Em suma, a LEO mereceria ser devidamente repensada e revista (substituída por uma nova Lei), definindo para Portugal, com coerência, um novo modelo de orçamentação pública e também de gestão pública. Modelo este que seguindo algumas das melhores práticas internacionais pudesse ser, ao mesmo tempo, bem adequado à realidade económica, financeira e institucional do país.

REFERÊNCIAS

ATKINSON, Paul e Paul van den Noord (2001). "Managing Public Expenditure: Some Emerging Policy and a Framework for Analysis", OECD Economics Department Working Papers nº 285, OECD. Disponível em: http://www.oecd-ilibrary.org/docserver/download/fulltext/5lgsjhvj8lkg.pdf?expires=1292847634&id=0000&accname=guest&checksum=65B22BC44792B3D447EC3B47477CC053. [último acesso: 29.02.12]

CABRAL, Nazaré da Costa – (2008). *Programação e Decisão Orçamental – Da racionalidade das decisões orçamentais à racionalidade económica*, Colecção Teses, Almedina, Coimbra.

— (2009). "Algumas notas sobre as alterações que se perspectivam no sistema orçamental português: influências e modelos", *Colóquio Internacional A Moderna Gestão Financeira: uma resposta à crise económica?*, 2.ª Mesa Redonda, Actores e Instrumentos da moderna gestão financeira. Que adaptações?, Tribunal de Contas, Lisboa, 71-76.

DUARTE, Tiago (2007). *A Lei por detrás do Orçamento – A questão constitucional da Lei do Orçamento*, Colecção Teses, Almedina, Coimbra.

FRANCO, António de Sousa (1996). *Finanças Públicas e Direito Financeiro*, Volume I, 4.ª ed., Almedina, Coimbra.

HAMEED, Farham (2005). *Fiscal Transparency and Economic Outcomes*, International Monetary Fund Working Papers, WP/05/225. Disponível em: http://www.imf.org/external/pubs/ft/wp/2005/wp05225.pdf [último acesso: 29.02.12].

INTERNATIONAL MONETARY FUND, (1999) *Code on Good Practices on Fiscal Transparency*, IMF. Disponível em:
http://www.imf.org/external/np/mae/mft/code/index.htm [último acesso: 29.02.12]

LOUREIRO, João Carlos (2010). *Adeus ao Estado Social? A Segurança Social entre o crocodilo da economia e a medusa da ideologia dos "direitos adquiridos"?*, Coimbra Editora.

MARTINS, Guilherme W. d'Oliveira (2012). "Responsabilidade financeira em tempo de crise", *TOC*, Ano XII, Janeiro de 2012, 53-55.

MARTINS, Maria d'Oliveira (2011). *Lições de Finanças Públicas e Direito Financeiro*, Almedina, Coimbra.

MARTINS, Guilherme d'Oliveira *et aliud* (2007). *A Lei de Enquadramento Orçamental – Anotada e Comentada*, Almedina, Coimbra.

MIRANDA, Jorge (1996). *Manual de Direito Constitucional*, Tomo V – Actividade Constitucional do Estado, Coimbra Editora.

MORAIS, Carlos Blanco (1998). *As leis reforçadas – As leis reforçadas pelo procedimentono âmbito dos critérios estruturantes das relações entre actros legislativos*, Coimbra Editora.

OECD, (1999). "OECD Best Practices for Budget Transparency", *OECD Journal on Budgeting*, Vol. 1, nº 3, 2001. Disponível em: http://www.oecd.org/dataoecd/33/13/1905258.pdf [último acesso: 29.02.12].

SANTOS, Jorge Costa, coord. (1998). *Reforma da Lei de Enquadramento Orçamental – Trabalhos Preparatórios e Anteprojecto,* Ministério das Finanças, Lisboa.

SANTOS, José Carlos (2012). "A nova parafiscalidade: a tributação por via de cortes na despesa com remunerações de funcionários e pensionistas", *TOC,* Ano XII, Janeiro de 2012, 36-42.

SCHICK, Allen, (2002). "Does budgeting has a future?", *OECD Journal on Budgeting,* Vol. 2, nº 2, 2-44. Disponível em: http://www.oecd.org/dataoecd/1/20/43506059.pdf [último acesso: 29.02.12].

XAVIER, António Lobo (1992). "O Orçamento como lei – Contributo para a compreensão de algumas especificidades do Direito Orçamental Português", *Boletim de Ciências Económicas da Faculdade de Direito da Universidade de* Coimbra, Vol. XXXV, 110 ss..

A sujeição a IVA das relações subjacentes a um contrato de consórcio interno

NUNO CUNHA RODRIGUES

Mestre em Direito. Assistente da Faculdade de Direito de Lisboa

Se, até 1981, o conceito de consórcio era aplicado quer a agrupamentos sem personalidade jurídica quer a situações envolvendo entes com personalidade jurídica, a
partir desse ano, com a aprovação do Decreto-Lei nº 231/81, de 28 de Julho, ficou
clarificada a distinção entre as chamadas *"corporated joint ventures"* – verdadeiras
empresas comuns resultantes da união de esforços de duas ou mais entidades – e
as designadas *"unincorporated joint ventures"* – que exprimem uma união pontual
entre entidades, tendo em vista a prossecução comum de uma determinada tarefa.[1]

Está em causa, nesta última situação, o Decreto-Lei nº 231/81, de 28 de Julho.

Mediante a celebração de um contrato de consórcio, as partes procuram unir
esforços num determinado projecto, numa insofismável relação *intuito personae*
que, no entanto, não perdurará indefinidamente.

Trata-se, portanto, de uma realidade contratual tradicionalmente executada
num espaço temporal limitado.

O Decreto-Lei nº 231/81, de 28 de Julho, distingue o contrato de consórcio
interno do contrato de consórcio externo.[2]

Existe contrato de consórcio interno, de harmonia com o disposto no artigo
5º, nº 1 do Decreto-Lei nº 231/81, quando:

---

[1] Sobre esta distinção, cfr., além do preâmbulo do citado diploma, Luís MORAIS, *Empresas comuns
– Joint Ventures no Direito Comunitário da Concorrência*, Almedina, Coimbra, 2006, pp. 229-231 e
passim e ANTÓNIO CARLOS DOS SANTOS, MARIA EDUARDA GONÇALVES E MARIA MANUEL LEITÃO
MARQUES, *Direito Económico*, Almedina, Coimbra, 2001, pp. 268-270.
[2] Para uma caracterização e distinção do consórcio externo e do consórcio interno, cfr., por todos,
RAÚL VENTURA, *Primeiras notas sobre o contrato de consórcio*, Revista da Ordem dos Advogados, 1981,
ano 41, pp. 609 e segs.

i. *As actividades ou os bens são fornecidos a um dos membros do consórcio e só este estabelece relações com terceiros;*

ii. *As actividades ou os bens são fornecidos directamente a terceiros por cada um dos membros do consórcio, sem expressa invocação dessa qualidade.*

Com o contrato de consórcio interno, as partes pretendem prosseguir esforços comuns na realização de uma dada tarefa – desiderato, a final, de todos os contratos de consórcio.

No entanto, no caso do contrato de consórcio interno, as partes não invocam perante terceiros a realidade *consorcial*.

Por outras palavras, neste consórcio, não se pretende transmitir para o exterior que uma determinada tarefa está a ser realizada por meio de um contrato de consórcio.

Não obstante, a celebração de um contrato de consórcio impõe-se, tendo em vista a definição clara de responsabilidades entre os elementos do consórcio, nomeadamente no que respeita à participação em lucros e perdas.[3]

Nos termos do artigo 5º, nº 2 do mesmo Decreto-Lei, o consórcio diz-se externo quando as actividades ou os bens são fornecidos directamente a terceiros por cada um dos membros do consórcio, com expressa invocação dessa qualidade.[4]

A expressa invocação do consórcio perante terceiros ou, de forma oposta, o desenvolvimento da actividade dos membros do consórcio sem expressa invocação dessa qualidade é, em nosso entender, a pedra de toque que permite diferenciar o consórcio interno do consórcio externo.

Note-se que a circunstância de um contrato de consórcio ser formalmente designado como consórcio interno não impede que este seja materialmente qualificado como um contrato de consórcio externo, sendo essa a realidade relevante em termos jurídico-fiscais.

---

[3] Neste contexto, determina o artigo 25º do Decreto-Lei nº 231/81, *ex vi* o artigo 18º, o seguinte:
"1 – O montante e a exigibilidade da participação do associado nos lucros ou nas perdas são determinados pelas regras constantes dos números seguintes salvo se regime diferente resultar de convenção expressa ou das circunstâncias do contrato."

[4] Entre as disposições que podem estar previstas no contrato de consórcio externo assinalam-se:
i. O Conselho de orientação e fiscalização (cfr. artigo 7º do Decreto-Lei nº 231/81);
ii. A designação de um chefe do consórcio (cfr. artigo 12º do Decreto-Lei nº 231/81);
iii. A possibilidade de utilizar uma denominação própria do consórcio (cfr. artigo 15º do Decreto-Lei nº 231/81);
iv. O modelo de repartição dos valores recebidos e do produto da actividade do consórcio (cfr. artigos 16º e 17º do Decreto-Lei nº 231/81);

Feito este enquadramento, é tempo de examinar o regime de sujeição a IVA das relações que se desenvolvem entre os participantes, no âmbito de um contrato de consórcio interno.

O Imposto sobre o Valor Acrescentado (IVA) é, como se sabe, um imposto geral sobre o consumo, em que se tributa as transmissões de bens, a prestação de serviços, as importações e a aquisição intracomunitária de bens.

O imposto comporta um regime geral e diversos regimes especiais, quaisquer deles objecto de um razoável grau de harmonização comunitária.[5]

Dentro das normas de incidência do IVA, deve distinguir-se entre normas de incidência pessoal – cfr. artigo 2º do CIVA – e normas de incidência real – cfr. artigo 1º do CIVA. Quando uma situação se enquadra nos dois tipos – normas de incidência pessoal e real – está-se perante um facto tributário sujeito a IVA.

No caso de alguma das normas de incidência ficar por preencher, o facto não se encontra abrangido pelo CIVA, encontrando-se, por isso, a situação não-sujeita a IVA.[6] Realisa-se, desta forma, o princípio da segurança jurídica e o princípio da legalidade fiscal: só estão sujeitos a imposto os factos previstos expressamente na lei.[7]

Partindo deste esboço, podemos determinar o enquadramento fiscal, em sede de IVA, de prestações de serviços efectuadas pelos consorciados e, seguidamente, das relações financeiras entre os consorciados.

São questões diferentes com implicações para efeitos de tributação de IVA.

Analisemos, em primeiro lugar, a sujeição a IVA das prestações de serviços efectuadas pelos consorciados.

O contrato de consórcio visa, como ficou descrito anteriormente, assegurar a prossecução de uma tarefa, por via do esforço comum dos consorciados. Tem uma natureza *intuito personae*, estando em causa a partilha de um risco contratualmente definido.

O trabalho que cada um dos consorciados realize no estrito cumprimento do disposto no contrato de consórcio não deve ser qualificado como uma prestação de serviços para efeitos do CIVA.

---

[5] Cfr., *inter alia*, a Directiva nº 2006/112/CE, de 28 de Novembro de 2006.
[6] De forma diversa, pode suceder que um determinado facto tributário, preenchendo as normas de incidência pessoal e real esteja, por expressa cominação legal, isento de tributação em sede de IVA. A esta luz, devemos distinguir a não-sujeição a um imposto (em que o facto não preenche as normas de incidência pelo que não está abrangido por aquele imposto), da isenção de um imposto (em que, sendo preenchidas as normas de incidência, a lei determina a isenção daquele facto no âmbito de um determinado imposto).
[7] Assim, cfr. JOSÉ CASALTA NABAIS, *Direito Fiscal*, Almedina, Coimbra, 2ª edição, pp. 133 e segs. e *passim*.

Ao desenvolver uma actividade no âmbito de um contrato de consórcio, o consorciante não está a prestar um serviço a uma terceira entidade mas sim a ele próprio, na parte que contratualmente lhe cabe.

Convém lembrar que, para efeitos do CIVA, a prestação de serviços deve ser efectuada a título oneroso, por um sujeito passivo agindo como tal (cfr. artigo 1º, nº 1, alínea a) e artigo 2º, nº 1, alínea a) do CIVA).

Ora, o carácter oneroso de uma operação implica uma contraprestação[8] sendo certo que o contrato de consórcio interno não dispõe de personalidade jurídica nem é um sujeito passivo para efeitos tributários.

Coloca-se, assim, o problema de saber a quem imputar as *hipotéticas* prestações de serviços prestados pelos consorciados ao abrigo do contrato de consórcio.

A nosso ver, não são de considerar, no estrito âmbito das obrigações contratuais decorrentes do contrato de consórcio, quaisquer prestações de serviços sujeitas a IVA.

Consequentemente, não há operações passíveis de IVA, no âmbito dos serviços prestados ao consórcio pelos consorciados, pelo que não estão sujeitos a IVA os trabalhos desenvolvidos pelos consorciados no estrito cumprimento do objecto do contrato de consórcio.

Registe-se que a não-sujeição a IVA não se confunde com o *auto-consumo* (externo ou interno). Neste último caso, considera-se transmissão a título oneroso a transmissão de bens a um sector de actividade isento, bem como a afectação ao activo imobilizado de bens referidos no nº 1 do artigo 21º do CIVA, desde que tenha havido dedução total ou parcial do imposto relativamente a esses bens ou aos elementos que os constituem, nos termos da alínea g) do nº 3 do artigo 3º do CIVA.

Esta posição não constitui, em rigor, uma originalidade. Coincide, aliás, com a opinião da administração fiscal.

A informação nº 358, proc. C283A, E.N. nº 4322/86, de 87.03.09 dos Serviços do IVA concluiu de forma idêntica.[9]

Seguiu, de resto, esta orientação, a directriz contabilística nº 24, emitida pela Comissão de Normalização Contabilística, quando determinou o tratamento contabilístico a dar ao contrato de consórcio: cada membro do consórcio mantém os seus próprios registos na parte que lhe corresponde nas operações

---

[8] Assim, v. PATRÍCIA NOIRET DA CUNHA, *IVA – anotações ao CIVA e ao regime do IVA nas transacções intracomunitárias*, Instituto Superior de Gestão, Coimbra, 2004, p. 125.

[9] Esta informação obteve parecer concordante do chefe de divisão, do director de serviços e do subdirector-geral em 87.03.09 e 87.03.20, respectivamente. Contendo uma descrição pormenorizada destas informações, cfr. EMANUEL VIDAL LIMA, *IVA anotado*, 6ª edição, Porto Editora, pp. 152-153.

conjuntamente controladas, não sendo necessário manter contas conjuntas separadas. Nas demonstrações financeiras individuais, cada membro do consórcio deve reconhecer os activos que controla e os passivos em que incorre bem como os gastos que despendem e a sua parte nos créditos que obtém pela venda de bens ou serviços pelo empreendimento conjunto.[10]

Este mesmo entendimento foi aceite pelo Tribunal de Justiça da União Europeia no acórdão *EDM*.[11]

Recordou o Tribunal, neste acórdão, que, para efeitos de IVA, os trabalhos realizados no âmbito do consórcio, por conta deste, por cada um dos seus membros não são, em princípio, diferentes dos efectuados por uma empresa em seu próprio benefício e devem, por conseguinte, ser tratados da mesma maneira que estes últimos.

Acrescenta o Tribunal que *"na medida em que as entregas de bens ou as prestações de serviços não são efectuadas a título oneroso por conta de terceiros, não podem, em princípio, constituir operações tributáveis (...)".*[12]

O Tribunal concluiu que os trabalhos empreendidos por membros de um consórcio nos termos das cláusulas de um contrato de consórcio e que correspondem à parte atribuída neste contrato a cada um deles, não constituem uma entrega de bens ou uma prestação de serviços efectuada a título oneroso, na acepção do artigo 2º, nº 1, da Sexta Directiva, nem, consequentemente, uma operação tributável nos termos desta.

Importa salientar que, quando o excedente da parte dos trabalhos fixada no contrato de consórcio para um membro do consórcio resulta no pagamento, pelos outros membros, da contrapartida dos trabalhos que excedem essa parte, estes trabalhos constituem uma entrega de bens ou uma prestação de serviços efectuadas a título oneroso.

Fica, assim, encontrada a resposta à questão anteriormente equacionada.

Os trabalhos desenvolvidos pelos consorciados, na estrita execução do objecto prosseguido no âmbito do contrato de consórcio, não estão sujeitos a IVA.[13]

Resta apurar a sujeição a IVA das relações financeiras entre os consorciados;

Refira-se que não estão, neste momento, em causa as prestações de serviços fixadas a cada uma das partes no contrato de consórcio. Trata-se de determinar

---

[10] A este propósito, v. Revista dos Técnicos Oficiais de Contas (TOC), nº 3, Junho 2000, p. 59 e, de forma idêntica, Revista dos TOC, nº 32, Novembro 2002, p. 62.

[11] Cfr. acórdão EDM, de 29 de Abril de 2004, proc. C-77/01, *Colectânea*, 2004, p. I-04295.

[12] Cfr. parágrafo 86 do acórdão EDM.

[13] Em sentido contrário, v. Revista dos TOC, nº 26, Maio 2002, p. 61, assinalando que, num contrato de consórcio, a prestação de serviços seria tributada à taxa de *"5, 12 ou 17 por cento"* opinião que, nos termos que vimos defendendo, rejeitamos em absoluto.

as relações financeiras entre consorciados, nomeadamente para efeitos do disposto no artigo 25º do Decreto-Lei nº 231/81, de 28 de Julho. O que equivale a definir o âmbito de sujeição ao CIVA das operações financeiras realizadas entre os consorciados no estrito âmbito de um contrato de consórcio.

Em nossa opinião, estamos, neste caso, perante um facto tributário sujeito a IVA (o que não obsta a que se perfile, como veremos adiante, uma norma de isenção).

O membro do consórcio que actue, perante terceiros, de forma isolada, mas de harmonia com o contrato de consórcio interno, está a prestar um serviço ao outro (ou outros) membro(s) do consórcio.

Ao fazê-lo sem expressa invocação da qualidade do membro do consórcio, o consorciado aceita a existência de um contrato de consórcio interno e a específica característica deste contrato (cfr. artigo 5º, nº 1, alínea a) do Decreto-Lei nº 231/81, de 28 de Julho).

Sendo assim, não pode deixar de qualificar-se este facto como uma prestação de serviços, para efeitos de aplicação do CIVA, nomeadamente à luz dos artigos 1º, nº 1, alínea a) e 2º, nº 1, alínea a) daquele Código.

Dir-se-á, em todo o caso, que tudo depende da natureza dos serviços prestados no âmbito do contrato de consórcio, o que apenas pode ser ponderado casuisticamente. O apuramento desta circunstância repousa na natureza jurídica do contrato de consórcio interno sendo esta *differentia specifica* que permite distingui-lo de outras figuras jurídicas conexas como, *verbi gratia*, o contrato de empreitada.

Neste último caso – empreitada – uma das partes obriga-se em relação à outra a realizar certa obra, mediante um preço (cfr. artigo 1207º e segs. do Código Civil). O empreiteiro conhece *a priori* o montante que irá receber pela obra realizada, correspondendo ao dono da obra os proveitos que desta possa recolher e assumindo, assim, todos os riscos daí decorrentes. Não há, neste caso, um esforço comum ou uma partilha de riscos e responsabilidades típica do contrato de consórcio.

O próprio Decreto-Lei nº 231/81 parece assumir a analogia que a figura do consórcio implica, aqui e além, com o mandato. Com efeito, segundo o artigo 20º, nº 2 daquele Decreto-Lei, *"nos consórcios externos, as importâncias entregues ao respectivo chefe ou retidas por este com autorização do interessado consideram-se fornecidas àquele nos termos e para os efeitos do artigo 1167º, alínea a) do Código Civil."*

Num contrato de consórcio – sublinhe-se – ocorre uma partilha de risco. É característica deste contrato a existência de um certo grau de *alea*, de imprevisibilidade do resultado que apenas pode ser apurada a final, uma vez esgotado o objecto do contrato.

Face a um contrato de consórcio interno, em que – reitere-se – não é dado a conhecer a terceiros o consórcio, é natural que apenas um dos consorciados seja visível perante terceiros como responsável, sem prejuízo da partilha entre membros do consórcio de receitas e despesas.

Em síntese, está em causa, esgotado o objecto do contrato, apurar o resultado financeiro obtido com o consórcio.

Num consórcio interno, em que os consorciados fornecem os bens a um deles, que por sua vez estabelece a relação com terceiros, a remuneração – contrapartida paga pelo terceiro – há-de também ser recebida por este membro.

O que o artigo 18º do Decreto-Lei nº 231/81 permite é que essa repartição se faça em função de uma percentagem dos lucros obtidos por esse membro que estabelece a relação com o terceiro, em alternativa a ser fixado um valor certo[14]

Será apenas no momento em que se apurem os resultados que será determinada a remuneração dos consorciados.

É por isso que a repartição de receitas prevista num contrato de consórcio traduz o resultado financeiro deste, exprimindo uma mera operação financeira.

Aqui chegados devemos convocar o artigo 9º, nº 27 do CIVA.

Prevê o artigo 9º, nº 27 do CIVA que as operações financeiras descritas estão isentas de IVA, correspondendo às chamadas "isenções simples"[15] e, por isso, incompletas.[16]

Suscita-se, de harmonia com o princípio da tipicidade fiscal, um problema de enquadramento da situação à luz do artigo 9º, nº 27 do CIVA.

As operações financeiras descritas no artigo 9º, nº 27 do CIVA são definidas em função da natureza das prestações de serviços que são fornecidas e não em função da pessoa do prestador ou do destinatário dos serviços.

Não se trata, portanto, de averiguar se se está face a um contrato de consórcio mas antes de investigar qual a natureza da operação financeira em que uma parte recebe, de terceiros, um montante destinado, em parte, a outro membro do consórcio.

Poder-se-ia invocar a alínea g) do artigo 9º, nº 27 do CIVA. Esta disposição foi examinada no acórdão EDM.[17] Sucede que o acórdão visava diversos contra-

---

[14] Como refere PAULO SOUSA DE VASCONCELOS, *O contrato de consórcio no âmbito dos contratos de cooperação entre empresas*, Studia Iuridica, nº 36, Coimbra Editora, Coimbra, p. 107, nestes casos, *"(...) por norma, a contribuição de uma das partes integrar-se-á materialmente na da outra, pelo que pode ser conveniente estabelecer esta forma de repartição do produto resultante do seu fornecimento a terceiro."*

[15] Nas isenções simples, o operador económico não liquida o imposto, mas também não pode deduzir o imposto que suporta nas aquisições..

[16] A este propósito, v. FILIPE COVAS CARVALHO, *O enquadramento dos call centres das seguradoras em sede de imposto sobre o valor acrescentado*, in FISCALIDADE, nº 36, pp. 43-82 (*maxime* pp. 45-48).

[17] Cfr. acórdão EDM, *cit.*, parágrafo 23.

tos de consórcio externos, sendo a EDM quem administrava os consórcios. Ora aquela alínea revela-se inaplicável a consórcios internos.

Poder-se-ia ainda trazer à colacção a alínea c) do artigo 9º, nº 27.

Esta alínea refere-se a depósitos de fundos, contas-correntes, pagamentos e transferências Todavia, ela parece direccionar-se à actividade bancária ou, mais especificamente, a operações de financiamento ou de meras transferências de fundos que igualmente não se verificam nos contratos de consórcio.[18]

Por último, a alínea e) do artigo 9º, nº 27 aplica-se a *"operações e serviços (...) relativos a (...) participações em sociedades ou associações (...)"*. Será este o enquadramento das operações financeiras no âmbito de um contrato de consórcio interno partindo do conceito da prestação principal subjacente ao contrato.

As relações existentes entre os consorciados resumem-se a operações financeiras que se traduzem nomeadamente na repartição das receitas, quando uma das partes actua em nome da outra, na medida em que a contribuição de uma das partes integra-se materialmente na da outra.[19]

Concluímos, assim, pela aplicação do artigo 9º, nº 27, alínea e) do CIVA às relações financeiras estabelecidas entre consorciados o que, naturalmente, se circunscreve ao âmbito do contrato de consórcio.

A favor desta tese, apontaríamos, antes de mais, o entendimento da administração fiscal.

O teor da informação nº 2272, de 93.09.10, da DSCA do SIVA conclui desta forma, enquadrando idêntica situação no artigo 9º, nº 27, alínea e).[20]

Esta posição tem sido assumida ao longo dos anos pela administração fiscal na perspectiva de uma situação em que *"satisfeito o objecto do consórcio, os consorciados mais não têm que proceder à repartição dos lucros"*.[21]

São, é certo, conhecidas posições divergentes deste entendimento.

---

[18] Neste sentido, veja-se a informação vinculativa emitida a propósito desta alínea, ainda que no âmbito de uma situação referente a *factoring*. Cfr. processo C071 2004008, com despacho concordante do Subdirector-geral dos impostos em 8/4/2005, disponível em http://www.dgci.min-financas.pt/NR/rdonlyres/60AEF0ED-531C-450C-8E39-0BDD65AE7891/0/CIVA_009_03.pdf Nesta informação, a Direcção-Geral dos Impostos conclui que a actividade de factoring não se confunde com prestações de simples cobrança de dívidas, sendo por isso de isentar, nos termos da alínea c) do nº 28 do artigo 9º do CIVA (actual artigo 9º, nº 27, alínea c)), por se entender que o financiamento constitui a prestação principal no contrato de factoring.

[19] Como escreve M. PEIXOTO DE SOUSA, *IVA Anotado*, Vida Económica, 2001, p. 548 a propósito do artigo 9º, nº 28, alíneas a), c), d) e f), a expressão *"incluindo a negociação" "significa que, por exemplo, se inclui na isenção não apenas a concessão do crédito propriamente dita, mas também a sua negociação, isto é, a intervenção de terceiros visando a sua concretização."*

[20] Descrevendo esta informação cfr. EMANUEL VIDAL LIMA, *IVA Anotado*, cit., pp. 153-154.

[21] Descrevendo a posição da administração fiscal, cfr. ABÍLIO MORGADO, *Regime Jurídico-Tributário do Consórcio, da Associação em Participação e da Associação à Quota. Estudo Preparatório do Decreto-Lei nº*

Para Abílio Morgado, a convenção de participação nos lucros e perdas traduz, no consórcio, traduz uma das formas de fixar o valor dos serviços e das contribuições dos consorciados para prossecução do objecto comum. Nesta perspectiva, estar-se-ia " *em termos substanciais, perante uma fixação em definitivo de valores antes tidos por provisórios*" para concluir que esta é "*a razão por que preferimos configurar a situação em causa, em sede de IVA, como uma rectificação do valor tributável e do respectivo imposto, com a consequente aplicação do artigo 71º do CIVA.*"[22]

Salvo melhor opinião, o argumento não procede.

Desde logo, porque a repartição dos lucros não traduz uma fixação em definitivo de valores provisórios. Não existe qualquer elemento de provisoriedade num valor incerto. Pode até suceder que, num consórcio, não existam lucros mas perdas. O lucro nunca é provisório e só pode ser apurado a final.

Diga-se, aliás, que o mesmo autor, a propósito dos casos de perdas – em que o consorciado não só não recebe daquele que se relaciona com terceiros o valor dos bens ou serviços, como tem de contribuir para minimizar as perdas deste – conclui que se estará perante uma situação "*fora da própria incidência real do IVA*"[23] o que, em nosso entender, contradiz, de alguma forma, a posição do Autor.

Na verdade, num contrato de consórcio interno, a repartição de receitas funda-se no disposto nos artigos 18º e 25º do Decreto-Lei nº 231/81, de 28 de Julho dado que o artigo 25º deste Decreto-Lei estabelece o regime de participação nos lucros e nas perdas do contrato de associação em participação aplicando-se, por expressa cominação legal, ao contrato de consórcio.

Ora, apesar do consórcio interno não ter personalidade jurídica, constitui uma das formas de "*joint venture*" – *rectius* "*unincopororated joint venture*".

Uma vez que às participações em associações deve ser aplicado o disposto no artigo 9º, nº 27, alínea e) – dado que têm personalidade jurídica -, por maioria de razão deverá ser aplicado o mesmo dispositivo às relações financeiras entre os consorciados.

As relações financeiras, num contrato de consórcio, visam nomeadamente a entrega a um dos consorciados, de parte da receita a que, nos termos legais e contratuais, tem direito pela sua *participação* no consórcio. É a esta luz que entendemos justificada a aplicação do disposto na alínea e) do nº 27 do artigo 9º do CIVA a essas relações financeiras.

Deve ainda referir-se que confluindo, no mesmo sujeito passivo, operações que conferem direito à dedução e outras que não conferem por não estarem

---

3/97, *de 8 de Janeiro*, in Ciência e Técnica Fiscal, nº 385, Janeiro-Março de 1997, p. 40 e M. Peixoto de Sousa, *IVA Anotado, cit.*, pp. 552-553.

[22] *Ibidem*, p. 41.

[23] Cfr. Abílio Morgado, *Regime ...*, cit., p. 42.

sujeitas a IVA ou por dele estarem isentas, será aplicado o regime de *pro rata* de ou percentagem geral de dedução ou o regime de afectação real, nos termos definidos no artigo 23º do CIVA.[24]

Concluímos, deste modo, que as operações financeiras, no âmbito de um contrato de consórcio interno, se enquadram na alínea e) do artigo 9º, nº 27, na medida em que este contrato visa "operações e serviços (...) relativos a (...) participações em sociedades ou associações (...)" encontrando-se, por conseguinte, aquelas operações isentas de IVA.

---

[24] Sobre estes métodos, cfr. PATRÍCIA NOIRET DA CUNHA, *IVA – Anotações, cit.*, pp. 337-346.
Sobre a interpretação do artigo 23º, nº 5 do CIVA numa perspectiva jus-comunitária, cfr. o acórdão EDM, *cit.*, pontos 74, 75 e 80, 2º parágrafo.

A propósito das 'taxas de licença': notas a respeito da recente jurisprudência constitucional sobre as taxas municipais pela colocação de painéis publicitários em domínio privado

NUNO DE OLIVEIRA GARCIA
Assistente convidado da Faculdade de Direito da Universidade de Lisboa.
Advogado e Liminar)

ANDREIA GABRIEL PEREIRA
Advogada

RESUMO: O presente artigo versa sobre a recente alteração na jurisprudência do Tribunal Constitucional a propósito de taxas municipais pelo licenciamento. A aludida inflexão, que poderá ter um reflexo para lá do campo dos tributos locais, prende-se com a matéria dos pressupostos de incidência de taxas. Onde antes o Tribunal Constitucional defendia que uma taxa que assentasse na remoção de um obstáculo jurídico teria de ter subjacente a possibilidade de utilização de um bem do domínio público, sob pena de ser qualificada como um tributo equiparável a um imposto, agora sustenta que a remoção de um obstáculo jurídico pode legitimamente motivar a incidência de uma taxa, sem necessidade de permitir a utilização dos ditos bens.

Enquadramento

Como é sabido, as taxas representam uma importante receita no âmbito das finanças, em particular, no que concerne aos municípios. Efectivamente, tratam-se de tributos bilaterais que, tendo em conta a sua natureza comutativa, têm-se revelado especialmente apropriados ao financiamento dos entes locais (na medida em que estes, caracterizados pela proximidade às populações, são susceptíveis de conhecem melhor as suas necessidades, assim como, na maior parte dos casos, o custo e o benefício das prestações a realizar).

461

A parca regulação dos aludidos tributos (praticamente inexistente até à aprovação do Regime Geral das Taxas das Autarquias Locais em 2006), e a relativa facilidade da sua criação mediante a aprovação de regulamentos, levou ao surgimento das mais diversas figuras apelidadas de «taxas». Estas «taxas» *floresceram* sem efectivo controlo, ora provocando evitáveis distorções económicas, ora onerando desproporcionadamente os contribuintes, através da cobrança de montantes significativos e, por diversas vezes, dando azo às referidas consequências em conjunto. Tornou-se, por isso, premente o estabelecimento de regulamentação eficaz e completa.

Neste contexto, apesar de não serem definitivas, assumiram um relevante papel tanto a aprovação da Lei Geral Tributária (aplicável no âmbito das taxas, e que concretizou mais proficuamente um conjunto de garantias aos contribuintes, como o direito à fundamentação ou à audição prévia à liquidação), como também a jurisprudência que, através do escrutínio do princípio da reserva de lei formal, procurou impedir a dissimulada aprovação de impostos ou contribuições sob a veste de «taxas», por entidades que para tal não têm competência.

Constatada a insuficiência dos contributos acima mencionados, e a manutenção da ocorrência de abusos na conformação e aplicação dos tributos em causa, foi aprovada a Lei nº 53-E/2006, de 29 de Dezembro, e com ela o Regime Geral das Taxas das Autarquias Locais, o qual consubstanciou a primeira iniciativa legislativa moderna no campo das taxas.

Entre as principais novidades introduzidas por este regime, salientamos as seguintes: (i) passou a exigir-se que os regulamentos que aprovam taxas deverão conter a respectiva fundamentação económico-financeira e todas as eventuais isenções; (ii) estabeleceu-se um regime próprio de reacção aos actos de liquidação destes tributos, relativamente àquele que se encontra consagrado no Código de Procedimento e de Processo Tributário; e (iii) consagrou-se, de forma expressa, a referência à necessidade do cumprimento do princípio da equivalência.

Apesar de inovador em vários aspectos, o dito regime manteve inalterada a tríplice de fundamentos potencialmente subjacentes à criação de taxas pelas autarquias locais que já se encontrava consagrada no artigo 4º da Lei Geral Tributária. Em concreto, o artigo 3º do Regime Geral das Taxas das Autarquias Locais determina que as taxas constituem «tributos que assentam na prestação concreta de um serviço público local, na utilização privada de bens do domínio público e privado das autarquias locais ou na remoção de um obstáculo jurídico ao comportamento dos particulares» (cit.).

Todavia, no seu artigo 6º, ao versar sobre a incidência objectiva destes tributos locais, o Regime Geral das Taxas das Autarquias Locais enumera, a título meramente exemplificativo, as utilidades prestadas ou geradas pela actividade dos municípios e sobre as quais podem incidir taxas, e que vão desde a realização de infra-estruturas, a gestão de tráfego, até às actividades de promoção de finalidades sociais e de qualificação urbanística, territorial e ambiental ou à concessão de licenças.

Pois bem, é possível daqui retirar uma bem-vinda abertura legal à constante mutação das necessidades das populações locais e das actividades exigidas aos municípios, as quais podem e devem ser financiadas directamente. Naturalmente, uma tal abertura deve ser considerada de forma prudente e ser sempre conciliada com os restantes aspectos fundamentais do regime.

Por outro lado, em sede jurisprudencial, se num primeiro momento, como referimos anteriormente se tratou fundamentalmente da discussão da aferição da respectiva natureza de um determinado tributo como imposto ou taxa, começou depois a surgir uma discussão jurisprudencial cada vez mais acérrima sobre o respeito pelo procedimento tributário aplicável às taxas,[1] discussão esta que encontraria no Regime Geral das Taxas das Autarquias Locais um ambiente propício para um contencioso cada vez mais massificado.

Assim, o exame da natureza do tributo tem vindo a perder alguma da sua relevância no que respeita à prática contenciosa, cabendo aos tribunais cada vez mais o escrutínio de aspectos procedimentais ou, como no caso que iremos de imediato abordar, dos pressupostos que legitimam a criação de taxas. Neste ensejo, destacamos uma recente inflexão da nossa jurisprudência constitucional ao analisar a questão relativa à possibilidade de as taxas terem como fundamento a «remoção de um obstáculo jurídico ao comportamento dos particulares».

Estamos a referir-nos ao acórdão nº 177/2010 do Tribunal Constitucional, proferido em plenário a 5 de Maio, no qual se versou sobre as taxas devidas pela colocação de painéis publicitários no domínio privado, concluindo-se pela sua conformidade constitucional, ao contrário do que tinha acontecido em diversos arestos anteriores deste mesmo Tribunal.

Com efeito, onde antes a jurisprudência do Tribunal Constitucional defendia que uma taxa que assentasse na remoção de um obstáculo jurídico ao comportamento dos particulares teria que ter subjacente a possibilidade de utilização de um bem do domínio público, sob pena de ser qualificada não como uma taxa mas como um imposto, agora sustenta que a remoção de um obstáculo jurídico ao comportamento dos particulares pode legitimamente motivar a incidência de uma taxa, sem necessidade de permitir a utilização dos ditos bens de domínio público.

---

[1] Aspecto para o qual se alertou em Nuno de Oliveira Garcia (Coimbra, 2011) *Contencioso de Taxas – Liquidação, Audição e Fundamentação*, pp. 25-35.

Esta jurisprudência teve já significativas consequências práticas, tendo, após a sua emissão, sido julgados vários recursos que aguardavam decisão no Supremo Tribunal Administrativo, precisamente nesse novo sentido; veja-se, por exemplo, o acórdão proferido no processo nº 093/11, em 25 de Maio de 2011, em que foi relatora a Juiz Conselheira Isabel Marques da Silva, o acórdão emitido no processo nº 0306/11, em 12 de Outubro de 2011, em que foi relator o Juiz Conselheiro Casimiro Gonçalves, ou o acórdão proferido no processo nº 0708/11, em 19 de Outubro de 2011, em que foi relator o Juiz Conselheiro António Calhau. Em qualquer um destes casos, o Supremo Tribunal Administrativo pronunciou-se no sentido de que tinham natureza de taxa os tributos liquidados ao abrigo de regulamentos municipais, ainda que aqueles incidam sobre o licenciamento de painéis publicitários instalados em propriedade privada, não padecendo de inconstitucionalidade os respectivos regulamentos de aprovação.

Não obstante, ainda que seja, deste modo, inegável a importância da alteração jurisprudencial ocorrida em sede constitucional, é preciso notar que a mesma deve ser analisada de forma prudente e os seus efeitos não podem ser, sem mais e como veremos *infra*,[2] extrapolados para todas as situações.

Vejamos porém, primeiramente, a evolução doutrinária e jurisprudencial que nos trouxe até este ponto.

Os últimos 20 anos

Desde o início dos anos noventa do século passado, que a jurisprudência no Tribunal Constitucional propugnava que a liquidação e cobrança de taxas se encontrava sempre dependente da prestação de um serviço ou da utilização pelo particular de um bem público ou semi-público, não se bastando com a mera remoção de um obstáculo jurídico ao seu comportamento dos particulares.

Efectivamente, numa das primeiras decisões sobre a matéria, que remonta em 1992, o Tribunal Constitucional sustentou que «mesmo nas hipóteses em que a actividade dos particulares sofre uma limitação, aqueloutra actividade estadual, consistente na retirada do obstáculo à mencionada limitação mediante o pagamento de um tributo, é vista pela doutrina como a imposição de uma 'taxa' somente desde que tal retirada se traduza na dação de possibilidade de utilização de um bem público ou semi-público [...] se este último condicionalismo não ocorrer, deparar-se-á uma situação subsumível à existência de um encargo ou de uma compensação tributo que se aproximará da figura do 'imposto'» – *cfr.*

---

[2] Uma primeira referência a esta jurisprudência pode ser encontrada no nosso texto «A nova jurisprudência das taxas municipais pela colocação de painéis publicitários em domínio privado» in *Direito Regional e Local*, nº 15 (2011), pp.25-35.

acórdão nº 313/92, proferido em 6 de Outubro de 1992 no processo nº 435/91 (cit., sublinhado do acórdão).

Este raciocínio foi igualmente aplicado pelo Tribunal Constitucional quando se debruçou sobre as denominadas «taxas de publicidade» liquidadas e cobradas pelos municípios. Vejamos que, em 1998, o Tribunal entendeu que o simples facto de a actividade de licenciamento da actividade publicitária caber às Câmara Municipais na área dos respectivos municípios não implicava, sem mais, que os tributos cobrados devessem ser considerados como «taxas» – *cfr.* acórdão nº 558/98, emitido em Setembro de 2008 no âmbito do processo nº 240/97.

Nesta conformidade, ainda que admitindo os três tipos de contrapartidas da relação bilateral característica das taxas, o Tribunal Constitucional considerava que a contrapartida relativa à remoção de obstáculo jurídico ao comportamento dos particulares era, se isolada, insuficiente para justificar a qualificação de um tributo como verdadeira e efectiva taxa.

Em concreto, a remoção de um obstáculo jurídico – no caso da concessão de licenciamento de publicidade – só poderia fundamentar, na então jurisprudência do Tribunal Constitucional, a incidência de uma taxa se com essa remoção se possibilitasse também a utilização de um bem público ou semi-público.

Desta sorte, uma vez confrontado com a liquidação e cobrança de taxas pelo licenciamento da afixação de publicidade em propriedade privada e que não tinham subjacente a utilização de um bem público ou semi-público, o Tribunal Constitucional defendia que a imposição destes tributos deveria respeitar os ditames que a Constituição da República Portuguesa prevê para os impostos (não obstante da sua qualificação como contribuições ou tributos especiais), designadamente, quanto aos requisitos para a sua criação.

Em consequência, foram várias as ocasiões em que o Tribunal Constitucional julgou organicamente inconstitucionais as disposições dos Regulamentos de Taxas Municipais que previssem taxas de publicidade impostas pela afixação de publicidade em domínio dos particulares – *cfr.* neste sentido *vide* o acórdão nº 558/98 já mencionado, cuja jurisprudência foi reiterada nos acórdãos nº 63/99, nº 32/2000, nº 346/2001, nº 92/2002, nº 436/2003, nº 437/2003, nº 109/2004 e nº 166/2008.[3]

Por outro lado, e como referimos *supra*, no final da década de noventa foi aprovada a Lei Geral Tributária, a qual é clara no sentido da respectiva aplicação no âmbito das taxas com a previsão dos pressupostos justificativos da sua criação. Contudo, em vez de se inovar na conformação dos *fundamentos* deste tipo

---

[3] Jurisprudência que terá encorajado a contestação, por vezes massiva, das liquidações de taxas de publicidade aprovadas pelos mais diversos municípios, e aplicadas a casos de publicidade em domínio privado.

de tributos, a referida lei bastou-se em consagrar o tradicional triunvirato de pressupostos para a sua criação, estabelecendo-se que as taxas podem assentar, sem distinção, quer na prestação concreta de um serviço, quer na utilização de um bem do domínio publico, quer ainda na remoção de um obstáculo jurídico ao comportamento dos particulares – *cfr.* artigo 4º, nº 2, da Lei Geral Tributária.

A Lei Geral Tributária não previu uma qualquer hierarquia entre as contraprestações que podem encontrar-se subjacentes às taxas e, por isso, nada na sua letra permitia, sem mais, a manutenção da exigência de que a remoção de um obstáculo jurídico, para poder fundamentar uma taxa, tivesse que permitir a utilização de um bem do domínio público. Não obstante este facto, a verdade é que nada mudou na jurisprudência dos nossos Tribunais superiores, a qual se manteve constante no sentido já antes descrito.

E se a constatação *supra* não pode deixar de nos merecer alguma estranheza, esta resulta agravada pela consideração de que o próprio artigo 4º, nº 2, da Lei Geral Tributária, interpretado, como tem sido, de forma restritiva, não reflecte, nem sequer consegue englobar, todo o universo das taxas.

Na realidade, as taxas são hoje definidas como prestações pecuniárias e coactivas que são exigidas pelo ente público como contrapartida de uma prestação administrativa que seja efectivamente provocada ou aproveitada pelo sujeito passivo.[4]

Cabe, nesta medida, colocar a tónica na prestação realizada ou no benefício auferido, não devendo, sem mais, ser a sua utilização limitada à prestação estrita de um concreto serviço ou à restrita utilização de um bem de domínio público, ou mesmo, apenas à remoção de um obstáculo jurídico ao comportamento dos particulares.

A esta luz, é ainda preciso compreender o papel preponderante que as taxas têm vindo a assumir na nossa realidade social-económica. Efectivamente, com o desenvolvimento do Estado Social a despesa pública, ao mesmo tempo que visa a promoção do bem-estar e da justiça social, implica a criação de benefícios, os quais são, em inúmeros casos imputáveis a certos grupos de contribuintes. E mais, na esfera tributária, constatou-se nas últimas décadas o esgotamento dos sistemas tradicionais de financiamento do Sector Público o que conduziu à opção pela criação de novas taxas e ao agravamento das anteriores, opção essa que se tornou ainda mais premente na sequência dos processos de desintervenção e desgovernamentalização. Do mesmo passo, tem-se assistido à transferência de poderes tributários da administração central para as comunidades territoriais infra-estaduais.

---

[4] Neste sentido, veja-se Sérgio Vasques (Coimbra, 2008) *O Princípio da Equivalência como Critério de Igualdade Tributária*, p. 138.

Como já aflorámos no capítulo anterior, no caso das autarquias locais, encontramo-nos perante entidades públicas com autonomia financeira e receitas próprias, marcadas pela proximidade a um determinado grupo de contribuintes, cuja actividade lhes é especificamente dirigida e que, em concreto, beneficiam das utilidades criadas por estas entidades.

Estas são, assim, situações nas quais mais faz sentido que o legislador possa preferir formas de tributação que não onerem a generalidade dos contribuintes, mas sim determinados sujeitos. Aliás, diremos que nestes casos é discutível que seja legítima a escolha de formas de financiamento que se imponham sobre todos os contribuintes.[5]

Nesta conformidade, não se estranha totalmente que o legislador, mesmo antes de ter aprovado um Regime Geral das Taxas do Estado, se tenha dedicado à construção e implementação do Regime Geral das Taxas das Autarquias Locais, aprovado pela Lei nº 53-E/2006, de 29 de Dezembro.

Apesar de este novo regime ter, nos termos já referidos, repetido o que já se encontrava previsto no aludido artigo 4º, nº 2 da Lei Geral Tributária, aquele veio a estabelecer no artigo 6º uma abrangente incidência objectiva das taxas locais.

Em sede doutrinária, desde 1974 que Alberto Xavier se referia à classificação tripartida das taxas, sustentando que a contrapartida da obrigação de suportar uma taxa poderia revestir uma de três formas típicas: «a actividade administrativa da prestação de um serviço, a utilização do domínio público e a remoção de um limite jurídico imposto à livre actividade dos particulares» – *cfr.* Alberto Xavier (Coimbra, 1974) *Manual de Direito Fiscal*, p. 48 (cit.).

Não obstante, ao longo dos anos muitos autores pronunciaram-se contra a autonomia da remoção de um obstáculo jurídico como pressuposto autónomo para a incidência de uma taxa, adoptando, ainda que de forma não totalmente coincidente nem alinhada – *v.* Teixeira Ribeiro, Pitta e Cunha, Xavier de Basto e Lobo Xavier ou Sousa Franco –, opinião consentânea com aquela que foi defendida pelo nosso Tribunal Constitucional ao longo dos anos. Mais recentemente, Sérgio Vasques defende que a autonomização conceitual das taxas de licença feita há 30 anos pela doutrina e que se encontra hoje consagrados na Lei Geral Tributária, na Lei das Finanças Locais e no Regime Geral das Taxas das Autar-

---

[5] Por outras palavras, os custos considerados na determinação do valor da taxa e o critério aplicado no correspondente cálculo, devem dizer respeito à efectiva prestação administrativa de que aquela é a contrapartida e não a uma outra prestação qualquer. Por isso, como se compreende, uma taxa que se propõe compensar a autarquia pela prestação de um serviço, dificilmente se poderá basear nos custos incorridos pela mesma na manutenção de um espaço público utilizado pelo particular.

quias Locais, ter-se-ia tratado de um equívoco – *cfr.* Sérgio Vasques (Coimbra, 2008) *O Princípio da Equivalência como Critério de Igualdade Tributária*, p. 675 e ss.

Ainda assim, subsiste, pelo menos, uma voz discordante, segundo a qual «quando certa receita pública é exigida para que um particular possa desenvolver determinada actividade ou praticar determinado acto, que sem isso lhe estaria vedado, do pagamento dessa receita deriva sempre, para quem o faz, uma *utilidade* do tipo antes referido (uma *vantagem*), traduza-se ela em, ou implique ela ou não a utilização de um bem semipúblico» – *cfr.* Cardoso da Costa «Ainda sobre a distinção entre 'taxa' e 'imposto' na jurisprudência constitucional» in *Estudos em Homenagem a José Guilherme Xavier de Basto* (Coimbra, 2006), p. 547 e ss. (cit.). Trata-se, a nosso ver, de uma posição próxima, ou tributária, daquela que ainda hoje vigora no direito brasileiro a propósito das denominadas *taxas de polícia*, ou seja tributos que disciplinam a actividade dos administrados, «condicionando o modo de vida na comunidade, impondo um comportamento» – *cfr.* Regis Fernandes de Oliveira (São Paulo, 2004) *Taxas de Polícia*,[2] p. 49 (cit.).[6]

É face a este enquadramento que surge o acórdão nº 177/2010 do Tribunal Constitucional.

A nova jurisprudência do Tribunal Constitucional – a autonomia do fundamento de remoção de um obstáculo jurídico ao comportamento dos particulares

No mencionado acórdão nº 177/2010, o Tribunal Constitucional reconheceu, em plenário, o carácter excessivamente restrito da tese que vinha subscrevendo nas últimas duas décadas. Nessa medida, passou a consagrar que para a aferição da legitimidade da remoção de um obstáculo jurídico como fundamento das taxas, é determinante aferir se esse obstáculo é real, genuíno, ou se foi arbitrariamente criado. Sendo que, só neste último caso, em que o obstáculo jurídico ao comportamento dos particulares é meramente artificial, seria censurável a imposição dos ditos tributos.

Fazendo referência à situação concreta, em que se exige uma taxa pelo licenciamento da publicidade em domínio privado, o Tribunal Constitucional salienta que impende sobre as Câmaras Municipais a obrigação de aferir do

---

[6] Trata-se pois da posição segundo a qual a o poder de polícia decorre do poder implícito no contexto normativo, noutras palavras «descansando da supremacia geral da Administração Pública [...] na condição de que esta desfruta em relação aos administrados, *indistintamente*, de superioridade, pelo facto de satisfazer, como expressão de um dos poderes do Estado, interesses públicos» – *cfr.* Celso António, «Apontamentos sobre o poder de polícia», in *RDP* 9/55, p. 58 (cit.).

cumprimento das condições legais do licenciamento, que se prendem com legítimos interesses relacionados com a qualidade ambiental e o equilíbrio urbano.[7]

Por outro lado, defende este aresto que o particular que beneficie da concessão da licença «ganha um título para uma activa e particular fruição, em termos comunicacionais, do espaço ambiental, necessária à realização da utilidade individual procurada, a qual não se confunde com o gozo passivo desse espaço, ao alcance da generalidade dos cidadãos. [...] Em exclusivo proveito próprio, um sujeito privado – o anunciante – introduz, através da actividade publicitária, mudanças qualitativas na percepção e no gozo do espaço público por parte de todos os que nela se movem, 'moldando-o', em função do seu interesse» (cit.).

Ainda segundo o Tribunal Constitucional, e mesmo no caso de renovação da licença, o município terá de proceder à reavaliação das circunstâncias concretas, no sentido de aferir da permanência das condições legais de licenciamento, o que fundamentará a cobrança de uma nova prestação tributária.

Posto isto, conclui o Tribunal Constitucional que, no caso da publicidade, estamos perante um obstáculo jurídico perfeitamente legítimo, o que garante à «remoção de obstáculo jurídico ao comportamento dos particulares» autonomia como fundamento para a liquidação e cobrança de taxas.

Ora, tal como aludido acima, esta decisão teve já reflexos imediatos em vários processos de impugnação que se encontravam pendentes, nomeadamente, no Supremo Tribunal Administrativo. Com efeito, sem esta decisão, os referidos processos estariam fatalmente destinados a serem decididos no sentido da inconstitucionalidade das disposições dos Regulamentos Municipais de Taxas. A dita recente jurisprudência foi mesmo já transposta para um caso em que as mensagens publicitárias não eram colocadas em terrenos privados, mas sim em veículos automóveis igualmente propriedade dos particulares – *cfr.* acórdão do Supremo Tribunal Administrativo, de 8 de Junho de 2011, proferido no processo nº 0300/11.

A questão em apreço é, pois, a de saber se a mera remoção de um obstáculo jurídico ao comportamento dos particulares poderá fundamentar a imposição de uma taxa.

Quanto a este ponto *pivotal*, e ainda que aderindo à posição expressa por Sérgio Vasques em obra já citada,[8] entendemos que o controlo jurisdicional a efectuar poderá passar, não pela negação à *priori*, para todos os casos, da pos-

---

[7] Pressuposto que, diga-se se sugere de difícil articulação com a actual redacção do artigo 1º da Lei nº 97/88, de 17 de Agosto, resultante da alteração introduzida pela Lei nº 48/2011, de 1 de Abril.

[8] *Vide* Sérgio Vasques (2008) pp. 671 e ss.

sibilidade de se fazer incidir uma taxa para o levantamento de uma limitação,[9] mas sim pela exigência da fundamentação e demonstração dos efectivos custos incorridos pelos entes públicos e da adequação desses custos ao *quantum* exigido aos particulares.[10] Tal não significa, evidentemente, consentir que o entendimento sufragado no aresto a que ora nos referimos seja extrapolado para permitir, sem mais, a criação de licenças (fiscais), procedendo-se à criação de uma verdadeira *mercantilização* das licenças.

Por isso, aliás, importa sujeitar os tributos licença a um exame mais rigoroso do que aquele que tem sido adoptado pelos nossos tribunais, o qual se deverá centrar no controlo da proibição relativa em que os tributos licença assentam e depois, no controlo da prestação pública que corresponde ao seu pagamento.[11]

Efectivamente, não olvidamos que *in casu* se colocam importantes questões quando passamos da legitimação da taxa, para a fundamentação do seu quantitativo. Senão vejamos.

O artigo 4º do Regime Geral das Taxas das Autarquias Locais, sob a epígrafe «princípio da equivalência jurídica» estabelece que o valor das taxas das autarquias locais não deve ultrapassar o custo da actividade pública local ou o benefício auferido pelo particular. Sendo que, é comumente aceite que aquele é um princípio essencial no âmbito das taxas, aquele que deverá reger e limitar a sua criação e aplicação, assim como os respectivos montantes.

O sentido primordial do princípio da equivalência prende-se com a exigência de que, naquilo que agora nos interessa, as taxas se adeqúem ao custo que o

---

[9] Naturalmente, sempre e apenas no caso de nos encontrarmos perante uma limitação à actuação dos particulares que seja legítima, que se baseie em genuínos interesses administrativos e não um mero interesse fiscal, cujo levantamento proporcione a esses mesmos particulares uma utilidade ou um benefício.

[10] No limite, o conceito de «sinalagma material» a que se refere Saldanha Sanches pode estar presente quando o *«facere* dispendioso» encetado pelo ente público passe pelo desenvolvimento dos esforços necessários ao licenciamento de certo comportamento do particular, licenciamento que beneficia o mesmo particular – cfr. Saldanha Sanches (Coimbra, 2007) *Manual de Direito Fiscal*, p. 36. Vejamos que, no caso das taxas liquidadas pela prestação de um serviço público ou pela utilização de um bem público, também será necessário analisar se cabe ao ente público, *in casu* aos municípios, uma obrigação de *facere* que envolva custos, ou seja, se existe uma «prestação pública» concreta, na verdadeira acepção destas palavras.

[11] *Cfr.* Sérgio Vasques (Coimbra, 2008) *O Princípio da Equivalência como Critério de Igualdade Tributária*, p. 676; em concreto, segundo este autor, no controlo da proibição relativa caberia aferir da legitimidade da proibição imposta ao particular, devendo exigir-se de qualquer restrição uma fundamentação que seja objectiva e suficiente; ao passo que no controlo da prestação pública se deferia apurar se ao pagamento do tributo corresponde uma prestação efectiva, presumida ou somente eventual.

sujeito passivo cria para a autarquia ou ao benefício que a mesma autarquia lhe proporciona.

Ora, no âmbito das taxas pelo licenciamento da afixação ou colocação de publicidade no domínio privado, é particularmente difícil quantificar o benefício auferido pelo particular sem tocarmos em variáveis como o rendimento ou o património, as quais subjazem a uma tributação com base no princípio da capacidade contributiva e não já no princípio da equivalência que rege a incidência das taxas.[12]

Neste ensejo, dada a *permissão* do Tribunal Constitucional, com o acórdão em análise, para com a criação de taxas apenas pelo licenciamento, o mesmo não deverá olvidar que, para que não venham a existir abusos, o cálculo desses tributos deverá ter uma estreita relação para com os custos dessa actividade de licenciamento. Vale assim dizer que, tratando-se de um tributo que encontra justificação numa prestação pública de mera licença, deverá ser o custo de tal prestação a fornecer o limite ao montante a ser cobrado, não se devendo, em consequência, levar em consideração circunstâncias patrimoniais inerentes aos sujeitos passivos em causa.

Acresce que, face à definição pouco precisa de licenciamento, e às latas competências arrogáveis pelos entes públicos, a aferição dos custos da suposta actividade administrativa sempre terá de se referir, em concreto, a essa mesma actividade.[13] Ou seja, a aludida aferição terá de levar em linha de conta a circunstância de a actividade administrativa se consubstanciar num (i) mero licenciamento em sentido estrito (*i.e.*, eliminação de um obstáculo à actividade do particular no âmbito de uma análise vinculada), (ii) numa autorização assente em discricionariedade administrativa, (iii) numa renovação ou revogação da licença ou da autorização, (iii) emissão de um parecer ou (iv) na prática de actos de fiscalização.[14]

---

[12] Neste sentido, a propósito das taxas de ocupação do subsolo, *v.* Nuno de Oliveira Garcia «Acórdãos nº 20/2003 e nº 515/2003 do Tribunal Constitucional (Taxa de ocupação do subsolo), in *Ciência e Técnica Fiscal*, nº 413 (2004), 429-472.

[13] Actividade que terá sempre de ser efectiva. A este respeito, note-se a interessante jurisprudência do Supremo Tribuna de Justiça brasileiro, a propósito da *taxa de localização e fiscalização de anúncios luminosos*, no sentido de que tem de ficar comprovado a efectiva concretização do exercício do poder de polícia de fiscalização – *cfr.* R.Esp. 162.270 (98.005404-9), R.Esp. 133.241/SP (2ª Turma) e R.Esp. 150.584/SP (2ª Turma), todos em Célio Armando Janczeski (Curitiba, 2006) *Taxas – Doutrina e Jurisprudência*,[4] pp. 156-159.

[14] Um exemplo do exercício, simultâneo ou concomitante, de diferentes actividades administrativas relativamente a um mesmo comportamento particular, e potencialmente um cenário de dupla oneração de taxas, respeita às *taxas sobre placares publicitários* colocados em solos municipais que sejam próximos de estradas. Nestes casos, sobrepõe-se a taxa pelo suposto *licenciamento* municipal com uma taxa que parece dever-se pelo mero *parecer* do EP – Estradas de Portugal, aspecto para o

Nessa medida, para efeitos de determinação do *quantum* a tributar, afigura-se, nesta sede, mais adequada a preferência pelo princípio da cobertura do custo, devendo assim ponderar-se o custo que o município suportou para a emissão ou a renovação de determinada licença, autorização ou parecer (ou mera renovação ou revogação), tudo actos diferentes entre si, e tudo actos susceptíveis de terem um custo administrativo diferente; custo esse que, a nosso ver, não poderá deixar de estar relacionado com os meios técnicos e humanos necessários à efectivação daquele efeito.

Pois bem, neste contexto, na análise do respeito pelo princípio da equivalência, tal como este se encontra reflectido no artigo 4º do Regime Geral das Taxas das Autarquias Locais, assume crucial importância a fundamentação económico-financeira a elaborar pelos municípios e que deverá encontrar-se ínsita nos regulamentos municipais que aprovem as taxas, sob pena de nulidade dos mesmos regulamentos, nos termos propugnados pelo artigo 8º, nº 2, alínea *c*) do Regime Geral das Taxas e das Autarquias Locais.

A disposição legal mencionada é pouco desenvolvida, ao contrário do que acontece noutras jurisdições, estabelecendo apenas que a dita fundamentação económico-financeira deverá incluir, designadamente, os custos directos e indirectos, os encargos financeiros, amortizações e futuros investimentos realizados ou a realizar pela autarquia local e que estejam relacionados com a relevante taxa.[15]

Em qualquer caso, sempre será possível defender que a aludida fundamentação deve permitir retirar quais os elementos que foram considerados e que basearam o estabelecimento de certa taxa e do respectivo montante, concretizando, quais os custos para a autarquia e/ou os benefícios para os particulares que cada taxa pretende compensar.

Na senda da doutrina espanhola versada sobre esta matéria: «[e]m primeiro lugar, a fundamentação económico-financeira introduz uma total transparência e motivação no estabelecimento do tributo, constituindo uma autêntica garantia do princípio da reserva de lei. Em segundo lugar, é uma medida que reforça a segurança jurídica dos sujeitos passivos. Através dela proporciona-se uma informação completa sobre a necessidade de estabelecer a taxa e o modo de financiar o serviço público».[16]

---

qual chamamos a atenção em comentário ao acórdão do STA de 6 de Outubro de 2010 no processo nº 0363 – *cfr.* Nuno de Oliveira Garcia, «Dupla Tributação e Dupla Oneração por Taxas Locais», in *Revista de Finanças Públicas e Direito Fiscal*, Ano III – 01 (2011), pp.325-330, *maxime* p. 329 e 330.

[15] Para mais desenvolvimento, *v.* Sérgio Vasques (Coimbra, 2009) *Regime das Taxas Locais – Introdução e Comentário,* pp. 139 e s.

[16] *Cfr.* Mercedes Ruiz Garijo (Valladolid, 2002) *Problemas Actuales de las Tasas,* pp. 205 e 206 (cit., tradução livre).

Sublinhe-se que, os custos inscritos pelo município na correspondente fundamentação económico-financeira devem estar relacionados e ser adequados ao tipo de prestação em causa e não a outra prestação administrativa qualquer, devendo para tal, aqueles encontrar-se convenientemente discriminados e densificados.

Porém, poderá não ser exequível estabelecer uma relação de correspondência exacta entre as taxas e o custo preciso da prestação administrativa efectuada, tendo em conta as muitas variações que este pode circunstancialmente sofrer. A rigorosa justiça do caso concreto deve, deste modo e por razões de praticabilidade, ceder mediante o recurso a juízos de normalidade. Estará, nesta medida, em causa a adequação da taxa ao custo médio da prestação administrativa, sendo que, mesmo neste caso, teremos sempre uma margem de desvio a ser tolerada.

A final, restará aferir do respeito pelo princípio da proporcionalidade, mediante o exame da adequação, necessidade e proporcionalidade em sentido estrito de cada taxa e do respectivo montante. Aquele princípio tem sido invocado pelos nossos Tribunais Superiores (o próprio artigo 4º do Regime Geral das Taxas das Autarquias Locais consagra expressamente), propugnando-se, todavia, por uma jurisprudência mais activa nesta matéria, que, de forma efectiva e fundamentada, se pronuncie no sentido da conformidade ou desconformidade, em razão do próprio juízo de proporcionalidade entre a prestação administrativa e o montante exigido ao particular.

Sobre estes aspectos, nomeadamente, no que concerne ao *quantum* em concreto da taxa a aplicar, o Tribunal Constitucional não se pronunciou no aresto sob análise, mas antevemos que este tipo de questões, encimadas pela colocação em causa da fundamentação económico-financeira elaborada pelos municípios, irão, em breve, chegar aos nossos tribunais superiores.

Como já aflorámos *supra*, o Regime Geral das Taxas das Autarquias dispõe, actualmente, uma panóplia de *utilidades* que podem estar subjacentes à imposição de taxas locais. Este diploma introduz mesmo *utilidades* que apenas podem ser vistas como formas de ordenação da sociedade e do comportamento daqueles que a integram, vejamos as taxas relacionadas com a promoção de finalidades sociais ou de qualificação urbanística, territorial e ambiental, ou mesmo as relativas a utilidades pela promoção do desenvolvimento e competitividade local e regional. Isto para além de, claro, se prever expressamente a possibilidade da incidência de taxas pela emissão de licenças.

Neste sentido e em suma, diremos que a estrita tripartição clássica no âmbito dos fundamentos das taxas – entre prestação de um serviço, utilização de um bem do domínio público e levantamento de um obstáculo jurídico –, tem-se revelado obsoleta face aos desenvolvimentos verificados. A esta luz, nada deve impedir o alargamento dos pressupostos, e a superação dos *preconceitos*, em que parte da nossa jurisprudência se tem vindo a refugiar, a fim de se alcançar uma verdadeira compreensão das realidades susceptíveis de serem tributadas com recurso à figura conceptual das taxas.

Tudo o que acaba de ser dito não pode conduzir – de todo em todo – a que seja descurado o rigor que deverá estar sempre subjacente à criação, liquidação e cobrança das taxas e que, necessariamente, passa pelo respeito da sua natureza comutativa e pela sua conformação ao abrigo dos princípios fundamentais da equivalência e da proporcionalidade.

Esse rigor, aplicado ao caso das denominadas «taxas por licença» – pressuposto da taxa cuja legitimidade sai reforçada, como vimos, pela recente jurisprudência do Tribunal Constitucional – deverá assentar num cuidado exame à fundamentação económico-financeira do valor dessas taxas, levando-se em consideração o tipo de actividade administrativa realmente exercida pelo ente público (licença *stricto sensu*, autorização, renovação ou revogação da licença ou autorização, parecer, acto de fiscalização), bem como os custos inerentes a cada uma dessas actividades.

"Um sistema fiscal no dealbar da troika: caso de Portugal"

NUNO FLORÍNDO D' ASSUNÇÃO SILVA
Pós-Graduado em Mercados Financeiros
Finalista do Mestrado Científico da FDL na área de Ciência Jurídico-Económicas

RESUMO: As disfuncionalidades decorrentes das manifestações económicas financeiras e fiscais, resultantes das crises mundiais, que são também vividas na Europa, aferem na *presente análise científica* o desiderato de pontuar as dinâmicas dos impostos como panos de fundo onde as micros e macros despesas portuguesas são peneirados e as preocupações do poder central desta sociedade se recaem nas maneiras mal bem-postas para arrecadação das receitas a favor das curas dos nossos males financeiros nas 'Primeiras Décadas do Século XXI', em que, os remédios estão convertidos em «Memorando da Troika». Assim, nesta superior homenagem ao Professor Doutor Alberto Xavier, o Autor vem contribuir com o presente estudo temático: *«um sistema fiscal no dealbar da troika: caso de Portugal»*, que se segue, visando ajudar a perceber as relevâncias das garantias no sistema fiscal português.

Palavras-chave: Sistemas Financeiros, Sistemas Fiscais.

ABSTRACT: The dysfunctionality stemming from manifestations economic and financial tax, resulting from the global crisis, which is also lived in Europe, measured at the present scientific analysis of the goal to score the dynamics of taxes as backgrounds, where the portuguese micro and macro costs are screened, and concerns of central power in this society to fall into the evil ways well-placed for collection of revenue to the healing of our ills in the financial 'first decades of the 21th Century', in which the drugs are converted into "Memorandum Troika». Thus, this high honor of Professor Alberto Xavier, the author contributes to this thematic study: "*A TAX SYSTEM IN THE PURIFY OF THE TROIKA*: Case of Portugal", which follows, in order to help understand the relevance of the guarantees in the tax system Portuguese.

Key Word: Financial Systems, Taxation Systems.

1. Enquadramento Geral

A economia portuguesa enfrenta desafios consideráveis nunca antes vivida. Os indicadores de competitividade têm sido afectados, o crescimento económico tem-se revelado fraco e o défice da balança corrente situa-se nos 10% do PIB. A crise global expôs a frágil posição orçamental e financeira de Portugal, no final de 2010, com uma dívida pública de cerca de 90% do PIB e uma dívida do sector privado de cerca de 260% do PIB. Os bancos que financiaram este avolumar de dívida apresentam actualmente o mais elevado rácio entre créditos e depósitos da Europa.[1]

Os dirigentes de Portugal têm, por isso, a árdua tarefa de consolidar o equilíbrio das contas públicas nacional, no período de médio prazo (2010/2014), de harmonia com «o Programa de Ajustamento Económico e Financeiro, o Programa de Estabilidade e Crescimento, e o Programa de Ajustamento e Crescimento, ao mesmo tempo que têm que desenvolver Reformas na Administração Pública». Por estas vias o poder executivo português diz ter encontrado a melhor maneira para equilibrar as suas contas públicas, conquistar os mercados internacionais e relançar a economia nacional, quer nos sectores privados, quer nos sectores das actividades públicas estadual.

1.1. Objectos

Desta sorte, o poder executivo entende que as medidas de austeridades em acção atravessam todos os circuitos das actividades públicas e privadas, nacional, caracterizada por reforma equilibrada, focalizada na correcção dos desequilíbrios externos e internos no aumento do potencial de crescimento económico e no aumento de emprego.[2] Do lado da receita o enfoque está em aumentar o peso dos impostos sobre o consumo e em reduzir os benefícios fiscais.[3] Que garantia se nos oferecem para um resultado positivo? Nenhuma!

---

[1] Ver nota introdutória e perspectiva macroeconómica do Memorando de Políticas Económicas e Financeiras para Portugal.

[2] Essas medidas são consideradas de adopção de reformas estruturais ousadas e directas para melhorar a competitividade, a definição de um ritmo ambicioso mas credível de ajustamento orçamental, assim como de medidas para assegurar um sistema financeiro estável e dinâmico. E espera-se que forte apoio da comunidade internacional irá contribuir para a redução dos custos sociais deste ajustamento. Irá igualmente proporcionar espaço suficiente para a implementação concreta de medidas antes do regresso aos mercados.

[3] De acordo com o Memorando de entendimento de 17 de Maio de 2011, o Governo de Portugal pretende que:

• As taxas mais elevadas do IVA, IRS e IRC incluídas no OE 2011 permanecerão em vigor até 2013. A lista dos bens e serviços sujeitos a taxas reduzidas de IVA é revista a partir de 2011. O imposto municipal sobre imóveis (IMI) é revisto através de uma reavaliação dos valores patrimoniais no segundo semestre de 2011 e através de aumentos das taxas a partir de 2012, que ajudarão a compensar a redução do imposto

Não se pretende, aqui, acolher uma comparação de abordagens sobre a 'justiça do sistema fiscal'[4] portuguesa e de resto do mundo, mas tão-somente de analisar o sistema fiscal rígido de Portugal no período de hoje em dia, que, inevitavelmente, torna-se mais complexo ao pretender tornar exequível a cobrança de impostos elevados que acudam a um sistema de despesas de igual grau de complexidade, em que a despesa pública atingiu um grau de complexidade que torna difícil a avaliação dos seus resultados no campo da equidade.[5]

2. Sistema Financeiro

A economia pode ser entendida como o todo da soma do *sector financeiro e sector não financeiro*. Este sector abrange toda a organização, de produção, distribuição e de consumo dos bens em geral, não financeiro. Aquele, sector financeiro representa uma função iminentemente instrumental. No «latu sensu», abrange uma vertente privada (poupança) e vertente pública a capitação de bens pública.

No "*strictu sensu*", o sistema financeiro não é homogéneo, compõe-se dos três subsectores: bancas, seguros e instrumentos financeiros. Não se reduz a bancas, tem estes três sectores, mas estes não têm funções estancas, estão interligados. De facto, estas subdivisões, barreiras de sistemas financeiros ao lado da produção, os bens transaccionados e as operações de distribuições, ultimamente tendem a ruir às grandes mediações. Isto tem repercussão na forma como os Estados olham para os sistemas financeiros. (Pereira, 2010, **inf. Pess.**),[6] a excepção

---

municipal sobre as transmissões onerosas de imóveis (IMT). O Imposto sobre os Veículos (ISV) e o Imposto sobre o Tabaco (IT) são aumentados. A partir de Janeiro de 2012, é introduzida uma tributação sobre a electricidade. A convergência das deduções em sede de IRS no que se refere a rendimentos de trabalho dependente e a pensões estará concluída no final de 2013.

• A revisão abrangente das isenções fiscais irá permitir receitas correspondentes a 0,5% do PIB. São congelados todos os incentivos e os benefícios fiscais existentes e eliminar alguns deles. No que respeita ao imposto sobre o rendimento das pessoas singulares (IRS), continuam a definir um tecto global para as deduções relativas a encargos com a saúde, a educação e a habitação, diferenciado em conformidade com o escalão de rendimento; e eliminar progressivamente as deduções dos encargos com juros de crédito à habitação e com rendas, através de legislação aprovada no final de 2011. Relativamente ao imposto sobre o rendimento de pessoas colectivas (IRC), até final de 2011 foram previstas as alterações seguintes: (i) eliminar isenções – incluindo as sujeitas à cláusula de caducidade do Estatuto dos Benefícios Fiscais – e todas as taxas reduzidas; (ii) limitar as deduções de prejuízos fiscais; e (iii) limitar a 3 anos o período de reporte desses prejuízos. A isenção temporária do IMI seria consideravelmente reduzida no final de 2011.

[4] Para uma formação ponderada sobre a "*Justiça Fiscal*" pode-se seguir a orientação de Sanches, J. L. Saldanha. "*Justiça Fiscal*". Lisboa. Ensaios da Fundação Francisco Manuel dos Santos. 2010, pp. 13 e seguintes.

[5] A *justiça na tributação* e a *justiça na tributação* têm a mesma importância. Ibidem, Sanches, J. L. Saldanha. 2010. Pp.15. Opud: Schumpeter, "The Crisis of the Tax State". 1910; e Becker/Schön, "Stuerund Socialstaat im euroäischen... Tübingen: 2005.

[6] Pereira, José Nunes. Informação Pessoal. *Aula de Pós-Graduação em Mercados Financeiros* – 2009/2010.

dos EUA, os países perderam a capacidade de ter controlo de determinar taxas de juros, não perderam a capacidade orçamental. As taxas de juros são determinadas pelas operações de mercados financeiros, e só são determinadas por países que não têm qualquer participação nas economias do mundo – *Estados em «autarcias das actividades financeiras»*. O que tem a ver com a perda de influência dos 'Estados Nação' sobre os outros Estados emergentes e as instituições financeiras. A gigantesca poupança chinesa é quotada em *dólares*. Esta poupança chinesa manifesta-se em títulos de dívidas. (Viera, 2010, **inf. Pess.**)[7]

A partir dos anos 80 deu-se uma reviravolta na evolução dos mercados financeiros, em função do processo de desenvolvimento da globalização financeira. Até este período o mercado financeiro cingia-se aos EUA, a Europa, o Japão, mas deste período até hoje em dia o mercado financeiro se estende à China, Rússia, Índia e muito mais países. Por exemplo, a China não abriu automaticamente, mas tem um peso de operações bolsista a ordem de 16%; os EUA e a Europa têm cerca de 31%, enquanto, Japão tem cerca de 10%.[8] Aquele grupo tem um peso relevante na bolsa mundial de tal forma que um problema com um destes países afecta inevitavelmente todo o resto do mundo (Santos, 2010, **inf. Pess.**)[9].

As sociedades atravessam um momento em que os aumentos dos preços e o aumento de bem-estar, pelo menos para uma parte significativa dos cidadãos, pareciam garantidos, estão a acabar. Mesmo sem ser profeta da desgraça, há que acreditar que o sistema de economia de mercado ainda não esgotou as suas virtualidades, certo é que se assiste as profundas modificações nas esferas de diversas áreas que servem de pilares dos edifícios que abrigam as democracias, conducentes a novos equilíbrios e arranjos económicos. As propostas de natureza pontual ou global são inúmeras.[10]

Em torno da fiscalidade, hoje em dia, deixou-se de discutir a possibilidade de agravamento ou desagravamento dos impostos para se conviver com programas

[7] Viera, J. Bracinha. Informação Pessoal. *"Mercado Financeiro e Basileia II"*. **Pós-Graduação em Mercados Financeiros** – 2009/2010.

[8] Santos, L. Máximo. Informação Pessoal. *"Sistema Financeiro Português e Europeu"*. **Aula de Pós--Graduação em Mercados Financeiros** – 2009/2010.

[9] Por ex:, o Banco Santander fez nos últimos 20 anos fusões e operações de aquisições em vários países de mundo, nos termos de fenómenos de concentração dos Bancos, em: Portugal, Argentina, Brasil, EUA, Inglaterra, ..., que o torna um dos maiores Bancos do mundo. Levanta-se o problema de saber se não deve haver limite de crescimento de um Banco ao nível mundial, levantando outros problemas de se saber até que ponto pode o crescimento elevado de concentração de um Banco trazer complicações de riscos insustentáveis para o próprio Banco em crescimento. Ibidem, Santos, L. Máximo. Informação Pessoal. **Pós-Graduação...** – 2009/2010.

[10] Ver as previsões dos problemas de crises económico-financeiras ao nível mundial em, Ferreira, E. Paz. *"Finanças Públicas Direito Fiscal: Editorial"*. **Revista do Instituto de Direito Económico Financeiro e Fiscal**, Coimbra Almedina, Ano I, nº 2, Verão – Agosto 2008.

e medidas que no entender dos poderes executivos podem onerar capacidades contributivas dos cidadãos nos tempos de bem-estar das pessoas ao nível global.

O Estado intervém largamente para regular o sistema financeiro, dando azo a um corpo de normas: o Direito bancário institucional. Fazendo-o, o mesmo Estado delimita o âmbito de aplicação das próprias normas, isto é: define, para efeitos jurídicos, o que entende por sistema financeiro[11].

Por essa via, tem-se o sistema financeiro formal.[12] Os dois sistemas tendem a coincidir: doutro modo, o Estado iria abdicar de regular entidades que, materialmente, se ocupam do dinheiro – hipótese de um sistema formal mais restrito do que o material.[13]Haverá, porém, sempre disfunções.[14]

2.1. União Europeia & Mercados Financeiros

Na evolução legislativa e institucional dos sistemas financeiros do Estados-membros da União Europeia (EU), são numerosas as que chamam a atenção, destacando como se pode aperceber, as profundas diferenças existentes à complexidade e sofisticação. Nos países mais desenvolvidos os sistemas financeiros são mais sofisticados.[15] Mas, nos países da Europa menos desenvolvidos, uma economia menos rica acabou por se encontrar servida por um sistema financeiro mais simplificado, designadamente integrado por menor número de tipos de instituições e, por vezes, desprovido de organismos de coordenação sectorial.[16]

A coexistência destas duas realidades na EU, e o inquestionável desenvolvimento económico dos países da segunda categoria abrem uma oportunidade

---

[11] Hoje em dia fala-se em "sistema financeiro" e não em sistema bancário para abranger, ao lado dos bancos propriamente ditos, outras instituições de crédito e, ainda as sociedades financeiras. Todas podem, no entanto, ser reconduzidas a uma noção ampla de "banco" ou de "banqueiro". CORDEIRO, A. Menezes. *"Manual de Direito Bancário"*. 3ª. Edição. Editora. Almedina. 2008, p. 57.

[12] Isto é, o conjunto ordenado das entidades que o Estado entende incluir nessa noção, e que tem em conta as normas. Ibidem, CORDEIRO, A. Menezes. 3ª. Ed. 2008, p. 57; PEREIRA, José Nunes. Informação Pessoal, 2010.

[13] Que não toma em conta os aspectos normativos do sistema – ou iria tratar como financeiras entidades estranhas ao fenómeno subjacente, confundindo o mercado e prejudicando os operadores. Ibidem, PEREIRA, José Nunes. Informação Pessoal, 2010.

[14] Ibidem, CORDEIRO, A. Menezes. 3ª Ed. 2008, p. 57. Pois, os sistemas financeiros formais e materiais não coincidem, não têm que coincidir, de facto, não coincidem em concreto, isto é, o sistema material tem que corresponder a sistema formal.

[15] A maior pujança da vida económica e a mais intensa circulação de valores dos mais diversos tipos, denominados em moeda, determinaram o aparecimento de um número maior de instituições entre as quais se estabelecem relações complexas que, frequentemente, dão mesmo origem ao aparecimento de organismos sectoriais de coordenação. Não admira que o regime jurídico dos sistemas financeiros seja, nesses países, de maior complexidade. ATHAYDE, Augusto; ATHAYDE, A. Albuquerque; ATHAYDE, Duarte. *"Curso de Direito Bancário"*. 2ª Edição. Vol. I. Coimbra. Editora Coimbra Editora. 2009, p. 90.

[16] Ibidem, ATHAYDE, Augusto; et al. 2ª Ed. 2009, p. 90.

para que estes venham a adoptar novas formas de instituições e novos regimes jurídicos? É ponto debatido, pois, se, por um lado, uma maior sofisticação económica parece apontar para uma maior sofisticação do sistema financeiro, por outro lado a resposta e o resultado final acabarão, provavelmente, numa convergência. Os sistemas mais evoluídos tendem para certa simplificação, nos quadros da desregulamentação; os menos complexos adoptando, certamente, modelos consagrados nos do primeiro grupo, dentro, da mesma tendência para a desregulamentação/ simplificação,[17]

Em países como a Grécia, Portugal, torna-se indispensáveis as ajudas externas, e os Governos subscreveram memorando de entendimento com o Fundo Monetário Internacional (FMI), o Banco Central Europeu (BCE), a Comissão da União Europeia (CUE), e as Regras Europeias[18]. A Espanha, a Irlanda, e a Itália não se distanciam dos mesmos destinos (de se sujeitarem as ajudas externas).[19]

A crise 'Grega' foi encarado como um problema de financiamento, portanto, é um problema de liquidez. Não será que o problema da Grécia exigia outras medidas que não seja a austeridade? O que se passa é que a União Europeia não tem outra forma de solução dos problemas como da Grécia. Tem na Grécia um problema de desalavancagem e não de ajustamento financeiro.[20]

No caso da Irlanda, como é que se resolveu o problema? Resolveu-se o problema deste membro da UE, através da transferência do passivo do sector privado para o sector público. No entanto, o Problema de Portugal é mais complicado na medida em que tem origem nos dois sectores, privado e público. Portugal começou por ter um problema do sector privado que se transformou em um de sector público em 2009.[21]

Os Estados modernos estão a conseguir incrementar cobranças dos impostos e das contribuições, mas podem todavia não estar a controlar aumentos abusivos dos preços. Estes aumentos encontram as justificações, para uns, nos aumen-

---

[17] É manifesta, em suma, a tendência, que em todo o espaço Europeu se manifesta, no sentido do esbateamento das diferenças entre os tipos de instituições consagrados pela lei dos vários Estados-membros. Ibidem, ATHAYDE, Augusto; et al. 2ª Ed., 2009, p. 90.

[18] Regras Europeias são as Directivas, designadamente as Directivas Mães e Filiais. PENEDO, Silva. *"Vamos Avaliar a Troika"*. **Conferência do Instituto de Direito Económico Financeiro e Fiscal (IDEFF)**. Outubro de 2011.

[19] Os críticos prevêem o fim ou continuidade do Euro na forma como a Itália vai lidar com as suas crises económico-financeiras internas. E os cépticos vão mais longe, vêem num possível fracasso da Itália o fim da moeda Euro e, consequentemente, da própria União Europeia.

[20] DOURADO, Ana Paula. *"Vamos Avaliar a Troika"*. **Conferência do Instituto de Direito Económico Financeiro e Fiscal (IDEFF)**. Outubro de 2011.

[21] Ibidem, DOURADO, Ana Paula. *"Vamos Avaliar a Troika"*. **Conferência do Instituto de Direito Económico Financeiro e Fiscal (IDEFF)**. Outubro de 2011.

tos de custos adicionais de factores de produção e, para outros, nas margens de lucros que pode obter nos tempos de adversidades financeiras. E, para as famílias são empobrecimentos dos desfavorecidos nas reestruturações dos sistemas de financiamentos. E o Estado, deve observar sem agir! Porquê?

3. Política Financeira vs. Direito Financeiro

A Política Financeira é um subconjunto da política económico-social[22], que constitui à dupla justaposição, formando por um lado, o carácter técnico relativo a utilização de instrumentos financeiros com vista à prossecução de finalidades económico-sociais. Por outro lado, formando cariz mais teórico que se refere à teorização dos fenómenos financeiros como meios capazes de realizar as finalidades económico-social e próprio financeiro.[23]

Dentre os problemas de actividades financeiras de ordem económica, há um – *a satisfação dos desejos materiais colectivos*[24] –, que só se põe ao Estado e que só Este tem de resolver de maneira que melhor Lhe permita atingir os seus fins, traduzíveis em política e, implicitamente, supõe-se regras a que haja de obedecer-se para os atingir.

[22] A *política económica* estabelece-se com base nas conclusões da Economia e nos fins definidos pela doutrina económica e, tem objectivos fundamentais de alterar o modo como se processa a *produção* e o *consumo* de bens numa dada sociedade. Enquanto, a *política social* visa essencialmente a *repartição* dos bens entre as pessoas, assim como outros aspectos das relações sócio económico-social. Sousa, Domingos Pereira de. *"Finanças Públicas"*. Lisboa. **Instituto Superior de Ciências Sociais e Políticas da UTL.** (s. d.), pp. 207-209.

[23] Acção colectiva mais elaborada é a *acção pública* – a que é empreendida por entidades públicas: entidades dotadas de poder de autoridade, obrigadas à prossecução de fins gerais da colectividade e representativas de todos os seus membros, com base institucional que não são necessariamente a da voluntariedade de associação (embora possa sê-lo em associações públicas livres). Franco, António L. Sousa. 1986.

[24] Os desejos das pessoas, e não as suas *necessidades*, que constituem o móbil das actividades económica e financeira, esta por confluência da primeira. Trabalha-se para obter um salário ou um bem que permita fazer adquirir aquilo que se deseja e não aquilo de que se necessita. Não é possível definir "necessidade" em termos de uma quantidade específica de uma mercadoria, bem ou serviço, porque isto implicaria que um dado nível de consumo está "certo" para uma pessoa. Os economistas procuram evitar este tipo de *juízo e valor* que procura especificar quanto é que as pessoas devem consumir. Consideram que os indivíduos desejam usufruir do máximo bem-estar possível e, se os seus consumos de alimentos, vestuários entretenimentos e outros bens e serviços forem inferior à quantidade necessária para lhes dar uma satisfação completa, eles desejarão mais. Tanto é assim que, a Economia é definida, fundamentalmente, como um estudo dos meios através dos quais os Homens asseguram o seu bem-estar material. Os economistas estudam o modo como as pessoas põem os seus conhecimentos, perícia e esforços aos elementos da Natureza, tendo em vista a satisfação da dos seus desejos materiais. Stanlake, George Frederik. *"Introdução à Economia"*. 5ª Ed., Lisboa. Editado por Fundação Calouste Gulbenkian. 1993, pp. 9-12. E é sob esta abordagem do *desejos materiais* que se desenvolve a presente investigação sem descurar a importância da abordagem nos termos *satisfação das necessidades*.

No entanto, o estado quando desenvolve a sua actividade dentro e no quadro das regras, não se limita a obedecer a elas, obedece também a um sistema de normas jurídicas, que foi criado para Lhe disciplinar a actividade quando faz despesas, arrecada receitas ou organiza planos.[25]

Nos finais do Século XX, o Estado figura, ao lado dos indivíduos e das empresas, como sujeito da actividade económica. Não só se dedica a empreendimentos industriais e comerciais de importância fundamental, como actua eficazmente sobre a economia, através das vultosas receitas que recebe e das consideráveis despesas que realiza. A pressão fiscal tende a aumentar por forma sensível, intensifica-se o recurso a empréstimos públicos de longo e curto prazos; efectuam-se despesas crescentes, em ordens à redistribuição dos rendimentos, a moderações das flutuações económicas e ao desenvolvimento da economia nacional. Acresce que a distinção entre a zona pública e a zona privada da economia não pode fazer-se por forma tão precisa e tão nítida como parecem supor os detractores da concepção do sector público. Verifica-se a interpenetração cada vez maior do domínio económico do Estado e da zona de actividade dos particulares,[26] através das nacionalizações e da crescente participação no capital das grandes empresas, o Estado afirma-se como produtor, banqueiro e comerciante; por outro lado, a vulgarização do recurso ao empréstimo público, assente no voluntário consenso dos indivíduos e não já na coacção, revela a permeabilidade do sector público aos processos de actuação característicos do sector privado. No plano oposto, produzem-se no sector da economia privada, importantes transformações de estruturas.[27]

Na óptica das finanças contemporâneas, afasta-se a ideia simplista do Estado consumidor. Através da tributação e dos empréstimos, o Estado absorve os rendimentos dos particulares. Mas esses rendimentos não se volatilizam: o Estado repõe-se no circuito económico, ao efectuar as despesas previstas no orçamento. Esboça-se, assim, a concepção do orçamento como «filtro» dos rendimentos:

---

[25] Esse Direito – conjunto de normas que disciplinam a actividade financeira do Estado – é o Direito Financeiro. Ibidem, Stanlake, pp. 22 e 23.

[26] CUNHA, Paulo Pitta. *"Introdução à Política Financeira"*. Lisboa. Composto e Impresso na Tip. Anuário Comercial de Portugal. 1971.

[27] Constituem-se empresas de dimensões gigantescas, que exercem efeitos de domínio no próprio âmbito internacional, e se subtraem por completo ao jogo das forças de mercado. Ibidem, CUNHA, Paulo Pitta. Lisboa. 1971. Afigura-se em jeito de conclusão quanto a relação entre o sector público e o sector privado que não se justifica o afastamento do conceito do sector público, sugerido por certos autores com base na afirmação de que os tipos de economia privada e de economia pública são perfeitamente irredutíveis e antagónicos.

pelo recurso aos instrumentos financeiros, o executivo do Estado reparte 'as taxas dos impostos a cobrar' segundo critério que Este próprio fixa.[28]

Delineia-se a única classificação económica das despesas públicas, que abrange as *despesas* de transferência.[29] Os efeitos de indução não são específicos das despesas públicas. Quanto a natureza dos efeitos produzidos, a despesa privada e a despesa pública não se distinguem. Os gastos dos particulares não se enquadram numa visão de conjunto da economia nacional, sendo motivados pelas conveniências próprias dos indivíduos e das empresas, mas os gastos públicos podem orientar-se deliberadamente no sentido da produção de determinados efeitos sobre a economia global.

Enquanto, Direito Financeiro se deixa cingir em zonas de desigual importância, tais como, nos direitos de *receitas*, de *despesas e de carácter orçamental*, o sector mais importante é o de receitas e, de todas estas, são os impostos que têm maior relevância. O isolamento do direito dos impostos dentro do direito das receitas leva a sintetização do *direito tributário*". Por sua vez, a separação dentro do Direito Tributário, conjunto de normas que regulam as operações administrativas da liquidação e cobrança dos impostos, confina os perímetros do *Direito Fiscal*.[30] Na intercessão destas ciências que se desenvolve o presente estudo.

Na esfera do sistema fiscal há pouca investigação. Há manual, mas os trabalhos inerentes a classificação do sistema fiscal é pouco, e dos que existem respeitantes ao objecto do presente estudo diz muito pouco: não é uma área muito desenvolvida, paradoxalmente, a tributação e fiscalidade é a dimensão dos 'saberes' em constantes mudanças.

4. Classificação de Sistema Fiscal

Os sistemas tributários são classificados em *rígidos e flexíveis*, dependendo de partilha tributária ser exaustiva ou não[31]. Aquele abarca não somente a exaustividade dos impostos constitucionalmente previstos, mas também pela previsão de princípios que limitam o poder de tributar, nomeadamente, quando um sistema jurídico: é uno – inserindo dentro de si o entrelaçando vários ramos de direito na mesma espinha dorsal; e complexo pela infinidade de princípios, regras e normas de carácter geral e específico, que necessitam ser bem estudados e compreendi-

---

[28] Na concepção moderna, a despesa do Estado não corresponde já a um puro consumo e improdutivo. Posto de lado o preconceito clássico de que o Estado não é bom administrador, analisam-se os diversos efeitos possíveis dos gastos públicos na economia global. Ibidem, CUNHA, Paulo Pitta. Lisboa. 1971.

[29] As despesas de transferência correspondem à pura redistribuição dos rendimentos.

[30] Ibidem, CUNHA, Paulo Pitta. Lisboa. 1971, pp.23 e 24.

[31] CASSONE, Vittorio. *Direito Tributário. 17ª Edição.* São Paulo: Editora Atlas, 2006, p. 04.

dos para serem correctamente aplicados aos casos concretos. Por ex., a realidade de Brasil e de Portugal.[32]

Mas, um sistema é flexível quando numa Constituição relaciona um a um todos os impostos e contribuições que as pessoas políticas (Federação, União, Estados, Distrito, Região Autónoma, Município) podem, nas suas competências privativas, instituir e exigir dos respectivos contribuintes. E que de certa forma – quanto aos impostos – "não há quaisquer proibições no exercício da competência tributária, ressalvadas aquelas fixadas na própria Constituição, podendo o Estado criar impostos idênticos exigíveis dos mesmos contribuintes". Encontramos exemplos de sistemas flexíveis nas Constituições de Estados EUA e da Itália.[33]

4.1. Reformas Fiscais

A noção de reforma fiscal não é uma nem consensual. As opiniões estão divididas no que define exactamente a reforma fiscal. Os políticos dizem que 'pequenas medidas são uma reforma fiscal', porque lhes convém exaltar o sentido dessas mesmas medidas, ou ao invés, que «medidas profundas não são uma reforma fiscal», porque não querem que elas se tornem demasiado evidentes. Mas os académicos têm uma noção diferente e muito mais consistente. A 'Reforma fiscal', para esta análise, traduz-se em «alterações fundamentais no sistema fiscal instituído no país»[34], por isso, vai de encontro a perspectiva dos académicos.

Uma reforma fiscal pode ser pensada como uma operação em descontinuidade, tendo na sua base uma insatisfação global quanto ao sistema vigente e envolvendo adopção de uma matriz nova, uma nova referência. E isso aconteceu em Portugal de Século XX: em 1922, em 1929, durante os anos 60, e depois, a reforma que se lançou no limiar dos anos 90, que conduziram à criação do IRS e do IRC – na qual a morfologia do sistema alterou-se. Passou-se à tributação do rendimento global – substituindo a tradicional tributação cedular -, o que só por si revela a descontinuidade de uma operação[35], como se referiu acima, contrariamente do sentido definido para o presente trabalho.

---

[32] Idem, CASSONE, Vittorio. 2006, p. 04.

[33] Ibidem., CASSONE, Vittorio. 2006. Citando MÉLEGA, L. Suplemento Tributário n. 61/85.

[34] CUNHA, Paulo de Pitta. "*Finanças Públicas Direito Fiscal: A Pseudo-reforma Fiscal... e o Regime Simplificado do IRS*". **Revista**, Almedina, Ano I, nº 2, 15-33, Verão – Agosto 2008.

[35] Ibidem, CUNHA, Paulo de Pitta. "*Finanças Públicas Direito Fiscal: ...*". **Revista**, Almedina, Ano I, nº 2, 15-33, Verão – Agosto 2008.

4.1.1. Sistemas Fiscais de Portugal (1958 – 1999)

Na prática, podemos dizer que a reforma fiscal dos anos sessenta (1958/ 1966) configurava a tributação de rendimento, do património e do consumo, que vigorou em Portugal até à adopção do sistema fiscal de 1988/ 1989. As tributações que destas normas (do período colonial) resultam, correspondem uma tributação dualista[36], constituída por um conjunto de impostos parcelares ou cedulares, integrado por um imposto por cada parcela ou cédula de rendimento; e um imposto de sobreposição, o chamado Imposto complementar que tributava, de novo, com os critérios de personalização aquelas parcelas de rendimento.[37]

Na segunda metade da década 90 do século passado, defendeu-se em Portugal – com alguma consagração na Lei do Orçamento para 1997 – a aplicação de regimes de tributação de rendimentos presumidos, para certas categorias de contribuintes. Não se trata de destrinças entre formas de tributação, de tributação do rendimento normal, mesmo que porventura, na determinação do rendimento presumido venham a entrar conceitos como "lucro médio da actividade ou do sector" ou semelhantes.[38]

---

[36] Os impostos parcelares, cujos rendimentos estavam também sujeitos ao Imposto Complementar, eram: o Imposto Profissional relativo ao rendimento do trabalho dependente e do trabalho independente dos profissionais liberais ou independentes constantes da tabela anexa ao código desse imposto; a Contribuição Industrial relativa ao rendimento proveniente da actividade da actividade industrial e comercial; o Imposto de Capitais relativo ao rendimento da aplicação de capitais; o Imposto sobre a Indústria Agrícola relativo ao rendimento proveniente da actividade agrícola, silvícola e pecuária (um imposto que praticamente não chegou a ser aplicado, uma vez que, tendo sido várias vezes suspenso e reposto em vigor, foi objecto de restituição nos anos em que chegou a ser cobrado); e a Contribuição Predial relativa ao rendimento da propriedade rústica e urbana. Sobre os rendimentos tributados nestes impostos cedulares incidia, como já se referiu, num segundo momento, o Imposto Complementar, Secção A, o qual, dotado de uma taxa progressiva e de outras características típicas dos impostos pessoais, tinha por objectivo personalizar a tributação do rendimento das pessoas singulares. (Nabais, C. 2008: 475). NABAIS, C., refere ainda: o imposto de mais-valias (que tributava o rendimento proveniente de algumas mais-valias realizadas – as provenientes da transmissão onerosa de terreno para construção, da transmissão onerosa de elementos do activo imobilizado das empresas ou de bens mantidos como reserva de trespasse de locais afectos ao exercícios de profissões liberais, e da incorporações de reservas no capital social das sociedades por acções cujos rendimentos não eram, porém, objecto de tributação no Imposto Complementar; e o Imposto Complementar, Secção B, que se traduzia num agravamento, realizado através de um típico adicionamento, da Contribuição Industrial incidente sobre as Sociedades comerciais ou civis sob forma comercial demais pessoas colectivas. (NABAIS, C. 2008: 475).

[37] Ibidem, Nabais, C. 2008; SILVA, Nuno F. d'A. *"A Integração das Actividades Financeiras dos Estados – uma proposta para São Tomé e Príncipe: Sistema Fiscal dos Anos 60"*. Lisboa. **Proposta da Dissertação do Mestrado em Ciências Jurídico-económicas da Faculdade de Direito da Universidade de Lisboa.** 2010, pp. 100-101.

[38] Ibidem, SILVA, Nuno F. d'A. *"A Integração das Actividades Financeiras dos Estados..."* Lisboa. **FDUL.** 2010, p. 102.

Na verdade, não se abandona de todo a busca pelo rendimento efectivamente percebido, dando-se sempre ao contribuinte a possibilidade de provar o seu afastamento do padrão presumido. Aliás, não podia ser de outro modo: uma eventual opção pela tributação do rendimento normal seria inconstitucional, atento o nº 2 do art. 104º da CRP.

Actualmente, a tributação segundo o lucro real caracteriza-se por um aumento de intensidade dos deveres de cooperação dos contribuintes resultante da reforma fiscal (art. 113º do CIRC) que fez com que a realidade fiscal de Portugal passasse do esquema de cumprimento de deveres fiscais assentes nos tradicionais momentos de lançamento, liquidação, e cobrança, para esquema moderno de tributação.

O imposto passa assim a ser determinado segundo a auto-avaliação feita pelo contribuinte, a quem o legislador delega a competência para calcular o imposto na própria empresa, o que a permite saber exactamente quanto deve pagar. Fazendo flutuar a tributação de acordo com o lucro, permitindo que seja pago zero ou uns milhões consoante o ano tenha sido de estagnação ou de crescimento.[39] Esta obrigatoriedade de fornecimento de informação contabilística por parte do contribuinte consta do art. 109º CIRC. Assim, ao cruzar as informações fornecidas pelas empresas, a Administração deverá obter um resultado no qual o custo dedutível de uma empresa corresponde ao ganho tributável de outra.[40]

A intervenção da Administração é remetida para os casos de violação dos deveres de cooperação pelo contribuinte. Isso permite economizar um bem irredutivelmente escasso: a capacidade administrativa para tratar de forma justa e individualizada os casos excepcionais (que a Administração os possa tratar bem) de incumprimento.[41].

É o princípio de investigação que vem dar à "Administração" os poderes de que esta necessita para averiguar se a contabilidade das empresas se mostra ou não adequada para a determinação real do lucro.[42]

---

[39] Sanches, S. 1997; Ibidem, Silva, Nuno F. d'A. "A Integração das Actividades... FDUL. 2010, p. 103.

[40] Honwana, W. "A tributação do lucro real e os custos não reconhecidos – IRC". 2006, p. 20; Ibidem, Silva, Nuno F. d'A. "A Integração das Actividades... FDUL. 2010, p. 103.

[41] Sanches, S. 1997; Ibidem, Silva, Nuno F. d'A. "A Integração das Actividades... FDUL. 2010, p. 103.

[42] Daí que, a "Administração" tem, na sua acção fiscalizadora, o pleno direito de aceder a qualquer registo empresarial, podendo aceder a exames e diligências que achar necessárias relativamente a qualquer pessoa ou entidade que tenham ligações com o contribuinte ou que com ele mantenham relações económicas. Ibidem, Honwana, W. 2006, p. 21; Ibidem, Silva, Nuno F. d'A. "A Integração das Actividades... FDUL. 2010, p. 103.

4.1.2. Sistemas Fiscais de Portugal (2000 – 2014)

Não obstante as grandes reformas fiscais dos últimos anos, em Portugal, *"é preciso reformar a reforma fiscal feita nos referidos anos oitenta do século passado. O que tem sido feito, com diverso empenhamento, pelos Governos, sobretudo a partir do XIII Governo constitucional (1995-1999) "*.[43] Estas reformas consubstanciam num conjunto de medidas que, naturalmente, não puseram nem pretendem pôr em causa as bases do actual sistema fiscal, que por sinal se encontra alicerçado por aqueles dos anos oitenta. O que bem se compreende, pois o sistema fiscal português dispõe já de uma estrutura típica de um país desenvolvido, em tudo idêntica à dos países que institucionalmente lhe são mais próximos, como são sobretudo os Estados membros da União Europeia.

Portanto, as reformas fiscais operadas em Portugal, até hoje em dia, não são profundas, nem conclusivas, assiste-se pouco significantes alterações nestas áreas, quando se compara com a meta que se pretende atingir.[44] Em 1993, ocorreu um (quase) colapso na Administração fiscal (expressão encontrada no relatório BdP desse ano), por manifesta incapacidade de se assegurar a arrecadação de receitas em termos eficazes.[45]

No contexto daquilo que se pretendeu apresentar como reforma (fins de 2000) constou, no plano do IRS, a unificação de três categorias em uma só – a categoria B -, a qual acabou por absorver as duas seguintes, em termos afigurados por tratador da matéria como desajustados: sempre foi tradição do sistema português que os profissionais livres, em atenção à tradicional estrutura da sua ocupação, não tivessem tratamento semelhante ao dos empresários, merecendo ser integrados numa categoria fiscal autónoma.[46]

Compreenda-se que se tenha criado uma categoria unificada, chamada 'incremento patrimoniais' – a categoria H – mas, a opinião do especialista na matéria mostra a infelicidade desta denominação, justificando que na filosofia

---

[43] Ibidem, NABAIS, C. 2008, (s. pp.). Ibidem, Ibidem, SILVA, Nuno F. d'A. *"A Integração das Actividades...* **FDUL.** 2010, p. 104.

[44] Ibidem, NABAIS, C. 2008: 491; Ibidem, SILVA, Nuno F. A. *"A Integração das Actividades...* **FDUL.** 2010, p. 104.

[45] Foi-se marcando o contraste entre uma reforma norteada por princípios em si mesmo adequados e a impreparação da Administração fiscal para a sua aplicação. Ibidem, CUNHA, Paulo de Pitta. *"Finanças Públicas Direito Fiscal: ...".* Ano I, nº 2, 15-33, Verão – Agosto 2008.

[46] Em grande número de casos, na actividade dos profissionais livres o elemento trabalho supera o elemento empresarial. Ora, até os direitos de autor sobre as obras cientíticas e literárias são arrastadas para categoria que trata dos rendimentos empresarial! Dada a heterogeneidade das situações que agora estão abrangidas na categoria alargada, não surpreende que tenham de estabelecer-se regras diferentes, em matéria de retenção na fonte e em variados outros aspectos, para cada uma das subcategorias que resultaram desta aglutinação. É de muito duvidosa vantagem a unificação das categorias. Ibidem, CUNHA, Paulo de Pitta. *"Finanças Públicasl: ....".* Ano I, nº 2, 15-33, Verão – Agosto 2008.

geral de um imposto como este, tudo são 'incrementos patrimoniais': desde os rendimentos das fontes às mais-valias. A categoria em causa, quanto muito, deveria denominar-se 'outros incrementos'.[47]

Outra particularidade considerada aberrante é ter-se criado uma tributação autónoma no IRS, esta não tem nada a ver com o resto do sistema do imposto sobre o rendimento. O imposto que se pretende único, que já sofre a entorse das taxas liberatórias (mas, em certos casos, comportando a alternativa da opção pelo englobamento, o que melhora um pouco as coisas), abrange agora a 'tributação autónoma' de despesas confidenciais, despesas com viaturas, despesas de representação, etc., as taxas fixadas, é certo.[48]

Quanto ao IRC, os principais aspectos positivos são a acentuação da gradual redução das taxas (talvez, em certa medida, sob a pressão da comparação competitiva com a Irlanda, onde as taxas são baixíssimas) e a introdução de regras sobre os preços de transferência (matéria que vinha a ser debatida há longo tempo). Mas constituem pontos controversos o regime simplificado[49], a tributação das mais-valias formadas nas sociedades *holding* – onde, mesmo que se admita que a alteração legislativa não trouxe grande agravamento, é visível a inoportunidade da medida em face da fraqueza das bolsas e do quadro psicológico depressivo que já existia.[50]

4.1.3. Alguns Aspectos da Competitividade

Outrossim, um dos aspectos que necessita de ser melhorado tem a ver com a competitividade em matéria fiscal, é um tema com mais de cinquenta apresentações em Portugal. Quando se fala de competitividade em sistema fiscal, cada um pode

---

[47] Ibidem, CUNHA, Paulo de Pitta. *"Finanças Públicas Direito Fiscal: ..."*. Ano I, nº 2, 15-33, Verão – Agosto 2008.

[48] A nível baixo, que representam a tributação adicional de encargos que por seu turno constituem despesas dedutíveis no apuramento do rendimento colectável do IRS! Ibidem, CUNHA, Paulo de Pitta. *"Finanças Públicas ..."*. Ano I, nº 2, 15-33, Verão – Agosto 2008.

[49] A nível de IRS, o 'regime simplificado' constituiu uma novidade. Com ele pretende dispensar-se a apresentação dos documentos de de despesa por parte dos contribuintes, porque se praticava uma dedução fixa de 35%, a título de custos. É uma presunção de custos, dispensando prova documental, para os pequenos contribuintes. O grave é estabelecer-se uma presunção de rendimento mínimo, ao nível de metade do valor anual do salário mínimo mais elevado, pois isto representa uma profunda distorção das concepções inerentes à filosofia de base do imposto único. Particularmente grave, porque não sendo admitidas presunções *iuris et de iure* no nosso sistema fiscal, a verdade é que a lei nada diz sobre como se elidir essa presunção de rendimento mínimo. Ibidem, CUNHA, Paulo de Pitta. Ano I, nº 2, 15-33, Verão – 08/2008.

[50] Outros aspectos positivos e negativos aos níveis de IRS e IRC podem ser vistos em Ibidem, CUNHA, Paulo de Pitta. *"Finanças Públicas Direito Fiscal: A Pseudo-reforma Fiscal... "*. Ano I, nº 2, 15-33, Verão – Agosto 2008.

falar de aspectos diferentes: «se é competitivo em função da garantia dos Contribuintes; dos Tribunais ficais; conjugando o funcionamento do Tribunais com as Administrações fiscais; etc.».

Existem outras situações inerentes a circulação de capital e de gestão de activos que se consubstanciam noutros factores de globalização financeira. Existem fundos de acções e de investimentos – capitais poupanças – ao nível mundial que facilmente os interessados têm acessos às ofertas muito mais alargadas. (SANTOS, 2010, **inf. Pess.**),[51] Os mercados secundários vivem como num sistema de parasitismo. Quem detém todas as informações necessárias, nos sistemas de negociação multilateral, são os mercados regulamentados. Aqueles aproveitam as informações destes (mercados iniciais), os processos económicos tornaram-se muito mais competitivos, até os mercados paralelos estão interligados. Todos os países estão nos mesmos mercados, o que facilita as disfuncionamento dos sistemas financeiros dos Estados. (ALBUQUERQUE, 2010, **inf. Pess.**)[52]

Os factores humanos são mais ou menos estáveis, os Estados perderam capacidades para controlar os factores de capitais. Por exemplo, a tributação de capitalização de capital pode levar a transferência de capital de um país para outro de forma instantâneo, com prejuízo para o país residente. Isso faz com que a tributação recaia sobre as classes médias e médias altas, aqueles que podem deslocar-se com instantaneidade. O assunto deixa de ser financeiro para ser fiscal. (TEIXEIRA, 2010, **inf. Pess.**)[53]

Espera-se que em Portugal o crescimento recupere apenas gradualmente ao longo dos próximos três anos. Preveu-se uma contracção do PIB de cerca de 2% em 2011 e em 2012, devido à consolidação orçamental necessária, aos efeitos gerais da confiança que conduziram ao pedido de apoio financeiro internacional e aos ajustamentos no sistema bancário.

Além disso, as preocupações gerais do mercado respeitantes aos países da periferia da zona Euro deveriam também exercer algum peso no sentimento de mercado no curto prazo. No entanto, prevê-se o início da recuperação da actividade económica a partir de 2013, à medida que os mercados recuperem a confiança na economia e que as reformas estruturais comecem a produzir resultados.[54]

---

[51] Ibidem, SANTOS, L. Máximo. Informação Pessoal. 2009/2010.

[52] ALBUQUERQUE, Carlos. Informação Pessoal. *"Compliance"*. **Pós-Graduação em Mercados Financeiros** – 2009/2010.

[53] Ibidem, VIERA, J. Bracinha. Informação Pessoal. 2009/2010; TEIXEIRA, Manuela. Informação Pessoal. *"Fiscalidade dos Mercados e dos Produtos Financeiros"*. **Aula de Pós-Graduação em Mercados Financeiros** – 2009/2010.

[54] Ver o Memorando de Entendimento da TROIKA.

No entanto, as últimas posições assumidas pelo nosso Governo mostra que se vive cada vez mais nos momentos de incerteza, o que torna necessário um maior esforço no controlo do trabalho ao nível nacional para que se venha a conseguir uma recuperação da economia em 2013. Pois, os últimos dados publicados mostram que a situação económico-financeira nacional não está a caminhar para uma recuperação. A credibilidade e a confiança desejada tende, por isso, a não ser conquistada junto do povo português. E os objectivos dos «Memorandos da Troika» tedem a promover a recuperação da economia?![55]

5. A Purificação das Crises Económicos & Financeiras Portuguesa

Os impostos servem para arrecadar as receitas e proporcionar o desenvolvimento, o que fundamentalmente passa por questão de estabilidade, a coerência e a eficiência. Mais importante do que optimizar as funções é de saber o que são as funções. E obviamente a transparência é importante assim como a confiança entre os contribuintes e a administração fiscal é fundamental. O quê que é um bom ou mau sistema fiscal? Um estudo por via estatística analisa cerca de setenta países, vêem as tendências e fazem o 'ranking', no entanto, o modelo não abrange todos os aspectos importantes. Urge aqui questionar se o actual sistema fiscal de Portugal corresponde a aquele que procura optimizar as funções e preocupa pouco em saber o que são as funções? Foi possível criar um sistema para saber quem é que não contribui de modo a apurar quem deverá contribuir c/ os impostos?[56] Falta mesmo é criar esse sistema?[57]

[55] GASPAR, Victor. Ministério das Finanças de Portugal. http://www.portugal.gov.pt/pt/os-ministerios/ministerio-das-financas.aspx. Governo de Portugal. Acedido aos 03 de Julho de 2012.

[56] Para uma compreensão desta matéria pode-se consultar as noções de justiça fiscal em Ibidem, SANCHES, J. L. Saldanha. *"Justiça Fiscal"*. Lisboa Ensaios da Fundação Francisco Manuel dos Santos. 2010, pp. 13 a 52. E também pode consultar ao respeito, obra do Autor (cardenado), SILVA, Nuno F. A. "O Princípio Constitucional da Tributária Segundo o Lucro Real: Justiça Fiscal e a Justiça Social". Lisboa. Faculdade de Direito de Lisboa. **Relatório Científico do Mestrado em Ciências Jurídico-Económicas da FDUL**. 2009, pp. 25 e seguintes.

[57] A justiça distributiva dos encargos tributários tem duas condições básicas. Em primeiro lugar, ela tem de estar devidamente prevista na lei: o programa de norma de incidência (uma previsão normativa geral e abstracta que escolhe os factos tributários e os sujeitos passivos da obrigação tributária) deve ser o da distribuição dos encargos de acordo com a capacidade contributiva dos contribuintes. Em segundo lugar, e como condição de efectividade dos princípios que estruturam as normas de incidência, trata-se de saber se a Administração fiscal, como órgãos de aplicação de lei fiscal, dispõe de poderes suficientes para a sua aplicação.

Isto implica duas questões subordinadas. Primeiro, o texto normativo deve obedecer ao principio da praticabilidade: as soluções nele previstas têm como limite a possibilidade administrativa, dentro do princípio da razoabilidade do custo, da sua aplicação. Segundo, os direitos e garantias do contribuinte, uma das construções históricas do Direito Fiscal, exigem uma concordância prática entre a correcta distribuição dos encargos tributários (interesse comunitário) e a salvaguarda dos direitos individuais de

A estrutura fiscal português mostra que se está razoavelmente bem. Portugal está dentro do que é a situação dos países da OCDE, e também não se compara com as taxas altas. A partir de 1993 a 2007 houve uma redução da taxa nominal do imposto. Veja por exemplo, a Alemanha, é um país que em conjunto com outras formas de tributação ronda aos 60%.

Em termos do IVA, as taxas de impostos único, há uma taxa mínima e uma máxima. Portugal não está muito mal, está mais ou menos próximo da Alemanha. E nas contribuições para a Segurança Social, há países com taxas mais alta e outros com taxas mais baixas, Portugal está no meio.

Em termos de IRS, Portugal subiu de 40% a 42%, há menos evolução, mas Portugal não é um país com taxas mais altas. Tem-se o caso da Suécia que uma parte de rendimento as somas de todas as taxas eram as do mais que 120%. Portanto, a questão em sede de IRS não é tanto as taxas, é a de saber quem é que paga os impostos.

Em 2007, de um total de 7868 M€ as 22% deste valor são pagas por pessoas de escalões mais altos. Mais de metade dos agregados dos escalões familiares estão enquadrados por escalões mais baixos. Pois, mais de 40% das contribuições são pagas pelas pessoas de classes médias. As pessoas de último escalão que são os mais ricos não contribuem da mesma maneira que as de inferior a este.

Assim, as distribuições não estão devidamente feitas. Ao Administração ou Estado não foram possível criar um sistema para saber quem é que não contribui com as suas capacidades fiscais, e para apurar quem deverá melhor contribuir com os impostos. No que respeita IRC, quanto ao núcleo de informação há indicação de que cerca de 370 Mil Empresas são tributados, desse total, em 2007, só 36% é que tiveram uma contribuição acima de 1%, 54% tiveram situação de insuficiência, e 30% de empresas tiveram situação autónoma. Portanto, as Empresas que estão no topo pagam mais de metade de IRC.

O sistema fiscal português se compara com o de outros países? Portugal está mais ou menos no mesmo cumprimento de normas Europeia, mais quando se entra na questão de norma portuguesa em si, verifica-se que legislação fiscal é complexa: não por ser sofisticada, mas por não fornecer o indispensável, principalmente, quanto as relações entre a *administração fiscal e o cliente* não é comparável a relação fornecedor cliente e administração fiscal cliente, porque se os con-

cada contribuinte. Há que procurar uma solução com base no interesse público – não naquela concepção oitocentista de interesse público que o confundia com o puro interesse do aparelho do Estado, mas sim como uma solução de equilíbrio entre interesses individuais e interesses colectivos, ou seja, entre as necessidades do *grupo* enquanto tal e as necessidades dos *homens*. Ibidem, SANCHES, J. L. Saldanha. "*Justiça Fiscal*". 2010, pp. 53 e 54. E, opud, R. Ehrhardt Soares, «a Propósito de um Projecto de CPA Gracioso», **Rev. de Legislação e de Jurisprudência**, 115, 1982, p. 176.

tribuintes não estão satisfeitos não podem procurar outra administração fiscal como procuram outro fornecedor na situação de falta de satisfação.

Ainda não existe uma base de entendimento de que os contribuintes estão de boa fé, sabe-se que há muitos que não estão, mas a maioria age de boa fé. No entanto, o entendimento plausível é de que quem puder fugir que evite de todo o custo devido a monocultura da Administração fiscal.

Outra questão tem a ver com a falta de noção da parte dos grupos de interesses relativamente ao que é necessário com os impostos que não se cobra por causa dos benefícios ficais. Para dizer que sempre que se quer legislar tem que se adoptar os inúmeros sectores como beneficiários dos benefícios fiscais.

Quando a questão é favorecer o investimento, os benefícios fiscais funcionam de forma discriminatória porque está a beneficiar uma fracção dos contribuintes, e por esta via está-se a diminuir a capacidade contributiva nacional. As coisas estão mal feitas por Administração fiscal, por exemplo, a emissão de liquidação adicional em resposta de um erro cometido pela Administração fiscal geralmente gera outros erros. Sabe-se que a administração actua mal porque o sistema está mal. Outro exemplo tem a ver com o regime de donativos ao Estado, mecenato: – área social, familiar, educacional, etc. O objectivo é incentivar mas não se incentiva coisa alguma devido a complexidade de que se lhes envolvem.

A Justiça funciona mal quando a lei é duvidosa, e funciona mal por falta de meios. Por exemplo, os mecanismos para tornar efectivo a decisão judicial pela Administração fiscal não funcionam. (Teixeira, 2010, **inf. Pess.**)[58] Os últimos resultados publicados pela Administração fiscal ou tornados público na comunicação social constituem as mais novas ilustrações das falhas do sistema fiscal, por exemplo, mais de cem Empresas devem, cada uma, mais de um milhão de Euros – das taxas de impostos não pagas.

Os esforços do Governo português para engajar a concretização de apoios financeiros da «Troika» tem mostrado que Portugal está a ser um bom aluno, mas já se apercebe (por ex., através dos dados lançados sobre os efeitos das execuções das políticas de auteridades) que as políticas de austeridades em marcha não é suficiente para suprir a crise económico-financeiras. Torna necessário que se encontrem outras ajudas. Neste sentido, os últimos acontecimentos políticos Europeus poderão vir resultar em aquela ajuda que os países como Portugal tanto precisam para ultrapassar as crises.

Dois factores justificam está afirmação: o primeiro tem a ver com o resultado da eleição francesa; e o segundo com o alastramento das crises económico-

---

[58] Ibidem, Teixeira, Manuela. Informação Pessoal. *"Fiscalidades..."*. **Aula de Pós-Graduação em Mercados Financeiros** – 2009/2010.

-financeiras aos países de Norte da União Europeia (na dicotomia Norte vs Sul), designadamente, Espanha, Itália, Irlanda e outros.

O actual Presidente de França, François Hollande, eleito para o corrente mandato com cerca de 51,9% dos franceses que foram as urnas, no dia 06 de Maio de 2012 (segungo turno), tendo a Europa no setimo lugar das suas prioridades manifestadas nas campnhas políticas, em que, reafirmou a intenção em renegociar o Tratado Europeu sobre os défices excessivos assinado em Março de 2012, começa a sortir efeitos oficiais desejados pelos países endividados, na medida em que, a Alemanha propôs um pacto de crescimento para a Europa ao novo Presidente da França, acentuando a necessidade de se ratificar o Tratado Orçamental para uma maior disciplina financeira entre os países subscritores. Disse o Ministro dos Negócios Estrangeiros alemão, Guido Westerwelle, na recepção da Embaixada de França em Berlim, no domingo à noite: «iremos elaborar em conjunto um pacto de crescimento na Europa, que crie mais crescimento económico com mais competitividade», ainda no domingo à noite, dia 06 de Maio de 2012 (data do segundo turno da última eleição francesa).

Os esforços do Governo português para engajar a concretização de apoios financeiros da «Troika» tem mostrado que Portugal está a ser um bom aluno, mas já se apercebe (por ex., através dos dados lançados sobre os efeitos das execuções das políticas de auteridades) que as políticas de austeridades em marcha não é suficiente para suprir a crise económico-financeiras. Torna necessário que se encontrem outras ajudas. Neste sentido, os últimos acontecimentos políticos Europeus poderão vir resultar em aquela ajuda que os países como Portugal tanto precisam para ultrapassar as crises.

Dois factores justificam está afirmação: o primeiro tem a ver com o resultado da eleição francesa; e o segundo com o alastramento das crises económico--financeiras aos países de Norte da União Europeia (na dicotomia Norte vs Sul), designadamente, Espanha, Itália, Irlanda e outros.

O actual Presidente de França, François Hollande, eleito para o corrente mandato com cerca de 51,9% dos franceses que foram as urnas, no dia 06 de Maio de 2012 (segungo turno), tendo a Europa no setimo lugar das suas prioridades manifestadas nas campnhas políticas, em que, reafirmou a intenção em renegociar o Tratado Europeu sobre os défices excessivos assinado em Março de 2012, começa a sortir efeitos oficiais desejados pelos países endividados, na medida em que, a Alemanha propôs um pacto de crescimento para a Europa ao novo Presidente da França, acentuando a necessidade de se ratificar o Tratado Orçamental para uma maior disciplina financeira entre os países subscritores. Disse o Ministro dos Negócios Estrangeiros alemão, Guido Westerwelle, na recepção da Embaixada de França em Berlim, no domingo à noite: «iremos elaborar em conjunto um pacto de crescimento na Europa, que crie mais crescimento económico com mais competitividade», ainda no domingo à noite, dia 06 de Maio de 2012 (data do segundo turno da última eleição francesa).

Outros sim, os lideres Europeus de países como Itália, Espanha, França e Alemanha, estão em constantes conferências de negociações de pacto de crescimentos económicos (com relevâncias às resoluções de problemas de desempregos). Portanto, que seja em respostas às clamações dos movimentos dos países mais endividados (Portugal, Grécia e Irlanda), quer em respostas aos apelos saído da última reunião de G20, destacando as posições dos Estados Unidos de América, alertando para as consequências do prolongamento das crises económico-financeiras na União Europeia, tudo indica que a musculação de políticas de austeridades do eixo Alemão (Angela Merkel) e França de Nicolas Sarkozy estão a ser esbateados, o que engrossará a viabilização de uma recuperação económica dos países em situação económico-financeiras deficitárias como Portugal.

6. Conclusão

O primeiro objectivo dos sistemas fiscais é obter as receitas, todavia, os governos em Portugal, estão condicionados pelos poderes legislativos (as Assembleias do Estado), estas estão dependentes da constituição. Todavia, em nome dos interesses nacionais, os Governos constituídos estão a cobrar os impostos como entendem, às taxas são das mais altas de toda a sua história.

Pode-se dizer que não foi criado qualquer sistema para valorizar os contribuintes em matéria fiscal, de acordo com as capacidades contributivas. Importa afirmar que se apercebe o sentido de igualdade de tratamento que é muitas vezes utilizado para silenciar o próprio espírito da legalidade dos impostos, o que afecta toda a mecânica de equidade tributária.

Na medida que, a suficiência do conteúdo da política financeira reside na conjugação de fins gerais, objectivos específicos a prosseguir e os meios ou instrumentos utilizados, isto é, os meios devem ser adequados aos fins visados. A escolha destes instrumentos está dependente de um certo número de condições que são os dados ou parâmetros, fixos e invariáveis, *independentes da vontade dos agentes políticos a quem cabe decidir.* Por isso, a *política financeira* é tida como a actividade social que consiste na utilização ou manipulação de instrumentos financeiros, visando realizar fins ou objectivos de ordem económico-social.[59]

---

[59] **Idem**, Sousa, Domingos. Pereira de, pp. 209. Apud, Xavier, Alberto. *"Finanças".* In Verbo Enciclopédia Luso-Brasileira de Cultura, 8º Vol. E Ibidem, Franco, A. L. Sousa. *"Políticas Financeiras".* In Polis Enciclopédia Verbo... e do Estado, IV. 1986.

Actualmente as dinâmicas dos impostos manifestam como panos de fundo onde os micros e macros despesas portuguesas são peneirados, e as preocupações do poder central desta sociedade se recaem nas maneiras mal bem-postas para arrecadação das receitas a favor das curas dos nossos males financeiros nas 'Primeiras Décadas do Século XXI', em que, os remédios estão convertidos em «Memorando da Troika».

Os referidos pressupostos de políticas financeiras[60] não são devidamente digeridos em virtudes de conjuntura dos problemas estruturais e funcionais, como as que, procuram por termo aos agravamentos das crises económico--financeiras portuguesa previstas, nos olhares atentos, para um período de longo prazo – 2007/ 2015[61]. Todavia, o executivo do Estado pode encontrar justificação para agir no *interesse nacional superior*, portanto, dentro de uma legitimação para a operacionalização das medidas e os programas de austeridades circunscrito no limite do silêncio das populações que compõem o povo português.

---

[60] As modernas políticas financeiras de conjuntura assentam precisamente no aproveitamento racional de efeito indutor das despesas públicas.

[61] As crises económico-financeiras da actualidade são de carácter mundial, mas na Europa, países como Grécia e Portugal encontram-se em os que têm maiores insustentabilidade económico-social. Os últimos dados da avaliação da execução de medidas do 'Memorando da Troika' dão conta da rigida execução dos programas de auteridades em detrimentos de custos de vida e bem-estar das pessoas, por parte do Governo nacional. Paradoxalmente, os objectivos fundamentais definidos continuam...., para o Governo nacional, a exigir cada vez mais o agravamento das medidas de austeridades em marcha. (Para uma leitura desta realidade segue em diferido o debate parlamentar da semana que termina no dia 30 de Junho de 2012, relacionado com a moção de sensura ao Governo. Ver também a última avaliação da própria Troika e os comentários de direfentes quadrantes da vida nacional ao respeito).

BIBLIOGRAFIAS

ALBUQUERQUE, Carlos. Informação Pessoal. *"Compliance"*. **Pós-Graduação em Mercados Financeiros** – 2009/2010.

ARAÚJO, Fernando. *"Introdução à economia"*. (s.l.). 3ª Ed. (s. Ed.). 2005.

ATHAYDE, Augusto; ATHAYDE, A. Albuquerque; ATHAYDE, Duarte. *"Curso de Direito Bancário"*. 2ª. Edição. Vol. I. Coimbra. Editora Coimbra Editora. 2009.

CASSONE, Vittorio. *"Direito Tributário"*. São Paulo. 17ª Ed. S. Paulo: Editora Atlas, 2006.

CORDEIRO, A. Menezes. *"Manual de Direito Bancário"*. Coimbra. 3ª Edição. Editora Almedina. 2008.

CUNHA, Paulo de Pitta. *"Finanças Públicas Direito Fiscal: A Pseudo-reforma Fiscal do Final do Século XX e o Regime Simplificado do IRS"*. **Revista do Instituto de Direito Económico Financeiro e Fiscal**, Coimbra Almedina, Ano I, nº 2, 15-33, Verão – Agosto 2008.

—. *"A Fiscalidade dos Anos 90 (Estudos e Pareceres) "*. Coimbra. Editora Almedina.1996.

—. *"Introdução à Política Financeira"*. Lisboa. Composto e Impresso na Tip. Anuário Comercial de Portugal. 1971.

DOURADO, Ana Paula. *"Vamos Avaliar a Troika"*. **Conferência do Instituto de Direito Económico Financeiro e Fiscal (IDEFF)**. Outubro de 2011.

FERREIRA, E. Paz. *"Finanças Públicas Direito Fiscal: Editorial"*. **Revista do Instituto de Direito Económico Financeiro e Fiscal**, Coimbra Almedina, Ano I, nº.2, 05-08, Verão – Agosto 2008.

—. *"Lições de Direito da Economia"*. Lisboa. Editora: Associação Académica da Faculdade Direito da Universidade de Lisboa. 2001.

—. *"Valores e interesses: Desenvolvimento Económico e Política Comunitária de Cooperação"*. 2004.

FISCHER, Gustave-Nicolas. *"A Dinâmica Social: Violência, Poder, Mudança"*. Lisboa. Planeta Editora/ISPA. 1994.

FRANCO, A. L. Sousa. *"Políticas Financeiras"*. In Polis Enciclopédia Verbo... e do Estado, IV. 1986.

MARTINEZ, Pedro Soares. *"Manual de Direito Fiscal"*. Coimbra. Editora Livraria Almedina. 1983.

PENEDO, Silva. *"Vamos Avaliar a Troika"*. **Conferência do Instituto de Direito Económico Financeiro e Fiscal (IDEFF)**. 2011.

PEREIRA, José Nunes. Informação Pessoal.*"Aula de Pós-Graduação em Mercados Financeiros* – 2009/2010.

SANCHES, J. L. Saldanha. *"Justiça Fiscal"*. Lisboa. **Ensaios da Fundação Francisco Manuel dos Santos**. 2010.

SANTOS, L. Máximo. Informação Pessoal. **Aula de Pós-Graduação em Mercados Financeiros** – 2009/2010.

SILVA, Nuno F. d' A. "*A Integração das Actividades Financeiras dos Estados – uma proposta para São Tomé e Príncipe: Sistema Fiscal dos finais da década 90*". Lisboa. **Proposta da Dissertação do Mestrado em Ciências Jurídico-económicas da Faculdade de Direito da Universidade de Lisboa. 2010.**

—. "O Princípio Constitucional da Tributária Segundo o Lucro Real: Justiça Fiscal e a Justiça Social". Lisboa. Faculdade de Direito de Lisboa. **Relatório Científico do Mestrado em Ciências Jurídico-Económicas da FDUL.** 2009.

SOARES, J. Fernandes. " *Teorias Económicas de Regulação: Grupos de Interesse, Procura de Renda e Aprisionamento*". Lisboa. Editora: Instituto Piaget. 2007.

SOUSA, Alfredo. "*Análise Económica*". 3ª. Edição (em português). Lisboa. Editora: **Faculdade da Economia da Universidade de Lisboa.** 1990.

SOUSA, Domingos P. de. "*Finanças Públicas*". Lisboa. **Instituto Superior de Ciências Sociais e Políticas da Universidade Técnica de Lisboa.** (s. d.).

STANLAKE, George Frederik. "*Introdução à Economia*". 5ª Edição. Lisboa. Editora: Fundação Calouste Gulbenkian. 1993.

TEIXEIRA, Manuela. Informação Pessoal. "*Fiscalidade dos Mercados e dos Produtos Financeiros*". **Aula de Pós-Graduação em Mercados Financeiros** – 2009/2010.

VIERA, J. Bracinha. Informação Pessoal. "*Mercado Financeiro e Basileia II*". **Aula de Pós-Graduação em Mercados Financeiros** – 2009/2010.

XAVIER, Alberto. "*Direito Tributário Internacional: Tributação da Operações Internacionais*". Coimbra. Editora Almedina Coimbra. 1993.

—. "*Direito Tributário Internacional do Brasil*". Rio de Janeiro. 6ª Edição. Editora Forense. 2004.

LEIS, NORMAS E REGULAMENTOS

Decreto-Lei nº 137/2010 de 28 de Dezembro. Publicado no *Diário da República, 1ª série – Nº 250 – 28 de Dezembro de 2010.*[62]

---

[62] Deste dispositivo retira-se que o Governo decidiu adoptar um conjunto de medidas de consolidação orçamental adicionais às previstas no Programa de Estabilidade e Crescimento (PEC) para 2010 -2013 e às que venham a constar da lei do Orçamento do Estado para 2011 cujos efeitos se pretende que se iniciem ainda no decurso de 2010.

Assim, o presente decreto -lei procede, em primeiro lugar à clarificação do âmbito de aplicação subjectivo do Decreto -Lei nº 192/95, de 28 de Julho, e do Decreto –Lei nº 106/98, de 24 de Abril, que estabelecem o regime de abono de ajudas de custo e subsídio de transporte por motivos de deslocação em serviço público dos trabalhadores que exercem funções públicas, em território nacional e ao estrangeiro e no estrangeiro. Em segundo lugar, estabelece a redução dos valores das

ajudas de custo e do subsídio de transporte para todos os trabalhadores que exercem funções públicas. Em terceiro lugar, clarifica -se que os regimes do trabalho extraordinário e do trabalho nocturno previstos

Despacho nº 1371/2011 (do Gabinete do Secretário de Estado Adjunto e do Orçamento). Publicado no *Diário da República, 2ª série – Nº 11 – 17 de Janeiro de 2011.*

Despacho nº 6440/2011 (do Gabinete do Ministro). Publicado no *Diário da República, 2ª série – Nº 76 – 18 de Abril de 2011.*

Despacho nº 7533/2011 (do Gabinete do Ministro). Publicado no *Diário da República, 2ª série – Nº 99 – 23 de Maio de 2011.*

Lei nº 12-A/2010 de 30 de Junho. Publicado no *Diário da República, 1ª série – Nº 125 – 30 de Junho de 2010.*[63]

Lei de Enquadramento Orçamental, Lei n º 91/2001, de 20 de Agosto, alterada pela Lei nº 48/2004, de 24 de Agosto.

Plano Tecnológico (PT) e para o Programa Nacional de Acção para o Crescimento e Emprego (PNACE), no âmbito da Estratégia de Lisboa – Ver www.governo.gov.pt.

Portaria nº 4-A/2011 de 3 de Janeiro[64]**. Publicado no** *Diário da República, 1ª série – Nº 1 – 3 de Janeiro de 2011.*

Portaria nº 145-A/2011 de 6 de Abril. Publicado no *Diário da República, 1ª série – Nº 68 – 6 de Abril de 2011*

Portaria nº 159/2011 de 15 de Abril. Publicado no *Diário da República, 1ª série – Nº 75 – 15 de Abril de 2011* **2317**

Portaria nº 216/2011 de 31 de Maio[65]**. Publicado no** *Diário da República, 1ª série – Nº 105 – 31 de Maio de 2011*

Programas de Estabilidades e Crescimentos 2005 – 2014

Regulamento do Conselho (UE) nº 407/2010, de 11 de Maio de 2010, que estabelece o Mecanismo Europeu de Estabilização Financeira (*European Financial Stabilisation Mechanism* – EFSM)

no Regime do Contrato de Trabalho em Funções Públicas são aplicáveis a todos os trabalhadores com contrato de trabalho em funções públicas em todos os órgãos e serviços abrangidos pelo âmbito de aplicação objectivo da Lei nº 12 -A/2008, de 27 de Fevereiro, independentemente da carreira e ou estatuto profissional em que se enquadrem. Em quarto lugar, elimina -se a possibilidade de acumulação de vencimentos públicos com pensões do sistema público de aposentação. Por último, procede -se ao aumento em um ponto percentual da contribuição dos trabalhadores da Administração Pública para a Caixa Geral de Aposentações, I. P.

[63] Aprova um conjunto de medidas adicionais de consolidação orçamental que visam reforçar e acelerar a redução de défice excessivo e o controlo do crescimento da dívida pública previstos no Programa de Estabilidade e Crescimento (PEC).

[64] A presente portaria regulamenta os termos e a tramitação do parecer prévio vinculativo dos membros do Governo responsáveis pelas áreas das finanças e da Administração Pública, previsto no nº 2 do artigo 22º da Lei nº 55 -A/2010, de 31 de Dezembro, e nos nºs. 4 e 5 do artigo 35º da Lei nº 12 -A/2008, de 27 de Fevereiro, com a redacção conferida pela Lei nº 3 -B/2010, de 28 de Abril.

[65] São aprovados, em anexo à presente portaria e da qual fazem parte integrante, os estatutos do Instituto Nacional de Administração, I. P., abreviadamente designado por INA, I. P.

Resolução do Conselho de Ministros nº 1/2011. Publicado no *Diário da República, 1ª série – Nº 2 – 4 de Janeiro de 2011*

Resolução da Assembleia da República nº 101/2011[66]. Publicado no *Diário da República, 1ª série – Nº 87 – 5 de Maio de 2011.*

---

[66] Recomenda ao Governo que adopte as medidas para a concretização do Projecto Global de Estabilização das Encostas de Santarém

A Celeridade Esquecida (Notas sobre os prazos de conclusão do processo tributário)

OLÍVIO MOTA AMADOR*
Mestre em Direito (Ciências Jurídico-Económicas) pela Faculdade de Direito da Universidade de Lisboa.
Docente do Instituto Europeu e do IDEFF da Faculdade de Direito da Universidade de Lisboa.
Advogado. Arbitro Tributário

1. O ordenamento jurídico português estabelece no Código do Procedimento e Processo Tributário (CPPT) prazos para a conclusão do processo tributário[1].

Num contexto de morosidade da justiça tributária urge questionar qual a vantagem da consagração legislativa daqueles prazos. Qual a utilidade de estabelecer prazos de conclusão do processo judicial tributário se depois a resolução do caso é alargada para além de limites razoáveis[2].

Independentemente da resposta às questões colocadas, uma certeza existe: a falta de capacidade de resposta dos Tribunais para assegurar em tempo útil os direitos em matéria tributária acentua o mal estar fiscal, debilita o Estado Democrático e acarreta prejuízos para os particulares e para o Estado[3].

As profundas mudanças no funcionamento da sociedade portuguesa implicaram um volume acrescido e uma maior complexidade da procura de tutela judicial[4].

---

[1] Vd., nºs 2 e 3 do artigo 96º do CPPT.

[2] Idêntica questão foi colocada em 1997 no Relatório de Apoio à Resolução do Conselho de Ministros sobre os Quadros Gerais para a Reforma Fiscal no Limiar do Século XXI. da autoria do saudoso Professor Doutor António de Sousa Franco e do Professor Doutor António Carlos dos Santos. Vd., MINISTÉRIO DAS FINANÇAS, *Estruturar o Sistema Fiscal do Portugal Desenvolvido*, Coimbra, Almedina, 1998, pp. 197.

[3] Sobre a problemática do mal estar fiscal vd., EDUARDO PAZ FERREIRA, *Ensinar Finanças Públicas numa Faculdade de Direito*, Coimbra, Almedina, 2005, pp. 255.

[4] Vd., BOAVENTURA SOUSA SANTOS (Dir. Cientifica), CONCEIÇÃO GOMES (Coord), *Como gerir os tribunais? Análise comparada de modelos de organização e gestão da justiça*, Observatório Permanente da

O sistema judicial não estava preparado para responder às rápidas transformações sociais e económicas. Daí surgiram falhas a nível da eficiência do sistema com elevados níveis de pendências e de morosidade processual [5].

A morosidade da justiça tributária resulta da conjugação de vários factos. Primeiro, a falta de magistrados para fazer face ao crescente número de processos entrados. Segundo, o aumento contínuo do número de processos entrados resultante, por um lado, da crescente eficiência na actividade da Administração Tributária, por outro lado, do aumento de situações de incumprimento fiscal resultantes da crise económica [6].

Observa-se, portanto, que circunstâncias diversas contribuem para a desvalorização do reconhecimento legislativo do princípio da celeridade a nível do processo tributário[7].

2. O artigo 20º da Constituição da República Portuguesa (CRP) consagra a garantia fundamental do direito de acesso aos Tribunais e o nº 4 do preceito afirma que todos têm direito a obter uma decisão judicial em *"prazo razoável"*[8].

O direito de obter, em prazo razoável, uma decisão judicial constitui um corolário do direito à tutela judicial efectiva consagrado no nº 4 do artigo 268º da CRP[9].

Também a Convenção Europeia dos Direitos do Homem, refere expressamente, no nº 1 do artigo 6º, que qualquer pessoa tem direito a que a sua causa seja examinada, equitativa e publicamente, num *"prazo razoável"* por um tribunal independente e imparcial[10].

Justiça Portuguesa. Centro de Estudos Sociais. Faculdade de Economia. Universidade de Coimbra, 2006, pp. 4.

[5] Vd., MARIA JOÃO VALENTE ROSA e PAULO CHITAS, *Portugal: os Números,* Fundação Francisco Manuel dos Santos, Lisboa, 2010, pp. 82.

[6] Sobre o estado da justiça tributária em Portugal vd., JORGE LOPES DE SOUSA, "Algumas notas sobre o regime da arbitragem tributária", in ISABEL CELESTE M. FONSECA (Coord.), *A Arbitragem Administrativa e Tributária. Problemas e Desafios,* Coimbra, Almedina, 2012, pp. 115.

[7] Relativamente à celeridade como princípio estruturante do processo tributário vd., JOAQUIM FREITAS DA ROCHA, *Lições de Procedimento e Processo Tributário,* 4ª ed., Coimbra, Coimbra Editora, 2011, pp. 242.

[8] Quanto à importância no Estado de Direito da existência de uma protecção jurídico-judiciária individual sem lacunas vd., J.J. GOMES CANOTILHO, *Direito Constitucional e Teoria da Constituição,* Coimbra, Almedina, 1998, pp. 265.

[9] Vd., JORGE LOPES DE SOUSA, *Código de Procedimento e de Processo Tributário,* 6ª ed., vol. II, Lisboa, Áreas editora, 2011, pp. 30.

[10] Vd., Lei nº 65/78, de 13 de Outubro.

3. A LGT dispõe, no nº 1 do artigo 97, que o direito de impugnar ou de recorrer contenciosamente implica o direito de obter, em *"prazo razoável"*, uma decisão que aprecie, com força de caso julgado, a pretensão regularmente deduzida em juízo e a possibilidade da sua execução[11].

4. O CPPT, no nº 1 do artigo 96º, estabelece que o processo judicial tributário tem por função a tutela plena, efectiva e em *"tempo útil"* dos direitos e interesses legalmente protegidos em matéria tributária.

Os nºs 2 e 3 do artigo 96º do CPPT enunciam prazos de duração máxima do processo, que podem ser de 2 anos ou de 90 dias, contados entre a data da respectiva instauração e da decisão proferida em 1ª instância que lhe ponha termo.

O CPPT estabeleceu no processo judicial tributário diferentes prazos de conclusão em função das matérias[12].

5. Os processos sujeitos ao prazo máximo de duração de dois anos (nº 2 do art. 96 e nº 1 do art 97ºdo CPPT) são os seguintes:

i) Impugnação da liquidação de tributos;
ii) Impugnação da fixação da matéria tributável, quando não dê origem à liquidação de qualquer tributo;
iii) Impugnação do indeferimento das reclamações graciosas;
iv) Impugnação dos actos administrativos em matéria tributária que comportem a apreciação da legalidade do acto de liquidação;
v) Impugnação do agravamento à colecta;
vi) Impugnação dos actos de fixação de valores patrimoniais;

---

[11] Vd., Diogo Leite Campos, Benjamim Silva Rodrigues, Jorge Lopes de Sousa, *Lei Geral Tributária. Comentada e Anotada*, Lisboa, Vislis Editores, 1998, pp. 338.

[12] Relativamente ao procedimento tributário a Lei Geral Tributária (LGT) estabelece, no nº 1 do art. 57, 6 meses como prazo máximo de duração do procedimento tributário. Esta norma concretiza o princípio da celeridade, expresso no artigo 55º da LGT, para o procedimento tributário.

No labiríntico ordenamento jurídico português a nível de procedimento tributário encontramos outros prazos para situações específicas.

No que diz respeito aos recursos hierárquicos das decisões dos órgãos da administração tributária, o nº 5 do artigo 66º do Código de Procedimento e Processo Tributário (CPPT), refere que serão decididos no prazo máximo de 60 dias.

Quanto ao procedimento de revisão da matéria tributável fixada por métodos indirectos, o artigo 92 nº 2 da LGT, estipula que deve ser concluído no prazo de 30 dias.

Já o procedimento de inspecção tributária deve ser concluído no prazo máximo de 6 meses e poderá ser ampliado por mais dois períodos de 3 meses, de acordo com os nºs 2 e 3 do artigo 36º do Regime Complementar de Procedimento da Inspecção Tributária (RCPIT).

A emissão de informações ao contribuinte, segundo o nº 2 do artigo 67º da LGT, deve ocorrer no prazo de 10 dias.

vii) Acções para o reconhecimento de um direito ou interesse em matéria tributária;

viii) Recurso dos actos praticados na execução fiscal;

ix) Oposição à execução, embargos de terceiros e outros incidentes e a verificação e graduação de créditos;

x) Recurso contencioso do indeferimento ou da revogação de benefícios fiscais, quando dependentes de reconhecimento da Administração Tributária, bem como de outros actos administrativos relativos a questões tributárias que não comportem apreciação da legalidade do acto de liquidação:

xi) Outros meios processuais previstos na lei.

6. Os processos sujeitos ao prazo máximo de duração de 90 dias (n.º 3 do art. 96 e n.º 1 do art 97.ºdo CPPT) são os seguintes:

i) Providências cautelares de natureza judicial;

ii) Meios acessórios de intimação para consulta de processos ou documentos administrativos e passagem de certidões;

iii) Produção antecipada de prova;

iv) Intimação para um comportamento.

O processo especial de derrogação do dever de sigilo bancário, previsto nos artigos 146.º-A a 146.º D do CPPT, também está sujeito ao prazo de 90 dias.

7. Os n.ºs 2 e 3 do artigo 96.º definem objectivamente o que é *"prazo razável"* para as decisões da 1ª instância.

O estabelecimento destes prazos é manifestamente insuficiente para assegurar a celeridade das decisões judiciais por duas razões.

Primeiro, o seu âmbito é restrito, porque aplica-se apenas às decisões judiciais proferidas em 1ª instância e não abrange os recursos jurisdicionais. Neste contexto o conceito de prazo razável para as decisões em recurso jurisdicional terá de ser formulado casuisticamente atendendo às vicissitudes de cada caso, à actuação dos intervenientes no processo e ao grau de complexidade da questão[13].

Segundo, a inobservância destes prazos não acarreta qualquer sanção processual.

8. O não cumprimento injustificado dos prazos é susceptível de acarretar responsabilidade disciplinar para os intervenientes no processo[14].

---

[13] Vd., JORGE LOPES DE SOUSA, *Código de Procedimento...*, *cit.*, pp. 33.

[14] Vd, JOAQUIM FREITAS DA ROCHA, *Lições de...*, *cit.*, pp. 244.

Além disso, o artigo 22º da CRP determina que o Estado e demais entidades públicas são civilmente responsáveis, em forma solidária com os titulares dos seus órgãos, funcionários ou agentes por acções ou omissões praticados no exercício das suas funções e, por causa desse exercício, de que resulte violação dos direitos, liberdades e garantias ou prejuízo para outrem. Compreende-se, por isso, que nos processos em que sejam inobservados os prazos estabelecidos nos nº 2 e 3 do artigo 96º do CPPT exista um facto ilícito para efeitos de responsabilidade civil extracontratual do Estado, de acordo com o nº 1 do artigo 9 da Lei 67/2007 de 31 de Dezembro.

As acções que visem efectivar a responsabilidade civil por atrasos de decisões dos tribunais tributários são da competência da jurisdição administrativa, através dos tribunais administrativos de círculo[15].

9. Em 2009 foi criado por despacho do Secretário de Estado dos Assuntos Fiscais, Doutor Carlos Lobo, o Grupo de Trabalho para o Estudo da Política Fiscal, Competitividade, Eficiência e Justiça do Sistema Fiscal, sob a coordenação geral dos Professores Doutores António Carlos dos Santos e António M. Ferreira Martins.

Nesse âmbito foram criados cinco Subgrupos e um ocupou-se do procedimento, processo e relações entre a Administração Tributária e os contribuintes. Este Subgrupo coordenado pelo Mestre Rogério M. Fernandes Ferreira produziu um importante trabalho no qual existem diversas propostas relativas ao combate à morosidade no procedimento[16] e processo tributários.

---

[15] Vd., JORGE LOPES DE SOUSA, *Código de Procedimento...*, cit., pp 32. Sobre a questão da especialização processual da justiça fiscal vd., JOSE CASALTA NABAIS, "Justiça Administrativa e Justiça Fiscal", in *Por um Estado Fiscal Suportável. Estudos de Direito* Fiscal, Coimbra, Almedina, 2005, pp. 492.

[16] Quanto à morosidade nas decisões das reclamações graciosas a Recomendação do Grupo de Trabalho foi a seguinte:

"Quanto à proposta de deferimento tácito das petições não decididas em determinado prazo, o Subgrupo considera que a sua adopção, no domínio da tributação, gerará situações que poderiam trazer iniquidades bem mais gravosas que as resultantes do mero atraso na apreciação dos pedidos. Já a questão da competência para a decisão das reclamações deverá ser estudada em conjunto com propostas sobre as alterações de procedimentos em sede de audição prévia, devendo ponderar-se o investimento por parte da Administração em "brigadas" para a resolução expedita das reclamações e, também, equacionar se a eventual incúria da Administração Tributária não pode ser penalizada mais fortemente, através do agravamento da taxa de juro ou da fixação de um montante adicional a favor do contribuinte, variável em função do quantitativo a restituir e do atraso na restituição; deve a jurisprudência já firmada ser analisada pela Administração Tributária e por esta assumida e superiormente veiculada, sendo reconhecida e evitando-se recursos inúteis à via judicial."

Vd., ANTÓNIO CARLOS SANTOS e ANTÓNIO FERREIRA MARTINS (Coord.), *Competitividade, Eficiência e Justiça dos Sistema Fiscal. Relatório do Grupo para o Estudo da Política Fiscal*, Cadernos de Ciência e Técnica Fiscal, Lisboa, Centro de Estudos Fiscais, 2009, pp 778.

Relativamente ao prazo de conclusão dos procedimentos e processos tributários a Recomendação do Grupo de Trabalho foi a seguinte:

"A previsão dos prazos dos procedimentos e processos tributários deverá ser estabelecida em tempos razoáveis, ponderando não apenas as necessidades de celeridade e de eficiência, mas, também, a efectiva capacidade de resposta, quer da Administração Tributária, quer dos Tribunais, no que respeita, concretamente aos meios disponíveis. Ao nível da Administração Tributária, mas principalmente, ao dos Tribunais Tributários, deverá ser dada especial atenção aos recursos humanos, dotando os seus quadros de juízes e de funcionários em número suficiente para que, num prazo razoável, possa ser dada resposta ao crescente número dos processos de natureza tributária que têm vindo a ser instaurados." [17]

No âmbito do Grupo de Trabalho foram sugeridas diversas medidas tendentes a melhorar a celeridade processual que deveriam merecer atenção e estudo pormenorizado, nomeadamente em termos de medição do impacto da sua eventual execução [18].

O Grupo de Trabalho salientou também a importância do recrutamento de juízes para preencher os quadros existentes.

---

[17] Vd., ANTÓNIO CARLOS SANTOS e ANTÓNIO FERREIRA MARTINS (Coord.), *Competitividade..*, cit., pp. 846.

[18] As medidas sugeridas pelo Grupo de Trabalho foram as seguintes :

a) Aumento do valor das alçadas com o objectivo de obstar a que grande número de causas subam em recurso;

b) Criação de uma grande instância para processos de maior complexidade e/ou valor;

c) Previsão legal de acordos extrajudiciais no procedimento graciosos e em várias fases do procedimento tributário, especialmente após estar esgotado o prazo do recurso hierárquico e na fase anterior à impugnação judicial.

d) Apoio à decisão jurisprudencial para a obtenção de maior celeridade e qualidade das decisões jurisprudenciais através da possibilidade dos magistrados poderem solicitar apoio técnico a grupo de assessores em áreas específicas como, por exemplo, economia e a contabilidade.

e) Estabelecimento de incentivos para resolver a montante do processo judicial as questões de valor reduzido

f) Medidas para melhorar o procedimento administrativo, tornando-o mais ágil, simplificado, informatizado e participado, evitando-se o excessivo recurso aos tribunais.

g) Medidas que privilegiem a resolução dos litígios em sede administrativa, assegurando uma ampla participação dos contribuintes, por exemplo a impugnação administrativa necessária.

h) Eventuais incentivos à desistência de procedimentos tributários

i) Admissão de eventual pedido de pagamento em prestações, para efeitos de aferir da garantia idónea e número de prestações.

Vd., ANTÓNIO CARLOS SANTOS e ANTÓNIO FERREIRA MARTINS (Coord.), *Competitividade..*, cit., pp. 819.

10. Em síntese, como nota final, salientamos os pontos seguintes:

I – Os prazos de decisão no processo tributário deverão ser estabelecidos com o objectivo de assegurar a celeridade processual mas, tendo em atenção a capacidade de resposta dos Tribunais, face aos meios disponíveis. Caso contrário gera-se um fosso intransponível entre o enquadramento normativo e a realidade.

II – Será útil ponderar o estabelecimento de prazos máximos para a decisão de recursos jurisdicionais, completando-se o disposto no artigo 96º do CPPT que só abrange as decisões de 1ª instância.

III – A caducidade de garantias e o levantamento de penhoras podem constituir relevantes sanções processuais para os casos de não cumprimento dos prazos estabelecidos para a conclusão do processo tributário.

IV – Actualmente os constrangimentos financeiros que o Estado Português está adstrito limitam fortemente o aumento de despesa pública com pessoal. Assim, as soluções que impliquem o recrutamento de magistrados são de difícil execução, em alternativa tem de ser estudadas soluções baseadas na mobilidade entre magistrados.

V – A arbitragem tributária pode dar um contributo relevante para o aumento da celeridade na resolução de litígios.

VI – O combate à morosidade no processo tributário não depende exclusivamente do estabelecimento de prazos para a conclusão dos processos, mas envolve medidas de simplificação no processo. A ideia de simplificação na administração da justiça pode gerar grandes equívocos e, neste domínio, deve existir muita prudência, porque concordamos integralmente com CUNHA RODRIGUES quando afirma *"...a eliminação de formalidades por "práticos" que têm como ideia "motora" a de que "o processo ande mais depressa" é simplismo. Não é simplificação. É rigorosamente apenas uma ideia "motora"... As "garantias" permanecem mesmo depois de suprimidas as formalidades, o que, por vezes, só agrava os problemas."*[19]

---

[19] JOSÉ NARCISO DA CUNHA RODRIGUES, *Recado a Penélope*, Lisboa, Sextante, 2009, pp. 149.

Apontamento sobre a natureza fiscal do Estado português e os limites formais e materiais à tributação

PATRÍCIA ANJOS AZEVEDO
Docente na Escola Superior de Gestão do Instituto Politécnico do Cávado e do Ave
Investigadora do Centro de Investigação Jurídico-Económica, FDUP

"O poder de tributar envolve o poder de destruir."

JOHN MARSHALL

1. A natureza fiscal do Estado português

Em resposta às tarefas que se encontram constitucionalmente consagradas, o Estado e os demais entes públicos necessitam de bens materiais e de recursos financeiros para satisfazerem as necessidades colectivas, designadamente nas áreas da justiça, da educação e da saúde, no acesso a bens essenciais e na construção e manutenção de infra-estruturas. As aludidas necessidades colectivas derivam também das funções que hoje em dia pacificamente se reconhecem ao Estado, e a saber: afectação, redistribuição, estabilização e promoção do desenvolvimento.[1] Ora, no exercício de tais funções, e tendo em vista a satisfação das ditas necessidades colectivas, o Estado realiza despesas e arrecada receitas, carecendo por isso de gerir de forma eficaz os seus recursos financeiros, através da mobilização dos montantes conseguidos, na sua grande maioria – diga-se – por intermédio da cobrança de impostos, e – muito embora mais residualmente – de outro tipo de tributos, como sejam as taxas e demais contribuições financeiras. Esta é, no essencial, a chamada actividade financeira do Estado.[2]

Destarte, estamos em presença de um verdadeiro *Estado Fiscal*, onde precisamente predominam os tributos bilaterais (impostos), não obstante determinados autores preferirem a designação *Estado Tributário*, com vista a abranger-se também os tributos bilaterais (taxas), dada a sua crescente importância nas últimas décadas.[3/4]

No entanto, e seja qual for o entendimento conceptual propugnado, num Estado de Direito não podem arrecadar-se receitas de forma arbitrária e discricionária, tendo surgido a necessidade de adoptar um conjunto de princípios e regras jurídicas com vista a disciplinar a actividade financeira pública, ou seja, o chamado *direito financeiro público*, de onde surgem, entre outros, o *Direito Tributário*, por sua vez constituído pelo conjunto das normas jurídicas que disciplinam a arrecadação de receitas coactivas por parte do Estado e dos demais entes públi-

---

[1] Cfr. Cruz, José Neves, *Economia e Política: Uma abordagem dialéctica da escolha pública*, Coimbra Editora, 2008; de forma diversa, surgem as funções do Estado entendidas de forma mais clássica (a tradicional abordagem de Musgrave), ou seja, função afectação de recursos, função redistribuição, função estabilização.

[2] Como actividade heterogénea, da actividade financeira do Estado dependem as seguintes áreas: organização financeira do Estado e outros entes públicos; organização do orçamento; gestão do património; arrecadação e gestão das receitas; realização de despesas; organização da tutela judicial; entre outras.

[3] De uma forma mais desenvolvida, veja-se, por exemplo: Casalta Nabais, José, *O dever fundamental de pagar impostos – contributo para a compreensão constitucional do estado fiscal contemporâneo* (reimpressão), Almedina, Coimbra, 2009; Casalta Nabais, José, *Estudos de Direito Fiscal (por um estado fiscal suportável)*, Almedina, 2005; Casalta Nabais, José, "O princípio do Estado Fiscal", in *Estudos Jurídicos em Homenagem ao Professor João Lumbrales*, Faculdade de Direito da Universidade de Lisboa, Coimbra Editora, 2000; Teixeira, Glória, *O Estado e os impostos – comentário crítico, Teoria do Estado contemporâneo*, Verbo, 2003.

[4] Cfr. Machado, Jónatas E. M. e Nogueira da Costa, Paulo, *Curso de Direito Tributário*, Coimbra Editora, 2009. De qualquer das formas, superamos a ideia de *Estado patrimonial*, típico das economias socialistas, onde se privilegiava a propriedade pública e a iniciativa económica pública (embora sob diversas formas), sendo as receitas públicas provenientes da exploração do património do Estado.

cos, podendo as receitas coactivas assumir diversas formas como sejam impostos, taxas e outros tipos (residuais) de tributos.[5]

A este propósito, e em jeito de resenha muito geral, baseando-nos na letra do nº 2 do art. 3º da Lei Geral Tributária (doravante abreviadamente designada por LGT), podemos confirmar que existem três tipos básicos de tributos: os impostos, as taxas e as contribuições especiais. Mais concretamente acerca dos impostos vem o art. 4º do mesmo diploma referir que: *"os impostos assentam essencialmente na capacidade contributiva, revelada, nos termos da lei, através do rendimento ou da sua utilização e do património"*, facto que significa que os impostos terão por medida a capacidade contributiva do sujeito passivo concretamente obrigado, manifestando-se nos rendimentos auferidos (e daí os impostos sobre o rendimento – das pessoas singulares e colectivas), no consumo (imposto geral sobre o consumo e impostos especiais) ou no património detido (aluda-se à reforma da tributação do património ocorrida em 2003, que veio instituir o IMI e o IMT).

Doutrinariamente, e no que respeita à noção de imposto, costuma apontar-se no sentido de que é constituída por três elementos: elemento objectivo (prestação, pecuniária, definitiva, coactiva, de carácter unilateral); elemento subjectivo (exigida aos contribuintes, detentores de capacidade contributiva, a favor de entidades que exercem funções ou tarefas públicas); e, por fim, elemento teleológico (com vista à realização dessas funções, dirigindo-se à satisfação de necessidades colectivas, ou de interesse público, não tendo carácter de sanção).[6] De uma forma mais específica, o imposto é uma prestação, porque integra uma relação de natureza obrigacional; pecuniária porque é paga em moeda ou concretizada em dinheiro[7]; definitiva, uma vez que ao pagamento do imposto não corresponde qualquer expectativa de devolução da quantia paga[8], distinguindo-se por isso dos empréstimos públicos, das requisições administrativas ou das expropriações por utilidade pública; coactiva, pois a obrigatoriedade de pagamento do imposto não depende da vontade do particular, ou seja,

---

[5] Se pretendermos abranger apenas – ou dar um especial destaque – aos tributos unilaterais, podemos optar pela terminologia Direito Fiscal, aliás tendencialmente utilizada como expressão sinónima, dado que até mesmo no ensino destas temáticas se privilegia o estudo dos diversos impostos, surgindo a figura das taxas – e outras figuras afins – apenas como contraponto em termos de estudo e abordagem.

[6] A este propósito, veja-se, por exemplo TEIXEIRA RIBEIRO, José Joaquim, *Lições de finanças públicas*, 5ª Edição, Coimbra Editora, 1997.

[7] Hoje em dia já não há impostos pagos em géneros, não se podendo também confundir com o serviço cívico ou militar, que são prestações de carácter pessoal.

[8] Como por exemplo um reembolso – em sentido próprio e não em sentido técnico, pois nada tem que ver com os "reembolsos" em IVA –, uma indemnização ou uma restituição.

o Estado impõe o pagamento do valor pecuniário *ex lege* (tendo por fonte a lei)[9], sendo que pode, inclusive, desencadear mecanismos processuais com vista ao pagamento coercivo[10], sempre que este não tenha ocorrido voluntariamente, ou seja, dentro do prazo previsto por lei; unilateral, pois ao pagamento do imposto não corresponde qualquer contraprestação directa, imediata e específica, por parte do Estado, a favor do contribuinte – e daí que não se confira ao devedor do tributo o direito a exigir qualquer contraprestação de carácter concreto e individualizado. Passando para o elemento subjectivo da noção de imposto, do lado activo surge-nos uma prestação exigida a favor de entidades que exercem funções públicas (funções essas dirigidas à generalidade dos contribuintes e não apenas a certas categorias ideais de contribuintes), podendo os impostos ser também exigíveis a favor de entidades privadas no exercício de funções públicas (por exemplo, no caso de empresas concessionárias de obras públicas, de serviços públicos ou de bens do domínio público, desde que a lei lhes confira a qualidade de titulares activos de relações jurídicas fiscais). Do lado passivo, o imposto é uma prestação exigida a detentores de capacidade contributiva, como critério material de igualdade ou mesmo como uma espécie de "barómetro" na concretização e na prossecução de uma cada vez maior justiça fiscal. Teleologicamente (ou seja, como finalidade)[11], o pagamento do imposto é exigido com vista à concretização ou realização de funções ou tarefas públicas, tendentes à satisfação de necessidades colectivas. Não obstante esta ser reconhecidamente a finalidade principal, o imposto poderá ter associada, por vezes, uma finalidade económico-social, não se privilegiando nesses casos a componente financeira (estando-se, antes, em presença de um imposto extra-fiscal)[12]. Ponto é que o imposto nunca revestirá carácter de sanção – e por isso nunca poderá ter-se em vista uma finalidade sancionatória, pois para esses efeitos existem figuras como as multas e as coimas, aplicáveis mediante a verificação de determinados pressupostos, materializados no preenchimento do tipo relativamente aos ilícitos penais e/ou contra-ordenacionais, tal como os prevê e pune o Regime Geral das Infracções Tributárias.[13]

---

[9] Ora, efectivamente, a obrigação de pagamento do imposto surge em virtude do encontro do facto tributário ou do pressuposto de facto do imposto com a lei, independentemente de qualquer manifestação de vontade do contribuinte (cfr. art. 36º nºs 1 e 2 da LGT).

[10] Cujo exemplo de maior importância se prende com a possibilidade de desencadear um processo de execução fiscal sem necessidade de obtenção de um título executivo, em específico, já que a certidão de dívida passada pela administração fiscal serve como título. A prestação tributária apresenta como características (entre outras) o facto de ser auto-titulada e executiva.

[11] Aliás, tal como já vimos.

[12] Esta temática será retomada num dos pontos finais deste nosso pequeno contributo.

[13] Lei nº 15/2001, de 05 de Junho.

Além disso, e sem se pretender entrar em grandes pormenores, as características objectivas do imposto e da taxa são praticamente as mesmas, fixando-se a grande diferença no facto de a taxa não ser um tributo de natureza unilateral (diferentemente dos impostos), mas sim de natureza bilateral, já que ao pagamento da taxa corresponderá, efectivamente, a expectativa de uma prestação concreta, imediata e individualizada, a favor do respectivo obrigado[14]. Efectivamente, as contraprestações ligadas por um vínculo de sinalagmaticidade à figura das taxas traduzem-se, de acordo com o nº 2 do art. 4º da LGT, numa das seguintes situações: prestação concreta de um serviço público (v.g., serviço de justiça, de saúde, de educação, relativo a registos e notariado, dos serviços consulares); utilização privativa de um bem do domínio público; remoção de um limite jurídico à actividade dos particulares (por exemplo, os casos das licenças de uso e porte de arma ou das licenças de caça).[15] Passando agora a uma breve análise da distinção entre imposto e taxa em termos de regime jurídico, pode dizer-se que o imposto respeita o princípio da legalidade, de forma mais "forte"[16], pois não só a criação do imposto, como também a fixação do seu montante terá de provir de Lei da Assembleia da República ou de Decreto-Lei do Governo, desde que devidamente autorizado – referimo-nos, aqui, à reserva de lei formal[17]; mas também à reserva material de lei, já que o seu conteúdo terá de abranger todos os elementos essenciais do imposto. Por outro lado, nas taxas, o princípio da legalidade em termos formais, v.g., de criação de leis, verifica-se apenas ao nível do regime legal geral (e daí a utilidade da Lei das Finanças Locais[18] e do Regime Geral das Taxas das Autarquias Locais[19]), mas o mesmo já não acontece quanto à fixação do montante das taxas, que poderá perfeitamente ocorrer por deliberação de Assembleia Municipal (obviamente que sempre de acordo com certos limites definidos por essas Leis). Além disso, nos impostos a medida concreta afere-se de acordo com o já referenciado princípio da capacidade contributiva; nas taxas a capacidade contributiva não é tida em conta, surgindo antes o princí-

---

[14] Os factos constitutivos das obrigações em que se traduzem e as taxas que lhes correspondem encontram-se entre si ligados por um nexo sinalagmático, nos termos em que um se apresenta como contraprestação do outro.

[15] Nestes casos, o obstáculo ou limite jurídico a remover tem que ser um obstáculo real, levantado por razões de interesse público geral e não quando a administração apenas, e só, pretende cobrar uma receita, pois se assim for estamos perante as chamadas licenças fiscais, que são verdadeiros impostos.

[16] Relativamente ao princípio da legalidade, apresentaremos maiores desenvolvimentos mais adiante neste nosso contributo.

[17] Cfr. art. 165º, nº 1, alínea i) da CRP, bem como nº 2 do mesmo art. 165º.

[18] Lei nº 2/2007, de 15 de Janeiro (LFL).

[19] Lei nº 53-E/2006, de 29 de Dezembro (RGTAL).

pio da proporcionalidade, ao associar-se-lhes um princípio de equivalência, que não necessariamente económica (pode a equivalência ser meramente jurídica).

De destacar ainda que a destrinça entre imposto e taxa não é meramente doutrinal, até porque o Tribunal Constitucional tem sido por várias vezes chamado a pronunciar-se. Relembre-se que vigora um princípio denominado por *"princípio da prevalência da substância sobre a forma"*, de acordo com o qual podemos estar perante uma taxa impropriamente designada como tal (afinal, um imposto "disfarçado"), sendo que, na hipótese de o respectivo valor ter sido fixado por Portaria ou outro tipo de instrumento que não Lei da Assembleia da República ou Decreto-Lei do Governo, no limite teremos um imposto – muito embora, impropriamente, seja denominado por taxa – e, dessa forma, será um imposto ilegal. Ora, no art. 103º, nº 3 da Constituição da República Portuguesa (CRP) refere-se que ninguém pode ser obrigado a pagar impostos que não hajam sido criados nos termos da Constituição, ou seja, consagra-se um verdadeiro direito de resistência face a impostos inconstitucionais! [20]

Saliente-se que Estado Fiscal é aquele cujas necessidades financeiras são essencialmente cobertas por tributos unilaterais – impostos –, facilmente se compreendendo que o Estado Fiscal será necessariamente um estado financeiro, cujas necessidades materiais são cobertas através da cobrança de impostos[21], fase em que os impostos dão entrada nos cofres do Estado. Apesar disso, o Estado Fiscal não poderá colocar em causa a primazia da liberdade dos indivíduos ou o princípio da justa repartição dos encargos.[22] No fundo, o que está aqui em causa é a chamada actividade financeira do Estado, no sentido em que abrange a aquisição de meios económicos (maioritariamente através dos impostos, tal como já

[20] Esta temática será abordada mais à frente. Desde já note-se que, apesar de tudo, a própria CRP consagra um verdadeiro "direito de resistência" face a arbítrios, pois os cidadãos não poderão ser obrigados a pagar impostos inconstitucionais – Veja-se a letra do art. 103º, nº 3 da CRP; e, no mesmo sentido, SALDANHA SANCHES, José Luís, *Manual de Direito Fiscal*, 2ª Edição, Coimbra Editora, Coimbra, 2002, p. 116.

[21] Como já aqui tivemos oportunidade de referenciar, por definição o imposto é uma prestação pecuniária.

[22] Cfr. CASALTA NABAIS, José, "O princípio do Estado Fiscal", *in Estudos Jurídicos em Homenagem ao Professor João Lumbrales*, Faculdade de Direito da Universidade de Lisboa, Coimbra Editora, 2000. Pode ainda dizer-se que o Estado Fiscal se afigura como o aspecto financeiro do Estado Social, sendo condição necessária ao funcionamento do Estado Prestador, que resulta da codificação dos direitos sociais fundamentais e da assunção pelo Estado do dever de regular a economia. Neste sentido, veja-se SALDANHA SANCHES, José Luís, "A reforma fiscal portuguesa numa perspectiva constitucional", *Ciência e Técnica Fiscal*, nº 354, Abril-Junho de 1989.

explicitamos), o seu emprego, a sua coordenação e as actividades a realizar, com vista à satisfação das necessidades públicas.[23]

2. O poder tributário e as suas limitações via constitucional

Como regra fundamental em matéria de impostos, encontramos um conhecido *slogan*, traduzido na expressão anglo-saxónica *"no taxation without representation"*[24], sendo que daí decorre a ideia da auto-tributação[25] ou de consentimento da tributação[26], uma vez que os impostos deverão ser previamente autorizados pelos próprios cidadãos, por intermédio dos seus representantes eleitos: no caso português, referimo-nos à Assembleia da República enquanto *"assembleia representativa de todos os cidadãos portugueses"* (cfr. art. 147º da CRP).[27] Assim, é facilmente concebível que a Constituição tenha de estabelecer alguns valores, princípios e regras, no sentido da conformação de todo um sistema, sob pena de se abrir portas à ilegalidade, ao abuso e ao arbítrio.[28] Apesar dessa protecção, também não é de estranhar que a tributação imponha algum grau de sacrifício aos cidadãos porque, se por um lado necessitam de protecção, por outro lado eles próprios terão de contribuir financeiramente para o funcionamento da máquina burocrática estadual, que se reflecte ao longo de toda a repartição do poder. Destarte, a

[23] Neste mesmo sentido, veja-se Martínez, Pedro Soares, *Direito Fiscal*, 7ª Edição, Almedina, Coimbra, 1993.

[24] No fundo, e de uma forma muito abreviada, quer significar-se que se atribui ao Parlamento – enquanto representante dos contribuintes – a competência exclusiva para aprovação das leis fiscais. Essa ideia é tida em conta com bastante força na CRP, mais concretamente nos arts. 103º, nº 2 e 165º, nº 1, al. i), ambos da CRP.

[25] Também designada por auto-imposição, auto-consentimento, etc., dependendo dos autores.

[26] O princípio do auto-consentimento dos impostos encontra-se também na *Petition of Rights*, de 1628, onde se afirma o seguinte: *"no man should be compelled to make or iyeld any gift, loan, benevolence, or tax without common consent by Act of Parliament"* (art. 1º). Soma-se-lhe o *Bill of Rights*, de 1689, onde se prescreve que: *"levying money for or to the use of the Crown, by pretense of prerogative, without grant of Parliament, for longer time or in other manner than the same is or shall be granted, is illegal"* (art. I, 4º). Cfr. Casalta Nabais, José, *O Dever Fundamental de pagar impostos*, 2ª reimpressão, Almedina, 2009, pp. 322 e ss.

[27] A ideia de auto-tributação não se esgota no princípio *"no taxation without representation"* nem na democracia representativa, uma vez que tal ideia é uma das mais significativas expressões da concepção de que os direitos individuais (essencialmente liberdade e propriedade) constituíam um *prius* face ao poder do Estado e portanto apenas susceptíveis de auto-limitação por parte do indivíduo. – cfr. Antonini, Luca, *Dovere Tributario, Interesse Fiscale e Diritti Constitucionali*, Giuffrè, 1996.

[28] Como já aqui referimos, além da protecção conferida pelo art. 165º, nº 1, alínea i) da CRP, a nossa Lei Fundamental contempla, em primeira linha, no seu art. 103º (cuja epígrafe é: *sistema fiscal*), importantes limitações ao poder tributário.

célebre frase de OLIVER WENDEL HOLMES, de acordo com a qual *"os impostos são o preço que pagamos por uma sociedade civilizada"*, faz todo o sentido.[29]

A CRP procura apresentar um recorte dos traços fundamentais do sistema fiscal, elucidando-nos sobre os seus fins e, depois, regulando os principais meios para a sua obtenção. Assim, quanto aos fins, o nº 1 do art. 103º da CRP[30] vem estabelecer que *"o sistema fiscal visa a satisfação das necessidades financeiras do Estado e outras entidades públicas e uma repartição justa dos rendimentos e da riqueza"*, surgindo o art. 5º da LGT (cuja epígrafe é: *"fins da tributação"*) como a reafirmação das mesmas ideias e o art. 7º da LGT (*"objectivos e limites da tributação"*) como um complemento, já que destaca a promoção do emprego, da poupança e do investimento socialmente relevante, com vista ao crescimento económico. Quanto aos meios, a CRP estabelece o princípio da legalidade tributária (art. 103º, nº 2), definindo depois a estrutura básica do sistema fiscal português, o qual assenta, nos termos do art. 104º do mesmo diploma, na tributação do rendimento dos indivíduos e das empresas (CIRS e CIRC)[31], do património (IMI e IMT)[32] e do consumo (IVA e IECs)[33]. O sistema fiscal deverá também estruturar-se numa base principialista, de acordo com princípios, regras e valores atinentes à ordem

---

[29] Ao longo da história, vários autores foram tentando explicar este "preço" a pagar por uma sociedade civilizada, surgindo alguns – como por exemplo ROUSSEAU – que defendiam que o imposto seria, antes de mais, um meio de promoção da igualdade entre os cidadãos, devendo atribuir-se uma maior carga fiscal aos cidadãos mais "abastados", ou seja, aos detentores daquilo que ROUSSEAU designava por "bens supérfluos". Neste sentido, os cidadãos que apenas possuíssem os "bens estritamente necessários" (seja qual for o critério a utilizar para aferição da distinção "bens supérfluos" *vs* "bens estritamente necessários") não deveriam ser tributados, já que a tributação deveria, no entendimento deste autor, possuir uma base meramente sumptuária. – Cfr. HENRI DENIS, *História do Pensamento Económico*, (tradução de António Borges Coelho), Lisboa, 1993.

[30] Na versão originária, de 1976, art. 106º, nº 1. A constituição de 1976 vem acentuar o papel redistributivo da actividade financeira do Estado, sendo que os princípios nela formulados vêm reflectir os objectivos do Estado na sua intervenção social. Neste sentido, cfr. SALDANHA SANCHES, José Luís, "A reforma fiscal portuguesa numa perspectiva constitucional", *Ciência e Técnica Fiscal*, nº 354, Abril-Junho de 1989.

[31] Neste âmbito, a CRP especifica algumas situações, determinando que a tributação do rendimento pessoal visa a diminuição das desigualdades, é efectivada por um imposto único, requer a aplicação de taxas progressivas e toma em consideração as circunstâncias concretas do agregado familiar. Na tributação do rendimento das empresas, assume-se que a mesma incidirá, no essencial, sobre o seu rendimento real.

[32] Com a tributação do património, o objectivo é, mais uma vez, contribuir para a igualdade entre os cidadãos.

[33] A tributação do consumo visa adaptar a estrutura económica do consumo à evolução das necessidades de desenvolvimento económico e da justiça social, devendo onerar-se os consumos de luxo – mais uma vez, é bastante difícil classificar aquilo que poderá ser considerado como um bem de luxo, dado que a questão é, a nosso ver, essencialmente relativa.

constitucional livre e democrática. Destaque-se que tais valores decorrem, por exemplo, da dignidade da pessoa humana, da primazia dos direitos fundamentais e dos princípios do Estado de Direito democrático, social, cultural e ambiental.[34/35]

Face ao exposto, verificamos que a chamada "constituição fiscal" (enquanto conjunto de disposições aplicáveis e enformadoras em matéria de impostos) apresenta alguns componentes essenciais, como sejam a ideia de Estado Fiscal, assente na figura dos impostos; os princípios jurídico-constitucionais formais e materiais que disciplinam como tributar e o que tributar; e o recorte constitucional, em concreto, do sistema fiscal.[36]

A CRP baseia-se em alguns princípios tidos como fundamentais. Assim, e de acordo com alguns autores[37], podemos distinguir alguns *princípios fundamentantes* no Direito Tributário, sendo a principal garantia dos contribuintes o princípio da legalidade dos impostos, materializado nos princípios da tipicidade, da igualdade e da não discriminação. Deste modo, podemos encontrar três fases nos aludidos *princípios fundamentantes*: (i) o princípio da legalidade; (ii) o controlo judicial e a capacidade contributiva; (iii) a participação dos contribuintes na criação e na aplicação dos impostos. Por outras palavras, encontramos aqui três categorias fundamentais, e a saber: (a) princípios estruturais; (b) princípios "fundamentantes" e problemas normativos; (c) princípios técnicos. Assim, os princípios estruturais são os que, em geral, enformam o Direito Tributário; os princípios "fundamentantes" são os que criam grupos de normas dirigidas ao mesmo sector social; finalmente, os princípios técnicos são os necessários para assegurar a coesão e a eficácia do Direito Tributário.[38]

---

[34] A este propósito, veja-se MACHADO, Jónatas E. M. e NOGUEIRA DA COSTA, Paulo, *Curso de Direito Tributário*, Coimbra Editora, 2009.

[35] Pode ainda invocar-se o princípio da não confiscalidade do próprio sistema fiscal, sendo este princípio expressamente previsto no art. 31º, nº 1 da Constituição espanhola, nos seguintes termos: *"todos contribuirão para a sustentação dos gastos públicos de acordo com a sua capacidade contributiva mediante um sistema tributário justo inspirado nos princípios da igualdade e da progressividade que, em nenhum caso, terá alcance confiscatório"*. Também o art. 150º/IV da Constituição brasileira veda a utilização do *"tributo com efeito confiscatório"*.

[36] Cfr. CASALTA NABAIS, José, "O princípio do Estado Fiscal", *in Estudos Jurídicos em Homenagem ao Professor João Lumbrales*, Faculdade de Direito da Universidade de Lisboa, Coimbra Editora, 2000.

[37] Por exemplo, CAMPOS, Diogo Leite de, "As três fases de princípios fundamentantes do Direito Tributário", *O Direito*, ano 139º, 2007, I.

[38] Para maiores desenvolvimentos, cfr. CAMPOS, Diogo Leite de e CAMPOS, Mónica Horta Neves Leite de, *"Direito Tributário"* (reimpressão), Almedina, Coimbra, 1997.

É, pois, de grande importância o total respeito pelas normas de cariz fiscal, uma vez que, tal como já aludimos, o art. 103º, nº 3 da CRP consagra um verdadeiro reconhecimento do direito de resistência face a impostos inconstitucionais.[39]

2.1. Limites formais à tributação
2.1.1. O princípio da legalidade tributária
O princípio da legalidade tributária surge como reacção limitativa ao arbítrio do poder dos soberanos.[40] Foi por ocasião da *Magna Carta Libertatum,* de 1215, que João Sem-Terra se comprometeu a não lançar qualquer tipo de tributos *"sem o consentimento geral do reino"*[41]. Ora, como não podia deixar de ser, a CRP refere o princípio da legalidade tributária no seu art. 103º, nº 2, voltando este a ser enunciado no art. 8º da LGT (cuja epígrafe é, precisamente, *"princípio da legalidade tributária"*), funcionando como uma espécie de concretização do princípio constitucional, no particular domínio tributário.[42] Os autores costumam apontar que os corolários do princípio da legalidade tributária são os seguintes: preeminência da lei, reserva de lei parlamentar (ou reserva – absoluta – de lei formal[43]) e, finalmente, princípio da tipicidade.[44]

[39] Nos seguintes termos: *"ninguém pode ser obrigado a pagar impostos que não hajam sido criados nos termos da Constituição (...)."* Aliás, o próprio art. 21º da CRP vem estabelecer que *"todos têm direito a resistir a qualquer ordem que ofenda os seus direitos, liberdades e garantias (...)"*, mas sempre sob o chamado "privilégio de execução prévia", de acordo com o qual a administração pública terá o poder de tomar decisões obrigatórias na esfera dos particulares, sendo-lhes estas impostas coactivamente e tendo, em princípio, a execução de ocorrer antes da discussão contenciosa e da decisão jurisdicional.

[40] Sobre a história do princípio da legalidade fiscal, CASALTA NABAIS apresenta-nos uma descrição bastante completa – cfr., desse autor, *Direito Fiscal,* 6ª edição, Almedina, Coimbra, 2010, pp.133 e ss.

[41] Efectivamente, o artigo XII da *Magna Carta Libertatum* encontra-se na base do princípio da legalidade fiscal, estabelecendo que *"no scutage or aid shall be imposed on our Kingdom unless by the common counsel of our Kingdom."* – para maiores desenvolvimentos sobre o princípio da legalidade fiscal, veja-se CASALTA NABAIS, José, *O Dever Fundamental de pagar impostos,* 2ª reimpressão, Almedina, 2009, pp. 321 e ss.

[42] O princípio da legalidade encontra-se também expresso nos arts. 138º e 201º do Código de Processo Civil e art. 2º do Código de Processo Penal, por exemplo. No domínio fiscal e, nas palavras de Vítor Faveiro *in Noções Fundamentais de Direito Fiscal Português,* p. 71, I Vol., Coimbra Editora, 1986, *"O primeiro elemento da realidade jurídico-tributária é a lei criadora de impostos, não sendo legítimo a quem quer que seja, mesmo dotado de poderes administrativos da maior latitude, exigir impostos sem a prévia existência de lei que os estabeleça".*

[43] Este termo não é unívoco, uma vez que há quem adopte o entendimento de que os Decretos-Lei do Governo são lei formal ou solene, mesmo que quando emanados no seguimento da sua competência legislativa autónoma, situação em que não se encontram dependentes de qualquer autorização da Assembleia da República. Neste sentido, veja-se OLIVEIRA ASCENÇÃO, José, *O Direito:*

Assim, e no que respeita ao primeiro corolário (a preeminência da lei), diz-se que a actuação da Administração Fiscal deverá subordinar-se à lei, pois sem a prévia definição de regras de incidência não possuímos qualquer pressuposto válido que legitime o lançamento do imposto.[45] A preeminência da lei comporta uma dimensão positiva (obrigatoriedade de observância de lei), bem como uma dimensão negativa (proibição de violação de lei).[46]

Já quanto à reserva de lei parlamentar, esclareça-se que é a Assembleia da República que, *lato sensu*, tem poder para criar normas de incidência tributária, encontrando-se tal ideia presente nos arts. 103º, nºs 2 e 3 da CRP, bem como 165º, nº 1, i) do mesmo diploma, onde, a propósito da chamada reserva relativa de competência legislativa, se refere o seguinte: *"É da exclusiva competência da Assembleia da República, salvo autorização ao Governo (...) legislar sobre a criação de impostos e sistema fiscal e regime geral das taxas e demais contribuições financeiras a favor das entidades públicas."* Assim, em princípio só a Assembleia da República (através de Lei entendida em sentido estrito) terá poderes para legislar no âmbito das matérias descritas, não obstante a possibilidade de, através de uma autorização legislativa, permitir que o Governo (enquanto *"órgão superior da Administração Pública"* – cfr. art. 182º da CRP) legisle sobre essas mesmas matérias, abrindo-se aqui a possibilidade do aparecimento de Decretos-Lei sobre o assunto.

A este propósito, destaque-se que a Assembleia da República não deverá autorizar o Governo a legislar por intermédio de um "cheque em branco", já que é o próprio nº 2 do art. 165º da CRP que refere que *"as leis de autorização legislativa devem definir o objecto, o sentido, a extensão e a duração da autorização"*, pelo que a lei de autorização legislativa da Assembleia da República deverá clarificar os seguintes pontos: (i) a matéria em que autoriza o Governo a legislar (o *objecto*); (ii) os critérios, indicações e princípios de base a seguir pelo Governo (o *sentido*); (iii) os aspectos que concretamente deverão ser alterados pelo Governo (a *extensão*) e, finalmente, (iv) o prazo concedido ao Governo para que legisle (a *duração*), podendo esta ser objecto de prorrogação. Refira-se também que a lei de autorização legislativa da Assembleia da República não é uma ordem para que o Governo legisle, termos em que o Governo poderá utilizá-la ou não – ponto

---

introdução e teoria geral – uma perspectiva luso-brasileira, 11ª edição, Almedina, Coimbra, 2001; e Brás Carlos, Américo Fernando, *Impostos (Teoria Geral)*, 3ª Edição (actualizada), Almedina, 2006.

[44] Sobre estes corolários veja-se por exemplo Brás Carlos, Américo Fernando, *Impostos (Teoria Geral)*, 3ª Edição (actualizada), Almedina, 2006; e Freitas Pereira, Manuel Henrique, *Fiscalidade*, Almedina, Coimbra, 2005.

[45] Esta ideia não é exclusiva do Direito Fiscal, pois a lei deverá ser fundamento da actividade da Administração, em geral.

[46] Nas palavras de Alberto Xavier, *in Conceito e Natureza do Acto Tributário*, Coimbra, 1972: *"cada acto concreto da administração é inválido se e na medida em que contraria uma lei material".*

é, que se o Governo optar por utilizar a autorização legislativa, vincula-se aos parâmetros descritos na lei de autorização. [47]

Ainda relativamente ao âmbito da reserva de lei formal, pode também dizer-se que esta é aqui entendida em sentido absoluto[48], contemplando os elementos essenciais do imposto (referidos no art. 103º, nº 2 da CRP), ou seja, *"a incidência[49], a taxa[50], os benefícios fiscais[51] e as garantias dos contribuintes[52]"* (mas não propriamente a liquidação e a cobrança – cfr. art. 103º, nº 3 do mesmo diploma[53]).

[47] Nas palavras de BRÁS CARLOS, *"(...) pode dizer-se (...) que a reserva parlamentar em matéria fiscal se traduz no facto de a Assembleia da República ser, no que respeita à criação de impostos e aos elementos constantes do nº 2 do art. 103º da CRP, o único legislador ou o legislador originário definidor dos seus aspectos estruturantes e, simultaneamente, o legislador autorizante do Governo para efeitos do desenvolvimento do regime de acordo com as linhas por si definidas"* – BRÁS CARLOS, Américo Fernando, *Impostos (Teoria Geral)*, 3ª Edição (actualizada), Almedina, 2006, p. 106.

[48] Assim, a lei formal não deverá conter apenas o fundamento da conduta da administração, mas todos os elementos que levem à tomada de uma decisão concreta, não havendo espaço para qualquer margem de discricionariedade tributária por parte da Administração. Saliente-se que não se permite a analogia perante matérias onde exista reserva absoluta de lei formal, pelo que esta encontra-se intimamente relacionada com as ideias de segurança jurídica e protecção da confiança dos particulares. Contrariamente a esta ideia, se admitíssemos uma reserva relativa de lei formal, a conduta da Administração teria por base a lei, mas no entanto tal lei não a regularia por completo e confiar-se-ia ao órgão aplicador o critério de decisão nos casos concretos. Neste sentido, veja-se FREITAS PEREIRA, Manuel Henrique, *Fiscalidade*, Almedina, Coimbra, 2005, p. 133.

[49] A incidência é a fase da técnica tributária em que se sabe o que está excluído e incluído no imposto, mas também os sujeitos da relação jurídica e a existência ou não de benefícios fiscais. Contempla a definição geral e abstracta do "quem", do "se" e do "quanto", ou seja, a definição do(s) sujeito(s) activo(s) e passivo(s), a definição do pressuposto ou facto gerador (isto é, do facto tributário que dá origem ao imposto), bem como a existência de eventuais deduções, isenções e benefícios fiscais a aplicar.

[50] A taxa de imposto pode definir-se como sendo a percentagem ou o valor que, após aplicado à matéria colectável, resultará na colecta do tributo, ou seja, no montante de imposto a pagar.

[51] Em sede de benefícios fiscais, será interessante destacar que a reserva de lei parlamentar e, mais propriamente, o princípio da legalidade tributária, não se destinam apenas a tutelar o contribuinte (neste caso, o beneficiado), uma vez que importará também proteger o interesse dos demais contribuintes, aliás sobre quem irá impender um maior sacrifício fiscal como compensação da desoneração do beneficiado. Por isso, para estes efeitos, entende-se como benefício fiscal toda e qualquer excepção à tributação, traduzida numa tributação mais favorável com vista a servir certos objectivos de conformação económico-social, nos termos contemplados não só no art. 2º do Estatuto dos Benefícios Fiscais, mas também englobando os chamados "desagravamentos fiscais estruturais". – A este propósito, veja-se BRÁS CARLOS, Américo Fernando, *Impostos (Teoria Geral)*, 3ª Edição (actualizada), Almedina, 2006; contrariamente a SÁ GOMES, Nuno, *Manual de Direito Fiscal*, Vol. II, Editora Rei dos Livros, 2003.

[52] Entendem-se por garantias dos contribuintes, quaisquer direitos que tutelem o contribuinte enquanto tal e face ao fisco, e que sejam vinculantes para a actuação deste. Tratam-se sempre de

Quanto ao terceiro corolário do princípio da igualdade – o princípio da tipicidade, mais evidente na fase da incidência, este implica que tudo aquilo que não estiver compreendido no elenco fechado pré-estabelecido, não existe para efeitos fiscais.[54]

Sem prescindir, e não obstante o texto constitucional que temos vindo a discutir, saliente-se agora qual será o âmbito do art. 8º da LGT, que aliás parece acrescentar as seguintes matérias aos preceitos constitucionais: *"a definição dos crimes fiscais e o regime geral das contra-ordenações fiscais"* (art. 8º, nº 1)[55]; *"a liquidação e a cobrança dos tributos*[56], *incluindo os prazos de prescrição e caducidade"* (art. 8º, nº 2, al. a) da LGT); *"a regulamentação das figuras da substituição e responsabilidade tributárias"* (art. 8º, nº 2, al. b) da LGT); *"a definição das obrigações acessórias"* (art. 8º, nº 2, al. c) da LGT)[57]; *"a definição das sanções sem natureza criminal"* (art. 8º, nº 2, al. d) da LGT) e, por fim, *"as regras de procedimento e processo tributário"* (art. 8º, nº 2, al. e) da LGT).[58] De acordo com parte da doutrina, esta disposição terá como objectivo *"enunciar as matérias sujeitas ao princípio constitucional da legalidade tributária*

direitos de protecção e encontra-se-lhes associada uma ideia de limitação ou de compressão, pelo que naturalmente tais soluções terão de estar devidamente previstas e regulamentadas.

[53] Convém destacar que as decisões normativas sobre liquidação e cobrança poderão estar contidas em normas instrumentais, destinadas a concretizar as normas de incidência. No entanto, os órgãos continuam vinculados ao princípio da legalidade em geral – o princípio da legalidade da Administração, sendo certo que nunca poderão contrariar princípios e directrizes que constem de normas de incidência.

[54] Portanto, esta tipicidade indicia-nos que a disciplina contida terá de ser o mais completa possível, integrando relativamente a cada imposto todos os parâmetros exigíveis por lei. – Sobre o princípio da tipicidade, cfr. por exemplo BRÁS CARLOS, Américo Fernando, *Impostos (Teoria Geral)*, 3ª Edição (actualizada), Almedina, 2006, pp. 126 e ss.

[55] Esta indicação não consta do elenco do nº 2 do art. 103º da CRP, mas a definição dos crimes e contra-ordenações tributárias encontra-se sujeita ao regime constitucional dos crimes e ilícitos de mera ordenação social, em geral. Assim, só a Assembleia da República tem competência legislativa originária nesta matéria – cfr. art. 165º, nº 1, alíneas c) e d) da CRP.

[56] Note-se que, de acordo com Acórdãos do STA de 13/03/1992 e de 25/06/1995, o regime dos juros de mora e dos juros compensatórios encontra-se também abrangido por este princípio da legalidade tributária.

[57] Esta ideia é uma manifestação do complexo de deveres de cooperação do contribuinte. Se é certo que todas as decisões sobre prescrição dos tributos e caducidade do direito à liquidação dizem respeito a garantias fundamentais dos contribuintes como o princípio da protecção da confiança e da certeza e segurança jurídicas, é também visível que há que distinguir o tipo de deveres de cooperação que devam estar abrangidos por esta reserva de lei. Para maiores desenvolvimentos, veja-se SALDANHA SANCHES, José Luís, *Manual de Direito Fiscal*, 2ª Edição, Coimbra Editora, Coimbra, 2002, pp. 121 e ss.

[58] De fora do âmbito desta disposição ficam as ordens internas da Administração Tributária, tais como despachos, instruções, circulares e outros actos meramente administrativos.

e estender a aplicação do princípio a outras matérias[59] ou até *"estender o princípio da legalidade tributária à liquidação e cobrança dos tributos."*[60] Todavia, o art. 8º da LGT acaba por não acrescentar nada pois apenas repete em lei ordinária aquilo que foi anteriormente consagrado constitucionalmente; e mesmo na parte em que parece acrescentar, apenas enuncia matérias já compreendidas por natureza na reserva de lei parlamentar.[61]

2.1.2. O princípio da não retroactividade das normas fiscais

A proibição de impostos com natureza retroactiva foi apenas introduzida no texto da CRP de 1976, aquando da revisão constitucional de 1997.[62] Assim, a partir do dia 05 de Outubro de 1997, data da entrada em vigor do novo texto constitucional, *"ninguém pode ser obrigado a pagar impostos (...) que tenham natureza retroactiva (...)"*.[63]

Assim, não podem, por hipótese, agravar-se factos tributários já existentes, pois tal situação configuraria um grave atentado aos direitos dos cidadãos e às suas legítimas expectativas. Por outras palavras, o princípio da não retroactividade é uma ficção legal de acordo com a qual as normas não podem produzir efeitos reportados a uma data anterior à sua entrada em vigor. Esta questão terá uma grande aplicação prática se nos questionarmos quanto à aplicação das leis fiscais no tempo e os problemas que poderá trazer. Em termos fiscais, e ainda antes de 1997, o Tribunal Constitucional já costumava aceitar este princípio como válido.[64]

---

[59] Cfr. LEITE DE CAMPOS, SILVA RODRIGUES e LOPES DE SOUSA, *Lei Geral Tributária – comentada e anotada*, Vislis, 2000, p. 57.

[60] Neste sentido, CASALTA NABAIS, José, *Direito Fiscal*, 6ª edição, Almedina, Coimbra, 2010, p. 138.

[61] Senão vejamos: os prazos de prescrição e caducidade e as regras de procedimento e de processo tributário mais não são do que garantias dos contribuintes; a substituição e a responsabilidade tributárias fazem parte da incidência pessoal; as sanções sem natureza criminal já estavam incluídas na reserva de lei parlamentar (art. 165º, nº 1, d) da CRP), podendo inclusive incluir-se nas garantias dos contribuintes.

[62] A introdução do preceito do art. 103º, nº 3 da CRP resulta do texto do art. 67º, nº 2 da Lei Constitucional nº 1/97, de 20 de Setembro.

[63] Sobre o princípio da não retroactividade em matéria fiscal (ao qual muitos autores chamam "irretroactividade") vejam-se, por exemplo, os seguintes contributos: ALBERTO XAVIER, *Manual de Direito Fiscal*, Faculdade de Direito de Lisboa, 1981, pp. 190 e ss; CARDOSO DA COSTA, José Manuel, *Curso de Direito Fiscal*, Coimbra, 1972, pp. 231 e ss; e MARTÍNEZ, Pedro Soares, *Direito Fiscal*, 7ª Edição, Almedina, Coimbra, 1993, pp. 152 e ss. Além disso, veja-se o relatório português sobre o assunto, disponível em: www.eatlp.org, no qual tive o grato prazer de colaborar.

[64] Para maiores desenvolvimentos sobre o "estado de coisas" antes e depois da sua consagração constitucional, cfr. GOUVEIA, Jorge Bacelar, "A proibição da retroactividade da norma fiscal na constituição portuguesa", *in* AA.VV., *Problemas fundamentais do direito tributário*, Vislis Editores, 1999.

A somar-se à consagração constitucional, verifica-se também uma consagração legal (no art. 12º, nº 1 da LGT), impondo-se esta última direccionadamente aos operadores jurídicos concretos, como os juízes e a administração. A regra é a de que efectivamente se aplica a lei que vigorava no momento em que ocorreu o facto gerador.[65] Nesta matéria, e em termos fiscais, existem ainda algumas especificidades, senão veja-se: a lei que dispõe sobre procedimento e processo é de aplicação imediata (ou seja, aplica-se aos processos em curso), aliás conforme o art. 12º, nº 3 da LGT, com duas excepções: não se aplica se afectar garantias, direitos ou interesses legítimos anteriormente constituídos; não se aplica se essas normas tiverem como função o desenvolvimento de normas de incidência tributária.

Além disso, a jurisprudência e a doutrina tendem a dividir a retroactividade em "níveis" (ou "graus de retroactividade").[66] Assim, a retroactividade poderá ser: máxima, de primeiro grau, perfeita ou própria; de segundo grau, imperfeita ou imprópria; de terceiro grau. A retroactividade de primeiro grau seria a que fizesse aplicar uma lei fiscal a factos verificados por inteiro no domínio da lei antiga, ou seja, o imposto já teria sido liquidado e pago e apareceria uma lei nova com a criação adicional de um imposto incidente sobre factos tributários já ocorridos e já extintos.[67] Já na retroactividade de segundo grau, os factos ocorreriam no domínio da lei antiga mas os seus efeitos ainda não teriam sido totalmente produzidos; os factos geradores já teriam ocorrido, mas a liquidação e a cobrança ainda não se teriam processado.[68] Finalmente, na retroactividade de terceiro grau, os próprios factos não se verificariam por completo no domínio da

---

[65] Nos impostos periódicos (como o IRS, por exemplo), aplica-se a lei que se encontrar em vigor no dia 31 de Dezembro.

[66] Por exemplo, GOUVEIA, Jorge Bacelar, "Considerações sobre as constituições fiscais na União Europeia", *Ciência e Técnica Fiscal*, nº 381, 1996 e XAVIER, Alberto, *Manual de Direito Fiscal*, Faculdade de Direito de Lisboa, 1981.

[67] Nas palavras de Bacelar Gouveia, *"um primeiro grau de retroactividade (...) é aquele em que a norma nova se aplica a factos que se subsumem ao tipo que a mesma define, factos esses ocorridos sob a vigência da norma anterior e que, ainda durante essa vigência, produziram todos os efeitos estatuídos nessa norma anterior, ou já os não podem produzir."* – cfr. GOUVEIA, Jorge Bacelar, "Considerações sobre as constituições fiscais na União Europeia", *Ciência e Técnica Fiscal*, nº 381, 1996.

[68] *"Outro grau de retroactividade prende-se com a hipótese de a norma nova ser aplicada a factos ocorridos na vigência de norma anterior, mas que não produziram, ainda, todos os efeitos por ela estatuídos, podendo ainda produzi-los".* Assim, impede-se *"(...) que a norma nova seja aplicada a esses factos, porquanto se entende que o momento que releva para a questão da aplicação da norma no tempo é o da ocorrência dos factos previstos na norma e não o da aplicação dessa mesma norma."* – veja-se GOUVEIA, Jorge Bacelar, "Considerações sobre as constituições fiscais na União Europeia", *Ciência e Técnica Fiscal*, nº 381, 1996.

lei antiga, prolongando-se a sua produção já ao abrigo da lei nova, entretanto em vigor – por exemplo, no caso dos impostos periódicos.[69]

A este propósito convém referir que, no âmbito fiscal, se entende pacificamente que quer a CRP, quer a LGT postergam, em absoluto, a aplicação de qualquer que seja o grau de retroactividade concretamente em apreço, querendo com isto significar-se que o facto tributário terá de ser sempre posterior à lei de incidência ou de alteração dos pressupostos fundamentais dos impostos num sentido menos favorável aos contribuintes.

Além disso, os cidadãos encontram-se também protegidos pela irretroactividade de orientações genéricas interpretativas da administração fiscal (conforme art. 68º da LGT). Finalmente, no caso das leis interpretativas de normas tributárias, entende-se que, na medida em que vinculam os Tribunais a uma determinada interpretação, elas implicarão, obrigatoriamente, o afectar de posições jurídicas a coberto da lei interpretada, que aliás lhe serve como base. No entanto, não podem ser afectados elementos que sejam considerados relevantes, pelo que, neste sentido, as normas interpretativas só deverão ter efeitos prospectivos.[70]

2.1.3. O princípio da certeza e segurança jurídicas e a tutela da confiança

O princípio da certeza e segurança jurídicas pressupõe a estabilidade, a cognoscibilidade, a calculabilidade e a previsibilidade do Direito. Assim, no âmbito do Direito Fiscal, os contribuintes deverão ter oportunidade de conhecer as normas jurídicas que lhes possam vir a afectar as condutas, tendo estas de ser minimamente estáveis, sob pena de se tornarem realidades dificilmente cognoscíveis, facto que pressupõe o chamado "princípio da confiança", que mais não é do que um "estado de alma" provocado nos cidadãos pela força e efectividade práticas do princípio da certeza e segurança jurídicas.

Neste sentido, e especificamente para o que aqui nos interessa, "(...) o princípio da protecção da confiança (...) no domínio fiscal postula o direito de os contribuintes poderem conhecer, de antemão, o quantum do imposto que terão de pagar se praticarem

---

[69] O Terceiro grau "(...) corresponde à hipótese de a norma nova se aplicar a factos continuados, ainda não inteiramente ocorridos no âmbito da vigência temporal da norma anterior, como é o caso dos factos geradores da obrigação de impostos periódicos (...)": GOUVEIA, Jorge Bacelar, "Considerações sobre as constituições fiscais na União Europeia", Ciência e Técnica Fiscal, nº 381, 1996. As soluções possíveis são as seguintes: ou se entende que a norma nova é aplicável; ou se entende que a nova norma se aplica somente aos rendimentos auferidos ou colocados à disposição sob a sua vigência; ou se advoga que a norma nova não se aplica a nenhum rendimento desse período, aplicando-se apenas a partir do período subsequente.

[70] Cfr. MACHADO, Jónatas E. M. e NOGUEIRA DA COSTA, Paulo, Curso de Direito Tributário, Coimbra Editora, 2009.

um determinado facto, a fim de pautarem a sua conduta tendo em atenção essa previsão".[71]
Assim, os princípios da segurança jurídica e da protecção pressupõem a regularidade de toda a actuação estadual, designadamente no sentido da tutela das expectativas legítimas dos cidadãos, o que, não ocorrendo, provoca a perda de confiança na actuação estadual, bem como desmoralizações de difícil reparação.

Como primeiro corolário destes princípios surge o princípio da publicidade das normas fiscais, servindo, tal como no Direito em geral, como garantia de que os contribuintes podem conformar as suas condutas da melhor forma possível e tendo em conta os normativos vigentes, evitando assim adoptar condutas que não sejam bem aceites pelo legislador e pelo próprio ordenamento jurídico. A necessidade de actualização e codificação dos normativos fiscais surge, assim, com especial premência, tendo-se como contraponto o facto de que cada Orçamento do Estado vem alterar ou revogar algumas delas, situação que torna quase impossível a tarefa de constante actualização, vindo comprometer, de alguma forma, a sua cognoscibilidade fácil e rápida por parte do comum dos cidadãos. Quanto às normas e aos actos tributários da administração, estes deverão ser também precisos, claros e determináveis.

Um outro importante corolário é o princípio da anualidade que, para além do seu conteúdo estritamente financeiro (pois vem limitar as disposições previstas no Orçamento do Estado à vigência de um ano), reveste um conteúdo eminentemente fiscal, materializado no princípio da votação anual dos impostos, ou seja, no princípio da anualidade do consentimento dos impostos ou no princípio da autorização anual da cobrança de impostos, já que a autorização legislativa deverá renovar-se anualmente, não obstante algumas situações (excepcionais) de certas prorrogações, desde que devidamente autorizadas.

Além disso, o imposto nunca poderá ser excessivo, devendo atender-se ao princípio da proporcionalidade em sentido estrito e à legitimidade dos seus fins. A necessidade e/ou adequação dos meios será também um factor a ter em conta, já que a carga fiscal deverá limitar-se ao estritamente necessário para a prossecução das finalidades fiscais do Estado, bem como para a promoção da igualdade e da justiça tributárias, não devendo comprometer a eficiência económica – esta é mais uma das garantias dos cidadãos face ao poder do Estado.

Finalmente, e atendendo ao princípio da tutela jurisdicional efectiva, todos os actos em matéria tributária que lesem direitos ou interesses legalmente protegidos deverão ser impugnáveis e, muito embora de acordo com algumas limitações impostas pelas regras sobre alçadas dos tribunais, recorríveis.

---

[71] Neste sentido, veja-se GOUVEIA, Jorge Bacelar, "Considerações sobre as constituições fiscais na União Europeia", *Ciência e Técnica Fiscal*, nº 381, 1996.

2.1.4. A proibição do referendo em matéria fiscal

A proibição do referendo em matéria fiscal, consagrada expressamente no art. 115º, nº 4, alínea b) da CRP, bem como no art. 3º, nº 1, alínea b) da Lei Orgânica do Regime do Referendo (Lei nº 15-A/98, de 03 de Abril) – esta última nos seguintes termos: *"são excluídas do âmbito do referendo: as questões e os actos de conteúdo orçamental, tributário ou financeiro"*, pode enquadrar-se como sendo uma importantíssima manifestação do princípio da reserva de lei parlamentar em matéria tributária e financeira.[72] Ora, a preocupação do legislador foi tão grande, que o levou a proibir o referendo nas matérias tributária e também financeira, onde, aliás, a matéria tributária já estaria por natureza incluída.

Como argumentos a favor desta proibição destaque-se, para além da letra da lei, o facto de, na hipótese de ao permitir-se a "consulta popular" em matéria fiscal, estar a implicar-se, inevitavelmente, um desagravamento fiscal, pois não é difícil de adivinhar que a vontade da generalidade dos cidadãos passaria por se opor às finalidades da tributação, numa perspectiva egoística e de não respeito pelas necessidades colectivas, pois estas não correspondem necessariamente às prioridades individuais. Além disso, esta matéria poderia trazer variadíssimas tensões sociais, com alguns grupos a sentirem-se prejudicados em detrimento dos outros.

Do lado dos que criticam a proibição do referendo fiscal, o argumento passa pelo facto de esta proibição ser um entrave à reforma fiscal, enquanto factor potenciador da eliminação de privilégios. No entanto, admitindo nós a ideia do Estado Fiscal, por certo que não podem os contribuintes referendar o pagamento ou o não pagamento de impostos.

Há ainda autores que concordam que certas matérias fiscais não possam ser sujeitas a referendo, mas não lhes parece de afastar a interdição absoluta e, por isso, admitem que poderia haver impostos ou aspectos destes que pudessem ser submetidos a referendo, tal como se encontra provado pela prática referendária fiscal dos Estados federados norte-americanos e da Confederação Helvética.[73] Apesar disso, observado que seja o princípio constitucional da reserva de lei parlamentar em matéria fiscal, e à luz do que temos vindo a estudar, não nos parece razoável adoptar tal entendimento.

---

[72] Para maiores desenvolvimentos sobre esta matéria, cfr. MENDES, Maria de Fátima Abrantes, *Lei orgânica do regime do referendo – actualizada, anotada e comentada*, Comissão Nacional de Eleições, 2006 e URBANO, Maria Benedita Malaquias Pires, "O referendo – perfil histórico-evolutivo do instituto; configuração jurídica do referendo em Portugal", *Boletim da Faculdade de Direito da Universidade de Coimbra – Stvdia Ivridica*, nº 30, Coimbra Editora, 1998.

[73] Cfr., por exemplo, CASALTA NABAIS, *Estudos de Direito Fiscal (por um estado fiscal suportável)*, Almedina, 2005, p. 146.

2.2. Limites materiais à tributação
2.2.1. O princípio da igualdade e o princípio da universalidade

No seu essencial, o princípio da igualdade impede o arbítrio, o privilégio de alguns e/ou a discriminação injustificada de outros, afastando o tratamento desigual que não tenha por fundamento razões objectivas. Aliás, os tratamentos desiguais em Direito Fiscal apenas poderão "justificar-se" devido às diferentes capacidades contributivas dos indivíduos; e, nada mais!

O princípio da igualdade tributária resulta, assim, da formulação geral do art. 13º da CRP, devidamente conjugado com o preceituado nos art.s 67º, nº 2; 101º; 103º e 104º do mesmo diploma, tendo por base o princípio do Estado de Direito e a proibição do tratamento desigual.[74]

Mais especificamente, o princípio da igualdade fiscal apresenta um conteúdo negativo (princípio da igualdade em sentido jurídico ou princípio da universalidade ou da generalidade), que surge como uma concretização do princípio geral da igualdade no domínio fiscal; manifestando-se, também, num conteúdo positivo (princípio da igualdade em sentido económico ou princípio da capacidade contributiva).[75] Por outras palavras, *"o princípio da igualdade exprime-se na simples proibição do arbítrio, ou seja, no mesmo tratamento pela ordem jurídica. Este princípio da igualdade significa que todos os cidadãos (princípio da generalidade) devem contribuir para os encargos na medida dos seus haveres (princípio da capacidade contributiva).*[76] Effec-tivamente, todos deverão contribuir, em igualdade de condições e de acordo com uma determinada medida, medida essa baseada na capacidade económico--financeira de cada um.

A igualdade tem também de ser entendida num sentido material (ou de con-cretização), ou seja, não apenas de forma abstracta e baseia-se, como já vimos, na proibição da utilização dos critérios de discriminação consignados no nº 2 do art. 13º da CRP. De acordo com CASALTA NABAIS[77], a doutrina alemã avança com a ideia de que a concretização do princípio da igualdade poderá – e deverá passar – pelos princípios da universalidade (ou da generalidade) e da totalidade, pois fundamentalmente todos os cidadãos pagarão impostos[78], fazendo-o pela

---

[74] Neste sentido, veja-se por exemplo ALMEIDA, J. Rodrigues de, *Introdução ao direito tributário português,* Almedina, Coimbra, 1997.

[75] Ao princípio da capacidade contributiva contrapõe-se o princípio do benefício, próprio dos tributos bilaterais.

[76] Cfr. CAMPOS, Diogo Leite de e CAMPOS, Mónica Horta Neves Leite de, *"Direito Tributário"* (reim-pressão), Almedina, Coimbra, 1997.

[77] CASALTA NABAIS, José, *O dever fundamental de pagar impostos – contributo para a compreensão consti-tucional do estado fiscal contemporâneo* (reimpressão), Almedina, Coimbra, 2009.

[78] No entanto, uma nota para referir que os critérios da residência e da fonte permitirão excluir "o dever fundamental de pagar impostos" relativamente aos cidadãos nacionais não residentes e

totalidade dos seus bens.[79] Assim, quer as pessoas singulares que se encontrem abrangidas pelos pressupostos da tributação, quer as pessoas colectivas que não se encontrem isentas, apresentam-se como sujeitos passivos do pagamento do tributo, devendo fazê-lo pela totalidade dos seus bens, dos seus rendimentos ou em virtude de outros pressupostos de incidência devidamente previstos em lei anterior ao facto gerador do imposto.

Destarte, a igualdade tributária afigura-se como uma igualdade essencialmente material, tendo por base não apenas a capacidade contributiva, mas também critérios de justiça contributiva e de igualdade substancial, já que a igualdade de sacrifícios implica, por exemplo, a necessidade de se ter adoptado uma tributação dos impostos sobre o rendimento das pessoas singulares, numa base progressiva. Deste modo, o princípio da igualdade poderá ser considerado como uma igualdade perante encargos públicos – ou uma igualdade dos sacrifícios a suportar, dependendo de uma diferente categorização dos contribuintes, colocados em diferentes escalões de rendimento.

Por outras palavras, a tributação deverá ser "uniforme", no sentido em que a repartição dos impostos pelos cidadãos deverá basear-se num mesmo critério para todos, manifestando-se em duas acepções: (i) igualdade na acepção da generalidade, pois todos os cidadãos estão obrigados ao cumprimento do dever de pagar impostos, independentemente de qualquer juízo de valor; (ii) igualdade na acepção da uniformidade, o que significa que todos deverão pagar impostos resultantes da aplicação de um mesmo critério, por forma a atingir-se uma igualdade horizontal, ou seja, pessoas na mesma condição pagam imposto igual e, também, uma igualdade vertical, que significa que pessoas em condição diferente pagam imposto diferente, na medida dessa diferença, encontrada por intermédio do recurso ao princípio da capacidade contributiva.[80]

Finalmente, refira-se que o imposto assume uma natureza incondicional, já que a tributação é uma medida autoritária que, salvo raras excepções, não admite isenções e benefícios, pelo que todos terão de contribuir para a prossecução das finalidades pretendidas pelo legislador. A ideia da generalidade ou

---

que não aufiram qualquer rendimento em território nacional. – Cfr. CASALTA NABAIS, José, *O dever fundamental de pagar impostos – contributo para a compreensão constitucional do estado fiscal contemporâneo* (reimpressão), Almedina, Coimbra, 2009 e, no mesmo sentido, MACHADO, Jónatas E. M. e NOGUEIRA DA COSTA, Paulo, *Curso de Direito Tributário*, Coimbra Editora, 2009.

[79] A justiça material é um princípio fundamental da tributação, aliás tal como previsto no nº 2 do art. 5º da LGT. Além disso, na versão originária do então art. 106º da CRP figurava como primeiro objectivo do sistema fiscal a *"repartição igualitária da riqueza e dos rendimentos"* e apenas em segundo lugar *"a satisfação das necessidades financeiras do Estado"*.

[80] Veja-se, a este propósito, TEIXEIRA RIBEIRO, José Joaquim, *Lições de finanças públicas*, 5ª Edição, Coimbra Editora, 1997.

universalidade apresenta, por um lado, uma função garantística, já que só deverão encontrar-se sujeitos à tributação todos aqueles que, por exemplo, aufiram rendimentos (ou seja, só esses terão possibilidades reais e fácticas para o pagamento dos impostos); e, por outro, uma função solidarística, já que a capacidade contributiva será a medida e o critério a ter em conta para o pagamento dos mesmos.[81]

2.2.2. O princípio da capacidade contributiva

A capacidade contributiva não se confunde com a capacidade tributária, ou seja, a susceptibilidade de se ser sujeito de uma posição jurídica tributária. Efectivamente, a noção de capacidade tributária é uma noção estritamente jurídica, ao passo que a capacidade contributiva é um conceito jurídico-económico que nos indica que todos deverão contribuir para a cobertura das despesas públicas, mas apenas caso detenham rendimento e/ou capital, e na medida destes.

No fundo, a capacidade contributiva (ou, na expressão anglo-saxónica, "*ability to pay*") apresenta-se como um critério da prestação tributária, em abstracto, aparecendo como critério para a fixação dos impostos e dos seus elementos essenciais. O princípio da capacidade contributiva vale não só para os impostos directos, mas também para os impostos indirectos, ou seja, não temos apenas manifestações deste princípio nos impostos sobre ou rendimento, mas também nos impostos sobre a riqueza ou sobre o consumo. A progressividade dos impostos sobre o rendimento (designadamente do IRS) mais não é do que uma afloração do princípio da capacidade contributiva, sendo um instrumento privilegiado de política redistributiva da riqueza e das despesas públicas.[82]

Assim, o princípio da igualdade contempla, na capacidade contributiva, um conteúdo essencialmente positivo, exigindo-se que todos quantos se encontrem numa mesma situação (ou que manifestem uma igual capacidade económica) se submetam a um tratamento fiscal igual, ou seja, a capacidade contributiva entende-se como medida ou critério da distribuição dos encargos, determinando a grandeza de cada uma das contribuições para o erário público.[83]

---

[81] Neste sentido, veja-se SÁ GOMES, Nuno, *Manual de Direito Fiscal*, Vols. I e II, Editora Rei dos Livros, 2003 e FREITAS PEREIRA, Manuel Henrique, *Fiscalidade*, Almedina, Coimbra, 2005.

[82] Sobre a capacidade contributiva veja-se, por exemplo, o contributo de CAMPOS, Gustavo Caldas Guimarães de, "O princípio da capacidade contributiva e as normas de simplificação do sistema fiscal: conflitos e convergências", *in* CAMPOS, Diogo Leite de (coord.), *Estudos de Direito Fiscal*, Almedina, 2007.

[83] No fundo, temos aqui um critério de justiça social. De acordo com as palavras de BACELAR GOUVEIA, *in* "Considerações sobre as constituições fiscais na União Europeia", *Ciência e Técnica Fiscal*, nº 381, 1996, "*o princípio da justiça social é expressamente proclamado nas Constituições alemã, espanhola, francesa e portuguesa, enquanto que, na qualidade de componente do Estado Social de Direito, é reconhecido nas*

Destarte, a CRP estabelece que os impostos deverão ser regulados de harmonia com os encargos familiares [cfr. art. 67º, nº 2, alínea f) da CRP]; sendo que o imposto sobre o rendimento pessoal visa a diminuição das desigualdades e terá em conta as necessidades do rendimento do agregado familiar (art. 104º, nº 1 da CRP); a tributação do património deverá contribuir para a igualdade dos cidadãos (art. 104º, nº 2 da CRP) e, por fim, a tributação do consumo dirigir-se-á a uma adaptação da estrutura do consumo à evolução das necessidades, do desenvolvimento económico e da justiça social, onerando-se, tendencialmente, os consumos de todos aqueles quantos manifestem uma maior capacidade económica (art. 104º, nº 3 da CRP).

2.2.3. A consideração fiscal da família

Tal como já aqui foi sendo aludido, o limite referenciado encontra-se plasmado no art. 67º, nº 2, al. f) da CRP e, de certa forma, no 104º, nº 1 do mesmo diploma. Fundamentalmente, proíbe-se a discriminação desfavorável dos contribuintes casados ou com filhos, devendo evitar-se que por essa razão paguem mais imposto. Ora, de forma a atingir este objectivo: (i) tributa-se conjuntamente a família e tem-se em conta os encargos e rendimentos do agregado familiar; (ii) utiliza-se o mecanismo do *splitting* ou quociente conjugal – previsto no art. 69º do CIRS.

Este último, não sendo uma imposição constitucional, é uma forma de neutralizar o casamento, como concretização do princípio da não discriminação da família.[84] Refira-se também que o mecanismo do quociente conjugal é complementado através de deduções à colecta por cada dependente a cargo – art. 79º do CIRS[85].

Destarte, os sistemas poderão ser de tributação separada ou de tributação conjunta. No caso português, e tal como já aqui indiciamos, adopta-se um sistema de tributação conjunta, pois o imposto é calculado com base no rendimento conjunto do agregado familiar, entendendo-se aqui que a igualdade de tributação se define em relação a agregados familiares e não a sujeitos indivi-

---

Constituições espanhola, holandesa, irlandesa, italiana e portuguesa, densificando-se numa série de normas, normalmente reconhecidas como de natureza programática, que apontam, de uma forma ou de outra, para a prossecução da igualdade material, nomeadamente através da redistribuição da riqueza e do rendimento".

[84] Outros métodos possíveis seriam o da "dupla taxa" (uma tabela de taxas para os casados e outra para os não casados) e o do "quociente familiar" (em que o rendimento é dividido de acordo com o número de membros do agregado familiar, relevando-se como um método altamente vantajoso para as famílias mais numerosas) – cfr. MORAIS, Rui Duarte, *Sobre o IRS*, 2ª Edição, Almedina, Coimbra, 2008.

[85] Para maiores desenvolvimentos, vide FREITAS PEREIRA, Manuel Henrique, *Fiscalidade*, Almedina, Coimbra, 2005.

dualmente considerados. O objectivo é que agregados com rendimentos iguais paguem o mesmo imposto, independentemente do modo como este se encontre distribuído entre os cônjuges; ao passo que uma tributação separada da família ignoraria este critério de equidade, equiparando a situação dos membros de agregados familiares a indivíduos isolados com o mesmo rendimento[86].

No fundo, o método do quociente conjugal consiste numa operação tendente a encontrar o rendimento *per capita*, tendo em conta a tributação do casal como uma unidade, em igualdade (em termos de tratamento fiscal) comparativamente com outros casais que obtenham rendimentos semelhantes, e independentemente da imputação que se faça a cada um dos cônjuges; consiste em dividir por dois o rendimento global do casal (após as respectivas deduções), pelo que se chegará à taxa de imposto aplicável ao quociente conjugal obtido, determinando-se assim o imposto correspondente a metade do rendimento (n.º 1 do art. 69.º do CIRS). Depois, há que multiplicar esse valor por dois (n.º 2 da mesma disposição), chegando-se assim ao montante de imposto devido pelo casal considerado. Assim, o rendimento global do casal é tributado à taxa aplicável a metade desse rendimento (ficcionando-se que ambos os cônjuges auferem igual rendimento), evitando-se que a taxa de imposto possa subir e eliminando-se assim o incentivo fiscal ao divórcio ou ao não casamento. Um efeito perverso poderá verificar-se quando os rendimentos dos cônjuges sejam muito díspares, ou seja, quando um deles apresenta maior concentração de rendimento[87].

Quanto às pessoas que, vivendo em união de facto, preencham os pressupostos constantes da lei respectiva[88], estes poderão optar pelo mesmo regime de tributação aplicável aos sujeitos passivos casados e não separados judicialmente de pessoas e bens.

---

[86] Cfr. GRILLET-PONTON, Dominique, *La famille et le fisc*, Paris, Presses Universitaires de France, 1998; PALAO TABOADA, Carlos, *La unidad familiar como sujeto fiscal* (relatório apresentado no âmbito das IX Jornadas Luso-Hispano-Americanas de estudos tributários, 1980; ver ainda OCDE, *L'imposition du revenu des personnes physiques dans un contexte économique en évolution*, Paris, 1986.

[87] Discute-se (cfr. MORAIS, Rui Duarte, *Sobre o IRS*, 2ª Edição, Almedina, Coimbra, 2008) se deverá ser considerada como aceitável tal situação para efeitos de tributação. Effectivamente, o CIRS previa que quando um dos cônjuges fosse titular de pelo menos 90% do rendimento total, o método a utilizar deveria ser o do "quociente conjugal mitigado", ou seja, o rendimento total do casal seria dividido por 1,90, aplicando-se as respectivas taxas ao quociente obtido, sendo depois o resultado multiplicado por dois com a finalidade de apuramento da colecta, ou seja, do imposto a pagar. No entanto, posteriormente, o recurso a este método foi abolido.

[88] O diploma de base para protecção das pessoas que vivam em união de facto é a Lei 7/2001, tendo a Lei 23/2010 de 30 de Agosto (novo regime da união de facto) procedido a relevantes alterações a esse diploma de base.

2.2.4. O princípio do respeito pelos direitos fundamentais

A ordem constitucional tributária baseia-se também na exigência do respeito pelos direitos, liberdades e garantias e pelos direitos económicos, sociais e culturais dos contribuintes – pessoas singulares ou colectivas. Aliás, esta importância não é exclusiva do Direito Fiscal, já que os direitos fundamentais primam sobre todas as normas e actos do sistema jurídico. Deste modo, *"a relação do sistema tributário com os direitos fundamentais exige: 1) que o sistema fiscal não viole os direitos, liberdades e garantias; 2) que o sistema não viole os direitos económicos, sociais e culturais: 3) que o sistema fiscal financie a realização satisfatória dos direitos fundamentais em geral; 4) que o sistema fiscal proteja os direitos fundamentais de agressões através do mercado."*[89]

O próprio sistema fiscal deverá ser pensado por referência às finalidades substantivas de protecção e promoção dos direitos fundamentais, sendo estas finalidades indissociáveis da tributação, pois o Estado deverá desempenhar as suas funções ao serviço dos direitos de todos os cidadãos.

A necessidade da protecção dos direitos fundamentais observa-se essencialmente face a problemas tais como a racionalidade económica, a necessidade de justiça social e a eficácia administrativa do sistema fiscal, factores que deverão ser vistos como questões fundamentais da ordem democrática. A procura do justo equilíbrio entre a eficácia fiscal, o crescimento económico e a protecção dos direitos dos cidadãos deverá subordinar o sistema fiscal e os seus valores principais, sendo a CRP o ponto de partida e a condição essencial de tal legitimação.

3. O Estado Social e a extra-fiscalidade

Com o advento do Estado Social a extra-fiscalidade tem vindo a adquirir um papel extremamente relevante. Assim, *"(...) a utilização dos impostos ou dos benefícios fiscais com o objectivo principal de obtenção de resultados económicos e sociais, portanto como um instrumento de política económica ou social, tornou-se um fenómeno normal ou corrente com a instauração do estado social."*[90]

Ora, não obstante a actividade financeira do Estado, bem como a natureza Fiscal do Estado português (pois, em princípio, as normas fiscais servem o propósito da obtenção de receitas), surge a extra-fiscalidade com carácter de excepção à regra dos impostos de natureza fiscal e das normas jurídicas de incidência dos mesmos. A extra-fiscalidade apresenta-se como uma solução intervencionista atenta a natureza (também) social do Estado, revelando-se na presença de algumas considerações económico-sociais nas normas de incidência, bem como

---

[89] MACHADO, Jónatas E. M. e NOGUEIRA DA COSTA, Paulo, *Curso de Direito Tributário*, Coimbra Editora, 2009, p. 45.
[90] Trecho de um dos textos de CASALTA NABAIS, in *Estudos de Direito Fiscal (por um estado fiscal suportável)*, Almedina, 2005, p. 134.

no relevo da assunção das finalidades extra-fiscais como metas secundárias ou acessórias dos impostos.

Ao nível constitucional encontramos este fenómeno em diversas normas, designadamente nos art.s 66º, nº 2, alínea h) (versando-se sobre compatibilização da política fiscal com a protecção ambiental e da qualidade de vida); art. 81º, alínea b) (ao se impor que a política fiscal contribua para a justiça social, a igualdade de oportunidades e a correcção das desigualdades) e, por exemplo, art. 103º, nº 1 (ao considerar-se como objectivo secundário do sistema fiscal a repartição justa dos rendimentos e da riqueza).

A situação paradigmática de um certo equilíbrio entre os objectivos fiscais e extra-fiscais passa pelo direito fiscal ecológico, ou seja, o direito fiscal relativo aos eco-impostos ou eco-tributos, em que a obtenção de receitas se conjuga com a modelação dos comportamentos ecológicos dos indivíduos e das empresas, penalizando os comportamentos anti-ecológicos e favorecendo os comportamentos em prol do ambiente.

Também quanto aos benefícios fiscais, sendo estes potenciadores de determinados comportamentos dos indivíduos, podemos dizer que terão uma finalidade que não a da pura obtenção de receitas para fazer face às despesas. Esta ideia encontra-se plasmada no art. 2º do Estatuto dos Benefícios Fiscais (EBF)[91], onde se considera tais benefícios como medidas de carácter excepcional, sendo instituídas *"para tutela de interesses públicos extra-fiscais relevantes que sejam superiores aos da própria tributação que impedem"*. Além disso, no nº 3 do mesmo art. 2º do EBF, claramente se admite que são despesas quantificáveis no orçamento, logo, a sua finalidade principal não passa por objectivos puramente fiscais, de arrecadação de impostos, traduzíveis em receitas, situação que resulta do facto de a concessão de benefícios fiscais passar por objectivos vários de investigação e desenvolvimento (I&D), ambiente, poupança, emprego, formação, cultura e solidariedade.[92]

4. Balanço

Não obstante a natureza eminentemente fiscal do Estado português, ou seja, o facto de o Estado português privilegiar a obtenção de receitas (essencialmente através da cobrança de impostos) com vista a satisfazer as necessidades colectivas, verifica-se que esta actividade financeira do Estado e as próprias normas de incidência tributária se encontram limitadas pela nossa Lei Fundamental, sur-

---

[91] Decreto-Lei nº 215/89, de 01 de Julho, com as posteriores alterações.
[92] Em jeito de crítica sobre a lógica subjacente aos benefícios fiscais, veja-se, por exemplo, ANJOS AZEVEDO, Patrícia, "O princípio da transparência: entraves e algumas manifestações e soluções práticas", *Os 10 anos de investigação do CIJE – Estudos Jurídico-Económicos*, Almedina, 2010.

gindo uma "constituição fiscal" dotada de normas e princípios gerais, que servem como limitação a eventuais arbítrios e abusos por parte do poder político e da própria administração, nas suas tarefas directa ou indirectamente relacionadas com o âmbito tributário. A doutrina costuma dividir as restrições constitucionais em limites formais e materiais à tributação, apesar de a sua "arrumação" não ser pacífica, essencialmente dadas as diferentes subdivisões que poderão ser adoptadas, existindo porventura algumas que consumirão certos pontos, retirando--lhes autonomia.

Destarte, neste nosso contributo, e apesar das diferentes formas de abordagem, começamos por destacar o princípio da legalidade tributária como primeiro e mais importante limite formal à tributação, uma vez que serve como principal garantia dos cidadãos, ao verificar-se que os impostos só poderão ser criados por Lei (da Assembleia da República) ou Decreto-Lei (do Governo), desde que devidamente autorizado, devendo as normas de incidência conter todos os elementos essenciais dos impostos, sob pena de inobservância do princípio da tipicidade, essencial em matéria tributária.

A não retroactividade das normas tributárias surge também como limite formal à tributação, prescrevendo que não poderão surgir normas que produzam efeitos reportados a situações anteriores à data da sua entrada em vigor, pois tal facto configuraria um grave atentado ao princípio da certeza e segurança jurídicas, bem como à tutela da confiança e das legítimas expectativas dos cidadãos – aliás, um outro limite formal à tributação, que decidimos autonomizar para podermos referir-nos também ao princípio da publicidade das normas fiscais, ao princípio da anualidade dos tributos, ao princípio da proporcionalidade e à legitimidade dos fins da tributação.

Como último limite formal à tributação, optamos por abordar de forma individualizada o princípio da proibição do referendo em matéria fiscal que, relacionando-se com o princípio da legalidade, prescreve que as matérias de conteúdo orçamental, tributário ou financeiro não poderão questionar-se aos cidadãos, dado o elevado grau de delicadeza, conflitualidade e tensão social que estas questões poderão implicar.

Por seu turno, e já quanto aos limites materiais à tributação, começamos por abordar o princípio da igualdade e da universalidade, nos termos do qual todos deverão em princípio encontrar-se sujeitos ao pagamento de impostos, sendo eventuais diferenças corrigidas com recurso ao princípio da capacidade contributiva – um outro limite material à tributação. Assim, cada um contribuirá de acordo com as suas "possibilidades": no caso da fiscalidade directa, esta ideia encontra-se plasmada na tributação com base numa estrutura progressiva.

A nossa Lei Fundamental tem também em conta a unidade familiar como limite material à tributação, optando-se por um sistema de tributação conjunta e concretizando-se o princípio da não discriminação da família, através do mecanismo do *splitting* ou quociente conjugal.

Um último limite material prende-se com o respeito pelos direitos fundamentais, em geral, uma vez que o próprio sistema fiscal deverá pautar-se pela promoção de tais direitos, sejam eles de primeiro, de segundo grau ou até de terceiro grau, não devendo o sistema fiscal, por exemplo, ser tão atentatório do direito de propriedade dos cidadãos, que revista uma natureza confiscatória.

Finalmente, reservamos algumas notas para os fenómenos do Estado Social e da extra-fiscalidade, já que por vezes são tidas em conta outras finalidades que não a da pura tributação (com o objectivo único de fazer face às despesas), destacando-se de entre as finalidades extra-fiscais certas prioridades ambientais, de justiça social, de justa repartição dos encargos e da riqueza, bem como de incentivos vários ao emprego, formação, cultura, etc., materializados por exemplo na concessão de benefícios fiscais, aliás, uma das excepções ao princípio da universalidade na tributação.

BIBLIOGRAFIA

ALMEIDA, J. Rodrigues de, *Introdução ao direito tributário português*, Almedina, Coimbra, 1997.

ANJOS AZEVEDO, Patrícia, "O princípio da transparência: entraves e algumas manifestações e soluções práticas", *Os 10 anos de investigação do CIJE – Estudos Jurídico-Económicos*, Almedina, 2010.

ANTONINI, Luca, *Dovere Tributario, Interesse Fiscale e Diritti Constituzionali*, Giuffrè, 1996.

BRÁS CARLOS, Américo Fernando, *Impostos (Teoria Geral)*, 3ª Edição (actualizada), Almedina, 2006.

CAMPOS, Diogo Leite de e CAMPOS, Mónica Horta Neves Leite de, *"Direito Tributário"* (reimpressão), Almedina, Coimbra, 1997.

CAMPOS, Diogo Leite de, "As três fases de princípios fundamentantes do Direito Tributário", *O Direito*, ano 139º, 2007, I.

CAMPOS, Gustavo Caldas Guimarães de, "O princípio da capacidade contributiva e as normas de simplificação do sistema fiscal: conflitos e convergências", *in* CAMPOS, Diogo Leite de (coord.), *Estudos de Direito Fiscal*, Almedina, 2007.

CARDOSO DA COSTA, José Manuel, *Curso de Direito Fiscal*, Coimbra, 1972.

CASALTA NABAIS, José, *O dever fundamental de pagar impostos – contributo para a compreensão constitucional do estado fiscal contemporâneo* (reimpressão), Almedina, Coimbra, 2009.

CASALTA NABAIS, José, *Direito Fiscal*, 6ª edição, Almedina, Coimbra, 2010.

CASALTA NABAIS, José, *Estudos de Direito Fiscal (por um estado fiscal suportável)*, Almedina, 2005.

CASALTA NABAIS, José, "O princípio do Estado Fiscal", *in Estudos Jurídicos em Homenagem ao Professor João Lumbrales*, Faculdade de Direito da Universidade de Lisboa, Coimbra Editora, 2000.

CRUZ, José Neves, *Economia e Política: Uma abordagem dialéctica da escolha pública*, Coimbra Editora, 2008.

FAVEIRO, Vítor *Noções Fundamentais de Direito Fiscal Português*, I Vol., Coimbra Editora, 1986.

FREITAS PEREIRA, Manuel Henrique, *Fiscalidade*, Almedina, Coimbra, 2005.

GOUVEIA, Jorge Bacelar, "Considerações sobre as constituições fiscais na União Europeia", *Ciência e Técnica Fiscal*, nº 381, 1996.

GOUVEIA, Jorge Bacelar, "A proibição da retroactividade da norma fiscal na constituição portuguesa", *in* AA.VV., *Problemas fundamentais do direito tributário*, Vislis Editores, 1999.

GRILLET-PONTON, Dominique, *La famille et le fisc*, Paris, Presses Universitaires de France, 1998.

HENRI DENIS, *História do Pensamento Económico*, (tradução de António Borges Coelho), Lisboa, 1993.

LEITE DE CAMPOS, SILVA RODRIGUES e LOPES DE SOUSA, *Lei Geral Tributária – comentada e anotada*, Vislis, 2000.

MACHADO, Jónatas E. M. e NOGUEIRA DA COSTA, Paulo, *Curso de Direito Tributário*, Coimbra Editora, 2009.

MARTÍNEZ, Pedro Soares, *Direito Fiscal*, 7ª Edição, Almedina, Coimbra, 1993.

MENDES, Maria de Fátima Abrantes, *Lei orgânica do regime do referendo – actualizada, anotada e comentada*, Comissão Nacional de Eleições, 2006.

MORAIS, Rui Duarte, *Sobre o IRS*, 2ª Edição, Almedina, Coimbra, 2008.

OCDE, *L'imposition du revenu des personnes physiques dans un contexte économique en évolution*, Paris, 1986.

OLIVEIRA ASCENÇÃO, José, *O Direito: introdução e teoria geral – uma perspectiva luso-brasileira*, 11ª edição, Almedina, Coimbra, 2001.

PALAO TABOADA, Carlos, *La unidad familiar como sujeto fiscal* (relatório apresentado no âmbito das IX Jornadas Luso-Hispano-Americanas de estudos tributários, 1980.

SÁ GOMES, Nuno, *Manual de Direito Fiscal*, Vols. I e II, Editora Rei dos Livros, 2003.

SÁ GOMES, Nuno, "O princípio da segurança jurídica na criação e aplicação do imposto", *Ciência e Técnica Fiscal*, nº 371, 1993.

SALDANHA SANCHES, José Luís, *Justiça Fiscal*, Fundação Francisco Manuel dos Santos, 2010.

SALDANHA SANCHES, José Luís, *Manual de Direito Fiscal*, 2ª Edição, Coimbra Editora, Coimbra, 2002.

SALDANHA SANCHES, José Luís, "A reforma fiscal portuguesa numa perspectiva constitucional", *Ciência e Técnica Fiscal*, nº 354, Abril-Junho de 1989.

TEIXEIRA, Glória, *O Estado e os impostos – comentário crítico, Teoria do Estado contemporâneo*, Verbo, 2003.

TEIXEIRA RIBEIRO, José Joaquim, *Lições de finanças públicas*, 5ª Edição, Coimbra Editora, 1997.

URBANO, Maria Benedita Malaquias Pires, "O referendo – perfil histórico-evolutivo do instituto; configuração jurídica do referendo em Portugal", *Boletim da Faculdade de Direito da Universidade de Coimbra – Stvdia Ivridica*, nº 30, Coimbra Editora, 1998.

XAVIER, Alberto, *Conceito e Natureza do Acto Tributário*, Coimbra, 1972.

XAVIER, Alberto, *Manual de Direito Fiscal*, Faculdade de Direito de Lisboa, 1981.

Contributo para a análise dos arts. 41º, 42º, 46º, 47º e 48º do Regime Geral das Infracções Tributárias à luz da Constituição e do Processo Penal Comum

PATRÍCIA HELENA LEAL CORDEIRO DA COSTA

Juíza de Direito (Círculo Judicial)

SUMÁRIO: 1. Introdução. 2. Do art. 46º do Regime Geral das Infracções Tributárias e da sua relação com o art. 41º, nº 3 do mesmo diploma. 3. Dos arts. 42º, 47º e 48º do RGIT. 4. Referência breve à Jurisprudência Portuguesa 5. Conclusão.

1. Introdução

Tal como refere Germano Marques da Silva[1], uma das preocupações do legislador do Regime Geral das Infracções Tributárias (RGIT)[2] "foi reduzir ao mínimo as especialidades do processo penal tributário, aplicando subsidiariamente o processo penal comum".

No entanto, entre essas especialidades contam-se nomeadamente as resultantes "das particularidades do sistema tributário, nomeadamente no que respeita à suspensão da prescrição e às questões prejudiciais".

A compatibilização das regras processuais penais gerais contidas no Código de Processo Penal (CPP) com as regras específicas previstas no RGIT pode suscitar, em alguns casos, várias questões para cuja solução, pensamos nós, se deve convocar nomeadamente a natureza específica do direito penal tributário.

Com o presente estudo, pretende-se alertar para alguns pontos susceptíveis de gerar controvérsia, nomeadamente em face da prática judiciária já verificada, bem como indicar algumas pistas para alcançar a solução que se julga mais ade-

---

[1] GERMANO MARQUES DA SILVA, Direito Penal Tributário, Universidade Católica Portuguesa, 2009, pags. 149 e seguintes.
[2] Aprovado pela Lei nº 15/2001, de 5 de Junho.

quada à prossecução das finalidades que estiveram na base das normas legais em apreço.

* * *

2. Do art. 46º do Regime Geral das Infracções Tributárias e da sua relação com o art. 41º, nº 3 do mesmo diploma

Nos termos do art. 46º do RGIT, para efeitos deste diploma, as regras relativas à competência por conexão previstas no CPP valem exclusivamente para os processos por crimes tributários da mesma natureza.

Valerá isto por dizer que desta norma legal resulta que as regras da conexão não podem motivar a apreciação, no mesmo processo, de crimes tributários e crimes previstos no Código Penal ou em legislação avulsa?

É o que defendem nomeadamente Jorge Lopes de Sousa e Manuel Simas Santos[3].

Tendemos a concordar com este entendimento. Na realidade, se a conexão apenas pode funcionar entre processos por crimes tributários da mesma natureza, por maioria de razão não pode operar entre processos por crimes tributários e processos por crimes comuns, previstos no Código Penal ou em legislação avulsa.

Tal já sucedia, aliás, no anterior regime, pois que o art. 49º do Regime Jurídico das Infracções Fiscais não Aduaneiras (RJIFNA)[4] dispunha que, para efeitos desse diploma, as regras relativas à competência por conexão previstas no CPP valiam exclusivamente para os processos penais fiscais entre si.

O RGIT foi mais longe na restrição à conexão de processos, pois exige ainda que os crimes tributários sejam da mesma natureza para poder haver uma tal conexão.

Assim, se atendermos ao elemento literal, verificamos que a norma contida no mencionado art. 46º exige a verificação cumulativa de dois requisitos para que possa haver conexão de processos: que os processos respeitem a crimes tributários; que esses crimes tributários tenham a mesma natureza.

Se o legislador quisesse que tais regras relativas à competência por conexão fossem aplicáveis quando estivessem em causa crimes tributários e crimes comuns, não teria, cremos nós, usado o vocábulo "tributários" para qualificar os crimes que admitem aquela conexão.

---

[3] Jorge Lopes de Sousa/Manuel Simas Santos, Regime Geral das Infracções Tributárias Anotado, 2ª edição, 2003, Áreas Editora, pag. 357.
[4] Aprovado pelo Decreto-Lei nº 20-A/90, de 15 de Janeiro.

Por outro lado, não vemos como, sempre ressalvada a devida vénia por entendimento diverso, a expressão *"Para efeitos do presente diploma"* signifique que quando estejam em causa crimes tributários e crimes comuns a conexão entre eles é possível.

O que a letra da lei diz, a nosso ver, é o seguinte: quando estejam em causa crimes previstos no RGIT ("Para efeitos do presente diploma"), só pode haver conexão de processos quanto a processos por crimes tributários, e, sendo tributários, da mesma natureza.

Pensamos não colher o argumento de que se estaria ir além do RGIT por forma não querida pela lei (através da expressão "Para efeitos do presente diploma") se se entender que esta não quis admitir a conexão entre processos relativos a crimes tributários e processos relativos a crimes não tributários. Afinal, é a própria norma consagrada no art. 46º do RGIT que invoca expressamente o CPP no seu texto.

Aliás, se não se entendesse que a lei proíbe a conexão entre processos por crimes tributários e processos por crimes comuns, então não se perceberia a necessidade do legislador consagrar a solução que ficou plasmada no nº 3 do art. 41º do RGIT, pois caso a conexão entre crimes tributários e crimes comuns fosse admitida, o inquérito podia iniciar-se logo para investigação de ambas as espécies de crime, ficando os actos de inquérito relativos a cada uma das espécies de crimes a cargo das entidades policiais respectivas no caso de delegação.

Se algo é comprovado pelo nº 3 do art. 41º do RGIT é, em nosso entender, que a regra é a da não conexão entre processos relativos a crimes tributários e crimes comuns.

Veja-se, com interesse, o Acórdão do Tribunal da Relação do Porto de 24 de Janeiro de 2007[5], onde se diz o seguinte: "O RGIT consagra, na al. a) do seu art. 3º, a aplicação subsidiária, para os crimes e seu processamento, (nomeadamente) das disposições do CPP. No entanto, no seu art. 46º, estabelece uma restrição à aplicação das regras processuais penais relativas à competência por conexão, limitando a sua validade aos processos por crimes tributários da mesma natureza". Mais à frente, reforça-se a necessidade de, para haver conexão, ambos os crimes terem de ser tributários: "Assim, há que determinar previamente se aqueles crimes, **ambos crimes tributários**, têm ou não a mesma natureza" (realce nosso).

No mesmo sentido, João Ricardo Catarino e Nuno Victorino[6]: "A circunstância de o preceito sob anotação limitar a aplicabilidade das regras da conexão

---

[5] Na Internet em www.dgsi.pt, documento nº RP200701240615426.
[6] João Ricardo Catarino/Nuno Victorino, Regime Geral de Infracções Tributárias Anotado, Vislis Editores, 2004, pag. 303.

aos crimes tributários significa, *a contrario*, que as mesmas não valem para os processos de contra-ordenação fiscal" (realce nosso).

O argumento por maioria de razão reforça a interpretação apoiada no elemento literal: na realidade, se mesmo quanto aos crimes tributários é exigido que sejam da mesma natureza para que possa haver conexão de processos, então, por maioria de razão, não poderá haver tal conexão quando em causa estejam crimes não tributários.

Efectivamente, as objecções que se colocam à conexão entre processos relativos a crimes tributários de natureza diferente – e que adiante melhor detalharemos quando apelarmos ao argumento teleológico da interpretação – são mais prementes quando perante processos relativos a crimes tributários e processos relativos a crimes comuns.

A esta interpretação não se opõem, a nosso ver, quaisquer objecções decorrentes da inserção lógico-sistemática da norma consagrada no art. 46º do RGIT, sendo certo ainda que o nº 3 do art. 41º do mesmo diploma não constitui, na nossa opinião, uma excepção à regra prevista neste art. 46º.

Isto pelos seguintes motivos:

– o art. 46º não faz nenhuma restrição ou excepção ao regime que consagra, nomeadamente não utilizando a expressão *"sem prejuízo do disposto no art. 41º, nº 3"* ou outra semelhante;
– por outro lado, analisando a inserção sistemática das duas disposições legais, conclui-se que o art. 41º se refere exclusivamente à fase de investigação, enquanto que o art. 46º se refere ao processo penal tributário em geral. E, se razões há que eventualmente justifiquem uma investigação – enquanto fase de recolha de informação e de meios de prova – conjunta nos casos previstos no art. 41º, nº 3, porém, atentas as especificidades próprias do processo penal tributário, já não será assim pelo menos no que respeita às fases subsequentes do processo.

Neste sentido, Paulo José Rodrigues Antunes[7]: "O anterior art. 49º do RJIFNA também não permitia a conexão com crimes comuns, sendo que, a haver investigação comum, pode ser caso de determinar ou requerer a juízo a separação de processos, nos termos do art. 30º do CPP".

Finalmente, parece-nos que se o art. 41º, nº 3 for interpretado no sentido de, decidindo o Ministério Público pela constituição de "equipas mistas" quando o mesmo facto constituir crime tributário e crime comum, tal determinará a cone-

---

[7] Paulo José Rodrigues Antunes, Infracções Fiscais e seu Processo, Regime Geral Anotado, 2ª Edição, Liv. Almedina, 2004, pag. 83.

xão dos processos relativos a tais crimes tributários e crimes comuns, tal norma, assim interpretada, é *inconstitucional*, por violar o princípio do juiz legal consagrado no art. 32º, nº 9 da Constituição da República Portuguesa (CRP).

Na realidade, nos termos do nº 3 do art. 41º, se o mesmo facto constituir crime tributário e crime comum ou quando a investigação do crime tributário assuma especial complexidade, o Ministério Público *pode* determinar a constituição de equipas também integradas por elementos a designar por outros órgãos de polícia criminal para procederem aos actos de inquérito.

Ora, o poder de constituição das referidas "equipas mistas" é um poder discricionário, não estando previstos na lei, de forma geral, abstracta, e vinculada, os casos em que tais "equipas mistas" serão ou não constituídas – cabendo ao Ministério Público optar, de acordo com um juízo discricionário, se as constitui ou não.

Conforme referem J. J. Gomes Canotilho e Vital Moreira[8], o princípio do juiz natural comporta várias dimensões fundamentais, uma das quais é a da exigência de determinabilidade, exigência esta que, em nosso entender, não se encontra satisfeita no nº 3 do art. 41º do RGIT caso seja o mesmo interpretado nos moldes acima referidos.

* * *

Tal como acima se referiu, haverá eventualmente razões que, em determinado caso concreto, justificarão uma investigação conjunta nos casos previstos no art. 41º, nº 3 do RGIT. Porém, como também logo se assinalou, atentas as especificidades próprias do processo penal tributário – de onde avulta, desde logo, o regime especial previsto nos arts. 47º e 48º daquele diploma –, já nos parece ser mais adequada a tramitação separada dos processos de crimes tributários relativamente aos crimes não tributários.

Assim, existem fundados motivos que justificam que não haja conexão de processos entre, por exemplo, processos de abuso de confiança fiscal e processos de abuso de confiança contra a segurança social – são, desde logo, diferentes as entidades a quem se presume delegada a investigação e, por outro lado, quis-se evitar a existência de processos excessivamente grandes ou complexos, de difícil gestão[9].

---

[8] J. J. Gomes Canotilho/Vital Moreira, Constituição da República Portuguesa Anotada, Coimbra Editora, 3ª edição revista, pag. 207.

[9] Nesta última parte, cfr. João Ricardo Catarino/Nuno Victorino, obra citada, pag. 302.

Ainda na fase de inquérito do processo penal fiscal, encontram-se outras especialidades na sua regulamentação legal que aconselham uma solução que não permita a conexão com crimes comuns.

Assim, no art. 42º, nº 2 do RGIT, prevê-se que, no caso de ser intentado procedimento, contestação técnica aduaneira ou processo tributário em que se discuta situação tributária de cuja definição dependa a qualificação criminal dos factos, não será encerrado o inquérito enquanto não for praticado acto definitivo ou proferida decisão final sobre a referida situação tributária, suspendendo-se, entretanto, o prazo a que se refere o nº 1 do art. 41º.

Esclareça-se que, em nosso entender, este nº 2 do art. 42º é aplicável ao inquérito em geral, quer esteja avocado pelo Magistrado do Ministério Público quer esteja delegado. Na realidade, a norma refere que não será "encerrado o inquérito" e, como o inquérito apenas pode ser encerrado por decisão proferida pelo Magistrado do Ministério Público, conclui-se pois que esta norma é aplicável em ambos os casos.

Ainda no âmbito do art. 42º, prevê o seu nº 4 que não serão concluídas as investigações enquanto não for apurada a situação tributária ou contributiva da qual dependa a qualificação criminal dos factos, cujo procedimento tem prioridade sobre todos os outros da mesma natureza.

Considerando que refere esta norma o termo "procedimento", temos por seguro que tal "procedimento" é o procedimento tributário, levado a cabo pela Administração Tributária, de apuramento da matéria colectável e de liquidação do imposto em falta.

Tal norma está intimamente ligada com o art. 47º do RGIT, conforme salientam Ricardo Catarino e Nuno Victorino[10]: "As consequências lógicas dos números 2 e 4 do preceito em anotação, resultantes da preocupação do legislador em apurar a verdade material tributária no seu local próprio (ou seja, no órgão jurisdicional ou técnico especializado), resultam na atribuição do efeito suspensivo ao processo penal tributário até ao trânsito em julgado das sentenças proferidas nos processos de impugnação judicial ou oposição à execução que lhe deram causa, devendo estes ser tramitados prioritariamente em relação a outros da mesma espécie (artigo 47º do RGIT) e na consagração do caso julgado no processo penal, das sentenças proferidas nos processos de impugnação judicial ou oposição à execução".

Mais adiante, referem que a razão de ser do regime do desta norma "radica na necessidade de, para efeitos de apuramento da responsabilidade criminal, ser necessário conhecer os termos da relação substantiva. Ora, esta, só se torna definitivamente conhecida com o trânsito em julgado da sentença em processo

---

[10] João Ricardo Catarino/Nuno Victorino, obra citada, pag. 298.

de impugnação judicial ou da decisão em oposição à execução fiscal. Só assim se compreende que os factos e o direito nelas fixado constitua caso julgado no processo crime, tal como resulta do art. 48º deste RGIT (...)"[11].

E acrescentam ainda[12]: "Nos casos em que a investigação criminal compete à Polícia Judiciária, torna-se necessário que o funcionário designado pela Administração Tributária, em função do tipo de crime em causa e que assiste àquela Polícia no âmbito da investigação em curso (artigo 1º do DL nº 304/2002, de 13 de Dezembro, que altera o artigo 5º do DL 275-A/2000, de 9 de Novembro, adicionando-lhe um nº 5) proceda rapidamente ao apuramento e liquidação da prestação tributária em dívida de forma a obviar à caducidade do direito à liquidação dos tributos. Compete hoje à Polícia Judiciária a investigação criminal dos crimes tributários de valor superior a € 500.000, quando assumam especial complexidade, forma organizada ou carácter transnacional, nos termos do disposto no DL nº 93/2003, de 30 de Abril. Porque as necessidades da realização do Estado de direito não se confinam à punição dos infractores, mas com igual intensidade, à prossecução dos superiores fins constitucionais de tributação da riqueza em vista à sua justa repartição, estabelece-se, no nº 3 do seu artigo 3º, a obrigatoriedade de o Ministério Público assegurar o cumprimento do disposto no nº 4 do artigo 42º deste RGIT, isto é, de comunicar, até ao encerramento do inquérito, nos crimes de competência reservada da Polícia Judiciária, os elementos necessários ao apuramento da situação tributária ou contributiva dos infractores, **sem o que as investigações não podem ser concluídas**" (realce nosso).

Ou seja, todas as normas referidas – arts. 42º, nº 2 e nº 4 e 47º do RGIT – prevêem casos em que o processo penal tributário se suspende, aguardando o apuramento definitivo da situação tributária ou contributiva dos infractores.

Ora, tal suspensão não é compatível com o processo penal por crimes não tributários, não se justificando, pensamos nós, que este último fique a aguardar que seja proferida a decisão definitiva que faça aquele apuramento.

Tudo isto sendo certo que, atento o quadro legal agora em apreço, não nos restam dúvidas – por razões que adiante melhor se explicitarão – que a suspensão prevista no art. 47º do RGIT é efectivamente obrigatória, sendo o art. 47º uma norma especial em face do art. 7º do CPP.

---

[11] João Ricardo Catarino/Nuno Victorino, obra citada, pag. 305.
[12] João Ricardo Catarino/Nuno Victorino, obra citada, pag. 298, com referência à legislação então em vigor, sendo certo que, entretanto, a Lei 37/2008, de 6 de Agosto, revogou o art. 5º do Decreto-Lei 275-A/2000. De todo o modo, nos termos do art. 3º, nº 3 do Decreto-Lei nº 93/2003, de 30 de Abril, "Até ao encerramento dos inquéritos relativos a crimes tributários cuja competência para a respectiva investigação esteja reservada à Polícia Judiciária, o Ministério Público assegurará o cumprimento do disposto no nº 4 do artigo 42º do RGIT".

Outra questão que se deve ter especialmente em atenção, nesta matéria, prende-se com a circunstância de saber qual o verdadeiro campo de aplicação do referido art. 41º, nº 3 do RGIT.

Na realidade, se bem atendermos à sua formulação, verificar-se-á que aquele nº 3 do art. 41º apenas é aplicável quando o **mesmo facto** constitui crime tributário e crime comum.

Nessa decorrência, tal normativo não terá aplicação quando se verifique que, por exemplo, o facto que constitui o cerne dos crimes tributários investigados é a ocultação e/ou alteração de factos e/ou valores nos termos previstos nos arts. 103º e 104º do RGIT, enquanto que os restantes factos investigados estão fora desse âmbito (como tráfico de estupefacientes, tráfico de pessoas, lenocínio, etc.). Sendo, pois, diversos os factos, não tem sequer aplicação, em nossa opinião, o disposto no art. 41º, nº 3 do RGIT nesses casos, que apenas permite a investigação conjunta quando o mesmo facto constitui crime tributário e crime comum.

Aliás, se os valores/factos eventualmente ocultados/alterados foram gerados por crimes comuns da natureza dos apontados, então dificilmente se equacionaria que a omissão de tais valores constituísse um crime fiscal, pois que tais valores necessariamente teriam de ser declarados perdidos, **na sua íntegra**, a favor do Estado nos termos dos arts. 109º e 111º do Código Penal – deixando assim de haver objecto de incidência de imposto.

Quanto a esta última parte, não se ignora o disposto no art. 10º da Lei Geral Tributária (LGT).

Porém, entendemos que tal regime não se aplica às situações de ilícito penal **absoluto** (como, por exemplo, os rendimentos provenientes do exercício de prostituição de menores, tráfico de pessoas ou de estupefacientes). Nestes casos de proibição penal absoluta da actividade que gerou os rendimentos, a consequência é a perda destes, na sua íntegra, para o Estado.

A ilicitude a que se refere o art. 10º da LGT será apenas a ilicitude civil e eventualmente a ilicitude penal relativa (ex: falta de autorização legal para a transmissão de certos bens)[13].

* * *

Verificando-se uma situação de conexão ilegal por violação do art. 46º do RGIT, cremos que tal deverá determinar a declaração de incompetência do Tribunal, por violação das regras de conexão de processos, quanto aos crimes de dife-

---

[13] A este respeito, cfr. PAULO MARQUES, Revista de Doutrina Tributária, 1º trimestre de 2002, na Internet em http://www.doutrina.net/p/Revista_de_Doutrina_Tributaria/rdt_01/artigo_03.htm.

rente natureza – isto mesmo que, por hipótese, tenha havido decisão anterior de saneamento do processo que nada tenha decidido, **em concreto**, a esse respeito.

Na realidade, a competência é um dos pressupostos processuais que ao Tribunal cumpre conhecer oficiosamente.

O CPP prevê vários momentos em que o Tribunal deve apreciar tal questão: no despacho de pronúncia, em que o juiz começará por decidir das nulidades e outras questões prévias ou incidentais de que possa conhecer (art. 308º, nº 3); no despacho de saneamento previsto no art. 311º; no início da audiência (art. 338º)[14]; e na decisão final (art. 368º, nº 1).

Sobre a questão do caso julgado em processo penal, o Acórdão de Fixação de Jurisprudência do Supremo Tribunal de Justiça nº 2/95[15] decidiu que a decisão judicial genérica transitada em julgado e proferida ao abrigo do art. 311º, nº 1 do CPP, sobre a legitimidade do Ministério Público, não tem o valor de caso julgado formal, podendo até à decisão final ser dela tomado conhecimento.

Analisando a sua motivação, verificamos que ali se refere que a falta de regulamentação sistemática e específica do caso julgado no CPP não permite, por si própria, o recurso nos termos do art. 4º deste Código aos preceitos sobre tal matéria constantes no Código de Processo Civil.

Seguindo a jurisprudência fixada por tal Acórdão, e com base nos fundamentos que a sustentam, entendemos que, em processo penal, uma decisão genérica sobre um pressuposto processual, incluindo o da competência por conexão, não tem o valor de caso julgado formal, podendo até à decisão final ser dele tomado conhecimento. Quando muito apenas o terá quanto às questões que a decisão *concretamente* conhecer[16].

Isto para não ir mais longe como o foi o Acórdão do Tribunal da Relação de Lisboa de 23 de Novembro de 1994[17], onde se decidiu que o Tribunal de julgamento pode conhecer, nos termos do art. 311º, nº 1 – e consequentemente, acrescentamos nós, nos termos do art. 338º –, e decidir de modo diferente questões já apreciadas pelo Juiz de instrução no despacho proferido ao abrigo do art. 308º, nº 3, por a decisão não fazer caso julgado formal quando pronuncia o arguido.

* * *

[14] O momento previsto no art. 338º do Código de Processo Penal é o adequado para o conhecimento dos pressupostos processuais, da conexão de processos e da separação de processos, entre outras questões – cfr., neste sentido, PAULO PINTO DE ALBUQUERQUE, Comentário ao Código de Processo Penal, Universidade Católica Editora, 2007, pag. 832.

[15] Publicado no Diário de República, Série I-A, de 12/06/1995.

[16] Neste sentido, PAULO PINTO DE ALBUQUERQUE, obra citada, pag. 701, § 18; pag. 783, § 25; e pag. 832, § 3.

[17] Publicado na Colectânea de Jurisprudência, ano de 1994, tomo V, pags. 168 e seguintes.

3. Dos arts. 42º, 47º e 48º do RGIT.

Dispõe o art. 47º do RGIT o seguinte:

"1. *Se estiver a correr processo de impugnação judicial ou tiver lugar oposição à execução, nos termos do Código de Processo e Procedimento Tributário, em que se discuta situação tributária de cuja definição dependa a qualificação criminal dos factos imputados, o processo penal tributário suspende-se até que transitem em julgado as respectivas sentenças.*

2. Se o processo penal tributário for suspenso, nos termos do número anterior, o processo que deu causa à suspensão tem prioridade sobre todos os outros da mesma espécie".

Por sua vez, e em consonância, dispõe o art. 48º do RGIT que "*A sentença proferida em processo de impugnação judicial e a que tenha decidido da oposição de executado, nos termos do Código de Processo e Procedimento Tributário, uma vez transitadas, constituem caso julgado para o processo penal tributário apenas relativamente às questões nelas decididas e nos precisos termos em que o foram*".

O que é que se retira destas duas normas logo à partida? Que, pelo menos a partir de determinado momento, mas sempre antes da decisão definitiva de mérito do processo penal tributário, já há de ter sido praticado acto susceptível de impugnação judicial, ou de dar origem a execução fiscal à qual possa ser deduzida oposição, por forma a que o regime do art. 47º possa funcionar.

A este aspecto voltaremos mais à frente de forma mais detalhada.

Antes de mais, porém, importa realçar que, atento o quadro legal agora em apreço, não nos restam dúvidas que a suspensão prevista no art. 47º do RGIT é obrigatória, sendo esta uma norma especial em face ao art. 7º do CPP.

Conforme já acima referido, não vale neste domínio o princípio da suficiência da acção penal, ao ponto de o legislador especificar que a suspensão do processo penal fiscal prolonga-se até ao trânsito em julgado das decisões da impugnação judicial ou da oposição à execução. Em consonância, o prazo de prescrição do procedimento criminal também fica suspenso – art. 21º, nº 1 do RGIT.

"Daqui se infere, naturalmente, que vigora uma opção legislativa no sentido da prevalência da jurisdição fiscal para a apreciação de questões tributárias, em conformidade com a sua natureza especializada. Neste sentido o art. 212º, nº 3 da nossa Lei Fundamental, onde é atribuída competência para o conhecimento dessas questões a uma jurisdição especializada, distinta da jurisdição comum, onde se integram os tribunais criminais. Destarte, quando a questão fiscal constituir factor prévio para aferir da existência de infracção criminal, reconhece-se à jurisdição fiscal a competência exclusiva para a respectiva decisão"[18].

---

[18] LEY GARCIA, Processo Penal vs. Processo Tributário – a suspensão e o caso julgado, na Internet em www.impostos.net, disponível porém apenas para assinantes.

E assim ainda o Acórdão de Fixação de Jurisprudência nº 3/2007[19], o qual, pese embora proferido com referência ao RJIFNA, veio estabelecer uma jurisprudência cuja fundamentação contém substrato semelhante que justifica a sua aplicação ao agora vigente art. 47º do RGIT.

Nesta decisão, fixou-se a seguinte jurisprudência: *"Na vigência do art. 50º, nº 1 do Decreto-Lei nº 20-A/90, de 15 de Janeiro, na redacção do Decreto-Lei nº 394/93, de 24 de Novembro, a impugnação judicial tributária determinava, independentemente de despacho, a suspensão do processo penal fiscal e, enquanto esta suspensão se mantivesse, a suspensão da prescrição do procedimento criminal por crime fiscal"*.

Na fundamentação desta decisão pode ler-se nomeadamente o seguinte: *"A suspensão do processo penal fiscal em virtude da pendência de processo de impugnação judicial ou oposição à execução afigura-se obrigatória e não apenas facultativa como no processo penal comum.* **A obrigatoriedade da suspensão do processo penal fiscal é fundamental, pois que o montante do imposto discutido na impugnação judicial ou a oposição à execução fiscal é decisivo quer para a definição da existência de fraude fiscal (alínea a) do nº 3 do art. 23º)** *quer para a determinação da multa aplicável em alternativa à prisão (n.ºs 4 e 5 do artigo 23º e 1, 4 e 5 do artigo 24º). (...). Por outro lado, a especificidade do direito fiscal, enquanto ramo do direito, justifica o afastamento do chamado princípio da suficiência do direito penal fiscal em termos tais que* **a impugnação tributária deve ser necessária e exclusivamente apreciada no processo e nas instâncias próprias;** *por isso, a pendência aí de tal impugnação constitui causa ope legis de suspensão do processo penal por crime fiscal e, em consequência, por directa imposição da lei, de suspensão do respectivo prazo prescricional sem necessidade, pois, de despacho judicial que o declare. É manifesto que o direito fiscal constitui um ramo de direito público, imbuído de princípios e normas próprios, do ponto de vista quer substantivo quer adjectivo. Uma tal peculiaridade do direito fiscal justificou a criação de uma ordem jurisdicional própria – os tribunais administrativos e fiscais. Dadas as apontadas especialidades do direito fiscal, a impugnação judicial tributária constitui objecto próprio de apreciação e decisão na competência da jurisdição administrativa e fiscal. Mais constitui matéria de competência exclusiva de tal jurisdição, assim se afastando, neste limite, o princípio da suficiência do processo penal (...).* **Entender o contrário (...) seria admitir ou que o processo penal fiscal pudesse ter um desfecho apesar da impugnação tributária e sem conhecimento desta, o que poderia constituir um acto inútil, caso tal impugnação fosse parcial ou integralmente deferida, ou que no processo penal fiscal se conhecesse da impugnação fiscal, com o risco de uma contradição de julgados e numa perspectiva assistemática contrária à especificidade dos planos pretendida pelo legislador.** *Nestes termos, a coerência sistemática supõe que a impugnação fiscal determine a suspensão do processo*

---

[19] Publicado no Diário da República Série I-A, de 21 de Fevereiro de 2007.

por crime fiscal até ao desfecho da impugnação e, por tal suspensão, a suspensão do procedimento criminal sem necessidade de despacho que o declare" (realces nossos)[20].

Veja-se também o Acórdão do Tribunal Constitucional de 17 de Maio de 2006[21], onde se diz nomeadamente o seguinte: "(...) *é quase inconcebível que, num processo penal tributário, não seja imprescindível resolver questões de natureza fiscal, a ponto de a distinção entre questão principal e questão prejudicial fiscal se chegar mesmo a esbater. Dada essa frequência, e pertinência, é compreensível que, no processo penal tributário, se não tenha pretendido atribuir ao juiz a faculdade de opção pela suspensão do processo, nos casos a que alude o artigo 47º, nº 1, do RGIT, assim se levando às últimas consequências a regra estabelecida no artigo 212º, nº 3, da Constituição, que comete aos tribunais administrativos e fiscais "o julgamento das acções e recursos contenciosos que tenham por objecto dirimir os litígios emergentes das relações jurídicas administrativas e fiscais. Dito de outro modo, não se afigura arbitrário estender esta regra de competência dos tribunais administrativos e fiscais, a título exclusivo, aos casos em que a questão administrativa ou fiscal é submetida à apreciação judicial a título prejudicial e não principal, quando – como sucede no processo penal tributário – seriam muitas as vezes em que o juiz teria de decidir acerca da suspensão ou não suspensão do processo, utilizando critérios de conveniência, nem sempre seguros, e enfrentando a dificuldade de delimitação entre questões principais e prejudiciais. Assim sendo, justifica-se perfeitamente que, no processo penal tributário, quando surjam questões prejudiciais de natureza administrativa ou fiscal, não valha o princípio da suficiência consagrado no artigo 7º do Código de Processo Penal"*.

No mesmo sentido se dirigem António Augusto Tolda Pinto e Jorge Manuel Almeida dos Reis Bravo[22]: "A obrigatoriedade da suspensão é essencial pois o montante/valor da prestação tributária, da atribuição patrimonial, dos produtos objecto da infracção ou da vantagem patrimonial ilegítima é decisiva para a existência de um tipo de crime tributário (e respectiva qualificação em função desse mesmo valor)".

Continuando a citar o mencionado artigo de Ley Garcia: "Na decorrência do que acaba de enunciar-se, e *a contrario sensu*, deve entender-se então que não se justifica a suspensão do processo tributário de impugnação judicial ou de oposição à execução fiscal até ser proferida decisão no processo criminal – tal constituiria uma clara inversão da *ratio* subjacente".

---

[20] Cfr. ainda o Acórdão do Supremo Tribunal Administrativo de 12 de Junho de 2007, Processo nº 1157/07, cuja fundamentação se seguiu no referido artigo de Ley Garcia.

[21] Acórdão nº 321/06, na Internet em www.tribunalconstitucional.pt

[22] ANTÓNIO AUGUSTO TOLDA PINTO/JORGE MANUEL ALMEIDA DOS REIS BRAVO, Regime Geral das Infracções Tributárias e Regimes Sancionatórios Especiais Anotados, Coimbra Editora, 2002, pag. 173.

A este respeito, também se pronunciou Mário Januário[23].

* * *

Alongámo-nos na citação das decisões e textos acima transcritos para vincar que, a nosso ver, resulta claramente espelhada, no sistema legal português, a preocupação do Legislador em que o processo penal tributário seja dirigido à

---

[23] MÁRIO JANUÁRIO, na sua palestra denominada "A inevitável tributação indiciária e a prova do crime de fraude fiscal" (apresentada no Seminário sobre Criminalidade Fiscal no Centro de Estudos Judiciários em 29 de Junho de 2007, cujo texto se encontra disponível na Internet em http://penal2trabalhos.blogspot.com): "Logo, sendo a administração tributária a entidade com competência reservada para praticar os actos tributários, é a ela que compete realizar a quantificação da vantagem patrimonial, ilicitamente obtida pelos arguidos nos processos de inquérito (mesmo naqueles casos em que não tem competência para a investigação criminal fiscal, nos termos da Lei nº 21/2000,10/8), vantagem essa que, as mais das vezes, condiciona a moldura penal a ter em conta na acusação e, depois, na eventual decisão judicial condenatória. Por outro lado e coerentemente, não se verifica no inquérito criminal fiscal, o princípio da suficiência do processo penal comum previsto no art. 7º do CPP, face ao preceituado nos nºs 2 a 4 do art. 42º do RGIT, podendo haver mesmo uma relação de prejudicialidade, nos precisos termos dos arts. 47º e 48º deste mesmo diploma. Ou seja, a suspensão do processo penal tributário, prevista nesta norma do art. 47º do RGIT, subsumir-se-á na excepção ao princípio da suficiência do processo penal prevista no nº 2 do citado art. 7º do CPP (...). Como acima e de passagem já referimos, os princípios da verdade material e do inquisitório (arts. 55º e 58º da LGT e art. 50º do CPPT) são eles razão de ser, objectivo e instrumentos conformadores da acção da inspecção tributária. E tais princípios não são mais do que desenvolvimentos da sua consagração jurídica na CRP – art. 266º, n.ºs 1 e 2, emergindo aqui, implicitamente, dos princípios da igualdade e da imparcialidade administrativa, de modo muito particular se esta for tributária (...). Ora é justamente este mesmo princípio da verdade material e da indisponibilidade da relação jurídica tributária que se verifica também no direito penal e processual penal e, também por isso nos parece que a norma do art. 47º do RGIT se enquadra perfeitamente, não na regra do princípio da suficiência, mas na excepção dessa regra prevista no nº 2 do art. 7º do CPP. E esta solução legal nos parece justificada, coerente, diremos mesmo elementar e porquê? Porque nos dois processos judiciais ali referidos (47º RGIT) – processo de impugnação e processo de oposição – se verificam três aspectos relevantes também para o processo penal. Vejamos:
1º) A relação jurídica é indisponível,
2º) Estão submetidos ao princípio da descoberta da verdade material (55º e 58º da LGT) e,
3º) Tais processos passam a ter a natureza de urgentes (47º,2 do RGIT).
Tendo em conta estes três aspectos e ainda a permissão consagrada no nº 5 do art. 86º do CPP, pensamos nós, pode e deve o juiz (1º, 1 b do CPP) do processo principal (Impugnação/oposição fiscal), solicitar as provas eventualmente já recolhidas no inquérito criminal fiscal, para que melhor possa apreciar e decidir o processo da sua responsabilidade. Importará que o juiz do processo principal (impugnação/oposição) também submetido ao princípio do inquisitório e da verdade material aceda (possa legalmente aceder) a todas as provas e usar todos os meios legais para lá chegar. Disso (e só disso) depende a qualificação criminal dos factos (ver 48º do RGIT)".

procura da verdade material *mas de forma que a mesma esteja em consonância com a verdade obtida no procedimento e processo tributários.*

Mas também e ainda que a jurisdição chamada a decidir as questões tributárias, mesmo que ligadas a questões criminais, seja a jurisdição tributária.

Só assim se explica a suspensão obrigatória do processo penal tributário que está prevista no art. 47º, em clara excepção do princípio da suficiência do processo penal previsto no art. 7º do CPP.

Há ainda que reconhecer que este regime tem garantia constitucional, pois consagra na Lei Ordinária:

– garantias do arguido, nomeadamente a garantia de defesa em processo criminal e de acesso do mesmo à Justiça Tributária;
– a distribuição de competências entre Tribunais Comuns e Tribunais Tributários.[24]

* * *

Mas se assim é, como nos parece que seja, verificamos ainda que o Legislador dotou o processo penal tributário de um mecanismo específico que permite desencadear a aplicação do regime previsto nos arts. 47º e 48º do RGIT.

Na realidade, partindo-se do pressuposto que, para que tal aplicação tenha lugar, é necessária a existência de um acto tributário, encontramos então no art. 42º, nº 4 do RGIT o instrumento necessário a que tal prática ocorra a tempo de, nomeadamente prosseguindo os autos de processo penal tributário para julgamento, o arguido poder exercer a garantia de defesa que lhe é reconhecida por aquele art. 47º.

Assim, de harmonia com o disposto no nº 4 do art. 42º, *"Não serão concluídas as investigações enquanto não for apurada a situação tributária ou contributiva da qual dependa a qualificação criminal dos factos, cujo procedimento tem prioridade sobre outros da mesma natureza"*.

Tal como acima já se clarificou, considerando que refere esta norma o termo "procedimento", julgamos ser claro que tal é o procedimento tributário, levado a cabo pela Administração Tributária, de apuramento da matéria colectável e de liquidação do imposto.

E falamos aqui de liquidação no seu sentido amplo, enquanto "conjunto de actos complexos que passam pela incidência subjectiva e objectiva e o apuramento da matéria tributável, os quais antecedem a determinação do valor da

---

[24] Cfr. arts. 20º, nº 1, 32º, nº 1 e nº 9, e 212º, nº 3 da Constituição da República Portuguesa.

colecta com a aplicação da taxa à matéria tributável", tal como é definida por Carlos Paiva[25], mas também por José Casalta Nabais[26].

Tal norma – a do nº 4 do art. 42º – está, pois, intimamente ligada ao art. 47º, pelas razões atrás desenvolvidas, e para as quais se remete.

Em suma, o art. 47º, cujo carácter fundamental, quer para a decisão do processo penal tributário de acordo com a verdade material/tributária, quer para a defesa dos direitos do arguido, demanda, para que possa ser aplicado, que oportunamente tenha sido dado cumprimento ao disposto no art. 42º, nº 4.

Poder-se-á questionar se o preceito em análise será um comando dirigido apenas à Administração Fiscal, não sendo aplicável quando o Ministério Público avocou os actos de inquérito que se presumem delegados noutras entidades nos termos do art. 41º? Com o todo o respeito por entendimento diverso, julgamos que não.

Nos termos do art. 40º, a direcção do inquérito penal tributário compete ao Ministério Público. Porém, aos órgãos de administração tributária e aos da administração da segurança social cabem, durante o inquérito, os poderes e as funções que o Código de Processo Penal atribui aos órgãos de polícia criminal, presumindo-se-lhes delegada a prática de actos que o Ministério Público pode atribuir àqueles órgãos.

O art. 41º indica quais as entidades nas quais se presume delegada a competência para os actos de inquérito a que se refere o nº 2 do art. 40º, sem prejuízo de, a todo o tempo, o processo poder ser avocado pelo Ministério Público.

Se bem equacionamos a questão, o inquérito penal tributário há-de compreender, em abstracto, a prática dos mesmos actos quer sejam praticados pelas entidades em que se presume delegada a competência, quer sejam praticados pelo Ministério Público na sequência da avocação do processo.

Ou seja, a delegação de competência ou a avocação do processo apenas interfere com *quem* pratica os actos de inquérito, e não com *quais* os actos de inquérito a praticar. Não existem dois inquéritos penais tributários diferentes, em termos objectivos, consoante os actos neles a praticar sejam da competência de uma das entidades delegadas ou da competência do Ministério Público.

Efectivamente, a competência originária para a prática de todos os actos de inquérito é do Ministério Público – salvo, evidentemente, os reservados, nos termos da lei processual, ao Juiz de Instrução –, sendo que, porém, nos termos da lei, tal competência para a prática desses *mesmos* actos (com as excepções pre-

---

[25] CARLOS PAIVA, Da Tributação à Revisão dos Actos Tributários, Coimbra, Livraria Almedina, 2005, pag. 94.
[26] JOSÉ CASALTA NABAIS, Direito Fiscal, Coimbra, Livraria Almedina, 2001, pag. 253.

vistas nos arts. 53º, nº 2 e 270º, nº 2 do CPP e dos actos previstos nos arts. 277º a 283º do CPP) se presume delegada noutras entidades.

Mas, conforme referem João Ricardo Catarino e Nuno Victorino[27], "O regime da avocação deve seguir o regime geral da avocação de competências delegadas, relevando embora a natureza legal da delegação. Entende-se genericamente que avocar é chamar a si a resolução de um caso ou processo entregue a um delegado ou subdelegado (...). O poder de avocar, quando se trate de relação de hierarquia administrativa, é a emanação do poder de superintendência ou supervisão. Trata-se assim, de um processo inverso ao da delegação (...). A avocação esgota-se, em princípio, em cada caso concreto. A competência cujo exercício foi conferida ao delegado passa assim a ser exercida pelo órgão delegante, em exclusivo".

Isto é, com a avocação apenas muda a entidade competente para a prática dos actos, mantendo-se estes os mesmos.

Aquela presunção de delegação é que explica a estruturação, nos termos em que está feita, dos arts. 41º e 42º, mas não determina que haja distinção de inquéritos, ou de actos a praticar no inquérito, em razão da entidade competente (por delegação ou por avocação) para a sua realização.

A leitura dos arts. 41º e 42º não convida, salvo o devido respeito, a outra interpretação. Aliás, é expressiva a referência, no nº 2 do art. 42º, a "não será encerrado o inquérito", quando o certo é que a decisão de encerramento do inquérito é da competência exclusiva do Ministério Público (cfr. art. 276º do CPP e art. 43º, nº 1 do RGIT), o mesmo se dizendo quanto à menção, na epígrafe do art. 42º, a "encerramento" do inquérito.

Mas se dúvidas houvesse a esse respeito, então pensamos que as mesmas são afastadas pela análise do regime previsto no DL 93/2003, de 30 de Abril, acima já transcrito e apreciado. Assim, temos para nós que o art. 3º, nº 3 deste diploma legal veio deixar ainda mais claro que o comando previsto no nº 4 do art. 42º do RGIT é também dirigido ao Ministério Público.

Outra interpretação criaria uma assimetria indesejável ao sistema considerado no seu todo.

Em última análise, o cumprimento obrigatório do nº 4 do art. 42º pelo Ministério Público sempre teria cobertura no nº 2 do art. 43º.

E, a não ser assim, estava encontrada a forma de nunca se poder suscitar a aplicação do regime do art. 47º, em claro prejuízo das garantias do arguido – bastava para tanto que o Ministério Público avocasse sempre o processo penal tributário.

---

[27] João Ricardo Catarino/Nuno Victorino, obra citada, pag. 276.

Do que já se expôs resulta ainda que não basta qualquer acto para que se conclua que o art. 42º, nº 4 foi cumprido.

Atenta a sua relação indissociável com o regime dos arts. 47º e 48º, o apuramento da situação tributária a que se refere o nº 4 do art. 42º só se pode considerar realizado com a prática de acto tributário, *maxime* a liquidação, que permita ao interessado deduzir impugnação judicial contra o mesmo, ou oposição à execução no mesmo baseada.

Aliás, outro não pode ser o sentido, em nosso entender, e sempre sem quebra da devida vénia por entendimento diverso, a dar à expressão "procedimento" constante da parte final do nº 4 do art. 42º, expressão essa típica do procedimento administrativo ou tributário.

Tudo para dizer que, por exemplo, uma **perícia realizada no âmbito do processo penal** não é acto que consubstancie o cumprimento da norma em apreço. Na realidade, não correspondendo ao procedimento tal qual está previsto no RGIT, o mero recurso a essa perícia desde logo inviabilizaria o recurso aos Tribunais Tributários, para efeitos dos arts. 47º e 48º, os quais, perante tal, muito provavelmente entenderiam que os actos periciais praticados no processo penal não constituíam objecto suficiente para a impugnação judicial (que exige acto tributário), abstendo-se assim de conhecer do mérito das impugnações que porventura fossem deduzidas com base nessa perícia.

* * *

De todo o exposto, concluímos, pois, e em resumo, que o cumprimento do art. 42º, nº 4 do RGIT compete também ao Ministério Público quando tenha avocado o inquérito penal tributário; que tal cumprimento é obrigatório; e que exige a prática de acto tributário de apuramento da situação tributária ou contributiva da qual dependa a qualificação criminal dos factos.

Não se pode olvidar que do acto tributário depende, na maioria dos casos, a qualificação criminal dos factos, bem como outras consequências relevantes ao nível da qualificação e sancionamento dos mesmos.

Na realidade:

– da quantificação da vantagem ilícita que se pretende obter com a fraude fiscal depende, desde logo, a sua qualificação como crime ou como contra-ordenação – cfr. art. 103º, nº 2 do RGIT, bem como os arts. 118º e 119º do mesmo diploma legal;

– tal quantificação é também relevante para a determinação da medida da pena – cfr. art. 13º do RGIT – e para o funcionamento do disposto no art. 14º do mesmo diploma legal;

– a prática do acto tributário de apuramento da situação tributária ou contributiva é ainda essencial a que o arguido possa beneficiar do regime do art. 22º do RGIT, pois sem procedimento tributário não se vê como possa o agente repor a verdade sobre a situação tributária;

– o mesmo se diga, *mutatis mutandis*, quanto ao art. 32º, nº 2 do RGIT;

– também o nº 2 do art. 119º do RGIT pressupõe que esteja determinado se há, ou não, imposto a liquidar – aqui, no sentido de cobrar/pagar – o que, por sua vez, pressupõe que esteja já decidida definitivamente, em termos tributários, tal questão[28].

Por todas estas normas se vê, pois, que o sistema penal tributário gizado pelo Legislador e consagrado no RGIT assenta no pressuposto segundo o qual, até à decisão final do processo penal tributário que conheça do mérito, a situação tributária já estará definitivamente fixada – ou porque foi praticado acto tributário não impugnado/posto em crise pelo arguido, formando-se assim *caso decidido* administrativo-tributário; ou porque, tendo havido tal impugnação/oposição à execução, a mesma foi definitivamente decidida pela jurisdição tributária, aguardando o processo penal tributário por tal decisão nos termos dos arts. 47º e 48º.

Neste sentido também se dirige Germano Marques da Silva[29]: "Numa primeira leitura dos normativos em causa parece que a suspensão só deverá ocorrer quando for elemento constitutivo do crime um dano quantificável, correspondente ao imposto ou contribuição evadidas, pois só então a definição da situação tributária ou contributiva tem relevância para a qualificação criminal dos factos imputados.

Acresce, porém, que o pagamento dos impostos em dívida é um pressuposto da dispensa de pena, nos termos do disposto no art. 22º do RGIT, o que pode ter como efeito o arquivamento do processo, em conformidade com o art. 280º do CPP, e a suspensão provisória, nos termos do disposto nos arts. 281º e 282º do CPP, donde a necessidade da prévia liquidação do imposto em dúvida.

Sucede que, não obstante muitos dos crimes tributários serem crimes de perigo (v.g. no crime de fraude fiscal e contra a segurança social), o resultado almejado pode concretizar-se e embora não seja elemento constitutivo do crime tem relevância para efeitos de aplicação do art. 22º e 14º do RGIT e arts. 280º, 281º e 282º do Código de Processo Penal.

---

[28] A este respeito, e com interesse, veja-se ainda JORGE DOS REIS BRAVO, Prejudicialidade e «Adesão» em Processo Penal Tributário: aspectos particulares, Revista do Ministério Público nº 115, Julho/Setembro de 2008, especialmente pags. 104 e seguintes.

[29] GERMANO MARQUES DA SILVA, obra citada, pags. 161-163.

Nos termos do nº 2 do art. 22º do RGIT, a pena será especialmente atenuada se o agente repuser a verdade fiscal e pagar a prestação tributária e demais acréscimos legais até à decisão final ou no prazo nela fixado. Ora, para que o agente possa beneficiar desta atenuante especial, como para reunir os pressupostos do arquivamento por dispensa da pena ou da suspensão provisória do processo, importa que a sua situação tributária ou contributiva seja previamente apurada, donde a necessidade de conclusão prévia, antes do encerramento do Inquérito, do procedimento de liquidação (art. 59º do CPPT).

Assim, parece-nos que, salvo nos casos em que o apuramento da situação tributária ou contributiva não tenha qualquer relevância para a decisão no processo penal, o apuramento administrativo da situação tributária é condição necessária para o encerramento do Inquérito e, se ocorrer impugnação ou oposição, para a suspensão do processo penal tributário.

(...). Tomemos como exemplo um crime de fraude fiscal. Trata-se de um crime de mera actividade pelo que o resultado (imposto evadido) não é elemento constitutivo do crime, donde que a sua liquidação ou definição não é necessária para a qualificação criminal dos factos imputados. Não obstante, se tiver havido efectiva evasão do imposto o seu pagamento e a reposição da verdade fiscal constituem circunstância atenuante de natureza especial e pode constituir causa da isenção da pena. Daí, ao que pensamos, que nestas situações em que conexo com o facto típico penal há uma prestação tributária em dívida, deve suspender-se o procedimento para a sua liquidação" (fim de citação).

O que não nos parece sustentável, sempre ressalvado melhor entendimento, é que se chegue à seguinte solução: porque não foi dado, oportunamente, cumprimento ao disposto no art. 42º, nº 4 do RGIT, a Administração Tributária não liquidou os impostos devidos, não praticando assim o acto tributário de liquidação; por causa disso, o arguido em processo penal tributário não pode deduzir qualquer impugnação com vista a que a jurisdição tributária verifique se e em que medida são devidos os impostos, quando o certo é que o sistema legal, no seu todo, dá preferência à jurisdição tributária sobre a jurisdição comum no que respeita à apreciação dessa questão.

À posição que aqui se defende não se opõe sequer, em nosso entender, o disposto no art. 45º, nº 5 da LGT (*"Sempre que o direito à liquidação respeite a factos relativamente aos quais foi instaurado inquérito criminal, o prazo a que se refere o nº 1 é alargado até ao arquivamento ou trânsito em julgado da sentença, acrescido de um ano"*). Uma outra interpretação, que não a aqui defendida, levaria ao resultado, também a nosso ver insustentável, de apenas após a eventual condenação, com trânsito em julgado, de arguido por crimes tributários, ser este admitido a impugnar as liquidações que subsequentemente fossem feitas e até ver serem julgados procedentes todos ou parte dos argumentos que sustentavam tais impugnações, sendo a decisão proferida pelo Tribunal Tributário contraditória com a do Tribunal Criminal – contrariando assim frontalmente o art. 48º do RGIT –, e quiçá levando à conclusão segundo a qual, atento o valor da vantagem patrimonial ilegítima agora apurado, o facto não consubstanciar afinal um crime atento o disposto no art. 103º, nº 2 do RGIT.

Voltando a citar o artigo de Ley Garcia acima referido: "Na decorrência do que acaba de enunciar-se, e *a contrario sensu*, deve entender-se então que não se justifica a suspensão do processo tributário de impugnação judicial ou de oposição à execução fiscal até ser proferida decisão no processo criminal – tal constituiria uma clara inversão da *ratio* subjacente" – argumento que se tem que considerar, pois, na interpretação que deve ser dada ao art. 45º, nº 5 da LGT.

Destarte, defendemos que a interpretação a dar ao art. 45º, nº 5 da Lei Geral Tributária é a que se passa a expor, sob pena até de outra interpretação ser inconstitucional por violar as garantias dos arguidos, por vedar o acesso dos mesmos à Justiça Tributária, e por violar a distribuição de competências entre Tribunais Comuns e Tribunais Tributários – violando dessa forma os arts. 20º, nº 1, 32º, nº 1 e nº 9, e 212º, nº 3 da CRP.

Assim, a interpretação que deve ser, a nosso ver, dada ao nº 5 do art. 45º da LGT, por forma a não violar a CRP e estar de harmonia com o RGIT, é a de a extensão do prazo de caducidade da liquidação até ao termo do ano subsequente ao trânsito em julgado da sentença, prevista nesse nº 5, **se reportar apenas a infracções não tributárias**, mas de cuja prova dependerá a liquidação de impostos. Ao invés, quanto às infracções tributárias, regem os arts. 42º, nº 4, 47º e 48º do RGIT, enquanto normas especiais que não foram revogadas por esta nova redacção do nº 5 do art. 45º da LGT.

E, mais concretamente, quanto às infracções tributárias, a lei não permite que se espere, para a realização da liquidação, até à sentença transitada em julgado do processo penal tributário respectivo, pois o nº 4 do art. 42º do RGIT impõe que tal liquidação (em sentido lato, nos termos acima expostos) seja feita antes da conclusão das investigações, ou seja, antes da fase de prolação do despacho de encerramento da fase de inquérito.

* * *

Concluindo-se, como se concluiu, que o art. 42º, nº 4 do RGIT é de cumprimento obrigatório antes de concluídas as investigações – e mais concretamente, antes da prolação do despacho de encerramento do inquérito (mormente a acusação) –, qual a consequência que deve ser associada a esse incumprimento?

Atenta a estreita ligação deste preceito não só com o disposto nos arts. 47º e 48º, mas ainda e também com o disposto nas outras normas acima indicadas, entendemos que tal omissão não se pode reconduzir a uma mera invalidade processual sanável, consubstanciando antes uma verdadeira **condição de procedibilidade** (ou pressuposto processual) na parte respeitante às infracções tributárias imputadas ao arguido.

Como é sabido, as condições de procedibilidade (que se distinguem nomeadamente das condições de punibilidade) condicionam, não a existência do crime, mas a sua perseguição penal, ou seja, a abertura ou a continuação de um processo penal. São regras do procedimento cuja existência se fundamenta na possibilidade de desenvolver um procedimento penal e alcançar uma sentença de mérito. A sua não verificação impede o Tribunal de proferir uma sentença que conheça do mérito da questão[30].

[30] Sobre o que sejam **condições de procedibilidade**, veja-se, entre outros, o Acórdão do Tribunal da Relação de Coimbra de 28 de Março de 2007, Processo nº 59/05.4IDCTB.C1, na Internet em www. dgsi.pt: «A propósito da distinção entre condição objectiva de punibilidade ou de procedibilidade, socorrendo-se também dos apontamentos do Profº Claus Roxin, apontam-se os seguintes elementos distintivos: ...*para ensaiar uma delimitação entre condições objectivas de punibilidade e condições objectivas de procedibilidade, vem escrito na op. loc. cit., pág. 984 a 988: «[...] a atribuição de um elemento ou outro (as condições objectivas de punibilidade ou as condições objectivas de procedibilidade) a um ramo ou outro do Direito (Direito material ou Direito Processual, respectivamente) repercute-se sobretudo num diferente tratamento no processo penal. Se falta um pressuposto jurídico-material de punibilidade, procede a absolvição; enquanto que a falta de um pressuposto de procedibilidade dá lugar à suspensão ou arquivamento do processo. [...] A constatação dos pressupostos de procedibilidade está submetida às regras de prova livre, enquanto a comprovação das circunstâncias de direito material o está às de prova estrita. [...]. Tomando como base esta concepção e trasladando-a para as causas de exclusão de punibilidade resulta que, p. ex., a garantia da reciprocidade (§ 104 a) ou a abertura do procedimento de reunião de credores (§ 283 VI) são condições objectivas de punibilidade, e que a impunidade (§ 36) é uma causa de exclusão da punibilidade, porque todas essas circunstâncias pertencem ao complexo do facto e ao seu "enjuiciamiento" do ponto de vista jurídico-penal. Pelo contrário, a participação, prescrição, amnistia, indulto, etc. são pressupostos de procedibilidade, já que se trata de situações totalmente fora do que sucede no facto»*».
Veja-se ainda o Acórdão do Supremo Tribunal de Justiça de 9 de Abril de 2008 (Processo nº 07P4080, na Internet no mesmo sítio): "Importa, assim, caracterizar em termos dogmáticos a alteração produzida, o que entronca directamente com a da distinção entre condição objectiva de punibilidade e pressuposto processual. Revisitando o que a propósito do tema oportunamente se escreveu e como referem Zipf e Maurach, o poder punitivo do Estado é fundamentalmente desencadeado pela realização do tipo imputável ao autor. Não obstante, em determinados casos, para que entre em acção o efeito sancionador requer-se a verificação de outros elementos para além daqueles que integram o ilícito que configura o tipo. Por vezes essas inserções ocasionais da lei, entre a comissão do ilícito e a sanção concreta, inscrevem-se no direito material – hipótese em que se fala de condições objectivas ou externas de punibilidade –, noutros casos constituem parte do direito processual e denominam-se pressupostos processuais. As condições objectivas de punibilidade são aqueles elementos da norma, situados fora do tipo de ilícito e tipo de culpa, cuja presença constitui um pressuposto para que a acção anti-jurídica tenha consequências penais. Apesar de integrarem uma componente global do acontecer, e da situação em que a acção incide, não são, não obstante, parte desta acção. **Por seu turno, os pressupostos processuais**

São condições de procedibilidade típicas, por exemplo: a queixa, nos crimes semi-públicos, que contende com a legitimidade do Ministério Público para

são regras do procedimento cuja existência se fundamenta na possibilidade de desenvolver um procedimento penal e ditar uma sentença de fundo. Como os pressupostos processuais pertencem exclusivamente ao direito processual não afectam nem o conteúdo do ilícito, nem a punibilidade do facto, limitando-se exclusivamente a condicionar a prossecução da acção penal. Refira-se que, para alguns – como é o caso de Roxin –, é elegível uma solução intermédia na destrinça. Assim, entende-se ser preferível considerar que a consagração de um elemento ao Direito material e, consequentemente, a sua eleição como condição de punibilidade não depende do facto de estar desligado do processo, nem sequer de qualquer uma conexão com a culpabilidade, mas sim da sua vinculação ao acontecer do facto (solução proposta, essencialmente, por Gallas e Schmidhauser). Sustenta-se, nesse seguimento, que as circunstâncias independentes da culpa podem ser consideradas condições objectivas de punibilidade se estão em conexão com o facto, ou seja, se pertencem ao complexo de facto no seu conjunto e onde se inserem também reflexões de economia penal. Nesta lógica, os pressupostos processuais são as circunstâncias alheias ao complexo do facto" (realce nosso).

Continuando a citar esta decisão, agora com referência à sua nota (28): "Por seu turno, as condições de procedibilidade ou pressupostos processuais, diferentemente do que acontece com as condições de punibilidade, não propõem qualquer vinculação com o facto ilícito fundamentando-se em considerações jurídico-criminais de variada procedência a sua verificação e não se relacionando com qualquer contraditoriedade à ordem jurídica pois que a sua ratio se fundamenta em razões utilitárias que tornam conveniente a perseguição processual de uma conduta delitiva. Como refere Erika Mendes de Carvalho (Revista Electrónica de Ciência Penal e Criminologia 07-10-2005) não é tarefa fácil distinguir entre as condições objectivas de punibilidade e condições de procedibilidade. No que respeita a estas últimas pode-se dizer que condicionam unicamente o início do procedimento e que entre elas se encontra, por exemplo, a denúncia e querela. Por seu turno, as condições objectivas de punibilidade são factos objectivos que condicionam a punibilidade do delito com base em considerações político criminais. **No que concerne às consequências, os pressupostos de natureza processual impedem que se dite uma sentença sobre o fundo da causa de modo a que a resolução judicial que declara a sua inexistência não se vê afectada pelo caso julgado material.** Por seu turno a ausência de uma condição objectiva de punibilidade determina um pronunciamento sobre o fundo, absolutório, que se vê afectado pelo caso julgado material. Stratenwerth (Derecho Penal, pag. 73) refere, ainda, que as condições objectivas de punibilidade, as causas pessoais que excluem a punibilidade e as causas que deixam sem efeito a punibilidade, pertencem, em conjunção com a adequação típica, a ilicitude e a culpa, aos pressupostos materiais de punibilidade, ou seja àqueles pressupostos que condicionam a imposição de uma pena. Destes distinguem-se os pressupostos formais de punibilidade que condicionam a perseguibilidade penal e que somente se referem á possibilidade de existência do processo penal. **Para Dalitala, o que denomina condições de perseguibilidade estão integradas por verdadeiros actos jurídicos destinados ao procedimento penal**, enquanto que as condições de punibilidade não são actos, mas factos jurídicos que não respeitam ao processo (Il fatto pag 106)" (realces nossos).

Ainda nesta matéria se pronunciou o Acórdão do Tribunal da Relação do Porto de 24 de Outubro de 2007 (Processo nº 0713760, na Internet no mesmo sítio): "Delas devem distinguir-se as condições objectivas de procedibilidade que condicionam, não a existência do crime, mas a sua perseguição

acusar; ou a autorização prevista no art. 14º, nº 1 do Estatuto dos Deputados (Lei nº 7/93, de 1 de Março) em processo que seja movido contra um deputado – condição sem a qual o processo criminal não pode iniciar-se ou continuar.

Analisados os termos em que está previsto o regime consagrado no art. 42º, nº 4 do RGIT, conjugado com o regime dos arts. 47º e 48º do mesmo diploma (mas também, e desde logo, com o regime do art. 22º), consideramos que o apuramento da situação tributária ou contributiva ali previsto é uma **condição de procedibilidade** do processo penal tributário, de prosseguimento do mesmo para a fase seguinte (decisão de encerramento do inquérito)[31].

Sem a sua verificação, o processo penal tributário não pode prosseguir ("Não serão concluídas as investigações enquanto..."), devendo suspender-se automaticamente até que tal condição suspensiva esteja satisfeita.

Para tal conclusão concorre não só a definição do conceito de condição de procedibilidade (ou pressuposto processual), mas também o entendimento que parte da Doutrina e da Jurisprudência Brasileiras têm adoptado, cada vez com mais seguidores.

Tal convocação parece-nos legítima, pois o Direito Brasileiro faz parte da mesma família do Direito Português (romano-germânica), partilhando os mesmos conceitos nomeadamente ao nível do Direito Penal e Processual Penal, incluindo o Direito Penal Tributário.

Invoca-se, a este respeito, entre outros, o estudo *"O término do processo administrativo-fiscal como condição da ação penal nos crimes tributários"*, de Fábio Machado de Almeida Delmanto[32].

Em síntese, ali se expõe que:

– "A questão referente à necessidade ou não do prévio esgotamento da via administrativa para o início da ação penal, nos crimes contra a ordem tributária, tem sido objeto de grande divergência na doutrina e jurisprudência";

penal, ou seja, a abertura de um processo penal. Trata-se, aqui, de pressupostos processuais, de obstáculos processuais. A propósito da distinção, refere Jeschceck que a falta de uma condição objectiva de punibilidade, no momento do julgamento implica a absolvição, quando falta um pressuposto o processo "detém-se". Também Roxin, salientando as dificuldades de delimitação entre direito material e direito processual a partir das suas consequências práticas, reconhece que, não obstante, estas são distintas. Assim, a atribuição de um elemento a um ou outro sector do direito repercute-se, sobretudo, num diferente tratamento no processo penal. A falta um pressuposto jurídico-material da punibilidade, dá lugar à absolvição; enquanto que a falta de um pressuposto de procedibilidade determina a suspensão ou o arquivamento".

[31] Com evidentes semelhanças ao sistema italiano, referido por GERMANO MARQUES DA SILVA, obra citada, pag. 160, em especial nota 79.

[32] Publicado na Revista Brasileira de Ciências Criminais nº 22, pags. 63 a 79, consultável na Internet em www.delmanto.com/artigof2.htm.

– "Pode-se dizer que existem basicamente duas correntes sobre a questão. A primeira, que ainda predomina na jurisprudência, entende que o prévio exaurimento da via administrativa não constitui condição de procedibilidade ou pressuposto de punibilidade. Já a segunda corrente, que se fortalece na jurisprudência e encontra amparo na doutrina, é diametralmente oposta àquela, pois defende que o prévio esgotamento da via administrativa faz-se necessário à ação penal";

– "Ao lembrar a garantia constitucional da ampla defesa no processo administrativo, Hugo de Brito Machado[33], citando dois julgados da 1ª Turma do TRF da 5ª Região, dos quais foi relator, escreveu: "Impõe-se que o início da ação penal, nos crimes contra a ordem tributária, seja condicionado à regular apuração, pelas autoridades administrativas competentes, da ocorrência do ilícito tributário", até porque, "admitir-se o início da ação penal antes da manifestação definitiva da autoridade administrativa sobre a ocorrência da supressão, ou redução do tributo, resultado que integra o tipo definido no art. 1º da Lei nº 8.137/90, implica maus-tratos à garantia constitucional da ampla defesa no processo administrativo" (art. cit., p. 238); esse autor salienta que a 5ª Câmara Criminal do Tribunal de Justiça de São Paulo, embora com fundamentação diversa, também já decidiu pelo trancamento de ação penal iniciada antes do exaurimento da via administrativa";

– o mesmo juízo deve ser feito relativamente aos crimes tributários formais: "Aliás, Hugo de Brito Machado já enfrentou a questão, dizendo: "É certo que a Lei nº 8.137/90 define também crime formal, ou de mera conduta. Mesmo neste, porém, é imprescindível a existência de um tributo devido, sem o qual o dolo específico não é possível". Em nota de rodapé, o autor acima referido conclui: "Mesmo em relação ao crime de mera conduta, é razoável admitir-se que é imprescindível a prévia decisão administrativa sobre o tributo devido, desde que o dolo específico, o propósito de suprimir ou reduzir tributo, é essencial para a configuração do crime"".

Por sua vez, Hugo Brito Machado[34] refere expressamente que "Tem entendido a jurisprudência que a conclusão do procedimento administrativo não constitui condição de procedibilidade para a ação penal nos denominados crimes fiscais. Em outras palavras, a propositura da ação penal seria independente

---

[33] HUGO BRITO MACHADO, Prévio esgotamento da via administrativa e a ação penal nos crimes contra a ordem tributária, RBCCrim 15/ 235, apud Fábio Machado de Almeida Delmanto no artigo citado.

[34] *Algumas questões relativas aos crimes contra a ordem tributária*, de Hugo Brito Machado, em www.geocities.com/imagice/doc0301.htm?200811.

da conclusão do processo administrativo de apuração e exigência do crédito tributário. Ou processo de lançamento do tributo. É possível, assim, que em certos casos alguém seja condenado pelo cometimento do crime de sonegação fiscal, embora a autoridade da Administração Tributária, a única competente para dizer se ocorreu fato gerador de obrigação tributária, chegue depois à conclusão de que não há tributo devido. O equívoco é evidente. A solução coerente é, sem dúvida, a de se considerar que a propositura da ação penal deve ficar condicionada ao julgamento definitivo da ação fiscal, na esfera administrativa. Somente depois que a Administração tiver certeza da ocorrência da sonegação do tributo, vale dizer, tiver certeza de que a ação do contribuinte teve por escopo evitar o pagamento de tributo devido, é que se justifica a propositura da ação penal", qualificando a situação como "condição de procedibilidade".[35]

Todos estes estudos ajudam a entender que a questão da conclusão do procedimento tributário como condição de *início*, no caso do Direito Brasileiro, ou *prosseguimento* para a fase de encerramento do inquérito, no caso do Direito Português, consubstancia um verdadeiro pressuposto processual ou **condição de procedibilidade**.

A sua falta é, como ocorre com todos os pressupostos processuais/condições de procedibilidade, de **conhecimento oficioso**, podendo ser conhecida até ao momento previsto no art. 368º, nº 1 do CPP.

Assentando que estamos perante uma condição de procedibilidade, qual então a consequência da sua não verificação?

Por apelo à figura dos pressupostos processuais/excepções dilatórias do processo civil, por remissão do art. 4º do CPP, e mais concretamente à figura da absolvição da instância, julgamos que a consequência a assacar à omissão verificada é a de absolver o arguido que vem acusado ou pronunciado da prática de infracções tributárias da instância respectiva (**absolvição da instância**). Tal não obsta, como é próprio da figura, que o Ministério Público, com base nomeadamente em certidão extraída dos autos originais, faça prosseguir o processo penal tributário, nos termos previstos no art. 42º, nº 4 do RGIT, regressando-se à fase de inquérito para esse efeito.

Mesmo que assim não se entenda, julgando-se que o problema deve ser tratado no domínio das invalidades processuais previstas no CPP, não pode-

[35] Veja-se ainda, com interesse:
– *"A sonegação fiscal e a questão da prejudicialidade da ação penal"*, de Felipe Luiz Machado Barros (em http://jus2.uol.com.br/doutrina/texto.asp?id=3880);
– *"Ação penal nos crimes contra a ordem tributária e o procedimento administrativo tributário"*, de Lara Gomides de Souza (http://www.r2learning.com.br/_site/artigos/curso_oab_concurso_artigo_761_Acao_penal_nos_crimes_contra_a_ordem_tributaria_e_).

mos então deixar de apelar para o que Jorge Lopes de Sousa e Manuel Simas Santos referem a propósito do regime do art. 55º do RGIT, raciocínio que, por identidade de razões, entendemos ser extensível ao disposto no art. 42º, nº 4 do Regime Geral das Infracções Tributárias[36].

Dispõe o art. 55º o seguinte:

"1 – Sempre que uma contra-ordenação tributária implique a existência de facto pelo qual seja devido tributo ainda não liquidado, o processo de contra-ordenação será suspenso depois de instaurado ou finda a instrução, quando necessária, e até que ocorra uma das seguintes circunstâncias:

a) Ser o tributo pago no prazo previsto na lei ou no prazo fixado administrativamente;

b) Haver decorrido o referido prazo sem que o tributo tenha sido pago nem reclamada ou impugnada a liquidação;

c) Verificar-se o trânsito em julgado da decisão proferida em processo de impugnação ou o fim do processo de reclamação.

2 – Dar-se-á prioridade ao processo de impugnação sempre que dele dependa o andamento do de contra-ordenação.

3 – O processo de impugnação será, depois de findo, apensado ao processo de contra-ordenação.

4 – Se durante o processo de contra-ordenação for deduzida oposição de executado em processo de execução fiscal de tributo de cuja existência dependa a graduação da coima, o processo de contra-ordenação tributário suspende-se até que a oposição seja decidida".

Como claramente se observa, as preocupações que presidem a este regime são as mesmas que estão na base do disposto nos arts. 42º, nº 2 e nº 4, 47º e 48º, sendo que ambos os arts. 42º, nº 4 e 55º prevêem causas de suspensão do processo até que os actos ali referidos sejam praticados.

Dizem a dado passo os referidos Autores: "No nº 1, prevê-se a suspensão quando pelo facto que integra a contra-ordenação seja devido tributo ainda não liquidado. Trata-se de um facto susceptível de gerar uma dívida tributária de qualquer natureza. É o que sucede, por exemplo, com a contra-ordenação de omissão relativa à situação tributária praticada em declaração, prevista no nº 1 do art. 119º, nos casos em que a omissão é relativa a um facto que é pressuposto de uma dívida tributária, como é o caso de um rendimento não declarado, para efeitos de I.R.S. ou I.R.C.. As razões de ser da suspensão e da fixação dos momentos em que ela cessa, que é a efectuada nas várias alíneas do nº 1, valem não só quando o imposto ainda não foi liquidado, mas também nos casos em que já ocorreu a liquidação, mas ela ainda é susceptível de impugnação administrativa contenciosa ou foi impugnada. Também aqui, o processo contra-ordenacional

[36] JORGE LOPES DE SOUSA/MANUEL SIMAS SANTOS, obra citada, pags. 375 e seguintes.

terá de aguardar que se verifique a situação de estabilidade relativa à definição do facto tributário, devendo suspender-se aquele até que ocorra o facto previsto nas alíneas do nº 1, conforme o caso, que justifica que se considere definitiva a existência ou inexistência do facto tributário que integra a infracção".

Mais à frente, acrescentam (pag. 381): "Sendo obrigatória a suspensão do processo de contra-ordenação, a sua falta constituirá uma irregularidade processual. Em processo de contra-ordenação tributária, apenas se prevêem como nulidades insanáveis as que constam do art. 63º, entre as quais não se inclui a omissão de suspensão aqui prevista. Não prevendo o R.G.I.T. a regulamentação das nulidades secundárias, terá de se recorrer ao regime do C.P.P. por força do disposto no art. 3º, al. b), deste diploma e 41º do R.G.C.O.. À face do C.P.P., pode ordenar-se oficiosamente a reparação de qualquer irregularidade, no momento em que da mesma se tomar conhecimento, quando ela puder afectar o valor do acto praticado (nº 2 do art. 123º deste diploma). **A omissão da suspensão aqui prevista pode afectar o valor da decisão condenatória, pelo que, se ela se verificar, deve declarar-se tal irregularidade, anulando-se os actos que dela dependem. A reparação das irregularidades que possam afectar o acto do valor praticado é de conhecimento oficioso (art. 123º, nº 2 do C.P.P.) pelo que pode ser decidida mesmo pelo tribunal de recurso**" (realce nosso).

Assim, e porque o raciocínio feito relativamente ao art. 55º pode ser transposto para a suspensão prevista no nº 4 do art. 42º do mesmo diploma legal, caso se entendesse que esta última norma não consagra uma condição de procedibilidade nos termos acima expostos, sempre ter-se-ia de considerar que o seu não cumprimento configura uma irregularidade de conhecimento oficioso e cognoscível a todo o tempo.

O que, na prática, teria, no essencial, as mesmas consequências acima expostas.

Reforça este entendimento a análise da evolução histórica da lei.

Na realidade, no domínio do RJIFNA, a estruturação da fase de investigação era diferente. O processo de averiguações onde tal investigação ocorria era iniciado, nos termos do art. 43º, pelo agente da administração fiscal competente. Por outro lado, nos termos do art. 77º do Código de Processo Tributário, aprovado pelo Decreto-Lei nº 154/91, de 23 de Abril, sempre que a entidade competente tomasse conhecimento de factos tributários não declarados, o processo de liquidação era instaurado oficiosamente pelos competentes serviços.

Tal solução transitou para o Código de Processo e Procedimento Tributário, aprovado pelo Decreto-Lei nº 433/99, de 26 de Outubro, em cujo art. 59º, nº 6 (actualmente, a norma está no nº 7) se preceituava que *"Sempre que a entidade competente tome conhecimento de factos tributários não declarados pelo sujeito passivo e do suporte probatório necessário, o procedimento de liquidação é instaurado oficiosamente pelos competentes serviços"*.

Assim, a partir do momento em que se iniciava a fase de investigação da infracção fiscal, através do processo de averiguações, e a entidade competente para o mesmo tomasse conhecimento de factos tributários não declarados, necessariamente se dava início ao processo de liquidação.

Ou seja, também ali era pressuposto que, paralelamente ao processo penal tributário, decorresse o processo tributário, dessa forma se permitindo a aplicação do nº 4 do art. 43º do RJIFNA, bem como do art. 50º do mesmo diploma. Não era, pois, necessário consagrar expressamente a solução que hoje está no nº 4 do art. 42º do RGIT visto que já era pressuposto tal ter sucedido. Aliás, a necessidade da sua consagração expressa vem precisamente no momento em que a lei é alterada no sentido de a fase de investigação poder passar a ser feita por entidade diversa do órgão da administração fiscal competente – reforçando assim a conclusão segundo a qual, independentemente de quem tenha a seu cargo a investigação do processo, é necessário desencadear o procedimento tributário de apuramento da situação tributária ou contributiva da qual depende a qualificação criminal dos factos (não fosse dar-se o caso de, estando a investigação a cargo de entidade que não o órgão da administração fiscal, não se ter ainda comunicado aos serviços competentes a ocorrência de factos tributários não declarados pelo sujeito passivo, a fim de ser instaurado oficiosamente o procedimento de liquidação respectivo).

E assim se entende a anotação que ao art. 43º do RJIFNA é feita por Alfredo José de Sousa[37]: "Nesta fase é mais importante a pendência do «processo fiscal gracioso» e a suspensão do processo de averiguações «enquanto não for praticado acto definitivo», do que de processo *contencioso*, que só pode ser de impugnação fiscal ou oposição de executado. A suspensão do processo penal fiscal por causa da pendência destes processos contenciosos sempre sobreviria por força do art. 50º. É que o processo fiscal gracioso pode ter como objecto a liquidação adicional do imposto cujo não pagamento seja elemento integrante do crime fiscal. Será o caso dos crimes de fraude fiscal, cuja qualificação e consequente determinação da moldura penal, depende da quantificação da «vantagem patrimonial indevida» a aferir pela liquidação adicional do imposto decorrente dos «factos ou valores» ocultados ou alterados".

Praticado o acto definitivo ou proferida a decisão final a que se referia o art. 43º, nº 4 do RJIFNA, podia então ser encerrado o processo de averiguações. Além disso, com a prática de tal acto estava aberto o caminho para que o visado pudesse instaurar, consoante o caso, o processo de impugnação judicial ou de

---

[37] ALFREDO JOSÉ DE SOUSA, *Infracções Fiscais (Não Aduaneiras)*, 3ª Edição – Anotada e Actualizada, Liv. Almedina, 1997, pag. 208-209.

oposição de executado previstos no art. 50º, assim permitindo a aplicação da solução consagrada nesta norma.

Pelo exposto, e sempre ressalvado melhor entendimento, constata-se que o regime anterior não diferia no essencial do actual, nesta parte, estando subjacente a ambos a mesma teleologia.

* * *

Pode finalmente colocar-se a questão de saber como compatibilizar o processo penal e o procedimento tributário no que concerne ao segredo de justiça.

Sobre tal problemática pronunciou-se Mário Januário[38], em termos com os quais se concorda: "Quando, no âmbito e no início duma inspecção, por razões de oportunidade na salvaguarda das provas dos factos tributários e dos crimes fiscais, se verifique a suficiência dos indícios criminais (SIC), o que quase sempre acontece, devem haver logo dois procedimentos simultâneos: o da inspecção tributária e o da investigação criminal, articulados entre si e com a ventilação ou utilização recíproca das provas (5)"; e, depois, na nota (5) afirma "Não ignoramos quem pensa que tal procedimento sacrificará o princípio do segredo de justiça. Todavia, sobre isso lembramos, (para além do que emerge do texto) que os inspectores tributários e investigadores criminais da DGCI, para além de submetidos ao dever de sigilo profissional (64º LGT) cuja violação preencherá tipos de ilícito criminal e contra-ordenacional (91º e 115º do RGIT), estão também sujeitos ao segredo de justiça do CPP (86º), enquanto elementos do órgão de polícia criminal com competência delegada op legis para a investigação criminal fiscal, nos termos dos art.s 40º e 41º do RGIT. Mas, no sentido da ventilação recíproca das provas inter procedimento inspectivo e processo de inquérito criminal fiscal, ver por todos o acórdão do TCASul de 20.9.2005, in Rec. Nº318/04. Existem também vários casos, bem recentes, de processos ainda em investigação, em que o MºPº, através da PJ, nos remete os elementos probatórios relevantes colhidos nos processos penais fiscais para que os possamos usar no procedimento inspectivo e na quantificação da vantagem patrimonial indevida, imprescindível para a acusação. Não haverá outra solução (não nos parece que haja...), dada a natureza do crime e a competência reservada da AT para a liquidação, notificação e cobrança dos impostos".

* * *

---

[38] MÁRIO JANUÁRIO, obra citada.

4. Referência breve à Jurisprudência Portuguesa

Para além das decisões a que já se aludiu, mencionam-se, com interesse para as questões abordadas, os seguintes acórdãos, de sentido nem sempre coincidente com o que se aqui se defendeu (todos disponíveis na internet em www. dgsi.pt): Acórdão do Tribunal da Relação do Porto de 24/01/2007, processo nº 0615426; – Acórdão do Tribunal da Relação de Évora de 28/10/2010, processo nº 28/06.7IDFRA.E1; – Acórdão do Tribunal da Relação do Porto de 22/09/2010, processo nº 209/99.8TAVCD.P1; – Acórdão do Tribunal da Relação do Porto de 19/11/2008, processo nº 0841638; – Acórdão do Tribunal da Relação do Porto de 1/02/2006, processo nº 0515213; – Acórdão do Tribunal da Relação de Coimbra de 13/05/2009, processo nº 33/05.0JBLSB.C1[39]; – Acórdão do Tribunal da Relação de Coimbra de 16/11/2011, processo nº 1129/06.7TAACB.C1.

* * *

5. Conclusão

Percorrido este caminho, esperamos ter contribuído para o aprofundamento da discussão em torno dos temas objecto do presente estudo.

Não podemos deixar de enfatizar que, e sempre com o devido respeito por entendimento diverso, a defender-se a posição inversa à aqui adoptada quanto aos arts. 42º, 47º e 48º do RGIT, podemos criar uma situação que, a nosso ver, será difícil de sustentar: nos casos em que não tenha sido dado, oportunamente, cumprimento ao disposto no art. 42º, nº 4 do RGIT, a Administração Tributária não liquida os impostos devidos, não praticando assim o acto tributário de liquidação.

Consequentemente, o arguido em processo penal tributário não pode deduzir qualquer impugnação com vista a que a jurisdição tributária verifique se e em que medida são devidos os impostos, quando o certo é que o sistema legal, no seu todo, dá preferência, nos termos acima expostos, à jurisdição tributária sobre a jurisdição comum no que respeita à apreciação dessa questão.

Mais: uma interpretação do art. 45º, nº 5 da Lei Geral Tributária distinta daquela aqui defendida poderá levar ao absurdo, em nosso entender, de apenas após a eventual condenação, com trânsito em julgado, do arguido por crimes tributários, ser este admitido a impugnar as liquidações que subsequentemente fossem feitas e até ver serem julgados procedentes todos ou parte dos argumentos que sustentavam tais impugnações, sendo a decisão proferida pelo Tribunal

---

[39] Caso onde foi proferido despacho de que formos relatoras, e que deu origem ao presente estudo. O Acórdão do Tribunal da Relação de Coimbra decidiu em sentido inverso ao aqui defendido.

Tributário contraditória com a do Tribunal Criminal – contrariando assim frontalmente o art. 48º do Regime Geral das Infracções Tributárias.

Não nos parece que deva ser essa a interpretação a dar ao art. 45º, nº 5 da Lei Geral Tributária, sob pena até de tal interpretação ser **inconstitucional** por violar as garantias dos arguidos, por vedar o acesso dos mesmos à Justiça Tributária, e por violar a distribuição de competências entre Tribunais Comuns e Tribunais Tributários – violando assim os arts. 20º, nº 1, 32º, nº 1 e nº 9, e 212º, nº 3 da Constituição da República Portuguesa.

Assim, a interpretação que deve ser, a nosso ver, dada ao nº 5 do art. 45º da LGT, por forma a não violar a Constituição da República Portuguesa e estar em harmonia com o RGIT, é a de o inquérito criminal ali referido se reportar apenas a infracções não tributárias, mas de cuja prova dependerá a liquidação de impostos. Porque quanto às infracções tributárias, regem os arts. 42º, nº 4, 47º e 48º do Regime Geral das Infracções Tributárias, enquanto normas especiais que não foram revogadas por esta nova redacção do nº 5 do art. 45º da Lei Geral Tributária.

O papel do estabelecimento estável no Direito Fiscal Internacional

PAULA ROSADO PEREIRA
Professora da Faculdade de Direito da Universidade de Lisboa
Advogada especialista em Direito Fiscal

1. Enquadramento

O conceito de estabelecimento estável é nuclear para o Direito Fiscal Internacional[1]. Ele releva tanto para efeitos da definição do regime de tributação das entidades não residentes pelos rendimentos empresariais obtidos, no contexto de legislação fiscal nacional, como para efeitos da repartição entre o Estado da fonte e o Estado da residência do poder de tributar, nas Convenções para Evitar a Dupla Tributação e Prevenir a Evasão Fiscal em Matéria de Impostos sobre o Rendimento (adiante abreviadamente referidas como "Convenções sobre Dupla Tributação").

Desta forma, no contexto do Direito Fiscal Internacional, a repartição entre os Estados do poder de tributar rendimentos empresariais assenta, fundamentalmente, na figura do estabelecimento estável[2].

Tanto o conceito de estabelecimento estável como a sua relevância para efeitos da repartição do poder tributário entre os Estados foram delineados progressivamente, sobretudo graças aos estudos e à elaboração desenvolvidos no

---

[1] Alberto Xavier sustenta mesmo, a este propósito, que o conceito de estabelecimento estável tem, no domínio do Direito Fiscal Internacional, um alcance comparável ao do conceito de domicílio no Direito Internacional Privado. ALBERTO XAVIER, *Direito Tributário Internacional*, 2ª ed., Almedina, Coimbra, 2007, pp. 306-307.

[2] KLAUS VOGEL et al., *Klaus Vogel on Double Taxation Conventions – A Commentary to the OECD –, UN- and US Model Conventions for the Avoidance of Double Taxation on Income and Capital – With Particular Reference to German Treaty Practice*, 3ª ed., Kluwer Law International, London, 1997 (reimpressão 1999), p. 401.

quadro das organizações internacionais. O primeiro grande contributo para precisar a definição de estabelecimento estável deve-se à Sociedade das Nações ("SDN"), tendo culminado na exaustiva exemplificação contida no artigo V do Protocolo anexo aos Modelos das Convenções do México (1943) e de Londres (1946). Após a Segunda Guerra Mundial, com o crescimento do número de Convenções sobre Dupla Tributação celebradas e a progressiva diferenciação das noções aí adoptadas, o Comité Fiscal da Organização de Cooperação e Desenvolvimento Económico ("OCDE") considerou fundamental repensar integralmente o conceito de estabelecimento estável. Na sequência de tal análise, elaborou um conceito próprio de estabelecimento estável, partindo de elementos comuns às variadas Convenções sobre Dupla Tributação celebradas pelos Estados-membros, de forma a obter um resultado que merecesse o acordo do maior número possível de Estados[3].

2. Definição de estabelecimento estável

A prática internacional regista amplo consenso relativamente ao conceito de estabelecimento estável actualmente previsto no artigo 5º do Modelo de Convenção Fiscal sobre o Rendimento e o Património da OCDE (adiante referido como "MC OCDE"). Deste modo, pode afirmar-se que existe uma certa harmonização a este nível, ainda que subsistam definições algo distintas nas diversas Convenções sobre Dupla Tributação[4], interpretações díspares, e a necessidade de adequar o conceito previsto às profundas mudanças sentidas no comércio internacional[5].

Não iremos, no presente texto, proceder a uma análise detalhada do conceito de estabelecimento estável. Efectivamente, a complexidade deste conceito justificaria um estudo aprofundado, do maior interesse, mas que se afasta do âmbito definido para este trabalho. Assim, limitar-nos-emos a alguns breves considerandos relativamente ao conceito de estabelecimento estável, de modo a enquadrar as questões seguidamente abordadas.

O estabelecimento estável, nos termos actualmente definidos no artigo 5º do MC OCDE, assenta na existência de dois elementos: um elemento real ou objectivo e um elemento pessoal ou subjectivo. Embora bastando a existência de apenas um deles para que haja um estabelecimento estável, no caso concreto tais elementos podem apresentar-se cumulativamente.

---

[3] ANTONIO LOVISOLO, La "stabile organizzazione", in VICTOR UCKMAR (Coord.), Corso di Diritto Tributario Internazionale, 2ª ed., CEDAM, Pádua, 2002, pp. 298-299.

[4] Algumas inspiradas pelo alargamento do conceito de estabelecimento estável previsto no Modelo de Convenção da Organização das Nações Unidas para evitar a dupla tributação entre países desenvolvidos e países em desenvolvimento (adiante referido como "MC ONU"), em resposta às especificidades dos países em vias de desenvolvimento.

[5] ANTONIO LOVISOLO, La "stabile organizzazione"..., p. 299.

i) *Elemento real ou objectivo*

O estabelecimento estável assenta na existência de uma instalação fixa através da qual a empresa não residente exerce toda ou parte da sua actividade (artigo 5º, nº 1 do MC OCDE). O nº 2 do aludido artigo enuncia, a título exemplificativo, um conjunto de instalações fixas susceptíveis de constituírem um estabelecimento estável. O nº 3 refere-se, em particular, à questão dos estaleiros de construção ou projectos de construção ou de montagem, que constituem um estabelecimento estável apenas se a sua duração exceder doze meses.

Por seu turno, o nº 4 do artigo 5º do MC OCDE prevê um conjunto de instalações que são excepcionadas do conceito de estabelecimento estável, fundamentalmente pelo carácter preparatório ou auxiliar das actividades desenvolvidas com recurso às mesmas.

ii) *Elemento pessoal ou subjectivo*

Alternativamente, o estabelecimento estável pode assentar na existência de uma pessoa que actue por conta da empresa não residente, e que não seja um agente independente. Tal pessoa constituirá um estabelecimento estável da empresa não residente apenas se tiver e habitualmente exercer poderes para concluir contratos em nome dessa empresa (artigo 5º, nº 5 do MC OCDE).

O nº 6 do artigo 5º do MC OCDE clarifica que a actividade de um agente independente não constitui um estabelecimento estável da empresa, desde que o aludido agente actue no âmbito normal da sua actividade. Por fim, o nº 7 inclui uma regra relativa a empresas associadas, referindo que a relação de controlo existente entre estas não basta para fazer de qualquer das sociedades estabelecimento estável da outra.

Importa, neste contexto, referir o facto de o Comité dos Assuntos Fiscais da OCDE ter, a 12 de Outubro de 2011, apresentado um documento para discussão pública sobre a definição de estabelecimento estável no MC OCDE. Trata-se de um projecto de aditamentos e alterações aos Comentários ao artigo 5º do MC OCDE, cujo intuito é o de clarificar a interpretação e a aplicação do referido artigo e, consequentemente, do conceito de estabelecimento estável. O projecto da OCDE fica aberto à discussão pública até 10 de Fevereiro de 2012.

3. O princípio do estabelecimento estável face aos princípios da fonte e da residência

O conceito de estabelecimento estável tem, conforme foi já referido, uma importância fundamental para efeitos da repartição do poder de tributar entre os Estados envolvidos, nas situações em que uma empresa residente de um Estado obtém rendimentos empresariais noutro Estado.

Nos termos do artigo 7º do MC OCDE, os lucros de uma empresa são tributados apenas no respectivo Estado de residência, a não ser que a empresa exerça a sua actividade noutro Estado através de um estabelecimento estável aí situado. Neste caso, os seus lucros podem ser tributados também no Estado de localização do estabelecimento estável, mas unicamente na medida em que sejam imputáveis a esse estabelecimento.

O referido enquadramento, que optamos por designar como "princípio do estabelecimento estável", constitui, assim, a trave mestra do tratamento fiscal dos rendimentos empresariais dos não residentes.

Ora, por seu turno, o princípio do estabelecimento estável ocupa um ponto fulcral na dialéctica entre o princípio da fonte e o princípio da residência, os dois princípios fundamentais do Direito Fiscal Internacional no que toca à repartição entre os Estados do poder de tributar[6].

De certo modo, o princípio do estabelecimento estável limita a regra da tributação do lucro das empresas exclusivamente no Estado da sua residência, atribuindo uma competência tributária cumulativa ao Estado da fonte, no caso de lucros imputáveis a um estabelecimento estável situado no seu território. Nesta perspectiva, o princípio do estabelecimento estável constitui uma concessão ao princípio da fonte, evitando o reconhecimento de competência exclusiva para a tributação dos lucros ao Estado do qual as empresas são residentes.

Por outro lado, o princípio do estabelecimento estável corresponde a uma formulação restrita do princípio da fonte, na medida em que faz depender a tributação no Estado da fonte da existência de um estabelecimento estável no seu território e limita tal tributação aos lucros que sejam imputáveis a esse estabelecimento estável. Assim, no que toca aos lucros das empresas, a existência de fonte – em termos relevantes para a atribuição de poder tributário ao Estado da fonte – é, neste caso, restringida, atenta a delimitação do conceito de estabelecimento estável.

Tal regime representa, nesta medida, uma concessão ao princípio da residência, permitindo a tributação exclusiva no Estado da residência de todas as situações de lucros empresariais que não sejam imputáveis a um estabelecimento estável existente noutro Estado. É, portanto, afastada a competência do Estado da fonte para tributar os rendimentos derivados de actividades desenvolvidas no seu território sem recurso a um estabelecimento estável aí localizado[7]. Esta

---

[6] Para uma abordagem mais desenvolvida desta matéria, *vide* PAULA ROSADO PEREIRA, *Princípios do Direito Fiscal Internacional – Do Paradigma Clássico ao Direito Fiscal Europeu*, Almedina, Coimbra, 2010.

[7] Este facto tem motivado sérias críticas dos países em vias de desenvolvimento, e em particular de alguns países da América Latina, que acusam o princípio do estabelecimento estável de favorecer os países industrializados, privando os países em desenvolvimento de receitas tributárias. Estes

regra afasta a tributação dos rendimentos ocasionais, determinando que as actividades económicas serão tributadas por um Estado apenas quando existirem laços económicos significativos entre a empresa e esse Estado.

O princípio do estabelecimento estável impõe, consequentemente, em relação aos lucros das empresas não residentes, uma importante limitação do conceito de fonte do rendimento para efeitos de tributação – tornando irrelevantes, *per se*, aspectos como a localização do fornecimento dos bens e da prestação dos serviços no território de um Estado ou a residência da pessoa singular ou colectiva pagadora dos rendimentos resultantes dessa actividade.

A legitimidade do Estado da fonte para tributar os lucros empresariais depende, portanto, do modo como a actividade que os origina é exercida no seu território e da estrutura material ou pessoal de que a empresa estrangeira aí dispõe para o seu exercício. Deste modo, escapam ao poder tributário do Estado da fonte os lucros de actividades que, embora exercidas no seu território, não recorram a uma estrutura que corporize um estabelecimento estável aí existente.

Este enquadramento foi reforçado e detalhado, no que toca às prestações de serviços, pela actualização ao MC OCDE aprovada pelo Conselho da OCDE em 17 de Julho de 2008, matéria que abordaremos no ponto 4. do presente texto.

Em suma, o conceito de estabelecimento estável tem um papel fundamental na delimitação do poder de tributar do Estado da fonte, no que diz respeito a rendimentos empresariais, permitindo que estes só sejam objecto de tributação

países consideram mais justo e mais adequado um sistema de tributação no qual o princípio da fonte tenha maior preponderância, permitindo-lhes tributar lucros auferidos no seu território por não residentes, ainda que aí não disponham de um estabelecimento. O MC ONU, tomando em consideração algumas das aludidas críticas, alarga a definição de estabelecimento estável e admite, embora na sua forma restrita, o princípio da força atractiva do estabelecimento estável. Nos termos do princípio da força atractiva restrita do estabelecimento estável, este é tributável não apenas relativamente aos lucros que lhe sejam efectivamente imputáveis em virtude da sua actividade, mas também relativamente aos lucros de transacções desenvolvidas no Estado do estabelecimento estável, directamente pela sociedade matriz (ou seja, pela sociedade à qual o estabelecimento estável pertence e da qual este é parte integrante) ou por outro estabelecimento estável localizado num terceiro Estado, desde que tais transacções sejam do mesmo tipo ou de um tipo similar àquelas que o estabelecimento leva a cabo. Outra concessão do MC ONU, em resposta às particularidades dos países em vias de desenvolvimento, consiste em permitir a tributação no Estado da fonte dos rendimentos não expressamente previstos na convenção (ao invés da regra da tributação desses rendimentos apenas no Estado da residência do seu beneficiário, prevista no artigo 21º nº 1 do MC OCDE). Por seu turno, certas convenções celebradas com países em vias de desenvolvimento ou admitem a tributação independentemente da existência de um estabelecimento ou, ao menos, alargam a definição de estabelecimento no sentido de aceitar, por exemplo, a tributação em razão da existência de instalações de armazenagem ou de exposição de mercadorias.

nesse Estado quando existirem laços económicos significativos entre a empresa e o referido Estado da fonte.

Todavia, preenchido o requisito da existência desses laços económicos significativos com o Estado da fonte, corporizados na existência de um estabelecimento estável no seu território, o Estado da fonte fica legitimado para tributar o não residente de forma bastante semelhante à aplicável aos seus residentes.

O preenchimento do conceito de estabelecimento estável permite, no caso concreto, assumir a existência de uma estrutura utilizada no desenvolvimento de uma actividade económica regular no território em questão, determinando a tributação nesse Estado como se de uma entidade jurídica autónoma se tratasse. Conforme refere RUI DUARTE MORAIS, "o recurso à noção de estabelecimento estável traduz-se como que na equiparação de uma realidade económica (uma unidade empresarial) a uma realidade jurídica (um sujeito passivo de imposto)"[8].

Assiste-se, desta forma, a uma "personalização" da tributação das entidades não residentes com estabelecimento estável, ou seja, a uma tributação baseada num nexo pessoal de conexão, idêntico ao aplicável em relação às pessoas colectivas residentes.

Face ao que foi referido, podemos concluir que o princípio do estabelecimento estável envolve, no seu âmbito de aplicação, uma mudança dos termos usuais da ponderação entre o poder de tributar do Estado da fonte e o do Estado da residência. No que toca aos rendimentos empresariais, e de acordo com o aludido princípio, o direito de tributar do Estado da fonte encontra-se dependente do preenchimento de requisitos mais exigentes, relacionados com a existência de um estabelecimento estável. Em contrapartida, preenchidos tais requisitos, o direito de tributar do Estado da fonte pode atingir uma amplitude bastante próxima da que habitualmente caracteriza o direito de tributar do Estado da residência (baseada num elemento de conexão pessoal)[9].

---

[8] RUI DUARTE MORAIS, *Imputação de Lucros de Sociedades Não Residentes Sujeitas a Um Regime Fiscal Privilegiado*, Publicações Universidade Católica, Porto, 2005, p. 154.

[9] Conforme refere MANUELA DURO TEIXEIRA, "a dicotomia tributação por conexão pessoal (no caso dos residentes) e tributação por conexão real (no caso dos não residentes) é afectada por estes desenvolvimentos. Alguns autores consideram que se poderá já adicionar àquelas duas formas de tributar uma terceira, a dos não residentes tributados por conexões pessoais, ou seja, os não residentes com estabelecimento estável no Estado da fonte, mediante uma "personalização" do estabelecimento estável". MANUELA DURO TEIXEIRA, *A Determinação do Lucro Tributável dos Estabelecimentos Estáveis de Não Residentes*, Almedina, Coimbra, 2007, pp. 33-34.

4. O estabelecimento estável e a questão da tributação de serviços

A actualização de 2008 ao MC OCDE acrescentou aos Comentários ao artigo 5º do MC OCDE um novo título designado "Tributação de serviços", compreendendo os parágrafos 42.11 a 42.48[10].

Os parágrafos em questão reforçam a ideia da tributação exclusiva no Estado da residência da empresa, no caso de rendimentos, decorrentes da prestação de serviços no território de outros Estados, que não sejam imputáveis a um estabelecimento estável situado nesses outros Estados.

Nestes termos, os rendimentos de serviços prestados por uma empresa residente no Estado A, no território do Estado B, não seriam tributáveis neste último Estado, excepto se fossem imputáveis a um estabelecimento estável aí situado. Isto, naturalmente, desde que os rendimentos em apreço não fossem cobertos pelo disposto noutros artigos da Convenção sobre Dupla Tributação que autorizassem a tributação no Estado B.

De acordo com os Comentários ao MC OCDE, diversos tipos de razões justificam a tributação dos rendimentos decorrentes da prestação de serviços apenas no Estado de residência da empresa que os presta. Por um lado, parte-se do princípio de que uma empresa apenas participa na vida económica de um Estado distinto daquele em que é residente, em termos que justifiquem a sua sujeição à jurisdição tributária desse Estado, caso aí disponha de um estabelecimento estável. Por outro lado, os referidos Comentários ao MC OCDE preconizam que os rendimentos decorrentes da prestação de serviços sejam, regra geral, tratados de forma idêntica aos rendimentos derivados de outras actividades empresariais – e que, portanto, sejam objecto de tributação num Estado distinto do da residência da empresa apenas se, nesse outro Estado, existir um estabelecimento estável. Admitem-se apenas algumas excepções, para determinados tipos de serviços, como sejam os cobertos pelo artigo 8º do MC OCDE, relativo ao "Transporte marítimo, em águas interiores e aéreo", e pelo artigo 17º do MC OCDE, relativo a "Artistas e desportistas".

Verifica-se, contudo, uma relutância de alguns Estados na adopção de um princípio de tributação exclusiva no Estado da residência, relativamente a rendimentos de serviços não imputáveis a um estabelecimento estável situado no

---

[10] Refira-se que o projecto de aditamentos e alterações aos Comentários ao artigo 5º do MC OCDE, apresentado pelo Comité dos Assuntos Fiscais da OCDE a 12 de Outubro de 2011, e que permanecerá aberto a discussão pública até 10 de Fevereiro de 2012, não prevê alterações a estes artigos. Com efeito, o aludido projecto de Outubro de 2011, que cobre diversos aspectos relativos à interpretação e aplicação do conceito de estabelecimento estável, propõe alterações apenas aos parágrafos 1 a 35 dos Comentários ao artigo 5º do MC OCDE.

Estado da fonte, mas que se referem a serviços prestados no território deste Estado.

A este propósito, os Comentários admitem que os Estados que sustentam esta posição utilizem mecanismos já existentes para assegurar a tributação de serviços prestados no seu território, mesmo que não sejam imputáveis a um estabelecimento estável aí localizado. Tais mecanismos poderão consistir, por exemplo, na imposição aos sujeitos passivos residentes de uma obrigação de efectuar uma retenção na fonte, nos pagamentos de serviços por estes efectuados a não residentes, quando se trate de serviços prestados no território do Estado[11].

Sem prejuízo do referido, os Comentários salientam, todavia, que não deverá existir um direito de tributação, por parte do Estado da fonte, relativamente a prestações de serviços que ocorram fora do seu território. Designadamente, os factos de o pagador dos serviços ser residente num determinado Estado, de o pagamento dos serviços ser suportado por um estabelecimento estável localizado nesse Estado, ou de o resultado dos serviços ser utilizado nesse Estado, não constituem, na perspectiva da OCDE, nexo suficiente para justificar a atribuição de poderes tributários sobre esse rendimento ao Estado em questão. Nestes termos, a justificação para manter a tributação de prestações de serviços no Estado da fonte existe apenas quando se trate de serviços prestados no território desse Estado.

É ainda referido, nos Comentários ao MC OCDE, que a tributação no Estado da fonte deve incidir apenas sobre o rendimento decorrente dos serviços, e não sobre o montante bruto pago por tais serviços[12].

Todavia, em conjugação com as limitações impostas à tributação no Estado da fonte de rendimentos de serviços prestados por empresas não residentes, os Comentários consagram uma extensão da definição de estabelecimento estável[13]. Assim, autoriza-se a tributação no Estado da fonte do rendimento da prestação de serviços, mas apenas quando exista um nível mínimo de presença do prestador dos serviços nesse Estado. É esse nível mínimo de presença que é determinado na referida extensão da definição de estabelecimento estável incluída nos Comentários.

Para tal efeito, presume-se a existência de um estabelecimento estável em situações nas quais este não existiria nos termos da definição tradicional de estabelecimento estável prevista no MC OCDE. Os Comentários ilustram, com variados exemplos, a aplicação deste conceito alternativo de estabelecimento

---

[11] *Vide*, a este propósito, o parágrafo 42.17 dos Comentários ao artigo 5º do MC OCDE.
[12] *Vide* os parágrafos 42.18 e 42.19 dos Comentários ao artigo 5º do MC OCDE.
[13] *Vide* o parágrafo 42.23 dos Comentários ao artigo 5º do MC OCDE.

estável, a ter em conta nos casos em que o mesmo seja incluído numa Convenção sobre Dupla Tributação.

5. O Modelo de Convenção da ONU e o estabelecimento estável

A repartição entre Estados do poder de tributar que se encontra subjacente ao princípio do estabelecimento estável tem motivado sérias críticas por parte dos países em vias de desenvolvimento, e em particular de alguns países da América Latina. Estes países acusam o princípio do estabelecimento estável de favorecer os países industrializados, privando os países em desenvolvimento de receitas tributárias. Consideram mais justo e mais adequado um sistema de tributação no qual o princípio da fonte tenha maior preponderância, permitindo-lhes tributar lucros auferidos no seu território por não residentes, ainda que aí não disponham de um estabelecimento.

O Modelo de Convenção da Organização das Nações Unidas para evitar a dupla tributação entre países desenvolvidos e países em desenvolvimento (adiante referido como "MC ONU"), tomando em consideração algumas das aludidas críticas, alarga a definição de estabelecimento estável e admite, embora na sua forma restrita, o princípio da força atractiva do estabelecimento estável. Nos termos do princípio da força atractiva restrita do estabelecimento estável, este é tributável não apenas relativamente aos lucros que lhe sejam efectivamente imputáveis em virtude da sua actividade, mas também relativamente aos lucros de transacções desenvolvidas no Estado do estabelecimento estável, directamente pela sociedade matriz (ou seja, pela sociedade à qual o estabelecimento estável pertence e da qual este é parte integrante) ou por outro estabelecimento estável localizado num terceiro Estado[14], desde que tais transacções sejam do mesmo tipo ou de um tipo similar àquelas que o estabelecimento leva a cabo.

Outra concessão do MC ONU, em resposta às particularidades dos países em vias de desenvolvimento, consiste em permitir a tributação no Estado da fonte dos rendimentos não expressamente previstos na convenção (ao invés da regra da tributação desses rendimentos apenas no Estado da residência do seu beneficiário, prevista no artigo 21º nº 1 do MC OCDE).

Por seu turno, certas convenções celebradas com países em vias de desenvolvimento ou admitem a tributação independentemente da existência de um estabelecimento ou, ao menos, alargam a definição de estabelecimento no sen-

---

[14] Ao longo do presente texto referimo-nos a "terceiro Estado", reservando a expressão "Estado terceiro", de forma a evitar equívocos, apenas para os casos em que nos referimos a um Estado que não integra a UE.

tido de aceitar, por exemplo, a tributação em razão da existência de instalações de armazenagem ou de exposição de mercadorias.

6. O não residente com estabelecimento estável

Em acréscimo à tradicional contraposição entre residente e não residente, pode falar-se num tipo específico de não residente – o não residente com estabelecimento estável.

As suas características e presença no território do Estado da fonte são similares às dos seus residentes – o que justifica uma sujeição, em grande medida, a regras tributárias semelhantes às aplicáveis a estes últimos. Todavia, em virtude de se tratar de um sujeito passivo não residente, sem personalidade jurídica autónoma, integrado numa entidade mais ampla e exterior ao Estado da fonte, o regime fiscal do estabelecimento estável apresenta, normalmente, distinções relativamente ao aplicável aos sujeitos passivos residentes.

Um dos elementos reveladores do fortalecimento da conexão pessoal, no caso dos estabelecimentos estáveis, é o facto de, nos termos das Convenções sobre Dupla Tributação, estes poderem ser tributados relativamente aos rendimentos obtidos por seu intermédio num terceiro Estado, distinto quer do Estado da sociedade matriz[15] quer do Estado da localização do estabelecimento estável. Desta forma, a tributação do estabelecimento estável pelo Estado da respectiva localização, relativamente a rendimentos obtidos por seu intermédio num terceiro Estado, deixa de assentar numa conexão exclusivamente territorial, relacionada com o lugar da fonte dos rendimentos, para se basear também numa conexão de natureza pessoal.

A tendencial equiparação do estabelecimento estável a uma sociedade residente do Estado no qual se situa, para efeitos de tributação, dá corpo ao princípio da neutralidade na importação de capitais, alcançando-se, assim, a sujeição a uma carga tributária similar de todas as empresas que desenvolvem a sua actividade num determinado Estado[16].

7. Assimilação do estabelecimento estável a uma empresa independente

Quando uma empresa de um Estado contratante exerce a sua actividade no outro Estado contratante através de um estabelecimento estável aí situado, o

---

[15] Conforme referido supra, designamos por "sociedade matriz" a sociedade à qual o estabelecimento estável pertence e da qual este é parte integrante.

[16] Note-se, todavia, que a aludida neutralidade é, em grande parte dos casos, prejudicada pela tributação do estabelecimento estável também no Estado de residência da sua sociedade matriz, ou seja, da sociedade a que pertence. A este propósito, podemos salientar que o ideal de igualdade, de um ponto de vista fiscal, entre estabelecimentos estáveis e sociedades residentes atinge um nível bastante superior no âmbito do Direito Fiscal Europeu.

regime previsto no MC OCDE determina que tal empresa possa ser tributada no Estado de localização do estabelecimento estável, relativamente aos lucros que a este sejam imputáveis.

A trave mestra do regime previsto no artigo 7º do MC OCDE consiste na assimilação do estabelecimento estável a uma empresa independente, para efeitos do apuramento do respectivo lucro tributável.

Embora já fosse notória, a referida assimilação do estabelecimento estável a uma empresa independente foi colocada ainda em maior destaque pela nova redacção do artigo 7º do MC OCDE, introduzida pela actualização ao MC OCDE aprovada pelo Conselho da OCDE em 22 de Julho de 2010, bem como por diversas alterações aos Comentários operadas pela referida actualização de 2010.

O nº 2 do artigo 7º do MC OCDE, na sua nova redacção, prevê que os lucros a imputar ao estabelecimento estável sejam os lucros que este obteria, em especial nas suas transacções com outras partes da empresa, se fosse uma empresa separada e independente, que exercesse as mesmas actividades ou actividades similares, nas mesmas condições ou em condições similares, tendo em conta as funções desenvolvidas, os activos utilizados e os riscos assumidos pela empresa através do estabelecimento estável e através das outras partes da empresa.

O regime fiscal de assimilação a uma empresa independente implica a rejeição do princípio da força atractiva do estabelecimento estável, sendo este objecto de tributação apenas relativamente aos lucros que lhe forem de facto imputáveis. Implica, por outro lado, a dedutibilidade fiscal das despesas realizadas para a prossecução dos fins do estabelecimento estável, incluindo as despesas de direcção e as despesas gerais de administração – sem exclusão das efectuadas fora do território em que o estabelecimento estável se situa.

Apesar de o estabelecimento estável não ser uma entidade juridicamente distinta da sua sociedade matriz, a respectiva autonomia para efeitos tributários pressupõe uma autonomia patrimonial e a assimilação a verdadeiras relações jurídicas das relações do estabelecimento estável com terceiros, e mesmo com a sociedade matriz ou com outras partes da empresa (v.g. outros estabelecimentos estáveis da mesma sociedade matriz). Este aspecto foi colocado ainda em maior evidência pela nova redacção do nº 2 do artigo 7º do MC OCDE, decorrente da actualização de 2010 ao MC OCDE, ao referir-se aos lucros que o estabelecimento estável obteria, se fosse uma empresa separada e independente, "em especial nas suas transacções com outras partes da empresa".

No âmbito destas relações, o estabelecimento estável apura rendimentos tributáveis e incorre em custos dedutíveis, com base nos quais é apurado o seu lucro tributável. O lucro do estabelecimento estável é, então, sujeito a uma tributação independente no Estado onde se situa.

Refira-se, a este propósito, que o MC OCDE aborda, nos parágrafos 40 a 72 dos Comentários ao nº 3 do artigo 24º do MC OCDE, as implicações específicas do princípio da igualdade de tratamento (no qual o princípio da não discriminação se concretiza) ao nível da tributação de um estabelecimento estável de uma empresa não residente. Os aludidos Comentários abarcam o domínio da incidência do imposto (cobrindo aspectos atinentes à determinação da base tributável), o regime especial dos dividendos recebidos em conexão com participações detidas pelos estabelecimentos estáveis, a estrutura e taxa do imposto, o regime da retenção na fonte sobre os dividendos, juros e *royalties* recebidos por um estabelecimento estável, a imputação dos impostos estrangeiros e a extensão aos estabelecimentos estáveis das Convenções sobre Dupla Tributação celebradas com terceiros Estados.

8. Situações triangulares – Rendimentos obtidos pelo estabelecimento estável num terceiro Estado

Quanto aos rendimentos que o estabelecimento estável obtenha num terceiro Estado, o Estado da localização do estabelecimento estável pode tributá-los (com excepção dos rendimentos dos bens imóveis situados nesse terceiro Estado), nos termos do nº 2 do artigo 21º do MC OCDE. Quando tal suceda, o Estado de residência da sociedade matriz deve conceder um desagravamento em relação ao rendimento que já foi tributado na esfera do estabelecimento, de acordo com o previsto nos artigos 23º-A e 23º-B do MC OCDE.

Todavia, não se prevê, no texto do MC OCDE, a concessão de qualquer desagravamento por parte do Estado de localização do estabelecimento estável em relação à tributação já suportada no terceiro Estado do qual provém o rendimento. Assim, neste tipo de situações triangulares, o estabelecimento estável apenas poderá beneficiar de algum desagravamento previsto na legislação interna do Estado onde se localiza, de acordo com o nº 3 do artigo 24º do MC OCDE, e não de qualquer desagravamento previsto numa Convenções sobre Dupla Tributação que exista entre o Estado do estabelecimento estável e o aludido terceiro Estado[17].

Quanto à aplicação do desagravamento previsto na legislação interna do Estado de localização do estabelecimento estável, do qual possam beneficiar as empresas desse Estado, esta revela-se como uma decorrência do princípio da não discriminação dos estabelecimentos estáveis. Neste sentido, refere o parágrafo 67 dos Comentários ao artigo 24º nº 3 do MC OCDE que "quando os rendimentos de fonte estrangeira são incluídos nos lucros imputáveis a um

---

[17] *Vide* o parágrafo 5 dos Comentários ao artigo 21º do MC OCDE e os parágrafos 9 e 10 dos Comentários ao artigo 23º do MC OCDE.

estabelecimento estável, justifica-se, por força do mesmo princípio [o princípio da não discriminação], acordar a esse estabelecimento estável a imputação dos impostos estrangeiros relativos a esses rendimentos quando a legislação interna concede esse crédito às empresas residentes".

Todavia, o problema torna-se mais complexo quando, no Estado onde se localiza o estabelecimento estável de uma sociedade do outro Estado contratante, a imputação dos impostos cobrados no terceiro Estado da fonte do rendimento não possa efectuar-se com recurso à legislação interna, mas apenas ao abrigo das Convenções sobre Dupla Tributação. Neste caso, a resolução da questão fica dependente da resposta ao complexo problema, de índole mais geral, do eventual alargamento aos estabelecimentos estáveis das Convenções sobre Dupla Tributação celebradas com terceiros Estados.

Tendo em conta a sua situação particular – não residentes do Estado onde se localizam, mas com uma presença substancial no território desse Estado – os estabelecimentos estáveis suscitam questões particularmente difíceis de resolver ao nível da aplicação das Convenções sobre Dupla Tributação.

No que toca ao âmbito subjectivo de aplicação das Convenções sobre Dupla Tributação, importa notar que, sendo estas aplicáveis às pessoas que sejam residentes de um ou de ambos os Estados contratantes, nos termos do artigo 1º do MC OCDE, os estabelecimentos estáveis não beneficiam da protecção das Convenções sobre Dupla Tributação. De facto, os estabelecimentos estáveis não são "pessoas" nem são considerados residentes do Estado em que se localizam.

Deste modo, quando uma sociedade residente em determinado Estado tem um estabelecimento estável noutro Estado, através do qual recebe rendimentos provenientes de um terceiro Estado, distinto quer do Estado onde o estabelecimento se localiza quer do Estado da sociedade matriz[18], ele pode não beneficiar, nem no terceiro Estado nem no Estado do estabelecimento estável, das previsões da Convenção sobre Dupla Tributação celebrada entre esses dois Estados[19]. Desta forma, pode ocorrer dupla tributação jurídica internacional mesmo que exista uma Convenção sobre Dupla Tributação entre o Estado de localização do estabelecimento estável e o terceiro Estado.

Efectivamente, conforme é reconhecido pelos Comentários ao MC OCDE[20], uma situação triangular como a descrita não é contemplada pela aludida Convenção sobre Dupla Tributação, uma vez que as Convenções sobre Dupla Tributação são aplicáveis apenas às pessoas residentes de um ou de ambos os Estados

---

[18] Existindo, portanto, uma situação triangular.
[19] KLAUS VOGEL et al., *Klaus Vogel on Double...*, p. 88.
[20] *Vide* o parágrafo 11 dos Comentários ao artigo 23º do MC OCDE.

contratantes, o que, conforme foi já referido, não abrange os estabelecimentos estáveis localizados nos Estados contratantes.

Os Comentários ao MC OCDE propõem, todavia, alguns progressos ao nível da extensão aos estabelecimentos estáveis dos benefícios das Convenções sobre Dupla Tributação, nos termos que passamos a referir.

Quando um estabelecimento estável localizado num Estado contratante de uma sociedade residente do outro Estado contratante recebe dividendos, juros ou *royalties* provenientes de um terceiro Estado, coloca-se a questão de saber se e em que medida o Estado contratante onde está situado o estabelecimento estável deverá imputar o imposto não recuperável do terceiro Estado. De facto, nestas situações ocorre dupla tributação, sendo necessário proceder ao seu desagravamento.

Relativamente aos Estados que não concedem a imputação do imposto suportado pelo estabelecimento estável no terceiro Estado – nem com base na respectiva legislação interna, nem por força do princípio da não discriminação dos estabelecimentos estáveis tal como este se encontra previsto no nº 3 do artigo 24º do MC OCDE – os Comentários ao MC OCDE sugerem a introdução de um texto adicional no âmbito do aludido número do artigo 24º, no sentido de permitir a resolução da questão em apreço[21].

A inclusão do referido texto adicional, no nº 3 do artigo 24º da Convenção sobre Dupla Tributação entre o Estado de localização do estabelecimento estável e o Estado de residência da sua sociedade matriz, permitiria ao Estado do estabelecimento estável a imputação do imposto por este pago no terceiro Estado (Estado da fonte), num montante que não excedesse aquele que as empresas residentes do Estado contratante onde o estabelecimento estável está situado poderiam imputar com base na Convenção sobre Dupla Tributação desse Estado com o terceiro Estado. Caso o imposto recuperável nos termos da Convenção sobre Dupla Tributação entre o terceiro Estado e o Estado da residência da sociedade matriz fosse inferior ao previsto nos termos da Convenção sobre Dupla Tributação celebrada entre o terceiro Estado e o Estado do esta-

---

[21] O parágrafo 70 dos Comentários sugere o aditamento pelos Estados, nas Convenções sobre Dupla Tributação celebradas, do seguinte texto, a ser incluído após a primeira frase do nº 3 do artigo 24º: "Quando um estabelecimento estável de um Estado contratante de uma empresa do outro Estado contratante receba dividendos ou juros provenientes de um Estado terceiro e a participação ou crédito geradores dos dividendos ou dos juros estão efectivamente associados a esse estabelecimento estável, o primeiro Estado concede um crédito de imposto relativamente ao imposto pago no Estado terceiro sobre os dividendos ou juros, consoante o caso, mas o montante desse crédito não poderá exceder o montante calculado mediante a aplicação da taxa correspondente prevista na Convenção em matéria de impostos sobre o rendimento e o património entre o Estado de que a empresa é residente e o Estado terceiro".

belecimento estável, apenas deveria ser imputado aquele valor mais baixo do imposto pago no terceiro Estado.

Sem prejuízo do referido *supra* quando à importância da resolução das situações de dupla tributação nos casos triangulares, estes prestam-se, por outro lado, a situações de abuso. Nos casos em que o Estado contratante de residência da sociedade matriz isenta os lucros do estabelecimento estável situado no outro Estado contratante, existe o risco de as sociedades transferirem activos (principalmente acções, obrigações ou patentes) para estabelecimentos estáveis sitos em Estados que prevejam um tratamento fiscal particularmente favorável. Em resultado dessa situação, e desde que reunidas determinadas circunstâncias, os rendimentos daí resultantes poderiam acabar por não ser sujeitos a tributação em nenhum dos três Estados em causa.

Poderia obviar-se a tais situações mediante a inclusão, na Convenção sobre Dupla Tributação entre o Estado de residência da sociedade matriz e o terceiro Estado (Estado da fonte), de uma disposição que previsse que a sociedade matriz só poderia requerer os benefícios da Convenção sobre Dupla Tributação se os rendimentos obtidos pelo estabelecimento estável situado no outro Estado fossem sujeitos a uma tributação normal no Estado do estabelecimento estável.

Quanto a outras relações triangulares distintas da situação triangular "clássica" envolvendo três Estados – veja-se, por exemplo, o caso em que o Estado da sociedade matriz é também o Estado de onde provêm os rendimentos imputáveis ao estabelecimento estável situado no outro Estado – os Comentários ao MC OCDE sugerem a respectiva resolução pelos Estados, através de negociações bilaterais.

Não podemos, no presente contexto, deixar de apontar o forte contraste existente entre, por um lado, a "personalização" da tributação dos estabelecimentos estáveis, ou seja, uma tributação baseada num nexo pessoal de conexão, idêntico ao aplicável em relação às pessoas colectivas residentes, e, por outro, a impossibilidade de estes beneficiarem das Convenções sobre Dupla Tributação celebradas pelo Estado no qual se localizam, em termos similares aos das entidades aí residentes.

Perante esta situação, parece-nos legítimo questionar-se se a tradicional limitação da aplicação das Convenções sobre Dupla Tributação aos residentes dos Estados Contratantes será o sistema mais adequado. Pelo menos nalguns casos, faria sentido que as Convenções sobre Dupla Tributação fossem aplicáveis não apenas aos residentes dos Estados Contratantes, mas também aos estabelecimentos estáveis aí localizados, mediante uma equiparação entre Estado da localização do estabelecimento estável e Estado da residência. Tal alargamento do campo de aplicação das Convenções permitiria, designadamente, evitar a dupla tributação internacional que frequentemente surge nas situações "triangulares" envolvendo estabelecimentos estáveis.

9. Estabelecimento estável – (Des)adequação do conceito ao panorama actual?

Por último, apenas uma brevíssima referência à crescente desadequação do princípio do estabelecimento estável face às novas formas de obtenção de rendimentos empresariais.

De facto, o conceito de estabelecimento estável, bem como a sua importância em termos de determinação da legitimidade tributária dos Estados, surgiram quando o panorama do comércio internacional era bastante diferente do que existe actualmente[22]. A presença física num determinado território era, então, efectivamente relevante para efeitos do desenvolvimento de uma actividade empresarial nesse território. Daí que tal presença tenha sido consagrada como o elemento revelador da existência de uma relação económica substancial da empresa com determinado Estado, justificativa da atribuição a este de poder tributário sobre aquela.

Contudo, com o actual panorama do comércio internacional – pautado pelas novas formas de desenvolvimento de actividades económicas, pela evolução tecnológica e das comunicações e, em particular, pelo comércio electrónico – as empresas podem, de forma reiterada, obter avultados rendimentos empresariais originados num determinado território, sem necessitarem de ter aí qualquer presença física estável, quer em termos de uma instalação fixa, quer em termos de pessoal.

Pode, consequentemente, ser questionada a adequação do conceito tradicional de estabelecimento estável – baseado na presença física estável num território – para continuar a determinar a repartição do poder tributário entre os Estados, no que toca a rendimentos empresariais.

---

[22] A este propósito, ALBERT J. RÄDLER salienta o facto de o conceito de estabelecimento estável ter vindo a ser lentamente desenvolvido desde há 150 anos. Em contrapartida, a economia tem-se alterado a um ritmo bastante mais rápido. Cfr. ALBERT J. RÄDLER, *Recent trends in European and international taxation*, Intertax, nº 8/9, Agosto/Setembro 2004, p. 370.

Finanças públicas e sustentabilidade: desafios para uma Justiça Intergeracional que não sacrifique o futuro pelo desaparecimento dos presentes

PAULO MARRECAS FERREIRA

Mestre em Direito pela FDUL (1998)Técnico Superior no Gabinete de Documentação e Direito Comparado da Procuradoria-Geral da República

> *"Volta amanhã realidade!*
> *Basta por hoje, gente!*
> *Adia-te presente absoluto!*
> *Mais vale não ser que ser assim".*

FERNANDO PESSOA

O presente artigo procura examinar os desafios que se colocam a uma ideia de justiça entre John Rawls e Amartya Sen quando colocada sob o prisma da sustentabilidade e da intergeracionalidade centrando-se a questão da intergeracionalidade em torno do equilíbrio das contas públicas num contexto de crise, em particular o Português.

SUMÁRIO: Introdução; I – Fundamentos; II – Finanças Públicas; III – Uma missão última das finanças públicas: assegurar a eficiência institucional?; Conclusão

Introdução

Os estudos sobre a Justiça Intergeracional (IJ) podem atentar aos seus fundamentos teóricos e concluir que depende da *consciência* dos actuais cidadãos, dos cidadãos de hoje, acerca das suas necessidades e da justiça que pretendem para si, de tal modo que o seu mundo possa subsistir. A *consciência* que também se pode apelidar por *despertar* é seguida logicamente e consequencialmente pela *apro-*

587

priação pelos cidadãos do seu destino numa sociedade que pouco se ocupa deles. A *dimensão colectiva* da apropriação exprime-se pelo *consenso*, uma qualidade sobre que as acções devem assentar para serem legitimamente exercidas[1].

A JI não está apenas expressa no plano da despesa pública, estando também presente nas questões ambientais e nos comportamentos privados. Na JI tudo parece recair sobre os ombros dos cidadãos. No domínio do Estado, a JI emerge como um conjunto de ideias, de esforços e de meios tentando assegurar as melhores condições de vida possíveis para aqueles que estão sob a jurisdição do Estado. Pode chamar-se *independência*[2]. O presente trabalho procura analisar as Finanças pública e a sustentabilidade (parte II), tendo em conta os temas desenvolvidos em Fundamentos (Parte I). A Parte III examina a eficiência institucional como um meio para equipar os cidadãos com as ferramentas aptas a lhes permitir o exercício da sua imaginação e a alcançarem bons níveis de satisfação pessoal, tendo em conta a ideia de sustentabilidade que está no centro da JI. Uma exigência de *proporcionalidade* coloca contudo a questão do que seja a eficiência das instituições. Eficiência orientada para o quê? Para a viabilidade económica ou para a felicidade das pessoas, expressa nalgum seu conforto sustentável? Instituições, que instituições? A Ordem Jurídica? A Organização judiciária? O simples pensamento generalizado de que os contratos são para cumprir?

I – FUNDAMENTOS

A JI repousa sobre a ideia de que as consequências dos nossos actos não estão limitadas ao presente. Isto prolonga o presente, projectando-o para o futuro até à dissolução dos efeitos do acto actual.

Esta constatação vale para os acontecimentos felizes bem como para os factos que oneram as gerações futuras. Levanta a questão de saber em que medida sacrifícios podem onerar gerações futuras, provenientes estes sacrifícios de pessoas vivendo hoje, aqui e agora. Este é o núcleo da JI.

O nível mínimo de sacrifício que qualquer um pode suportar é avaliado hoje como se as pessoas do futuro encarassem o seu sofrimento de hoje. De outro modo, não existe avaliação possível porque ninguém sabe o que será amanhã. Nesta conformidade, o presente deve ser viável para não impor encargos excessivos sobre o futuro. Isto se alcança pela avaliação hoje do que se pode fazer hoje, e pela avaliação, com os meios hoje à disposição, daquilo que seremos capazes

---

[1] *Amartya Sen* apresenta um discurso próximo, ou somos nós que andamos próximos de *Amartya Sen* na sua "Ideia de Justiça" – Coimbra, Almedina, Novembro de 2010.

[2] Correspondendo à independência como objectivo do Estado, o conjunto de meios á sua disposição para alcançar este objectivo, poderia apelidar-se de Soberania, a qual não é de pouca importância no contexto global.

de fazer amanhã[3]. Existem factores de incerteza (nomeadamente no plano das motivações) que não podemos ignorar. Os pais não procriam apenas tendo em conta o bem estar futuro dos filhos. A procriação pode acontecer no meio do sofrimento e do medo, como acto inconsciente de preservação da espécie[4]. Nestes termos, a sabedoria colectiva que a JI encerra é mínima e outras sabedorias individuais e colectivas devem ser tomadas em conta.

Este modo de ser da JI poderia explicar porque é que as políticas públicas teriam de ser limitadas à consideração de políticas públicas e não deveriam interferir com as motivações individuais, assegurando apenas a viabilidade do seu objecto. A afirmação é verdadeira em tempos amenos: façam os políticos e os técnicos o seu trabalho, deixem aos cidadãos o restante espaço para a sua criatividade. Mas não é verdadeiro em tempos de tempestade. É que nestes momentos as considerações de política vão inevitavelmente – por exemplo, por meio de restrições orçamentais, condicionamentos laborais, ou fiscais – ter repercussões na vida privada dos cidadãos. Aqui, além da proporcionalidade a considerar na imposição de encargos futuros aos nossos herdeiros, deveremos considerar a proporcionalidade da imposição de um encargo presente que será tão valiosa quanto a proporcionalidade relativamente ao futuro: é que, como dizia *J.M.Keynes*, "no longo prazo, todos teremos morrido", e se todos morrermos agora para respeitar a proporcionalidade dos encargos do futuro, corremos o perigo, por excesso, de deixarmos aos nossos sucessores, um deserto sem gente, um *"no man's land"*. Como em tudo, é necessário um razoável e justo equilíbrio.

Além disso, mesmo em tempos de amenidade, o propósito económico de uma política pública tem de respeitar factores de sustentabilidade como o ambiente e não se deve limitar apenas à viabilidade da economia[5]. Também aqui

---

[3] Isto não é geralmente percebido como um sofrimento ou como um custo futuro e está muito próximo do princípio apelidado por *John Rawls* de "poupança adequada" (Just savings principle). Uma boa explicação deste ponto está em "Intergenerational Justice" na Stanford Encyclopedia of philosophy (hhtp://platô.stanford.edu/entries/justice-intergenerational), pág. 23: *"currently living people have a justice-based reason to save for future people if such saving is necessary for allowing future people to reach the suffientarian threshold as specified"*. O que significa que as pessoas de hoje têm de assegurar que transferem às futuras gerações o que hoje se entende ser uma vida boa, e que esta herança não pode ser de tal modo onerosa que prive as pessoas futuras destas condições de vida razáveis. Sobre esta questão, veja *op.cit.* ponto 4.5. *"Duties towards the future"*, págs. 24-25.

[4] Soluções sobre a vida futura das gerações podem apenas ser operacionais no domínio do planeamento familiar e da educação sexual, em termos de gerir a evolução da taxa de nascimentos, se livremente aceites.

[5] Questões como a energia e o ambiente são tão importantes como as questões económicas. O princípio do poluidor-pagador é muito avançado na U.E., mas pode não ser adequado se o poluidor-pagador for pagar mais para poluir mais, com o pagamento conduzindo a uma inadmissível permissão para poluir.

podemos acompanhar a Teoria da Justiça de *John Rawls*, cremos que sem contradita, com o seu discípulo, seguidor e contraditador, *Amartya Sen*[6]. Diz *Rawls*, *"the life of a people is conceived as a scheme of cooperation spread out in historical time. It is to be governed by the same conception of justice that regulates the cooperation of contemporaries. No generation has stronger claims than any other"*. Este princípio vai ser determinado por cada geração como for conveniente e adequado. Ao fazer esta constatação e ao extrair dela que uma política pública não pode ser cega nem se limitar ao seu objecto nem ao seu propósito, assumimos que uma sociedade toma em mãos o seu destino comum, e que um ou vários dos seus órgãos vai ser responsável pela gestão do conjunto, seja o Parlamento, o Governo, os Tribunais, Corpos especializados ou todos em conjunto. Olhando para a cooperação entre gerações diferentes, os mesmos limites que os que existem para a cooperação entre contemporâneos são aplicáveis; a imposição de uma poupança adequada vai cessar quando valores mais altos estiverem em jogo, como a protecção dos direitos humanos do sujeito[7]. O que significa que a JI é um direito

Responsabilidade Histórica: a responsabilidade daqueles onerando as gerações futuras com acções sobre as pessoas ou a natureza, provocando poluição ou danos no Universo. Os exemplos compreendem a escravatura. A natureza predadora das relações Norte-Sul também emerge. Não existe reparação possível e as compensações monetárias não são úteis, apenas reparações de natureza moral como o pedido formal de desculpas, e o trabalho de consciencialização. Isto significa que temos apenas uma via de saída, a do diálogo. Os comportamentos evocando a responsabilidade de outros pelo passado não são admissíveis, no sentido de que não devemos tolerar que outros cometam os mesmos erros do que nós, a pretexto do seu desenvolvimento próprio. O que torna a responsabilidade pelo passado uma responsabilidade que nunca prescreve e que não é desculpável por não ser compensável. O desenvolvimento do Norte, mesmo se foi predador não justifica, a pretexto do desenvolvimento do Sul que continuemos a destruir o planeta.
O que coloca a questão da equidade nas relações Norte-Sul. O padrão de vida do Norte é elevado e, devido ao progresso tecnológico, existe no Norte uma sabedoria melhorada quanto aos excessos que o Norte cometeu no passado. A Boa Governação exige uma gestão sólida, que melhore a saúde, a longevidade, a autonomia e a autonomia económica de uma população. O Sul está condenado a um viver sábio, implicando sacrifícios constantes sobre as populações até alcançar os níveis do Norte ou os níveis compatíveis com as suas tradições culturais próprias e as suas possibilidades. Para contrariar esta injustiça, apenas existe o pedido de perdão, o aumento da consciência, o empoderamento (correspondendo à apropriação) das populações por via de consenso e o auxílio do Sul por via de todos os meios ao alcance do Norte de modo a permitir ao Sul o exercício da sabedoria e de modo a lhe permitir realizar as suas próprias opções sobre este assunto. Sem consenso também aqui, entre Norte e Sul, nada será alcançado. Sobre este tema, veja-se Paulo Marrecas Ferreira, "Modelo económico, integração, independência de Portugal", Revista Negócios Estrangeiros, nº 13, Outubro de 2008, páginas 116-117 e nota 62. Note-se que quanto à condenação do País a um viver sábio e sem margens, Portugal é neste momento, não apenas geograficamente, um país do Sul.
[6] *"A Theory of justice" – Oxford University Press, 1985 Edition*, págs. 284 *et seq.*, em particular 289.
[7] Por isso preferimos hoje, depois de um longo tempo em que dispondo apenas da maravilhosa obra de Rawls, não dispúnhamos ainda da obra de Amartya, uma opção em que a ancoragem da socie-

humano enquanto o princípio da proporcionalidade militar no sentido da não oneração excessiva das gerações futuras. Quando a acção actual impõe um ónus excessivo sobre as gerações futuras, deverá ser limitada por considerações associadas aos direitos humanos. Mas uma situação oposta também é verdadeira e também deve ser seriamente encarada. Se em nome do futuro for hoje imposto um encargo não proporcional aos presentes, deveremos concentrar-nos sobre o presente e não sobre o futuro.

A democracia representativa, por via do jogo dos mandatos e da negociação política, aliada à velocidade extrema dos acontecimentos hodiernos, está completamente divorciada do eleitorado político, da sua realidade e das suas necessidades, não acompanha a velocidade da mudança nem se adapta a ela. São necessários meios para capacitar os cidadãos a interferir no processo político por vias outras que a votação, não excluindo embora nunca esta, por via de participação política directa[8]. O que pressupõe que os cidadãos não podem mais permanecer passivos. Devem desempenhar um papel activo na sociedade, tornarem-se conscientes da vida e realizar que o seu Destino está em jogo, em perigo até, e que não pode ser confiado a outros.

No domínio do Estado o bem que deve ser protegido pode ser a *independência nacional* como o conjunto de valores que incorpora, como a capacidade em assegurar as melhores condições de vida possíveis para as pessoas sob a jurisdição do Estado. Esta independência está ameaçada se existir um excessivo endividamento futuro ou se tiver lugar a destruição do ambiente, do património e da identidade. Existem meios institucionais para obviar a estas dificuldades, embora não propriamente presentes, ainda, em muitos países: os Provedores de Justiça, as Instituições Nacionais de Direitos Humanos, e os modos e processos para lidar com queixas individuais ou colectivas. No entanto, a resposta política institucional pode ser insuficiente se não for accionada. A JI não é tanto um tema de Direito restrito/hard law, mas uma Justiça menos formal/soft law, expressa por via de uma sabedoria própria. A sabedoria pressupõe que os cidadãos se tornem conscientes das suas realidades política, económica, social e das

dade se encontra nos direitos humanos em intervenções de combinações variáveis consoante o caso concreto. O funcionamento da sociedade não é visto sob um ângulo transcendental, institucional ou idealizante como o propõe Rawls, mas seguindo Condorcet em vez de Rousseau, preferindo a escolha social a cada momento ao contrato social fundador. Em função do momento, a sociedade é chamada a pronunciar-se sobre o rumo a dar ao seu Destino e assume o risco do erro correspondente. Não lhe é imposto um ideal monetário, financeiro, económico, tecnocrático, de mercado, ou dirigista: a autoridade decorre dela própria segundo a via democrática, do voto e da eleição.
[8] Um muito bem exemplo está na observação dos abusos que podem ser combatidos por meio da *Internet*, embora as empresas que dominam e governam a *Internet* muitas vezes cometam abusos que não são controlados pelos cidadãos, incapazes de se juntar para os combater.

escolhas feitas. Depois da *consciência*, o segundo elemento para a JI é a *apropriação* com *cidadãos plenamente despertos assumindo o poder* sobre a sociedade, dentro do quadro institucional desta e das suas regras, de modo a evitar o perigo da ditadura por parte de alguns que tenham alcançado mais poder.

Por via da *apropriação* os cidadãos vão accionar as instituições, não esperando que estas conduzam a vida. Uma modificação impulsionada pelas instituições pode nunca acontecer se os guardiões das instituições se sentirem tentados a melhorar as suas próprias condições de vida sem cuidarem do bem estar dos outros.

Este só aparente liberalismo político não implica, muito pelo contrário, um liberalismo económico sem limites. Foi uma liberdade económica abusiva que gerou a crise económica mundial de hoje, primeiro em 2007/2008 com a crise dos *sub prime* e a crise financeira, agora, em 2010-2011, com a crise do sobre endividamento dos Estados. Em 2008, o mercado falhou em termos da teoria das finanças públicas, na provisão de bens públicos, na justiça distributiva, mas também falhou em se regenerar. Em 2010-2011, o mercado, cujos actores foram salvos pelos Estados em 2008, vê estes mesmos agentes a atacarem histericamente e, pode dizer-se concertadamente, os Estados, por ora, os Europeus, para quando, todos os Estados do Mundo desenvolvido Ocidental? O que, além de levantar um enorme problema ético, exemplifica o que deve ser evitado se a Humanidade pretender preservar o seu futuro e alcançar algum nível de JI. Um mercado regulado por cidadãos activos, desejosos de manter a sua liberdade económica como prolongamento da sua liberdade de autodeterminação, da sua liberdade de realização pessoal, da sua liberdade política, como exercício da sua personalidade, é pois, necessário.

Os cidadãos contudo, não desejam que um cidadão mais poderoso economicamente – uma instituição financeira ou uma empresa transnacional – destrua as suas vidas ao impor-lhes condições tão duras que os tornem incapazes de participar na vida económica. E a economia não é apenas finança, é também pequenas empresas e emprego. Um aspecto corrente é o de que os cidadãos e as empresas poderosas gozam, por via da personalidade jurídica, de igualdade em sentido formal, mas não de igualdade em poder. A *consciência* e a *apropriação* devem conduzir os cidadãos a criarem um espaço onde possam desenvolver as suas vidas.

O poder actual dos cidadãos é parte da JI. Seja qual for o espaço que conseguirem criar para eles, este espaço deverá poder permitir-lhes a sua reprodução no futuro: se os cidadãos não gozarem desta margem hoje, é altamente improvável que dela beneficiem os seus descendentes no futuro.

A política pública é, possivelmente, o que pode auxiliar os cidadãos a ocupar o espaço que eles legitimamente merecem. A política pública é o instrumento para os cidadãos poderem exercer o seu poder. A "poupança adequada" de *Rawls*, pode ser transposta para a relação cidadãos-Estado e cidadãos – gerações futuras – a "poupança adequada" vai capacitar a prossecução da vida da nossa sociedade. Este é o dever intergeracional. Está directamente ligado aos orçamentos e à despesa pública; está implícito no ambiente, nas instituições, nos recursos disponíveis e na viabilidade da sua alocação e do seu emprego. É isto que torna as finanças públicas tão importantes e a razão pela qual estas são tão necessárias. Por isso também, se na substância podemos concordar com os Indignados de Madrid e de toda a Europa e também dos EUA, e se concordamos com meios de participação política não violenta directos, um ponto apenas de discordância exprimiremos quanto às suas posições: o voto. Enquanto os Indignados boicotam a intervenção política, nomeadamente o voto, acreditamos que esta é a primeira e a última arma, não violenta, sendo a não violência a única via, para alterar equilíbrios ou desequilíbrios de poder que não são aqueles que mentámos ou que desejámos, mas que são a nossa responsabilidade, porque os deixámos passar. Nisto nos reunimos com a posição de *Stéphane Hessel*[9].

Com a mudança dos tempos, o equilíbrio alcançado por via de finanças públicas de boa saúde é também a gestão do desequilíbrio. Com o crescimento da população, emergem novos desafios – factores de mudança – e o desequilíbrio acontece. Todavia a gestão do desequilíbrio é uma ocorrência natural, não uma desculpa para opções erróneas ou excessivas de finanças públicas. Com recursos decrescentes a austeridade das finanças públicas é uma medida aceitável na gestão dos tempos que mudam. Mas apenas se e enquanto permanecer proporcional ou seja, enquanto os meios empregues permanecerem em relação com os fins e não excederem estes e os próprios fins, os objectivos da política financeira não forem formulados com um excesso tal que comprometam o direito das pessoas a prosseguirem de uma forma equilibrada os objectivos legítimos das suas vidas. Aquela margem, aquele espaço de que há pouco se falava.

O que nos conduz ao "desenvolvimento sustentável[10], que é o desenvolvimento que satisfaz as necessidades do presente sem comprometer a capacidade das gerações futuras para satisfazerem as suas próprias necessidades". Todos

---

[9] Na brochura deste Autor, à venda nos países francófonos, por 3 € a partir de Dezembro de 2010, o Autor, que participou na redacção da Declaração Universal dos Direitos do Homem, traça os fundamentos de valor da resistência, assentando na indignação frente a algo muito injusto, os vários excessos de que hoje somos alvo. O Movimento dos Indignados poderia encontrar aqui o seu fundamento teórico se não fora a exigência, a nosso ver certa, de *Hessel*, de que não podemos prescindir do voto nem do exercício das instituições democráticas. *Stéphane Hessel, "Indignez-vous", Indigène Éditions*, França, Dezembro de 2010.

[10] Ver a citação de *Bruntland* na *"Intergenerational Justice"* de *Clark Wolf*, em *A Companion to Applied Ethics*, R.G. Frey and Christopher Heath Wellman, Editors, Blackwell Publish, Maldem MA 2003, págs.

concordamos com o princípio da sustentabilidade mas, na prática, podemos ter dificuldades em entendê-lo. Um critério de sustentabilidade é o seu oposto aparente. A actual Morte da Humanidade conduziria ao Fim da História, significando que situações de urgência actuais devem ser aceites como justificando ainda que "momentaneamente", desvios relativamente à austeridade que a sustentabilidade impõe, a das finanças públicas de boa saúde (desvios a serem imediatamente cessados quando pára a urgência). O outro critério é o *consenso*, a terceira "palavra mágica": consciência/despertar//apropriação//consenso[11][12]. Em termos de incerteza nenhum de nós, sozinho, pode proporcionar soluções para os problemas. O <u>consenso</u> é necessário para conferir legitimidade aos actos políticos. Todavia, alguma acção é ainda necessária, ainda que no domínio da *soft Law*. Na medida em que a JI está em causa, muito mais eficientes que o Direito estrito, *hard Law*, uma acção suave e a sabedoria capacitarão os cidadãos a encontrarem como a sociedade pode operar, de modo a que possamos nos tornar conscientes, apropriar-nos dos nossos Destinos e alcançar o consenso para legitimar as nossas acções.

II – FINANÇAS PÚBLICAS

As finanças públicas estão no coração da alocação dos recursos e da justiça distributiva, por via da despesa pública que deve equilibrar a possibilidade de multiplicação da riqueza e do desenvolvimento e uma verdadeira redistribuição do rendimento por via dos impostos, além de facultar assistência aos cidadãos socialmente e economicamente em desvantagem[13].

---

279 *et seq. "Institutions are humanly sustainable if and only if their operation does not leave future generations worse equipped to meet their needs than members of the present generations are to meet their own needs".*
[11] Acaba por ser uma teoria das habilitações, "entitlement theory", não no sentido de *Nozick* mas no sentido de *Amartya Sen*. A palavra habilitação permitindo o exercício de despertar-consciência, apropriação e desembocando no consenso é útil para entender que qualquer pessoa está habilitada à cidadania à nascença e que, por isso, tem o direito de interferir no processo político e participativo. *Amartya* chama capacidade a esta habilitação e vê a como o *mix* de conhecimento e de oportunidade. Sobre *Nozick* ver *"Reading Nozick – Essays on Anarchy, State and Utopia", Jeffrey Paul, Editor, Oxford* 1982. De *Amartya Sen*, ver "A ideia de Justiça", Coimbra, Almedina 2010, págs. 345 e segs.
[12] Duas outras "palavras mágicas" são a *transparência* nos processos de decisão pública e política e a *responsabilidade*, que tem de estar omnipresente, não pela colocação de pressão excessiva sobre os decisores políticos, mas como uma espada dividindo a acção correcta da acção incorrecta, prevenindo os abusos e sancionando-os quando ocorrem.
[13] Sobre este ponto, *cf. Richard A. Musgrave and Peggy B. Musgrave, "Public Finance in Theory and Practice", International Student Edition, Mc. Graw – Hill,* 1982.

Enquanto *Rawls* apresenta a Justiça como equilíbrio entre liberdade e protecção[14], estamos em acreditar que a *liberdade* compreende a liberdade política e a propriedade, o que significa uma liberdade económica regulada a qual, em finanças públicas, pressupõe a possibilidade de criar riqueza e de gerar desenvolvimento. O nível da *protecção* pode ser o trabalho, disponível geralmente a cada cidadão por via de políticas de emprego, devendo a estabilidade laboral, pelo menos alguma desta ser protegida, e a protecção social, abrangendo o que é denominado de segurança social nos Estados sociais modernos[15]. Contudo, se permanecermos rigidamente apegados à atraente formulação de Justiça que decorre dos escritos de *Rawls*, podemos criar uma rigidez no nosso pensamento que se repercutirá na nossa acção. Além do que à defesa civil da propriedade possamos e devamos pensar em criar/conceber formas de aceder à propriedade, disponíveis para todos, a ideia de Justiça assim expressa de *John Rawls*, sem lhe perder a valia nem o rasto explicativo, será melhor expressa pela ancoragem da ideia de Justiça aos Direitos Humanos: liberdade, igualdade, equidade, proporcionalidade, além naturalmente dos direitos consagrados nos vários instrumentos de Direitos Humanos, universais e regionais, tanto de natureza civil e política, quanto de natureza económica, social e cultural, cuja interdependência, indivisibilidade e universalidade, com justeza se proclama. Esta ancoragem aos

---

[14] Na sua *"A Theory of Justice"* 1985 *Edition*, Rawls escreve (pág. 60): *"the first statement of the two principles reads as follows: First: each person is to have an equal right to the most extensive basic liberty compatible with a similar liberty for others. Second: social and economic inequalities are to be arranged so they are both (a) reasonably expected to be to everyone's advantage, and (b) attached to positions and offices open to all."* O desenvolvimento neste parágrafo é nosso mas não cremos estar a interpretar erradamente *Rawls*.

[15] Na Europa, a margem é estreita. O Pacto de Estabilidade e de Crescimento requer que a dívida pública não ultrapasse 60% do PIB e que o deficit do orçamento, anual, não ultrapasse 3% do PIB. Isto implica fortes constrangimentos orçamentais e uma modificação no padrão de despesa, em particular no que concerne à segurança Social e à Administração Pública, não deixando muita margem para um investimento público de utilidade.

Os Estados poderiam não estar falidos na medida em que muita da assistência à indústria financeira poderia ser virtual, *i.e.* por meio da garantia de dívidas e da certeza de que elas serão pagas, sem todavia que o devam vir a ser pelo Estado, nomeadamente, porque entretanto a indústria financeira teria encontrado os meios para financiar-se. Actualmente, elevados montantes foram emprestados à indústria financeira a qual por seu turno adquiriu o endividamento do Estado. Se as dívidas da indústria financeira devessem ser pagas de imediato, os Estados estariam falidos. Se as dívidas dos Estados não puderem ser colocadas pela indústria financeira noutros circuitos financeiros, os bancos estarão falidos pela desconsideração e o desvalor que é atribuído aos Estados endividados cujas dívidas adquiriram. Isto é verdade não apenas para Portugal mas também para a indústria financeira europeia em geral que reproduziu com os Estados a situação de 2007/2008 com os consumidores. O que significa que neste momento nenhum Estado Europeu em si considerado se possa afirmar imune à falência, existindo contudo meios colectivos, no plano da União Europeia para trazer resposta às dificuldades. Tudo está em saber se estes meios irão ser despoletados.

DH permite diminuir a carga idealista-transcendental de *Rawls* e abrir caminho à posição que radica na escolha social de *Condorcet*, adoptada por *Amartya Sen*, que exprime bem em cada opção, em cada momento, a necessidade de consenso evocada mais acima. A posição de *John Rawls* neste contexto mais limitado das Finanças Públicas tem utilidade porque pode adequar sem contradição com *Amartya Sen*, a defesa dos DH no contexto das posições económicas e das opções de finanças públicas. Tudo bem, desde que não nos desconectem da defesa em primeira linha dos DH,a qual começa com a defesa do direito à vida, da própria vida.

A questão de JI relativa às finanças públicas, é a de saber até que ponto é legítimo aos decisores políticos gerir a despesa pública e ainda assim criar disponibilidade para uma margem de manobra para os futuros decisores políticos. Nesta conformidade os actuais decisores não podem sobrecarregar os cidadãos com encargos/despesa excessivos. De outro modo os impostos cobrados no futuro servirão para pagar por despesa pública desproporcional no passado[16]. É o que sucede hoje em Portugal. *Quid factis?* Se esta situação se colocar por um encargo do passado? A resposta deverá encontrar-se no princípio do cumprimento pontual dos contratos temperado pelas exigências do respeito do prin-

---

[16] O Euro tem utilidade porque confere a estabilidade dos preços que deve permitir à vida fluir naturalmente e gerar riqueza, um resultado natural da estabilidade. O crescimento da prosperidade é usualmente traduzido pelo crescimento do PIB. Num contexto em que o objectivo é a estabilidade compreende-se que ao Euro não se queira associar um Banco central que possa criar moeda. A geração de moeda representa um encargo grave e um endividamento que se transfere para outras regiões como tem sucedido com a constante emissão de dólares fazendo dos EUA uma nação de tal modo endividada que os seus credores não querem vender os seus créditos por receio de ao colocarem-nos nos mercados este créditos estarem sem valor e por isso estes credores se verem defraudados da vantagem que adquiriram ao longo do tempo. O que permite à maior economia do Mundo continuar a gerar dívida pois esta nada vale, o sistema não sendo perigoso enquanto a dívida for sendo adquirida e como, não existem muitos outros grande meios de pagamento no plano da economia mundial... o sistema vai funcionando! É aqui que o Euro se torna num concorrente temível para o dólar o que pode significar que estejamos a assistir neste contexto de crise a uma guerra entre dois capitalismos ocidentais e simultaneamente a uma modificação de equilíbrio entre um capitalismo ocidental decadente e um capitalismo emergente. Neste contexto a Europa tem uma posição estratégica com a sua moeda forte, que pode permitir à Europa/Euro ser um companheiro/alternativa ao Dólar. Assim se pode entender uma posição Alemã de defesa da vitalidade do Euro recusando a intervenção de um BCE com capacidade de emissão de moeda, ou seja de dívida. A questão coloca-se exactamente em termos de JI: a alternativa entre defender o futuro ao custo da nossa própria vida enquanto Europeus, que acaba por ser dogmatismo como amor pela norma sem curar da realidade envolvente, ou mantermo-nos vivos ainda que à custa de alguma emissão monetária, ou seja de dívida, desde que se consiga realizar este exercício com a prudência necessária para não onerar em demasia o futuro.

cípio da proporcionalidade do encargo colocado aos cidadãos actuais onerados com o peso do passado[17].

Regressando às posições de *Rawls*, elas são interessantes enquanto este Autor apresenta a questão da prioridade como uma escolha entre o Justo e o Injusto[18]. As posições utilitárias conferem racionalidade à escolha por via de uma preferência por aquilo que está justificado. A grande vantagem da racionalidade está em exprimir a liberdade e a democracia, enquanto, nas finanças públicas e nas escolhas públicas, a irracionalidade tende a representar o arbitrário e o totalitarismo. Na medida em que *Rawls* vê a Justiça como equidade, a escolha seria uma solução racionalmente negociada no plano do contrato social[19]. No entanto, nas Finanças Públicas actuais, o problema está em que as escolhas são feitas pelos Governos sem vinculação a qualquer contrato social, ou foram feitas no início de uma legislatura, o que poderia ser um sucedâneo convincente do contrato social. Mesmo assim, o que acontece se as circunstâncias demonstram que um Governo fez um erro nas suas escolhas de finanças públicas, e que isto irá onerar os orçamentos futuros do Estado, de um modo desproporcional?

O *consenso* pode ser a chave para a exigência de que as escolhas sejam feitas no início do contrato e para que este acordo seja mantido ao longo do tempo, de modo a assegurar o seu preenchimento[20].

Estas questões conduzem à do crescimento empobrecedor, pelo qual um país possui estruturas modernas mas necessita pagar por elas em modos que são incompatíveis com a libertação de outros recursos do orçamento público. Um critério para evitar esta situação compreende a equidade fiscal por meio da qual os recursos disponíveis são redistribuídos dos ricos para os pobres por via da despesa pública. As despesas não comprimíveis da Segurança Social cabem

---

[17] Assim sucede, com efeito, hoje e o remédio é uma sobre austeridade que parece ultrapassar os limites da proporcionalidade. Esta ultrapassagem, manifestada pela diminuição depressiva, porque geradora de pobreza, que é o próximo passo, vai ter um outro efeito, bem mais grave: a diminuição da natalidade dos Portugueses que já é baixa e que se vai inevitavelmente agravar, colocando uma questão de *sustentabilidade vital*, por ausência de suficientes Portugueses vivos no futuro, para assegurar a independência nacional, nos termos expostos acima. Haverá então que alargar a lei da Nacionalidade (que não é muito restritiva) e convidar cidadãos de outras Partes do mundo a serem Portugueses de modo a superar este défice que podemos apelidar défice de vidas.

[18] *Cf. Rawls, op. cit.,* págs. 40 *et seq.*

[19] Ambas as afirmações são verdadeiras: 1. No discurso económico, a racionalidade liberta, na mesma medida em que a irracionalidade oprime. 2. Ninguém é o Guardião da Verdade, o que pode atestar a importância do contrato social ou da escolha social e a sua renovação por via do consenso.

[20] O que implica o controlo permanente da Política pelos cidadãos.

nesta categoria[21]. Outros pressupostos orçamentais tais como a despesa pública para cobrir externalidades, devem ser respeitados.

Seja como for, em tempos de crise, as soluções de investimento público *keynesianas* devem ser mitigadas pela prudência em não sobrecarregar orçamentos futuros.

Um critério é o de apenas recorrer a soluções *keynesianas* se a despesa pública for para cobrir externalidades e quando a necessidade actual de investimento público, como valor moral, ético e social, é mais urgente que a necessidade de um orçamento equilibrado para as gerações futuras. E de novo estamos confrontados com a noção de desenvolvimento sustentável que assegura que os recursos que o desenvolvimento gera serão utilizados sem destruir os vários componentes da realidade desenvolvida, nomeadamente os elementos físicos, naturais, ambientais e sociais, tais como o trabalho, a saúde, a educação e a justiça[22].

A auto suficiência mínima está associada ao problema do crescimento empobrecedor. A riqueza não vai poder vir sempre de fora, seja de fontes externas por via de fundos da U.E. (para os países Europeus), seja por via de endividamento. Como a dívida deve ser paga, o endividamento crescente aumenta o estatuto de Estado onerado internacionalmente. Estado devedor, com as agências de notação a concluírem que a situação é grave. O aumento das taxas de juro em que incorrem os países devedores torna a situação insustentável. Esta situação acontece quando o endividamento ocorre para cobrir elevada despesa pública mas também está associado á excessiva importação de bens, quando uma economia nacional não pode satisfazer o consumo interno e é incapaz de compensar as importações com exportações.

Vem à tona a antiga noção de autarquia. É hoje impossível e impensável fechar as fronteiras. Neste contexto, os esforços destinados a melhorar as economias nacionais têm lugar no ambiente de livre circulação das pessoas, dos

---

[21] Pode ser mais útil auxiliar directamente pessoas em risco, do que, por exemplo, por via de grandes obras públicas que não se ocuparão directamente da situação destas pessoas e podem conduzir a despesa elevada.

[22] A questão do *TGV* é de natureza a levantar alguma perplexidade. Projecto relativamente ao qual se defendeu o seu adiamento para momento ulterior, e que é re-apresentado neste contexto de crise aos Portugueses com outra denominação mas como mesmo aparelho, trajecto, máquina, etc... e eventualmente prestações. Existe aqui para o observador um incómodo. Será que mesmo em Portugal e relativamente aos Portugueses os interesses internacionais são superiores à necessidades Portuguesas? Será que a soberania nacional – porque pode ser uma questão de soberania à maneira do Mapa Côr de Rosa e do Ultimato, não tem condições para prevalecer quando todos os remédios, nomeadamente aqueles que nos são impostos pelas mesmas entidades internacionais, são de contenção? Naturalmente a questão deve ficar pela questão. Não deve ser mal interpretada nem deixar amargura nos Portugueses ou ser geradora de incómodo ou de violência. Mas deve ser-lhes explicado porque se fez esta opção.

capitais, dos serviços e dos bens. O que parece estreitar as margens para uma boa gestão das finanças públicas, mas não, se compreendermos que o fecho das fronteiras apenas seria possível numa base temporária e que a posterior reabertura das fronteiras seria mais danosa ainda para a anteriormente fechada, economia. Nesta conformidade, dentro da liberdade internacional do comércio, um Governo vai ter de negociar com os seus parceiros a assistência pública que irá trazer à sua economia, particularmente na agricultura e no sector das pequenas e médias empresas[23]. Tudo isto demonstra a existência de uma necessidade urgente de disciplina nas finanças públicas e na governação económica.

A suficiência alimentar é um instrumento útil para equilibrar o défice comercial, em particular em tempo de crise, quando a economia nacional é frágil e muito aberta, com poucas capacidades noutros sectores produtivos[24]. É ainda importante numa perspectiva ética. Campos abandonados não fazem sentido se puderem produzir alguma coisa, nem que só árvores (o que pode não ser pouco vista a importância das árvores para certas economias e certos equilíbrios ambientais), se nenhuma outra solução para o uso do solo for encontrada. O interior de um país também desempenha um papel importante no seu desenvolvimento.

Embora o sector exportador seja da maior importância, a economia e as finanças públicas não podem ignorar uma vida económica mais orientada para o interior. Uma vez que as exportações devem ser encorajadas, as actividades internas que ainda são sustentáveis e que podem enriquecer as estruturas locais não podem ser desprezadas, uma vez que é esta actividade muito centrada que vai criar a riqueza de que um sector exportador carece, por exemplo, enquanto capacidades de investimento[25]. As pequenas e médias empresas, pequenas e

[23] As empresas também operam na agricultura. Um país endividado pode concluir que encorajar a agricultura e parar ou mitigar a importação de bens alimentares pode auxiliar a economia. Por outro lado parece hoje absurdo que um Governo aposte na especialização de um país nos serviços em prejuízo de uma pequena indústria manufactureira. Num momento da vida deste país é necessário re-acertar o objectivo e de alguma forma equilibrar serviços e PMEs manufactureiras e industriais.

[24] Mais ainda se atentarmos a que hoje não existe racionalidade na produção alimentar mundial. Uma grande parte das colheitas mundiais se destina a alimentar animais que serão consumidos por países ricos. Isto é irracional tanto desde uma perspectiva de contrato social, de utilitarismo ou de escolha pública. Tal como para o pensamento relativo aos desafios das finanças públicas e a sua conexão com a JI, as pequenas economias, frágeis e abertas, ajudam-nos a compreender as dificuldades melhor do que países poderosos, economicamente independentes que não sofrem constrangimentos e para quem as questões de JI não são urgentes.

[25] Estas capacidades não são tão grandes quanto o IDE. Não devemos contudo esquecer o Paradoxo de Lucas, segundo o qual as empresas transnacionais sedeadas num país ou nele operando, não contribuem necessariamente para o seu desenvolvimento. Veja-se do *Cercle des Économistes, Ed.*, *"La guerre des capitalismes aura lieu", Perrin*, Paris 2008, págs. 75-76, e 92-102.

médias empresas agrícolas e industriais, além de serviços, são, assim, essenciais: criam o emprego local estável, geram poupança interna e ajudam a promover as exportações.

O ambiente é também uma questão essencial e muito uma questão de JI, na medida em que não temos legitimidade para transmitir aos nossos sucessores, um Mundo em que não exista mais a possibilidade de viver bem. Temos o dever moral de preservar o ambiente de modo a que os nossos sucessores tenham a mesma qualidade de vida do que os pais. A imagem que vem ao espírito é a de uma população indígena que vive da floresta e a utiliza não a danificando mais do que aquilo que é necessário no sentido de a preservar para as suas necessidades futuras e para as das gerações futuras[26]. Hoje a Humanidade não tem legitimidade para se afastar das suas funções de Jardineira da Natureza, que desempenhou ao longo da Evolução, nem de abandonar ou destruir a Natureza. A energia é um aspecto particular do ambiente, tão importante que dele ganha autonomia: as energias renováveis devem ser promovidas em países que disponham de Sol, de Vento e de Mar[27].

As questões *supra* identificadas fazem-nos realizar que temos pouca margem para um desempenho económico autónomo, que a internacionalização ou a globalização da economia não nos deixam muita margem de acção, que as finanças públicas estão oneradas com o financiamento da justiça redistributiva directa, as externalidades e outras despesas tais como o auxílio ao sector financeiro, que apesar de tudo se mantém hoje. As escolhas públicas devem pois, ser claramente assumidas e seguidas.

A independência nacional não é outra coisa do que a capacidade de um país para assegurar boas condições de vida às pessoas vivendo sob a jurisdição do Estado. O poder de um país é exercido pelo Estado. A independência nacional contém, assim, elementos importantes de JI, tais como as boas condições de vida, as quais devem ser salvaguardadas ao longo do tempo. A JI requer o exercício de rigorosas finanças públicas de modo a assegurar o equilíbrio de todos os elementos acima apontados: um endividamento não excessivo, um comércio minimamente equilibrado com o exterior, um sector empresarial forte, uma suficiência alimentar mínima, ambiente preservado e energias renováveis quando e sempre que seja possível. Como os recursos são limitados, a severidade das finanças públicas é exigida. O que coloca a questão: a que se dirigem as finanças

---

[26] O exemplo é propiciado por Wikipédia. Se os adultos vendem as árvores a um nível insustentável, uma inequidade intergeracional vai ocorrer.

[27] A questão é menos clara com os rios na medida em que as barragens trazem desequilíbrios que podem ter consequências gravosas.

públicas num ambiente internacional e nacional como o nosso, qual é a função das finanças públicas?

A primeira resposta é a de que as finanças públicas devem estar de boa saúde. A segunda é a de que todos os aspectos aqui referidos são relativos aos constrangimentos e às limitações das finanças públicas. São constrangimentos das finanças públicas porque representam despesa não comprimível: qualquer escolha que se queira alicerçar sobre um consenso regularmente actualizado tem de respeitar critérios de auto-suficiência mínima, ter em conta os critérios do que seja uma auto suficiência alimentar mínima (também gera despesa, talvez menos do que grandes importações de alimentos), apoiar as PME e desenvolver políticas de ambiente em paralelo com a qualidade de vida e a produção e o consumo de energias renováveis. As finanças públicas vão ter de valorar a independência nacional como o acto de assegurar boas condições de vida para os cidadãos dentro do respeito de limites financeiros públicos de modo a garantir a sua sustentabilidade[28]. Existe ainda margem para outras despesas?

III – UMA MISSÃO ÚLTIMA DAS FINANÇAS PÚBLICAS: ASSEGURAR A EFICIÊNCIA INSTITUCIONAL?

A margem de acção é estreita no domínio das Finanças Públicas. Não existe grande margem para uma despesa pública nos próprios bens geradores de externalidades, para apoiar muito a indústria financeira ou para a assistência social por via de uma tributação redistributiva. Estas três obrigações devem ser satisfeitas, na medida em que a primeira apresenta o tema clássico das finanças públicas, a segunda, a garantia das poupanças dos cidadãos, em tempos de total ausência de sabedoria por parte da indústria financeira e a terceira está relacionada com as legítimas expectativas dos cidadãos relativamente à protecção por parte do Estado com os riscos da vida.

Em tempo de crise, o terceiro aspecto (protecção social) deve ser assegurado, mas é duvidoso que o possa ser por via do primeiro (externalidades) se este for demasiado oneroso: o primeiro "pilar" (financiamento público em bens de fortes externalidades, nomeadamente obras públicas) vai ter de ceder e o investimento terá de esperar ou será gerador de empobrecimento. A segunda dimensão tem de ser satisfeita, embora através do exercício de forte disciplina sobre a indústria financeira. Mas mesmo se as exigências da disciplina ajudarem no longo prazo e por isso não podem ser desprezadas, isto não alivia a necessidade corrente de financiamento da indústria financeira.

[28] *Cf.* Nota 12

O terceiro "pilar", de protecção social, terá de ser reduzido para níveis orçamentais aceitáveis por via da coordenação do *deficit* orçamental com a dívida pública e o PIB. Este trabalho exige a eficiência institucional.

O que significa que se tivermos três grandes constrangimentos orçamentais (obras públicas, apoio à indústria financeira e protecção social), assim que a protecção social for reduzida a um mínimo aceitável e que o auxílio à indústria financeira for disciplinado[29], então poderemos prestar atenção às obras públicas. Não poderemos concentrar-nos em todas na medida em que excessivas obras públicas podem conduzir a um crescimento empobrecedor. Deveremos apenas conduzir as que forem inevitáveis, tais aquelas que envolvam a segurança das pessoas. Outras obras públicas deverão ser retardadas até ao regresso de melhores tempos.

Reduzir a despesa pública não pararia necessariamente a actividade económica nem agravaria forçosamente a crise económica de um país que empregue estas soluções na medida em que apenas uma parte destes três encargos do orçamento seria reduzida. A protecção social não cessaria, o mesmo valendo para o auxílio à indústria financeira em perigo, na medida em que se apoiariam as indústrias correctas. Obras públicas indispensáveis não seriam paradas. Nesta conformidade ainda poderíamos ter um estado dinâmico empregando soluções *keynesianas*.

Isto significa agir do lado da despesa, diminuindo-a. Do lado da receita é necessário atentar em que as receitas advêm ao Estado pela via tributária essencialmente, e que cumpre permitir aos cidadãos a margem de vida que lhes permita a sua própria reprodução (desta margem..., mas até..., de si próprios cidadãos na medida em que se vislumbra que a mais grave consequência desta crise vai ser uma dramática baixa da natalidade), respeitando o seu emprego, a sua propriedade e os seus encargos. Se medidas restritivas onerarem o emprego, a propriedade e a margem de satisfação dos encargos dos cidadãos por estes em dimensão não proporcional, a luta contra a crise estará perdida e o País mergulhará na Depressão. Assim poderá suceder com a retirada dos dois subsídios de férias e de Natal aos funcionários, o que equivale nalguns casos (uma vez que a medida de redução salarial da função pública do anterior Governo se mantém) ao corte de três vencimentos mensais por ano. O problema pode ser o de que,

---

[29] A disciplina na indústria financeira poderia compreender: não auxiliar com fundos públicos ou privados indústria envolvida em negócios ilícitos ou em que foram vendidos ou comprados valores fraudulentos. Uma vez que o apoio inicial foi prestado, a voltar a ser requerido, as actuações ilícitas devem ser entregues aos tribunais. Apenas assistir a indústria financeira que necessitando este auxílio, não tenha estado envolvida em negócios ilícitos. Dir-se há, e os depósitos? Talvez seja melhor criar fundos próprios para os depósitos do que apoiar algo que não tem condições de sustentabilidade e é oneroso. A terceira forma pode ser a regulação dos mercados e o cumprimento das regras.

se com um destes vencimentos, algumas pessoas se permitiam pequenas satisfações, com o outro, geralmente suportam um encargo necessário à vida familiar (um acidente, uma obra em casa, uma prestação escolar, uma revisão do carro, o pagamento de um seguro associado ao empréstimo da casa...) que vai deixar de ser directamente suportado por esta via, levando a um aumento de poupança por a despesa ser essencial e inadiável – é não comprimível pela via tributária – logo a uma diminuição de consumos úteis à manutenção da pulsação da economia interna. Se neste contexto, o encargo for alastrado ao sector privado, corremos o perigo de ser certa a situação depressiva.

É neste momento que intervém a eficiência institucional. Uma parte das despesas públicas reservadas às externalidades deve ser dedicada à eficiência institucional.

E o que pode ser eficiência institucional?[30][31] Quando a lei substantiva não necessita mais de ser modificada, como sucede em Portugal na actualidade, é oferecer aos cidadãos tribunais em que as decisões são produzidas em tempo adequado e ainda assim sendo justas, é possuir mecanismos de execução e de recurso eficazes que permitam à justiça ser feita sem atraso e sem dano. É possuir uma Administração Pública racional, funcionando a tempo e adequadamente, com um sector da saúde saudável em termos orçamentais, centrado nas necessidades dos cidadãos, e um sector educativo ao serviço dos interesses dos alunos e não da estatística internacional ou do orçamento.

Depois de anos de erosão das propaladas Conquistas de Abril não cremos que a eficiência institucional deva atingir a Ordem Jurídica Substantiva, Constitucional ou Comum. Um exemplo de sempre difícil debate é o do Direito do Trabalho, no plano da cessação das relações contratuais. De um despedimento por justa causa totalmente irrealista porque limitado apenas à conduta culposa de um trabalhador, se passou, no final da Década de 80 e na transição para a de 90 para a inclusão na noção de motivo de despedimento das três figuras civis. A conduta culposa, a dificuldade ligada à esfera do empregador, de natureza objectiva (os motivos tecnológicos, estruturais ou de mercado) e a difícil inaptidão/inadaptação. Em 2003, o Código do Trabalho, fazendo assentar a relação laboral na confiança, eliminou das consequências do despedimento ilícito, a figura da reintegração do trabalhador. Passámos, assim, a ter um direito dos des-

---

[30] A eficiência institucional como sinal de qualidade institucional não deve ser alcançada a expensas dos funcionários públicos.
[31] Veja-se *OECD DEvelopment Centre Studies*, "*Institutional efficiency and its determinants – the role of political factors in economic growth*", por *Silvio Borner, Frank Borner and Markus Kobler*, "*New institutional economics – A guidebook*" editado por *Éric Brousseau e Jean-Michel Glachant*, bem como o *Paper de Kenneth S. Chan*, "*Trade and Institutional Efficiency*", Mc. Master University, September 2001.

pedimentos em que o despedimento é livre, na medida em que não há reintegração, embora seja pago em caso de nulidade do despedimento. O ser pago ainda poderia dar consistência à norma Constitucional de que não há despedimento livre, ou seja, sem motivo.

Quando os salários baixam dramaticamente, quando a própria indemnização é manipulada no sentido da sua concessão em montante diminuído, um sinal de equidade da lei, um sinal de equidade da Justiça substantiva, aquela que está nos Códigos e não tem autonomia em relação ao restante Direito Privado, poderia ser o de facultar, nas empresas acima de um determinado número de trabalhadores, a opção pela reintegração ao trabalhador ilicitamente despedido. Seria um sinal de equidade num mundo laboral perturbado e uma mensagem de que o Legislador, perseguido pelas perturbações financeiras mundiais, não deixa órfãos de Justiça os seus cidadãos e lhes reconhece primazia.

A eficiência institucional em Portugal não nos parece, assim, dever atingir o Direito Substantivo. Em contrapartida, deve atingir os vários ramos de Direito Processual bem como a Organização Judiciária. Aqui, mais uma vez, há que procurar consenso para poder reformar. E procurar garantias de viabilidade das reformas: uma delas é olhar com atenção para o que fazem o Tribunal Europeu dos Direitos do Homem e o Conselho da Europa. No plano destas Instituições internacionais existe obra feita e obra em curso que pode ser repercutida com vantagem para Portugal, nomeadamente a da CEPEJ.

A Sociedade Civil Portuguesa é uma sociedade de incumprimento generalizado. Desde a fuga aos impostos, à não execução dos contratos e à não execução das decisões judiciais. Quem pode recorre a empresas de cobrança privada... assistimos diariamente à negação do Estado de Direito enquanto quem não pode incumprir ou escapar ao fisco é mais do que pesadamente sancionado. Estas duas velocidades da sociedade Portuguesa têm de acabar devendo estudar-se e propor-se, sendo que pessoalmente assistimos com impotência à própria fuga às notificações judiciais, às cartas registadas com aviso de recepção que são devolvidas e aos correios electrónicos que são deixados sem resposta ou as caixas de correio electrónico mudam. Não temos sugestão. Apenas a de se criar um consenso sobre a existência deste problema e, identificado o problema, todos e cada um de nós pensarmos, estudarmos e propormos medidas. Sem o que os nossos credores, por duros que sejam, nomeadamente alemães, terão legitimidade para afirmar que somos um país de incumprimento generalizado. Não existem palavras suficientemente duras para este problema da sociedade Portuguesa que corresponde à negação não só do Direito mas da própria Ideia de Direito.

Por fim, mais uma nota, Governos indignados de países indignados com os abusos dos países do deficit e da dívida vêm falando, nos discursos dos seus responsáveis, alternadamente, em conceder pouco auxílio, o mínimo possível, ou em retarda-lo, e na aplicação de sanções aos países incumpridores em que se encontra o Nosso. Um discurso indignado da Chanceler Alemã falava em mais de sessenta violações do pacto de Estabilidade e Crescimento para verberar os países de deficit e de dívida.

Jürgen Habermas e outros vêm denunciando nas suas palestras um Federalismo Executivo Europeu, privado de legitimidade democrática em que decisões importantes são tomadas por alguns, muito poucos, geralmente dois Estados, após longa hesitação e espera, em última hora e no desconhecimento quase total das realidades a que se vão aplicar.

Um opção do Governo Português poderia ser, com êxito, a de recusar em textos europeus, nomeadamente Tratados Europeus a rever – o de Lisboa?, por exemplo, que nesses textos, a existirem propostas no sentido de conterem-se referências a sanções a adoptar contra Estados incumpridores, estas pudessem passar enquanto fossem adoptadas ou aplicadas por órgãos sem legitimidade Democrática ainda que resultantes de Tratados.

E um diplomata Português teria de saber, por ter orientações nesse sentido, que, se, em reuniões em que participar, vier a ser adoptado um texto contendo mecanismos desta natureza, sem legitimidade democrática, o compromisso de Estados em que este diplomata teria tomado parte, não seria acatado pelo Estado Português.

Naturalmente, mesmo esta opção por, não sendo violenta, ser contudo firme, tem de ser proposta, exposta e estudada e mais uma vez ser alvo de consenso. Existindo consenso que a legitime, em nome de uma Soberania que só pode em Democracia ser transferida para entidades dotadas de legitimidade democrática, seria para cumprir.

Regressando à eficiência institucional, uma tarefa de importância restaria ainda por realizar. Organizar esta eficiência de modo: 1. A ser humana, no sentido de não impor excessivos encargos, nas suas prestações, às entidades que devem ser eficientes – todos nós. 2. Fazê-la entroncar na teoria do consenso necessário que propugnamos e torna-la coerente com o consenso. Cremos que é viável. É uma questão de trabalhar no sentido de entender o problema e de lhe dar solução.

A eficiência institucional deveria sempre concentrar-se nas necessidades dos utilizadores finais. Os seus destinatários. A Justiça não deve apenas ser eficiente, tem de ser efectiva, eficaz, e deve ainda ser justa, servindo o seu destinatário: o cidadão. O mesmo vale para a Administração pública. Mesmo com este equilíbrio entre constrangimentos orçamentais e a eficiência, e a despesa destinada a satisfazer as necessidades dos cidadãos, a eficiência institucional é certamente menos onerosa que o custo de grandes obras em tempo de crise, por exemplo. Além disso, as vantagens da eficiência institucional são claras para cada cidadão consciente: criar fluidez na vida económica que pode ser um factor de crescimento[32]

A eficiência institucional pode ser concretizada em tempo de crise. A crise não vai durar sempre e o resultado para os países assumindo esta opção seria o crescimento económico efectivo depois da crise. Em termos de JI a atenção deve concentrar-se em recursos energéticos limpos e naturais, na protecção do ambiente e na promoção da sabedoria, permitindo aos cidadãos despertarem para esta, o que certamente, na sua maior parte já terão alcançado. Do encontro das várias perspectivas da sabedoria nasceriam as soluções. O consenso, ainda e sempre...

Conclusão

As Finanças Públicas são um factor essencial para o exercício de uma Soberania Nacional que procura alcançar a Independência, no sentido de – com maior ou menor autonomia relativamente às mutações do ambiente político e económico europeu e internacional – criar boas condições de vida para os cidadãos sob a juris-dição do Estado. Estas boas condições são aquelas em que os cidadãos se revêm e lhes permitem formular o desejo de prosseguir a aventura colectiva nacional.

Os desafios do futuro que se exprimem com algum acerto com a ideia de intergeracionalidade, impõem às Finanças Públicas a exigência da sua sustenta-bilidade, a qual, além do regresso a Finanças Públicas de teor clássico, expressas por uma relativa austeridade para garantir a sua própria viabilidade, nos propõe a busca da eficiência institucional bastante para gerar crescimento económico após o tempo da crise. Para esta tarefa ter algumas perspectivas de êxito, deve ter início agora. Amanhã pode ser tarde.

Para rematar sejam-nos permitidas mais duas citações que ilustram a relação entre a moral e a ética e que dão toda a medida da importância da autodeter-minação individual prévia ou simultânea à tomada de consciência e essencial à acção individual e colectiva:

"O ético distingue-se do moral, enquanto se radica na própria intimidade do sujeito livre. Temos uma acção ética quando o sujeito é capaz de assumir essa acção como sua, responsabilizando-se por ela, na medida em que ela expressa fielmente a sua natureza própria. Deste modo, enquanto o moral encontra parte da valoração na comunidade social, clarificando-se como acto moral aquele que corresponde a um juízo de valor positivo por parte da sociedade – e está aí, de algum modo, a alienação do sujeito – a acção ética tem a sua estrutura axiológica na intimidade pessoal".

---

[32] Na Europa, esta poderia ser uma proposta – a eficiência institucional acompanhada da estabi-lidade dos preços da zona Euro, mais alguma coisa – um *firewall* – susceptível de defender esta contra a especulação como a que vivemos.

...

"longe de se alienar um ser que lhe é estranho o [crente] encontra em [Deus] a razão última e primeira da sua personalidade livre e autónoma. Enquanto se liga a uma transcendência que a tudo o condiciona, mas a nada o obriga, o homem sai dos seus limites estreitos, ganhando no todo a sua riqueza pessoal: e, na medida em que se projecta num Tu, abre-se aos outros seres, sem nada perder do que lhe é próprio. Numa palavra, conquista-se a si mesmo".

Excertos de João Morais Barbosa – "A teoria política de Álvaro Pais no "Speculum Regum" – esboço de uma fundamentação filosófico-jurídica", Lisboa, 1972, pág. 41.

Novembro de 2011

O Ajuste Directo em Portugal – do enquadramento legislativo ao enquadramento económico

PAULO REIS MOURÃO
Prof. Auxiliar do Departamento de Economia da Universidade do Minho

CARLOS SILVA
Mestrando do Mestrado em Direito dos contratos e da empresa, na Universidade do Minho

Resumo: A Contratação Pública por Ajuste Directo tem-se tornado, em Portugal, na forma de contrato público mais comum, considerando os últimos anos. Assim, este trabalho enquadra esta forma de contrato, não só na cronologia legislativa, mas também numa discussão envolvente mais lata, que vai da análise estatística aos dados oficiais (observados a partir de 2008) até à reflexão proporcionada pela literatura da Economia e Finanças Públicas sobre as situações em que o Ajuste Directo se assume como a solução mais eficiente.

Palavras-chave: Contratos Públicos; Ajuste Directo; Teorema do Júri de Condorcet

1. Introdução

Diogo Freitas do Amaral (2011) refere que *"Com efeito, é cada vez mais frequente que a administração pública, para prosseguir os fins de interesse público que a lei põe a seu cargo, procure a colaboração de particulares, acordando com estes os termos em que tal interesse é prosseguido. Por outro lado, a complexificação da própria Administração justifica ou impõe formas de coordenação interadministrativa".*

Este estudo conjunto a que nos propomos nasce do comum interesse dos autores, pelas matérias em realce, e procura dar resposta a uma necessidade de facto, para que este tema seja entendido do prisma económico e jurídico.

É desta forma importante o estudo conjunto da contratação pública, em especial do ajuste directo, pois, como veremos não se trata de uma matéria estanque e autónoma, devendo colher contributos de vários quadrantes, e para tal deve o decisor estar atento a estas questões para a boa decisão e para a optimização na prossecução do interesse público em jogo.

Veremos de que forma o direito das directivas comunitárias moldou o regime que hoje conhecemos, e dessa forma os riscos e as oportunidades criadas pelo espírito uniformizador dos contratos públicos no espaço europeu. Teremos também a possibilidade de detalhar estatisticamente a evolução recente da contratação por ajuste directo, assim como de sintetizar a literatura económica sobre a temática, num esforço pioneiro para o caso português.

A estrutura remanescente deste artigo é a seguinte. Na secção 2, faz-se a cronologia legislativa sobre o assunto. Na secção 3, sumariza-se a evolução da contratação pública por ajuste directo. Na secção 4, sintetiza-se a leitura que a literatura económica e das Finanças Públicas tem proporcionado sobre a temática. A secção 5 conclui.

2. Para uma cronologia da legislação de enquadramento da Contratação por Ajuste Directo

2.1 O Decreto-Lei 59/99

O Decreto-lei 59/99 de 2 de Março, que aprovou o regime de empreitadas de obras públicas (RJEOP) contemplava as medidas relativas à coordenação dos processos de adjudicação de empreitadas de obras públicas, que não foi suficientemente acautelada pelo decreto-lei 405/93 de 10 de Dezembro na transposição da directiva 93/37/CE.

O DL 59/99 alargava o âmbito de aplicação deste regime às concessionárias de serviços públicos (como determinava o art. 2º nº 2 e às sociedades de interesse colectivo que exercessem actividades em regime exclusivo ou privilégio).

Independentemente do valor das empreitadas, a escolha do procedimento podia depender de critérios materiais previstos nos artigos 122º, 134º e 136º do RJEOP, e assim teríamos:

- O concurso limitado com publicação de anúncio para os contratos mais complexos, e em que se exigia maior qualificação dos concorrentes, designadamente experiência anterior reconhecida em domínios específicos, conforme determina o art. 122º RJEOP.
- O concurso por negociação quando as propostas apresentadas a concurso público ou limitado, fossem irregulares ou inaceitáveis[1] e o concurso por negociação se destine à mesma obra e em condições idênticas; obras para

---

[1] São irregulares ou inaceitáveis quando as propostas não preenchem os requisitos mínimos previstos na lei.

fins de investigação; cuja natureza da obra não permita determinar o preço previamente;
• Nos termos dos critérios materiais aplicáveis ao ajuste directo.

Com o RJEOP, a escolha do procedimento de contratação podia ser consoante o valor do contrato. Consultem-se os Artigo 48º e 81º do RJEOP, assim como o Artigo 78º do DL 197/99:

Artigo 48º RJEOP
Escolha do tipo de procedimento

1 – A escolha do tipo de procedimento a seguir deve fazer-se atendendo ao valor estimado do contrato, nos termos do nº 2, e às circunstâncias que, independentemente do valor, justifiquem o recurso ao concurso limitado com publicação de anúncio, ao concurso por negociação ou ao ajuste directo, nos casos previstos nos artigos 122º, 134º e 136º, respectivamente.

2 – São os seguintes os procedimentos aplicáveis, em função do valor estimado do contrato:

a) Concurso público ou limitado com publicação de anúncio, seja qual for o valor estimado do contrato;

b) Concurso limitado sem publicação de anúncio, quando o valor estimado do contrato for inferior a 50000 contos;

c) Concurso por negociação, quando o valor estimado do contrato for inferior a 8000 contos;

d) Ajuste directo, quando o valor estimado do contrato for inferior a 5000 contos, sendo obrigatória a consulta a três entidades;

e) Ajuste directo, quando o valor estimado do contrato for inferior a 1000 contos, sem consulta obrigatória.

Art. 81º RJEOP

3 – Pode recorrer-se ao ajuste directo quando:

A) O valor do contrato seja igual ou inferior a 1000 contos;

B) A natureza dos serviços a prestar, nomeadamente no caso de serviços de carácter intelectual e de serviços financeiros, não permita a definição das especificações do contrato necessárias à sua adjudicação de acordo com as regras aplicáveis aos restantes procedimentos, desde que o contrato não ultrapasse os limites do artigo 191º

Art. 78º do DL 197/99

1 – A contratação relativa à locação e aquisição de bens ou serviços deve ser precedida de um dos seguintes procedimentos:

(...)

f) Ajuste directo

(...)

Em termos gerais, no âmbito do DL 59/99, o ajuste directo podia ser aplicado independentemente do valor:

- *Quando não havia nenhuma proposta apresentada ou a mesma não era adequada (107º nº1 b) c) e) e f))*
  - *Quando todas as propostas, ou a mais conveniente, ofereçam preço total consideravelmente superior ao preço base do concurso;*
  - *Quando, tratando-se de propostas condicionadas, ou de projectos ou variantes da autoria do empreiteiro, as condições oferecidas e os projectos ou variantes lhe não convenham;*
  - *Quando haja indícios de conluio entre concorrentes;*
  - *Quando todas as propostas ofereçam preço total anormalmente baixo e as respectivas notas justificativas não sejam tidas como esclarecedoras;*
- *Em Obras cuja execução, por motivos técnicos, artísticos ou relacionados com a protecção de direitos exclusivos, só possa ser confiada a uma entidade determinada;*
- *Quando, por motivos de urgência imperiosa resultante de acontecimentos imprevisíveis e não imputáveis ao dono da obra, não possam ser cumpridos os prazos exigidos pelos concursos público, limitado ou por negociação;*
- *Quando se trate de obras novas que consistam na repetição de obras similares contratadas pelo mesmo dono da obra com a mesma identidade, desde que essas obras estejam em conformidade com o projecto base comum, quer o anterior haja sido adjudicado mediante concurso público, ou mediante concurso limitado com publicação de anúncio e não tenham decorrido mais de três anos sobre a data da celebração do contrato inicial;*
- *Quando se trate de contratos que sejam declarados secretos ou cuja execução deva ser acompanhada de medidas especiais de segurança, nos termos das disposições legislativas, regulamentares e administrativas em vigor, ou quando a protecção dos interesses essenciais do Estado Português o exigir.*

No mesmo sentido, consulte-se o art. 86º do DL 197/99.

2.2. A Directiva 2004/18/CE e a Directiva 2004/17/CE

O actual código dos contratos públicos (CCP) transpôs para o ordenamento jurídico nacional a directiva 2004/18/CE relativa à formação de contratos de empreitada de obras públicas, contratos públicos de fornecimento e contratos públicos de serviços, e a directiva 2004/17/CE que regulamentava "os sectores especiais" da água, energia, transportes e serviços postais[2].

---

[2] Conforme Estorninho (2006): "Note-se, contudo, que, pese embora esse desiderato de reformulação num só texto das referidas anteriores Directivas, a nova Directiva é muito mais do que uma mera compilação de textos. Na verdade a directiva vem actualizar e modernizar o anterior regime,

Como veremos, esta não foi uma simples transposição, uma vez que houve uma profunda alteração do regime da contratação com vista a dotar o sistema de maior amplitude, maior transparência e competitividade.

Em termos genéricos, a directiva 2004/18/CE, de 31 de Março relativa as empreitadas de obras públicas, fornecimentos e serviços, simplificava e consolidava três directivas anteriores, relativas à coordenação dos processos de adjudicação:

- 93/37/CEE, de 14 de Junho – empreitadas de obras públicas;
- 93/36/CEE, de 14 de Junho – contratos públicos de fornecimentos;
- 92/50/CEE, de 18 de Junho – contratos públicos de serviços.

A directiva 2004/18/CE tinha em vista a implementação de novos métodos e o desenvolvimento de boas práticas em sede de contratação pública. Nela, foi introduzido um novo procedimento de contratação – o diálogo concorrencial.

A directiva 2004/17/CE, de 31 de Março aplicava-se aos processos de adjudicação de empreitadas de obras, fornecimentos e serviços nos sectores da água, energia, transportes e serviços postais, substituindo a Directiva 93/38/CEE, de 14 de Junho.

Tanto a directiva 2004/18/CE como a 2004/17/CE, incluiam novas previsões relativas a:

- Acordos-quadro;
- Centrais de compras;
- Leilões electrónicos;
- Sistemas de aquisição dinâmico.

Conjuntamente com esta grande influência das directivas, não nos podemos esquecer da influência indirecta que exercem os princípios fundamentais e a jurisprudência do Tribunal de Justiça da Comunidade Europeia[3].

podendo mesmo dizer-se que tem subjacente uma nova filosofia, que procura compatibilizar o regime da contratação pública com as novas preocupações comunitárias, assumindo definitivamente que a contratação pública é um instrumento privilegiado de execução de políticas estruturais e sectoriais da União Europeia, nomeadamente políticas sociais e ambientais."

[3] Estorninho (2006) refere ainda: O "acórdão Telaustria" é especialmente significativo no que toca à questão da aplicação dos princípios gerais do tratado a contratos que não sejam especificamente abrangidos pelas directivas comunitárias sobre contratos públicos. O Tribunal considerou, numa decisão absolutamente fundamental, que o facto de um contrato não estar abrangido pelas referidas directivas não obsta a que esteja sujeito aos princípios gerais do direito comunitário constantes do Tratado e, muito em especial, ao princípio da não discriminação em razão da nacionalidade. Assim, tais princípios devem ser observados pelas entidades adjudicantes, o que as vincula, por exemplo, entre outras, a uma obrigação de transparência.

2.3. O actual regime no CCP – Código dos Contratos Públicos (Decreto--Lei 18/2008)

O ajuste directo, tal como estabelecido nos arts 112ª a 129º do CCP é um procedimento fechado à concorrência porque determina que só apresentam propostas as entidades que forem convidadas para tal.

Não devemos confundir o ajuste directo com o procedimento de negociação.

O procedimento de negociação, previsto no CCP, regula a fase obrigatória da negociação, através de remissão para a fase facultativa de negociação do ajuste directo. O procedimento por negociação, de acordo com o disposto no art. 29º do CCP corresponde ao que está definido no art. 30º da directiva 2004/18/CE, é para aqueles casos que justificam o recurso ao procedimento por negociação com publicação de anúncio do concurso. Por outro lado, o art. 31º da mesma directiva refere procedimento de negociação sem publicação do anúncio do concurso, e aqui, estamos já a falar em termos gerais, àquelas situações em que o recurso ao ajuste directo se pode fazer em função de critérios materiais, e não do valor (confirmar artigos 24º e seguintes do CCP).

O ajuste directo, tal como está hoje configurado, de acordo com as directivas, distancia-se bastante do regime vigente anterior a 2008. Tal como vem regulado no CCP, ele resulta de uma concentração de procedimentos que antes estavam dispersos na lei (como no DL 179/99). Esta simplificação resultou num procedimento específico, e assim, o ajuste directo, tal como está actualmente previsto, dá uma faculdade não formal à entidade adjudicante no sentido de poderem ser convidadas várias entidades a apresentar propostas, e posteriormente poderá abrir uma fase de negociação. Caso esta última fase se verifique, então a entidade adjudicante está vinculada a fixar o critério da adjudicação.

Para aquelas contratações mais simples, de valor relativamente baixo, este procedimento não se afigura como adequado, e neste seguimento foi criado o ajuste directo simplificado para agilizar certos contratos.

Contrariamente ao que sucedia no regime anterior, agora há a liberdade de escolha dos procedimentos, e uma vez escolhido, este procedimento vai limitar o valor máximo do contrato a celebrar (cfr.18º CCP). Foram introduzidas diferentes regras de escolha do procedimento, que podem ser em função do tipo de contrato, em função da entidade adjudicante, ou dos casos dos contratos mistos (cfr. arts. 31º a 33º do CCP)

Agora veremos que o valor máximo dentro do qual é possível adjudicar findo o procedimento de ajuste directo, varia consoante a natureza da entidade adjudicante que esteja em causa. Esta distinção como veremos é muito importante.

O primeiro grupo de entidades adjudicantes, está presente no art. 2º nº1 que podemos denominar de pessoas colectivas públicas, e aqui englobam-se o Estado, Regiões Autónomas, Autarquias locais, institutos públicos, fundações e associações públicas, e associações que façam parte ou sejam maioritariamente financiadas pelas entidades anteriormente descritas.

O segundo grupo de entidades adjudicantes está previsto no art. 2º nº2 refere-se aos organismos de direito público e a titulo de exemplo e para não ser demasiado exaustivo na descrição da lei, abarcam qualquer pessoa colectiva que independentemente da sua natureza pública ou privada tenha sido criada especificamente para satisfazer necessidades de interesse geral, sem carácter industrial ou comercial e sejam maioritariamente financiadas e controladas pelas entidades descritas no art. 2º nº1 ou associações que façam parte uma ou várias das pessoas colectivas referidas nas alíneas anteriores, desde que sejam maioritariamente financiadas, controladas ou fiscalizadas por estas.

Um terceiro grupo de entidades consta do art7º do CCP relativas às entidades que desenvolvam actividade no sector da água, da energia, dos transportes e dos serviços postais que como vimos resulta da transposição da directiva dos sectores especiais.

Agora que já vimos em geral quem pode ser uma entidade adjudicante, veremos nos termos dos arts 19º, 20º e 21º quais os contratos que em função do valor, permitem a escolha pelo ajuste directo:

O sector público administrativo, cuja entidades estão elencadas no art. 2º nº1:

- Para contratos de locação ou de aquisição de bens móveis e de aquisição de serviços de valor inferior a 75.000€ [para os contratos previstos no 20º nº1 a); e inferior a 25.000€ nos termos do 20º nº 4];
- Valor inferior a 150.000€ nos contratos de empreitadas de obras públicas [19º a), primeira parte][4];

---

[4] Andrade da Silva (2010) comenta que "Corresponde ao nº2 do art. 48º do RJEOP".

a) O ajuste directo, que podia ser adoptado quando o valor estimado do contrato fosse inferior a 24.939,89€, passa a poder ser adoptado em contratos de valor até 150.000,00€, portanto, um valor muitíssimo superior, com o que se pretendeu pôr fim à actual banalização dos procedimentos de tramitação mais pesada e complexa (designadamente o concurso publico e o concurso limitado), aumentando-se seis vezes aquele valor.

b) O concurso público e o concurso limitado por prévia qualificação, sem obrigatoriedade de publicação de anúncios no JOUE, que podia ser adoptado para contratos de valor até 124,699,47€, passa a ser utilizável para contratos de valor até 4.845.000,00€;

c) Finalmente, e tal como estabelecia a alínea a) do nº2 do artigo 48º do RJEOP, o concurso público e o concurso limitado com prévia publicação de anúncios no JOUE podem ser utilizados para contratos de qualquer valor

- Valor inferior a 100.000€ (para os restantes contratos com excepção do contrato de concessão de obras públicas e contratos de sociedade cfr. 21º nº1 a)][5].

Para os organismos de direito público descritos no art. 2º nº2 do CCP:

- Inferior a 193.000€ para a formação de contratos de locação ou de aquisição de bens moveis e de aquisição de serviços [de acordo com o art. 20º nº1 a) segunda parte[6];
- Inferior a 1.000.000€ [para as empreitadas, 19º a) segunda parte];
- De acordo com o art. 6º nº2, às entidades mencionadas no art. 2º nº2 e ao Banco de Portugal, não se aplica o limite de 100.000€ para os contratos previstos no art. 21º nº1 a).

Esta distinção, e atribuição de uma maior flexibilidade de contratação aos organismos de direito público (art. 2º nº2) tem de ser considerada pelo princípio da especialização e da concorrência, mas não nos esqueçamos do facto de que se no primeiro grupo de entidades (que têm um limiar mais baixo) se tratar em grande parte de uma administração eleita, no segundo grupo (que tem limiares de contratação mais elevados) isso não acontece.

De acordo com o CCP, e segundo a leitura de Nogueira de Brito (2010), é recorrível ao ajuste directo, independentemente do valor[7]:

Quando estejam em causa razões procedimentais, isto é, razões que se prendam com o insucesso de um anterior procedimento de formação de contratos públicos [art. 24º, nº1 alíneas a) e b)]; com a realização de obras, a locação, a aquisição de bens ou a aquisição de serviços ao abrigo de um acordo quadro [artigos 25º, nº1, alínea c), 26º nº1 e), e 27º nº1 h)]; com a repetição de obras ou serviços similares às que já tinham sido objecto de contrato celebrado anteriormente

---

[5] Andrade da Silva (2010) refere que *"O limiar comunitário é o montante do valor estimado para o contrato a partir do qual a respectiva adjudicação deve ser submetida à concorrência comunitária e, portanto, os respectivos anúncios devem ser publicados no JOUE."*

[6] O artigo 20º nº1 a) tem como referência o valor referido na alínea b) do art. 7º da directiva 2004/18/CE; Os limiares comunitários foram actualizados pelo regulamento comunitário nº 1177/2009 de 30 de Novembro que fixou os limiares por 2 anos. Este limiar que anteriormente era de 206.000€, desde o final de 2009 passou a ser de 193.000€ por força da actualização.

[7] Para mais desenvolvimentos, consulte-se Andrade da Silva (2010): *"No regime excepcional de ajuste directo, o ajuste directo apenas pode ser adoptado para a celebração de contratos destinados à modernização escolar ou à melhoria da eficiência energética dos edifícios públicos de valor inferior a (artigo5º):*
- *€4.845.000 para os contratos de empreitada de obras públicas;*
- *€193.000 para os restantes daqueles contratos, com excepção do contrato de concessão de obras públicas;*
- *€2.000.000 para os contratos de empreitada ou concessão de obras públicas destinadas à melhoria da eficiência energética de edifícios públicos."*

pela mesma entidade adjudicante, na sequência de concurso público ou concurso limitado por prévia qualificação [artigos 25º nº1, alínea a), e 27º nº1 a)]; ou ainda com a ocorrência de casos de urgência [artigo 24º, nº1, alínea c)].Razões relativas ao objecto do contrato [artigos 24º, nº1, alíneas d) a f); 25º nº1, alínea b); 26º, nº1 alíneas a) a d) e f), e nº2; e 27º, nº1, alíneas b) a g)]. Razões de interesse público (artigo 31º nº 3).

Assim,

Em termos sumários, a contratação regulada pelo CCP desenvolve-se da seguinte forma:

No concurso público ou concurso limitado por prévia qualificação, quando há lugar a anúncio publicado no JOUE, não há qualquer limite máximo. O mesmo acontece quando estamos perante algum dos critérios materiais constantes dos art. 24º e 28º. No entanto, quando não há anúncio publicado no JOUE nem se verificam os referidos critérios materiais, o limite à contratação é de 4,845 milhões de euros [confirmar actualização pela alínea c) do Art. 1º do Regulamento 1177/2009 sobre Art. 7º da Directiva nº 2004/18/CE e sobre alínea c) da Portaria nº 701-C/2008 de 28/07].

No procedimento por negociação, e com os critérios materiais do art. 29º, não há valor limite. O mesmo acontece quando se verificam os critérios materiais do procedimento de diálogo concorrencial (cfr. Art. 30º).

Quando não estejam em causa os critérios materiais do art. 24º ou 25º, mas a Entidade adjudicante for o Banco de Portugal ou um organismo de direito público incluído no art. 2º nº 2, o limite máximo é de 1.000.000,00€. Quando não estiverem em causa os referidos critérios, nem os anteriores adjudicantes, só é admissível o ajuste directo quando o valor seja inferior a 150.000,00€.

Se o contrato estiver incluído no programa de renovação do parque escolar, o limite à contratação com base em ajuste directo é de 4,845 milhões de euros;

i) Se o contrato estiver incluído no programa de renovação do parque escolar, o limite à contratação com base em ajuste directo é de 5150€ [cfr. Art7º da directiva nº 2004/18/CE; alínea c) da Portaria nº701-C/2008 de 28/07];

ii) Já se o contrato estiver integrado no programa de melhoria da eficiência energética de edifícios públicos, o limite é de 2000000€.

Por fim, o regime simplificado do ajuste directo previsto no art128º CCP aplica-se para a formação de contratos de aquisição ou locação de bens móveis ou aquisição de serviços cujo valor contratual não exceda os 5.000€. Este procedimento de adjudicação está dispensado de quaisquer formalidades pré contratuais. O contrato que decorre deste regime simplificado não pode ter duração superior a um ano nem o preço pode ser revisto (artigo129º do CCP).

O código inclui ainda uma regra essencial de limitação do número de contratos por ajuste directo, e para tal reproduz-se o articulado (art. 113º nº2):

Art. 113º nº2

Não podem ser convidadas a apresentar propostas entidades às quais a entidade adjudicante já tenha adjudicado, no ano económico em curso e nos dois anos económicos anteriores, na sequência de ajuste directo adoptado nos termos do disposto na alínea a) do nº1 do artigo 20º ou na alínea a) do nº1 do artigo 21º, consoante o caso, propostas para a celebração de contratos cujo objecto seja constituído por prestações do mesmo tipo ou idênticas as do contrato a celebrar, e cujo preço contratual acumulado seja igual ou superior aos limites referidos naquelas alíneas.

Com isto pretende-se que os contratos não sejam fraccionados de forma a contornar os limites legais inscritos nos artigos 19º e 20º do CCP. As próximas secções vão discutir a actualidade da contratação por ajuste directo em termos de observação estatística assim como o enquadramento desta discussão na Economia e nas Finanças Públicas.

3. Uma descrição sumária dos ajustes directos desde 2008

Nesta secção, vamos dar um realce especial a alguns valores computados para a execução da despesa pública portuguesa através de ajuste directo.

TABELA 1 – Valores agregados da despesa pública por ajuste directo (26/12/1990 a 30/11/2011)

Nº Ajustes Directos:	240 629
Valor Total:	11 135 977 554,11 €
Valor Médio:	46 301,32 €
Valor Máximo:	852 614 045,00 €
Valor Mínimo:	0,00 €
Nº Adjudicantes:	3 338
Nº Contratadas:	37 393
Data última Publicação:	30/11/2011
Data primeira Publicação:	26/12/1990
Data último Contrato:	30/11/2011
Data primeiro Contrato:	01/01/2008
Nº Ajustes < 5€:	387
Nº Ajustes sem data contrato:	58 210

Fonte: http://www.despesapublica.com

TABELA 2 – Valores da despesa pública por ajuste directo para 2011:

Nº Ajustes Directos:	49 379
Valor Total:	3 408 648 697,60 €
Valor Médio:	69 030,33 €
Valor Máximo:	852 614 045,00 €
Valor Mínimo:	0,00 €
Nº Adjudicantes:	2 358
Nº Contratadas:	17 565
Data última Publicação:	30/11/2011
Data primeira Publicação:	10/10/2008
Data último Contrato:	30/11/2011
Data primeiro Contrato:	01/01/2011

Fonte: http://www.despesapublica.com

Das tabelas acima apresentadas (Tabela 1 e Tabela 2), verifica-se que, de acordo com uma estimativa da fonte electrónica http://www.despesapublica.com, o número total de ajustes directos contabilizados (principalmente concentrados entre 2008 e 30 de Novembro de 2011) ascendia a 240629, com um valor somado de mais de 11100 milhões de euros, o que permite alcançar um valor médio de 46279 euros por adjudicação.

Só referente a 2011 (dados até 30 de Novembro), temos um número total de ajustes directos estimado em 49379, envolvendo o valor somado de 3409 milhões de euros (o que perfaz um valor médio de 69037 euros por adjudicação).

Se considerarmos, de acordo com o INE (2011), um valor estimado de 338345 milhões de euros como o total de Despesa das Administrações Públicas para o triénio 2008/2009/2010, então a proporção para este triénio da despesa por ajuste directo rondou os 2.27%. No entanto, a modéstia relativa deste valor não permite identificar claramente outra realidade associada ao ajuste directo, nomeadamente que esta modalidade correspondeu, em 2010, a 92% do número de adjudicações realizadas; já a mesma proporção cresceu para 94% relativamente ao período decorrido entre Janeiro e Novembro de 2011 (BASE, 2011)[8].

[8] Endereço electrónico: http://www.base.gov.pt/_layouts/ccp/ajustedirecto/search.aspx

Tabela 3 – Distribuição dos quartis dos valores adjudicados por ajuste directo (em euros)

Ano	1º Quartil	2º Quartil	3º Quartil
2008	794.93	6456.445	16258.68
2009	1892.81	8804.25	23180.80
2010	4084.12	10894.13	26982.78
2011 (até 10/12/2011)	4403.33	11150.00	27204.15

Fonte: BASE (2011)

Da tabela anterior, verifica-se que no período em análise (1/1/2008 a 10/12/2011), o valor do 1º quartil aumentou 454%, o valor do 2º quartil (mediana) aumentou 73% e o valor do 3º quartil aumentou 67%. No entanto, além destes dados provarem o crescimento dos valores de referência, isto é, indiciando, um crescimento da despesa por ajuste directo, os mesmos poderiam sugerir uma certa diminuição na desigualdade entre quartis; mas, outros testes, mais robustos, concluem o oposto. Assim, a evolução do Coeficiente de Gini (que mede a concentração dos valores observados nos casos em análise) foi a seguinte: 0,714 (em 2008), 0,743 (em 2009), 0,746 (em 2010), e 0,817 (em 2011). Conclui-se assim que os valores estão cada vez mais concentrados num número limitado de adjudicatárias, aumentando o nível de desigualdade dos preços contratados.

Tabela 4 – Os dez contratos por ajuste directo com o preço mais alto (1/1/2008 a 10/12/2011)

Entidade adjudicante	Entidade Adjudicatária	Data Celeb. Contrato	Preço contratual (euros)	Prazo (dias)	Local	Critério Material
Navegação Aérea de Portugal - NAV Portugal, E.P.E.	IMPERIO BONANÇA-COMPANHIA DE SEGUROS, SA	16-07-2010	8324164,86	1095	Lisboa	
EP Estradas de Portugal, S.A.	OBRECOL – OBRAS E CONSTRUÇÕES, S.A	29-10-2010	8240147,31	270	Braga	*
Secretaria Regional da Economia	Nova Expressão - Planeamento de Meios e Publicidade, SA	14-10-2011	7240036,44	199		*
Município de Matosinhos	Alberto Martins de Mesquita, Ferreira Construções - Engenharia A.C.E	23-03-2010	7217186,28	455	Matosinhos	*
RAMEDM - Estradas da Madeira, S.A.	AFAVIAS - Engenharia e Construções, S.A.	13-06-2011	6819613,54	180	Santana	*
Rede Ferroviária Nacional - REFER, E.P.	DIMETRONIC, SA,	20-11-2009	5686488,02	298	Alcácer do Sal	*
Município de Paços de Ferreira	Construções Gabriel A.S. Couto, S.A.	08-10-2009	5124917,54	365	Paços de Ferreira	**
Secretaria Regional da Educação e Formação	Teixeira Duarte, Engenharia e Construções, S.A.	23-04-2010	5052638,57	180	Vila Franca do Campo	**
Município de Mafra	Constructora San José, S.A.	12-11-2009	4993506,83	290	Mafra	**
Município de Portimão	Alexandre Barbosa Borges, SA	01-07-2009	4989761,88	363	Portimão	**

*:Artigo 24.º, n.º 1, alínea b) do Código dos Contratos Públicos
**: Artigo 5.º, n.º 1 do Decreto-Lei n.º 34/2009

Fonte: BASE (2011)

A tabela 4 explicita os dez contratos com os valores mais altos envolvidos desde 2008 até 10 de Dezembro de 2011 (BASE, 2011), identificando os nomes das entidades adjudicantes e adjudicatárias, a data de celebração do contrato, o preço contratual, o prazo, o local de incidência do objecto contratual assim como o critério material de escolha do ajuste directo (que, em 50% destes casos identificados, se deveu ao artigo 24º, nº1 al. B) do Código dos Contratos Públicos e que, em 40% dos casos se deveu ao Artigo 5º, nº1 do Decreto-Lei nº 34/2009).

Ainda que os valores da Tabela 4 possam representar 'outliers', torna-se pertinente a sua discussão. Na realidade, verifica-se que não existe uma leitura simples do local de incidência (independente do nível de urbanização dos municípios) ou dos prazos envolvidos (que nesta amostra variam entre os 180 dias e os 1096 dias). Na maioria deste 'ranking', as entidades adjudicatárias estão ligadas à construção civil assim como se encontram, do lado adjudicante, quatro municípios, duas Secretarias Regionais, e quatro empresas públicas.

Por sua vez, os valores expressos nos gráficos abaixo (Ilustração 1 e Ilustração 2) espelham a realidade que caracteriza este procedimento de execução da despesa pública em Portugal, nos últimos 3 anos, detalhados por mês.

ILUSTRAÇÃO 1

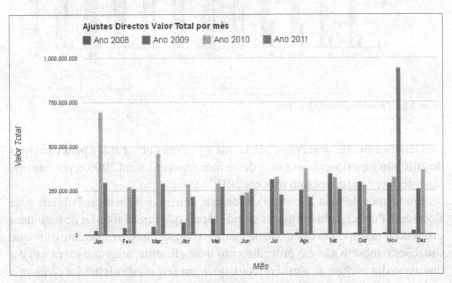

Fonte: http://www.despesapublica.com em 30/11/2011

Torna-se assim visível como existe um comportamento cíclico nas séries expressas. Em primeiro lugar, observa-se a presença de "picos" ou frequências mais significativas nos dois gráficos nalguns períodos, como Dezembro-Janeiro ou Julho-Agosto-Setembro. [O valor ('outlier') extraordinário reportado para Novembro de 2011 explica-se por um conjunto de circunstâncias que caracterizou este mês: datou a discussão de aprovação do Orçamento de Estado na Assembleia da República, o que gerou até ao dia de aprovação, dia 30 de Novembro de 2011, um clima que promoveu o ajuste directo como recurso de execução da despesa pública]

ILUSTRAÇÃO 2

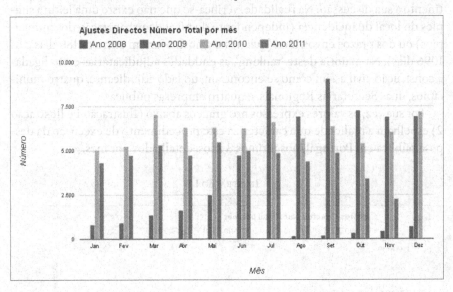

Fonte: http://www.despesapublica.com

Genericamente, observa-se ainda que os valores observados para cada mês de 2010 são superiores aos valores desse mês reportados em 2009 e, por sua vez, são inferiores aos do mesmo mês em 2011.

Em termos de uma discussão da matéria dentro das Finanças Públicas e da Economia Pública, subjazem duas grandes áreas que vamos abordar de seguida: a primeira área respeita à discussão de quando o ajuste directo é eficiente e em que situações o mesmo não é o procedimento mais eficiente; a segunda área exige a discussão dos efeitos do ajuste directo, quer em termos de efeitos na economia real mas também em termos de alterações na composição do gasto público.

4. A sensível questão da eficiência no ajuste directo – para uma abordagem da Economia e das Finanças Públicas

A discussão em torno do conceito de "eficiência" é uma discussão longa na Economia (Iregui et al, 2007). Para o efeito deste trabalho, segue-se Battese e Coelli (1995) que identificam "eficiência" com a capacidade de um determinado processo de produção (ou de uso) extrair o máximo rendimento (ou satisfação) de uma combinação de recursos.

Num processo de tomada de decisão pública, os recursos considerados nos modelos de Economia são, tradicionalmente, de dois tipos: recursos de tempo e recursos de disponibilidades. Os produtos alcançados da tomada de decisão pública são avaliados em função do tempo dispendido e do gasto associado (despesa pública).

Em geral (ver Innocenti, 2012), processos de tomada de decisão complexos são exigidos para produtos mais dispendiosos (caracterizados por um volume de despesa público superior) e por um maior consumo de tempo (como nos modelos de Simon, 1959).

Assim, produtos de decisão simples, que envolvam dispêndios avaliados como 'reduzidos' ,tornam-se eficientes quando a decisão pública consome menos tempo na sua definição; caso contrário, procedimentos demorados para casos simples são manifestação de procedimentos ineficientes (Tuk et al, 2009).

Sob esta perspectiva, modelos como Palma et al (2011) ou Beisbart (2010) debatem a dimensão óptima do grupo decisor.

Desde o famoso Teorema do Júri de Condorcet (McLean e Hewitt, 1994), que esta questão tem sido debatida no seio das Ciências Sociais e Jurídicas. De um modo simplificado, o Teorema do Júri de Condorcet mostra que, partindo de duas assunções estruturantes (a tendência superior de cada jurado em acertar do que em errar; assim como a vitória do voto da maioria no júri) o resultado da decisão colectiva aumenta em termos de eficiência com a dimensão do grupo decisor. Como Page e Shapiro (1993) argumentam, este Teorema apela ao voto universal na obtenção de melhores escolhas públicas, assim como pode ser visto enquanto argumento pró-Democracia dentro da reflexão científica.

No entanto, o mesmo Teorema comporta um dual, só por si deveras preocupante: se uma das assunções for revertida (neste caso, se considerarmos que a tendência de cada um em acertar é menor do que a probabilidade em errar), então a decisão mais eficiente é aquela que fica concentrada no jurado mais 'sábio', o que nos traria a discussão da República de Platão e do seu governante esclarecido (o Rei-Filósofo).

Sem explorar essa linha de discussão, o (dual do) Teorema do Júri de Condorcet trouxe à discussão académica a relevância das maiorias qualificadas ou dos votos de qualidade que diversos processos de tomada de decisão englobam. Genericamente, esses elementos permitem salientar que competências especiais detidas num conjunto limitado de jurados possibilitam a obtenção de resultados mais eficientes que os resultados obtidos pela universalização do grupo decisor. As razões para essa discrepância são diversas, desde a experiência adquirida e reconhecida aos detentores de voto de qualidade, até a autoridade acumulada nestas figuras, bem como a exogeneidade das mesmas face a pressões subjectivas que poderiam colocar-se sobre outros jurados. Nestes casos, a concentração do voto num grupo restrito de eleitores ou decisores é justificável pela eficiência dos resultados.

No entanto, como sugerido na sequência do Teorema do Júri de Condorcet ou dos modelos de Beisbart (2010), nem sempre a extensão do debate a uma assembleia mais numerosa e a sua dilatação de tempo dispendido no processo de tomada de decisão, assegura um resultado mais eficiente. Nalguns casos pontuais, existem mesmo custos crescentes com este procedimento.

As razões que os vários autores têm apontado são múltiplas: desde a entrada no processo de recolha de votos de agentes menos informados e mais propensos a avaliarem com enviesamento a informação em causa, até perdas progressivas na utilidade devido à ausência de tomada de decisão em "tempo útil" ou a geração (como externalidade negativa) de situações de confusão nas matérias a decidir quando a discussão se estende para lá do tempo óptimo.

No geral, decisões mais reflectidas e mais participadas são mais eficientes do que decisões mais precipitadas e com a presença de um menor número de co-responsáveis nos seguintes quadros:

- envolvimento de montantes dispendiosos (quer como objecto da decisão final, quer associados à tomada de decisão);
- possibilidade de concurso e de negociação com vários licitadores (sobretudo, em matérias de foro infra-estruturante);
- criação, reparação e substituição de bens e serviços de Investimento Público.

O ajuste directo comporta alguns efeitos mais significativos em duas dimensões: no bem-estar das populações e na composição do gasto público.

Na dimensão do bem-estar dos beneficiários (público, em sentido lato), podem-se apontar dois efeitos definidos. O primeiro efeito reside na resposta célere a um determinado conjunto de necessidades especificadas. Decorrente deste primeiro efeito, observa-se um segundo efeito que aponta os ganhos de tempo agregado (medidos por cidadãos envolvidos nas decisões parlamentares) que se efectivaram.

Na dimensão da composição do gasto público, identificam-se duas consequências mais evidentes. A primeira consequência prende-se com uma pressão para o avolumar da despesa corrente pública face à despesa de capital dos entes públicos. Na medida em que muito do ajuste directo, apela a uma lógica de aquisição de bens e serviços considerados relevantes para o funcionamento corrente do Estado e das suas figuras, assim o recurso ao ajuste directo tem como implicação na composição do gasto público o reforço da atenção destes entes na componente corrente. A segunda consequência do ajuste directo prende-se com a multiplicação dos procedimentos em face da unificação dos mesmos – isto é, no lugar de existir um procedimento único, por exemplo para três focos de carência pública, passam a existir três procedimentos por ajuste directo como resposta a cada foco de carência. Desta forma, dada a responsabilidade limitada ao montante de cada procedimento, fica-se com uma multiplicação de procedimentos que por si só, vão gerar desafios maiores de organização da contratação pública (sob o risco de se aumentar a opacidade dos concursos).

5. Conclusão

Este artigo reflectiu sobre o enquadramento legislativo e sobre a discussão económica envolvente da contratação pública por ajuste directo.

Este tipo de contratação pública oferece-se como a resposta mais adequada em determinadas circunstâncias, nomeadamente quando existe uma clara definição de que as entidades adjudicatárias serão as mais indicadas e as mais eficientes para realizar determinado esforço pago pelo Estado. Essa definição torna-se ainda mais evidente para montantes baixos.

No entanto, este mesmo tipo de contratação pública pode gerar fontes de ineficiência acumulada, quando o mesmo não é devidamente utilizado.

Este trabalho procurou, assim, não só enquadrar, cronologicamente, a contratação pública por ajuste directo como também sugerir uma discussão dentro da Economia e das Finanças Públicas relativamente aos momentos mais adequados para o ajuste directo.

Em termos de enquadramento legislativo, observou-se que os documentos antecessores directos do actual "Código dos Contratos Públicos", definido no Decreto-Lei 18/2008, foram o Decreto-Lei 59/99 assim como as Directivas 2004/18/CE e 2004/17/CE (sem esquecermos outra legislação influente, citada alternativamente, por exemplo, o Decreto-Lei 179/99 ou as Directivas 93/36/CEE e 93/37/CEE).

Através de observações de natureza de estatística descritiva, este trabalho alcançou alguns pontos de relevo. Por exemplo, que o valor médio de adjudicação por ajuste directo em Portugal (desde 2008) é em redor dos 46000 euros e que se tem verificado um crescimento, ano após anos, dos valores observados como referências de cada quartil da distribuição. Concluiu-se também que a disparidade nos valores tem aumentado, revelando uma tendência de concentração das entidades adjudicatárias. Em termos de ciclo anual, existem meses que evidenciam valores mais altos do número de contratos realizados em Portugal por ajuste directo, assim como dos montantes contratados; esses são os meses de Julho e Agosto, assim como os meses do último trimestre de cada ano.

Finalmente, este trabalho sintetizou e comentou ainda a literatura económica sobre a matéria, mostrando que a contratação por ajuste directo é a melhor forma de negociação quando a entidade adjudicante são agentes do Estado em situações que envolvem montantes reduzidos, em que os custos de negociação são crescentes com a dilatação temporal e com a extensão do número de membros do grupo decisor, assim como em situações de resposta corrente a necessidades emergentes.

REFERÊNCIAS

ANDRADE DA SILVA, J. (2010); *Dicionário dos Contratos Públicos*, Almedina

BASE – Contratos Públicos on Line (2011); disponível a partir de http://www.base.gov.pt/default.htm

BATTESE, G. e T. COELLI (1995), "A model for technical inefficiency effects in a stochastic frontier production function for panel data", *Empirical Economics*, 20, 325-332.

BEISBART, C. (2010); "Groups can make a difference: voting power measures extended"; *Theory and Decision*, 69, 3; 469-488

ESTORNINHO, M. (2006). *Direito Europeu dos Contratos Públicos (Um olhar português)*, Almedina

FREITAS DO AMARAL, D. (2011); *Curso de direito Administrativo*, volume II, 2ª edição, Almedina

INE, Instituto Nacional de Estatística (2011); *Contas das Administrações Públicas de Portugal*; Lisboa

INNOCENTI, A. (2012). *Neuroscience and the Economics of Decision Making*. Routledge Advances in Experimental and Computable Economics, Routledge, New York

IREGUI, A., MELO, L. e J. RAMOS (2007), "Análisis de eficiencia de la educación en Colombia"; *Revista de Economia del Rosario*; vol. 10, 1, 21-42.

MCLEAN, I., e F. HEWITT (1994). *Condorcet: Foundations of Social Choice and Political Theory.* Aldershot: Edward Elgar,

NOGUEIRA DE BRITO, M. (2010); *Estudos de contratação Pública* – II, AA.VV. – CEDIPRE, Coimbra editora, 2010, (pp. 297-344)

PAGE, B. e R. SHAPIRO (1993). "The Rational Public and Democracy." In *Reconsidering the Democratic Public*, editado por Marcus, G. e R. Hanson, 33-64. University Park: Pennsylvania State University Press, 1993.

PALMA, A., PICARD, N. and A. ZIEGELMEYER (2011); "Individual and couple decision behavior under risk: evidence on the dynamics of power balance "; *Theory and Decision*, 70, 1; 45-64

SIMON, H. (1959). "Theories of decision-making in economics and behavioural science"; *The American Economic Review*, 49, 3; 253-283

TUK, M., VERLEGH, P., SMIDTS, A. and D. WIGBOLDUS (2009). "Sales and Sincerity: The Role of Relational Framing in Word-of-Mouth Referral",*Journal of Consumer Psychology* Vol. 19, N°1, pp 38-47

Sites consultados:

www.despesapublica.com

http://www.base.gov.pt/_layouts/ccp/ajustedirecto/search.aspx

Legislação consultada:

Decreto-Lei 179/99
Decreto-Lei 18/2008
Decreto-Lei 59/99
Directiva 2004/17/CE
Directiva 2004/18/CE
Directiva 92/50/CEE
Directiva 93/36/CEE
Directiva 93/37/CEE
Regulamento CE 1177/2009

A "Economia Cristã" de Villeneuve-Bargemont

PEDRO SOARES MARTINEZ
Prof. Jubilado da Faculdade de Direito da Universidade de Lisboa

1. Lembrança de Villeneuve-Bargemont

ALBAN DE VILLENEUVE-BARGEMONT não é autor muito lembrado, mas sempre se me afigurou que o vigor e a relativa intemporalidade do seu pensamento deveriam conferir-lhe ampla actualidade. E essa actualidade parece-me avultar no momento crucial que se está vivendo presentemente, no descrédito do mito de um "progresso material continuado e indefinido", na convicção de que se impoem revisões profundas.

Deparei com o nome daquele economista, por primeira vez, numa "sebenta" das lições de ADRIÃO FORJAZ, que, na respectiva cátedra da Faculdade de Direito de Coimbra, foi, em Portugal, o primeiro professor de Economia Política. E, depois de muito rebuscar entre livros velhos, acabei por incluir na minha livraria as obras daquele pouco lembrado mas notável economista francês, historiador, membro da Academia de Ciências Morais e Políticas. Li-o, com muita satisfação, pela cultura, pela força lógica do raciocínio, pela frescura e pelo desassombro dos juízos, sendo essa minha satisfação acrescida ainda pela elegância literária do prosador. Sem prejuízo de, por vezes, os pressupostos positivistas e materialistas em que assentaram os meus primeiros estudos de Economia me tolherem integral concordância. Mas eram já muitas as dúvidas acumuladas no meu espírito sobre esses pressupostos. E até mesmo acerca da viabilidade, lógica e prática, da concepção da Economia em termos isolados, à imagem e semelhança das "ciências naturais", necessariamente alheias a imperativos de ordem ética.

2. Traços biográficos de Villeneuve-Bargemont

Alguma curiosidade acerca deste autor revelou-me certos traços, embora escassos, da sua biografia. Nascera em 1784, na Provença, de uma família de largas tradições, sendo de supor que a Revolução vincara a sua infância e a sua adolescência, pelo menos por múltiplas apreensões. Mas, chegado à juventude, e necessariamente dotado da adequada formação jurídica, já fora beneficiado pela política de pacificação interna do Consulado e do Império, que lhe terá permitido seguir a carreira das magistraturas administrativas. Foi auditor do Conselho de Estado, sub-prefeito de um departamento da Zelândia, depois prefeito no departamento de Lérida, na Catalunha, ambos anexados, sob ocupação militar, à grandeza fictícia do novo Império francês. Em 1814, ao desmoronar daquele Império e sendo a França invadida, VILLENEUVE-BARGEMONT recebeu do novo rei, LUÍS XVIII, a sua nomeação para uma prefeitura do Sul. Demitido pela nova administração napoleónica dos "Cem Dias", desfeita em Waterloo, VILLENEUVE-BARGEMONT percorreria depois outras prefeituras mais, sendo nomeado conselheiro de Estado, em 1828. Mas com a revolução de 1830 terminaria a carreira daquele magistrado, que se recusou a prestar juramento de fidelidade ao "rei-burguês" LUÍS-FILIPE, e foi aposentado, passando a seguir novos rumos ligados ao estudo e a algumas experiências políticas. Incluindo as de feição conspiratória, orientadas em sentido favorável a uma restauração legitimista. A partir de 1840, porém, após a falência das tentativas de restauração legitimista, VILLENEUVE-BARGEMONT acabou por participar nas lides parlamentares da Monarquia liberal. E foi eleito deputado em três legislaturas, nas quais muito se salientou pelos seus discursos e intervenções, em defesa das classes desfavorecidas e na dureza das críticas ao capitalismo burguês. Após a revolução republicana de 1848, porém, afastou-se da política e morreu dois anos depois, sem assistir ao resvalar daquela 2ª. República para um novo Império.

Estes aspectos da biografia do notável doutrinador explicarão algumas das razões do seu esquecimento, a acrescer àquelas que poderão colher-se através da leitura das suas obras.

3. "Economia Política Cristã" e Pauperismo

A carreira administrativa, passando por prefeituras instaladas em regiões estrangeiras, em estado de guerra, sob as ameaças das guerrilhas e das tropas inimigas, no meio das violências das forças de ocupação, comunicou àquele magistrado a visão constante, e talvez obsessiva, da extrema e imerecida miséria da gente pobre e desprotegida, mais agravada pelos dramas e tragédias da luta armada, mas com relevo permanente para as extremas desigualdades sociais. A paz não terá esbatido essa visão; até porque, entretanto, a industrialização crescente e as mutações político-económicas mais dura tinham tornado a condição dos pobres, muitas vezes situados na alternativa do desemprego e dos trabalhos excessivos para as suas posses e capacidades. Nos portos pesqueiros da Bretanha como nos meios industriais de Lille, a miséria das classes operárias continuava a impressionar fortemente aquele magistrado, que começou por buscar nos tratados da nova ciência económica remédios para a injusta e desumana má distribuição da riqueza. Mas não os encontrou aí; e até lhe pareceu que os cânones da Economia dita liberal, orientados apenas para uma maior produção de bens, não cuidariam de qualquer processo de repartição razoável, equitativa, e até contribuiriam para agravar as desigualdades e as misérias. Nessa base assenta a sua mensagem da "Economia Política Cristã"; assim como as intervenções parlamentares de VILLENEUVE-BARGENONT em defesa das classes operárias e na sua vigorosa denúncia da exploração e das especulações capitalistas, denúncia muito anterior à de KARL MARX, e anterior também às do Bispo de Mogúncia VON KETTELER, de VON VOGELSANG e dos contra-revolucionários franceses LATOUR DU PIN e ALBERT DE MUN, já do último quartel do século XIX. Dessa vigorosa denúncia e dessas intervenções de VILLENEUVE-BARGEMONT terá resultado a lei francesa de 1841, que acabou por disciplinar o trabalho infantil.

As preocupações de reforma social de VILLENEUVE-BARGEMONT projectaram-se com amplitude através das densas 676 páginas de uma obra publicada em Bruxelas, no ano de 1837, bem reveladora do pensamento integral do autor. Essa obra começa por uma citação de BURKE, segundo a qual "Deverá aconselhar-se a paciência, a frugalidade, o trabalho, a sobriedade e a religião. O restante é apenas fraude e mentira". Realmente, tal citação ajusta-se bem à índole da obra, cuja epígrafe é longa mas elucidativa – *Économie Politique Chrétienne, ou Recherches sur la Nature et les Causes du Paupérisme en France et en Europe et sur les Moyens de le Soulager et de le Prevenir*". Todas as questões fundamentais da vida social aí são analisadas. Desde a religiosidade dos povos e a desigualdade natural dos homens aos abusos dos impostos, aos malefícios do luxo, à condição dos indigentes, concluindo no sentido da incapacidade da "economia política inglesa", circunscrita aos valores materiais, para assegurar uma equitativa distribuição da riqueza, ainda que pudesse ter ensinado a alguns homens a arte de enriquecer. Porquanto a ciência das riquezas, a crematística ou crisologia aristotélica, constituiria apenas uma parte, um ramo, de uma integral economia política.

4. Villeneuve-Bargemont e a História Económica

Tendo regido na Bélgica, na Universidade Católica, um curso de História Económica, VILLENEUVE-BARGEMONT publicou as respectivas lições em Bruxelas, no ano de1839; e, dois anos depois, em Paris, publicou, em dois volumes, o texto muito alargado e revisto dessas suas lições, sob uma epígrafe esclarecedora do sentido da obra – "*Histoire de l'Économie Politique ou Études Historiques, Philosophiques et Religieuses sur l'Économie Politique des Peuples Anciens et Modernes*". Dificilmente se encontrarão noutras obras articulações das análises histórica, filosófica, política e económica semelhantes à que caracteriza este tratado, no qual se acha bastante desenvolvido o estudo das economias da Antiguidade, sem esquecimento das ligações às respectivas religiões e etnias. Aí é posta em relevo também a influência de Lutero na moderna doutrinação económica e apreciada a matéria respeitante aos economistas dos séculos XVI e XVII de alguns países, com particular e justo relevo para os italianos, embora com lamentável esquecimento dos estudos económicos de Salamanca na era de 500, esquecimento talvez explicável pelos revestimentos jurídicos e teológicos desses estudos. É largamente focado na obra o fundo materialista de numerosos filósofos e economistas do século XVIII e do começo do século XIX, de diversas nacionalidades, assim como a continuada influência protestante em toda a construção da nova Economia.

5. Os Portugueses em Villeneuve-Bargemont

Entre os autores referidos na obra de Villeneuve-Bargemont contam-se os portugueses que já tinham estudos publicadas sobre Economia Política naquele começo do século XIX. Era o caso de José da Silva Lisboa, Bento da Silva Lisboa, Ferreira Borges, Oliveira Marreca, Pinheiro Ferreira e Adrião Forjaz. Os muitos méritos de jurisconsulto de José da Silva Lisboa não tinham aí lugar para serem apreciados e Adrião Forjaz estava ainda no começo do seu longo e valioso magistério. Com excepção de Pinheiro Ferreira, que vivia em França e escrevia em francês, as obras económicas dos autores portugueses não seriam de leitura fácil para Villeneuve-Bargemont e não se afastavam dos ensinamentos mais correntes e resumidos de Adam Smith e de Jean-Baptiste Say. Assim se explicará que sejam breves as referências àqueles autores.

Mas através da História da Economia Política de Villeneuve-Bargemont deparam-se-nos páginas do muito interesse quanto à evolução da Economia, em geral, nas mais diversas épocas e latitudes, com frequentes e justas referências a Portugal e aos Portugueses. São bastante curiosas as considerações aí contidas sobre o discutido Tratado de Methuen, de 27 de Dezembro de 1703, cujos sentido e efeitos não deixaram dúvidas a Villeneuve-Bargemont, pois considera o tratado altamente ruinoso para Portugal, situando-o na origem da sua decadência económica. Desse tratado teria resultado a incapacidade concorrencial das manufacturas portuguesas, sem compensação bastante na redução das barreiras alfandegárias britânicas para os vinhos portugueses. Por via daquele Tratado Portugal teria perdido o seu comércio, sem excluir o do Brasil e o do ouro. As vantagens então obtidas, à custa dos portugueses, teriam constituído mesmo um dos principais factores do colossal poder adquirido pela Inglaterra (Vd. *Histoire de l'Économie Politique*, II, Paris, 1841, pp. 75 e s.).

6. Conclusões sobre a "Economia Política Cristã"

No furor livre-cambista de meados do século XIX, os liberais qualificaram os socialistas de ignorantes da Economia Política. E o mesmo tratamento, ou semelhante, reservaram a Villeneuve-Bargemont. Às vezes sem negarem o talento, a cultura, a elegância e a fé deste autor, mas assacando-lhe o desconhecimento das decantadas leis económicas. Ora, na base do entendimento de que a Economia Política constitui uma ciência imutável, pela captação e formulação de leis da natureza, importará dar razão aos liberais. E nem se poderá admitir o hibridismo de julgar imutáveis as leis económicas da produção, não o sendo as da repartição, procurando assim contentar Gregos e Troianos. Porquanto, aberta uma brecha quanto à imutabilidade de algumas leis económicas, sejam quais forem, tem de aceitar-se a ruína de todo o edifício em que se pretendeu assentasse a ciência económica. As leis da produção não poderiam isolar-se das leis da repartição. E também o corrente e estafado expediente de qualificar as leis económicas como leis de 2ª ordem só consegue pôr em evidência a artificialidade de toda a construção da dita ciência económica, que não pode circunscrever-se à riqueza e à sua produção, no esquecimento do homem e da sua apetência da riqueza, o que abriu caminho à mitologia do progresso económico continuado e indefinido, que se acha na origem de muitas das perplexidades presentes.

A construção de VILLENEUVE-BARGEMONT assenta numa visão pré-iluminista, mas nem por isso deverá ser considerada anacrónica. Quando se tem assistido a tantas revisões e tantos abandonos de enraizadas concepções integrais da vida, não se entenderá que o Iluminismo, relativamente recente e resultante de condicionalismos muito limitados no tempo e no espaço, não possa deixar de constituir a base imutável, forçosa, de todas as construções lógicas ou pragmáticas. E os frustrantes insucessos dos últimos duzentos anos obrigarão certamente a ponderar a consistência de convicções na base das quais, no decurso dos séculos XIX e XX, se pretendeu erigir, ou reformar, as instituições sociais.

Também não deverá excluir-se, para além de VILLENEUVE-BARGEMONT, que uma visão integral, humana, do processo económico, situando os homens em face da riqueza por eles desejada, possa não ser cristã, por necessariamente aberta a não cristãos, que também hão-de rejeitar a visão unilateral da Economia como ciência da riqueza. Porquanto, em qualquer tempo, latitude e sociedade, mais importará ainda do que os inventários da riqueza, dos bens, a apreensão dos comportamentos humanos em relação a esses inventários. Por isso, pelo menos desde a escola económica de Estocolmo, e passando por KEYNES, é a análise das expectativas económicas que se acha no cerne da Economia. Ora o relevo atribuído a essas expectativas económicas quebra, forçosamente, a muralha materialista que envolveu a Economia considerada como ciência da riqueza. Essa muralha materialista não se ajusta ao que é comum a todas as sociedades humanas, sejam ou não cristãs. Aliás, também na visão de VILLENEUVE-BARGEMONT os princípios da "Economia Política Cristã", talvez por extraídos da natureza dos homens e das coisas, hão-de ser comuns a todos, não constituindo exclusivo das sociedades cristãs.

Desde o último quartel do século XIX que a doutrina social da Igreja mostra ampla coincidência com a mensagem de VILLENEUVE-BARGEMONT, a qual ganha ainda relevo particular em face dos actuais condicionalismos económicos, embora devendo reconhecer-se que elementos secundários nela incluídos tenham perdido actualidade. Mas apenas esses, pois os outros, os essenciais, não a terão perdido.

Talvez seja por isso que me lembrei de VILLENEUVE-BARGEMONT quando li a Encíclica *Caritas in Veritate*, de 29 de Junho de 2009, na qual a crise actual é analisada em síntese autorizada, realista, exaustiva, concluindo pela necessidade de profunda reforma estrutural da empresa, do regime económico, sem quebra de liberdades nem exclusão do regime de lucro, quando desligado de especulações financeiras e compatível com a prossecução do bem-comum dos povos.

Não foi muito diversa a leitura que fiz das considerações de VILLENEUVE-BARGEMONT acerca da "Economia Política Cristã".

O euro em crise: cronologia e análise

RICARDO CABRAL*
Universidade da Madeira e CEEAplA

SUMÁRIO: Este artigo sumaria a cronologia da crise da zona euro, identifica e analisa a resposta das instituições de governo da União Europeia e do FMI à crise. Argumenta que os programas de financiamento, de ajustamento orçamental e de política monetária apresentam riscos e deficiências, implicando ainda a introdução de distorções ao normal funcionamento dos mercados. Por último, defende que as reformas no governo da União Europeia (i.e., "governance"), nomeadamente o designado "Espartilho Orçamental", vão no sentido contrário ao necessário.

Palavras: Crise da zona euro, austeridade, União Económica e Monetária
Classificação JEL: E1, E4, E5, E6

1. Introdução

É porventura demasiado cedo para, adequadamente, reflectir sobre a crise do euro.[1] A interpretação que aqui se faz dos factos é tão somente um relato possível dessa história recente.

O artigo analisa a arquitectura da União Económica e Monetária (UEM) no que respeita aos instrumentos de política orçamental e monetária.

Posteriormente, efectua a cronologia da crise do euro, realçando o que o autor considera os eventos mais determinantes e concentrando-se no desenrolar da crise na Grécia, Irlanda e Portugal.

* Universidade da Madeira, Campus da Penteada 9020-105 Funchal Portugal. Tel.: 351 291 705 049;
E-mail: rcabral@uma.pt
[1] Neste artigo, designa-se por crise do euro o que actualmente ainda, generalizadamente, se designa crise de dívida soberana na zona euro.

Caracteriza depois brevemente o que o autor considera serem os aspectos fundamentais da resposta à crise das instituições de governo da União Europeia (UE) e do FMI.

Por último, analisa essa resposta e identifica as características que, na opinião do autor, mais dúvidas e riscos suscitam.

2. União Económica e Monetária: Arquitectura e instrumentos de política económica

Do complexo processo de construção da UEM interessa, no âmbito deste artigo, salientar os aspectos relacionados com a definição da estratégia e dos instrumentos de política económica da zona euro.

Como se sabe, os principais instrumentos de política macroeconómica são a política orçamental, a política monetária e a política cambial. No âmbito deste artigo, restringimos a nossa atenção aos dois primeiros instrumentos.

Em relação à estratégia de política orçamental na UEM, o Conselho Europeu adoptou em Junho de 1997 o Pacto de Estabilidade e Crescimento (PEC). O PEC foi consagrado no Tratado sobre o Funcionamento da União Europeia (fundamentalmente, os Artigos 121 e 126) e definia objectivos para o défice orçamental (3%) e para o nível de dívida pública (60% do PIB), prevendo sanções financeiras para os países membros que não cumprissem esses objectivos (Buti et al., 1998). O PEC era omisso em relação a desequilíbrios externos e a ideia então prevalecente entre responsáveis da política económica da zona euro e entre vários académicos era a de que desequilíbrios da balança de pagamentos deixariam de ter relevância com uma moeda única.[2]

A ideia subjacente ao PEC é a de que comportamento orçamental virtuoso promove crescimento. Défices orçamentais baixos resultariam na redução da taxa de juro e, em consequência, no aumento do investimento e do produto.

O Sistema Europeu de Bancos Centrais (SEBC), com independência consagrada no Tratado sobre o Funcionamento da União Europeia (Artigo 130), passou a ser a instituição responsável pela definição da política monetária na zona euro.

---

[2] Por exemplo, Victor Constâncio, no discurso de tomada de posse como Governador do Banco de Portugal, a 23 de Fevereiro 2000, afirma "Sem moeda própria não voltaremos a ter problemas de balança de pagamentos iguais aos do passado. Não existe um problema monetário macroeconómico e não há que tomar medidas restritivas por causa da balança de pagamentos. Ninguém analisa a dimensão macro da balança externa do Mississípi ou de qualquer outra região de uma grande união monetária".

Por outro lado, de Cecco and Giovannini (1989, p. 11) afirmam que as balanças de pagamentos dentro da zona euro poderiam tornar-se uma curiosidade estatística.

A nível da política monetária, há a destacar três características particulares da estratégia adoptada pelo BCE. A primeira é a noção de estabilidade na política monetária (Duisenberg, 1998; Gaspar et al., 2002). O objectivo da política monetária seria garantir uma taxa de inflação (medida pelo IHPC) tendencialmente inferior a 2%.

A segunda é que, ao contrário de outros bancos centrais e da ortodoxia então vigente, o BCE introduziu uma inovação significativa no formato das operações de cedência de liquidez (refinanciamento) ao sector bancário, ao aceitar como colateral um leque variado de títulos de dívida do sector privado.[3] Estas regras de colateral do BCE enfraqueceram muito um dos mais fortes constrangimentos ao endividamento externo por agentes do sector privado, que é precisamente a dificuldade em financiar montantes crescentes de dívida externa.[4] Na opinião do autor, as deficiências neste instrumento de política monetária permitiram camuflar, durante vários anos, os desequilíbrios externos crescentes que vários países da zona euro vinham registando.

A terceira tem a ver com o facto de o BCE ser o banco central mais independente do mundo (Buiter, 2009; Sibert, 2011), sendo generalizadamente considerados deficientes os mecanismos de supervisão e auditoria dessa instituição e do SEBC (Sibert, 2011).

Em consequência, o BCE pôde responder de forma pouco adequada à ocorrência de problemas com os seus instrumentos de política monetária (Sibert, 2010, 2011), no mercado dívida soberana dos países da zona euro (de Grauwe, 2011ab) e nos sistemas bancários dos países da zona euro, sem que daí decorressem responsabilidades ou consequências. De facto, à luz do Tratado sobre o Funcionamento da União Europeia, BCE e o SEBC, apesar de se terem revelado incapazes de travar a deterioração progressiva da crise do euro, não podem ser responsabilizados pelas decisões tomadas.

Embora na altura diversas vozes alertassem para as deficiências da arquitectura da UEM (Arestis et al., 2001), a estratégia adoptada pelas instituições de governo da União Europeia baseou-se, na prática, na noção de que bastaria estabilidade orçamental (definida pelo PEC como baixos défices e dívida pública) e estabilidade monetária para para promover crescimento económico sustentável e assegurar baixas taxas de inflação (Buti et al., 1998).

---

[3] Tradicionalmente, as autoridades monetárias limitavam-se a aceitar somente títulos de dívida pública doméstica como colateral (i.e., garantia) em operações de cedência de liquidez.
[4] Ver, por exemplo, Collignon (2010), que argumenta que a essência da união monetária é a possibilidade de qualquer banco comercial, independentemente da sua localização, poder ter acesso ilimitado à liquidez do BCE.

A falha mais grave dessa arquitectura afigura-se ser, na opinião do autor como referido anteriormente, ter-se negligenciado as contas externas e as balanças de pagamentos das economias dos países membros.

Em resultado, ao longo de mais de uma década, foi permitido a vários países da zona euro (em que se incluem Grécia, Irlanda, Portugal, Espanha e em menor grau Itália), mas também a vários outros países da UE, acumular desequilíbrios externos crescentes que se traduziram numa dinâmica de crescimento acelerado de dívida externa (Cabral, 2011b), sem que as instituições de governo da UE dessem conta ou muito menos reagissem. De facto, as cerimónias comemorativas que celebraram o sucesso dos 10 anos do euro surpreendem ou por negligenciarem ou por não alertarem suficientemente para os riscos dos desequilíbrios de balança de pagamentos e de dívida externa que se vinham a acumular (Stark, 2008; DG-ECFIN, 2008; Buti e Gaspar, 2008).

3. Cronologia da crise do euro

Afigura-se de interesse enquadrar a análise da crise de dívida soberana através de uma breve resenha da sua evolução.

Em Outubro de 2009, o recém-eleito governo do Pasok liderado por Papandreou revê as previsões do défice público para 2009 (subentende-se herdado do governo anterior) de 6% para 12,7% do PIB. Em resultado, as agências de rating iniciaram processos de revisão em baixa do rating da dívida soberana da Grécia.

Em Dezembro de 2009, Axel Weber, o então presidente do Bundesbank e membro do Conselho do BCE, relembra que a flexibilização das regras de colateral das operações de cedência de liquidez do BCE era de carácter temporário e que seria concluída no final de 2010.[5] Essa flexibilização, que ocorreu em Outubro de 2008 na sequência do colapso do banco Lehman Brothers e em resposta à crise financeira internacional, consistiu na redução dos níveis mínimos de rating dos activos (títulos de dívida) aceitáveis como colateral em operações de refinanciamento do Eurosistema. Nessa altura, a classificação mínima da dívida aceite como colateral pelo BCE foi reduzida de A- ("investment grade") para BBB- (especulativo: "non-investment grade" ou "junk") por, pelo menos, uma das três principais agências internacionais de rating.

Aquando desse anúncio pelo presidente do Bundesbank, todos os países da zona euro tinham um rating igual ou superior a A-. Mas a situação das contas públicas da Grécia geraram a expectativa de que em breve ocorreria uma redução do rating da dívida pública grega para abaixo de A- por todas as três agências de rating (a Fitch reduziu o rating para BBB+ a 8 de Dezembro de 2009). Na prática, o BCE estava a dar um sinal ao governo grego de que deveria empreen-

---

[5] "ECB ratchets up pressure on Greece", Financial Times, 9 de Dezembro de 2009.

der medidas de consolidação orçamental para assegurar que a sua dívida soberana mantivesse o rating igual ou superior a A- de que dispunha na altura.

É necessário ter presente a importância deste anúncio do BCE. O financiamento de curto prazo dos sistemas bancários dos países da zona euro é, em larga medida, assegurado pelo Eurosistema (Banco Central Europeu e Bancos Centrais Nacionais dos países membros da zona euro) com as suas operações de refinanciamento. Por outro lado, outras fontes de financiamento do sistema bancário (nomeadamente, o mercado interbancário) são fortemente influenciados pelas regras de colateral definidas pelo Banco Central Europeu. Por último, os sistemas bancários na zona euro têm uma natureza acentuadamente de carácter nacional, detendo os bancos dos países uma percentagem significativa da respectiva dívida soberana nacional.

No caso da Grécia, o sistema bancário doméstico detinha dívida soberana grega equivalente a €40 mil milhões ou 17% do PIB (Collignon, 2010). Mas bancos de outros países, sobretudo na França e na Alemanha, detinham volumes elevados de dívida soberana da Grécia

Para além disso, as necessidades de financiamento ou refinanciamento da dívida soberana da Grécia eram muito elevadas (cerca de €51 mil milhões de euros em 2010 ou 22,4% do PIB). Cerca de 79% da dívida soberana da Grécia era, no final de 2009, detida por não residentes.

Se o BCE decidisse não aceitar dívida pública grega como colateral, esta cairia em valor e seria provável que o sistema bancário grego deixasse de ser capaz de honrar as suas obrigações financeiras por falta de liquidez e de solvência.

Assim, o mero anúncio, por um alto responsável do BCE, de que a dívida soberana da Grécia deixaria de ser aceite se o rating fosse reduzido abaixo do nível de A- contribuiu para aumentar a percepção de risco associado à dívida pública da Grécia, bem como a percepção do risco da dívida do sistema bancário grego.

A partir do fim de 2009 a taxa de juro da dívida da dívida soberana da Grécia inicia uma trajectória de crescimento.

Em Junho de 2009, o governo Grego, seguindo as recomendações da Comissão Europeia (DG-ECFIN), já tinha empreendido o primeiro pacote de medidas de austeridade com o objectivo de promover a consolidação orçamental, que revê a actualização do PEC submetido pelo governo grego em Janeiro de 2009. Em Janeiro de 2010, a actualização do PEC de 2010 prevê medidas de consolidação orçamentais para baixar o défice de 12,7% para 8,7% do PIB em 2010. Em Abril 2010, com a taxa de juro a 10 anos no mercado secundário a ultrapassar 9%, o primeiro ministro da Grécia anuncia o pedido oficial de assistência financeira ao FMI e à União Europeia. O memorando de entendimento celebrado entre o governo Grego e a UE e o FMI caracteriza-se por austeridade e redução de salários nominais de salários de funcionários públicos (cerca de 14%) e pensionistas, bem como privatizações e liberalização (ver ponto 4). Durante todo este processo, apesar das medidas restritivas empreendidas, falham os objectivos definidos para o défice orçamental.

De acordo com as actualizações ao PEC da Irlanda, o programa de ajustamento orçamental inicia-se em 2008 portanto muito antes do pedido de ajuda à UE e ao FMI em Novembro de 2010. Medidas adicionais de consolidação orçamental são anunciadas em Julho de 2008, Outubro de 2008, Fevereiro de 2009, Abril de 2009, Dezembro de 2009 e Dezembro de 2010. Entre outras medidas incluem-se a redução em 14%, em média, de salários nominais no sector público, redução de pensões e redução do investimento público.

Entre 2009 e Março de 2011, Portugal implementa três revisões ao pacto de estabilidade e crescimento que ficaram conhecidos como PEC 1, PEC 2 e PEC 3. Todas essas revisões são caracterizadas por um endurecimento das medidas de austeridade e o PEC 3 ainda por uma redução nominal dos salários dos funcionários públicos de 5% em média (entre 3,5% e 10% para funcionários com salários brutos acima de €1500 por mês). No início de 2011, após as taxas de juro da dívida soberana a 10 anos ultrapassarem os 7% no mercado secundário, o governo português chega a um acordo com a Comissão Europeia e o Banco Central Europeu sobre uma nova revisão ao pacote de estabilidade e crescimento, conhecido como PEC 4. A 23 de Março de 2011, o PEC 4 é rejeitado pela maioria dos deputados em votação no plenário da Assembleia da República. Em consequência, o governo demite-se. Vários decisores de política económica da União Europeia, entre os quais, responsáveis do BCE, pronunciam-se no sentido de que Portugal deve, quanto antes, pedir um resgate à UE e ao FMI.[6] Note-se que na primeira metade de 2011, o autor estima que as necessidades brutas de financiamento da administração central seriam de cerca de 15% do PIB. Para mais, em Junho de 2011 vencia um montante substancial de dívida pública e era devido o pagamento de juros em várias séries de Obrigações do Tesouro. Receava-se que o governo não teria fundos disponíveis para cumprir essas obrigações financeiras. No início de Abril de 2011 os presidentes executivos dos cinco maiores bancos presentes no mercado português, após uma reunião no Banco de Portugal, informam o Ministro de Estado e das Finanças que deixariam, a partir desse momento, de adquirir dívida pública da República Portuguesa. Pouco dias depois o governo português faz o pedido oficial de assistência financeira à UE e ao FMI.

---

[6] Por exemplo, "European Central Bank 'encouraged' Portugal to seek aid", BBC News, 7 de Abril de 2011, www.bbc.co.uk; e "Trichet pressed Portuguese banks", 8 de Abril de 2011, disponível em <http://www.rte.ie/news/2011/0408/euro-business.html>.

No início de Maio de 2011, o governo em gestão, assim como representantes do principal partido da oposição e de um terceiro partido assinam os memorandos de entendimento com a União Europeia e com o FMI e a partir dessa altura começa a ser implementado o programa de ajustamento definido pelos mesmos memorandos de acordo.

A 21 de Julho de 2011, o Conselho Europeu deliberou adoptar uma proposta de envolvimento do sector privado (PSI) liderado pelo Institute of International Finance (IIF) que, na prática, não é senão uma proposta de reestruturação de dívida soberana grega preparada pelos credores (sobretudo bancos e seguradoras internacionais) e negociada com representantes, presume-se, da Comissão Europeia em Bruxelas, à revelia do governo grego. Essa proposta traduz-se, de acordo com o IIF, numa redução do valor presente da dívida de 21%. Contudo, outras análises sugerem que o montante de redução da dívida será porventura de um terço desse montante ou até inexistente (Cabral, 2011a).

A 9 de Dezembro de 2011, na sequência de muitas críticas ao acordo de envolvimento do sector privado negociado previamente e endossado pelo Conselho Europeu na cimeira de Julho de 2011 (Cabral, 2011a; Hau, 2011), e confrontado com estimativas do FMI e da Comissão Europeia que a trajectória prevista de dívida pública grega seria insustentável, o Conselho Europeu deliberou rever a proposta previamente acordada e impor uma redução do valor facial da dívida de 50%. A reunião do Ecofin de Janeiro de 2012 impôs ainda que a taxa de juro dos novos instrumentos de dívida fosse de cerca de 3,5% em média. O objectivo da reestruturação da dívida (PSI) seria reduzir o valor presente da dívida em cerca de 70%. Desde a cimeira de Dezembro do Conselho Europeu que prosseguem negociações entre o IIF, o governo grego, o FMI, a Comissão Europeia e o BCE tendo em vista a definição de um novo acordo de envolvimento do sector privado que obedeça às novas condições definidas pelo Conselho Europeu e pelo Ecofin.

Nas cimeiras de Dezembro de 2011 e de Janeiro de 2012 o Conselho Europeu deliberou ainda rever as regras de governação económica da zona euro, definindo várias novas medidas no âmbito de um novo "Espartilho Orçamental"[7] que visa sobretudo o reforço da disciplina orçamental (ver detalhes abaixo).

---

[7] A expressão "Fiscal Compact" tem uma conotação muito mais forte do que a tradução inicialmente feita em português ("Pacto Orçamental"). Posteriormente, veio a ser adoptada a expressão "Espartilho Orçamental", que é também utilizada neste artigo.

4. A resposta à crise

As medidas de política económica definidas pelas instituições de governo da UE e do FMI em resposta à crise de dívida soberana apresentam quatro componentes fundamentais:

Primeiro, um programa de financiamento da UE e do FMI aos países mais afectados pela crise de dívida soberana (e de balança de pagamentos).[8] O programa de financiamento visou sobretudo evitar a premente entrada em incumprimento involuntário dos países resgatados e assegurar o cumprimento das obrigações financeiras (refinanciamento de dívida que chegava à maturidade e pagamento de juros) enquanto os países resgatados empreendiam programas de ajustamento. Contudo, na prática, daí resultou que uma parte substancial da dívida pública desses países que anteriormente era detida por credores do sector privado passasse a ser detida por credores oficiais (FMI, MEEF, e FEEF)[9], sob condições legais substancialmente menos favoráveis para os países devedores e a taxas de juro, em média, mais elevadas que a taxa de juro da dívida entretanto vencida e substituída.

Segundo, um programa de ajustamento com o objectivo de restaurar a sustentabilidade das contas públicas e a credibilidade destes governos junto dos mercados financeiros internacionais, assim como melhorar a competitividade externa dessas economias. O programa de ajustamento forma, em conjunto com o programa de financiamento, o que neste artigo se designa por programa de resgate. Esse programa de ajustamento foi, em larga medida, definido por técnicos do FMI, da Comissão Europeia (DG ECFIN) e do Banco Central Europeu (BCE), estes últimos em representação das instituições de governo da UE (i.e., em última análise, o Conselho Europeu e o Conselho do BCE). Traduz-se em acordos com condicionalidade estrita assinados entre os governos dos países resgatados (Grécia, Irlanda e Portugal), por um lado, e o FMI e a UE, por outro lado, sendo o financiamento supracitado concedido em função do cumprimento de diversos objectivos temporais estabelecidos nos acordos.

Os programas de ajustamento implementados nos países resgatados, na prática, baseiam-se: (i) em austeridade[10] e cortes nominais de salários de funcioná-

---

[8] Janeiro de 2012, a UE e o FMI estabeleceram programas de assistência financeira para a Hungria (Novembro de 2008), Letónia (Dezembro de 2008), Roménia (Março de 2009), Grécia (Maio de 2010), Irlanda (Dezembro de 2010) e Portugal (Maio de 2011), embora no caso da Grécia, Irlanda e Portugal, a assistência financeira da UE seja organizada pelos restantes países membros da zona euro e não pela a UE no seu todo (há algumas particularidades em relação a esta regra).

[9] MEEF- Mecanismo Europeu de Estabilização Financeira; FEEF- Facilidade Europeia de Estabilidade Financeira.

[10] Por austeridade entende-se aumento da carga fiscal e redução da despesa pública corrente e de capital (i.e., investimento público) com o objectivo de melhorar o saldo orçamental primário.

rios públicos e de pensionistas com o objectivo de reequilibrar as contas públicas; (ii) medidas de liberalização (e.g., do mercado laboral) e cortes nominais de salários (no sector público e privado) para melhorar a competitividade externa desses países; (iii) um programa de privatizações ambicioso que visa sobretudo gerar receitas de forma a diminuir as necessidades de financiamento desses estados junto dos mercados financeiros internacionais ou junto do sector oficial (UE e FMI).

Terceiro, o Conselho de Governo do BCE implementou várias medidas de política monetária que podem, no seu todo, ser interpretadas como acomodatícias e de suporte à estabilidade financeira na zona euro, mas também de suporte aos programas de resgate (i.e., de financiamento e de ajustamento) definidos pelas instituições de governo da UE e pelo FMI. Essas medidas incluem: (i) reduções da taxa de juro de referência; (ii) permitir a continuada utilização da dívida soberana dos países sujeitos a um programa de resgate como colateral no âmbito das operações de mercado aberto do Eurosistema, não obstante sucessivas descidas do rating da dívida soberana desses países; (iii) criação a 10 de Maio de 2010 de um programa especial de recompra no mercado secundário de dívida soberana (e privada) de países membros da zona euro, conhecido como "Securities Markets Programme" (SMP). No âmbito desse programa foram, até à data, adquiridos cerca de €219 mil milhões de títulos de dívida soberana (da Grécia, Irlanda, Portugal, Espanha e Itália), de forma e em condições pouco transparentes (Sibert, 2011); (iv) recurso pelo Banco Central da Irlanda e pelo Banco Central da Grécia, ao programa de assistência de liquidez de emergência ("ELA" – Emergency Liquidity Assistance) em apoio ao sistema bancário dos respectivos países; (v) redução das reservas mínimas obrigatórias de 2% para 1%; e (vi) criação de linhas de refinanciamento excepcionais de longo prazo (e.g., a 3 meses, a 1 ano e a 3 anos), em montante ilimitado, acompanhado da flexibilização das regras de colateral do Eurosistema, permitindo a entrega de activos (i.e., garantias) de menor qualidade. Sobretudo em resultado de três dessas operações ocorre uma expansão significativa do balanço do Eurosistema (mais 42%, o equivalente a €807 mil milhões de euros) entre o final de 2010 e o final de 2011. Recentemente, o BCE anunciou mais uma operação de refinanciamento de longo prazo (3 anos), em montante ilimitado, para 29 de Fevereiro de 2012, sendo expectável uma procura muito elevada de liquidez por parte dos bancos.

Quarto, uma alteração da estrutura de governo da UE com o objectivo de corrigir as deficiências que permitiram que Grécia, Irlanda e Portugal, mas também outros países membros da zona euro, chegassem a esta situação. Pretende-se também melhorar o funcionamento dos próprios órgãos de governo da UE porque se reconhece que a resposta dos mesmos à crise de dívida soberana foi inadequada. Na prática, assume-se que a crise resulta de um deficiente cumprimento do PEC pela Grécia, Irlanda e Portugal, entre outros. No âmbito dessa alteração da estrutura de governo da EU promove-se: (i) a reforma do PEC com um novo "Espartilho Orçamental" que se traduz no substancial endurecimento dos objectivos do PEC, mas que, no essencial, mantém a estratégia subjacente ao mesmo. Entre outros objectivos, os estados membros passam a estar obrigados a reduzir, em cada ano, 1/20 da dívida pública que exceda 60% do PIB. Além disso, comprometem-se a manter um défice estrutural inferior a 0,5% do PIB (e que portanto, será, na maior parte dos casos, inferior ao limite de 3% do PIB anteriormente definido no PEC), estando previsto um mecanismo de correcção de desvios orçamentais "automático"; (ii) a consagração no enquadramento legal nacional, a nível da Constituição ou equivalente, das novas regras acordadas no âmbito do "Fiscal Compact"; (iii) reforço dos mecanismos sancionatórios dos acordos, nomeadamente, os países que não cumpram ficam sujeitos a sanções financeiras quase automáticas; (iv) a criação de um governo económico europeu mais forte, que poderá passar por um ministro das finanças europeu, por um parecer prévio e vinculativo das instituições europeias – anterior à consideração da proposta de orçamento pelas legislaturas nacionais – das propostas nacionais de orçamento de estado; e (v) uma alteração das regras de voto de forma a permitir decisões de carácter de urgência no âmbito do Conselho Europeu por maioria de mais de 85%. Esta alteração visa facilitar a aprovação de propostas, mas oferece aos países membros de maior dimensão a possibilidade de veto.

5. Análise da resposta à crise
5.1. Programa de financiamento
Em relação ao financiamento concedido no âmbito dos programas de resgate da UE e do FMI colocam-se vários problemas.

Primeiro, Grécia, Irlanda e Portugal estão sobre-endividados e, como é argumentado por diversos autores, enfrentam uma crise de solvência. O recurso a endividamento externo adicional para resolver uma crise de sobre-endividamento e de insolvência só se compreende se for feito para ganhar tempo para preparar um processo de reestruturação de dívida, para minimizar os efeitos dessa reestruturação de dívida na economia real (nomeadamente associado a contágio nos mercados financeiros) e também para permitir aos credores prepararem-se para esse processo. Pese embora a iniciativa de envolvimento do sector privado na reestruturação da dívida soberana da Grécia, que peca por tardia, não se afigura ser essa a filosofia subjacente ao financiamento concedido no âmbito dos programas de resgate.

Esse financiamento externo evita a ruptura eminente, e portanto a entrada em incumprimento dos governos da Grécia, Irlanda e Portugal. Esses países seriam obrigados a suspender todos os pagamentos de juros e de dívida e a impor controlo de capitais. Em consequência de incumprimento pelo soberano, os sistemas bancários da Grécia, Irlanda e Portugal deixariam de ser capazes de fazer face às suas obrigações.[11] Os credores internacionais do sector privado sofreriam perdas significativas na sua exposição à dívida soberana e dívida bancária desses países. Mas, por paradoxal que possa parecer, após a entrada em incumprimento, seria expectável uma melhoria significativa da situação orçamental desses países. Por um lado, por exemplo, estima-se que Portugal irá registar em 2011 um excedente orçamental primário. Se entrasse em incumprimento passaria provavelmente a registar excedente orçamental. Por outro, lado com a suspensão dos pagamentos de juros da dívida pública e privada (sobretudo sector bancário) baixaria o défice da balança de rendimentos e por conseguinte as necessidades líquidas de financiamento da economia. Eventualmente até seria possível que a poupança doméstica passasse a ser suficiente para satisfazer as necessidades de financiamento tanto do sector público como do sector privado. Ou seja, esses países poderiam, em teoria, nem vir a necessitar de ajuda externa após a entrada em incumprimento.

Por outro lado, o financiamento concedido no âmbito do resgate cria substanciais distorções. Tem efeitos redistributivos, ao beneficiar credores cujos títulos de dívida vencem durante a vigência do programa, enquanto prejudica credores com dívida com maior maturidade que, na prática, veêm os seus créditos subordinados à dívida entretanto contraída pelos países resgatados junto do sector oficial (FMI, mas também MEEF e FEEF, nomeadamente devido ao efeito sobre a jurisprudência aplicável).

Além disso, e mais importante, o pacote de financiamento viabiliza e em vários casos impõe a continuação de políticas económicas insustentáveis. Em particular, deixaria de ser viável a continuação de uma política de austeridade implementada com o objectivo de cumprir integralmente as obrigações financeiras externas (serviço da dívida) que, como se argumentou acima, não é sustentável dado que o nível de dívida é tal que esses países estão insolventes. As políticas de austeridade adoptadas nos programas de ajustamento afectam muito negativamente as economias reais desses países.

Há ainda outros problemas com esse financiamento externo. As condições financeiras (e.g., taxa de juro inicial de 5,8% no empréstimo da FEEF, que posteriormente foi reduzida por recomendação da troika para cerca de 3,5%-4%) representava e continua a representar um agravamento significativo dos custos de financiamento dessas economias em relação ao passado (pré-crise) recente, e por conseguinte um agravamento da dinâmica de crescimento da dívida externa

---

[11] Os sistemas bancários desses países já teriam, há muito, entrado em ruptura não fosse o auxílio concedido pelos respectivos governos e banco central.

e da dívida soberana desses países. As condições legais associadas a esse financiamento externo do sector oficial (FMI, MEEF e FEEF), fragilizam a capacidade negocial dos governos desses países num futuro processo de reestruturação de dívida. De facto, a jurisprudência aplicável nessa dívida é internacional e, por outro lado, o FMI é um credor com senioridade[12] que exige o pagamento integral do montante em dívida.

Por último, o financiamento concedido é manifestamente insuficiente face às necessidades de financiamento dos países resgatados. É provável que tenham sido definidos, em larga medida, com base nos fundos disponíveis e em critérios do FMI sobre limites à concessão de crédito no âmbito dos programas de assistência financeira ("stand-by arrangements"). Assumem que os países resgatados serão capazes de regressar aos mercados financeiros internacionais após um hiato de 2-3 anos. Mas para além disso, os governos vêem-se obrigados, durante a vigência do programa, a refinanciar elevados montantes de dívida de curto prazo nos mercados. Acresce que não entram em linha de conta com as necessidades de financiamento do sector privado e, pelo menos no caso português, do sector empresarial do estado.

5.2. Programa de ajustamento

Como acima referido, os programas de ajustamento definidos, em larga medida, pela Comissão Europeia, BCE e FMI, baseiam-se em austeridade e reduções dos salários nominais. Por razões sobejamente conhecidas, estas medidas geram recessão, agravam as contas públicas e exigem mais austeridade (Gros, 2011).

Os programas de ajustamento implementados nos países resgatados padecem de diversas fragilidades. Na sua componente de ajustamento orçamental representam uma continuação e reforço da estratégia de política económica subjacente ao PEC. Mas se o PEC, que vigora desde o início da União Económica e Monetária não previu nem preveniu a crise do euro, então não é de esperar que os programas de ajustamento que, na sua essência, constituem a mesma estratégia possam ser utilizados para responder e permitir aos países sair dessa crise (Manasse, 2010; Cafiso e Cellini, 2011; Andini e Cabral, 2012).

Por outro lado, o défice orçamental é um reflexo dos elevados desequilíbrios externos que esses países registam. A crise do euro é uma crise da balança de pagamentos, não apenas uma crise de dívida soberana (Cabral, 2011b). De facto, a identidade contabilística fundamental da balança de pagamentos sugere que as necessidades de financiamento do sector público dependem em larga medida do défice comercial externo e do défice da balança de rendimentos (Cabral,

---

[12] Em caso de incumprimento, a dívida contraída junto do FMI é reembolsada antes de qualquer outra dívida soberana.

2011b). Por conseguinte, só é possível reduzir de forma sustentada o défice público se forem implementadas medidas de política económica que reduzam directamente as necessidades líquidas de financiamento da economia no seu todo, nomeadamente através de reduções do défice comercial e do défice da balança de rendimentos. Os programas de ajustamento delineados pela Comissão Europeia, BCE e FMI (troika) têm subjacente a noção de que a crise é sobretudo de natureza orçamental e pouco de concreto e imediato empreendem em resposta aos desequilíbrios da balança de pagamentos existentes nos países resgatados, pese embora seja claro que, da retracção da procura interna que tais programas induzem, resulte alguma redução das importações e por essa via uma melhoria do saldo comercial.

A troika defendeu (e em certa medida impôs) cortes nos salários nominais de funcionários públicos e pensionistas. Defende ainda (e procura presentemente impor na Grécia) cortes nos salários nominais no sector privado. Afigura-se que esta medida visa, mais do que a consolidação orçamental, melhorar a competitividade externa dos países em crise, através da redução dos custos laborais de empresas em sectores transaccionáveis. Contudo, no caso de Portugal e da Grécia, o défice comercial representa uma pequena fracção da procura interna desses países. Cortes de salários nominais afectam a totalidade da procura interna, e portanto são uma forma ineficaz e contraproducente de reduzir os défices comerciais (ou no caso da Irlanda, de aumentar os excedentes comerciais). Representa um uso desproporcionado de força (de política económica) para resolver um desequilíbrio nestas economias que, pese embora a percepção, é marginal em termos da procura interna. Tem consequências muito negativas para a quase totalidade da procura interna.

Acresce que, para assegurar uma dinâmica sustentável de crescimento da dívida pública e da dívida externa, é sobretudo necessário garantir que a taxa de crescimento real da economia seja superior à taxa de juro real da economia através do crescimento da procura agregada (Andini e Cabral, 2012). Ora a austeridade e cortes de salários nominais contemplados nos programas de ajustamento deverão, pelo contrário, resultar numa queda significativa da taxa de crescimento real da economia (e em recessão económica). Por outro lado, o programa de ajustamento nada empreende de concreto para assegurar uma redução da taxa de juro real. A expectativa desses programas é que austeridade irá resultar, no longo prazo, em maior credibilidade da política orçamental que, por sua vez, levará os agentes económicos (investidores) a reduzirem o prémio de risco e a taxa de juro exigida pelos mercados a essa dívida soberana. Mas, no curto e médio prazos, sob o programa de ajustamento da UE e do FMI, a insustentabilidade da dinâmica de crescimento de dívida soberana e externa, pelo contrário, agrava-se.

Por último, além de algumas das numerosas medidas previstas nos programas de ajustamento poderem resultar em erros de política económica e poderem ter efeitos contraproducentes, os programas de ajustamento não respondem suficientemente aos desequilíbrios existentes no sector privado. Nomeadamente, afiguram-se insuficientes as medidas previstas nesses programas em relação ao sector bancário e financeiro.

5.3. Política monetária

As medidas implementadas pela autoridade monetária da zona euro, e em particular o programa de recompra de dívida no mercado secundário e as linhas excepcionais de refinanciamento a longo prazo em montantes ilimitados, suscitam igualmente várias questões.

Comece-se por notar que estes dois programas do BCE sugerem que existe uma maioria do conselho de governo dessa instituição que é favorável a uma maior intervenção da autoridade monetária no mercado de dívida soberana da zona euro.

Como se sabe, o BCE está muito limitado pelo tratado da União Europeia que proíbe aquisições directas de dívida pública no mercado primário (isto é, aquando da emissão de dívida pública) e proíbe também o BCE de resgatar estados soberanos. Contudo, não lhe está vedada a aquisição de dívida soberana no mercado secundário.

O programa SMP ("Securities Markets Programme") do BCE de recompra de dívida no mercado secundário deve ser interpretado como um programa de compromisso entre aqueles que defendem que a autoridade monetária deve ser prestamista de último recurso ("lender-of-last-resort") para os estados membros da zona euro (de Grauwe, 2011a) e aqueles que defendem que tais intervenções violam o Tratado Europeu, se não na letra então no espírito.

Contudo, a forma como foi desenhado e implementado o SMP suscita grandes dúvidas aos investidores sobre se o BCE estará verdadeiramente empenhado em assegurar o regular funcionamento do mercado de dívida soberana dos países da zona euro (de Grauwe, 2011b). Em consequência os investidores têm utilizado o programa SMP para vender ao BCE essa dívida e assim reduzir a sua exposição a essa dívida soberana, em vez de interpretá-lo, como seria desejável, como um sinal de confiança nesses mercados de dívida soberana.

Por outro lado, a forma pouco transparente como tem sido implementado terá resultado, segundo Sibert (2011), no favorecimento de alguns agentes económicos. Aparentemente o BCE adquiriu dívida soberana grega no âmbito desse programa a preços superiores ao preço de mercado, beneficiando os bancos vendedores desses activos, que não são conhecidos.

Além disso, apesar de adquirir títulos de dívida no mercado secundário como qualquer agente económico, o BCE tem-se assumido como credor com senioridade, indicando a sua indisponibilidade para participar no programa de envolvimento do sector privado que visa, como referido acima, reestruturar uma parte significativa da dívida soberana da Grécia. Ora essa posição viola a exigência de tratamento não discriminatório face a outros credores (cláusula "negative pledge") constante das condições de uma parte da dívida soberana emitida pelos países em crise, além de criar um precedente face aos restantes credores.

Por razões políticas, o BCE não pretende expandir o seu programa SMP de aquisição de dívida pública no mercado secundário preferindo que os bancos privados o façam, agindo na prática como proxies do BCE. Para que os bancos sejam capazes de o fazer o BCE decidiu ceder liquidez ao sistema bancário através de operações de refinanciamento excepcionais.

No entanto, essas linhas excepcionais de refinanciamento a longo prazo aos bancos, em montantes ilimitados, suscitam dúvidas acrescidas. A mais recente destas operações, a 22 de Dezembro de 2011, resultou na cedência de €489 mil milhões de euros de liquidez a bancos da zona euro, contra a entrega de colateral de menor qualidade do que o tradicionalmente exigido pela autoridade monetária.

Esse programa é visto pela generalidade dos observadores como visando, indirectamente, melhorar e estabilizar os mercados de dívida soberana de curto prazo (até 3 anos). Os bancos da zona euro utilizariam a liquidez assim obtida para adquirir dívida soberana de curto prazo. Acontece que o próprio sector bancário europeu tem necessidades de refinanciamento de dívida várias vezes superior às dos estados soberanos e, por isso, é provável que utilize uma parte significativa dessa liquidez cedida pelo Eurosistema para se financiar a si próprio. Em resultado, o BCE viu-se obrigado a ceder muito mais liquidez do que seria necessário se interviesse directamente no mercado de dívida soberana.

Este tipo de intervenção indirecta (por proxies) do BCE no mercado de dívida soberana afigura-se contraproducente e prejudicial ao bom funcionamento dos mercados. A ambiguidade da estratégia de compromisso escolhida pelo BCE cria distorções ao funcionamento dos mercados e permite a agentes informados sobre as intervenções (ou não intervenções) do BCE especular nos mercados realizando elevados ganhos no processo.

Afigura-se óbvio que a proibição de aquisição directa de dívida soberana consagrada nos estatutos do BCE é uma directiva inadequada, porque permite ataques especulativos (ou de pânico) a qualquer mercado de dívida soberana, incluindo os da França, da Alemanha e mesmo da FEEF. Além disso, resulta num aumento significativo dos custos de financiamento dos estados. A resposta apropriada seria a de negociar uma mudança do tratado e dos estatutos do BCE de forma a permitir ao BCE intervenções directas no mercado de dívida soberana (primário e secundário), por exemplo, com o objectivo de assegurar estabilidade dos mercados de dívida soberana.

Assim, ao mesmo tempo que persiste a ortodoxia consagrada nos referidos estatutos, permitem-se "esquemas" para contornar os mesmos, de forma a que a letra da lei seja respeitada. Contudo, no entender do autor, neste processo, viola-se claramente o espírito dos estatutos do BCE consagrados no Tratado Europeu.

5.4. Alterações à estrutura de governo da zona euro (e da UE)

Parece ser já consensual reconhecer que os processos de governação ("governance") da UE e da zona euro revelam graves falhas. O próprio Conselho Europeu aparenta partilhar dessa insatisfação geral. De facto, as alterações propostas ao governo da zona euro aprovadas pelo Conselho Europeu são disso uma manifestação.

Contudo, o diagnóstico do problema e as soluções apontadas afiguram-se inadequadas. Por um lado, o Conselho Europeu parece assumir que a causa da crise de dívida soberana está exclusivamente na deficiente implementação da política orçamental pelos estados membros. De facto, este órgão de governo não aparenta retirar ensinamentos do papel das instituições de governo da UE (BCE, DG-ECFIN, Comissão de Economia e Finanças da UE, Conselho da UE, e o próprio Conselho Europeu) nesta crise.

Por outro lado, as medidas que têm sido aprovadas pelo Conselho Europeu resultam na atribuição de mais poder executivo, não legitimado democraticamente, às estruturas de governo da UE. Como se através de uma alteração na forma de implementar a política económica, fosse possível corrigir problemas que requerem alterações na substância das decisões de política económica.

A actual estrutura de governo da UE e da zona euro confere aos decisores chave do Conselho Europeu e do BCE, assim como às respectivas estruturas de apoio (DG ECFIN da Comissão Europeia, e Comissão de Economia e Finanças da União Europeia), elevado poder executivo, sem que este seja sujeito a suficiente escrutínio, avaliação de resultados e aos necessários "checks and balances". Assim, na opinião do autor, uma reforma dos processos de governo da UE deveria necessariamente passar pelo reforço dos instrumentos de supervisão e controlo das instituições de governo da UE e não pelo reforço do seu já elevado poder executivo.

Além disso, como referido acima, o "Espartilho Orçamental" aprovado pelo Conselho Europeu em Dezembro de 2011 e em Janeiro de 2012 reforça a estratégia subjacente ao PEC. O "Espartilho Orçamental", na prática, torna mais restritivos os objectivos orçamentais definidos originalmente no PEC. De um limite para o défice público de 3% do PIB passa-se a um limite para o défice público estrutural de 0,5% do PIB; de um objectivo para a dívida pública abaixo de 60% do PIB, passa-se, a um objectivo implícito de longo prazo para a dívida pública que estará entre 17% e 25% do PIB (Whelan, 2011).

A estratégia definida pelo PEC não resultou desde a criação da União Económica e Monetária. Por conseguinte, o "Espartilho Orçamental" não resolverá a crise, pelo contrário irá agravá-la.

Por último, note-se que apesar, ou talvez devido a estas medidas e decisões do Conselho Europeu tomadas ao longo dos mais de dois anos que decorreram desde o início da crise do euro em 2009, os países periféricos viram o acesso aos mercados fechar-se progressivamente. Em resultado, a Grécia, Irlanda e Portugal foram obrigados a pedir auxílio externo de emergência. Os mercados indicam claramente que a resposta à crise das instituições de governo da União Europeia tem sido desajustada e ineficaz. Essa resposta tem contribuído para descredibilizar as instituições de governo da União Europeia e o próprio projecto do euro (União Económica e Monetária) e da União Europeia.

6. Conclusões

Este artigo sumaria a cronologia da crise do euro e a resposta das instituições de governo da União Europeia (e do FMI em menor grau) à mesma. Identifica ainda os riscos e problemas que essa resposta origina.

A chamada crise do euro tem posto à prova as instituições de governo da União Europeia. A resposta dessas instituições à crise do euro tem sido, desde o seu início em 2009, reactiva, insuficientemente fundamentada, e contraproducente. Não só não resolveu a crise como também permitiu o contágio ao mercado de dívida soberana de um número crescente de países membros e aos respectivos sistemas bancários, e agravou a situação económica real dos países resgatados, bem como da UE no seu todo.

As instituições de governo da UE pretenderam inicialmente evitar o recurso à ajuda do FMI, mas esta ajuda acabou por ser solicitada e aceite. Da mesma forma insistiu-se que não se iria permitir o incumprimento e reestruturação da dívida grega, mas na realidade essa reestruturação de dívida foi recentemente adoptada como elemento central do programa de ajustamento da UE e FMI para a Grécia.

Na sua essência, não há verdadeiramente uma resposta à crise, pelo menos quando se entende por resposta uma reavaliação da situação e identificação de estratégias alternativas de resposta à mesma. Ao invés, o que se observa, é essencialmente uma ênfase no reforço da mesma estratégia de política económica orçamental adoptada desde a criação da UEM e que conduziu estes países até à situação em que se encontram.

Finalmente, argumenta-se neste artigo, que os programas adoptados (financiamento, ajustamento orçamental e política monetária) suscitam vários riscos e problemas e introduzem distorções ao bom funcionamento dos mercados. Não se afigura que sejam capazes de contribuir para a resolução da crise do euro.

REFERÊNCIAS

ANDINI, C. e CABRAL, R. (2012) Further austerity and wage cuts will worsen the Euro crisis, IZA Policy Papel No. 37.

ARESTIS, P., McCAULEY, K. e SAWYER, M. (2001) An alternative stability pact for the European Union, *Cambridge Journal of Economics*, 25, 113-130.

BUITER, W. (2009) What's left of central bank independence? *willem buiter's maverecon ft.com blog*, 5 de Maio.

BUTI, M., FRANCO, D. e ONGENA, H. (1998) Fiscal discipline and flexibility in EMU: The implementation of the stability and growth pact, *Oxford Review of Economic Policy*, 14, 81-97.

BUTI, M. e GASPAR, V. (2008) The first ten years of the euro, *VoxEU.org*, 24 de Dezembro.

CABRAL, R. (2011a) How much will the new Greek bailout cost private bondholders? *VoxEU.org*, 29 de Julho.

— (2011b) There are better ways forward for the EU, *VoxEU.org*, 20 de Outubro.

CAFISO, G. e CELLINI, R. (2011) Consequences of the new EU debt-reduction rule, *VoxEU.org*, 3 de Novembro.

DE CECCO, M. e GIOVANNINI, A. (1989) *A European Central Bank? Perspectives on monetary unification after Ten Years of the EMS*, Cambridge: Cambridge University Press.

COLLIGNON, S. (2010) Private Union bonds as an exit from the Greek drama, *CER Report on Europe 2010*, Roma: Centro Europa Ricerche.

DG-ECFIN (2008) EMU@10 Successes and challenges after ten years of Economic and Monetary Union, *European Economy*, 2, Directorate-General Economic and Financial Affairs, Luxembourg: European Communities.

DUISENBERG, W. (1998) The stability-oriented monetary policy strategy of the European System of Central Banks and the international role of the euro, Discurso do Dr. Willem F. Duisenberg, Presidente do BCE, no Clube Económico de New York, 12 de Novembro.

GASPAR, V., MASUCH, K., e PILL, H. (2002) The ECB's monetary policy strategy: Responding to the challenges of the early years of the EMU. Em Buti, M. e Sapir, A. (editores), *EMU and economic policy in Europe: The challenge of the early years*, Northampton, Mass: Edward Elgar.

DE GRAUWE, P. (2011a) The ECB as a lender of last resort, *VoxEU.org*, 18 de Agosto.

— (2011b) European summits in ivory towers, *VoxEU.org*, 26 de Outubro.

GROS, D. (2011) Can austerity be self-defeating?, *VoxEU.org*, 29 de Novembro.

HAU, H. (2011) Europe's €200 billion reverse wealth tax explained, *VoxEU.org*, 27 de Julho.

MANASSE, P. (2010) Stability and growth pact: Counterproductive proposals, *VoxEU.org*, 7 de Outubro.

SIBERT, A. (2010) Love letters from Iceland: Accountability of the Eurosystem, *VoxEU.org*, 18 de Maio.

— (2011) The damaged ECB legitimacy, *VoxEU.org*, 15 de Setembro.

STARK, J. (2008) The Euro at ten: lessons and challenges, Discurso de Jürgen Stark, Membro da Comissão Executiva do BCE, no âmbito da Fifth ECB Central Banking Conference, Frankfurt am Main, 14 de Novembro.

WHELAN, K. (2011) Fiscal Rules: Stocks, Flows and All That, *The Irish Economy blog*, 9 de Dezembro.

Fat Tax – O Ataque Fiscal aos Alimentos Não Saudáveis[1]

RITA CALÇADA PIRES
Professora Universitária e Jurista

RESUMO: A obesidade e as doenças a esta associada marcam o panorama contemporâneo social e económico mundial, incluindo o europeu e o português. O impacto desta realidade afecta tanto a economia na sua produtividade como as necessidades do sector público de saúde e de segurança social através de um aumento substancial das despesas públicas. Uma resposta tem de ser avançada. Aquilo que apresento a reflexão passa pela construção de um tributo novo, a *Fat Tax*. Este imposto surgiria como a possibilidade de construir um sistema integrado de acção pública. Em primeiro lugar, seria um instrumento económico, favorecendo a mudança de hábitos alimentares e retirando a zona de risco acrescida de obesidade, com consequências futuras na despesa pública e na produtividade laboral. Em segundo lugar, seria uma fonte de arrecadação de receita para suportar as despesas públicas existentes pela existência e crescimento exponencial da obesidade e doenças associadas, nomeadamente, financiando o sistema nacional de saúde e permitindo reais e efectivas campanhas de educação alimentar e, por outro lado, permitindo alargar o tempo útil de contribuição social.

Palavras-Chave: imposto; extra-fiscalidade; saúde pública; segurança social; receita pública; despesa pública

I – CONTEXTUALIZAÇÃO: A *FAT TAX* COMO INSTRUMENTO FISCAL AO SERVIÇO DA SAÚDE PÚBLICA E DAS CONTAS PÚBLICAS

Em Portugal ainda não se ouve falar regularmente em *Fat Tax*.[2] Mas este é um debate que tem sido permanente nos Estados Unidos já há vários anos e é um

---

[1] A elaboração deste texto resultou da comunicação apresentada pela autora no II Congresso de Direito Fiscal organizado pelo IDEFF e pela editora Almedina, em Outubro de 2011

[2] Ressalvadas as recentes intervenções ocorridas a propósito de uma sugestão do actual Bastonário da Ordem dos Médicos (Setembro de 2011). Contudo, tais opiniões foram publicitadas já após a escrita do presente artigo e em nada afectam o respectivo conteúdo.

debate que começa a acontecer na Europa. Em 2011, a Dinamarca faz entrar em vigor um imposto sobre os alimentos com gordura saturada[3]. Os vizinhos do norte da Europa ponderam avançar na mesma direcção, não sendo os únicos no âmbito da União Europeia. A OCDE fala da figura como um instrumento necessário. A Organização Mundial de Saúde não a rejeita.

A *Fat Tax* surge como um imposto especificamente orientado para os alimentos que se revelem não saudáveis, contribuindo para um aumento da obesidade ou para o aparecimento de outras doenças graves, como a diabetes, os acidentes vasculares ou doenças cardíacas.

A primeira justificação para a discussão da temática enquadra-se no âmbito social. No universo contemporâneo, a obesidade assume-se como uma das causas principais para a degradação da saúde dos países desenvolvidos.[4] Já há algum tempo que se apela a uma necessária melhoria do estilo de vida das populações, cada vez mais sedentárias e obesas, procurando-se influenciar positivamente o comportamento alimentar. Num primeiro momento, a *Fat Tax* surge como um instrumento ao serviço das políticas públicas de saúde. De acordo com o relatório da OCDE de 2010 sobre a obesidade, esta tornou-se uma epidemia na sociedade contemporânea, tendo aumentado e havendo a expectativa do seu crescimento nos próximos anos.[5] Surge então a obesidade como um problema de saúde pública e a *Fat Tax* como um mecanismo ao dispor dos responsáveis pela saúde pública.

Contudo, não é apenas neste âmbito social que contemporaneamente a *Fat Tax* encontra justificação. Se é certo ser a obesidade uma proeminente doença deste século, o facto é que as consequências económicas do problema existem e trazem assim uma nova perspectiva para a discussão. A *Fat Tax* é um elemento que também deve ser efectivamente trazido para o debate contemporâneo sobre as contas públicas. Num momento em que a crise da dívida soberana avassala a Europa, a reavaliação e a diminuição da despesa pública surgem como fundamentais. E é também por isto que a *Fat Tax* é importante neste momento. Através da construção deste tipo de tributação tentar-se-á contribuir, por um lado, para uma estabilização/diminuição dos custos do sistema nacional de saúde e,

---

[3] Posteriormente à escrita referida na nota anterior a Hungria legislou sobre a matéria, matéria também objecto de discussão no Reino Unido.

[4] As estatísticas indicam níveis elevados de obesidade no mundo e Portugal não surge como excepção. Nos termos das últimas estatísticas da OCDE disponibilizadas sobre o assunto e, no caso português, com falta de dados comparativos face a anos anteriores, Portugal, em 2006, apresenta 47,5% de mulheres com sobrepeso ou obesidade, atendendo aos valores base de índice de massa corporal superior a 25 kh/m2, percentagem que aumenta para 56% no caso do sexo masculino. Cfr. *OECD health data 2009 – selected data: OECD Health Statistics* (database)

[5] OCDE, *Obesity and the economics of prevention*, 2010

por outro, garantir um maior período de contribuição social por parte da população. Ou seja, a *Fat Tax* apresenta potencial para apoiar o Estado a construir uma política de saúde pública mais robusta e com efeitos no aumento da qualidade de vida da população, permitindo, simultaneamente, desonerar o sistema nacional de saúde dos custos elevados que as doenças derivadas do consumo de alimentos não saudáveis provocam[6], tentando, igualmente, garantir um maior período de contribuição social por parte de uma população activa mais saudável e com maior esperança de vida.[7]

Aliás, a temática não se desliga de outra já há muito debatida. A tributação do tabaco e do álcool através de impostos especiais revela semelhantes preocupações com a protecção da saúde pública, aproveitando a intervenção fiscal para apostar na redistribuição e garantir mais receitas ao Estado.[8] Ainda que muito contestada por alguns sectores, estas tributações estão enraizadas e fazem já parte do quotidiano. Apresentam-se ainda como medidas que representam um grau de justiça superior pois, não sendo bens essenciais aqueles que são tributados, é mais equitativo onerá-los do que onerar outros bens que se assumem como essenciais para o modo de vida contemporâneo. A Organização Mundial do Comércio, ao reflectir sobre os passos a serem considerados na prevenção

---

[6] Listagem de doenças derivadas indicada no Portal da Saúde: "Aparelho cardiovascular – hipertensão arterial, arteriosclerose, insuficiência cardíaca congestiva e angina de peito; Complicações metabólicas – hiperlipidémia, alterações de tolerância à glicose, diabetes tipo 2, gota; Sistema pulmonar – dispneia (dificuldade em respirar) e fadiga, síndroma de insuficiência respiratória do obeso, apneia de sono (ressonar) e embolismo pulmonar; Aparelho gastrintestinal – esteatose hepática, litíase vesicular (formação de areias ou pequenos cálculos na vesícula) e carcinoma do cólon; Aparelho genito-urinário e reprodutor – infertilidade e amenorreia (ausência anormal da menstruação), incontinência urinária de esforço, hiperplasia e carcinoma do endométrio, carcinoma da mama, carcinoma da próstata, hipogonadismo hipotalâmico e hirsutismo; Outras alterações – osteartroses, insuficiência venosa crónica, risco anestésico, hérnias e propensão a quedas. A obesidade provoca também alterações socio-económicas e psicossociais: Discriminação educativa, laboral e social; Isolamento social; Depressão e perda de auto-estima." Disponível em linha em http://www.portaldasaude.pt/portal/conteudos/enciclopedia+da+saude/obesidade/causaseconsequenciasdaobesidade.htm (consultado em 8 de Julho de 2011)

[7] Além de se contribuir para um aumento do período contributivo, pode verificar-se um aumento de contribuições pois alguns estudos indicam que aqueles que sofrem de obesidade tendem ao não ser integrados no mercado de trabalho ou a terem um nível de produtividade reduzido. "Disparities in labour market outcomes between the obese and people of normal weight, which are particularly strong in women, are likely to contribute to the social gradient in overweight and obesity. The obese are less likely to be part of the labour force and to be in employment. Discrimination in hiring decisions, partly due to expectations of lower productivity, contributes to the employment gap." OCDE, *Obesity and the economics of prevention*, 2010, pág. 17

[8] Isto apesar de um imposto extra-fiscal, no limite, ser criado para não produzir receita caso os comportamentos individuais se modifiquem, adaptando-se aos ensejos da política pública.

e no controlo das doenças não transmissíveis aponta como elemento nuclear (*core*) a tributação.[9]

II – ÂMBITO DA *FAT TAX*

A construção de uma *Fat Tax* implica a identificação do que se deve efectivamente tributar. E aqui é onde maioritariamente começam as desavenças entre os seus cultores. Há um âmbito certo de subjectividade nas escolhas, uma vez que todos os produtos alimentares em excesso geram problemas de saúde inegáveis, tanto quanto os ditos produtos que contribuem para a obesidade e doenças relacionadas, quando consumidos com cautela não causam problemas de maior. É por isso que a construção de uma *Fat Tax* deveria estar associada a uma tributação do consumo excessivo dos produtos indesejáveis na alimentação. Contudo, obviamente, essa solução, sendo a ideal, não é exequível, logo tem de ser afastada. A tributação vai afectar tanto aqueles que têm hábitos alimentares indevidos de forma regular, quanto aqueles que esporadicamente consomem este tipo de alimentação. Fica-se, portanto, como o ponto de partida que a perfeição desta tributação não existe e que a resistência poderá ser elevada.[10] Contudo, parece-me que a maior rede de discordância advirá das actividades económicas afectadas. Os interesses existentes na rede de contactos da indústria do *fast food* e dos produtores deste tipo de alimentação sentirão legitimidade para questionar a justeza da tributação em face da liberdade da actividade económica e em face da liberdade de escolha do consumidor. Tal será compreensível, mas não parece ser justificador de uma paragem na construção do sistema apresentado. E isto porque, como escrevi, a *Fat Tax* surge como resposta a necessidades imperiosas de controlo das despesas públicas com os factos derivados das doenças geradas por este consumo, permitindo, igualmente, a tentativa de tornar o sistema contributivo mais robusto e sustentável.

1. O âmbito real da tributação

Que conteúdos nutritivos devem estar enquadrados no âmbito real da *Fat Tax*? Tradicionalmente o açúcar surge como o elemento a ser considerado. De uma leitura da literatura sobre o assunto, vislumbra-se a aposta na tributação dos produtos que contenham elevados níveis de açúcar, pela identificação deste compo-

---

[9] Organização Mundial de Saúde, *The World Health Report 2003: shaping the future*. pág. 89. Também do lado da doutrina especializada no Direito da Saúde Pública a posição é semelhante, cfr. Lawrence O. Gostin, *Law as a Tool to Facilitate Healthier Lifestyles and Prevent Obesity*, Georgetown Public Law and Legal Theory Research Paper No. 956077

[10] Cfr. o último ponto deste estudo sobre os riscos e a impopularidade deste tributo para uma análise mais adequada.

nente como um componente gerador de graves problemas de saúde, incluindo a obesidade e a diabetes. Contudo, os problemas que se procuram combater não são resultado apenas da presença de açúcar, mas igualmente de sal e de gorduras saturadas. Do meu ponto de vista, deverá ser sobre estes três elementos que deve recair a tributação e não apenas sobre um deles, pois é sobre a acção conjugada destes três elementos que se conseguirá um combate efectivo e eficaz à obesidade e às doenças que lhe são conexas. Um ataque individualizado não resolveria o problema, antes é necessário um tratamento articulado, capaz de atender à elasticidade do consumo destes conteúdos nutritivos.[11]

Quanto ao sal, em Portugal, esse já foi objecto de atenção por parte do poder público através da regulamentação das quantidades de sal autorizadas a utilizar na produção do pão[12], com o objectivo de reduzir os riscos prejudiciais à saúde. E mais, afirmou-se no diploma que deu corpo a essa medida, por um lado, que o Governo "apoia programas de investigação científica destinada à adequação do processo de fabrico do pão, visando a redução do teor de sal e de outros ingredientes considerados prejudiciais à saúde"[13] e, por outro, que será apresentado à Assembleia da República "um programa de intervenção destinado à redução do teor de sal noutros alimentos"[14], demonstrando-se, assim, a sensibilidade pública para a temática e para a urgência da resposta aos problemas de saúde que marcam a sociedade contemporânea. A *Fat tax* seria um elemento complementar a esta medida. O caso das gorduras saturadas é o cerne da nova legislação fiscal da Dinamarca. É sobre as gorduras saturadas que incide a *Fat Tax* dinamarquesa de

---

[11] Como defendido por Oliver Mytton, Alastair Gray, Mike Rayner, Harry Rutter, *Could targeted food taxes improve health?*, Journal of Epidemiol Community Health 2007;61:689–694:"1) Taxing only the principal sources of dietary saturated fat is unlikely to reduce the incidence of cardiovascular disease because the reduction in saturated fat is offset by a rise in salt consumption. (2) Taxing unhealthy foods, defined by SSCg3d score, might avert around 2300 deaths per annum, primarily by reducing salt intake. (3) Taxing a wider range of foods could avert up to 3200 cardiovascular deaths in the UK per annum (a 1.7% reduction). Conclusions: Taxing foodstuffs can have unpredictable health effects if cross-elasticities of demand are ignored. A carefully targeted fat tax could produce modest but meaningful changes in food consumption and a reduction in cardiovascular disease"

[12] Cfr. Lei nº 75/2009, de 12 de Agosto, que estabelece normas com vista à redução do teor de sal no pão bem como informação na rotulagem de alimentos embalados destinados ao consumo humano.

[13] Art. 7º da Lei nº 75/2009, de 12 de Agosto

[14] Art. 8º da Lei nº 75/2009, de 12 de Agosto. No diploma refere-se o prazo de seis meses após a publicação da Lei para a apresentação do referido programa. Este torna-se essencial para que não haja a invocação de um tratamento desigual entre os produtos. Este programa seria compatível com a criação da *Fat Tax*, pois, enquanto a regulamentação dos limites de sal a serem utilizados poderia ser destinado aos produtos de consumo não equivalentes a *fast food* e derivados, já a *Fat Tax* procuraria atacar o consumo dos alimentos com efeitos nefastos, que não sendo essenciais, provocam grave impacto na saúde dos consumidores.

2011, onde a sujeição acontece tanto para alimentos nacionais como importados, sendo uma consequência de outros impostos já existentes sobre produtos com açúcar, como os refrigerantes, os gelados e o chocolate. A taxa aplicada é de DKK 13,50 por quilo de gordura saturada.[15] O caso dinamarquês despoletou a crítica de que a criação desta tributação criaria o risco de os cidadãos passarem a fronteira com a Alemanha e a Suécia para adquirirem os produtos sujeitos a tributação. Contudo, os países vizinhos têm começado a ponderar a introdução também dessa tributação[16], o que diminuiria o risco económico da substituição. Contudo, o risco que surge mais amiúde é o de que a União Europeia vá encarar esta medida como algo que afecta o livre comércio no espaço europeu.

Mesmo correndo os riscos[17], parece-me que esta é uma medida com propósito e com impacto que justifica a sua análise em termos mais concretos. E quanto a isso cabe efectuar um alerta. Não está aqui em causa o aumento da taxa do IVA destes produtos. Trata-se efectivamente de um imposto suplementar. E, por outro lado, não se trata de criar um imposto sobre as calorias[18], mas antes um imposto sobre a origem de complexos e excessivamente massificados problemas de saúde pública. E posto isto, surge uma interrogação. A tributação deve ser feita sobre certos tipos de alimentos que contenham doses elevadas dos ingredientes identificados – açúcar, sal e gorduras saturadas – ou a tributação deve ser feita apenas sobre certos conteúdos nutritivos?

A opção pela aplicação do imposto a certos tipos de alimentos é a via mais fácil, a via mais simplificada e com preponderância a ser mais eficiente, apesar de colocar no mesmo patamar uma série de conteúdos nutritivos que não ocupam o mesmo espaço na contribuição para a obesidade e para as doenças a esta associada. Contudo, aqui seria fulcral a escolha correcta dos alimentos a serem

---

[15] Cfr. Dean Best, *Denmark's sat fat tax: could Finland and Sweden follow?*. Disponível em linha: http://www.just-food.com/the-just-food-blog/denmarks-sat-fat-tax-could-finland-and-sweden-follow_id2060.aspx (consultado em 6 de Julho de 2011)

[16] Cfr. e.g., William Stoichevski, Scandinavians stare down fat tax. Disponível em linha: http://www.theglobeandmail.com/report-on-business/economy/economy-lab/daily-mix/scandinavians-stare-down-fat-tax/article2008044/ (consultado em 6 de Julho de 2011) Dean Best, *Denmark's sat fat tax: could Finland and Sweden follow?*. Disponível em linha: http://www.just-food.com/the-just-food-blog/denmarks-sat-fat-tax-could-finland-and-sweden-follow_id2060.aspx (consultado em 6 de Julho de 2011) e Sven Grundberg, *Does Sweden Have the Stomach for a Fat-Tax?*. Disponível em linha: http://blogs.wsj.com/source/2011/05/13/does-sweden-have-the-stomach-for-a-fat-tax/ (consultado em 6 de Julho de 2011)

[17] Cfr. último ponto explanado no presente estudo sobre os riscos e a impopularidade da medida para mais desenvolvimentos.

[18] Admitindo a criação de um imposto sobre calorias, mas reforçando as dificuldades práticas da sua implementação, cfr. *Andrew Leicester, Frank Windmeijer, The 'fat tax': economic incentives to reduce obesity*. The institute for fiscal studies, Briefing Note No. 49, pág. 16

considerados, ponto igualmente catalisador de subjectividade, mas que deveria ser ultrapassado com o auxílio de conhecedores médicos da obesidade e da sua relação com os alimentos, não sendo de excluir os alimentos que potenciam o risco de dependência. Ao se escolher a tributação de certos tipos de alimentos haveria um risco muito forte de os produtores dos alimentos identificados fazerem uma pressão significativa para verem os seus produtos excluídos da lista negra da tributação.

Se, por outro lado, a opção for a de aplicação do imposto a certos ingredientes, então, a tributação seria efectuada consoante a percentagem de açúcar, sal ou gordura saturada que estivesse contida no alimento. Seria uma opção mais perto da solução ideal de tributar o consumo excessivo desses ingredientes, mas além de dificultar em muito a concretização da tributação, seria aceitar uma via que é muito mais apta a deturpações por parte dos produtores que teriam espaço para manipular os valores utilizados perto do limite exigido por lei.[19]

Contudo, a resposta a esta interrogação apenas pode ser respondida conjugando o âmbito real da *Fat Tax* com o âmbito pessoal, pois, se se decidir tributar certos tipos de alimentos, a forma mais simples e eficiente de tributar é através da tributação do consumidor como sujeito passivo no momento da aquisição dos produtos, mas se a decisão for a de tributar apenas os conteúdos nutritivos, então o sujeito passivo do imposto deverá ser o produtor e não o consumidor. E é que aqui reside também parte da efectividade da *Fat Tax*, pois quem for o sujeito da tributação poderá representar uma maior concretização ou não dos efeitos pretendidos.

2. O âmbito pessoal da tributação

Se se pretender a forma mais simples de tributar através de uma *Fat Tax*, então o caminho será apostar na tributação do consumidor. Aliás, aquilo que se pretende conseguir com esta nova tributação é a mudança de hábitos alimentares, de estilo de vida, com a consequência de desonerar o sistema nacional de saúde, melhorar a prestação laboral e qualificar a capacidade de contribuir para o sistema da segurança social. Sendo este o objectivo, parece que o sujeito passivo da *Fat Tax* deverá ser o consumidor que, no momento do seu consumo, além do IVA, vê o preço do bem não saudável ser atacado por um imposto suplementar. Tal suplemento provocará um aumento do preço do bem e, como veremos de seguida, terá, tendencialmente, um impacto na sua compra, por consequência, nos níveis de consumo. Assim, a primeira via de sujeição será a via do consumidor final.

---

[19] Cfr. *Andrew Leicester, Frank Windmeijer, The 'fat tax': economic incentives to reduce obesity.* The Institute for fiscal studies, Briefing Note No. 49, págs. 8 e 9

Mas, além do consumidor final, a sujeição pode recair sobre os agentes económicos que estão introduzidos no processo de criação e distribuição do produto. Se se pretender orientar a produção dos bens de acordo com regras mais saudáveis e na utilização de ingredientes mais amigos da saúde, favorecendo uma revitalização directa e de forma imediata dos processos produtivos da indústria alimentar, então a aposta no produtor como sujeito passivo da *Fat tax* surge como a opção. Porém, esta opção, conjugada com aquilo que já escrevi sobre a possibilidade de manipulação dos ingredientes parece retirar frescura à sua aceitação. Outra solução seria colocar a obrigação principal na esfera jurídica do distribuidor. Contudo, esta não me parece ser a opção correcta pois não é na distribuição que se encontra o problema, antes na produção e no consumo.

Um aspecto paralelo que deve ser considerado será olhar para a publicidade. Numa sociedade consumista como a nossa, marcada por um hiperconsumo[20], já não é novidade a relação existente entre as escolhas do consumidor e a publicidade. Mesmo através de uma publicidade concebida como uma publicidade regulada, o facto é que vão surgindo alguns estudos que demonstram o impacto provocado pela publicidade no consumo de produtos que contribuem para a obesidade. O apelo a esse consumo, no quadro da *Fat Tax*, também poderia ser considerado e estudado. Aliás, a OCDE, ao estudar a forma de prevenir e resolver o impacto da obesidade na economia aponta como medida necessária a regulação da publicidade na alimentação infantil por encontrar uma ligação directa entre os maus hábitos alimentares infantis e a publicidade alimentar existente.[21] Esta ligação é ainda suportada por outros estudos médicos, onde não só se atende à alimentação infantil como à alimentação do adolescente e a relação directa entre o consumo de *fast food* e a publicidade da mesma.[22] Havendo este contexto, não parece despiciendo um estudo aprofundado da temática tributária para além da regulação publicitária. A avançar nesse sentido, a *Fat Tax* tenderia a surgir como um imposto complexo. Por um lado, haveria a tributação do alimento ou dos conteúdos nutritivos que geram a obesidade e as doenças conexas, ocorrendo a tributação no acto de consumo (consumidor como sujeito passivo) ou no momento da produção (produtor como sujeito passivo). E por outro lado, acresceria uma possível tributação da publicidade aos produtos que

---

[20] Cfr. a propósito desta marca da sociedade contemporânea, Gilles Lipovetsky, *Ensaio sobre a sociedade do Hiperconsumo*

[21] OCDE, *Obesity and the economics of prevention*, pág. 176. A organização internacional deixa espaço para existir a escolha entre a hetero-regulação e a auto-regulação na matéria.

[22] E.g. Tatiana Andreyeva, Inas Rashad Kelly, Jennifer L. Harris, *Exposure to food advertising on television: Associations with children's fast food and soft drink consumption and obesity*. IN Economics and Human Biology, volume 9, número 3, Julho de 2011, pág. 221-233

fossem identificados como representando riscos inegáveis para o aparecimento e desenvolvimento da obesidade.

Uma nota final ainda quanto à incidência. Há a consciência da dificuldade na identificação dos produtos ou dos conteúdos nutritivos que devem ser tributados, tanto quanto há a consciência da necessidade de se ser profundamente coerente com a realidade. Um exemplo. O leite gordo.[23] Se a tendência é tributar as gorduras, o leite gordo deveria ser enquadrado na categoria de tributação necessária. Contudo, o consumo de leite gordo é recomendado pelos pediatras para as crianças em crescimento, sendo uma prática corrente e bem aceite pela população. A escolha da listagem de incidência real não poderia ser desligada da presença de médicos e nutricionistas que têm m efectivo conhecimento do que é necessário na pirâmide alimentar. A linha é ténue e complexa. Implica a execução de estudos sérios por parte dos especialistas em saúde para que, posteriormente, o legislador fiscal possa de facto e com propriedade construir o escopo da tributação sem afectar as necessidades básicas da população.

III – ANÁLISE CUSTO/BENEFÍCIO. A EFICÁCIA DA *FAT TAX*. A ANÁLISE POSSÍVEL

Demonstrou-se a actualidade da questão. Identificaram-se as vias possíveis para a construção da incidência do imposto. Contudo, uma interrogação surge: será a *Fat Tax* uma solução eficiente e eficaz? Atingir-se-ão os objectivos pretendidos com a criação e a implementação de um imposto como este? Que revela a análise custo/benefício? Estas não são questões secundárias, antes nucleares. Os sistemas fiscais contemporâneos são cada vez mais apontados como sistemas inundados de regras complexas, ineficientes, ineficazes e insuficientes. Um dos passos necessários para tentar evitar ao máximo o agudizar do problema será apostar numa regulamentação mais inteligente, sendo que a análise económica das medidas criadas e implementadas são um passo imprescindível.[24] Daí ser absolutamente necessário proceder a uma análise quanto ao custo/benefício (eficiência) e eficácia da *Fat Tax*.

---

[23] *Andrew Leicester, Frank Windmeijer, The 'fat tax': economic incentives to reduce obesity.* The Institute for Fiscal Studies, Briefing Note No. 49, pág. 10

[24] A União Europeia no âmbito do seu programa *Smart Regulation* apela a uma crescente necessidade de implementar a análise custo-benefício no momento da criação e da avaliação das medidas públicas. Cfr. COM(2010) 543 final, Regulamentação inteligente na União Europeia – "Devemos tirar partido das vantagens do sistema de avaliação de impacto para quando elaborarmos a nova legislação. Mas esta iniciativa deve ser acompanhada por esforços semelhantes com vista a gerir e a aplicar o acervo legislativo em vigor, no intuito de garantir a concretização dos benefícios pretendidos."

Tributar de forma mais penosa os alimentos não saudáveis contribui para a construção de um estilo de vida mais saudável por parte da população? A resposta a esta questão só pode ser oferecida pelos economistas e outros especialistas que analisam a reacção dos consumidores à alteração do preço dos bens de consumo. No âmbito da *Fat Tax*, vários foram já os estudos efectuados procurando identificar a relação entre o aumento do preço dos bens não saudáveis e as variações no seu consumo.[25] Dependendo das variáveis consideradas, uma das conclusões é que o consumo dos alimentos não saudáveis está generalizado também porque o seu preço é mais baixo do que o preço dos produtos alimentares saudáveis que, ao longo do tempo, viram os seus preços aumentar ao mesmo tempo que o preço dos alimentos não saudáveis tendia a diminuir. Assim, se aumentar o preço de um e diminuir o de outro é provável que haja um aumento do consumo dos alimentos saudáveis em detrimento dos não saudáveis. Aliás, afirma-se que a razão para o aumento da obesidade não advém tanto de uma maior quantidade de alimentos ingeridos ao longo do dia, mas antes de uma ingestão de alimentos mais calóricos que, associados ao sedentarismo, aumentam a potencialidade de obesidade.[26] De ressaltar ainda o consumo crescente de alimentos entre refeições, alimentos esses que usualmente se revelam não saudáveis (*snacks* e afins).[27] Outra ideia a relevar é a importância de se ter em consideração que esta resposta ao preço tenderá a ser mais efectiva para os indivíduos que já consomem alimentos saudáveis ou que os desejam consumir, ou seja, que o impacto da alteração do preço também vai depender da existência de

[25] E.g.: "Policies aimed at altering the price of soda or away-from-home pizza may be effective mechanisms to steer US adults toward a more healthful diet and help reduce long-term weight gain or insulin levels over time." Kiyah J. Duffey, PhD; Penny Gordon-Larsen, PhD; James M. Shikany, MD; David Guilkey, PhD; David R. Jacobs Jr, PhD; Barry M. Popkin, PhD, *Food Price and Diet and Health Outcomes. 20 Years of the CARDIA Study*, Archives of Internal Medicine, vol 170 (no. 5), 8 de Março de 2010; "Both studies demonstrate that price reductions are an effective strategy to increase the purchase of more healthful foods in community-based settings such as work sites and schools. Results were generalizable across various food types and populations. Reducing prices on healthful foods is a public health strategy that should be implemented through policy initiatives and industry collaborations." Simone A. French, *Pricing Effects on Food Choices*, The Journal of Nutrition, 133: 841S–843S, 2003; "A carefully targeted fat tax could produce modest but meaningful changes in food consumption and a reduction in cardiovascular disease." Oliver Mytton, Alastair Gray, Mike Rayner, Harry Rutter, *Could targeted food taxes improve health?*, J Epidemiol Community Health 2007;61:689–694

[26] Cfr. eg., *Andrew Leicester, Frank Windmeijer, The 'fat tax': economic incentives to reduce obesity*. The institute for fiscal studies, Briefing Note No. 49, pág.3

[27] Cfr. eg., *Andrew Leicester, Frank Windmeijer, The 'fat tax': economic incentives to reduce obesity*. The institute for fiscal studies, Briefing Note No. 49, pág.3

bons hábitos alimentares.[28] E também é visível em alguns estudos que o impacto na mudança de mentalidade de consumo pode não ser visível a curto prazo, mas antes a longo prazo.[29] Estes são resultados que, ainda que não aplicados ao mercado português, parecem poder ser considerados como conclusões genéricas que suportam a existência de uma relação entre o preço e o consumo dos bens alimentares não saudáveis, de entre outras variáveis que vão além do seu preço e que necessitam de ser consideradas.[30] Há portanto uma relação entre o preço destes bens e as escolhas efectuadas pelo consumidor.

Contudo, não basta determinar a relação entre o preço e o seu consumo, deve igualmente ponderar-se a capacidade de a *Fat Tax* direccionar o consumo para alimentos mais saudáveis. Sem esse impacto não se resolve o problema de fundo. O que sugere a presença de duas medidas suplementares: por um lado, incentivar uma mudança de comportamentos alimentares e, por outro lado, uma possível aposta nos subsídios aos alimentos saudáveis. É que a *Fat Tax* surge na senda do *Imposto Pigoviano*. Ou seja, surge como um imposto que é introduzido para criar incentivos económicos e influenciar decisões individuais em face de externalidades económicas que certos comportamentos revelam. Estabeleço aqui a ponte para a análise do destino das receitas arrecadadas com a *Fat Tax*.

IV – DESTINO DAS RECEITAS ARRECADADAS COM A *FAT TAX*: DESENHANDO A *BIG PICTURE*

Um aspecto que deve ficar claro de forma inequívoca é que a criação de uma *Fat Tax* não funciona de modo isolado, encarada como uma mera forma de arrecadação de receita. Ficou apresentado que a *ratio* para a sua criação e implementação derivava da necessidade de melhorar a política pública de combate à obesidade, mas igualmente porque o impacto económico do consumo de alimentos não saudáveis determinava um aumento dos gastos do sistema nacional de saúde, acompanhados de perdas de produtividade e de diminuição do período de vida contributiva. Se este é o contexto há necessidade de delinear um quadro de intervenção efectivo que busque solucionar os problemas envolvidos. Reforço, não deve ser

---

[28] Deixa-se já aqui identificada uma ponte para a necessidade de estabelecer a tributação dos alimentos não saudáveis com outras medidas complementares. Conferir tal construção mais à frente no presente estudo.

[29] E.g., "We find that a fat tax has small and ambiguous effects on nutrients purchased by French households, and a slight effect on body weight in the short run, with a greater effect in the long run – Oliver Allais, Patrice Bertail, and Véronique Nichèle, *The Effects of a Fat Tax on French Households' Purchases: A Nutritional Approach*

[30] Seria necessário efectuar um estudo sério e profundo sobre a elasticidade do consumo de produtos alimentares não saudáveis e a sua relação com outros elementos sociais para poder ser afirmado com toda a prioridade a resposta à eficácia da *Fat Tax* no contexto português.

encarada a *Fat Tax* como mais um imposto para aumentar a receita pública. Não estamos perante uma finalidade fiscal superior. A criação da *Fat Tax* não deve ser utilizada para simplesmente aumentar o erário público, mas antes para auxiliar a resolver problemas sociais que têm impacto negativo nas contas públicas. Por isto, afirmo a necessidade de *a Fat Tax* ser encarada como uma medida de entre várias. Daqui a necessidade de desenhar a *Big Picture*. E afirmo. Esta posição auxilia a responder afirmativamente quanto ao impacto positivo da *Fat Tax* no âmbito de uma análise custo/benefício.[31]

Sendo um imposto aplicável a um cabaz de produtos de algum modo alargado em face do existente no mercado[32], a receita arrecadada tenderá a ser significativa e deverá ser aplicada, tendo em mente a obediência aos princípios orçamentais, de forma imediata, numa tentativa de reeducação alimentar. A mudança de comportamentos alimentares é o objectivo primeiro e, por tal, o financiamento de campanhas efectivas de educação alimentar surgem como imprescindíveis.[33] Utilização dos meios de comunicação social, mas sobretudo promovendo uma sensibilização nas camadas populacionais mais jovens, surgem como fundamentais.[34] Cabe ao Estado utilizar, nas palavras da OCDE, a persuasão, a educação e a informação por forma a tornar as opções alimentares saudáveis mais atractivas, devendo ainda incluir-se a promoção do exercício físico.[35] Um aspecto que naturalmente seria necessário para auxiliar a atingir estes resultados seria uma diminuição de preço dos bens alimentares saudáveis. Torná-los mais acessíveis deverá ser uma preocupação nuclear. Para isso, as receitas arrecadadas poderão servir para subsidiar os alimentos saudáveis, sempre subordinado aos princípios acima referidos. Torná-los mais acessíveis deverá ser uma preocupação nuclear. Para isso, as receitas arrecadadas poderão servir para subsidiar os alimentos saudáveis. Obviamente que estes subsídios teriam de ser construídos no âmbito da União Europeia, como forma de não corromper as normas de subsídios públicos

---

[31] Aliás, a OCDE afirma a necessidade de se atender a uma visão alargada do problema da obesidade e da sua solução: «In the design and implementation of prevention policies special attention must be placed on the role of information, externalities and self-control issues, including the role of "social multiplier" effects (the clustering and spread of overweight and obesity within households and social networks) in the obesity epidemic.» OCDE, *Obesity and the economics of prevention*, 2010, pág 18

[32] A partir daqui assumo a opção apenas da *Fat Tax* como um imposto sobre certos tipos de alimentos e não como um imposto sobre percentagens de gorduras, açúcares ou de sódio.

[33] "However a 'fat tax' is implemented, its success at reducing obesity will depend on the extent to which it encourages people to reduce consumption of fatty food, and the extent to which fatty foods and snacks have contributed to the rise in obesity." *Andrew Leicester, Frank Windmeijer, The 'fat tax': economic incentives to reduce obesity*. The institute for fiscal studies, Briefing Note No. 49, pág.11

[34] Cfr. e.g. o estudo Lori Beth Dixon, Frances J. Cronin e Susan M. Krebs-Smith, *Let the Pyramid Guide Your Food Choices: Capturing the Total Diet Concept*, Journal of Nutrition, 131: 461S–472S, 2001

[35] OCDE, *Obesity and the economics of prevention*, 2010, pág. 19

não permitidos, por isso começa-se a perceber que, se o problema da obesidade é um problema mundial e, portanto, também europeu, a construção do quadro da *Fat Tax* poderia ser efectuada num âmbito alargado, seguindo e concretizando os objectivos europeus. Aliás, num momento mundial como o que atravessamos, onde se fala cada vez mais de escassez alimentar, apostar na agricultura urge e esta poderia ser uma mensagem que igualmente passaria de forma integrada no quadro da *Fat Tax*. Seria uma boa oportunidade para modernizar o sector e conseguir, finalmente, a competitividade devida. Porém, a equação não fica já apresentada. Um dos aspectos anteriormente mencionados foi a ligação da obesidade ao aumento das despesas no âmbito do sistema nacional de saúde. Por haver esta ligação deverá haver igualmente a aplicação das receitas arrecadas com a *Fat Tax* no sistema nacional de saúde, surgindo como uma forma suplementar de financiamento, compensando o aumento dos gastos verificados com o tratamento das doenças provocadas pelo consumo destes produtos alimentares. Qualquer destas acções comporta elevados investimentos públicos, investimentos esses que necessitam de receita efectiva e essa receita poderá ser obtida com a *Fat Tax*. Fecha-se assim o ciclo de inter-relação.

V – RISCOS E IMPOPULARIDADE DA *FAT TAX*. O REFLEXO DA EXPANSÃO DA EXTRA-FISCALIDADE

Qualquer Governo que apresente a criação da *Fat Tax* terá de lidar com uma elevada massa de contestação, elevando a figura à categoria da impopularidade. Aliás, todas as medidas, fiscais ou não fiscais, que actuem directamente na forma como os privados conduzem a sua actividade e as suas escolhas são sempre alvo de ataque, comportando elevados riscos e impopularidade.

O primeiro risco (ou crítica) que surge prende-se com o sentimento de intromissão nas escolhas privadas. O cidadão tenderá a ver a medida como um reflexo do *Big Brother* de George Orwell. A tributação do tabaco, a regulação da quantidade de sal utilizada no pão, a proibição de fumar nos espaços públicos, tudo são medidas que se aproximam no espírito da *Fat Tax* e que foram altamente criticadas, tendo como linha fundamental a liberdade de escolha individual e os limites da actuação do Estado. Pode inclusivamente dizer-se que a medida fiscal apresenta-se como muito intrusiva, ao contrário de outras medidas que permitem a opção, a escolha do indivíduo. Mas a verdade é serem necessários os dois tipos de medidas – fiscais e não fiscais – e terem de ser coordenados para existir uma solução pertinente dos problemas, como atrás ficou demonstrado. O facto é que o Estado tem de ter limites na sua actuação, não podendo colocar em causa a esfera de liberdade do cidadão. Contudo, quando o comportamento do mesmo cidadão reflecte um aumento exponencial da despesa pública há que proceder a uma compensação. É isto que a responsabilidade social exige. Apesar de a *Fat*

Tax ter a si associada uma perspectiva de intromissão, essa perspectiva não deve ser avaliada como desligada da razão de ser da intromissão. Caso contrário estar-se-á a construir um raciocínio falacioso.

O segundo risco apontado liga-se intrinsecamente ao agora explanado, porém, na perspectiva dos agentes económicos produtores, distribuidores e comercializadores. Estes sujeitos económicos dirão certamente que uma tal medida terá um impacto profundo nos seus negócios e, consequentemente, na saúde da economia e do emprego. Ou seja, a reacção do mercado da *fast food* e associados não será pacífica. É possível mesmo que se invoque o impacto nefasto na liberdade de comércio, suscitando-se a construção das quatro liberdades económicas da União Europeia ou a construção da protecção do comércio oferecida pela Organização Mundial do Comércio. O *Institute for Fiscal Studies* britânico afirma mesmo que a *Fat Tax* deve ser vista como um imposto sobre o pecado, existindo semelhanças nítidas com a tributação do álcool e quanto a este tributo nenhuma contrariedade foi apontada.[36] Aliás, a União Europeia apresenta uma regulação intensa dos Impostos Especiais sobre o Consumo e nenhum deles foi invocado como elemento que deturpa as liberdades, antes como mal necessário em face das condicionantes da receita pública e, de alguma forma, da redistribuição.

O terceiro risco que é apontado assume-se como um risco técnico. Alguns fiscalistas que já estudaram a temática apontam o risco da regressividade da *Fat Tax*.[37] Na comparação da utilização do rendimento disponível pelos mais pobres e pelos mais ricos na aquisição de produtos não saudáveis, vislumbra-se uma percentagem semelhante, tendo como resultado que a percentagem de rendimento utilizada pelos menos favorecidos é superior em face da percentagem utilizada pelos mais abastados. Tal relação indiciaria que a *Fat Tax* sobrecarregaria mais os menos favorecidos em comparação com os mais favorecidos, assumindo-se a sua taxa como proporcional e, por tal, profundamente regressiva. Contudo, parece-me que a tónica de análise deverá antes assentar no impacto que terá o aumento do preço dos bens não saudáveis que têm de ser acompanhados da descida de preço dos bens saudáveis, quer através de subsídios públicos quer através de outros incentivos aos produtores, distribuidores e comercializadores desses bens alimentares, com subordinação, no quadro europeu, aos princípios da UE. Havendo a acção conjugada, tenderá a existir uma transferência de consumo, atingindo-se os objectivos pretendidos e não retirando real poder de compra aos menos abastados.

---

[36] *Andrew Leicester, Frank Windmeijer, The 'fat tax': economic incentives to reduce obesity.* The Institute for Fiscal Studies, Briefing Note No. 49, pág. 10

[37] Sobre o assunto, cfr. *Andrew Leicester, Frank Windmeijer, The 'fat tax': economic incentives to reduce obesity.* The Institute for Fiscal Studies, Briefing Note No. 49, pág. 12 e ss

Estes três tipos de riscos, que simultaneamente se assumem como críticas, demonstram, pelo seu teor, a tendência para a impopularidade da medida. Aliás, nenhuma medida fiscal será algum dia uma medida querida e desejada. Antes, será sempre uma medida contestada. Contudo, apesar destes aspectos críticos, parece-me que novamente a análise custo-benefício deverá surgir. E dessa análise terá de resultar uma ponderação de valores, de objectivos e de impacto. Não será a arrecadação de receita para o suporte do sistema nacional de saúde uma necessidade? Não é a saúde um dos pilares fundamentais e jamais possível de abdicar no Estado Social de Direito? Não fará sentido, sobrecarregar com o peso do seu financiamento aqueles que mais contribuem para o aumento da sua despesa por opções indevidas que afectam profundamente o funcionamento do sistema? Não deverá o imposto, aproximar-se, cada vez mais, dos gastos efectivos, desligando-se da via ainda actual de arrecadar receita para suportar uma magnitude elevada de despesa sem face?

É um facto que a finalidade primeira do imposto é a arrecadação de receita. Contudo, em face da dimensão da despesa pública, a necessidade dessa receita é crescente. Mas, num momento onde se questiona a reformulação da acção pública, onde se reflecte sobre as escolhas públicas e onde se exige o emagrecimento do Estado, não surge despropositado questionar o papel do imposto nesta reformulação. É certo que continuará a ser uma via de arrecadação de receita, mas a evolução também revelou que a sua função de instrumento económico se assume como cada vez mais preponderante. Não são poucos os exemplos de impostos extra-fiscais, observando-se uma expansão da tendência.[38] Esta opção parece-me que revela a aposta numa outra capacidade do imposto: a capacidade de através do tributo se procurar modelar comportamentos. Mas igualmente abre portas a uma modelação de comportamentos com a consequência de dotar as receitas obtidas com essa tentativa de modelação a objectivos concretos e directamente ligados a um objectivo claro e inequivocamente identificado. Aquilo que apresento como reflexão final, a propósito da *Fat Tax*, passa por saber se ao imposto, para lá do imposto clássico, não será cada vez mais útil oferecer uma construção enquadrada numa política pública efectiva, ligada a objectivos concretos, aproximando a obtenção da receita do tipo de despesa necessária, tudo enquadrado no espaço da reformulação do papel do Estado e da acção pública. É certo que tal significa tornar cada vez mais líquida a diferença entre o imposto e a taxa, entre o imposto e as contribuições parafiscais. Mas essas diferenças não são já reais e não estarão presentes no nosso universo fiscal? Não sei a resposta. Mas questiono a possível mudança de paradigma. Significa valorizar a extra-fiscalidade. Significa apostar na extra-fiscalidade. O que acha?

---

[38] Os tributos ambientais surgem como um dos exemplos.

A circulação intracomunitária dos produtos sujeitos a imposto no novo código dos IEC (análise de dois casos singulares)

ROGÉRIO M. FERNANDES FERREIRA
Advogado

MANUEL TEIXEIRA FERNANDES
Advogado

1. Apresentação

Os Impostos Especiais de Consumo (IEC) – que incidem sobre os produtos petrolíferos e energéticos, sobre o tabaco manufacturado e sobre o álcool e as bebidas alcoólicas[1] – não têm merecido o favor daqueles que, em Portugal, habitualmente se ocupam da discussão das matérias fiscais. Constituem um campo por desbravar, parecendo estar prisioneiros do facto de serem entregues nos cofres do Estado por, apenas, cerca de duas mil e trezentas empresas[2]. Em face de tão reduzido número de sujeitos passivos em sentido formal, poderia pensar-se que os IEC são impostos menores em termos de receita fiscal, mas tal não acontece. Representaram, em 2010, 16,46%[3] de toda a receita fiscal estadual, tendo atingido 5.419,5 mil milhões de euros[4].

---

[1] Considerando apenas os impostos especiais de consumo cujo quadro legal foi objecto de harmonização a nível comunitário. Em Portugal existe, ainda, um outro IEC que não está harmonizado comunitariamente e que incide sobre os veículos automóveis na data da sua aquisição ou aquando da sua matrícula.

[2] Vd. página 132 do Relatório de Actividades da DGAIEC do ano de 2010.

[3] Considerando também como receita fiscal, como se justifica, o Imposto Sobre Produtos Petrolíferos (ISP) consignado: à empresa "EP- Estradas de Portugal – E.P.E.", na forma de Contribuição do Serviço Rodoviário (CSR); ao Fundo Florestal Permanente (FFP) e ao Fundo Português do Carbono (FPC).

[4] Vd.: Boletim, de Janeiro de 2011, da Direcção-Geral do Orçamento (DGO) e página 163 do Relatório de Actividades da DGAIEC do ano de 2010.

Em termos de harmonização comunitária do seu quadro legal, a designada legislação da primeira geração – composta por um "diploma horizontal", aplicável a todos os IEC[5] e por "diplomas verticais", aplicáveis a cada um dos impostos[6] – foi editada no começo da década de noventa do século passado tendo, por feliz coincidência, sido aprovada no decurso da primeira Presidência portuguesa do Conselho das, então, denominadas Comunidades Europeias[7].

Por sua vez, no que se refere ao direito nacional, a primeira codificação entrou em vigor já no princípio da primeira década do presente século[8]. Dez anos volvidos, depois de ter sido objecto de sucessivas alterações, fundamentalmente através das leis orçamentais anuais, o primeiro Código dos Impostos Especiais de Consumo (CIEC) foi revogado, tendo, em sua substituição, sido editado um novo CIEC, através do Decreto-Lei nº 73/2010, de 21 de Junho.

Com o presente artigo não se pretende fazer uma abordagem global das opções do legislador do novo Código dos Impostos Especiais de Consumo, mas, tão-só, analisar dois tipos de problemas, de grande actualidade, que, no novo Código, e a nosso ver, tiveram um tratamento menos conseguido. Assim, a presente abordagem dirá somente respeito:

(i) à responsabilidade fiscal objectiva a que estão sujeitas as entidades (depositários autorizados) que podem expedir produtos em suspensão do imposto (IEC); e

(ii) às dificuldades de reembolso do imposto, em Portugal, em certos casos de circulação intracomunitária de produtos sujeitos a IEC após introdução no consumo.

A matéria tratada em primeiro lugar – a da responsabilidade fiscal objectiva do expedidor – situa-se no âmago do regime de circulação intracomunitária em suspensão do imposto constituindo um dos elementos fundadores do regime. Por sua vez, a possibilidade de reembolso do imposto pago pelos produtos que, tendo sido declarados para introdução no consumo num determinado Estado membro, venham, posteriormente, a ser expedidos para outro Estado membro, onde serão consumidos e (novamente) tributados, completa o regime de

---

[5] Directiva 92/12/CEE, do Conselho, de 25 de Fevereiro, transposta para o direito interno pelo Decreto-Lei nº 52/93, de 25 de Fevereiro.
[6] Directivas 92/79/CEE a 92/84/CEE, do Conselho, de 19 de Outubro, transpostas para o direito interno através dos Decretos-Leis nºˢ 117/92, de 22 de Junho, 104/93, de 5 de Abril, 325/93, de 25 de Setembro, 123/94, de 18 de Maio e 124/94, de 18 de Maio.
[7] Que teve lugar no primeiro semestre de 1992.
[8] Decreto-Lei nº 566/99, de 22 de Dezembro.

circulação em suspensão do IEC, permitindo a existência do Mercado Interno Comunitário.

2. A responsabilidade fiscal objectiva do depositário autorizado expedidor na circulação intracomunitária dos produtos em suspensão do imposto

É hoje pacificamente aceite que o consumo dos produtos sujeitos a IEC tem graves consequências, directas e indirectas, para a saúde pública, para o ambiente, para a segurança rodoviária, etc., as quais, de acordo com as *modernas tendências do direito fiscal* [9] devem, tanto quanto possível, ser custeadas pelas taxas do imposto aplicáveis a tais produtos.

Assim, a elevada carga fiscal que em todos os Estados membros da União Europeia incide sobre os produtos sujeitos a IEC – carga fiscal esta que se assume como desejável, ao ponto de estar balizada, comunitariamente, com a existência de *taxas mínimas* a praticar por todos os Estados membros –, implicou logo no início do aparecimento do Mercado Interno Comunitário, em 1993, que fosse necessário criar um "regime de circulação intracomunitário dos produtos em suspensão do imposto".

Com efeito, a alternativa – isto é, a circulação intracomunitária dos produtos após terem suportado a elevada carga fiscal a que estão sujeitos – obrigaria os respectivos operadores económicos a suportar desmesurados encargos financeiros por motivos exclusivamente fiscais, o que teria como consequência o tendencial desaparecimento do comércio intracomunitário destes produtos, com consequências muito nefastas para as estruturas industriais e comerciais da Comunidade Europeia. E, mais grave ainda, dificultaria imenso, ou impediria, mesmo, que fosse concretizado o princípio comunitário da "tributação no destino", que permite a afectação das receitas fiscais destes produtos ao Estado membro da Comunidade Europeia onde são consumidos.

A circulação dos produtos em suspensão do IEC coloca, contudo, enormes problemas cuja solução, no caso comunitário, foi concretizada através da criação de um sistema de *estatutos*, concedidos a todas as empresas que operam no comércio intracomunitário, com a existência de *garantias*, com validade em toda a Comunidade Europeia, e com a *responsabilização fiscal objectiva* das empresas vendedoras, as quais, em termos estatutários, são designadas por *depositário autorizado expedidor*.

A responsabilização fiscal objectiva do depositário autorizado expedidor dos produtos sujeitos a IEC, quando estes circulam em suspensão do imposto, é, muito provavelmente, a menos má das soluções possíveis para o problema. Com efeito, as alternativas possíveis, constituídas pela responsabilização do trans-

[9] VASQUES, Sérgio – *O Princípio da Equivalência como Critério de Igualdade Tributária*, Almedina, 2008.

portador ou do destinatário no outro Estado membro, apresentam grandes desvantagens e que decorrem de, no caso do transportador, o património por este detido ser, por norma, de pequena monta e de poder situar-se noutro Estado membro e, no caso do destinatário, da incomensurável burocracia envolvida na responsabilização fiscal de uma entidade cuja actividade é desenvolvida noutro Estado membro. Apesar disso, por prudência, as legislações, comunitária e nacional, prevêem, supletivamente, que a garantia na circulação intracomunitária dos produtos em suspensão do imposto possa ser prestada pelo transportador (situação que em Portugal, ao que se conhece, só em casos muito pontuais teve lugar).

Assim, volvidos vinte anos sobre a sua criação, a responsabilidade fiscal objectiva do expedidor é tida como a solução *natural* do problema. Mas, se é a solução, nem por isso pode deixar de ser vista com imensas cautelas e que decorrem do facto de dizer respeito a vultuosas quantias de impostos, a que acresce o facto de se tratar de uma responsabilidade sem culpa.

Ver-se-á de seguida qual foi o sentido da evolução do quadro legal que, nos ordenamentos jurídicos comunitário e nacional, disciplina a matéria.

(i) Legislação comunitária de primeira geração: a Directiva 92/12/CEE, de 25 de Fevereiro

Na designada legislação da primeira geração, ao nível comunitário, a responsabilidade fiscal objectiva do depositário autorizado expedidor estava estabelecida no nº 3 do artigo 15º da Directiva 92/12/CEE, do Conselho, de 25 de Fevereiro, onde se dispunha que

"Os riscos inerentes à circulação intracomunitária serão cobertos pela garantia prestada pelo depositário autorizado expedidor tal como prevista no artigo 13º ou, se for o caso, por uma garantia solidariamente prestada pelo expedidor e pelo transportador. As autoridades competentes dos Estados membros podem permitir que o transportador ou o proprietário dos produtos prestem uma garantia em substituição da prestada pelo depositário autorizado expedidor. Se necessário, os Estados membros podem exigir uma garantia ao destinatário".[10]

Por sua vez, no número 4 do referido artigo estava previsto o "apuramento do regime"[11], isto é, a extinção da responsabilidade fiscal do depositário autorizado expedidor, nos seguintes moldes:

---

[10] Redacção dada pela alínea b) do nº 5 do artigo 1ª da Directiva 94/74,CE, de 22 de Dezembro.

[11] No início, o "apuramento do regime", em regra, era concretizado pelo recebimento pelo Depositário Autorizado Expedidor do exemplar nº 3 do Documento Administrativo de Acompanha-

"Sem prejuízo do artigo 20º, a responsabilidade do depositário autorizado expedidor e, eventualmente, do transportador só poderá ser libertada quando se provar que o destinatário assumiu a responsabilidade dos produtos, nomeadamente, através do documento de acompanhamento referido no artigo 18º, nas condições fixadas no artigo 19º".

A redacção da norma comunitária, ao referir o "documento de acompanhamento" (DAA), em termos exemplificativos (atente-se no advérbio "nomeadamente"), deixa aos Estados membros uma grande amplitude para regularem, legal e administrativamente, a matéria do apuramento do regime, ou seja, da extinção da responsabilidade fiscal objectiva do depositário autorizado expedidor.

(ii) Legislação comunitária vigente: a Directiva 2008/118/CE, de 16 de Dezembro

O quadro legal da circulação intracomunitária dos produtos sujeitos a IEC em regime de suspensão do imposto foi objecto de uma grande modernização, operada pela Directiva 2008/118/CE, de 16 de Dezembro, passando a ter por base um "sistema informatizado standard" obrigatório em todos os Estados membros. Para além do obrigatório recurso à informática, no novo quadro legal as administrações aduaneiras passaram a ter responsabilidades acrescidas assegurando a ligação entre o depositário autorizado expedidor e o destinatário.

Assim, relativamente a uma expedição de produtos sujeitos a IEC, em suspensão do imposto, depois de elaborado por um depositário autorizado (expedidor) um projecto de DAA (informatizado) e depois de comunicado o mesmo às suas autoridades aduaneiras estas contactam (informaticamente) as autoridades aduaneiras do Estado membro de destino e que, por sua vez, contactam (informaticamente) o destinatário. Se nada em contrário lhe for dado a conhecer, o depositário autorizado que desencadeou o processo procede, então, à expedição dos produtos em suspensão do imposto fazendo-os acompanhar por uma versão em papel, para efeitos de controlo da circulação, do Documento Administrativo de Acompanhamento (DAA) que produziu e transmitiu informaticamente às suas autoridades.

A operação de circulação fica concluída, cessando a responsabilidade fiscal do depositário autorizado expedidor, no momento em que seja recepcionado (pelo depositário autorizado expedidor) o "relatório (informático) de recepção dos produtos" elaborado pelo destinatário. Este relatório é transmitido (infor-

mento (DAA) devidamente atestado pelo destinatário e, se fosse o caso, visado pelas autoridades aduaneiras do Estado membro de destino.

maticamente) às autoridades aduaneiras do destino que o remetem às autoridades aduaneiras da expedição e, estas, ao depositário autorizado expedidor.

A tramitação acabada de descrever refere-se, naturalmente, às operações de circulação de produtos sujeitos a IEC em regime de suspensão do imposto que decorram com normalidade não cobrindo, infelizmente, as situações patológicas. Com efeito, muito embora estejamos certos que a intervenção pró-activa que a Directiva 2008/118/CE passou a exigir às administrações aduaneiras comunitárias irá reduzir imenso as situações irregulares, não é possível eliminá-las completamente. Mas, é nas situações patológicas que a terminologia usada na Directiva 2008/118/CE parece dificultar o "apuramento do DAA" [12], já que, em termos literais, não é dispensada a *participação activa* do destinatário e das suas autoridades.

Com efeito, o número 2 do artigo 28º da Directiva 2008/118/CE dispõe que: *"(...)pode também ser apresentada prova do termo de uma circulação de produtos sujeitos a impostos especiais de consumo em regime de suspensão do imposto (...)mediante confirmação das autoridades competentes do Estado-Membro de destino, baseada em provas adequadas, de que os produtos sujeitos a impostos especiais de consumo expedidos chegaram ao ponto de destino declarado..".* Por sua vez, a definição de provas adequadas constante na mesma norma consiste em: *"(...) um documento apresentado pelo destinatário contendo os mesmos dados que o relatório de recepção ou o relatório de exportação."*

Ora, o cerne das situações patológicas está no comportamento irregular do destinatário[13] que, embora tendo recebido os produtos, não elabora o "relatório de recepção", para poder consumir ou vender ilegalmente (sem impostos) os citados produtos.

Imagine-se o caso em que um destinatário recebe de outro Estado membro produtos sujeitos a IEC em suspensão do imposto, não os regista na sua contabilidade de existências nem os dá como recebidos às suas autoridades aduaneiras de controlo (não elabora o relatório informático de recepção), nem, consequentemente, os declara para consumo, vendendo-os ilegalmente, a um preço que pode ser mais baixo (dado que não pagaram impostos).

Ora, numa interpretação literal da norma comunitária, mesmo que o expedidor tenha cumprido todos os preceitos legais e, através do transportador, se tenha munido mesmo de "recibo" constante de assinatura e carimbo do destinatário aposto no respectivo exemplar da Factura ou da Guia de Remessa, não conseguirá ver *apurado* o respectivo DAA e, concomitantemente, nunca verá cessar

---

[12] O "apuramento do regime", que é sinónimo do " apuramento do DAA", na actualidade, é concretizado, em regra, através do recebimento pelo expedidor, pela via informática, do "relatório informático de recepção" elaborado pelo destinatário.

[13] O transporte é, por norma, feito por conta do expedidor, pelo que, para esta análise, só são relevantes as irregularidades praticadas pelo destinatário.

a sua responsabilidade fiscal se, mesmo instado pelas suas autoridades aduaneiras, o destinatário não se dignar elaborar informaticamente, ou em suporte de papel, o "relatório de recepção".

Assim, ao exigir *sempre* a iniciativa, ou pelo menos a colaboração, do destinatário para "apuramento" das operações de circulação intracomunitária em suspensão do imposto – mesmo nas situações patológicas –, a legislação comunitária seguiu um caminho oposto àquele que, razoavelmente, seria de esperar, estendendo a responsabilidade fiscal objectiva do depositário autorizado expedidor para limites absurdos[14], dificultando, ou inviabilizando mesmo, o comércio intracomunitário.

(iii) Legislação interna de primeira geração: o anterior CIEC (Decreto-Lei nº 566/99 de 22 de Dezembro)

A transposição para o direito interno das disposições relativas ao "apuramento do DAA" ou, dito de outro modo, da cessação da responsabilidade fiscal objectiva do depositário autorizado expedidor foi feita, numa primeira fase, pelo nº 6 do artigo 15º do Decreto-Lei nº 52/93 e, posteriormente, no âmbito da primeira codificação da legislação relativa aos IEC pelo nº 2 do artigo 44º do Decreto-Lei nº 566/99 (CIEC) que dispunha o seguinte: "*Sem prejuízo do disposto no artigo 36º, a responsabilidade do depositário autorizado expedidor e, eventualmente, do transportador só poderá ser libertada quando for feita prova de que os produtos foram regularmente recebidos no Estado membro de destino, nomeadamente através do documento de acompanhamento referido no artigo 33º, nas condições fixadas no artigo 35º*"

No direito interno seguiu-se, assim, de perto a redacção que a norma assumia no direito comunitário e, como tal redacção deixava em aberto várias possibilidades de "apuramento do DAA" a que, porventura, a experiência prática viesse a fazer jus, tal via acabou por ser aproveitada para, em sede administrativa, se possibilitar ao depositário autorizado expedidor o uso de outros meios de prova (para além da certificação do recebimento da mercadoria feita pelo destinatário no exemplar 3 do DAA) para a comprovação de que a mercadoria foi regularmente recepcionada pelo destinatário.

Assim, depois de um primeiro período em que o apoio das autoridades aduaneiras nacionais ao depositário autorizado expedidor foi feito de forma casuística e, normalmente, com utilização do designado *Pedido de Verificação de Movimentos* (PVM), surgiu em 2004, na Circular nº 73/2004, Série II, da DGAIEC e, mais recentemente, em 2006, na Circular nº 50/2006, Série II, de 21 de Junho, da DGAIEC – um conjunto de regras que visaram resolver, em sede administra-

---

[14] No mesmo sentido ver AFONSO, A. Brigas e FERNANDES, Manuel T. – *Código dos Impostos Especiais de Consumo Anotado e Actualizado*, 3ª Edição, Coimbra Editora, 2011, páginas 113 e 114.

tiva, as situações de "não apuramento do DAA" e relativamente às quais, apesar do comportamento omisso do destinatário ou do extravio dos documentos por si enviados, tivesse sido feita prova adequada pelo expedidor da regularidade da operação de circulação intracomunitária.

O estabelecimento de procedimentos administrativos de facilitação era, pode dizer-se, o mínimo que se poderia exigir às autoridades aduaneiras, dado estar--se na presença de uma responsabilidade fiscal *objectiva* do depositário autorizado expedidor e que, inclusive, onera mais uma expedição intracomunitária de produtos (que, em tempos idos, constituía uma "exportação para um país da CEE") do que uma similar exportação para países terceiros. Com efeito, numa exportação para países terceiros, após a Alfândega ter concedido a designada "autorização de saída" e, portanto, a mercadoria (neste caso, produtos sujeitos a IEC) poder iniciar o seu percurso rumo ao importador noutro país, o exportador fica imediatamente liberto de qualquer responsabilidade fiscal, enquanto na expedição intracomunitária (que é uma "exportação" para um Estado membro da União Europeia) só ao comprovar-se o regular recebimento da mercadoria pelo destinatário é que cessa a responsabilidade fiscal do expedidor.

(iv) Legislação interna vigente: o novo CIEC (Decreto-Lei nº 73/2010, de 21 de Junho)

No direito interno, o "apuramento do DAA" nas operações de circulação intra-comunitária em suspensão do imposto, nos casos de irregularidades da responsabilidade de destinatário, sofreu uma evolução de contornos muito negativos, tendo-se limitado a seguir a "visão formalista" que, e como acima se viu, enforma o (actual) normativo comunitário. Assim, o nº 4 do artigo 43º do CIEC, que trata das operações de circulação intracomunitária em suspensão do imposto que decorrem com normalidade dispondo que "... *a operação de circulação considera-se apurada pelo relatório de recepção ou, tratando-se de uma exportação, pelo relatório de exportação ou pela certificação de saída*", não suscita quaisquer reparos em face do quadro legal do anterior CIEC (Decreto-Lei nº 566/99).

Mas o mesmo não acontece com a redacção do artigo 45º do actual CIEC, que tem por epígrafe "provas alternativas", e que, em regra, trata as situações patológicas na esfera do destinatário. A redacção desta norma dispõe que:

"(...) *podem ser admitidas, em casos devidamente fundamentados, para efeitos do apuramento da operação de circulação, as seguintes provas: Na expedição, a confirmação pelas autoridades competentes no destino, no âmbito de um processo de cooperação administrativa, de que os produtos foram recepcionados pelo destinatário; (...)*",não existindo qualquer outra norma, no direito interno, de que o depositário autorizado expedidor possa deitar mão para fazer cessar a sua responsabilidade fiscal.

O perigo da redacção desta norma do CIEC reside no facto de remeter, em exclusivo, para a cooperação administrativa com as autoridades do Estado membro de recepção. Ora, este Estado membro está como que "manietado", pois, como acima se viu, ao analisar o normativo comunitário, só actua com base na *colaboração do destinatário* e este, como é da natureza das situações patológicas a que dá lugar, não está interessado em tal colaboração.

Assim, mesmo sem grande ajuda do direito comunitário, parece que o legislador nacional deveria ter ido mais longe não deixando as empresas expedidoras nacionais desamparadas, na completa dependência da boa vontade das autoridades aduaneiras do Estado membro de destino e que poderão não ser muito sensíveis aos problemas do (infeliz) depositário autorizado expedidor.

Estamos certos que, mesmo com um quadro legal inapropriado, os tribunais portugueses não deixarão de apreciar com justeza a efectiva responsabilidade do expedidor, nos casos em que este demonstre que cumpriu todos os requisitos que lhe eram exigidos[15] – não obstante a omissão do destinatário na elaboração do"relatório de recepção" – pois, a não ser assim, a nosso ver estaria a ser violado o principio constitucional da proporcionalidade que é também, aliás, um principio que enforma o direito comunitário.

Mas será grave se for necessário fazer intervir os tribunais em matéria que pode ser decidida em sede administrativa, pois, imagina-se quem são os maiores prejudicados quando os problemas não sejam resolvidos em sede própria.

3. A Circulação Intracomunitária dos Produtos após Introdução no Consumo

O regime de Circulação Intracomunitária dos Produtos após Introdução no Consumo (CIPIC), também conhecido como Circulação Intracomunitária dos Produtos com Imposto Pago, possibilita a circulação entre os Estados membros da União Europeia dos produtos sujeitos a IEC sem que seja posto em causa o princípio da tributação no destino, isto é, o imposto (IEC) pago no primitivo Estado membro (Estado membro de expedição) é posteriormente reembolsado ao expedidor, se forem cumpridas as regras previstas para este tipo de circulação.

---

[15] Embora os "precedentes" nem sempre apontem nesta direcção, como aconteceu com uma decisão do então Tribunal Fiscal Aduaneiro do Porto, em que é referido que " Expedir bebidas alcoólicas em regime de suspensão do imposto é uma faculdade de que pode lançar mão o expedidor para facilitar as suas vendas", como se as empresas portuguesas para sobreviverem tivessem alternativas à conquista do mercado comunitário. (vd. AFONSO, A Brigas e FERNANDES, Manuel T – *Código dos Impostos Especiais de Consumo Anotado e Actualizado*, Coimbra Editora, 3ª Edição 2011, página 113.

(i) Legislação comunitária vigente: a Directiva 2008/118/CE, de 16 de Dezembro

O quadro legal da Circulação Intracomunitária dos Produtos após Introdução no Consumo está plasmado nos artigos 32º a 38º, que constituem o Capítulo V da Directiva 2008/118/CE, do Conselho, de 16 de Dezembro de 2008, notando-se que a sua construção foi feita na perspectiva de que o destinatário dos produtos no Estado membro de destino não disponha de qualquer estatuto em sede de IEC. Com efeito, as situações que se visa enquadrar dizem respeito às designadas "aquisições de produtos por particulares que não sejam transportadas pelos próprios", "aquisições de produtos que se presuma que não se destinam a *uso pessoal*", "detenções de produtos para fins comerciais noutro Estado membro (por particulares ou outros) " e "vendas à distância".

Nestas situações, para que o reembolso do IEC seja possível, a tramitação da operação de CIPIC está sujeita ao cumprimento dos seguintes requisitos previstos nos números 1 e 2 do artigo 34º da Directiva:

(i) A expedição tem de ser feita a coberto do Documento Administrativo Simplificado (DAS) previsto no Regulamento CEE nº 3649/92, da Comissão, de 17 de Dezembro, cuja emissão é obrigatoriamente do conhecimento das autoridades oficiais no Estado membro de expedição para efeitos do subsequente reembolso;

(ii) Antes da expedição dos produtos o expedidor ou o destinatário têm de fazer uma declaração junto das autoridades competentes do Estado membro de destino e garantir o pagamento do imposto especial de consumo;

(iii) O imposto tem de ser pago no destino, de acordo com as modalidades previstas pelo respectivo Estado membro;

(iv) Os intervenientes na operação tem de prestar-se aos controlos que sejam determinados pelas autoridades no destino visando comprovar a recepção efectiva dos produtos bem como o pagamento do imposto.

Relativamente às expedições de produtos destinadas a operadores económicos que, no Estado membro de destino, não detêm qualquer estatuto em sede de IEC, a experiência resultante do funcionamento do sistema ao longo destes primeiros vinte anos do Mercado Interno Comunitário, que estão prestes a ser comemorados, releva a bondade das soluções encontradas pelo legislador comunitário.

Já nos casos em que o destinatário seja possuidor do estatuto de depositário autorizado no Estado membro de destino, isto é, disponha de um Entreposto Fiscal, as regras da Circulação Intracomunitária dos Produtos após Introdução no Consumo devem ser conjugadas com a faculdade destes operadores de, em alternativa à imediata declaração para consumo, poderem dar entrada dos produtos no respectivo Entreposto Fiscal, averbando o competente registo na conta-corrente e com (eventual) atestação pelas respectivas autoridades aduaneiras para garantir da regularidade da operação

Com efeito, uma das características do estatuto de depositário autorizado é a de o respectivo titular poder deter no Entreposto Fiscal os produtos sujeitos a IEC em suspensão do imposto (cfr. *alínea d) do nº 2 do artigo 16º e subalínea i) da alínea a) do nº 1 do artigo 17º da Directiva 2008/118/CE, de 16 de Dezembro de 2008).* Ora, como os produtos objecto da CIPIC, à chegada ao Estado membro de destino, se apresentam na situação de suspensão do imposto (IEC) – em virtude de para os mesmo ter sido solicitado o reembolso do IEC no Estado membro de expedição -, se o destinatário for um depositário autorizado, isto é, titular de um Entreposto Fiscal, poderá, fazendo uso das prorrogativas conferidas pelo respectivo estatuto e em alternativa à imediata declaração para consumo, dar entrada dos mesmos no respectivo Entreposto Fiscal com conhecimento das respectivas autoridades aduaneiras.

Nesta conformidade, nos casos em que o destinatário detém um estatuto em sede de IEC, as disposições comunitárias relativas à prova do pagamento do imposto no Estado membro de destino teriam de ser transpostas para o direito interno de forma hábil, não devendo ser exigidos na instrução do processo de reembolso documentos impossíveis de obter. Mas, infelizmente, como a seguir se verá, o legislador nacional não foi sensível à solução óbvia que as circunstâncias exigiam.

(ii) Legislação interna: o anterior CIEC (Decreto-Lei nº 566/99, de 22 de Dezembro)

A transposição para o direito interno das disposições relativas à circulação intracomunitária dos produtos após introdução no consumo foi feita, em primeira mão, pelo artigo 21º do Decreto-Lei nº 52/93, de 26 de Fevereiro, e, posteriormente, no âmbito da primeira codificação da legislação relativa aos IEC, pelo artigo 13º do Decreto-Lei nº 566/99, de 22 de Dezembro (anterior CIEC), no qual, o legislador, referindo-se ao reembolso do imposto na expedição, dispunha o seguinte:

"Artigo 13º
Reembolso na expedição
1 – ....
a) ....
b) ....
c) ....
d) Os expedidores apresentam à estância aduaneira onde foi solicitado o pedido de reembolso
o exemplar 3 do documentos administrativo simplificado (DAS), devidamente anotado pelo

*destinatário e acompanhado de um **documento que ateste a tomada a cargo do imposto no Estado-Membro de consumo** ou que inclua uma menção onde se refira o endereço do serviço competente das autoridades fiscais do Estado-Membro de destino e a data de aceitação da declaração, bem como o número de referência ou de registo dessa mesma declaração.*

2 – Proceder-se-á ainda ao reembolso de imposto no caso previsto no nº 5 do artigo 36º."

Quer isto significar que, atenta a possibilidade de os produtos objecto da circulação intracomunitária dos produtos após introdução no consumo poderem ter por destinatário, quer um particular que, imediatamente, os declare para consumo, quer um depositário autorizado (titular de um Entreposto Fiscal) que os pode declarar para entrada em Entreposto Fiscal e a partir do qual serão, depois, declarados para consumo, à medida das necessidades do comércio[16], o legislador nacional revelou grande sagacidade, tendo optado por uma redacção que cobre as várias hipóteses que se podem colocar.

(iii) Legislação interna: o actual CIEC (Decreto-Lei nº 73/2010, de 21 de Junho)

A matéria encontra-se agora contemplada no artigo 17º do CIEC (Decreto-Lei nº 73/2010, de 21 de Junho) que, na parte com interesse, dispõe, o seguinte:

"Artigo 17º
Reembolso na expedição

O reembolso na expedição para outro Estado membro está sujeito aos seguintes procedimentos:
a) ....
b) ....
c) ....
d) O expedidor deve apresentar, logo que possível, na estância aduaneira onde efectuou o pedido de reembolso, o exemplar nº 3 do documento de acompanhamento simplificado (DAS), devidamente anotado pelo destinatário e acompanhado de um documento que ateste o pagamento do imposto no Estado membro de destino.
e) .... "

A comparação das duas redacções e, acima de tudo, o seu cotejo com a matriz dos sistemas de circulação intracomunitária (i) em suspensão do imposto e (ii) após introdução no consumo, põe em evidência a desadequação da actual redacção para abranger as várias situações que na prática se verificam. Com efeito, na actual redacção, aparentemente, não estão contemplados os casos de reembolso

---

[16] Ou mesmo a sua exportação ou (re)expedição para outro Estado membro.

relativos a expedições de produtos cujos destinatários noutro Estado membro detenham o estatuto de depositário autorizado e que, por exemplo, devido a razões comerciais ou logísticas, optem por fazer entrar os produtos em Entreposto Fiscal, em vez de os declararem de imediato para consumo[17]. Nestes casos, de entrada dos produtos em Entreposto Fiscal, não é possível obter o documento de pagamento do imposto que a legislação portuguesa exige para que o reembolso do imposto ao expedidor possa ter lugar. Ora, a *ratio legis* do preceito visa assegurar que nenhum reembolso de imposto é feito no Estado membro expedidor (neste caso, em Portugal) sem que esteja comprovado que os produtos foram regularmente recebidos no Estado membro de destino, recepção regular esta que, necessariamente, inclui, como uma das hipóteses possíveis, a entrada dos produtos em Entreposto Fiscal com conhecimento das autoridades aduaneiras.

Parece, assim, estar-se na presença de uma redacção pouco feliz da norma do CIEC actual, pois a matéria estava devidamente contemplada no anterior CIEC (Decreto-Lei nº 566/99), que, na alínea d) do nº 1 do artigo 13º – em alternativa à apresentação do documento de pagamento do imposto -, expressamente referia a apresentação de "(...) documento que ateste a tomada a cargo do imposto (...)", o que englobava a entrada dos produtos em Entreposto Fiscal.

Assim, o legislador do actual CIEC disse, seguramente, menos do que queria, pelo que a norma tem de ser objecto de uma "interpretação extensiva" no sentido de, em alternativa ao *"documento de pagamento do imposto"*, poder também ser usado, na instrução do processo de reembolso, um outro documento onde se demonstre que "as autoridades aduaneiras no destino controlaram a regularidade da operação". Que é, assim, o sentido que na redacção do anterior CIEC tinha a expressão "(...) documento que ateste a tomada a cargo do imposto (...)".

A interpretação extensiva, com o sentido que acima lhe atribuímos, é a única "interpretação conforme ao direito comunitário", que se impõe ao intérprete, dado que, como acima se viu, a matéria está harmonizada comunitariamente. Com efeito, se, por absurdo, assim não se entendesse, estaria o direito nacional (novo CIEC) a eliminar uma faculdade que o direito comunitário confere a <u>todos</u>

---

[17] A entrada, ou reentrada parcial, dos produtos em Entreposto Fiscal tem aplicação, especialmente, nos casos em que um produto é enviado para outro Estado membro para ser utilizado numa concreta operação registando-se, nessa operação, necessariamente, sobras de produto que só pode ser utilizado em operação similar num outro Estado membro ou mesmo em país terceiro. Constitui exemplo típico destas situações, a "gasolina especial" expedida de França para o Circuito Automobilístico do Algarve que, por ser destinada em Portugal a uma entidade que não tem estatuto de depositário autorizado, é toda "declarada para consumo" e cujas sobras, (re)expedidas para França reentram em Entreposto Fiscal, dado que o destinatário dispõe (em França) do estatuto de depositário autorizado.

os depositários autorizados situados na União Europeia de, em alternativa à imediata declaração para consumo, poderem fazer entrar em Entreposto Fiscal os produtos que recebem de outros Estados membros em suspensão do imposto (por força do mecanismo instituído com o DAS, o produto chega ao destinatário noutro Estado membro em suspensão do imposto). E, mais grave ainda, estariam inviabilizadas todas as relações comerciais deste tipo que, no futuro, as empresas portuguesas quisessem estabelecer com congéneres de outros Estados membros, pois os expedidores portugueses não podem exigir aos destinatários noutro Estado membro um documento (recibo de pagamento do imposto) cuja emissão lhes retira uma faculdade que o direito comunitário lhes confere e que é a de poderem dar entrada do produto no Entreposto Fiscal em vez de o declararem de imediato para consumo.

4. Conclusões

(i) Sobre a responsabilidade fiscal objectiva do depositário autorizado expedidor na circulação dos produtos em suspensão do IEC
Sem prejuízo do que dispõe o artigo 45º do actual CIEC, deverá, em sede administrativa, ser dada relevância às provas (alternativas) que o depositário autorizado expedidor apresente visando o "apuramento da operação de circulação intracomunitária em suspensão do imposto (IEC)", desde que de tais provas se retire, sem margem para dúvidas, que os produtos foram, efectiva e regularmente, recepcionados pelo destinatário, mesmo que, a juzante, este não tenha cumprido perante as suas autoridades as obrigações a que neste caso está vinculado. Com efeito, se a responsabilidade fiscal objectiva do depositário autorizado expedidor – que constitui um pesado encargo que este tem de suportar por falta de alternativa – for "prolongada", passando a englobar também a responsabilidade pelo cumprimento das obrigações fiscais que, no caso, incumbem ao destinatário, está em causa o princípio constitucional da proporcionalidade que, não é demais lembrá-lo, enforma também o direito comunitário.

(ii) Sobre o reembolso do IEC na circulação intracomunitária após introdução no consumo
A norma constante na alínea d) do artigo 17º do actual CIEC deve ser objecto de *interpretação extensiva* no sentido de abranger, quer os reembolsos de IEC instruídos com um documento que ateste o pagamento do imposto no Estado membro de destino, quer os reembolsos do imposto instruídos com um documento em que as autoridades aduaneiras no Estado membro de destino atestem a recepção dos produtos e a sua (regular) entrada em Entreposto Fiscal, dado que esta

interpretação, ao mesmo tempo que respeita a *ratio* do preceito, é a única em conformidade com o direito comunitário aplicável.

Atenta a relevância da matéria e a sua incidência comunitária parece ainda desejável que a clarificação do conteúdo da norma seja feita pela via legal.

A tributação das cooperativas, no Brasil – não-incidência de *IRPJ, CSLL, PIS* e *COFINS*, sobre os valores recebidos, dos associados, em ressarcimento às despesas inerentes à prática de atos cooperativos típicos – questões conexas

ROQUE ANTONIO CARRAZZA*[1]

Professor Titular da Cadeira de Direito Tributário da Faculdade de Direito da Pontifícia Universidade Católica de São Paulo. Advogado e Consultor Tributário

* Mestre, Doutor e Livre-docente em Direito Tributário pela PUC/SP – Ex-Presidente da Academia Paulista de Direito.

"Quem lida de perto com o Direito Tributário conhece bem a dificuldade da tarefa que se oculta sob as vestes simples da 'liquidação' do imposto: conhece a complexidade própria das normas fiscais, que tentacularmente se prendem às mais variadas situações da vida, regidas pelos mais diversos ramos da ordem jurídica; sabe os esforços necessários à correcta e integral investigação dos factos relevantes para cada caso individualmente considerado; não ignora, enfim, que até a expressão aritmética da aplicação da lei se eriça de escolhos que só uma preparação especializada permite superar"

ALBERTO XAVIER

1. Introdução

I – Em muito boa hora está sendo realizada esta justa homenagem ao eminente Professor Alberto Xavier. Com efeito, trata-se, sem favor algum, de um dos maiores expoentes do mundo jurídico atual, cujas lições pessoalmente seguimos com unção e entusiasmo.

Poliglota e homem dotado de conhecimentos enciclopédicos – que vão muito além da Ciência Jurídica, já que é poeta, literato e humanista –, Alberto Xavier possui uma legião de discípulos e admiradores, aqui e em além-mar. Sua vasta e erudita obra é diuturnamente citada, quer na doutrina, quer na jurisprudência.

II – Em homenagem a este grande jurista português, que hoje também engrandece o Brasil, trataremos, neste artigo, da tributação das cooperativas, em nosso País. De seguida, procuremos demonstrar, ao lado de questões conexas, a não-incidência do *imposto sobre a renda da pessoa jurídica (IRPJ)*, da *contribuição social sobre o lucro líquido (CSLL)*, da *contribuição para o Programa de Integração Social (PIS)* e da *contribuição para o financiamento da seguridade social (COFINS)*, sobre os valores recebidos, dos associados, em ressarcimento às despesas inerentes à prática, em favor deles, de atos cooperativos típicos.

Para tanto, dividiremos o trabalho em duas partes: *a)* na primeira, teceremos algumas considerações sobre *(i)* a supremacia da Constituição Federal e o modo pelo qual disciplina a ação estatal de exigir tributos, e *(ii)* o ato cooperativo e o adequado tratamento tributário que, por determinação constitucional, ele deve receber; e, *b)* ato contínuo, com apoio nas premissas que tivermos assentado, sustentaremos nossa tese.

PRIMEIRA PARTE: CONSIDERAÇÕES GERAIS

2. A tributação na Constituição Federal

I – A Constituição Federal é a fonte direta por excelência do Direito Tributário, no Brasil. Nela, há extenso rol de disposições que, sem necessidade de *interposi-*

tio da legislação ordinária, regulam a ação estatal de exigir tributos. É o caso das que cuidam de direitos subjetivos e garantias fundamentais dos contribuintes, que, efetivamente, *"têm aplicação imediata"* (art. 5º, § 1º, da *CF*), não carecendo, pois, de regulação, para além da prevista na própria *Lei Fundamental do Estado*.

Esta característica de nosso sistema constitucional tributário foi muito bem captada por Heleno Taveira Torres; *verbis*:

> *"A preeminência constitucional do <u>Sistema Tributário Nacional</u> é superna e dela eclodem os mais variados efeitos, entre outros, o mais significativo, que é o compromisso de efetividade do princípio da <u>segurança jurídica em matéria tributária</u>, nas suas distintas funções (certeza, estabilidade sistêmica e confiança legítima). De fato, o princípio do sistema tributário não tem simplesmente a função de instituir e coordenar o conjunto de todos os tributos em vigor. Trata-se de um subsistema constitucional – da Constituição (material) tributária – dirigido à concretização das garantias e princípios constitucionais preestabelecidos para proteção de direitos fundamentais ao tempo do exercício das competências materiais tributárias. E todo esse esforço tem como único propósito conferir <u>segurança jurídica</u> aos contribuintes e à unidades do federalismo em face do exercício do chamado 'poder de tributar' do Estado"*[1]

Os tributos, portanto, longe de poderem ser exigidos atabalhoadamente, precisam respeitar *largo catálogo* de direitos básicos dos contribuintes (*estrita legalidade, anterioridade, igualdade, razoabilidade, proporcionalidade* etc.[2]), que, por assim dizer, faz o contraponto ao inegável dever, que a ordem jurídica lhes impõe, de suportá-los.

Ao mesmo tempo em que o Estado exige tributos das pessoas (físicas ou jurídicas) que nele existem, lhes dá, em compensação, condições para que levem avante suas atividades e encontrem plena realização (profissional, familiar, social etc.).[3]

Não é por outra razão que nossa Carta Constitucional contém grande número de normas tributárias, que, além de apontarem os fatos que podem ser

---

[1] *Direito Constitucional Tributário e Segurança Jurídica*, Ed. Revista dos Tribunais, São Paulo, 2011, pp. 337 e 338 (os grifos são do autor).

[2] Desenvolvemos o assunto em nosso *Curso de Direito Constitucional Tributário* (Malheiros Editores, São Paulo, 27ª ed., 2011).

[3] Ricardo Lobo Torres tece, a respeito, interessantes considerações; *verbis*: *"O tributo é o 'preço da liberdade', pois serve de instrumento para distanciar o homem do Estado, permitindo-lhe desenvolver plenamente as suas potencialidades no espaço público, sem necessidade de entregar qualquer prestação permanente de serviço ao Leviatã. Por outro lado, é o preço pela proteção do Estado consubstanciada em bens e serviços públicos, de tal forma que ninguém deve se ver privado de uma parcela de sua liberdade sem a contrapartida do benefício estatal"* (*Os Direitos Humanos e a Tributação: Imunidade e Isonomia*, Renovar, Rio de Janeiro, 2ª ed., 1999, p. 4).

alvo de tributação, estabelecem as condições ao regular exercício da chamada *competência tributária*.

Registramos, a propósito, que *competência tributária* é a aptidão jurídica, que só as pessoas políticas possuem,[4] para, em caráter privativo, criar, *in abstracto*, tributos, descrevendo, legislativamente,[5] suas *hipóteses de incidência (fatos gerador 'in abstracto')*, seus *sujeitos ativos*, seus *sujeitos passivos*, suas *bases de cálculo* e suas *alíquotas*. Como corolário, exercitar a competência tributária é dar nascimento, no plano abstrato, a tributos.[6]

Nunca é demais insistir que a Constituição Federal, para maior garantia e segurança dos contribuintes, indicou os nortes e limites da tributação, retirando do legislador (federal, estadual, municipal e do Distrito Federal) a possibilidade de livremente definir o alcance das *normas jurídicas tributárias* (normas que criam *in abstracto* tributos).[7] Forjou, portanto, um sistema rígido, com compe-

---

[4] As pessoas políticas não têm *poder tributário*, que, por definição, é incontrastável e absoluto. *Poder tributário* possuía, sim, a Assembléia Nacional Constituinte, que, sob o ângulo jurídico, não encontrava peias, inclusive nesta matéria. Mas, uma vez promulgada a Carta Magna, ele voltou ao seio do povo – titular da soberania nacional –, cedendo passo à *competência tributária*, regrada, isto é, de exercício pautado pelo direito positivo.

Dito de modo mais técnico, o *poder tributário* foi outorgado às pessoas políticas sob a forma de *competências tributárias*, exercitáveis apenas dentro dos parâmetros estruturados pela Constituição Federal.

[5] No Brasil, por força do *princípio da legalidade*, os tributos devem ser criados *in abstracto* por meio de lei (art. 150, I, da *CF*), que necessariamente descreverá todos os *elementos essenciais* da norma jurídica tributária, ou seja, os que influem no *an* e no *quantum* do tributo.

[6] A competência tributária abarca a aptidão para aumentar tributos, diminuí-los, isentá-los, autorizar-lhes o parcelamento, criar *obrigações acessórias (deveres instrumentais tributários)*, descrever infrações tributárias, cominando-lhes as respectivas sanções e assim por diante.

A respeito, tem inteira aplicação a regra *"quem pode o mais, pode o menos"*. De fato, se a pessoa política, editando a lei pertinente, *"pode o mais"*, vale dizer, criar exações com apoio direto na Constituição Federal, segue-se que *"pode o menos"*, ou seja, aumentar, diminuir, isentar etc., tributo que já existe *in abstracto*.

Portanto, é só por amor à brevidade que se proclama ser a competência tributária a possibilidade de, por meio de lei, criar tributos.

[7] Quando criam *in abstracto* tributos, as pessoas políticas não podem atropelar os ditames constitucionais que protegem a liberdade e a propriedade dos contribuintes. Por aí vemos que, ao outorgar competências tributárias às pessoas políticas, a Constituição Federal não só as favoreceu, como aos próprios contribuintes, que passaram a ter o direito subjetivo de só serem tributados com estrita observância do minucioso regramento nela contido.

Helenilson Cunha Pontes sintetizou, com propriedade, estas idéias: *"A opção por um caminho de proteção aos direitos fundamentais se encontra clara na ordem constitucional brasileira, que, em matéria de tributação, consubstancia um sistema articulado de limites ao poder estatal. Em nenhuma outra Constituição ocidental verifica-se tão exaustiva e analítica disciplina do fenômeno tributário como na Constituição Federal*

têncas tributárias bem definidas e perfeitamente discriminadas entre as pessoas políticas.[8]

Aliás, a adoção de um sistema rígido de repartição de competências tributárias foi a solução encontrada pelo *constituinte originário* para assegurar, pelo menos em tese, a cada pessoa política, os recursos financeiros necessários à manutenção de sua autonomia.

A propósito, tivemos a oportunidade de afirmar:

"... o legislador de cada pessoa política (União, Estados, Municípios ou Distrito Federal), ao tributar, isto é, ao criar 'in abstracto' tributos, vê-se a braços com o seguinte dilema: ou praticamente reproduz o que consta da Constituição – e, ao fazê-lo, apenas recria, num grau de concreção maior, o que nela já se encontra previsto – ou, na ânsia de ser original, acaba ultrapassando as barreiras que ela lhe levantou e resvala para o campo da inconstitucionalidade".[9]

De fato, a Constituição brasileira, ao discriminar as competências tributárias, traçou a *regra-matriz de incidência* (a *norma-padrão*, o *arquétipo*) de cada exação. Noutros falares, apontou a *hipótese de incidência possível*, o *sujeito ativo possível*, o *sujeito passivo possível*, a *base de cálculo possível* e a *alíquota possível* das várias espécies e subespécies tributárias. Destacamos que, o legislador, ao exercitar qualquer das competências tributárias reservadas à *sua* pessoa política, deverá ser fiel à *regra-matriz de incidência* do tributo, pré-traçada na Carta Magna. Absolutamente não pode extravasar este verdadeiro *molde constitucional*.

Como vemos, o *constituinte originário* estabeleceu, de modo peremptório, alguns enunciados que necessariamente deverão compor as normas jurídicas instituidoras das várias exações. Eles formam o *domínio mínimo necessário à tributação*, ou seja, o ponto de partida inafastável do processo de gênese dos tributos.

Logo, ao mesmo tempo em que distribuiu competências tributárias, a Constituição indicou os padrões que o legislador de cada pessoa política deverá obedecer, enquanto se ocupa com as várias figuras exacionais.[10]

---

brasileira" (*Relação Jurídica Tributária, Inconstitucionalidade e Coisa Julgada em Matéria Tributária*, tese de livre-docência, apresentada na Faculdade de Direito da Universidade de São Paulo, 2004, p. 29).

[8] A Constituição traçou as fronteiras do campo tributário e o dividiu em faixas, dando uma para cada pessoa política. Em linguagem técnica, as competências tributárias da União, dos Estados, dos Municípios e do Distrito Federal são privativas e exclusivas. Assim, por exemplo, a competência que a União recebeu do art. 153, III, da Carta Suprema, para criar o imposto sobre a renda e proventos de qualquer natureza, exclui a competência dos Estados, dos Municípios e do Distrito Federal, para instituírem a mesma exação.

[9] *Curso...*, pp. 418/419.

[10] A Constituição reduz todo e qualquer tributo a um *arquétipo*, a ser obrigatoriamente observado pelo legislador da pessoa política competente.

Sublinhamos, por vir a pelo, que *competência tributária, no Brasil, é assunto exclusivamente constitucional*. Em vão buscaremos, pois, em normas infraconstitucionais (que Massimo Severo Giannini chama de *"normas subprimárias"*), diretrizes a seguir, para a criação *in abstracto* de tributos. Nesse particular, elas podem, quando muito, *explicitar* o que se encontra implícito na Constituição, sem, no entanto, agregar-lhe ou subtrair-lhe algo de substancialmente novo.[11]

II – Em resumo, a faculdade de instituir tributos, dada pela Constituição às pessoas políticas, está longe de ser ilimitada. Pelo contrário, ela, ao cuidar das competências tributárias, demarcou-lhes as *fronteiras*. *Fronteiras* que a União, os Estados, os Municípios e o Distrito Federal devem rigorosamente observar.

De fato, o *constituinte originário* estabeleceu, de modo peremptório, alguns enunciados que deverão compor as normas jurídicas instituidoras dos tributos. Estes enunciados formam o *domínio mínimo necessário*, ponto de partida inafastável do processo de criação *in abstracto* dos tributos.

Logo, ao mesmo tempo em que distribuiu competências tributárias, a Constituição indicou os *"padrões"* que o legislador ordinário de cada pessoa política deverá observar, enquanto cria as várias figuras exacionais. Ademais, nenhuma pessoa, física ou jurídica, pode ser tributada por fatos que estão <u>fora</u> da *regra-matriz constitucional* do tributo que lhe está sendo exigido, porque isto faz perigar o *direito de propriedade*.

III – Do exposto, temos que os contribuintes possuem o direito fundamental de verem, <u>quanto</u> ao <u>mérito</u>, cada *tipo tributário* estritamente vinculado à *regra-matriz* a ele relativa e, <u>quanto</u> à <u>forma</u>, obediente ao *processo legislativo adequado*, tudo nos termos da Constituição Federal.

Mas, não apenas isso: por repercutir no *direito de propriedade*, o *tipo tributário* há de ser um conceito fechado, seguro, exato, rígido e reforçador da segurança jurídica dos contribuintes. A lei deve estruturá-lo em *numerus clausus* ou, se preferirmos, há de ser uma *lei qualificada* ou *lex stricta*.[12]

Tudo para que, como enfatiza Alberto Xavier, a conduta do fisco seja obtida *"... por mera dedução da própria lei, limitando-se o órgão de aplicação a subsumir o fato à norma, independentemente de qualquer valoração pessoal"*.[13]

---

[11] Para as pessoas políticas, a Constituição Federal é a *Carta das Competências Tributárias*: indica o que podem, o que não podem e o que devem fazer, quando tratam de tributos. Para melhor desenvolvimento desta idéia, v. nosso *Curso*, pp. 445 a 656.

[12] Cf. Alberto Xavier, *Tipicidade da Tributação, Simulação e Norma Antielisiva*, Dialética, São Paulo, 2001, pp. 17 a 34. Em outra obra, o mesmo renomado autor explicita seu pensamento: *"...a tipicidade do fato tributário pressupõe... uma descrição rigorosa dos seus elementos constitutivos, cuja integral verificação é indispensável para a produção de efeitos"* (*Os Princípios da Legalidade e da Tipicidade da Tributação*, Ed. Revista dos Tribunais, São Paulo, 1978, p. 87).

[13] *Conceito e Natureza do Acto Tributário*, Coimbra, Livraria Almedina, 1972, p. 291.

Em remate, o legislador e o agente fiscal das várias pessoas políticas, encontram, no Texto Supremo, perfeitamente iluminado e demarcado o caminho que estão credenciados a percorrer, inclusive quando levam à tributação o ato cooperativo.

3. As cooperativas e seu regime jurídico tributário

I – A Constituição Federal brasileira consagrou e protegeu o *cooperativismo*, isto é, o sistema que rege o funcionamento das cooperativas.

Mas, protegeu de que modo?

Em primeiro lugar, mencionando o assunto, <u>explicitamente</u>, em sete dispositivos e, <u>de modo implícito</u>, em pelo menos um, que se reveste de suma importância para as cooperativas de trabalho médico.

Vejamos quais são estes dispositivos, tecendo, acerca de cada um deles, breves comentários.

A) O primeiro deles é o contido no art. 5º, XVIII, da Constituição Federal; *verbis*:

"Art. 5º (omissis) (...)

"XVIII – a criação de associações e, na forma da lei, a de cooperativas independem de autorização, sendo vedada a interferência estatal em seu funcionamento".

Como vemos, já no capítulo que cuida dos *"direitos e deveres individuais e coletivos"*, a Constituição proclama que *"a criação..., na forma da lei, de cooperativas independe de autorização, sendo vedada a interferência estatal em seu funcionamento"*.

Esta norma é altamente louvável, porque veio acabar com o ranço ditatorial que impregnava alguns artigos da Lei nº 5.764, de 16 de fevereiro de 1971, que, editada sob a égide da Carta Federal de 1967/69, exigiam autorização estatal para que as cooperativas funcionassem (arts. 17 e 18[14]), além de permitirem fossem dissolvidas por vontade exclusiva da autoridade pública, ou seja, indepen-

---

[14] Lei nº 5.764/71 – *"Art. 17. A cooperativa constituída na forma da legislação vigente apresentará ao respectivo órgão executivo federal de controle, no Distrito Federal, Estados ou Territórios, ou ao órgão local para isso credenciado, dentro de 30 (trinta) dias da data da constituição, para fins de autorização, requerimento acompanhado de 4 (quatro) vias do ato constitutivo, estatuto e lista nominativa, além de outros documentos considerados necessários.*

"Art. 18. Verificada, no prazo máximo de 60 (sessenta) dias, a contar da data de entrada em seu protocolo, pelo respectivo órgão executivo federal de controle ou órgão local para isso credenciado, a existência de condições de funcionamento da cooperativa em constituição, bem como a regularidade da documentação apresentada, o órgão controlador devolverá, devidamente autenticadas, 2 (duas) vias à cooperativa, acompanhadas de documento dirigido à Junta Comercial do Estado, onde a entidade estiver sediada, comunicando a aprovação do ato constitutivo da requerente".

dentemente de terem viabilidade econômica ou do desejo de seus partícipes (arts. 63, VI e 64, *caput*[15]). Com a edição da Constituição de 1988, esses dispositivos de perfil totalitário, incompatíveis com a liberdade das cooperativas e a não-interferência estatal em sua atuação, perderam *fundamento de validade* e, portanto, caducaram.

B) Já, o art. 146, III, *c*, sempre da Constituição Federal, determina:

"Art. 146. Cabe à lei complementar: (...)
"III – estabelecer normas gerais em matéria de legislação tributária, especialmente sobre: (...)
"c) adequado tratamento tributário ao ato cooperativo praticado pelas sociedades cooperativas;".

Observamos que, ao dispor que a lei complementar deve dispensar *"adequado tratamento tributário ao ato cooperativo"*, o *constituinte originário* sinalizou que o assunto não vinha merecendo, por parte das pessoas políticas, o devido tratamento. Noutras palavras, ele se sensibilizou com a necessidade de a legislação tributária ser ajustada – o que até então não se dava – às características e ao modo de atuação das sociedades cooperativas. Isto explica até a redundância *"ato cooperativo praticado pelas sociedades cooperativas"*: a ânsia de eximir, o quanto possível, de tributação, o ato cooperativo fez com que fosse esquecida a verdade cediça de que este só pode ser praticado *"pelas sociedades cooperativas"*.

O assunto, porque conectado com o tema central deste artigo, será, mais adiante, desenvolvido.

C) Por outro lado, vem estatuído, no art. 174, § 2º, da Constituição Federal, que *"a lei apoiará e estimulará o cooperativismo"*.

Adiantamos que o cooperativismo não passa de uma forma de organização econômica, com forte traço coletivo, social, de participação ativa e voluntária das pessoas, notadamente as físicas. Ele se insere numa visão mais aberta e solidária da sociedade, bem de acordo com o clima de mudança vivenciado pelo País, em seu processo de redemocratização.

As cooperativas auxiliam – e muito – na descentralização das riquezas e na melhor distribuição da renda.

Daí haver andado bem a Constituição Federal, ao determinar que o Estado (no Brasil representado pelas pessoas políticas) apoiasse e estimulasse o cooperativismo.

---

[15] Lei nº 5.764/71 – *"Art. 63. As sociedades cooperativas se dissolvem de pleno direito: (...) VI – pelo cancelamento da autorização para funcionar;*
"Art. 64. Quando a dissolução da sociedade não for promovida voluntariamente, nas hipóteses previstas no artigo anterior, a medida poderá ser tomada judicialmente a pedido de qualquer associado ou por iniciativa do órgão executivo federal".

No campo fiscal, este auxílio há de traduzir-se numa legislação que desonere ao máximo as cooperativas da carga tributária ou, quando pouco, que lhes determine uma incidência menos gravosa do que a experimentada pelas pessoas jurídicas em geral, aí compreendidas as microempresas e as empresas de pequeno porte.

Daí estarmos convencidos de que a lei deverá sempre mais facilitar a contratação das cooperativas pelo Poder Público, afrouxando as amarras e excessos burocráticos que, nos processos licitatórios, ainda tolhem o pleno funcionamento de tais sociedades.

D) Também a Constituição Federal, agora em seu art. 174, § 3º, estabelece que "*o Estado favorecerá a organização da atividade garimpeira em cooperativas, levando em conta a proteção do meio ambiente e a promoção econômico-social dos garimpeiros*". Como o assunto não vem para aqui, deixaremos de desenvolvê-lo.

E) O mesmo Diploma Magno, em seu art. 174, § 4º, prioriza as cooperativas, "*na autorização ou concessão para pesquisa e lavra dos recursos e jazidas de minerais garimpáveis, nas áreas onde estejam atuando, e naquelas fixadas de acordo com o art. 21, XXV,*[16] *na forma da lei*". Também não é o caso de, neste estudo, tratarmos do tema.

F) O art. 187, IV, da Constituição Federal manda levar em conta, em matéria de política agrícola, "*especialmente o cooperativismo*", circunstância que vem ao encontro da idéia de que o amanho da terra há de ser favorecido e incentivado. Para os fins deste artigo, o assunto, conquanto importante, não carece de ser explicitado.

G) Finalmente, a Constituição Federal, em seu no art. 192, *caput*, prescreve que o sistema financeiro nacional "*estruturado de forma a promover o desenvolvimento equilibrado do País e a servir aos interesses da coletividade, em todas as partes que o compõem, abrangendo as cooperativas de crédito, será regulado por leis complementares que disporão, inclusive, sobre a participação do capital estrangeiro nas instituições que o integram*". Também neste passo, não há necessidade de fazermos maiores comentários.

H) Mas, conforme havíamos adiantado, há um artigo na Constituição Federal que, embora não aluda diretamente ao cooperativismo, repercute na atuação das cooperativas médicas, que se associam ao *sistema único de saúde* (*SUS*). Trata-se do art. 199, que, em seu § 1º, manda priorizar, na contratação para participar complementar-mente do *sistema único de saúde*, as entidades sem fins lucrativos, dentre as quais se inscrevem as cooperativas médicas, que, como é sabido e assente, não possuem *espírito de ganho*.

II – Muito bem. Com a só leitura destes dispositivos, já estamos percebendo que o *constituinte originário* não só *acreditou* no cooperativismo, como determinou

---

[16] Constituição Federal – "*Art. 21. Compete à União: XXV – estabelecer as áreas e as condições para o exercício da atividade de garimpagem, em forma associativa*".

que esta peculiar forma associativista fosse, por todos os títulos, prestigiada e protegida pela ordem jurídica.

Podemos, pois, afirmar que o cooperativismo é um *valor* que, por seu particular significado político, social e econômico, foi consagrado, pela Assembléia Nacional Constituinte, em repetidas passagens da Constituição da República.

Conseqüentemente, tudo o que diga respeito às cooperativas deve receber uma interpretação *generosa*, posto ser vontade do *constituinte originário* – explicitamente manifestada – incentivá-las e submetê-las a uma tributação mitigada, mais branda até daquela que alcança as microempresas e as empresas de pequeno porte.

Voltemos, porém, ao art. 146, III, *c*, da Constituição Federal.

III – Temos para nós que a Lei Maior, ao mandar dispensar, no sobredito dispositivo, *"adequado tratamento tributário ao ato cooperativo, praticado pelas sociedades cooperativas"*, não incidiu em nenhuma cinca, nem, tampouco, proclamou verdade acaciana.

Simplesmente determinou que lei complementar veiculasse *"normas gerais em matéria de legislação tributária"*, de modo a fazer com que, em todas as Unidades Federativas (União, Estados-membros, Distrito Federal e Municípios), as cooperativas venham a receber tratamento tributário privilegiado, vale dizer, mais favorável do que o dispensado às instituições privadas com fins lucrativos.

Neste contexto, portanto, *dispensar adequado tratamento tributário* é reconhecer as peculiaridades do ato cooperativo e, ao fazê-lo, eximi-lo, o quanto possível, de tributação. Afinal, como é de comum sabença, a tributação lanha a propriedade dos contribuintes, já que fica com uma parcela, por vezes significativa, de suas riquezas.

Então, já podemos deixar anotado que as normas tributárias devem ser editadas, interpretadas e aplicadas de tal modo, que o *ato cooperativo* sofra um mínimo de tributação, ou, até, passe ao largo das exigências fiscais.

Neste sentido, diga-se de passagem, a lição de Pedro Einstein dos Santos Anceles, que, comentando o art. 146, III, *c*, da Constituição Federal, averbou:

> *"Trata-se, em verdade, de comando dirigido ao legislador infraconstitucional para que este contemple o ato cooperativo com base de cálculo, alíquotas ou outro expediente tributário que prestigie o sistema cooperativo, onerando menos as cooperativas, em razão de sua função social, do que as demais sociedades".*[17]

---

[17] *"O adequado tratamento ao ato cooperativo. O imposto de renda da pessoa jurídica e a contribuição social sobre o lucro líquido incidentes nas operações realizadas por cooperativas"*, in Ato Cooperativo e seu adequado tratamento tributário (Mandamentos, Belo Horizonte, 2004, p. 276).

De fato, as cooperativas provêem o atendimento das necessidades básicas dos cooperativados, que, por injunção constitucional, devem, o quanto possível, ser amparados e incentivados. Colimam, em última análise, facilitar-lhes a atuação e o desenvolvimento pessoal e profissional.

Vêm ao encontro desta linha de pensamento, as oportunas ponderações de Renato Lopes Becho:

"Mundialmente reconhecida é a hipossuficiência das cooperativas, tema tratado por diversos doutrinadores. Preferimos dizer que as particularidades do sistema (fugindo de uma síndrome de inferioridade que não ajuda, posto que guarda uma dívida moral desnecessária) necessitam, muitas vezes, de ajuda externa para sua sobrevivência. Semelhantes em vários aspectos aproximativos com as micro-empresas, com as sociedades filantrópicas e com as organizações não governamentais, as cooperativas fazem jus a tratamento diferenciado em relação às sociedades de fins lucrativos. O constituinte originário quis, no que nem sempre é respeitado pelos governos, que as leis de organização da ordem econômico-financeira apoiassem e incentivassem o cooperativismo".[18]

Ora, exatamente por isso, as cooperativas titularizam uma série de faculdades e prerrogativas que, em princípio, as empresas privadas não possuem. Embora não sejam imunes à tributação, devem receber tratamento tributário mais brando do que o dispensado às pessoas jurídicas de direito privado em geral. Quando possível, a legislação deve outorgar-lhes isenções tributárias. E as situações de dúvida haverão de ser solvidas em favor da não-tributação ou, quando pouco, da tributação mitigada.

Portanto, o já citado art. 146, III, *c*, da Constituição Federal, traduz o reconhecimento de que as cooperativas somente reúnem condições de sobreviver, num mercado dominado pelas empresas de grande porte (nacionais e internacionais), se receberem especial amparo. Este – tornamos a dizer – é um valor que o Estado é obrigado a perseguir.

Deveras, comentando o dispositivo constitucional em tela, assim nos manifestamos:

"...com lei complementar ou sem ela, parece-nos evidente que as pessoas políticas devem dispensar 'adequado tratamento tributário ao ato cooperativo praticado pelas sociedades cooperativas'. Entretanto, é a própria Constituição, sistematicamente interpretada e aplicada, que determina em que consiste tal tratamento tributário adequado. Esta lei complementar não poderá, 'v.g.', considerar o 'ato cooperativo praticado pelas sociedades cooperativas' como sendo uma operação mercantil, de modo a permitir que sobre ele incida o ICMS. O legislador complementar não está

---

[18] *"Direito Constitucional Tributário Aplicado às Cooperativas"*, trabalho inédito, 1999, São Paulo, p. 25.

mais autorizado do que o legislador ordinário das várias pessoas políticas tributantes a captar, também neste passo, o desígnio constitucional".[19]

IV – Corrobora nossa opinião, o disposto na alínea *d*, do inc. III, do art. 146, da Constituição Federal:

"Art. 146. Cabe à lei complementar: (...)
"III – estabelecer normas gerais em matéria de legislação tributária, especialmente sobre: (...)
"d) definição de tratamento diferenciado e favorecido para as microempresas e para as empresas de pequeno porte, inclusive regimes especiais ou simplificadores no caso do imposto previsto no art. 155, II, das contribuições previstas no art. 195, I e §§ 12 e 13 e da contribuição a que se refere o art. 239;".

Esta alínea *d*, acrescentada pela Emenda Constitucional nº 42, de 19 de dezembro de 2003, vem ao encontro da idéia de que as cooperativas devem receber tratamento tributário mais benéfico do que o dispensado às empresas lucrativas em geral.

É interessante notar que o *constituinte derivado*, fugindo da imprecisa expressão *"adequado tratamento"* – que, no caso da alínea *c*, tantas controvérsias interpretativas suscitou –, empregou a locução, mais técnica, *"tratamento diferenciado e mais favorecido"*, inclusive no que se refere a alguns tributos, às microempresas e empresas de pequeno porte.

Ora, mais do que estas empresas – que, sem embargo de sua importância social, visam o lucro –, as cooperativas demandam tratamento fiscal favorecido, já que não ostentam *"espírito de ganho"* e, assim, melhor descentralizam rendas. De fato, sendo entidades não-lucrativas, possibilitam que as riquezas não fiquem nas mãos de alguns poucos (como nas microempresas e nas empresas de pequeno porte, em que o *lucro* é distribuído basicamente entre os diretores ou acionistas), mas, pelo contrário, que transitem pelo patrimônio de todo o universo de cooperativados.

Registre-se que os resultados econômicos positivos das cooperativas são distribuídos a todos os associados, na proporção da participação de cada um, independentemente da parcela de detenção do capital. Daí essas sociedades serem mais solidárias e justas do que as microempresas e as empresas de pequeno porte, o que muito as aproxima das instituições assistenciais e educacionais, sem fins lucrativos, embora com elas não se confundam.

Em suma, a alínea *d*, do inc. III, do art. 146, da Constituição Federal, reforçou o grau de intensidade da alínea *c*, do mesmo inciso, dando-lhe o exato signifi-

---

[19] *Curso...*, p. 1003.

cado, conteúdo e alcance: as cooperativas, embora – insista-se – não imunes à tributação (ao contrário das instituições educacionais e assistenciais, sem fins lucrativos), sobrepairam as microempresas e as empresas de pequeno porte, devendo, destarte, receber tratamento tributário ainda mais favorecido do que estas.

V –Mas, afinal, que é cooperativa?

Em termos infraconstitucionais, ou seja, em nível legal, a resposta deve ser buscada a partir do Código Civil de 2002, que traz todo um capítulo dedicado às sociedades cooperativas.[20]

Como se sabe, o novo Código Civil, em seu art. 982, classificou as sociedades em *empresárias* e *simples*.[21] As cooperativas, independentemente de seu objeto, são sempre *sociedades simples* (cf. art. 982, parágrafo único, do *CCiv*[22]).

Ora, ensina-nos Maria Helena Diniz, que as *sociedades simples* não passam de *sociedades civis; verbis*:

> *"As pessoas jurídicas de direito privado, instituídas por iniciativa de particulares, conforme o art. 44, I a III, do Código Civil, dividem-se em: fundações particulares, associações, sociedades (civis ou simples e empresárias) e, ainda, partidos políticos".[23]*

E, mais adiante:

> *"A sociedade simples, por sua vez, é a que visa fim econômico ou lucrativo, que deve ser repartido entre os sócios, sendo alcançado pelo exercício de certas profissões ou pela prestação de serviços técnicos (CC, arts. 997 a 1.038). P. ex.: uma sociedade imobiliária (...); uma sociedade que presta serviços de pintura (...); que explora o ramo hospitalar ou escolar; que presta serviços de terraplenagem (...); uma sociedade cooperativa (CC, arts. 982, parágrafo único, 1.093 a 1.096). Mesmo que uma sociedade civil venha a praticar, eventualmente, atos de comércio, tal fato não a desnatura, pois o que importa para identificação da natureza da sociedade é a atividade principal por ela exercida (...)".[24]*

---

[20] Parte Especial, Livro II (*"Do Direito de Empresa"*), Título II (*"Da Sociedade"*), Capítulo VII (*"Da Sociedade Cooperativa"*).

[21] Código Civil – *"Art. 982. Salvo as exceções expressas, considera-se empresária a sociedade que tem por objeto o exercício de atividade própria de empresário sujeito a registro (art. 967); e, simples, as demais"*.

[22] Código Civil – *"Art. 982. (omissis) Parágrafo único. Independentemente de seu objeto, considera-se empresária a sociedade por ações; e, simples, a cooperativa"*.

[23] *Curso de Direito Civil Brasileiro*, vol. 1, Saraiva, São Paulo, 9ª ed., 1993, p. 210.

[24] *Idem, ibidem*, p. 227 (grifamos).

Logo, as cooperativas são sociedades simples (civis). Distinguem-se de outras formas associativas, por uma série de traços característicos, positivados no art. 1.094,[25] do Código Civil e no art. 4º,[26] da ainda em vigor Lei nº 5.764/1971.[27]

Cumpre ressaltar que, embora desempenhem atividades financeiras, não têm fins lucrativos, já que os resultados econômicos positivos, obtidos com a prática dos atos cooperativos, não são integrados ao patrimônio da entidade, mas distribuídos entre os cooperativados, na proporção das atividades por eles desenvolvidas.

Nada impede, portanto, que as cooperativas obtenham ingressos, exatamente para atenderem às necessidades e expectativas de seus associados. Visam propiciar-lhes vantagens econômicas, na proporção do esforço que cada um despendeu para o atingimento dos objetivos da entidade.

Noutros termos, os valores arrecadados pela cooperativa são transferidos aos cooperativados, deduzidas, apenas, as despesas de administração.

---

[25] Código Civil – "*Art. 1094. São características da sociedade cooperativa: I – variabilidade, ou dispensa do capital social; II – concurso de sócios em número mínimo necessário a compor a administração da sociedade, sem limitação de número máximo; III – limitação do valor da soma de quotas do capital social que cada sócio poderá tomar; IV – intransferibilidade das quotas do capital a terceiros estranhos à sociedade, ainda que por herança; V – quorum, para a assembléia geral funcionar e deliberar, fundado no número de sócios presentes à reunião, e não no capital social representado; VI – direito de cada sócio a um só voto nas deliberações, tenha ou não capital a sociedade, e qualquer que seja o valor de sua participação; VII – distribuição dos resultados, proporcionalmente ao valor das operações efetuadas pelo sócio com a sociedade, podendo ser atribuído juro fixo ao capital realizado; VIII – indivisibilidade do fundo de reserva entre os sócios, ainda que em caso de dissolução da sociedade*".

[26] Lei nº 5.764/71 – "*Art. 4º. As cooperativas são sociedades de pessoas, com forma e natureza jurídica próprias, de natureza civil, não sujeitas à falência, constituídas para prestar serviços aos associados, distinguindo-se das demais sociedades pelas seguintes características: I – adesão voluntária, com número ilimitado de associados, salvo impossibilidade técnica de prestação de serviços; II – variabilidade do capital social, representado por quotas partes; III – limitação do número de quotas partes do capital para cada associado, facultado, porém, o estabelecimento de critérios de proporcionalidade, se assim for mais adequado para o cumprimento dos objetivos sociais; IV – incessibilidade das quotas partes do capital a terceiros, estranhos à sociedade; V – singularidade de voto, podendo as cooperativas centrais, federações e confederações de cooperativas, com exceção das que exerçam atividade de crédito, optar pelo critério da proporcionalidade; VI – 'quorum' para funcionamento e deliberação da Assembléia Geral baseado no número de associados e não no capital; VII – retorno das sobras líquidas do exercício, proporcionalmente às operações realizadas pelo associado, salvo deliberação em contrário da Assembléia Geral; VIII – indivisibilidade dos fundos de Reserva e de Assistências Técnica, Educacional e Social; IX – neutralidade política e indiscriminação religiosa, racial e social; X – prestação de assistência aos associados e, quando prevista nos estatutos, aos empregados da cooperativa; XI – área de admissão de associados limitada às possibilidades de reunião, controle, operações e prestação de serviços*".

[27] Tirante um que outro dispositivo, a Lei nº 5.764/1971 ainda se encontra em vigor, se por mais não fosse, em razão da ressalva contida no art. 1093, do Código Civil ("*A sociedade cooperativa reger-se-á pelo disposto no presente Capítulo, ressalvada a legislação especial*").

Isso já indica que as cooperativas não obtêm lucro, isto é, não auferem proveito próprio, pelo resultado econômico positivo das atividades que promovem, em nome de seus associados.[28]

Em face do exposto, podemos dizer, com Renato Lopes Becho, que "*cooperativas são sociedades de pessoas, de cunho econômico, sem fins lucrativos, criadas para pres-*

---

[28] *Lucro*, como é pacífico e assente, é o resultado positivo, esperado e perseguido pela sociedade comercial, na realização de seus objetivos sociais.

Todas as empresas comerciais perseguem o lucro. Os caminhos para atingi-lo, porém, variam de acordo com os objetivos sociais da pessoa jurídica: exploração de petróleo, montagem de veículos, comercialização de produtos e assim avante.

Para as sociedades cooperativas, porém, o quadro se altera.

Com efeito, no cooperativismo, o fim perseguido não é o lucro. É, sim, se nos for permitido o neologismo, o *não-lucro*.

Expliquemo-nos melhor.

O cooperativismo existe justamente para não produzir lucro. Todo o resultado positivo alcançado pelas cooperativas deve retornar a seus associados, na proporção em que cada um para ele contribuiu. O *não-lucro*, no cooperativismo, é o grande traço distintivo dessa forma societária, em cotejo com as demais, sendo, inclusive, uma exigência legal, porquanto ordenada no art. 3º, da Lei nº 5.764/71; *verbis: "Art. 3º. Celebram contrato de sociedade cooperativa as pessoas que reciprocamente se obrigam a contribuir com bens ou serviços para o exercício de uma atividade econômica, de proveito comum, sem objetivo de lucro".*

Os resultados econômicos, quer positivos, quer negativos, não permanecem na sociedade; antes, sempre retornam ao associado. Noutros falares, o associado partilha, quer dos *superavits*, quer dos *déficits*, tudo conforme, de resto, vem disciplinado na lei de regência, mais especificamente em seus arts. 80, 81 e 89; *verbis: "Art. 80. As despesas da sociedade serão cobertas pelos associados mediante rateio, na proporção direta da fruição de serviços. Parágrafo único. A cooperativa poderá, para melhor atender à equanimidade de cobertura das despesas da sociedade, estabelecer: I – rateio, em partes iguais, das despesas gerais da sociedade entre todos os associados, quer tenham ou não, no ano, usufruído dos serviços por ela prestados, conforme definidas no estatuto; II – rateio, em razão diretamente proporcional, entre os associados que tenham usufruído dos serviços durante o ano, das sobras líquidas ou dos prejuízos verificados no balanço do exercício, excluídas as despesas gerais já atendidas na forma do item anterior.*

"Art. 81. A cooperativa que tiver adotado o critério de separar as despesas da sociedade e estabelecido o seu rateio na forma indicada no parágrafo único do artigo anterior deverá levantar separadamente as despesas gerais. (...)

"Art. 89. Os prejuízos verificados no decorrer do exercício serão cobertos com recursos provenientes do Fundo de Reserva e, se insuficiente este, mediante rateio, entre os associados, na razão direta dos serviços usufruídos, ressalvada a opção prevista no parágrafo único do art. 80".

Pois bem, as cooperativas não visam o lucro: têm por finalidade simplesmente prestar serviços aos associados (art. 4º), sem acrescentar *mais-valias*, a estes mesmos serviços. Caso estas se verifiquem, haverá o retorno dos *valores superavitários* aos associados, na medida das operações que cada um deles tiver realizado.

Em contrapartida, se a cooperativa experimentar resultados economicamente negativos, serão os associados que os deverão ilidir, por meio de aportes de seus próprios capitais (o que será feito também na medida das operações que tiverem realizado).

tar serviços aos sócios, de acordo com princípios jurídicos próprios e mantendo seus traços distintivos intactos".[29]

VI – É o caso agora de assinalarmos que, a teor do art. 5º, da Lei nº 5.764/1971, *"as sociedades cooperativas poderão adotar por objeto qualquer gênero de serviço, operação ou atividade".*

Renato Lopes Becho assim comentou este artigo:

"Na verdade, as cooperativas poderão adotar por objeto qualquer gênero de serviço, operação ou atividade que permitam a estrutura empresarial e, basicamente, que congreguem pessoas ou profissionais que possam atuar autonomamente ou, pelo menos, que possam compor-se em associação ou sociedade. Assim, por rigor no discurso, devemos salientar a impossibilidade de estruturação de cooperativa para fins militares, ou para prestação de serviço público obrigatório e indelegável, como os diplomáticos, judiciais, legislativos etc. Fora desse quadro restritíssimo de impossibilidade, a abertura para as cooperativas é muito grande, como deve ser".[30]

Neste sentido, o art. 10, da Lei nº 5.764/1971, permite não só a criação de vários tipos de cooperativa, como sua classificação por ramos de atividades; *verbis*:

"Art. 10. As cooperativas se classificam também de acordo com o objeto ou pela natureza das atividades desenvolvidas por elas ou por seus associados.

"§ 1º. Além das modalidades de cooperativas já consagradas,[31] *caberá ao respectivo órgão controlador*[32]*apreciar e caracterizar outras que se apresentem.*

"§ 2º. Serão consideradas mistas as cooperativas que apresentarem mais de um objeto de atividade".

Assim, em exemplário armado ao propósito, poderão ser criadas *cooperativas de consumo, de vendas em comum, de produção agrícola, de produção industrial e artesanal, de beneficiamento, de crédito, de saúde* e outras que a vida econômica e social vierem a exigir.

VII – A propósito, a *Organização das Cooperativas Brasileiras – OCB* alude às cooperativas que atuam nos seguintes setores:

"AGROPECUÁRIO: composto pelas cooperativas de produtores rurais ou agropastoris e de pesca, cujos meios de produção pertençam ao cooperante.

---

[29] *Tributação das Cooperativas*, Dialética, São Paulo, 3ª ed., 2005, p. 95.
[30] *Elementos de Direito Cooperativo*, Dialética, São Paulo, 2002, p. 140.
[31] A lei de regência dessas sociedades não indica quais são *"as modalidades de cooperativas já consagradas".*
[32] Tal *"órgão controlador"* era, à época, o *Conselho Nacional do Cooperativismo*, substituído, após o advento da Carta de 1988, pela *Organização das Cooperativas Brasileiras – OCB*.

"CONSUMO: composto pelas cooperativas dedicadas à compra em comum de artigos de consumo para seus cooperantes.

"CRÉDITO: composto pelas cooperativas destinadas a promover a poupança e financiar necessidades ou empreendimentos dos seus cooperantes.

"EDUCACIONAL: composto por cooperativas de professores, cooperativas de alunos de escola agrícola, cooperativas de pais de alunos e cooperativas de atividades afins.

"ESPECIAL: composto pelas cooperativas constituídas por pessoas que precisam ser tuteladas.

"HABITACIONAL: composto pelas cooperativas destinadas à construção, à manutenção e à administração de conjuntos habitacionais para seu quadro social.

"INFRA-ESTRUTURA: composto pelas cooperativas cuja finalidade é atender direta e prioritariamente o próprio quadro social com serviços de infra-estrutura.

"MINERAL: composto pelas cooperativas com a finalidade de pesquisar, extrair, lavrar, industrializar, comercializar, importar e exportar produtos minerais.

"PRODUÇÃO: composto pelas cooperativas dedicadas à produção de um ou mais tipos de bens e mercadorias, sendo os meios de produção propriedade coletiva, através da pessoa jurídica, e não propriedade individual do cooperante.

"SAÚDE: composto pelas cooperativas que se dedicam à preservação e à recuperação da saúde humana.

"TRABALHO: composto pelas cooperativas de trabalhadores de qualquer categoria profissional, para prestar serviços como autônomos, organizados num empreendimento próprio.

"TURISMO E LAZER: composto pelas cooperativas que desenvolvem atividades na área do turismo e lazer.

"OUTRO: composto pelas cooperativas que não se enquadrarem nos ramos acima definidos".[33]

Essa classificação por setores de atividade, além de marcada por alta dose de subjetivismo, não brotou da pena do legislador, sendo, destarte, despida de caráter vinculante. Mesmo assim, é útil, porque evidencia o amplo campo de atuação dessas sociedades.

VIIa – Todavia, a aludida classificação tem recebido críticas constantes.

Assim, por exemplo, Vergílio Frederico Perius, renomado professor de Direito Cooperativo na Universidade do Vale do Rio dos Sinos (*UNISINOS*), observou, a propósito das *cooperativas agrícolas* (primeiro ramo listado pela *OCB*):

"*A primeira dificuldade surge na definição das cooperativas agropecuárias, ou seja, a natureza destas está em razão de suas atividades ou em razão da qualidade de seus associados? Qual o critério?*"[34]

---

[33] Este item ("*outro*") revela o amadorismo da classificação, já que, logicamente, significa que o rol é meramente exemplificativo.

[34] *Cooperativismo e Lei*, Unisinos, São Leopoldo (RS), 2001, p. 65.

O ilustre jurista está coberto de razão. As cooperativas agropecuárias podem ser formadas para compartilhar o uso de máquinas agrícolas, caras o suficiente para se tornarem inacessíveis aos pequenos e médios produtores rurais. Além disso, como não necessitam utilizá-las, salvo poucos dias por ano, eles se unem em cooperativa, compram as máquinas (em nome da cooperativa) e dividem, entre eles, sua utilização.

Daí a pergunta: tal cooperativa seria agrícola (pela atividade do associado) ou de prestação de serviços (pela atividade da própria cooperativa: a cessão temporária de maquinário)? As duas respostas são possíveis.

Observe-se que, no caso, os cooperativados (associados) não são os operadores das máquinas, mas os beneficiários dos serviços por elas realizados.

VIIb – Mas, há outras formas de cooperação pelo uso compartilhado de veículos, como, por exemplo, táxis e ônibus. Nesses casos, um grupo de pessoas, plenamente de acordo com a legislação brasileira, forma uma cooperativa, que adquire automóveis e ônibus.

Os associados poderão ser os motoristas, o que leva a classificar a cooperativa como sendo *de trabalho*. No entanto, poderão também ser os usuários, fazendo com que venha classificada no item geral (*outras*) da lista elaborada pela *OCB*.

VIIc – E, nos dias atuais, juridicamente nada impede seja formada uma cooperativa de usuários de aeronaves, em regime de propriedade compartilhada.

Deveras, conforme vimos, a Lei nº 5.764/1971, em seu art. 5º, autoriza as sociedades cooperativas a terem por objeto "*qualquer gênero de serviço, operação ou atividade*".

E nem poderia ser de outro modo, em função do princípio constitucional da *livre iniciativa* (arts. 170 e 174, § 2º, da *CF*) e do que dispõe a legislação civil (*CCiv*, art. 104).

Como se vê, a Constituição da República, o Código Civil e a Lei das Cooperativas, cada um a seu modo, autorizam expressamente a formação de cooperativas, com os mais diversos objetos, desde que, é claro, lícitos.

VIII – Aqui chegados, aproveitamos para abrir um ligeiro parêntese a fim de deplorar uma mentalidade, tipicamente brasileira, de se pensar apenas em cooperativas de pequenos agricultores, de bordadeiras, de artesãos, de pescadores e outras do tipo, que congreguem profissionais de menor expressão econômica.

Nada menos exato. No exterior, o cooperativismo se expandiu, a ponto de estar presente em conglomerados de indústrias, em grandes grupos econômicos, em sólidas instituições financeiras, em pujantes universidades etc. Só para ilustrar a idéia, o Banco Central Europeu é uma cooperativa.

Como é fácil notar, a visão brasileira, em matéria de cooperativismo, é retrógrada, voltada contemplativamente para o passado; absolutamente não se compadece com os tempos atuais, de globalização.

IX – Retomando o fio do raciocínio, temos que, dentro da supracitada classificação da *OCB*, uma cooperativa de usuários de aeronaves, em regime de propriedade compartilhada, pode perfeitamente ser classificada como "*de consumo*".

Consumo – convém que se frise –, não na acepção vulgar de "*utilização até que se acabe*", mas na mais restrita de "*uso*", que se traduz também no desgaste de peças, na utilização de insumos (combustíveis, óleos lubrificantes, pneus etc.) e, até, de itens menos evidentes, como peças que devem ser substituídas após *X* horas de vôo.

Paul Singer abona nossa tese; *verbis*:

"*Outra modalidade de empresa solidária é a cooperativa de consumo, que é possuída pelos que consomem seus produtos ou serviços. A finalidade dela é proporcionar a máxima satisfação ao menor custo aos cooperados*".[35]

IXa – Mas, uma cooperativa de usuários de aeronaves, em regime de propriedade compartilhada, pode igualmente ser rotulada "*de transporte*", modalidade não expressamente referida pela *OCB* e, portanto, classificável na última categoria ("*outro*"), o que confirma que a divisão proposta por esta entidade é meramente indicativa. Vergílio Frederico Perius indica essa possibilidade e propõe uma ampla classificação de cooperativas, na qual prevê: "*COOPERATIVAS DE TRANSPORTADORES: De transportadores de passageiros; De transportadores de cargas*".[36]

Posto isso, vejamos, agora, em que consiste o *princípio da dupla qualidade*.

4. O princípio da dupla qualidade

I – Parece-nos bem assinalar, ainda, que o associado de uma cooperativa reveste, concomitantemente, a condição de *sócio* e de *principal usuário* da entidade. A isso se convencionou chamar *princípio da dupla qualidade*.

A existência deste princípio, em nosso direito positivo, vem revelada no já mencionado art. 4º, da Lei nº 5.764/1971, que enfatiza serem as cooperativas "*constituídas para prestar serviços aos associados*".

Logo, como é fácil perceber, o associado é, a um tempo, proprietário e cliente da cooperativa. De fato, enquanto esta, desenvolvendo sua atividade primacial, serve ao associado (*v.g.*, distribuindo-lhe os *resultados econômicos*), ele é seu proprietário. Já, é seu cliente, quando se vale dos meios que a entidade lhe dispo-

---

[35] "*A recente ressurreição da economia solidária no Brasil*", in *Produzir para viver: os caminhos da produção não capitalista*, Organizado por Boaventura de Sousa Santos, Civilização Brasileira, Rio de Janeiro, 2002, p. 84.

[36] *Op. cit.*, p. 67.

nibiliza, para melhor poder levar avante suas atividades (acesso a advogados e contadores, utilização de serviços de terceiros, entrega de formulários, divulgação de campanhas etc.).

Detalhando o assunto, há sempre duas relações jurídicas, interligando o associado à cooperativa.

A primeira, é a relação societária propriamente dita, ou seja, a relação de dono: a pessoa física une-se à jurídica, passando a fazer parte de seu quadro associativo e fazendo jus a todas as prerrogativas de sócio.[37]

A segunda, é a relação do associado enquanto usuário dos serviços da cooperativa, e que está sujeita a variações, dependendo do tipo, das características e do modelo de atividade econômica da sociedade.

Estas duas relações estão dentro do *ato cooperativo*, devendo ambas receber o retro-aludido *"adequado tratamento tributário"*.

II – Ademais, nunca devemos perder de vista que o associado está no centro das atividades cooperativadas. Assim, por exemplo, a cooperativa de usuários de aeronaves atua para facilitar o uso dos aparelhos, pelos associados que, afinal, são seus donos. Deste modo, o usuário, para utilizar helicópteros e aviões, precisa lançar mão de diversos meios de apoio (que lhe são fornecidos pela cooperativa), seja *diretos* (heliportos, oficinas mecânicas, pilotos etc.), seja *indiretos* (serviços administrativos, contábeis, advocatícios etc.). Tais meios, preordenados ao bom desempenho da atividade da cooperativa, não podem ser alvo de tributação, porque se integram ao próprio ato cooperativo.

Anote-se, por oportuno, que o sistema evita que os interessados se vejam compelidos a adquirir, cada um de per si, aeronaves, que, além de seu altíssimo custo, permanecerão, na maior parte do tempo, ociosas. O melhor é que se associem numa cooperativa e desfrutem, na medida de suas necessidades, dos aparelhos, tendo apenas o encargo de ressarcir a cooperativa, pelas despesas que lhes causam.

5. Atos cooperativos, negócios cooperativos e atos não-cooperativos

I – Atos cooperativos são os praticados entre as cooperativas e seus associados e vice-versa, bem como entre cooperativas associadas.

Questiona-se, no entanto, se não existem outros comportamentos passíveis de serem juridicamente havidos por atos cooperativos, merecendo, também eles, o aludido *"adequado tratamento tributário"*.

---

[37] Dentro deste contexto, o associado poderá participar, com voz e voto, de uma assembléia geral, aceitando ou recusando o que nela estiver sendo proposto e, destarte, definindo os rumos da cooperativa.

A prevalecer a *literalidade* do art. 79, *caput*, da Lei nº 5.764/71, a resposta à questão haveria de ser negativa. Com efeito, ali está consignado:

"*Art. 79. Denominam-se atos cooperativos os praticados entre as cooperativas e seus associados, entre estes e aquelas e pelas cooperativas entre si quando associados, para a consecução dos objetivos sociais*".[38]

Todavia, tal *literalidade* deve ser afastada, justamente porque leva a *conclusões inconsistentes*, que, na prática, atentam contra os princípios constitucionais que informam o *cooperativismo* e que, por óbvio, sobrepairam o acima citado artigo de lei.

Nunca é demais recordar que os princípios constitucionais são vetores para soluções interpretativas.

Vejamos, pois, se há outros atos que podem ser havidos por *cooperativos*.

II – Atualmente, a doutrina identifica ocorrências equiparáveis ao *ato cooperativo*. São os *negócios cooperativos* que viabilizam os atos cooperativos propriamente ditos e, bem por isso, devem receber idêntico "*adequado tratamento tributário*".

Os *negócios cooperativos* compreendem os realizados para alcançar os objetivos da cooperação (*negócios-fim*) e os necessários à consecução dos *negócios-fim* (*negócios-meio*).[39]

Walmor Franke explica tais negócios; *verbis*:

"*Em consonância com a natureza dúplice da sociedade cooperativa, os negócios jurídicos em que ela é figurante têm, de regra, caráter bipartido.*

"*O negócio interno ou 'negócio-fim' está vinculado a um negócio externo, negócio de mercado ou 'negócio-meio'. Este último condiciona a plena satisfação do primeiro, quando não a própria possibilidade de sua existência (como, por exemplo, nas cooperativas de consumo, em que o*

---

[38] Corretamente, a legislação argentina (Lei nº 20.337, de 2 de maio 1973) foi mais extensiva; *verbis*: "*Art. 4º. São atos cooperativos os realizados entre as cooperativas e seus associados e por aquelas entre si em cumprimento do objeto social e da consecução dos fins institucionais. Também o são, a respeito das cooperativas, os atos jurídicos que com idêntica finalidade realizem com outras pessoas*" (grifamos).

[39] Renato Lopes Becho assim classifica os *negócios cooperativos*: "*Negócio-fim ou principal: aqueles realizados para atingir os objetivos da cooperação. Estão expressamente previstos no artigo 79 da Lei nº 5.764/71. Neles se incluem os atos cooperativos;*

"*Negócio-meio ou, para nós, negócios essenciais: aqueles imprescindíveis para a realização dos negócios-fim ou principais. Não estão expressamente previstos no conceito legal de ato cooperativo, mas este não se realiza sem tais negócios-meio;*

"*Negócios auxiliares: servem de apoio à cooperativa. Não fazem parte da cadeia produtiva, mas dão sustentação e possibilidade de existência à cooperativa. Todas as pessoas, físicas ou jurídicas, necessitam desses negócios auxiliares; e,*

"*Negócios secundários ou supérfluos: não são necessários à vida da sociedade, mas podem ser úteis e permitir algum ganho não substancial*" (Elementos... p. 164).

'negócio-fim', ou seja, o fornecimento de artigos domésticos aos associados, não é possível sem que antes esses artigos tenham sido 'comprados' no mercado)".[40]

Assim, por exemplo, numa cooperativa de usuários de aeronaves, em regime de propriedade compartilhada, o *negócio-fim* é a gestão das aeronaves dos cooperativados, para uso próprio, de familiares e de convidados. O *negócio-meio* é a aquisição, abastecimento e manutenção das aeronaves, para que possam atender, a tempo e a hora, os cooperativados, seus familiares e seus convidados.

III – Registre-se que há outros tipos de *negócios cooperativos*, não diretamente ligados ao "*negócio-fim*". É o caso, por exemplo, da contratação de empregados para a administração da cooperativa, da venda de bens inservíveis ou não-envolvidos com o processo produtivo, da contratação de profissionais autônomos e de empresas de diversas áreas (advocacia, contabilidade, administração etc.) e assim avante.

De fato, para a cooperativa realizar *negócios-fim* e *negócios-meio* precisa levar a efeito outros, de caráter interno, mas preordenados aos resultados externos da cooperativa. São os *negócios auxiliares* e os *secundários* (ou *acessórios*).

Estes últimos (os *negócios auxiliares* e os *negócios acessórios*) podem, ou não, ser havidos por *atos cooperativos*. Tudo vai depender do regime jurídico a que estiverem submetidos.

Imaginemos, por hipótese, que uma cooperativa de usuários de aeronaves, em regime de propriedade compartilhada, produza, como resultado de sua atividade, sobras consideráveis de pneumáticos, que, não tem interesse em reciclar. A venda, no mercado livre, deste material é um *negócio acessório*, que não pode ser considerado *ato cooperativo*. Todavia, se outra cooperativa, esta de catadores de sucata, adquirir-lhe tais bens inservíveis, haverá um típico *ato cooperativo bilateral*. Noutras palavras o que, à primeira vista, era um *negócio acessório* (venda de sucata) passa a ser um *ato cooperativo*, como tal devendo ser tratado, inclusive para fins de tributação.

IV – Há atos, no entanto, que incontendivelmente não são cooperativos. São – se nos for dado usar a expressão – *atos não-cooperativos*.

Cuidam do assunto, os arts. 85, 86 e 88, da Lei nº 5.764/71, que autorizam as cooperativas a transacionar com terceiros.

Damo-nos pressa em escrever que o art. 85 é específico para as cooperativas agropecuárias e de pesca, motivo pelo qual dele não trataremos.[41]

---

[40] *Direito das Sociedades Cooperativas (Direito Cooperativo)*, Saraiva, São Paulo,1973, pp. 26/7.
[41] Lei nº 5.764/71 – "*Art. 85 – As cooperativas agropecuárias e de pesca poderão adquirir produtos de não associados, agricultores, pecuaristas ou pescadores, para completar lotes destinados ao cumprimento de contratos ou suprir capacidade ociosa de instalações industriais das cooperativas que as possuem*".

Já o art. 86, da Lei n⁰ 5.764/71 estabelece:

"Art. 86. As cooperativas poderão fornecer bens e serviços a não associados, desde que tal faculdade atenda aos objetivos sociais e estejam de conformidade com a presente lei".

Confrontando este artigo, com o de n⁰ 79 (que conceitua o *ato cooperativo*), percebemos que um ato será *não-cooperativo* sempre que houver, da parte de não-associados, fornecimento de bens e serviços a clientes da cooperativa. Assim, numa cooperativa de usuários de aeronaves, em regime de propriedade compartilhada, haverá ato não-cooperativo quando a sociedade alugar as aeronaves a terceiros (não-associados), recebendo, por isso, um preço. Haverá, aí, um ato não-cooperativo, que, embora coligado ao *negócio-fim* da cooperativa, é perfeitamente passível de tributação.[42]

Por fim, o art. 88, da Lei n⁰ 5.764/71, dispõe:

"Art. 88. Poderão as cooperativas participar de sociedades não cooperativas para melhor atendimento dos próprios objetivos e de outros de caráter acessório ou complementar".

Destarte, praticam atos não-cooperativos as cooperativas que, mesmo para atingirem seus objetivos institucionais, participam de sociedades não-cooperativas.

V – Como é fácil notar, a legislação autoriza as cooperativas a realizarem atos não-cooperativos. Todavia, quando tal se dá, os associados não podem receber dinheiro, como resultado de tais atos.[43]

Relembremos que, de regra, nas cooperativas, devolvem-se aos associados os resultados econômicos obtidos, na proporção dos negócios realizados entre o sócio e a sociedade. A idéia, diga-se de passagem, vem reforçada no art. 4⁰, VII, da Lei n⁰ 5.764/1971; *verbis*:

"Art. 4⁰ – (omissis): (...)
"IV – Retorno das sobras líquidas do exercício, proporcionalmente às operações realizadas pelo associado, salvo deliberação em contrário da Assembléia Geral".

---

[42] O permissivo do art. 86 não se refere aos negócios realizados pela cooperativa, nem com o mercado, nem com fornecedores, bancos, empregados, prestadores de serviços públicos etc. Diz respeito, sim, à realização do *negócio-fim* com pessoa não-associada, que, todavia, se encontra em situação semelhante à associada. Melhor esclarecendo, ato não-cooperativo é o ato típico, praticado entre a cooperativa e uma pessoa que não a integra, mas dela poderia fazer parte, caso assim o desejasse.

[43] Esta é, talvez, a maior diferença entre a cooperativa e a empresa comercial, onde, no mais das vezes, os sócios recebem o lucro obtido pela sociedade, graças aos negócios realizados com terceiros.

Pois bem, se houver resultados positivos nos atos não-cooperativos, os valores econômicos deles decorrentes serão tributados e direcionados a um fundo especial e indivisível, destinado a financiar programas educacionais, técnicos e sociais. Assim rezam os arts. 87 e 111, da Lei nº 5.764/1971:

"Art. 87. Os resultados das operações das cooperativas com não associados, mencionados nos arts. 85 e 86, serão levados à conta do 'Fundo de Assistência Técnica, Educacional e Social' e serão contabilizados em separado, de molde a permitir cálculo para incidência de tributos".
....
"Art. 111. Serão considerados como renda tributável os resultados positivos obtidos pelas cooperativas nas operações de que tratam os arts. 85, 86 e 88 desta lei".

Em suma, os resultados econômicos positivos advindos do ato não-cooperativo, longe de reverterem ao associado, serão utilizados pela cooperativa em funções típicas do Estado: educação, apoio técnico e estímulo social (*FATES*[44]).

VI – Diante do quanto acaba de ser exposto, inferimos que não se sustenta a posição da Receita Federal do Brasil, quando empresta uma interpretação restritiva ao art. 79, da Lei nº 5.764/1971, de modo a, pelo menos para fins tributários, considerar cooperativos, apenas os atos praticados entre a cooperativa e seus associados.[45]

Pelo contrário, também podemos considerar *atos cooperativos*, imputando-lhes o mesmo *"adequado tratamento tributário"*, os *negócios-meio* e, desde que preordenados à consecução dos objetivos sociais da cooperativa, os *negócios-acessórios* e os *negócios-auxiliares*.

Amarrados estes pontos, podemos ingressar em nosso assunto central.

---

[44] O *FATES* (*Fundo de Assistência Técnica Educacional e Social*), mantido, por injunção legal, pela própria cooperativa, destina-se a prover meios econômicos para que esta desenvolva, em favor da comunidade, máxime a mais carente, atividades de amparo e apoio à educação, à cultura, ao desenvolvimento social etc.

[45] Na sessão *Perguntas e Respostas*, contida em seu *site* (www.receita.fazenda.gov.br), a Receita Federal, indo além do disposto nos arts. 85, 86 e 88, da Lei nº 5.764/71, também considera *atos não-cooperativos "a contratação de bens e serviços de terceiros não associados"*. Tal entendimento obviamente entremostra-se improsperável, porquanto arremete contra tudo o que procuramos demonstrar, ao longo deste item.

SEGUNDA PARTE: O ASSUNTO CENTRAL

6. Reequacionamento do problema

Reduzindo o problema que nós mesmos levantamos à sua dimensão mais simples, tudo está em se saber se os valores que os cooperativados pagam à cooperativa, para ressarci-la dos gastos necessários à utilização dos bens necessários ao atingimento de seus fins, devem ser submetidos à tributação por meio de *IRPJ*, *CSLL*, *PIS* e *COFINS*.

O mesmo é propor a questão que lhe dar resposta negativa, como imediatamente passamos a expor e fundamentar.

7. A liberdade das formas para as pessoas jurídicas de direito privado

I – Na esteira do que antecipamos no *item 3-VIII, supra*, a iniciativa privada recebeu, seja da Carta Magna brasileira, seja da nossa legislação infraconstitucional, ampla liberdade para criar pessoas jurídicas. O ordenamento jurídico não lhe impôs – salvo em casos especialíssimos, expressamente apontados – o modo de fazê-lo.

Anote-se que a *livre iniciativa* é uma das diretrizes de nosso sistema jurídico--econômico. O assunto foi minudentemente disciplinado na Constituição Federal, que, já em seu art. 1º, alça a *"livre iniciativa"* (inc. IV) ao patamar de *fundamento* da República Federativa do Brasil. E, mais adiante, em seu art. 170, *caput*, volta a estatuir que nossa ordem econômica funda-se no princípio da *"livre iniciativa"*.

Este princípio encerra, parafraseando Robert Alexi, um *comando de otimização*,[46] que impõe que se busque a melhor maneira de cumpri-lo, sem acarretar ônus desnecessários às pessoas, físicas ou jurídicas, que desenvolvem atividades organizacionais.

Logo, as medidas adotadas pelo Poder Público devem ser apropriadas, isto é, ingerir, *o menos possível*, nas atividades das pessoas. Afinal, por mais respeitáveis que sejam os interesses públicos a tutelar, não chegam ao ponto de sobrepor-se ao direito fundamental delas conduzirem seus interesses com liberdade.

Vale lembrar, que os princípios constitucionais são a fonte primeira de todo nosso sistema normativo e, nesta medida, interferem na interpretação e aplicação das demais regras jurídicas, inclusive daquelas que repercutem no campo tributário.[47]

Isso traz conseqüências importantes.

---

[46] *Teoria de los Derechos Fundamentales*, trad. de Ernesto Garzón Valdés, Centro de Estudios Constitucionales, Madrid, 1993, p. 86.
[47] *Supra, subitem 2.2.*

A principal delas é que as empresas têm todo o direito de buscar a forma mais adequada e interessante para levar avante seus negócios ou atividades.

Recorde-se, a propósito, que a Constituição Federal, em seu art. 174, §§ 2º, 3º e 4º, apóia e estimula o cooperativismo. Assim, o Poder Público não pode cercear a formação e a atuação das cooperativas, mas, pelo contrário, há de ter bons olhos, a respeito.

II – A *livre iniciativa* prestigiada – insista-se – pelo *constituinte originário* veio reforçada pela legislação infraconstitucional.

Com efeito, o Código Civil, em seu art. 104, assegura a *liberdade de formas*; *verbis*:

> "*Art. 104. A validade do negócio jurídico requer:*
> "*I – agente capaz;*
> "*II – objeto lícito, possível, determinado ou determinável;*
> "*III – forma prescrita ou não defesa em lei".*

Esse dispositivo reforça o ambiente de liberdade jurídica conferida às pessoas, para que formem cooperativas, com os mais variados objetos.

Assim agremiados, vejamos, agora, porque a cooperativa não deve recolher *IRPJ, CSLL, PIS* e *COFINS* sobre os valores a ela pagos pelos cooperativados, para ressarci-la das despesas inerentes aos serviços típicos (atos cooperativos) que lhes presta.

7. O perfil constitucional do *IRPJ* e sua não incidência sobre os ingressos decorrentes da prática, pela cooperativa, de *atos cooperativos* e *negócios cooperativos*

7.1. A "hipótese de incidência possível" do IRPJ

I – *Renda* é um conceito multidisciplinar, originário da Economia, inicialmente adotado pelas Ciências Contábeis e, ao depois, pelo Direito. Horacio Garcia Belsunce, em obra clássica, reúne as doutrinas econômicas que tratam do conceito de renda, para concluir; *verbis*:

> "*Renda é a riqueza nova, material ou imaterial, que deriva de uma fonte produtiva, que pode ser periódica e consumível e que se expressa em moeda, em espécie ou nos bens e serviços finais, que podem ser adquiridos com a conversão da moeda ou bens recebidos como renda imediata".*[48]

---

[48] *El concepto de rédito: en la doctrina y en el derecho tributario,* Depalma, Buenos Aires, 1967, p. 85 – traduzimos. No original está: "*Rédito es la riqueza nueva, material o inmaterial, que deriva de una fuente productiva, que puede ser periódica y consumible y que se expresa en moneda, en especie o en los bienes e servicios finales que pueden adquirirse con la conversión del metálico o bienes recibidos como renta inmediata".*

No Brasil, muitos juristas trataram do conceito de renda. Dentre eles, destaca-se Rubens Gomes de Sousa, que, a propósito, averbou:

> *"Esse conceito jurídico, que veio a ser chamado 'clássico', define a renda como a riqueza nova, ou seja, o acréscimo patrimonial, que reúna simultaneamente três requisitos: (a) provir de fonte já integrada no patrimônio do titular (capital), ou diretamente referível a ele (trabalho), ou, ainda, da combinação de ambos; (b) ser suscetível de utilização pelo titular (consumo, poupança ou reinvestimento) sem destruição ou redução da fonte produtora: este requisito implica na periodicidade do rendimento, isto é, na sua capacidade, pelo menos potencial, de reproduzir-se a intervalos de tempo, pois do contrário sua utilização envolveria uma parcela do próprio capital; (c) resultar de uma exploração da fonte por seu titular: este requisito exclui do conceito de renda, doações, heranças e legados, tidos como acréscimos patrimoniais com a natureza de 'capital' e não de 'rendimento'".*[49]

No Brasil, a própria Constituição encampa o conceito de renda, do qual o legislador federal não pode validamente se apartar, como, de resto, bem decidiu o Supremo Tribunal Federal, ao efetuar o controle de constitucionalidade de leis ordinárias que entreviam *"renda"* onde não se vislumbrava o imprescindível *"acréscimo patrimonial"*.

II – Muito bem. Por força do que estatui o art. 153, III, da Lei Magna, a União tem competência para tributar, por meio de imposto, *a renda e os proventos de qualquer natureza*. Instituindo-o e arrecadando-o, reafirma sua ampla autonomia, em relação às demais pessoas políticas. Deve, no entanto, respeitar, em tudo e por tudo, a *regra-matriz* constitucional deste tributo, pois, do contrário, estará exigindo – indevidamente, é claro – um *arremedo* de *imposto sobre a renda e proventos de qualquer natureza*.

É que dispositivo constitucional em exame não deu, ao legislador ordinário federal, plena liberdade para assestar o imposto contra tudo o que considere renda ou proventos de qualquer natureza. Muito pelo contrário, limitou-se a conferir-lhe a faculdade de, observados os princípios constitucionais, fazê-lo incidir apenas sobre o que, ao lume da Ciência Jurídica, realmente tipifique um destes eventos.

Evidentemente, dizer que uma pessoa deve recolher imposto sobre a renda é o mesmo que afirmar que experimentou aumento patrimonial; já, negar que assim haverá de proceder, significa – salvo nas hipóteses de imunidade, isenção, não-incidência, decadência e prescrição – que não o obteve.

É o caso, então, de indagarmos: que é *"renda"*, para fins de tributação por meio do imposto específico?

---

[49] *Pareceres – 3: Imposto de Renda*, Resenha Tributária, São Paulo, 1976, ed. póstuma, p. 275.

III – Sem descer a detalhes que agora não colhem,[50] *"renda"* é, como corretamente sinaliza o art. 43, I, do Código Tributário Nacional,[51] o conjunto dos ganhos econômicos do contribuinte, gerados por seu capital, por seu trabalho ou pela combinação de ambos, e apurados após o confronto das entradas e saídas verificadas em seu patrimônio,[52] durante certo lapso de tempo.

A renda, pois, para fins de tributação específica, deve estar necessariamente vinculada a *acréscimo patrimonial no tempo*.

Luigi Vittorio Berliri, com seu singular calor de convencimento, observa, a propósito:

> *"A renda tributável não pode ser constituída senão por uma nova riqueza, produzida de capital, de trabalho ou de um e outro conjuntamente, e que seja destacada de uma causa produtiva, conquistando uma autonomia própria e uma aptidão para produzir corretamente outra riqueza".*[53]

Realmente, para que haja *renda*, é imprescindível que o capital, o trabalho ou a conjugação de ambos produzam, entre dois momentos temporais, *riqueza nova*, destacada daquela que lhe deu origem e capaz de gerar outra.

Portanto, *renda é disponibilidade de riqueza nova*, havida em dois atimos distintos. Dito de outro modo, é o *acréscimo patrimonial* experimentado pelo contribuinte, ao longo de determinado período de tempo. Ou, ainda, é o *resultado positivo* de uma *subtração* que tem, por *minuendo*, os rendimentos brutos auferidos pelo contribuinte, entre dois marcos temporais, e, por *subtraendo*, o total das deduções e abatimentos[54], que a Constituição e as leis que com ela se afinam permitem fazer.

---

[50] Para o aprofundamento do assunto, v. nosso *Imposto sobre a Renda (perfil constitucional e temas específicos)*, Malheiros Editores, São Paulo, 3ª ed., 2009, especialmente pp. 29 a 74.

[51] Código Tributário Nacional – *"Art. 43. O imposto, de competência da União, sobre a renda e proventos de qualquer natureza, tem como fato gerador a aquisição da disponibilidade econômica ou jurídica: I- de renda, assim entendido o produto do capital, do trabalho ou da combinação de ambos".*

[52] Estamos a empregar o termo *patrimônio* no sentido de universalidade de direitos e obrigações de uma pessoa (física ou jurídica).

[53] *L'Imposta di Ricchezza Mobile (incontri e scontri di dottrina e giurisprudenza)*, Dott. A. Griuffrè, Editore, Milão, 1949, p. 6 (tradução nossa). No original está: *"Il reddito tassabile non può essere costituito che da uma nuova ricchezza, prodotta da capitale, o da lavoro, o dall'uno e dall'altro insieme e che si sai distaccata dalla sua causa produttiva, acquistando una propria autonomia ed una propria indipendente idoneità a produrre concretamente altra ricchezza".*

[54] As deduções e abatimentos não devem ser confundidos com as isenções. Estas, operam como hipóteses neutralizantes da ocorrência do fato imponível, impedindo que o tributo surja *in concreto* (v. nosso *Curso...*, pp. 908 a 920). Aqueles, pelo contrário, são montantes que a lei permite venham subtraídos da base de cálculo do tributo, para que este incida exatamente sobre o que tipifica *renda ou proventos de qualquer natureza* e, nesta medida, seja o mais possível *justo* e *adequado*.

IIIa – E nem se alegue que a noção de *renda tributável* não é constitucional, porque existem abatimentos e deduções que só podem ser efetuados quando permitidos pela legislação ordinária. É que esta, em última análise, limita-se a enunciá-los de modo formal e categórico, tendo em conta valores que a Carta Magna consagra (vida, saúde, alimentação, moradia, instrução própria e de dependentes, continuidade da empresa, livre concorrência etc.).

Destarte, quando as receitas (entradas) do contribuinte, numa fração de tempo, superarem suas despesas (saídas), teremos *saldo positivo*, ou seja, *acréscimo patrimonial*, sobre o qual, pelo menos em princípio[55], incidirá o imposto.

IIIb – Em suma, renda tributável é sempre *renda líquida* ou *lucro*, isto é, o <u>resultado econômico positivo</u>, apurado num determinado espaço de tempo, após uma série de deduções e abatimentos feitos, com base em lei, sobre os rendimentos brutos. Esta *riqueza nova*, havida entre dois momentos temporais, é o *núcleo* do imposto sobre a renda: só haverá renda tributável se ocorrer, entre duas datas (em geral a que começa e a que termina o *exercício financeiro*), um *fluxo positivo de riqueza*, isto é, um aumento no valor do patrimônio do contribuinte.

Rubens Gomes de Sousa é de idêntico pensar:

> *"Em outras palavras 'renda' é, para efeitos fiscais, o acréscimo patrimonial líquido verificado entre duas datas predeterminadas. Nesta última frase, a palavra chave é 'acréscimo': com efeito, a característica fundamental da renda ... é a de configurar uma aquisição de riqueza nova que vem aumentar o patrimônio que a produziu e que pode ser consumida ou reinvestida sem o reduzir".*[56]

Daí que, somente os preditos *acréscimos patrimoniais* poderão ser alcançados pela exação em comento, sob pena de virem extrapolados os limites postos pela Constituição.

Sempre mais de confirma, pois, que o *imposto sobre a renda* alcança os acréscimos patrimoniais (das pessoas físicas ou jurídicas), obtidos durante certo lapso de tempo, em decorrência de uma relação jurídica que tenha por origem o capital do contribuinte, seu trabalho ou a combinação de ambos. Nasce sempre de uma ação, ou seja, da *situação dinâmica* – que pressupõe o transcurso de um dado período de tempo – de *auferir ganhos*.

IV – Do exposto – e fugindo da definição pela negativa –, temos que *renda* pressupõe ações que revelem *mais-valias*, isto é, incrementos na *capacidade contributiva* da pessoa que está sendo alvo da tributação. Só diante de realidades eco-

---

[55] Escrevemos *"pelo menos em princípio"*, porque, como já acenamos, há acréscimos patrimoniais intributáveis (*v.g.*, quando a pessoa que os experimenta é imune ou isenta).

[56] *"Pareceres-1: Imposto de Renda"*, Ed. Resenha Tributária, São Paulo, 1975, Ed. póstuma, pp. 66 e 67 (grifos nossos).

nômicas novas, que se incorporam ao patrimônio da pessoa (física ou jurídica), há juridicamente *renda*.

Em compêndio: o *imposto sobre a renda* tem por *hipótese de incidência possível* o fato de uma pessoa (física ou jurídica), em razão do seu trabalho, do seu capital ou da combinação de ambos, obter, ao cabo de certo período temporal, acréscimos patrimoniais. Tais acréscimos patrimoniais, no caso da pessoa física, têm o nome técnico de *renda líquida*; no da pessoa jurídica, de *lucro*.[57]

V – Podemos, pois, avançar o raciocínio afirmando que o *imposto sobre a renda da pessoa jurídica (IRPJ)* só pode alcançar o *lucro*, entendido como variação patrimonial positiva, havida pela empresa, num dado lapso de tempo.

De fato, como aguisadamente pondera Misabel Derzi, *"o lucro só é tributável se há uma mudança patrimonial – acréscimo de valor – efetiva e concreta, que se tornou dinheiro ou em valor equivalente; enfim, quando está realizado"*.[58]

Por *acréscimo de valor* há de ser entendido tudo o que se agrega ao patrimônio da pessoa jurídica, determinando sua real crescença. Daí a idéia de *plus*, de *riqueza nova*, de algo economicamente apreciável que, inexistindo anteriormente, se incorpora ao patrimônio da empresa e, assim, o amplia. **Do contrário, o imposto incidirá sobre meros *ingressos*, o que não se coaduna com a regra-matriz constitucional desta figura exacional.**

Logo, o *IRPJ* não pode incidir sobre o próprio patrimônio da empresa, mas, tão-somente, sobre o valor a ele agregado. Ou, se preferirmos, sobre o *resultado positivo* apurado pela pessoa jurídica, após a dedução dos custos, gastos e despesas necessários à manutenção da fonte produtora.

Se a pessoa jurídica deixar de experimentar, num dado lapso de tempo, saldo positivo entre a *riqueza velha* e a *riqueza nova*, não nascerá, para ela, o dever de recolher o imposto ora em estudo, ainda que a lei ou o fisco queiram (inconstitucionalmente, é claro) sujeitá-la a tal tributação.

E, evidentemente, cabe ao legislador federal fixar, sempre observados os princípios constitucionais tributários, os modos de apuração *in concreto* de tais riquezas novas, bem assim o percentual (alíquota) que, sobre elas, incidirá.

Em suma, o imposto sobre a renda da pessoa jurídica caracteriza-se por: *a)* seu *aspecto material* ser o acréscimo de patrimônio (a disponibilidade de riqueza nova) da empresa; e, *b)* seu *aspecto temporal* exigir um termo inicial e um termo final. Sobremais, em relação a esta figura exacional ganham relevo os critérios

---

[57] *Renda* é termo genérico, que inclui a espécie *lucro*. Este, seja sob o ângulo econômico, seja sob o contábil, seja, mesmo, sob o tributário, nada mais é do que a *receita depurada*, isto é, a receita que teve expungidos os custos e despesas necessários à sua obtenção.

[58] Atualização à 11ª edição (1999), do *Direito Tributário Brasileiro*, de Aliomar Baleeiro (11ª ed., 10ª tir., Rio de Janeiro, Forense, 2002) p. 304.

da *progressividade*, da *universalidade* e da *generalidade* (art. 153, § 2º, I, da *CF*), que, conjugados, imprimem-lhe caráter pessoal, graduando-a de acordo com a capacidade econômica da empresa (art. 145, § 1º, da *CF*).

VI – Estamos a notar, assim, que, para o Direito, o conceito de *renda* não coincide com o da Economia, que o equipara a qualquer acréscimo patrimonial. **Nas hostes jurídicas, tal conceito tem uma extensão bem mais restrita: acréscimo patrimonial, experimentado durante certo lapso de tempo, que só pode ser levado à tributação quando atende aos princípios *da isonomia*, *da capacidade contributiva* e *da não-confiscatoriedade*.**

VIa – Recorde-se que, nos limites impostos pelo art. 110, do *CTN* – reflexo do que já se deduz da Constituição Federal –, um *conceito de direito privado* não pode ser nem modificado, nem equiparado a outro, pela lei do ente político, para definir ou limitar competências tributárias ("*a lei tributária não pode alterar a definição, o conteúdo e o alcance de institutos, conceitos e formas de direito privado, utilizados, expressa ou implicitamente, pela Constituição Federal (...) para definir ou limitar competências tributárias*").

Ora, o conceito de *renda*, que também colhe suas marcas nos domínios do direito privado, também deve seguir esta regra.

Deste modo, para que se realize o *fato imponível* (fato gerador *in concreto*) do imposto sobre a renda, é preciso que: *a)* se realize do núcleo do tipo (*adquirir renda ou provento*, como produto do emprego do capital, do trabalho ou da combinação de ambos); *b)* que tal evento se caracterize como *riqueza nova*, isto é, como típico acréscimo ao patrimônio preexistente; e, *c)* que se configure, de modo certo e determinado, para o beneficiário, a *disponibilidade* deste resultado econômico positivo.

Essas diretrizes vinculam as autoridades fiscais (cf. arts. 3º, 97, 116 e 142, do *CTN*), porquanto *(i)* proíbem a analogia, *(ii)* rejeitam a chamada *interpretação econômica*, *(iii)* vedam o confisco, e *(iv)* reafirmam a pujança do princípio da capacidade contributiva.

VIb – Tudo isso funciona como barreira intransponível à tributação, por meio de *IRPJ*, de eventos em que o acréscimo patrimonial da empresa é apenas aparente, ou, ainda que real, não se ajusta à *regra-matriz* da exação. Tal é o caso das indenizações recebidas por dano moral, em que o aumento do patrimônio da empresa decorre, não de seu capital, trabalho ou combinação de ambos, mas de evento prejudicial ao seu bom-nome.[59]

---

[59] Este evento, não podendo ter suas conseqüências negativas ilididas de outra forma, leva à <u>compensação pecuniária</u> dos inevitáveis prejuízos futuros da empresa, ocasionados pelo injusto abalo à sua imagem. Tal compensação pecuniária, não sendo lucro, refoge à tributação por meio de *IRPJ*.

VII – Damos, pois, por demonstrado, que, nas hostes jurídicas brasileiras, *renda da pessoa jurídica*, para fins de tributação específica, longe de ser o mero ingresso de valores, nos cofres da empresa, tem a conotação de *resultado líquido* entre receitas e despesas, em determinado período de tempo.

Vejamos, agora, qual é, nos termos da Constituição Federal, a *base de cálculo possível* do *IRPJ*.

7.2. A "base de cálculo possível" do IRPJ

I – Para criar *in abstracto* qualquer tributo, a pessoa política vale-se, sempre, do seguinte mecanismo jurídico: descreve, por meio de lei, um fato (a *hipótese de incidência* ou *fato gerador in abstracto*), a cuja realização (com a ocorrência do *fato imponível* ou *fato gerador in concreto*) vincula o nascimento da obrigação de pagar determinada importância em dinheiro (*obrigação tributária*).

Isto só, porém, não basta: deve, ainda, descrever os *critérios* que permitirão fixar, com exatidão, a quantidade de dinheiro a recolher, após a realização do *fato imponível*.

Fixar a quantidade de dinheiro a recolher é *quantificar* a obrigação tributária, ou, se quisermos, a dívida que o sujeito passivo do tributo terá que saldar junto ao fisco.

Cumpre notar que a quantificação do tributo é feita pela base de cálculo e pela alíquota,[60] que sobre ela será aplicada.

As pessoas políticas não têm total liberdade na escolha da base de cálculo dos tributos que criam legislativamente, já que ela tem seus paradigmas prefigurados na Constituição. Logo, ao tratarem desse assunto, devem necessariamente levar em conta a *base de cálculo possível* da exação, também delineada na Lei Maior.

Afinal, a natureza do tributo é obtida, não apenas pelas normas que traçam sua hipótese de incidência, mas, também, por aquelas que apontam sua base de cálculo. Se houver conflito entre ambas, o tributo deixa de ser o previsto na lei tributária, como bem o percebeu José Juan Ferreiro Lapatza: *"uma mudança nas*

---

[60] A alíquota é o critério legal, normalmente expresso em porcentagem (*v.g.*, 10%), que, conjugado à base de cálculo, permite que se chegue ao *quantum debeatur*, ou seja, à quantia devida pelo contribuinte, ao Fisco ou a quem lhe faça as vezes, a título de tributo. Forma, com a base de cálculo, o *elemento quantitativo* do tributo e, de algum modo, também está pré-definida na Constituição.

De fato, embora o legislador, ao criar *in abstracto* o tributo, tenha alguma liberdade para fazê-la variar, não a pode elevar *ad infinitum*. Isto fatalmente imprimiria ao tributo o proibido caráter de *confisco* (cf. art. 150, IV, da *CF*), vulnerando, por via reflexa, o direito de propriedade, constitucionalmente protegido (arts. 5º, XXII e 170, II, da *CF*).

normas que regulam a base supõe, necessariamente, uma variação no fato tipificado pela lei como fato imponível".[61]

II – A base de cálculo dá critérios para a mensuração correta do aspecto material da *hipótese de incidência* tributária. Serve não só para medir o *fato imponível*, como para determinar – tanto quanto a *hipótese de incidência* – a modalidade do tributo que será exigido do contribuinte (imposto, taxa, imposto sobre a renda, imposto sobre operações mercantis etc.).

Sendo a base de cálculo a expressão econômica da materialidade do tributo, deve medir, de modo adequado, o fato descrito na hipótese de incidência, em ordem a possibilitar a correta quantificação do dever tributário, a cargo do contribuinte.

De se ressaltar que a base de cálculo também está submetida ao *regime da reserva legal*, pelo que precisa ser apontada na lei do ente político tributante.

Diretamente relacionada com a *hipótese de incidência*, a base de cálculo fornece, pois, critérios para, conjugada à alíquota, mensurar o *fato imponível*. É, nesse sentido, o ponto de partida das operações matemáticas a serem realizadas, tendo em vista a apuração do *quantum debeatur*.

Tal a lição de Geraldo Ataliba, para quem *base de cálculo* é a *"perspectiva dimensível do aspecto material da hipótese de incidência que a lei qualifica, com a finalidade de fixar critério para a determinação, em cada obrigação tributária concreta, do 'quantum debeatur'".*[62]

Em suma, a base de cálculo é uma unidade de medida, apontada na lei, que traduz numa *expressão numérica* a hipótese de incidência tributária. É justamente sobre essa *expressão numérica* que será aplicada a alíquota, o que permitirá apurar o exato montante de tributo a recolher.

Não é por outra razão que a hipótese de incidência e a base de cálculo do tributo devem *interatuar*. Uma, há de encontrar respaldo e confirmação na outra, como, de resto, assinala Misabel Derzi; *verbis*:

"Quando um tributo está posto em lei, tecnicamente correta, a base de cálculo determina o retorno ao fato descrito na hipótese de incidência. Portanto, o fato medido na base de cálculo deverá se o mesmo posto na hipótese".[63]

---

[61] *Direito Tributário – Teoria Geral do Tributo*, trad. de Roberto Barbosa Alves, Marcial Pons – Manole, Barueri, 2007, p. 257

[62] *Hipótese de Incidência Tributária*, S. Paulo, Malheiros Editores, 5ª ed., 3ª tiragem, 1992, p. 97.

[63] Notas de atualização ao livro *Direito Tributário Brasileiro*, de Aliomar Baleeiro (Forense, Rio de Janeiro, 11ª ed., 2002) p. 65.

Incumbe, pois, à base de cálculo, especificar, em termos numéricos, a hipótese de incidência do tributo. Assim, se a hipótese de incidência do tributo for *"obter lucro"*, sua base de cálculo somente poderá ser o *"lucro deveras obtido"*. Tudo o que fugir disso (*v.g.*, os valores recebidos pela cooperativa, dos cooperativados, a título de ressarcimento pela prática de atos cooperativos) não estará medindo de modo adequado o *fato tributário* e, no momento da apuração do *quantum debeatur*, fará com que o contribuinte pague algo que é indevido, circunstância que lhe vulnera, o *direito de propriedade*.[64]

Ademais, uma base de cálculo imprópria, é dizer, em descompasso com a hipótese de incidência, põe por terra o rígido esquema de repartição de competências tributárias, já que transforma o tributo em entidade difusa, desajustada de seu arquétipo constitucional. Pior: com a apuração incorreta do montante a pagar, o contribuinte vê ruir a garantia, que a Lei Maior lhe deu, de somente submeter-se a encargos tributários que lhe dizem respeito.

III – Em resumo, ao legislador é interdito distorcer a *regra-matriz constitucional* do tributo, elegendo-lhe base de cálculo inadequada, isto é, que não se preste a medir o *fato tributável*. Caso isto venha a ocorrer: *a)* o tributo será inconstitucional; *b)* o contribuinte terá o direito subjetivo de não o recolher; e, *c)* o Judiciário, quando provocado, terá o dever jurídico de amparar esta legítima pretensão.

Outras vezes, é o próprio aplicador da lei que, interpretando-a inadequadamente, distorce a base de cálculo do tributo, efetuando um lançamento incorreto. As conseqüências do equívoco são igualmente danosas, o que dá, ao contribuinte, o pleno direito de, também neste caso, defender-se do abuso, pleiteando, quando necessário, a intervenção do Poder Judiciário, que está credenciado, pela Carta Magna, a controlar a legalidade dos atos administrativos.

IV – Com tais colocações, pretendemos significar que o legislador, ao definir a base de cálculo do tributo – inclusive do *IRPJ* –, não pode manejar grandezas alheias ao aspecto material de sua *hipótese de incidência*. Antes, deve imprimir uma *conexão* (uma *relação de causa e efeito*), entre a *hipótese de incidência tributária* e a *base de cálculo in abstracto*, que permitirá apurar **quanto exatamente** o contribuinte deverá recolher (*quantum debeatur*) aos cofres públicos, a título de tributo, após a ocorrência do *fato imponível*.[65]

---

[64] A ação de tributar lanha a propriedade privada, que se encontra protegida nos arts. 5º, XXII, e 170, II, ambos da Constituição Federal. Assim, a tributação somente será válida se, também ela, encontrar apoio no Texto Supremo. Isto explica, pelo menos em parte, a razão pela qual ele disciplinou, de modo tão rígido, o mecanismo de funcionamento da tributação, ao mesmo tempo em que amparou os contribuintes com grande plexo de direitos e garantias contra eventuais excessos tributários.

[65] Cf. Matias Cortés Domíngues, *Ordenamiento Tributário Español*, Madrid, Tecnos, 1968, pp. 444 e ss.

Seguindo esta linha de pensamento, a *materialidade de cada tributo* permite que se infira sua *base de cálculo possível*.

A idéia nos traz de volta à tese de que, para total garantia do contribuinte, de que está sendo tributado nos termos da Constituição, há de haver *correlação lógica* entre a base de cálculo e a *hipótese de incidência* do tributo.

Daí podermos ter por assente que, em havendo qualquer descompasso entre a hipótese de incidência e a base de cálculo do tributo, este não poderá ser validamente exigido.

V – Abrimos um ligeiro parêntese para elucidar que estamos agora a tratar da base de cálculo *in abstracto* (apontada na lei), que não se confunde com a base de cálculo *in concreto* (ou *base tributável* ou *base calculada*), apurada ao ensejo do lançamento.

Do mesmo modo pelo qual não se superpõem a *hipótese de incidência* (o *tipo tributário*) e o *fato imponível* (o *fato típico do tributo*), não coincidem a base de cálculo *in abstracto* (descrição normativa do valor econômico a considerar) e a base de cálculo *in concreto* (a real apuração do valor econômico apontado na lei).

Podemos, pois, estabelecer a seguinte *relação de proporcionalidade*: a base de cálculo *in abstracto* está para a hipótese de incidência, assim como a base de cálculo *in concreto* está para o *fato imponível*.

Em apertada síntese, ao Legislativo compete definir a base de cálculo *in abstracto* dos tributos; ao Executivo, apurar-lhes a base de cálculo *in concreto*.

VI – Também nenhuma interpretação das leis tributárias poderá prevalecer, caso rompa com esta equação, que, com respaldo na Carta Magna, exige que a base de cálculo dimensione de modo adequado a materialidade da hipótese de incidência do tributo.

A partir destas colocações, fica fácil verificar qual é a *base de cálculo possível* do imposto sobre a renda da pessoa jurídica.

VII – Como demonstramos, a manipulação da base de cálculo do tributo altera sua *regra-matriz constitucional*, deixando o contribuinte sob o império da insegurança. Com efeito, mudando-se a *base de cálculo possível* do tributo, fatalmente se acaba por instituir exação diversa daquela que a pessoa política é competente para criar, nos termos da Carta Suprema. Em síntese, descaracterizada a base de cálculo, descaracterizado estará o tributo.

Não é por outra razão que o divórcio entre a hipótese de incidência e a base de cálculo do tributo causa irremissível inconstitucionalidade. A desvinculação entre ambas distorce o sistema tributário, como, de resto, ensina o festejado jurista ibérico Juan Ramallo Massanet.[66]

---

[66] *"Hecho Imponible y Cuantificación de la Prestación Tributaria"* in *RDT* 11/12, p. 29.

VIII – Transplantando tais noções, apenas bosquejadas, para o epicentro deste artigo, vemos que, embora a Constituição não tenha explicitamente apontado a base de cálculo do *IRPJ*, indicou as linhas básicas do assunto, que nem o legislador, nem muito menos o intérprete, podem ignorar.

Realmente, nos termos da Constituição, a base de cálculo do *IRPJ* deve guardar referibilidade com o *lucro* obtido pela empresa, entre dois marcos temporais. É o que a seguir explicitaremos.

IX – Sistematicamente interpretada, a Constituição Federal sinaliza que a *base de cálculo possível* do *IR-pessoa jurídica* é o *lucro* (*receitas* menos *custos e despesas*) obtido durante o exercício financeiro (ou período de apuração menor, desde que previsto em lei). Tal lucro vem revelado pela *contabilidade* da empresa. Deveras, são os *princípios contábeis geralmente aceitos* que o indicam[67] e, mais do que isso, que, quando consubstanciados em registros idôneos, devem ser aceitos, protegendo os contribuintes contra eventuais excessos fazendários.

Nisto estamos com Renato Romeu Renck, quando percucientemente anota:

"... se o registro contábil for feito como determina a lei, constitui norma jurídica individual e concreta, que deve ser respeitada por todos, inclusive a administração pública. Este é o fundamento da obrigatória aceitação dos registros contábeis como prova a favor do contribuinte, porque, já num primeiro plano, se trata da transformação, em linguagem, dos eventos que constituem fatos jurídicos de conteúdo econômico. Estes fatos jurídicos, a sua vez, consubstanciam elementos formadores de normas individuais e concretas".[68]

Pois bem. Podemos dizer que, em nosso ordenamento jurídico, o *IRPJ* incide fundamentalmente sobre o rendimento real da pessoa jurídica, representado pelo *lucro*.[69] O tributo encontra-se, pois, numa relação direta com o lucro que ela obtém: quanto maior ele for, tanto maior a carga fiscal a ser suportada.

Em contrapartida, a pessoa jurídica fica dispensada do recolhimento do tributo, se não realizar, num determinado exercício, qualquer lucro, o que poderá suceder, por exemplo, quando está em formação, ou atravessa período de baixa conjuntura econômica.

Nunca devemos perder de vista que o lucro é o mais exato índice da *capacidade contributiva* da empresa.

---

[67] Em princípio, a base de cálculo do imposto sobre a renda da pessoa jurídica é apurada a partir de registros contábeis lançados nos livros e documentos próprios, escriturados de acordo com as leis societárias.

[68] *Imposto de Renda da Pessoa Jurídica (critérios constitucionais de apuração da base de cálculo)*, Livraria do Advogado Editora, Porto Alegre, 2001, p. 121.

[69] Por força do critério da universalidade, que informa a tributação por meio de imposto sobre a renda, o lucro deve ser considerado de modo global, isto é, independentemente de sua origem.

Mary Elbe Queiroz observa, com propriedade, que o lucro "*é o resultado positivo apurado pela pessoa jurídica na exploração de atividades econômicas após a dedução das receitas percebidas pelas empresas dos custos e despesas por ela efetuados para obter tais valores, abrangendo a pluralidade dos rendimentos da unidade econômica explorada*".[70]

Uma vez mais podemos proclamar, portanto, que o conceito de *lucro* da empresa parte das *mutações patrimoniais positivas* (ou *mutações contábeis positivas*) que ela teve, durante certo período de tempo. Pouco importa o processo de formação do lucro, ou seja, se adveio de renda operacional, de ganhos de capital, de dividendos etc.; em qualquer dessas hipóteses, o tratamento tributário a ser dispensado à pessoa jurídica deverá ser o mesmo.

Tal lucro é apurado efetuando-se as adições (acréscimos) e exclusões (deduções) previstas na legislação,[71] para que se chegue ao verdadeiro acréscimo patrimonial.[72] Só o *patrimônio novo* da empresa, isto é, aquele que se agregou ao já existente, pode integrar a base de cálculo *in concreto* do *IRPJ*.

Bem se vê, portanto, que não podem ser incluídas na base de cálculo *in concreto* do *IRPJ* as meras reposições patrimoniais, já que não tipificam lucro.

Independentemente de qualquer disposição legal nesse sentido, também não podem ser incluídos na base de cálculo *in concreto* do *IRPJ*, os valores que apenas transitam pela contabilidade da empresa, mas que não acrescem seu patrimônio.

Em todos esses casos, não se está diante de meros favores, benesses ou isenções, mas de diretrizes postas pela Constituição Federal, para que venha determinada a verdadeira renda tributável da pessoa jurídica – vale dizer, o lucro por ela experimentado, ao longo do período de apuração.

De fato, como vimos e revimos, a riqueza que a Constituição Federal permite venha tributada por meio de *IRPJ* é justamente esta mutação, para mais, do patrimônio da empresa, fenômeno que vem apurado mediante comparação de balanços (o de um período, com o do imediatamente anterior). Se houver *resultado positivo* estará presente o lucro, *base de cálculo possível* do imposto sobre a renda da pessoa jurídica.

---

[70] *Imposto sobre a Renda e Proventos de Qualquer Natureza*, Manole, Barueri (SP), 2004, p. 78.

[71] Não raro, adotando uma política extrafiscal, a legislação do *IRPJ* manda considerar *lucro* o que, na realidade, é *despesa*. É o caso do lucro obtido por meio de exportações.

A recíproca também é verdadeira. De fato, sempre por razões de *extrafiscalidade*, há despesas que a lei determina sejam havidas, para fins de tributação por meio de *IRPJ*, como lucro (*v.g.*, as remessas de dividendos para o exterior).

[72] Amiúde, infelizmente, tais *adições* e *exclusões* são determinadas pelo legislador infra-legal ou, pior ainda, pelo próprio agente fiscal, fenômenos que afrontam, no mínimo, os princípios constitucionais da *estrita legalidade da tributação* e da *separação dos Poderes*.

X – Aqui chegados, é o caso de indagarmos: a *base de cálculo possível* do *IRPJ* é só esta? Temos para nós que sim, já que, outra, desvirtuaria o imposto, transportando-o para o inaceitável plano da inconstitucionalidade.

De fato, não pode haver tributação sobre renda *"fictícia"*, apurada por meio de presunções, ficções ou meras movimentações financeiras, que, longe de refletirem o lucro realmente obtido, mascaram a realidade, em detrimento do contribuinte.

Insistimos que o *IRPJ* só pode incidir sobre a <u>renda</u> <u>real</u> (efetiva, concreta) da empresa. Renda fictícia, obtida, por exemplo, pela mera constatação de que valores transitaram pelas contas bancárias da pessoa jurídica, não existe no universo impositivo, se por mais não fosse, em face dos princípios da tipicidade fechada, da estrita legalidade e da reserva absoluta da lei formal.

É importante ter presente, neste passo, que só devem compor a base de cálculo do *IRPJ* os valores que ingressam, com foros de permanência, nos cofres da empresa, em razão do exercício de suas atividades e, ainda por cima, que aumentam sua riqueza.

A Constituição traça linha básica acerca do assunto, que nem o legislador, nem o fisco, nem, muito menos, o intérprete, podem ignorar: a base de cálculo do *IRPJ* <u>deve</u> <u>ser</u> uma *medida* da disponibilidade da riqueza nova <u>deveras</u> <u>experimentada</u> pela empresa, durante o período de apuração (*sistema do lucro real*).[73]

Estamos a confirmar, pois, que a *base de cálculo possível* do *IRPJ*, é o *montante do lucro efetivamente obtido, durante certo lapso de tempo* (em geral, o *exercício financeiro*). Se sua base de cálculo levar em conta elementos estranhos ao lucro (*v.g.*, meros ingressos) ou que não constituam renda (*v.g.*, indenizações recebidas), ocorrerá, por sem dúvida, a descaracterização do perfil constitucional deste tributo.

XI – Dando fecho a esta linha de raciocínio, temos que não podem ser incluídos na base de cálculo do *IRPJ* meros ingressos, reposições patrimoniais ou perdas sofridas, sob pena de o tributo incidir sobre eventos que trazem, para a pessoa jurídica, acréscimos patrimoniais apenas aparentes e, não riqueza nova, experimentada durante o período de apuração.

Logo, é vedado transformar em matéria tributável (*i*) indenizações recebidas, que apenas recompõem o patrimônio da empresa, (*ii*) perdas sofridas (ou parte delas), que lhe acarretam diminuição patrimonial, (*iii*) depósitos bancários, que, transitando por sua contabilidade (meros ingressos), não lhe trazem riqueza nova, (*iv*) meros reembolsos, e assim avante.

Melhor dizendo, submeter à tributação por meio de *IRPJ* indenizações, perdas sofridas, depósitos bancários ou meros reembolsos, que não ensejam efetivos

---

[73] É certo que a lei pode prever outros regimes de tributação (*v.g.*, o do *lucro presumido*). Deverá, no entanto, deixar aos contribuintes a opção de adotá-los, ou não, conforme suas conveniências.

acréscimos patrimoniais etc., é impor à pessoa jurídica sacrifícios econômicos superiores à sua *capacidade contributiva*, que levam fatalmente ao comprometimento, ainda que parcial, de seu patrimônio, o que é vedado pela Constituição Federal.

Alcides Jorge Costa avança nesta mesma direção; *verbis*:

"O fato gerador de cada imposto deve guardar conexão com a capacidade tributária. Impossível criar imposto sobre fato não revelador desta capacidade. Por exemplo, se uma pessoa jurídica está tendo prejuízo em determinado exercício social, não pode ficar obrigada a recolher as antecipações do imposto de renda, calculadas com base no lucro do exercício anterior".[74]

Enfim, o *IRPJ* estará irremediavelmente descaracterizado se sua base de cálculo levar em conta qualquer ingresso, que não se incorpore ao patrimônio da empresa, aumentando-lhe a riqueza. Isto obrigaria a pessoa jurídica a magoar uma parcela de seu patrimônio, recolhendo imposto sobre *"lucro que não existiu"*, prejudicando, assim, suas atividades produtivas e desrespeitando seu *direito de propriedade*.

7.3. O IRPJ e a cooperativa

I – A Lei nº 5.764/1971, em seu art. 111, impõe às cooperativas o dever de apresentar à tributação os resultados positivos, dos atos praticados com terceiros, não-associados; *verbis*:

"Art. 111. São considerados como renda tributável os resultados positivos obtidos pelas cooperativas nas operações de que tratam os artigos 85, 86 e 88 desta Lei".

Logo, as cooperativas deverão oferecer o resultado positivo de seus atos não--cooperativos, à tributação por meio de *IRPJ*.

Já os resultados positivos de seus atos cooperativos típicos não podem sofrer a incidência do tributo em tela.

Tampouco podem ser alcançados pelo tributo em tela, os *negócios cooperativos* que, como vimos no item 5, *supra*, equiparam-se aos atos cooperativos típicos, já que os viabilizam.

II – No que concerne ao impropriamente denominado *imposto sobre a renda retido na fonte (IRRF)*, vamos logo proclamando que não se trata de uma nova modalidade de imposto sobre a renda, mas, apenas, de uma forma de antecipar--lhe a cobrança.

---

[74] *"Capacidade Contributiva"*, in *RDT* 50:302.

Havendo incidência tributária na fonte, a pessoa que aufere rendimentos já os recebe reduzidos da carga tributária, que será recolhida aos cofres públicos pela própria *fonte pagadora*.[75]

IIa – Pois bem. Quando a cooperativa propicia rendimentos a pessoas físicas não associadas, que lhe prestam serviços, tem o dever de recolher, em nome destas, o *IRRF*, sob pena de vir a ser alvo de penalidades pecuniárias. Tais sanções, de cunho meramente administrativo, decorreriam da circunstância de haver descumprido seu dever de "*adiantar*", em nome destes terceiros, o *imposto sobre a renda* que por eles seria devido, no momento do ajuste anual.

IIb – Já quando a cooperativa recebe valores pecuniários de pessoas jurídicas para as quais presta serviços, estas estão obrigadas pela legislação a também efetuar a retenção na fonte do imposto sobre a renda.[76]

IIc – No que se refere ao *IRRF* sobre as sobras líquidas da cooperativa, há algumas especificidades a considerar.

Nosso ordenamento disciplina a destinação dos resultados positivos das cooperativas no art. 4º, VII, da Lei nº 5.764/1971; *verbis*:

"Art. 4º – (omissis): (...)
"VII – retorno das sobras líquidas do exercício, proporcionalmente às operações realizadas pelo associado, salvo deliberação em contrário da Assembléia Geral".

Temos para nós que, quando a cooperativa distribui as sobras líquidas a associados (pessoas físicas ou jurídicas), não precisa efetuar a retenção do imposto sobre a renda na fonte. Isto porque realiza atos cooperativos, que, como visto, costeiam a tributação por meio seja de *IRPF*, seja de *IRPJ*.

Tratemos agora – o que faremos com a possível brevidade – de tributos análogos ao *IRPJ*, vale dizer, da *CSLL*, da *COFINS* e do *PIS/PASEP*.

8. O perfil constitucional da *CSLL*, sua *base de cálculo possível* e a situação jurídica das cooperativas

I – A *contribuição social sobre o lucro líquido* (*CSLL*) vem genericamente prevista no art. 195, I, *c*, da Constituição Federal, que estipula:

---

[75] Para aprofundamento do assunto, *v.* Renato Lopes Becho, *Sujeição Passiva e Responsabilidade Tributária*, Dialética, São Paulo, 2000, pp. 120 a 125.
[76] Em rigor, não deveria haver retenção na fonte, sobre pagamentos efetuados por empresas a cooperativas, já que estas estão a salvo da tributação por meio de imposto sobre a renda. Não vamos, porém, questionar a constitucionalidade da legislação que impõe tal dever.

"Art. 195. A seguridade social será financiada por toda a sociedade, de forma direta e indireta, nos termos da lei, mediante recursos provenientes dos orçamentos da União, dos Estados, do Distrito Federal e dos Municípios, e das seguintes contribuições sociais:

"I – do empregador, da empresa e da entidade a ela equiparada na forma da lei, incidentes sobre:

(...)

"c) o lucro;".[77]

Portanto, uma das contribuições voltadas à mantença da Seguridade Social é, sem dúvida, a *contribuição social sobre o lucro líquido* (*CSLL*). Sua *regra-matriz constitucional* agrega, de modo indissociável, a idéia de *destinação*[78]. Queremos sublinhar, com tal assertiva, que, por imperativo da Lei Maior, os ingressos advindos da arrecadação deste tributo devem necessariamente destinar-se à seguridade social.

Muito bem. Tal *contribuição social* foi instituída pela Lei nº 7.689, de 15 de dezembro de 1.988.

Salientamos que, tanto a *contribuição social sobre o lucro líquido*, quanto o *imposto sobre a renda da pessoa jurídica*, incidem sobre o mesmo fato: o *lucro* da pessoa jurídica.

Dito de outro modo, a *"hipótese de incidência possível"* (*"critério material"*) da *CSLL* é auferir *lucro*, em decorrência da exploração de atividade econômica empresarial.[79]

Já o art. 2º, da Lei nº 7.689/88, declara que a base de cálculo desta *contribuição* é o *"valor do resultado do exercício antes da provisão do imposto de renda"*. Esta frase, a nosso ver, há de ser entendida como sinônima de *"lucro"*, até porque é justamente sobre ele, que a Constituição autoriza a criação do tributo em tela. O que diferencia a *CSLL* do imposto sobre a renda é simplesmente a *finalidade* que deve perseguir, qual seja, o custeio da seguridade social.

Evidentemente, a base de cálculo (*critério quantitativo*) da *"contribuição social sobre o lucro líquido"* deverá ser apurada do mesmo modo que a do imposto sobre a renda da pessoa jurídica. É o que de resto estabelece o art. 57, da Lei nº 8.981/95:

---

[77] Grifamos.

[78] Assim, em relação à *contribuição social sobre o lucro*, não vale a restrição contida no art. 167, IV, da Constituição Federal; *verbis*: *"São vedados... a vinculação de receita de impostos a órgão, fundo ou despesa, ressalvadas a repartição do produto da arrecadação dos impostos a que se referem os arts. 158 e 159, a destinação de recursos para manutenção e desenvolvimento do ensino, como determinado pelo art. 212, e a prestação de garantias às operações de crédito por antecipação de receita, previstas no art. 165, § 8º, bem assim o disposto no § 4º, deste artigo"*).

[79] No mesmo sentido, Edmar de Oliveira Andrade Filho, *"Imposto de Renda das Empresas"*, São Paulo, Atlas, 4ª ed., 2007, p. 536.

"Art. 57. Aplicam-se à Contribuição Social sobre o Lucro (Lei nº 7.689, de 1.988) as mesmas normas de apuração e pagamento estabelecidas para o imposto de renda das pessoas jurídicas, mantidas a base de cálculo e as alíquotas previstas na legislação em vigor, com as alterações introduzidas por esta Lei".

O *"quantum debeatur"* da CSLL corresponde, pois, a um percentual do *lucro*, como, diga-se de passagem, estabeleceu a lei de regência.

Logo, as mesmas razões que nos levaram a adiantar que descabe *IRPJ* sobre as movimentações financeiras que não trazem, para a pessoa jurídica, efetivos acréscimos patrimoniais (meros ingressos), militam no sentido de que, sobre elas, também não incide a *CSLL*.

Colocando a idéia de outro modo, valores que são meros ingressos, isto é, que não trazem *riqueza nova* às pessoas jurídicas, aí compreendidas as cooperativas, passam ao largo da tributação por meio de *CSLL*.

II – Em face do exposto, a cooperativa somente está sujeitas à *CSLL* nas situações em que deve recolher o *IRPJ*, ou seja, apenas quando obtém resultados positivos pela prática de atos não-cooperativos.

Colocando a idéia de outro modo, a cooperativa, enquanto pratica atos típicos (atos cooperativos) e negócios cooperativos (negócios que possibilitam a prática de atos cooperativos), e é reembolsada pelos cooperativados que deles se beneficiam (*v.g.*, utilizando as aeronaves), não pode ser submetida à tributação por meio de *CSSL*, já que não aufere *lucro*.

No mais, para não incidirmos em tautologia, pedimos vênia para nos reportar ao que escrevemos no item anterior.

9. O perfil constitucional da *COFINS* e do *PIS*, suas *bases de cálculo possíveis* e a situação jurídica das cooperativas

I – A *contribuição social para a seguridade social* (*COFINS*) foi instituída pela Lei Complementar nº 70, de 30 de dezembro de 1.991, em substituição à chamada contribuição para o *FINSOCIAL*.[80]

Dispõe o art. 2º, da aludida lei complementar, que a *COFINS "incidirá sobre o faturamento mensal, assim considerado a receita bruta das vendas de mercadorias, de mer-*

---

[80] Estabelece o art. 1º, da Lei Complementar 70/91: *"Sem prejuízo da cobrança das contribuições para o Programa de Integração Social – PIS e para o Programa de Formação do Patrimônio do Servidor Público – PASEP, fica instituída a contribuição social para o financiamento da seguridade social, nos termos do inciso I do artigo 195, da Constituição Federal, devida pelas pessoas jurídicas, inclusive as a ela equiparadas pela legislação do imposto de renda, destinadas exclusivamente às despesas com atividades-fins das áreas de saúde, previdência e assistência social".*

cadorias e de serviço de qualquer natureza". Portanto, a base de cálculo deste tributo é o faturamento (mensal) do contribuinte.

Isso veio reiterado no art. 1º e seu § 1º, da Lei nº 10.833/03; *verbis:*

> "*Art. 1º. A Contribuição Para o Financiamento da Seguridade Social – COFINS, com incidência não-cumulativa, tem como fato gerador o faturamento mensal, assim entendido o total das receitas auferidas pela pessoa jurídica, independentemente de sua denominação ou classificação contábil.*
>
> "*§ 1º. Para efeito do disposto neste artigo, o total das receitas compreende a receita bruta de venda de bens e serviços nas operações em conta própria ou alheia e todas as demais receitas auferidas pela pessoa jurídica".*

Com tais considerandos, claramente percebemos que os aportes financeiros, quando desacompanhados de incrementos no patrimônio da pessoa jurídica, não tipificam *faturamento* e, destarte, não podem compor a base de cálculo da *COFINS*.

II – Já, a contribuição para o *Programa de Integração Social* (*PIS*) foi instituída, com base no art. 165, V, da Constituição Federal de 1967,[81] pela Lei Complementar nº 7, de 07 de setembro de 1.970, que, em seus arts. 3º e 6º, cuida da base de cálculo deste tributo, nos seguintes termos:

> "*Art. 3º. O Fundo de Participação será constituído por duas parcelas: (...)*
>
> "*b) segunda, com recursos próprios da empresa, calculados com base no faturamento, como segue: (...)*
>
> "*4) no exercício de 1974 e subseqüentes, 0,50%".*
>
> ....
>
> "*Art. 6º. A efetivação dos depósitos no Fundo correspondente à contribuição referida na alínea 'b' do artigo 3º será processada mensalmente a partir de 1º de julho de 1971.*
>
> "*Parágrafo único. A contribuição de julho será calculada com base no faturamento de janeiro; a de agosto, com base no faturamento de fevereiro; e assim sucessivamente".*

O assunto tornou a ser disciplinado pela Lei Complementar nº 17, de 12 de dezembro de 1973, em seu art. 1º e parágrafo único; *verbis:*

---

[81] A Constituição Federal de 1967, em seu art. 165, V, assegurou, aos trabalhadores, o direito de "*integração na vida e no desenvolvimento da empresa, com a participação nos lucros e, excepcionalmente, na gestão, segundo for estabelecido em lei*". Para dar eficácia a este dispositivo constitucional, foi editada a Lei Complementar nº 7, de 07 de setembro de 1970, que, em seu art. 1º, preceitua: "*É instituído, na forma prevista nesta lei, o Programa de Integração Social, destinado a promover a integração do empregado na vida e no desenvolvimento das empresas".*

"Art. 1º. A parcela destinada ao Fundo de Participação do Programa de Integração Social, relativa à contribuição com recursos próprios da empresa, de que trata o artigo 3º, letra 'b', da Lei Complementar nº 7, de 7 de setembro de 1970, é acrescida de um adicional a partir do exercício financeiro de 1975.

"Par. único. O Adicional de que trata este artigo será calculado com base no faturamento da empresa, como segue: (...)

"b) no exercício de 1976 e subseqüentes – 0,25%".

Como se vê, a contribuição em comento tem por *hipótese de incidência possível* (*critério material*) auferir receitas decorrentes da venda de mercadorias ou da prestação de serviços.[82]

IIa – Com a promulgação da Carta de 1988, a legislação que cuidava da contribuição para o *PIS*, foi expressamente *recepcionada* pelo art. 239, deste Diploma Magno; *verbis*:

"Art. 239. A arrecadação decorrente das contribuições para o Programa de Integração Social, criado pela Lei Complementar nº 7, de 7 de setembro de 1970, e para o Programa de Formação do Patrimônio do Servidor Público, criado pela Lei Complementar nº 8, de 3 de dezembro de 1970, passa, a partir da promulgação desta Constituição, a financiar, nos termos que a lei dispuser, o programa do seguro-desemprego e o abono de que trata o § 3º deste artigo".

Foi a partir deste momento que cessaram as controvérsias sobre a natureza jurídica de *contribuição patronal para a seguridade social*, do *PIS*. Incontroverso, pois, que deve obedecer ao *regime jurídico tributário*, tendo, *(i)* por *hipótese de incidência* (fato gerador *in abstracto*), o ato de faturar (obter receita) e, *(ii)* por *base de cálculo*, o montante do faturamento (montante da receita).

IIb – Estas diretrizes vieram reforçadas pela Lei nº 10.637/2002, que, em seu art. 1º e § 1º, estatui:

"Art. 1º. A contribuição para o PIS/PASEP tem como fato gerador o faturamento mensal, assim entendido o total das receitas auferidas pela pessoa jurídica, independentemente de sua denominação ou classificação contábil.

---

[82] Encampamos a definição de Domingos Franciulli Netto, para quem o faturamento *"não abarca a totalidade de receitas, mas receita bruta como definida pela legislação do imposto de renda, proveniente da venda de bens nas operações de conta própria, do preço dos serviços prestados e do resultado auferido nas operações de conta alheia, ou a receita proveniente da venda de mercadorias, serviços ou serviços de qualquer natureza"* ("*COFINS: a exclusão das receitas financeiras de suas base de cálculo*", de Marcelo Magalhães Peixoto; in "*PIS – COFINS: questões atuais e polêmicas*", coord. Octavio Campos Fischer, Quartier Latin, São Paulo, 1995, p. 79).

"§ 1º. Para efeitos do disposto neste artigo, o total das receitas compreende a receita bruta da venda de bens e serviços, nas operações em conta própria ou alheia e todas as demais receitas auferidas pela pessoa jurídica".

IIc – Assim, aplicam-se ao *PIS* as mesmas formas de apuração da *COFINS*, motivo pelo qual sua base de cálculo também é o *volume* do faturamento da pessoa jurídica.

III – Pois bem. Não acrescem o patrimônio da cooperativa, mas apenas o recompõem, os valores por ela recebidos de seus associados, a título de ressarcimento pelas despesas inerentes aos *atos cooperativos* ou aos *negócios cooperativos*, que, em favor deles, pratica. Noutro giro verbal, tais valores não tipificam *faturamento*, que, como vimos de ver, é a base de cálculo quer do *PIS*, quer da *COFINS*.

Faturamento é a expressão econômica de operações mercantis ou similares. Corresponde, em última análise, ao <u>somatório</u> dos valores das operações negociais realizadas pelo contribuinte. *Faturar*, em suma, é obter *receita bruta*, proveniente da venda de mercadorias ou, em alguns casos, da prestação de serviços.

Em suma, *faturamento* não é qualquer entrada de dinheiro, mas a contrapartida econômica, auferida, como *riqueza própria*, pelas empresas, em conseqüência do desempenho de suas atividades típicas.

Não vai nestas afirmações nenhuma novidade, porquanto, já na década de 1980, Geraldo Ataliba deixou consignado:

"O conceito de 'receita' refere-se a uma espécie de entrada.

"Entrada é todo o dinheiro que ingressa nos cofres de determinada entidade. Nem toda a entrada é receita. Receita é a entrada que passa a pertencer a entidade. Assim, só se considera receita o ingresso de dinheiro que venha a integrar o patrimônio da entidade que a recebe".[83]

O ponto que aqui merece ser destacado é que a cooperativa, enquanto recebe os supraditos *valores*, absolutamente não *fatura*. Muito menos obtém receitas.

IV – Reforçando a assertiva, cabe-nos, aqui, estabelecer um paralelismo com os clássicos ensinamentos de Aliomar Baleeiro, acerca das *"entradas"* e *"ingressos"*. Assim se manifestou o inolvidável jurista:

"As quantias recebidas pelos cofres públicos são genericamente designadas como 'entradas' ou 'ingressos'. Nem todos estes ingressos, porém, constituem receitas públicas, pois alguns deles não passam de 'movimento de fundo', sem qualquer incremento do patrimônio governamental, desde

---

[83] *"ISS – Base* imponível", in *Estudos e Pareceres de Direito Tributário*, 1º vol., Revista dos Tribunais, São Paulo, p. 81.

que estão condicionadas à restituição posterior ou representam mera recuperação de valores empregados ou cedidos pelo governo. (...)

"*Receita pública é a entrada que, integrando-se no patrimônio público sem quaisquer reservas, condições ou correspondência no passivo, vem acrescer o seu vulto, como elemento novo e positivo*".[84]

Embora estas lições tenham sido dadas, olhos fitos na arrecadação pública, podem perfeitamente ser adaptadas ao assunto em tela de discussão.

De fato, fenômeno similar ocorre no seio da cooperativa, quando valores monetários vão ter aos seus cofres, sem, no entanto, lhe trazerem *riquezas novas*. Parafraseando Baleeiro, os valores a ela repassados (pelos associados, em ressarcimento às despesas que lhe causaram beneficiando-se dos *atos cooperativos* ou dos *negócios cooperativos*), não ampliam seu patrimônio, vale dizer, não "*vêm acrescer o seu vulto, como elemento novo e positivo*".

V – Do exposto, segue-se com a força irresistível dos raciocínios lógicos, que não há como integrar tais valores na base de cálculo do *PIS* e da *COFINS*, sob pena da cooperativa ser compelida (indevidamente) a calcular tais exações sobre meros ingressos, realidades econômicas que não subsumem ao conceito de *faturamento*.

Reiterando a idéia, a parcela correspondente aos repasses de que aqui estamos a cogitar, não tem natureza de *faturamento*, mas de simples *ingressos* (na acepção *supra*), não podendo, em razão disso, compor a base de cálculo, quer do *PIS*, quer da *COFINS*.[85]

A respeito do tema, caem como uma luva as seguintes ponderações do Ministro Luiz Gallotti, contidas no voto que proferiu no Recurso Extraordinário n° 71.758:

"*Se a lei pudesse chamar de compra o que não é compra, de importação o que não é importação, de exportação o que não é exportação, de renda o que não é renda, ruiria todo o sistema tributário inscrito na Constituição*".[86]

---

[84] *Uma Introdução à Ciência das Finanças*, Forense, Rio de Janeiro, 13ª ed., 1981, p. 116 – grifou-se.
[85] Esta situação era de algum modo reconhecida na Lei Complementar nº 70/91 que, em seu art. 6º, I, declarava "*isentas*" de COFINS as "*sociedades cooperativas que observarem ao disposto na legislação específica, quanto aos atos cooperativos próprios de suas finalidades*". Na real verdade, este preceito apenas estava declarando uma situação de não-incidência. De qualquer modo, era útil, porquanto evitava, ainda que sob fundamento inadequado (*isenção* ao invés de *não-incidência*), que as cooperativas fossem alcançadas pela *COFINS*.
[86] *RTJ* 66:165.

Seguindo na esteira do douto Ministro do Supremo Tribunal Federal: se a lei pudesse chamar de *faturamento* o que *faturamento* não é, também *"ruiria todo o sistema tributário inscrito na Constituição".*

Realmente, nos termos da Constituição, o *PIS* e a *COFINS* só podem incidir sobre o *"faturamento"*, que, conforme vimos, é o somatório dos valores das operações negociais realizadas. *A contrario sensu,* qualquer valor diverso não pode ser inserido na base de cálculo destes tributos.

Insista-se: se fosse dado ao legislador (ordinário ou complementar) redefinir as palavras constitucionais que delimitam o *campo tributário* das várias pessoas políticas, ele, na verdade, acabaria guindado à posição de *constituinte originário,* o que, por óbvio, é juridicamente inaceitável.

Em resumo, a cooperativa, enquanto pratica seus atos típicos (atos cooperativos) ou os negócios que os viabilizam (negócios cooperativos), não fatura e, assim, não aufere receitas aptas a serem tributadas quer pelo *PIS,* quer pela *COFINS.*

Trata-se, como é fácil perceber, de situações de não-incidência, que não exigem, para serem reconhecidas, previsão legal expressa.

10. Conclusões

As linhas argumentativas acima desenvolvidas levam-nos a concluir que:

I – A Constituição Federal é a fonte direta por excelência do Direito Tributário, no Brasil. Nela, há extenso rol de disposições que, sem necessidade de *interpositio* da legislação ordinária, regulam a ação estatal de exigir tributos. É o caso das que cuidam de direitos subjetivos e garantias fundamentais dos contribuintes, que, efetivamente, *"têm aplicação imediata"* (art. 5º, § 1º, da *CF),* não carecendo, pois, de regulação, para além da prevista na própria *Lei Fundamental do Estado.*

II – A Constituição Federal brasileira consagrou e protegeu o *cooperativismo,* isto é, o sistema que rege o funcionamento das cooperativas. Não só *acreditou* no cooperativismo, como determinou que esta peculiar forma associativista fosse, por todos os títulos, prestigiada e protegida pela ordem jurídica.

IIa – As normas tributárias devem ser editadas, interpretadas e aplicadas de tal modo, que o *ato cooperativo* e o *negócio cooperativo* (negócio que possibilita o ato cooperativo) sofram um mínimo de tributação, ou, até, passem ao largo das exigências fiscais.

IIb – As cooperativas, embora não sejam imunes à tributação, devem receber tratamento tributário diferençado daquele que alcança as pessoas jurídicas de direito privado em geral. Quando possível, a legislação deve outorgar-lhes isenções tributárias. E as situações de dúvida haverão de ser solvidas em favor da não-tributação ou, quando pouco, da tributação mitigada.

III – Cooperativas são sociedades civis (simples), de cunho econômico, sem fins lucrativos, criadas para prestar serviços aos associados, de acordo com princípios jurídicos próprios e mantendo traços distintivos intactos. Embora desempenhem atividades financeiras, não têm fins lucrativos, já que seus resultados econômicos positivos, obtidos com a prática dos atos cooperativos, não são integrados ao patrimônio da entidade, mas distribuídos entre os cooperativados, na proporção das atividades por eles desenvolvidas.

IIIa – A Lei nº 5.764/1971, em seu art. 5º, autoriza as sociedades cooperativas a terem por objeto *"qualquer gênero de serviço, operação ou atividade"*, o que está em sintonia com o princípio constitucional da *livre iniciativa* (arts. 170 e 174, § 2º, da *CF*), bem como, com o que dispõe a legislação civil (*CCiv*, art. 104).

IV – O associado de uma cooperativa reveste, concomitantemente, a condição de *sócio* e de *principal usuário* da entidade. A isso se convencionou chamar *princípio da dupla qualidade*, que, em nosso direito positivo, vem revelada no art. 4º, da Lei nº 5.764/1971, que enfatiza serem as cooperativas *"constituídas para prestar serviços aos associados"*.

IVa – Sempre há duas relações jurídicas, interligando o associado à cooperativa; a saber: *a)* a relação societária propriamente dita, ou seja, a relação de dono: a pessoa física une-se à jurídica, passando a fazer parte de seu quadro associativo e fazendo jus a todas as prerrogativas de sócio; e, *b)* a relação do associado enquanto usuário dos serviços da cooperativa, e que está sujeita a variações, dependendo do tipo, das características e do modelo de atividade econômica da sociedade.

V – Atos cooperativos são os praticados entre as cooperativas e seus associados e vice-versa, bem como entre cooperativas associadas. Há, no entanto, outros comportamentos passíveis de serem juridicamente havidos por atos cooperativos, merecendo, também eles, o aludido *"adequado tratamento tributário"*.

Va – São equiparáveis ao *ato cooperativo*, os *negócios cooperativos* que viabilizam os atos cooperativos propriamente ditos e, bem por isso, devem receber idêntico *"adequado tratamento tributário"*. Tais *negócios cooperativos* compreendem os realizados para alcançar os objetivos da cooperação (*negócios-fim*) e os necessários à consecução dos *negócios-fim* (*negócios-meio*).

Vb – Há outros tipos de *negócios cooperativos*, não diretamente ligados ao *"negócio-fim"*, como a contratação de empregados para a administração da cooperativa, a venda de bens inservíveis ou não-envolvidos com o processo produtivo, a contratação de profissionais autônomos e de empresas de diversas áreas (advocacia, contabilidade, administração etc.), e assim avante. São, em suma, os *negócios auxiliares* e os *secundários* (ou *acessórios*).

Vc – Um ato será não-cooperativo sempre que houver, da parte de não-associados, fornecimento de bens e serviços a clientes da cooperativa. Se houver resultados positivos nos *atos não-cooperativos*, os valores econômicos deles decorrentes serão tributados e direcionados a um fundo especial e indivisível, destinado a financiar programas educacionais, técnicos e sociais (cf. arts. 87 e 111, da Lei nº 5.764/1971).

VI – Juridicamente, *renda é disponibilidade de riqueza nova*, havida em dois momentos temporais distintos. Assim, *renda tributável* o <u>resultado econômico positivo</u>, apurado num determinado espaço de tempo, após uma série de deduções e abatimentos feitos, com base em lei, sobre os rendimentos brutos.

VIa – O *imposto sobre a renda* tem por *hipótese de incidência possível* o fato de uma pessoa (física ou jurídica), em razão do seu trabalho, do seu capital ou da combinação de ambos, obter, ao cabo de certo período temporal, acréscimos patrimoniais. Tais acréscimos patrimoniais, no caso da pessoa física, têm o nome técnico de *renda líquida*; no da pessoa jurídica, de *lucro*.

VIb – Sistematicamente interpretada, a Constituição Federal sinaliza que a *base de cálculo possível* do *IR-pessoa jurídica* é o *lucro* (*receitas* <u>menos</u> *custos e despesas*) obtido durante o exercício financeiro (ou período de apuração menor, desde que previsto em lei). Logo, não podem ser incluídas na base de cálculo *in concreto* do *IRPJ* os meros ingressos, as reposições patrimoniais e as perdas sofridas, já que não tipificam lucro.

VIc – A Lei nº 5.764/1971, em seu art. 111, impõe às cooperativas o dever de apresentar à tributação os resultados positivos, dos atos praticados com terceiros, não-associados. Já os *resultados positivos* de seus atos cooperativos típicos e dos negócios jurídicos que os viabilizam (negócios cooperativos) não podem sofrer a incidência do tributo em tela.

VII – A *hipótese de incidência possível* da *CSLL* é auferir *lucro*, em decorrência da exploração de atividade econômica empresarial. O que a diferencia do *IRPJ* é simplesmente a *finalidade* que deve perseguir, qual seja, o custeio da seguridade social.

VIIa – Logo, os mesmos motivos pelos quais descabe *IRPJ* sobre as movimentações financeiras que não trazem, para a pessoa jurídica, efetivos acréscimos patrimoniais (meros ingressos), militam no sentido de que, sobre elas, também não incide a *CSLL*.

VIIb – A cooperativa somente está sujeitas à *CSLL* nas situações em que deve recolher o *IRPJ*, ou seja, apenas quando obtém resultados positivos pela prática de atos não-cooperativos.

VIIIc – A cooperativa, enquanto pratica atos típicos (*atos cooperativos*) e negócios que os viabilizam (*negócios cooperativos*), e é reembolsada pelos cooperativados que deles se beneficiam, não pode ser submetida à tributação por meio de *CSSL*, já que não aufere *lucro*.

IX – O *PIS* e a *COFINS* incidem o faturamento (mensal) da pessoa jurídica.

IXa – Os aportes financeiros, quando desacompanhados de incrementos no patrimônio da pessoa jurídica, por não tipificarem *faturamento*, não podem compor a base de cálculo destes tributos.

IXb – Não acrescem o patrimônio da cooperativa, mas apenas o recompõem, os valores por ela recebidos de seus associados, a título de ressarcimento pelas despesas inerentes aos atos cooperativos e aos negócios cooperativos, que, em favor deles, pratica. Noutro giro verbal, tais valores não tipificam *faturamento*.

IXc – Segue-se que não há como integrar tais valores na base de cálculo do *PIS* e da *COFINS*, sob pena da cooperativa ser compelida (indevidamente) a calcular tais exações sobre meros ingressos, realidades econômicas que não subsumem ao conceito de *faturamento*.

IXd – A cooperativa, enquanto pratica seus atos típicos (*atos cooperativos*) e negócios que os possibilitam (*negócios cooperativos*), não fatura e, assim, não aufere receitas aptas a serem tributadas quer pelo *PIS*, quer pela *COFINS*. Trata-se de situações de não-incidência, que não exigem, para serem reconhecidas, previsão legal expressa.

REFERÊNCIAS BIBLIOGRÁFICAS

ALEXI, Robert. *Teoria de los Derechos Fundamentales*, trad. de Ernesto Garzón Valdés. Madrid, Centro de Estudios Constitucionales, 1993.

ANCELES, Pedro Einstein dos Santos. *O adequado tratamento ao ato cooperativo. O imposto de renda da pessoa jurídica e a contribuição social sobre o lucro líquido incidentes nas operações realizadas por cooperativas". Ato Cooperativo e seu adequado tratamento tributário*, p. 170 e ss. Mandamentos, Belo Horizonte, 2004.

ANDRADE FILHO, Edmar de Oliveira. *Imposto de Renda das Empresas*. 4ª ed. São Paulo, Atlas, 2007.

ATALIBA, Geraldo. *Hipótese de incidência tributária*. 5ª ed., 3ª tiragem, São Paulo, Malheiros Editores, 1992.

—. *"ISS – Base* imponível". *Estudos e Pareceres de Direito Tributário*. 1º vol. São Paulo, Revista dos Tribunais, pp. 74 e ss.

BALEEIRO, Aliomar. *Uma Introdução à Ciência das Finanças*. 13ª ed. Rio de Janeiro, Forense, 1981.

BECHO, Renato Lopes. *Direito Constitucional Tributário Aplicado às Cooperativas*. São Paulo, trabalho inédito, 1999.

—. *Elementos de Direito Cooperativo*. São Paulo, Dialética, 2002.

—. *Sujeição Passiva e Responsabilidade Tributária*. São Paulo, Dialética, 2000.

—. *Tributação das Cooperativas*. 3ª ed. São Paulo, Dialética, 2005.

BELSUNCE, Horacio Garcia. *El concepto de redito: en la doctrina y en el derecho tributario*. Buenos Aires, Depalma, 1997.

BERLIRI, Luigi Vittorio. *L'Imposta di Ricchezza Mobile (incontri e scontri di dottrina e giurisprudenza)*. Milão, Dott. A. Griuffrè, Editore, 1949.

CARRAZZA, Roque Antonio. *Curso de Direito Constitucional Tributário*. 27ª ed., São Paulo, Malheiros Editores, 2011.

—. *Imposto sobre a renda (perfil constitucional e temas específicos)*. 3ª ed. São Paulo, Malheiros Editores, 2009.

COSTA, Alcides Jorge. *"Capacidade Contributiva"*. *Revista de Direito Tributário* nº 50, pp. 300 e ss.

DERZI, Misabel. Atualização à 11ª edição (1999), do livro *Direito Tributário Brasileiro*, de Aliomar Baleeiro (11ª ed., 10ª tir., Rio de Janeiro, Forense, 2002).

DINIZ, Maria Helena. *Curso de Direito Civil Brasileiro*. Vol. 1. 9ª ed. São Paulo, Saraiva, 1993.

DOMÍNGUES, Matias Cortés. *Ordenamiento Tributário Español*. Madrid, Tecnos, 1968.

FRANCIULLI NETTO, Domingos. *"COFINS: a exclusão das receitas financeiras de suas base de cálculo"*. *PIS – COFINS: questões atuais e polêmicas* (coord. Octavio Campos Fischer). São Paulo, Quartier Latin, 1995, pp. 70 e ss.

FRANKE, Walmor. *Direito das Sociedades Cooperativas (Direito Cooperativo)*. São Paulo, Saraiva, 1973.

LAPATZA, José Juan Ferreiro. *Direito Tributário – Teoria Geral do Tributo*. Trad. de Roberto Barbosa Alves. Barueri (SP), Marcial Pons – Manole, 2007.

MASSANET, Juan Ramallo. *"Hecho Imponible y Cuantificación de la Prestación Tributaria"*. *Revista de Direito Tributário* n.os 11/12, pp. 22 e ss.

PERIUS, Vergílio Frederico. *Cooperativismo e Lei*. São Leopoldo (RS), *Unisinos*, 2001.

PONTES, Helenilson Cunha. *Relação Jurídica Tributária, Inconstitucionalidade e Coisa Julgada em Matéria Tributária*. Tese de livre-docência apresentada na Faculdade de Direito da Universidade de São Paulo, 2004.

QUEIROZ, Mary Elbe. *Imposto sobre a Renda e Proventos de Qualquer Natureza*. Barueri (SP), Manole, 2004.

RENCK, Renato Romeu. *Imposto de Renda da Pessoa Jurídica (critérios constitucionais de apuração da base de cálculo)*. Porto Alegre, Livraria do Advogado Editora, 2001.

SINGER, Paul. *"A recente ressurreição da economia solidária no Brasil"*. *Produzir para viver: os caminhos da produção não capitalista* (org. Boaventura de Souza Santos). Rio de Janeiro, Civilização Brasileira, 2002, pp. 78 e ss.

SOUSA, Rubens Gomes de. *"Pareceres 1: Imposto de Renda"*. Ed. Póstuma. São Paulo, Resenha Tributária, 1975.

—. *Pareceres 3: Imposto de Renda*. Ed. Póstuma. São Paulo, Resenha Tributária, 1976.

TORRES, Heleno Taveira. *Direito Constitucional Tributário e Segurança Jurídica*. São Paulo, Ed. Revista dos Tribunais, 2011.

TORRES, Ricardo Lobo. *Os Direitos Humanos e a Tributação: Imunidade e Isonomia*. 2ª ed. Rio de Janeiro, Renovar, 1999.

XAVIER, Alberto. *Conceito e Natureza do Acto Tributário*. Coimbra, Livraria Almedina, 1972.

—. *Os Princípios da Legalidade e da Tipicidade da Tributação*. 1ª ed. São Paulo, Ed. Revista dos Tribunais, 1978.

—. *Tipicidade da Tributação, Simulação e Norma Fiscal Anti-Elisiva*. São Paulo, Dialética, 2001.

The "would-be case" for net taxation under the OECD Model Tax Convention

RUI CAMACHO PALMA

MA in Taxation, University of London

> *"Onde esconderam Vossas Excelências a falácia? Respondo: esconderam-na habilmente sob as cortinas verbais «quod» e «idem»!"*[1]

I – INTRODUCTION

The author has claimed that gross taxation is not an aggravated form of double taxation, but an autonomous and more severe obstacle to cross-border income flows than double taxation[2]. Although the author also proposed that taxation of non-residents on the gross amount of the income derived is no longer justified by the practical reasons that originally ingrained it in tax systems around the world, the fact remains that gross taxation is enshrined in domestic laws, unaffected by the classical interpretation of Double Tax Conventions ("DTC") and of the Model Tax Convention on Income and on Capital adopted by the Organisation for Economic Co-operation and Development ("OECD Model"[3]). Therefore, the author suggested amendments to some of the articles of the OECD Model towards a net taxation system, which might prevent or at least mitigate the most detrimental consequences of the current state of affairs.

On many instances, Professor Alberto Xavier emerged as a tax academic and practitioner ahead of his time. In addition to embodying his vast knowledge and

---

[1] *"Where have Your Excellencies hidden the fallacy? I say: you have cunningly hidden it under the verbal curtains «quod» and «idem»!"*. Xavier, Alberto, *"Al-Gharb 1146"*, Bertrand, Lisboa, 2005, p. 367.

[2] Palma, Rui Camacho (2010), *"The Paradox of Gross Taxation at Source"*, Intertax, Volume 38, Issue 12, Kluwer, 2010, pp. 624 ff.

[3] Reference is made to the OECD Model as it reads since the 22 July 2010 update.

depth of thought, his work and career testify to the unequivocal the fact that he never ceased questioning, challenging and defying borders and boundaries of law in general and tax law in particular. Accordingly, the author could not think of a most appropriate way of celebrating Professor Xavier's achievements in the tax law domain than to try and assess whether an alternative interpretation of what has always been taken for granted could be inspired by the hermeneutical *tour de force* of the main character of his first romance, *Al-Gharb 1146*[4].

Inspiration is not illumination. This paper does not aspire to claim that decades of interpretation and application of DTCs and the OECD Model are actually wrong[5]. It tries no more than to ascertain whether, in light of both the existing law and tax policy considerations, an alternative interpretation might have been proposed in light of the language of OECD Model (and which, admittedly, would lead to it having an entirely different role in the context of the international tax system). However, it is convenient to first consider in further detail the reasons allegedly justifying gross taxation.

II – ARGUMENTS FOR TAXING NON-RESIDENTS ON A GROSS BASIS

a) Introduction
The reasons why non-residents are often taxed on a gross basis are to a great extent the reasons why they are liable for withholding taxes[6], notwithstanding the fact that withholding taxes may operate on a net basis (e.g., with entertainers). However, the two concepts should not be confused, as there are several instances where non-residents are required to file tax returns but prevented from availing of certain deductions, as well as situations where tax is withheld as a payment in advance of the final tax liability assessed in a tax return [7]. Therefore, not every justification analysed below is shared with withholding taxes.

---

[4] In front of two highly reputed law professors, he is able to ingeniously demonstrate that pigs of the *Gharb al-Andalus* region and French wine did not breach the Qur'an interdiction of pork and alcohol.
[5] In this regard, the author would like to thank Professor Philip Baker for the judicious employment of expressions such as "*intriguing argument*" and "*outrageous contention*", swiftly and unconditionally persuading the author that such result would indeed be both unachievable and unjustified.
[6] See Holmes, Kevin (2007), "*International Tax Policy and Double Tax Treaties*", IBFD, Amsterdam, 2007, p. 9.
[7] Examples of these situations are: (i) the Portuguese personal income tax on capital gains derived on the alienation of Portuguese immovable property (unlike residents, non-residents are in principle not allowed to deduct 50% of the capital gain, which may lead to a more burdensome taxation despite the nominal rate being lower than the ones applicable to the former); (ii) Portuguese-sourced rental income is subject to a withholding tax creditable against the final liability.

b) Simplicity, certainty and efficiency in tax collection

One of the reasons why one generally cannot allocate expenses to non-residents is that taxation on a gross basis is simpler for both taxpayers and the tax authorities, and hence more efficient and less costly.

First, it is a very simple method and, by preventing all doubts about the deductibility of expenses, it provides more certainty to taxpayers as regards the computation of the taxable income[8]. Simplicity and certainty are usually highly regarded by multinationals and taxpayers in general and a good example of the relevance attributed to these features may perhaps be that some taxpayers try to avoid triggering a Permanent Establishment ("PE"), even when subject to effective taxation on a gross basis (usually in the form of a withholding tax) that gives rise to a higher tax liability (as compared to the one likely to arise from such hypothetical PE).

When gross taxation is levied by means of withholding mechanisms, compliance costs for the taxpayer are significantly reduced, as the administrative work is reduced to the application of a tax rate to the gross amount of the income, and the collection effort of the tax authorities is also alleviated[9], although its compatibility with European Union ("EU") law is increasingly challenged[10] and the relationship between withholding taxes in a EU context and the non-discrimination principle in the OECD Model discussed[11].

It is also alleged that even without withholding tax mechanisms, tax audit procedures are also more straightforward, since it is enough to apply the tax rate to gross income, without having to validate any deduction, as the *"source country does not generally have access to all the information necessary to calculate tax correctly on a net basis"*[12].

c) Protection of the domestic tax base

Another justification for the taxation of non-residents on a gross basis is the protection of the domestic tax base of the source State. Every payment made to a non-resident translates into the loss of tax revenue unless such non-resident is also liable for tax therein. Otherwise, the reduction of the tax liability at the

---

[8] See Ault, Hugh J., and Sasseville, Jacques (2010), *"Taxation and Non-Discrimination: A Reconsideration"*, World Tax Journal, IBFD, June 2010, p. 105.

[9] See Holmes (2007), p. 214.

[10] See Simader, Karin (2010), *"Withholding Taxes and the Effectiveness of Fiscal Supervision and Tax Collection"*, Bulletin for International Taxation, IBFD, February 2010, pp. 115 ff.

[11] See Vanistendael, Frans (2010), *"Taxation and Non-Discrimination, A Reconsideration of Withholding Taxes in the OECD"*, World Tax Journal, IBFD, June 2010, pp. 175 ff.

[12] Rixen, Thomas (2008), *"The Political Economy of International Tax Governance"*, Palgrave Macmillan, London, 2008, p. 70.

level of the debtor resident in the source State is not compensated by the taxation of any income.

However, if the non-resident recipient is taxed on a net basis, only a small portion of that unrealised tax collection is compensated (moreover it is expectable that a portion of its costs is incurred outside the source State, i.e. it does not represent income taxable in the hands of taxpayers subject to the jurisdiction of such source State). In other words, taxing non-residents on a net basis only defers to the following link of the chain most of the loss of tax revenue issue. The loss of tax revenue is even more likely to occur in the case of the so-called passive income[13]. As far as the latter is concerned, the link with the source State may be feeble or purely non-existent, thus less likely to involve local suppliers, which would in turn be taxed on the corresponding income.

Taxation on a gross basis ensures that the portion of income tax not collected from the resident payer because of the latter having deducted the cost corresponding to the income paid to the non-resident is compensated (in full if the tax rates are identical) by the tax levied on the non-resident.

Additionally, taxation on a gross basis, particularly where tax is levied through a withholding mechanism[14], *"is also a blunt but nonetheless robust instrument against tax avoidance, since the conduct of the taxpayer in respect of costs is irrelevant, significantly reducing the scope for "illegitimate planning" and straightforward abuse"*[15].

d) Acceptable tax burden

Finally, the non-deductibility of expenses is usually balanced with reduced tax rates on the taxable amount (i.e., gross income). Apart from usually accepting reduced rates in the provisions of DTCs that deal with passive income, several source States adopt them unilaterally. Very broadly, Corporate Income Tax ("CIT") rates in the OECD countries are usually 5% to 10% higher than withholding tax rates. Reduced rates thus alleviate the detrimental impact to non-residents of the inability to deduct expenses in the source State.

The taxable burden arising from the application of such reduced rates on the gross amount of the income derived by non-residents is also claimed to be

---

[13] An in-depth discussion of this concept falls outside the scope of this paper. Passive income is employed in the broad sense of income derived from passive activities (see the discussion by the Internal Revenue Service in its "Tax Topics" – http://www.irs.gov/taxtopics/tc425.html, accessed on 30th January 2012).

[14] See Rixen (2008), p. 203. The withholding mechanism allows *"the collection of tax owed on income for which there is a high possibility of not being reported"* (Akamatsu, Akira (2007), *"Japanese Taxation of Permanent Establishments in Japan"*, Bulletin for International Taxation, IBFD, September/October 2007, p. 413.

[15] Palma (2010), p. 627.

acceptable from a tax policy standpoint because both the economic benefit derived from the source State and the "economic allegiance" with the territory the income arises from[16] justify both the "priority" of the source State in taxing such income and the fact that expenses incurred by the taxpayer, particularly those incurred outside that source State, are disregarded.

III – OBJECTIONS AGAINST TAXING NON-RESIDENTS ON A GROSS BASIS

a) Introduction
Notwithstanding the persuasiveness of the arguments presented in the preceding chapter, it is possible to object that they are either intrinsically overrated or no longer justified, considering the evolution of international tax rules and practices. This chapter illustrates how these arguments have progressively lost weight and relevance, to the point that inertia has probably become the most significant motive for taxation on a gross basis to endure.

b) Increasing tax cooperation and exchange of information
With respect to simplicity and efficiency, a first remark must be that none of these objectives should be pursued to the detriment of fiscal justice. Although one of the cornerstones of modern income tax systems is purportedly the "ability to pay" of taxpayers, this principle has been sacrificed on the altar of simplicity, which should be an accessory means of achieving the prevailing purpose (i.e., only called into action if a more complex system failed its target and became, for that reason, unfair). A similar comment can be made regarding the allocation of taxing rights between source and residence countries, in respect of which simplicity and efficiency have been prevailing upon balance and fairness only too often.

In any case, the progress of tax cooperation and exchange of information – not only with the multiplication of DTCs but also of specific exchange of information agreements, notably those driven by the OECD co-ordinated efforts against uncooperative jurisdictions –, as well as the evolution of information technology have changed the tax backdrop to cross-border transactions in the last decades[17]. In a DTC context, the mechanisms of exchange of information

---

[16] See Holmes (2007), p. 21.

[17] See Huizinga, Harry, and Nielsen, Søren Bo, *"Withholding taxes or information exchange: the taxation of international interest flows,"* Journal of Public Economics, Elsevier, vol. 87(1), January 2003; Keen, Michael, and Ligthart, Jenny (2004), *"Incentives and Information Exchange in International Taxation"*, Discussion Paper No. 2004-54, Tilburg, June 2004, accessed on 30th January 2012 at http://papers.ssrn.com/sol3/papers.cfm?abstract_id=567081; and Keen, Michael, and Ligthart, Jenny (2005), *"Revenue Sharing and Information Exchange under Non-Discriminatory Taxation"*, June 2005, accessed on 30th January 2012 at http://papers.ssrn.com/sol3/papers.cfm?abstract_id=756370.

are usually present, but admittedly some time ago they were neither simple nor efficient. However, nowadays computer-based protocols and networking instruments are increasingly granting tax authorities simplified access to information on non-resident taxpayers, in a relatively timely and efficient manner.

Nothing is as effortless as simply disallowing the deductibility of all expenses, of course, but fiscal justice among taxpayers and horizontal equity between contracting parties in a DTC appear to justify an effort which has been gradually made easier. Uncomplicated tax audits are hardly cause for such distortion to fiscal justice and both the optimised exchange of information and the increasing co-operation between tax authorities provide consistently improved results in cross-border tax controls and collection efficiency. Evidently, no progress can offer the same level of certainty as gross basis taxation, but a positive feature is not sufficient to render an objectionable system preferable and it is implausible that certainty alone would lead non-residents to waive the right to deduct expenses in the source country. The same can be said about compliance costs and administrative work, clearly unwelcome by non-residents but unlikely to deter *per se* the deduction of expenses. The reason why most taxpayers are not interested in triggering a PE even when subject to effective taxation on a gross basis is in all likelihood related to the risk of such PE evolving into a new source of tax management concerns, e.g., having the tax authorities of the source State trying to impute as much profit as possible to the PE or raising obstacles to the cancellation of the PE's registration if and when it ceases its activity.

Notwithstanding the above observations, it might be argued that allowing non-resident taxpayers to claim in the source State the deductibility of expenses would simply be unpractical and prone to abuse. Although it is clear that the legal contexts of EU law and international tax law are very different, the former is a good example that such concerns, although not entirely unfounded, can be dealt with. The Court of Justice of the European Union has consistently held that none of those reservations is sufficient for the source State to deny the deductibility of expenses associated with professional or business income derived therein by a resident in an EU Member-State[18], which means that none of such reservations is more relevant than the EU fundamental freedoms. There appears to be no reason to grant less primacy to the core principles of international tax law *vis-à-vis* those concerns[19].

---

[18] See C-234/01 *Gerritse*, C-290/04 *Scorpio*, C-345/04 *Centro Equestre* and C-346/04 *Conijn*.

[19] Additionally, and without being led (at least directly) to do so by any decision of the Court of Justice, Bulgaria and the Czech Republic have already extended the net basis taxation regime to passive income derived by non-residents. In Bulgaria, an amendment to CIT Law published in Official Gazette 95/09, of 1st December 2009, in force since 1st January 2010, allows EU and

c) The impact of "gross-up" clauses and "defensive tax planning"

As regards the alleged protection of the tax base, by minimising unrealised tax collection, it should be noted that attaining such protection by rejecting the deductibility of expenses incurred by non-residents is a fundamentally flawed concept. The main reason why the tax collection referred to above is unrealised is that in a reasonably functioning open market it could not be realised at all, which can be exemplified with a cross-border loan. Without the funds borrowed from the non-resident counterparty B, payer A (resident in the source State) would not have derived the income (which is partially offset, for purposes of assessing the profit, by the interest payment to B). It is true that it might have borrowed the funds from C, also resident in the source State, but either the latter would in turn have borrowed the funds from abroad because there were insufficient domestic funds or, if the funds were available locally without external funding, they had in principle proved more expensive (otherwise A would in principle, for simplicity, have opted for such alternative instead of resorting to a non-resident lender).

Second, the existence of cross-border borrowing indicates that locally available alternatives, if any, are not equally competitive. The same can be said, for instance, of the cross-border acquisition of the use of, or the right to use, intellectual property. Practitioners know only too well how in these cases non-resident taxpayers deploy their bargaining power in the form of "gross-up clauses" that allocate the burden of the tax to the resident payer, by increasing the price due in the amount that proves necessary to ensure the non-resident counterparty the intended net payment. Inevitably, this mechanism increases the tax deductible costs of the resident payer, thus reducing the domestic tax base and consequently the impact of the protection afforded to such tax base by gross taxation. Above all, however, it represents a tax economically borne by the resident payer.

In this light, *"gross taxation emerges almost as a consumption tax driven by the ability to spend of the payer, instead of an income tax based on the ability to pay of the recipient, which is currently the cornerstone of income taxation in the OECD and modern tax systems in general."*[20]. The effect of such a tax on the economy is perverse: the

European Economic Area ("EEA") residents to opt for being taxed on net income, in respect of all Bulgarian-sourced income on a given year, and any tax withheld on gross income in excess of the tax liability on the net income is refundable. In the Czech Republic, Law 216/2009, of 17th June 2009, published in the Official Gazette on 20th July 2009, amended the Income Tax Law to the effect that EU and EEA residents deriving income liable for withholding tax may also be assessed on a net basis by reporting deductible expenses, being entitled to a refund of any tax paid withheld in excess.

[20] Palma (2010), p. 640. See also Mooij, R.A. de, and Stevens, L.G.M., *"Exploring the future of ability to pay in Europe"*, EC Tax Review 2005-1, Kluwer, 2005, pp. 9 ff., Pinto, Dale (2007), *"Exclusive Source or Residence-Based Taxation – Is a New and Simpler World Tax Order Possible?"*, Bulletin for International

more costs with foreign suppliers domestic economic agents incur, the more tax they have to bear, which decreases competitiveness (and, in the long run, promotes the need to resort to foreign suppliers, as the resources of domestic taxpayers are drained). Instead of taking a larger slice of the foreign pie, the greed of the source State makes it feed on itself.

Finally, in those cases where the non-resident does not avail itself of the necessary bargaining power to secure a gross-up of its income, while it is true that the straightforward non-deductibility of expenses reduces the scope for evasion and "illegitimate planning", it also gives rise to the temptation of a sort of otherwise unnecessary "defensive tax planning". In various instances where taxpayers resort to conduit companies or other forms of treaty shopping – several times, successfully –, their decision is determined by the consideration that a certain withholding tax (e.g., 15% or 10%) on the gross income is excessive and deprives taxpayers of a reasonable profit margin (sometimes to the point of rendering the transaction loss-making). One may venture to say that if such taxpayers were taxed in the source State at a "reasonable" tax rate on their real net income (and able to benefit in the latter from an exemption or a credit which would shield their profits from double taxation), the incentive to such planning – sometimes leading to the source State actually taxing less than it would if it allowed for the deductibility of expenses – would be significantly reduced.

d) Unbalanced tax burden

Concerning the argument that the taxation on a gross basis is somehow balanced by lower tax rates, it must be remarked that the impact is clearly unsatisfactory unless the taxpayer operates with a very ample profit margin. A difference of 10 or even 20 percentage points between the CIT and the withholding tax rate is only sufficient to offset the detrimental impact of the inability to deduct expenses, and thus give rise to the same amount of tax payable, if the profit is extraordinarily high (as exemplified below, considering a gross income of 100):

Difference	CIT rate	Net income	Tax due	WHT rate
	25.00%	60.00	15	15.00%
Δ 10 p.p	30.00%	66.67	20	20.00%
	35.00%	71.43	25	25.00%
	25.00%	20.00	5	5.00%
Δ 20 p.p	30.00%	33.33	10	10.00%
	35.00%	42.86	15	15.00%

Taxation, IBFD, July 2007, p. 280, and Schön, Wolfgang (2009), "*International Tax Coordination for a Second-Best World (Part I)*", World Tax Journal, IBFD, October 2009, pp.72 ff.

The above level of profit is not commonly achievable. In a business context with less exorbitant figures, taxation on a net basis is usually preferable for the taxpayer. It is not just a matter of the withholding tax on gross income, in those cases, becoming *"an absolute tax liability which increases the total worldwide tax bill rather than merely redistributing it"*[21], but that the inability to deduct expenses in the source country exposes the taxpayer to a charge that exceeds a reasonable tax on a profit margin, if not the entire margin itself[22]. An obvious example is the withholding tax on interest, which commonly exceeds by far the net interest spread in the banking industry[23], rendering gross-up clauses unavoidable or leading to the temptation of setting up a PE to prevent it[24]. Therefore, it is highly unlikely that *"withholding tax rates on gross income are sufficiently below the annual income tax rates on net income to more or less produce the same amount of tax collected"*[25]. As a result, for many companies they represent one of the main obstacles to international transactions, as noted in the 1992 report of the Ruding Committee[26].

Finally, as regards the alleged priority of the source State, it should mean that this State should be the first to apply its tax rate on the profit margin of the transaction, not that it should be able to collect whatever tax it deems convenient, if it levies it in such a way that it ceases to be a true income tax and becomes a turnover tax for the taxpayer (or a consumption tax for its resident counterparty). In the absence of gross-up clauses or an equivalent effect on pricing, taxation on a gross basis forces the residence State to "subsidise" the source State, either through a full credit – which in practice seldom occurs – or, indirectly, by "consenting" to a transfer of wealth from its resident taxpayers to the source State (rendering such resident taxpayers less able to generate more taxable income in the future), since they hand over to their own tax authorities an excessive share of their profits[27].

In this light, taxation on a gross basis is unable to ensure a reasonable tax burden, by disregarding the fundamental component of expenses. The true economic allegiance, or the benefit effectively derived by the taxpayer, should

---

[21] Miller, Angharad, and Oats, Lynne (2006), *"Principles of International Taxation"*, Tottel, Haywards Heath, 2006, p. 162.
[22] See Holmes (2007), pp. 104 and 105.
[23] See Commentary on Article 11, §§7.1 ff. See also Palma (2010), pp. 627 ff.
[24] See Avery Jones, John (2003), et alia, *"Treaty conflicts in categorising income as business profits caused by differences in approach between common law and civil law"*, British Tax Review, 2003, no. 3, p. 242.
[25] Holmes (2007), p. 217.
[26] See Rohatgi, Roy (2005), *"Basic International Taxation: Volume 1 – Principles of International Taxation"*, 2nd Edition, BNA International, London, 2005, p. 250.
[27] See Rixen (2008), p. 166.

be ascertained from the vantage point of a geographically-based "ability to pay" criterion, taking into consideration where such ability to pay materialises in any given moment and the respective circumstances.

IV – THE POSITION OF THE OECD MODEL

a) Introduction

Against this background, it is now the time to assess the position of the OECD Model. The position of the OECD Model with respect to income which may be taxed *"without any limitation"* may be exemplified with income from immovable property, with regard to which the OECD Model places virtually no restriction on the source State. According to Article 6, the term "immovable property" is interpreted in accordance with its laws and no limitation to the tax rate applies. Other than potentially Article 24 (non-discrimination) in very specific circumstances, the source State is bound by no provision of the OECD Model in taxing income from immovable property located within its territory, hence classified by the Introduction to the OECD Model ("Introduction") as *"income... that may be taxed without any limitation in the State of source"* (§21). The same principle applies, in those circumstances where the source State may tax it, to income from employment (Article 15), director's fees (Article 16), income derived by artistes and sportsmen (Article 17), pensions (Article 18) and income from government service (Article 19). It is therefore reasonable that some of the inferences of the ensuing discussion also apply to those categories of income, the first being that the respective distributive rules do not appear at first glance to prevent the source State from levying its tax on the gross amount of the relevant category of income[28].

The possibility of gross taxation at source is even clearer for dividends and interest (as well as royalties, in the 2001 United Nations Model Double Taxation Convention between the Developed and Developing Countries[29] and in many DTCs, even if based on the OECD Model). The relevant provisions, Articles 10(2) and 11(2), refer to *"the gross amount of the dividends"* and *"the gross amount of the interest"*, respectively. "Gross" is a term which is nowhere else to be found in the whole OECD Model.

---

[28] In general, the literature admits that in practice some deductions may generally apply, but does not claim that such deductibility is imposed by Article 6. See Baker, Philip (2009), *"Double Taxation Conventions"*, Release 16/17, Sweet & Maxwell, London, 2009, 6B.01 ff. (implicitly), Vogel, Klaus (1999), *"On Double Taxation Conventions"*, Third Edition, Kluwer, The Hague, 1999, p. 375, Holmes (2007), p. 284. In practice, the source State's *"domestic rules determine how the income should be computed or taxed"* (Rohatgi (2005), p. 136).

[29] The 2011 update affected neither the royalties article nor its Commentary.

Since the concept of income is not defined in the OECD Model, one must also take heed of Article 3(2): *"As regards the application of the Convention at any time by a Contracting State, any term not defined therein shall, unless the context otherwise requires, have the meaning that it has at that time under the law of that State for the purposes of the taxes to which the Convention applies, any meaning under the applicable tax laws of that State prevailing over a meaning given to the term under other laws of that State"*. In this regard, countries may domestically adopt different concepts of income for residents and non-residents, which apparently would entitle them to employ those different concepts whenever applying a method for elimination of double taxation, in the role of residence State, or levying tax on a non-resident, when acting in the capacity of source State. However, it is nonetheless necessary to ascertain what the context requires, in order to assess whether it involves disregarding the domestic law meaning or not, and particularly how to "materialise" such guidelines into a *"«treaty» meaning of the term"*[30].

The Vienna Convention on the Law of Treaties, of May 23, 1969 ("Vienna Convention")[31] requires that treaties be *"interpreted in good faith in accordance with the ordinary meaning to be given to the terms of the treaty in their context and in the light of its object and purpose"* (Article 31(1)). In this regard, it has been remarked that *"Even if reference to domestic law were to lead to double taxation..., that fact alone cannot be taken as an argument in support of an interpretation which deviates from domestic law, though it is true that the treaty seeks to avoid double taxation and that interpretations avoiding double taxation should be preferred"*[32]. However, it is not exactly the issue of deviating from domestic law – a comment more suitable to matters of qualification and classification, not computation of income –, but more precisely of preferring one of two alternative quantitative concepts of income which inevitably coexist in each tax system, considering that *"[t]he given meaning should enable the treaty provisions to be effective"*[33]. In this respect, context has been said to bear an additional weight when the issues revolve around the tax base, considering that *"interpretation by recourse to the domestic tax law... is particularly apt to lead to inappropriate results"*[34].

In light of the above, it does not seem wholly unreasonable to believe that the combination of Article 3(2) OECD Model and the directives of the Vienna Convention might have persuaded interpreters to observe two broad guidelines

---

[30] Baker (2009), E.20.
[31] The justification for the application of the Vienna Convention to the interpretation of DTCs is discussed in Baker (2009), E.02 ff., Vogel (1999), pp. 35 ff., and Rohatgi (2005), pp. 38 ff.
[32] Vogel (1999), p. 214.
[33] Rohatgi (2005), p. 48.
[34] Vogel (1999), p. 215.

for interpreting the term "income": i) unless the text clearly required otherwise, in principle it should have the same meaning throughout the DTC, i.e., putting in place a treaty on the taxation of income would be facilitated if "income" had a treaty meaning, and (ii) if more than one meaning were possible, the one(s) that assist(s) preventing double taxation and tax evasion should have been favoured. However, this was not meant to be; instead, the classical interpretation has always been that, with the exception of business profits (Article 7), whenever the source State is allowed to tax income derived by a non-resident, it may do so on the respective gross amount, which one must accept as fully understandable in light of the limited role played by tax conventions (coordinating taxing jurisdiction). It is nonetheless interesting to try and ascertain whether an alternative view could be theoretically sustainable.

b) Income that may be taxed without any limitation
In light of the above preliminary conclusion, the question is whether it would be possible to propose an interpretation which would ensure that the same meaning of the term "income" would be adopted throughout the DTC and, simultaneously, that such meaning would be the one which better addressed double taxation and tax evasion. In this regard, perhaps a promising lead might have been found in Article 23[35], at least with respect to its quantification as net or gross, which is the crux of the discussion at hand.

i) *Consistent meaning*
With respect to the first directive, assuming that the expression "income" has a "quantitative meaning" which is consistent throughout the OECD Model, it should be noted that, notwithstanding the fact that the word "income" is employed not less than fifty times, the explicit reference to a certain category of income being liable for tax on its gross amount is restricted to two situations, Articles 10(2) and 11(2). Considering the ample use of the expression "income" in all the other distributive rules, one could try to argue, without becoming hostage of always disputable *a contrario sensu* arguments[36], that at least it is not clear that "income" should necessarily be interpreted as "gross income".

---

[35] Although almost the same arguments can be derived from both Articles 23A and 23B, the latter is chosen as reference, since it allows a more complete perspective on the stance of residence States. Nevertheless, *"if the tax burden in the state of source is higher* [almost inevitably the case of gross basis taxation], *then the credit method works in the same way as the exemption method"* (Baker (2009), 23B.01), meaning that similar conclusions can be drawn from Article 23A. See also the Commentary on Article 23B, §62.

[36] That is to say, without necessarily claiming that the explicit employment of "gross amount" only in relation to the above provisions proves beyond reasonable doubt that in all other provi-

It might perhaps be possible to take this argument a little further and note that, if "income" *per se* were inevitably to be construed as gross income, the adjective "gross" would somehow be redundant in Articles 10(2) and 11(2). Specifically, the lawmaker might simply refer to "5 per cent of the dividends" in Article 10(2) or "10 per cent of the interest" in Article 11(2). Certainly, it might be argued against such remark that the reference to the *"gross amount"* of both dividends and interest had merely a purpose of clarification and that no other provision adopted similar language because no other provision set specific tax rates, i.e., in no other provision had the various generations of co-authors of the OECD Model felt the need to elucidate which amount of income a certain percentage of tax might be levied upon. However, such explanation might also be rebutted and reversed, precisely because the justification for the imposition of tax rate ceilings (lower than the average domestic CIT rates) on both dividends and interest is that, for reasons of efficiency and simplicity, the taxable base for non-residents, unlike that of residents in some countries, is the gross amount of the income derived. If the co-authors of the OECD Model did not deem necessary to set maximum tax rates in other distributive rules, such as Article 6, it might be argued that in all likelihood they did not expect the taxable base to significantly vary between residents and non-residents. Therefore, the expression *"gross amount"* would have indeed a clarification purpose, but by reference to the fact that in both definitions of dividends (Article 10(3)) and interest (Article 11(3)) the word "income" is also used and, in the absence of the expression *"gross amount"*, the interpretation of "income" as net income would also be legitimate. The use of "gross" could precisely imply that in paragraph (2) the meaning was not the same as in paragraph (3).

In that light, the word "income" would not have any intrinsic quantitative attribute in the OECD Model and thus might not necessarily mean "gross income". A systemic interpretation of the concept, considering all circumstances and features of each category of income, might actually lead to the opposite view, considering the clear differences of language used and the way that taxation operates between Articles 10 and 11, on one hand, and the other distributive provisions recognising taxing rights to the source State. Against such view, one must recognise that the role of DTCs is not to stipulate how a domestic system taxes income, but simply to coordinate the exercise of taxing jurisdiction. The question is, nonetheless, whether such taxing jurisdiction is not somehow restrained as far as the computation of the income is concerned.

sions the expression "income" signifies "net income", because it obviously does not. Nonetheless, it is suggestive.

A closer scrutiny of Article 23B(1) might also lend support to the hypothesis that the word "income" actually meant "net income" in Article 6 and that, as such, income from immovable property would not literally be an example of "*income... that may be taxed without any limitation in the State of source*". There is indeed a limitation because source States should be prevented from levying tax on the gross amount of the rents derived by non-residents from immovable property within their territories. Specifically, that provision states that a foreign tax credit "*shall not... exceed that part of the income tax..., as computed before the deduction is given, which is attributable... to the income... which may be taxed in that other State*" and some of its elements seem to be incompatible with the word "income" translating into "gross income".

First, reference is made to the income tax computed before the deduction of the foreign tax credit but not before the deduction of any expense or cost. One of two alternatives may be considered: either i) the foreign tax credit is capped at the part of income tax as computed in the residence State without consideration for any expense or cost, or ii) it is implicitly understood that such part of the income tax is computed before the deduction of the foreign tax credit but after the deduction of expenses in accordance with the rules of the residence State, meaning that "income" for the residence State is construed as net income. Both the Commentary on the OECD Model and international literature consensually adopt or at least accept the latter alternative[37]. Irrespective of theoretical reasons, the practical impact of the former is sufficient to justify it: in the event the taxpayer derived both foreign and domestic income, the residence States would in practice be forced to waive the right to tax purely domestic income in order to provide a foreign tax credit in excess of their own CIT claim on the net foreign income. Accordingly, most, if not all, countries limit the foreign tax credit to the CIT due on the net foreign income – without the relevant DTC ever using the expression "net income" –, because construing income as "gross income" would lead to an unintended and unjustified full foreign tax credit. The practice of OECD countries appears to be unanimous[38]. However, this observation of practice raises a significant theoretical question: are residence States ignoring that "*references to domestic laws should as far as possible be avoided*"[39], unless where necessary for the operation of a provision[40], and thus massively

---

[37] See Commentary on Article 23, §63, Baker (2009), 23B10, Holmes (2007), 104 (noting that "*inequities arise... because the ordinary tax credit... is typically based on* net *income*"), Rohatgi (2005), p. 285, and Vogel (1999), also referring to the critical appraisal by some other authors (pp. 1228 and 1229).
[38] See Palma (2010), pp. 631 ff.
[39] Commentary on Article 11, §21.
[40] See Vogel (1999), p. 157.

overriding DTCs by resorting to their own domestic concepts of income? Or are they simply construing the concept of income as net income because that is the appropriate "treaty meaning", pursuant to the rules of the Vienna Convention? The Commentary on Article 23B explicitly acknowledges that the decision was to *"leave each State free to apply its own legislation and technique"* (§62) and does not criticise that *"the maximum deduction is normally computed as the tax on net income"* (§63), which appears to endorse the second alternative: residence States are indeed allowed to construe "income" as net income, which is only possible if that is an appropriate understanding (and not an objectionable reference to domestic law).

Second, the relevant part of the income tax has to be *attributable* to the income subject to effective taxing rights in the source State, not just to income derived in the source State. This means that it will be necessary to ascertain whether the latter may tax gross or net income, irrespective of the fact that the residence State would in principle only tax the net income. The impact of this second limitation is not usually highlighted. However, the result is not the same, as may be illustrated in the following example: X derives gross rental income of 100, incurring in interest expenses of 60 (on the loan obtained to purchase the property) and maintenance costs of 20. The income tax rates of the source and residence States are respectively 20% and 30%, but only the latter allows for the deduction of expenses. Therefore, the residence State is unable to effectively collect any tax on the rental income, because the income tax liability of 6 – (100-60-20) x 30% – is offset by the foreign tax credit (potentially 20 – 100 x 20% –, but capped at 6). However, that would not be the case if the source State were required to consider deductible expenses, since the source State would only collect 4 – (100-60-20) x 20% – and therefore the foreign tax credit would not fully absorb the residence State income tax.

Therefore, by capping the tax credit as *"the* [residence State's] *tax on net income"*, residence States ensure that their tax sovereignty is not encroached to the point of waiving taxing rights over a portion of the remaining income of the taxpayer[41], but by not capping the tax credit as the lower of *"the* [residence State's] *tax on net income"* and *"the* [source State's] *tax on net income"* residence States provide source States with an "embedded tax sparing" on the computation of the taxable income. In other words, interpreting *"income... which may be taxed"* in the source State as necessarily being gross income not only generates a contradiction between the different meanings the same word can present throughout the OECD Model – depending on whether "income" is used in a residence or source State context – but also gives rise to a disparity of efforts between resi-

---

[41] Following the expression adopted by the Court of Justice in case C-336/96 *Gilly*, §48.

dence and source States, leading to an unfair result in the "*coordination game with a distributive conflict*"[42] underlying the prevention of double taxation[43].

Whereas on dividends and interest the source States apply reduced tax rates on the assumption they will not have to accept the deductibility of any expenses, the denial of such deduction from rental income from immovable property, when no limitation on the tax rate exists, prevents in practice the residence State from collecting any tax at all in situations such as the one exemplified above. Indeed, in order to collect some tax, after granting the foreign tax credit (which might potentially reach 20), the residence State would have to levy tax at a rate in excess of 100% (so that its income tax over a net income of 20 exceeded those 20). Conversely, in the absence of the expenses the deductibility of which it had to accept, no income (if X had not been able to borrow the funds required to purchase the property), or at least a lower amount of income (if the property were not properly maintained) would have been derived, with a direct impact on the tax collection of the source State. Again, a geographically-based "ability to pay" criterion – which considers the true economic allegiance of the income source or the geographical origin of the benefit, and not simply where the proceeds arise from – seems to be better aligned with net basis taxation.

Therefore, the interpretation of "income" as meaning "net income" throughout the OECD Model – except where taxation on the gross amount is specifically provided for, "in exchange" for a cap on the tax rate potentially applicable (Articles 10(2) and 11(2)) – would appear to be more consistent and balanced than the "gross income" alternative. This is even more justified when the cornerstone of the "*basic common understanding of what 'income'*"[44] means, even if tax law imposes several restrictions and adjustments to such understanding, is the net capital increment theory[45], where the concept of income "*is based on gain*"[46], a wealth accretion impacting the ability to pay tax[47] that gross income is unable to express.

[42] Rixen (2008), p. 161.

[43] Some authors, however, contend that "*reasons of equity militate in the same vein as reasons of efficiency do... that exclusive taxation by the State of source should be preferred*" (Vogel (1999), p. 14), but they appear to focus on business profits (it is therefore reasonable to assume that in such case they would accept some form of deductibility of expenses in other instances).

[44] Vogel (1999), p. 147.

[45] See Holmes, Kevin (2001), "*The Concept of Income – A Multi-Disciplinary Analysis*", IBFD, Amsterdam, 2001, pp. 55 ff.

[46] Holmes (2001), p. 166.

[47] See Holmes (2001), p. 198.

ii) *Purposive interpretation*

The suggestion that the expression "income" should be construed as referring to net income instead of gross income might also be substantiated by the second parameter mentioned above: a purposive approach to interpretation would consolidate the above understanding since the interpretation of a DTC should be made *"in the light of its object and purpose"*.

With respect to its object[48], a DTC deals with taxation on income (and on capital) and the Commentary is unambiguous in stating, with reference to the specific case of interest, that *"taxation by the State of source is typically levied on the gross amount of the interest and therefore ignores the real amount of income derived from the transaction for which the interest is paid"* (on Article 11, §7.7). In light of the Vienna Convention, accepting an interpretation of one of the key concepts of a DTC which leads to its object (allocation of income taxing rights) being distorted (income taxation becomes revenue or turnover taxation, since the real amount of income is disregarded) is unsatisfactory.

If the main purpose of a DTC is to prevent or mitigate double taxation in order to foster international economic relations and transactions, intertwined with the fight against tax evasion (and perhaps double non-taxation)[49], the interpretation of "income" as net income would appear to be the one that better serves that primary objective without unduly jeopardising the latter. Specifically, in a gross basis taxation context, if taxpayers were to be shielded from excessive unrelieved juridical double tax, which effectively impairs cross-border transactions and international trade as a whole[50], residence States would be required to grant a foreign tax credit on a gross basis too. Since income tax payable in the residence States is by nature levied on net income, in principle residence States are, understandably, unwilling to do so, as that would encroach on their tax sovereignty and deprive them of tax on unrelated income[51]. Taking the example above, the tax paid in the source State (20) represents the full profit derived by the taxpayer, dissuading cross-border investment that would be economically rational in a more reasonable tax context. The situation may be so extreme that double taxation ceases to be a concern for the taxpayer for the worse reason: even if the residence State exempts foreign rental income, thus preventing double taxation unilaterally, it may not be worthwhile deriving such rental income in the source State if the latter taxes such income on a gross

---

[48] Vogel (1999) argues, however, that *"there appears to be no reasonable interpretation of 'object' separate from 'purpose'"* (p. 37). Concurring, Rohatgi (2005), p. 41.
[49] See Baker (2009), B.06-B.10, and the Introduction (§§2 and 3).
[50] See Commentary on Article 11, §7.1.
[51] See Palma (2010), pp. 634 ff.

basis. In other words, "single" gross taxation is enough to deter international flows. Therefore, it is not entirely correct that *"the methodology proposed by Art. 23B... works so long as the income tax systems of both countries are broadly similar"*[52]: it is necessary that the rules of those systems are not those of a covert tax on turnover. This conclusion explains the paradox of non-resident taxpayers being potentially tempted to "force" triggering a PE in the source State to ensure the deductibility of expenses[53].

Therefore, the net income interpretation would appear to be not only more consistent and balanced between countries, but also the one which could generate fewer constraints on transnational investment and income flows, as intended by a DTC. That is to say, if the "intention" of a DTC translated into a more significant role in the wider scheme of things.

With respect to tax avoidance and/or evasion, one cannot deny that taxpayers may be found to abuse the right to deduct expenses. Still, *"to attach a higher degree of probability to that event if they are incurred by a non-resident taxpayer is unjustified where exchange of information is effective, the more so if expenses are incurred in the source State"*[54].

In fact, if such expenses are incurred abroad, it is true that the source State has to rely on the ability of the residence State to supervise such deduction, which means that simplicity will somehow be sacrificed. Nevertheless, this has to be seen as an entirely logical consequence in light of the main purpose of a DTC – preventing double taxation without giving rise to evasion –, whereas simplicity is merely a secondary and instrumental aim, designed to assist in attaining such purpose. Actually, this is already the current framework in a cross-border context, because, notwithstanding the fact that some countries accept statements issued by taxpayers themselves, the majority still requires the residence States to certify or attest the tax residence of taxpayers claiming DTC protection. Moreover, requesting information on expenses purportedly associated with certain income (in case the burden of proof lying with the taxpayer is deemed insufficient) does not seem excessively complicated in light of the major purpose of a DTC when the tax authorities of the source State already request from the residence State the confirmation that the taxpayer is subject to tax on such income.

If the costs are incurred in the source State – e.g., in countries which withhold tax on interest paid to banks on mortgage loans, it is quite common

[52] Holmes (2007), p. 181.
[53] As recognised by the OECD for at least almost 30 years: see OECD (1983), *"The taxation of income derived from the leasing of industrial, commercial or scientific equipment"*, Paris, September 1983, §18/iv.
[54] Palma (2010), p. 641.

for non-residents who buy property to contract such mortgage loans with local banks –, not even simplicity may be summoned. The source State may obtain information from the local bank[55] or service providers (e.g., regarding maintenance costs) precisely in the same fashion as it does for resident taxpayers. Perhaps it may also be legitimate for the source State to shift to the taxpayer the burden of proof that those costs were indeed incurred, thus accepting that the tax withheld is not final and may be partially refunded if the non-resident taxpayer is able to present proof of such expenses. However, the plain refusal on the grounds of simplicity does not appear to be justified.

In light of the above, an alleged increased risk of tax evasion seems not only unproven but in any case scarce justification for income being construed as "gross income" throughout the OECD Model, specifically in Article 6 and structurally similar articles. Therefore, the expression *"without any limitation"* in the Introduction to the OECD Model might also be read as an exclusive reference to the tax rate.

iii) *Practical application of the net basis taxation*

Having concluded that there seem to non-negligible arguments to hold that, in a different tax world, the expression "income" might have been construed as net income in cases where it may be taxed by the source State *"without any limitation"*, the following step consists in trying to ascertain how such inference might in practice apply and be argued by a taxpayer. If the source State were to accept the deductibility of some, even if not all, expenses, the outcome would perhaps be more aligned with the object and purpose of a DTC than the scenario where no firm indication as to where the expenses are deductible or not is drawn in the classical interpretation. There is usually a relatively vague conclusion that there is an obligation of the source State of accepting the deduction of some – *unidentified and undefined* – expenses, which is extremely unsatisfactory from a hermeneutical standpoint.

Obviously, the computation rules adopted by the residence State cannot be imposed on the source State, which raises the question of which "minimum standard" to apply. In this regard, there appear to be good reasons to consider that the computation rules (excluding perhaps those of a procedural nature) adopted by the source State for its own residents should apply to non-residents as well. Although this proposal cannot be maintained as such in light of the

---

[55] Whether it is privileged or not is irrelevant for this discussion, because that might also be an issue for resident taxpayers (except for the very specific cases where non-residents enjoy a higher level of protection from bank secrecy rules, which to the best of the author's knowledge is not invoked by any State as the reason for disallowing non-resident taxpayers the deduction of any expenses).

interpretation and practice crystallised over decades, some arguments may be put forward to justify the position that such proposal is entirely justifiable, at least *de jure condendo*.

First, if the admissible tax rate is not capped, there appears to be no reason for imposing different computation rules on non-residents in the absence of an objective justification. If it is true that Article 24 of the OECD Model cannot be read as prohibiting source States from imposing a more burdensome taxation on non-residents because it does not deal with the situation of taxpayers in incomparable circumstances, it is also true that it does not *a contrario* require the interpretation to lead to a different result, one which moreover will trigger unrelieved double taxation or excessive taxation on the net income. This is even more so if the underlying purpose of the DTC and context of a particular provision require otherwise. For instance, it is reasonable that personal deductions are available to residents only but it is less understandable that rental income is computed in a substantively different way as regards objective items such as the deductibility of maintenance expenses or taxes on property paid in the source State. Again, Article 24 does not forbid discriminatory treatment of non-residents and even distinct tax rates have to be acceptable in this regard[56]. Nonetheless, the "good faith" and the "ordinary meaning" tests of Article 31 of the Vienna Convention might have paved the way for a more consistent meaning of "income" throughout the OECD Model.

Second, as mentioned above, Article 31(1) of the Vienna Convention favours a purposive approach to interpretation, since the "object and purpose" of the treaty are the beacon shedding light over its terms: *"unlike domestic law, it may be given a... purposive interpretation, within its text and context when appropriate to make it workable"*[57]. Accordingly, even if there were as many and as solid reasons supporting an interpretation of "income" as "gross income" as there seem to be to uphold the opposite view, such impasse might have been overcome by favouring the position that better served the objectives of a DTC, at least that of preventing double taxation. Since it is unlikely that any State taxes rental income of its residents on a purely gross basis, rules for computing taxable income of residents in the source State are inevitably closer to those applied by the residence State to its own residents than to the straightforward disallowance of all costs and expenses. Therefore, the more similar the computation rules for non-resi-

---

[56] See Avery Jones, John (1991), *"The non-discrimination article in tax treaties: Part 1"*, British Tax Review, 1991, no. 10, pp. 359 ff., and *"The non-discrimination article in tax treaties: Part 2"*, British Tax Review, 1991, no. 11/12, pp. 421 ff., *passim*, and Ault, Hugh J., and Sasseville, Jacques (2010), *"Taxation and Non-Discrimination: A Reconsideration"*, World Tax Journal, IBFD, June 2010, pp. 101 ff.
[57] Rohatgi (2005), p. 43.

dents are of those applicable to residents, the closer the DTC is of mitigating double taxation because the discrepancy between the income computed by the source State and the income that *"may be taxed"* therein pursuant to the application of foreign tax credit rules by the residence State will inexorably be less significant. It is true that in some cases a complete equivalence of computation rules for both residents and non-residents in the source State might lead to a situation where the taxpayer would be entitled to more deductions in the source State than in the residence State, if the former applies more "generous" rules. However, this distributes the same tax revenue differently, it does not increase double taxation (it may even mitigate it in case the tax rate in the source State is the higher of the two). Furthermore, if the desirability of uniform interpretation also calls for contracting States according the same meaning to the same term in different DTCs[58], it should be noted that such uniformity would be jeopardised if some States adopted different meanings depending on their capacity as source or residence States, while others did not make such substantial distinction. Considering that in a residence capacity virtually no State will accept being encroached on its tax sovereignty to the point of accepting interpreting "income that may be taxed in the source State" as "gross income" for purposes of applying foreign tax credit rules, the common denominator is unavoidably closer to the computation rules applicable to residents (irrespective of the State in question) than to a simple gross basis tax rule.

c) Income that may be taxed with limitations: the situation of non-resident financial institutions

i) *Introduction*

A second example of gross-basis taxation in the source State allowed by the OECD Model is provided for by Articles 10(2) and 11(2), the only provisions that make an explicit reference to gross income. Specifically, they authorise the source State to impose tax on the gross amount of the dividend or interest paid a non-resident recipient, although setting a maximum rate.

The practical reasons for the taxable basis being computed as the gross amount of the interest or dividend have been discussed above, but it is highly debatable whether this state of affairs is justifiable, particularly when the income at stake represents the standard type of revenue derived by a particular industry, as is the case of interest for financial institutions. From a theoretical point of view, it is arguable that interest is not passive income proper, but instead the appropriate remuneration of the business activities carried on by financial ins-

---

[58] See the Introduction, §5, and Baker (2009), E.27.

titutions, which involve a wide range of human and technical resources (as any other business activity) in identifying, procuring, devising, negotiating, executing, implementing and controlling a financing transaction[59]. The Commentary on Article 7 acknowledges this point, by stating that, where PEs of financial enterprises are concerned, "*making and receiving advances is closely related to the ordinary business of such enterprises*" (§49). The particular circumstances of financial institutions that justify "*special considerations*" (idem) in a PE context are the same outside such context. From a practical standpoint, it is unsatisfactory that "*taxation by the State of source is typically levied on the gross amount of the interest and therefore ignores the real amount of income derived from the transaction for which the interest is paid*", since "*a bank generally finances the loan which it grants with funds lent to it and, in particular, funds accepted on deposit*" (Commentary on Article 11, §7.7). It is even more unsatisfactory that the Commentary recognises that for such reason "*the amount of* [source] *tax may prevent the transaction from occurring unless the amount of that tax is borne by the debtor*" (idem), which is a confession that neither foreign tax credit[60] nor exemption in the residence State, but instead only gross-up clauses (the secondary effects[61] of which are significant enough to the point of being prohibited in certain countries[62]) or the setting up of a PE can remove this major obstacle to international trade and investment.

Considering the Commentary itself recognises that gross-basis taxation ignores the "*real amount of income*" derived by the taxpayer, it is appropriate to assess whether the OECD Model could also provide for any support to an alternative interpretation against gross basis taxation of interest derived by financial institutions.

ii) *Net income instead of gross income*

Since Article 11(2) is clear in allowing the source State to levy tax on the gross amount of interest, it is interesting to try to ascertain whether this rule might potentially be interpreted in such a way that it would not apply to interest

---

[59] I.e., beyond the mere "*initial investment, which subsequently produces the income*" (Holmes (2007), p. 213).

[60] See Baker (2009), 23.B10, footnote 3. Although the Commentary on Article 23B states that a combination of exemption and credit methods "*is indeed necessary for a Contracting State R which generally adopts the exemption method in the case of income which Articles 10 and 11 may be subjected to a limited tax in the other Contracting State S*" (§31), in reality it is very unlikely that in practice any credit is granted in the vast majority of the situations, since even a limited tax rate on a gross basis should produce a tax liability at source that exceeds the one computed in the residence State on the net income (see Palma (2010), pp. 627 and 628).

[61] See the Commentary on Article 11, §7.1, explicitly referring to the financial burden of the debtor, "*increased by an amount corresponding to the tax payable to the State of source*".

[62] See Vogel (1999), p. 721.

derived by financial institutions. Given that *"the term 'interest' as used in this Article means income from debt-claims of every kind"* (Article 11(3)), at first glance there appears to be no room for reasonable doubt that indeed Article 11(2) applies. Actually, such applicability is virtually undisputed and explains the reason for the commentary partially quoted above. The question is therefore whether an alternative interpretation, confessedly improbable but nonetheless with a minimum of verbal correspondence to the wording of the OECD Model – and, above all, aligned with its "object and purpose" –, might have been put forward.

Article 7(7) establishes an order of priority of application in case the scope of application of Article 7(1) coincides with that of other distributive rules of the OECD Model, and is commonly interpreted as unconditionally attributing precedence to the latter: *"Where profits include items of income which are dealt with separately in other Articles of this Convention, then the provisions of those Articles shall not be affected by the provisions of this Article"*. This precedence would inevitably apply unless the enterprise had a PE with which the income was effectively connected (Article 11(4)), since in those circumstances most distributive rules refer back to Article 7[63]. However, one could take the view that an embedded condition reveals itself in a closer scrutiny of the language employed: the items of income covered by other provisions of the OECD Model have to be "included" in the profits of an enterprise of a Contracting State.

This "inclusion" in the profits can be construed in two very different ways. The OECD Commentaries and all the literature researched implicitly consider that items of income are included in the profit when they denote categories of income which have contributed for the generation of such profit, in the sense of the categories of income which combined to form such profit[64]. Since the latter is broadly computed as the difference between revenue and expenses, thus involving an inherent restriction of the source State[65], from this standpoint it appears to be sufficient that the gross amount of the interest in question is included in the revenue to conclude it is included in the profit.

A more literal interpretation, however, might also be sustainable. An "item of income" is not synonymous with type or category of income in abstract. Instead, it may be construed as a specific and quantified component of income. An "item of income" may refer not to "interest" or "rental income" in general, but

---

[63] See Baker (2009), 7B.31 and 11B.11.

[64] The Commentary on Article 7(7) uses the expression *"If the profits of an enterprise include categories of income"* (§59), which is actually very different from the wording of the provision.

[65] Although the Commentary on Article 11 states that *"paragraph 4 relieves the State of source of the interest from any limitation under the Article"* (§24), it actually just removes the cap on the tax rate, because a good faith interpretation of the concept of "profits" clearly does not authorise a gross basis taxation of a PE, as Article 24(3) and the respective Commentary (§40) acknowledge.

to a particular interest flow or rental of a specific amount, derived in a given country in a particular year.

By the nature of things, "gross income" cannot be included in the profit, since the latter is a derivation of the former with the participation of an absent element (expenses). Since subtraction is anticommutative, a simple categorical syllogism demonstrates that the difference cannot contain the minuend, since it has been reduced by the subtrahend. This is implicitly exemplified in the statement of the Commentary on Article 11 that *"when the beneficiary of the interest has borrowed in order to finance the operation which earns the interest, the profit realised by way of interest will be much smaller than the nominal amount of interest received"* (§7.1).

This somehow literal interpretation might apparently lead to the paradox that Article 7(7) would be rendered ineffective, in the sense that profits would never include items of income. Hence, making Article 7(7) operative would allegedly require going back to the view that items of income need only to "contribute" to the generation of profits.

That is not necessarily so. One might argue that profits do not in principle include the gross amount of interest except where the latter is derived from the lending of free capital, in which case the net income, the *"real amount of income"* the Commentary refers to, broadly coincides with its gross amount. This interpretation would fit perfectly with the understanding that "income" should be construed as "net income" throughout the whole OECD Model. In other words, Article 7(7) should read *"Where profits include items of [net] income which are dealt with separately in other Articles of this Convention, then the provisions of those Articles shall not be affected by the provisions of this Article"*. Whether the net income coincides or not with the gross amount of the income depends on the specific circumstances of the taxpayer and/or of the transaction which it arises from.

In this juncture, it is appropriate to enquire how profits of financial institutions could be dealt with. In this respect, it is possible to elicit two corollaries of the above "alternative understanding" of Article 7(7), according to which only items of net income included in the profits that are dealt with separately in other articles of the OECD Model would remain unaffected by the rulings of Article 7(1):

1. If profits include items of net income dealt with separately in other Articles of the OECD Model, for instance Article 6(1), the latter prevail over Article 7(1));

2. If profits include items of gross income dealt with separately in other Articles of the OECD Model, namely Articles 10 and 11, because such gross income coincides with the net income (the *"real amount of income"*), the latter prevail over Article 7(1).

Accordingly, the conclusion could be precisely the opposite in all other circumstances. Specifically, in case gross income did not coincide with the net income – a coincidence which clearly is not the case of financial institutions –, it would not be "included" within the profit. One could thus argue that, in case the profit includes any element other than the two listed above, Article 7(1) would not give precedence to other Articles. In other words, there would be no reason for Article 11 prevailing over Article 7(1) if the conditions laid down by Article 7(7) were not fulfilled. Consequently, if profits included items of net income not dealt with separately in other Articles of the OECD Model, namely a net margin between gross interest income and interest expense or cost, it might be argued that applying Article 11 to income in excess of the portion actually included within the profit would imply allowing the source State to tax revenue, not income (or "gross income", instead of the *real amount of income*). This would be not only in clear contradiction to the object and purpose of the OECD Model, but also in breach of its Article 7(1).

The conflict might be solved precisely by adopting again a purposive interpretation of Article 7(7)[66]: where the conditions established therein were not verified, Article 11 could not override Article 7(1). Considering that "*As a rule, [the] exclusive right to tax is conferred on the State of residence*" and allowing Article 11 to override Article 7(1) would be detrimental to the object and purpose of the OECD model, Article 7(1) should prevail. Irrespective of the technicalities of this interpretation – which, again, the author acknowledges to be very difficult to support in light of several historical elements against it –, this position also appears to find some comfort in a "systemic perspective", considering that the features of a net margin are closer to those of "profits" than to those of "interest". From this vantage point, profits arising to financial institutions from their lending activity are not different from profits arising from any other type of business activity. This is even more so when the passive nature of interest income is arguably more alleged than real in the case of interest income derived by financial institutions, which go beyond the mere "initial investment" of passive activities proper. It has already been held that in the case of interest derived by a bank "*both states accept that the income is business profits*"[67].

---

[66] Alternatively, its outright removal has been hypothesised in Avery Jones (2003), p. 246. An amendment to Article 11, a definition of business profits and the deletion of Article 7(7) is also indicated as a potential (although unfeasible) solution in Arnold, Brian (2003), "*Threshold Requirements for Taxing Business Profits under Tax Treaties*", Bulletin - Tax Treaty Monitor, IBFD, October 2003, p. 490.

[67] Avery Jones (2003), p. 245.

In this light, Article 7(7) would finally reach its fullest meaning if read as follows: *Where profits include items of* [net] *income which are dealt with separately in other Articles of this Convention, then the provisions of those Articles shall not be affected by the provisions of this Article.* [Profits including items of net income not dealt with in other Articles of this Convention remain subject to this Article]", even if items of gross income dealt with separately in other Articles contributed to its generation.

The global framework of taxation of interest in a business profits context resulting from this interpretation would be both intrinsically coherent and consistent with the object and purpose of the OECD Model (even if confessedly stretching the boundaries of its role), as follows:

1. Source States would be able to tax gross interest income outside a business profits context;

2. Source States would be able to tax gross interest income if such gross interest income were included within the profit of the taxpayer (e.g., if net and gross income coincided), since in that case the tax levied would still be a "tax on income" and the identical or very similar computation of income by source and residence States would allow the foreign tax credit mechanism to prevent or mitigate double taxation;

3. Source States would not be able to tax gross interest income if not included within the profit of the taxpayer[68], since that would represent a "tax on gross revenue", with a practical impact potentially exceeding that of unrelieved double taxation. As noted by the Commentary, *"many States* [unilaterally] *provide that interest paid to financial institution such as a bank will be exempt from any tax at source"* (Article 11, §7.7); there appears to be some reasons to take the view that DTCs might have been interpreted in such a way that they would actually require source States to do so.

V – CONCLUSIONS

The inferences drawn from the presentation of the above arguments can be summarised as follows:

1. From a tax policy standpoint, it is hardly justifiable, in the current state of affairs, that a taxpayer resident in a contracting State that exchanges information with the source State and assists it in tax collection is subject to tax on gross revenue (instead of net income), entailing a potentially

---

[68] Alternatively, Arnold (2003) considers that *"Business profits consisting of interest... should be taxed on a net basis"* (p. 492).

much higher tax burden if its activities do not trigger a PE in the source State than if they do;

2. Considering the relevant interpretative guidelines of the Vienna Conventions, historically, the concept of "income" in the OECD Model and DTCs might have been be construed as "net income", instead of "gross income";

3. Such interpretation would have ensured intrinsic coherence within the OECD Model and DTCs (even if attributing them a more significant role than intended by its "founding fathers"), by according the same meaning to the concept of income from both source and residence perspectives;

4. This purposive interpretation would also be more consistent with the object and purpose of a DTC, preventing taxation on revenue and allocating in a more balanced fashion the effort of mitigating double taxation between source and residence States;

5. As corollaries of the above conclusions, according to this "alternative view of the international tax world", source States should:

   a. allow the deduction of expenses incurred by non-resident taxpayers (similarly to what applies to residents) when taxing income for which a DTC provides no maximum tax rate; and

   b. refrain from taxing gross interest derived by non-residents in a business context, namely by financial institutions.

"Ficava assim desmascarado o tosco sofisma ad homonymia, *consistente na designação de dois conceitos distintos pela mesma palavra."*[69].

Aroeira, January 2012

---

[69] *"The clumsy* sofisma ad homonymia, *consisting in designating two different concepts with the same word, was thus exposed.".* Xavier (2005), p. 372.

Breves notas sobre a proibição de práticas abusivas no domínio do IVA

RUI LAIRES[1]
Direcção-Geral dos Impostos/Centro de Estudos Fiscais

1. Caracterização das práticas abusivas no domínio do IVA

Como já foi assinalado em várias ocasiões pelo Tribunal de Justiça da União Europeia (TJUE), a luta contra a fraude, a evasão e o abuso é um objectivo reconhecido e encorajado pelo sistema comum do IVA.[2]

No que diz respeito a práticas abusivas no âmbito deste imposto, as mesmas começaram por ser objecto de uma caracterização genérica no acórdão de 29 de Abril de 2004 (processos C-487/01 e C-7/02, casos *Leusden e Holin Groep*, Colect. p. I-5337, nº 78). Nele se afirmou estar-se na presença de uma prática abusiva quando, por um lado, apesar de um respeito formal pelas condições previstas na legislação da União Europeia (UE), ocorra um conjunto de circunstâncias objectivas de que resulte que a finalidade prosseguida por essa legislação não foi alcançada. Complementarmente, para que se esteja na presença de uma prática abusiva, deve verificar-se a ocorrência de um elemento subjectivo, o qual consiste na vontade de obter um benefício decorrente da legislação criando artificialmente as condições exigidas para a sua obtenção.

---

[1] As opiniões emitidas ao longo do presente texto reflectem apenas o ponto de vista do seu autor, não correspondendo necessariamente à interpretação adoptada, ou que venha a ser oficialmente divulgada, pela administração tributária portuguesa.

[2] Cf., por exemplo, os acórdãos de 29 de Abril de 2004 (processos C-487/01 e C-7/02, casos *Leusden e Holin Groep*, Colect. p. I-5337, nº 76), de 21 de Fevereiro de 2006 (processo C-255/02, caso *Halifax e o.*, Colect. p. I-1609, nº 71), de 22 de Maio de 2008 (processo C-162/07, caso *Ampliscientifica e o.*, Colect. p. I-4019, nº 29), de 22 de Dezembro de 2010 (processo C-277/09, caso *RBS Deutschland Holdings*, Colect. p. I-?, nº 48) e de 27 de Outubro de 2011 (processo C-504/10, caso *Tanoarch*, Colect. p. I-?, nº 50).

Uma apreciação mais detalhada da figura do abuso no âmbito do IVA, incluindo as consequências fiscais a retirar quando tais práticas se verifiquem, ocorreu, pela primeira vez, por via acórdão de 21 de Fevereiro de 2006 (processo C-255/02, caso *Halifax e o.*, Colect. p. I-1609). Nesta decisão, o TJUE concluiu que o direito à dedução só subsiste na ausência de circunstâncias fraudulentas ou abusivas, e que o sistema comum do IVA se opõe ao direito a deduzir o imposto pago a montante quando as operações em que esse direito se baseia forem constitutivas de uma prática abusiva.[3]

A aplicação da regulamentação da UE não pode ser alargada até ao ponto de dar cobertura às práticas abusivas dos operadores económicos, isto é, as operações que são realizadas, não no quadro de transacções comerciais normais, mas com o objectivo de beneficiar abusivamente das vantagens previstas nessa regulamentação, pelo que o princípio da proibição das práticas abusivas se aplica igualmente ao domínio do IVA.[4] Como o TJUE, complementarmente, assinalou no acórdão de 22 de Maio de 2008 (processo C-162/07, caso *Ampliscientifica e o.*, Colect. p. I-4019, nº 28), o princípio da proibição do abuso *"proíbe as montagens puramente artificiais, desprovidas de realidade económica, efectuadas com o único fim de obter uma vantagem fiscal"*.[5] Note-se, em conformidade com o definitivamente esclarecido por via do acórdão de 21 de Fevereiro de 2008 (processo C-425/06, caso *Part Service*, Colect. p. I-897, nºs 42 a 45), que não é exigível que o único fim seja obter uma vantagem fiscal, devendo também considerar-se relevantes os casos em que a obtenção de uma tal vantagem seja a finalidade essencial da operação ou das operações em causa.

---

[3] Cf. acórdão *Halifax* (nºs 84 e 85).

[4] Cf., entre outros, os acima identificados acórdãos *Halifax* (nºs 69 e 70) e *Ampliscientifica* (nº 27), bem como o acórdão de 22 de Dezembro de 2010 (processo C-103/09, caso *Weald Leasing*, Colect. p. I-?, nº 26). O TJUE, mesmo nos excertos em que não se limita a reproduzir o teor da decisão de reenvio ou das intervenções das partes, tem recorrido a expressões diversas, como "abuso", "práticas abusivas" e "abuso do direito", aparentemente utilizadas em sinonímia, assim como a "princípio da proibição de práticas abusivas" e a "princípio da proibição do abuso de direito" – cf., por exemplo, os acórdãos *Halifax* (nºs 70, 74 a 76, 85, 86 e 93 a 98), *Ampliscientifica* (nºs 27, 30 e 32), *RBS Deutschland Holdings* (nºs 49, 52 e 55) e *Tanoarch* (nºs 51 a 54). Acerca da profusão terminológica e da proibição de práticas abusivas como princípio geral de direito da UE, veja-se RITA DE LA FERIA, "Prohibition of abuse of (Community) law: The creation of a new general principle of EC law through tax", *Common Market Law Review*, vol. 45, nº 2, Abril de 2008, pp. 395-441, ou, numa abordagem mais breve, "Evolução do conceito de abuso do direito no âmbito do direito fiscal comunitário", *Revista de Finanças Públicas e Direito Fiscal*, ano I, nº 2, Junho de 2008, pp. 197-224. Os aspectos terminológicos vieram também abordados pelo advogado-geral M. POIARES MADURO, nos nºs 69 e 71 das suas conclusões apresentadas a 7 de Abril de 2005, conjuntamente para os processos C-255/02 (caso *Halifax e o.*), C-419/02 (caso *BUPA e o.*) e C-223/03 (caso *University of Huddersfield*).

[5] Acepção reproduzida também no já referenciado acórdão *Tanoarch* (nº 51).

A proibição de práticas abusivas não tem aplicação, porém, nos casos em que as operações possam ter uma explicação económica atendível que transcenda a obtenção de vantagens fiscais.[6] Com efeito, a opção, por parte de um empresário, entre operações isentas e operações tributadas pode basear-se num conjunto de elementos, designadamente em considerações de natureza fiscal relativas ao regime objectivo do IVA. Quando um sujeito passivo pode optar entre duas ou mais operações, não está obrigado a escolher aquela que implica o pagamento de montantes de imposto mais elevados, já que os sujeitos passivos têm o direito de escolher a estrutura da sua actividade de modo a limitar a respectiva dívida fiscal.[7]

Em traços gerais, reiterando o aflorado no seu anterior acórdão relativo aos casos *Leusden e Holin Groep*, acima melhor identificado, na decisão tomada no caso *Halifax*, bem como na jurisprudência subsequente, o TJUE tem assinalado que a verificação da existência de uma prática abusiva impõe a verificação cumulativa das seguintes circunstâncias:[8]

i) As operações tenham como resultado a obtenção de um benefício ou vantagem fiscal cuja concessão seja contrária ao objectivo prosseguido pelas disposições relativas ao IVA, apesar de tais disposições, num plano meramente formal, não deixarem de ter sido respeitadas;

ii) Resulte de um conjunto de factores objectivos, que as operações em causa tenham como fito essencial a obtenção de um benefício ou vantagem fiscal.

No que concerne ao primeiro dos dois elementos enunciados, deve, nomeadamente, tomar-se em conta que o direito à dedução do IVA suportado nas aquisições ou importações tem como pressuposto que os sujeitos passivos só podem exercer aquele direito quando realizam a jusante operações tributadas ou outras operações que conferem o direito à dedução, não se estendendo a possibilidade de dedução quando a jusante sejam praticadas operações não incluídas no

---

[6] O TJUE inclinou-se para a existência de uma explicação económica atendível nas situações fácticas descritas nos mencionados acórdãos referentes ao caso *Weald Leasing* (embora com a incumbência de o tribunal nacional apurar da ocorrência de alguns factores suplementares) e ao caso *RBS Deutschland Holdings*, cujos conteúdos se resumem *infra*, nos n.ºs 3.6. e 3.7.. Outros exemplos de situações interessantes susceptíveis de não constituir práticas abusivas no domínio do IVA vêm descritas por Antonio Victoria Sánchez, "El Concepto de Abuso de Derecho en el Ámbito del IVA: El Caso 'Halifax'", *Fiscal Mes a Mes*, n.º 124, 2006, pp. 40-49.

[7] Cf., entre outros, os já identificados acórdãos referentes aos casos *Halifax* (n.º 73), *Part Service* (n.º 47), *Weald Leasing* (n.º 27) e *RBS Deutschland Holdings* (n.ºs 53 e 54).

[8] Cf. os referenciados acórdãos *Halifax* (n.ºs 74 e 75), *Part Service* (n.º 42), *Weald Leasing* (n.ºs 28 a 30), *RBS Deutschland Holdings* (n.º 49) e *Tanoarch* (n.º 52).

âmbito de incidência do IVA ou operações isentas que não conferem direito à dedução. De harmonia com o modelo do sistema do IVA adoptado na UE, genericamente exposto no segundo parágrafo do nº 2 do artigo 1º da actual Directiva do IVA[9] – em que se encontra vertido o anterior segundo parágrafo do artigo 2º da Directiva 67/227/CEE, do Conselho, de 11 de Abril de 1967 ("Primeira Directiva do IVA") – o montante de IVA a pagar relativamente a cada operação abrangida pelo IVA é apurado *"com prévia dedução do montante do imposto que tenha incidido directamente sobre o custo dos diversos elementos constitutivos do preço"*. Por seu turno, de harmonia com o disposto nos actuais artigos 168º e 169º da Directiva do IVA[10], a possibilidade de dedução do IVA suportado a montante por um sujeito passivo está dependente do tipo de operações activas que esse sujeito passivo efectua no quadro da sua actividade. Assim, uma operação que visa permitir a dedução da totalidade do imposto a um sujeito passivo que, em circunstâncias normais, não o poderia fazer é contrária ao princípio da neutralidade e, portanto, contrária ao objectivo do sistema do IVA.[11] Neste domínio, portanto, o factor decisivo para se poder apurar da existência de um abuso é o âmbito teleológico das normas em apreço, o qual carece ser definido para que se determine se um direito invocado é, na realidade, conferido por tais normas ou, ao invés, se é manifestamente excluído daquele âmbito.[12]

No que concerne à verificação do segundo pressuposto acima apontado, isto é, se o objectivo essencial que esteve na base da realização de uma operação com determinadas características foi a obtenção de um benefício ou vantagem em sede deste imposto, há que salientar que, na acepção do TJUE, não é necessário demonstrar a própria intenção subjectiva das partes, sendo bastante induzi-la através de elementos objectivos. Estes elementos objectivos podem consistir, por exemplo, no carácter puramente artificial da operação ou nas relações de natureza jurídica, económica ou pessoal existentes entre as partes envolvidas, uma vez que são susceptíveis de demonstrar que a obtenção da vantagem fiscal constitui o objectivo essencial prosseguido, mesmo que coexistam, para

---

[9] Directiva 2006/112/CE, do Conselho, de 28 de Novembro de 2006, relativa ao sistema comum do IVA, entrada em vigor a 1 de Janeiro de 2007, que procedeu a uma reformulação da Directiva 77/388/CEE, do Conselho, de 17 de Maio de 1977 ("Sexta Directiva"), tendo em vista, no essencial, uma diferente sistematização das matérias e uma renumeração do seu articulado, sem comportar alterações de fundo, excepto, eventualmente, nos casos que vêm indicados no primeiro parágrafo do nº 1 do seu artigo 412º.

[10] Anteriores nºs 2 e 3 do artigo 17º da Sexta Directiva.

[11] Cf. acórdão *Halifax* (nºs 79 e 80).

[12] Cf. nº 69 das conclusões do advogado-geral M. POIARES MADURO, já referenciadas em nota anterior, relativas, entre outros, ao caso *Halifax*.

além daquele, objectivos económicos inspirados em considerações de outra natureza.[13]

2. Consequências das práticas abusivas no domínio do IVA

Quando se verifique a existência de uma prática abusiva no âmbito do IVA, as operações implicadas devem ser redefinidas para efeitos deste imposto, de forma a restabelecer a situação tal como ela existiria na ausência das operações constitutivas de tal prática.

Anteriormente à prolação do acórdão referente ao caso *Halifax*, o TJUE já fizera breves alusões a possíveis consequências da ocorrência de práticas abusivas relacionadas com este imposto, como sucedera no acórdão de 29 de Fevereiro de 1996 (processo C-110/94, caso *INZO*, Colect. p. I-857). Nessa decisão, em que se debruçou sobre a qualidade de sujeito passivo de uma entidade que declarara a intenção de iniciar uma actividade económica e, para o efeito, suportara IVA num estudo que encomendara sobre a rendibilidade da actividade projectada, cujo resultado, porém, a tinha feito decidir não encetar a fase operacional e proceder à liquidação da sociedade, o TJUE admitiu que a qualidade de sujeito passivo do IVA lhe fosse retirada com efeitos retroactivos, mas apenas se se demonstrasse ter havido uma intenção fraudulenta ou abusiva. Por seu turno, no acórdão de 3 de Março de 2005 (processo C-32/03, caso *Fini H*, Colect. p. I-1599, n°s 33 e 34), o TJUE preconizara já que o IVA deduzido poderia ser exigido pela administração fiscal com efeitos retroactivos, relativamente ao imposto suportado com a locação de um armazém após a cessação de actividade mas ainda no decurso do processo de liquidação da sociedade, se viesse a constatar-se que a dedução do IVA durante aquele período havia sido exercida de forma fraudulenta ou abusiva.

Quanto aos procedimentos a adoptar no sentido de serem recuperados os montantes de IVA indevidamente deduzidos, os mesmos, em princípio, são da competência de cada Estado membro, desde que não ponham em causa o princípio da neutralidade[14], assim como o princípio da proporcionalidade não indo

---

[13] Cf. acórdãos *Halifax* (n° 81) e *Part Service* (n° 62).

[14] Ao objectivo de assegurar a neutralidade do imposto aludem várias passagens do preâmbulo da Directiva do IVA, concretamente o quinto, sétimo, décimo terceiro, trigésimo e trigésimo quarto considerandos. O princípio da neutralidade, como um aspecto basilar do sistema comum do IVA, é evocado em inúmeros acórdãos do TJUE, de que são exemplo os seguintes: de 14 de Fevereiro de 1985 (processo 268/83, caso *Rompelman*, Recueil p. 655, n° 19); de 5 de Julho de 1988 (processo 269/86, caso *Mol*, Colect. p. I-3627, n°s 17 e 18); de 24 de Outubro de 1996 (processo C-317/94, caso *Elída Gibbs*, Colect. p. I-5339, n° 20); de 11 de Junho de 1998 (processo C-283/95, caso *Fischer*, Colect. p. I-3369, n° 27); de 7 de Setembro de 1999 (processo C-216/97, caso *Gregg*, Colect. p. I-4947, n° 20); e de 16 de Setembro de 2004 (processo C-382/02, caso *Cimber Air*, Colect. p. I-8379, n°

além do necessário para assegurar a exacta cobrança do IVA.[15] Para o efeito, as operações ligadas a uma prática abusiva devem, por via da sua modificação ou anulação, ser redefinidas de forma a restabelecer a situação tal como ela existiria se não se tivesse verificado tal prática, podendo a administração fiscal exigir com efeitos retroactivos a restituição dos montantes indevidamente deduzidos, sem prejuízo de estar também obrigada a levar em conta nos seus cálculos o eventual IVA que tenha sido liquidado a jusante pelo sujeito passivo, quando se trate de valores de imposto que só tenham sido entregues ao Estado como consequência do plano concebido para a redução da carga fiscal. Para uma completa redefinição das situações, a administração fiscal deve também permitir a dedução do IVA nos termos gerais, por parte do sujeito passivo que, nas circunstâncias tidas por normais, teria sido o primeiro destinatário da operação não constitutiva de uma prática abusiva.[16]

Complementarmente, o TJUE salientou que a verificação da existência de uma prática abusiva não deve conduzir à aplicação de uma sanção, mas antes a uma obrigação de restituição pelo sujeito passivo, no todo ou em parte, dos montantes de IVA indevidamente deduzidos.[17]

3. Súmula de decisões do TJUE

3.1. No acórdão de 21 de Fevereiro de 2006 (processo C-255/02, caso *Halifax*, Colect. p. I-1609) esteve sob apreciação o caso de uma instituição financeira que pretendia adquirir serviços de construção civil, mas que, dado dispor apenas de

24). Para um périplo detalhado pela doutrina e pela jurisprudência do TJUE acerca do princípio da neutralidade, veja-se CLOTILDE CELORICO PALMA, *As Entidades Públicas e o Imposto sobre o Valor Acrescentado: Uma Ruptura no Princípio da Neutralidade*, Coimbra: Almedina, 2010, pp. 61-88.

[15] O princípio da proporcionalidade, no plano da UE, vem actualmente consagrado no nº 4 do artigo 5º do Tratado da União Europeia, encontrando-se a sua aplicação ao sistema comum do IVA referida, entre outros, nos seguintes acórdãos do TJUE: de 11 de Junho de 1998 (processo C-361/96, caso *Société générale des grandes sources d'eaux minérales françaises*, Colect. p. I-3495, nº 30); de 18 de Dezembro de 1997 (processos C-286/94, C-340/95, C-401/95 e C-47/96, casos *Garage Molenheide e o.*, Colect. p. I-7281, nºs 45 a 48); de 27 de Setembro de 2007 (processo C-409/04, caso *Teleos e o.*, Colect. p. I-7797, nºs 45, 52 e 58); e de 21 de Fevereiro de 2008 (processo C-271/06, caso *Netto Supermarkt*, Colect. p. I-771, nºs 18 a 22).

[16] Cf. acórdãos *Halifax* (nºs 91 a 97) e *Weald Leasing* (nºs 50 a 52).

[17] Cf. acórdão *Halifax* (nº 93). Tal não põe em causa, a meu ver, a aplicação dos juros compensatórios previstos no artigo 35º da LGT, por remissão do disposto no nº 1 do artigo 96º do CIVA, desde que tenha havido atraso na liquidação do imposto ou tenha sido recebido reembolso superior ao devido, por motivos imputáveis ao sujeito passivo, em virtude de os juros compensatórios visarem indemnizar o Estado pela perda da disponibilidade atempada de uma quantia de que foi indevidamente privado, constituindo uma espécie de reparação cível e não uma sanção – cf. JORGE LOPES DE SOUSA, "Juros nas Relações Tributárias", in *Problemas Fundamentais do Direito Tributário*, Lisboa: Vislis, 1999, pp. 145-146.

um *pro rata* de dedução de cerca de 5%, envolveu na operação três empresas suas filiais, estando provado que o objectivo dos contratos entre elas havia sido possibilitar à instituição financeira uma completa desoneração do IVA suportado. Para tanto, a referida instituição começou por financiar uma das filiais para que procedesse à aquisição dos direitos sobre os terrenos e para a realização das obras, a qual, nesse mesmo dia, celebrou um contrato de promoção e financiamento imobiliário com outra das filiais, para que esta segunda executasse ou promovesse a execução dos trabalhos. Posteriormente, a instituição financeira outorgou um contrato de locação dos imóveis com a primeira das filiais, que veio a ceder esse direito a uma terceira empresa do grupo, tendo esta, na mesma data, procedido à sublocação dos imóveis à instituição financeira.

Sobre a matéria, o TJUE começou por ser chamado a analisar se o facto de uma transmissão de bens ou uma prestação de serviços ter sido realizada com o único objectivo de obter uma vantagem fiscal, sem um outro propósito económico, constituiria motivo para que a mesma não fosse considerada uma operação tributável efectuada no exercício de uma actividade económica, tendo concluído que não. Como complementou o TJUE, no nº 59 do acórdão, não se tratava de um caso em que os requisitos previstos nos conceitos de transmissão de bens ou de prestação de serviços não se encontrassem objectivamente preenchidos, como sucederia numa situação de fraude fiscal, perpetrada, por exemplo, através da emissão de facturas ou declarações falsas. Ao contrário destas situações acabadas de mencionar, a mera circunstância de uma operação ser efectuada com o único objectivo de obter uma vantagem fiscal é irrelevante para determinar se a mesma constitui uma transmissão de bens ou uma prestação de serviços efectuada no quadro de uma actividade económica submetida ao IVA.

Seguidamente, no sentido de se pronunciar sobre se um sujeito passivo pode deduzir o IVA pago a montante quando as operações em que essa dedução se fundamenta sejam constitutivas de uma prática abusiva, o TJUE começou por sopesar, por um lado, a inviabilidade de uma utilização abusiva ou fraudulenta das disposições de direito da UE com o intuito de obter vantagens fiscais e, por outro lado, a segurança jurídica e a liberdade de os sujeitos passivos estruturarem as respectivas actividades sem que estejam obrigados a optar pela solução fiscalmente mais onerosa. Atento este balanceamento, o acórdão concluiu que permitir aos sujeitos passivos deduzir a totalidade do IVA pago a montante, quando, no âmbito das suas operações comerciais normais, não poderiam fazê--lo, seria contrário ao princípio da neutralidade fiscal e, portanto, contrário ao objectivo do sistema comum do IVA e da correspondente legislação interna. Por outro lado, quanto a detectar se o objectivo essencial das operações em causa seria obter uma vantagem fiscal indevida, o TJUE fez alusão à necessidade de se averiguar o respectivo conteúdo e significado reais, tendo em consideração, nomeadamente, o carácter puramente artificial das operações, bem como as relações de natureza jurídica, económica ou pessoal estabelecidas entre os operadores envolvidos no plano de redução da carga fiscal.

Finalmente, no trecho final do acórdão, a propósito dos procedimentos a adoptar com vista à recuperação pelas autoridades fiscais dos valores de IVA indevidamente deduzidos, o TJUE apontou para a necessidade de se proceder a uma redefinição das operações tributáveis, de forma a restabelecer a situação tal como ela existiria na ausência de uma prática abusiva, nos termos a que se já se fez referência mais detalhada no nº 2 do presente texto.

3.2. No acórdão de 21 de Fevereiro de 2006 (processo C-223/03, caso *University of Huddersfield*, Colect. p. I-1751)[18] estiveram em causa certas operações objecto de renúncia à isenção, em que o proprietário de dois bens imóveis os dava em locação a um terceiro com quem tinha relações especiais e, simultaneamente, os recebia em sublocação desse terceiro, com o único objectivo de poder deduzir o IVA suportado nas obras de remodelação.

Em face do teor da questão prejudicial que lhe vinha colocada, o TJUE salientou mais uma vez que o facto de uma transmissão de bens ou uma prestação de serviços ter sido realizada com o único objectivo de obter uma vantagem fiscal não implica que a mesma deixe de constituir uma operação tributável efectuada no exercício de uma actividade económica. No entanto, no nº 52 deste aresto, embora tal questão não lhe viesse expressamente dirigida, o TJUE não deixou de fazer referência ao decidido no acórdão *Halifax*, salientando que o sistema comum do IVA se opõe a que um sujeito passivo exerça o direito a deduzir o IVA suportado a montante, quando as operações em que esse direito se baseia sejam constitutivas de uma prática abusiva.

3.3. No acórdão de 21 de Fevereiro de 2008 (processo C-425/06, caso *Part Service*, Colect. p. I-897) estiveram em apreço operações de locação financeira em que participavam conjuntamente sociedades do mesmo grupo financeiro, incumbindo a uma delas realizar a locação dos veículos automóveis propriamente dita, submetida a tributação em IVA, e à outra a prática de operações isentas, intervindo como entidade seguradora de certos riscos e financiadora

---

[18] Proferido, portanto, na mesma data do acórdão *Halifax*, embora de teor bastante mais sucinto. Também nessa data foi proferido o acórdão relativo ao processo C-419/02 (caso *BUPA e o.*, Colect. p. I-1685), em que o TJUE, de igual modo, era chamado a pronunciar-se sobre eventuais práticas abusivas no domínio do IVA, acabando, porém, por não se mostrar necessário abordar a matéria de fundo sob esta perspectiva, em face da qualificação que acabou por ser feita dos factos tributários controvertidos.

de depósitos de garantia e de cauções, garantindo também o cumprimento dos compromissos assumidos pelos locatários. Havendo razões para admitir que, por via da celebração de dois contratos, a contrapartida a pagar pelos locatários era artificialmente fraccionada com vista à redução do valor tributável que corresponderia aos contratos de locação financeira comuns, estava em causa saber se tal poderia constituir uma prática abusiva no domínio do IVA.

O TJUE começou por elucidar não ser necessário, para que se esteja perante uma prática abusiva, que o objectivo exclusivo seja a obtenção de uma vantagem fiscal, bastando que essa seja a finalidade essencial. A fim de o órgão jurisdicional nacional poder apreciar se as operações em causa seriam constitutivas de uma prática abusiva, o TJUE assinalou que, sendo objectivo do sistema comum do IVA a tributação de tudo o que constitua a contrapartida recebida ou a receber dos locatários – nomeadamente, em face do actual artigo 73º da Directiva do IVA –, se afigurava contrário ao objectivo do sistema comum do IVA a obtenção de uma vantagem fiscal decorrente da aplicação de uma isenção à parcela correspondente aos serviços financeiros e de seguros confiados a uma outra entidade co-contratante.

Por outro lado, segundo o TJUE, competiria também ao órgão jurisdicional nacional ter em consideração o carácter puramente artificial das operações, bem como as relações jurídicas, económicas ou pessoais estabelecidas entre as entidades prestadoras dos serviços, uma vez que tais elementos seriam susceptíveis de demonstrar que a obtenção da vantagem fiscal constituiria o objectivo essencial prosseguido, sem prejuízo da eventual co-existência de outros objectivos económicos, nomeadamente de carácter comercial, organizacional ou de garantia.

3.4. No acórdão de 22 de Maio de 2008 (processo C-162/07, caso *Ampliscientífica e o.*, Colect. p. I-4019), referente à possibilidade conferida actualmente aos Estados membros no artigo 11º da Directiva do IVA, foi analisada a conformidade de uma disposição interna que exigia que os operadores económicos demonstrassem, através de uma certa continuidade da sua actividade, que a opção por constituírem um sujeito passivo único resultava de uma opção económica de longo prazo, não procedendo de uma vontade exclusiva em obter vantagens consubstanciadas, nomeadamente, na diminuição do IVA a pagar ou do aumento do crédito de imposto.

O TJUE considerou que tal disposição interna estava em linha com o sistema comum do IVA, concretamente com o princípio da proibição do abuso subjacente ao mesmo.

3.5. No acórdão de 3 de Setembro de 2009 (processo C-2/08, caso *Fallimento Olimpiclub*, Colect. p. I-7501, nº 27), o TJUE considerou desconforme com o direito da UE a interpretação de uma norma da legislação civil italiana, de acordo com a qual os tribunais nacionais estavam impedidos de se pronunciar sobre a eventual existência de uma prática abusiva ao longo de um dado período de tempo, quando, relativamente a idêntica alegação feita em processos referentes a anos anteriores, um órgão jurisdicional daquele país já tivesse tomado uma decisão transitada em julgado.[19] Segundo o TJUE, na hipótese de o conteúdo de uma decisão judicial anterior ter sido desconforme com o direito da UE sobre as práticas abusivas no domínio do IVA, a disposição processual italiana que estendia no tempo os efeitos da autoridade dos casos julgados levaria a que aquela eventual desconformidade se reproduzisse automaticamente em cada novo exercício fiscal, sem ser possível doravante corrigir a errada aplicação do direito da UE. Por este motivo, o TJUE concluiu que os referidos obstáculos de índole processual à aplicação efectiva das regras da UE em matéria do IVA não podiam ser razoavelmente justificados pelo princípio da segurança jurídica, devendo, em contrapartida, ser considerados contrários ao princípio da efectividade.[20]

3.6. No acórdão de 22 de Dezembro de 2010 (processo C-103/09, caso *Weald Leasing*, Colect. p. I-?) esteve em causa uma situação em que um grupo de companhias de seguros, com fortes limitações do direito à dedução do IVA, obtinha bens de equipamento através de sublocação dos mesmos por parte de uma empresa do grupo, que, por sua vez, os recebia em locação de uma outra entidade incumbida de previamente os adquirir, com o objectivo de fraccionar e escalonar o pagamento desse montante, a fim de diferir o pagamento do IVA não dedutível pelas companhias de seguros.

Sobre o assunto, o TJUE considerou não ser censurável que um sujeito passivo opte por efectuar operações de locação financeira que lhe dêem a vantagem de escalonar no tempo o pagamento do IVA, em vez de optar por uma aquisição dos mesmos bens que não lhe daria essa vantagem, sendo irrelevante o facto de a empresa locadora não efectuar habitualmente esse tipo de operações.[21] Tal só

---

[19] Na circunstância, tratava-se de uma relação de comodato estabelecida entre duas entidades cujos sócios eram comuns, com o intuito de não tributar em IVA certas operações geradoras de receitas, não sendo, porém, solicitado ao TJUE que se pronunciasse, em concreto, sobre se tal constituiria uma prática abusiva no âmbito do IVA.

[20] O princípio da efectividade implica que as regras fixadas internamente não tornem praticamente impossível ou excessivamente difícil o exercício dos direitos conferidos pela ordem jurídica da UE – cf., entre outros, os acórdãos de 11 de Julho de 2002 (processo C-62/00, caso *Marks & Spencer*, Colect. p. I-6325, nº 34), de 6 de Outubro de 2005 (processo C-291/03, caso *My Travel*, Colect. p. I-8477, nº 17) e de 15 de Março de 2007 (processo C-35/05, caso *Reemtsma*, Colect. p. I-2425, nº 37).

[21] De facto, aditou o TJUE no nº 44 do texto decisório, *"a constatação da existência de uma prática abusiva não resulta da natureza das transacções comerciais normalmente efectuadas pelo autor das operações em causa, mas do objecto, da finalidade e dos efeitos dessas mesmas operações".*

não sucederia, se o órgão jurisdicional nacional viesse a apurar, por exemplo, que o valor das rendas fixado fora anormalmente baixo, que as operações não corresponderam a nenhuma realidade económica ou que a intermediação de uma sociedade terceira fora de natureza a impedir a aplicação das disposições do sistema comum do IVA ou das disposições internas do Reino Unido. Em todo o caso, uma vez feita a referida apreciação, o TJUE aditou que, se viesse a verificar-se a existência de uma prática abusiva, deveriam as operações em causa ser redefinidas, de modo a restabelecer a situação que ocorreria caso tal prática não tivesse tido lugar, modificando ou anulando as respectivas condições contratuais, não podendo, porém, ir além do necessário para assegurar a exacta cobrança do IVA e evitar a fraude.

3.7. No acórdão de 22 de Dezembro de 2010 (processo C-277/09, caso *RBS Deutschland Holdings*, Colect. p. I-?), o TJUE considerou que o princípio da proibição de práticas abusivas não poderia ser invocado para impossibilitar a dedução do IVA suportado a montante, numa situação em que uma sociedade de locação financeira de veículos automóveis, sediada no Reino Unido, que celebrara um contrato com um locatário residente nesse mesmo Estado membro, transferiu os contratos para uma sua filial alemã, com o intuito de evitar que fosse devido IVA por essa operação. Para tanto, o TJUE entendeu que as operações em causa tinham ocorrido entre duas partes sem vínculo jurídico entre si, sendo pacífico que não tinham carácter artificial e que haviam sido efectuadas no âmbito de trocas comerciais normais, não comportando nenhum elemento susceptível de demonstrar a existência de uma montagem abusiva, desprovida de realidade económica, efectuada com o fim de obter uma vantagem fiscal. Segundo o TJUE, o facto de os serviços terem sido fornecidos a uma sociedade estabelecida num dado Estado membro por uma sociedade estabelecida noutro Estado membro, assim como de os termos das operações efectuadas terem sido escolhidos em função de considerações próprias dos operadores económicos interessados, não pode ser considerado constitutivo de uma prática abusiva.[22]

---

[22] No processo em referência, as circunstâncias em que ocorreu o reenvio prejudicial ao TJUE não deixam de conduzir a uma certa perplexidade, já que estavam em apreço operações de locação financeira de veículos que, segundo se afirmava na decisão de reenvio, eram consideradas, no Reino Unido, operações qualificadas como prestações de serviços, ao passo que na Alemanha eram qualificadas como transmissões de bens, não tendo sido liquidado IVA a jusante em nenhum daqueles Estados membros. Todavia, a qualificação da locação financeira como prestações de serviços para efeitos do IVA, nos termos do nº 1 do artigo 24º da Directiva do IVA, não parece que gere dúvidas de maior, como o TJUE, inclusive, já expressou no acórdão de 17 de Julho de 1997 (processo C-190/95, caso *ARO Lease*, Colect. p. I-4383, nº 11).

3.8. No acórdão de 27 de Outubro de 2011 (processo C-504/10, caso *Tanoarch*, Colect. p. I-?) esteve sob análise a possibilidade de dedução, por um dos comproprietários dos direitos sobre uma invenção, do valor do IVA suportado na aquisição de uma parte dos direitos de que era titular outra das sociedades comproprietárias, que veio a ser dissolvida sem que tenha entregado ao Estado o IVA liquidado em várias facturas relativas à referida cessão de direitos. Apurara-se também que cinco das sociedades comproprietárias, incluindo as duas a que acima se aludiu, se encontravam sediadas na mesma morada e eram representadas por um gerente comum.

Sobre a matéria, após recordar os critérios gerais por si definidos em matéria de práticas abusivas, o TJUE afirmou competir ao órgão jurisdicional nacional ponderar se as circunstâncias relevantes levariam a concluir pela existência ou inexistência de um abuso em relação à dedução do IVA suportado pela empresa cessionária dos direitos, em especial o facto de a invenção em causa não ter ainda sido objecto de registo da patente, de o direito ligado à dita invenção ser detido por várias pessoas maioritariamente sediadas na mesma morada e representadas pela mesma pessoa singular, de o IVA devido a montante não ter sido pago e de a sociedade cedente ter sido dissolvida sem liquidação do património.

4. Autonomia face à cláusula geral anti-abuso prevista na LGT

A jurisprudência do TJUE vem assinalando a existência, na anterior Sexta Directiva e na actual Directiva do IVA[23], de um princípio geral, não escrito, impeditivo da adopção de práticas abusivas, cujo reconhecimento advém da exigência de interpretar as normas constantes daqueles actos da UE atendendo à respectiva *ratio*.[24]

Em resultado do primado do direito da UE e do princípio da interpretação conforme das disposições internas com o conteúdo das normas da UE em que se

---

[23] No considerando 23 do preâmbulo do Regulamento de Execução (UE) nº 282/2011, do Conselho, de 15 de Março de 2011, que estabelece medidas de aplicação da Directiva do IVA, alude-se à aplicação geral às disposições desse regulamento do princípio respeitante às práticas abusivas, não obstante a sua específica evocação em certas disposições do mesmo, o que sucede nos artigos 19º, 25º, 39º e 51º. Saliente-se que não faziam semelhante alusão o preâmbulo e o articulado do anterior Regulamento (CE) nº 1777/2005, do Conselho, de 17 de Outubro de 2005, vigente até ao início da aplicação do Regulamento de Execução (UE) nº 282/2011, ocorrido a 1 de Julho de 2011 (com as excepções previstas no terceiro parágrafo do seu artigo 65º).

[24] Cf. MIGUEL POIARES MADURO e ANTÓNIO FRADA DE SOUSA, "A Jurisprudência do Tribunal de Justiça das Comunidades Europeias sobre Práticas Abusivas no Sistema Comum do IVA", in *Vinte Anos de Imposto sobre o Valor Acrescentado: Jornadas Fiscais de Homenagem ao Professor José Guilherme Xavier de Basto*, Coimbra: Almedina, 2008, p. 139.

fundamentam[25], o princípio geral atinente às práticas abusivas tem de estar, de igual modo, inerente à própria legislação que transpõe o sistema comum do IVA para o ordenamento interno dos Estados membros, pelo que as práticas abusivas estão também, necessariamente, em conflito com a legislação interna portuguesa no domínio do IVA. Aliás, a proibição de práticas abusivas em relação às próprias disposições de direito interno no domínio do IVA vem expressamente enunciada no nº 80 do acórdão *Halifax*, no qual se assinala que as referidas práticas são desconformes, não só com as disposições do sistema comum definidas no plano da UE, como desconformes com a legislação interna dos Estados membros que transpõe aquelas disposições.[26] Daí que seja de concluir que as próprias normas do Código do IVA (CIVA) e respectiva legislação complementar, no quadro do sistema jurídico do imposto em que se inserem, comportam, em si mesmas, intrinsecamente, um princípio geral não escrito de proibição do abuso, sem necessidade de previsão e estatuição expressas nesse sentido. Deste modo, a aplicação ao IVA daquele princípio geral de direito da UE, nas circunstâncias fixadas pelo TJUE, é independente da existência no ordenamento interno dos Estados membros de cláusulas específicas ou sectoriais anti-abuso ou de uma cláusula geral anti-abuso em matéria fiscal, assim como dos termos em que esta cláusula geral, caso exista, se encontre formulada.[27]

No ordenamento interno português, pese embora a existência no universo da fiscalidade de uma cláusula geral anti-abuso, que vem prevista no nº 2 do artigo 38º da Lei Geral Tributária (LGT), já foi, inclusivamente, apontado que esta

[25] Como o TJUE já teve ocasião de salientar em várias decisões, o "princípio comunitário da interpretação conforme" determina que na interpretação e aplicação da respectiva legislação interna, quando esta tenha por base disposições de uma directiva da UE, todas as autoridades dos Estados membros estejam obrigadas a fazê-lo, na medida do possível, à luz do texto e da finalidade dessa directiva, para atingir o resultado por ela prosseguido, dando assim cumprimento ao actualmente estabelecido no terceiro parágrafo do artigo 288º do Tratado sobre o Funcionamento da UE (anteriores artigos 249º do TCE e 189º do TCEE) – cf., entre outros, os acórdãos de 13 de Novembro de 1990 (processo C-106/89, caso *Marleasing*, Colect. p. I-4135, nº 8) e de 16 de Dezembro de 1993 (processo C-334/92, caso *Wagner Miret*, Colect. p. I-6911, nº 20).

[26] No mesmo sentido do que fora desenvolvido, com mais pormenor, no nº 81 das conclusões do advogado geral M. POIARES MADURO, afirmando que, desde que as disposições de direito da UE se destinem a atingir certos fins e resultados, as normas internas que as transpõem têm de ser interpretadas e aplicadas em conformidade com esses fins, pelo que a interpretação das disposições do sistema comum do IVA que consagram o direito à dedução tem também de ser seguida pelas autoridades nacionais na aplicação das suas normas de direito interno relativas à dedução do IVA suportado a montante.

[27] Em sentido idêntico, VIEIRA DE ALMEIDA & ASSOCIADOS, "O Princípio da Proibição do Abuso no Sistema Comum do IVA (Caso Halifax)", *Fiscalidade*, nº 25, Janeiro-Março de 2006, p. 193, e ALEXANDRA COELHO MARTINS, *A Admissibilidade de uma Cláusula Geral Anti-Abuso em Sede de IVA*, Cadernos IDEFF, nº 7, Coimbra: Almedina, 2007, pp. 148-150.

contém requisitos que não são pressupostos pela jurisprudência do TJUE em matéria do IVA. Mais concretamente, verifica-se, na disposição da LGT, que se exige que a conduta abusiva se consubstancie em actos jurídicos ou em negócios jurídicos, e que sejam utilizados meios artificiosos ou fraudulentos e com abuso das formas jurídicas. Todavia, o princípio geral definido pelo TJUE não impõe que a conduta abusiva se consubstancie em actos jurídicos ou negócios jurídicos, podendo englobar também os meros procedimentos e operações materiais, assim como não pressupõe necessariamente o abuso das formas jurídicas, o qual pode constituir apenas um elemento indiciador da intenção de ser obtido um benefício ou vantagem fiscal contrários ao sistema do IVA.[28] Sendo assim, o nº 2 do artigo 38º da LGT, no que ao IVA concerne, não reflecte o princípio geral anti-abusivo inerente ao sistema do IVA decorrente do direito da UE, uma vez que este princípio geral é mais amplo do que a cláusula geral anti-abuso prevista na LGT, e prevalece forçosamente sobre aquela cláusula geral.[29]

Acresce que a aplicação em sede do IVA da norma contida no nº 2 do artigo 38º da LGT suscitaria, de igual modo, por razão diversa, a questão da respectiva conformidade com o sistema comum do imposto, uma vez que, se se entendesse tal norma como uma derrogação àquele sistema comum, a sua adopção, para efeitos deste imposto, careceria ter sido previamente submetida pelo Estado português a um procedimento de aprovação pelo Conselho Europeu, actualmente previsto no artigo 395º da Directiva do IVA (anterior artigo 27º da Sexta Directiva), o que não ocorreu.[30]

---

[28] Cf. ALEXANDRA COELHO MARTINS, *A Admissibilidade...* cit., pp. 51-53 e 149-150. Como exemplo da desnecessidade de as condutas se reconduzirem a actos ou negócios jurídicos, configura-se a eventual emissão de diversas facturas com montantes reduzidos, em lugar de uma só factura indicando o montante global de uma dada transmissão de bens ou prestação de serviços, com o intuito de beneficiar das normas mais favoráveis para a recuperação do IVA pago ao Estado, que, em caso de não cobrança das facturas, vêm estabelecidas nos nºs 8 a 10 do artigo 78º do CIVA (Ibidem, pp. 51-52). Por outro lado, o abuso das formas jurídicas não está forçosamente presente, por exemplo, em casos de manipulação dos critérios de conexão que, nas operações internacionais, definem o ordenamento jurídico-fiscal competente para a tributação (Ibidem, p. 150). Na sua versão inicial, o nº 2 do artigo 38º da LGT não exigia o recurso a *"meios artificiosos ou fraudulentos e com abuso das formas jurídicas"* e que os resultados pretendidos não fossem alcançados *"sem utilização desses meios"*, os quais passaram a ser requisitos previstos após a alteração promovida pela Lei nº 30-G/2000, de 29 de Dezembro, decorrendo daí que a aplicação da actual cláusula geral anti-abuso prevista na LGT só tem lugar *"quando a estrutura negocial, instrumental para a realização da fraude normativa, se possa qualificar de arrojada, 'artificiosa', invulgar, despropositada, arrevesada ou mesmo absurda"* – cf. GUSTAVO LOPES COURINHA, *A Cláusula Geral Anti-Abuso no Direito Tributário: Contributos para a sua Compreensão*, Coimbra: Almedina, 2004, pp. 157-161.

[29] Cf. ALEXANDRA COELHO MARTINS, *A Admissibilidade...* cit., p.150.

[30] Aliás, não parece que o mecanismo derrogatório previsto no artigo 395º da Directiva do IVA possa, sequer, ser utilizado para limitar o alcance do princípio geral de proibição de práticas abusi-

Assim, independentemente do disposto no nº 2 do artigo 38º da LGT, cumpre apreciar cada situação susceptível de ser fiscalmente relevante, apurando, por um lado, se a mesma tem como resultado a obtenção de um benefício ou vantagem contrários aos objectivos da legislação do IVA, nomeadamente em matéria de direito à dedução, e, por outro lado, se o objectivo essencial que esteve na base da definição dos contornos de tal situação foi, precisamente, a obtenção desse benefício ou vantagem.

5. Inaplicabilidade do procedimento especial previsto no CPPT

Como se viu, em conformidade com o decidido em várias ocasiões pelo TJUE, quando se verifique a existência de uma prática abusiva no domínio do IVA, o tratamento da situação deve ser reposto como se o acto em que se concretizou a prática abusiva não tivesse ocorrido. Em face disso, um aspecto de índole processual que pode suscitar-se consiste na questão de saber se a desconsideração dos efeitos tributários das operações que constituam práticas abusivas em sede do IVA se encontra submetida ao procedimento especial previsto no artigo 63º do Código de Procedimento e de Processo Tributário (CPPT).

Sobre a matéria, constata-se que as disposições anti-abuso a que o procedimento especial se aplica vêm definidas no nº 2 daquele artigo 63º, sendo submetidas ao mesmo as que constem de *"normas legais que consagrem a ineficácia perante a administração tributária de negócios ou actos jurídicos celebrados ou praticados com*

---

vas no domínio do IVA tal como este emana da jurisprudência do TJUE. Ao invés, como salientou o advogado-geral M. POIARES MADURO, nos nºs 89 e 90 das suas conclusões a que já se fez referência supra, o reconhecimento de um princípio geral anti-abuso integrante das próprias normas do IVA não obsta a que os Estados membros introduzam mais restrições à admissão de operações que procurem obter relevantes vantagens fiscais, de modo a acautelarem outras situações não cobertas por uma interpretação teleológica (v.g. por terem uma explicação económica atendível), só podendo fazê-lo, por via de regra, através de medidas legislativas internas adoptadas com prévio desencadeamento do procedimento previsto no artigo 395º da Directiva do IVA. Em sentido idêntico, veja-se ALEXANDRA COELHO MARTINS, *A Admissibilidade...* cit., pp. 137-139. Note-se, porém, que a Directiva do IVA confere aos Estados membros, nomeadamente nas circunstâncias enumeradas no artigo 80º, submetida apenas a comunicação ao Comité Consultivo do IVA a que se refere o artigo 398º, a possibilidade de adoptarem determinadas medidas especiais que é de crer que se destinem também a acautelar eventuais abusos, muito embora o elemento literal do nº 1 do mesmo artigo 80º aluda apenas à evitação da *"fraude ou evasão fiscais"*, contrariamente a outras disposições da Directiva do IVA que se referem a *"fraude, evasão ou abuso"*, como sucede nos seus artigos 131º e 158º. Aliás, a expressão "evasão fiscal" é por vezes entendida como correspondendo a uma actuação não ilícita, constituída, por um lado, pelo planeamento fiscal admissível face ao ordenamento jurídico e, por outro lado, pela elisão ou evitação fiscal, entendida como planeamento fiscal abusivo – cf. GUSTAVO LOPES COURINHA, *A Cláusula...* cit., pp. 15-16, e JOÃO NUNO CALVÃO DA SILVA, "Elisão Fiscal e Cláusula Geral Anti-abuso", *Revista da Ordem dos Advogados*, ano 66, vol. II, Setembro de 2006, pp.793-794.

manifesto abuso das formas jurídicas de que resulte a eliminação ou redução dos tributos que de outro modo seriam devidos". Ora, como acima se enunciou, o princípio geral de proibição das práticas abusivas está inerente às próprias normas da legislação interna e da UE relativas ao IVA, não estando dependente da existência de *"normas legais que consagrem a ineficácia perante a administração tributária de negócios ou actos jurídicos"* que expressamente consta do nº 2 do artigo 63º do CPPT. Acresce, como também já foi enunciado, que não constitui uma imposição determinante da jurisprudência do TJUE que se esteja na presença de *"negócios ou actos jurídicos celebrados ou praticados com manifesto abuso das formas jurídicas"*, a que se reporta aquela disposição. Aliás, a sujeição ao procedimento especial previsto no artigo 63º do CPPT nem sequer abrange todo o tipo de cláusulas anti-abuso, por se circunscrever às que são objecto de uma autonomização de redacção e por, mesmo dentro destas, ser necessário verificar em relação a quais efectivamente se destina[31], não deixando de poder ser equacionável, até, se todas as situações abrangidas pela própria cláusula geral prevista no nº 2 do artigo 38º da LGT estariam obrigatoriamente submetidas ao procedimento especial previsto no artigo 63º do CPPT.[32]

Em face do exposto, sem prejuízo dos deveres de fundamentação e de audição prévia dos interessados a que há lugar nos termos gerais do procedimento tributário, bem como do dever de a administração tributária actuar em conformidade com o teor de eventuais informações vinculativas prestadas de acordo com os requisitos legais, parece ser de concluir que o princípio geral anti-abuso em sede do IVA não se encontra submetido às regras do procedimento especial previsto no artigo 63º do CPPT, podendo ser reposta a situação como se a prática abusiva não se tivesse verificado enquanto estiver a decorrer o prazo de caducidade para o exercício do direito à liquidação do imposto.

6. Declaração de operações susceptíveis de ser consideradas abusivas

No Decreto-Lei nº 29/2008, de 25 de Fevereiro, vem previsto o dever de comunicação, informação e esclarecimento à administração tributária, por parte de

---

[31] Cf. Gustavo Lopes Courinha, *A Cláusula...* cit., pp. 93-94; João Pacheco de Carvalho, "O Regime Procedimental de Aplicação das Normas Anti-Abuso (Análise do artigo 63º do Código de Procedimento e de Processo Tributário)", *Fiscalidade*, nº 23, Julho-Setembro 2005, p. 80; e Jorge Lopes de Sousa, *Código de Procedimento e de Processo Tributário Anotado e Comentado*, vol. I, 6.ª ed., Lisboa: Áreas Editora, 2010, p. 584, nº 10.

[32] Questão suscitável em virtude da diferente formulação adoptada nas redacções do nº 2 do artigo 38º da LGT e do nº 2 do artigo 63º do CPPT – cf. Jorge Lopes de Sousa, *Código...* cit., pp. 580--581, entendendo o autor, porém, que o procedimento especial previsto no artigo 63º do CPPT se aplica, ainda que em certos casos por analogia, a todas as situações subsumíveis no nº 2 do artigo 38º da LGT.

entidades que prestem serviços de apoio, assessoria, aconselhamento ou consultoria no domínio tributário – e, supletivamente, pelos próprios utilizadores –, relativamente a projectos, recomendações, instruções e iniciativas análogas que sejam propostos a clientes e outros interessados, ou de actos ou contratos que estes realizem ou venham a realizar com a finalidade exclusiva ou predominante de obtenção de uma vantagem fiscal.[33] O disposto no referido diploma abrange os impostos administrados pela Direcção-Geral dos Impostos, incluindo expressamente o IVA, como se determina no nº 2 do seu artigo 2º.

Numa abordagem sucinta, afigura-se ser de assinalar, por um lado, que o dever imposto pelo Decreto-Lei nº 29/2008 remete para a necessidade de dar a conhecer a concepção ou a consumação de situações susceptíveis de ser consideradas de planeamento fiscal, na acepção da alínea a) do seu artigo 3º, na medida em que visem, de modo exclusivo ou predominante, a obtenção de uma vantagem fiscal por um sujeito passivo de imposto. À semelhança da jurisprudência do TJUE relativa às práticas abusivas no domínio do IVA, verifica-se, também no caso do diploma em apreço, que não é necessário que o objectivo exclusivo seja a obtenção de uma vantagem fiscal, bastando que se trate do objectivo predominante.

Quanto à noção de vantagem fiscal, nela se abarca, nos termos da alínea d) do artigo 3º do diploma, o propósito de redução, eliminação, diferimento temporal do imposto ou, em geral, a obtenção de um benefício fiscal, cada um deles afigurando-se susceptível de estar também presente na jurisprudência do TJUE que tem versado sobre a proibição de práticas abusivas no domínio do IVA. Faz-se notar, porém, que essa jurisprudência indica, como um dos elementos essenciais, que a vantagem fiscal visada seja contrária ao objectivo prosseguido pela legislação do IVA, não parecendo que este requisito seja um pressuposto necessariamente presente para efeitos do dever de comunicação, informação e esclarecimento que recai sobre as entidades indicadas no Decreto-Lei nº 29/2008.[34] É de crer, portanto, que o dever previsto no referido diploma engloba casos que,

---

[33] A Portaria nº 364-A/2008, de 14 de Maio, contém o modelo para cumprimento do dever de declaração, constando orientações interpretativas do despacho nº 14592/2008, de 15 de Maio de 2008, do Secretário de Estado dos Assuntos Fiscais (publicado no Diário da República, 2.ª série, nº 101, de 27 de Maio de 2008).

[34] Como se afirma no nº 13 do referido despacho nº 14592/2008, os esquemas de planeamento fiscal que se reconduzam às situações previstas devem ser objecto de comunicação, independentemente de serem considerados ou não como actos abusivos, como resulta do artigo 15º do Decreto-Lei nº 29/2008, já que *"a qualificação como abusivo de um certo esquema de planeamento fiscal depende de juízos e de procedimentos subsequentes, a realizar em conformidade com os preceitos legais aplicáveis, pelo que os deveres de comunicação e informação estabelecidos nos artigos 7º e 8º do diploma são perfeitamente autónomos destes juízos e procedimentos"*.

à luz da jurisprudência do TJUE no domínio do IVA, não estão necessariamente abrangidos pelo princípio geral de proibição de práticas abusivas em sede deste imposto, sendo o âmbito daquele dever, neste particular aspecto, mais amplo do que o âmbito do referido princípio geral.

Ao invés, em relação ao disposto no artigo 4º do Decreto-Lei nº 29/2008, em que se enumeram as situações a que o planeamento fiscal se deve reconduzir para que se verifique a obrigação de declaração à administração tributária prevista naquele diploma, afigura-se que aquele artigo não se encontra configurado para abarcar, na plenitude, as práticas susceptíveis de ser consideradas abusivas no domínio do IVA[35], salvo, claro está, nas situações previstas na sua alínea b), relativa à participação de entidades total ou parcialmente isentas, bem como, menos obviamente, na sua alínea c), relativa a operações financeiras e de seguros susceptíveis de determinar a requalificação do rendimento ou a alteração do beneficiário.[36]

---

[35] Assim, por exemplo, talvez devesse ter sido feita expressa referência às pessoas colectivas que não desenvolvam uma actividade económica na acepção da legislação do IVA, como pode suceder com algumas sociedades gestoras de participações sociais, assim como às entidades que, embora desenvolvendo uma actividade económica naquela acepção, não se encontrem abrangidas pelo âmbito de incidência do imposto. Do mesmo modo, seria também de acautelar a manipulação dos elementos de conexão que definem os critérios de localização das operações tributáveis, *maxime* das prestações de serviços, já que tal parece ser susceptível de se configurar como uma das situações abarcadas pelo princípio geral de proibição de práticas abusivas para efeitos do IVA – cf. ALEXANDRA COELHO MARTINS, *A Admissibilidade...* cit., pp. 94-95 e 150, assim como, numa análise não específica do IVA, ALBERTO XAVIER (com colaboração de CLOTILDE CELORICO PALMA e LEONOR XAVIER), *Direito Tributário Internacional*, 2.ª ed. act., Coimbra: Almedina, 2007, pp. 351-356, embora com os cuidados que parecem dever decorrer do decidido pelo TJUE no já acima referenciado acórdão relativo ao caso *RBS Deutschland Holdings*, cujo teor se sintetizou no nº 3.7. supra.

[36] No nº 17 do já referenciado despacho nº 14592/2008, do Secretário de Estado dos Assuntos Fiscais, a respeito da alínea c) do artigo 4º do Decreto-Lei nº 29/2008, afirma-se o seguinte: «Pode-se considerar enquadrada nesta categoria, por exemplo, a situação de utilização de sociedade (do mesmo grupo) estabelecida ou domiciliada no território "Z" (fora da União Europeia) para facturar serviços financeiros isentos de IVA, mas que conferem direito à dedução, de modo a aumentar a percentagem de dedução do imposto (*pro rata*) da entidade financeira no território nacional.» Numa das modalidades possíveis, a requalificação a que se reporta a alínea c) do artigo 4º do Decreto-Lei nº 29/2008 pode residir numa conversão de operações financeiras que seriam isentas sem direito à dedução do imposto suportado a montante, por terem como destinatária entidade estabelecida ou domiciliada em território nacional ou em outro Estado membro da UE, em operações financeiras isentas com direito à dedução do imposto suportado a montante, pela verificação dos pressupostos previstos na subalínea V) da alínea b) do nº 1 do artigo 20º do CIVA resultante da interposição de uma entidade estabelecida ou domiciliada fora da UE, não deixando de ser equacionável se tal não estaria abrangido pela alínea b) do mesmo artigo 4º, em virtude da participação, pelo menos, de uma entidade total ou parcialmente isenta.

As possíveis diferenças apontadas, entre o âmbito do princípio geral de proibição do abuso em matéria do IVA e o âmbito do dever de reportar previsto no Decreto-Lei nº 29/2008, em nada obstam, porém, ao cumprimento do disposto neste diploma, já que desse cumprimento não resulta, necessariamente, que a administração tributária entenda estar-se na presença de uma prática abusiva que implique a reposição de um tratamento em sede deste imposto como se tal prática não tivesse ocorrido. Subsiste, portanto, o dever de comunicação em relação a casos conducentes à obtenção de vantagens fiscais que não estão abarcados pelo princípio geral emanado da jurisprudência do TJUE. Tal não se trata, de qualquer modo, de um procedimento despiciendo, quer porque podem estar em causa operações susceptíveis de recair no âmbito de disposições específicas previstas na legislação interna do IVA que visam contrariar práticas abusivas[37], quer porque do conhecimento de tais operações pode vir a desencadear-se, em consonância com o previsto no nº 2 do artigo 13º do Decreto-Lei nº 29/2008, a concepção de alterações legislativas ou regulamentares destinadas a contrariar os seus efeitos, na medida em que as mesmas sejam já permitidas pelo sistema comum do IVA, ou venham a ser autorizadas pelo Conselho Europeu ao abrigo do artigo 395º da Directiva do IVA.

7. Conclusão

Em conclusão, os critérios apontados pela jurisprudência da UE para que se considere estar na presença de uma prática abusiva no domínio do IVA consistem, em traços gerais, na realização de operações cuja configuração tenha como fito essencial a obtenção de um benefício ou vantagem fiscal, e que esse benefício ou vantagem, pese embora o respeito formal pelas disposições da legislação do IVA, seja contrária aos objectivos prosseguidos por essa legislação.

Quando se verifique a existência de uma prática abusiva no âmbito do IVA, as operações implicadas, quer se consubstanciem em actos ou negócios jurídicos, quer em meros procedimentos ou operações materiais, devem ser redefinidas de forma a restabelecer a situação tal como ela existiria na ausência das operações constitutivas de tal prática, podendo, nomeadamente, ser recuperados com efeitos retroactivos os montantes indevidamente deduzidos.

O princípio geral, não escrito, de proibição de práticas abusivas em sede do IVA está inerente à própria interpretação, quer das normas do sistema comum formuladas no plano da UE, quer das normas da legislação interna dos Estados

---

[37] Exemplos de normas deste tipo são as contidas no nº 10 do artigo 16º do CIVA, aditado pela Lei nº 64-B/2011, de 30 de Dezembro (Orçamento do Estado para 2012), e no artigo 7º do Regime da renúncia à isenção do IVA nas operações relativas a bens imóveis, aprovado pelo Decreto-Lei nº 21/2007, de 29 de Janeiro.

membros que transpõem o sistema comum, independentemente da existência naquela de cláusulas anti-abuso e do modo como se encontram concebidas.

Os critérios apontados pela jurisprudência da UE prevalecem sobre os enumerados no nº 2 do artigo 38º da LGT e a sua aplicação aos casos concretos não está submetida ao procedimento especial previsto no artigo 63º do CPPT.

As especificidades do princípio geral de proibição de práticas abusivas no domínio do IVA não obstam ao cumprimento dos deveres de comunicação, informação e esclarecimento à administração tributária dos casos qualificados como de planeamento fiscal, nos exactos termos que vêm estabelecidos no Decreto-Lei nº 29/2008, de 25 de Fevereiro.

Dezembro de 2011.

O sistema financeiro no mundo mágico de Harry Potter

RUTE SARAIVA

Professora auxiliar da Faculdade de Direito da Universidade de Lisboa

> *Entra estranho, mas tem cuidado*
> *A avidez é um pecado*
> *E os que levam sem querer merecê-lo*
> *Um dia terão de perdê-lo.*
> *Se buscas, pois, no nosso chão*
> *O tesouro que pertence aos que dão,*
> *Podes achar, ladrão, cuidado*
> *Mais que o tesouro, estás avisado.*

O título e tema deste pequeno artigo pode parecer estranho ao mundo académico dos juristas mais habituado a lidar com análises normativas de institutos jurídicos. O colorido do assunto aqui trazido, apesar da recente expansão da literatura jurídica para campos impensados em Portugal havia poucas décadas muito graças a uma maior concorrência universitária e à abertura potenciada pela globalização da informação, chocará com toda a certeza alguns mais conservadores e não deixará de causar algum espanto. No entanto, esta não é uma incursão virgem: por um lado, encontram-se já por terras lusas estudos sobre Literatura e Direito e Literatura e Economia, ainda que pouco virados para a decomposição jurídico-económica de obras de ficção[1]. Por outro, no mundo

---

[1] Veja-se, por exemplo, Helena Buescu, Cláudia Trabuco e Sónia Ribeiro (eds.) (2010). *Direito e Literatura: Mundos em diálogo*, Almedina; José Manuel Aroso Linhares (2009). *Imaginação literária e "justiça poética":um discurso da "área aberta"?*, Boletim da Faculdade de Direito da Universidade de Coimbra, Vol. 85; Victor Correia (2009). *Direito e Literatura - O Processo de Kafka*, Revista da Ordem dos Advogados, Ano 69, Vol. I/II; Raquel Barradas de Freitas (2002). *Direito, Linguagem e Literatura:*

anglo-saxónico, em particular, o fenómeno é mais frequente com a existência inclusivamente de vários trabalhos publicados sobre a saga de Harry Potter[2].

A escolha desta temática prende-se essencialmente com dois factores: o fascínio, quiçá infantil, da autora pela saga criada por J. K. Rowling e o desafio recentemente experimentado de explicar a uma audiência exigente com dez anos o que a mãe ensina. Tal não significa, contudo, que as próximas páginas sejam dirigidas a menores ou que o alcance deste texto seja meramente decorativo, sobretudo atendendo à importância da literacia financeira para a prevenção de crises como se retira do cenário actual. Afinal, parte da atracção aliada ao sucesso das obras de ficção prende-se ou com a identificação com a realidade do leitor ou com as suas expectativas. Perceber qual a representação da moeda e dos mercados financeiros num universo atractivo e supostamente mais evoluído do que o dos comuns mortais, os denominados muggles, pode possibilitar uma reflexão pedagógica e crítica sobre estas temáticas.

Reflexões sobre o sentido e alcance das inter-relações, Faculdade de Direito da Universidade Nova de Lisboa, Working Paper nº 6/2002; Paulo Ferreira da Cunha (s.d.). *Direito e Literatura: Introdução a um diálogo*, Universidade do Porto.

[2] Por exemplo, as colectâneas de artigos de Karen Morris e Bradley S. Carroll (2011) Law Made Fun Through Harry Potter's Adventures: 99 Lessons in Law from the Wizarding World for Fans of All Ages, Createspace; Jeffrey E. Thomas e Franklin G. Snyder (2010). *The Law and Harry Potter*, Carolina Academic Press, Durham, NC; Timothy S. Hall [*et al.*] (2007). *Harry Potter and the Law*, Thomas Jefferson School of Law Legal Studies Research Paper nº 829344, University of Louisville School of Law Legal Studies Research Paper Series nº 2007-05. Ver ainda Anthony Gierzynski e Julie Seger (2011). *Harry Potter and the Millennials: The Boy-Who-Lived and the Politics of a Muggle Generation*, APSA 2011 Annual Meeting Paper; Scott Hershovitz (2010). *Harry Potter and the Trouble with Tort Theory*, University of Michigan Public Law Working Paper nº 219; Victoria Saker Woeste (2010). *'It is Our Choices that Show What We Truly Are': Moral Choice in the Harry Potter Novels*, American Bar Foundation Research Paper nº 10-02; Mary Liston (2009). *The Rule of Law Through the Looking Glass*, Law & Literature, Vol. 21, pp. 42-77; Gary Pulsinelli (2008). *Harry Potter and the (Re)Order of the Artists: Are We Muggles or Goblins?*, University of Tennessee Legal Studies Research Paper nº 18; Darby Dickerson (2008). *Professor Dumbledore's Advice for Law Deans*, University of Toledo Law Review, Vol. 39, nº 1; Laura Spitz (2007). *Wands Away (or Preaching to Infidels Who Wear Earplugs)*, University of Colorado Law Legal Studies Research Paper nº 07-24; Ruth Anne Robbins (2006). *Harry Potter, Ruby Slippers and Merlin: Telling the Client's Story Using the Characters and Paradigm of the Archetypal Hero's Journey*, Seattle University Law Review, Vol. 29, nº 4; Louis-Damien Fruchaud (2005). *Le procès de Harry Potter*, Université Panthéon-Assas Paris II; Avichai Snir e Daniel Levy (2005). *Popular Perceptions and Political Economy in the Contrived World of Harry Potter*, Department of Economics, Bar-Ilan University; Shauna Van Praagh (2005). *Adolescence, Autonomy and Harry Potter: The Child as Decision-Maker*, International Journal of Law in Context, Vol. 1, nº 4, pp. 335-373; Susan Hall (2003). Harry Potter and the rule of law: The central weakness of legal concepts in the wizard world, *in* Giselle Liza Anatole (ed.) Reading Harry Potter: Critical Essays, Greenwood, pp. 147 ss.; Leo F. Nolan (2001). *Harry Potter and the Tax Accounting Myths*, Tax Notes, Janeiro.

Assim, procurar-se-á, num primeiro momento, caracterizar o sistema monetário do mundo mágico para depois avançar para a análise do sistema financeiro por contraposição ao português, com especial ênfase para o Banco Gringotts, de modo a se poderem retirar ilações sobre o seu papel na economia dos mágicos e dos muggles.

1. Dos galeões ao ouro dos duendes: a moeda no mundo mágico

A moeda tem um papel fundamental na economia, servindo não apenas de instrumento geral de trocas (resolvendo assim eventuais problemas de não coincidência de interesses), como unidade de conta, isto é de referência de valor, e de reserva de valor associada ao entesouramento e, portanto, à acumulação de riqueza (central na trama potteriana com as elites simbolizadas pelos Malfoy, Black ou Lestrange a capturarem o poder político-económico-legislativo). A sua concepção e evolução no sentido da desmaterialização crescente têm, aliás, no mundo muggle, assumido uma dimensão verdadeiramente mágica, chegando-se ao ponto de constituir, hoje em dia, uma realidade electrónica[3].

Com efeito, vários bens foram, ao longo da história, utilizados no sentido de facilitar as trocas desde sal (por trás da palavra salário) ou cabeças de gado (*pecus* em latim origem da palavra pecuniário) até se chegar ao metal, *maxime* precioso até pelas suas qualidades intrínsecas motivadoras da sua acumulação. Na busca de um instrumento geral de trocas suficientemente resistente, inalterável, de fácil transporte, conservação e divisível chega-se à moeda metálica, a primeira fase de um contínuo movimento de desmaterialização da moeda, paralelo ao da economia em geral com a transição de uma estrutura baseada no sector pri-

---

[3] A última expressão institucionalizada da desmaterialização da moeda reside na moeda electrónica. Não devendo ser confundida com os meios de acesso (computador, Internet, entre outros), várias vêm sendo as tentativas de a definir. De acordo com a Directiva 2000/46/CE, transposta pelo Decreto-Lei nº 42/2002, em especial o seu artigo 1º nº 3 alínea b), trata-se de um valor monetário representado por um crédito sobre o emitente e que se encontra armazenado num suporte electrónico, emitido contra a recepção de fundos de um valor não inferior ao valor monetário emitido e que é aceite como meio de pagamento por outras pessoas que não a emitente. De acordo com Conceição Nunes (2010), constitui uma moeda com poder liberatório contratual (entre quem paga e quem recebe), podendo, nos termos acordados, ser liquidada ou transmitida. Trata-se, assim, de um signo monetário, *i.e.* um valor monetário e de um instrumento geral de trocas, essencialmente fiduciário por depender da confiança na sua convertibilidade e, consequentemente, convertível. Ou seja, implica a susceptibilidade de reembolso dos fundos contra cuja recepção foi emitido, sendo constituído por um crédito representado por um registo electrónico que facilita a sua circulação. Ademais, esta moeda electrónica tende a funcionar em rede, o que permite a eliminação, ou pelo menos a redução, das diferenças de datas-valor e possibilita a transmissão de maior quantidade de informação, inclusive em tempo real sobre a solvabilidade do pagador, tornando-a num instrumento seguro e fiável.

mário para o terciário. Ademais, esta procura exprime-se por um processo de tentativa-erro, em que a aceitação do que se entende por moeda depende não apenas da transmissão bem sucedida de informação a esse respeito mas também de uma convergência social na sua aceitação e evolução materializada num fenómeno gregário de imitação quanto ao seu acolhimento. Aparentemente, na sociedade mágica existe alguma relutância na aceitação de soluções não metálicas (ainda que Ron se pasme com a moeda de 50p oferecida pelos Dursley a Harry no Natal), traduzidas no espanto e excitação de Arthur Weasley quando avista as notas de 10£ que o pai de Hermione procura trocar em Gringotts ou a atrapalhação com os "bocadinhos de papel" que tenta utilizar para pagar o alojamento aquando da Taça Mundial de Quidditch, ou *a contrario* a reacção do caseiro muggle Roberts quando o procuram remunerar com moedas do tamanho de tampões de uma roda. Por outras palavras, no mundo paralelo de Harry Potter parou-se (ou regressou-se[4]) na fase da moeda metálica, não se caminhando para uma maior desmaterialização, existindo apenas no Reino-Unido mágico galeões de ouro, leões de prata e janotas de bronze.

Várias poderão ser as razões para este aparente retrocesso civilizacional, desde considerações culturais (veja-se que a moeda serve, neste universo, para trocas entre várias espécies algumas delas, como os goblins ou os duendes, tradicionalmente associadas no folclore ao trabalho e detenção do metal, em especial precioso[5]), a experiências passadas traumáticas, preferindo-se jogar pelo seguro, a razões puramente mágicas.

Ao longo da sua obra, Rowling oferece algumas pistas para a solução encontrada que parecem ir para além da simples associação costumada nos meios artísticos da magia à Idade Média, em particular às lendas em torno de Merlim, patente por exemplo na trilogia do Senhor dos Anéis com o personagem Gandalf, com quem Dumbledore se assemelha.

Um primeiro sinal encontra-se na referência à Pedra Filosofal e aos seus poderes alquímicos, desenvolvidos por dois grandes mágicos Dumbledore e

[4] Os livros de Rowling não esclarecem sobre a possibilidade de se ter historicamente experimentado uma maior desmaterialização da moeda, nomeadamente com o apogeu da moeda fiduciária. Se por um lado, algumas referências esparsas a guerras entre humanos e goblins podem eventualmente ter como fundamento razões económico-financeiras e não meramente raciais ou mágicas, indiciando possíveis crises ligadas à volatilidade do valor da moeda e à importância do controlo sobre o sistema monetário e financeiro, por outro, a alusão a conteúdos de cofres sem notas mas com moeda metálica e preciosidades pertencentes a muito famílias antigas como os Lestrange, que se assume serem sucessivamente legados aos herdeiros de sangue, aponta no sentido oposto.
[5] Esta ideia é, aliás, explorada por Rowling com a entrega, como se verá, da cunhagem da moeda aos goblins e da gestão de Gringotts, assim como do ouro efémero dos duendes, recordando a velha história do pote de ouro no fim do arco-íris.

Nicolas Flamel. A necessidade de grande sabedoria e a sua raridade (que se saiba só existe uma única Pedra Filosofal) revelam a enorme dificuldade de magicamente se conseguir criar ouro ao contrário do que acontece com quase toda a certeza em relação ao papel. Mais do que magia é preciso ciência. A autora britânica sente, aliás, necessidade de entregar aos goblins a feitura e cunhagem da moeda em muito devido à sua extraordinária capacidade de trabalhar o metal, como decorre das referências à espada de Gryffindor ou à tiara da tia Muriel. Por outro lado, a referência ao ouro efémero dos duendes, com o qual, por exemplo, Ludo Bagman paga aos gémeos Weasley a aposta que perdeu ou que Hagrid utiliza nas suas aulas de criaturas mágicas para mostrar as habilidades dos nifflers ou que Ron usa para comprar omnioculares, aponta igualmente para a infungibilidade dos metais preciosos. Este carácter temporário também parece resultar da lógica sancionatória dos feitiços *geminio* e *flagrante* lançados no cofre da família Lestrange que, funcionando como instrumentos de segurança, pretendem capturar, sufocando e queimando, eventuais ladrões. Atingido o objectivo, é provável que tudo regresse ao normal.

Em suma, ainda que não expresso literalmente nos vários volumes da saga, o dinheiro (metálico), parece, à semelhança da comida, ser uma das cinco excepções à lei de Gamp de transfiguração elementar, isto é à arte mágica de converter fisicamente algo numa coisa diferente. Como explica Hermione a Ron, quanto à comida, nestes casos não é possível criar algo do nada. Pode-se eventualmente convocar de algum lado com o feitiço *accio*, transformar ou aumentar as quantidades quando se tem algum mas não conceber *ab initio*. Esta limitação à magia explica, aliás, que haja famílias opulentas como os Malfoy e outras carenciadas como os Weasley (ainda que a pobreza seja relativa, pelo menos comparativamente com a existente no universo muggle, já que apesar das restrições orçamentais e do aspecto vazio do cofre Weasley, esta família possui uma casa grande, comida em abundância para familiares e amigos, acesso a transportes e à educação em Hogwarts aparentemente sem recurso a bolsa como sucedeu a Riddle). Com efeito, pudera cada um criar dinheiro, todos seriam ricos. Em rigor, no caso do dinheiro, para isto não suceder, a lei de Gamp teria de ser ainda mais restritiva, impossibilitando a multiplicação e a convocação. O facto da moeda para ser aceite depender de convenções sociais pode bem explicar esta diferença em relação àquilo que Hermione descreve quanto à alimentação.

Estas restrições representam, em última análise, uma mais-valia para a estabilidade macro-económica, evitando em parte fenómenos inflacionários com os problemas de equilíbrio, eficiência e equidade associados: de forma simplista, a criação excessiva de moeda faz com que o seu valor diminua, ou seja é necessária mais moeda para pagar um determinado montante. Certas categorias de agentes económicos ficam beneficiados, como os devedores e arrendatários, enquanto outros saem prejudicados como os credores ou os senhorios. Ademais, altera-se o sistema de preços, confundindo o mercado com sinalizações erradas, o que arrasta consigo custos, agrava a aversão ao risco e obriga à alocação de recursos públicos para a sua correcção, desviando-os da sua utilização noutros sectores com custos de oportunidade elevados.

A preferência pela moeda metálica, num mundo mágico, apresenta igualmente vantagens para a segurança do sistema monetário, diminuindo as possibilidades de falsificações. Afinal, o ouro dificilmente pode ser criado de forma duradoura, servindo o seu carácter efémero no caso dos duendes como medida de garantia. Tal não significa que a contrafacção e a burla monetária não se possam verificar. Afinal Ron, os gémeos Weasley ou Goyle são enganados. Mais, Hermione consegue, como meio de comunicação entre os elementos do Exército de Dumbledore, criar galeões falsos ou pelo menos alterar os verdadeiros a seu proveito. A ideia é retomada por Malfoy para se corresponder com a madame Rosmerta. Aliás, a modificação da moeda, sobretudo em ouro e prata, quando o seu valor depende, como parece à primeira vista ser o caso no mundo mágico, da quantidade de metal precioso incorporado, justifica, nos livros, as repetidas descrições de goblins a examinar moedas assim como, historicamente, no mundo muggle, o abandono progressivo das teorias metalistas relativas ao seu valor endógeno. Afinal, é possível raspar as moedas já fabricadas ou fazer novas mais leves, diminuindo o seu peso, apesar da manutenção do valor facial, e utilizar o metal precioso para a emissão de nova moeda. Tal implica pois um esforço contínuo de verificação da veracidade e do peso do metal utilizado para se averiguar da bondade da moeda.

O fenómeno da quebra da moeda, ao qual o mundo mágico não é alheio, aparece descrito no universo muggle a partir do Século I com o fabrico de moedas mais leves embora com o mesmo valor das anteriores devido ao esgotamento das minas de prata e por permitir aos imperadores resolverem os seus problemas financeiros: com menos prata fabricam-se mais moedas e pagam-se mais despesas. Por outras palavras, o valor da moeda passa a ser nominal. Esta prática, que funciona como um imposto oculto, acaba, no entanto, por causar um fenómeno inflacionário. Não só há mais moeda em circulação como os agentes económicos, apercebendo-se da quebra, passam a exigir mais dinheiro, gerando um aumento generalizado dos preços. Em Portugal, recorde-se, em especial, neste âmbito o reinado de D. Fernando com a chamada operação das barbudas[6].

---

[6] Com uma moeda velha, o rei consegue produzir várias novas moedas, usando uma liga de cobre e prata, o bolhão. Por vezes, a moeda de cobre leva apenas um banho de prata, valendo entre sete a nove das anteriores feitas só de prata.

Face ao incómodo e aos custos da pesagem, que no mundo de Harry Potter os goblins assumem até pela sua estranha concepção do direito de propriedade, alguns particulares optam, historicamente, por colocar uma marca nas moedas para atestar a sua qualidade e valor mas essa tarefa aos poucos, até por uma questão de confiança e de soberania, vai sendo reservada para as autoridades públicas, em especial o poder real com a aposição de insígnias como coroas ou escudos, se bem que com alguma contestação por causa da prática (muitas vezes arbitrária) e não inteiramente evitável de quebra da moeda e de fraudes. A amoedação passa assim a constituir um acto de poder público, sendo que a progressiva consolidação do Estado conduz a que assuma, cada vez mais, o controlo da quantidade e qualidade da moeda em circulação. Em suma, ainda que se possam verificar alguns resquícios de liberdade de cunhagem, esta assume-se cada vez mais como um direito soberano em que se passa a definir publicamente o valor da moeda metálica pela sua cunhagem. Introduz-se, desta forma, o princípio do curso legal, ou seja a obrigatoriedade da aceitação de certa moeda como forma de pagamento, o que difere do poder liberatório da moeda. Este pode ser pleno (a moeda pode exonerar toda e qualquer quantidade de dívida) ou semi-pleno (o devedor só pode pagar a dívida até um certo valor com aquela moeda).

No caso do universo mágico, as três moedas em circulação com curso legal reconhecido, a saber galeões, leões e janotas são cunhadas não pelo Ministério da Magia mas pelos goblins, que lhes acrescentam um número permitindo identificar o responsável. Esta cunhagem privada, atípica, desde há muito no plano muggle, pode possivelmente explicar-se, no contexto potteriano, como a última medida de segurança contra a manipulação da política monetária pelos feiticeiros reputadamente mais gananciosos e corruptíveis do que os goblins, caracterizados como avarentos. Gringotts, em última análise, funciona como banco emissor e responsável pela política monetária, cuja relativa independência associada ao poder de tecnocratas qualificados, os goblins, como se verá mais à frente, permite contrariar tentações de aproveitamento indevido do instrumento monetário pelo Governo. O seu papel, entre outros, é, pois, um pouco à semelhança de um Banco Central Europeu, cuja obsessão com o controlo da inflação é lendária, ou de uma Reserva Federal norte-americana, de garantir a saúde da moeda. Afinal, para quem tem uma noção de propriedade irrevogável e uma admiração exacerbada pelo trabalho da própria espécie, certamente que os goblins ficariam muito descontentes pela depreciação do seu labor.

Duas novas questões se colocam nesta fase: saber qual o estalão em vigor na economia potteriana e qual o valor das suas divisas.

Quanto à primeira, recorde-se que, junto dos muggles, existiram três sistemas monetários metálicos: (i) monometalista ouro; (ii) monometalista prata; e (iii) bimetalista. Nos três casos circulavam moedas de ouro e prata, além de outros metais, residindo a diferença na liberdade de cunhagem e no poder libe-ratório pleno do estalão escolhido.

Ao longo dos sete episódios de Harry Potter, a autora não clarifica o estalão adoptado, ainda que alguns sinais apontem para o monometalismo ouro. Com efeito, ainda que as várias moedas pareçam ter um poder liberatório pleno por nunca se referir a rejeição de pagamentos devido à quantidade de moeda utili-zada, na verdade é frequente a alusão ao ouro como referência e mesmo como sinónimo de dinheiro. Por outro lado, lembre-se a tentativa de alguns feiticeiros pagarem o alojamento durante a Taça mundial de Quidditch com moedas de dimensões desproporcionadas, indiciando a dificuldade de pagar uma quantia elevada com muitas moedas.

A opção por um sistema monometalista apresenta aliás, algumas vantagens pois, segundo a lei de Gresham, já encontrada anteriormente em trabalhos de Oresme, nos sistemas bimetalistas a má moeda expulsa a boa moeda. Assim, por exemplo, se surge mais ouro no mercado, passa a haver mais ouro em circulação, o que o torna uma má moeda pelo seu valor diminuir, expulsando a prata: a ten-dência é para esta ser entesourada e não gasta, assumindo outras funções que não o de simples instrumento geral de trocas.

No que respeita o valor das moedas potterianas, nos livros estabelece-se que um galeão equivale a 17 leões que, por sua vez, correspondem a 29 janotas, o que significa que um galeão acaba por valer 493 janotas. Estas correspondências bastante curiosas, apesar de Hagrid defender que o sistema é simples, são possi-velmente uma intencional paródia por parte de Rowling em relação ao modelo monetário britânico antes da decimalização, com libras, shillings e pences com rácios estranhos. De notar também que a proporção estabelecida pela autora envolve o recurso a números primos, o que pode bem acentuar a dimensão mágica do instrumento moeda pela sua desmaterialização e pela susceptibili-dade que oferece de satisfazer uma multiplicidade de necessidades.

Os nomes escolhidos para baptizar as moedas, como a maioria dos nomes inventados por Rowling ao longo da saga, são intencionais e reveladores. No caso do galeão é bastante evidente a reminiscência dos barcos espanhóis que transportavam ouro americano, muitas vezes alvo de actos de pirataria. Por sua vez, os sickles (ou leões, em português) derivam de shekel, moeda da Judeia, e os knuts (janotas, em português) possivelmente de Canute, rei inglês do Século XI.

Diferente é a questão que se prende com a determinação do valor de cada moeda, alvo de discussão dos cibernautas devido a incongruências registadas nos vários livros[7], incluindo *Fantastic Beasts and Where to Find Them* e *Quidditch*

---

[7] Por exemplo, uma cerveja de manteiga custa 2 leões; Molly tem apenas um galeão no cofre; o Profeta Diário ora custa 1 como 5 janotas; a varinha de Harry custa 7 galeões; no Cálice de Fogo,

Through the Ages, e com as declarações de Rowling nalgumas entrevistas em que estabelece que um galeão equivale ora a 3£ ora a 5£.[8]

Não querendo entrar numa polémica de difícil resolução, deixam-se, no entanto, aqui algumas notas.

Em primeiro lugar, apesar de um certo proteccionismo, evidenciado por exemplo, pela legislação restritiva sobre caldeirões ou tapetes voadores, a economia potteriana é aberta, obrigando a que se estabeleça uma taxa de câmbio com o dinheiro muggle, o que significa que o seu valor é relativo.

Por outro lado, devido à base material dos galeões, leões e janotas, é provável que haja uma componente real no seu valor, ou seja que este dependa da quantidade de metal precioso incorporado, o que, em última análise, significa que, sendo este actualmente uma *commoditie* transaccionada no mercado, o seu valor também varia. Isto implica que a cotação do galeão, nomeadamente, tenha de ser ajustada pelos goblins ao valor do ouro, sob pena de operações de arbitragem mal intencionadas: por exemplo, vender galeões a muggles por um preço igual ou inferior ao valor do ouro, utilizando a receita para comprar galeões a feiticeiros a uma taxa de câmbio fixa artificialmente baixa. Assim, pode ser interessante recorrer ao dinheiro muggle quando a cotação do ouro está em alta e, em períodos de preços mais baixos, comprar dinheiro muggle em Gringotts e depois ouro muggle.

Um outro problema associado ao valor das moedas mágicas prende-se com o seu transporte. Nos livros, é frequente a referência a bolsas e a sacos. No entanto, existindo apenas três tipos de moedas metálicas e admitindo que um galeão vale 5£, dificilmente se imagina como fazer para se pagar, por exemplo, a compra de uma casa ou a logística necessária para guardar uma fortuna como a dos Malfoy. É pois provável que, para além da indispensabilidade de instituições bancárias, como se verá adiante, exista um qualquer sistema de transferência bancária ou de moeda-papel, reforçado pela própria escassez de metais preciosos.

No mundo muggle, aliás, a falta de metais preciosos e as dificuldades de transporte de quantidades significativas de dinheiro obrigam historicamente à utilização esporádica de títulos de crédito que enfrentando, no início, problemas gerais de confiança, conseguem impor-se, reforçando o caminho da desmaterialização.

algumas das partidas dos gémeos Weasley custam 7 leões; a viagem no autocarro cavaleiro custa 11 leões; um caldeirão usado tem um preço de 10 galeões.

[8] Sobre este assunto, em especial, Anton Generalov (2006). *Wizard Money*, S. Petersburgo. http://www.hp-lexicon.org/essays/essay-wizard-money.html Também http://www.hp-lexicon.org/wiz-world/money.html e http://harrypotter.wikia.com/wiki/Wizarding_currency

A moeda-papel pode ser: (i) representativa; (ii) fiduciária; e (iii) papel moeda.

Face às dificuldades de armazenamento aparecem agentes vocacionados para guardar o ouro e prata de outros. A chegada da moeda-papel começa, deste modo, por ter como cobertura uma igual quantidade de moeda metálica depositada junto de ourives, notários ou bancos que executam as ordens de pagamento representadas por títulos em papel. Com efeito, o depositário atesta num papel o que uma pessoa tem na sua instituição e este serve de dinheiro porque pode ser entregue ao credor que levanta a quantia indicada junto daquele. A partir do momento em que o título deixa de estar associado a um nome concreto, ou seja deixa de ser nominativo e transmissível por endosso e passa a ser por mera tradição sem o vencimento de juros, pode-se falar em moeda-papel.

Todavia, o número de papéis que circulam começa a não corresponder ao dinheiro que efectivamente se encontra nos cofres dos depositários pois estes emprestam parte (até dois terços, inicialmente, de acordo com o princípio do *Dritteldeckung*, isto é manter em caixa pelo menos um terço do correspondente às emissões de moeda-papel) visto que cedo se apercebem que, em condições normais, só parte dos valores é levantada. A moeda-papel começa a tornar-se numa moeda fiduciária, uma vez que já não representa valores efectivamente existentes no banco, circulando, deste modo, com base na confiança colocada nesta instituição. No início, porém, apenas tinham curso legal os títulos emitidos por instituições às quais o Estado concedesse o privilégio de emissão monetária.

A tendência para o esquecimento do princípio do *Dritteldeckung*, comportamentos de risco e a prática de abusos por parte das instituições de crédito obrigam à criação da papel-moeda a partir do momento em que os bancos não conseguem assegurar a convertibilidade da moeda-papel (*i.e.* de a transformar em ouro ou prata a pedido dos portadores de títulos). Entra-se, deste modo, num regime de curso forçado.

Em termos evolutivos, há quem preveja que este processo de desmaterialização termine num mercado global sem dinheiro, fundado num sistema de compensações de créditos alargado, quiçá num aproveitamento ou melhoria das potencialidades da Internet. Esta hipótese esquece, porém, que a moeda não se resume a um facilitador das trocas. Por outro lado, outros defendem um cenário de privatização crescente da moeda graças ao progresso tecnológico, contribuindo, deste modo, para uma concorrência monetária ilimitada na linha do pensamento de Hayek. Esta hipótese sublinharia ainda a tendência para um movimento de descentralização que contrastaria com o actual pendor centralizador em torno dos bancos centrais e do sistema de câmaras de compensação (mesmo se mitigado pela criação de moeda escritural e de porta-moedas electrónicos). Um Gringotts privatizado poderia assim ser um precursor desta tendência.

2. Os mercados financeiros e Gringotts

Os denominados mercados financeiros, a saber grosso modo banca, valores mobiliários e seguros, desempenham um papel vital e dinamizador nas economias contemporâneas, fomentando o seu crescimento, em especial através da provisão de capital fundamental para, de acordo com o modelo de Solow, se caminhar para a prosperidade.

Com efeito, os mercados e os intermediários financeiros têm como função angariar fundos junto de agentes económicos com excedentes (ou seja com mais receitas do que despesas) para os canalizar para os que apresentam carência (isto é que apresentam mais despesas do que as receitas que actualmente dispõem) e que, por isso, necessitam de financiamento. A actividade financeira pretende, deste modo, facilitar o encontro entre a procura e a oferta de fundos, de preferência da forma mais eficiente possível para uma correcta afectação dos recursos. Afinal, as oportunidades de negócio nem sempre surgem apenas aos aforradores.

Dois tipos de caminhos podem ser seguidos para o efeito: o financiamento directo e o financiamento indirecto.

No primeiro caso, os mutuários endividam-se directamente junto dos aforradores, vendendo-lhes títulos, tais como acções e obrigações, que constituem, no fundo, direitos de saque sobre o rendimento futuro dos devedores primários. Assim, representam um activo para os que os compram e uma dívida ou responsabilidade para os que os vendem. No entanto, a relação directa entre mutuantes e mutuários nem sempre é fácil até porque as suas vontades e desejos podem não coincidir, para além da complexidade, tecnicidade e onerosidade que envolvem este tipo de transacções.

Por esta razão, a solução mais frequente passa pela mediação de um terceiro que permite reduzir os custos de transacção e mitigar assimetrias informativas. Este terceiro, ou intermediário financeiro, serve de ponte entre as partes, revelando a capacidade de transformar o montante global da dívida primária emitida devido à necessidade de financiamento, adequando-o às preferências dos agentes com capacidade de custear. Deste modo, os intermediários financeiros adquirem títulos de dívida primária (que aparecem como um activo no seu balanço) emitidos pelos mutuários e vendem títulos de dívida secundária (que surgem como passivo), emitidos pelos próprios intermediários, ajustando-os às necessidades. Por outras palavras, o intermediário financeiro molda as características desejadas de endividamento de uns com as queridas por outros através de um processo de transformação da natureza dos activos que emitem em relação aos que subscreveram, veja-se, por exemplo, quanto ao montante, prazo de vencimento ou liquidez.

Nestes moldes, os mercados financeiros desempenham duas funções complementares: por um lado, facilitar a transferência de fundos dos excedentários (sem oportunidade de investimento) para os deficitários (com oportunidade de investimento); por outro lado, potenciar a eficiência económica ao aumentar a eficiência na afectação do capital. Afinal, o alargamento do financiamento de projectos de investimentos produtivos fomenta o crescimento económico e da poupança pela sua rentabilização. Para tal, no universo muggle, vêm-se multiplicando e diversificando os instrumentos financeiros[9] e alargando e simultaneamente integrando os mercados. Já no mundo potteriano, as opções parecem bem mais escassas, não existindo por exemplo qualquer referência a mecanismo de bolsa ou de seguros, o que neste último caso não deixa de ser estranho face à propensão para acidentes verificada nos vários livros. Talvez o engenho e capacidade de reverter a maioria dos danos por parte de curandeiros como Miss Pomfrey e a elevada tolerância ao risco, numa sociedade em que um jogo como o Quidditch é rei ou em que se organizam torneios de feiticeiros fatais em escolas, expliquem a sua ausência.[10] Aparentemente, apenas o mercado bancário, e de forma rudimentar, funciona no plano da feitiçaria.

De acordo com Hagrid, Gringotts é o único banco dos feiticeiros, extremamente seguro e gerido por goblins. Está-se pois perante um monopólio privado no mercado britânico dos mágicos, sendo plausível que instituições semelhantes existam noutros países, até pela dificuldade logística de deslocação a Londres para resolver quaisquer assuntos bancários.

De acordo com Rowling[11], o banco londrino deve o seu nome ao seu fundador, o goblin Gringott, plausivelmente o mais rico goblin de todos os tempos. O nome escolhido pode derivar de "ingot" (lingote) ou de "green got" (ter dinheiro), já que em linguagem coloquial *green*, associado à cor das notas, significa dinheiro.

O banco, localizado o subsolo de Londres[12], na Diagon Alley, junto do cruzamento com a Knockturn Alley sobressai em relação aos outros edifícios da rua, pela sua altura, alvura e sumptuosidade exterior. De acordo com as descrições, trata-se de um prédio em mármore branco, com portas de entrada em bronze no cimo de uma escadaria ladeadas por um goblin fardado com um uniforme escarlate e dourado, dando acesso a um pequeno hall com um portão de prata com um aviso gravado para os ladrões. Transposta esta primeira divisão, penetra-se

---

[9] O artigo 2º nº 1 CVM, por exemplo, identifica os valores mobiliários em sentido estrito, os instrumentos do mercado monetário (valores mobiliários monetários) e os derivados (contratos financeiros).

[10] John Gava e Jeannie Marie Paterson, *What role need law play in a society with magic?*, in J. E. Thomas e F. G. Snyder (2010). 8-9.

[11] Sítio official de J.K. Rowling. http://www.jkrowling.com/

[12] Na adaptação cinematográfica dos Talismãs da Morte, parte II, Gringotts parece situar-se na zona de Southwark

num hall de mármore com um balcão grande com bancos altos onde os goblins trabalham e atendem os clientes e com várias portas que permitem chegar aos cofres no subsolo. Esta zona de acolhimento contrasta com o aspecto espartano dos túneis estreitos em pedra iluminados por tochas de acesso às caixas-fortes. Uma e outra, no entanto, sinalizam a solidez financeira e a seriedade da instituição, transmitindo a confiança necessária para os clientes se sentirem seguros em recorrer aos serviços do banco. Trata-se pois, à semelhança do que acontece no mundo muggle, de uma forma de vencer a assimetria informativa existente entre a procura e a oferta, oferecendo atalhos heurísticos para a tomada de decisão. Afinal, à primeira vista, as probabilidades de insolvência de uma empresa que aparenta opulência parecem menores.

No mundo muggle, a fragilidade do sector financeiro, pela sua exposição elevada a flutuações psicológicas vincadas associadas à quebra ou excesso de confiança, implica a sua regulação com o estabelecimento de barreiras à entrada a este mercado e de normas de conduta para o exercício da actividade, tanto numa lógica prudencial como comportamental. Afinal, estas instituições lidam com as poupanças das famílias e das empresas, constituindo a sua perda um rude golpe com consequências consideradas desastrosas. Assim, por exemplo, se percebe, como instrumento fundamental para a garantia da confiança necessária para o funcionamento do mercado bancário, a existência, em Portugal, de um diploma legal como o Regime Geral de Instituições de Crédito e Sociedades Financeiras (RGICSF) e de um supervisor independente como o Banco de Portugal.

No universo potteriano, embora Rowling nunca faça referência directa a uma solução do tipo luso, a verdade é que certas pistas apontam para a importância de mecanismos que assegurem a confiança mesmo neste mundo de ficção.

Em primeiro lugar, a fundação de Gringotts surge associada ao mais rico goblin de sempre, o que aponta para fundos suficientes para garantir a sua solvabilidade e liquidez. Como muito certamente, face ao sistema monetário metalista adoptado, boa parte do capital será constituído por ouro, a qualidade dos fundos próprios, à semelhança do que se vem exigindo com os acordos de Basileia, é mais do que suficiente para fins prudenciais (*i.e.* minimizar e gerir os riscos inerentes à actividade financeira, não só assegurando a solvabilidade e solidez financeira e, consequentemente a estabilidade e confiança no sistema financeiro no seu todo, mas também protegendo os consumidores contra perdas resultantes de má gestão dos prestadores de serviços financeiros). Ademais, a procura, através dos quebra-maldições como Bill Weasley, de preciosidades antigas revela a preocupação de manter continuamente um nível adequado de capital, traduzindo a viabilidade do plano de actividades, ligada à obtenção de níveis de rendibilidade que, no longo prazo, acautelam a solvabilidade da instituição, uma das condições impostas pelo RGICSF para o acesso e exercício da actividade bancária.

Por outro lado, a entrega do sistema bancário aos goblins é também ela uma medida prudencial. Note-se, que o RGICSF, por exemplo, impõe, entre outras, como condições de acesso ao mercado bancário, no intuito de assegurar uma gestão sã e prudente:

(i) a idoneidade e qualificação profissional dos membros dos órgãos de administração e de fiscalização e idoneidade dos accionistas, na medida em que garantem a confiança dos depositantes e de outros consumidores de serviços financeiros e promovem o aumento da eficiência do sistema na globalidade;

(ii) meios humanos, técnicos e financeiros adequados que assegurem uma gestão sã e prudente e o controlo dos riscos subjacentes às actividades financeiras, contribuindo, deste modo, para a protecção dos interesses dos credores e para a prevenção do riscos sistémico.

Ora, fazendo o retrato dos goblins recordar uma caricatura frequente dos judeus, historicamente ligados ao sistema financeiro muggle, percebe-se a tónica posta em torno da sua idoneidade e qualificação profissional. Veja-se, por um lado, que os goblins são descritos como tendo um olhar inteligente e dedos e pés muito compridos que indiciam e reforçam a sua avareza e controlo na gestão do dinheiro. Ademais, o recurso, no contacto com o público, a um uniforme impecável, assinala a seriedade do serviço prestado. Por outro lado, a sua histórica ligação ao trabalho do metal e a sua dedicação ao trabalho (veja-se que nos livros nunca se encontram os goblins em situação de lazer, ainda que nas adaptações cinematográficas e de jogos haja uma referência à utilização ao cofre 712 como local de convívio – o que apenas reforça a sua devoção laboral) conferem-lhes vantagens competitivas inegáveis. Da mesma forma, a sua concepção de propriedade, explicada por Bill Weasley, reforça a diligência com que tratam os valores que lhes são confiados e os seus fundos, potenciando um alinhamento de interesses entre o principal (cliente, funcionário ou proprietário de Gringotts) e o agente (goblins).

Gringotts, no entanto, não emprega apenas goblins. Bill Weasley e Fleur Delacour, por exemplo, assim como os feiticeiros que surgem no último livro a patrulhar as portas do banco, trabalham para a instituição. Contudo, apesar desta colaboração, o tipo de actividade que desenvolvem e as qualificações exigidas sublinham o cuidado com os meios técnicos e a minimização de riscos. Com efeito, nenhum dos mágicos aparece a manipular directamente as preciosidades confiadas a Gringotts, nem a apurar a sua bondade. Este é um trabalho unicamente de goblins. Bill é primeiramente apresentado como um quebra-

-maldições que trabalha no Egipto (daí não importar o seu visual) e depois como fazendo trabalho de secretária mais perto de casa. Fleur apenas faz um estágio em tempo parcial para melhorar o seu inglês e os feiticeiros que prestam serviços de segurança operam no exterior das instalações. Mais, como decorre do anúncio publicado nos panfletos de orientação profissional, as exigências para lugares em Gringotts são elevadas. Não só se exige aritmancia (o que implica conhecimentos matemáticos e capacidades de antecipação do futuro, leia-se, neste contexto, da evolução dos mercados), como boas classificações e doze níveis puxados de feitiçaria. Recorde-se que Bill tinha sido delegado dos alunos, o que atesta a sua prestação académica e que Fleur participa no Torneio dos Três Feiticeiros como representante da sua escola. Acrescente-se ainda que a remuneração elevada paga, como mencionado no anúncio ou comprovada pelas botas de pele de dragão de Bill, funciona como um salário de eficiência, uma espécie de armadilha da riqueza, que permite um alinhamento de interesses entre a sua actividade e os interesses de Gringotts, minimizando a necessidade dos goblins fiscalizarem o comportamento do agente.

Questão diferente, ainda no âmbito prudencial, prende-se com a prática consagrada na legislação portuguesa, de autorização por parte do supervisor, mediante a verificação de certos pressupostos essencialmente formais, da constituição e abertura da instituição bancária. Na economia potteriana, não é linear quem desempenha o papel de regulador (ou até se ele existe), se o Ministério da Magia ou o próprio Gringotts, questão a abordar mais à frente. No entanto, resulta da construção de Rowling que, na sequência das guerras entre mágicos e goblins em torno do uso da magia e do emprego das varinhas, o governo de Gringotts foi entregue a estes como compensação, o que indicia uma autorização baseada numa especialização com base em vantagens comparativas, já que um acordo de paz, em particular proposto pela parte vencedora (neste caso os feiticeiros), deverá traduzir-se num jogo de soma positiva ainda que com maiores ganhos para uma das partes[13].

Por fim, no plano prudencial, importa ainda assinalar a instituição no mundo muggle de fundos de garantia de depósitos, com o objectivo assegurar o reembolso de depósitos constituídos nas instituições de crédito que nele participem, podendo de igual modo colaborar, provisoriamente, em acções destinadas a repor as condições de solvabilidade e de liquidez das instituições de crédito participantes. No caso português, o RGICSF, nos artigos 154º e seguintes (e ainda a Portaria 285B/95 e certos Avisos do Banco de Portugal), prevê a instituição de um Fundo de Garantia de Depósitos, pessoa colectiva de direito público, dotada

---

[13] A entrega do sector financeiro aos goblins pode, no entanto, também ser entendida, na linha da doutrina católica, como um desprezo pelo dinheiro e pela sua consideração como uma tarefa menor.

de autonomia administrativa e financeira com sede em Lisboa, funcionando junto do Banco de Portugal e gerida por uma comissão directiva composta por três membros, sendo o presidente um elemento do conselho de administração do Banco de Portugal, por este designado, outro nomeado pelo Ministro das Finanças, em sua representação, e um terceiro designado pela associação que em Portugal represente as instituições de crédito participantes (definidas no artigo 156º RGIC) que, no seu conjunto, detenham o maior volume de depósitos garantidos. O Fundo dispõe, enquanto recursos, de contribuições iniciais, periódicas e especiais das instituições de crédito participantes, de montantes provenientes de empréstimos, de rendimentos da aplicação de recursos, de liberalidades e do produto das coimas aplicadas às instituições de crédito. Em situações excepcionais e urgentes, como de risco sistémico, o Banco de Portugal pode fornecer transitoriamente ao Fundo os recursos adequados à satisfação das suas necessidades imediatas. No universo potteriano, no entanto, não parece que este tipo de solução exista, uma vez que, como se verá, o depósito de valores consiste num mero armazenamento, não desenvolvendo o Banco qualquer aplicação desses montantes. Ademais, face ao conceito de propriedade dos goblins, uma vez que estes são os fabricadores das moedas e de boa parte das jóias guardadas, o dever de protecção seria mais para com eles do que para com os clientes humanos.

Já do ponto de vista comportamental, não se consegue retirar dos sete volumes grande informação sobre as medidas eventualmente tomadas. Ainda assim, o atendimento personalizado, com o acompanhamento constante dos clientes por um goblin, e a prática do sigilo profissional corroboram alguns cuidados nesta matéria. Quanto a este último aspecto, fundamental para conferir confiança ao sistema financeiro, recordem-se as declarações do porta-voz de Gringotts ao Profeta Diário após a tentativa de assalto de Quirrell ou a parca informação fornecida por Griphook para o assalto engendrado por Potter ao cofre dos Lestrange.

O sigilo bancário encontra os seus principais fundamentos em razões éticas, na geração de riqueza e no direito fundamental à privacidade consagrado no artigo 26º da Constituição (CRP) (afinal, boa parte da nossa vida reflecte-se no extracto bancário), procurando, ao mesmo tempo, garantir a confiança no sistema financeiro nos termos do artigo 104º CRP. Verifica-se, todavia, alguma tensão entre um movimento de aprofundamento da privacidade em nome da defesa do indivíduo e da sua redução em prol da segurança e da comunidade (veja-se o combate ao crime, em especial o branqueamento de capitais e o financiamento do terrorismo e a preocupação fiscal). Esta dinâmica explica as principais diferenças entre os regimes jurídicos do sigilo bancário um pouco por todo o globo, variando entre molduras extremamente apertadas como no Luxemburgo ou na

Suíça e casos em que nem sequer existe um dever de sigilo recortado legalmente como no Reino Unido. Em Portugal, o enquadramento jurídico (CRP, Lei nº 67/98 relativa à protecção de dados, o RGICSF nos artigos 78º e seguintes e o Código dos Valores Mobiliários (CVM) nos artigos 304º nº 4 e 354º) tem evoluído no sentido de reduzir cada vez mais o âmbito do sigilo bancário.

O objecto do segredo, de acordo com os artigos 78º RGICSF e 354º CVM, que contêm uma obrigação de *non facere*, prende-se com os factos respeitantes à vida de uma instituição financeira e às suas relações com os seus clientes, designadamente os seus nomes e contas e a factos cujo conhecimento advenha do exercício das suas funções ou prestação de serviços. O seu recorte pode, contudo, não ser pacífico. Em termos subjectivos, estão vinculados directamente ao dever de segredo todos os colaboradores das instituições e intermediários financeiros, do CEO ao responsável pela limpeza, pese embora, como decorre dos artigos 354º e 304º nº 4 CVM e 78º nº 1 RGIC, apenas quanto aos factos que derivam das suas funções, não cessando o dever com o término das funções (78º nº 3 RGICSF) (neste sentido, também a lealdade aos princípios de Gringotts demonstrada por Griphook nos Talismãs da Morte). Este dever parece, todavia, de difícil avaliação e efectivação, nomeadamente no caso de troca de cadeiras ligada à passagem frequente de trabalhadores das entidades reguladas para o regulador e vice-versa ou para instituições concorrentes ou interessadas. Também se encontram, indirectamente, sujeitos ao sigilo, de acordo com os artigos 355º CVM e 79º nº 2 RGICSF, aqueles (como os colaboradores das autoridades de supervisão – 80º RGICSF) que recebem, a título excepcional, informação coberta pelo segredo (tal deveria ser o caso de Dirk Creswell, chefe do Departamento de Relações com os Goblins). A troca de informação subjacente a esta última situação está dependente das condições estabelecidas no artigo 356º CVM. Sublinhe-se, aliás, que à semelhança do previsto nos artigos 81º e 82º RGICSF, o legislador, ao mencionar a "troca" de informação pressupõe que a autoridade de supervisão tenha igualmente que receber informação da contraparte sob pena, numa interpretação mais restrita, de não se sujeitarem os factos obtidos ao dever de segredo. O mesmo parece válido no âmbito do artigo 83º RGICSF quanto à troca de informações entre as instituições de crédito como forma de redução do risco. A violação do sigilo constitui não apenas uma infracção disciplinar mas também, segundo o artigo 84º RGICSF, um crime.

A lei prevê, contudo, excepções ao segredo para determinados sujeitos em determinadas situações, com a sua suspensão, e também a sua extinção. No universo potteriano, o comportamento e as próprias características intrínsecas dos goblins, que levam inclusivamente alguns como Griphook a despedirem-se de Gringotts aquando da sua tomada pelo Ministério da Magia e a não escolherem partidos na guerra contra o domínio de Voldemort, atestam uma concepção extremamente apertada de sigilo. Veja-se, aliás, que as informações privilegiadas conseguidas por Sludgehorn sobre Gringotts são fornecidas por Dirk Creswell, muggle de nascimento, que lidera o Departamento de Relações com os goblins.

Uma outra problemática quanto a Gringotts face à realidade muggle prende-se com a susceptibilidade da sua qualificação como instituição de crédito e, em especial, como banco.

Na legislação lusitana, na senda das Directivas de Coordenação Bancária, o artigo 2º nº 1 RGICSF procura definir e recortar o conceito de instituição de crédito enquanto *"empresas cuja actividade consiste em receber do público depósitos ou outros fundos reembolsáveis, a fim de os aplicarem por conta própria mediante a concessão de crédito"*. Vários são pois os seus elementos constitutivos, a saber o carácter empresarial, a actividade típica, a tónica colocada no recebimento por parte do público (terceiros indeterminados e indetermináveis), os depósitos ou fundos reembolsáveis (disponibilidades monetárias e qualquer tipo de depósito, seja à ordem ou a prazo), a aplicação por conta própria e não apenas por conta de terceiros ou do cliente e a concessão de crédito. Neste último ponto importa salientar que a ligação directa que o legislador nacional estabelece entre a recepção de fundos e a concessão de crédito não consta nas Directivas europeias. Trata-se de uma inovação lusa que, enquanto tal, pode causar problemas de compatibilização entre as soluções portuguesas e comunitárias. Aliás, na prática, aceita-se actualmente sem qualquer oposição que os fundos possam ser dirigidos a outras operações diferentes da concessão de crédito, como decorre inclusivamente do artigo 4º RGICSF. Em suma, da análise do artigo 2º nº 1 RGICSF parece decorrer, quando confrontado com o artigo 4º RGICSF, que a definição ali contida se adequa melhor aos bancos (com um leque mais amplo de operações no nº 1) do que à generalidade das instituições de crédito enumeradas no artigo 3º RGICSF, sujeitas ao princípio da especialidade do nº 2.

Ora, analisando a obra de Rowling, Gringotts não parece encaixar-se na definição contemporânea de instituição de crédito e de uma banca universal de tipo alemão como a adoptada em Portugal, recordando mais o modelo de banco anterior ao século XIX mais ligado à função de caixa-forte.

Em primeiro lugar, dando de barato o carácter empresarial de Gringotts, possivelmente atestado pela sua exploração pelo próprio fundador como forma de prestação de serviços com o intuito de obtenção de lucro, levanta-se o problema da identificação do público. Se as cenas que se desenrolam em torno do banco envolvem como clientes humanos, feiticeiros ou muggles como os pais de Hermione, não é claro se outras raças, incluindo os próprios goblins, podem aceder aos seus serviços, assim como o próprio Ministério da Magia. O facto de Hagrid, meio-gigante, se dirigir ao balcão com alguma naturalidade, ainda que com uma carta de Dumbledore, na aventura da Pedra Filosofal, pode sinalizar uma abertura a outras espécies. Provavelmente, mais do que regras discriminatórias de acesso, a natureza de cada género poderá explicar o seu afastamento: a escravidão dos elfos e a sua consequente falta de fundos, a aversão dos centauros aos humanos habitando a floresta e a agressividade e isolamento dos gigantes. De qualquer forma, mesmo que limitado a humanos, a sua indeterminação permite-lhes recair no conceito de público.

Em segundo lugar, a principal actividade de Gringotts centra-se no recebimento de depósitos e fundos reembolsáveis e no seu armazenamento através do fornecimento de cofres com sistemas de segurança variáveis e personalizados, com um sistema embrenhado e profundo de túneis e de vagões guiados por um goblin certificado, dragões e esfinges, cascatas e lagos, feitiços vários, a Queda do Ladrão, sondas de integridade, a necessidade de chave ou do toque de um goblin sob pena de se ser sugado e ficar aprisionado ou de apetrechos para ultrapassar obstáculos. Vários são aliás os cofres referidos ao longo dos livros, desde o cofre recheado de Harry Potter (687[14]), Sirius Black (711) ou de Bellatrix Lestrange, ao vazio dos Weasley, passando pelo do Devorador da Morte Travers ao 713 que continha a pedra filosofal. O seu acesso, porém, não deixa de ser um pouco estranho e, por vezes contraditório, ainda que eventualmente compreensível à luz do grau de segurança associado. Se no caso de Harry Potter, no início, se exige uma pequena chave dourada (como também sucede com Travers), depois verifica-se que quer Molly quer Bill Weasley conseguem levantar dinheiro do seu cofre. Talvez por ser menor estas práticas se justifiquem. No caso do cofre da pedra filosofal é necessária uma carta de apresentação e o toque da mão de um goblin certificado na porta. Já para a caixa-forte da família Lestrange, impõe-se a apresentação da varinha (talvez devido à desconfiança quanto a um potencial furto) e a aposição da totalidade da palma da mão de um goblin. Estranhamente, porém, não se consegue bem compreender como é que Sirius levanta dinheiro para pagar a Flecha de ouro que oferece a Harry. Afinal, por ser procurado, muito dificilmente se poderia apresentar de modo presencial em Gringotts, da mesma forma que se retira, em especial do último livro, a impossibilidade de recorrer ao feitiço *accio* que permite convocar um bem.

Aparentemente, até devido às considerações acima desenvolvidas sobre os problemas de acumulação de moeda metálica, o papel de Gringotts prende-se assim com o de simples caixa-forte, provavelmente mediante o pagamento de uma comissão para custear o seu armazenamento e segurança, que constituirá a principal receita do banco (renda monopolística). Veja-se que nas várias deslocações a Gringotts, tirando o episódio relativo ao câmbio de dinheiro muggle

---

[14] Este número apenas aparece nos filmes.

(outra fonte de receita) protagonizado pelos Granger[15], descrevem-se situações de acesso aos cofres para o levantamento de valores. Esta realidade suscita algumas considerações.

Por um lado, não se antevê qualquer intervenção dos goblins na manutenção e até na gestão dos cofres, apesar da menção de livros de registos, na medida em que não só se refere, a propósito do cofre 713, a verificação esporádica, de dez em dez anos, do seu conteúdo como tal decorre do próprio código deontológico dos goblins. Ademais, o levantamento de valores não se faz ao balcão mas com a deslocação ao cofre, o que indicia que não são considerados como bens fungíveis. Visto de outra forma, não parece que Gringotts pague algo semelhante a um juro para remunerar os depósitos. Pelo contrário, assemelha-se mais plausível, como se afirmou, que o cliente é que tenha de pagar pelo serviço prestado. *i.e.* o aluguer do cofre.

Por outro lado, não havendo referência a uma rede de sucursais, balcões ou a algo semelhante a um sistema de Multibanco e com a impossibilidade de recorrer ao feitiço *accio*, a deslocação constante a Londres para levantar dinheiro é incomodativa. Desta forma, os feiticeiros têm que guardar consigo somas adequadas. Mais, o pagamento de salários, em especial por parte do burocrático e pesado Ministério da Magia, apesar de nunca mencionado, deverá, ao contrário daquilo que acontece com a função pública portuguesa e muitas empresas privadas, ser entregue directamente aos trabalhadores, não fornecendo pois Gringotts esse tipo de serviço. Só assim se explica que aparentemente pessoas como os Weasley se dirijam a Gringotts apenas uma vez por ano e que o cofre não revele um aumento das verbas aí depositadas.

Para além de funcionar como cofre e de casa de câmbio, a grande dúvida que se coloca, até para uma correspondência com a definição muggle de instituição de crédito, prende-se com a susceptibilidade ou não de Gringotts conceder crédito. Os indícios são contraditórios.[16]

Em favor da concessão de crédito, recorde-se o episódio em que Ludo Bagman, durante a Taça Mundial de Quidditch, se vê coagido por goblins para pagar a dívida que junto deles tinha contraído. Ora, não se percebe se esse empréstimo foi ou não feito à margem de Gringotts. O comportamento quase mafioso dos goblins tanto pode sinalizar a famosa natureza avarenta da espécie e a sua

---

[15] É provável que também seja possível ir a Gringotts para trocar dinheiro mágico por dinheiro muggle, uma vez que os dois mundos não são estanques. Basta recordar a Taça Mundial de Quidditch.

[16] Sobre este assunto, Eric J. Gouvin, *The Magic of Money and Banking*, in J. E. Thomas e F. G. Snyder (2010). 251; Heidi Mandanis Schooner, *Gringotts: The Role of Banks in Harry Potter'*, in J. E. Thomas e F. G. Snyder (2010). 265.

particular concepção de propriedade, como um contrato não institucional com usurários.

Em sentido contrário, os argumentos acumulam-se: em todas as cenas que envolvem Gringotts não se encontra qualquer referência a pedidos de empréstimo; os estabelecimentos comerciais na Diagon Alley e em Hogsmeade são antigos, não se antevendo dinamismo económico motivado por um acesso facilitado ao crédito; os irmãos Weasley apenas conseguem abrir a sua loja graças à doação de mil galeões por parte de Harry Potter. Desta feita, ou não existe um sistema institucionalizado de concessão de crédito ou os juros praticados, até pela escassez de oferta, são incomportáveis.

Ora, a concessão de crédito é decisiva para romper com o estado de *steady state* em que muitos estados desenvolvidos, incluindo Portugal e o mundo mágico, se encontram.[17] A actual dificuldade de acesso aos mercados financeiros e restrições de acesso ao crédito bancário no actual contexto financeiro luso ilustram bem as desvantagens de economias em que o capital financeiro não aumenta.

A este propósito, recorde-se, aliás, a verdadeira magia do efeito multiplicador do crédito aliado, designadamente, à moeda bancária ou escritural[18].

Em causa está a capacidade dos bancos ampliarem a base monetária, emprestando dinheiro e cobrando juros, sendo possível calcular a quantidade máxima de moeda que um depósito inicial pode gerar considerando uma dada taxa de reserva. Assim, quanto maior for a reserva compulsória menor será o multiplicador bancário, mantidas constantes as demais circunstâncias, mormente a propensão do público para reter fisicamente dinheiro (notas e moeda metálica), não o depositando, já que reduz a capacidade dos bancos concederem empréstimos.

Por exemplo, imagine-se que o Banco A recebe um depósito de 10000€ e que o Banco Central obriga à constituição de uma reserva obrigatória de 20%. O Banco A retira 2000€ para constituir a sua reserva. Com os 8000€ sobrantes o Banco A concede um empréstimo a um cliente que em seguida o deposita no Banco B que, por sua vez, constitui a reserva obrigatória e concede empréstimos

---

[17] Sobre este assunto, Avichai Snir e Daniel Levi, *Economic Growth in the Potterian Economy*, in J. E. Thomas e F. G. Snyder (2010). 211 ss.

[18] Difundida no Século XIX, resulta de um jogo interno da escrita bancária relativa à movimentação do dinheiro (por exemplo, da conta de A para a de B, sem a necessidade de transferência de notas). O saldo dos depósitos bancários à ordem (e não o próprio depósito sujeito a saques) constitui, desta forma, moeda escritural porque, pela sua liquidez, é sempre possível a sua transmissão, designadamente para efectuar pagamentos por via de cheques. Já os depósitos a prazo (ou sujeitos a pré-aviso ou ainda os títulos de dívida do Estado) representam quase-moeda devido à sua não reserva líquida. De forma simples, o dinheiro é nosso mas não pode ser utilizado. Contudo, não integra a quase-moeda a indisponibilidade a curto prazo e é necessária uma certeza quase total quanto às quantias envolvidas.

com o sobrante e assim sucessivamente. O crédito provoca pois um efeito multiplicador de crédito.

DEPÓSITOS	RESERVA OBRIGATÓRIA	CRÉDITO (criação de moeda)
A - 10000	2000	8000
B - 8000	1600	6400
C - 6400	1280	5120
D -		
E -		
		50000

Multiplicador de crédito = 1/ Taxa de Cobertura (Reserva obrigatória)
MC = 10 000 x 100/0,2
= 50 000

No que respeita a actividade de Gringotts, cabe ainda explorar a sua ligação e até função de banco central e de supervisor do mercado bancário.

Logo no primeiro contacto do leitor com Gringotts, encontram-se os goblins sentados nos seus bancos altos ao balcão a pesar moedas em balanças de cobre e a examinar pedras preciosas à lupa. Na Ordem de Fénix fica-se a saber que os numerais em volta da orla dos galeões correspondem ao número de série relativo ao goblin que cunhou a moeda. Ou seja, como já mencionado, Gringotts funciona como banco emissor e central, garantindo a quantidade e qualidade da moeda produzida e em circulação. Assim, com alguma adaptação por não se estar no âmbito de uma união monetária, será possível transpor os artigos 6º a 8º da Lei Orgânica do Banco de Portugal (LOBP) para o enquadramento jurídico de Gringotts. Por outro lado, e atendendo à existência de um Departamento de Relação com os Goblins, é provável que algumas das funções entregues, no artigo 12º ao Banco de Portugal enquanto banco central, possam ser desempenhadas por Gringotts, designadamente as de aconselhamento ou de intermediário das relações monetárias internacionais do Estado[19]. No entanto, face à importância estratégica da política monetária e cambial, é verosímil que o Ministério da Magia tente controlar Gringotts para não deixar estes mercados nas mãos dos goblins e diminuir e controlar o seu poder, pese embora a sua entrega a estes se possa justificar como uma medida de segurança contra ten-

---

[19] Quanto a este aspecto, imaginando que noutros países mágicos a política monetária e cambial também se encontra sob a alçada dos goblins, pode-se imaginar alguma uniformização das práticas.

tações de financiamento abusador do Estado e de episódios inflacionistas. Tal pode explicar não só a existência do Departamento acima referido e do esforço do Ministério em obter informações confidenciais sobre o seu funcionamento como, ainda, a entrega temporária do banco ao Ministério em 1865 e a assunção do seu controlo pelos feiticeiros e Administração pública no período negro de domínio dos partidários de Voldemort nos Talismãs da Morte.

No fundo, acaba por estar em causa a independência, hoje em dia considerada fundamental, dos bancos centrais mas também das autoridades reguladoras (muitas vezes, como no caso português, o banco central assume a função de supervisor dos mercados financeiros, bancário em particular). Ora, mesmo sendo Gringotts, de acordo com a cronologia apresentada por Rowling, a última instituição a cair nas mãos dos Devoradores da Morte (depois de Hogwarts, do Ministério e do Wizengamot), a sua captura por interesses políticos e quiçá privados acaba por acontecer. Aliás, de acordo com notícia publicada no mirabolante mas muitas vezes certeiro jornal *A Voz Delirante*, Cornelius Fudge, enquanto Ministro da Magia, já teria tentado controlar Gringotts. Veja-se que estes episódios acabam, à semelhança dos que envolvem o próprio Ministério da Magia e Wizengamot, por ilustrar, na perfeição, os ensinamentos da teoria da Escolha Pública e a existência de falhas de intervenção.[20] Por outro lado, nenhuma informação existe sobre uma proibição semelhante à do artigo 18º LOBP quanto ao financiamento do Estado pelo banco.

Por último, no que respeita a Gringotts funcionar como supervisor do mercado bancário (já que os outros mercados financeiros, em princípio, não existem), face à sua situação de monopólio, redundaria numa auto-regulação com todas as vantagens e inconvenientes associados, nomeadamente, se por um lado, uma maior informação, por outro a parcialidade na apreciação dos seus comportamentos e a construção de normas à medida. Mais sentido fará, neste caso, que a regulação bancária seja entregue ao Ministério da Magia. No entanto, quanto à análise de risco sistémico, até porque o Reino Unido mágico interage com outros Estados (fala-se, por exemplo, da Grã-Bretanha muggle, da Irlanda ou dos Ministros da Magia búlgaro e de Andorra), podendo haver um contágio entre as suas instituições financeiras, parece que Gringotts surge bem colocado para garantir a estabilidade macro-prudencial: não só tem um melhor e mais aprofundado conhecimento do sector, como os seus funcionários, como Bill, têm de ter competências em Aritmancia, ou seja na previsão com base em ciências exactas (matemática e numerologia) do futuro.

---

[20] Em especial sobre este assunto, Benjamin H. Barton, *Harry Potter and the Half-Crazed Bureaucracy*, *in* J. E. Thomas e F. G. Snyder (2010). 33 ss.

Em suma, o mundo criado por Rowling, embora com algumas diferenças em relação ao muggle no plano dos mercados financeiros, retrata e alerta para aspectos fundamentais aliados ao seu funcionamento. Além da importância reiterada quanto à garantia da confiança e da independência, sublinha também a relevância de uma intermediação financeira regulada para o crescimento em economias estagnadas como a potteriana ou a portuguesa, em que, com uma população estabilizada, mesmo com a imigração, e com insuficiente aposta no desenvolvimento do capital humano e da inovação, não se consegue evoluir, potenciando mesmo um agravamento do fosso social pela dificuldade de mobilidade. No caso da economia potteriana, boa parte da sua estagnação deve-se a uma falta de originalidade e de pensamento criativo patente num sistema financeiro antiquado[21].

O potencial pedagógico desta, ou de outras incursões por um universo mágico conhecido pelo universo infanto-juvenil, é pois de realçar. Duas outras questões do plano económico-financeiro são aqui deixadas como repto a este exercício:

i) Como explicar o funcionamento e financiamento de um Estado burocratizado e que fornece transportes, educação, sistemas de comunicação e saúde como o retratado por Rowling, sem qualquer referência a impostos?[22]

ii) Como será (deverá ser) o sistema de segurança social numa economia envelhecida e estagnada como a potteriana?

---

[21] Neste sentido, A. Snir e D. Levi, in J. E. Thomas e F. G. Snyder (2010). 218.
[22] A. Snir e D. Levi, in J. E. Thomas e F. G. Snyder (2010). 235.

A imensa contribuição de Alberto Pinheiro Xavier para a doutrina jurídico-tributária do Brasil

LIBER AMICORUM, em homenagem a Alberto Pinheiro Xavier

SACHA CALMON NAVARRO COELHO
Professor de Direito Tributário

Um intróito amigável

Conheci Alberto há mais de 38 anos (ou deveria dizer Pinheiro Xavier, como fazem os seus conterrâneos e os cariocas, a priorizar os sobrenomes?). Deu-se em São Paulo, após a Revolução dos Cravos em Portugal. Alberto lecionava na PUC/São Paulo, como quis o seu amigo Geraldo Ataliba. O jovem mestre, bem moço mesmo, além de poliglota era um excelente professor, caldeado no rigor coimbrão do saber jurídico, avesso a aventuras novidadeiras e, pelo contrário, assentado nos sólidos fundamentos construídos pela secular experiência da jurisprudência dos povos cultos. O Direito Tributário brasileiro que até 1966 sequer possuía um feixe de normas gerais estruturantes, vivera até então da abnegação e da cultura de uma dúzia de juristas, a buscar nos tomos doutrinários do "Civil Law" da Europa continental, os fundamentos do Direito Tributário.

A chegada de Alberto coincide com a alvorada do Direito Tributário brasileiro, após a Emenda 18 da Constituição Federal de 1946 e o Código Tributário Nacional. O seu papel nesse cenário é imensurável. Depois de São Paulo, onde viveu a boêmia acadêmica da paulicéia, junto com Paulo de Barros Carvalho, por sentir uma danada saudade dos ares salinos do mar, muda-se para o Rio de Janeiro, onde até hoje ensina, escreve e advoga na área do Direito Tributário, batida de disceptações. Escreve o Direito Tributário Internacional do Brasil, poupando a muitos dos nossos o desconforto de aventurar-se na doutrina peregrina, para haurir as bases de tão importante ramo do Direito Tributário, indispensável à integração do Brasil no cenário internacional. Não que inexistissem no Brasil especialistas. A questão é que o saber não fôra até então sistematizado. Fê-lo Alberto Pinheiro Xavier.

Além do tratado suso referido, recentemente reeditado de modo a ombrear-se com os problemas trazidos pelo século XXI, Alberto, homenageado recentemente pela Associação Brasileira de Direito Tributário (ABRADT), criada por mim, em solo mineiro, nos idos de 1990, escreveu outro livro monumental sobre o lançamento, foco de discussões estéreis e que nos deu um norte sobre o instituto, por si mesmo importantíssimo.

A bem da verdade, essa obra é uma "tropicalização" do acertamento fiscal. Ainda em Portugal – o que nos assombrou pela pouca idade então exibida pelo autor – escrevera Alberto tese sobre o assunto, e fez vir à lume na Europa, o livro chamado O Acto Tributário, como se denomina em Portugal o lançamento.

Essas duas obras bastaram para altear Alberto, entre os melhores prógonos do Direito Tributário Brasileiro, junto com Gomes de Sousa, Aliomar Baleeiro, Amílcar de Araújo Falcão, Tito Rezende, Geraldo Ataliba, Alcides Jorge Costa, Ives Gandra, Ricardo Lobo Torres, Alfredo Augusto Becker, Paulo de Barros Carvalho, Gilberto de Ulhôa Canto, José Souto Maior Borges, Misabel de Abreu Machado Derzi, sem falar noutros tantos, de alevantados méritos, fastidioso nominá-los sem cometer injustiça, por olvidar um ou outro. O nosso homenageado é um guerreiro que não ensarilha as armas. Em centenas de artigos e conferências, tem exposto de modo cristalino as suas opiniões sempre abalizadas sobre temas candentes do Direito Tributário, quando realça, indefectivelmente, o seu apreço pelos princípios tributários em combate sem quartel contra o arbítrio e as demasias dos órgãos do Governo incumbidos de fazer e aplicar o Direito Tributário.

E, ainda, dá-se ao desplante de escrever obras literárias de peculiar sabor, como o delicioso "O Escandinavo deslumbrado" que li num relance e quase me acabei de tanto rir.

Foi para mim uma grande honra o convite para escrever nesse Líber Amicorum e viver em companhia de Alberto Xavier no Brasil.

A TEORIA MONISTA com a prevalência jurídica dos tratados internacionais

No seu recente e reeditado Direito Tributário Internacional do Brasil, Alberto Pinheiro Xavier se declara "monista", com prevalência do tratado sobre o Direito interno, assunto em vias de ser pacificado na Suprema Corte do Brasil.

Antes de expor os fundamentos da posição do nosso homenageado, irrespondíveis, tomo a liberdade de dizer a minha posição, mais de uma vez acatada na Suprema Corte, cujas escoras busquei na obra de Xavier, corroborada pelo jovem tratadista Heleno Taveira Torres, dileto amigo. Faço isso porque o tema é de importância sem par para o desenvolvimento econômico do Brasil. Devemos ser vistos como uma Nação que cumpre à risca o combinado com outras nações soberanas (segurança jurídica ou se se quiser pacta sunt servanda)

As questões relativas aos tratados internacionais
Diz o art. 98 do CTN:

"Art. 98. Os tratados e as convenções internacionais revogam ou modificam a legislação tributária interna, e serão observados pela que lhes sobrevenha."

Em verdade não se trata de revogação, mas de paralisia parcial da parte regrada diferentemente pela legislação interna.

O art. 98 autonomiza o tratado como fonte autônoma de Direito Tributário, desnecessária a sua introjeção no sistema jurídico interno por ato legislativo específico, contrariamente ao que pensam o Prof. Paulo de Barros Carvalho e seus numerosos epígonos. O art. 97, voltado para o interior do sistema jurídico interno, faz abstração da fonte externa que agrega normas jurídicas ao sistema tributário, defluentes de tratados e acordos internacionais. O legislador distingue fontes internas e externas ao confrontar os tratados e as convenções com a legislação tributária interna, conferindo àqueles preeminência e domínio normativo nos pontos por eles regrados.

Heleno Tôrres nos dá a exata importância dos tratados[1] como fator absolutamente necessário às tarefas da harmonização fiscal, integração econômica e combate à evasão, justificando-os a partir do caráter articulador que ostentam.

"Entre as normas de Direito Internacional Tributário, encontram-se as normas convencionais que introduzem conceitos próprios e específicos (como exemplo, o de estabelecimento permanente), certos critérios típicos para o tratamento das categorias de rendimentos e impostos previstos, o princípio da não-discriminação, as prescrições que regulam o procedimento amigável e assistência administrativa, os métodos adequados para eliminar a bitributação internacional etc. De fato, é um grupo muito restrito de normas, as que são exclusivamente de Direito Internacional Tributário, porque a maioria das normas convencionais são, necessariamente, dependentes dos respectivos sistemas internos.

Como diz Garbarino, o Direito Internacional Tributário, em sua acepção mais correta, é o que se poderia chamar de direito dos tratados internacionais em matéria tributária.

[1] Tôrres, Heleno. *A Pluritributação Internacional sobre a Renda das Empresas*, São Paulo, Revista dos Tribunais, 1997, p. 62.

Mas bem entendido: não são normas internacionais porque dotadas de uma hipótese de incidência impositiva, cujo critério material possibilite o surgimento in concreto de um fato-evento gerador de tributos que, formando uma "obrigação tributária internacional" (sic), possa vir a ser cobrado internacionalmente, onde quer que ocorra; mas, outrossim, porque dizem respeito às relações entre Estados em matéria tributária, particularmente para o tratamento coordenado das atividades impositivas, distribuição harmônica do Poder de Tributar entre si e resolução dos concursos impositivos e dos problemas de fraudes internacionais.[2]

Somente estas normas, presentes nas convenções de Direito Internacional Tributário, em seu ambiente de princípios e normas de Direito Internacional, em matéria fiscal, possuem o condão de resolver tais concursos, porque ofertam critérios de decisão que não pertencem ao direito interno de certos Estados, limitadamente, na medida que são oriundas de relações bilaterais que se estabelecem em parte limitando, em parte modificando as normas de direito interno de ambos, em função dos elementos de estraneidade que as mesmas disciplinam."

Validade e extensão dos tratados internacionais em matéria tributária perante a Constituição Federal de 1988, art. 5º, § 2º

"Os direitos e garantias expressos nesta Constituição não excluem outros decorrentes do regime e dos princípios por ela adotados, ou dos tratados internacionais em que a República Federativa do Brasil seja parte" (Grifamos).

Saber se os acordos sobre bitributação, matéria aduaneira e outros de índole fiscal firmados pelos governos centrais obrigam ou não os Estados-Membros e os Municípios, ou, noutro giro, se tais acordos atingem ou não os tributos de competência dos Estados-Membros e Municípios, é o objeto de nossas preocupações. Dado que o federalismo brasileiro apresenta denotações muito especiais, certo que a nossa Constituição reconhece os tratados como fonte de direito e que o Código Tributário Nacional impõe a prevalência dos tratados sobre a legislação interna, a matéria há de ser discutida.

Por outro lado, o ISS dos Municípios e o Imposto sobre Circulação de Bens e Serviços (ICMS), principal imposto dos Estados-Membros (com feitio de imposto sobre o valor agregado, à semelhança dos IVAs europeus), apresentam decisiva importância na formação dos custos e dos preços de mercadorias,

---

[2] Não se pode falar na existência de uma tributação internacional, portanto, mas tão-só numa imponibilidade de fatos com elementos de estraneidade, porque se trata, sempre, de uma norma impositiva interna, na síntese fenomenológica que lhe é peculiar, cuja eficácia jurídica resulta na formação de uma obrigação tributária (constituída no interior do Estado pretensor).

com incidência nas importações e exportações do País. Portanto, repercutem nos acordos subscritos pelo Brasil. O assunto passa a interessar diretamente ao mercado comum dos países do cone sul da América (Mercosul), bem como aos acordos sobre bitributação do imposto de renda, sem falar na Organização Mundial do Comércio (OMC).

Há no Brasil vozes abalizadas que restringem os efeitos dos tratados e acordos internacionais à esfera jurídica da União, desobrigando os Estados-Membros, sem falar nos pregoeiros da prevalência da legislação interna sobre a derivada dos acordos e convenções.

A União Federal na ordem jurídica internacional e na ordem jurídica interna

A União representa, na ordem jurídica internacional, o Estado brasileiro, uno e indivisível. Para o Direito das Gentes existe apenas o Estado brasileiro como sujeito de direitos e deveres. Para o chamado Direito Nacional, a União, simples pessoa jurídica de Direito Público interno, ao lado de Estados e Municípios, expressa uma ordem jurídica parcial. A conjunção das ordens jurídicas parciais da União, dos Estados-Membros e dos Municípios forma a ordem jurídica total, sob a égide da Constituição. Geraldo Ataliba[3] aduz com propriedade que:

"A relação de oposição se estabelece entre a União e Estados Federados e não entre estes e o Estado Federal. É que o Estado Federal não se opõe a Estados Federados mas, pelo contrário, é associação, união sem síntese destes."

E prossegue:

"Explicitando o que está explícito na melhor doutrina, distinguimos a pessoa jurídica de direito público interno (União) de Estado Federal, àquela reconhecendo paridade às unidades federadas, enquanto o Estado federal sobre todos se põe eminente."

José Afonso da Silva é enfático:[4]

"O Estado Federal, a República Federativa do Brasil, é que é a pessoa jurídica de direito internacional.
Na verdade, quando se diz que a União é a pessoa jurídica de direito internacional, não se está dizendo bem, mas quer-se referir a duas coisas: (a) as relações interna-

---

[3] ATALIBA, Geraldo. *Leis Nacionais e Leis Federais no Regime Constitucional Brasileiro – Estudos Jurídicos em Homenagem a Vicente Ráo*, Resenha Tributária, 1976, p. 133.
[4] SILVA, José Afonso da. *Curso de Direito Constitucional Positivo*, 6ª ed., São Paulo, Revista dos Tribunais, p. 426.

cionais da República Federativa do Brasil realizam-se por intermédio de órgãos da União, integram a competência desta, conforme dispõe o art. 21, incisos I – IV; (b) os Estados Federados não têm competência em matéria internacional, nem são entidades reconhecidas pelo Direito Internacional, são simplesmente direito interno."

É imperioso, pois, distinguir a União federal quando representa o Estado brasileiro na ordem internacional e a União como pessoa jurídica de Direito Público interno. Assim, quando o art. 151, III, da Constituição Federal veda à União a faculdade de instituir isenções de tributos da competência dos Estados, do Distrito Federal ou dos Municípios, não está limitando a competência do Estado brasileiro para concluir acordos tributários que envolvam gravames estaduais e municipais, mas apenas proibindo, na ordem jurídica interna, a isenção heterônoma e ditatorial que existia na Carta autoritária de 67, aspecto, dentre outros, da hipertrofia brutal da União no quadro federativo, em paralelo com a hipertrofia do Executivo federal nas relações entre os Poderes. A isenção oriunda de lei da União invasiva da competência estadual e municipal é algo diverso da isenção decorrente de tratado...

De resto, a proibição de isenção pela União em tributos de alheia competência não é absoluta como parece. A regra geral é a vedação (art. 151, III, da CF/88). Contudo, em nome do interesse nacional, a Constituição permite, em dois casos, que a União, na qualidade de pessoa jurídica de Direito Público interno, conceda, mediante lei complementar, que exige quorum qualificado de votação, isenção de imposto estadual (ICMS) e municipal (ISS). A isenção heterônoma é permitida nos arts. 155, XII, e 156, § 3º, II. Por aí se vê que, nas hipóteses de exportação de bens e serviços, a União pode determinar a isenção dos impostos sobre circulação de mercadorias e prestação de serviços de qualquer natureza. A mensagem do legislador visa a favorecer o export-drive, política intimamente ligada ao interesse nacional (e, por isso, geral) cabente à União como pessoa jurídica de Direito interno, porém com projeção internacional. O adminículo bem demonstra que o interesse nacional no plano internacional (jus gentium) sobrepuja o interesse meramente estadual ou municipal, a projetar para a exegese dos tratados internacionais uma visão ampla em favor dos interesses do Estado brasileiro, enquanto totalidade jurídica e política perante o concerto das nações.

Discordamos, data venia, de Alcides Jorge Costa,[5] quando afirma não mais poder a União "conceder isenção de impostos estaduais, como não pode celebrar tratados que sejam contrários à Constituição", ao que tudo indica querendo dizer que os acordos internacionais em matéria tributária só poderiam versar

---

[5] COSTA, Alcides Jorge. "O ICMS na Constituição", in RDT 46/170.

tributos de competência da União. O tratado celebrado por quem pode fazê-lo, a União, uma vez referendado pelo Congresso Nacional, não fere nem a teoria nem a prática do federalismo. A uma, por isso que a celebração do tratado é feita pelo Estado brasileiro (o todo) envolvendo todas as partes (União, Estados e Municípios). A duas, porque a Constituição, como vimos de ver no pórtico do presente trabalho, acolhe o tratado válido como fonte de direitos para os justiçáveis (art. 5º, § 2º). A três, em razão de o Código Tributário Nacional, nesta parte recepcionado pela nova Constituição, dispor, no art. 98, que "os tratados e as convenções internacionais revogam ou modificam a legislação tributária interna, e serão observados pela que lhes sobrevenha". E dispõe assim exatamente para dar credibilidade e garantia aos terceiros países acordantes. Seria inútil o Estado brasileiro celebrar acordo sem um minimum de estabilidade jurídica.

A superioridade da Lei Complementar Tributária de normas gerais sobre os ordenamentos jurídicos parciais da União, dos Estados e dos Municípios

A disposição legal supratranscrita (art. 98 do CTN) está posta em texto de lei complementar da Constituição, na parte em que cuida da interpretação e vigência no tempo e no espaço da legislação tributária da União, dos Estados-Membros e dos municípios. É um dispositivo sobre como interpretar e aplicar leis fiscais, sejam federais, estaduais ou municipais, que, ao lado de outros, mostra que os destinatários desses preceitos são os intérpretes e aplicadores das leis tributárias. São normas gerais aplicáveis às três ordens de governo indistintamente.

A lei complementar, evidentemente, complementa a própria Constituição, conferindo-lhe eficácia plena. Portanto, põe-se eminente, como diria Ataliba. E, por isso, obriga a União, os Estados e os Municípios. Quando o art. 98 do CTN – que só pode ser mudado por outra lei complementar e que, portanto, sob o ponto de vista material, é lei complementar – dispõe que o tratado revoga a legislação tributária interna e não pode ser revogado pela que lhe sobrevenha, não está se referindo apenas à legislação federal. Refere-se às legislações parciais da União, dos estados e dos municípios, que juntas formam a ordem jurídica tributária total do Estado brasileiro, como é da índole do Estado Federal. Não menos do que por isso, o Ministro Rezek pôde dizer que o art. 98 construiu, no Direito Tributário, uma regra de primado do Direito internacional sobre o Direito interno.[6]

A Constituição de 1988 reforçou o poder das normas gerais de Direito Tributário sobre as ordens jurídicas parciais que formam a ordem jurídico-tributária, i.e., reforçou o caráter de supremacia do Código Tributário sobre as legislações tributárias da União, dos Estados e dos Municípios.

---

[6] "Tratado e Legislação Interna em Matéria Tributária", in ABDF nº 22.

A questão do ICMS e do ISS – Possibilidade de tratado internacional, celebrado pela República Federativa do Brasil, obrigar Estados e Municípios
A proibição de isenção heterônoma na ordem interna (art. 151, III, CF/88) não deve ser utilizada como argumento para impedir que a República Federativa do Brasil disponha sobre o regime tributário de bens e serviços tributados pelo ICMS e ISS em encerros de tratado internacional. De tudo quanto vimos, sobraram as seguintes conclusões:

A) a Constituição reconhece o tratado como fonte de direitos;

B) o tratado, assinado pelo Presidente ou Ministro plenipotenciário e autorizado pelo Congresso, empenha a vontade de todos os brasileiros, independentemente do estado em que residam;

C) o CTN assegura a prevalência do tratado sobre as legislações da União, dos estados e municípios;

D) a proibição de isenção heterônoma é restrição à competência tributária exonerativa da União como ordem jurídica parcial, e não como pessoa jurídica de Direito Público externo. Procurou-se evitar a hipertrofia da União, e não a representação da Nação na ordem internacional;

E) o interesse nacional sobreleva os interesses estaduais e municipais e orienta a exegese dos tratados;

F) a competência da União para celebrar tratados em nome e no interesse da República Federativa do Brasil não fere a teoria do federalismo (se é que existe, ante as diversidades históricas das federações) nem arranha o federalismo arrumado na Constituição do Brasil de 1988;

G) o federalismo brasileiro é concentracionário, depositando na União a condução dos princípios políticos de coordenação com os demais países.

De fato, o art. 1º da Carta Política atesta que a Nação brasileira é uma República Federativa formada pela união indissolúvel dos estados, municípios e Distrito Federal. Esta República tem como um dos seus fundamentos básicos a soberania, atributo cabível apenas aos sujeitos de Direito Internacional. O desenho constitucional diz competir à União manter relações com outros Estados (art. 21, I) em nome da República, na pessoa do seu Presidente (art. 84, VII), a quem foi atribuída a específica competência para celebrar tratados, atos e convenções internacionais (art. 84, VIII), com o beneplácito do Congresso Nacional (art. 49, I).

A jurisprudência da nossa Suprema Corte, em matéria tributária, vem se mantendo inalterada neste ponto, prestigiando a supremacia do tratado internacional sobre o Direito pátrio, seja ele federal, estadual, distrital ou municipal, sem embargo de opiniões minoritárias relativamente à inconstitucionalidade do art. 98 do CTN. Confiram-se, interplures, os recentes acórdãos nos Recursos Extraordinários nos 119.814-1-SP, 116.335-6-SP, 116.198-1-SP e 113.759-2-SP.

O federalismo brasileiro é tal que centraliza na União a condução das políticas mais importantes, mormente no plano externo. Quem tem os fins deve ter os meios. No âmbito da Organização Internacional do Comércio ou do Mercosul, a previsão, em tratado multilateral, de isenção de produto ou serviço, vale juridicamente. Caso contrário, seria a inabilitação da União para as políticas de harmonização tributária, justamente ela que detém a representação da República Federativa do Brasil, embora sejam o ICMS e o ISS impostos de competência estadual e municipal.

Vamos fixar pontos:

A) a Constituição brasileira concede primazia aos tratados internacionais e manda observá-los e aplicá-los, bastando que o Brasil os tenha subscrito;

B) a lei complementar da Constituição em matéria fiscal, o art. 98 do CTN, assegura a supremacia da norma convencional tributária em face da legislação interna, vedando sua alteração pelo legislador ordinário, em harmonia com a Constituição;

C) a proibição de isenção heterônoma da União sobre estados e municípios (art. 151, III, da CF) refere-se tão-somente à isenção decorrente de lei. A União, mesmo por lei complementar, não pode conceder isenção de tributo estadual ou municipal, salvo nas hipóteses de exportações de bens e serviços (ICMS e ISS), que, para tanto, e só neste tanto, está ela autorizada a isentar de forma heterônoma. A vedação visa preservar o federalismo na trama intrafederativa. Inobstante, não abrange as isenções decorrentes dos tratados internacionais de que o Brasil seja signatário. Inexiste na Constituição proibição de sua aplicação a estados e municípios, ou seja, a tributos estaduais e municipais;

D) três são as fontes de normas isencionais em nosso sistema jurídico:

I – as leis federais, estaduais ou municipais, no âmbito de suas respectivas competências, concedem isenções autonômicas (autolimitação). Na isenção estadual, a lei deve se fazer preceder de autorização de "Convênio entre Estados-Membros" (ICMS);

II – leis complementares da União, nas hipóteses de exportação de mercadorias e serviços, concedem isenções em impostos de alheia competência, o ICMS dos estados e o ISS dos municípios. Trata-se de isenções heterônomas (heterolimitação), obviamente incidentes sobre mercadorias e serviços que já não sejam imunes;

III – tratados internacionais isentam situações, atos, negócios, operações e pessoas, abrangendo tributos federais, estaduais e municipais, por força da prevalência do Direito dos tratados sobre a legislação interna, em matéria tributária;

E) os tratados não são transformados em legislação interna (teoria dualista). São internalizados (teoria monista). Logo, são fontes de Direito Tributário, ao lado das leis (CTN, art. 96). Não há falar, nesse caso, em isenção heterônoma legal, esta vedada, salvo as exceções já consideradas neste trabalho. Tanto é assim – e a legislação o reconhece, prestigiando o tratado como fonte autônoma – que a Constituição determina aos juízes federais a aplicação das normas dele dimanadas (art. 109, III e V), sem intermediação da legislação nacional. Igualmente, diz ser da competência do STJ o julgamento, em recurso especial, de decisão que tenha contrariado ou negado vigência aos tratados subscritos pelo Brasil (art. 105, III, "a"), comprovando a tese monista e a autonomia do tratado como fonte de direito diversa da lei do País, especificamente referida no dispositivo em apreço. Isto sem falar na competência do STF para decretar a nulidade de tratado que contrarie a Constituição ou os direitos fundamentais, ou que tenha desobedecido ao devido processo legal (art. 102, III, "b"). Ora, já compete ao STF o controle difuso e concentrado de constitucionalidade das leis e dos atos normativos. Se a CF lhe agrega uma competência específica para verificar a constitucionalidade de tratado internacional, em técnica sucessiva e não prévia, é porque reconhece o tratado como fonte autônoma e diversa de normas jurídicas internas, inclusive isencionais, prestigiando a teoria monista, com prevalência do Direito internacional, em reforço ao CTN, que se antecipou à Constituição de 1988, como predicado pelo Ministro Rezek.

As lições de ALBERTO PINHEIRO XAVIER[7]

"São sete os argumentos fundamentais em que assenta a nossa tese da superioridade hierárquica dos tratados em face da lei interna perante a Constituição de 1988:

(i) a Constituição Federal consagrou expressamente o sistema monista em matéria de direitos e garantias (art. 5º, § 2º), o que significa que os tratados valem na ordem interna "como tal" e não como leis internas em que se tivessem "transformado", pelo que apenas são suscetíveis de revogação ou denúncia pelos mecanismos próprios do direito dos tratados, pelo que são dotadas da "resistência passiva" que é da essência da superioridade hierárquica;

---

[7] Xavier, Alberto, *Direito Tributário Internacional do Brasil/Rio de Janeiro, Forense, 2010, cit. páginas de 84 a 91.*

(ii) os tratados internacionais em geral, tal como os tratados sobre direitos humanos que não se enquadrem nos requisitos do § 3º do art. 5º da Constituição, têm caráter supralegislativo, mas infraconstitucional;

(iii) os Tribunais aplicam os tratados como tal e não como lei interna em que se tivessem "transformado";

(iv) a celebração dos tratados é ato da competência conjunta do Chefe do Poder Executivo e do Congresso Nacional (art. 84, VIII, e art. 49, I), não sendo portanto admissível a sua revogação, total, parcial ou denúncia por ato exclusivo do Poder Legislativo;

(v) art. 98 do Código Tributário Nacional – que é lei complementar que se impõe ao legislador ordinário – é expresso ao estabelecer a superioridade hierárquica dos tratados tributários, sendo inadmissível restringir essa superioridade apenas a algumas espécies ou modalidades, não distinguidas por lei;

(vi) nem o decreto legislativo, que formaliza o referendo do Congresso Nacional, nem o decreto do Presidente da República, que formaliza a promulgação, têm o alcance de transformar o tratado em lei interna.

(vii) a inexistência de uma cláusula geral de recepção automática e a consequente necessidade de um procedimento de transposição condicionador da eficácia dos tratados na ordem interna não é incompatível com a visão monista e seus corolários enunciados nas alíneas anteriores.

A) *Adoção do sistema monista pelo § 2º do art. 5º*

O argumento fundamental em que se apoiava a orientação jurisprudencial favorável a paridade de tratamento hierárquico entre lei e tratado desapareceu na nova Constituição. Aduzia ela, com efeito, "que, *faltante na Constituição do Brasil garantia de privilégio hierárquico do tratado internacional sobre as leis do Congresso*, era inevitável que a Justiça devesse garantir a autoridade da mais recente das normas, porque paritária a sua estatura no ordenamento jurídico"[8].

A verdade, porém, é que a Constituição Federal de 1988 dispõe hoje expressamente sobre a matéria.

Duas disposições de caráter especial apontam inequivocamente no sentido da superioridade hierárquica dos tratados. Uma é a que consta do art. 178,

---

[8] Observa – e bem – HAMILTON DIAS DE SOUSA que "a interpretação que resulta na conclusão pela paridade normativa das normas dos tratados com as leis ordinárias tem por causa, a meu ver, o fato de tais intérpretes não terem se detido na análise dos dispositivos sobre tratados como contidos na Carta Constitucional de 1988". Cfr. Tratados internacionais – OMC e Mercosul, *RDDT* 27 (1997), 34. Muito bem observa PATRÍCIA HENRIQUES RIBEIRO, referindo-se ao § 2º do art. 5º, que este dispositivo parece ter sido esquecido pela prática nacional". Cfr. *As relações entre o Direito Internacional e o Direito Interno*, cit., 210.

segundo a qual "a lei disporá sobre a ordenação dos transportes aéreos, aquáticos e terrestres, devendo, quanto à ordenação do transporte internacional, *observar os acordos* firmados pela União, atendido o princípio da reciprocidade". Outra é o art. 52 do ADCT, que estabelece que as vedações a que se refere, em matéria de mercado financeiro, *não se aplicam as autorizações resultantes de acordos internacionais.*

Ora, seria absurdo entender que o "dever de observância" ou de "aplicabilidade" se restringisse na ordem constitucional ao setor dos transportes internacionais e ao setor financeiro.

A par *destas* disposições de âmbito especial, uma outra de maior relevo *e* alcance é a que consta do § 2º do art. 5º:

> "Os direitos e garantias expressos nesta Constituição não excluem outros decorrentes do regime e dos princípios por ela adotados, ou dos tratados internacionais em que a República Federativa do Brasil seja parte".

Este preceito reconhece, assim, a emergência de direitos subjetivos e garantias individuais para os brasileiros e estrangeiros residentes no país, *diretamente* dos tratados internacionais em que a República Federativa seja parte.

Ora, se os tratados *(pelo* menos *os relativos a direitos e garantias)* são recebidos na ordem interna como tratados e não como leis internas, isso significa que só podem ser celebrados, revogados ou denunciados pelos mecanismos que lhes são próprios e não pelos mecanismos que valem para as leis internas. É precisamente nesta impossibilidade de a lei ordinária interna revogar ou denunciar um tratado internacional que consiste a "resistência" inerente à supremacia hierárquica deste último.

Tendo reconhecido a validade dos tratados, como tal, e a necessária obediência das suas disposições por leis ordinárias, o direito brasileiro rejeitou a figura da "transformação", expressa ou implícita, mediante lei que tivesse paridade hierárquica com as demais leis ordinárias[9].

Como já se viu, o ato de referendo do Congresso Nacional não tem a natureza jurídica de lei de transformação ou ordem de execução. Com efeito, *a fase interna* do processo de celebração do tratado, ou seja, a fase da consulta ao parlamento como *preliminar* da ratificação, e a própria ratificação são anteriores à consumação do *consensus,* e só esta assinala o nascimento do novo direito internacional convencional,

---

[9] CELSO RIBEIRO BASTOS, reconhece, e bem, a superação da tese dualista. Cfr. *Comentários à Constituição do Brasil,* 2º vol., São Paulo 1989, 396.

O direito brasileiro consagra, pois, a visão monista, pela qual o direito internacional convencional vigora na ordem interna brasileira, na sua qualidade de direito internacional.

B) *A expressa superioridade hierárquica dos tratados em matéria de direitos e garantias*

Mas o § 2º do art. 5º tem ainda um alcance mais amplo do que a simples declaração de que os tratados relativos a direitos e garantias são recebidos "como tal" na ordem nacional e não como leis internas. Com efeito, ao estabelecer que os direitos e garantias expressos nesta Constituição *não excluem* outros decorrentes do regime e dos princípios por ela adotados, ou dos tratados internacionais em que a República Federativa do Brasil seja parte, revela claramente que as normas constantes dos tratados internacionais prevalecem sobre as normas internas nas matérias em causa.

Na verdade, se o Estado brasileiro assegura, em nível constitucional, a vigência de direitos e garantias decorrentes dos tratados internacionais, isso significa que ele próprio *tem o dever de conformar a sua ordem interna com o direito convencional, não* podendo, assim, emitir leis infraconstitucionais contrárias às normas daquele.

A expressão segundo a qual os direitos e garantias constitucionais "não excluem" os direitos e garantias decorrentes dos tratados significa que os tratados são veículo adequado para a criação de normas com o *status* de direitos e garantias, isto é, de normas que, sendo previstas com a finalidade de proteção de interesses essenciais do cidadão, devem ser observadas pela legislação ordinária.

O fato de os tratados poderem ser fonte de normas com as quais as leis ordinárias se devem conformar não conduz necessariamente a que lhes seja atribuída dignidade constitucional. A esta atribuição chegaram alguns autores, apoiados na leitura de disposição análoga da Constituição portuguesa[10], bem como uma

---

[10] Comentando disposição da Constituição portuguesa similar ao § 2º do art. 5º, GONÇALVES PEREIRA/FAUSTO DE QUADROS afirmam: "A. C. P ao dizer que 'os direitos fundamentais consagrados na Constituição não excluem quaisquer outros constantes das regras aplicáveis do Direito Internacional' (art. 16, §1º) esta, ainda que implicitamente, a conceder grau supraconstitucional a todo o Direito Internacional dos Direitos do Homem, tanto de fonte consuetudinária como convencional. De fato, a expressão 'não excluem' não pode ter alcance meramente quantitativo: ela tem de ser interpretada como querendo significar também que, em caso de conflito entre as normas constitucionais e o Direito Internacional em matéria de direitos fundamentais, será este que prevalecerá". Cfr. *Manual de Direito Internacional Público*, 117. Cfr. CANCADO TRINDADE, *Tratado de Direito Internacional dos Direitos Humanos*, Porto Alegre 2003; VALERIO DE OLIVEIRA MAZZUOLI, *Curso de Direito Internacional Público* (2ª ed.), 2007, 682 ss.; FLAVIA PIOVESAN, *Direitos Humanos e o Direito Constitucional Internacional*, São Paulo 1996, 82-103; BETINA GRUPPENMACHER, Tratados internacionais sobre direitos humanos e tributação, in Luis E. SCHOUERI (coord.), *Direito Tributário (homenagem a PAULO DE BARROS CARVALHO)*, São Paulo 2008, 824 ss.; GEORGE GALINDO,

corrente do Supremo Tribunal Federal (CELSO DE MELLO, PELUSO). Mas ela se enfraqueceu após a introdução de um novo § 3º ao art. 5º da Constituição de 1988 pela Emenda Constitucional nº 45, de 8 de dezembro de 2004, nos termos da qual "os tratados e convenções internacionais sobre direitos humanos que forem aprovados, em cada casa do Congresso Nacional, em dois turnos, por três quintos dos votos dos respectivos membros, serão equivalentes a emendas constitucionais".

Após a referida Emenda ficou claro que apenas as normas convencionais internacionais que obedeçam cumulativamente ao *requisito material* de versarem sobre "direitos humanos" e ao *requisito formal* de obedecerem a procedimento legislativo e a quórum especial passam a revestir a força hierárquica de norma constitucional derivada.

Assim, nos termos dos §§ 2º e 3º do art. 5º as normas convencionais sobre "direitos humanos" que não obedeçam aos referidos requisitos (inclusive as que já haviam sido incorporadas ao direito brasileiro antes da Emenda nº45/04) e as normas sobre "direitos e garantias" que eventualmente se não caracterizem como "direitos humanos" não revestem *status* constitucional, por expressa opção da própria lei constitucional derivada, mas nem por isso deixam de dever ter força *supralegislativa*. Este o pensamento de Ministros do Supremo Tribunal Federal, como SEPÚLVEDA PERTENCE, GILMAR MENDES e MENEZES DIREITO.

Ora, esta força supralegislativa que não se alça aos cumes da constitucionalidade outra coisa não é que *a superioridade hierárquica dos* tratados de onde promanam tais direitos e garantias, situados em degrau intermédio entre a lei ordinária e a lei constitucional.

Esta superioridade hierárquica não deve ser interpretada literal e limitativamente como privilégio circunscrito ao referido grupo de normas, pois a expressão "não excluem" do § 2º tem um significado declaratório, pretendendo subli-

---

Tratados internacionais de direitos humanos e Constituição brasileira, cit., *passim*, espec. 283 ss.; ELIVAL DA SILVA RAMOS, Os tratados sobre direitos humanos no direito constitucional brasileiro pós-emenda constitucional 45/04, in ALBERTO DO AMARAL JÚNIOR/JULIANA JUBILUT (org.), 0 STF *e o Direito Internacional dos Direitos Humanos,* São Paulo 2009, 147 ss.; Luís ROBERTO BARROSO, Constituição e tratados internacionais: Alguns aspectos da relação entre direito internacional c direito interno, in C. A. MENEZES DIREITO/A. A. CANCADO TRINDADE/A. C. ALVES PEREIRA (coord.), *Novas perspectivas do direito internacional contemporâneo, Estudos em homenagem ao Professor CELSO DE ALBUQUERQUE MELLO,* Rio de Janeiro 2008, 185; CARMEN TIBÚRCIO, Fontes do direito internacional: Os tratados e os conflitos normativos, in C. A. MENEZES DIREITO/A. A. CANCADO TRINDADE/A. C. ALVES PEREIRA (coord.), ibidem; OSWALDO OTHON DE PONTES SARAIVA FILHO, O Direito internacional e o sistema tributário brasileiro, *RFDT,* nº 25, 2007, 9 ss. Veja as observações críticas de SERGIO ANDRÉ ROCHA, A inserção das convenções para evitar a dupla tributação da renda no ordenamento jurídico brasileiro, *RTFP,* nº 76, 2007, 238 ss. Cfr. nota 29. Cfr. ainda AGOSTINHO TAVOLARO, Treaty Override – Tratados x lei interna, *RDTI,* nº 8, 2008, 15 ss., espec. 42-43.

nhar que os tratados internacionais são, em geral, fontes de direitos que devam ser observados pelas leis ordinárias *inclusive* em matéria de direitos e garantias.

E não faria sentido que fosse de outro modo, pois a matéria de direitos e garantias, especialmente delicada e sensível, poderia prestar-se a que a Constituição, originária e derivada, se reservasse o monopólio de sua outorga e reconhecimento. Seria, na verdade, um contrassenso atribuir-se superioridade hierárquica a um tratado versando sobre direitos e garantias e reconhecer-se um mero *status* paritário aos tratados tendo por objeto as demais matérias.

A especificidade dos tratados que versam sobre "direitos e garantias" não está na sua superioridade hierárquica, comum a todos os tratados, mas na existência de urna *cláusula geral de recepção automática plena*, enquanto os demais necessitam de um procedimento especial de incorporação ao direito interno. É o que decorre do próprio § 1º do art. 5º, segundo o qual as normas definidoras dos direitos e garantias fundamentais (internas ou internacionais) têm aplicação imediata.

Em matéria de competência do Poder Judiciário a Constituição estabelece no art. 105, inciso que aos juízes federais competem processar e julgar "as causas fundadas *em tratado* ou contrato da União com Estado estrangeiro ou organismo internacional"; no art. 105, inciso III, alínea *b)* determina que compete ao Superior Tribunal de justiça julgar, *em recurso especial, quando* a decisão recorrida contrariar *tratado* ou lei federal, ou negar-lhes vigência; e no art. 102, inciso alínea *b)* dispõe que compete ao Supremo Tribunal Federal julgar, em recurso extraordinário, quando a decisão recorrida "declarar a inconstitucionalidade do *tratado* ou lei federal".

Estas disposições reconhecem, a par da supremacia hierárquica da Constituição sobre os tratados[11], que os tribunais têm competência para apreciar direitos subjetivos emergentes *diretamente* dos tratados internacionais. Ora, se os direitos decorrem *diretamente* dos tratados, isto significa que eles têm a sua origem em normas internacionais, não previamente convertidas em leis internas. É que, caso esta conversão existisse, não faria sentido a clara dicotomia que a Constituição estabelece entre "tratado ou lei federal" ao prever a possibilidade de ambos serem contrariados por decisões judiciais e a possibilidade de ambos ofenderem a Constituição[12].

O art. 21, inciso I, da Constituição, entrega à competência da União "manter relações com Estados estrangeiros e participar de organizações internacionais". No que concerne à celebração de tratados, convenções e atos internacionais,

---

[11] Com ressalva dos tratados sobre direitos humanos que obedeçam ao § 3º do art. 5º.

[12] Cfr. também neste sentido SACHA CALMON NAVARRO COÊLHO, que adere a teoria monista com primado do direito internacional: As contribuições para a seguridade e os tratados internacionais, *RDDT* 26 (1997), 80 ss.; HELENO TORRES, *A pluritributação internacional*, 577.

ela é da competência privativa do Presidente da República, mas fica sujeita a referendo do Congresso Nacional (art. 84, inciso VIII), sendo certo que é da competência exclusiva deste "resolver definitivamente sobre tratados, acordos ou atos internacionais que acarretem encargos ou compromissos gravosos ao patrimônio nacional" (art. 49, inciso I).

A Constituição Federal consagra, assim, o sistema segundo o qual "a voz externa do Estado é, por excelência, a voz do seu chefe"[13]. Como salienta ainda Rezek, se é certo que, por um lado, "a condução efetiva da política exterior somente lhe incumbe, em regra, nas repúblicas presidencialistas (...)", certo é também, por outro lado, que, mesmo até em regimes parlamentares e "(...) no que estritamente concerne, porém, ao direito dos tratados, a representatividade ilimitada do Chefe de Estado não sofre desgaste (...)".

Temos assim que, mesmo em regimes parlamentares, em que os Chefes de Estado não governam, o seu poder de representação externa do Estado é de uma importância sem paralelo, ao ponto de se poder afirmar que "a autoridade do Chefe de Estado no domínio da celebração de tratados internacionais não conhece limites: ele ostenta, em razão do cargo, idoneidade para negociar e firmar o acordo, e ainda para exprimir - desde logo, ou mediante ratificação ulterior – o consentimento estatal definitivo".[14]

Importa, no entanto, explicitar melhor em que consistem e como se articulam reciprocamente, por um lado, esta plenitude da representatividade exterior por parte do Chefe do Estado e, por outro lado, a limitação constitucional dos poderes deste decorrente da sujeição dos seus atos a referendo do Congresso Nacional.

Se o procedimento de celebração dos tratados pressupõe a intervenção conjunta de dois poderes – o executivo, a título de negociação e ratificação – e o legislativo, a título de referendo –, não pode admitir-se que a cessação dos seus efeitos, por revogação ou denúncia dos mesmos, se processe sem a colaboração conjunta dos mesmos poderes que participaram da sua celebração[15].

A revogação de um tratado por obra de lei ordinária interna, da competência exclusiva de um desses poderes – o legislativo –, teria o alcance de um verdadeiro "golpe de Estado", retirando da destruição dos efeitos de um ato jurídico a intervenção de um órgão sem o qual tal ato não poderia ter sido celebrado.

E não se diga que a impossibilidade de tal revogação por ato exclusivo do Congresso significaria retirar-lhe os poderes soberanos que lhe competem no exercício de poder legislativo, pois tais poderes já foram exercidos, a título de

---

[13] Cfr. J. F. Rezek, *op. cit.*, 36.
[14] Cfr. J. E Rezek, *op. cit.*, 36 s.
[15] Sobre o caso especial da denúncia, cfr. *infra*, 130 ss.

referendo, na fase da celebração do tratado, mecanismo este que representa uma autolimitação em matéria de revogação ou denúncia.

Nem tão pouco se diga que o Chefe do Estado colaboraria na feitura da lei revogatória, através do mecanismo da "sanção", pois neste ato jurídico o Presidente não manifesta a sua vontade de modo Juridicamente paritário ao do Congresso, eis que o veto é reversível, podendo ser rejeitado pelo voto da maioria absoluta dos Deputados e Senadores, em escrutínio secreto, sendo então o projeto objeto de promulgação obrigatória pelo Presidente da República (CF, art. 66, §§ 40 e 50).[16]

A conclusão de que os tratados têm *supremacia hierárquica* sobre a lei interna é confirmada, em matéria tributária, pelo art. 98 do Código Tributário Nacional, que, em preceito declaratório, dispõe que "os tratados e as convenções internacionais revogam ou modificam a legislação tributária interna e serão observados pela que lhes sobrevenha".

Observe-se, em homenagem à exatidão, que é incorreta a redação deste preceito quando se refere a "revogação" da lei interna pelos tratados tributários. Com efeito, não se está aqui perante um fenômeno ab-rogativo, já que a lei interna mantém a sua eficácia plena fora dos casos subtraídos à sua aplicação pelo tratado. Trata-se, isso sim, de limitação da eficácia da lei que se torna *relativamente inaplicável* a certo círculo de pessoas e situações, limitação esta que caracteriza precisamente o instituto da *derrogação* e decorre da relação de especialidade entre tratados e leis.[17]

Observe-se, enfim, que o art. 98 do Código Tributário Nacional, tendo natureza de *lei complementar* contém um comando adicional ao legislador ordinário, que veda a este qualquer desobediência ao tratado[18].

---

[16] Veja-se, neste sentido, HUGO DE BRITO MACHADO, Tratados e convenções internacionais em matéria tributária, *RDDT* 93 (2003), 31.

[17] Cfr. SALVATORE PUGLIATTI, Ab-rogazione, *Enc. del Dir. I (1958)*, 141 (145 ss.); MARIO PATRONO, Legge (vicende della), *Enc. del Dir XXIII* (1973), 904 (920 ss.); entre nós, FABIO FANUCCELI, *Curso de Direito Tributário brasileiro (4ª ed.)*, I, São Paulo 1976, 139; JOSÉ CARLOS FALEIRO, *A supremacia dos acordos internacionais*, 82; MOURA BORGES, *Convenções*, 141; HELENO TORRES, *Pluritributação internacional sobre as rendas das empresas, cit.*, 2001, 579; LUÍS EDUARDO SCHOUERI, *Planejamento fiscal através de acordos de bitributação*, 34; Cfr. LUCIANO AMARO, Os tratados internacionais e a contribuição social sobre o lucro, in VALDIR DE OLIVEIRA ROCHA (org.), *Grandes questões atuais de Direito* São Paulo 1997, 158; In., *Direito Tributário brasileiro*, São Paulo 1997, 169 ss.; ACCIOLY, *Manual de Direito Internacional Público* (3ª ed.), São Paulo 1956, 22-23.

[18] Sobre a natureza substancial de lei complementar do art. 98 do CTN, cfr. SACHA CALMON NAVARRO COPÊLHO, Tratados internacionais em matéria tributária (perante a Constituição Federal do Brasil de 1988), RDT 59 (1992), 180 (185): "(...) o Ministro REZEK, que pertenceu à Suprema Corte, pôde dizer que o art. 98 construiu no domínio tributário uma regra de primado do Direito Internacional sobre o Direito Interno (Tratado e Legislação Interna em Matéria Tributária

Enfim, a dicotomia tratados-contratos e tratados normativos não tem hoje qualquer validade científica, nem jamais foi invocada na doutrina a respeito da discussão sobre a força hierárquica dos tratados em relação à lei interna. Também não se conhecem no direito comparado sistemas constitucionais que tenham acolhido esta classificação para os efeitos em causa.

"A distinção entre tratados *contratuais* e tratados *normativos* vem padecendo de uma incessante perda de prestígio". Esta é a asserção lapidar de JOSÉ FRANSCISCO REZEK, corroborada aliás em termos unânimes pela doutrina juspublicista contemporânea, nacional e estrangeira.[19]

A fragilidade desta classificação dos tratados é que dela não decorrem efeitos jurídicos distintos para cada uma das espécies de contratos identificados. Na verdade, as normas de direito internacional e de direito interno relativas à validade, eficácia, interpretação e extinção dos tratados não dependem da designação a estes dada no âmbito de uma determinada classificação."[20]

Estamos acordes. Nada mais é preciso dizer. Esta dito o essencial.

– *ABDF* nº 22). HANS KELSEN, corifeu da teoria monista, que dava primazia aos Direitos das Gentes sobre os Direitos Nacionais, ficaria finalmente satisfeito. O Ministro REZEK indubitavelmente esta certo". Cfr. ainda LUÍS EDUARDO SCHOUERI, *Planejamento fiscal através de acordos de bitributação – Treaty Shopping*, 103; NATANAEL MARTINS, Tratados internacionais e matéria tributária, RDT 54 (1990), 105, *passim*, MARIA DO CARMO PUCCINI CAMINHA, Os tratados internacionais tributários e a eficácia de suas normas no ordenamento jurídico brasileiro, RTFP 41 (2001), 41 ss.; HUGO DE BRITO MACHADO, *Tratados e convenções internacionais, cit., 27 ss.*; MARCIANO SEABRA DE GODOI, *Os tratados...*, 999ss.

[19] No mesmo sentido, CELSO DE ALBUQUERQUE MELO, *Curso de Direito Internacional Público* (9ʼ ed.), I, Rio de Janeiro 1992, 164-165; ANDRÉ GONÇALVES PEREIRA/FAUSTO DE QUADROS, *Manual de Direito Internacional Público* (3ʼ ed.), Coimbra 1993, 182; SILVA CUNHA, *Direito Internacional Público* (5ʼ ed.), Coimbra 1991, 188-190; AZEVEDO SOARES, *Lições de Direito Internacional Público* (4ª ed.), Coimbra 1988, 154; MANUEL DÍEZ DE VELASCO, *Instituciones de Derecho Internacional Público* (9ʼ ed.), I, Madrid 1991, 126.

[20] Neste sentido, veja-se RICCARDO MONACO, *Manuale di Diritto Internazionale Pubblico* (2ª ed.), Torino 1971 (reimpressão 1989), 96, que justamente salienta a inexistência de progressos científicos em relação a algumas classificações tentadas no passado (cfr. *op.* e loc. *cit.*, com notas 40 e 41 e bibliografia aí citada). Também REZEK, *op. cit.*, 26, ao observar que "aqui se estudam tão só aqueles esquemas classificatórios que, em certa medida, irão contribuir para o melhor entendimento de aspectos da gênese, da vigência ou da extinção dos tratados internacionais", mais não faz que registrar o valor meramente heurístico, mas não hermenêutico, dos esquemas classificatórios dos tratados e, em especial, da classificação entre tratados contratuais e tratados normativos *(op. cit.* 31) .

Processo fiscal e justiça tributária

SERGIO ANDRÉ ROCHA
Mestre e Doutor em Direito.
Professor da Faculdade de Direito da Universidade do Estado do Rio de Janeiro.
Advogado.

Preâmbulo

Ter a oportunidade de participar de um volume em homenagem ao Professor Alberto Xavier foi certamente uma felicidade para mim. Não apenas por tudo o que o Professor Xavier representa para os estudos científicos do Direito Tributário no Brasil e em Portugal, ou pela enorme importância que sua obra. O fato é que sou um fã declarado do Professor Alberto Xavier e seu trabalho, da conciliação que consegue fazer com maestria entre o acadêmico sério e profundo e o advogado praticante, razão pela qual tenho imenso orgulho de me juntar aos demais autores deste livro na justa homenagem a um dos maiores juristas luso-brasileiros de nosso tempo. Resta-me agradecer ao Professor Heleno Taveira Tôrres e demais organizadores pelo convite e a oportunidade de participar do presente livro.

1. Introdução

Verifica-se, hodiernamente, um perceptível crescimento da produção teórica sobre o processo administrativo, inclusive sobre o processo administrativo fiscal[1]. Contudo, aparentemente não se logrou o reconhecimento de que este é de vital importância para o funcionamento do Sistema Tributário como um todo, podendo-se afirmar, com Antonio Berliri, que os problemas relativos ao controle da legalidade dos atos administrativos fiscais são alguns dos problemas centrais

---

[1] No campo do Direito Administrativo Tributário e do Processo Tributário, merecem destaque os trabalhos do Professor Alberto Xavier, em especial os seus *Princípios do Processo Administrativo e Judicial Tributário* (Rio de Janeiro: Forense, 2005) e *Do Lançamento no Direito Tributário Brasileiro* (3. ed. Rio de Janeiro: Forense, 2005).

do Direito Tributário, "na medida que de sua solução depende o correto funcionamento do sistema tributário"[2].

A notável importância do processo administrativo no Brasil é conseqüência do estado da arte do Sistema Tributário pátrio, onde:

(a) os tributos aparecem como forma principal de custeio das atividades estatais;

(b) os contribuintes muitas vezes não se sentem inclinados a efetuar o pagamento dos tributos devidos;

(c) as atividades de liquidação e arrecadação tributárias foram delegadas aos sujeitos passivos; e

(d) para controle dos pagamentos devidos pelos contribuintes, grandes poderes foram atribuídos à Administração Fazendária.

Os fatores acima apontados, que serão objeto de exame adiante, acarretam a necessidade não só do estudo do processo administrativo, seus fundamentos e regime jurídico, mas também a premência de sua valorização por parte dos contribuintes, a qual depende do reconhecimento de sua importância por parte do Poder Público.

Diante do exposto, o propósito desse estudo consiste na análise do cenário atual da tributação no Brasil, examinando-se o papel do processo administrativo como instrumento essencial de manutenção da integridade do Sistema Tributário. Analisaremos também a necessidade de uma reforma do modelo de controle jurisdicional dos atos tributários, tendo como horizonte a necessidade de criação de uma Justiça Tributária especializada no Brasil.

2. O papel dos tributos em um Estado Social

Já tive a oportunidade de analisar, em outra sede, à qual remetemos o leitor, as linhas gerais da evolução histórica do Estado Liberal até o advento do Estado Social[3].

Para os propósitos do presente estudo é importante apenas ressaltar que o chamado Estado Social[4] caracteriza-se pela intervenção estatal nas relações pri-

---

[2] BERLIRI, Antonio. Per un Miglior Funzionamento della Giustizia Tributaria. In: *Scritti Scelti di Diritto Tributario*. Milano: Giuffrè, 1990. p. 899.

[3] ROCHA, Sergio André. *Processo Administrativo Fiscal: Controle Administrativo do Lançamento Tributário*. Rio de Janeiro: Lumen Juris, 2010. p. 1-14.

[4] É importante ter em mente, aqui, a distinção apresentada por Gilberto Bercovici entre *estado social em sentido estrito* e *estado social em sentido amplo*. O primeiro "é caracterizado pelo amplo sistema de seguridade e assistência social". Enquanto o segundo "é o Estado intervencionista" (BERCOVICI, Gilberto. *Desigualdades Regionais, Estado e Constituição*. São Paulo: Max Limonad, 2003. p. 54). Par-

vadas e no exercício de direitos individuais, assim como pelo desenvolvimento das prestações de previdência e seguridade sociais, como é possível inferir da seguinte passagem de Paulo Bonavides:

> Quando o Estado, coagido pela pressão das massas, pelas reivindicações que a impaciência do quarto estado faz ao poder político, confere, no Estado constitucional ou fora deste, os direitos do trabalho, da previdência, da educação, intervém na economia como distribuidor, dita o salário, manipula a moeda, regula os preços, combate o desemprego, protege os enfermos, dá ao trabalhador e ao burocrata a casa própria, controla as profissões, compra a produção, financia as exportações, concede crédito, institui comissões de abastecimento, provê necessidades individuais, enfrenta crises econômicas, coloca na sociedade toas as classes na mais estreita dependência de seu poderio econômico, político e social, em suma, estende sua influência a quase todos os domínios que dantes pertenciam, em grande parte, à área de iniciativa individual, nesse instante o Estado pode, com justiça, receber a denominação de Estado Social.[5]

Ao se proceder à análise das disposições contidas na Constituição Federal de 1988 percebe-se que a mesma é a Constituição de um Estado Social, como reconhece o próprio Professor Paulo Bonavides em outra obra[6]. Dessa forma, o Estado brasileiro pode ser examinado como um Estado que assumiu a realização de diversas atividades que antes se encontravam na esfera de atribuições das

---

tindo dessa distinção, temos que o estado social em sentido estrito entrou em crise nas últimas décadas, sendo que o estado social em sentido amplo permanece presente hodiernamente.

[5] BONAVIDES, Paulo. *Do Estado Liberal ao Estado Social*. 7. ed. São Paulo: Malheiros, 2001. p. 186. Sobre a transição do Estado Liberal para o Estado Social são pertinentes as palavras de Maria Teresa de Melo Ribeiro: "A alteração das relações entre o Estado e a sociedade, e a conseqüente transformação da Administração Pública de autoritária e agressiva em participada e prestadora de serviços, fruto da evolução do Estado Liberal para o Estado Social de Direito, pode ser aprofundada, sem dúvida, como uma das circunstâncias mais marcantes em direção à afirmação e defesa da imparcialidade administrativa.

A uma relação de quase inimizade entre o Estado e o cidadão substitui-se uma relação de intimidade que, apesar da sua natureza, ou talvez mesmo por causa dela, gerará novas tensões: 'da defesa da não intervenção do Estado na sociedade, como forma de proteção do cidadão, passa-se a reclamar a intervenção do Estado na vida econômica e social como instrumento de realização individual'. Ao chamar a si a satisfação regular e contínua da maior parte das necessidades coletivas de segurança, cultura e bem-estar, o Estado lança a sua proteção a todas as esferas da vivência individual e transforma-se numa agência de repartição e distribuição de riqueza. 'Por isso alguns falam no Estado-Providência, um Estado que se sente na obrigação de derramar sobre os seus membros todos os benefícios do progresso, colocando-se ao serviço de uma sociedade mais justa, especialmente para os mais desfavorecidos" (RIBEIRO, Maria Teresa de Melo. *Princípio da Imparcialidade da Administração Pública*. Coimbra: Almedina, 1996. p. 58).

[6] BONAVIDES, Paulo. *Curso de Direito Constitucional*. 11. ed. São Paulo: Malheiros, 2001. p. 371.

pessoas de Direito Privado, acumulando funções de prestação de serviços, regulação e fomento das atividades particulares.

É importante observar, então, que o crescimento das atividades estatais trouxe consigo a necessidade de recursos para o seu custeio, pressionando a arrecadação dos *Estados Fiscais*[7] Ocidentais, os quais dependem da mesma para a consecução de seus fins.

Há, assim, importante relação entre o desenvolvimento da participação estatal na vida das pessoas de Direito Privado e a ampliação das carências arrecadatórias do Poder Público, que passa a ter na arrecadação tributária fonte de recursos indispensáveis para o custeio de suas atividades. Como destaca Juan Manuel Barquero Estevan:

> Faz já alguns anos, em um trabalho que pode ser tido já por um clássico na literatura sobre o Estado social, *Ernst Forstoff* afirmava que o Estado fiscal ou impositivo constitui o vínculo indispensável de união entre os princípios do Estado de Direito e Estado social, porque somente através das possibilidades de ingerência do Estado impositivo pode-se garantir o desenvolvimento do Estado social, sob uma estrita observância, ao próprio tempo, das formas do Estado de Direito e, concretamente, do respeito do Direito de propriedade. Apontava, assim, a tese de que a configuração do Estado como "impositivo" constitui um pressuposto funcional do Estado social, pois este só pode alcançar seus objetivos recorrendo ao imposto como instrumento financeiro.[8]

Em linha com o que restou asseverado acima está o entendimento do Professor da Universidade de Nova Iorque Stephen Holmes e do Professor da Universidade de Chicago Cass R. Sunstein, abaixo transcrito:

> A Declaração de Independência estabelece que "para assegurar esses direitos, Governos são estabelecidos entre os homens". À óbvia verdade de que direitos dependem de governos deve ser acrescido um corolário lógico, rico em implicações: direitos custam dinheiro. Direitos não podem ser protegidos ou efetivados sem financiamento e apoio públicos. Isso é verdade tanto para os direitos primitivos como para os direitos modernos, para os direitos dos Americanos antes e depois do *New Deal* de Franklin Delano Roosevelt. Tanto o direito ao bem-estar quanto o direito à propriedade privada têm custos públicos. O direito à liberdade contratual não custa

---

[7] Sobre o tema, ver: NABAIS, José Casalta. *Por uma Liberdade com Responsabilidade: Estudos sobre Direitos e Deveres Fundamentais*. Coimbra: Coimbra Editora, 2007. p. 179-189.

[8] ESTEVAN, Juan Manuel Barquero. *La Función del Tributo en el Estado Democrático de Derecho*. Madrid: Centro de Estudios Constitucionales, 2002. p. 33.

menos que o direito à saúde, o direito à liberdade de expressão não custa menos que o direito a uma habitação decente. Todos os direitos dependem do tesouro público.[9]

No contexto de um Estado Social, portanto, a tributação passa a ser a fonte de custeio de todos os deveres estatais, muitos deles elevados a direitos fundamentais dos cidadãos pela Constituição, como aqueles relativos, por exemplo, à saúde e à educação.

É nesse cenário que deve ser examinada a natureza do dever daqueles que ostentam capacidade contributiva de contribuírem com o erário público, dever este que, como sustentado pelo Professor Casalta Nabais, pode sim ser compreendido como um dever fundamental, na medida em que de seu adimplemento depende o custeio, pelo Estado, de todos os direitos fundamentais previstos na Constituição Federal[10].

Fixa-se, assim, a primeira premissa deste estudo: *em um Estado onde o Poder Público assumiu diversas atribuições referentes à garantia da saúde, da educação, da moradia, à previdência e seguridade sociais, ao fomento das atividades particulares, entre outras, os tributos passam a ter um papel fundamental, dependendo o Estado dos mesmos para financiar todas as atividades que lhe foram atribuídas pela Constituição Federal.*

3. A inclinação dos contribuintes ao inadimplemento dos deveres fiscais

No item anterior fez-se apologia à relevância dos tributos em um Estado Social. Contraditoriamente, deve-se analisar no presente item a inclinação dos contribuintes ao inadimplemento dos deveres fiscais.

É corrente o reconhecimento de que, no mais das vezes, os contribuintes não se sentem "psicologicamente motivados" ao comprimento de suas obrigações tributárias, de modo que é possível defender, como salienta Heleno Tôrres, que, em termos sociológicos "a primeira e mais instintiva reação do contri-

---

[9] HOLMES, Stephen; SUNSTEIN, Cass R. *The Cost of Rights: Why Liberty Depends on Taxes*. New York: W. W. Norton & Company, 1999. p. 15. Para um estudo acerca da teoria dos custos dos direitos ver: AMARAL, Gustavo. *Direito, Escassez & Escolha: Em busca de critérios jurídicos para lidar com a escassez de recursos e as decisões trágicas*. Rio de Janeiro: Renovar, 2001; GALDINO, Flávio. *Introdução à Teoria dos Custos dos Direitos: Direitos não nascem em árvores*. Rio de Janeiro: Lumen Juris, 2005.

[10] NABAIS, José Casalta. *O Dever Fundamental de Pagar Impostos*. Coimbra: Almedina, 1998. Ver, também: TORRES, Ricardo Lobo. *Curso de Direito Financeiro e Tributário*. 10 ed. Rio de Janeiro: Renovar, 2003. p. 336; PIRES, Adilson Rodrigues. O Processo de Inclusão Social sob a Ótica do Direito Tributário. In: PIRES, Adilson Rodrigues; TÔRRES, Heleno Taveira (Org.). *Princípios de Direito Financeiro e Tributário*: Estudos em Homenagem ao Professor Ricardo Lobo Torres. Rio de Janeiro: Renovar, 2006. p. 80-82; TÔRRES, Heleno. *Direito Tributário e Direito Privado*. São Paulo: Revista dos Tribunais, 2003. p. 16; TIPKE, Klaus; YAMASHITA, Douglas. *Justiça Fiscal e Princípio da Capacidade Contributiva*. São Paulo: Malheiros, 2002. p. 15; ABRAHAM, Marcus. *O Planejamento Tributário e o Direito Privado*. São Paulo: Quartier Latin, 2007. p. 78-85.

buinte perante exigências tributárias é teoreticamente aquela de abster-se ao seu cumprimento"[11].

Em nosso país, tal desânimo dos contribuintes em contribuir para os cofres públicos é normalmente justificado alegando-se que o pagamento dos tributos não traz qualquer espécie de retorno ou retribuição, de forma que, independentemente dos pagamentos feitos os serviços públicos continuam tendo uma qualidade ruim. Em suma, o contribuinte não se sente "psicologicamente motivado" ao recolhimento pois não percebe qualquer contrapartida estatal que justifique sua privação de recursos em benefício do Estado.

Sobre esse ponto de vista é possível apresentar duas ponderações.

Em primeiro lugar, pode-se asseverar que diante do fenômeno da concentração de renda que atinge diversas nações, do qual o Brasil é triste exemplo, vive-se hoje um período em que se buscam novos fundamentos para a tributação. O dilema é o seguinte:

Como visto, o Estado-Administração necessita cada vez mais de recursos para fazer face às despesas com saúde, previdência, segurança, educação, fomento, pesquisa, etc. Para tanto, são necessárias a instituição e coleta de tributos.

Todavia, tomando ainda o exemplo do Brasil, verifica-se parte considerável da população não detém condições econômicas sequer para o custeio de suas necessidades mais fundamentais, quanto mais para contribuir para o erário público (embora o faça, mesmo sem saber, devido à sistemática de tributação indireta aqui adotada). Nesse contexto, o encargo do custeio da tributação direta recai sobre as classes mais abastadas, principalmente a classe média.

Ocorre que a necessidade dos serviços públicos é inversamente proporcional à condição econômica do sujeito, de forma que aqueles mais ricos, que em princípio teriam melhores condições de contribuir para o financiamento das atividades estatais, são exatamente aqueles que delas menos necessitam.

De fato, quanto maior o poder aquisitivo de determinada pessoa menos dependerá ela do Poder Público para a manutenção de sua saúde e de seus familiares, para a educação de seus filhos, para a defesa de sua propriedade, etc. Todavia, é essa pessoa, com reduzidas *relações diretas* de necessidade com o Estado-Administração, quem, pelo princípio da capacidade contributiva, deve contribuir mais para a Fazenda Pública.

Esse é o dilema que se coloca perante todos nós, *quem necessita das ações estatais não tem como contribuir, enquanto quem tem como contribuir necessita muito pouco (ou não necessita) de intervenções estatais diretas* (a não ser quanto à utilização da

---

[11] TÔRRES, Heleno. *Direito Tributário e Direito Privado*. São Paulo: Revista dos Tribunais, 2003. p. 173. Sobre o tema, ver: SCHMÖLDERS, Günter. *The Psychology of Money and Public Finance*. Tradução Iain Grant e Karen Green. New York: Palgrave Macmillan, 2006. p. 157-210.

máquina estatal para evitar a revolta generalizada da massa excluída, que poderia pôr em risco seu estilo de vida)[12].

Além de muitos contribuintes não utilizarem grande parte dos serviços prestados pelo Estado, outra circunstância que mina o interesse em contribuir reside na complexidade do mundo atual e do papel desempenhado pelo Poder Público, de forma que no dia a dia de nossas vidas temos a falsa impressão de que não aproveitamos nada do Estado e da organização estatal e que, portanto, não devemos contribuir para sua manutenção. Esse ponto de vista foi ressaltado por Sven Steinmo, como se infere da passagem abaixo transcrita:

> Em um influente artigo intitulado "Por que o Governo é tão Pequeno em uma Democracia" (1960), Anthony Downs apresentou o que acredito ser um dos dilemas centrais enfrentados em uma democracia moderna: Eleitores são muito desinformados, mas racionalmente egoístas. Primeiramente, tendo em vista que os benefícios são muitas vezes difusos, os cidadãos são incessíveis ou ignoram uma grande parte dos benefícios que eles recebem. Porque os tributos são diretos, os cidadãos estão penosamente conscientes dos custos do governo. Porque são racionais, eles se oporão a pagar por benefícios que não percebem. Considerando a complexidade do governo moderno e o escopo e alcance das atividades desempenhadas pelo mesmo, é difícil para os cidadãos avaliar com precisão os custos versus os benefícios: os cidadãos sentem os custos do governo em forma de tributos diretos, enquanto benefícios como ar puro, boas estradas, mão-de-obra capacitada, defesa nacional e redução da pobreza são sentidos de forma muito menos precisa ou são pressupostos.[13]

Não é demais destacar que o trabalho de Steinmo teve por base a análise dos sistemas tributários da Suécia, dos Estados Unidos e da Inglaterra, países cuja realidade sócio-econômica é bem diferente da brasileira.

Todavia, se nem sempre se pode dizer que, no Brasil, viajamos por estradas bem conservadas, temos uma mão-de-obra capacitada fomentada pelo Estado, uma defesa competente da soberania nacional e conseguimos vislumbrar a redução da pobreza em nosso país, é verdade, por outro lado, que também aqui é possível verificar que nossa capacidade de identificar as atividades estatais em nosso proveito é pequena, sendo inverídico afirmar que o Poder Público nada faz em benefício daqueles que contribuem aos cofres públicos, mesmo que estes não sintam tais efeitos diretamente.

---

[12] Sobre esse tema ver: GUÉHENNO, Jean-Marie. *O Futuro da Liberdade: A Democracia no Mundo Globalizado*. Tradução Rejane Janowitzer. Rio de Janeiro: Bertrand Brasil, 2003. p. 51 e 52.

[13] STEINMO, Sven. *Taxation & Democracy: Swedish, British and American Approaches to Financing the Modern State*. New Haven: Yale University Press, 1993. p. 193.

A despeito das considerações acima, cremos ser possível firmar, como segunda premissa deste estudo, a assertiva no sentido de que *os contribuintes, por não perceberem os benefícios decorrentes do recolhimento dos tributos, tendem muitas vezes a deixar de recolhê-los.*

4. Delegação das atividades de liquidação e arrecadação tributária aos contribuintes

Em estudo publicado no Brasil, o Professor José Juan Ferreiro Lapatza fez importantes apontamentos sobre os sistemas de gestão tributária atualmente adotados pelos países europeus, separando o sistema anglo-saxão, baseado na *autoliquidação* dos deveres fiscais pelos próprios contribuintes, do sistema continental, fundamentado no exercício *da liquidação tributária pela Administração Pública*[14].

Como menciona o próprio Professor Ferreiro Lapatza, os sistemas continentais têm sido influenciados pelo sistema anglo-saxão, de forma que há uma cada vez maior utilização da delegação ao contribuinte das atividades de liquidação fiscal em países como a França, a Itália e a Espanha[15].

Em Portugal, essa mesma tendência foi apontada por José Luis Saldanha Sanches[16], deixando este autor registrado, logo na introdução de seu estudo sobre a quantificação das obrigações tributárias, "que o modo atual de execução das tarefas financeiras de obtenção de recursos pecuniários para o Estado tem como marca essencial uma redução do papel desempenhado pela Administração e o correspondente aumento da participação dos particulares nos procedimentos de aplicação da lei fiscal"[17].

No Brasil, tal situação já era assinalada por Fábio Fanuchi na década de setenta[18], tendo sido objeto de análise pelo Professor Paulo de Barros Carvalho, que leciona:

> Quando se fala em expedição de norma jurídica individual e concreta vem, desde logo, à nossa mente, o desempenho de um órgão da Administração ou Poder Judiciá-

---

[14] LAPATZA, José Juan Ferreiro. Solución Convencional de Conflictos em el Âmbito Tributário: una Propuesta Concreta. In: TÔRRES, Heleno Taveira (Coord.). *Direito Tributário Internacional Aplicado.* São Paulo: Quartier Latin, 2004. v. II. p. 294.

[15] Solución Convencional de Conflictos em el Âmbito Tributário: una Propuesta Concreta, 2004, p. 295-296.

[16] SANCHES, José Luís Saldanha. *A Quantificação da Obrigação Tributária: Deveres de Cooperação, Autoavaliação e Avaliação Administrativa.* Lisboa: Lex, 2000. p. 75-76.

[17] *A Quantificação da Obrigação Tributária: Deveres de Cooperação, Autoavaliação e Avaliação Administrativa,* 2000, p. 17.

[18] FANUCCHI, Fábio. *Curso de Direito Tributário Brasileiro.* São Paulo: Resenha Tributária, 1971. v. I. p. 149.

rio. E, se passarmos apressadamente, sem refletir, essa idéia equivocada irá provocar um bloqueio, consolidando o preconceito de que o administrado, na esfera de suas múltiplas possibilidades de participação social, reguladas pelo direito, esteja impedido de produzir certas normas individuais e concretas. Mas não é assim no direito brasileiro. Basta soabrirmos os textos do ordenamento positivo, no que concerne aos tributos, para verificarmos esta realidade empírica indiscutível: o subsistema prescritivo das regras tributárias prevê a aplicação por intermédio do Poder Público, em algumas hipóteses, e, em outras, outorga esse exercício ao sujeito passivo, de que se espera, também, o cumprimento da prestação pecuniária.

Diga-se de passagem, aliás, que tem havido um crescimento significativo na participação dos súditos do Estado, instados a praticar uma série de expedientes para a produção de normas individuais e concretas nesse campo. A transferência de atividades relativas à apuração do débito tributário para a esfera dos deveres instrumentais ou formais do sujeito passivo, mediante severo controle da entidade tributante, tornou--se uma viva realidade dos nossos dias. A maior parte dos tributos, hoje, assim no Brasil que em outros países que seguem o modelo continental europeu, estão cometidos ao sujeito passivo da obrigação tributária, cabendo-lhes estabelecer em fatos os eventos tributários, e relatar os dados componentes da relação jurídica.[19]

Assim, tendo em conta a proliferação, no Brasil, dos tributos sujeitos ao chamado "lançamento por homologação", as atividades de apuração e arrecadação tributária foram significativamente delegadas aos contribuintes, a quem cabe, na realidade, a realização das tarefas previstas no artigo 142 do Código Tributário Nacional como caracterizadoras do "lançamento tributário". Esta questão foi examinada por Alberto Xavier, que afirma não ter dúvidas "de que o sistema tributário brasileiro vigente se reveste das características de massificação e automação, raramente surgindo o lançamento como momento necessário na dinâmica da obrigação tributária que, a maior parte das vezes, pode ser espontaneamente cumprida sem a prática prévia do referido ato"[20].

Diante dos comentários acima, é possível firmar a terceira premissa da presente exposição, segundo a qual *no estágio atual da tributação, cabe aos contribuintes liquidar suas obrigações fiscais e recolher os tributos devidos, de acordo com sua autoliquidação, aos cofres públicos. Cabe-lhes, ainda, arrecadar tributos para o Estado,*

---

[19] CARVALHO, Paulo de Barros. *Direito Tributário: Fundamentos Jurídicos da Incidência*. São Paulo: Saraiva, 1998. p. 213. Para uma longa revisão bibliográfica sobre o tema, ver: ROCHA, Sergio André. *Processo Administrativo Fiscal: Controle Administrativo do Lançamento Tributário*. Rio de Janeiro: Lumen Juris, 2010. p. 302.

[20] XAVIER, Alberto. *Do Lançamento no Direito Tributário Brasileiro*. 3. ed. Rio de Janeiro: Forense, 2005. p. 13.

proliferando-se as hipóteses de retenção na fonte, e fiscalizar o comportamento de outros contribuintes, multiplicando-se os casos de responsabilidade tributária[21].

5. A relevância assumida pelas atividades de fiscalização

Partindo-se das premissas assentadas acima, no sentido de que:

(a) as receitas tributárias são um elemento indispensável para que o Estado possa dar cumprimento às suas atribuições; e de que

(b) em um sistema que depende de comportamentos não provocados dos contribuintes, nem sempre estes estão dispostos a dirigir seu agir nesse sentido;

a fiscalização exercida pela Administração Pública, com a exigência do adimplemento dos deveres fiscais, a imposição das sanções cabíveis quando de seu inadimplemento e a utilização dos instrumentos estatais de coação sempre que necessário, é a última fronteira entre a eficácia das normas tributárias e o seu completo descrédito.

Nessa linha de idéias, é imprescindível que tal atividade de fiscalização seja desempenhada tendo como finalidade um só objetivo: *a verificação da compatibilidade dos comportamentos dos contribuintes com os mandamentos legais, em estrita observância ao princípio da legalidade.* Com isso, estariam resguardadas as necessidades fiscais do Estado (*rectius*, da coletividade), bem como a liberdade fundamental dos contribuintes de não serem submetidos ao recolhimento de qualquer tributo que não tenha fundamento no ordenamento jurídico tributário[22]. Infelizmente, nem sempre tais objetivos são alcançados.

Em primeiro lugar, dada a complexidade das normas fiscais e a natureza criativa da interpretação[23], não raro surgem divergências entre a interpretação de determinada regra pelo sujeito passivo e a interpretação do mesmo dispositivo

---

[21] Este contexto foi bem observado por Denise Lucena Cavalcanti, que destaca que "não se pode desconsiderar o grande aumento da responsabilidade do cidadão-contribuinte em apurar e arrecadar, por sua conta própria, seus tributos, exercendo ato que, de origem, caberia ao fisco, e que agora é de sua responsabilidade, inclusive passível de penalidades" (CAVALCANTI, Denise Lucena. *Crédito Tributário: a função do cidadão-contribuinte na relação tributária.* São Paulo: Malheiros, 2004. p. 29).

[22] Como observa Mary Elbe Queiroz, "o dever-poder que compete ao Fisco é amplo e indeclinável dentro dos termos fixados na lei e decorre do exercício da competência que a lei atribui aos agentes da Administração Tributária, e se reflete num desdobramento do princípio da supremacia do interesse público sobre o particular, porém, encontrando-se limitado aos direitos, garantias e princípios consagrados constitucionalmente, bem como pelo sigilo fiscal inerente à função" (MAIA, Mary Elbe Gomes Queiroz. *Do Lançamento Tributário – Execução e Controle.* São Paulo: Dialética, 1999. p. 138).

[23] Sobre o tema, ver: ROCHA, Sergio André. *Interpretation of Double Taxation Conventions: General Theory and Brazilian Perspective.* The Netherlands: Kluwer, 2009. p. 64-69.

pela Fazenda, as quais geram cobranças consideradas indevidas pelo contribuinte. Segundo as palavras de Victor Uckmar:

> A urgência no legislar vai em detrimento da técnica e portanto da claridade. As dúvidas na interpretação ocasionam notáveis prejuízos, tanto para a administração como para os contribuintes, comportando, ademais, para os empresários, custos ainda não constituídos pela arrecadação, com grave prejuízo no plano da competência, especialmente internacional.
>
> Frente a contrastantes interpretações de uma norma, quando o contribuinte escolha a mais favorável a si mesmo, assumirá a carga do risco de uma eventual verificação e o respectivo encurralamento constitui para a empresa um custo. E é por isso que é muito apreciado o instituto do *ruling*, que se deve regular com normas que assegurem objetividade e tempestividade: tal instituto, quando funciona, é de grande estímulo para ativar investimentos estrangeiros, como se sucedeu na Holanda.[24]

Esta é uma nota típica da sociedade de risco[25], a qual, segundo Humberto Ávila, caracteriza-se, em primeiro lugar, "pela existência de uma enorme quantidade de informações" e, em segundo, pela "diversidade de interesses"[26], o que acaba gerando insegurança, agravada pela tentativa vã do legislador de resolver os problemas surgidos na sociedade de risco através de mais legislação, gerando a chamada inflação legislativa[27].

Nota-se, portanto, que um primeiro ponto de atenção relacionado à fiscalização tributária consiste nas cotidianas divergências interpretativas entre a Fazenda Pública e os sujeitos passivos, as quais fazem com que estes se encontrem em situação de potencial autuação fiscal a cada vez que aplicam as normas fiscais.

Ademais, conseqüência dos poderes atribuídos às autoridades fazendárias para fiscalização quanto ao cumprimento, por parte dos contribuintes, de seus

---

[24] UCKMAR, Victor. El Sistema Tributario: Las Instituciones, las Administraciones, los Contribuyentes. In: MELLO, Celso Antônio Bandeira de (Org.). *Direito Tributário*. São Paulo: Malheiros, 1997. p. 107. Sobre esta questão, ver também: LAPATZA, José Juan Ferreiro. Poder Tributario y Tutela Judicial Efectiva. In: MELLO, Celso Antônio Bandeira de (Org.). *Direito Tributário*. São Paulo: Malheiros, 1997. p. 102.

[25] Sobre a sociedade de risco e suas características, ver: ROCHA, Sergio André. A Tributação na Sociedade de Risco. In: PIRES, Adilson Rodrigues; TÔRRES, Heleno Taveira (Orgs.). *Princípios de Direito Financeiro e Tributário*: Estudos em Homenagem ao Professor Ricardo Lobo Torres. Rio de Janeiro: Renovar, 2006. p. 179-223.

[26] ÁVILA, Humberto. *Segurança Jurídica: Entre permanência, mudança e realização do Direito Tributário*. São Paulo: Malheiros, 2011. p. 40-41.

[27] Sobre o tema, ver: ROCHA, Sergio André. A Deslegalização no Direito Tributário Contemporâneo: Segurança Jurídica, Legalidade, Conceitos Indeterminados, Tipicidade e Liberdade de Conformação da Administração Pública. In: RIBEIRO, Ricardo Lodi; ROCHA, Sergio André (Coords.). *Legalidade e Tipicidade no Direito Tributário*. São Paulo: Quartier Latin, 2008. p. 228-229.

deveres fiscais, foi o aumento das cobranças tributárias indevidas por parte daquelas, seja por má aplicação da legislação ou má-fé na sua aplicação.

Assim, é possível firmar mais uma premissa deste estudo, no sentido de que *no cenário em que atualmente se desenvolvem as atividades de arrecadação tributária, há várias situações em que podem surgir verdadeiros conflitos interpretativos entre a Fazenda e os sujeitos passivos, sendo certo, por outro lado, que a fiscalização tributária tem à sua disposição mecanismos para agir sobre os particulares, criando-lhes limitações e cobrando-lhes o recolhimento dos tributos mesmo na ausência de norma jurídica que preveja a incidência fiscal.*

6. Análise das premissas firmadas

Considerando as seguintes premissas:

a) os tributos são a principal fonte de custeio das atividades estatais em um Estado Social;

b) há uma propensão dos contribuintes a inadimplirem seus deveres jurídicos tributários;

c) via de regra, cabe aos sujeitos passivos de deveres fiscais apurar e recolher os tributos que lhes são cabíveis;

d) a fim de assegurar o cumprimento dos deveres fiscais por parte dos contribuintes, atribui-se às autoridades administrativas grandes atribuições relacionadas à fiscalização dos comportamentos destes;

é possível concluir que *o Sistema Tributário pátrio é marcado por controvérsias entre a fiscalização e os contribuintes*, as quais resultam, no mais das vezes, de divergências dos mesmos quanto à correta interpretação dos fatos ou do direito aplicáveis a determinado caso concreto, de erros cometidos pelos contribuintes, omissões dolosas de pagamento, ou ainda de cobranças manifestamente indevidas formuladas pela Fiscalização, por erro ou com propósitos ilícitos.

Nesse cenário, *é indiscutível a importância do processo administrativo fiscal, enquanto instrumento de controle da legalidade dos atos administrativos tributários.* O processo administrativo, portanto, não é concessão do Poder Público aos administrados, mas antes direito destes em face daquele. Como observa Alberto Xavier, "a impugnação na esfera administrativa é, pois, concebida, não como ato de hostilidade contra o poder público, nem, ao revés, como favor gracioso do soberano (como sucedeu no passado), mas como um verdadeiro *direito de impugnar*, que se traduz numa *facultas agendi* (licitude do ato de impugnar) e numa *facultas exigendi* (o direito de que seja proferida uma decisão)"[28].

---

[28] XAVIER, Alberto. *Princípios do Processo Administrativo e Judicial Tributário.* Rio de Janeiro: Forense, 2005. p. 19.

Com efeito, considerando que, em razão das peculiaridades do Sistema Tributário pátrio, os contribuintes estão sujeitos a constantes fiscalizações e cobranças por parte das autoridades fazendárias, formalizadas através da edição de atos administrativos, é imprescindível que o ordenamento coloque à sua disposição instrumentos para que se assegure que tal atividade desempenhada pela fiscalização irá se manter dentro dos marcos da legalidade. *Essa é a razão existencial do processo administrativo fiscal.*

É de se assinalar, desde já, que no âmbito do processo administrativo não há lide a ser solucionada, como pretende parte da doutrina. De fato, o processo administrativo fiscal corresponde a uma *revisão da legalidade do ato tributário* pela própria Administração Pública que, na forma do artigo 151, III, do Código Tributário Nacional, suspende a exigibilidade do crédito tributário, de forma que somente haverá que se falar na instauração de lide entre a Fazenda e o sujeito passivo se, ao final do processo, manifestar-se aquela pela legalidade da cobrança[29].

Nada obstante, o fato de não haver, quando da instauração do processo administrativo fiscal, lide a ser solucionada, em nada diminui a sua importância, tendo o mesmo as seguintes funções:

1. *Legitimação da atividade estatal* a partir da participação do sujeito passivo do dever tributário na formação do entendimento final da Fazenda Pública sobre a legalidade da cobrança formulada[30].
2. *Garantia dos direitos dos sujeitos passivos*, assegurando-se-lhes a possibilidade de questionar a legalidade de cada ato administrativo de exigência fiscal que lhe seja encaminhado[31].
3. *Controle da Administração Fazendária*, abrindo-se ao sujeito passivo a possibilidade de argüir e utilizar de todos os meios lícitos para demonstrar a ilegalidade do ato administrativo de cobrança[32].
4. *Melhor aplicação das regras tributárias*, já que a participação do sujeito passivo possibilita a prática de um ato administrativo fiscal que melhor represente os fatos como efetivamente ocorridos, com uma mais correta aplicação das normas fiscais[33].

[29] Cf. ROCHA, Sergio André, *Processo Administrativo Fiscal: Controle Administrativo do Lançamento Tributário*, 2010, p. 38-39.
[30] Cf. ROCHA, Sergio André, *Processo Administrativo Fiscal: Controle Administrativo do Lançamento Tributário*, 2010, p. 14-19.
[31] Cf. ROCHA, Sergio André, *Processo Administrativo Fiscal: Controle Administrativo do Lançamento Tributário*, 2010, p. 19-21.
[32] Cf. ROCHA, Sergio André, *Processo Administrativo Fiscal: Controle Administrativo do Lançamento Tributário*, 2010, p. 21-22.
[33] Cf. ROCHA, Sergio André, *Processo Administrativo Fiscal: Controle Administrativo do Lançamento Tributário*, 2010, p. 22-23.

5. *Proteção da eficácia das decisões*, uma vez que a participação do contribuinte torna mais provável sua compreensão e aceitação da decisão tomada[34].

6. *Controle do mérito dos atos administrativos*, tendo em vista que o administrador pode rever inclusive os atos que tenham sido praticados com base em critérios de conveniência e oportunidade[35].

Nessa linha de entendimentos, percebe-se que o processo administrativo fiscal é de extrema relevância para o bom funcionamento do Sistema Tributário, sendo um instrumento democrático de legitimação, garantia, controle e revisão dos atos administrativos tributários.

Em um Sistema Tributário como o brasileiro, o qual é marcado pelo conflito entre os contribuintes e a Fazenda Pública, a existência de um processo administrativo fiscal que cumpra sua função institucional previne o surgimento de litígios, evitando que muitas discussões sejam apresentadas ao Poder Judiciário.

Ademais de todo o exposto, considerando que os textos legais muitas vezes dão margem à extração de normas jurídicas distintas, o processo administrativo é também o campo onde Fazenda e contribuinte discutem dialeticamente a fim de determinar a norma aplicável a determinado caso concreto.

Dessa forma, é indispensável a valorização do processo administrativo fiscal, a qual passa (a) pela garantia da independência técnica do órgão responsável pela revisão dos atos administrativos tributários, que garante que suas decisões serão pautadas apenas pela realização da legalidade fiscal; e (b) pelo cumprimento, pela Administração Fazendária, das decisões proferidas no processo, repudiando-se, assim, o seu questionamento pelo próprio Fisco, seja internamente, por via do recurso hierárquico, seja externamente, perante o Poder Judiciário.

Diante do cenário acima apresentado, é imprescindível que os operadores do Direito Tributário se apercebam da grande relevância do processo administrativo fiscal, lutando pela sua evolução em direção à existência de órgãos julgadores capacitados tecnicamente, cujas decisões devem ser lastreadas por fundamentos jurídicos e não políticos.

É necessário que tenhamos um órgão julgador administrativo composto por um corpo técnico, protegido, tanto quanto possível, de influências políticas, sendo que a melhor forma de se alcançar tal objetivo é o fim da dita composição

---

[34] Cf. ROCHA, Sergio André, *Processo Administrativo Fiscal: Controle Administrativo do Lançamento Tributário*, 2010, p. 23-24.

[35] Cf. ROCHA, Sergio André, *Processo Administrativo Fiscal: Controle Administrativo do Lançamento Tributário*, 2010, p. 24-25.

paritária do Conselho Administrativo de Recursos Fiscais, para termos como paradigma a esfera federal, e a seleção, por concurso, de seus membros[36].

Contudo, a discussão não pode se estancar no processo administrativo. Nos últimos anos, vivenciamos no Brasil um movimento de inversão de valores, em que muitas vezes se crê mais na capacidade do órgão administrativo de julgamento para a revisão de um tema fiscal do que no Poder Judiciário. Tal inversão de valores, embora fundamentada empiricamente, não pode ser aceita pelo contribuinte. A existência de cortes qualificadas para julgar temas fiscais é essencial para que se desenvolva um Sistema Tributário Democrático. A este tema dedicaremos o item a seguir.

7. A Necessidade de uma reforma do processo judicial tributário

Para uma pessoa que não está habituada a atuar na defesa dos interesses dos contribuintes perante o Poder Judiciário, poderia parecer que o processo administrativo perderia importância, diante da possibilidade sempre aberta ao contribuinte de levar a questão à apreciação do Poder Judiciário, garantida pelo princípio da inafastabilidade da jurisdição, previsto no inciso XXXV do artigo 5º da Constituição Federal Brasileira de 1988.

Todavia, aqueles que advogam na área tributária certamente censurariam tal percepção apressada, na medida em que nem sempre é possível conseguir que o Judiciário reconheça a implausibilidade da exigência fiscal. Várias razões colaboram para tal situação:

Em primeiro lugar, é de se mencionar a quantidade enorme de processos entregues à apreciação judicial. É induvidoso ser impossível a prestação de um bom serviço jurisdicional quando um único juiz é responsável por apreciar centenas de processos, sobre variadas matérias, tendo, ainda, que atender aos advogados e despachar com estes os casos mais urgentes.

De outra parte, pode-se destacar o perceptível despreparo dos magistrados para a apreciação de questões relacionadas ao Direito Tributário, o qual é decorrência mesmo da reduzida importância dada a esta matéria desde as cadeiras das faculdades até as provas dos concursos públicos.

Esse problema não para apenas aqui, na falta de conhecimentos mais profundos acerca do Direito Tributário, vai além, na medida em que a solução das lides fiscais muitas vezes depende de conhecimentos de contabilidade que o magistrado muitas vezes ignora.

A especialização é a tônica do mundo contemporâneo. Se tivermos um problema no coração, não procuraremos um clínico geral, mas um cardiologista.

---

[36] Cf. ROCHA, Sergio André, *Processo Administrativo Fiscal: Controle Administrativo do Lançamento Tributário*, 2010, p. 394.

Não que aquele não tenha condições de, eventualmente, tratar do problema, mas certamente não o fará com a mesma celeridade e qualidade que o especialista.

O problema, no âmbito do processo judicial tributário, é que a maioria dos nossos julgadores são clínicos gerais, ou, o que pode ser ainda pior, especialistas em outras áreas.

Assim sendo, embora consigam apreciar as questões que lhes são postas, na maioria das vezes demoram muito mais do que seria necessário caso a matéria estivesse sendo examinada por um especialista em tributação.

Já passou a hora, portanto, de seguirmos em direção à criação de uma Justiça Tributária especializada, nos moldes do que ocorre com a Justiça do Trabalho e é a realidade, por exemplo, em diversos países da Europa Continental[37].

No Direito Brasileiro o controle dos atos administrativos é composto de duas esferas, a administrativa e a jurisdicional, sendo a primeira de opção facultativa ao contribuinte e não vinculante em caso de decisão desfavorável e a segunda a quem cabe decidir, de forma definitiva, sobre a questão relativa à legalidade, legitimidade e proporcionalidade de ato praticado pela Administração Pública.

Em diversos países da Europa Continental o exercício da jurisdição no que se refere ao controle dos atos administrativos tributários foi entregue a órgãos especializados de julgamento.

Na Alemanha, a Lei Fundamental determina, no inciso IV do seu artigo 19, o princípio da inafastabilidade da jurisdição, estabelecendo que no caso de violação a direito individual por autoridade pública o recurso às Cortes será garantido ao titular do direito lesado.

Por seu turno, o Direito Alemão estabelece uma Justiça Especial para as discussões referentes às questões administrativas, a exemplo do que ocorre no Direito Brasileiro com a Justiça do Trabalho e Justiça Militar. A grande vantagem dessa sistemática reside na alta especialização dos julgadores em matéria administrativa e tributária, possibilitando uma maior qualidade técnica das decisões proferidas pelos Tribunais.

O controle dos atos administrativos editados pela administração fazendária cabe também a uma Justiça Especial, prevendo o artigo 95 da Lei Fundamental alemã o Tribunal Financeiro Federal como órgão máximo da jurisdição administrativo-fiscal.

As regras acerca do controle jurisdicional dos atos administrativo-fiscais encontram-se previstas no *F.G.O.*, cujo § 1º estabelece que "a jurisdição fiscal é exercida por cortes administrativas especiais independentes, separadas das autoridades administrativas".

---

[37] Cf. ROCHA, Sergio André, *Processo Administrativo Fiscal: Controle Administrativo do Lançamento Tributário*, 2010, p. 127-149.

A Constituição Portuguesa, na mesma linha da Lei Fundamental Alemã, consagrou o princípio da inafastabilidade da jurisdição, no item 4 do artigo 268.

Estabelece, ainda a Constituição Portuguesa, no artigo 209, item 1, *"b"*, a inserção dos tribunais administrativos na estrutura judiciária, demonstrando a opção pela jurisdição especial, inserida no âmbito do poder judiciário. Conforme esclarece Monica Sifuentes " [...] os tribunais administrativos foram considerados pela Constituição da República Portuguesa como tribunais verdadeiros e próprios, na expressão de Gomes Canotilho"[38].

O artigo 106 da Constituição espanhola estabelece a competência dos tribunais para controlar o poder regulamentar, bem como a legalidade da atuação das autoridades administrativas, verificando, ainda, sua submissão às finalidades que lhes justificam. Regra de idêntico conteúdo se encontra inserida no artigo 8º da Lei Orgânica do Poder Judiciário Espanhol (LOPJ – Lei Orgânica nº 6/85).

A competência do Poder Judiciário para conhecer e julgar, em última instância, questões administrativas, encontra-se prevista no artigo 24 da LOPJ, que estabelece que:

Na ordem contencioso-administrativa será competente, em todo o caso, a jurisdição espanhola quando a pretensão que se deduza se refira a Disposições gerais ou a atos das Administrações públicas espanholas. Mesmo assim, conhecerá das que se deduzam em relação a atos dos Poderes públicos espanhóis, de acordo com o que disponham as leis.

Na Itália, a análise e julgamento de questões de natureza administrativa são de competência do Conselho de Estado e tribunais administrativos regionais.

O Conselho de Estado italiano trata-se de órgão que exerce dupla função, consultiva e jurisdicional, conforme estabelecem os artigos. 100 e 103 da Constituição, este último, inserido no título que trata do Poder Judiciário, com a seguinte redação: "O Conselho de Estado e outras cortes de justiça administrativa possuem jurisdição sobre litígios relativos a direito administrativo, bem como sobre lides de direito civil contra a administração pública, conforme específicas previsões legais".

Ao lado da jurisdição administrativa, há na Itália uma jurisdição administrativo fiscal especial, de forma que a solução das lides fiscais encontra-se excluída da competência decisória da jurisdição ordinária. Tal jurisdição administrativo-fiscal é composta pelas Comissões Tributárias de Primeiro Grau, as Comissões Tributárias de Segundo Grau e pela Comissão Tributária Central, com sede em Roma.

---

[38] SIFUENTES, Mônica. Problemas Acerca dos Conflitos entre a Jurisdição Administrativa e Judicial no Direito Português. *Revista de Direito Administrativo*, Rio de Janeiro, n. 227, jan.-mar. 2002, p. 169.

Em uma sociedade fundada sob o litígio, imaginar a redução do número de processos levados à apreciação do Poder Judiciário é como vislumbrar um futuro utópico, diante da realidade. Ademais, não se pode deixar de observar que a própria adoção de um sistema de autoliquidação é fator de aumento da litigiosidade no campo fiscal, o que aumenta a importância dos instrumentos de controle da legalidade dos atos tributários[39].

No que se refere aos problemas técnicos muitas vezes verificados no âmbito da magistratura, sua solução passa, necessariamente, pela reestruturação dos órgãos do Poder Judiciário, com a criação de cortes especializadas para o julgamento das questões tributárias[40].

Com isso, seria possível a seleção, para cargos da magistratura, de profissionais especializados em questões tributárias, mediante a realização de concurso específico, no qual matérias como a contabilidade poderiam ser incluídas no programa.

Assim, teríamos um corpo mais preparado de magistrados examinando as questões tributárias nas primeiras instâncias, o que certamente implicaria em uma prestação da tutela jurisdicional mais célere e com melhor qualidade técnica.

---

[39] Como bem posto por Heleno Tôrres, há uma relação entre a litigiosidade no campo fiscal e a insegurança jurídica gerada pelo Sistema Tributário. Como destaca o citado autor, "basta pensar que, pelas estatísticas, quase metade de todas as ações judiciais em curso no País são de natureza tributária (como exemplo, 37% de tudo o que tramita na Justiça Federal e 51% e 56% de todo o contencioso dos Estados de São Paulo e Rio de Janeiro, respectivamente), o que expõe a elevada conflitividade e, por conseguinte, a *insegurança* e o *estado de exceção permanente* das relações tributárias. Ao lado disso, leis e atos normativos sucedem-se freneticamente, nas distintas unidades do federalismo tributário brasileiro, deixando atônitos até mesmo os mais preparados e diligentes dos contribuintes que tentam cumprir com suas obrigações, ainda que nunca estejam seguros de que a tudo atenderam, sob permanente expectativa de serem vítimas de autuações tão gravosas quanto demoradas, afora fiscalizações excessivas ou cumulativas e, em muitos casos, até dos mesmos entes tributantes. A conveniência do erário e as limitações jurídicas de quem aplica as leis prevalecem sobre a técnica mais qualificada e a melhor hermenêutica jurídica. Leis vagas e lacônicas são feitas justamente para transferir ao Executivo reger o "estado de exceção" de que falamos [...]" (TÔRRES, Heleno Taveira. *Direito Constitucional Tributário e Segurança Jurídica: Metódica da Segurança Jurídica do Sistema Constitucional Tributário*. São Paulo: Revista dos Tribunais, 2011. p. 27).

[40] No mesmo sentido: BACELAR FILHO, Romeu Felipe. Breves Reflexões sobre a Jurisdição Administrativa: Uma Perspectiva de Direito Comparado. *Revista de Direito Administrativo*, Rio de Janeiro, nº 221, jan.-mar. 1998. p. 65-77; NOGUEIRA, Alberto. *O Devido Processo Legal Tributário*. 3. ed. Rio de Janeiro: Renovar, 2002. p. 84; FONROUGE, Carlos M. Giuliani. *Derecho Financiero*. 7. ed. Buenos Aires: Depalma, 2001. v. II. p. 806; FANUCCHI, Fábio. Processo Administrativo Tributário. In: PRADE, Péricles; Luiz Medeiros; CARVALHO, Célio Benevides (Coord.). *Novo Processo Tributário*. São Paulo: Resenha Tributária, 1975. p. 76-78.

Por fim, há que se comentar a necessidade da prestação de uma tutela adequada pelo Poder Judiciário, aspecto que se reveste de vital importância para a garantia dos contribuintes contra exigências indevidas por parte das autoridades fazendárias.

Cumpre observar, todavia, que a presente questão encontra-se vinculada àquelas que foram examinadas acima, na medida em que somente um corpo de magistrados que seja profundamente conhecedor dos temas relacionados ao Direito Tributário tem, condições de, em um curto espaço de tempo prestar uma tutela jurisdicional adequada.

Um juiz tributário deve entender profundamente a legislação e a teoria tributárias, mas não só isso. É importante que tenha sólidos conhecimentos de contabilidade e entenda a "matemática dos tributos".

8. Conclusão

A missão deste artigo foi ressaltar a importância do processo tributário como medida da justiça de um Sistema Fiscal. Muitas vezes focamos os debates na carga tributária nominal e nas regras de incidência tributária, e deixamos de lado o fato de que, sem órgãos de aplicação, revisão e julgamento de qualidade, os melhores ordenamentos tributários convertem-se em instrumentos de opressão e injustiça. Nesse contexto, parece-nos que o Brasil está a precisar de uma reforma sistêmica no que se refere ao processo tributário, sendo o momento para iniciarmos uma agenda positiva sobre a matéria.

* * *

O Conceito de Estabelecimento Estável para efeitos de IVA

TÂNIA MEIRELES DA CUNHA
Juiz de Direito

1. Notas introdutórias

A noção de "estabelecimento estável" assume relevância inquestionável, ao nível tributário, estejamos nós a falar de impostos sobre o rendimento ou de impostos sobre o consumo.

Ao nível da tributação directa, o seu conceito tem sido objecto de análise, designadamente pela OCDE, que, nos comentários do Modelo de Convenção Fiscal sobre o Rendimento e o Património, especificamente ao seu artigo 5º, tem vindo a introduzir orientações, em termos interpretativos, com algum grau significativo de especificação e concretização.

Por seu turno, no direito nacional, o Código do IRC tem vindo a fornecer algumas directrizes de densificação do conceito, que têm sofrido algumas alterações ao longo do tempo, situando-se, nos dias de hoje, de forma mais clara, em termos fundamentalmente semelhantes aos que resultam dos comentários da Convenção Modelo da OCDE.

Se ao nível da tributação directa se têm vindo, ao longo dos anos, a sistematizar directrizes atinentes ao preenchimento do conceito em causa, o mesmo não ocorreu, durante vários anos, ao nível dos impostos sobre o consumo, *maxime* no âmbito do Imposto sobre o Valor Acrescentado.

Assim, quer a Sexta Directiva IVA (Directiva 77/388/CEE do Conselho, de 17 de Maio de 1977, relativa à harmonização das legislações dos Estados-Membros respeitantes aos impostos sobre o volume de negócios – sistema comum do imposto sobre o valor acrescentado: matéria colectável uniforme – de ora em diante, Sexta Directiva), quer a Directiva 2006/112/CE do Conselho de 28 de Novembro de 2006, relativa ao sistema comum do imposto sobre valor acrescentado, que revogou a primeira, não fornecem uma definição de estabelecimento estável, apesar de recorrerem a tal conceito sobremaneira.

Desde logo, é de chamar à colação o disposto no artigo 9º, da Sexta Directiva, cujo nº 1 determinava que "[p]or 'lugar da prestação de serviços' entende-se o lugar onde o prestador dos mesmos tenha a sede da sua actividade económica ou um estabelecimento estável a partir do qual os serviços são prestados ou , na falta de sede ou de estabelecimento estável, o lugar do seu domicílio ou da sua residência habitual".

Da mesma forma, a Directiva 2006/112/CE, que, na verdade, teve como mote necessidades de reformulação formal das Directivas suas precedentes, sem que tenha implicado alterações substanciais significativas, pelo menos num momento inicial, na versão inicial do seu artigo 43º – correspondente ao pretérito artigo 9º, nº 1, da Sexta Directiva, já referido – reproduzia o que já decorria da disciplina anterior.

Com as alterações decorrentes da Directiva 2008/8/CE do Conselho de 12 de Fevereiro de 2008[1], houve uma alteração às disposições gerais, na medida em que a regra geral passou a ser a da tributação no local do consumo, quando sejam prestadas os serviços a sujeitos passivos de IVA, ou a tributação na origem, quando sejam prestados a pessoas que não sejam sujeitos passivos (artigos 44º e 45º, da directiva – versão consolidada a 1 de Janeiro de 2011).

No entanto, independentemente das alterações introduzidas, que não cumpre nesta sede aferir, continua a ser um conceito transversal e fundamental, para efeitos de determinação da localização das prestações de serviços, o conceito de estabelecimento estável, porquanto, se o serviço for adquirido por sujeito passivo que seja estabelecimento estável ou se for prestado por estabelecimento estável, é à localização deste que se tem de atender.

Como tal, para preenchimento do conceito de estabelecimento estável, para efeitos de IVA, é naturalmente possível recorrer aos cânones interpretativos já sedimentados, ao nível do imposto sobre o rendimento[2].

---

[1] Transposta para o nosso ordenamento pelo Decreto-Lei nº 186/2009, de 12 de Agosto.

[2] Cfr. o Acórdão do Supremo Tribunal Administrativo, de 07 de Maio de 2008 (Processo 0200/08): "O Código do IVA, embora faça várias referências ao conceito de «estabelecimento estável» [artºs 2º, nº 1, alíneas e) e g), 6º, nºs 4, 6, 8, 9 e 10, 29º, nºs 1 e 2, 35º, nºs 9 e 12, 52º, nºs 2, 5 e 6, 70º, nºs 3 e 4, 71º, nº 11, 84º, nº 2] não fornece a respectiva definição.
A LGT também usa esse conceito nos arts. 19º, nº 1, alínea b), e 27º, nº 1, mas também não define o conceito.
A definição desse conceito de «estabelecimento estável» consta, porém, do art. 5º do CIRC, que deverá ser aplicado por analogia também para efeitos de IVA, pois não se vislumbra qualquer razão para ser utilizado um conceito distinto.
(...) A Sexta Directiva (nº 77/388/CEE, de 17-5-1977), relativa à harmonização das legislações dos Estados-Membros respeitantes aos impostos sobre o volume de negócios, também não define o conceito de estabelecimento estável, mas o conceito que vem sendo adoptado pela jurisprudência do TJCE é semelhante a este, considerando-se que «um estabelecimento de uma sociedade num

É preciso, no entanto, ter em conta que, de um lado, estamos perante tributação directa e que, noutro, perante tributação indirecta, cujos paradigmas são distintos, o que pode relevar em sede de densificação de conceitos.

Aliás, veja-se o que a esse propósito se refere no Acórdão do Tribunal de Justiça de União Europeia (TJUE) *FCE Bank plc* (Pº C-210/04): "Relativamente à Convenção OCDE, deve dizer se que a mesma é irrelevante, uma vez que incide sobre a fiscalidade directa enquanto o IVA se insere na tributação indirecta".

Como tal, é fundamental, num primeiro momento, atentar no papel da jurisprudência do TJUE, que tem vindo a introduzir caracteres de densificação de tal conceito.

Por outro lado, recentemente, o Regulamento de Execução (UE) nº 282/2011 do Conselho de 15 de Março de 2011[3], que estabelece medidas de aplicação da Directiva 2006/112/CE relativa ao sistema comum do imposto sobre o valor acrescentado, veio finalmente densificar uma série de conceitos, ao nível do IVA, designadamente o de estabelecimento estável.

Assim, na presente exposição pretende-se fazer quer uma abordagem de alguns dos acórdãos paradigmáticos do TJUE, nesta matéria, que apontaram caminhos interpretativos, no âmbito da Sexta Directiva, caminhos esses que se mantêm no actual contexto, atendendo à manutenção dos caracteres substantivos essenciais dos regimes e que viram consagração no Regulamento de Execução, quer uma abordagem do contexto actual, atendendo precisamente à publicação deste regulamento.

2. O estabelecimento estável em IVA

Como referido, a conceito de estabelecimento estável é um conceito com relevo significativo em termos de IVA.

Desde logo, em termos de definição do local de prestação do serviço em causa, é relevante, se tal prestação foi efectuada por um determinado sujeito passivo de IVA ou por um seu estabelecimento estável.

A este respeito veja-se, desde logo, os já referidos artigos 44º e 45º, da Directiva 2006/112/CE, que introduzem, como critério de base, para definição dos elementos de conexão, em termos de determinação do lugar de prestação de serviços:

Estado-Membro que não o da sede da sua actividade económica só pode ser considerado lugar das suas prestações de serviços, na acepção do artigo 9º, nº 1, da Sexta Directiva 77/388 relativa à harmonização das legislações dos Estados-Membros respeitantes aos impostos sobre o volume de negócios, quando apresente um grau suficiente de permanência e uma estrutura apta, do ponto de vista do equipamento humano e técnico, a tornar possíveis, de modo autónomo, as prestações de serviços consideradas» (Colectânea da Jurisprudência, 1997, página I-04383)" (sublinhados nossos).

[3] Cfr., a este respeito, o Ofício-Circulado nº 30128/2011 – 06/07 – DSIVA.

– Se efectuadas a um sujeito passivo agindo nessa qualidade, o lugar onde esse sujeito passivo tem a sede da sua actividade económica; mas se tais serviços forem prestados a um estabelecimento estável do sujeito passivo, situado num lugar diferente daquele onde este tem a sede da sua actividade económica, o lugar das prestações desses serviços é o lugar onde está situado o estabelecimento estável. Na falta de qualquer dos critérios referidos, atender-se-á ao lugar onde o sujeito passivo destinatário tem domicílio ou residência habitual;

– Se efectuadas a quem não seja sujeito passivo, o lugar onde o prestador tem a sede da sua actividade económica; no entanto, se tais serviços forem prestados a partir de um estabelecimento estável do prestador, situado num lugar diferente daquele onde o prestador tem a sede da sua actividade económica, o lugar das prestações desses serviços é o lugar onde está situado o estabelecimento estável. Na falta de qualquer dos critérios referidos, atender-se-á ao lugar onde o sujeito passivo destinatário tem domicílio ou residência habitual.

O critério prioritário é, desde logo, o que se pode, no fundo, chamar de critério natural, o da sede da actividade económica.

A este respeito, vejam-se, designadamente, os Acórdãos *Berkholz*, de 4 de Julho de 1985 (Processo 168/84), *Faaborg-Gelting Linien*, de 2 de Maio de 1996 (Processo C-231/94 – n. 16) e *ARO Lease*, de 17 de Julho de 1997 (Processo C-190/95 – n. 15), onde se sublinha precisamente tal carácter prioritário da conexão, entendendo-se que o recurso ao critério do estabelecimento estável só se justifica quando "... a ligação com a sede não levar a uma solução racional do ponto de vista fiscal ou crie um conflito de interesses com outro Estado-Membro".

Por outro lado, há que ter em conta que o artigo 9º, nº 2, da Sexta Directiva, que encontra paralelo actualmente nos artigos 46º e seguintes, da Directiva 2006/112/CE, fornecia alguns critérios de conexão mais densificados, face ao nº 1 do artigo 9º, atendendo à natureza da prestação de serviço em causa ou às suas particularidades.

Desta forma, pretendeu o legislador comunitário evitar situações de dupla tributação e/ou de dupla não tributação [cfr. caso *RAL (Channel Islands) Ltd* – Processo C-452/03, n. 23 e ampla referência jurisprudencial aí contida].

A este propósito, surgiu a questão da relação entre os nºs 1 e 2 do artigo 9º, da Sexta Directiva, designadamente saber se existiria alguma relação de prevalência do nº 1 face ao nº 2.

Esta questão implicou uma tomada de posição, ao nível da jurisprudência do TJUE, de entre a qual se destaca, designadamente, o Acórdão *Dudda*, de 26 de

Setembro de 1996 (Processo C-327/94), onde se referiu que, "no que respeita à interpretação do artigo 9º, não existe qualquer proeminência do nº 1 sobre o nº 2 dessa disposição. A questão que se coloca em cada situação concreta é a de saber se ela é regida por um dos casos mencionados no artigo 9º, nº 2; se o não for, inclui-se no nº 1" (n. 21).

Como tal, sendo certo que existem critérios de conexão mais específicos do que outros, mais genéricos, não cabendo o caso concreto num dos critérios específicos previstos, atender-se-á aos critérios genéricos.

Verifica-se, pois, pelo que muito sumariamente enunciámos, que o conceito de estabelecimento estável para efeitos de IVA é um conceito fundamental, para determinação do elemento de conexão relevante, por sua vez fundamental para efeitos de definição da obrigação de imposto subjacente.

Não obstante esta importância inquestionável, a verdade é que durante largos anos não foi objecto de sedimentação neste âmbito o conceito que ora nos ocupa, como já se deixou referido[4].

É certo que foram dados, no entremeio, alguns passos.

Com efeito, a Proposta de Décima Nona Directiva do Conselho, que previa alterações à Sexta Directiva (COM/84/648FINAL), continha o aditamento de um nº 4 ao artigo 9º desta última, no sentido de aí criar um conceito formal de estabelecimento estável, para efeitos de IVA. A proposta de Directiva veio a ser retirada em 1993, pela Comissão.

Como referido pelo Advogado-Geral La Pergola, nas suas conclusões, no caso *DFDS* (Processo C-260/95), "o facto de o legislador ter optado por não introduzir no artigo 9º uma modificação normativa assim concebida, explica-se precisamente, em meu entender, porque se quis sublinhar o carácter substancial da noção de 'estabelecimento estável'. Esta noção é de natureza tipicamente económica (...). Designa exclusivamente um estabelecimento a partir do qual pode ser efectuada uma prestação – em razão da suficiência dos meios humanos e técnicos destinados a efectuá-la – e é efectivamente efectuada".

Finalmente, no Regulamento de Execução (UE) nº 282/2011 veio introduzir um conceito de estabelecimento estável, na linha, aliás, do que já vinha sendo defendido noutras instâncias, como infra se densificará.

Assim, e citando o seu considerando 14, "[a] fim de garantir a aplicação uniforme das regras relativas ao lugar onde são efectuadas as operações tributáveis, importa clarificar conceitos como o de sede da actividade económica, estabelecimento estável, domicílio ou residência habitual. Tendo embora em conta

---

[4] Cfr., a este propósito, Ben J. M. Terra e Peter J. Wattel, *European Tax Law*, 5ª Ed., Kluwer, 2008, p. 154.

a jurisprudência do Tribunal de Justiça, a utilização de critérios tanto quanto possível claros e objectivos deverá facilitar a aplicação prática destes conceitos".

Essencial, para a análise do conceito de estabelecimento estável, para efeitos de IVA, é naturalmente assentar nos caracteres fundamentais de referência deste imposto, a ter sempre presentes.

Em termos gerais, e na esteira do afirmado pelo TJUE no Acórdão *DFDS* (C-260/95), "... a tomada em conta da realidade económica constitui um critério fundamental para a aplicação do sistema comum do IVA".

Aliás, como resulta, designadamente, das conclusões do AG La Pergola, neste processo, é fundamental, ao nível do IVA, aferir onde é que a prestação é fornecida ao consumidor, porquanto este imposto deve ser adequado à realidade económica, sendo que esta, uma vez que estamos perante um imposto geral sobre o consumo, tem naturalmente como critério de base o já referido do local do consumo.

Logo, critérios demasiado formais, neste domínio, como por exemplo apenas ser considerado o local da sede, foram desde logo afastados, como regra única, coexistindo, como já referido, com outros critérios, precisamente para adequar a tributação à realidade económica que lhe está subjacente.

Esta franca dependência e importância da realidade económica é sublinhada nas decisões do TJUE, que casuisticamente aferem as características das prestações concretamente fornecidas e dos termos em que o foram, para daí chegar à sua realidade económica e determinar, nesse seguimento, se uma determinada realidade em concreto configura estabelecimento estável para efeitos de IVA.

3. Contributos do TJUE para uma aproximação ao conceito

Como já referido, a jurisprudência do TJUE tem desempenhado, neste domínio, como noutros, um papel ímpar na determinação dos caracteres densificadores do conceito em análise.

Assim, e tomando como ponto de partida a premissa de que é critério fundamental para a aplicação do sistema comum do IVA a tomada em conta da realidade económica, é incontornável fazer uma abordagem por alguns dos acórdãos que focam a problemática em causa.

3.1. *Acórdão Berkholz*, de 4 de Julho de 1985 (Processo 168/84)

Este acórdão é o *leading case*, em termos de definição dos caracteres essenciais de um estabelecimento estável, para efeitos de IVA.

A estabilidade do regime substantivo leva a que todas as conclusões deste acórdão se mantenham actuais, tendo sido nele definidas as premissas fundamentais para caracterização daquilo que se deve entender por estabelecimento estável, para efeitos de IVA; mantendo-se, como referido, tais premissas actuais, serão sim de considerar as especificidades concretas que vão surgindo, casuisticamente, e que permitem aferir, em circunstâncias distintas, a aplicação das já referidas premissas.

No caso *Berkholz* estava em causa uma empresa, domiciliada em Hamburgo, cuja actividade se prendia designadamente com a exploração de máquinas de azar, *juke boxes* e outros aparelhos idênticos.

Sendo certo que a maioria da sua actividade se desenvolvia junto de cafés da zona, foram ainda instaladas algumas máquinas a bordo de embarcações que faziam percursos regulares entre a Alemanha e a Dinamarca.

A Administração Tributária alemã, neste caso, considerou que seria de tributar a totalidade do volume de negócios obtido pela *Berkholz* através das máquinas instaladas nas embarcações, considerando que tal volume de negócios é do estabelecimento da sociedade em Hamburgo.

Já a *Berkholz* entendeu que os serviços foram prestados através de um centro de exploração ou através de um estabelecimento estável, consubstanciado nas máquinas instaladas nas embarcações.

Nesse seguimento, a questão prejudicial que foi colocada ao TJUE prendeu-se com a interpretação do conceito de estabelecimento estável, na medida em que se pretendia saber se o mesmo abrangia uma instalação, destinada a uma actividade comercial como a dos autos (exploração de máquinas de azar), num barco que navegue em alto mar fora das águas territoriais.

Nesse sentido, o *Finanzgericht* no fundo pretendia densificar o conceito de estabelecimento estável.

O que estava em causa era a interpretação do artigo 9º, da Sexta Directiva IVA, que, como já referido, determinava que o 'lugar da prestação de serviços' era o lugar onde o prestador dos mesmos tivesse a sede da sua actividade económica ou um estabelecimento estável a partir do qual os serviços fossem prestados ou, na falta de um ou outro, o lugar do seu domicílio ou da sua residência habitual.

Neste contexto, o TJUE salientou as seguintes premissas:

- Um estabelecimento, para poder ter tal qualificação, tem de ter uma consistência mínima. Esta consubstancia-se na existência de um mínimo de meios humanos e técnicos;
- Esta consistência pressupõe a continuidade. *In casu*, o facto de a intervenção nas máquinas, por parte do pessoal da *Berkholz*, ser uma intervenção pontual, descontínua, afastava a hipótese de que existisse ali um estabelecimento estável;
- Pressupõe ainda permanência, que impeça que os serviços prestados não possam ser imputados à sede.

Como referido pelo Advogado-Geral Poiares Maduro, nas suas conclusões, no caso *RAL (Channel Islands) Ltd* (Processo C-452/03):

"No acórdão Berkholz, o Tribunal de Justiça estabeleceu os critérios relevantes para a interpretação deste conceito ao afirmar que não se pode considerar que um serviço foi prestado a partir de um estabelecimento estável na acepção do artigo 9º, nº 1, a não ser que apresente 'uma dimensão mínima e que estejam presentes com permanência tanto os recursos técnicos como os humanos necessários para a prestação do serviço'. (...) A total inexistência de pessoal afectado numa base permanente à prestação do serviço relativa a máquinas de jogo a bordo das embarcações foi um elemento decisivo para afastar a presença de um 'estabelecimento estável' na acepção do artigo 9º, nº 1.

(...) Em todo o caso, o Tribunal só exigiu que existisse uma 'dimensão mínima' do estabelecimento e nem mais nem menos do que os recursos 'necessários' para a prestação de serviços de forma permanente. O Tribunal não determinou que a presença permanente de todos os recursos humanos e técnicos possíveis, possuídos pelo próprio prestador, num determinado lugar, fosse uma condição prévia para concluir que o prestador tinha um estabelecimento estável nesse lugar. Isso leva, a meu ver, à adopção de um teste de condições mínimas para caracterizar um determinado conjunto de circunstâncias como constitutivo de um 'estabelecimento estável' na acepção do artigo 9º, nº 1...".

3.2. *Acórdão Faaborg-Gelting Linien A/S* contra *Finanzamt Flensburg*, de 2 de Maio de 1996 (Processo C-231/94)

O relevante, neste processo, para efeitos da presente exposição, não é tanto a caracterização do estabelecimento estável, mas a análise feita ao nível da tipologia de serviços em causa – serviços de restauração.

O caso em análise tinha a ver com a tributação de operações consistentes no serviço de refeições para consumo a bordo dos *ferry-boats*, que efectuavam carreiras regulares entre o porto de Faaborg (Dinamarca) e o de Gelting (Alemanha).

A *FG-Linien*, empresa dinamarquesa, entendeu que, quanto às refeições prestadas nos *ferrys*, não tinha de as declarar perante as autoridades fiscais alemãs. Já estas entenderam que, *in casu*, deveria ser tributada a entrega de bens que ocorresse sob a sua jurisdição.

O TJUE considerou que o serviço de restauração, nos termos em que ocorria em causa (que implicava que fossem confeccionadas e servidas as refeições), consubstancia uma prestação de serviços, e não uma entrega de bens.

Assim, nessa sequência, atendendo ao critério prioritário da sede e considerando que, no caso, não se verificavam os requisitos definidos no acórdão *Berkholz*, o TJUE entendeu que as prestações em causa deveriam ser tributadas na Dinamarca.

3.3. Acórdão DFDS, de 20 de Fevereiro de 1997 (Processo C-260/95)

No caso em apreço a situação prende-se com o regime especial das agências de viagens.

In casu, a *DFDS* é uma sociedade de direito dinamarquês, cujo objecto social é a navegação, as viagens e o transporte em geral, e tem uma filial inglesa, a *DFDS Ltd*.

Entre ambas as sociedades foi celebrado um contrato de agência, "... que designa a segunda como «agente geral de vendas e de porto» da primeira no Reino Unido e como «serviço central de reservas para o Reino Unido e a Irlanda para todos os serviços de passageiros» da sociedade dinamarquesa".

A Administração Fiscal inglesa entendeu que a *DFDS* dispunha de estabelecimento estável no seu território, por força do contrato celebrado, ao contrário do que entendia a *DFDS*, que ia no sentido de que a sua actividade deveria ser tributada na Dinamarca.

Neste caso são de sublinhar as seguintes premissas, para além das que já decorriam da jurisprudência *Berkholz* (designadamente a existência de meios humanos e técnicos):

- O facto de a *DFDS Ltd* ser uma sociedade distinta da *DFDS* não implica que seja independente desta. Assim, refere-se no acórdão: "... o facto de as instalações da filial inglesa, que tem a sua própria personalidade jurídica, lhe pertencerem e não pertencerem à DFDS, facto posto em relevo pelo VAT Tribunal, não é suficiente, por si só, para provar que a primeira é realmente independente da segunda. Pelo contrário, resulta das informações constantes do despacho de reenvio, designadamente da detenção pela DFDS da totalidade do capital da sua filial e das diversas obrigações contratuais impostas a esta pela sua casa-mãe, que a sociedade estabelecida no Reino Unido actua como um simples auxiliar desta última" (n. 26);
- Havendo uma sociedade que actua como simples auxiliar de outra, dispondo de meios humanos e técnicos que lhe conferem uma consistência mínima, a primeira funciona como estabelecimento estável da segunda.

3.4. *Acórdãos ARO Lease* (Processo C-190/95), de 17 de Julho de 1997, e *Lease Plan* (Processo C-390/96), de 7 de Maio de 1998

Nos processos *Aro Lease* e *Lease Plan Luxembourg S. A.*, em termos de matéria de facto, ambos abordavam situações de locadoras de automóveis, colocando-se, de forma mais precisa, a questão da densificação do que é estabelecimento estável, para efeitos de IVA, no exercício deste tipo de actividade[5].

---

[5] V. ainda o Acórdão *Cookies World Vertriebsgesellschaft mbH iL*, de 11 de Setembro de 2003 (Processo C-155/01).

No caso *Aro Lease*, a situação de facto prendia-se com um litígio entre esta empresa e as autoridades fiscais neerlandesas.

A *Aro Lease* era uma empresa holandesa, que locou, em regime de *leasing*, cerca de 6000 veículos a clientes holandeses e 800 a clientes belgas.

Do ponto de vista de condições de facto, a *Aro Lease* não tinha qualquer escritório na Bélgica, sendo os contratos assinados na Holanda; na Bélgica dispunha, sim, de intermediários independentes, pagos mediante comissão, que não intervinham na celebração dos contratos.

A *Aro Lease* sempre cumpriu as suas obrigações fiscais em sede de IVA na Holanda.

No entanto, a Administração Fiscal belga entendeu que, o facto de a *Aro Lease* dispor de um parque automóvel da sua propriedade, implicava que esta empresa tivesse um estabelecimento estável na Bélgica a partir do qual procedia à locação de veículos no âmbito de contratos de *leasing*.

O caso *Lease Plan*, por seu turno, respeita a uma empresa luxemburguesa, cujos contratos eram sobretudo celebrados com clientes luxemburgueses.

No entanto, uma parte dos veículos (que representava 1% da totalidade dos veículos dados em *leasing*) foi dada em *leasing* a clientes belgas.

No caso, a Administração Fiscal belga negou o reembolso de IVA, entendendo que a *Lease Plan* tinha estabelecimento estável naquele país e, como tal, deveria cumprir naquele país as suas obrigações fiscais e solicitar o reembolso pelos mecanismos previstos para o efeito, através das declarações periódicas de IVA.

Logo, num e noutro caso, colocava-se de forma mais evidente a questão de definição das características do que se entenda como estabelecimento estável.

Assim, densificou-se no Acórdão *ARO Lease*: "o lugar onde o prestador estabeleceu a sede da sua actividade económica surge como um ponto de conexão prioritário, no sentido de que <u>a tomada em consideração de outro estabelecimento a partir do qual é feita a prestação de serviços só tem interesse no caso de a ligação à sede não levar a uma solução racional do ponto de vista fiscal ou criar um conflito com outro Estado-Membro</u>. Resulta do contexto dos conceitos utilizados pelo artigo 9º e da finalidade desta disposição que <u>a conexão de uma prestação de serviços com um estabelecimento que não seja a sede só entra em linha de conta se esse estabelecimento tiver uma consistência mínima, através da reunião permanente dos meios humanos e técnicos necessários para determinadas prestações de serviços</u> (acórdão de 4 de Julho de 1985, Berkholz, 168/84, Recueil, p. 2251, nᵒˢ 17 e 18).

(...) Por conseguinte, <u>para que, por derrogação ao critério prioritário da sede, um estabelecimento possa utilmente ser considerado lugar das prestações de serviços de um sujeito passivo, é necessário que apresente um grau suficiente de</u>

permanência e uma estrutura apta, do ponto de vista do equipamento humano e técnico, a tornar possíveis, de modo autónomo, as prestações de serviços consideradas.

(...) Por conseguinte, quando uma sociedade de leasing não disponha num Estado-Membro de pessoal próprio nem de uma estrutura que apresente um grau suficiente de permanência, no quadro da qual possam ser elaborados contratos ou tomadas decisões administrativas de gestão, estrutura essa que seja portanto apta a tornar possíveis, de modo autónomo, as prestações de serviços em questão, não se pode considerar que ela tem um estabelecimento estável nesse Estado" (sublinhados nossos).

No mesmo sentido, vai o Acórdão *Lease Plan* (Processo C-390/96).

Logo, na linha de entendimento do Acórdão *Berkholz*, pretendeu aferir-se as características em concreto da actividade, para daí se concluir pela (in)existência de estabelecimento estável.

Assim, e pondo o acento tónico nas mesmas características de base sistematizadas no Acórdão *Berkholz*, são de destacar, em termos casuísticos, as seguintes conclusões, destes acórdãos:

– Há que ter em conta as características específicas do negócio. *In casu*, atentou-se no facto de a actividade de *leasing* se caracterizar pela "... negociação, elaboração, assinatura e gestão dos contratos e na colocação à disposição material dos clientes dos veículos objecto do contrato, que permanecem propriedade da sociedade de leasing...";

– É necessário, atendendo a tais características, que haja uma estrutura (meios humanos e técnicos) que, autonomamente, possa desenvolver a actividade de *leasing*, para que haja estabelecimento estável – continuidade e permanência;

– Não é critério suficiente o do local de colocação de veículos à disposição material dos clientes no quadro de contratos de *leasing* nem o lugar de utilização dos mesmos veículos;

– Os intermediários independentes não podem ser considerados meios humanos permanentes da sociedade;

– O local relevante é o da execução material da prestação, sendo certo que, no caso, os contratos eram elaborados e assinados na sede.

3.5. *Acórdão RAL*, de 12 de Maio de 2005 (Processo C-452/03)

Este caso opôs, de um lado, a *RAL (Channel Islands) Ltd (CI)*, a *RAL Ltd*, a *RAL Services Ltd* e a *RAL Machines Ltd*, e, de outro, o *Commissioners of Customs & Excise*, estando em causa a determinação do lugar onde se consideram situados os serviços de exploração de máquinas de jogo a dinheiro.

No caso, a *CI* era uma sociedade constituída em Guernsey (Ilhas Anglo-Normandas) e as demais eram sociedades constituídas no Reino Unido.

Todas elas eram filiais da *RAL Holdings Ltd*, constituída no Reino Unido, constituindo assim o grupo *RAL*.

No âmbito de uma estratégia do grupo:

– Criaram a filial *offshore* referida supra (a *CI*), para a exploração das máquinas de jogo a dinheiro;
– A *RAL* era a titular dos contratos de arrendamento das instalações onde estão instaladas as máquinas de jogo a dinheiro e das licenças, concedendo à *CI* uma licença para instalar e explorar as máquinas nas referidas instalações;
– A *Machines* era a proprietária da totalidade das máquinas de jogo a dinheiro utilizadas pelo grupo RAL e titular das respectivas licenças, tendo celebrado um contrato de locação, segundo o qual fornecia as máquinas à *CI* e assegurava o seu bom funcionamento;
– A *Services* subcontratou à *CI* a gestão quotidiana das máquinas;
– A maioria do pessoal do grupo estava vinculado à *Services* e a *CI* não tinha pessoal próprio no Reino Unido.

A questão em discussão prendia-se com a localização dos serviços de exploração das máquinas, que, segundo o grupo, seria em Guernsey, *i.e.*, fora do território da União Europeia.

A Administração Fiscal entendeu que os serviços foram prestados no Reino Unido, considerando, aliás, que a *CI* era sujeito passivo de IVA naquele país.

No caso em concreto, atendendo à tipologia de prestação, estava-se perante um caso de actividades recreativas ou similares, cujo elemento de conexão é o da execução material das prestações – artigo 9º, nº 2, alínea c), da Sexta Directiva, sendo certo que o grupo RAL não perfilhava este entendimento, considerando que o objectivo principal do destinatário dos serviços era obter um ganho financeiro e não o entretenimento.

No entanto, *in casu*, o TJUE entendeu que o principal objectivo era este último, sendo lateral o ganho financeiro.

Portanto, no fundo o que se pretendia era aferir até que ponto a actividade da *CI* seria levada a cabo através de estabelecimento estável situado no Reino Unido, em virtude de, na verdade, não ser senão a empresa do grupo na qual todas as demais, através de instrumentos contratuais, 'delegaram', pelo menos formalmente, a execução do *core business* de cada uma delas e do grupo, visto em bloco.

No entanto, *in casu*, como o entendimento do TJUE foi no sentido de se estar perante uma situação enquadrável na al. c) do nº 2 do artigo 9º, da Sexta Directiva, acabou por não ter de se pronunciar sobre a questão prejudicial colocada, em termos de circunscrição do conceito de estabelecimento estável.

Contudo, são de sublinhar, a este respeito, as conclusões do Advogado Geral Poiares Maduro, neste processo, que, abordando todas as questões levantadas no âmbito do reenvio prejudicial, colocou o acento tónico nas seguintes premissas:

– Não havendo dúvidas que a sede da *CI* é em Guernsey, há que aferir se ela presta serviços através de um estabelecimento estável, atendendo às especiais características do grupo;

– Atentando à jurisprudência do TJUE, a dimensão exigível, para se poder falar em estabelecimento estável, para efeitos de IVA, é uma dimensão mínima: "O Tribunal não determinou que a presença permanente de todos os recursos humanos e técnicos possíveis, possuídos pelo próprio prestador, num determinado lugar, fosse uma condição prévia para concluir que o prestador tinha um estabelecimento estável nesse lugar". Nesse seguimento, o Advogado Geral Poiares Maduro refere-se à necessidade de efectuar um *teste de condições mínimas,* que passará pela aferição em concreto dos recursos humanos envolvidos, bem como de recursos físicos (instalações, escritório, armazém) – ou seja, é indispensável a aferição da *realidade factual económica e comercial* do caso concreto;

– No caso em concreto, o Advogado Geral entendeu fundamental ser de considerar a percepção externa dos clientes, sublinhando o facto de as máquinas de jogo estarem instaladas em locais específicos, com pessoal sempre presente, para atendimento e para tomar conta das instalações e máquinas. Considera que este elemento humano faz toda a diferença, no sentido de conferir um carácter de estabilidade à prestação de serviços de máquinas de jogo da *CI* nas salas de jogo. Aliado com o facto de estarmos perante salas estáveis, localizadas no Reino Unido, a componente física e humana fazem com que se esteja perante uma situação de estabelecimento estável;

– A questão mais controversa do caso é a de saber se tais instalações são especificamente estabelecimento estável da *CI* em território da UE, atendendo às já referidas relações contratuais daquela entidade com as demais empresas do grupo RAL, que implica que, no fundo, a *CI* não seja proprietária de qualquer máquina ou licença nem tenha celebrado qualquer contrato de trabalho. A este respeito, o Advogado Geral Poiares Maduro sublinha:

• "Não é absolutamente indispensável que as pessoas que trabalham nas salas de máquinas de jogos sejam pessoal próprio da CI";

• "A «estrutura» necessária irá inevitavelmente variar de acordo com o sector em causa";

- As sociedades irmãs da *CI* "... realizam para a CI apenas funções auxiliares relativamente à prestação de serviços relativos a máquinas de jogo";
- Exigir que o pessoal fosse trabalhador da *CI* ou as instalações e máquinas fossem sua propriedade poderia levar a resultados absurdos, em função das próprias estruturais actuais de funcionamento das diversas empresas, que passam por subcontratações de determinados serviços, que implicam, designadamente, que deixe de se contratar directamente pessoal;
- "... as prestações feitas neste sector específico dos serviços relativos a máquinas de jogo baseiam se em contratos autónomos celebrados entre cada cliente e a CI directamente através das próprias máquinas de jogo. Esses contratos são celebrados e executados inteiramente no território do Reino Unido cada vez que um cliente insere uma moeda numa máquina de jogo posta em funcionamento pela CI...".

3.6. *Acórdão FCE Bank*, de 23 de Março de 2006 (C-210/04)

A situação fáctica, neste processo, relacionava-se com uma sociedade, com sede no Reino Unido, que tinha por actividade o exercício de actividades isentas de IVA e que dispunha de um estabelecimento em Itália, o *FCE IT*.

Este estabelecimento beneficiou de determinadas prestações levadas a efeito pelo *FCE Bank, PLC* (consultoria, formação, tratamento de dados, entre outras), que auto-facturou, pedindo o respectivo reembolso de IVA, pedido tacitamente indeferido pela Administração Fiscal italiana.

A questão aqui subjacente era determinar se havia sujeição a IVA nas prestações efectuadas pela casa-mãe, por, no fundo, se tratar da mesma pessoa jurídica, atentando na falta de personalidade jurídica do *FCE IT*.

Neste acórdão, foram sublinhadas algumas características de um estabelecimento estável, que cumpre salientar:

- O facto de o risco económico não ser da sucursal, mas da casa-mãe, não colide com o facto de este poder ser sujeito passivo de IVA, uma vez que o artigo 9º, nº 1, da Sexta Directiva, se destina a determinar o sujeito passivo no que toca às transacções entre uma sucursal e terceiros
- Logo, para efeitos daquela disposição legal, não estão abrangidas as relações entre a sucursal e a sociedade-mãe: "um estabelecimento estável, que não é uma entidade jurídica distinta da sociedade em que se integra, situado noutro Estado Membro e ao qual a sociedade fornece prestações de serviços, não deve ser considerado sujeito passivo em razão dos custos que lhe são imputados pelas referidas prestações".

3.7. Elementos a considerar

Como referido pelo Advogado-Geral Philippe Léger, nas suas Conclusões, no caso *FCE Bank* (Pº C-210/04), "... resulta de jurisprudência assente que esse conceito implica que o estabelecimento secundário aberto num Estado-Membro por uma sociedade não residente disponha de meios humanos e técnicos necessários ao fornecimento de prestações de serviços que correspondam ao objecto social da referida sociedade".

Atentando, pois, na jurisprudência a que se fez referência e em jeito de sistematização, o conceito de estabelecimento estável, para efeitos de IVA, compreende as seguintes premissas:

3.7.1. Análise do vínculo face à sede

Prevalecendo, tal como referido, o critério do local da sede, este será sempre o ponto de conexão prevalecente.

Como tal, para que o mesmo seja afastado, há que aferir se este critério, como referido no Acórdão *Aro Lease*, leva ou a uma solução fiscalmente não racional ou a conflitos entre Estados Membros.

Ou seja, o primeiro passo a dar é aferir, desde logo, este tipo de ligação à sede.

3.7.2. A existência de uma consistência mínima permanente

Carácter fundamental, para efeitos de existir um estabelecimento estável, é o da necessidade de existência de um mínimo de consistência, quer em termos de meios humanos, quer em termos de meios técnicos.

Esta ideia pressupõe, por outro lado, a permanência, por forma a que os serviços prestados não possam ser imputados à sede.

Como resulta da jurisprudência referida, não basta a mera celebração de contratos ou a existência de um ou outro trabalhador num Estado-Membro diferente do da sede.

É necessário que haja uma estrutura, que obviamente poderá ter características distintas, atendendo, casuisticamente, ao tipo de actividade desenvolvida.

Mas tem de ser uma estrutura, com características de alguma permanência e que, atendendo às específicas particularidades da actividade em concreto, seja adequada à prossecução dessa mesma actividade.

Daí que, por exemplo, não seja suficiente a mera presença de funcionários de uma sociedade noutro Estado-Membro, para se considerar que haja um estabelecimento estável.

Aliás, um exemplo constante dos comentários ao Modelo de Convenção Fiscal sobre o Rendimento e o Património é nesta sede perfeitamente aplicável: num caso em que uma sociedade dê em locação a outra uma maquinaria, a utilizar no Estado-Membro da locatária, estando contratada a ida de trabalhadores da locadora, para efeitos de manuseamento da máquina, não é pelo facto de estarem no Estado-Membro da locatária a maquinaria e o pessoal manuseador que faz com que o locador aí tenha um estabelecimento estável. Falta-lhe, precisamente, a consistência mínima.

Naturalmente que o preenchimento deste conceito dependerá das próprias exigências e especificidades de cada actividade

Por outro lado, esta estrutura mínima tem subjacente a estabilidade.

O carácter da estabilidade implica que haja uma componente de permanência, de continuidade, à semelhança do que, aliás, se vislumbra ao nível dos impostos sobre o rendimento (veja-se o critério do período de permanência de 6 meses, previsto no artigo 5º, do CIRC).

4. O Regulamento de Execução (UE) nº 282/2011 do Conselho de 15 de Março de 2011

Como referido, foi recentemente aprovado o Regulamento de Execução (UE) nº 282/2011 do Conselho de 15 de Março de 2011, que estabelece medidas de aplicação da Directiva 2006/112/CE relativa ao sistema comum do imposto sobre o valor acrescentado.

Tratando-se de um regulamento, não carece de transposição, sendo que o seu artigo 65º determina a sua aplicabilidade a partir de 1 de Julho de 2011.

No que respeita especificamente ao conceito de estabelecimento estável, é de chamar à colação o seu artigo 11º.

Assim, no seu nº 1 foram acolhidos os princípios gerais que a jurisprudência europeia veio sedimentando:

"Para a aplicação do artigo 44º da Directiva 2006/112/CE, entende-se por «estabelecimento estável» qualquer estabelecimento, diferente da sede da actividade económica a que se refere o artigo 10º do presente regulamento, caracterizado por um grau suficiente de permanência e uma estrutura adequada, em termos de recursos humanos e técnicos, que lhe permitam receber e utilizar os serviços que são prestados para as necessidades próprias desse estabelecimento".

Por outro lado, no seu nº 2 estabelece algumas regras específicas, em termos de aplicação no tempo.

É ainda de sublinhar o disposto no seu nº 3, que determina que o facto de haver um simples número de identificação fiscal não faz com que haja estabelecimento estável.

BIBLIOGRAFIA

ELVIRA BENITO, David, *El establecimiento permanente*, Tirant lo Blanch, Valencia, 2007;

LONGAS LAFUENTE, Antonio, «Criterios delimitadores del establecimiento permanente en la jurisprudencia del Tribunal de Justicia de las Comunidades Europeas en los impuestos indirectos», *Cuadernos de Formacion*, Instituto de Estudios Fiscales, Vol. 6/2008, pp. 235-253;

OCDE, *Modelo de Convenção Fiscal sobre o Rendimento e o Património Comité dos Assuntos Fiscais da OCDE (Julho 2010)*, Centro de Estudos Fiscais, Lisboa, 2011;

PALMA, Clotilde Celorico, *Introdução ao Imposto Sobre o Valor Acrescentado*, Cadernos IDEFF, nº 1, 5ª Edição, Almedina, Coimbra, 2011;

TERRA, Ben J. M. e WATTEL, Peter J., European Tax Law, 5ª ed., Kluwer, 2008.

XAVIER, Alberto (Colaboração de Clotilde Celorico Palma e Leonor Xavier), *Direito Tributário Internacional*, 2ª Edição, Almedina, Coimbra, 2011.

"Um Portugal em busca da Competitividade perdida"

TIAGO MARREIROS MOREIRA
Advogado

FRANCISCO CABRAL MATOS
Advogado

1. Em busca da competitividade perdida

Portugal enfrenta na presente data um período especialmente difícil da sua história. Não só pelas dificuldades inerentes à economia nacional, mas especialmente pelo contexto global de instabilidade económica e financeira que caracteriza actualmente a Zona Euro e os seus principais parceiros económicos.

Uma análise retrospectiva da história de Portugal demonstra contudo que as épocas de crise têm funcionado não raras vezes como fomento da inovação e do empreendedorismo – sendo disso exemplo-mor a era dos Descobrimentos. Por essa razão, este é um excelente momento para relembrar a história de Portugal e a sua capacidade empreendedora na procura de oportunidades e "novos mundos" – e porque não colocar o Direito Fiscal ao serviço desse desígnio nacional?

Atendendo ao facto de Portugal ser uma economia de pequena dimensão, é especialmente importante que o sistema fiscal não constitua uma restrição ao investimento, sendo ao invés necessário que a definição das normas fiscais constitua parte integrante do conjunto de medidas tendentes à promoção do desenvolvimento.

2. Competitividade fiscal europeia

É hoje consensual na doutrina fiscal que *"O direito da actual União Europeia constitui uma fonte cada vez mais importante do direito fiscal"*[1]. Nesse sentido, salientava Saldanha Sanches que o Direito Fiscal da União Europeia pode ser em rigor conside-

---

[1] CASALTA NABAIS José, *Direito Fiscal*, Almedina (2004), pp. 180.

rado *"um novo tipo de Direito Fiscal Internacional"*[2] inerente à *"construção do mercado comunitário"*. Não obstante, ao contrário do que sucede no âmbito da tributação indirecta, inexistem no Tratado sobre o Funcionamento da União Europeia quaisquer normas expressamente aplicáveis ao domínio da tributação directa. Por esse motivo, é ainda reconhecida aos Estados Membros uma ampla margem de discricionariedade quanto a matérias da tributação directa, apesar da obrigação por parte dos Estados Membros em respeitarem os limites impostos pelas Liberdades Fundamentais. Por outras palavras, é lícito aos Estados Membros estruturar os seus sistemas fiscais como parte integrante dos mecanismos ao seu dispor para promover o investimento e o desenvolvimento económico.

Consequentemente, a União Europeia é hoje um espaço económico dinamizado em grande medida por uma forte concorrência fiscal, a qual tem fomentado um aperfeiçoamento generalizado dos regimes fiscais dos Estados Membros, tanto no que respeita ao reforço da segurança jurídica dos contribuintes, quanto à eficiência por parte da administração fiscal na aplicação e cobrança dos impostos. Com efeito, a abolição, ainda que progressiva, de fronteiras jurídicas ou económicas no seio do mercado interno sempre foi considerada uma condição essencial para a promoção da integração europeia. Na esteira desse objectivo, o Tribunal de Justiça da União Europeia tem vindo a repudiar a aplicação de instrumentos de política fiscal que não respeitem as Liberdades Fundamentais e que, no limite, consubstanciem práticas de concorrência fiscal desleal ou prejudicial entre os Estados Membros. Isto porque, ao criarem regimes fiscais "discriminatórios", os Estados Membros estão, de facto, a instituir artificialismos destinados a distorcer as regras de plena concorrência intra-comunitária, às quais se vincularam aquando da sua decisão de integrar uma realidade regional como a União Europeia.

Refira-se, ainda assim, que tal não equivale a dizer que os Estados Membros devem ficar alheados da possibilidade de promover a competitividade das suas economias e a atracção de investimento externo através do recurso à legislação fiscal. Reiteramos: a autonomia quanto à definição da política fiscal é característica da fiscalidade directa (a qual, como se referiu *supra*, constitui uma competência exclusiva dos Estados Membros).

Estamos, pois, convictos que Portugal não pode deixar de acompanhar essa tendência de especialização e aperfeiçoamento dos instrumentos de política fiscal. Atendendo à elevada mobilidade do capital e ao inegável fenómeno da globalização, a mais ínfima perda de eficiência do sistema fiscal português tem (e terá cada vez mais) como efeito a relocalização total ou parcial de operações, dos centros de decisão ou mesmo das estruturas societárias dos principais gru-

---

[2] SALDANHA SANCHES, José Luis, *Manual de Direito Fiscal*, Coimbra Editora, 2ª Edição (2002), pp. 65.

pos económicos, facto a que se tem vindo a assistir mais acentuadamente no passado recente.

Acresce que Portugal dispõe, na opinião dos autores, das condições necessárias para se posicionar como uma das principais plataformas de investimento da União Europeia na actualidade. A crescente afirmação internacional das economias de países de expressão portuguesa (v.g. Brasil, Angola, Moçambique, Timor-Leste, entre outros) coloca Portugal numa posição singular face a outras jurisdições e com especial vocação para aqueles mercados. E a este respeito, escusado será dizer que, sem embargo de medidas de carácter não fiscal que devem ser implementadas por Portugal, é inegável que a existência de um sistema fiscal eficiente é (e será cada vez mais no futuro) um dos elementos preponderantes para a atracção de investimento.

3. Competitividade fiscal mundial

A criação de condições de atracção de capitais estrangeiros para a economia portuguesa, através do posicionamento estratégico como plataforma de investimento nos mercados emergentes é também potenciada na actualidade face aos desenvolvimentos recentes ao nível internacional.

Saliente-se em particular a alteração (louvável) de paradigma a que se tem vindo a assistir em todo o mundo no que toca aos factores determinantes das decisões quanto ao destino e aos veículos de investimento. Com efeito, é já antiga a preocupação generalizada dos Estados mais desenvolvidos com o combate à competição fiscal desleal, através da redução (ou eliminação total) da carga fiscal, concretizada *in extremis* nos designados *paraísos fiscais*. Neste sentido, tem sido crescente a pressão internacional para que os sistemas fiscais sejam norteados, em geral, por princípios de equidade e ética fiscal, nomeadamente evitando que a aplicação de um determinado conjunto de normas interfira na integridade e na correcta aplicação de outros sistemas fiscais.

Neste contexto, em 1998, foi instituído pela Organização para a Cooperação e Desenvolvimento Económico (doravante "OCDE") o *"Forum on Harmful Tax Practices"*, no seio do qual se têm vindo a desenvolver um conjunto de projectos com o intuito de definir uma plataforma de entendimento global quanto ao que devem ser os princípios norteadores de qualquer sistema fiscal, de modo a promover uma concorrência saudável e promotora de ganhos de eficiência fiscal. Nesta senda, têm sido também promovidas iniciativas tendentes ao incremento da troca de informações e à celebração de convenções para a eliminação da dupla tributação, instrumentos que se encontram actualmente generalizados na prática fiscal internacional.

Por conseguinte, hoje mais que nunca o nível de eficiência e, consequentemente, de atractividade de um determinado sistema fiscal encontra-se muito dependente da credibilidade que esse sistema apresenta como um todo, a qual, por sua vez assenta nomeadamente na forma como as normas fiscais são interpretadas e aplicadas pela administração fiscal e, em última análise, pelos tribunais. Por outras palavras, pese embora sejam alvo de uma preocupação especial as normas de carácter substantivo, como as relativas à determinação da base de incidência e ao nível de tributação efectiva – por serem a face mais visível de qualquer sistema fiscal – outros factores têm vindo a adquirir particular relevância na escolha de uma determinada jurisdição, como sejam a estabilidade dos ordenamentos jurídicos, a forma de actuação das autoridades fiscais, a eficiência do sistema judicial e a credibilidade internacional dessas jurisdições, medida por exemplo através dos Acordos para evitar a Dupla Tributação (doravante "ADT") e dos Acordos sobre Promoção e Protecção Recíproca de Investimentos (vulgo, "Bilateral Investment Agreements" e doravante abreviados por "API").

Esta tendência mundial está em perfeita harmonia com os princípios de Direito Europeu acima referidos, conquanto tem sido apanágio das instituições europeias a promoção das medidas de concorrência fiscal positiva e o combate às práticas de concorrência desleal.

Neste contexto, sai uma vez mais reforçada a particular situação de Portugal no panorama europeu e mundial. A transição de modelos de sistemas fiscais baseados na concorrência fiscal desleal para sistemas dotados de maior credibilidade implica que a atractividade dos sistemas fiscais não se baste na simplicidade das normas e nos níveis de tributação efectiva, passando a estar intimamente ligada à estabilidade, eficiência e credibilidade do sistema jurídico e, como parte integrante deste, do sistema fiscal, enquanto elementos *activos* de promoção de investimento. Nesta matéria, é inquestionável a valia das relações sociais, políticas e económicas já amplamente desenvolvidas no seio da Comunidade dos Países de Língua Portuguesa ("CPLP").

Este é, por esse motivo, um momento fulcral na definição da política fiscal de médio e longo prazo que deve estruturar o sistema fiscal português, dotando-o dos mecanismos necessários para garantir um nível de eficiência fiscal semelhante ao de outras jurisdições, em especial no âmbito de transacções internacionais. Dito de forma mais simples, é necessário assegurar pelo menos que o sistema fiscal português é tão eficiente quanto o dos seus "concorrentes directos". Portugal tem uma economia nacional de pequena dimensão e, em função desta, a necessidade de investir no desenvolvimento de actividades económicas que possam suplantar as limitações físicas e geográficas inerentes ao nosso país. Portugal necessita de pensar "além-fronteiras" e colocar-se na posição de um país eficiente e atractivo para o investimento, sob o prisma de plataforma de acesso a outros mercados de maior dimensão e que apresentem elevadas taxas de crescimento económico. E para desenvolver este desígnio, afigura-se da maior relevância a revitalização do regime fiscal aplicável às Sociedades Gestoras de Participações Sociais (doravante "SGPS") mediante a adequação da tributação dos fluxos de rendimentos inerentes à função eminentemente financeira destas entidades, seja na perspectiva dos rendimentos recebidos de fonte estrangeira, nas transacções intra-grupo ou nos fluxos de rendimentos pagos a entidades não residentes.

Este artigo propõe-se exactamente analisar algumas características do sistema fiscal português com impacto directo na internacionalização da economia portuguesa, tendo em consideração algumas das vantagens comparativas actualmente reconhecidas a outras jurisdições e que devem ser levadas em consideração na definição da política fiscal de médio longo prazo em Portugal.

4. O sistema fiscal português
4.1. Eliminação da Dupla Tributação Económica

De acordo com o actual regime de eliminação da dupla tributação económica, estão excluídos de tributação[3] os lucros distribuídos a uma sociedade residente em Portugal, desde que (i) essa sociedade detenha uma participação directa no capital da sociedade que distribui os dividendos não inferior a 10%, (ii) a participação tenha permanecido na sua titularidade, de modo ininterrupto, pelo período de um ano previamente à data da colocação à disposição dos lucros (ou, se detida há menos tempo, desde que a participação seja mantida durante o tempo necessário para completar aquele período), (iii) a entidade que distribui os lucros seja residente em Portugal, num Estado Membro da União Europeia ou num Estado Membro do Espaço Económico Europeu que esteja vinculado a cooperação administrativa no domínio da fiscalidade equivalente à estabelecida no âmbito da União Europeia[4] e (iv) os lucros distribuídos tenham sido sujeitos a tributação efectiva (entendida como a sujeição a IRC ou outro imposto sobre os lucros idêntico ou análogo, e que dele não se encontrem excluídos nem isentos)[5].

Ainda ao nível do regime interno de eliminação da dupla tributação económica, encontra-se prevista a exclusão de tributação dos lucros distribuídos por sociedades residentes em países africanos de língua oficial portuguesa (doravante "PALOP") e em Timor-Leste[6], desde que verificadas as seguintes condições:

---

[3] Em conformidade com o disposto no artigo 51º do Código do IRC.

[4] Nestes casos, desde que as sociedades distribuidoras preencham os requisitos e as condições estabelecidos no artigo 2ª da Directiva 2011/96/UE, de 30 de Novembro ("Directiva Mãe-Filhas").

[5] A respeito do requisito da tributação efectiva, refira-se a interpretação seguida pela administração fiscal portuguesa, constante da Circular nº 24/2011, de 11 de Novembro.

[6] Cf. Artigo 42º do Estatuto dos Benefícios Fiscais.

a) a sociedade residente em Portugal esteja sujeita e não isenta de IRC e a sociedade distribuidora esteja sujeita e não isenta a um imposto sobre o rendimento análogo ao IRC;

b) a sociedade residente em Portugal, de forma directa, uma participação que represente, pelo menos, 25% do capital da sociedade afiliada durante um período não inferior a dois anos;

c) os dividendos distribuídos provenham de lucros da sociedade distribuidora que tenham sido tributados a uma taxa não inferior a 10% e não resultem de actividades geradoras de rendimentos passivos, designadamente royalties, mais-valias e outros rendimentos relativos a valores mobiliários, rendimentos de imóveis situados fora do país de residência da sociedade, rendimentos da actividade seguradora oriundos predominantemente de seguros relativos a bens situados fora do território de residência da sociedade ou de seguros respeitantes a pessoas que não residam nesse território, rendimentos de operações próprias da actividade bancária não dirigidas principalmente ao mercado desse território.

Em qualquer das situações descritas acima, sempre que os requisitos elencados *supra* não estejam verificados, os lucros distribuídos a uma sociedade residente em Portugal são incluídos no lucro tributável e sujeitos a IRC, com direito a um crédito de imposto por dupla tributação internacional, dedutível até à concorrência da parte da colecta do IRC proporcional aos dividendos líquidos, que corresponderá à menor das seguintes importâncias:

(i) Imposto sobre o rendimento pago no estrangeiro; ou

(ii) Fracção do IRC, calculado antes da dedução, correspondente aos rendimentos que no país em causa possam ser tributados, líquidos dos custos ou perdas directa ou indirectamente suportados para a sua obtenção.

Se existir ADT celebrado entre Portugal e o Estado da residência da sociedade distribuidora, o crédito de imposto por dupla tributação internacional não ultrapassa o montante máximo que pode ser cobrado nos termos previstos nesse ADT.

4.1.1. Interacção do regime de eliminação da dupla tributação económica com a tributação de mais-valias

O regime de exclusão de tributação dos lucros distribuídos não é, em regra, extensível a mais-valias realizadas com a alienação de participações sociais. Nos termos gerais, o saldo positivo entre as mais-valias e as menos-valias realizadas é englobado no lucro tributável e sujeito a IRC nos termos gerais. Por seu turno, o saldo negativo entre as mais-valias e as menos-valias realizadas é considerado apenas em 50% do seu valor[7].

Ainda assim, quando estejam respeitados o requisito da participação mínima (10% do capital social) e do período de detenção (um ano) a tributação das mais--valias é mitigada através do designado regime do reinvestimento. De acordo com este regime, o saldo positivo entre as mais-valias e as menos-valias é considerado em apenas 50% do seu valor desde que no exercício anterior ao da realização, no próprio exercício ou até ao fim do segundo exercício seguinte, o valor da realização for total ou parcialmente reinvestido na aquisição de participações sociais no capital de sociedades comerciais ou civis sob a forma comercial ou na aquisição, produção ou construção de activos fixos tangíveis, de activos biológicos que não sejam consumíveis ou em propriedades de investimento afectos à exploração (com excepção dos adquiridos em estado de uso a entidades ou pessoas singulares com os quais existam relações especiais).

Refira-se que esta possibilidade é negada sempre que as transmissões sejam efectuadas a entidades domiciliadas numa jurisdição sujeita a um regime fiscal claramente mais favorável constante de lista aprovada por portaria do Ministro das Finanças; ou com as quais existam relações especiais, excepto quando se destinem à realização de capital social, caso em que o reinvestimento considerar-se-á totalmente concretizado quando o valor das participações sociais assim realizadas não seja inferior ao valor de mercado daquelas transmissões.

É evidente a falta de eficiência do sistema português de eliminação da dupla tributação económica, por vários motivos. Em primeiro lugar, é um regime com um escopo bastante limitativo no que respeita às jurisdições das sociedades distribuidoras, por se aplicar apenas a sociedades residentes na União Europeia, no Espaço Económico Europeu, nos PALOP e em Timor-Leste. Por seu turno, a diferenciação feita entre o tratamento fiscal da distribuição de lucros e a tributação das mais-valias e menos-valias realizadas com a alienação das participações sociais constitui uma intromissão da lei fiscal na decisão económica que deve presidir à actuação das sociedades comerciais.

Neste enquadramento, é oportuno enaltecer o papel fundamental que tem vindo a ser desempenhado pelas SGPS, face ao regime especial de tributação das mais-valias que lhes é aplicável. Isto porque as mais-valias apuradas pelas SGPS estão excluídas de tributação desde que as participações sejam detidas por um período mínimo de um ano, nos termos do artigo 32º, nº 1 do Estatuto dos Benefícios Fiscais. Temos assim um regime geral – o previsto no artigo 51º do Código do IRC – que claramente se afasta da tendência internacional de tributar de igual modo as mais-valias mobiliárias e a distribuição de lucros, razão pela qual

---

[7] Cf. Artigo 46º *et seq.* do Código do IRC.

o desenho do sistema fiscal português para o futuro terá de aproximar-se, ainda que progressivamente, do regime especial aplicável por ora apenas às SGPS.

E compreende-se que assim seja, porquanto a distribuição ou não de lucros tem um efeito directo no valor de mercado de uma dada participação social, pelo que a criação de um regime fiscal diferenciador constitui somente uma limitação à livre decisão (que deveria ser económica e não fiscal) dos agentes económicos e um convite a um planeamento fiscal totalmente desnecessário.

4.2. Regime Especial de Tributação de Grupos

A existência de um regime de tributação de grupos de sociedades é igualmente um factor da máxima relevância para a atracção de investimento. Encontram-se hoje identificadas inúmeras razões económicas que poderão justificar a necessidade de criação de uma estrutura societária complexa, nomeadamente a especialização em ramos de actividade (autónomos ou complementares entre si), a aposta individualizada em mercados regionais ou locais, a criação de parcerias que impliquem a detenção partilhada de veículos de investimento (como no caso de *joint ventures*) ou simplesmente a intenção de delimitação do risco de uma determinada actividade ou investimento – factor cada vez mais preponderante nas decisões de investimento tomadas no actual contexto económico.

Tal como se encontra hoje previsto, o regime português de tributação de grupos (designado Regime Especial de Tributação de Grupos de Sociedades[8], ou "RETGS") segue de perto o sistema norte-americano, permitindo a consolidação do lucro tributável (ou prejuízo fiscal) de cada sociedade integrante do grupo. Não estamos, portanto, perante uma plena consolidação fiscal, uma vez que se consolidam os resultados que derivam do procedimento de apuramento individual levado a cabo por cada sociedade.

Genericamente, o RETGS é um regime optativo aplicável sempre que uma sociedade detenha directa ou indirectamente, e por um período mínimo de um ano, pelo menos 90% do capital de outra ou outras sociedades, desde que tal participação lhe confira mais de 50% dos direitos de voto (designando-se esta por "sociedade dominante"). Acresce que somente podem beneficiar do RETGS sociedades com sede e direcção efectiva em território português.

Apesar do (relativo) ganho de eficiência, este é ainda um regime pouco competitivo, tendo em conta os requisitos necessários, o período mínimo de permanência das sociedades no grupo e os formalismos a ele associados.

Ainda no que se refere à tributação dos grupos de sociedades, outras normas devem ser chamadas à discussão. Isto porque, a par de razões económicas válidas, estão historicamente associados a relações de grupo diversos fenómenos

---

[8] Cf. Artigo 69º *et seq.* do Código do IRC.

de planeamento fiscal agressivo, como a erosão da matéria tributável através de operações de financiamento e fixação de preços de transferência em condições distintas das praticadas em mercado concorrencial. Em reacção a esses fenómenos, estão hoje amplamente enraizadas em diversos sistemas fiscais, entre outras, normas atinentes a subcapitalização e preços de transferência.

Considerando que as normas de subcapitalização previstas no Código do IRC se aplicam apenas no âmbito de relações especiais entre sociedades portuguesas e sociedades residentes fora da União Europeia, o escopo de aplicação daquelas não se cruza de todo com o do RETGS. O mesmo não se poderá dizer das normas relativas a preços de transferência. De uma forma ou de outra, é sempre interessante sob o prisma técnico, e relevante sob a perspectiva da competitividade fiscal portuguesa, acompanhar o modo como interagem as normas anti-abusivas – como as atinentes a subcapitalização e preços de transferência – e os regimes de tributação de grupos em vigor noutras jurisdições europeias. Disso daremos conta adiante.

4.3. Reporte de prejuízos fiscais

Por último, importa ainda fazer referência ao regime de reporte de prejuízos fiscais, tendo em conta a sua importância no contexto do desenvolvimento de uma actividade económica. No âmbito da internacionalização, este regime será especialmente relevante sempre que estejam em causa sociedades que tenham por objecto actividades operacionais (e.g. funções de investigação e desenvolvimento de *know-how*, prestação de serviços, produção, etc.) ou mesmo, no contexto da mera detenção de participações sociais, no que se refere às actividades geradoras de rendimentos sujeitas a IRC e dele não isentas, como será o caso dos juros cobrados no âmbito de financiamentos intra-grupo. Refira-se que o reporte de prejuízos fiscais surge, no que à fiscalidade diz respeito, em resultado da aplicação do Princípio da Anualidade (ou do Princípio da Especialização dos Exercícios), nos termos do qual a "vida" de uma sociedade é segmentada *artificialmente* em períodos de tributação – em regra de doze meses – que permitam o apuramento regular da matéria tributável sobre a qual incide o IRC. Dito por outras palavras, o instituto do reporte de prejuízos fiscais justifica-se na necessidade de *neutralizar* o efeito da ficção jurídica que é o período tributário, admitindo que no período tributário subsequente seja recuperada a situação patrimonial (fiscal) da sociedade na exacta medida em que se encontrava no final do período de tributação precedente. Compreende-se assim a razão de ser dos regimes que admitem um reporte ilimitado de prejuízos fiscais (conforme alguns dos exemplos que iremos analisar adiante).

Entre nós, o regime do reporte de prejuízos fiscais sempre tendeu a ser limitativo – senão no mais, pelo menos temporalmente – e tem vindo a afastar-se cada vez mais da prática generalizada na União Europeia.

Desde o período tributável de 1996 até à entrada em vigor da Lei nº 3-B/2010, de 28 de Abril (em 29 de Abril de 2010), era possível o reporte de prejuízos fiscais, através da sua dedução ao lucro tributável de um ou mais dos seis períodos de tributação posteriores ao do período em causa, sem mais limitações (*vide* Decreto-Lei nº 18/97, de 21 de Janeiro). Contudo, com a entrada em vigor daquela Lei, o período de reporte de prejuízos fiscais ficou limitado a apenas quatro períodos de tributação.

Mais recentemente, a Lei do Orçamento do Estado para 2012 (Lei nº 64-B/2011, de 30 de Dezembro) veio aumentar o período em que os prejuízos fiscais podem ser deduzidos de quatro para cinco períodos de tributação. No entanto, introduziu também uma limitação à dedução. A partir do período de tributação de 2012, inclusive, a dedução de prejuízos fiscais não pode exceder o montante de 75% do respectivo lucro tributável do período em questão.

Por conseguinte, esta é uma matéria que também deverá merecer particular atenção com vista a tornar o sistema fiscal português atractivo para a captação de investimento doméstico e estrangeiro, sendo desejável uma aproximação aos regimes aplicáveis nos demais Estados Membros.

5. Como tornar o sistema fiscal português competitivo?
Uma vez identificados alguns dos aspectos menos competitivos do sistema fiscal português, tal como o conhecemos na presente data, propomo-nos levar a cabo uma análise comparativa de alguns sistemas fiscais europeus, de modo a que se possa compreender em maior detalhe em que medida se podem atingir ganhos de eficiência através de um aperfeiçoamento das normas actualmente em vigor.

A título preliminar importa notar que o sistema fiscal português encontra-se hoje dotado de alguma maturidade, dando já resposta a alguns dos desafios ínsitos ao processo de internacionalização. Estamos em crer que, mais do que reformas estruturais e constantes reformulações das regras aplicáveis, a competitividade das empresas portuguesas pode ser significativamente incrementada se houver uma escolha criteriosa de medidas que tenham impacto relevante. É essa análise que os autores tentarão efectuar de seguida.

5.1. Eliminação da dupla tributação económica dos lucros distribuídos
5.1.1. A aplicação da participation exemption holandesa
O sistema fiscal holandês é claramente vocacionado para estruturas de investimento internacional, nomeadamente no que se refere às normas destinadas à eliminação da dupla tributação. Com efeito, numa economia fortemente assente nos serviços de carácter financeiro, como é o caso da holandesa, é essencial promover a liquidez do tecido empresarial, nomeadamente através da facilidade de captação de capitais estrangeiros. Tal efeito é atingido essencialmente através

da eliminação da dupla tributação jurídica dos juros, através da inexistência de retenção na fonte sobre pagamentos efectuados a entidades não residentes[9], e através da eliminação da dupla tributação económica dos lucros distribuídos a sociedades residentes nos Países Baixos (vulgo *"participation exemption"*).

Nos termos deste regime, encontram-se excluídos de tributação os lucros distribuídos a uma sociedade residente nos Países Baixos, sempre que (i) esta sociedade detenha pelo menos 5% do capital social da sociedade distribuidora[10] e (ii) a participação em causa seja detida no âmbito de uma actividade económica de detenção de participações sociais (por oposição a um mero investimento financeiro, vulgo *"portfolio investment"*).

Apurar da verificação deste segundo requisito em estruturas societárias com alguma dimensão e com diversos níveis de detenção de participações sociais afigura-se não raras vezes uma tarefa difícil e, por esse motivo, o regime prevê que o requisito seja analisado ao nível da sociedade distribuidora, considerando-se aquele verificado quando os lucros distribuídos provenham do desenvolvimento de uma actividade comercial por parte da sociedade distribuidora (i.e. quando menos de 50% do activo é composto por *"portfolio investments"*) ou, caso os lucros provenham essencialmente de *"portfolio investments"*, sempre que os mesmos tenham sido sujeitos a uma taxa de tributação mínima de 10% no Estado de residência da sociedade distribuidora.

Por outro lado, o escopo verdadeiramente internacional do regime de eliminação da dupla tributação económica holandês está patente no facto de se aplicar a quaisquer lucros distribuídos a sociedades residentes nos Países Baixos, ainda que as sociedades distribuidoras sejam residentes fora do território da União Europeia ou mesmo em Estados com os quais os Países Baixos não celebraram qualquer ADT, o que se apresenta como um clara vantagem por comparação com o que sucede no regime português (*vide* capítulo 4.1).

Por último, é de salientar que o regime holandês se estende ainda a mais-valias realizadas com a alienação de participações sociais, sempre que os dois requisitos acima expostos estejam preenchidos. Tal extensão do regime faz todo o sentido: sendo o valor económico das participações sociais directamente influenciado pelo montante das reservas constituídas e resultados transitados de períodos de tributação anteriores, pretende-se evitar que uma decisão de distribuição de dividendos seja tomada com o exclusivo intuito de poupança fiscal (alienando-se as participações sociais por um valor mais reduzido, após a

---

[9] Aplicável também ao pagamento de royalties.
[10] No caso de Estados Membros da União Europeia, o requisito da participação mínima no capital social pode ser substituído pelo requisito de uma percentagem mínima de 5% de direitos de voto, se tal se encontre previsto no ADT celebrado com esse Estado Membro.

distribuição de dividendos excluídos de tributação, apurando-se uma mais-valia tributável sem expressão económica).

5.1.2. Uma perspectiva mais conservadora

O regime austríaco é, no caso da eliminação da dupla tributação económica dos lucros distribuídos, o exemplo de uma perspectiva mais conservadora, nomeadamente quando estejam em causa lucros distribuídos por sociedades não residentes no espaço da União Europeia ou no Espaço Económico Europeu.

Comecemos pelos requisitos de aplicação do regime. De acordo com as normas em vigor na presente data, encontram-se excluídos de tributação os lucros distribuídos, desde que a sociedade residente na Áustria (a quem são pagos os dividendos) detenha, directa ou indirectamente, pelo menos 10% do capital da sociedade distribuidora, por um período mínimo de um ano. Este regime aplica--se sempre que os dividendos sejam distribuídos por sociedades residentes num Estado Membro da União Europeia ou, no caso de sociedades residentes em Estados terceiros, sempre que estas assumam uma forma societária comparável à prevista na lei comercial austríaca.

Desde 2011, este regime de exclusão de tributação é ainda extensível aos casos em que o requisito da participação não inferior a 10% do capital social não está verificado, desde que os lucros sejam distribuídos por sociedades residentes num Estado Membro do Espaço Económico Europeu.

A exclusão de tributação não é aplicável sempre que estejam em causa situações abusivas, nomeadamente (i) quando a tributação efectiva sobre os lucros distribuídos tenha sido inferior a 10% do imposto que seria devido na Áustria ou (ii) quando os lucros consistam em rendimentos de capitais sujeitos a uma tributação inferior a 15%. Nestas situações passa a aplicar-se um crédito de imposto que, caso exceda o imposto devido na Áustria, pode ser reportado para períodos de tributação subsequentes. Note-se, por fim, que a aplicação da regra do crédito de imposto destina-se essencialmente a situações em que a administração fiscal detecte uma situação abusiva.

A *participation exemption* austríaca é igualmente aplicável às mais-valias realizadas com a alienação das participações detidas, nas condições acima mencionadas.

Estamos assim em presença de um regime mais limitativo que o holandês, tanto no que se refere à sua aplicação a sociedades residentes em Estados terceiros (i.e. que não integram a União Europeia ou o Espaço Económico Europeu), quanto aos requisitos da percentagem de participação no capital social da sociedade distribuidora. Não obstante, este regime parece-nos ser um excelente exemplo de como a competitividade fiscal ao nível europeu requer um aperfeiçoamento dos sistemas fiscais até ao mais ínfimo detalhe. Apesar de mais restritivo, o sistema austríaco consegue ainda assim ser mais competitivo, por exemplo, para investimentos financeiros ("portfolio"), uma vez que admite a exclusão de tributação no âmbito de participações inferiores a 10% do capital social das sociedades distribuidoras.

5.2. Tributação de grupos de sociedades
5.2.1. A experiência holandesa
A este respeito, o regime adoptado pelos Países Baixos apresenta uma solução tão interessante quanto singular no contexto internacional, porquanto o grupo de empresas é considerado no seu todo como uma única unidade fiscal, único sujeito passivo de imposto – é o designado sistema de *"fiscal unity"*.

A aplicação deste regime está limitada a sociedades residentes nos Países Baixos e a estabelecimentos estáveis de sociedades não residentes, e requer que a sociedade no topo da estrutura do grupo detenha, directa ou indirectamente, 95% do capital social das sociedades participadas que integrem a unidade fiscal.

A particularidade consiste no facto de, ao desconsiderar para efeitos fiscais a existência de diversas entidades jurídicas autónomas, a "unidade fiscal" tornar irrelevantes as questões tipicamente suscitados no âmbito das relações de grupo. Como efeito da desconsideração da personalidade tributária das sociedades integrantes do grupo, estas passam a ser tratadas para efeitos fiscais como meras sucursais da sociedade que ocupa a posição de topo na estrutura.

Assim, os pagamentos efectuados ao abrigo de negócios jurídicos celebrados entre as sociedades do grupo são considerados como meros fluxos internos, pelo que não há motivo para a aplicação dos rácios de subcapitalização, nem das regras quanto a preços de transferência. Esta solução permite igualmente um apuramento imediato do lucro consolidado do grupo, contabilizando-se de pronto os resultados positivos e negativos de cada sociedade como parte do apuramento do lucro tributável da "unidade fiscal".

5.2.2. A experiência austríaca
Por seu turno, a Áustria adopta um regime de tributação de grupos similar ao RETGS, nos termos do qual cada sociedade pertencente ao grupo procede ao apuramento do seu lucro ou prejuízo, o qual é de imediato consolidado com os restantes lucros e/ou prejuízos apurados pelas restantes sociedades integrantes do grupo.

Não obstante, a aplicação do regime de tributação austríaco distingue-se do RETGS especialmente em duas características: o requisito de participação mínima e a possibilidade de inclusão de sociedades não residentes.

No que respeita ao primeiro requisito, o regime austríaco é bastante mais permissivo que o seu equivalente português, uma vez que determina que podem ficar abrangidas pelo regime de tributação de grupos quaisquer sociedades sujeitas ao "controlo financeiro" da sociedade de topo do grupo, entendendo-se como controlo financeiro uma participação igual ou superior a 50% do capital social e que atribua igualmente 50% ou mais dos direitos de voto. Salvo melhor opinião, encontra-se subjacente a este requisito a intenção do legislador de admitir a aplicação da consolidação fiscal apenas quando haja uma irrefutável integração económica das sociedades entre si.

No que se refere a sociedades não residentes na Áustria que integrem o grupo económico, nada obsta à sua inclusão no regime fiscal de tributação de grupos, desde que o requisito da percentagem da participação e dos direitos de voto esteja verificado. Devem, contudo, observar-se duas limitações, a saber:

a) A inclusão no lucro consolidado austríaco dos lucros ou prejuízos fiscais das sociedades não residentes é feito apenas na proporção da participação directa detida pela sociedade-mãe do grupo;

b) Os prejuízos fiscais registados pela(s) sociedade(s) não-residente são imediatamente consideradas no apuramento do lucro consolidado do grupo, mas serão mais tarde recuperadas e deduzidas dos eventuais lucros registados por aquela(s) sociedade(s).

5.3. Reporte de prejuízos fiscais

Como vimos no capítulo 4.3, o regime português de reporte dos prejuízos fiscais caracteriza-se por uma limitação temporal de cinco anos (à qual acresce a limitação quantitativa de 75% do(s) lucro(s) apurados num ou mais desses cinco anos posteriores), a aplicar em conformidade com o regime transitório conforme as alterações introduzidas pela Orçamento do Estado para 2012, o qual veio acrescer complexidade a um regime em si mesmo pouco favorável às sociedades residentes em Portugal, por comparação aos restantes regimes europeus.

Salvo melhor opinião, este é um dos elementos do sistema fiscal português que merece mais críticas e cujas alterações nos recentes anos se apresentam desajustadas da realidade económica actual.

Reitera-se aqui que o reporte de prejuízos fiscais é apenas e só uma decorrência do princípio da especialização dos períodos de tributação. De outro modo, se a "vida" de uma sociedade comercial for tomada unitariamente, a sua situação líquida e as consequências fiscais daí resultantes só poderiam ser apuradas no dia da sua extinção, com a liquidação do património societário. Assim, pretende-se com o instituto do reporte de prejuízos fiscais atingir, na medida do possível, a neutralidade na transição entre períodos de tributação. E nessa medida, a forma ideal de assegurar a neutralidade fiscal plena só pode passar pela possibilidade de reporte de prejuízos fiscais para o futuro, sem limitação temporal. E tal como se aventou acima, na verdade essa tem sido, desde longa data, a opção tomada em diversas jurisdições europeias, como sejam a Áustria, a Alemanha, a Bélgica, a Dinamarca e a França, entre outras. Por seu turno, outros Estados Membros têm optado por impor uma limitação temporal mas que em nenhum caso é inferior a 5 anos.

À possibilidade de reporte de prejuízos fiscais para o futuro, alguns Estados Membros têm ainda admitido a dedução dos prejuízos fiscais apurados num determinado período tributário ao lucro tributável apurado em exercícios anteriores (vulgo *"carry-back"*), como é o caso, por exemplo, dos Países Baixos (1 ano) e de França (3 anos).

Do exposto resulta que a restrição temporal e quantitativa do reporte de prejuízos fiscais prevista no Código do IRC constitui forte limitação à competitividade fiscal portuguesa, especialmente na atracção de investimento, porquanto é natural que numa fase inicial um projecto de investimento não gere proveitos (ou pelo menos lucros) – especialmente se agregarmos os resultados líquidos dos primeiros períodos de tributação, como é pretensão do mecanismo do reporte de prejuízos.

5.4. Rede de acordos internacionais e especialização da Administração Fiscal

Não será uma reflexão inovadora, mas talvez esquecida por vezes entre nós, que no campo da fiscalidade internacional, como noutros, é de extrema relevância a identificação de factores diferenciadores que possam ampliar a vantagem competitiva face a Estados (*concorrentes* na atracção de capitais ao nível mundial).

Sendo certo que, em virtude do trabalho da OCDE, assistimos hoje a uma proliferação dos ADTs celebrados com base no Modelo de Convenção da OCDE (e, no caso de relações com países em vias de desenvolvimento, com base no Modelo de Convenção da Organização das Nações Unidas), a existência de uma ampla rede de ADTs tem vindo a deixar de ser uma vantagem competitiva, passando praticamente a ser um requisito para a atracção de investimento.

O desenvolvimento das relações internacionais ao nível fiscal tem, por isso, vindo a suscitar novos desafios aos Estados. Desde logo, a aplicação dos ADTs requer das Administrações Fiscais (e dos Tribunais) uma capacidade técnica acrescida para lidar com a interpretação e aplicação não só do ordenamento jurídico interno mas também de normas bilaterais e multilaterais (v.g. no âmbito da União Europeia).

Neste contexto, é significativo (e reconhecido ao nível internacional) o papel fundamental da administração fiscal holandesa, entre outras, na promoção de um sistema fiscal sólido e eficiente – com base, desde logo, nos mecanismos jurídico-processuais de colaboração entre a administração fiscal e os contribuintes, mas também na capacitação técnica para analisar estruturas e transacções de elevada complexidade jurídica e mesmo económica e dar resposta às questões suscitadas pelos investidores. O próprio sistema de "*rulings*", supostamente similar ao nosso pedido de informação vinculativa, tem vindo a reforçar significativamente a segurança jurídica a quem investe naquela jurisdição. A este facto acresce a aposta em instrumentos internacionais que garantam, numa base bilateral ou multilateral, garantias acrescidas de protecção do investimento, como é o caso dos API. Esta é uma área em que muito se pode ainda exigir do sistema fiscal português.

6. Portugal como uma plataforma de investimento

Tomadas conjuntamente todas as considerações tecidas acima – sejam mais ou menos positivas – os autores estão em crer que são patentes as condições particularmente favoráveis em que Portugal se encontra no presente para se afirmar como plataforma de investimento, especialmente em mercados com os quais tem uma relação cultural, política e económica estável, devendo para esse efeito levar a cabo um conjunto de medidas que tornem o seu sistema fiscal mais competitivo e eficiente.

Ficam igualmente evidenciados alguns dos aspectos jurídico-tributários que têm prejudicado o nível de eficiência do sistema fiscal português, e que devem ser por isso aperfeiçoados a breve trecho. Não obstante, face a uma necessária hierarquização das medidas a tomar, optam os autores por enaltecer de forma particular a relevância que podem assumir, na fase actual da internacionalização da economia portuguesa, a revitalização do regime das SGPS e a aposta no melhoramento da rede portuguesa de ADT e API, como elementos essenciais na utilização de Portugal como plataforma de investimento, por exemplo, nos PALOP, no Brasil e em Timor.

6.1. Revitalização do regime das Sociedades Gestoras de Participações Sociais

Decorre das considerações anteriores que, no que respeita às características basilares do sistema jurídico, o sistema fiscal português encontra-se munido dos instrumentos necessários à atracção do investimento, apresentando-se como uma verdadeira alternativa a outras jurisdições europeias com maior expressão mundial – como é o caso dos Países Baixos e da Áustria, entre outras.

Por esse motivo, os autores são da opinião que a introdução de aperfeiçoamentos "cirúrgicos" no sistema fiscal, acompanhados de uma alteração de postura da administração fiscal no seu relacionamento com os contribuintes, permitiriam alcançar exponenciais incrementos de competitividade, nomeadamente através da revitalização do regime das SGPS enquanto veículos vocacionados para o investimento em mercados estrangeiros.

Para esse efeito, importa desde logo alargar o âmbito do regime de eliminação da dupla tributação económica dos lucros distribuídos, em moldes idênticos aos que são aplicáveis, por exemplo, na Áustria e nos Países Baixos. Note-se que, tal como sucede nestes regimes, não está em causa uma exclusão de participação de lucros distribuídos das "sociedades veículo" (no nosso caso, as SGPS) mas sim os lucros de que estas são beneficiárias. Tal medida garantirá uma maior neutralidade na decisão de repatriamento de capitais, com os consequentes reforço da capacidade de capitalização das sociedades residentes em Portugal e aumento da liquidez para efeitos de reinvestimento.

Aliás, actualmente o regime previsto no artigo 51º do Código do IRC contém mesmo algumas vantagens face aos demais regimes europeus, nomeadamente no que concerne ao requisito da tributação efectiva. Em bom rigor, apesar de se requerer a sujeição dos lucros distribuídos a tributação efectiva, não se encontra legalmente previsto um limiar mínimo de tributação – ao contrário do que sucede no regime especialmente previsto para os PALOPs e para Timor-Leste (sendo o limiar mínimo, neste caso, de 10%). Por seu turno – e para que se tornem claras as ineficiências do sistema actual – não faz qualquer sentido que numa estrutura societária em que uma SGPS detenha outra SGPS, o requisito da tributação efectiva não ser considerado verificado, quando, no caso de uma das sociedades ser residente noutro Estado Membro da União Europeia, aquele requisito não poder mais ser aplicado à luz da Directiva Mãe-Filhas, estando-se a promover assim inexplicavelmente a utilização de veículos de outras jurisdições ao invés de sociedades portuguesas. Diversamente, poderia ser implementada uma regra de análise dos vários níveis societários, como aquela acima referida aplicável nos Países Baixos, e/ou uma cláusula de salvaguardam como a analisada *supra* relativamente ao regime austríaco, em que se torne aplicável a regra geral do crédito de imposto (por oposição à exclusão de tributação) sempre que sejam detectadas situações abusivas.

Por outro lado, é necessário alargar a rede de API celebrados por Portugal, tendo em conta que a segurança jurídica é hoje um pilar fundamental para a atracção do investimento. E em particular, dando prioridade à finalização e aplicação de acordos (tanto ADT quanto API) com Estados como Angola, pelo valor económico que tais acordos representam.

Por último, não pode ser esquecida a aplicação prática das normas. Neste ponto, é da máxima relevância a criação de um grupo de trabalho multidisciplinar da administração fiscal portuguesa, dotado da capacidade humana e técnica para esclarecer a interpretação e aplicação das normas a casos concretos, elevando nestes moldes o nível de segurança jurídica garantida aos investidores internacionais que optem por investir em, ou através de, Portugal. Poderia igualmente ser ponderada a criação de uma unidade especial da administração fiscal para atender exclusivamente investidores estrangeiros a quem fosse atribuída autonomia para, com uma postura dialogante e orientada para a salvaguarda dos interesses económicos do país, responder com celeridade, competência e clareza às questões fiscais que lhe sejam colocadas relativamente aos investimentos a efectuar no país ou através de sociedades nele localizadas. Nesse sentido, uma medida que poderia constituir igualmente uma mais-valia, no campo da segurança jurídica sempre valorizada pelo investidor, seria a fixação de um prazo de validade mais prolongado (por exemplo de 4 anos) para as informações vinculativas prestadas pela administração fiscal.

7. Conclusões
Aqueles que, como nós, vivem numa época que poderá afigurar-se fundamental para a definição do futuro do nosso País e das próximas gerações de portugueses, têm a responsabilidade e o dever de estar à altura do momento, não hesitando em defender e implementar as medidas, neste caso de cariz fiscal, que possam contribuir para que Portugal volte a tornar-se numa jurisdição competitiva e atractiva para o investimento. Ainda que sobretudo empurrados pelas circunstâncias, tenhamos a coragem, mas sobretudo a inteligência de assumir o desígnio de nos tornarmos numa plataforma de investimento internacional no Mundo que, afinal de contas, há vários séculos atrás, ajudámos a descobrir e a globalizar.

AUTORES

Leonardo Marques dos Santos

Liliana da Silva Pereira

Lúcia Guerreiro

Manuel Pires

Marciano Seabra de Godoi

Marco Monteiro

Miguel Pimentel

María Begoña Villaverde Gómez

Maria Celeste Cardona

Maria de Fátima Ribeiro

Maria Dulce Soares

Sara Soares

Maria Eduarda Azevedo

Mary Elbe Queiroz

Miguel Correia

Miguel Silva Pinto

Miguel Teixeira de Abreu

Misabel Abreu Machado Derzi

Nazaré da Costa Cabral

Nuno Cunha Rodrigues

Nuno de Oliveira Garcia

Andreia Gabriel Pereira

Nuno Floríndo d' Assunção Silva

Olívio Mota Amador

Patricia Anjos Azevedo

Patrícia Helena Leal Cordeiro
   da Costa

Paula Rosado Pereira

Paulo Marrecas Ferreira

Paulo Reis Mourão

Carlos Silva

Pedro Soares Martinez

Ricardo Cabral

Rita Calçada Pires

Rogério M. Fernandes Ferreira

Manuel Teixeira Fernandes

Roque Antonio Carrazza

Rui Camacho Palma

Rui Laires

Rute Saraiva

Sacha Calmon Navarro Coelho

Sergio André Rocha

Tânia Meireles da Cunha

Tiago Marreiros Moreira

Francisco Cabral Matos

ÍNDICE